DAS PFENNIG-MAGAZIN
DER GESELLSCHAFT ZUR VERBREITUNG
GEMEINNÜTZIGER KENNTNISSE.
1837.

DELPHI 1015.

NEU VERLEGT BEI FRANZ GRENO, NÖRDLINGEN 1985.

Herausgegeben von Reinhard Kaiser.

Copyright © 1985 bei GRENO Verlagsgesellschaft mbH,
D-8860 Nördlingen.

Die Reproduktion erfolgte
nach dem Hand-Exemplar von Arno Schmidt
mit freundlicher Genehmigung
der Arno-Schmidt-Stiftung, Bargfeld.

Reproduktionen G. Mayr, Donauwörth
und G. Bergmann, Frankfurt/Main.
Gedruckt und gebunden bei Wagner GmbH, Nördlingen.
Printed in Germany.

ISBN 3921568544.

Das Pfennig-Magazin

der

Gesellschaft

zur

Verbreitung gemeinnütziger Kenntnisse.

Fünfter Band.
Nr. 197—248.

Leipzig,

In der Expedition des Pfennig-Magazins.

(F. A. Brockhaus.)

1837.

Inhaltsverzeichniß des fünften Jahrganges.

Zur bequemen Übersicht der mit Abbildungen versehenen Artikel sind die Titel derselben mit gesperrter Schrift gedruckt; die mit [ ] versehenen Ziffern weisen die Nummer des Stücks nach, die am Ende der Zeilen stehenden die Seitenzahl.

	Nr.	S.
Aberglaube, Ursache einer verzögerten Lebensrettung, s. Lebensrettung.		
Aberglauben und Irrthümer	[197]	3
Ackerbau und Gartenkunst in China	[215]	149
Adelsberg, die Grotte daselbst	[197]	6
Admiral Rigny	[217]	168
Affe, der fressende	[237]	328
Affen, warum dieselben nicht sprechen können	[225]	232
Ägypten, Denkmäler des alten, s. Denkmäler.		
Albany	[244]	380
—— Ansicht der Hauptstraße daselbst, s. Ansichten.		
Alexander Karl, Herzog zu Anhalt-Bernburg, s. Galerie Nr. 22.		
Alligator, der Kampf mit demselben	[244]	380
Aloys, Fürst zu Liechtenstein, s. Galerie Nr. 28.		
Alpen, norische, Riesengrotte daselbst, s. Riesengrotte.		
Alraun, der	[197]	4
Alte Sagen, s. Sagen.		
Andorre, die Republik	[226]	234
Anekdote aus Napoleon's Leben	[199]	22
Anhalt-Bernburg, Alexander Karl, Herzog von, s. Galerie Nr. 22.		
Anhalt-Dessau, Leopold Friedrich, Herzog von, s. Galerie Nr. 21.		
Anhalt-Köthen, Heinrich, Herzog von, s. Galerie Nr. 23.		
Anoplotherium, das	[208]	92
Ansichten: **Brügge**	[212]	125
Delhi	[240]	345
Hauptstraße von Albany	[244]	381
Hurdwar	[211]	119
Ofen und Pesth	[198]	16
Palermo	[218]	172
Port Jackson	[234]	297
Selinunt	[226]	233
Stockholm	[228]	253
Sydney (Stadt)	[234]	297
Argonaute, der, oder Papiernautilus	[210]	109
Arsamas, Brautschau daselbst, s. Brautschau.		
Art, eigenthümliche, sich zu baden	[203]	55
Arzt, Wahl desselben	[226]	235
Ärzte, Tarif derselben in Nordamerika, s. Tarif.		
Aschenkrüge, römische	[248]	413
Augenstein, der	[207]	88
August, Großherzog von Oldenburg, s. Galerie Nr. 19.		
Baden, Leopold, Großherzog von, s. Galerie Nr. 7.		
Baiern, Ludwig, König von, s. Galerie Nr. 3.		
Baiern, Seidenzucht daselbst, s. Seidenzucht.		
Balidar, Antonio, der Seeräuber	[222]	205
Baltimorevogel, Nest desselben	[197]	8
Bamian in Persien, koloss. Götzenbilder das.	[230]	271
Basel	[220]	188
—— das Gebäude des Lesevereins das.	[220]	192
—— das Paulsthor daselbst	[220]	189
Beerdigungsgebräuche der Perser	[200]	29
Belem	[246]	395
—— der Thurm daselbst	[246]	396
Belzoni-Sarkophag, der, aus Theben	[243]	369
Bengalen, Eisbereitung daselbst, f. Eisbereitung.		
Beredtsamkeit, körperliche, Werth derselben, s. Werth.		
Bereitung des Schwefels, s. Schwefel.		
Bern	[229]	257
Bernhard, Herzog zu Sachsen-Meiningen-Hildburghausen, s. Galerie Nr. 13.		

	Nr.	S.
Beschäftigungen, geistige, über den Einfluß derselben auf den menschlichen Charakter, s. Einfluß.		
Bevölkerungsverhältnisse	[231]	275
Bienenköniginnen, etwas über das muthmaßliche Alter derselben	[206]	79
Bild, Proceß über ein, s. Bild.		
Bilder aus Neusüdwales	[234]	297
	[235]	306
	[236]	313
	[237]	325
	[238]	330
Bilder aus Rom;		
I. **Das Forum zu Rom**	[241]	360
II. **Der Paulsbrunnen zu Rom**	[242]	363
III. **Das Innere des Paulsthores in Rom**	[243]	376
IV. **Ruinen des Palastes der Cäsaren**	[244]	383
V. **Das Pantheon**	[245]	388
VI. **Die Villa Farnese**	[246]	400
VII. **Tempel des Friedens**	[247]	407
VIII. **Die Bäder Caracalla's**	[248]	409
Bildsäulen in der Nähe des Tempels zu Medinet-Habu	[232]	285
Billard von Gußeisen	[206]	79
Bisamratte, die canadische	[215]	151
Blicke auf die thierische Ökonomie	[198]	11
Brot, das	[217]	162
Bootzieher, chinesische,	[228]	255
Braunschweig, Wilhelm, Herzog von, s. Galerie Nr. 16.		
Brautschau in Arsamas	[201]	35
Brügge, Ansicht von, s. Ansichten.		
Bundesfürsten, Galerie der deutschen, s. Galerie.		
Camoenshöhle, die,	[226]	240
Canada, Reiseabenteuer daselbst	[245]	390
Canadische Bisamratte, die, s. Bisamratte.		
Canadische Wälder, die, und ihre Bewohner	[240]	347
Capstadt, die,	[230]	269
Cardona in Spanien, Salzberg daselbst	[245]	391
Cäsaren, Ruinen des Palastes derselben	[244]	384
Champagnerwein, Zubereitung desselben	[231]	278
China, Ackerbau und Gartenkunst daselbst, s. Ackerbau.		
China, Kanäle daselbst, s. Kanäle.		
Chinesen, Sitten und Charakter derselben	[248]	410
Chinesische Gebirgsbewohner	[217]	167
Chrimhild erblickt die Leiche Siegfried's	[233]	296
Cicade, die amerikanische	[230]	270
Circus für die Stiergefechte in Sevilla	[209]	101
Citronen- und Granatbaum	[242]	364
Clairfluß, St., Landschaft an demselben, s. Landschaft.		
Corsica, die Provinz Niolo in, s. Niolo.		
Cumbre in den Anden, Ersteigung desselben, s. Ersteigung.		
Cumbre, Hinuntersteigen von demselb.	[205]	67
Dampfboote, zur Geschichte des Ursprungs ders.	[221]	199
Dampfkessel, über das Zerspringen derselben	[238]	330
Dampfwagen, Physiologie desselben	[220]	190
Dänemark, Friedrich VI., König von, s. Galerie Nr. 10.		
Delhi, die Stadt	[240]	346
Demenfalva, die Tropfsteinhöhle bei, s. Tropfsteinhöhle.		
Denkmäler, die, des alten Ägyptens	[231]	275
	[232]	283
Derwische, das Treten derselben	[234]	301
Desboeufs, Bildhauer, der Trinker, nach einer Gruppe desselben	[236]	317

Inhaltsverzeichniß.

	Nr.	S.
Deutsches Volk, Entwickelungsstufen desselben, s. Entwickelungsstufen.		
Diamond (Cape) bei Quebec	[248]	409
Dow, Gerhard, die Mutter, ein Gemälde desselben	[247]	408
Drache, der geflügelte, der äthiopische Seekrebs und der Kribor	[202]	44
Dschindschi, die Festung	[210]	112
Dsiggetai, der, s. Tiger.		
Ebersdorf, s. Lobenstein und Galerie Nr. 31.		
Eierverbrauch	[229]	261
Einfluß, der, geistiger Beschäftigungen auf den menschlichen Charakter	[225]	230
Einfluß der Luftelektricität auf epidemische Krankheiten, insbesondere die Cholera	[205]	71
Eisbereitung in Bengalen	[247]	405
Eisenbahnen, Telegraphen auf denselben, s. Telegraphen.		
Eisenbahnen, über die englischen	[230]	271
Elysische Inseln, die, s. Inseln.		
England, Rechtsfälle daselbst, s. Rechtsfälle.		
—— Schneestürze daselbst, s. Schneestürze.		
—— Seidenmanufactur daselbst, s. Seidenmanufactur.		
—— Töpferwaaren daselbst, s. Töpferwaaren.		
Engländer, die beiden	[214]	144
Entbehrungen und Leiden der Wilden	[231]	274
Entwickelung der menschlichen Fähigkeiten	[213]	130
Entwickelungsstufen, die, des deutschen Volks	[202]	44
	[203]	50
	[204]	62
	[209]	101
	[210]	106
	[211]	118
	[212]	122
Erasmus von Rotterdam	[229]	259
Erdbeben, zur Geschichte derselben	[227]	242
Ernst, Herzog zu Sachsen-Coburg-Gotha, s. Galerie Nr. 15.		
Ersteigung des Cumbre in den Anden	[205]	65
Fähigkeiten, menschliche, Entwickelung derselben, s. Entwickelung.		
Fakir, ein mohammedanischer, aus Hindostan	[216]	156
Falklandsinseln	[232]	281
Fanatismus, Verirrung desselben	[223]	215
Fang, der, des Jaguars in Tukuman	[205]	72
Farnese, Villa, zu Rom	[246]	400
Fasan, der gehörnte	[221]	200
Federn, die	[226]	239
Feen und Hexen in Irland	[199]	21
Feierlichkeiten, die kirchlichen, in Rom während der heiligen Woche	[215]	146
Ferdinand I., Kaiser von Östreich, s. Galerie Nr. 1.		
Festung Dschindschi, s. Dschindschi.		
Fetische	[237]	324
Fetischfelsen an der Mündung des Flusses Zaire	[237]	325
Feuersbrünste zu Paris	[232]	286
Firnißbaum, der	[222]	208
Fischerei in Nordamerika	[245]	392
Fischerfamilie auf der Insel Sifano	[227]	245
Flederechse, die	[208]	94
Fliege, die, französisches Fahrzeug, Schiffbruch desselben, s. Schiffbruch.		
Fortschaffung der Häuser in Nordamerika	[217]	165
Fortschritte der Mäßigkeit in England	[243]	375
Forum, das, zu Rom, s. Bilder aus Rom Nr. I.		
Frankreich, die ehemaligen geistlichen Schauspiele daselbst, s. Schauspiele.		
Frankreich, Rechtsfälle daselbst, s. Rechtsfälle.		
Franz I. und der Wahrsager	[233]	296
Fréron in der Theaterloge	[243]	373
Frescogemälde aus dem Lied der Nibelungen	[233]	289
—— Chrimhild erblickt die Leiche Siegfried's	[233]	296
—— Siegfried gibt Chrimhild den Gürtel der Brunhild	[233]	292
Friedrich, Fürst von Hohenlohe-Hechingen, s. Galerie Nr. 26.		

	Nr.	S.
Friedrich VI., König von Dänemark, s. Galerie Nr. 10.		
Friedrich August, König von Sachsen, s. Galerie Nr. 4.		
Friedrich Günther, Fürst von Schwarzburg-Rudolstadt, s. Galerie Nr. 25.		
Friedrich Wilhelm III., König von Preußen, s. Galerie Nr. 2.		
Fronleichnam, die Procession des, zu Sevilla, s. Procession.		
Frühlingscur der Maulthiere und Pferde in Portugal	[235]	311
Galerie der deutschen Bundesfürsten:		
1. Ferdinand I., Kaiser von Östreich	[197]	1
2. Friedrich Wilhelm III., König von Preußen	[198]	9
3. Ludwig, König von Baiern	[200]	25
4. Friedrich August, König von Sachsen	[201]	33
5. Wilhelm IV., König von Großbritannien, Irland und Hanover	[203]	49
6. Wilhelm I., König von Würtemberg	[204]	57
7. Leopold, Großherzog von Baden	[206]	73
8. Wilhelm II., Kurfürst von Hessen	[207]	81
9. Ludwig II, Großherzog von Hessen	[209]	97
10. Friedrich VI., König von Dänemark	[210]	105
11. Wilhelm I., König der Niederlande	[212]	121
12. Karl Friedrich, Großherzog von Sachsen-Weimar-Eisenach	[213]	129
13. Bernhard, Herzog zu Sachsen-Meiningen-Hildburghausen	[215]	145
14. Joseph, Herzog zu Sachsen-Altenburg	[216]	153
15. Ernst, Herzog zu Sachsen-Koburg-Gotha	[218]	169
16. Wilhelm, Herzog von Braunschweig	[219]	177
17. Paul Friedrich, Großherzog von Mecklenburg-Schwerin	[221]	193
18. Georg, Großherzog v. Mecklenburg-Strelitz	[223]	209
19. August, Großherzog von Oldenburg	[224]	217
20. Wilhelm, Herzog von Nassau	[225]	225
21. Leopold Friedrich, Herzog zu Anhalt-Dessau	[227]	241
22. Alexander Karl, Herzog zu Anhalt-Bernburg	[228]	249
23. Heinrich, Herzog zu Anhalt-Köthen	[230]	265
24. Günther, Fürst von Schwarzburg-Sondershausen	[231]	273
25. Friedrich Günther, Fürst von Schwarzburg-Rudolstadt	[232]	281
26. Friedrich, Fürst von Hohenlohe-Hechingen	[235]	305
27. Karl, Fürst von Hohenzollern-Sigmaringen	[236]	313
28. Aloys, Fürst zu Liechtenstein	[238]	329
29. Heinrich XX., Fürst Reuß zu Greiz	[239]	337
30. Heinrich LXII., Fürst Reuß zu Schleiz	[241]	353
31. Heinrich LXXII., Fürst Reuß zu Lobenstein und Ebersdorf	[242]	361
32. Leopold Paul Alexander, Fürst zu Lippe-Detmold	[245]	365
33. Georg Wilh., Fürst zu Lippe-Schauenburg	[246]	392
34. Georg Heinrich Friedrich, Fürst von Waldeck und Pyrmont	[247]	401
35. Ludwig Wilhelm Friedrich, Landgraf zu Hessen-Homburg	[247]	401
Galgenmännlein, das	[197]	4
Gargouille, die Procession der	[238]	335
Gartenkunst in China, s. Ackerbau.		
Gastmahl, ein persisches	[199]	17
Gebirgsbewohner, chinesische	[217]	167
Gefäße, griechische	[236]	320
Geistesgegenwart	[243]	375
Gemälde, zwei, aus der letzten Kunstausstellung (1836) des Louvre in Paris	[217]	161
Georg, Großherzog von Mecklenburg-Strelitz, s. Galerie Nr. 18.		
Georg Heinrich Friedrich, Fürst zu Waldeck und Pyrmont, s. Galerie Nr. 34.		
Georg Wilhelm, Fürst zu Lippe-Schauenburg, s. Galerie Nr. 33.		
Gersoppa, der Wasserfall von, s. Wasserfall.		
Geweih des Riesenhirsches, s. Riesenhirsch.		
Gewerbswissenschaft, das Neueste aus derselben, s. Neueste, das.		
Giftiges, von Hummeln gesammelter Honig, s. Honig.		

Inhaltsverzeichniß.

	Nr.	S.
Girgenti in Sicilien, Naphthasee daselbst, s. Naphthasee.		
Glocke, die Sage von der, s. Sagen.		
Glyptothek, die, in München	[219]	181
Gottvertrauen des Kurfürsten Johann Friedrich	[234]	300
Govatts Leap, der Wasserfall	[234]	300
Götzenbilder, kolossale, zu Bamian in Persien	[230]	271
Grab, das, Virgil's	[224]	220
Granatbaum, s. Citronenbaum.		
Grasbaum, der	[235]	308
Greiz, Heinrich XX., Fürst Reuß zu, s. Galerie Nr. 29.		
Gretna-Green, der Schmied zu	[247]	402
Griechenland, Volksfest daselbst, s. Volksfest.		
Griechenlands Klima	[248]	411
Griechische Gefäße, s. Gefäße, griechische.		
Großbritannien, Veränderungen in der Lebensweise daselbst, s. Veränderungen.		
Großbritannien, Wilhelm IV., König von, s. Galerie Nr. 5.		
Grotte, die, zu Adelsberg, s. Adelsberg.		
Günther, Fürst von Schwarzburg-Sondershausen, s. Galerie Nr. 24.		
Hahnkrähe, die Sage von der, s. Sagen.		
Hand, die rechte und linke	[197]	2
Handel mit Menschenköpfen auf Neuseeland	[232]	285
Handelsverkehr, zur Statistik desselben in Nischnei-Nowgorod, s. Nischnei-Nowgorod.		
Haslithal, das	[201]	39
—— Paß aus demselben über den Grimsel	[201]	40
Häuser, Fortschaffung derselben in Nordamerika, s. Fortschaffung.		
Heinrich, Herzog zu Anhalt-Köthen, s. Galerie Nr. 23.		
Heinrich XX., Fürst Reuß zu Greiz, s. Galerie Nr. 29.		
Heinrich LXII., Fürst Reuß zu Schleiz, s. Galerie Nr. 30.		
Heinrich LXXII., Fürst Reuß zu Lobenstein und Ebersdorf, s. Galerie Nr. 31.		
Heringsfischerei, die	[220] / [221]	186 / 194
Herz, das, in seiner natürlichen Lage, mit geöffnetem Herzbeutel	[197]	3
Hessen, Ludwig II., Großherzog von, s. Galerie Nr. 9.		
Hessen, Wilhelm II., Kurfürst von, s. Galerie Nr. 8.		
Hessen-Homburg, Ludwig Wilhelm Friedrich, Landgraf von, s. Galerie Nr. 35.		
Hexen in Irland, s. Feen.		
Himmelsbegebenheiten, die im Jahre 1837 zu erwarten	[204]	59
Himmelsbegebenheiten, über die im Jahre 1838 zu erwartenden	[234]	301
Hochzeit, eine griechische	[219]	182
Hofer, Andreas, und seine Gattin	[237]	321
Hoffnung, das Vorgebirge der guten, s. Vorgebirge.		
Höflichkeit, die Kunst der, s. Kunst.		
Hogarth's Kupferstich: der Tanz	[224]	224
Hohenlohe-Hechingen, Friedrich, Fürst von, s. Galerie Nr. 26.		
Hohenlohe-Sigmaringen, Karl, Fürst von, s. Galerie Nr. 27.		
Holzpflasterung	[204]	63
Holzverkohlungsmethode, die	[244]	380
Honig, giftiger, von Hummeln gesammelt	[210]	108
Hospitalschiff, das, in der Themse	[203]	51
Hummeln, giftiger, von ihnen gesammelter Honig, s. Honig.		
Hunde, militairische Organisation derselben in Afrika	[248]	414
Hurdwar, Ansicht von, s. Ansichten.		
Jaguar, Fang desselben in Tucuman, s. Fang.		
Indigo, chinesischer, Verpflanzung desselben nach Transkaukasien	[216]	158
Industrieritter, die kleinen pariser	[207]	85
Insekten, Verfahren, die Fruchtbäume vor den Verwüstungen derselben zu schützen, s. Verfahren.		

	Nr.	S.
Insekten, Verheerungen der Weingärten durch dieselben, s. Verheerungen.		
Inseln, die elysischen	[216]	157
Johann Friedrich, Kurfürst, Gottvertrauen desselben	[234]	300
Joseph, Herzog zu Sachsen-Altenburg, s. Galerie Nr. 14.		
Irländische Landleute, Sitten derselben, s. Sitten.		
Irrthümer, s. Aberglauben.		
Iskardoh, das Land	[244]	382
Justizpalast, der, zu Rouen	[213]	133
Kaffeesatz, weggeschütteter, Schwämme auf demselben, s. Schwämme.		
Kampf, der, mit dem Alligator	[244]	380
Kampf, der, zweier Stiere	[235]	312
Kanäle in China	[221]	193
Känguruh	[238]	332
Kanton, die Stadt, in China	[239]	339
Kapelle der heiligen Rosalie zu Palermo, s. Rosalie.		
Kapelle, die heilige, Reliquienkasten in derselben, s. Reliquienkasten.		
Karl, Fürst von Hohenlohe-Sigmaringen, s. Galerie Nr. 27.		
Karl Friedrich, Großherzog von Sachsen-Weimar-Eisenach, s. Galerie Nr. 12.		
Karnak, der große Tempel von	[231]	276
Kathedrale, die, in Lund, s. Lund.		
Kaukasische Provinzen, die, Rußlands	[228] / [229]	249 / 261
Kautschuk, ältere Benutzung desselben	[219]	183
Katzenhospital	[212]	127
Kinkaju, der	[227]	247
Klima, Verschiedenheit desselben in Übereinstimmung mit der Verschiedenheit der Organisationen, s. Organisationen.		
Kloster, das, St.-Vincent di Fora in Lissabon, s. St.-Vincent.		
Knochendüngung, die	[200]	28
Kohlbaum, der	[204]	64
Kolibri, der, und die Vogelspinne	[232]	288
Köln, der Dom daselbst	[248]	415
Kolumbacser Mücke, die, s. Mücke.		
Kon-fu-tse	[220]	185
Kongoküste, Kriegsfetische daselbst, s. Kriegsfetische.		
Königsmarkt, der, zu Kopenhagen	[225]	227
Kopenhagen	[225]	227
—— der Königsmarkt daselbst, s. Königsmarkt.		
—— die Trinitatiskirche daselbst, s. Trinitatiskirche.		
Kopf des Riesenhirsches, s. Riesenhirsch.		
Körperdicke, ungewöhnliche	[218]	175
Kreiselrad, das	[244]	382
Kribor, der, s. Drache, der geflügelte.		
Kriegsfetische von der Kongoküste	[237]	324
Krim, die	[246]	394
Kukies, die	[232]	287
Kunstausstellung des Louvre in Paris (1836), zwei Gemälde aus derselben, s. Gemälde.		
Kunst, die, der Höflichkeit und des geselligen Wohlverhaltens	[218]	174
Lamm, das scythische oder tatarische	[197]	4
Landbau, der, in Sicilien	[221]	198
Landeigenthum in England, Vertheilung desselben, s. Vertheilung.		
Landleute, irländische, Sitten derselben, s. Sitten.		
Landschaft am St.-Clairflusse in Obercanada	[239]	343
Landschildkröte, die griechische	[222]	208
Leben im Meere	[210]	111
Lebensrettung, verzögerte, aus Aberglauben	[207]	87
Lebensversicherungen	[246]	396
Lebensversicherungsgesellschaft, königlich sächsische bestätigte, zu Leipzig	[217]	166
Lebensweise, Veränderungen in derselben in Großbritannien, s. Veränderungen.		
Leichenbegängniß einer indischen Priesterin	[229]	259
Leihhäuser in Paris und London	[199]	23
Leopold, Großherzog von Baden, s. Galerie Nr. 7.		

Inhaltsverzeichniß.

	Nr.	S.
Leopold Friedrich, Herzog zu Anhalt-Dessau, s. Galerie Nr. 21.		
Leopold Paul Alexander, Fürst zu Lippe-Detmold, s. Galerie Nr. 32.		
Leseverein, das Gebäude desselben zu Basel, s. Basel.		
Liechtenstein, Aloys, Fürst von, s. Galerie Nr. 28.		
Lippe-Detmold, Leopold Paul Alexander, Fürst zu, s. Galerie Nr. 32.		
Lippe-Schauenburg, Georg Wilhelm, Fürst zu, s. Galerie Nr. 33.		
Lobenstein und Ebersdorf, Heinrich LXXII., Fürst Reuß zu, s. Galerie Nr. 31.		
London, Leihhäuser daselbst, s. Leihhäuser.		
London, Paulskirche daselbst, s. Paulskirche.		
Loretto	[199]	24
Louvre zu Paris, zwei Gemälde aus der letzten Kunstausstellung desselben, s. Gemälde.		
Ludwig, König von Baiern, s. Galerie Nr. 3.		
Ludwig II., Großherzog von Hessen, s. Galerie Nr. 9.		
Ludwig der Heilige	[211]	113
Ludwig Wilhelm Friedrich, Landgraf von Hessen-Homburg, s. Galerie Nr. 35.		
Luftelektricität, Einfluß derselben auf epidemische Krankheiten, s. Einfluß.		
Lund, Kathedrale daselbst	[247]	407
Luxor, Obelisken des Tempels von	[231]	277
—— Säulenreihe im Tempel von	[231]	280
Magazinbienenkörbe, ulmer	[217]	163
Mamluken, Ermordung derselben zu Kairo, s. Mohammed Ali.		
Mammuth, das	[208]	89
Maschinen in moralischer Hinsicht	[228]	255
Maskenball in dem Opernhause zu Paris	[240]	352
Mäßigkeit, Fortschritte derselben in England	[243]	375
Mastodon, der	[208]	91
Mauer, die große	[227]	247
Maulthiere und Pferde, Frühlingscur derselben in Portugal, s. Frühlingscur.		
Mecklenburg-Schwerin, Paul, Großherzog von, s. Galerie Nr. 17.		
Mecklenburg-Strelitz, Georg, Großherzog von, s. Galerie Nr. 18.		
Medinet-Habu, Bildsäulen in der Nähe des Tempels von, s. Bildsäulen.		
Medinet-Habu, Ruinen des Tempels zu, s. Ruinen.		
Meer, das Leben in demselben, s. Leben.		
Meer, das todte	[203]	55
Meerkuh, die, s. Seekuh.		
Meermädchen, das	[197]	5
Meerschlange, die große	[203]	52
Meerthiere, über einige fabelhafte	[202]	41
	[203]	52
Megatherium, das	[208]	96
Menschenköpfe, Handel mit denselben auf Neuseeland, s. Handel.		
Messe, die, zu Nischnei-Nowgorod, s. Nischnei-Nowgorod.		
Mexico, Reste der Urwelt im Thale von, s. Reste.		
Milizen, amerikanische, Musterung derselben, s. Musterung.		
Mohammed Ali läßt die Mamluken zu Kairo ermorden	[244]	377
Mollusken, s. Polypen.		
Mondoberfläche, Bemerkungen über die Beschaffenheit derselben, s. Himmelsbegebenheiten.		
Morgen, ein, in Persien	[241]	358
Moschee Rajah-Ghur, die, s. Rajah-Ghur.		
Moustiers, das Kloster, in den Niederalpen	[221]	197
Mücke, die kolumbacser	[227]	246
Musterung amerikanischer Milizen	[239]	337
Mutter, die, nach Gerhard Dow	[247]	408
Nacht, eine, in den Niederalpen, s. Niederalpen.		
Nantua, der See von	[215]	152
Napoleon, Anekdote aus dessen Leben, s. Anekdote.		
Napoleon bei Wagram	[217]	161
Naphthasee, bei Girgenti in Sicilien	[227]	246
Nashorn, das	[208]	91
Nassau, Wilhelm, Herzog von, s. Galerie Nr. 20.		
Natur des Schwefels, über die, s. Schwefel.		

	Nr.	S.
Naturwissenschaft, das Neueste aus derselben, s. Neueste, das.		
Nest des Baltimorevogels, s. Baltimorevogel.		
Nest der Schwanzmeise, s. Schwanzmeise.		
	[200]	26
	[201]	37
	[213]	134
	[214]	142
Neueste, das, aus der Natur- und Gewerbswissenschaft	[223]	214
	[224]	218
	[225]	226
	[240]	349
	[241]	354
	[242]	361
Neuseeland, Handel mit Menschenköpfen daselbst, s. Handel.		
Neusüdwales, Bilder aus, s. Bilder.		
—— Waldbäume daselbst, s. Waldbäume.		
Nibelungen, Lied der, Frescogemälde aus demselben	[233]	289
Niederalpen, eine Nacht in denselben	[221]	196
Niederlande, Wilhelm I., König von, s. Galerie Nr. 11.		
Niolo, die Provinz, in Corsica	[241]	359
Nischnei-Nowgorod, Messe daselbst	[220]	191
—— Statistik des Handelsverkehrs daselbst	[244]	382
Nordamerika, Fischerei daselbst, s. Fischerei.		
—— Fortschaffung der Häuser daselbst, s. Fortschaffung.		
—— Tarif der Ärzte daselbst, s. Tarif.		
Norische Alpen, Riesengrotte daselbst, s. Riesengrotte.		
Notiz	[208]	96
Obelisken, die, des Tempels von Luxor	[231]	277
Ofen und Pesth	[198]	13
Ökonomie, thievische, Blicke auf dieselbe, s. Blicke.		
Oldenburg, August, Großherzog von, s. Galerie Nr. 19.		
Organisationen, Verschiedenheit derselben in Übereinstimmung mit der Verschiedenheit des Klimas	[216]	154
Östreich, Ferdinand I., Kaiser von, s. Galerie Nr. 1.		
Palaerotherium, das	[208]	92
Palast der Cäsaren in Rom, Ruinen desselb.	[244]	384
Palermo, Ansicht von, s. Ansichten.		
—— die Kapelle der heiligen Rosalie daselbst, s. Rosalie.		
Palmsonntag, der Papst bei der Procession an demselben in Rom, s. Papst.		
Pantheon, das, zu Rom	[245]	389
Papiernautilus, s. Argonaute.		
Papst, der, bei der Procession am Palmsonntage in Rom	[215]	148
Paris, Feuersbrünste daselbst, s. Feuersbrünste.		
—— Leihhäuser daselbst, s. Leihhäuser.		
—— Rattenjagden, daselbst, s. Rattenjagden.		
Paß aus dem Haslithal über den Grimsel, s. Haslithal.		
Passagier, ein seltsamer	[210]	111
Patagonien und seine Bewohner	[204]	58
Patagonischer Pinguin, s. Pinguin.		
Paul Friedrich, Großherzog von Mecklenburg-Schwerin, s. Galerie Nr. 17.		
Paulsbrunnen, der, zu Rom, s. Bilder aus Rom Nr. II.		
Paulskirche, die, in London	[216]	159
Paulsthor, das, zu Basel, s. Basel.		
Paulsthor in Rom, das Innere desselben, s. Bilder aus Rom Nr. III.		
Pe-king, Beschreibung der Stadt	[223]	210
—— das nördliche Thor daselbst, s. Thor.		
Perser, Beerdigungsgebräuche derselben, s. Beerdigungsgebräuche.		
—— Sitten und Gebräuche derselben, s. Sitten.		
Persien, ein Morgen in	[241]	358
Persisches Gastmahl, s. Gastmahl.		
Persische Trachten, s. Trachten.		
Pesth, s. Ofen.		
Pferd, das, Wellington's	[239]	343
Pflege, weibliche	[226]	239

Inhaltsverzeichniß.

	Nr.	S.
Phoken oder Seekühe, nach Anson's Beschreibung	[202]	41
Physiologie des Dampfwagens, s. Dampfwagen.		
Pilger des heiligen Jakob von Compostella	[226]	236
Pinakothek, die, in München	[219]	184
Pinguin, der patagonische	[229]	263
Plesiosaurus, der	[208]	95
Policei, die, der Natur	[213]	131
Polypen und Mollusken	[222]	204
Port Jackson, Ansicht von, s. Ansichten.		
Portsmouth	[235]	309
Portugal, Frühlingscur der Maulthiere und Pferde daselbst, s. Frühlingscur.		
Preußen, Friedrich Wilhelm III., König von, s. Galerie Nr. 2.		
Priesterin, indische, Leichenbegängniß derselben, s. Leichenbegängniß.		
Proceß über ein Bild	[240]	346
Procession, der Papst bei einer solchen am Palmsonntage in Rom, s. Papst.		
Procession, die, des Fronleichnams zu Sevilla	[209]	99
Procession, die, der Gargouille	[238]	335
Prüfungscandidat, seltsame Rache desselben, s. Rache.		
Punktsalamander, der	[222]	201
Pyrmont, Georg Heinrich Friedrich, Fürst zu Waldeck und, s. Galerie Nr. 34.		
Quebec am Lorenzflusse	[243]	409
Quinoa, der weiße	[215]	151
Rache, seltsame, eines Prüfungscandidaten	[211]	117
Raghery, die Insel, Seerabenfelsen auf ders.	[234]	304
Ragusa	[247]	403
Rajah=Ghur, die Moschee	[210]	112
Rattenjagden, die, zu Paris	[200]	28
Rechtsfälle in England und Frankreich	[209] [212] [242]	98 127 368
Redner, einer der merkwürdigsten unsers Jahrhund.	[246]	400
Reiseabenteuer in Canada	[245]	390
Reliquienkasten, der, in der heiligen Kapelle	[211]	117
Reproductionskraft verschiedener Thiergattungen	[222]	201
Reste der Urwelt im Thale von Mexico	[238]	330
Retzsch, Moritz, der Schachspieler, s. Schachspieler.		
Reuß, Fürst Heinrich XX. zu Greiz, s. Galerie Nr. 29.		
Reuß, Fürst Heinrich LXII. zu Schleiz, s. Galerie Nr. 30.		
Reuß, Heinrich LXXII., zu Lobenstein und Ebersdorf, s. Galerie Nr. 31.		
Riesenerdäpfel	[210]	111
Riesengrotte, die, in den norischen Alpen	[206]	76
Riesenhirsch, Kopf und Geweih desselben	[208]	93
Riesenkohl	[209]	103
Rigny, Admiral	[217]	163
Rom, Forum daselbst, s. Forum.		
Rom, kirchliche Feierlichkeiten daselbst während der heiligen Woche, s. Feierlichkeiten.		
Rosalia, die heilige, Kapelle derselben zu Palermo	[218]	176
Rosen=Darmimme, die, und ihre Entstehung	[207]	88
Rotiferen	[222]	204
Rouen	[213]	132
—— Justizpalast daselbst, s. Justizpalast.		
—— Große Uhr daselbst, s. Uhr.		
—— Trachten des Landvolks in dasiger Umgegend, s. Trachten.		
Ruinen des Palastes der Cäsaren in Rom	[244]	384
Ruinen des Tempels von Medinet=Habu	[232]	284
Rußlands kaukasische Provinzen, s. kaukasische Provinzen.		
Sachsen, Friedrich August, König von, s. Galerie Nr. 4.		
Sachsen=Altenburg, Joseph, Herzog zu, s. Galerie Nr. 14.		
Sachsen=Koburg=Gotha, Ernst, Herzog von, s. Galerie Nr. 15.		
Sachsen=Meiningen=Hildburghausen, Bernhard, Herzog zu, s. Galerie Nr. 13.		

	Nr.	S.
Sachsen=Weimar=Eisenach, Karl Friedrich, Großherzog von, s. Galerie Nr. 12.		
Sagen, alte: 1) Die Sage von der Glocke 2) Die Sage von der Hahnkrähe	[224]	221
Salzberg von Cardona in Spanien	[245]	391
Sarepta	[222]	206
Säulenreihe im Tempel von Luxor	[231]	280
Schachspieler, der, von Moritz Retzsch	[241]	356
Schauspiele, die ehemaligen geistlichen, in Frankreich	[226]	235
Schiffbruch des französischen Fahrzeugs, die „Fliege"	[219]	178
Schleiz, Heinrich LXII., Fürst Reuß zu, s. Galerie Nr. 30.		
Schmied, der, zu Gretna=Green, s. Gretna=Green.		
Schneestürze in England	[206]	79
Schreibmaterialien	[202]	46
Schwämme auf weggeschüttetem Kaffeesatze	[205]	72
Schwanzmeise, die, und ihr Nest	[217]	165
Schwarmbienenkörbe, ulmer	[217]	163
Schwarzburg=Rudolstadt, Friedrich Günther, Fürst von, s. Galerie Nr. 25.		
Schwarzburg=Sondershausen, Günther, Fürst von, s. Galerie Nr. 24.		
Schwefel, über die Natur und Bereitung desselben	[212]	127
—— Bereitung desselben in Sicilien	[212]	128
Scillyinseln, die	[212]	126
See= oder Meerkuh, die	[201]	39
See, der, von Nantua, s. Nantua.		
Seekrebs, der äthiopische, s. Drache, der geflügelte.		
Seekühe, nach Anson's Beschreibung, s. Phoken.		
Seerabenfelsen, der, auf der Insel Raghery	[234]	304
Seeräuber, der, Antonio Balidar	[222]	205
Seidenbau, der	[236] [237] [238] [239]	318 326 332 341
Seidenmanufactur, die, in England	[210]	110
Seidenzucht, über die, in Baiern	[201]	35
Seidenzucht in der Nähe von Paris	[197]	5
Seifenkraut, das	[221]	199
Selinunt	[226]	233
Sevilla, Circus für die Stiergefechte daselbst, s. Circus.		
Sevilla, die Procession des Fronleichnams daselbst, s. Procession.		
Sicilien, Bereitung des Schwefels daselbst, s. Schwefel.		
Sicilien, Landbau daselbst, s. Landbau.		
Siegfried gibt Chrimhild den Gürtel der Brunhild	[233]	292
Sifano, die Insel	[227]	244
—— eine Fischerfamilie auf derselben, s. Fischerfamilie.		
Sitten der irländischen Landleute	[206]	74
Sitten und Gebräuche der Perser	[199] [200]	17 28
Sklavenhandel, über die Abschaffung desselben	[248]	412
Soldaten, persische, und Strafgefangene	[200]	32
Sonnenaufgang	[248]	416
Spanien, über	[243]	374
Sparkassen, die, in London	[197]	2
Sparsamkeit im französischen Heere	[211]	119
Stachelschwein, das	[223]	215
Statistik des Handelsverkehrs in Nischnei=Nowgorod, s. Nischnei=Nowgorod.		
Steindlquelle	[211]	119
Stiere, Kampf zweier, s. Kampf.		
Stiergefechte, die, in Spanien	[205]	68
—— mit Toreadores zu Pferde	[205]	69
Stiergefechte, Circus für dieselben zu Sevilla, s. Circus.		
Stilfser Joch, Unglücksfälle auf der Straße über dasselbe, s. Unglücksfälle.		
Stockholm	[228]	252
Strafgefangene, s. Soldaten, persische.		
St.=Vincent di Fora, das Kloster in Lissabon	[247]	404
Sydney (Stadt), Ansicht von, s. Ansichten.		
Syrakus, griechisches Theater daselbst, s. Theater.		
Tanz, der, Kupferstich von Hogarth, s. Hogarth.		
Tarif der Ärzte in Nordamerika	[236]	319

VIII   Inhaltsverzeichniß.

	Nr.	S.
Tättowiren, das	[231]	279
Tau, großes	[221]	199
Telegraphen auf Eisenbahnen	[238]	330
Tempel, der große von Karnak	[231]	276
Tempel zu Medinet-Habu, Ruinen desselben, s. Ruinen.		
Theater, das griechische, zu Syrakus	[203]	56
Thiere, die, der Urwelt	[208]	89
Thiergattungen, verschiedene, Reproductionskraft derselben, s. Reproductionskraft.		
Thierische Ökonomie, Blicke auf dieselbe, s. Blicke.		
Thor, das nördliche zu Peking	[223]	213
Thurm, der, zu Belem	[246]	396
Tiger, der, und der Dsiggetai	[209]	103
Todte Meer, das, s. Meer.		
Todtenuhr, der den Laut derselben bewirkende Käfer	[197]	4
Töpferwaaren in England	[246]	395
Trachten des Landvolks in der Umgegend von Rouen	[213]	136
Trachten, persische	[199]	20
Treten, das, der Derwische, s. Derwische.		
Trinitatiskirche, die, in Kopenhagen	[225]	232
Trinker, der, nach einer Gruppe vom Bildhauer Desboeufs	[236]	317
Trongon, der	[206]	79
Tropfsteinhöhle, die, bei Demenfalva	[232]	283
Uhr und Herz	[213]	136
Uhr, die große, zu Rouen	[213]	132
Unglücksfälle auf der Straße über das Stilfser Joch	[203]	54
Upsala	[207]	84
Urwelt, Reste derselben im Thale von Mexico, s. Reste.		
Urwelt, Thiere derselben, s. Thiere.		
Veränderungen in der Lebensweise in Großbritannien	[218]	170
Verfahren, Fruchtbäume vor den Verwüstungen der Insekten zu schützen	[203]	54
Verheerungen der Weingärten durch Insekten	[235]	311
Verirrung des Fanatismus	[223]	215
Verpflanzung des chinesischen Indigos nach Transkaukasien, s. Indigo.		
Verschiedenheit, die, der Organisationen in Übereinstimmung mit der Verschiedenheit des Klimas, s. Organisationen.		
Versuch, merkwürdiger naturwissenschaftlicher	[206]	78
Vertheilung des Landeigenthums in England	[222]	207
Verwüstungen der Insekten, Verfahren, die Fruchtbäume gegen dasselbe zu schützen, s. Verfahren.		
Bicuñaschaf, das	[201]	36
Villa Farnese zu Rom, s. Farnese und Bilder aus Rom.		
Virgil's Grab	[224]	219
Bischer, Peter	[248]	412
Vogel, der schwarze	[231]	279
Vogelnester, die	[197]	7
Vogelspinne, die, und der Kolibri, s. Kolibri.		
Volk, das deutsche, Entwickelungsstufen desselben, s. Entwickelungsstufen.		

	Nr.	S.
Volksfest im alten Griechenland	[207]	82
Voltaire und Fréron in der Theaterloge	[243]	373
Vorgebirge, das, der guten Hoffnung	[230]	265
Wachholderbaum, seltsamer	[226]	234
Wahl eines Arztes, s. Arzt.		
Wahrsager, der, und König Franz I.	[233]	296
Wahrsagerin aus dem 16. Jahrhundert	[240]	347
Waldbäume in Neusüdwales	[236]	316
Waldeck und Pyrmont, Georg Heinrich Friedrich, Fürst von, s. Galerie Nr. 34.		
Wälder, die canadischen, und ihre Bewohner	[240]	347
Walhalla	[202]	48
Wasserfall, der, von Gersoppa	[241]	358
Wasserfall, der, Govatts-Leap	[234]	300
Weibliche Pflege, s. Pflege.		
Weihe, die, des Zauberwassers	240]	349
Weingärten, Verheerungen derselben durch Insekten, s. Verheerungen.		
Wellington's Pferd	[239]	343
Werth der körperlichen Beredtsamkeit	[216]	158
Wettersee, der	[204]	63
Wilde, Entbehrungen und Leiden derselben, s. Entbehrungen.		
Wilhelm, Herzog von Braunschweig, s. Galerie Nr. 16.		
Wilhelm, Herzog von Nassau, s. Galerie Nr. 20.		
Wilhelm I., König der Niederlande, s. Galerie Nr. 11.		
Wilhelm I., König von Würtemberg, s. Galerie Nr. 6.		
Wilhelm II., Kurfürst von Hessen, s. Galerie Nr. 8.		
Wilhelm IV., König von Großbritannien, Irland und Hanover, s. Galerie Nr. 5.		
Witterungsabweichungen, über die, der neuesten Zeit	[235]	310
Woche, die heilige, Feierlichkeiten in Rom während derselben, s. Feierlichkeiten.		
Wohlverhalten, geselliges, die Kunst des, s. Kunst.		
Würtemberg, Wilhelm I., König von, s. Galerie Nr. 6.		
Zaire, Mündung des Flusses, Fetischfelsen an derselben, s. Fetischfelsen.		
Zauberwasser, die Weihe des	[240]	349
Zerspringen, über das, der Dampfkessel, s. Dampfkessel.		
Ziegelbrennen, das	[198]	12
Zigeunerin, eine wahrsagende	[240]	348
Zollvereine, die deutschen	[242]	365
	[243]	370
	[244]	377
	[245]	386
Zubereitung, die, des Champagnerweins	[231]	278
Zucker, der	[214]	137
Zuckerpflanzung in Westindien	[214]	137
Zuckerrohrmühle in Westindien	[214]	140
Zuckersiederei in Westindien	[214]	141
Zwerg, ein	[219]	183

Das Pfennig-Magazin
für
Verbreitung gemeinnütziger Kenntnisse.

197.]   Erscheint jeden Sonnabend.   [Januar 7, **1837**.

Galerie der deutschen Bundesfürsten.
I.

Ferdinand I., Kaiser von Östreich.

Kaiser Ferdinand I. ist der erstgeborene Sohn des Kaisers Franz I. von dessen zweiter Gemahlin Marie Therese, einer Tochter des Königs Ferdinand von Neapel. Er wurde zu Wien am 19. April 1793 geboren und war von Natur so schwächlich, daß man in seiner frühen Jugend sehr für sein Leben fürchtete; hierzu kam noch, daß sein erster Lehrer, der Baron von Carnea-Steffaneo, ein sehr gelehrter, aber pedantischer Mann, durchaus nicht die nöthige Rücksicht auf die körperliche Ausbildung seines Zöglings nahm, weshalb auch, wie man erzählte, zufolge der letzten Bitte der Mutter des Prinzen, die am 15. April 1807 starb, nach ihrem Tode seiner Stelle als Erzieher enthoben ward. Hierauf übernahm der Freiherr von Erberg, und als dieser nachmals in Wahnsinn verfiel, der Feldmarschall und Hofkriegsrathpräsident, Graf Bellegarde, als Oberhofmeister die Leitung der Erziehung desselben. Nach hergestelltem Frieden ging der Prinz auf Reisen, besuchte Frankreich, Italien und die Schweiz; später bereiste er auch fast alle Provinzen seines väterlichen Reichs. Überall gewann er durch seine Leutseligkeit, durch Herzensgüte und Wohlthätigkeit die Herzen Derer, welche sich ihm zu nahen Gelegenheit fanden. Auf eine ausgezeichnete Weise benahm der Prinz sich bei der großen Überschwemmung der nördlichen Vorstädte Wiens im Jahre 1829, sowie nachmals, als die Cholera Wien heimsuchte. Nach einer frühern Sitte ward er noch bei Lebzeiten seines Vaters bei dem Reichstage zu Presburg am 28. September 1830 als König von Ungarn gekrönt, und zwar unter dem Namen Ferdinand V., indem in der Reihe der ungarischen Könige der ältere Bruder des Kaisers Leopold I., Ferdinand IV., mitgezählt wird, der seinem Vater Ferdinand III. im Tode voranging. Nach seiner Krönung vermählte er sich am 12. Februar 1831 mit Karoline, geboren am 19. September 1803, einer Tochter des verstorbenen Königs Victor Emanuel von Sardinien und Zwillingsschwester der regierenden Herzogin von Lucca. Während seines Aufenthalts zu Baden bei Wien im August 1832 kam er in Lebensgefahr, indem Franz Reindl, ein Hauptmann außer Dienst, der mit dem ansehnlichen Geschenke, das er statt der geforderten bestimmten Summe erhielt, nicht zufrieden war, ein Terzerol gegen ihn abfeuerte; doch wurde er nur leicht verwundet. Nach dem Ableben seines Vaters, am 2. März 1835, folgte er demselben auf den kaiserlichen Thron unter dem Namen Ferdinand I. Er führte die Regierung im Geiste des Verstorbenen fort und befestigte den Bund Östreichs mit Rußland und Preußen bei seiner persönlichen Zusammenkunft mit dem Kaiser Nikolaus und dem Könige Friedrich Wilhelm III. in Teplitz im October 1835. Am 7. September 1836 ward der Kaiser nebst seiner Gemahlin in Prag zum König von Böhmen gekrönt. Ihm verdankt bereits die Rechtspflege manche wohlthätige Veränderungen; ihm verdanken auch mehre Staatsverbrecher ihre Freiheit, andere bedeutende Milderung ihres strengen Gewahrsams. Besondere Aufmerksamkeit widmet er stets Allem, was mit der Technologie in Verbindung steht, und er hat in dieser Beziehung eine reiche Sammlung angelegt.

Die rechte und die linke Hand.

Ist der Vorzug, den man gewöhnlich der rechten Hand als Werkzeug der Thätigkeit gibt, Natureinrichtung oder Ergebniß der Gewohnheit? Man hat ganz verschiedene Antworten auf diese Frage gegeben. Der Umstand, daß alle Völker jenen Vorzug anerkennen, ist allerdings ein starker Beweis für eine Natureinrichtung; wie wäre sonst eine solche Übereinstimmung unter Völkern zu erklären, die durch Zeit und Raum getrennt und durch Lebensgewohnheiten so verschieden sind? Die Chinesen und einige andere Völker betrachten zwar die linke Hand als die Ehrenseite, aber noch kein Volk hat den Gebrauch der linken Hand zu praktischen Zwecken vorgezogen. Gegen den natürlichen Vorzug der rechten Hand hat man unter Anderm eingewendet, daß, wenn derselbe gegründet wäre, sich etwas Ähnliches bei den Thieren finden müsse. Man finde aber nicht, daß Pferde oder Ochsen auf der rechten Seite stärker seien, und bei Thieren, deren Vorderfüße gewissermaßen als Hände dienen, gebe es nicht nur eine Gleichheit zwischen beiden, sondern oft einen Vorzug der linken Hand, wie bei Eichhörnchen und Affen. Ähnliches zeige sich bei dem Papagai, der häufiger mit dem linken als mit dem rechten Fuße die Nahrung nehme. Dagegen aber läßt sich einwenden, daß die eigenthümliche Bestimmung des Menschen in diesem wie in andern Fällen eine besondere Einrichtung erfodert, die bei andern Thieren nicht nöthig ist. Diejenigen, die den Vorzug der rechten Hand blos für die Folge der seit der Kindheit erlangten Gewohnheit halten, nehmen an, daß beide Hände, auf gleiche Weise geübt, gleiche Leichtigkeit erlangen würden. Niemand hat dies anziehender dargestellt als Benjamin Franklin. „Wir sind zwei Schwestern — führt er die linke Hand redend ein — und die beiden Augen des Menschen können sich nicht ähnlicher sein, noch in besserm Verständnisse miteinander leben, als meine Schwester und ich, aber die Parteilichkeit unserer Ältern hat den kränkendsten Unterschied zwischen uns gemacht. Von meiner Kindheit an hat man mich gewöhnt, meine Schwester als ein höheres Wesen zu betrachten. Ich mußte ohne allen Unterricht aufwachsen, während bei der Erziehung meiner Schwester nichts gespart wurde. Sie ist im Schreiben, in der Musik, im Zeichnen unterrichtet worden, aber wenn ich mir etwa einfallen ließ, einen Bleistift, eine Feder, eine Nadel anzurühren, so bekam ich strenge Verweise, und oft bin ich geschlagen worden, weil ich ungeschickt und unbeholfen wäre. Es ist zwar wahr, daß meine Schwester bei einigen Verrichtungen meinen Beistand annahm, aber sie war dabei die Anführerin, und rief mit nur, wenn sie mich brauchte, oder wenn ich an ihrer Seite figuriren sollte."

So gewiß es aber auch bei der Erziehung wichtig ist, die linke Hand nicht weniger zu üben als die rechte, so ist doch die Frage selbst durch die Bemerkungen des englischen Anatomen Bell wol am besten beantwortet worden. „In Hinsicht auf Lebensbequemlichkeit — sagt er — und um uns behende und gewandt zu machen, kann wol gar nicht die Frage sein, welche Hand gebraucht, oder welcher Fuß vorgesetzt werden muß. Hat man uns dies gelehrt oder hat uns die Natur dazu geführt? Es ist zu bemerken, daß sich auf der ganzen rechten Seite des Körpers ein Unterschied findet, und daß die linke Seite schwächer ist, sowol in Hinsicht auf Muskelkraft als auf Lebensthätigkeit überhaupt. Die Entwickelung der Organe der Thätigkeit und Bewegung ist stärker auf der rechten Seite, wie man sich leicht durch das Maß oder durch das Zeugniß des Schneiders oder Schuhmachers überzeugen kann. Allerdings ist diese Überlegenheit das Ergebniß einer häufigern Übung der rechten Hand, aber die Eigenheit erstreckt sich auf die ganze Leibesbeschaffenheit, und Krankheiten treffen die linke Seite häufiger als die rechte. Operntänzer machen die schwierigsten Künste mit dem rechten Fuße, aber sie müssen den linken Fuß, eben weil er schwächer ist, doppelt so viel üben als den rechten, um bei ihren Kunstleistungen nicht ungewandt zu erscheinen. Werden solche Übungen versäumt, so wird der rechten Seite ein Vorzug gegeben, der die Anmuth der Bewegungen stört. Gehen wir hinter Jemand her, so werden wir selten eine ganz gleichmäßige Bewegung bemerken, und wir finden, daß der linke Fuß nicht so fest auftritt als der rechte, und daß die Zehen desselben mehr einwärts stehen als an diesem. Bei dem eigenthümlichen Bau der Frauen und bei der Elasticität ihres Schrittes, die mehr durch die Bewegung der Knöchel als der Hüften entsteht, zeigen sich Gebrechen des linken Fußes, wenn sie vorhanden sind, auffallender in ihrem Gange. Kein Knabe hüpft auf dem linken Fuße, wenn er nicht links ist. Der Reiter setzt den linken Fuß in den Steigbügel, und schwingt sich mit dem rechten auf. Die natürliche Beschaffenheit des Körpers gibt der rechten Hand den Vorzug, der keineswegs willkürlich ist. Wer links ist, fühlt am meisten die Vorzüge dieser Einrichtung von dem Öffnen einer Zimmerthüre bis zum Öffnen eines Federmessers."

Die Sparkassen in London.

Während der kurzen Zeit ihres Bestehens haben die Sparkassen auch in der britischen Hauptstadt die wohlthätigsten Ergebnisse unter den geringern Volksclassen herbeigeführt. In der Grafschaft Middlesex gibt es überhaupt 28 Sparkassen, in welche nach der neuesten Übersicht 78,453 Personen Gelder angelegt hatten. In den drei Sparkassen der Altstadt London hatten über 21,700 Personen, jede im Durchschnitt 150 Thaler und in den übrigen Sparkassen der Hauptstadt 56,800 Personen, jede im Durchschnitt 175 Thaler angelegt, und das in allen Banken angelegte gesammte Capital betrug über 14 Millionen Thaler. Erwägt man, wie groß in London die Versuchung zu Verschwendungen und Ausschweifungen ist, so tritt dieses Ergebniß als ungemein günstig hervor, und es scheint, als ob die in neuern Zeiten den untern Volksclassen gegebene Gelegenheit, sich auf wohlfeile Weise Belehrung zu verschaffen, was besonders durch die für Gewerbsleute gestifteten Vereine geschehen ist, wesentlich dazu beigetragen habe, gegen jene Versuchung zu waffnen. Die Volksmenge von Middlesex beträgt $1/9$ der Gesammtbevölkerung Englands, aber die Zahl der Theilnehmer an den Sparkassen ist gleich $1/5$ der Einleger in die übrigen Sparkassen des Landes. Die Marylebone=Kasse, eine der neuesten, 1830 gestiftet, hatte in den ersten Monaten bereits Einlagen von 460 Personen zu dem Betrage von mehr als 21,000 Thalern erhalten, und im November 1835 hatte sich die Zahl der Einleger 14fach, der Betrag der Einlagen 20fach vermehrt. Unter den Einlegern waren 2400 Frauen und 4000 Männer, und die zahlreichste Classe der Theilnehmer bilden weibliche Dienstboten, die $1/5$ der Gesammtzahl der Einleger betragen, und jede derselben hat im Durchschnitt 100 Thaler eingelegt. Die männlichen Dienstboten betragen kaum $1/10$ der gesammten Theilnehmer, aber ihre Einlagen sind dagegen höher, für jeden im Durchschnitt 140 Thaler. Die gesammte in der Marylebone=Kasse von Dienstboten angelegte Summe beträgt 238,000 Thaler, mehr als $1/3$ der angelegten Gesammtsumme, obgleich die Dienstboten weniger als $1/3$ der Zahl der Theilnehmer bilden. Mehre Einleger haben früh die Gewohnheit des Sparens angenommen, und ungefähr $1/10$ der Theilnehmer besteht aus Kindern beiderlei Geschlechts, ungefähr 600, die zusammen über 22,000 Thaler eingelegt haben. Unter den Theilnehmern sind 82 Handwerkslehrlinge, deren jeder im Durchschnitt 25 Thaler eingelegt hat. Die musterhafte Einrichtung der Marylebone=Kasse, daß bei der Rechnungsführung die Einleger nach Classen gesondert werden, macht es möglich, vorstehende Angaben mitzutheilen, und sie sollte billig von allen Anstalten dieser Art angenommen werden, weil man dann über den gesellschaftlichen Zustand der verschiedenen Volksclassen ein richtiges Urtheil sich bilden und die Mittel zur Verbesserung desselben genauer prüfen könnte.

Aberglauben und Irrthümer.

Obgleich unser Jahrhundert vor dem Lichte der zunehmenden Aufklärung, der Frucht des in vielen Ländern gewissenhaft gepflegten Volksunterrichts, Aberglauben und Furcht vor den Eingriffen unheimlicher, übernatürlicher Gewalten in unser Leben sich wesentlich hat vermindern sehen, darf die Herrschaft des Wahns und Irrthums doch keineswegs für beendigt gehalten werden. Manche verkehrte Bestrebungen und Erscheinungen der Gegenwart lassen sogar befürchten, daß der thörichte Glaube an Geisterbannerei, Schatzgräberei, das Vertrauen auf Talismane und Amulete u. s. w. wieder einzelne Anhänger erwerben mögen. Zwar wird die europäische Bildung wol nie gestatten, daß wir in die Finsterniß früherer Jahrhunderte wieder versinken, wo man dem barbarischen Grundsatze huldigte: Wenn unter 200 hingerichteten sogenannten Hexenleuten auch nur eine Hexe gewesen sei, die andern Unschuldigen gar nicht zu beklagen wären; allein ist denn nicht schon das geringste Zurückgehen in solchen Dingen des Christenthums und des menschlichen Verstandes unwürdig?

Eine wichtige Warnung, dem Wahne nirgend einen neuen Einfluß auf uns zu gestatten, bleibt auch die Erfahrung, wie schwierig es ist, sich demselben wieder zu entziehen. So gibt es z. B. noch eine Menge Leute, sogar in den gebildeten Ständen, welche auf lächerliche Vorzeichen, an glückliche oder unglückliche Tage und andern Aberglauben steif und fest halten und ihre Handlungen darnach einrichten. Welcher vernünftige Grund zu einer übeln Vorbedeutung für Jemand kann aber z. B. darin liegen, daß ihm, wenn er des Morgens ausgeht, eine Person in Trauerkleidern begegnet oder eine Heerde Schweine ihm entgegengetrieben, ein Sarg an ihm vorbeigetragen wird? Aus welchen Ursachen kann es üble Folgen haben, wenn Jemand bei Tische Salz verschüttet, und welchen übeln Einfluß vermag der Freitag oder, nach Andern, der Montag, die für unglückliche Tage gelten, auf die an denselben begonnenen Unternehmungen zu äußern? Unglaublich erscheint ferner, daß selbst in unsern Tagen noch Viele an dem Aberglauben hängen, wenn 13 Personen an einer Tafel speisen, müsse im nämlichen Jahre eine davon sterben, und daß diese Zahl daher überall vermieden wird, während man sich ruhig mit 100 Personen zu Tische setzt, von denen doch sehr wahrscheinlich mehr als eine das Jahr nicht überlebt.

Manche Zeiten im Jahre hat sich der Aberglaube zu ganz besondern Thorheiten ausersehen; so wurde geglaubt, die Mädchen könnten in der Andreasnacht, in der Thomas=, Neujahrs= und Christnacht die zukünftigen Männer einladen und sehen. Sie brauchten blos einen Tisch für Zwei zu decken, auch foderten Manche, daß er mit neunerlei Essen besetzt werde; was der erschienene Liebhaber etwa zurücklasse, müsse dann sorgfältig aufgehoben werden, er selbst aber dürfe dieses Andenken nie wieder zu Gesichte bekommen, wenn nicht großes Unglück entstehen solle. Ebenso kauften sich abergläubige Mädchen, um in der Christnacht ihren Geliebten im Traume zu sehen, am Tage vor dem heiligen Abend für einen Pfennig das letzte Stückchen einer Semmelzeile, schnitten etwas von der Rinde unten ab, trugen es den ganzen Tag mit sich herum und legten es Abends unter ihr Kopfkissen. Fand sich nun am Morgen, daß von der Semmelrinde etwas abgenagt war, was doch im glücklichen Falle blos durch eine Maus geschehen sein konnte, so bildeten sie sich ein, sie würden übers Jahr heirathen. Überhaupt mischte sich und mischt sich noch oft der Aberglaube in alle Verhältnisse des Lebens; abergläubige Frauen hören wir noch immer das übertriebene Lob neugeborner Kinder mit der Formel: „Gott behüt's!" begleiten, um sie nicht etwa wider Willen zu beschreien und ihnen dadurch zu schaden. Brautleute halten es noch häufig für ein gutes Zeichen, wenn es an ihrem Hochzeittage oder, wie man sagt, in den Brautkranz regnet, und glauben, wer zuerst den Fuß auf den Teppich vor dem Altar setze oder beim Händegeben die Hand oben habe, werde auch im neuen Hauswesen die Oberhand bekommen. Und wie die Lebenden selbst vor den Altar, so begleitet der Aberglaube auch den Todten ins Grab, wie z. B. Leute, die Alles wie eine Leiche mit dem Kopf voran zum Hause hinaustragen ließen, die das Einsinken des Grabhügels eines Verwandten, welches doch blos von dem Zusammenbrechen des Sarges oder von einer andern zufälligen Ursache herrühren kann, für ein zuverlässiges Zeichen halten, daß bald Jemand aus der Familie sterben werde u. s. w. Wie viele Abergläubige mögen ferner nicht des Abends in ihren Wohnungen vor dem Pick, pick, pick der sogenannten Todtenuhr erbebt sein, das den Tod eines Hausgenossen anzeigen soll. Gleichwol rührt dieser Laut blos von einem in altem Holzwerk lebenden, hier sehr vergrößert abgebildeten, in der Wirklichkeit nur drei Linien langen Käfer her, welcher dadurch seine Kame-

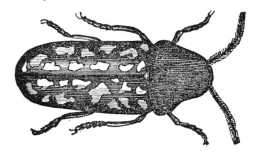

raden herbeilocken will, und der uns durchaus nichts weiter zu Leide thut, als daß er das Holzwerk, auch wol Bücher und andere Dinge durchlöchert.

Der thörichtste Aberglaube und die unverschämteste Betrügerei ward auch lange Zeit mit der hier abgebildeten Mandragora oder dem Alraun getrieben, einer

im südlichen Europa einheimischen, der Belladonna verwandten Pflanze mit weißröthlichen Blüten, deren lange, unterwärts ziemlich gleichmäßig gespaltene Wurzel die sogenannten Erdmännchen oder Galgenmännchen lieferte. Dieser Name rührt nämlich daher, daß die Sage den Alraun blos bei dem Zusammentreffen seltener Umstände unter dem Galgen wachsen ließ. Mit der Ausgrabung desselben sollten die wunderbarsten Vorfälle verbunden sein, und wenn er unvorsichtig ausgerissen werde, das Ächzen und Stöhnen der Wurzel dem Anwesenden gar das Leben kosten. Um aber ungefährdet dazu zu kommen, müsse man mit sorgfältig verstopften Ohren Freitags vor Sonnenaufgang mit einem ganz schwarzen Hunde hingehen, drei Kreuze über dem Alraun machen, die Wurzel ringsum behutsam von der Erde befreien, sodaß sie blos mit einigen Fasern noch im Boden hafte, und sie dann mittels einer Schnur dem Hunde an den Schwanz binden. Diesen müsse man nun mit einem Stücke Fleisch hinter sich herlocken, indem man eilig davonlaufe, wo dann der nachfolgende Hund die Pflanze vollends herausreiße, aber von dem Geschrei derselben sterben werde. Die Wurzel sollte dann mit rothem Weine abgewaschen, in weiß und rothes Zeuch gewickelt und in ein Kästchen gelegt, alle Freitage aber gebadet und bei jedem Neumond mit einem weißen Hemdchen versehen werden. Dafür offenbarte sie aber auch auf Befragen künftige und geheime Dinge, brachte dem Besitzer Glück und ließ ihn nie verarmen, denn ein Stück Geld, das man dem Galgenmännlein Nachts zulegte, war am Morgen verdoppelt. Wollte man indessen seine Dienste lange genießen und sicher gehen, daß es nicht absterbe, so durfte man es nicht zu sehr anstrengen, und namentlich nicht über einen halben Thaler jede Nacht ihm zulegen.

Obgleich das eine sehr bescheidene Anfoderung ist, wird doch gewiß ein Galgenmännlein, das sich wie die nebenstehende Abbildung ausnahm, sie nicht erfüllt haben; wol aber wurde der Aberglaube von Betrügern benutzt, um den Verblendeten ihr Geld abzunehmen. Gewöhnlich schnitten sie die Wurzel der Zaunrübe wie Alraunwurzeln zu, steckten sie voll Hafer und Hirsenkörner und legten sie in warmen Sand. Hier fingen die Körner an zu keimen, und war dies hinreichend geschehen, so wurden die Wurzeln wieder hervorgezogen, die Keime gleich Haaren zugestutzt und die fertigen Wunderdinger wie oben angeputzt für schweres Geld verkauft.

Zu den zahllosen Irrthümern, welche die vorurtheilsfreie Naturforschung in neuerer Zeit aufgehellt hat, gehört auch die Fabel vom sogenannten scythischen oder tatarischen Lamm, von dem in alten Naturgeschichten die nachstehende Abbildung vorkommt. Man

dachte sich darunter ein Thier, das aber mit seinen Füßen fest im Boden wurzele und so verderblich auf seine Umgebung wirke, daß kein Gräschen in seiner Nähe gedeihen könne. Jetzt weiß man mit Zuverlässigkeit, daß ein seltsam verschlungenes Moos, welches aus der Ferne sich manchmal wie ein Thier ausnehmen mag, die Veranlassung dieser Erdichtung gewesen ist. Ebenso behauptete man sonst, der Strauß brüte seine Eier durch dreitägiges Anschauen aus, und um ein näher liegendes Beispiel von Irrthum und Aberglauben anzuführen, braucht blos des gefürchteten Basilisken gedacht zu werden, den die Sage aus dem von einer Kröte auf dem Dünger ausgebrüteten Ei eines Hahns entstehen ließ. Sein Aufenthalt waren Keller und tiefe Brunnen, und man gab ihm die Gestalt eines Hahns mit bunten Drachenflügeln, einem Drachenschwanze, einer Krone auf dem Kopfe und einem so giftigen Blicke, daß er damit Alles, was ihm nahe komme, allein auch sich selbst tödte, wenn ihm ein Spiegel vorgehalten werde.

In alten Naturaliensammlungen wurden sogar solche angebliche Basilisken aufbewahrt, allein sie erwiesen sich später als Zusammensetzungen vereinzelter Theile von allerlei Thieren, welche von Betrügern verfertigt und an die Leichtgläubigen theuer verkauft worden waren. Dergleichen Täuschungen kommen sogar jetzt noch vor, und vor einigen Jahren wurde in London ein sogenanntes Meermädchen zur Schau gestellt, deren Vorhandensein längst als Fabel erkannt ist, und welche, wie die Seermänner, einen halb menschlichen, halb fischähnlichen Körper haben sollen. Für ihr gutes Geld bekamen die Schaulustigen die hier abgebildete seltsame Gestalt (a) in einem Glaskasten zu sehen; allein es kam bald heraus, daß sie aus dem Oberkörper eines Affen und einem großen Fische zusammengesetzt und in Ostindien von malaiischen Seeräubern erbeutet worden war, die wahrscheinlich irgend einen Götzen unter dieser Gestalt verehren, ähnlich der nebenanstehenden (b), einem japanischen Gemälde entlehnten Abbildung.

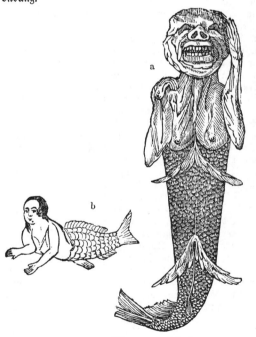

Meermädchen.

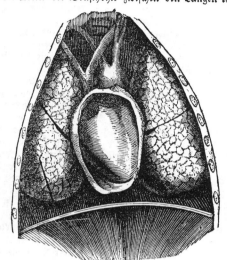

Das Herz in seiner natürlichen Lage, mit geöffnetem Herzbeutel.

Manche Irrthümer erhalten sich aber sogar, trotz aller Erfahrung, durch gedankenlose Nachbeterei unglaublich lange Zeit, und es mögen z. B. noch manche Leute der Meinung sein, die Männer hätten auf jeder Seite eine Rippe weniger als die Frauen, während doch beide Geschlechter an jeder Seite zwölf haben, von denen sieben mit dem Rückgrathe und Brustbeine verbundenen die wahren und die andern fünf, blos mit dem Rückgrathe verwachsenen, die falschen heißen. Eben so wird das Herz des Menschen gewöhnlich an die linke Seite versetzt, während es so nahe als möglich in der Mitte der Brusthöhle zwischen den Lungen liegt; ja wenn man auf der Mitte des Brustbeins eine Linie zöge, würde sich sogar die größere Hälfte des Herzens auf der rechten Seite derselben befinden. Das Vermuthen des Herzens auf der linken Seite rührt blos daher, weil hier diejenige der beiden Herzkammern liegt, aus der das Blut sich in die große Pulsader und von da durch den ganzen Körper verbreitet, und wir die Thätigkeit dieser Organe hier deutlich fühlen.

Es haben sich aber auch falsche Behauptungen anderer Art, die man auf der Stelle durch Maß oder Gewicht hätte berichtigen können, sehr lange erhalten. So glaubt wol noch Mancher, ein todter Körper sei schwerer als ein lebender, was wahrscheinlich nur davon herrührt, daß der todte unbehülflicher und darum schwieriger zu handhaben ist, und es ist lange nacherzählt worden, der Mensch wiege vor dem Essen leichter als nachher. Mit dergleichen Dingen pflegt es meist zu gehen, wie einst am Hofe König Jakob VI. von Schottland, wo von gelehrten Leuten in des Königs Gegenwart mit großem Eifer für und wider die Behauptung gestritten wurde, ein Zuber voll Wasser mit einer Gans darin sei leichter als ein Zuber mit gleichviel Wasser und ohne Gans. Man konnte sich durchaus nicht vereinigen, und der gelangweilte König schlug endlich vor, man möge doch zuvörderst untersuchen, ob sich die Sache auch so verhalte. Dies geschah, und dabei fanden denn die gelehrten Herren, daß die Behauptung falsch war. Diese Geschichte aber bleibt ein mahnendes Beispiel für Alle, keiner unwahrscheinlichen Angabe leichten Glauben zu schenken, und wenn es irgend möglich ist, sie zu prüfen.

Seidenzucht in der Nähe von Paris.

Die Fortschritte, welche die Gewinnung von Seide in diesem Augenblicke im Norden von Frankreich macht, sind der Art, daß Frankreich in wenigen Jahren aller Einfuhr fremder roher Seide, die sich gegenwärtig auf 10—15 Mill. Thaler beläuft, wird entbehren können; es ist sogar zweifelhaft, ob nicht die ganze Seidencultur sich nach und nach in den Norden ziehen wird, wo das

Klima zwar nicht erlaubt, sie als Hausindustrie zu betreiben, wo sie aber für die Cultur im Großen und in eignen Gebäuden sehr beträchtliche Vortheile bietet. Die Resultate, welche man seit zwei Jahren erhalten hat, übersteigen alle Erwartungen. Der Erste, welcher die Erziehung der Seidenwürmer in der Gegend von Paris im Großen betrieb und systematisch verbesserte, war Camille Beauvais, welcher auf der Domaine Les Bergeries eine sehr bedeutende Anstalt errichtet hat, wo er allen Landbesitzern der Umgegend gestattete, sein Verfahren zu untersuchen, und denen er in mündlichen Unterhaltungen seine Beobachtungen und weitern Plane zu Verbesserungen mittheilte. Während man im Süden aus einer Unze Eier gewöhnlich 50 Pfund Cocons, und in Anstalten nach Dandolo's System 100 Pfund Cocons erhält, lieferte Beauvais im Jahre 1834 schon 136 Pfund, und 1835 erhielt einer seiner Schüler sogar 170 Pfund Cocons. Das Höchste, das sich erreichen läßt, ist 200 Pfund, was aber voraussetzt, daß alle Raupen zum Einpuppen kommen, und es ist kaum zu bezweifeln, daß man bei dem neuen System von Heizung, Fütterung und Luftreinigung dieses Ergebniß beinahe ganz erreichen werde. Dies ist jedoch nur ein Theil der Vortheile des neuen Systems vor dem alten, und die neuerrichtete Fabrik des Herrn von Grimaudet in Villemomble, welche die vollkommenste Anwendung aller bisher erprobten Verbesserungen zeigt, gibt ein Beispiel, auf welchen Grad die Production gesteigert werden kann. Es besitzt die Einrichtung, welche nöthig ist, immer einen gleichen Grad von Hitze und von Feuchtigkeit, verbunden mit der vollkommensten Reinheit der Luft, zu erhalten. Ist die äußere Luft zu warm, so wird der Erziehungssaal durch Eis gekühlt, ist er zu trocken, durch warmes Wasser befeuchtet; wird die Luft unrein, so kann sie ohne Änderung des Wärmegrades in einem Augenblicke erneuert werden. Man erhält die Fabrik immer auf 23 Grad Réaumur und 85 Grad Feuchtigkeit, wobei die Raupen sich am zwanzigsten oder höchstens zweiundzwanzigsten Tage einspinnen, wogegen sie im Süden 37 Tage brauchen. Während man es im Süden nie über eine Erziehung von Raupen im Jahre bringen konnte, hat man im Jahre 1836 in Villemomble vier Erziehungen zu Stande gebracht. Die vierte wurde den 30. Julius begonnen und den 20. August beendigt. Man erhält die nöthigen Blätter dazu von dem Maulbeerbaum der Philippinen, welcher in der Umgegend von Paris bis gegen Ende August neue Schosse treibt. Der Erziehungssaal ist auf 150 Unzen Eier berechnet, die zweite bis vierte Erziehung aber besteht nur aus 100 Unzen; der Saal wird daher, sobald die Maulbeerpflanzungen in vollem Tragen sein werden, jährlich 450 Unzen aufnehmen, und daher etwa 70,000 Pfund Cocons liefern, welche 6200 Pfund Seide geben werden. Die Raupen der Anstalt zu Villemomble sind von der Gattung, welche Ludwig XVI. aus Kanton kommen ließ; die Cocons sind von blendender Weiße, und die dort gewonnene Seide verkauft sich in diesem Augenblicke zu neun Thalern das Pfund. Grimaudet läßt gegenwärtig in einem rechten Winkel mit dem bestehenden Saale einen zweiten bauen, der 200 Unzen und in den vier Erziehungen eines Jahres 650 Unzen enthalten soll. Viele andere Gutsbesitzer in den nördlichen Departements haben angefangen, ähnliche Anstalten zu gründen, und die Regierung hat einen der ausgezeichnetsten Schüler von Beauvais, Henri Bourdon, in die südlichen Provinzen geschickt, um die neuen Methoden, soweit sie dem Klima dort anzupassen sind, zu verbreiten. Die Beschreibung der Maschinerie und der Methoden, die in dieser neuen Anstalt angewendet werden, sind im Druck erschienen.

Die Grotte zu Adelsberg.

Zwischen Laibach und Triest, am Fuße einer Hügelreihe, welche zu der Bergkette gehört, die Tirol von Italien trennt, liegt die kleine Stadt Adelsberg, berühmt durch die große Stalaktitenhöhle in ihrer Nähe. Von einigen Führern begleitet, deren jeder ein Grubenlicht trägt, gehen wir langs der Hügelreihe zu einem Bache, der die Ebene durchfließt, bis er plötzlich durch eine natürliche Wölbung in den Berg sich ergießt. Der Weg verläßt hier den Bach, und nachdem er an dem Abhange des Berges hinangestiegen ist, führt er zu einer im Felsen angebrachten Thüre, durch welche wir in die Höhle treten. Unsere Führer zünden nun ihre Lampen an, aber das Auge muß sich erst an die Finsterniß gewöhnen, in welche wir treten, ehe es etwas von den Gegenständen unterscheiden kann, die uns umgeben. Der Fußboden ist die Decke des Gewölbes, durch welches der Bach fließt, und sein dumpfes Rauschen, das in den entfernten Tiefen der Höhle widerhallt, macht den dunkeln Raum, der vor uns liegt, für unser Gefühl noch unermeßlicher. Die Höhle wird immer weiter und die Decke höher. Zwei bis drei kurze, aber mächtige Stalaktitenpfeiler erheben sich auf den Seiten und geben der sich senkenden Decke das Ansehen eines Gewölbes. Je weiter wir gehen, desto höher wird die Decke, bis wir sie endlich in der tiefen Dunkelheit nicht mehr unterscheiden können, da das Licht der Lampe nicht stark genug ist, seinen Schein bis an die ungeheure Wölbung zu werfen. Endlich bleibt einer unserer Führer stehen und läßt seinen Gefährten in einen tiefen Schacht steigen, in welchen mehre Stufen hinabführen, die sich an seinen Seiten winden. Wir sehen bald nichts mehr von ihm als sein Grubenlicht, das wie ein Stern in der Tiefe blinkt. Plötzlich aber verschwindet das Licht und kommt nach einigen Secunden an einer andern Stelle wieder hervor. Wir stehen auf einer natürlichen Felsenbrücke, unter welcher der Mann hingegangen ist. Die Höhle hat hier ihre größte Höhe, wenigstens 200 Fuß. Unser Führer steckt nun mehre Lichter auf die Brustwehr der Brücke, und während wir das Licht des Mannes in der Tiefe auf dem Wasser glänzen sehen, steigen auch wir in den Abgrund, und wenn wir unten sind, blicken wir hinauf und sehen die Lichter auf der Felsenbrustwehr matt in der Dunkelheit glimmen. Wir sehen nur wenig von dem Strome, auf dessen jenseitigem Ufer die Wand der Höhle senkrecht sich erhebt, und wir steigen hier 50—60 Fuß hoch zu dem Eingange einer andern Höhle. Bis hierher war die Höhle seit den ältesten Zeiten zugänglich, aber der finstere Strom setzte lange Zeit weitern Erforschungen ein unübersteigliches Hinderniß entgegen, bis 1822 ein junger Bauer den Strom durchwatete, die jenseitige Felsenwand erstieg und diese neue prächtige Höhle entdeckte. Sie gleicht einem Gemach von schönstem Alabaster. Wir sehen milchweiße Stalaktitenpfeiler von jeder Höhe und Gestalt, von den zartesten Zapfen, die von der Decke hinabgehen, bis zu den mächtigsten Säulen. Ebenso zahlreiche Stalagmiten gibt es, besonders an den Seiten der Höhle, die von dem Boden in formlosen Massen sich erheben und oft als große Pfeiler aufsteigen, indem sie sich mit den von der Decke herabkommenden Stalaktiten vereinigen. Überall entstehen dadurch Bildungen, so kunstreich und zart, daß sie der Geschicklichkeit des Bildhauers spotten. Die Höhle wird nun immer höher und breiter, und die prächtigen Stalaktitbildungen werden so zahlreich, daß wir nichts von den Wänden der Höhle erblicken. Rechts führt eine schmale Öffnung zu einer kleinen Höhle, Ferdinandsgrotte genannt, wo wir die zierlichsten Stalaktiten sehen. Der Eingang zu dieser Grotte ist ziemlich lang und wird an einer Stelle durch eine ungeheure Masse vereinigt, welche einer großen Orgel gleicht. Gleich daneben sehen wir eine Reihe schlanker Säulen, einem Gitter ähnlich.

Wenn wir wieder in die große Höhle kommen, gehen wir langsam weiter und sehen bei jedem Schritte neue Wunder. Die Natur scheint hier die Werke der Menschenkunst auf ihre eigne Weise nachbilden zu wollen. Auf der einen Seite sehen wir einen prächtigen Stalagmiten, der Taufstein genannt, von den zartesten und zierlichsten Säulen umgeben. In einer kleinen Seitenhöhle, voll der seltsamsten Gebilde, erblicken wir einen Stalagmiten, der einem kleinen Fußgestelle mit der Büste eines bärtigen Greises täuschend ähnlich ist. Man zeigt uns eine andere Stalagmitbildung, die auf die gegenüberstehende Wand einen Schatten wirft, dessen Umrisse der heiligen Jungfrau mit dem Kinde gleichen, und es bedarf keiner großen Anstrengung der Phantasie, die auffallende Ähnlichkeit zu finden. Eine ungeheure Stalagmitmasse ist durch das allmälige Herabsenken dicker Stalaktitbildungen von oben entstanden, die sich verbunden haben und gleichsam ein kunstreiches Schnitzwerk bilden. Man nennt sie den Blumenkohl. Endlich kommen wir zu einer großen Stalaktittafel. Unser Führer stellt sein Licht dahinter und sie zeigt sich durchsichtig wie Glas. Die Höhle erweitert sich plötzlich und wir treten in den sogenannten Tanzsaal, der gegen 100 Fuß lang, 120 F. breit und über 80 hoch sein mag. Kein einziger Pfeiler trägt dieses ungeheure Gewölbe. An den Seiten der Wände laufen Reihen von Stalaktitsäulen und zierliche Gebilde hängen von der Decke herab. Zur Rechten ist eine Fortsetzung der Höhle, und wie es scheint, war dieser Theil des Tanzsaales ursprünglich weit größer, da er hier in mehre Gänge oder Kammern abgetheilt ist. Mehre Stalaktiten hängen hier in dünnen formlosen Massen herab, welche, wenn man sie anschlägt, einen starken Klang geben, besonders gibt eine, die Glocke genannt, einen fast betäubenden Ton, wenn man sie mit der Faust schlägt. In diesem Theile der Höhle versammeln sich die Bewohner der Umgegend am weißen Sonntage zu einer gottesdienstlichen Feier. Sie wird dann glänzend erleuchtet und dem Gottesdienste folgen ländliche Feste. Haben wir den Tanzsaal verlassen, so wird die Höhle bald breiter, bald enger, bleibt aber immer sehr hoch, bis wir in eine andere Halle kommen, die zwar nicht so groß als der Tanzsaal, aber doch von bedeutendem Umfange ist. In der Mitte erhebt sich eine Säule, aber der merkwürdigste Gegenstand ist eine Stalaktitbildung, der Vorhang genannt, welche von einer beträchtlich vorspringenden Felsenwand in breiten Falten herabhängt, während unten, wo die stalaktitische Masse am Boden fest geworden ist, sich gleichsam ein zierlicher Saum bildet. So weit geht gewöhnlich der Wanderer, da die Fortsetzung der Höhle keine neuen Eigenthümlichkeiten darbietet.

Die Vogelnester.

Der Kunsttrieb der Vögel zeigt sich besonders in dem Bau ihrer Nester, von welchen es verschiedene Arten gibt, deren jede durch eigenthümliche Einrichtung sich auszeichnet. Wir wollen nur an einige dieser Arten erinnern. Mehre Vögel, z. B. die Uferschwalben, bauen ihr Nest in die Abhänge von Sandgruben oder Steinbrüchen, andere auf der Oberfläche der Erde an Stellen, wo Wärme und Feuchtigkeit die Brütung begünstigen. Die Hausschwalbe gibt in dem Bau ihres Nestes das auffallendste Beispiel eines die Arbeit des Maurers nachahmenden Kunsttriebes, und auch die Drossel und einige andere Vögel, die das Innere ihres Nestes mit Thon ausfüttern, gehören zu dieser Classe. Den Specht oder Baumhacker, der ein Loch bohrt und aushöhlt, um seine Brut zu schützen, hat man mit einigen andern zu den zimmernden Vögeln gerechnet. Diejenigen Vögel, die viel natürliche Wärme haben und jedesmal nur ein paar Eier ausbrüten, haben die einfachsten Nester, die oft nur aus locker zusammengelegtem Reißig bestehen. Dahin gehören z. B. die Ringeltaube, der Goldadler, der Meeradler, der Reiher, der Storch, der Kranich und andere. Eine zahlreiche Classe bilden die Vögel, deren Nest korbartig gebaut ist, und aus mannichfaltigen Baustoffen, z. B. trockenen Zweigen, Pflanzenfasern, Grashalmen, Roßhaaren, Wolle u. s. w. besteht. Andere Vögel weben ihre Nester aus verschiedenen Stoffen auf die kunstreichste Weise. Merkwürdig sind besonders auch die Nester der Vögel, die man Schneidervögel nennt, wozu der amerikanische Gartenstaar gehört, dessen Nest aus langen biegsamen Grashalmen wie mit einer Nadel gestrickt, und halbkugelförmig, drei Zoll tief, vier Zoll breit ist, in der inneren Höhlung aber kaum zwei Zoll tief ist und zwei Zoll im Durchmesser hat. Einer dieser in verschiedenen Richtungen kunstvoll geflochtenen Halme, den der amerikanische Naturforscher Wilson auflöste, war 13 Zoll lang und vierunddreißigmal rings um das Nest geflochten. Der indische Schneidervogel sucht die großen Blätter gewisser Pflanzen und heftet sie mit Baumwollenfäden, die er mittels seines langen Schnabels und seiner Füße spinnt, wie mit einer Nadel zierlich zusammen, um sein Nest vor Raubvögeln zu verbergen. Andere Vögel bauen filzartige Nester, die so kunstreich gemacht sind, daß man den Stoff, aus welchem sie bestehen, für abgetragenes Tuch halten könnte.

Eines der kunstvollsten Nester baut die amerikanische Oriole oder der Baltimorevogel, das umstehende Abbildung zeigt. Der erwähnte Naturforscher, ein armer Weber aus Paisley in Schottland, der nach Amerika auswanderte und aus begeisterter Liebe zur Naturgeschichte hier die einsamen Urwälder unter den größten Entbehrungen durchwanderte, hat uns mit diesem Vogel näher bekannt gemacht. Fast alle zu dieser Familie gehörenden Vögel leben in Nordamerika und haben hängende Nester. Der Vogel schlingt lange Schnüre von Flachs oder Hanf um die Enden zweier Gabelzweige. Aus denselben Stoffen, mit lockerm Werg gemischt, webt er eine Art von Sack sechs bis sieben Zoll tief, den er mit verschiedenen weichen Stoffen ausfüttert, mit dem äußern Geflecht wohl verbindet und endlich im Innern mit Roßhaaren belegt. Das Ganze ist durch die Baumblätter gegen Sonne und Regen geschützt. Die Nester dieser Vögel sind zwar in ihrer Bauart überhaupt gleich, im Einzelnen aber so sehr verschieden, als die Vögel selbst in ihren Stimmen. Eines der Nester, die Wilson sammelte, hat die Gestalt eines Cylinders, von fünf Zoll im Durchmesser und sieben Zoll Tiefe, und ist unten abgerundet. Es hat eine enge Öffnung und besteht aus Hanf, Flachs, Werg, Haaren und Wolle, die ineinander gewebt sind. Das Ganze ist durch und durch mit langen Roßhaaren zusammengenäht. Der untere Theil besteht aus dichten Roßhaaren, die gleichfalls mit Roßhaaren zusammengefügt sind. Die Oriole ist zur Zeit des Nestbaues so eifrig, sich die dazu nöthigen Stoffe zu verschaffen, daß man das Garn auf der Bleiche und der Landmann seine jungen Pfropfreiser bewachen muß, da der Vogel selbst die um diese gewickelten Bänder abzureißen sucht. Die Oriole, die in ganz Nordamerika von Canada bis Mexico einheimisch ist, hat ein glänzendes Gefieder, schwarz und hochgelb, und da diese die Farben des ehemaligen Eigenthümers von Maryland, Lord Baltimore, waren, so hat sie daher ihren gewöhnlichen Namen Baltimorevogel erhalten. Sie nistet häufig selbst auf den lombardischen Pappeln, mit welchen die Straßen mehrer Städte in Nordamerika bepflanzt sind, und man hört ihren anmuthigen Waldgesang mitten unter dem städtischen Geräusch.

Das Nest des Baltimorevogels.

Das Pfennig-Magazin
für Verbreitung gemeinnütziger Kenntnisse.

198.]   Erscheint jeden Sonnabend.   [Januar 14, 1837.

Galerie der deutschen Bundesfürsten.
II.

Friedrich Wilhelm III., König von Preußen.

Friedrich Wilhelm III., geboren am 3. August 1770, ist der älteste Sohn des nachmaligen Königs Friedrich Wilhelm II. und seiner Gemahlin, der Prinzessin Luise von Hessen=Darmstadt. Seine Erziehung leitete nächst der Mutter mit ganz besonderer Liebe sein Großoheim, König Friedrich II., bis der Graf Karl Adolf von Brühl sein Erzieher wurde. Obgleich militairisch erzogen, lernte doch der Prinz frühzeitig den andern Ständen sich nähern. Gleichzeitig mit seinen übrigen ausgezeichneten Anlagen entwickelte er jene Charakterfestigkeit, die er nachmals, in den Zeiten des Unglücks, auf eine wahrhaft seltene Weise erprobt hat. Zum Jünglinge herangereift, machte er beim Congreß zu Pillnitz im August 1791, den er als Kronprinz nebst seinem Vater beiwohnte, die persönliche Bekanntschaft des nachherigen Kaisers Franz und schloß mit ihm das Freundschaftsbündniß, welches, aller wechselvollen Schicksale ungeachtet, nur des Letztern Tod zu trennen vermochte. Als 1792 der Krieg gegen Frankreich begann, folgte er seinem Vater an den Rhein und gab bei mehren Gelegenheiten auffallende Beweise seiner Unerschrockenheit und seines Muthes. Während dieses Feldzugs lernte er in Frankfurt am Main die Prinzessin Luise, eine Tochter des Herzogs Karl von Mecklenburg=Strelitz, kennen, mit der er sich am 24. December 1793 vermählte, und seine Verbindung mit dieser ebenso liebenswürdigen und schönen als hochgebildeten und edeln Frau, welche nicht durch Standesverhältnisse, sondern durch reine Harmonie der Gesinnungen und Einklang der Herzen geknüpft wurde, war ein wahres Muster einer glücklichen Ehe.

Nachdem er am 16. November 1797 seinem Vater auf den Thron gefolgt war, und von den Misbräuchen, die in der Verwaltung des Staats sichtbar waren, sich überzeugt hatte, war er eifrig bedacht, sie abzustellen, und erfüllte so auf eine glänzende Weise die Hoffnungen, welche sein Volk auf ihn gesetzt hatte. An die Spitze der Regierung wurden Männer von erprob=

ter Einsicht und Redlichkeit gestellt. Aus den Cabinetsbefehlen entfernte der König alle Willkür, indem, was damals in Deutschland noch unerhört war, die Entscheidungen durch Gründe unterstützt wurden; das Drückende der ungeheuern Schuldenlast, welche er vorfand, suchte er durch Sparsamkeit zu mildern, und durch das Leben an seinem Hofe gab er dem Volke das schönste Muster glücklicher Häuslichkeit. An dem 1795 erneuten Kampfe der europäischen Mächte gegen Frankreich nahm er keinen Theil, sondern nutzte die Zeit des Friedens zur dauerhaften Begründung des Wohlstandes seiner Unterthanen. Zufolge des luneviller Friedens vom 9. Februar 1801 mußte er alle seine Besitzungen auf dem linken Rheinufer an Frankreich, welches dieselben schon seit dem baseler Vertrage von 1795 besetzt hielt, abtreten, erhielt aber dafür durch den Reichsdeputationsschluß von 1803 volle Entschädigung. Seinem Lande den Frieden zu erhalten, trat er auch 1805 dem Bündnisse Englands, Rußlands und Östreichs gegen Frankreich nicht bei, stand jedoch, nachdem der Kaiser Alexander persönlich mit ihm in Berlin sich besprochen hatte, im Begriffe, demselben sich anzuschließen, als die Schlacht bei Austerlitz den Frieden zwischen Östreich und Frankreich herbeiführte, in Folge dessen auch Preußen zu einem neuen Vertrage mit Frankreich veranlaßt wurde, welches 1806 gegen Abtretung von Anspach, Kleve und Neufchatel, ganz Hanover an Preußen überließ. Doch die immer weiter greifenden Anmaßungen Napoleon's, der unter Anderm den von Preußen beabsichtigten norddeutschen Bund, welcher den von Napoleon gestifteten rheinischen Bunde das Gleichgewicht halten sollte, nicht dulden wollte, veranlaßten endlich den König, sich gegen Frankreich zu rüsten, dessen Heere ebenfalls eine drohende Stellung gegen Preußen annahmen. Von Sachsen unterstützt, nahm der König den Kampf an; doch sein des Kriegs entwöhntes Heer unterlag in den Schlachten bei Saalfeld, Jena und Auerstädt der französischen Macht, und als nach den Schlachten bei Eylau und Friedland der Friede zu Tilsit, am 9. Juli 1807, geschlossen wurde, mußte Friedrich Wilhelm mehr als die Hälfte seines Reichs, darunter die besten und treuesten Provinzen, an Frankreich abtreten und seine Residenz in Memel und Königsberg nehmen, so lange Berlin von den Franzosen besetzt blieb.

Alle diese Drangsale feuerten den König nur um so mehr an, für das Beste seines Landes unablässig zu arbeiten und die Wunden zu heilen, die der Krieg geschlagen. Um das Freundschaftsbündniß mit dem Kaiser Alexander zu befestigen, unternahm er im December 1808 mit ihm eine Reise nach Petersburg, und hielt endlich am 23. December 1809 seinen Einzug in Berlin. Doch die ungemessene Freude über die langersehnte Rückkehr des geliebten Monarchen wurde sehr bald getrübt durch den unerwarteten Tod der von ihrem Volke wahrhaft angebeteten Königin Luise, am 19. Juli 1810. Laut erschallte die Klage durch das ganze Land; insbesondere aber war der König schmerzlich getroffen, da er in ihr eine Gattin betrauerte, die ihm in allen Schicksalslagen den reichsten Trost gewährt und durch die freudige Hoffnung auf eine bessere Zukunft das harte Loos der Gegenwart vergessen gemacht hatte.

In dem russisch-französischen Kriege von 1812 unterstützte er Frankreich mit einem Hülfscorps von 30,000 Mann; als jedoch dasselbe bei dem Rückzuge der Franzosen, zufolge einer vom General York mit dem russischen General Diebitsch abgeschlossenen Convention, von dem französischen Heere sich absonderte, misbilligte zwar der König für den ersten Augenblick das Benehmen seines Generals, verlegte aber schon am 22. Januar 1813 seine Residenz nach Breslau, von wo aus er nun am 3. und 9. Februar und 17. März sein Volk unter die Waffen rief, damit es das fremde Joch von sich abwälze. Der König hatte sich nicht getäuscht; mit einem in Deutschland beispiellosen Enthusiasmus stellten sich Jünglinge und Männer in die Reihen der Kämpfenden, als der Krieg gegen Frankreich begann, der, nachdem Östreich dem Bündnisse Preußens und Rußlands beigetreten, mit dem Einzuge der Verbündeten in Frankreichs Hauptstadt und der Abdankung des Kaisers Napoleon endete. Nach der Rückkehr Napoleon's von Elba schloß der König zu Wien am 23. März 1815 gegen ihn ein Bündniß mit Rußland, Östreich und England, und Preußens Heere waren es, welche wesentlich zu dem Alles entscheidenden Siege bei Waterloo am 18. Juni 1815 beitrugen. Der wiener Congreß entschädigte Preußen für seinen Verlust im tilsiter Frieden; doch nicht sowol seinem Gebietsumfang als seiner geistigen Erhebung und seinem schlagfertigen Heere verdankt dieser Staat seine würdige Stellung unter den fünf Großmächten Europas. Wie schon während der Drangsale, so war nun in der Zeit des Friedens des Königs Bestreben ausschließend dahin gerichtet, das Wohl seines Volkes in jeder Beziehung zu erhöhen. Er sorgte für Kirche und Schule, unterstützte Künste und Wissenschaften, beförderte den Gewerbsfleiß und suchte insbesondere durch den Zollverband nicht blos Preußens, sondern überhaupt Deutschlands Handel zu beleben. Fortwährend bemühte er sich, den Frieden zu vermitteln, zugleich aber auch die gesetzliche Ordnung sicher zu stellen. Im Jahre 1824 vermählte er sich in morganatischer Ehe mit der Gräfin Auguste von Harrach, geboren 1800, die den Titel einer Fürstin von Liegnitz erhielt. Weder der Tod des Kaisers Alexander, noch der des Kaisers Franz änderte die Verhältnisse der Höfe zu Petersburg und Wien mit dem zu Berlin; das Freundschaftsbündniß mit den Verstorbenen ging ganz auf deren Nachfolger über, und zwar, was den Kaiser Nikolaus betraf, um so mehr, da derselbe bereits durch die Bande des Blutes mit dem Könige verwandt geworden war. Einen Beweis davon gab das glänzende Lager bei Kalisch im September 1835, wo russische und preußische Truppen vereinigt vor ihren Monarchen manoeuvrirten, sowie die darauf folgende Zusammenkunft beider Monarchen mit dem Kaiser Ferdinand in Teplitz. Wegen seiner überall bethätigten wohlwollenden Absichten von seinem Volke als Vater geehrt, genießt der König eines Vertrauens, das keine Grenzen kennt und durch nichts erschüttert zu werden vermag.

Aus des Königs erster Ehe leben noch sieben Kinder: 1) der Kronprinz Friedrich Wilhelm, geboren am 15. October 1795, seit 1823 mit Elisabeth, Prinzessin von Baiern, vermählt; 2) Wilhelm, geboren 1797, vermählt seit 1829 mit Auguste, Prinzessin von Sachsen-Weimar, die ihm 1831 einen Sohn, Friedrich Wilhelm, gebar; 3) Charlotte, jetzt Alexandra Feodorowna, geboren 1798, Gemahlin des Kaisers Nikolaus von Rußland; 4) Karl, geboren 1801, vermählt seit 1827 mit Marie, Prinzessin von Sachsen-Weimar; 5) Alexandrine, geboren 1803, Gemahlin des Erbgroßherzogs von Mecklenburg-Schwerin, Paul Friedrich; 6) Albrecht, geboren 1809, seit 1830 vermählt mit Marianne, Prinzessin der Niederlande.

Blicke auf die thierische Ökonomie.

Die unterste Classe der belebten Gegenstände auf der Stufenleiter der Schöpfung sind die sogenannten Infusionsthierchen. Es gibt keinen Tropfen thierischer oder pflanzlicher Flüssigkeit, den Thau ausgenommen, der nicht von diesen Wesen belebt wäre, deren, nach Ehrenberg's Beobachtung, eine Cubiklinie Wasser an 500 Millionen enthält. Viele dieser Thierchen sind in ihrer Art vollkommen ausgebildet und haben alle zu den Lebensverrichtungen nöthigen Organe, wogegen andere nur belebte Bläschen zu sein scheinen. Sie bewegen sich meist sehr lebhaft nach allen Richtungen und haben offenbar Empfindungen, da sie fliehen, wenn ihnen ein Hinderniß begegnet und sich nach feuchten Stellen ziehen, wenn die Flüssigkeit, worin sie leben, auszutrocknen anfängt. Sie sind so klein, daß man sie nur durch das Mikroskop beobachten kann. Man hat bereits mehre hundert Arten derselben entdeckt, aber wahrscheinlich gibt es andere, noch weit kleinere, von welchen sie leben.

Das Polarmeer ist voll von thierischem Leben, besonders von Medusen, welche die Hauptnahrung des Walfisches ausmachen. Sie sind von verschiedener Größe, viele aber nur durch das Mikroskop zu erkennen. Die kleinern Arten leuchten im Finstern und tragen zu dem Leuchten des Meeres bei. Wer könnte sich einen Begriff von den unzähligen Bewohnern der Meerestiefe machen! Mögen wir diejenigen betrachten, die zu den Fischen gerechnet werden, oder diejenigen, die zu den Säugethieren gehören, oder die zahllosen Schalthiere, so finden wir, daß sie ebenso verschieden an Gestalt und Größe, als in ihrem Bau und ihren Lebensgewohnheiten sind, aber überall zeigt sich die Weisheit des Schöpfers in den Einrichtungen, durch welche jedes Thier für seine Lebensweise passend gemacht wird. Einige Walfischarten sind 70 Fuß lang und gegen 80 Tonnen schwer. Der Walfisch, der weder Arme noch Zähne hat, seine Beute zu fassen, noch kann er große Gegenstände verschlucken, da sein Schlund so enge ist, daß er nur für einen Menschenarm Raum hat. Darum lebt er meist von kleinen Seethieren. Wir könnten uns wundern, wie ein so mächtiges Thier von so kleinen Thieren sich zu ernähren im Stande sei, aber unser Erstaunen schwindet, wenn wir die Lebenseinrichtung des Walfisches ins Auge fassen. Seine Mundöffnung ist von ungeheurer Größe. Sie dient wie ein Seiher, die Nahrung von dem Wasser zu sondern, und besteht zu diesem Zwecke aus mehr als 300 Rippen von Fischbein auf jeder Seite der obern Kinnlade. Diese Rippen sind mit ihren breiten Enden in den Gaumen eingelassen, ihre schmalen Enden aber gegen den obern Theil des Mundes gerichtet, und bilden so das Gestelle des Seihers. Die Ecken der Rippen sind in unzählige Borsten zerspalten, die dem obern Theile des Mundes das Ansehen einer Bürste geben. Sucht nun der Walfisch seine Nahrung, so schwimmt er mit geöffnetem Munde ziemlich schnell unter der Oberfläche des Meeres. Der ungeheure Mund faßt eine Masse Wasser, in welcher unzählige Medusen schwimmen. Wasser fließt an den Seiten ab, aber es wird durch die Borsten des Mundes gleichsam geseiht, die so dicht sind, daß nichts von der Nahrung verloren geht. Die Richtung des Stromes und der Borsten bringt die kleinern Insekten in die Öffnung des Schlundes. Der Mund wird geschlossen, und wenn sie verschluckt sind, wird der Fang wiederholt. Die meisten Fische haben eine Luftblase, um ihr specifisches Gewicht zu vermehren oder zu vermindern. Dem Walfisch, der nicht zu jener Thierclasse gehört, fehlt es daran, da er aber auf der Oberfläche des Wassers wie die Landthiere athmen muß, so hat sein Schwanz eine horizontale Stellung, um das Schwimmen gegen die Strömung zu erleichtern. Der Thran trägt dazu bei, dem Thiere Schwimmkraft zu geben, hat jedoch auch noch einen andern Zweck. Der Walfisch ist ein warmblütiges Thier, aber bestimmt, in einer kältern Region zu leben, und der Thran dient dazu, ihn warm zu halten, wie die Wolle das Schaf.

Während die Tiefe des Meeres schuppigen Thieren zum Aufenthalte dient, ist seine Oberfläche der Ruheplatz vieler Familien der befiederten Geschöpfe. Die Möwen, die Seeraben und viele andere finden ihre Nahrung auf den bewegten Wogen. Wie jedes Thier für seine Lebensweise eingerichtet ist, so haben die Seevögel durch Schwimmhäute verbundene Zehen, und da einige in ihrer Nahrung auf der Oberfläche des Meeres, andere unter derselben suchen müssen, so ist ihr Bau wunderbar darnach eingerichtet. Die Füße der Seemöwe, die ihre Nahrung auf der Oberfläche sucht, haben wie bei den Landvögeln ihre Stelle ungefähr in der Mitte des Bauches, bei dem Seeraben aber, der seine Beute unter dem Wasser hervorholen muß, sitzen sie weit hinten, um das Untertauchen zu erleichtern. Auch ist sein oberer Schnabel hakenförmig, damit er seine Beute sicherer fassen könne, und da diese oft sehr groß ist, so ist sein Schlund so elastisch, daß er einen Fisch verschlingen kann, der weit dicker als sein Hals ist. Bei andern, z. B. dem Königsfischer, sind die Füße so gestaltet, daß die Zehen rückwärts gekehrt sind, wie bei dem Papagai, damit er seine schlüpferige Beute halten könne.

Wenden wir uns zu den Insekten, so sehen wir hier, und selbst in der kleinen Welt derjenigen, die nur durch das Mikroskop zu erkennen sind, die größte Mannichfaltigkeit, die wundervollste Weisheit. Die Biene baut ihre Honigwabe ganz nach mathematischen Grundsätzen, und wie weit sie auch schwärmen möge, sicher findet sie den Rückweg zu ihrem Korbe. Die Betriebsamkeit der Ameise ist sprüchwörtlich. Ehe die Raupe ein Schmetterling wird, muß sie durch einen Mittelzustand gehen, aber da sie während dieser Zeit erstarrt ist, so bringt sie vor ihrer Puppenhülle ein Schutzgatter an, das sowol Feinde abhält als das zu ihrer Erhaltung nöthige Wasser einläßt. Betrachten wir die Hausfliegen, so sehen wir eine schöne gefiederte Bedeckung auf ihrem Kopfe und finden den wundervollsten Mechanismus in jedem Theile ihres Körpers. Die Flügel, womit sie sich in der Luft bewegt, sind so dünn und zart, daß mehre tausend derselben aufeinander gelegt, noch nicht eine Säule von der Höhe eines Zolles bilden würden, und doch ist jeder Flügel doppelt und durch elastische Nerven oder Rippen gestärkt. Mit diesen Flügeln kann die Fliege, nach den Beobachtungen eines Naturforschers, 600 Bewegungen in einer Secunde machen, die sie fünf Fuß weit bringen, aber wenn sie beunruhigt wird, kann sie in derselben Zeit 30 Fuß weit fliegen, das heißt mit einem Drittheile der Geschwindigkeit des schnellsten Wettrenners.

Welche Wunder aber zeigt uns das Reich der befiederten Wesen! Mögen wir den kunstvollen Mechanismus der Federn des Vogels oder den auf das Fliegen berechneten Bau seines Körpers, den Blutumlauf, die Verrichtungen des Athmens, der Verdauung, der Ernährung, die Zusammenziehung der Muskeln zur Beförderung der Bewegung, die Vertheilung der Nerven zur Erregung der Empfindung, die Sinnesorgane betrachten, überall finden wir die wundervollste Berech-

*

nung für die Zwecke des thierischen Lebens, mögen wir die Lerche oder den Adler, den Kolibri oder den Pfau untersuchen. Keine andern Bewohner der Erde sind so empfänglich für den erfreuenden Einfluß des Frühlings. Einige picken das trockene Gras ab, andere sammeln die morschen kleinen Zweige, andere reißen das Moos von der Rinde der Bäume, andere sammeln verlorene Federn und Haare. Einige fangen die Schnecken unter den Gartengebüschen weg, einige picken jede Baumknospe ab, die eine Raupe oder ein Eiernest enthält. Die Saatkrähen reinigen die Wiesen von den Larven der Käfer, welche die Frühlingswärme an die Oberfläche bringt, und die das Gras zerstören würden. Die Seemöwe kommt aus weiter Entfernung, die Felder von thierischen Abfällen zu reinigen, während der Pflug die Furchen umwendet. So sind alle geschäftig in ihrem Streben und alle folgen den Gesetzen der Natur.

Dieselbe Sorgfalt und Weisheit, welche die Natur in der Übereinstimmung des Baues und die Einrichtung der einzelnen Thierarten mit ihrer Lebensweise zeigt, offenbart sich auch in den verschiedenen Graden der Fruchtbarkeit und Unfruchtbarkeit der Thierclassen, die mit den Unterhaltsmitteln in genauem Verhältnisse stehen. Ein Theil der Thiere lebt von Pflanzennahrung, und das Gewächsreich hat einen solchen Überfluß von Erzeugnissen, daß wir Wintervorräthe für die Hausthiere zurücklegen können, während viele Thiere sich ihre Winternahrung selbst einsammeln. Einige Thiere reizt der Naturtrieb zum Wandern, wenn in der Pflanzenwelt eine jährliche Ruhezeit eintritt, während andere in dieser Zeit ihren Winterschlaf *) halten. Die Mehrzahl der Thiere aber nährt sich sowol von kleinern Thieren als von Pflanzen. Einige Vögel verzehren die Schnecken, die den Obstgärten und Pflanzungen schädlich sind, andere die Insekten, welche unsere Früchte zerstören würden, während die Schwalben täglich Millionen derselben bei Tage wegfangen und die Fledermäuse und Nachtraben sie nach Anbruch der Dämmerung vermindern. Erwägen wir, daß die Spinne der Fliege nachstellt, während diese eine Beute verschiedener Vögel wird, die wieder eine Beute des Habichts werden, daß die Infusionsthierchen, die von noch kleinern Thierchen leben mögen, von der Sprotte verzehrt werden, wie diese von dem Heringe und diese von dem Stockfische, der wieder ein Raub warmblütiger Thiere wird, so werden wir zu dem Schlusse geführt, daß die Verzehrer nicht im Misverhältniß zu dem Nahrungsbedarf sich vermehren können, und daß die zur Nahrung dienenden Thiere sich nicht sehr über den Bedarf vermehren. Es ist dieses Naturgesetz, daß die Thiere essen und gegessen werden, was Leben und Nahrung in der ganzen Schöpfung in Gleichgewicht hält, aber es ist auch ein Naturgesetz, daß nur sehr wenige Thiere ihre eigne Gattung zerstören. Die kleinsten Gegenstände in der Natur sind durch eine endlose Kette mit andern verbunden, bis hinauf zu den größten, und die Gesetze der Natur sind so weise geordnet, daß im Allgemeinen diejenigen Raubthiere, welche nicht zur Nahrung anderer dienen, am wenigsten fruchtbar sind, während die kleinsten Insekten die größte Fruchtbarkeit haben, welche verhältnißmäßig in den verschiedenen Gattungen abnimmt, je höher sie auf der Stufenleiter der Schöpfung stehen.

Das Ziegelbrennen.

Die Ziegel, die aus einer Mischung von Thon und Sand oder Asche bestehen, werden theils an der Sonne getrocknet, größtentheils aber gebrannt. Ein brauner eisenhaltiger, mit etwas Kalkerde vermischter Thon taugt am besten für gewöhnliche Ziegel, doch ist das Verhältniß der Bestandtheile nach dem Gebrauche, wozu die Ziegel bestimmt sind, verschieden; die Farbe derselben hängt aber besonders auch von dem Verhältnisse ab, in welchem Sand dem Thon beigemischt wird, sowie von dem Grade der Hitze, der sie bei dem Brennen ausgesetzt werden. Die dauerhaftesten Ziegel werden aus einer Mischung bereitet, die drei Theile Thon und einen Theil Kalk enthält. Im Allgemeinen verfährt man dabei überall auf gleiche Weise, doch hat in England,

*) Vgl. Pfennig-Magazin Nr. 119—123.

wo man die Ziegel immer brennt, das Verfahren manche Eigenheit, weshalb wir darüber Einiges mittheilen wollen. Ist der Thon von der Rasendecke befreit, so wird er ausgegraben und so viel wie möglich der Einwirkung der Luft ausgesetzt und bleibt zu diesem Zwecke im Winter liegen. Im Frühlinge wird er mit dem vierten oder fünften Theile feiner Asche vermischt, je nachdem er mehr oder weniger zähe ist, und durch Anfeuchtung mit Wasser wohl durcheinander gearbeitet. Die Mischung wird dann in ein rundes Behältniß geschüttet, in welchem eine eiserne, mit Schaufeln oder Zähnen versehene Achse sich befindet, die mittels einer in derselben horizontal befestigten Querstange von einem Pferde umgedreht wird. Ist der Lehm auf diese Weise noch mehr mit der Asche gemischt, so wird die Masse nach und nach durch eine im Boden des Gefäßes befindliche Öffnung gedrückt. Bei der Verfertigung feinerer Ziegel wird die Masse in eine runde ausgemauerte Grube geschüttet und darin mittels einer kreisförmig bewegten und beschwerten eisernen Egge umgerührt und hinlänglich mit Wasser verdünnt, damit die darin befindlichen kleinen Steine zu Boden fallen, und die Flüssigkeit endlich in Gruben abgelassen, wo sie bleibt, bis sie sich verdickt hat. Dann wird die so bearbeitete Mischung in Massen abgetheilt, wie sie zu jeder Art von Ziegeln nöthig sind. Man drückt sie nun in eine länglich viereckige Form, deren vier Wände sich von dem Boden abnehmen lassen, der in der Mitte eine Erhöhung hat, wodurch eine Rinne in dem Ziegel hervorgebracht wird, in welcher bei dem Vermauern desselben der Mörtel haften kann, um dem Bau mehr Festigkeit zu geben. Der überflüssige Thon wird mit einem angefeuchteten Bret abgestrichen. Die Ziegel werden dann aus der Form genommen, auf ein Bret gelegt und auf ein hölzernes Gitter an die Luft gebracht, nachdem man dieses sowol als die Ziegel mit feinem Sande bestreut hat, um das Anhängen zu verhüten. Sie werden nun in Reihen, in gehörigen Zwischenräumen auf den mit Asche oder Ziegelmehl bestreuten Boden gestellt, um den Durchzug der Luft möglich zu machen, und mit Stroh bedeckt, sie gegen Regen zu schützen. Bei günstigem Wetter sind sie in zehn bis zwölf Tagen hinlänglich getrocknet, um sie brennen zu können. Sind sie inwendig noch feucht, so bringt das durch die Hitze in Dämpfe verwandelte Wasser die Masse zum Zerplatzen. Gewöhnliche Ziegel werden in Haufen gebrannt, indem man die getrockneten Ziegel in länglichen Vierecken aufschichtet, mit weiten Zwischenräumen oder Zügen, in welche man Asche, Kohlen und Reisig legt, damit bei dem Anzünden des Brennstoffes das Feuer die ganze Masse durchdringe und jeden Ziegel gleichförmig brenne. Die Außenseite wird mit Thon oder Gyps überstrichen, um die Hitze zusammenzuhalten, und wenn das Feuer überall angezündet ist, werden die äußern Öffnungen verstopft. Ist die Anlage gut gemacht, so brennt das Feuer ungefähr drei Wochen. Dann wird der Haufen auseinander genommen und man sondert die Ziegel, die nicht alle gleichförmig gebrannt sind. Die besten sind in der Mitte. Die unvollkommen gebrannten werden für den nächsten Brand zurückgelegt, die zu stark gebrannten und zum Theil verglasten werden in den Grund der Gebäude vermauert oder zum Straßenbau gebraucht. Feinere Ziegel, sowie Dachziegel aller Art werden in Öfen gebrannt, die im Allgemeinen wie Kalköfen eingerichtet sind. Das Feuer kommt mit den Ziegeln nicht in Berührung, sondern wird unten angezündet. Der Thon zu Ziegeln, die in Öfen gebrannt werden, erhält keinen Zusatz von Asche.

Mauerziegel und Dachziegel werden übrigens auf gleiche Weise bereitet. Die feinsten, nicht in Öfen gebrannten englischen Ziegel haben eine hellgelbe Farbe und werden zur Außenseite der Gebäude und zu Thür- und Fensterbögen gebraucht, und häufig mit einer Art Firniß überstrichen, um die Feuchtigkeit abzuhalten. Die Dachziegel sind theils Pfannenziegel für Nebengebäude und Ställe, theils flache Ziegel. Jene haben hervorragende Zapfen, an welchen sie auf das Sparrwerk gehängt werden, und sie werden immer mit Mörtel verbunden; diese aber haben zwei Löcher, durch welche hölzerne Pflöcke gehen, um sie auf dem Dache zu befestigen. Dicke viereckige Ziegel von 1 Fuß 10 Zoll werden zum Pflaster und zu Herden gebraucht. Mauer- und Dachziegel sind in England einer Abgabe unterworfen und die Bereitung derselben steht unter strenger Aufsicht. Sie dürfen nur zu gewissen Zeiten und nur in bestimmter Menge verfertigt werden. Selbst das Sieb, durch welches die mit dem Thon zu vermischende Asche gesiebt wird, muß Öffnungen von bestimmter Größe haben. Mauerziegel, die das vorgeschriebene Maß von 8½ Zoll Länge, 4 Zoll Breite und 2 Zoll Dicke überschreiten, bezahlen eine höhere Abgabe, sind sie aber unter jenem Maß, so wird der Ziegelbrenner gestraft. In England werden jährlich gegen 1130 Millionen Mauerziegel, 42 Millionen flache, 13 Millionen Pfannenziegel und 6 Millionen andere Ziegel verfertigt. In China hat man sehr dauerhaft glasirte Ziegel, die mit Blei oder Flußspath überschmolzen werden.

Die Kunst des Ziegelbrennens steigt in das höchste Alterthum hinauf. Nach Moses brannte man Ziegel zu dem Thurmbau zu Babel, bei welchen man Asphalt (Bergpech) als Bindemittel gebrauchte. Auch in Ägypten brannte man Ziegel. Die Römer verfertigten vorzügliche Ziegel, da die daraus gebaute Säule Trajan's nach 1700 Jahren noch sehr fest ist. Im Mittelalter bediente man sich häufig glasirter Ziegel, die man in verschiedenen Farben zur Verzierungen an Gebäuden anwendete.

Ofen und Pesth.

Nach Rang und Alterthum ist Ofen (Buda, Budin) die erste unter den drei Hauptstädten des Königreichs Ungarn. Sie liegt am rechten Ufer der Donau, 362 F. über der Meeresfläche und hat über 30,000 Einwohner. Die Stadt mit ihren Vorstädten erstreckt sich in einem Umfange von 2½ Stunden zwischen der Donau und dem Gebirge, dessen Rebenpflanzungen sie westlich einschließen. Die sechs Theile der Stadt sind: 1) Die Festung oder die obere Stadt auf dem isolirten Festungsberge, der an der Donau hinläuft und westlich an das sich ins Gebirge hineinziehende Thal stößt; 2) die untere oder Wasserstadt, längs der Donau; 3) Landstraß, weiter nördlich; 4) Neustift, noch nördlicher längs der Donau bis Alt-Ofen; 5) Taban oder die Raizenstadt, unterhalb des Blocksbergs; 6) Christinestadt, zwischen dem Festungs- und Blocksberg. Unter den öffentlichen Gebäuden ragt hervor das königliche Schloß. Schon von Bela IV. als Festung angelegt, gab es den Grund zur Anlage der jetzigen obern Stadt und hieß, damals zu Pesth gehörig, lange Mons novus Pesthiensis. König Sigismund erweiterte und verschönerte es zur Residenz, und Mathias Corvinus machte es zum prachtvollsten Herrschersitz seiner Zeit. Von den Türken besetzt und in Folge mehrer Belagerungen verfiel das Schloß immer mehr; durch die letzte Belagerung und Eroberung 1687 wurde es ganz Ruine. Im Jahre 1715 wurde der Bau des neuen Schlosses auf demselben Platze, jedoch in weit beschränktem Raume angefangen, aber erst 1749 fortgesetzt und nach dem Ende des siebenjährigen Krieges zu Stande gebracht, doch in der neuesten Zeit wesentlich verändert. In grandiosem, aber ziemlich einfachem Styl erbaut, imponirt es dennoch durch seine Lage mächtig und ist auf drei Seiten mit Gartenanlagen anmuthig umgeben. Das Hauptgebäude zählt über 200 Zimmerabtheilungen und Säle mit der Hofkirche, den königlichen Apartements und den Zimmern des jetzt darin residirenden Reichspalatins Erzherzog Joseph und dem Gewahrsam der Krone und der andern Reichskleinodien, welchen eine eigne Kronwache gewidmet ist. Noch sind ansehnliche öffentliche Gebäude das Landhaus, das königlich ungarische Hofkammergebäude, das Generalcommandohaus, das Zeughaus mit einer schätzbaren Sammlung antiker Waffen, das Rathhaus und andere. Die Stadt hat elf katholische Kirchen und eine Kirche der nicht-unirten Griechen und vier Klöster. Unter den Privatgebäuden zeichnen sich das gräflich Sandovische und das gräflich Telekische in der Festung, welche nebst der Wasserstadt auch die stattlichsten Bürgerhäuser hat. Die Stadt hat 22 Plätze, worunter der Georgi- und Paradeplatz in der Festung und der Bombenplatz in der Wasserstadt die ansehnlichsten, und 52 Straßen und Gassen. Zur Stadt gelangt man durch sechs Barrieren und sie steht auf der Wasserseite in Verbindung mit Pesth durch die gemeinschaftliche Schiffbrücke und einige Überfähren. An Lehr- und Erziehungsanstalten sind bemerkenswerth das Archigymnasium, Normalschulen in allen Stadttheilen, Zeichnenschule, Schule der Raizen und eine lutherische Mädchenschule. Hier hat auch als Hauptanstalt über das ganze Schulwesen im Lande die von der kaiserlichen Statthalterei ausgehende Studiencommission ihren Sitz. An Wohlthätigkeitsanstalten findet zu bemerken das Spital der barmherzigen Brüder, wo jährlich über tausend männliche Kranke aller Religion und Nation aufgenommen werden, das Spital der Elisabethinernonnen, welches jährlich über 300 Kranke weiblichen Geschlechts verpflegt, das Garnisonsspital, eine Versorgungsanstalt für verarmte Bürger, das städtische weibliche Krankenhaus, der wohlthätige Frauenverein mit seinen verschiedenen Instituten, das Pensionsinstitut für ungarische Beamte, das gegen 600 Mitglieder zählt. Unter den Bequemlichkeitsanstalten sind vorzüglich die Wasserleitungen in der obern Stadt, welche sie reichlich mit gutem Trinkwasser versehen, und drei Druckwerke, welche Donauwasser in die Festung und ins Schloß heraufschaffen. Zugleich als öffentliche Gesundheitsanstalt dienen die von einem Ende der Stadt bis zum andern reichlich quellenden warmen Bäder, welche von Kranken und Gesunden häufig besucht werden und viel zum Verkehre der bezüglichen Stadttheile beitragen. Schon die uralte Geschichte gedenkt ihrer und die Namen Aquinium und Buda (vom slavischen Weda) stammen davon her. Die Türken nahmen sich ihrer mit Vorliebe an, wie manche Bauspuren zeigen, und jammerten sehr über deren Verlust. Es sind Alles mehr oder weniger heiße Schwefelquellen, und ihr unterirdischer Kochherd ist unerforschlich. Die besuchtesten und besteingerichteten sind das der Stadt gehörige Bruchbad und das Kaiserbad, welches letztere Eigenthum der barmherzigen Brüder ist und ihnen jährlich einen bedeutenden Pachtzins abwirft. Ernstes geschäftliches Leben der Stadt bedingen die mehren darin residirenden Landesstellen, namentlich der königl. Statthaltereirath, seit 1784 von Joseph II. aus Presburg hierher versetzt, dann die königl. ungarische Hofkammer, ebenfalls 1784 von Presburg hierher verpflanzt; das k. k. Generalcommando und die königl. Landesbauoberdirection, welche Behörden ihren Sitz in der Festung haben. An andern k. k. Ämtern finden sich hier die Lottogefällecameraladministration, ein königl. Dreißigstamt, ein Oberpostamt und Hauptpostwagenserpedition, und eine k. k. Einlösungsscheinkasse. Die Militairanstalten beschränken sich auf eine Garnison von etwa 1500 Mann, das Festungscommando und zwölf Compagnien Bürgermiliz. Der Magistrat mit Jurisdiction über die sechs Stadttheile und die im Gotter zerstreut liegenden Meiereien, hat sein Rathhaus in der Festung und 56 Trabanten. Die Wahlbürgerschaft zählt 84 Glieder, welche aber nach der ältern Zahl Sechziger heißen. Handel und Gewerbsamkeit sind nicht lebhaft, denn den Haupttheil der bürgerlichen Nahrung macht der Weinbau aus, welcher in den nahen Bergen mit ausgezeichneter Sorgfalt und ansehnlichem Ertrag getrieben wird. Die zum Weichbilde gehörigen Rebenpflanzungen betragen 7633 Viertel (das Viertel zu 800 □ Klafter), welche jährlich ungefähr 230,000 Faß meist rothen Weins geben. Der Weinhandel und Schank ist aber durch Statuten auf die Fechsung des Gotters beschränkt und hat sich daher überwiegend nach Pesth gewendet. Die moralische und politische Physiognomie der Stadt ist vorwaltend deutsch, was von der nach Vertreibung der Türken stattgefundenen häufigen deutschen Ansiedelung herrührt, und durch die zahlreiche Beamtenwelt sich erhalten hat. Der Ursprung der Stadt, wie sie jetzt ist, sammt ihren Theilen verliert sich in die Zeit, wo die Römer sich an der Donau festsetzten, wird aber während der Völkerwanderung und Attila's Herrschaft noch dunkler. Erst mit Sigismund ward Ofen eine Residenz und Hauptstadt, was sie bis zur türkischen Eroberung blieb, dann aber den Rang der vierten Hauptorts des osmanischen Reichs in Europa und einer Hauptfestung erhielt und in vielen harten und mörderischen Belagerungen behauptete, bis das christliche Heer am 2. September 1687 nach unsäglichen Anstrengungen sie erstürmte. Aus dem Schutthaufen ging Ofen, wie es ist, nach und nach hervor und gelangte unter Joseph II. durch Gewinn der Landesstellen seinen hauptstädtischen Rang wieder. Der Glanz, welchen es 1780 durch Versetzung der Landesuniversität von Tyrnau bekam, war nur vorübergehend und ging 1784 auf Pesth über, doch die Krönung, der Reichstag und die fortwährende Residenz des Erzherzogs Reichspalatins schmückt noch die Mauerkrone der ersten unter Ungarns Hauptstädten.

Am linken Ufer der Donau, Ofen gegenüber, liegt Pesth auf einer sandigen Fläche. Es hat ungefähr 80,000 Einwohner und ist die volkreichste Stadt in Ungarn, die jährlich bedeutend zunimmt. Es sind von der ersten Ansiedelung nach Vertreibung der Türken, und nachheriger, bis jetzt fortdauernden Einwanderung her, die Einwohner meist deutschen Stammes, oder doch Mischlinge, dann Slawen, Ungarn, Raizen und Juden. Die Stadt hat die Form eines unregelmäßigen Halbzirkels von etwa drei Stunden im Umfange, dessen an die Donau sich lehnende westliche Basis gegen eine Stunde mißt, und überall, der Ringmauern und Thore entbehrend, mit Gräben umzogen ist. Es gibt fünf Stadttheile: 1) die innere oder alte Stadt, welche inmitten der andern in Form eines Halbovals liegt, dessen Durchschnittlinie sich westlich an die Donau lehnt, und an welches sich die übrigen Stadttheile fächerartig ausbreiten; 2) die neue oder Leopoldstadt mit den schönsten Plätzen, Straßen und Häusern; 3) die Theresienstadt mit vielen ansehnlichen Häusern; 4) die Josephsstadt; 5) die Franzstadt, die jüngste der Vorstädte. Alle vier Außenstädte haben meist regelmäßige und breite Straßen und erinnern durch ihre weitschichtige, häufig auf das Erdgeschoß beschränkte Bauart und durch die inmitten liegenden großen Hofräume und Gärten an die Jugend der sich in freier Ebene ausdehnenden Stadt und an die Nachbarschaft des Orients. Thore, Ringmauern, Wall und Graben der Altstadt sind in Folge der Vergrößerung gänzlich weggerissen, geebnet und überbaut worden, sodaß die Neustadt ganz und die Franzstadt zum Theil mit der innern Stadt zusammenlaufen und von ihr nur durch Gassen, die zwei andern Außenstädte durch die breite Landstraße getrennt sind, über welche querdurch vier große Heerwege in alle diesseit der Donau liegenden Theile des Reichs führen. Auf das rechte Ufer der Donau, nach Ofen, führt eine Schiffbrücke von 43 Pontons, 222 Klaftern lang, welche beiden Städten gemeinschaftlich gehört. Die Errichtung einer stehenden Brücke ist jetzt fest beschlossen. Im Winter wird die Verbindung durch Fahrzeuge oder durch die Eisdecke des Stromes unterhalten. Der Kirchen, worunter keine imposant, sind 15, überdies vier Klöster und sieben Synagogen. Öffentliche Hauptgebäude sind das große Invalidenhaus in der innern Stadt, worin gegen 3000 Invaliden zum Theil mit Familie wohnen. Das Josephinische Gebäude in der neuen Stadt, aus vier durch Courtinen verbundenen Pavillons bestehend, welche einen Raum von 22,500 Quadratklaftern einschließen, dient jetzt zur Caserne des fünften Artillerieregiments, und mit dem dazu gehörigen Artilleriemagazin zum Geschütz- und Munitionsdepot für ganz Ungarn. Auszuzeichnen sind auch das neue städtische Theater und das Redoutengebäude in der Neustadt an der Donau. Ersteres wurde im Jahre 1812, letzteres 1833 vollendet und beide bilden ein schönes, von allen Seiten freistehendes Bauwerk. Das Schauspielhaus faßt gegen 3000 Zuschauer. Gleich grandios ist das Redoutengebäude, mit einem Saale, der an 4000 Personen faßt. Das Ludoviceum liegt am südöstlichen Ende der Stadt, ist in einfachem Styl gebaut und durch seine Lage auf dem höchsten Punkte der Stadt imposant. Das Handelstandsgebäude befindet sich in der neuen Stadt am Auslade platz, einfach und edel gebaut. Andere ansehnliche öffentliche Bauwerke, aber schlicht oder im alterthümlichen Geschmack sind das Universitätshaus, das Rathhaus, das Lagerspital, das Bürgerspital und andere. Die schönsten Privatgebäude befinden sich in der neuen Stadt und zwar nächst der Donau, und mehren sich jährlich, sodaß sich da besonders die Vergrößerung und Verschönerung der Stadt offenbart, wogegen in den andern Stadttheilen die neuen Bauten langsamer erstehen und die vorhandenen Lücken ergänzen; jedoch immer bleibt Pesth die schönste Stadt Ungarns und ihre architektonische Physiognomie hat Züge, wodurch sie mit andern Hauptstädten Europas wetteifert. Der größte Platz ist der neue Marktplatz in der neuen Stadt, außerdem gibt es noch elf kleinere, aber alle nicht von Bedeutung. Die Stadt ist im Ganzen reinlich, leidet aber in trockener Jahreszeit viel vom Staube. An Wasser ist Überfluß durch die Donau und weil überall in 8—10 Fuß Tiefe reichliches Wasser zu finden ist. Die Luft ist gesund und wird durch häufige Winde und den lebendigen Donaustrom frisch erhalten. Vorzügliche Lehr- und Bildungsanstalten sind die Landesuniversität mit vier Facultäten (die medicinische ist die einzige im Reiche und auch die bestbesetzte), und mehrmals 1200 Studirenden, aus dem Nachlasse der Jesuiten reich dotirt, 1780 von Tyrnau nach Ofen, 1784 von da nach Pesth verlegt. Mit ihr verbundene Institute sind eine öffentliche Bibliothek von mehr als 60,000 Bänden, der botanische Garten, die Sternwarte auf dem Blocksberge bei Ofen, die Thierarzneischule. Das katholische Gymnasium und die katholische Normalschule, beide von den Piaristen besorgt, das lutherische Lyceum. Die gesammten kleinen städtischen Schulen aller christlichen Confessionen, mit der Kleinkinderbewahranstalt und Armenschule des wohlthätigen Frauenvereins enthalten über 4800 Knaben, ohne die Mädchen zu rechnen. Die Töchterschule und Pensionsanstalt der englischen Fräulein, von Joseph II. hierher versetzt, hat über 400 Zöglinge. Große Nationalbildungsinstitute sind das Nationalmuseum, durch reiche Schenkungen vom verstorbenen Grafen Széchényi, begründet, dann reichstäglich organisirt und befestigt und durch eifrige Beiträge aus allen Theilen des Reichs fortwährend vermehrt und kostbare Schätze von Alterthümern, Naturalien und eine ansehnliche Bibliothek enthaltend; die ungarische Gelehrtengesellschaft, durch patriotische Beiträge der Grafen Széchényi, Karoly Andrassy und Vay gegründet und durch nacherige Beisteuer anderer Patrioten ansehnlich unterstützt. Das Ludoviceum, eine auf 300 Zöglinge berechnete Militairakademie, ist noch im Werden begriffen. Nationalinstitute sind noch die 1829 zur Veredlung der Viehzucht in Ungarn gestiftete Gesellschaft, in Verbindung mit dem ebenso lange bestehenden jährlichen Wettrennen auf der pesther Hutweide und der Nationalreitschule im Garten des Nationalmuseums. Milde Anstalten sind der 1817 von der verstorbenen Erzherzogin Hermine gestiftete wohlthätige Frauenverein, dessen treffliche Institute neuerdings mit der städtischen Armenanstalt vereinigt worden sind. Das Bürgerspital zu St.-Rochus, durch fromme Spenden begründet, worin jährlich 7—800 Kranke und auch mehre verarmte alte Bürger verpflegt werden, mit seinen Filialspitälern. Griechen, Juden und das Militair haben ihre eignen Spitäler. Auch sind zu erwähnen das städtische Armeninstitut mit einem bedeutenden Fonds, das Pensionsinstitut für städtische Beamte, das Blindeninstitut, das Karolineninstitut. Es gibt mehre öffentliche Bäder, ein Eisenbad in der Theresienstadt und eins außer der Linie, ein Flußbad nächst der Schwimmschule. Die in Pesth residirenden Landesstellen sind die Septemviraltafel und die königliche Tafel, das Directorat der kön. Angelegenheiten, das kön. Directorat der Rechtsangelegenheiten der politischen Stiftungsfondsgüter, das kön. Provinzialcommissariat. K. k. Ämter sind das Hauptsalztransportamt, das Gold- und Silbereinlösungsamt, die Bergwerksproductenverschleiß- und Speditionsfactorei, das Postamt, das Oberdreyßigstamt, das Hauptversatzamt und neun Lottocollecturen. Desgleichen ist Pesth der Sitz des Personalstuhls und der Comitatsbehörde. Städtische Behörden sind: der Magistrat oder innere Rath mit seinen zahlreichen subalternen Beamten, die Wahlbürgerschaft oder der sogenannte äußere Rath. Die drei Außentheile, Theresienstadt, Josephstadt und Franzstadt haben jeder eigne Unterrichter. Gewissermaßen eine besondere Behörde ist die Verschönerungscommission, aus drei Magistratsräthen und mehren Wahlbürgern zusammengesetzt, deren Präses der Erzherzog Reichspalatin ist, und welche die architektonische Regulirung der Stadt zum bereits mannichfaltig ausgeführten Zwecke hat. Sie stammt von Joseph II., erhielt aber erst seit 1804 durch Heimfall einer ansehnlichen Erbschaft an den städtischen Fiscus einen bessern Fonds, welcher in der Folge verstärkt wurde. Das Stadthauptmannsamt handhabt die Policei. Alle diese Behörden vermehren durch ihr Personal, durch die bei ihnen beschäftigten Landesadvocaten und Fiscale und durch die persönlich nöthige Anwesenheit der Processparteien und Comitatsedelleute das geschäftliche Leben die und Nahrung der Stadt ungemein. Die Besatzung ist etwa 9000 Mann stark; Militairanstalten sind das Schiffsbaucommando, das Transportsammelhaus, das große Lagerspital u. s. w. Die Bürgermiliz schreibt sich vom letzten Türkenkriege her und ist im Verfolge der Zeit in eine Landwehranstalt übergegangen, zusammen über 2500 Mann. Handel und Gewerbsamkeit sind so lebhaft, daß Pesth unter den Donaustädten nur von Wien übertroffen wird. Vier Jahrmärkte, eigentlich Messen, welche jedesmal 14 Tage dauern, ziehen oft gegen 20,000 Fremde mit Waarenvorräthen von 16—17 Millionen Gulden herbei, und ergeben jedesmal einen Umsatz von 8—10 Millionen Gulden. Die Zufuhr auf der Donau ist stark und bequem, und man rechnet die Zahl der alljährlich landenden Fahrzeuge gegen 8000. Trotz der Ausfuhrzölle und des Verfalls vieler Handelszweige auf dem Continent ist die Stadt wie das ganze Reich in stetem ökonomischen und mercantilen Wachsthum. Die Religions- und Stammverschiedenheiten der Einwohner sammt den darauf bezüglichen Nationaleigenheiten haben keine auffallende Zerklüftung zur Folge, sondern die mannichfaltigen Sitten und Sprachen walten in friedlicher großstädtischer Mischung neben- und untereinander; doch herrscht im Mittelstande die deutsche und im amtlichen und literarischen Verkehr die lateinische Zunge vor. Der ökonomische Gartenbau begreift ansehnliche Bodenflächen an dem äußern Theile der Vorstädte, liefert aber nicht den Bedarf der Stadt, welcher durch Zufuhr vom Lande und vorzüglich aus den Gärten von Altofen gedeckt wird. Die Gartenbaulust ist nicht bedeutend, mehr der Weinbau, namentlich im nahen Steinbruchsgebirge, das über 30,000 Faß trefflichen Tischweins jährlich liefert. Das Steinbruchsgebirge ist auch die unerschöpfliche Fundgrube eines vortrefflichen Sandsteins, welcher der jungen Stadt in ihrem Wachsthum zu statten kommt und durch die in ihm sichtbaren Conchylien den ehemaligen Meeresgrund bekundet. Dort in der Nähe befindet sich auch die durch die ehemals darauf in Freien gehaltenen Reichstage berühmte Ebene Rakos am Bache gleiches Namens.

Der Ursprung und die früheste Geschichte der Stadt liegen im Dunkel, wie die Etymologie ihres Namens; doch wird ihrer schon zur Zeit des ersten mongolischen Einfalls (1241) als einer großen und von reichen deutschen Einwohnern bevölkerten Stadt gedacht, und sie erholte sich nach der von den Barbaren erlittenen gänzlichen Zerstörung bald wieder, wozu nächst der Handelslage an der Donau die Nähe der Residenz der ungarischen Könige und die auf dem Rakos gehaltenen Landtage beitrugen. Durch die türkische Eroberung kam die Stadt ganz in Verfall und erst mit Vertreibung der Osmanen begann ihre Wiedergeburt, anfangs allmälig, unter Karl VI. und Maria Theresia geschwinder, mit Joseph II. Regierungsantritt rasch und am raschesten mit und seit dem letzten Türkenkriege.

Ansicht von Ofen und Pesth.

Verantwortlicher Herausgeber: Friedrich Brockhaus. — Druck und Verlag von F. A. Brockhaus in Leipzig.

Das Pfennig-Magazin
für Verbreitung gemeinnütziger Kenntnisse.

199.]   Erscheint jeden Sonnabend.   [Januar 21, **1837.**

Sitten und Gebräuche der Perser.

Ein persisches Gastmahl.

Schon in Nr. 166 und 167 des Pfennig-Magazins gaben wir unsern Lesern einige Nachrichten über die ehemals so mächtige Hauptstadt des persischen Reichs, Ispahan, die noch jetzt, obwol in keinem Vergleich zu ihrer vormaligen Pracht, eine der volkreichsten, ausgedehntesten und merkwürdigsten Städte des Orients ist. Jener Aufsatz enthält eine allgemeine Beschreibung der Bauart dieser berühmten Stadt, ihrer Wohnungen und vorzüglichsten öffentlichen Gebäude, sowie der Lebensweise ihrer persischen Bewohner, ihrer Beschäftigungen, religiösen Meinungen und anderer Eigenthümlichkeiten, welche dieses in mannichfacher Hinsicht ausgezeichnete Volk von andern orientalischen Völkern unterscheiden. Auch wird der Leser in jenem Aufsatze eine kurze Geschichte der Entstehung, Erweiterung, sowie der spätern Zerstörung und Wiedererneuerung der persischen Hauptstadt gefunden haben.

Wir nehmen nun hier denselben Gegenstand wieder auf, indem wir jenen Artikel durch ausführlichere Nachrichten aus dem schönen Persien, wie sie neuere Reisebeschreiber uns darbieten, ergänzen und erweitern wollen, damit unsere Leser ein ebenso vollständiges als übersichtliches Bild von den gesellschaftlichen Sitten und Formen, von der ganzen Lebensart der heutigen Perser erhalten. Solche Schilderungen gewinnen um so mehr an Interesse, da die Perser, im Verhältniß zu andern orientalischen Völkern, in neuerer Zeit weniger ausführlich besprochen worden sind. Was dem Reisenden zuerst auffällt, wenn er eine persische Stadt betritt, die mit ihren weiten, von Mauern umgebenen Gehöften, mehr Landhäusern als Stadtwohnungen ähnlich, mit ihren Gärten und grünbelaubten Bäumen, welche anmuthig über die Mauern hervorblicken, einen freien und anziehenden Anblick darbietet, das ist der hier vorhandene Überfluß an frischem Wasser. Diese Vorliebe zum reinen Element haben die Perser mit den übrigen orientalischen Völkern zwar gemein; allein bei den erstern zeigt sie sich ganz besonders auffallend. Es gibt in einer persischen Stadt wenige Häuser, die nicht unter ihren Fenstern weite Bassins hätten, aus weißem Marmor oder Alabaster gemauert, in deren Mitte Springquellen rieseln, welche mit angenehmem Geplätscher das Ohr erfreuen. Einem solchen Spiele der Fontaine kann ein Perser Stunden lang zusehen. Er sitzt mit seiner Pfeife am Fenster und schaut mit Wohlgefallen den krystallenen Funken, dem scherzenden Wellenspiel des klaren Wassers zu, und die so zugebrachten Stunden gehören zu den behaglichsten seines Lebens. Das Äußere der persischen Wohnungen ist in dem erwähnten Aufsatze bereits geschildert. Hier wollen wir nur noch so viel bemerken, daß es in diesen geräumigen Gemächern nicht eigentliche Schlafzimmer in unserm Sinne gibt. Die Perser bedienen sich nämlich nur tragbarer Betten, die jeden Morgen von der Stelle, wo man die Nacht über geruht hat, wieder hinweggeräumt werden. Diese Betten bestehen aus einer wattirten Bettdecke, deren Überzug bei den Reichern von Seide ist, einem großen Kopfpfühl und einem kleinern Kissen, um das Ohr darauf zu legen. Bettstellen gibt es in Persien nicht.

Häufige Bäder sind für das Wohlsein der Perser, sowie aller Morgenländer überhaupt, ein unumgängliches Bedürfniß. Bei diesem ungemeinen Sinn für Reinlichkeit muß es seltsam erscheinen, daß die Perser nur einmal monatlich das Hemd wechseln, und daß sie nie anders als in Beinkleidern schlafen. Die persischen Bäder sind von den europäischen sehr verschieden, es sind geräumige unterirdische Gebäude mit überbauten Helmdächern, mit großen Luftlöchern am obern Theil derselben, woran Schieber aus dünnen Alabasterplatten, durch die das Licht einzudringen vermag, anstatt der Fenster angebracht sind. Die ersten Säle sind insgemein rund und sehr groß, ringsum mit Sesseln und Nischen zum Entkleiden. In der Mitte befinden sich große Marmor= oder Alabasterbecken, aus denen sich, zur Unterhaltung und Erfrischung der Badenden, anmuthige Wasserstrudel ergießen. Nachdem man sich entkleidet hat, wird der nackte Leib von den Hüften bis zu den Füßen herab in ein weites Stück Zeuch gewickelt, worauf man sich in einen andern durch Wasserdämpfe erwärmten Saal begibt. Dieses Gemach ist so heiß, daß jeder Ungewohnte es kaum einige Minuten darin aushalten kann. Der Fußboden dieses Dampfsaals besteht aus einem Getäfel von weißem Marmor, über welches man, um es in steter Wärme zu erhalten, fortwährend heißes Wasser ausgießt. In einem kleinen anstoßenden Cabinet pflegen sich die Badenden mit einer Salbe die Haut zu reiben, bei deren Gebrauch man jedoch sehr vorsichtig sein muß, weil, wenn sie zu lange Zeit auf dem Körper bleibt, die Haut davon leidet und die zartern Körpertheile wund werden. Der Perser, dem dies Geschäft geläufig ist, braucht zu diesen Einreibungen höchstens einige Minuten Zeit; hierauf begibt er sich wieder in den Marmorsaal, wo zwei kräftige Badewärter, die ebenso nackt sind als der Badende, ihn ergreifen und der Länge nach auf dem feuchten Marmorboden ausstrecken. Unter seinen Kopf legt man ein kleines Kissen. Nicht lange dauert es, so geräth der Badende in einen gelinden Schweiß; sobald dies geschehen, machen jene beiden Badewärter mit den Reibungen den Anfang, wobei sie aber ziemlich derb zu Werke gehen, und einem Ungewohnten würde das wiederholte Drücken und Ausdehnen der Muskeln, das Recken und Rollen der Glieder, das Hin= und Herwälzen des ganzen Körpers wol einigen Schmerz verursachen, obgleich es in anderer Beziehung der Gesundheit sehr zuträglich ist. Das Blut geräth hierdurch in einen heilsamen Umlauf und der ganze Körper wird mit neuer Frische und Leichtigkeit erfüllt. Während dieses Reibens ist übrigens noch eine dritte Person damit beschäftigt, den Badenden unaufhörlich mit warmem Wasser zu besprengen, wodurch die Muskeln erweicht und die Manipulationen der beiden andern etwas weniger schmerzhaft werden. Mittels eines Handschuhs aus Pferdehaar werden hierauf die Reibungen fortgesetzt, eine Art und Weise, worin die persischen Bader eine so große Geschicklichkeit besitzen, daß sie, so hart und ungefüge jenes Werkzeug auch scheinen mag, die Haut des Badenden nicht im Mindesten ritzen.

Etwas Wesentliches in den persischen Bädern ist das Färben des Barts und Haupthaars, wozu man sich eines sehr feinen Pulvers bedient, das aus dem getrockneten Indigoblatt bereitet wird. Man läßt dieses Pulver ein wenig in warmem Wasser aufweichen, sodaß es ein Brei wird. Bevor man davon Gebrauch macht, wird das Kopf= und Barthaar sehr stark mit Seifenwasser gewaschen, um dadurch die von der Ausdünstung zurückgebliebenen fettigen Theile hinwegzunehmen. Nach Abspülung des Seifenwassers werden die Haare mit jener Indigosalbe tüchtig eingerieben. Zuletzt bedient man sich eines feinen Kammes, aus dessen engen Zähnen das Haar schön schwarz und glänzend hervorgeht. Zuweilen muß man dieses Mittel mehre Tage nacheinander anwenden, weil nach dem ersten Male das Haar noch hin und wieder ins Grünliche spielt, eine Farbe, die am dritten Tage dem glänzendsten Schwarz Platz macht; auch wirkt diese Farbe so anhaltend, daß man sie erst wieder nach sechs bis acht Wochen anzuwenden nöthig hat.

Schön gebadet und mit wohlgekämmtem Haar begibt sich der Perser zur Mahlzeit. Die Speisesäle sind geräumig, der Fußboden mit drei= bis vierfachen Teppichen belegt. Der Lichtschimmer fällt insgemein durch ein großes hellglänzendes Alabasterfenster. Alle Gäste sitzen, nach orientalischer Weise, mit kreuzweise zusammengeschlagenen Beinen auf dem Boden in einem Halbkreise, der ziemlich die Gestalt eines Hufeisens hat; der Gastgeber befindet sich stets an einem Ende desselben, damit er jeden einzelnen seiner Gäste und dessen Bedürfnisse im Auge habe. Alle Plätze sind nach der Rangordnung, auf welche die Perser bei jeder Gelegenheit streng achten, angewiesen, und diese strenge Gemessenheit gibt einem persischen Gastmahle, besonders der Einleitung zu einem solchen, etwas sehr Steifes und Ceremoniöses. Der Eingeladene, der gewöhnlich beritten zum Mahle kommt, läßt sein Pferd vor der Pforte seines Wirths und tritt, ohne ein Wort des Grußes an die übrigen versammelten Gäste zu richten, in den Speisesaal, indem er ohne weitere Umstände auf den ihm gebührenden Platz zuschreitet. Mit einigen Umständlichkeiten und mannichfachen Handthierungen an seinem Gewand, das er, dem Anstand gemäß, zu falten sich befleißigt, läßt er sich nieder, und erst nachdem er sich in seiner Behaglichkeit befindet, fängt er an, die Augen aufzurichten und den übrigen anwesenden Personen Theilnahme zu schenken. Er legt die rechte Hand auf die Brust und spricht nun mit gehöriger Gravität den

Friedensgruß. Dann macht er zur Rechten und Linken Verbeugungen, die aber nur in einem tiefen Kopfnicken bestehen. Jeder Gast gibt ihm diese Höflichkeitsbezeigung auf gleiche Weise zurück. Wenn Alle versammelt sind, so begrüßt auch der Wirth seine Gäste mit dem Segenswort: „Seid mir willkommen!"

Von dem Gastmahl selbst gibt ein Reisender, der sich lange in Persien aufhielt, nachstehende Beschreibung: „Sobald die Stunde des Mittagessens erschienen war, wurden ringsum im Gemach und vor den Gästen große Tischtücher oder Matten von indischer gemalter Leinwand ausgebreitet, dann brachten fünf oder sechs Diener Krüge und Sprengkannen aus verzinntem Kupfer herbei, Jeder befeuchtete sich die rechte Hand und trocknete sie mit seinem Taschentuche. Hierauf setzte man vor alle Gäste, je zweien und zweien, gewaltig große Schüsseln mit Zuckerwerk, Biscuits, eingemachten Früchten und andern Leckerbissen, welche mehr als Schau- denn als wirkliche Gerichte zu betrachten sind, da es der persische Anstand verlangt, so wenig als möglich davon zu genießen. Sodann brachten die Diener das Brot, das die Form großer Kuchen hat, von zwei Fuß Länge und einem Fuß Breite. Diese platten Brotkuchen dienen aber eigentlich nur anstatt der Teller, man sammelt darauf die Pilawkörner, die den Fingern entfallen, wenn man sie zum Munde führt. Hierauf trägt man, ebenfalls für je Zwei, andere Schüsseln auf mit dem beliebten Pilawgericht, und die Getränke. Sobald diese Schüsseln an Ort und Stelle stehen, gibt der Wirth das Zeichen zum Anfang, indem er sagt: „Im Namen Gottes!" Jetzt beginnen die Diener rüstig ein Gericht nach dem andern aufzutragen, zuletzt die Braten und Kiababs. Nebenbei werden als Reizmittel zum Appetit herumgereicht, Weintrauben, Radieschen, Mandeln, Pfeffergurken und Salz, das Jeder mit dem befeuchteten Daumen auftüpft und zum Munde führt. Die Perser speisen sämmtlich, wie der Leser auf unserer Abbildung wahrnehmen wird, nur mit der rechten Hand, mit dieser wissen sie, ohne andere Beihülfe, sehr geschickt ihr Fleisch zu zerlegen, welches auch gleich so zart und weich gekocht wird, daß es in der Hand zergeht. Der Gebrauch der Messer, Gabeln und Löffel ist in Persien unbekannt. Während der ganzen Mahlzeit steckt die linke Hand müßig in einer Falte des Gewandes. Wollte sich ein Gast ihrer zur Beihülfe bedienen, so würde man ihn nicht blos für plump und ungeschickt, sondern auch für ganz unbewandert in den Regeln der guten Lebensart halten. Auch von Gläsern weiß man in Persien bei der Mittagstafel nichts; statt dessen trägt man die Getränke in Pokalen auf, neben welche man große Schöpflöffel hinlegt, die sehr künstlich aus Holz gearbeitet sind. Mit diesen schöpft man das Getränk. Sobald die Mittagstafel vorüber ist, werden die Teppiche von den Dienern hinweggenommen und aufgerollt, alsdann werden wieder Waschgefäße für jeden Gast, diesmal mit lauwarmem Wasser, gebracht. Man wäscht sich nur die rechte Hand und spült sich den Mund aus, worauf zuletzt der Kaffee und die Pfeifen herumgereicht werden. Ersterer wird in Persien immer so dick wie Chocolade bereitet; die Pfeife, der Lieblingsgenuß der Perser, wird häufig, um den Rauch milder und kühler zu machen, durch ein Wassergefäß gezogen. Sobald auf diese Weise die Gäste sich der vollkommensten Behaglichkeit, schmauchend und Kaffee schlürfend, überlassen, werden die Musiker und Tänzer eingeführt; letztere gruppiren sich in eine Ecke des Saales, erheben ihren Gesang, den sie mit Mandolinen, Tambourins und Guitarren begleiten. Die Tänzer, durch deren Künste uns unser Wirth unterhielt, waren jung und gebaut; sie trugen ihr Haar geschoren, mit Ausnahme einiger Haarflechten, die an den Ohren herabringelten. Beim Tanzen klapperten sie mit kupfernen Castagnetten. Die Tänzerinnen waren sehr hübsch, sie bedienten sich gleichfalls der Castagnetten und sangen dazu. Ihr Haar war zierlich geflochten und sie trugen darüber einen Schleier von goldgestickter Gaze, durch den die Flechten hindurchschimmerten. Ihre Kleidung bestand aus einem knappen, anschließenden Leibrock oder Arkala, der von einem seidenen Gürtel, dessen beide Enden am Körper herabfielen, zusammengehalten ward; das Schuhwerk der Perser ist sehr unbequem und eignet sich kaum zum Gehen, geschweige denn zum Tanzen. Die Tänzerinnen bedienen sich deshalb der Socken oder tanzen auch mit nackten Füßen, die sie mit einer orangegelben Salbe zu bestreichen pflegen.

Das Costum der Tänzerinnen führt uns auf die Tracht der persischen Frauen überhaupt. Sie wenden eine besonders große Sorgfalt auf das Flechten ihres Haars, aus dem sie wol 30 kleine Zöpfe bilden, von denen sie die Hälfte auf den Scheitel und rings um den Turban feststecken, die andere Hälfte aber nach hinten zu, in gleicher Richtung mit den Enden ihres Shawls, herabfallen lassen, was einen sehr anmuthigen Anblick gewährt. Zwei größere Locken fallen nach vorn bis auf den Busen herab, was dem ganzen Kopfputz ein lebendiges und zierliches Ansehen gibt und die Schlankheit der Gestalt vortheilhaft hervorhebt. Außerordentlich ist die Begierde der persischen Frauen nach Edelsteinen. Es gibt vielleicht in ganz Persien keine Frau, sei sie auch nicht reich, die nicht wenigstens einige Juwelen besäße. Der unbemittelte Handwerker muß sich oft der dringendsten Bedürfnisse entschlagen, um seine Frau mit etwas dergleichen zu erfreuen, sonst möchte es ihm schwer fallen, das Gleichgewicht und den Frieden in seinem Hause zu erhalten. Frauen von Stande besitzen den kostbarsten Schmuck und oft Kleinodien aller Art von unermeßlichem Werthe, eine Menge Fingerringe, ein Dutzend Paar Armbänder, große Perlen, um den Turban damit zu besetzen, Knöpfe, Agraffen, kurz, Schmuck jeder Gattung. Die Hemden der persischen Frauen sind von außerordentlich feinem Muslin, nach dem Halse zu mit drei Reihen kleiner Perlen besetzt; sie gleichen eher kurzen Mannshemden und werden, da sie vorn offen sind, am Halse mit einem Knopfe oder einer Agraffe aufgenestelt. Darüber trägt man eine Art von Tunica (Chapkins genannt) ohne Hals, vorn so weit geöffnet, daß die ganze Brust frei bleibt; diese Gewänder, welche in der Taille zusammengeknüpft oder geheftelt werden, dienen schon dazu, die weibliche Gestalt auf das vortheilhafteste hervorzuheben. In den ältern Zeiten waren diese Gewänder weit länger und vollkommener und reichten oft bis zu den Knöcheln herab. Die Tunica ist jetzt kürzer geworden und reicht zuweilen nicht einmal bis aufs Knie. Man trägt sie insgemein aus dem reichsten Goldbrocat, besetzt sie mit Stickereien, häufig auch mit Perlen und Edelsteinen. Die Pantalons der Frauen sind im Schnitt nicht von denen der Männer verschieden. Man trägt sie enger und weiter, die der letztern Gattung sind jedoch anständiger. Die Schuhe der Perserinnen sind eigentlich gestickte Pelzpantoffeln. Sobald die Perserin ausgeht, bedeckt sie sich mit der so=

*

Persische Trachten.

genannten Chadera, einem großen und weiten Stück Zeuch, das bis zur Erde herabhängt. Dieser Überwurf ist von weißem Baumwollenzeuch und hat die Form eines Halbcirkels; man befestigt ihn an Kopf und Hals mittels Schnuren. Außerdem trägt man aber noch den eigentlichen Schleier, der mit Agraffen an den Turban befestigt wird. Da dieser auch das ganze Gesicht bedeckt, so ist in demselben eine kleine ovale Öffnung angebracht, um den freien Blick zu verstatten. Unter keiner Bedingung darf die Perserin, wenn sie sich außer dem Hause befindet, diesen Schleier lüften, und sie selbst erscheint in ihrer doppelten Verhüllung so vermummt, daß man von der ganzen Gestalt eigentlich nur die Pantoffeln sieht, und an diesen nur, sowie an der Stickerei auf Schleier und Chadera kann man einigermaßen erkennen, welchem Stande die Frau angehört. Die Frauen der niedern Stände sind in ihren Trachten weniger eigensinnig. Diese bedienen sich selten des großen Schleiers; sie tragen engere, blau- und weißgestreifte Überwürfe, die sie über den Hüften aufschürzen und wovon sie die eine Hälfte vor sich hinhalten, um das Gesicht damit zu bedecken. Aber auch sie sind so verschämt, daß sie sich ganz und gar verhüllen, sobald ihnen ein Fremder begegnet. Die Tracht der Männer haben wir schon in den erwähnten Nummern des Pfennig-Magazins beschrieben.

Die Hochzeiten in Persien finden auf ziemlich geräuschvolle Weise statt. Man führt Tänze auf, macht Musik, ißt und trinkt und vergnügt sich auf alle mögliche Weise, wovon jedoch die Braut das Wenigste mitgenießt. Wenn die Stunde kommt, wo der Bräutigam sie auf einem reichgeschmückten Pferde in sein Harem abholt, was regelmäßig zwei Stunden vor Sonnenuntergang geschieht, so sträubt sich die verschleierte sittsame Braut oft gewaltig, und der Verlobte muß sie förmlich aus dem Hochzeithause entführen. Ist es so weit gekommen, so begleitet das ganze Gefolge der Hochzeitfrauen die junge Braut bis nach dem Harem ihres Gatten. Hier endlich läßt man die Neuvermählten allein, und nun lüftet der Gemahl seiner Gattin, die er noch nie zuvor erblickte, den Schleier. Bei dieser bedeutungsvollen Hochzeitscene ist das Bedenklichste, daß, wenn die Gattin dem Gatten nun nicht gefällt, er sofort sie verläßt und die arme Verstoßene genöthigt ist, unter Begleitung der laut klagenden Hochzeitfrauen in das Haus der Ältern zurückzukehren. In diesem Falle muß jedoch der Gatte die ganze Mitgift der Braut wieder herausgeben.

(Der Beschluß folgt in Nr. 200.)

Feen und Hexen in Irland.

Mit andern Ländern, besonders aber mit dem schottischen Hochlande, theilt Irland den Glauben an jene romantischen kleinen Geschöpfe, Feen genannt, und es ist merkwürdig, daß dieser Aberglaube in den Hauptzügen sich überall so ähnlich zeigt. Den Ursprung dieses Volksglaubens anzugeben, ist schwierig, doch stammen die irischen Feen auf jeden Fall mit den nordischen Elfen aus einer Wiege. Es ist eine seltsame Mischung von lächerlichen und erhabenen Zügen in der Volksmeinung über diese Geschöpfe der Einbildung. Man schreibt ihnen die Gefühle und Leidenschaften der Sterblichen zu, und glaubt, daß sie sowol die Macht als die Neigung haben, eine Beleidigung zu rächen. Wie Wilde aus Furcht den bösen Geist verehren, so nennt der irische und schottische Landmann die Feen „gute Leute", und nicht selten sieht man ihn, ehe er sein Glas an den Mund setzt, einen Theil des Inhalts auf die Erde gießen, als ein Trankopfer für die Feen. Wenn Jemand das Wort Fee ausspricht, wird ihm oft eine Warnung zugeflüstert, in dem Glauben, daß diese Wesen unsichtbar zugegen seien und jenen Namen als die Bezeichnung eines unbedeutenden Gegenstandes für beleidigend halten.

Eine Staubwolke, die der Wind aufregt, wird den Feen zugeschrieben, die von einem Versammlungsorte zu andern ziehen, und bei diesem Anblicke nimmt der Landmann seinen Hut ab und murmelt: „Gott geleite euch, liebe Leute!" und sich wieder bedeckend, setzt er hinzu: „Gute Lebensart ist keine Last." So sucht er vor sich selber einen Beweggrund zu entschuldigen, den er zu gestehen sich schämt. Wollte er aber ein kurzes Gebet sprechen oder sich bekreuzen, so würde die Reise der Feen unterbrochen werden, und sind Sterbliche in ihrem Gefolge, so wird der Zauber, der sie bindet, gebrochen und sie kehren unter die Menschen zurück. Ein Messer mit schwarzem Hefte wird bei solchen Gelegenheiten für besonders mächtig gehalten, den Zauber zu lösen, wie denn es nicht nur gegen Feenzauber, sondern gegen jedes übernatürliche Wesen wirksam sein soll. Man erzählt sich Geschichten von vielen Kämpfen zwischen Schattengestalten und Menschen, die in der Dämmerung mit solchen Waffen gefochten haben, und am Morgen sollen Blutstropfen auf der Stelle sichtbar gewesen sein, wo die Erscheinung sich gezeigt hatte. Die anmuthigsten Thäler werden für Sammelplätze der Feen gehalten. Man nennt sie freundliche Örter. Da ist ihre Lieblingsbeschäftigung, am Ufer eines Felsenbaches Leinwand zu bleichen, wozu sie seltsame rührende Melodien singen. Die Pflanzen, die in solchen Thälern wachsen, sollen unter dem besondern Einflüsse der Feen stehen, und werden mit vielen Feierlichkeiten von schlauen alten Weibern gesammelt, welche man, wegen ihrer angeblichen wundärztlichen Geschicklichkeit, Knocheneinrichterinnen zu nennen pflegt und sie mit großem Vertrauen auf ihre abergläubige Quacksalberei um Rath fragt.

Die kreisförmigen Schanzen, die man in Irland Dänenfesten nennt, werden für einen Aufenthalt der Feen gehalten, und man glaubt, daß Derjenige, der diese Erhöhungen, die man für Werke der „guten Leute" hält, umgrabe oder überpflüge, an sich selber oder seinen Angehörigen Unglück erleben werde. In diesen Schanzen und Einfriedigungen sollen die Feen noch festliche Zusammenkünfte halten und bei Musik und glänzenden Gastmahlen sich ergötzen. So hält ein Feenkönig, Knob genannt, seinen Hof nicht weit von der Straße von Cork nach Youghall, wo Wanderer, die der Gegend unkundig sind, oft durch verlockende Töne irregeführt werden, aber bei dem Hahnenschrei verschwinden die luftigen Gestalten, die köstlichen Speisen verwandeln sich in Aas, die glänzenden Krystallbecher in gemeine Kieselsteine und alle Tischgeräthe erleiden ähnliche Verwandlungen.

Man denkt sich die Feen als ungemein kleine Gestalten, die einen listigen und boshaften Blick haben, gewöhnlich grün gekleidet sind und große Scharlachmützen tragen. Man nennt daher die schöne Pflanze, den rothen Fingerhut, die Feenmütze, und erweiset ihr eine abergläubige Verehrung. Alte einsame Dornbüsche werden gleichfalls von den Landleuten verehrt, weil man glaubt, daß sie bei den Gelagen der Feen heilig gehalten werden. Jedes zufällig im Felde gefundene alterthümliche Geräthe wird den Feen zugeschrieben, und man meint, daß sie es verloren oder vergessen haben. Dazu gehören auch die Pfeilspitzen von Feuerstein, welche die Feen im Scherze auf das Vieh abschießen sollen.

Man glaubt, daß die Feen die Landgüter in ihrem Bezirke in gewissen Nächten besuchen, und ehe man zu Bette geht, reinigt man dann den Herd und stellt ein Gefäß mit Wasser zu ihrem Gebrauche hin. Besonders aber haben diese Wesen, außer dem Vieh, mit dem Getreide, den Früchten und den Ackerbauwerkzeugen ihren Verkehr. Kühe melken, Milchnäpfe umwerfen und Alles, was in Ordnung gestellt ist, in Verwirrung bringen, gehört zu dem Unfug, den sie treiben.

Cluricaune heißt der irländische Kobolt. Er wird als ein zusammengeschrumpftes altes Männchen abgebildet — denn man hat Abbildungen von ihm —, das wie ein Schuhflicker gekleidet und gewöhnlich mit dem Ausbessern eines Schuhes beschäftigt ist. Er hat nach dem Volksglauben einen Geldbeutel, welcher, wie des Fortunatus Börse, unerschöpflich ist. Mancher soll versucht haben, ihm seinen Schatz abzunehmen, was er aber dadurch verhindert, daß er seinen Gegner durch List dahin bringt, die Augen abzuwenden, worauf er verschwindet. So lange man ihn fest anschaut, kann er dies nicht.

Kränkelt ein Kind, wird ein junges Mädchen schwindsüchtig, so sagt der Volksaberglaube, daß man sie entführt habe, um sie zu Gespielen oder Wärterinnen jungen Feen zu machen, und daß ein Ebenbild an die Stelle der Geraubten gekommen sei, das nach und nach hinwelke und sterbe. Unwissende Ältern gebrauchen oft ein unmenschliches Mittel, um zu entdecken, ob ein ungesundes Kind ihr Abkömmling oder ein Wechselbalg sei, indem sie es nackt auf die Straße in die Kälte setzen; hält es die Probe aus, so schreiben sie die Kränklichkeit natürlichen Ursachen zu und behandeln das Kind zärtlicher, da sie glauben, daß, wenn es aus der Feenwelt stamme, der Geist eine so unwürdige Behandlung nicht ertragen haben, sondern verschwunden sein würde.

Ein auch in Irland bekanntes gespenstisches Wesen ist die weiße Fee, auch Banshi oder Froschin, oder Hausfee genannt. Sie ist gewissen Familien anhänglich und kündigt den Tod eines Mitgliedes derselben durch Trauerklagen an.

Der Glaube an die Macht der Feen ist in Irland mehr verbreitet als der Hexenglaube, doch ist dieser selbst in neuern Zeiten unter dem gemeinen Volke noch nicht verschwunden. Dahin gehört auch der alte Volksglaube an den Einfluß der bösen Augen. Nie spricht ein Mensch aus den niedern Ständen von einem Kinde ohne dabei auszuspeien, und entschuldigt es gewöhnlich mit den Worten: „Es geschieht um des guten Glückes willen." Dieser Aberglaube ist so mächtig, daß selbst gebildete Personen in ihrem Verkehr mit geringern sich der Sitte fügen müssen, und nichts wird für gefährlicher und unartiger gehalten, als das Vergessen eines solchen Gebrauchs. Ein anderer gewöhnlicher Aberglaube in Irland ist, daß die Hexen die Macht haben, die Gestalt eines Thieres, besonders einer Fliege oder eines Hasen anzunehmen. Als Hasen sollen sie die Euter der Kühe aussaugen, um sie dadurch ihrer Milch zu berauben oder ihr eine verderbliche Eigenschaft zu geben. Bleibt bei dem Buttern die Butter aus, so wird dies auf Rechnung einer Hexe geschrieben. Als Probe wird eine Pflugschar geglüht und dabei der Name der Hexe feierlich ausgesprochen, die dadurch die heftigsten Schmerzen erleiden soll.

Wie in England wird ein abgenutztes Hufeisen auf die Schwelle des Hauses oder in der Nähe des Einganges angenagelt und als ein Schutzmittel gegen Hexenkünste betrachtet. Im Allgemeinen gilt die Bemerkung, daß der Volksaberglaube in Irland, besonders im südlichen Theile der Insel, dem Wahn gleicht, der im Zeitalter der Königin Elisabeth in England herrschte; auch ein Beweis für die Behauptung, daß ein Zeitraum von zwei Jahrhunderten zwischen dem Bildungszustande und der Gesittung beider Länder liegt.

Eine Anekdote aus Napoleon's Leben.

Die hier mitzutheilende Anekdote aus dem Leben Napoleon's ist weniger bekannt als so manche andere, die von ihm erzählt wird, und mag beweisen, daß, wenn man zuweilen dem Kaiser einen Mangel an Interesse für die Wissenschaften zum Vorwurf gemacht, dies mit Unrecht geschah, denn es fehlte ihm keineswegs an reger Theilnahme für jene.

Es war am 23. October 1805, als die Akademie der Wissenschaften zu Paris eine ihrer regelmäßigen Sitzungen hielt. Geoffroy St.-Hilaire war Präsident, Humphrey Davy, der berühmte englische Chemiker, war Vicepräsident und Cuvier und Delambre waren Secretaire der Gesellschaft. An diesem Tage trug eins der neuern Mitglieder, der verstorbene berühmte Naturforscher Ampère, eine von ihm verfaßte Denkschrift vor, deren Gegenstand, es war die Lehre von den elektrischen Strömungen, die allgemeine Aufmerksamkeit der Versammlung in Anspruch nahm. Mitten in dem Vortrage des Gelehrten tritt ein Fremder in den Versammlungssaal im einfachen schwarzen Kleide, geschmückt mit dem Orden der Ehrenlegion. Bei seinem Eintritt erhebt sich ein allgemeines Geflüster; allein er winkt leicht mit der Hand, wie ein Mann, der gewohnt ist, daß man das kleinste Zeichen von ihm beachtet, worauf das Murmeln verstummt, und nähert sich sodann dem nächsten leerstehenden Sessel, auf den er sich niederläßt. Ampère theilte mit andern in der Wissenschaft großen Männern den Fehler der Zerstreutheit. Vertieft in seinen Gegenstand, hatte er den Fremden nicht bemerkt, der auch so leise als möglich seinen Sitz eingenommen hatte. Allein als nun der Vortrag geendet war und der verdiente Gelehrte die Lobsprüche aller Anwesenden über seine ausgezeichnete Arbeit empfangen hatten, war er im Begriff, seinen Sessel wieder einzunehmen, und erstaunte nicht wenig, als er auf diesem einen Fremden fand. Ampère gerieth etwas in Verlegenheit, denn der Fremde zeigte bei völliger Unbefangenheit doch auch etwas Ausgezeichnetes in seinem Benehmen. Er machte ihm deshalb auf die höflichste Weise, mehr durch beiläufige Bewegungen als durch Worte, bemerklich, daß dieser Platz sein eigner sei und er ihn wieder einzunehmen wünsche. Allein der Fremde blieb unbeweglich sitzen und that, als ob er die höflichen Andeutungen Ampère's nicht verstände.

Dies befremdete den wackern Gelehrten nicht wenig und seine Zeichen der Unzufriedenheit wurden nach und nach deutlicher. Er wandte sich an einige der zunächst Sitzenden mit dem Bemerken, daß ihm eine solche Usurpation des Sitzes eines Andern nicht ganz artig erscheine. Allein die Angeredeten schienen nicht recht auf Ampère's Beschwerden sich einlassen zu wollen, und antworteten ihm nur durch ein ausdrucksvolles Lächeln. Dies verstimmte den Gelehrten noch mehr, und er wandte sich nun gradezu an den Präsidenten. „Herr Präsident", sagte er, „ich erlaube mir, Ihnen bemerklich zu machen, daß ein Fremder unter uns ist, der den Platz eines der ordentlichen Mitglieder zu behaupten für gut befindet."

Diese offene Bemerkung erregte ein neues Geflüster. Der Präsident erwiderte jedoch ganz ruhig: „Ich glaube, Sie sind im Irrthume, Herr Ampère, der Herr, welchen Sie meinen, ist gleichfalls ein Mitglied der Akademie."

„Seit wann?" frug Ampère erstaunt.

„Seit dem 5. Januar des Jahres IV."

„Und in welcher Abtheilung, Herr Präsident", fragte Ampère mit etwas Ironie. Unsere Leser erinnern sich, daß die Akademie der Wissenschaften zu Paris in verschiedene Fächer der Gelehrsamkeit getheilt ist.

„In der Abtheilung der Mechanik, mein verehrter College", entgegnete nun der Fremde selbst.

„Das ist etwas stark", versetzte Ampère, allein sein Ärger machte bald dem Erstaunen Platz, als er, das Jahresbuch der Gesellschaft zur Hand nehmend, eingetragen fand, Napoleon Bonaparte, Mitglied der Akademie in der Section der Mechanik, am 5. Januar des Jahres IV.

Der Fremde war also der Kaiser selbst.

Ampère, der den Kaiser nicht persönlich kannte oder doch nicht erkannt hatte, erschöpfte sich nun in Entschuldigungen. Allein der Kaiser begnügte sich, mit dem Ausdruck des achtungsvollsten Wohlwollens zu erwidern: „Sie sehen, mein verehrter Freund, daß es in Verlegenheit bringen kann, wenn man seine Collegen nicht kennt. Kein Wunder aber, denn man sieht Sie nicht in den Tuilerien, deshalb muß ich wol hierher zu Ihnen kommen. Allein", fügte er im Scherz mit dem Finger drohend hinzu: „Ich werde Sie zu veranlassen wissen, mich dort zu besuchen."

Der Präsident wandte sich nun an den Kaiser mit der Frage, ob er gestatte, daß die Sitzung ihren Fortgang nehme.

„Freilich", erwiderte Napoleon, „wir sind nun nur vollzähliger, es ist nichts Störendes mehr da."

Es wurden nun noch mehre Denkschriften vorgelesen von Laplace, von Brunel, Erbauer des Tunnels unter der Themse, und andern ausgezeichneten Mechanikern, deren sämmtlichen Vorträgen der Kaiser mit großer Aufmerksamkeit folgte. Brunel's Denkschrift, über die von ihm damals in London vollendeten Arbeiten, war die letzte, und es war nun an der Ordnung, die Commission zu ernennen, welche über diese Denkschrift Bericht erstatten sollte. Wie erstaunten aber die Anwesenden, als der Präsident anhub: „Ich ernenne als Mitglieder der Prüfungscommission für die Arbeit des Herrn Brunel: Se. Majestät den Kaiser und die Herren Monge und Boisson."

Der Kaiser nahm den ihm ertheilten Auftrag an und unterhielt sich nach beendigter Sitzung noch über mancherlei Gegenstände mit den anwesenden Gelehrten, wobei er ebenso viel Bescheidenheit als Sachkenntniß zeigte.

Leihhäuser in Paris und London.

Es wurden zwar schon im 14. Jahrhunderte durch die Juden Leihanstalten in Paris angelegt, die den Namen Lombards erhielten, weil die Juden unter dem Namen Lombarden den Befehl, der sie aus Frankreich vertrieb, zu umgehen wußten; das erste eigentliche Leihhaus aber ward 1464 zu Perugia durch einen Mönch angelegt, und in Deutschland entstand das erste in Nürnberg zu Ende des 15. Jahrhunderts. Die ersten Anstalten dieser Art in Italien wurden durch milde Beiträge unterhalten und keine Zinsen für die dargeliehenen Summen verlangt; im J. 1521 aber verordnete Papst Leo X., um die Verbreitung der Leihhäuser zu befördern, daß zum Unterhalt der Anstalten Zinsen gegeben werden sollten. Erst 1777 entstand ein öffentliches Leihhaus in Paris, über welches der Policeidirector der Hauptstadt und Vorsteher des allgemeinen Hospitals die Aufsicht führten. Ein Generaldirector stand an der Spitze der Anstalt, und das Rechnungswesen wurde von vier Parlamentsräthen beaufsichtigt. Die Zinsen wurden zu zehn Procent jährlich bestimmt. Das allgemeine Hospital, mit welchem das Leihhaus verbunden war, konnte jedoch die erfoderlichen Geldmittel nicht aufbringen und die Anstalt mußte bald durch eine Anleihe Hülfe suchen, und so gedieh sie, bis der Ausbruch der Revolution der Mittel zu ihrem Unterhalte beraubte. Sie wurde jedoch 1797 auf Actien wiederhergestellt, deren Inhaber die Hälfte des Gewinns erhielten, wogegen die andere Hälfte dem Hospital zufiel. Das Vertrauen zu der Anstalt stieg schnell. Die Zinsen für die dargeliehenen Gelder wurden von fünf Procent für einen Monat — die Zeit, auf welche die Darlehen damals beschränkt waren — im Jahre 1800 auf $2\frac{1}{2}$ Procent und später noch mehr herabgesetzt. Durch ein Gesetz wurde 1804 verfügt, daß keine Leihanstalt auf Pfänder anders als zum Vortheil der Armen und nur unter Ermächtigung der Regierung gegründet werden sollte. Seitdem wurden ähnliche Anstalten in den meisten großen Städten Frankreichs gestiftet. In dem Leihhause zu Paris werden auf Gegenstände, die dem Verderben nicht unterworfen sind, bis zu $\frac{2}{3}$ des geschätzten Werthes Darlehen gegeben, auf Gold und Silber aber bis zu $\frac{4}{5}$ des Werthes. Unter 18 Groschen wird nicht dargeliehen. Der Durchschnittbetrag der auf jeden Gegenstand geliehenen Summe war 1833 gegen vier Thaler acht Groschen. Die Darlehen werden auf ein Jahr gegeben, können aber verlängert werden. Die Zinsen betragen jetzt zwölf Procent jährlich. Das Leihhaus hat gewöhnlich über 600,000 Pfänder in Besitz. Die Verwaltungskosten betragen so viel, daß auf jeden Gegenstand über vier Groschen kommen, daher ein Darlehen von 18 Groschen die Kosten nicht deckt und der Gewinn nur von Summen über einen Thaler sechs Groschen gezogen werden kann. Pfänder, die nach Verlauf eines Jahres nicht eingelöst werden, kommen zum Verkauf, doch hat der Eigenthümer drei Jahre lang einen Anspruch an die Herausgabe des Überschusses.

In England sind die Pfandleihanstalten durch verschiedene Gesetze geordnet. Jede bezahlt eine jährliche Abgabe an die Regierung, sonst aber findet keine Einmischung oder Überwachung statt. Die Pfandleiher in London bezahlen jährlich 100 Thaler, in andern Städten aber nur halb so viel. In London gibt es 380, in andern Theilen Englands etwas über 1000 Pfandleiher, und in Großbritannien überhaupt über 1530. Rechnet man den jährlichen Gewinn eines Jeden zu 3000 Thaler, so ergibt sich ein Einkommen von mehr als 4,500,000 Thalern. Man kann in London wenigstens doppelt so viel Pfänder als in Paris, wo die jährliche Summe derselben eine Million beträgt, rechnen, und schlägt man jedes auch nicht höher an als in Paris, so würde die in einem Jahre auf dieselben geliehene Summe zehn Million Thaler betragen. Die Zinsen betragen für jede noch so kleine Summe vier Pfennige für jede Zeit unter einem Monat. Da sehr viele von den verpfändeten Gegenständen von geringem Werthe sind und oft eingelöst und wieder verpfändet werden, so ist der Gewinn einer großen Pfandleihanstalt sehr bedeutend. Wenn Gegenstände länger als ein Jahr verpfändet bleiben, so bezahlen sie 20 Procent Zinsen.

Loretto.

In der Mark Ancona, ungefähr anderthalb Stunden vom Ufer des adriatischen Meeres, liegt auf einer Anhöhe die kleine Stadt Loretto, die schlecht gebaut ist und nur aus einer einzigen langen Gasse besteht. Die Anhöhe gewährt eine weite Aussicht. Nördlich und südlich erheben sich einzelne Bergrücken, westlich sieht man die Stadt Recanati und die zerrissenen weißen Felsenwände der Apenninen, während östlich zwischen zwei Bergen die blaue Fläche des Meeres hervorblickt. Die Stadt verdankt ihre Berühmtheit den Wallfahrten der Pilger, welche seit dem 13. Jahrhunderte das heilige Haus (santa casa) besuchten, das mitten in der Domkirche steht. Nach der alten Legende war dieses Haus die Wohnung der heiligen Jungfrau zu Nazareth[*], das aber 1291 von Engeln zuerst nach Tersati in Dalmatien, drei Jahre später über das adriatische Meer nach Italien in die Gegend von Recanati und endlich 1295 auf das Grundeigenthum einer Edelfrau, Namens Lauretta, getragen wurde. Das kleine, etwa 30 Fuß lange, 15 breite und 18 Fuß hohe Haus, das aus Stein und Ebenholz besteht, wurde später von Außen mit carrarischem Marmor überzogen und mit korinthischen Säulen und Basreliefs verziert, welche Darstellungen aus dem Leben der heiligen Jungfrau enthalten, und um es noch mehr zu beschützen, ward es mit einer geräumigen Kirche überbaut. An der östlichen Wand im Innern des Hauses befindet sich in einer Nische, die einst mit einer Einschließung von echtem Golde umgeben war, das Bild der heiligen Jungfrau, in einem von Edelsteinen glänzenden Gewande. Vor der Reformation wurde das Wunderbild jährlich von mehr als 200,000 Pilgern aus allen Theilen Europas besucht und durch die Freigebigkeit der Wallfahrer und durch viele Geschenke entstand nach und nach ein so reicher Schatz, daß die jährlichen Einkünfte der Kapelle, ohne die Weihgeschenke, auf beinahe 50,000 Thaler berechnet wurden. In einem großen, an die Kirche stoßen-

[*] Vergl. Pfennig-Magazin Nr. 157.

den Gemache wurden die kostbaren Geschenke aufbewahrt, unter welchen sich Tausende der schönsten Diamanten befanden. In dem heiligen Hause selbst sah man 22 goldene Lampen, von welchen die größte, ein Geschenk der Republik Venedig, 18 Mark schwer und von vortrefflicher Arbeit war. Unter den Schätzen wurden besonders zwei goldene Kronen bewundert, die Ludwig XIII. Gemahlin nach einem Gelübde weihte, als sie nach einer zweiundzwanzigjährigen kinderlosen Ehe Ludwig XIV. geboren hatte. Bei dem Einfalle der Franzosen in Italien 1798 wurden die Schätze des heiligen Hauses in Sicherheit gebracht, das Bild der Jungfrau aber wanderte nach Frankreich und ward erst später zurückgegeben, worauf es im December 1802 mit großen Feierlichkeiten wieder an seine vorige Stelle gesetzt wurde. Der Schatz aber war während der Stürme, die Italien getroffen hatten, größtentheils verschwunden, und die goldenen und silbernen Kostbarkeiten, die seitdem als Weihgeschenke geopfert wurden, lassen sich mit den ehemaligen Reichthümern nicht vergleichen.

Loretto.

Das Pfennig-Magazin
für Verbreitung gemeinnütziger Kenntnisse.

200.] Erscheint jeden Sonnabend. [Januar 28, **1837.**

Galerie der deutschen Bundesfürsten.
III.

Ludwig I., König von Baiern.

Karl August Ludwig I., König von Baiern, der Erstgeborene des nachmaligen Königs von Baiern, Maximilian I., aus seiner ersten Ehe mit Marie Wilhelmine Auguste, Prinzessin von Hessen-Darmstadt, wurde am 25. August 1786 geboren. Sein Vater lebte damals in Strasburg, wo er als französischer Generalmajor ein Regiment commandirte, und folgte 1795 seinem Bruder, Karl II., als Herzog von Zweibrücken; nach dem Erlöschen des pfalz-sulzbachschen Stammes mit Karl Theodor 1799, wurde er Kurfürst von Baiern und nahm 1806 den Königstitel an. Der Prinz genoß eine sehr sorgfältige Erziehung, machte bei seinen natürlichen Anlagen große Fortschritte in den Wissenschaften und zeigte schon früh einen lebendigen Sinn für die schönen Künste. Trefflich für höhere Studien vorbereitet, besuchte er die Universitäten zu Landshut und zu Göttingen, wo er sich mit Eifer den wissenschaftlichen Beschäftigungen widmete. Im Kriege gegen Östreich, 1809, zeichnete er sich besonders in Tirol aus.

Am 12. October 1810 vermählte er sich mit Charlotte Luise Friederike Amalie Therese, Prinzessin von Sachsen-Hildburghausen, geboren am 8. Juli 1792, einer Schwester des jetzt regierenden Herzogs Joseph von Sachsen-Altenburg, hielt sich seitdem nur selten am Hofe seines Vaters auf und nahm bei dessen Lebzeiten wenig Antheil an den Staatsangelegenheiten. Seine Reisen, namentlich nach Italien, abgerechnet, lebte er abwechselnd in Salzburg, Innsbruck, Würzburg und Aschaffenburg, wo er in stetem Umgange mit den ausgezeichnetsten Gelehrten und Künstlern, dem Studium der Alten und der Geschichte, und mit entschiedener Vorliebe den schönen Künsten sich widmete, wovon seine im Druck erschienenen „Gedichte" (2. Aufl., Stuttgart 1829) den besten Beweis geben, die als ein treuer Spiegel seines Gemüths und seiner Gesinnung hohe Beachtung in Anspruch nehmen. Durch Sparsamkeit in seinem Privatleben ward es ihm während jener Zeit möglich, bedeutende Summen auf den Ankauf von Gemälden und antiken Bildwerken zu verwenden und den Bau der prachtvollen Glyptothek in München zur würdigsten Aufstellung der Meisterwerke der Sculptur zu beginnen.

Als er nach dem Tode seines Vaters, am 13. October 1825, den Thron bestiegen, ließ er sofort die wohlthätigsten Reformen im Staatshaushalte eintreten, die von dem Grundsatze strenger Ökonomie ausgingen. Alle Verwaltungszweige wurden einer Revision unterworfen und der Gang der Geschäfte wurde vereinfacht. Eine erhöhte Aufmerksamkeit schenkte er den Künsten und Wissenschaften, und zeichnete ihre Pfleger aus. Die Akademie der Wissenschaften ward neu constituirt und die Universität Landshut nach München verlegt, wo sie durch ausgezeichnete Lehrer, die der König zum Theil aus dem Auslande berief, einen ungemein schnellen Aufschwung nahm. Einen ebenso erfreulichen und noch bedeutendern Aufschwung nahm die Akademie der Künste, und zur Verschönerung der Hauptstadt wurden eine Menge der prachtvollsten und großartigsten, durch die in München herrlich gepflegte Kunst der Frescomalerei geschmückten Bauten begonnen und ausgeführt. In all diesen Kunstschöpfungen, die der König hervorrief, zeigt sich seine Absicht, die Kunst nicht zu einer Luxussache, sondern zu einer Volksangelegenheit zu machen, sie aus den Schlössern und Palästen in das Leben einzuführen und ihr einen Einfluß auf die Bildung des Volkes zu verschaffen. Auch an andern Orten setzte der König durch Errichtung großartiger Baudenkmale ein bleibendes Gedächtniß, wie denn vorzüglich der Riesenbau des Walhalla bei Regensburg, eines Ehrentempels des deutschen Nationalruhms, den Namen des Königs noch auf die spätesten Geschlechter überliefern wird.

Durch eigne Anschauung des Volkes Bedürfnisse sorgsam erspähend, widmete der König seine Aufmerksamkeit selbst den Belustigungen des Landvolkes; alte Volkssitten wurden wieder hervorgerufen, und das Octoberfest, welches alljährlich am ersten Sonntage des Monats October auf der nach der Gemahlin des Königs benannten Theresienwiese bei München gefeiert wird, ward zum wahren Volksfeste im edelsten Sinne.

Nach den Bestimmungen des zwischen der Krone Baiern und dem römischen Stuhle abgeschlossenen Concordats ließ sich der König ganz besonders die Wiederaufrichtung mehrer Klöster angelegen sein, die namentlich den Benedictinern eingeräumt worden, denen auch in neuester Zeit der Schulunterricht zum Theil übertragen wurde.

Die Theilnahme, die der König dem griechischen Volke seit dessen Erhebung zur Befreiung vom türkischen Joche bewies und die Unterstützung desselben theils durch bedeutende Geldsummen, die er zu den allgemeinen Sammlungen für die Griechen beitrug, theils durch seine offene Erklärung für die Interessen derselben, fanden 1832 in der Wahl seines zweiten Sohnes Otto zum Könige von Griechenland, sowie in dem Enthusiasmus, mit welchem der neue König bei seiner Ankunft, wie der Vater, als er 1835 den Sohn besuchte, von den Griechen aufgenommen wurde, die schönste Anerkennung.

Kinder: 1) der Kronprinz Maximilian, geboren am 27. November 1811; 2) Mathilde, geboren 1813, vermählt 1833 mit dem Erbgroßherzog von Hessen-Darmstadt; 3) Otto, König von Griechenland, geboren am 1. Juni 1815; 4) Luitpold, geboren 1821; 5) Adelgunde, geboren 1823; 6) Hildegard, geboren 1825; 7) Alexandra, geboren 1826, und 8) Adalbert, geboren 1828.

Das Neueste aus der Natur- und Gewerbswissenschaft.

Wir werden unter diesem Titel von Zeit zu Zeit über die interessantesten Erscheinungen in der Natur- und Gewerbswissenschaft berichten, und beginnen mit zwei in den letzten Monaten vorgekommenen, überaus merkwürdigen Naturerscheinungen, welche die allgemeinste Aufmerksamkeit erregt haben und uns zu sehr interessanten Betrachtungen Veranlassung geben werden; wir meinen das große Nordlicht vom 18. October und die Meteornächte vom 12. bis 14. November.

Jenes Nordlicht vom 18. October*) ist das größte und schönste in diesem Jahrhunderte in unsern Breiten beobachtete gewesen, und der berühmte Astronom Struve zu Dorpat meldet ausdrücklich, daß er nie ein schöneres gesehen habe. Dieses Nordlicht ist in ganz Deutschland, ganz Frankreich, mit Ausnahme von Paris, wo ein dicker Nebel die Beobachtung verhinderte, in der Schweiz, im nördlichen Italien u. s. w. gesehen worden. In besonders überraschender Pracht aber hat es sich zu Königsberg in Preußen gezeigt, wo der Professor Bessel dasselbe sehr aufmerksam beobachtet hat. Bald nach Untergang der Sonne zeigte sich daselbst am nordwestlichen Himmel eine eigenthümliche Helligkeit, welche man gleich einem Nordlichte zuschreiben konnte, da der Mittelpunkt derselben in der Richtung der Magnetnadel lag, ein Umstand, auf welchen wir später zurückkommen werden, und da in den vorhergehenden Tagen schon kleinere Nordlichter vorgekommen waren, und eine solche Wiederholung dieser Erscheinung in kurzen Zwischenräumen meistens statt zu finden pflegt. Unser Nordlicht entwickelte sich aber viel vollkommener als jene frühern, sodaß es zu den seltenern gehört und an die Beschreibung erinnert, welche der französische Naturforscher Maupertuis, der sich grade vor 100 Jahren, nämlich 1736, zur Messung eines Meridiangrades in Torneå befand, wo die Nordlichter sehr häufig vorkommen, davon gibt, und welche wir zur Vergleichung mittheilen werden. Zuerst ging die obenerwähnte Helligkeit, durch welche sich das Nordlicht vom 18. October angekündigt hatte, in einen röthlichen Schimmer über, welcher den nördlichen Himmel einnahm, aber weder sehr intensiv, noch von langer Dauer war. Sodann strömte die Gegend ringsum häufige Strahlen aus, welche, wie dies bei Nordlichtern gewöhn-

---

*) So weit dieses Phänomen durch eine Abbildung zu versinnlichen, verweisen wir die Leser auf Nr. 66 des Pfennig-Magazins.

lich ist, gleichsam im Augenblicke entstanden, bis zum Scheitelpunkte aufschossen, wieder verschwanden und augenblicklich durch neue ersetzt wurden. Diese Strahlen sind, nach der Bemerkung des Prof. Bessel, geraden Kometenschweifen durchaus ähnlich, welches merkwürdig genug ist und vielleicht noch einst dazu dient, die eigentliche Natur beider Erscheinungen aufklären zu helfen; es drängen sich dieser Strahlen oft so viele so dicht zusammen, daß sie an die geraden Bäume eines dichten Tannenwaldes erinnern; ihr Licht war aber nicht so energisch, daß es nicht durch das Licht des eben sehr hell scheinenden Mondes hätte geschwächt werden sollen. Bis hierher war das Schauspiel indeß noch nicht besonders prächtig; bald nach sieben Uhr aber erschienen plötzlich zwei Strahlen, welche sich sowol durch ihre außerordentliche Lebhaftigkeit als durch die Himmelsgegenden, wo sie sich sehen ließen, auszeichneten; beide entstanden nämlich an entgegengesetzten Punkten des Horizonts, der eine etwa 15 Grad nördlich von Osten, der andere ebenso weit südlich von Westen. Sie schossen in Richtungen auf, welche südlich beim Scheitelpunkte vorbeigingen und hatten die Helligkeit hoher, weißer, durch Mondlicht erleuchteter Strichwolken. Man sah deutlich, daß die Ausströmung, welche sie erzeugte, kräftig unterhalten wurde, denn ihre Formänderungen waren groß und schnell. Als diese Strahlen kaum entstanden waren, bildete sich an dem nördlichen Rande jedes derselben gleichsam ein Auswuchs. Diese Auswüchse näherten sich immer mehr und stießen endlich zu einem Bogen zusammen, welcher nun die beiden Strahlen miteinander verband und dessen höchster Punkt etwa 30 Grad nördlich vom Scheitel lag. Dieser Bogen, gleich den Strahlen, welche er vereinigte, erschien in einem lebhaften weißen Lichte und würde gewiß noch einen schönern Anblick gewährt haben, wenn der Mondschein nicht seinen Glanz geschwächt hätte. Allein er blieb, wie sich dies mit den Mondlichtphasen überhaupt so zu verhalten pflegt, nicht lange in seiner anfänglichen Stellung, sondern rückte dem Scheitelpunkte zu, bewegte sich dann darüber hinaus und verlor sich endlich 40—50 Grad südwärts desselben. Ehe dies jedoch geschah, nahm er auf der Westseite eine unregelmäßige Krümmung an und zeigte sich auffallend schlangenförmig, indeß die Ostseite bis zum gänzlichen Verschwinden regelmäßig gekrümmt blieb. Nach der Auflösung dieses Bogens zeigte das Nordlicht nur noch eine beträchtliche Helligkeit am Nordhimmel, welche, des Mondscheins ungeachtet, oft bis zur Höhe von 30 Grad wahrgenommen werden konnte. Hin und wieder schossen einzelne blasse Strahlen aufwärts, welche jedoch mit keiner eigenthümlichen Erscheinung verbunden waren. Um $9^{1}/_{2}$ Uhr aber wurde der Anblick plötzlich überaus prachtvoll, die ganze Nordhälfte des Himmels bedeckte sich mit einem glänzenden Roth, welches endlich in das tiefste Karmin überging und dessen Licht so stark war, daß es, des Mondscheins ungeachtet, sichtbare Schatten warf. Jedoch reichte diese Röthe nicht ganz bis zum Horizont herab, sondern ein bogenförmiger Raum, dessen Scheitel etwa 30 Grad Höhe haben mochte, blieb frei. Über diesem schien ein Vorhang von hochrothem, durchsichtigem Stoffe zu hängen, hinter welchem zuweilen blendend weiße Strahlen hervorschossen. Einige glänzende Sternschnuppen, die sich an diesem also verhängten Theile des Himmels zeigten, vermehrten noch die Pracht und Abwechselung der Scene. Etwa nach einer Viertelstunde trennte sich dieser rothe Vorhang, um den in der Richtung der Magnetnadel liegenden Theil des Nordhimmels wieder in seiner gewöhnlichen Farbe erscheinen zu lassen. Der farblose Raum vergrößerte sich dann nach beiden Seiten und bald war keine rothe Farbe mehr, sondern nur noch einige Helligkeit bemerkbar, und das herrliche Himmelsschauspiel hatte für diesmal sein Ende erreicht.

Vergleichen wir nun mit dieser Darstellung eines Nordlichts, wie es in unsern Breiten erscheint, die Beschreibung, welche Maupertuis während seines Aufenthalts am nördlichsten Ufer des bottnischen Meerbusens zu Torneå, dem wahren Sitze des Phänomens, davon entworfen hat.

Ist die Erde — sagt er, vom Froste und Schnee dieser nördlichen Regionen sprechend — in diesen Gegenden unwirthbar und öde, so bietet der Himmel dagegen oft den bezauberndsten Anblick dar. Sobald die Nacht heranzudunkeln anfängt, erleuchten Feuer von tausenderlei Farben und tausenderlei Gestalten das Firmament, als wollten sie diese Länder, welche einen Theil des Jahres hindurch von der Sonne fast ganz verlassen werden, für deren Verlust entschädigen. Aber diese Nordlichter, wie man sie nennt, haben hier nicht eine bestimmte Stellung, gleich wie sie uns Bewohnern der Südländer erscheinen, und wenn man auch zuweilen einen scheinbar festen Lichtbogen gegen Norden gewahrt, so nehmen sie doch größentheils vielmehr den ganzen Himmel ein. Die Erscheinung hebt oft mit Bildung eines großen Streifens von klarem und beweglichem Lichte an, welcher sich mit seinen Enden auf den Horizont stützt und den Himmel mit einer, dem Zuge von Fischernetzen vergleichbaren Bewegung durchläuft. Meistens vereinigt sich dieses gesammte Licht sodann um den Scheitelpunkt, wo es eine Art von Krone bildet. Zuweilen zeigen sich in diesen nördlichen Regionen solche Lichtbogen, die man in Frankreich stets nur im Norden sieht, im Süden, zuweilen nördlich und zugleich südlich; ich habe dergleichen gesehen, welche aus mehrfarbigen concentrischen Strahlen zusammengesetzt waren und mit den Scheiteln zusammenstießen. Diese Scheitel liegen alle im Meridian, mit einer geringen westlichen Abweichung (also in der Richtung der Magnetnadel, deren Abweichung in ganz Europa westlich ist). Oftmals ziehen sich diese Lichtbögen auch zu halben Ellipsen zusammen, und man würde überhaupt nicht fertig werden, wenn man alle die Gestalten und alle die Farben beschreiben wollte, welche diese Lichtbögen annehmen. Ihre gewöhnlichste Bewegung erlaubt, sie mit großen Fahnen zu vergleichen, welche man in den Lüften wehen ließe, und sie ähneln dabei durch die unmerkliche Verschiedenartigkeit ihrer Farben den Taffetanen, welche man flammig nennt. Zuweilen tapezieren sie, so zu sagen, den ganzen Himmel mit dem schönsten Scharlachroth. Ich sah z. B. am 18. December 1736 ein solches Schauspiel zu Torneå, welches meine ganze Bewunderung erregte, so sehr ich auch an den Anblick gewöhnt war. Man wurde gegen Süden eine große Region des Himmels gewahr, welche mit einem so intensiven Roth gefärbt war, daß es schien, als schwimme das ganze Sternbild des Orion in Blut; dieser erste feststehende Lichtschimmer ward bald beweglich, ging zugleich in andere Farben, z. B. Violett, Blau, über und bildete dann gleichsam einen prachtvollen Damm über unsern Häuptern; der lebhafteste, grade stattfindende Mondschein konnte den Glanz dieses Nordlichts nicht schwächen. Indeß sind so blutrothe Lichter doch auch in diesem hohen Norden selten, und man fürchtet sie als Anzeichen irgend eines großen Unglücks; meistens

*

erscheinen die Nordlichter in andern und, wie gesagt, höchst wechselnden Farben. Übrigens ist es bei einer einigermaßen aufgeregten Einbildungskraft leicht, flammende Wagen, kämpfende Armeen und tausend andere Wunder in diesem immer wechselnden Farben- und Gestaltenwechsel zu erblicken. So weit Maupertuis.

Das Merkwürdigste, was diese Nordlichter in wissenschaftlicher Hinsicht darbieten, ist ihr obenangedeuteter magnetischer Bezug. In Paris, wo, wie gesagt, das Nordlicht vom 18. October eines Nebels wegen gar nicht sichtbar war, schlossen die auf dem Observatorium beschäftigten Astronomen aus den höchst unruhigen Bewegungen der Magnetnadel, welche beim Nordlichte immer eintreten, sogleich, daß ein solches Meteor stattgefunden haben müsse, und kündigten es daher an. Zu Berlin aber, wo die Erscheinung während ihrer ganzen Dauer gesehen wurde, beobachtete man, daß die nach Norden gekehrte Spitze der Magnetnadel sichtbarlich dem Gange und Stande des Meteors folgte, gleichsam als wenn ein förmliches Band zwischen ihr und dem zauberischen Lichte desselben bestände. Nun weiß man aus den Versuchen des dänischen Professors Oersted schon lange, daß die Wirkung der Elektricität auf die Magnetnadel eine bedeutende Abweichung der letztern von ihrer gewöhnlichen Richtung verursacht, und man kann also hiernach, wenn man aus der obigen Wirkung auf die Ursache schließt, ebenfalls an der elektrischen Natur der Nordlichter nicht zweifeln. Wahrscheinlich sind die Nordlichter eigentliche Polargewitter im hohen Norden, und wo es kaum Gewitter gibt, nimmt die Natur zu einem andern elektrischen Processe, eben den Nordlichtern, ihre Zuflucht. Man könnte nur dagegen einwenden, daß, wenn Gewitter und Nordlicht so verwandter elektrischer Natur sind, daß letzteres einen so bedeutenden Einfluß auf die Magnetnadel äußert, ein solcher bei dem erstern auch eintreten müsse, welches doch nie beobachtet worden; allein hierauf läßt sich entgegnen, daß bei den eigentlichen Gewittern die Elektricität überwiegend neutralisirt werde, welches bei den Nordlichtern nicht so der Fall ist, und die Wirkung auf den Magnet daher nicht eintritt. Die elektrische Natur des Nordlichts scheint also außer Zweifel gesetzt zu sein.

(Der Beschluß folgt in Nr. 201.)

Die Rattenjagden zu Paris.

Unweit Montfaucon befinden sich die pariser Rasenstellen oder Schindanger. Hier halten sich, besonders in den zum Abdecken bestimmten Einfriedigungen, ungeheure Scharen von Ratten auf, welche diese Örter, wo sie fortwährende Nahrung ihrer Gefräßigkeit finden, ganz übervölkert haben. Man ging schon seit einiger Zeit damit um, den Schindanger von diesem Platze zu verlegen; allein die sehr gegründete Furcht, daß alsdann dieses Heer von Nagethieren, plötzlich ihres gewohnten Futters beraubt, sich mit Gewalt, gleich einer neuen ägyptischen Landplage, nach der nahen Vorstadt des Tempels hinwerfen würde, verhinderte die Ausführung dieses Vorhabens. In der That findet man auch, daß die jenem Aufenthalt der Ratten zunächst liegenden Häuser von diesen Thieren schon fast gänzlich untermirt sind und den Einsturz drohen. Um nun dem Übel doch in etwas abzuhelfen, ist man auf verschiedene Mittel gefallen, eine gänzliche Niederlage dieser Rattenbevölkerung allmälig zu bewirken. So versuchte man unter Anderm die Vergiftung, die man aber, da sie von gefährlichen Folgen sein kann, wieder aufgeben mußte. Von besserm Erfolg sind die in neuester Zeit gegen die Ratten angestellten Jagden. Um diese Jagden ergiebiger zu machen, gibt man den Ratten nach einer solchen immer wieder auf einige Tage Frist, damit sie sich vom Schreck etwas erholen. Sodann findet die Jagd auch immer nur in einer Verzäunung statt, zu welcher Öffnungen führen, die man zur Nachtzeit verstopft, worauf man am nächsten Morgen in den Verschlag mit Hunden und Fackeln hineindringt. So werden die überlästigen Ratten zu gleicher Zeit erwürgt und erstickt, die unbrauchbaren Ratten und alles Übrige aber werden dann sogleich verbrannt, und der Umstand, daß oft an 45,000 an einem Tage auf diese Weise ihr Leben verlieren, mag beweisen, wie ungeheuer ihre Anzahl ist.

An irgend einem andern Orte würde man wahrscheinlich sich um die getödteten Ratten nicht weiter bekümmern, allein in Paris wird Alles gleich zum Modeartikel. Man unterwirft hier die umgebrachten Ratten einer Auswahl und verarbeitet die Häute zu Handschuhen für die pariser Stutzer. Ein solches fehlerfreies Rattenfellchen wird mit einem Sous bezahlt. Es fehlt nicht an zierlichen Herren, die sich zu den Rattenjagden von Montfaucon regelmäßig mit ihren großen Bullenbeißern einfinden. Ja ein mehr phlegmatischer Engländer versorgt sich sogar von Montfaucon aus mit lebendigen Ratten, die er bei mehr Bequemlichkeit in seiner Wohnung umbringt, und das zum großen Verdruß seiner feinfühlenden Nachbarn.

Knochendüngung.

Die Düngung mit gemahlenen Knochen wurde zuerst 1801 in England eingeführt, hat aber in den letzten 20 Jahren sich sehr verbreitet, und die Benutzung derselben auf leichtem Boden hat zur Verbesserung der Ländereien wesentlich beigetragen. Der zunehmende Begehr hat eine bedeutende Zufuhr von Knochen selbst aus den entlegensten Weltgegenden zur Folge gehabt. Die zahllosen Rindviehheerden, welche auf den Ebenen Südamerikas weiden, wurden früher blos wegen der Häute, des Talgs und der Hörner erlegt, die nach Europa geschickt wurden, während man die Knochen auf den Ebenen liegen ließ; jetzt aber werden diese sorgfältig gesammelt und jährlich gehen britische Schiffe ab, um sie für die englischen Landwirthe abzuholen.

Sitten und Gebräuche der Perser.
(Beschluß aus Nr. 199.)

Etwas ausführlicher müssen wir über die Begräbnißfeierlichkeiten in Persien sein. Sobald ein Perser gestorben ist, brechen sogleich alle die Seinigen, seine Diener und sämmtlichen Hausgenossen in ein lautes und schreckliches Geheul aus. Sie wälzen sich auf den Boden, zerreißen ihre Gewänder, laufen durch die Straßen, bedecken sich mit Staub und Asche und bieten Alles auf, um ihre Verzweiflung recht genügend an den Tag zu legen. Ebenso machen es die Frauen in ihrem Harem, welche, da es schwerlich in ihrer physischen Kraft liegt, so laut und anhaltend zu schluchzen und zu heulen, als es die Sitte erheischt, ihre Freundinnen und Nachbarinnen zu sich einladen,

Beerdigungsgebräuche der Perser.

um ihnen nach Kräften in der Alles übertönenden Todtenklage beizustehen. Auch werden ausdrückliche Klageweiber gemiethet, die, selbst wenn der Todte schon beerdigt ist, an jedem Donnerstag Abend zugleich mit den nachgelassenen Witwen auf dem Grabe des Verstorbenen die Todtenklage anstimmen müssen. Wenn das Klagegeschrei ein wenig nachgelassen, so beschäftigt man sich mit der Reinigung des Leichnams. Da die Lehrmeinungen der Schiiten, zu denen die Perser sich bekennen, die Berührung eines Todten als etwas Unheiliges betrachten, so sind diejenigen Personen, deren Beruf es ist, die Todten zu reinigen, der allgemeinen Verachtung ausgesetzt, eine Verachtung, die sich sogar häufig durch Mißhandlungen dieser doch so nützlichen Menschenclasse Luft macht. So lange die Reinigung dauert, spricht ein Mollah diejenigen Abschnitte aus dem Koran, welche die Todtenbehandlung betreffen. Bei der Reinigung selbst, die nur sehr langsam von statten geht, sind die nächsten Angehörigen des Verstorbenen gegenwärtig und führen die Aufsicht. Sie beobachten während der ganzen Ceremonie, die stets im freien Felde stattfindet, ein würdevolles und abgemessenes Benehmen. Zuerst wird der todte Körper mehre Male mit heißem Wasser abgewaschen, sodann wird er beräuchert und ihm der Kopf geschoren, und hierauf mit kaltem Quellwasser mehrmals übergossen. Diesen Act nennt man die erste Leichenwaschung. Nun treten die Sklaven herbei und kleiden die Leiche an, wie an einem Festtage; ein prächtiges Paradebett, mit den schönsten Teppichen behangen, wird zugerichtet und der Todte darauf gelegt. Jetzt nun nimmt erst das Jammergeschrei der Weiber recht seinen Anfang. Wollten sie hierin nur einigermaßen lässig sein, so würde man daraus den Schluß ziehen, daß sie nie irgend eine Anhänglichkeit gegen den Verstorbenen gehegt. Vierundzwanzig Stunden bleibt die Leiche so ausgestellt, dann erfolgt an alle Verwandte und Bekannte die Einladung zur Bestattungsfeier. Jammernd und wehklagend, sodaß es alle Nachbarn deutlich vernehmen können, versammeln sich die Frauen im Harem. Nun wird das Lieblingspferd des Verstorbenen herbeigeführt und auf das Reichste aufgezäumt und geschirrt, daran befestigt man die Waffen des Todten, seinen Schild und seinen Koran. Der Mollah hält hierauf eine ausführliche Rede zur Ehre des Todten, worin alle seine Vorzüge gepriesen werden und der Tod überhaupt als das erfreuliche Ende aller Erdenleiden gerühmt wird. Diese häufig durch das laute Geheul der Anwesenden unterbrochene Rede schließt mit der Versicherung, daß alles Klagen und Seufzen nunmehr ganz überflüssig und thöricht sei, da der Todte bereits im himmlischen Reiche sich der schönsten Belohnungen erfreue, worauf Alle sich mit der Hand vor die Brust schlagen und die Worte rufen: Inch-Allah! das heißt: Möge es Gott so gefallen! Nun ist es an der Reihe der Frauen, die Vorzüge und Tugenden des Vollendeten alle einzeln zu preisen. Diese mit Jammern verbundenen Lobpreisungen dauern bis zum Abend, und ebenso lange vernimmt man auch die dumpfen Schläge auf den Tamtam, eine Art von Trommel, die an der Eingangsthüre befindlich ist und alle fünf Minuten angeschlagen wird. Kurz vor der Beerdigung begeben sich die Frauen, immerfort schluchzend, nach den Kirchhof. Sie erwarten dort auf den Knien die Ankunft des Leichengefolges. Voran geht die Bahre mit dem Todten, der von Sklaven getragen wird, dann kommen die Verwandten und Freunde des Abgeschiedenen in einem dumpfen und traurigen Schweigen. Sobald der Todte beim Grabe angelangt ist, wird er entkleidet, man sagt ihm das letzte Lebewohl, man besprengt ihn nochmals mit Wasser und wünscht ihm Glück auf seiner langen Reise. Sodann hüllt man ihn in das Leichentuch und legt ihn in einen viereckigen Sarg, worin er, das Gesicht nach Mekka hingewandt, in die Grube hinabgelassen wird. Die Behauptung, daß man die Leichen in Persien in aufrechter Stellung beerdige, ist durchaus ungegründet. Endlich wird das Grab mit Erde bedeckt und ein Denkmal auf dem Hügel errichtet, das von den Frauen mit Blumen geschmückt wird. Zwei, auch drei Monate lang währt die Trauer, binnen welcher Zeit die Männer sich weder Haupt noch Bart scheren, ihre Wäsche und Kleidung nicht wechseln, sich der Bäder enthalten und nur von den gröbsten Speisen und Wasser leben. Die Frauen kasteien sich noch mehr; sie enthalten sich aller Lebensbequemlichkeiten und geißeln sich alle Morgen und Abende, um als Muster ehelicher Treue und Zärtlichkeit von allem Volke gerühmt zu werden. Daß sie außerdem an jedem Donnerstage unter heftigem Weinen und schrecklichen Trauergeberden mehre Stunden lang am Grabe ihres Gatten, Vaters oder Bruders zubringen, haben wir schon erwähnt. Indessen ist dieser Gebrauch nicht eigentlich eine religiöse Vorschrift, vielmehr bleibt er der Sitte einer jeden Familie überlassen, und wird deshalb nur um so strenger beobachtet. Wenden wir uns nun von diesem Gemälde des Todes zu lebendigern und heiterern Scenen.

Alle nur einigermaßen beträchtlichen Städte und Flecken, ja sogar die Dörfer in Persien haben ihre Bazars oder öffentliche Märkte. So nennt man, wie der Leser weiß, im Orient diejenigen Gebäude, worin sich die Läden der verschiedenen Kaufleute befinden. Diese Gebäude hängen miteinander zusammen und befinden sich gewöhnlich in der Mitte des Orts. Ihrer Bauart nach sind es geräumige Gänge, welche auf jeder Seite mit kleinen niedrigen Buden versehen sind, die um sieben Uhr an jedem Morgen geöffnet und bei Sonnenuntergang wieder verschlossen werden. Jede Colonnadenreihe (wenn man ihnen lieber diesen Namen beilegen will) ist für eine und dieselbe Waare ausschließend bestimmt oder einer besondern Gattung von Künstlern und Handwerkern angewiesen, sodaß jeder Käufer sogleich weiß, wo er seine Bedürfnisse zu suchen hat.

Die armen Kaufleute, die in den Bazars ihre Waaren feil bieten, werden oft von der Obrigkeit des Orts furchtbar gedrückt. An der Spitze dieser Behörde stehen die Darogas, und unter diesen wieder die Alguazils, welche unter mannichfachen Vorwänden Alles, was ihr Herz wünscht, von den Kaufleuten zu erpressen wissen. Bald gibt man ihnen Schuld, daß sie falsches Maß oder Gewicht geführt, bald, daß sie ihre Läden zu früh oder zu spät geöffnet oder geschlossen haben, und für alle diese sogenannten Vergehungen müssen sie sich durch Geschenke an ihre grausamen Beschützer, die man weit eher ihre Berauber nennen könnte, loskaufen. Die Foderungen, welche diese bei solchen Gelegenheiten geltend machen, grenzen oft an das Ungeheure. Außerdem finden auch noch ansehnliche Geldbußen und selbst körperliche Züchtigungen statt.

Diese Bazars sind fast sämmtlich das Eigenthum reicher Privatpersonen oder vornehmer öffentlichen Beamten, die sie auf ihre Kosten haben erbauen lassen. Der größte Theil davon gehört den Beglierbeys oder Statthaltern der Provinzen, die aus denselben ungeheure Summen beziehen, welche noch überdies, wie schon bemerkt, durch Ungerechtigkeiten aller Art erhöht werden. Obgleich schon die Abgaben, die Miethpreise, Stand- und Wagezölle sehr beträchtlich sind, so benutzen die Eigenthümer doch noch außerdem jedes öffentliche Ereigniß, z. B. den Verlust einer Schlacht, den Sterbefall eines Großen, um Vortheil daraus zu ziehen. Alsdann lassen sie sogleich für eine bestimmte Zeit die Läden schließen und verstatten nur denjenigen Kaufleuten die Wiedereröffnung, die mit vollen Händen darum nachsuchen. Zur Nachtzeit darf sich, bei strenger Ahndung, Niemand innerhalb der Bazars aufhalten. Zahlreiche Wachen durchstreifen alsdann zu jeder Stunde den Bazar, und jede Person, die noch nach neun Uhr angetroffen wird, wird sogleich verhaftet. Ist sie unbekannt, so empfängt sie die Bastonnade, ist sie verdächtig, so schneidet man ihr die Ohren ab, und wird ja ein Landstreicher beim Stehlen selbst ertappt, so erleidet er am nächsten Tage ohne Gnade die Todesstrafe. Überhaupt ist die policeiliche Aufsicht über die Bazars außerordentlich streng, wie man sie wol nirgend in andern Ländern findet. Jede Budenreihe hat ihre eignen Rechnungsbeamten, die Alles an den Beglierbey zu berichten haben. Sie cassiren die Gelder und alle Zahlungen irgend einer Art ein und bilden überhaupt in allen Fällen die Mittelspersonen. Die feste Taxe der Lebensmittel, die Berichtigung der Gewichte wird streng gehandhabt; es gibt keine noch so unbedeutende Waare, die nicht ihre eigenthümliche feste Abschätzung hätte. Ganz vorzüglich streng ist man in Bezug auf Brot, Fleisch und Salz. Wer sich in Rücksicht dieser nothwendigsten Lebensbedürfnisse ein Vergehen zu Schulden kommen ließe, würde gewiß mit seinem Kopfe dafür einstehen müssen.

Die Bazars bilden die öffentlichen Versammlungsörter für alle fremden Kaufleute, sowie für müßige Leute aus allen Ständen. Sie gewähren im Sommer einen kühlen, in der kalten Jahreszeit aber einen wärmern Aufenthalt als andere Stadttheile. Auch Frauen verkehren hier häufig, theils um ihre Bedürfnisse einzukaufen, theils um ihre Freundinnen zu treffen und dabei ein wenig zu lustwandeln. Besonders sind es aber die Frauenzimmer der niedern Stände, die sich von Sonnenaufgang bis Sonnenuntergang hier umhertreiben. Sie laufen alle Läden durch, um Neuigkeiten einzusammeln, mit denen sie sich zu beliebigem Gebrauch ebenso reichlich beladen, als der Begütertere mit den Kaufgütern selbst. Überall stößt man beim Hin- und Wiedergehen auf solche Gruppen klatschender Weiber, die, in ihre Unterhaltung vertieft, kaum auf den Zuruf der Lastträger oder Bedienten hören, die ihren Herren voranschreiten. Es fällt bei diesen öffentlichen Zusammenkünften dem Fremden auf, mit welcher Leichtigkeit sich die persischen Frauen, trotz dem, daß sie vom Wirbel bis zur Zehe vermummt sind, sogleich erkennen und schon in weiter Entfernung ihre Bekannten herausfinden.

Wir wollen nun unsern Lesern noch einige Ausführlichkeiten über zwei sehr verschiedene Gegenstände mittheilen, die aber, so verschieden sie sind, doch beide einen wichtigen Blick in das persische Volksleben verstatten. Diese sind die Kochkunst der Perser und ihre öffentlichen Strafen. Was die persische Küche anbelangt, so ist sie keineswegs zu verachten. Sowie fast alle übrigen Völker haben auch die Perser ein allgemeines Nationalgericht, das immer den Hauptbestandtheil ihrer Mahlzeiten und oft sogar die ganze Mahlzeit bildet. Dies ist das Pilaw oder Reis in Butter gekocht. Dies Gericht verlangt eine so sorgfältige Zubereitung, daß die Perser selbst versichern, man finde unter 100 Köchen kaum einige, die ein Pilawgericht, wie es sein muß, zu bereiten verständen. Man kann diese Speise auf sehr verschiedene Weise zurichten, und es ist daher bei den Tafeln der Vornehmen gewöhnlich, sie unter vier bis sechserlei Gestalten aufgetragen zu sehen. Man bereitet das Pilaw mit Weintrauben, mit Granatäpfeln, mit Johannisbeeren, mit Mandeln, mit Safran, mit Zimmt, Vanille und noch auf sehr verschiedene Weise. Suppe wird von den Persern selten genossen, dafür trinken sie Bouillon von Schöpsenfleisch und Hühnern, die außerordentlich schmackhaft ist und Schorba genannt wird. Von Ragouts aller Art, aus Lamm- und Hammelfleisch und Geflügel, die mit trockenen Früchten gekocht werden, sind die Perser große Liebhaber, desgleichen von Eierkuchen, Pastetengebäcke und Braten aller Art. Die letztern bestehen bei ihnen in kleinen Fleischschnittchen, die roh gewürzt und dann am Spieß gebraten werden. Man nennt sie in der persischen Sprache Kiabab, und zieht besonders die von Rehen, Hirschen und Antilopen den übrigen vor. Ochsenfleisch ist in Persien schwer zu haben, da die Eingeborenen es nie genießen; auch das Fleisch der Hasen verschmähen sie als ein unreines Gericht. Dagegen sind Rebhühner und Fasanen hier sehr gewöhnlich und kommen fast täglich auf die Tafeln der Vornehmern. Von Gemüsen will man hier nichts wissen, obgleich das Land ihrem Anbau überaus günstig ist. Das Frühstück der Perser ist äußerst frugal; bei demselben genießen sie niemals Fleisch, sondern begnügen sich mit einer Art Brei, den sie Gemack nennen. Zuweilen kommen auch gekochte Eier vor, immer aber die sehr beliebte Mostola, eine Art saurer, geronnener Milch, die man bisweilen auch mit Honig versüßt. Die Früchte des Landes sind ausgezeichnet schön und werden von den Persern sehr geschätzt, namentlich Melonen. Die Weintrauben erreichen hier eine außerordentliche Größe und die herrlichste Reife. Es gibt davon eine große Menge Sorten, worunter sich auch einige befinden, die keine Kerne haben. Bei Tische trinken die Perser nichts als Scherbet, eine Art von aromatischem Syrup, der aus verschiedenen Früchten und Essenzen bereitet wird. So gibt es Erdbeer-, Himbeer-, Ananas-, Limonien-, Zimmt-, Rosen- und Jasminscherbet. Die unbemittelte Classe trinkt anstatt dessen Zucker- oder Honigwasser, mit etwas Weinessig versetzt, ein Getränk, das bei ihnen Sirkie-Schirasi oder Weinessig von Schiras genannt wird. Nirgend als in Persien wird so viel Eis genossen. Man führt es nicht blos beständig im Hause, sondern auch auf Reisen in fest verschlossenen Bleiflaschen zur Erfrischung bei sich. Die ungemeine Hitze in einigen Gegenden des Landes rechtfertigt diesen Gebrauch. Da, wo man kein Eis hat, kühlt man wenigstens das Wasser ab, indem man es in besondern Gefäßen starken Luftströmungen aussetzt; auch bedient man sich wol des Schnees, der von den Gipfeln der Gebirge herabgeholt wird. So liefert der Gipfel des Demavend, zu einer Bergkette gehörig, die sich unweit Teheran erhebt, für diese Stadt jährlich eine große Menge Schnee.

Beschließen wir nun diesen Aufsatz mit einigen Nachrichten über die öffentlichen Strafen. Die Todesstrafe findet in der Regel, sobald der Verbrecher überführt ist, auf der Stelle statt. Zuerst empfängt der Verurtheilte einen Dolchstoß in die Brust, dann wird ihm der Kopf abgeschlagen, den der Henker, zum Zeichen der Verachtung, mit den Füßen fortstößt, später hebt man ihn wieder auf und stellt ihn eine Weile, zum abschreckenden Beispiel für das Volk, öffentlich aus. Die Bastonnade, das Gefängniß und die Fesselung sind die gewöhnlichen Policeistrafen. Manche stellen sich die erstere ziemlich leicht vor, sie ist jedoch beiweitem eine der schmerzlichsten. Der Schuldige wird auf den Rücken gelegt, man hebt ihm beide Beine, die vorher zusammengebunden worden, in die Höhe, dergestalt, daß die Fußsohlen eine horizontale Richtung erhalten. Jetzt treten zwei tüchtige Büttel herbei, wovon jeder etwa 50 Stecken bei sich führt, diese werden auf den Beinen des Verurtheilten sämmtlich zerschlagen. Einer der Büttel zählt die Schläge, die ununterbrochen so lange fortdauern, bis kein Stecken mehr übrig ist. Der Delinquent ruft dazwischen immer sein Aman, Aman (Gnade, Gnade), obgleich er recht wohl weiß, daß er dadurch in den Urtheilssprüchen nichts ändert. Doch gibt es Andere, die diese schmerzhafte Züchtigung mit unglaublicher Standhaftigkeit ertragen. Manche empfangen auf einmal 400 Schläge, und stoßen dessenungeachtet keinen Schrei des Schmerzes aus. Übrigens ist diese Strafe keineswegs entehrend. Die ausgezeichnetsten Staatsmänner und Vornehmen des Landes erleiden sie auf Befehl des Königs, sodaß es in ganz Persien vielleicht nur wenige Menschen gibt, die nicht irgend einmal, bei mehrer oder minderer Veranlassung, die Bastonnade erlitten hätten. Da zur Beköstigung der Gefangenen keine öffentlichen Gelder angewiesen werden, so kommt es deshalb gar nicht selten vor, daß ein Gefangener, der keine Angehörigen oder Unterhaltsmittel besitzt, in seinem Kerker vor Hunger umkommt. Die Strafe der Fesselung wendet man in der Regel an solchen Orten an, wo es an Gefängnissen mangelt. Sie besteht eigentlich darin, daß man an jedes Bein zwei mächtige Holzklötze befestigt, die auf der einen Seite durch ein eisernes Scharnier, auf der andern durch ein großes Vorlegeschloß zusammengeschlossen sind, sodaß also das Bein des Verurtheilten mitten darin steckt, gleichsam wie in hölzernen Strümpfen. Eine ziemlich kurze Kette vereinigt den Klotz des einen Beins mit dem andern, dergestalt, daß der Verurtheilte nur mit Beschwerde und in sehr kurzen Schritten umhergehen kann. Macht er etwa Miene, sich seiner Bürde zu entledigen, so wird er so fest geschlossen, daß ihm das Blut in den Adern stockt, sodaß er oft noch Monate nach dieser Züchtigung keinen freien Gebrauch von seinen Beinen machen kann. Unsere umstehende Abbildung zeigt einen so Gefesselten. Auf andere Verbrechen steht das Abschneiden der Nase und Ohren, das Abhauen der Hand und das Ausstechen der Augen. Die erstere Bestrafung war sonst allgemeiner als jetzt; allein wie gewöhnlich sie noch vor kurzer Zeit war, beweisen viele ältere Beamten und königliche Diener, die so verstümmelt umhergehen. Die Hand verlieren in der Regel nur die Diebeshehler. Die Strafe des Augenverlustes ist ausschließend nur für vornehmere und einflußreichere Personen, doch sind die Khans in den großen Statthalterschaften und die Brüder des Königs davon ausgenommen.

Was das Costum der persischen Soldaten betrifft, so wird unsere beigefügte Abbildung davon einen deutlichern Begriff geben, als eine umständliche Beschreibung dies vermöchte.'

Persische Soldaten und Strafgefangener.

Verantwortlicher Herausgeber: Friedrich Brockhaus. — Druck und Verlag von F. A. Brockhaus in Leipzig.

Das Pfennig-Magazin
für
Verbreitung gemeinnütziger Kenntnisse.

201.] Erscheint jeden Sonnabend. [Februar 4, 1837.

Galerie der deutschen Bundesfürsten.
IV.

Friedrich August, König von Sachsen.

Friedrich August, König von Sachsen, der Erstgeborene des Prinzen Maximilian aus seiner ersten Ehe, wurde zu einer Zeit geboren, wo das sächsische Volk, welches von den frühesten Zeiten her dem ihm angestammten Fürstenhause mit Liebe und Vertrauen zugethan war, voll Sehnsucht eines neuen Stammhalters des damals kurfürstlichen Hauses Sachsen harrte. Weder die Ehe des Kurfürsten, nachmaligen Königs Friedrich August, seit 1769, noch die seines ältesten Bruders und spätern Nachfolgers in der Regierung, des Prinzen Anton, der sich nach dem frühen Tode seiner ersten Gemahlin 1787 zum zweiten Male vermählt hatte, war mit männlicher Nachkommenschaft gesegnet. Alle Hoffnungen waren unter solchen Umständen auf den Prinzen Maximilian, den jüngsten Bruder des Kurfürsten, gerichtet, als sich dieser 1792 mit Karoline Maria Therese, Prinzessin von Parma, vermählte. Doch Jahre vergingen, ohne daß die heißersehnten Wünsche des kurfürstlichen Hauses, wie des ganzen Volkes erfüllt wurden; schon fing man an, mit trübem Blicke der Zukunft entgegenzuschauen, wo das Haus Sachsen in seiner Albertinischen Linie erlöschen würde. Um so größer war die Freude, als am 18. Mai 1797 der Donner der Kanonen die Geburt eines Prinzen verkündete, der in der Taufe zu Ehren seines Oheims, des regierenden Kurfürsten, die Namen **Friedrich August** erhielt.

In die Sorge für die Erziehung und Bildung des Prinzen theilte sich, unter der regsten Theilnahme des gesammten Volkes, das ganze kurfürstliche Haus; doch der zärtlichen Pflege seiner trefflichen Mutter sollte der Prinz nur wenige Jahre genießen; sie starb am 1. März 1804, nachdem er kurz zuvor der Aufsicht des Oberfthofmeisters, General von Fovell, eines wegen seiner Grundsätze ausgezeichneten Mannes,

V.

der aus der französischen Schweiz stammte, anvertraut worden war. Gemeinschaftlich mit seinen jüngern Brüdern, den Prinzen Clemens und Johann, genoß er nachmals den Unterricht mehrer mit großer Sorgfalt und Umsicht gewählter Lehrer in den Elementarwissenschaften. Im Jahre 1809 mußte er mit den übrigen Gliedern der königlichen Familie die Residenz, welche in Folge der Abwesenheit der sächsischen Truppen feindlichen Einfällen bloßgestellt war, verlassen, und hielt sich anfangs zu Leipzig, dann in Frankfurt am Main auf. Als die kriegerischen Ereignisse zu Anfange des Jahres 1813 die königliche Familie abermals zwangen, Dresden zu verlassen, nahm der Prinz Friedrich seinen Aufenthalt zu Prag, wohin er nach den Ereignissen des 19. Octobers mit seinem Vater und seinen Geschwistern im November 1813 abermals reiste. Auch während dieser Störungen wurde der Unterricht des Prinzen fortgesetzt, und durch ungemeinen Fleiß und stete wissenschaftliche Beschäftigung reifte sein Geist unter der Pflege trefflicher Lehrer für die höhern Studien.

Als Napoleon im Jahre 1815 von Elba zurückgekehrt war, begab sich der Prinz, nebst seinem jüngern Bruder, dem Prinzen Clemens, in Begleitung des Generallieutenants von Watzdorf, zweier sächsischen Stabsoffiziere und eines österreichischen, im Mai 1815 nach dem Hauptquartiere des Fürsten von Schwarzenberg, um an dem erneuten Kampfe Theil zu nehmen. Die Prinzen in das Praktische des Krieges einzuweihen, ließ sich besonders der Erzherzog Ferdinand von Este, der Anführer der östreichischen Reservearmee, der sein Hauptquartier zu Dijon hatte, angelegen sein; doch die entscheidende Schlacht bei Waterloo nahm ihnen die Gelegenheit, einem Gefechte beizuwohnen. Nachdem die Prinzen, nicht ohne vielseitige geistige Bereicherung, einige Zeit in der Hauptstadt Frankreichs verweilt hatten, kehrten sie im October 1815 in die Heimat zurück, wo sie nun wieder in der Einförmigkeit des häuslichen, patriarchalischen Lebens der indeß nach Dresden zurückgekehrten königlichen Familie die unterbrochenen Studien mit Eifer fortsetzten. Unter der obersten Leitung des Generals von Watzdorf, eines sehr gewandten und vielerfahrenen Mannes, genoß der Prinz Friedrich den Unterricht des damaligen Majors von Cerrini, jetzigen Oberbefehlshabers der sächsischen Truppen, im praktischen Militairdienste, während ihn zugleich die vorzüglichsten Gelehrten in den Kreis der Universitätsstudien einführten. Ganz vorzüglich interessirte ihn das Studium der Rechte, der Staatswissenschaften und der Kriegskunde, während er seine Mußestunden der Kunst widmete. Eine Reise nach Italien, die er zu seiner weitern Ausbildung mit seinem Bruder, dem Prinzen Clemens, unternahm, hatte einen sehr traurigen Ausgang, indem er dort zugleich mit seinem Bruder von einer bösartigen Krankheit befallen und Letzterer ein Opfer des Todes wurde.

Im Jahre 1818 zum Generalmajor ernannt, suchte er sich nun auch für den praktischen Staatsdienst zu bilden und wohnte seit 1819 den Sitzungen des damaligen geheimen Raths und der andern höchsten Behörden bei. Er vermählte sich am 7. October 1819 mit der Erzherzogin Karoline von Östreich. Bei der Zusammenziehung der Truppen im Herbste 1820 und 1821 führte er eine Infanteriebrigade, zu deren wirklichem Chef im November 1822 ernannt wurde, nachdem er kurz vorher auch Sitz und Stimme im geheimen Rathe erhalten hatte. Seine Liebe zur Kunst veranlaßte ihn, im Sommer 1824 die Niederlande zu bereisen, und im folgenden Jahre besuchte er Paris, wo er in dem Familienkreise des jetzigen Königs der Franzosen und im steten Umgange mit den ausgezeichnetsten Gelehrten und Künstlern ebensoviel Genuß als Belehrung fand. Eine gleiche Veranlassung hatte seine Reise nach Italien, die er 1828 unternahm. Diese Reisen bildeten seinen Kunstgeschmack aus, aber immer blieb er vaterländischen Kunstleistungen vorzugsweise gewogen und unterstützte talentvolle Künstler, mit deren Arbeiten er seine anspruchlosen Zimmer schmückte. Zugleich legte er eine Kupferstichsammlung an, die einen bedeutenden Umfang erreicht hat und von ihm mit großer Auswahl fortwährend bereichert wird. Nächstdem gehörte in neuerer Zeit auch die Botanik zu seinen Mußebeschäftigungen, wozu er besonders in dem Umstande Veranlassung fand, daß nach dem Tode seines Oheims dessen botanische Anlagen in Pillnitz als Erbtheil auf ihn übergingen.

An die Stelle des verstorbenen Generals von Lecoq wurde der Prinz 1830 zum General und Oberbefehlshaber der sächsischen Truppen ernannt, doch schon wenige Monate nachher durch die Ereignisse im September zu einer umfassendern Thätigkeit gerufen. Gleich nach dem Ausbruche der Unruhen in Dresden, am 9. September, an die Spitze der zur Aufrechthaltung der öffentlichen Ruhe verordneten Commission gestellt, gelang es ihm durch treues Festhalten seines Wahlspruchs: „Vertrauen erweckt wieder Vertrauen", der schnell durch das ganze Land erscholl und noch jetzt nicht verklungen ist, die erregten Leidenschaften zu besänftigen und großes Unglück zu verhüten. Der König Anton, als liebender Vater seines Volkes entschlossen, den Wünschen desselben nach einer zeitgemäßen Umbildung der Verfassung und Verwaltung des Staats entgegenzukommen, berief den rüstigen Prinzen Friedrich, nachdem sein Vater zu Gunsten des Sohnes auf die Thronfolge verzichtet hatte, am 13. September als Mitregenten und zur unmittelbaren Theilnahme an der obersten Staatsgewalt an seine Seite. Das unbedingte Wohlwollen des Königs, welches sich in diesem Acte aussprach, des Prinzen Maximilian aufopfernder Edelmuth, der ihn begleitete, und die Bürgschaft für eine bessere Zukunft, welche die Persönlichkeit des ernannten Mitregenten gewährte, alles dies stillte die Misstimmung im Volke, das in den lautesten Jubel ausbrach, als nunmehr am 4. September 1831, nach vorhergegangenen Berathungen mit den ehemaligen Landständen, die neue Verfassung des Staats vom Könige und Mitregenten ertheilt und deren Aufrechthaltung von ihnen versprochen wurde, ein Ereigniß, das die wohlthätigsten Umgestaltungen der Verwaltung zur Folge hatte.

Die kinderlose Ehe des Mitregenten mit seiner ersten Gemahlin löste der Tod am 22. Mai 1832, worauf er sich am 24. April 1833 mit der Prinzessin Marie von Baiern, geboren am 27. Januar 1805, vermählte. Nach dem Tode des Königs Anton, am 6. Juni 1836, folgte er demselben als König und widmet nun mit einem Eifer, der sich selbst die Erholung versagt, seine segensreiche Thätigkeit dem wahren Wohle seines Volkes.

Des Königs Vater, der Prinz Maria Joseph Maximilian, geboren am 13. April 1759, vermählte sich zum zweiten Mal am 7. November 1825 mit der Infantin Luise, Prinzessin von Parma, geboren am 1. October 1802, Schwester des regierenden Herzogs Karl von Lucca.

Der jüngste und noch einzige Bruder des Königs ist der Prinz Johann Nepomuk Maria Joseph, geboren am 12. December 1801, der, mit den ausgezeichnetsten Talenten begabt, durch regen ununterbrochenen Fleiß eine wissenschaftliche Bildung und Gelehrsamkeit sich angeeignet hat, die ihm eine sehr hohe Stelle anweisen. Er erhielt 1822 Sitz und Stimme im geheimen Finanzcollegium, übernahm 1825 das Vicepräsidium, führte 1830 nach der Erhebung seines königlichen Bruders zum Mitregenten das Präsidium in der zur Erhaltung der öffentlichen Ruhe verordneten Commission, übernahm bald darauf das Commando aller Communalgarden des Königreichs, welches er noch gegenwärtig mit großer Umsicht führt, wurde zugleich Mitglied des geheimen Raths und erhielt nach der Auflösung desselben den Vorsitz im Staatsrathe. Ganz besonders aber zeichnete er sich als Mitglied der ersten Kammer der Ständeversammlung aus, vorzüglich auf dem zweiten, im Jahre 1836 begonnenen Landtage als Referent der Deputation bei der Berathung über das Criminalgesetzbuch. Muß man im gewöhnlichen Leben des Prinzen Liebenswürdigkeit, so muß man hier nicht nur die Geläufigkeit und Klarheit bewundern, mit welcher er über die verschiedenartigsten und scheinbar ihm fernliegenden Gegenstände zu sprechen weiß, sondern noch mehr den richtigen Blick, welchen er fast durchgehends zeigt. Ganz allein begann er in seinem 21. Jahre das Studium der griechischen Sprache, in der er dann, unter des verstorbenen Hofraths Böttiger Beirath, ungewöhnliche Fortschritte machte. Eine herrliche Frucht seiner Studien ist die Übersetzung und Erläuterung der „göttlichen Comödie" von Dante, die er zur Privatvertheilung in zwei Abtheilungen drucken ließ (Dresden 1826 und 1833. 4.). Der Prinz ist seit dem 21. November 1822 mit Amalie Auguste, Prinzessin von Baiern, geboren am 13. November 1801, vermählt, seine Kinder sind: 1) Auguste, geboren 1827; 2) Albert, geboren am 23. April 1828; 3) Elisabeth, geboren 1830; 4) Ernst, geboren 1831; 5) Georg, geboren 1832; 6) Sidonia, geboren 1834 und 7) Anna, geboren 1836. Von den Schwestern des Königs leben noch die Prinzessin Amalie, geboren am 10. August 1794, als vorzügliche dramatische Dichterin allgemein bekannt, und die verwitwete Großherzogin von Toscana, Maria, geboren 1796.

Über die Seidenzucht in Baiern.

Es ward in öffentlichen Blättern schon erwähnt, daß in der im vorigen Jahre gehaltenen Generalversammlung der regensburger Gesellschaft zur Beförderung der Seidenzucht in Baiern ein Handschreiben des Königs verlesen wurde, das der Gesellschaft die weitere Theilnahme des Monarchen an dem Unternehmen anzeigte. Der König spricht darin den sehnlichen Wunsch aus, daß das Unternehmen zum Besten der inländischen Industrie nicht hinter dem vorgesteckten Ziele zurückbleibe. Die Gesellschaft besteht aus 266 Mitgliedern mit 388 Actien im Betrage von 19,400 Gulden, und es fehlen an der statutenmäßigen Anzahl von 500 Actien nur noch 112, die noch auszugeben sind. Das Grundvermögen der Gesellschaft besteht in 25 Tagwerk Ackerfeld, welche mit 50,000 Maulbeerbäumen und Hecken die freundliche Plantage bilden, die sich, ungeachtet der drei jüngsten ungewöhnlich trockenen Jahrgänge und der vorjährigen Spätfröste, in einem vortrefflichen Zustande befindet. Außerdem besitzt die Gesellschaft die werthvollen Erfodernisse zur Raupenzucht und Abhaspelung, und wird sich demnächst auch mit einer Filirmaschine versehen. Die letztjährige Seidenzucht, bei welcher man mit ungünstigen Witterungsverhältnissen zu kämpfen hatte, lieferte gleich jener der Vorjahre, ungeachtet der noch ganz jungen Baumpflanzung, die erfreulichsten Resultate, denn es wurden über zwei Centner Cocons gewonnen. Dabei behielt die Gesellschaft auch ihren Zweck, die auswärtigen Seidenzüchter durch Abhaspelung und durch Ankauf ihrer Cocons und Rohseide aufzumuntern und zu unterstützen, sorgfältig im Auge, ließ Jedem, der sich an sie wandte, die eingesendeten Cocons mit der gewissenhaftesten Sorgfalt abhaspeln und kaufte Denen, die es wünschten, das Pfund Cocons um einen Gulden zwölf Kreuzer und das Pfund Rohseide mit zwölf Gulden ab. Die Qualität der aus der Filanda der Gesellschaft hervorgehenden Seide wird von den Kennern für ganz vorzüglich erklärt, und die in der Generalversammlung vorgelegten, zur Probe verfertigten Seidengewebe bestätigen dieses Urtheil augenscheinlich. Aus dem dermalen verkäuflichen Vorrathe der Gesellschaft an Seide können 1000 Ellen Seidenzeug gewonnen werden.

Brautschau in Arsamas.

Eine eigenthümliche Sitte besteht in dem Städtchen Arsamas in der russischen Provinz Nischegorod. Sobald dort nämlich ein Mädchen das funfzehnte oder sechszehnte Jahr erreicht hat, muß sie sich von allen jungfräulichen Belustigungen, Tänzen und Spielen, zurückziehen und sich zur Brautschau rüsten. Sie darf weder die Straße noch die Kirche ferner betreten, sondern muß im Zimmer, dessen Fenster dicht mit Vorhängen bedeckt sind, sitzen und arbeiten, bis die erste Woche der Fastenzeit herangerückt ist. Am Tage vor dem ersten Sonntage der Fasten wird die Jungfrau zur Beichte und zum Abendmahl geführt, und zu diesem Kirchengange borgt die Mutter die schönsten Kleider und den kostbarsten Schmuck, den sie nur auftreiben kann. So bestens geputzt wird die Jungfrau am festlichen Tage zur Kirche geführt. Hier haben sich alle heirathsfähigen Mädchen, auf gleiche Weise geschmückt, versammelt; man stellt sie sämmtlich in eine Reihe und hinter jeder steht die Freiwerberin. Jetzt nahen sich die heirathslustigen Jünglinge und beginnen die schwere Wahl. Sie dürfen Alles thun, nur nicht mit der Jungfrau sprechen oder sie berühren. Sobald sich einer ein Mädchen ausgesucht hat, wendet er sich an die Freiwerberin, erkundigt sich nach allen die Erwählte betreffenden Umständen, nach den Verhältnissen ihrer Familie, nach ihrer Aussteuer, sogar nach ihrem Charakter. Findet er Alles seinen Wünschen entsprechend, so begibt er sich zu den Ältern des Mädchens und wirbt um sie. Ist er mit diesen einig geworden, so findet dann die Hochzeit sogleich nach der heiligen Woche statt. Wenn ein Mädchen das Unglück hat, bei der ersten Brautschau sitzen oder vielmehr stehen zu bleiben, so bleibt ihr nichts übrig, als ein ganzes Jahr lang ihre eingezogene Lebensweise fortzusetzen, bis sie bei der zweiten Brautschau vielleicht glücklicher ist. Wird sie aber dieses Lebens überdrüssig, so kann sie ihrer Familie erklären, daß sie auf das Heirathen verzichte und Nonne werden wolle. In diesem Falle macht man ihr keine Vorschriften mehr, und sie darf sich, gleich einer verheiratheten Frau, überall hinbegeben, kann aber auch gewiß sein, daß sich von dieser Zeit an kein Freier mehr um sie bewirbt, es müßte denn ein Fremder sein, der mit der Landessitte unbekannt wäre.

Das Vicuñaschaf.

Die Vicuña oder das Schafkameel ist wie das Llama oder die Kameelziege eine Verwandte des Kameels und lebt in dem südlichen Amerika auf hohen, mit Schnee und Eis bedeckten Bergen. Die Natur hat dieses Thier für eine solche Heimat bestimmt, wie das Kameel für die dürren Wüsten Asiens. Der Fuß beider Thiere ist wunderbar für den Boden geeignet, auf welchem sie wandeln. Eine elastische, die Klauen verbindende Sohle bedeckt den Fuß des Kameels und bietet dem weichenden Sande eine breitere Fläche dar. Bei dem Llama und der Vicuña aber sind die gespaltenen Klauen unverbunden und jede hat einen starken Zapfen, welche dem Thiere das Ersteigen schroffer Höhen erleichtert. Sie haben keine Höcker wie das Kameel, wiewohl der Bau des Skeletts bei beiden Thierarten große Ähnlichkeit zeigt, und selbst der Magen der Llamaarten ist insofern dem Kameelmagen ähnlich, als er viele Flüssigkeiten aufnehmen kann, nur hat er nicht, wie dieser, die Einrichtung, daß die Öffnung desselben durch die Thätigkeit eines Muskels sich schließen läßt, um feste Speisen in den eigentlichen Magen gehen zu lassen. Das Llama ist zierlicher gebaut als das Kameel, hat schlankere Beine, einen hohen Hals, kleinen Kopf mit langen biegsamen Ohren und große glänzende Augen. Es ist wie das Kameel ein Lastthier. Als die Europäer nach Amerika kamen, verwechselten sie die beiden Gattungen, das Llama und die Vicuña, wiewol beide verschieden sind. Die Vicuña ist kleiner und leichter gebaut. Man schätzt sie wegen ihres Fleisches sowol als besonders wegen ihres rothbraunen, zuweilen auch hellrothen oder gelben, ungemein feinen Wollenhaares, das die seidenartigste aller Wollenarten ist. Es gibt drei Arten derselben hinsichtlich ihrer Güte, die entweder zu Tüchern oder zu Hüten und Teppichen verarbeitet werden. Die Amerikaner machten lange vor der Ankunft der Europäer Zeuche davon, und es ist merkwürdig, daß man in den uralten Gräbern zu Aricia in Peru Mumien gefunden hat, welche in Zeuche von Vicuñawolle gewickelt waren. Es werden in Chile und Peru jährlich gegen 80,000 dieser sehr schüchternen Thiere ihrer Wolle wegen gefangen, indem man sie in Vertiefungen treibt und sie mit Jagdtüchern oder ausgespannten Leinen umstellt und leicht erlegt *).

Das Neueste aus der Natur- und Gewerbswissenschaft.
(Beschluß aus Nr. 200.)

Die zweite merkwürdige Naturerscheinung, über welche wir unsere Leser zu unterhalten beabsichtigen, sind die Meteornächte vom 12. bis 14. November. Man hat nämlich schon seit einer Reihe von Jahren mit der größten Verwunderung beobachtet, daß grade in den Nächten des 12., 13. und 14. Novembers, kurz um die Mitte dieses Monats, regelmäßig eine ganz ungewöhnlich große Anzahl von Sternschnuppen und Feuerkugeln vorkommt. Am 12. November 1799 z. B., welches wol die früheste Beobachtung dieser Art ist, kurz vor Sonnenaufgang fiel eine wahrhaft unglaubliche Anzahl größerer und kleinerer Sternschnuppen und Feuerkugeln, mit und ohne leuchtende Schweife, und aus solchen Höhen, daß das Phänomen gleichzeitig zu Cumana (durch Bonpland und Alexander von Humboldt), zu Portobello, Guiana, Bahama, Nain in Labrador, Lichtenau in Grönland, Itterstädt bei Weimar u. s. w. gesehen wurde, welches eine Höhe von 400 Meilen, aus der die Meteore herabkamen, voraussetzt, weil sonst das Phänomen zugleich nicht an so weit voneinander entfernten Orten hätte gesehen werden können. Die Erzählung von Dem, was bei dieser Gelegenheit von den verschiedenen Zeugen an den verschiedenen Orten wahrgenommen worden, stimmt so genau überein, daß an der Identität des Gesehenen gar nicht gezweifelt werden kann. Nach Humboldt folgten Tausende von Sternschnuppen und Feuerkugeln einander vier Stunden lang; sie nahmen ihre Richtung von Nord nach Süd und füllten am Himmel eine Breite, welche sich, grade von Osten aus, zu jeder Seite etwa 30 Grad hin erstreckte. Sie stiegen östlich und ostnordöstlich über den Horizont herauf, beschrieben ungleich große Bögen und fielen im Süden herab; einige erreichten bis 40 Grad Höhe, die übrigen sämmtlich mindestens 30 Grad. Sie ließen meistens leuchtende Spuren von fünf bis zehn Grad Länge zurück, deren Licht sieben bis acht Secunden dauerte; einige derselben schienen zu bersten, manche hatten einen an scheinbarer Größe dem Jupiter gleichkommenden Kern, aus welchem Funken sprühten, die größten verschwanden jedoch ohne Funkensprühen. Ihr Licht erschien weiß, was Humboldt zunächst für eine Folge des heitern Himmels zu Cumana hält, welchen damals auch nicht das kleinste Wölkchen trübte. Die Erscheinung gestaltete sich etwas anders zu Nain, wo man meistens Feuerkugeln von außerordentlicher Größe, bis zum scheinbaren Durchmesser einer halben Elle, wahrnahm; sie reichte bis 100 Meilen über die Davisstraße und erschreckte die Eingeborenen nicht wenig. In demselben Monate und fast an demselben Tage, nämlich in der Nacht vom 12. bis 13. November 1832, nachdem in den zwischenliegenden Jahren die Aufmerksamkeit noch nicht so besonders auf diesen Gegenstand gerichtet gewesen, wurden wiederum eine unglaubliche Menge größerer und kleinerer fallender Sternschnuppen wahrgenommen, und ebenfalls gleichzeitig an den entferntesten Orten beobachtet. Am Niederrhein z. B. wurden sie damals anhaltend von neun Uhr Abends bis zur Morgenhelle gesehen, meistens südlich; sie bewegten sich nach allen Richtungen auf- und niederwärts bogenförmig; einige hatten lange gebogene Schweife, aus denen zuweilen Lichtbüschel hervorschossen. Das Phänomen wurde besonders auch in England, namentlich zu Portsmouth, Chesterfield und Malvern beobachtet, an welchem letztern Orte man in wenigen Minuten über ein halbes Hundert Sternschnuppen zählte. In der Bukowina und am schwarzen Meere aber, wo die Erscheinung auch beobachtet wurde, bildeten die Sternschnuppen einen förmlichen Feuerregen; einige derselben hatten die scheinbare Breite einer Hand; die Bahn der meisten bildete spitze Winkel mit dem Horizont, keine bewegte sich mit letzterm parallel und sie zerplatzten oft mit bedeutendem Funkensprühen. Mehre dortige Augenzeugen wollen dabei Lichtstreifen gesehen haben.

Die Merkwürdigkeit der Wiederkehr einer so außerordentlichen meteorischen Erscheinung in demselben Monate und sogar am nämlichen Tage, wuchs ausnehmend durch das Hinzukommen eines dritten, ganz ähnlichen Falles, im folgenden Jahre 1833, wovon öffentliche Blätter anfangs nur eine unvollkommene Kunde gaben, über welchen aber bald nachher ein ausführliches Werk erschien. Denison Olmstett, Professor der Mathematik und Physik am Yale-College zu New-Haven in Nordamerika nämlich hat sich das Verdienst erworben, sämmtliche, über dieses abermalige November-Sternschnuppenphänomen gemachten Bemerkungen mit großem Fleiße zu sammeln und mit umsichtiger Kritik zu prüfen, um die eigentlichen Thatsachen übersichtlich zusammenzustellen. Das Phänomen wurde an sehr vielen Orten beobachtet, besonders vollständig aber in fast allen bedeutenden Städten der Vereinigten Staaten. Hierzu kommen noch die Nachrichten aus dem mexikanischen Meerbusen, von der Höhe von Halifax in Neu-Schottland, von Cuba, Jamaica u. s. w. sodaß die Strecke, über welcher diese Meteore sichtbar waren, vom 18. bis 43. Breiten-, und vom 61. bis 91. Längengrad reicht, und eine Fläche von mehr als 100,000 Quadratmeilen einnimmt. Aus den einzelnen, sehr speciellen Beschreibungen ergibt sich als allgemeines Resultat, daß auch diesmal das Meteor die ganze Nacht vom 12. zum 13. November des genannten Jahres sichtbar war, und aus einem nordlichtähnlichen Scheine in der Gegend des Sternbildes des Löwen bestand (ein Hauptumstand, auf welchen wir zurückkommen werden), aus welchem Hauptpunkte eine ganz unglaubliche Menge eigentlicher Sternschnuppen, leuchtender Linien, Feuerkugeln von verschiedener Größe und verschiedenem Ansehen, mit und ohne Schweife, und unter verschiedenen Neigungen gegen den Horizont herabfielen. Einige der Schweife und leuchtenden Linien waren gekrümmt, oder wurden es erst während der Dauer ihrer Sichtbarkeit, auch war die Zeit ihres Leuchtens sehr verschieden. Die Zahl der herabfallenden Meteore war nicht jederzeit gleich, sondern vermehrte und verminderte sich in scheinbar regellosen Perioden, darf aber im Ganzen unermeßlich genannt werden. Nach dem Berichte eines Beobachters zu Boston fielen gegen sechs Uhr Morgens, während 15 Minuten vor etwa ein 10. Theile des Himmels gegen 800 solcher Meteore. Dies würde also für den ganzen Himmel, auf diese Eine Viertelstunde 8000, für die Stunde 32000, und wenn man die ganze Dauer des Vorganges nur zu

---

*) Vgl. über das Lama Pfennig-Magazin Nr. 9 und 28, und über das Kameel Pfennig-Magazin Nr. 98.

sechs Stunden anschlägt, überhaupt die fast unglaubliche Summe von beinahe 200,000 Sternschnuppen in dieser einzigen Nacht geben. Man muß gestehen, daß dies etwas ganz Außerordentliches ist, und daß das wiederholte Vorkommen so ganz ungewöhnlicher Massen Sternschnuppen immer in bestimmten Novembernächten zu der Voraussetzung einer ganz besondern Ursache dieser so höchst überraschenden Erscheinung berechtigte. Da nun aber überdies in den Jahren 1834 und 1835 mehr oder weniger Ähnliches beobachtet worden war, so richtete sich die allgemeine Aufmerksamkeit immer mehr auf diese Gegenstände und die betreffenden Novembernächte des Jahres 1836 wurden von allen Naturforschern immer mit der größten Ungeduld erwartet, um zu sehen, ob sich die jährliche periodische Wiederkehr großer Mengen von Sternschnuppen in denselben abermals bestätigen, besonders aber auch, ob die Himmelsrichtung dieser Sternschnuppen ebenfalls wieder die nämliche sein werde. Die Resultate zahlloser Beobachtungen liegen nun vor uns, und wir führen auch denselben also gleich an, daß sich beide Erwartungen höchst merkwürdigerweise abermals vollkommen bestätigt haben. In Deutschland, in Frankreich u. s. w. sind auch in dem Jahre 1836 in den Nächten vom 12. auf den 14. November ganz ungewöhnlich viel Sternschnuppen und Feuerkugeln gesehen worden, und wiederum sämmtlich von der Stelle des Himmels ausgehend, wo der Stern Geba (das Gamma des Löwen) steht. Dieser Himmelspunkt liegt aber genau in der Richtung, welche die Erde, bei Durchlaufung ihrer kreisförmigen Jahresbahn um die Sonne, grade in der angebenen Zeit verfolgt, und man hat daher, zur Erklärung des wunderbaren Vorganges, annehmen müssen, daß die Erde, bei jener ihrer Bewegung durch den Himmel, um die angegebene Zeit in eine Region des Weltenraums eintrete, welche mit Sternschnuppen und den zu ihrer Bildung erfoderlichen Substanzen in einem ganz besondern Grade erfüllt sei. Deßhalb haben wir die Direction, in welcher sich die Meteore der Novembernächte zu zeigen pflegen, als einen Hauptumstand bezeichnet.

Bringt man aber solchergestalt die Meteornächte vom 12. bis 14. November mit der Bewegung der Erde in ihrer kreisförmigen Bahn um die Sonne in Verbindung, so muß zugleich bemerkt werden, daß sich eben unsere Erde genau sechs Monate später, nämlich den 11., 12. und 13. Mai, in Punkten ihrer Bahn befindet, welche den erstern diametral entgegengesetzt sind. Diese drei Tage sind aber die bekannte Kälteperiode Mamertus, Pankratius und Servatius. Man möchte also fast glauben, daß die Sternschnuppenregion im Weltenraume einer Kälteregion grade gegenüber liege, und daß die Erde, gleichwie sie jene im November berührt, diese im Mai durchschneidet. Dies sind freilich verwundernswürdige Andeutungen. Tausende von Jahren hindurch hat man jene Sternschnuppen in den Novembernächten gesehen und diese Kälte im Mai empfunden, ohne auf den jetzt bemerklich gemachten Zusammenhang zu verfallen; aber es ist auch grade unserm merkwürdigen Jahrhunderte vorbehalten, überall und überall die wichtigsten neuen Beziehungen zu entdecken.

Die Leser werden, nach Anhörung dieser Hypothese über den Grund des Vorkommens so vieler Sternschnuppen zu einer bestimmt wiederkehrenden Zeit endlich auch noch eine Aufklärung über die physische Natur dieser Meteore selbst begehren. Professor Benzenberg in Düsseldorf hält die sogenannten Sternschnuppen und Feuerkugeln für weiter nichts, als für Auswürfe aus den Mondsvulkanen, welche unsere Erde erreichen und auf derselben niederfallen sollen. Allein man fragt dagegen, bei besonderer Anwendung auf den hier beschriebenen Vorgang, mit Recht, welch eine ganz eigenthümliche Neigung die Mondsvulkane haben könnten, ihre Auswürfe grade in den angegebenen Novembernächten so außerordentlich zu vervielfachen?

Unter den frühern Physikern, welche sich mit diesem Gegenstand beschäftigt haben, ist besonders Chladni ausgezeichnet, der ein eignes Werk: „Über Feuermeteore und die mit denselben herabgefallenen Massen", schrieb. Er betrachtet diese Meteore als kleine Weltkörper, welche sich in den Räumen des Universums bewegen und von der Erde angezogen werden, wenn sie in den Bereich der Gravitationskraft derselben gelangen. Es ist bekannt, daß dergleichen Feuerkugeln oft zerplatzt und daß dann zugleich Steine, zuweilen auch Eisenmassen von ganz eigenthümlicher Beschaffenheit (Meteorsteine), zur Erde gefallen sind. Letzterer Umstand, welcher wenig er noch allgemeinen Glauben findet, ist gleichwohl durch vielfache Beobachtungen außer Zweifel gesetzt worden, und wird, wenn wir ihn näher verfolgen, wol noch das einfachste Mittel zur Erklärung des räthselhaften Phänomens darbieten. Diese steinigen und metallischen Niederschläge nämlich erinnern zunächst so bestimmt an die wässerigen Meteore, mit denen wir Regen, Hagel, Schnee, ja große Eisklumpen aus der Luft herabstürzen sehen, daß man sich alsbald veranlaßt findet, an eine gewisse Allgemeinheit der Veranlassung beider Erscheinungen zu denken. Nun ist aber, so zu sagen, Wasser der Gegenstand der wässerigen Meteore, der gröbern, Feuer dagegen, als das Agens der uns beschäftigenden Feuermeteore, der feinere, erhabenere, nicht mehr blos der engen Erde, sondern vielmehr dem Weltall angehörende Stoff. Wenn also die sogenannten Wassermeteore: der Regen, der Schnee, der Hagel, die großen, oft aus der Luft herabfallenden Eisklumpen u. s. w. blos in den Grenzen der irdischen Atmosphäre erzeugt werden, so darf man dies dagegen gewiß nicht mehr von den Feuermeteoren annehmen, welche im Gegentheil ebenso wol in unserm Luftkreise als in dem das Universum erfüllenden sogenannten Äther erzeugt werden können, da das feine Element des Feuers beide durchdringt. Es gibt also ganz gewiß Feuerkugeln, Sternschnuppen u. s. w., tellurischen sowol als kosmischen Ursprungs, und der Fehler der bisherigen Systeme hat nur darin bestanden, allen diesen Meteoren engsinnig einerlei Ursprung anzuweisen. Wenn erst einmal eine sorgfamere Nachsuchung nach solchen auf die Erde herabgefallenen Meteormassen dieselben häufiger in unsere Hände führt, und wenn sie dann zugleich einer schärfern chemischen Untersuchung unterworfen werden, so halten wir uns überzeugt, daß eigenthümliche Unterschiede zwischen ihnen entdeckt werden, woraus sich für die einen ein anderer Ursprung als für die andern ergeben wird. Was zuerst die Meteorsteine oder Massen betrifft, denen wir ihren Ursprung lediglich in der irdischen Atmosphäre anweisen oder die wir tellurische nennen, so halten wir uns rücksichtlich der Erklärung ihrer Entstehung ganz einfach an die Analogie der Wassermeteore. Wir sehen täglich Flüssigkeiten von der allerverschiedensten Beschaffenheit und in ungeheurer Menge verdunsten und in dieser Dunstgestalt in die Luft emporsteigen. Wenn letztere damit hinreichend geschwängert ist und dann ein den Niederschlag begünstigender atmosphärischer Proceß hinzutritt, so kehren sodann die verdunsteten Flüssigkeiten, wiederum in reines Wasser verwandelt, im ewigen Kreislaufe zur Erde, von dannen sie kamen, als Regen, als Schnee, als Hagel, in kleinern oder größern Klumpen zurück, und dieser Kreislauf sichert offenbar das Bestehen der Welt. Nun wohl, geschieht nicht täglich mit den Erden, Steinen, Metallen u. s. w. ganz Ähnliches? Sturmwinde reißen den Staub in der allerverfeinertsten Gestalt bis zu den höchsten Wolken empor; ungeheure Metallmassen, Münzen, Werkzeuge, Geschirre, die von Hand zu Hand gehen, werden allmälig bis zum Unscheinbaren abgegriffen und verschwinden, wenn auch langsamer, unter unsern Fingern u. s. w. Wo bleibt dies Alles? Es verdunstet offenbar ebenso, wie die Flüssigkeiten. Man braucht sich vielen Metallen z. B. nur zu nähern, um ihren Geruch, ihre Ausdünstung ganz offenbar zu bemerken. Dies aber muß, eben jenem ewigen Kreislaufe der Natur gemäß, wodurch die Dauer des Bestehenden gesichert wird, auch zur Erde, von wo es gekommen, zurückkehren; dazu wird aber auch ein gleich sehr verschiedener, atmosphärischer Proceß mitwirken, und die erdigen Substanzen werden auch eine Transformation erfahren, gleich den flüssigen. Gleichwie sich der eine Niederschlag aus dem großen Reservoir der Atmosphäre auf das Element des Wassers bezieht, so wird der andere das Element des Feuers in Anspruch nehmen, und die Feuermeteore mit den dabei wieder herabstürzenden steinigen und metallischen Massen erscheinen uns durchaus nicht unbegreiflicher als die Wassermeteore, wobei die aufgestiegene Flüssigkeit zur Erde zurückkehrt.

Das wären indeß erst die tellurischen Feuermeteore; wie nun aber mit den kosmischen, eben mit denen, welche in den Novembernächten eine bestimmte Himmelsregion erfüllen, und welche diese unsere Betrachtungen veranlaßt haben? Nach unsern Begriffen ist der Äther, oder wie man die das Universum von Weltkörper zu Weltkörper erfüllende, feine, luftförmige Flüssigkeit nur immer benennen mag, mit dem Elemente aller natürlichen Dinge, d. h. mit der Schöpfungsmaterie, in äußerster Auflösung angeschwängert. Unsere Beobachtungen des Firsternhimmels zeigen uns Zusammenballungen solcher Schöpfungsmaterie zu neuen, gleichsam erst in der Bildung begriffenen Weltkörpern in unendlicher Menge; die Schöpfung ist kein geschlossener Act, und gleichwie das Universum im räumlichen Unendliches ist, ebenso ist auch die erschaffende Thätigkeit der Natur in diesen unendlichen Räumen eine zeitlich unendliche, ja es ist der Würde des Schöpfers und unsern erhabensten Begriffen davon angemessen, eine solche fortdauerde Schöpfungsthätigkeit der Natur im Weltenraume anzunehmen. Die kosmischen Feuermeteore erscheinen nach dieser Ansicht, welche sich also auf den meisten Punkten der oben angedeuteten, mit den stärksten Argumenten unterstützten Chladni'schen Hypothese anschließt, als kleinere Zusammenballungen des den Weltenraum erfüllenden Weltenschöpfungsstoffes, bei deren Entstehung das Feuer ebenso die Hauptrolle spielt wie bei den der irdischen Atmosphäre angehörigen wässerigen Meteoren das Element des Wassers vorherscht. Sie gehören entweder dauernder dem Weltenraume selbst an, in welchem sie nach den allgemeinen Gesetzen der Gravitation zu kreisen fortfahren, oder aber sie treten, von der speciellen Anziehungskraft der Erde überwältigt, in die Atmosphäre der letztern ein und stürzen auf ihr selbst als Meteorsteine zu Boden. Die besondere Himmelsregion aber, in welcher sie während der Nächte des 12. bis 14. November in solcher Überzahl zu Gesichte kommen, ist nur, wie wir schon oben bemerkt haben, mit den zu ihrer Formation geeigneten elementaren Stoffen ganz besonders erfüllt.

Unter diesem Gesichtspunkte scheint aber der sonst so räthselhafte Vorgang vollkommen erklärlich zu werden, und die daran geknüpften weitern Betrachtungen sollen nur den Leser zur eignen Verfolgung des Gegenstandes einladen, wie denn grade diese Ermunterung ein Hauptzweck bei Fortsetzung unserer Vorträge sein wird.

Die See- oder Meerkuh.

Die See- oder Meerkuh, auch Manati genannt, findet sich in den Meeren der wärmern Gegenden, besonders im südlichen Amerika im Orinoco und Amazonenflusse, und ist auch auf den Antillen ziemlich häufig. In ihrer Gestalt nähert sie sich dem Walfischen, ist 8 — 17 Fuß lang und bisweilen 8000 Pfund schwer. Sie hat eine graue Haut, hin und wieder einzelne Haare, ein kleines Maul, einen geraden Unterkiefer, eine in der Mitte gespaltene, mit Haaren besetzte Oberlippe. Die Zähne sind zweimal so lang als breit, die Augen klein und befinden sich am obersten Theile des Kopfes. Der Kopf ist ein kegelförmiger Ochsenkopf, an dessen beiden Seiten sich kaum bemerkbare Ohrlöcher befinden. Die Nasenlöcher sind ganz nach vorn gerichtet. An den Vorderfüßen sind vier Finger, die mit rothbraunen, glänzenden Nägeln besetzt sind. Diese Thiere kommen niemals aufs Land, aber sie gehen oft aus dem Meere in große Ströme, tief ins Land hinein und suchen feuchte Stellen am Ufer, wo sie weiden. Sie nähren sich von allerlei Seegewächsen, leben paarweise wie die Vögel und sind sanftmüthig. Wenn sie schwimmen, so ragt der Rücken aus dem Wasser hervor, und sie leiden es, daß die Seevögel sich darauf setzen und ihnen die Insekten abfressen. Sie werden mit eisernen Haken gefangen. Ihr Fleisch, obgleich sehr wohlschmeckend und dem Schweinefleisch nicht unähnlich, wird für ungesund gehalten. Der Speck wird zu Thran gebraucht und dieser statt des Fettes an die Speisen und als Brennmaterial für die Lampen genommen. Die Haut, welche noch einmal so dick ist als Ochsenhaut, wird zu Leder verarbeitet, welches man in Streifen zerschneidet und als Tauwerk benutzt. Das Felsenbein (ein Theil der Schläfeknochen) ist unter dem Namen lapis manati bekannt.

Es gibt noch eine andere Gattung dieser Thiere, die sich im Norden des stillen Meeres aufhält und in der Gestalt von der erstern ein wenig abweicht. Der Kopf hat eine mehr viereckige Form und die Länge des Thieres beträgt zuweilen 23 Fuß; im Gewicht sind sich beide Arten ziemlich gleich. Außerdem sieht man bei dieser letztern an den Vorderfüßen keine Spur von Zehen- oder Fingerknochen, dagegen aber am Rande derselben steife Borsten. Der Leib aber ist völlig unbehaart.

Das Haslithal.

Ziemlich in der Mitte der Schweiz, im Canton Bern, und an der Grenze der Cantone Uri und Unterwalden, erstreckt sich vom östlichen Ende des Brienzersees in einer Länge von ungefähr zehn Stunden das Haslithal, auf beiden Seiten von hohen Bergen eingeschlossen und von der Aar durchströmt, die durch mehre von den Höhen stürzende Bäche angeschwellt wird. Das Thal zerfällt in das drei Stunden lange Unterhasli vom Brienzersee aufwärts, und das steilere Oberhasli, durch welches der Paß aus dem berner Oberlande nach Italien über den Grimsel führt, den wir auf nachstehender Abbildung von Saumthieren belebt sehen. Gegen die Nordwinde geschützt gedeihen im Haslithale mehre Sträucher und Fruchtbäume, die in andern Gegenden der Schweiz nicht fortkommen. Schöne Alpenweiden nähren einen zahlreichen Rindviehstand und Gemsen wohnen auf den schroffen Felsen. Das Thal hat gegen 6000 Einwohner, der schönste und kräftigste Menschenschlag unter den Gebirgsvölkern der Alpen, auch durch Sprache und Sitten vor den Bewohnern anderer Thäler ausgezeichnet. Nach einer alten Überlieferung stammen sie von gothischen Ansiedlern ab, die sich im 5. Jahrhundert in dem Thale niederließen. Die natürlichen Reize der Frauen werden noch durch eine einfache, zierliche und eigenthümliche Tracht erhöht. Zweimal im Sommer hat die männliche Bevölkerung gymnastische Übungen, sogenannte Kampf= und Schwingtage*), zu welchen die Bewohner benachbarter Thäler geladen werden. Der Hauptort des Thales ist Meiringen in dem anmuthigen Unterhasli. Auf einem Hügel hinter der Kirche findet man einen schönen Standpunkt zur Übersicht des Thales und aus dem Dorfe selbst sieht man einen Theil der oberen Falles des Reichenbachs, den man weiter aufwärts nach dem Scheideck in seiner ganzen Großartigkeit erblickt. Die herabstürzende Wassersäule hat selbst bei kleinem Wasser über 20 Fuß im Umfang und fällt 200 Fuß fast senkrecht. Bei hellem Sonnenschein bildet sich ein dreifacher kreisförmiger Regenbogen, den untern Fall aber sieht man in der schönsten Beleuchtung in den spätern Nachmittagsstunden. Von Meiringen führt der Weg durch das Oberhasli, eine der wildesten Gebirgslandschaften, zu dem erwähnten Grimsel, auf dessen Gipfel in einer schauerlichen Felsengegend das sogenannte Spital liegt, wo vom März bis zu Anfange des Novembers ein Einwohner des Haslithales sich aufhält, der für die Benutzung der nahen Alpenweiden und für den Ertrag einer Collecte, die er in der Schweiz sammeln darf, die Verpflichtung hat, armen Wanderern Herberge und Kost zu geben. Über dem Spital liegt, 2000 Fuß höher, die höchste Spitze des Grimsels, das Seidelhorn, 8500 Fuß über dem Meere. Selbst im Sommer ist der Grimselpaß mit Schnee bedeckt, und zuweilen zeigen sich hier sogar schwarze und braune Bären. In den Quarzgängen des Grimsels findet man reiche Krystallhöhlen, deren eine 120 Fuß tief und 18 Fuß breit ist, aus welcher in früheren Zeiten einzelne Krystalle bis zu acht Centnern gewonnen wurden. Einer der größten der hier gefundenen Krystalle, 3½ Fuß im Durchmesser und 2½ Fuß lang, befindet sich in dem Naturaliencabinet des botanischen Gartens zu Paris.

*) Vergl. über das Schwingfest Pfennig=Mag. Nr. 24.

Paß aus dem Haslithal über den Grimsel.

Verantwortlicher Herausgeber: Friedrich Brockhaus. — Druck und Verlag von F. A. Brockhaus in Leipzig.

Das Pfennig-Magazin
für
Verbreitung gemeinnütziger Kenntnisse.

202.]   Erscheint jeden Sonnabend.   **[Februar 11, 1837.**

Ueber einige fabelhafte Meerthiere.

Phoken oder Seekühe, nach Anson's Beschreibung.

Wir haben in Nr. 197 des Pfennig-Magazins allerlei Bemerkungen über die besonders in frühern Zeiten unter dem Volke herrschenden irrthümlichen und abergläubigen Vorstellungen mitgetheilt, wobei wir auch einiger fabelhaften Ungeheuer erwähnten, an deren Existenz freilich nur der sehr ungebildete Mensch glauben kann, wie z. B. die Basilisken, das tatarische Lamm mit den in die Erde gewachsenen Beinen, deren vorgebliche Wirklichkeit dem verschmitzten Betrug, der den Aberglauben der Menge zu benutzen versteht, zu allen Zeiten ein weites Feld öffnete. Indem wir nun in nachstehenden Mittheilungen diesen Gegenstand wieder aufnehmen, müssen wir doch bemerken, daß hier weniger von den ganz ungereimten Geschöpfen des rohesten Aberglaubens, als von solchen fabelhaften Wesen die Rede sein soll, die, so zu sagen, ihren Grund in der Natur selbst haben, welche,

verbunden mit den Berichten der ersten und frühesten Reisenden, der menschlichen Einbildungskraft auf gewisse Weise zu Hülfe kam. In Rücksicht der fabelhaften Geschöpfe, von welchen hier die Rede sein wird, ist es weniger der Betrug, der mit den Vorstellungen von ihnen sein Spiel trieb, als vielmehr die mangelhafte Naturanschauung der frühern Zeit selbst. Es war in der Natur wirklich etwas vorhanden, was diesen Begriffen der Menschen von den riesenhaften, furchtbaren oder seltsamen Ungeheuern der Erde und des Meeres entsprach; allein die Kenntnisse waren damals noch zu mangelhaft, die Naturforschung war zum Theil noch sehr zurück und die Reisenden, denen die noch wenig durchforschten Erdtheile und Gewässer mit ihren merkwürdigen Producten und Bewohnern ganz neu und seltsam erschienen, ließen sich, aus wahrem Mangel an

Einsicht, ohne irgend eine betrügerische Absicht, mannichfache Übertreibungen zu Schulden kommen, die in dem Glauben und in dem Munde des Volks vollends die abenteuerlichste Gestalt erhielten.

Die Natur zeigt in ihrem Verlauf verschiedenartige, zum Theil außerordentliche und furchtbare Erscheinungen, als da sind: die Dämmerung, die Nacht, der Sturm, das Ungewitter u. s. w. Sie zeigt, besonders in Gebirgsländern, so schauerlich=düstere Höhlen, Klüfte und Schlupfwinkel, welches Alles unmittelbar in dem Beschauer den Gedanken erregt, daß in diesen dunkeln und aufgeregten Elementen, in diesen schauerlichen Schlünden und Einöden auch Geschöpfe hausen müssen, die diesen furchtbaren Aufenthaltsörtern entsprechend seien.

Auf diese Weise bilden sich nun zuerst in der Vorstellung der Menschen jene fabelhaften Thiergeschöpfe, Drachen, Lindwürmer, ungeheure Schlangen, Leviathans und wie sie alle heißen mögen. Wenn nun noch überdies vielerfahrene, weitgereiste, oder gar gelehrte und naturkundige Männer auftreten und bezeugen, daß sie selbst auf ihren Reisen dergleichen Ungeheuer oder Halbungeheuer erblickten, und dergestalt gleichsam eine Bürgschaft für ihre Existenz aufstellen, so befestigt sich in dem weniger Gebildeten der schon früher gehegte dunkle Glaube zur vollkommenen Überzeugung. Und allerdings hat es an solchen Berichten früherer Reisenden, ausgezeichneter Gelehrten und selbst Naturforscher keineswegs gefehlt. Manche dieser sonst so verdienten Männer haben wahrhaft Unglaubliches, ja sogar Lächerliches berichtet, so daß man sich wundern muß, wie bei ihrer wissenschaftlichen Bildung sie doch so wenig im Stande waren, ihrem eignen Hang zum Wunderbaren und Außerordentlichen in dem Maße zu widerstehen, als man von ihnen erwarten dürfte. Dies ist es, was die Erzählungen und Schilderungen so vieler ältern Reisebeschreiber so verdächtig macht, und dies ist der Grund, warum neuere Reisende so Vieles in den fremden Welttheilen ganz anders und viel natürlicher gefunden haben, als ihre Vorgänger behaupteten; eben deshalb aber müssen wir auch noch heutzutage, wenn es uns um wahre Belehrung zu thun ist, die Reisebeschreibungen mit prüfendem Blicke lesen.

Indem wir nun in Nachstehendem unsern Lesern eine kleine Entstehungsgeschichte und Beschreibung der vorzüglichsten jener fabelhaften Thiere mittheilen, womit in früherer wie in späterer Zeit die menschliche Einbildungskraft und die Darstellungen der Reisenden die verschiedenen Räume der Erde bevölkert haben, bemerken wir zugleich, daß wir es hiebei vorzüglich mit dem Meer und Gewässer überhaupt zu thun haben, denn in diesem will man von Zeit zu Zeit die meisten und außerordentlichsten Ungeheuer wahrgenommen haben. Wir hoffen, daß der Leser unserer Darstellung selbst das Wahre und Begründete, sowie das theilweise Glaubhafte sich werde entnehmen und von der augenscheinlichen Lüge und Übertreibung sondern können, wobei wir jedoch andererseits auch wünschen, er möge, unserm Bericht folgend, jene ewige und in allen natürlichen Dingen gültige Wahrheit nicht aus den Augen verlieren, daß es noch gar Vieles im Himmel und auf Erden gibt, wovon sich unsere heutige Weisheit nichts träumen läßt, und daß, was auch Abenteuerliches in allen jenen Berichten und Erzählungen liegen mag, die wahre Wissenschaft doch endlich einmal jene fabelhaften Elemente läutern und aus jenen abenteuerlich lächerlichen oder schrecklichen Fabelthieren ihr wahres Wesen und die wahre Beschaffenheit der Sache entwickeln wird. Denn zuerst kommt, im natürlichen, wie im geistigen Verlauf der Dinge, der Irthum, alsdann die Wahrheit.

Schon das früheste Alterthum hatte seine fabelhaften Thiere, seine Drachen und Greife mit ungeheuern Flügeln, mit schuppigen Leibern und feurigen Augen; besonders aber waren es schon damals die ungemessenen Abgründe des Oceans, welche man mit allerlei fabelhaften Geschöpfen bevölkerte. Das Meer hat seine unerforschlichen Geheimnisse und in ihm ist Vieles verborgen; es ist einem großen wundervollen Buche zu vergleichen, in welchem jede Woge ein bewegliches Blatt ist. Dieses ungeheure Meer hat in all den verschiedenen Bildungsepochen der Erde den bedeutendsten Einfluß und die eingreifendste Wirkung gehabt, und in seinem Schoose liegen die Riesengebeine der vorsündfluthigen Geschöpfe, die Knochen des Mastodon, dieses ungeheuren fossilen Thieres, dessen Skelett man am häufigsten in Nordamerika findet, verborgen.

Schon nach dem Zeugniß der heiligen Schrift wimmelt das Meer von ursprünglichen Ungeheuern, der Leviathan und Behemoth hausen hier, und die lieblichere griechische Götterlehre bevölkert es mit Sirenen, Najaden und Nereiden. Richten wir also jetzt unsere Aufmerksamkeit auf jene fabelhaften Bewohner des unermeßlichen Meeres und zuerst auf die Sirenen, die von den frühesten Zeiten des griechischen Alterthums an, bis auf die neueste Zeit herab, in den Schriften der Reisenden, Geographen und Naturhistoriker eine große Rolle spielen. Wir haben von diesen fabelhaften Meermädchen, deren vermeintliche Existenz dem Aberglauben aller Zeiten sehr zu statten kam, schon in dem bereits erwähnten Aufsatz in Nr. 197 des Pfennig=Magazins gesprochen, und wollen deshalb hier nur in der Kürze dem Leser einige Nachrichten der frühern Seefahrer und Naturbeschreiber über dieselben mittheilen. So erzählt unter Anderm Belon du Mans in seinem Reisebuch, das von allerlei merkwürdigen Dingen in Asien, Indien, Ägypten und Arabien handelt, von einer Sirene, die im Jahre 1420 von einigen jungen holländischen Mädchen an der Meeresküste nach einer hohen Flut gefunden wurde. Der gute Mann berichtet ganz treuherzig, wie diese Sirene menschlichen Verstand gehabt, auch allerlei Fortschritte in Wissenschaften und besonders in der Religion gemacht habe, doch habe sie immer einen starken Zug nach dem Meere zu empfunden und sei endlich vor Sehnsucht nach diesem ihrem ursprünglichen Element gestorben. Sigismund, König von Polen, soll im Jahre 1531 ebenfalls eine Sirene besessen haben, die aber nach Verlauf von drei Tagen schon starb; im Jahre 1560 wollen Fischer auf der Küste von Ceylon sieben dergleichen auf einmal gefangen haben. Ein englischer Schiffscapitain, Richard Whitbourn, erzählt, daß ihm auf seiner Meerfahrt eine Sirene begegnet sei, welche die Gestalt eines schönen Weibes gehabt und mit anmuthigem Lächeln auf sein Fahrzeug zugeschwommen sei, sowie es denn überhaupt in jenen frühern Jahrhunderten wenige Seefahrer gab, die nicht allerlei schwärmerische Berichte über die Schönheit und den vortrefflichen Gesang der Sirenen mitgetheilt hätten. Daß alle diese Geschichten reine Fabeln sind, wissen bei uns die Kinder, aber doch finden sich wol auch unter den Erwachsenen viele, die die anmuthige und geheimnißvolle Bedeutung dieser fabelhaften Wesen, welche die menschliche Phantasie bis auf ihren schuppigen Fischschwanz mit allen weiblichen Reizen schmückte, nur wenig kennen. Denn in dem anlockenden, unwiderstehlichen Gesang dieser halben Frauengestalten ist vorzüglich die Neigung angedeutet, die der Mensch schon von Kindheit auf nach dem Wasser empfindet, eine Neigung, welche schon kleine Kinder antreibt, am klaren Wasser zu spielen, sowie auch die Anmuth dieses freundlichen Elements selbst, das sich uns bei der anhaltenden Wärme des Sommers am erquickendsten zeigt. Um diese Anmuth und Lieblichkeit des Wasserelements auszudrücken, wird schon in der alten Mythologie der vordere Körper der Sirenen so schön dargestellt, während die Fischgestalt, in welcher sie endigen, anzeigt, daß sie doch nur mit dem Wasser eins und dasselbe sind.

Gehen wir von diesen so anmuthigen Seeungeheuern zu andern über, deren Anblick fürchterlicher ist. Der alte Bischof Pontoppidan, der in seiner ausführlichen Geschichte von Norwegen auch der Sirenen gedenkt, erwähnt unter andern des weltbekannten Kraken und der ungeheuren Meeresschlange, von welcher letztern später die Rede sein wird. Dieser Kraken ist wohl das fabelhafteste aller Meerungeheuer. Nach dem Berichte des würdigen Bischofs und einiger anderen Seefahrer soll er so groß sein, als eine kleine Insel, nur alle Jahre einmal aus der Tiefe des Meeres emportauchen, um seinen Fraß zu erhaschen, den er alsdann im Grunde des Wassers verdaue. Niemand kann ihn ganz übersehen; selbst die einzelnen Körpertheile lassen sich, wegen des ungeheuren Umfangs, den sie einnehmen, nicht deutlich unterscheiden. Von diesem Riesenwunder der Wasserwelt haben die Berichte der Reisenden lange Zeit geschwiegen, was auch der gesunde Menschenverstand sehr natürlich finden wird; doch erinnern wir uns, in einer neuern Reisebeschreibung wieder einmal ein Wort über ihn gelesen zu haben. Es war jedoch darin nur von einem ungeheuren Thiere überhaupt gesprochen, dessen undeutliche und riesenhafte Gestalt an die alte Fabel vom Kraken lebhaft erinnere.

Unsre erste Abbildung stellt zwei Phoken oder Seekühe vor, welche der berühmte Weltumsegler Georg Anson genau so beschreibt, wie sie hier vorgestellt sind. Das zur Rechten ist das Männchen, das zur Linken das Weibchen; der Anblick des erstern ist, wie man sieht, weit fürchterlicher. Diese Thiere sollen nach dem Berichte Anson's, eines sonst sehr verdienten Mannes, den Sommer im Meere und den Winter auf dem Lande zubringen, und auf dem letztern sich auch fortpflanzen. Der Anblick dieser Thiere soll zwar furchtbar, doch sollen sie sehr gutmüthig sein, den Menschen lieben und leicht zu allerlei Geschicklichkeiten abzurichten sein.

Ein anderes fabelhaftes Seethier ist das sogenannte Meereinhorn, dessen man noch in neuesten Zeiten in einigen Seeberichten gedacht hat, obgleich noch kein Seefahrer versichert, ein solches Thier mit eignen Augen gesehen zu haben. Wir wollen dem Leser nachstehendes Ereigniß mittheilen, welches den Gedanken an die Existenz eines solchen Seethiers neuerdings wieder rege gemacht hat. Es wurde nämlich im Jahre 1827 ein dreimastiges Schiff, das den Namen „le Robuste" führte, in dem Hafen von Havre ausgebessert, und man entdeckte bei dieser Arbeit das Ende eines Horns, welches in den Kiel eingedrungen war. Da nun dieses Schiff aus indischem Holz erbauet war, dessen Festigkeit und Härte so groß ist, daß es mit dem Namen Eisenholz bezeichnet hat, so ließ sich daraus auf die riesenhafte Größe und Stärke des Thieres schließen, dem dieses Horn angehört hatte. Es fand sich bei genauerer Untersuchung, daß dieses Horn seiner Gestalt nach große Ähnlichkeit mit einem Elephantenzahn hatte, der Masse nach jedoch dem Fischbein glich. Der Capitain des Schiffes erzählte nun, um diesen seltsamen Umstand zu erklären, einen Vorfall, der ihm auf einer seiner Reisen begegnet, allein fast schon seinem Gedächtniß entschwunden war. Es war in einer Nacht, bei besonders schönem Wetter, als das Schiff mit günstigem Winde in den Gewässern des Cap Horn segelte, die Mannschaft plötzlich durch einen so heftigen Stoß erweckt worden, daß man glaubte, das Fahrzeug sei auf eine Sandbank gelaufen. Man sprang sogleich ganz erschrocken auf das Verdeck, rannte nach den Pumpen, in der Meinung, das Schiff habe einen Leck bekommen, allein es ergab sich, daß auch nicht ein Tropfen Wasser eingedrungen war. Das Schiff segelte mit unverminderter Schnelligkeit fort, auch wußte der Capitain sehr wohl, daß es in diesen Gewässern durchaus keine Untiefen gibt, und konnte sich daher eine so ungewöhnliche Erscheinung nicht erklären, auch hatte ja der heftige Stoß keineswegs das Vordertheil des Schiffes, sondern vielmehr das Hintertheil getroffen. Da nun der Zahn des Seethiers in diesem Theile des Schiffes befindlich war, so schien wol Grund zu der Vermuthung zu sein, daß jener Stoß von einem solchen hergerührt und das riesenhafte Thier den Zahn abgebrochen habe, um sich wieder von dem Schiffe loszumachen.

Noch älter als die Sage von diesem Meereinhorn ist die von dem allbekannten geflügelten Drachen. Dieser sollte sich im rothen Meere aufhalten und zwar nicht sehr groß, jedoch von sehr seltsamer Gestalt sein. Man stellt ihn vor, wie unsere Abbildung zeigt, als eine kurze dicke Schlange mit zwei breiten und offenen Klauen, mit feinen und durchsichtigen Flügeln auf dem Rücken, fast so zart gebaut, wie Libellenflügel, von denen man nicht glauben sollte, daß sie im Stande wären, die Last des ungeheuren Thieres zu tragen. Frühere Reisende in Indien und Arabien wollen davon verschiedene Gattungen und auch gezähmte angetroffen haben, welche die Menschen in ihren Wohnungen besuchten und gelegentlich auch wol ihren geflügelten Rücken darboten, um sie von dem einen Ufer eines Sees oder Flusses zu dem andern hinüberzutragen. Man sieht sehr leicht, daß zu dieser Fabel die geflügelten Eidechsen und Fledermäuse, die oft eine beträchtliche Größe erreichen, Veranlassung gegeben haben.

Der Leser werfe nun einen Blick auf diese nachstehende Abbildung. Hier wird er ein anderes fabelhaftes Meerungeheuer finden, nämlich die Meerkrabbe oder den äthiopischen Krebs. Es hat mit seiner rechten Riesenklaue einen erwachsenen Mann gepackt. Der schon erwähnte Belon du Mans und ein anderer älterer Reisebeschreiber, Namens Loys de Barthême, versichern, daß dieses Ungeheuer sich in Äthiopien aufhalte. Sein größter Leckerbissen soll Menschenfleisch sein und er kriecht deshalb an den Ufern umher, um Menschen aufzusuchen. Er gräbt sich nämlich tief in den Sand hinein, so daß nur ein kleines Ende seines Kopfes hervorsieht; geht nun irgend ein unvorsichtiger Reisender vorüber, so schüttelt das Unthier die feuchte Sandschicht von sich und packt ihn mit seiner ungeheuern Scheere. Allein dieses gefährliche Thier soll noch einen mächtigern Feind haben, als es selbst ist; dies ist der Kribor, der dem Krebs auflauert, wenn er aus seinem Erdloch hervorkriecht, ihn mit den Klauen packt und durch die Lüfte führt, wie ebenfalls auf unserer Abbildung dargestellt ist. Dieser Kribor ist ein ganz eigenthümliches Ungeheuer. Pontoppidan und der Pater Fortin beschreiben ihn als eine Art von Drachen, mit einem Fischschwanz und Tigerflecken auf der

Der geflügelte Drache, der äthiopische Krebs und der Kribor.

Haut, welche aber so fettig und ölig ist, daß man sich seiner durchaus nicht bemächtigen kann. Der Krebs fürchtet diesen Feind sehr und läßt aus Furcht oft den schon gepackten Menschen wieder fahren, sobald er den Kribor kommen sieht.

Sehr lächerlich sind die Beschreibungen von den sogenannten Seemönchen und Seebischöfen, die einige Reisende in den nördlichen Meeren angetroffen haben wollen. Einen solchen Seemönch wollte man an der norwegischen Küste, kurz nach einem Sturme gefangen haben. Er hatte, bemerkt sein Beschreiber, ein menschliches Gesicht, das aber sehr ungeschickt und häßlich aussah. Der Kopf war kahl und auf den Schultern zeigte sich etwas, wie eine Mönchscapuze. Ganz fabelhaft und lächerlich klingt die Beschreibung des Seebischofs, wie sie der alte Meister Wilhelm Rondelet gibt in seinem dicken Buch, das „von den gesammten Fischen und Meerthieren" handelt, und ursprünglich in lateinischer Sprache geschrieben, im Jahre 1554 aber ins Französische übersetzt wurde.

(Beschluß in Nr. 203.)

Die Entwickelungsstufen des deutschen Volkes.

I.

Als vor 2000 Jahren die deutschen Völker aus dem Dunkel ihrer Heimat auf den Schauplatz der Geschichte traten, zeigten ihre gesellschaftlichen Einrichtungen, wie wir sie aus den Berichten der herrschenden Römer kennen, eine völlige Freiheit und Unabhängigkeit jedes Stammes; ihre Verfassung hatte sich großentheils aus dem Volke selbst entwickelt und war nicht durch die Macht eines Einzigen entstanden, sondern die Freiheit und Selbständigkeit der Theile hatte den Grund zur Unabhängigkeit des Ganzen gelegt. Von den ältesten Zeiten durch jene Übereinstimmung der Sprache und der Sitten verbunden, die auf gleichen Ursprung deutet, wurden sie erst später durch politische Einheit verknüpft; aus einzelnen Stämmen entstanden Völkerbünde, welche der gemeinsame Zweck, neue Wohnsitze zu erobern und sie gegen die Römer zu schützen, gestiftet hatte, die aber endlich durch die Schuld innerer Zwietracht zum Theil dem weltherrschenden Volke unterworfen wurden, bis später die überwiegende Macht eines germanischen Volkes ein Reich gründete, welches das erste umfassende politische Band um die deutschen Stämme schlang. Als es sich bald wieder aufgelöst hatte, entstand durch Theilungen nach den natürlichen Völkergrenzen ein deutsches Reich, dem der Kampf der Großen gegen die Einzelherrschaft die Form eines Wahlreichs gab, in welchem im Laufe der Jahrhunderte, sowol durch die eigenthümliche Entwickelung der deutschen Völkerstämme als durch die Verhältnisse des europäischen Staatenvereins begünstigt, die selbständige Macht der einzelnen Völker und ihrer Fürsten sich befestigte, bis das lockere Band der politischen Einheit zerriß und Deutschland als freier Staatenbund sich ausbildete.

So lange wir die germanischen Völker in der Geschichte kennen, waren sie fast immer wandernd, bis sie im 6. Jahrhunderte feste Sitze gewonnen hatten. Ihr Stammland war wahrscheinlich die Küste des schwarzen Meeres, die sie in einzelnen Stämmen verließen, um westlich zu ziehen. Diese Wanderungen wurden seit den ältesten Zeiten durch die Bewegungen nomadischer Horden in den asiatischen Steppenländern veranlaßt. Die östlich wohnenden Stämme warfen sich auf die an den Grenzflüssen angesiedelten Völker und drängten sie nach Europa. So erhielt das mittlere und nördliche Europa schon früh seine Bewohner, welche von den beständig nachrückenden asiatischen Horden an die Grenze des römischen Reichs getrieben wurden. Auch die deutschen Völkerstämme, die durch ihre physische Beschaffenheit, ihre Sitten und selbst ihre Sprache die Verwandtschaft mit den Stämmen, die man noch in Hochasien findet, deutlich verrathen, kamen auf diesem Wege nach Europa. Die Zeit der Einwanderung liegt über die geschichtliche Kunde hinaus, und zu der Zeit, wo sie, mit den Römern sich berührend, in der Geschichte auftreten, finden wir sie in ihren europäischen Sitzen schon einheimisch als Urbewohner, über den Zustand roher Jäger- und Hirtenvölker hinaus, zum Theil schon mit den gesellschaftlichen Einrichtungen seßhafter Völker bekannt. Von den frühern Wanderungen der deutschen Völker haben wir nur unsichere Nachrichten. Ein Zug deutscher Stämme, Kimbern und Teutonen genannt, richtete sich 114 Jahre vor Christus zwischen Rhein und Donau gegen Italien und Gallien und verlangte Wohnsitze im römischen Reiche, scheiterte aber an der Kriegserfahrenheit des römischen Feldherrn Cajus Marius. Wie diese Wanderung, hatten auch spätere Völkerzüge ihren Grund in dem Drange, sich jenseit des Rheins und der Donau anzusiedeln. Oft waren es nur Abtheilungen wehrhafter Männer, wiewol auch mit ihnen Weiber und anderes Gefolge vereinigt gewesen sein mögen; oft aber brachen ganze Völker mit ihrer beweglichen Habe auf, aber auch in diesen Fällen blieben kleine Überreste zurück, die sich später unter neuen Einwanderern verloren.

Seit dem Kriege gegen die Kimbern und Teutonen wurden die deutschen Völker den Römern wichtig und die römischen Geschichtschreiber geben uns die Namen vieler Stämme, von welchen einige noch jetzt in ihren alten Sitzen vorkommen, wie die Friesen, deren Wohnsitz immer unverändert geblieben ist. Schon in den ältesten Zeiten aber traten einzelne Stämme in Bundesgenossenschaften, um sich gegen die Völker, an deren Grenzen sie rückten, wie gegen die nachziehenden Stammverwandten zu schützen, wobei jedoch die innern Verhältnisse der einzelnen Volksgemeinden unter der Leitung ihrer Ältesten unverändert blieben. Die Römer, schon früh mit den Wohnsitzen der deutschen Hauptstämme am Rhein und der Donau bis hinauf zu den Küsten der Nordsee bekannt, gaben ihnen den Namen Germanen, den wahrscheinlich diese Völker sich selbst beilegten, und der in ihrer Sprache Wehrmänner, Kriegsleute, Waffengenossen bedeutete, doch mag der ursprüngliche Eigenname Deutsche gewesen sein, von Theud oder Thiod, das in allen germanischen Sprachen Volk heißt.

Die angesiedelten Völkerstämme in Innern Deutschlands kamen seit dem Kriegszuge der Kimbern und Teutonen in nähere Verbindung. Die Bewegungen gegen das westliche Europa dauerten fort, und schon 25 Jahre nachher begann eine Wanderung aus dem obern Deutschland nach Gallien, dessen südlicher Theil bereits den Römern unterworfen war. Der Führer des Zuges war Ariovist, der Häuptling eines Stammes der Markmannen, eines südwestlichen Grenzvolkes vom suevischen Stamme, und es hatten sich tapfere Kriegsgefährten ihm angeschlossen, die eine Ansiedelung in Gallien gründen wollten. Er nahm in dem Gebiete, das er besetzte, ein Drittheil der besten Ländereien, um seine Waffengenossen damit zu belohnen. Julius Cäsar, der Befehlshaber im römischen Gallien, kam durch diese Bewegung in Berührung mit den deutschen Völkern, und als er (58 Jahre v. Chr.) Ariovist besiegt und bald nachher ganz Gallien unterworfen hatte, bedrohte er sie und die verbündeten belgischen Germanen jenseit und diesseit des Rheins, ohne jedoch dauernde Eroberungen auf dem rechten Rheinufer zu machen. Die deutsche Welt wurde den Römern aufgeschlossen, und schon jetzt traten deutsche Kriegsvölker, besonders Reiter, als Söldner unter Roms Legionen, mit welchen sie die Unterjochung Galliens vollendeten und auf den Ebenen von Pharsalus für Cäsar kämpften. Auch hatten schon Germanen vom rechten und linken Rheinufer als Soldkrieger gegeneinander gefochten und Octavian's erste Leibwache bestand aus deutschen Kriegern. Unter den germanischen Völkern traten nun drei Hauptstämme hervor, die Marsen, welchen alle Stämme auf dem linken Ufer des Rheins angehörten, die Ingävonen, ursprünglich alle Völker vom Rhein aufwärts längs der Nordseeküste, und die später eingewanderten Sueven oder Hermionen, durch deren Vorrücken nach dem Rhein Deutschland die Gestalt erhielt, die es zu Cäsar's Zeit hatte. Wie das Landeigenthum immer die Grundlage der deutschen Verfassung war und alle Stämme schon in jener Zeit Ackerbau trieben, so hatten auch die eroberten suevischen Völkerstämme schon Landbau, doch keinen erblichen Landbesitz; sie arbeiteten abwechselnd alle für die gemeinsame Erhaltung und alle widmeten sich auf gleiche Weise den Waffenübungen wie dem Feldbau. Sie unterschieden sich hauptsächlich dadurch von den niederrheinischen Germanen, die schon früher feste Sitze gewonnen und erblichen Landbesitz erlangt hatten, wodurch die Kriegsverfassung bei ihnen eine andere Gestalt erhielt. Der feste Landbesitz machte es dem freien Manne zur Pflicht, mit der Landwehr auszuziehen, wogegen in dem gesellschaftlichen Zustande, in welchem die suevischen Völker lebten, der freie Mann mit seiner Waffe das Recht hatte, seinen Antheil von dem Lande zu nehmen. Wahrscheinlich waren alle deutschen Völker auf ihren Wanderungen vom schwarzen

Meere bis an den Rhein ursprünglich in derselben Verfassung, ehe die voranziehenden Haufen allmälig in festen Sitzen sich angesiedelt hatten. Cäsar besiegte, 50 Jahre v. Chr., die belgischen Germanen und als Octavian die Alpenvölker unterworfen hatte und die Römer an beide Hauptströme, den Rhein und die Donau, vordrangen, wurde die Freiheit der Völker immer mehr bedroht. Zu Anfange der christlichen Zeitrechnung rückte Drusus bis an die untere Elbe, ohne sie jedoch zu überschreiten, weil auf dem rechten Ufer Scharen suevischer Völker in drohender Stellung standen. Das Land zwischen Rhein und Elbe wurde schon als römisches Gebiet betrachtet und die Römer hofften durch Entzweiung und Trennung der Völker die Unterjochung Germaniens zu vollenden. Da erhob sich der Markmannenfürst, Marbod, der seinen Sitz von den südlichen Grenzen in das Innere Deutschlands, das heutige Böhmen, verlegte, und an der Spitze eines zahlreichen streitbaren Gefolges wollte er die suevischen Völker von der Donau bis in das mittlere Deutschland vereinigen; aber dieser erste Versuch, Deutschland zur politischen Einheit zu bringen, war nicht auf die Stiftung eines neuen Völkerbundes, sondern auf die Gründung eines Reiches gerichtet, und als die Römer dem mächtigen Fürsten einen günstigen Frieden anboten, blieb er unthätig, während seine Stammgenossen im nördlichen Deutschland immer tiefer in Abhängigkeit sanken. Die Freiheit des gemeinsamen Vaterlandes aber erstrebte Herman, der Sohn des Fürsten der Cherusker, als die Römer das Volk immer mehr drückten und selbst seine alten Gesetze und Gewohnheiten durch römische Verwaltungsformen verdrängen wollten. An der Spitze der Cherusker, eines schon lange zwischen der Elbe und Weser seßhaften Stammes, und im Einverständnisse mit den Nachbarvölkern, unter welchen besonders die Katten (Hessen) mächtig waren, wagte er den Kampf, und der Sieg im teutoburger Walde (10 Jahre n. Chr.) rettete Deutschlands Freiheit. Er wollte einen freien Völkerverein, aber die Häupter der Stämme waren uneinig und der mächtige Cheruskerbund wurde mehr durch die Zwietracht der Völker als durch Roms Waffen gebrochen. Der Aufstand des Batavers Claudius Civilis (69 Jahre n. Chr.), dem norddeutsche Völker, durch die verehrte Wahrsagerin Velleda ermuntert, sich anschlossen, hatte keinen glücklichen Erfolg für Deutschlands Unabhängigkeit. Die Römer begnügten sich, die Rheingrenze zu sichern und untergruben von innen die Kraft des Volkes. Erwachte auch unter einigen Völkern die alte Liebe zur Freiheit, so wußten doch die Römer die Bildung größerer Bündnisse zwischen den Völkern am Rhein und an der Donau zu verhindern und die deutschen Stämme durch sich selbst zu schwächen, um die Gefahr von den Grenzen abzuhalten.

(Fortsetzung folgt in Nr. 203.)

Schreibmaterialien.

Die Erfindung des Papiers war für die gebildete Welt von großer Wichtigkeit. Unsere Schreibmaterialien, die wir dem 14. Jahrhundert verdanken, waren eine bedeutende Verbesserung der früheren, nicht minder wichtig als selbst die Erfindung der Buchdruckerkunst. Die Literatur war in tieferen Verfall gerathen, als früher durch die Einfälle der nordischen Völker in die Länder der gebildeten Römerwelt, und die Gewohnheit, die Geisteswerke des Alterthums aus Büchern auszukratzen, um sie mit Wundergeschichten und unbedeutenden Chroniken auszufüllen, ward immer häufiger. Wie die Großen Italiens im Mittelalter die schönen Denkmäler des alten Roms zerstörten, um Baustoffe für ihre armseligen Wohnungen zu gewinnen, so war man überall geschäftig, die Schätze zu vernichten, die man nicht zu würdigen verstand, und würde sie bald gänzlich zerstört haben, wenn nicht die Erfindung des Papiers dem Übel abgeholfen hätte.

In den ältesten Zeiten konnte man nur bei wichtigen Gelegenheiten schreiben, da man die Schrift nur auf Felsen, Steinplatten oder Metalltafeln graben konnte. So sollen die Werke Hesiod's zuerst auf Bleitafeln geschrieben sein, und noch findet man in Indien alte Urkunden auf große Kupfertafeln geschrieben. Die mit Inschriften versehenen Felsen im nördlichen Europa zeigen uns, daß es noch im 9. und 10. Jahrhundert gewöhnlich war, auf diese Weise Nachrichten aufzubewahren. Sehr wahrscheinlich bediente man sich in den ältesten Zeiten der Holztafeln zum Schreiben, wie sie bei den Griechen und Römern gebräuchlich waren. Sie wurden oft mit Wachs überzogen, um die Arbeit zu erleichtern. Solche Schrift aber konnte leicht verwischt werden, und sie diente daher nur zu zeitlichen Zwecken, nicht zu dauernden Urkunden. War ein Irrthum in der Schrift vorgefallen, so wurde das Wachs mit dem flachen Ende des Metallstiftes, der zum Schreiben diente, wieder abgeglättet. Wahrscheinlich wurde der weiße Wachsüberzug mit einem schwarzen Färbestoffe überstrichen, um die Schrift sichtbarer zu machen.

Baumblätter wurden früh von den Ägyptern und auch wol von den Griechen gebraucht; noch bis vor wenigen Jahrhunderten schrieben die Indier darauf, und auch in unsern Tagen sind Bücher von Baumblättern nicht ungewöhnlich in Süd-Indien und in Ceylon. Die Blätter einiger in Asien einheimischen Bäume sind wegen ihrer Größe und Glätte so gut zu Büchern geeignet, daß das europäische Papier den alten Gebrauch noch nicht ganz verdrängt hat. Die innere Rinde der Bäume wurde schon in den ältesten Zeiten benutzt, und der römische Name für Buch — liber, Rinde — scheint darauf zu deuten, daß der Gebrauch derselben so alt war als die Kunst des Schreibens selbst. Die Rinde war in einer Hinsicht dem Blatte vorzuziehen, da sie zusammengerollt werden konnte, was bei dem Blatte nicht möglich war, ohne es zu zerbrechen. Das unter den mexicanischen Alterthümern häufig vorkommende Schreibmaterial aus den Fasern einer Aloeart*) (Agave) mit einem Überzuge von Talkerde gehört auch hierher.

Leinwand wurde zuweilen gebraucht. In den ägyptischen Mumiensärgen findet man nicht selten Handschriften auf Leinwand. Die Chinesen gebrauchten vor der Erfindung des Papiers Seide und Baumwollenzeug. Der Gebrauch solcher Stoffe mußte zu einer Veränderung in der Art des Schreibens führen. Auf alle andern erwähnten Stoffe wurde die Schrift gegraben, nicht geschrieben, um aber auf Leinwand zu schreiben, war ein flüssiger färbender Stoff nöthig, der getrocknet werden und eine dauernde Spur zurücklassen konnte. Dies führte zu der Erfindung von Feder und Tinte. Die erste Tinte bestand wahrscheinlich aus Lampenruß mit Gummiwasser. Tinte dieser Art konnte nicht so flüssig sein, als die unsrige, und taugte daher weniger zum schnellen Schreiben, wogegen sie den Vortheil einer unveränderlichen Farbe hatte. Dieser Vortheil erscheint in den zu Herculanum ausgegrabenen

*) Vergl. Pfennig-Magazin Nr. 52.

Handschriften, welche, obgleich verkohlt und seit Jahrhunderten vergraben, doch noch lesbar sind, da die Tinte gleichsam erhöht auf der Oberfläche sich zeigt. Das unserer Feder entsprechende Werkzeug zum Schreiben war das in mehren Gegenden des Morgenlandes häufig wachsende Rohr. Es wurde wie eine Feder zugeschnitten, und noch immer wird es bei denjenigen Völkern gebraucht, die mit arabischen Buchstaben schreiben. Die Chinesen bedienen sich zum Schreiben ihrer Schrift eines Pinsels von Kameelhaaren, der senkrecht in der Hand gehalten wird, und obgleich mit dieser Art zu schreiben Schnelligkeit nicht vereinbar zu sein scheint, so schreiben doch die Chinesen schneller als es Europäer selten vermögen.

Der Gänsekiel scheint um das 7. Jahrhundert zuerst in Gebrauch gekommen zu sein. Die Feder hat den Vorzug vor dem Rohre, daß sie feiner und dauerhafter ist. Es gibt Beispiele, daß eine Feder mehre Jahre ausgehalten hat. Der gelehrte Leo Allatius gebrauchte eine Feder vierzig Jahre lang, und verlor sie, ohne daß sie unbrauchbar geworden war, durch einen schmerzlich von ihm beklagten Zufall.

Auf Thierhäute wurde schon in sehr früher Zeit geschrieben, und sie wurden ohne Zweifel dazu benutzt, sobald man die Mittel gefunden hatte, sie gegen Verderben zu bewahren. Die sehr alten Abschriften der biblischen Bücher, welche die Juden in Cochin besitzen, sollen von Leder sein. Es versteht sich, daß man diese Häute so weiß als möglich machte, damit sie die Tinte annahmen und sichtbar werden ließen. So war der Schritt zur Erfindung des Pergaments gethan. Es soll 300 Jahre vor Christus erfunden worden sein, und hatte mit dem Papyrus, das um dieselbe Zeit aus Ägypten kam, einen wohlthätigen Einfluß auf die Verbreitung der Literatur. Seine Weiße, Stärke und Größe geben ihm einen Vorzug vor jedem andern Schreibstoffe, und seiner Dauerhaftigkeit verdanken wir es vorzüglich, daß die Denkmale alterthümlicher Wissenschaft auf unsere Zeit gekommen sind. Selbst in unsern Tagen wird, trotz allen Verbesserungen der Papiermacherkunst, das Pergament bei wichtigen Urkunden dem Papiere vorgezogen. Das ägyptische Papier von der Papyruspflanze*) war lange Zeit ebenso sehr im Gebrauch als das Pergament. Es war etwas ganz Anderes als was wir Papier nennen, nämlich die innere, mittels eines scharfen Werkzeuges von der Pflanze getrennte Haut, die in Lagen zusammengeklebt wurde, bis sie die erforderliche Stärke und Größe erlangt hatte, worauf sie gepreßt und geglättet wurde. Diese Art von Papier wurde gleichzeitig mit dem Pergament gebraucht, bis das neuere Papier aufkam. Die herculanischen Schriftrollen sind von Papyrus. Man kennt keine andere Schrift von gleichem Alter, obgleich wir einige unbezweifelte Überreste von altägyptischem Papyrus haben; es ist jedoch zu bemerken, daß viele angeblich auf Papyrus geschriebene Handschriften aus Baumwollenpapier bestehen.

Im 9. Jahrhundert kam das eigentliche Papier nach Europa. Schon früher hatte man, und zwar im ersten christlichen Jahrhundert, in China Papier aus der innern Substanz des Bambusrohres, zuweilen auch des Maulbeerbaums oder auch aus Baumwolle verfertigt. Um die Mitte des 7. Jahrhunderts ward es in Samarkand bereitet, oder vielleicht war diese Stadt die einzige Niederlage von chinesischem Papier, wie von andern chinesischen Erzeugnissen, welche die Araber in das Abendland brachten. Es scheint gewiß zu sein, daß

—————
*) Vergl. Pfennig-Magazin Nr. 88.

um das Jahr 716 Baumwollenpapier in Mekka bereitet wurde, woher es die Griechen nach Konstantinopel brachten. Das Baumwollenpapier verdrängte alle andern Schreibstoffe aus dem gewöhnlichen Gebrauche. Es hatte eine gute Farbe, wurde sehr dick gemacht, und mit einem Zahn oder harten Stein geglättet, bis es glatt wie Pergament wurde. Die Griechen sollen es in Europa und zwar zuerst über Venedig in Italien eingeführt haben. Wahrscheinlich ward es schon im 11. Jahrhundert von den Arabern in Spanien verfertigt, wo die ersten Papiermühlen entstanden. Urkunden auf Baumwollenpapier aus dem 8. Jahrhundert gibt es in Italien und viele in Deutschland aus dem 9. und 10. In Frankreich und Spanien kam es zu Anfange des 11. Jahrhunderts in allgemeinen Gebrauch. Doch muß man sich erinnern, daß die Handschriften, auf welche diese Angaben sich stützen, keinen sichern Beweis für die Einführung des Papiers geben, da es nicht wahrscheinlich ist, daß die ersten Urkunden auf uns gekommen sind; viele mögen untergegangen, andere noch unbekannt sein und auf der andern Seite sind wol mehre, die einer bestimmten Zeit zugeschrieben werden, blos Abschriften früherer. Die älteste Urkunde auf Baumwollenpapier in England ist aus der Mitte des 11. Jahrhunderts.

Baumwollenpapier war, wie es scheint, in ganz Europa bis zu Ende des 13. Jahrhunderts verbreitet, wo das Linnenpapier, wie wir es jetzt kennen, erfunden wurde. Einige haben diese Erfindung zwar bis ins 12. Jahrhundert hinaufgerückt, doch scheint es, daß man Linnenpapier mit Baumwollenpapier verwechselt habe. Die ältesten Überreste von Linnenpapier sind dem Baumwollenpapier so ähnlich, daß es genaue Bekanntschaft mit den Eigenheiten beiden Arten erfodert, um sie zu unterscheiden. Ehe das Linnenpapier als eine verschiedene Art in Gebrauch kam, wurden wahrscheinlich Linnenlumpen mit der Baumwolle vermischt, und da diese Mischung das Papier verbesserte, so wurde das Verhältniß des Linnens immer überwiegender, bis es endlich allein gebraucht wurde. Die ältesten Urkunden auf reinem Linnenpapier sind aus der ersten Zeit des 14. Jahrhunderts und vor dem Ende desselben kommen sie in England, Frankreich, Spanien, Italien und Deutschland häufig vor. Die Bereitung des Linnenpapiers aber verbreitete sich nur langsam, obgleich es bald in allen Theilen Europas in Gebrauch kam. Die ersten Fabriken gab es wahrscheinlich in Spanien und Italien. In Spanien mußten die Araber leicht auf den Gedanken kommen, Linnenlumpen zu gebrauchen, da die Baumwolle dort selten war, Flachs aber häufig angebaut wurde. Im Jahre 1366 erhielt die Stadt Treviso in ausschließendes Recht, Linnenpapier zu verfertigen. In England kam diese Fabrikation spät auf, obgleich Linnenpapier schon im 14. Jahrhundert gewöhnlich war. Erst zu Ende des 16. Jahrhunderts wurde die erste Papiermühle durch einen Deutschen zu Dartford in der Grafschaft Kent angelegt. Lange versorgten Frankreich und Genua fast ausschließend das übrige Europa mit den neuern Papierarten, bis es endlich den Holländern, ungeachtet es ihnen an Lumpen und gutem Wasser fehlte, gelang, den ersten Rang in der Papierfabrikation zu behaupten. Noch immer sind die holländischen Papiere vorzüglich, aber auch die englischen und französischen sind in neuern Zeiten zu hoher Vollkommenheit gelangt und das englische Velinpapier von starker, weißer und sehr gleichförmiger Masse ist zum Zeichnen allem andern vorzuziehen. Die Erfindung, Papier in jeder beliebigen Länge, Breite und Stärke zu verfertigen, und nicht wie gewöhnlich, in einzelnen Bogen aus dem Brei zu schöpfen, wurde 1801 von dem französischen Buchdrucker Franz Ambrosius Didot gemacht und in England weiter ausgebildet.

Walhalla.

Schon als Kronprinz faßte der König Ludwig von Baiern den Entschluß, dem Ruhme großer Deutschen ein Denkmal zu weihen, und nach mehrjährigen Vorbereitungen ward am 18. October 1830 auf einem Berge unweit des Dorfes Donaustauf, anderthalb Stunden von Regensburg, der Grundstein des Tempels gelegt, der die Büsten der gefeierten deutschen Männer und Frauen aufnehmen soll. Die Lage mitten in dem großen Donauthale ist sehr glücklich gewählt. Der Berg erhebt sich steil am Ufer der Donau und ist von einem schönen Gebirgskranze umgeben, der mit Eichen und Fichten bewaldet ist. Auf einem dieser Berge sieht man die Trümmer der Burg Stauffen. Von der Stromseite sollen Stufen zu dem Tempel führen, dem man sich von der andern Seite auf einem durch den Eichenwald sich windenden Pfade nähert. Der Tempel ist im dorischen Styl und in großartigen Verhältnissen ganz von weißgrauem Marmor gebaut, dem Parthenon zu Athen nicht unähnlich, 70 Fuß hoch, 100 Fuß breit, und 300 Fuß tief; die 52 äußern Säulen aber, die den vordern Giebel tragen und eine Halle bilden, und die Verzierungen des Innern sind von feinerm baierischen Marmor. Den Plan des Gebäudes hat der berühmte Architekt Klenze entworfen. Das hintere Giebelfeld enthält eine Darstellung der Hermansschlacht, das vordere eine allegorische Darstellung Deutschlands. Das Innere bildet ein längliches Viereck, dessen schön geschmückte Wände oben mit einem um den ganzen Saal laufenden Fries geziert sind, welches die Wanderungen, religiösen Gebräuche, Sitten und Kriegsgewohnheiten der alten Deutschen darstellt. Unter diesem durch Pilaster von rothem Marmor abgetheilten Fries werden die Hermenbüsten der Männer und Frauen aufgestellt, deren Andenken der Tempel geweiht ist. Es ist Raum für 140 Plätze, und bis jetzt sind 90 Büsten fertig. Im Erdgeschosse des Tempels befindet sich eine Halle, in welcher die Büsten ausgezeichneter Lebenden aufgestellt werden, um nach ihrem Tode in den Ehrentempel zu kommen. In einem andern Raume sollen die Lebensbeschreibungen der im Tempel Gefeierten aufbewahrt werden. Der Bau ist aber noch nicht in allen Theilen nach dem Entwurfe vollendet.

Verantwortlicher Herausgeber: Friedrich Brockhaus. — Druck und Verlag von F. A. Brockhaus in Leipzig.

Das Pfennig-Magazin
für Verbreitung gemeinnütziger Kenntnisse.

203.] Erscheint jeden Sonnabend. **[Februar 18, 1837.**

Galerie der deutschen Bundesfürsten.
V.

Wilhelm IV., König von Großbritannien, Irland und Hanover.

Wilhelm IV. (Heinrich), König von Großbritannien, Irland und Hanover, ist der dritte Sohn des Königs Georg III. und am 21. August 1765 geboren. Schon in früher Jugend zeigte der Prinz eine ungemeine geistige Regsamkeit, und da er, nach seines Vaters ausdrücklicher Verfügung, zur See von unten auf dienen und blos nach Verdienst und Jahren aufrücken sollte, so trat er schon 1778 als Seecadet ein und brachte die Zeit, wo er als solcher diente, in Westindien, Neuschottland und Canada zu, rückte nach der gewöhnlichen Weise auf und commandirte mehre Jahre eine Fregatte. Nachdem er 1789 den Titel als Herzog von Clarence und St.-Andrews erhalten, und darauf seinen Sitz im Oberhause eingenommen hatte, wurde er 1790 Contreadmiral, erhielt aber, ungeachtet seiner Tapferkeit und genauen Kenntniß der Seetaktik, wovon er mehre Beweise gegeben, nicht die Erlaubniß, am Kriege gegen Frankreich Theil zu nehmen.

Um jene Zeit lernte er in London die schöne und kunstgewandte Schauspielerin Dora Jordan, eine Irländerin, kennen. Sie war etwa drei Jahre älter als der Herzog, lebte mit dem Advocaten Ford, dem Sohne des Eigenthümers des Drurylanetheaters, bei welchem sie angestellt war, in einer vertrauten Verbindung und hatte demselben auch mehre Kinder geboren. Als der Herzog ihr seine Liebe gestanden, foderte sie den Vater ihrer Kinder auf, sie zu ehelichen, und da dieser nicht sofort einwilligte, schloß sie ihre Verbindung mit dem Herzoge. Sie lebte mit demselben meist auf seinem Landsitze Bushy Park, unweit London, in den glücklichsten Verhältnissen und gebar ihm zehn Kinder, von denen noch vier Söhne und drei Töchter leben. Als Gattin und Mutter ihre Pflichten treu erfüllend und durch musterhaftes Betragen ausgezeichnet, empfing sie von den sämmtlichen Mitgliedern der königlichen Familie Beweise der Achtung, die ihrem Verhältnisse mit dem Herzog von Clarence gewissermaßen eine öffentliche Anerkennung gaben. Um so mehr mußte es auffallen, als nach 20 Jahren (1811) die Trennung dieser Verbindung erfolgte. Dora Jordan erhielt ein Jahrgeld, kehrte zur Bühne zurück und als sie 1815 durch die Bürgschaft für einen Bekannten in Verlegenheit gerieth, flüchtete sie nach Frankreich, wo sie im Juni 1815 zu St.-Cloud in großer Bedrängniß starb.

Der Herzog vermählte sich am 11. Juli 1818 mit der Prinzessin Adelaide von Sachsen=Meiningen, geboren am 13. August 1792, und lebte eine Zeit lang, bis 1819, zu Hanover. Die Würde als Großadmiral erhielt er 1827 und zeigte sich in jeder Beziehung derselben würdig, aber schon 1828 legte er dieselbe wegen des gespannten Verhältnisses, in welchem er mit dem damaligen Premierminister, Herzoge von Wellington, lebte, nieder.

Er wurde freudig begrüßt, als er am 26. Juni 1830 den durch den Tod seines Bruders Georg IV. erledigten Thron bestieg, und nachdem er die einflußreichsten Männer der Whigpartei an die Spitze der Verwaltung gestellt hatte, erwarb er seiner Regierung den großen Ruhm, die lange von den aufgeklärtesten Männern des Landes verlangte Verbesserung des Wahlgesetzes, die sogenannte Parlamentsreform, bewirkt zu haben.

Im Königreiche Hanover ernannte der König 1831 seinen Bruder, Adolfus Frederic, Herzog von Cambridge, geboren am 24. Februar 1774, zum Vicekönig, der bereits seit 1816 Generalstatthalter in Hanover gewesen war und seit 1818 mit der Prinzessin Auguste von Hessen=Kassel, geboren am 25. Juli 1797, vermählt ist. Aus ihrer Ehe leben: 1) Friedrich Wilhelm Karl Georg, geboren am 26. März 1819; 2) Auguste, geboren 1822, und 3) Maria, geboren 1833.

Muthmaßliche Thronerbin des britischen Reichs ist die Prinzessin Alexandrine Victorie, geboren am 24. Mai 1819, eine Tochter des jüngern Bruders des Königs, des am 23. Januar 1820 verstorbenen Herzogs von Kent, Eduard August, und dessen Gemahlin Victorie, geboren am 17. August 1786, verwitwete Fürstin Emich von Leiningen, geborene Prinzessin von Sachsen=Koburg.

Präsumtiver Thronerbe im Königreiche Hanover, wo keine weibliche Nachfolge stattfindet, ist des Königs ältester noch lebender Bruder, der Herzog von Cumberland, August Ernst, geboren am 5. Juni 1771, vermählt seit 1815 mit Friederike, Prinzessin von Mecklenburg=Strelitz, geboren am 2. März 1778, verwitweten Fürstin Solms. Der einzige Sohn aus dieser Ehe und einstiger Thronerbe in Hanover ist der Prinz Friedrich Alexander Karl Ernst August Georg, geboren am 27. Mai 1819, der aber seit einigen Jahren erblindet ist.

Außer dem Herzoge von Cumberland und dem Herzoge von Cambridge leben noch von des Königs Geschwistern ein Bruder, der Herzog von Sussex, August Friedrich, geboren am 27. Januar 1773, dessen Kinder aus seiner 1801 für nichtig erklärten Ehe mit der Lady Auguste Murray, der Rechte und des Titels britischer Prinzen entbehren, und vier Schwestern: Auguste, geboren 1768; Elisabeth, verwitwete Landgräfin von Hessen=Homburg, geboren 1770; Maria, die Witwe des Herzogs von Gloucester, geboren 1776; und Sophie, geboren 1777.

Die Entwickelungsstufen des deutschen Volkes.
(Fortsetzung aus Nr. 202.)

I.

Werfen wir nun einen Blick auf die gesellschaftlichen Einrichtungen der deutschen Völker, wie sie bis zu Ende des ersten Jahrhunderts sich ausgebildet hatten. Wir finden hier die Keime der spätern Volksverfassung. Die Linie vom schwarzen bis zum deutschen Meere, längs der Donau und des Rheins, war die feste Scheidewand des Römerreiches und der Barbarenwelt in Europa. Am Rhein aber hatten die Römer Vorplätze zu der Befestigungslinie gezogen, um den Übergang auf das deutsche Gebiet zu erleichtern. In diesen Grenzmarken ließen allerlei Auswanderer sich nieder. Später wurde diese Befestigungslinie verstärkt, von welcher man noch Spuren vom Main bis an die Donau sieht. Diese fruchtbaren Grenzmarken gaben den Römern manche auch in Italien willkommne Erzeugnisse, und die Haupthandelsstraße, die nach der römischen Colonie Augusta Vindelicorum (Augsburg) ging, wurde von deutschen Binnenvölkern besucht, die Pelzwerk, Gänse, blonde Menschenhaare zu Perrücken für die römischen Stutzer, und Wolle ausführten. Getreide trug von jeher Deutschlands Boden. Das Wild der Wälder war von ungeheurer Größe, aber das Zugvieh wenig ansehnlich. Vieh war das Tauschmittel und Metallgeld lernten die vordern Stämme erst durch die Gallier und Römer kennen. Bei den Deutschen war noch kein vorherrschender Stamm; aber in den bereits genannten Hauptmassen, den Sueven und den niederrheinischen Germanen, war schon der Anfang gemacht, größere Genossenschaften mit gleichen Rechten zu gründen. Bei aller Verschiedenheit hinsichtlich des Landbesitzes, hatten beide dieselbe innere Verfassung, nur war bei den Sueven das Erobern vorherrschend, bei den Niedergermanen die Wehrverfassung, der Anfang fester Staaten. Die kriegerische Neigung des Volkes war der Ausbildung von Kunstfertigkeiten zwar ungünstig und das rauhe Klima ihr hinderlich, aber seine gesellschaftlichen Einrichtungen zeigten, so wenig als seine Sitten, Spuren von Roheit und Wildheit. Die Verfassung war überall, bei Sueven und Niedergermanen, auf die Freiheit einer herrschenden Volksgemeinde gegründet. Schon die ältesten Einwanderer mögen aus Volksgemeinden bestanden haben, bei welchen Unfreiheit unbekannt oder doch selten war. Der Anbau des Landes war ursprünglich durch einzelne Bewohner betrieben worden, welche durch die gemeinschaftliche Benutzung des Bodens in Markgenossenschaften vereinigt waren und nach Stammverwandtschaft größere Gemeinden bildeten, deren Wohnbezirke Gaue hießen. Die Versammlung einer solchen Gemeinde war der Mittelpunkt der Volksangelegenheiten, und Gesetzgebung, Rechtspflege, Krieg und Frieden lagen in ihrer Hand. Nur die Theilnahme an dieser Volksgemeinde gab Freiheit und die Fähigkeit, Rechte auszuüben. Für Friedenszeiten bestand eine eigene Obrigkeit, die bei den meisten Völkern Graf, Grave oder Ältester genannt wurde und während der Zeit, wo die Gemeinde nicht versammelt war, mit einem Ausschusse von freien Männern das Richteramt verwaltete. Ausgezeichnete Würden oder die Verdienste der Väter erwarben auch den Söhnen Ehrenvorzüge, aber obgleich man solche berühmte Geschlechter bei der Verleihung von obrigkeitlichen Würden nicht leicht überging, so gab es doch keinen Erbadel in der spätern Bedeutung, keinen bevorrechteten Stand, da die obrigkeitlichen Würden nur durch Wahl verliehen wurden.

Bei den meisten Völkern gehörten zu der Volksgemeinde nur die Freien, neben welchen, als ihre Schützlinge, Unfreie wohnten. Unfreiheit war bei den Deutschen stets die Folge der Eroberung, durch welche ein Volk seine Wohnsitze gewonnen hatte. Zuweilen wurde das ganze Land ein Eigenthum der Sieger und diejenigen, die nicht auswanderten, wurden Hörige der Herren, welchen ihr Land zufiel, und in der freien Volksgemeinde von ihren Gebietern vertreten, deren Ländereien sie anbauen mußten; oft aber wurden die Besiegten nur gezwungen, einen Theil ihres Landes abzutreten, dessen Besitzer dann gleichfalls Eigene werden mußten, wenn sie den Besitz behalten wollten, während die Übrigen dem Fürsten oder den Edlen des erobernden Volkes eine Abgabe von dem Lande bezahlten, das ihr Eigenthum blieb. Die meisten Eroberungen wurden durch einzelne Edle mit ihrem Dienstgefolge gemacht, in welches freie Leute ohne Verlust ihrer Freiheit eintraten, indem sie sich verpflichteten, im Frieden ihrem Herrn Ehrendienste zu leisten und im Kriege als seine vertrauten Waffengefährten ihn zu begleiten. Dieses Gefolgewesen hatte auf die Entwickelung des deutschen Volkes einen wichtigen Einfluß und mehre germanische Völker entstanden aus solchen Dienstgefolgen, die einen Edlen auf Kriegszügen begleitet hatten und durch Abenteurer aus verwandten oder entfernten Stämmen verstärkt, zu Volksgemeinden angewachsen waren. Bei Völkern, die sich auf diese Weise gebildet hatten, gab es außer der Volksgemeinde die höhere Gewalt eines Fürsten, der zwar die Rechte eines Dienstherrn über sein Gefolge ausübte, und daher die Entscheidung über Krieg und Frieden hatte, keinesweges aber die öffentliche Gewalt allein und noch weniger das Gesetzgebungsrecht oder gar willkührliche Gewalt besaß. Die Grafen waren unter solchen Völkern nur die Beamten des Fürsten, in dessen Namen sie der Volksgemeinde vorstanden. Der Fürst erhielt mit seinen Dienstleuten den Hauptantheil an der Eroberung und auf den ihm zugefallenen großen Landstrichen schützte er die Unfreien, während die einzelnen Freien das ihnen zugetheilte Land mit eigner Hand anbauten. Die Fürstenwürde war bei den fürstlichen Geschlechtern meist erblich; Völker aber, die nicht durch Eroberung entstanden waren, hatten im Frieden keine solche oberste Gewalt, wol aber gemeinsame Volksgemeinden, in welchen die Edlen und die Obrigkeiten der einzelnen Gaue die gemeinsamen Angelegenheiten sich versammelten. Wenn das ganze Volk einen Krieg führte, wurde unter den Edlen, nach persönlichem Verdienst, ein Heerführer (Herzog) erwählt, der für die Zeit des Krieges Feldherrngewalt hatte, doch keinesweges eine so ausgedehnte Gewalt ausübte als der Dienstherr über sein Gefolge. Mehr durch das Beispiel seiner Tapferkeit als durch Befehl wirkte er an der Spitze des Heeres, und Tödtung oder Züchtigung war nur den Priestern gestattet, doch nicht auf des Herzogs Geheiß, sondern gleichsam im Auftrage des Gottes, den man für den Beschützer des Kriegers hielt. Im Allgemeinen gilt hinsichtlich der verschiedenen Verfassung der deutschen Völker die Bemerkung, daß die Deutschen, je weiter sie nach Westen vordrangen, die Wahlfreiheit bei der Einsetzung ihrer Fürsten behauptet zu haben scheinen, wogegen bei den im Osten zurückgebliebenen Stämmen die fürstliche Gewalt sich desto mehr der ausgedehnten königlichen Macht näherte. Die Volksgemeinde hatte nur in einzelnen Fällen Gewalt über das Leben eines Freien, wie gegen Verräther und Überläufer; aber sie sicherte den Landfrieden und die Person und das Eigenthum jedes Gemeindegenossen, indem sie Jedem, der den Frieden verletzt hatte, auf Anrufen des Beleidigten oder seiner Verwandten, eine Buße auflegte. Diese Buße, die in den ältesten Zeiten in einer bestimmten Anzahl von Vieh bestand, von welchem ein Theil dem Richter, der andere dem Kläger oder seiner Sippschaft zufiel, war ursprünglich nichts als ein Zeichen freiwilliger Sühne, und der Verletzte konnte sie sowol durch Klage vor dem Volksgerichte fodern, als durch Selbsthülfe von seinem Gegner erzwingen. Fehden waren Angelegenheiten der ganzen Familie, besonders die Blutrache, die aber nicht unversöhnlich war, da selbst Todschlag durch Vieh gebüßt wurde, das die Angehörigen als Genugthuung erhielten. Außer dem Kriege war Jagd die einzige Belustigung des Tapfern, und die häuslichen Arbeiten und der Feldbau blieben den Weibern, den Greisen und Unwerthaften überlassen. Der Markmannenfürst Marbod gründete zwar in seinem Gebiete eine Stadt oder eine feste Burg, Marobodunum (Budweis), wo er seine Beute verwahrte und selbst römische Kaufleute sich ansiedelten, und auch einige niedergermanische Fürsten legten feste Sitze an; aber im innern Deutschland gab es kaum zusammenhangende Dörfer, sondern jeder baute auf seinem Felde eine Wohnung aus Holz, Flechtwerk oder Bretern und viele suchten im Winter Zuflucht in Erdhöhlen. In der Ehe hielten die Deutschen auf strenge Zucht und Sitte und waren fast die einzigen unter den Barbaren, die sich mit einer Gattin begnügten. Die Frau brachte kein Heirathsgut, da das Vermögen, das freie Landeigenthum, immer vom Vater auf die Söhne überging; aber während der Mann als neuer Hausvater sein Heergeräthe, ein gezäumtes Roß, einen Schild mit Speer (Frame) und Schwert, vorzeigen mußte, gab auch die Braut einen Beitrag zur Waffenrüstung. Die Germanen hatten außer Kriegsgefangenen keine Sklaven wie die südlichen Völker. Die Unfreien waren hörige Landbauer, deren jeder ein gewisses Gut besaß, von welchem er dem Grundeigenthümer eine bestimmte Abgabe an Früchten und Vieh gab, ohne zu andern Leistungen verpflichtet zu sein. Die Religion der alten Germanen ist in Dunkel gehüllt, da die römischen Geschichtschreiber griechische und römische Namen auf deutsche Gottheiten übertrugen, die mit ihren Volksgöttern Ähnlichkeit hatten. Ursprünglich war ihre Religion Gestirn- und Naturdienst, nur im innern Germanien später durch Götzendienst entstellt, aber die Deutschen am Rhein mögen auch gallische Religionsansichten angenommen haben. Die germanischen Priester standen in hohem Ansehn, sicherten Ruhe und Ordnung in den Volksgemeinden und zogen mit den Fürsten und Edlen in den Krieg; aber obgleich sie wahrscheinlich aus edlen Geschlechtern waren, so bildeten sie doch keinesweges eine mit dem Adel verbundene Kaste.

(Der Beschluß folgt in Nr. 204.)

Das Hospitalschiff in der Themse.

Im Winter 1817—18 bildete sich ein Verein, um Mittel zur Unterstützung bedrängter Seeleute aufzubringen, welche zu jener Zeit das Mitleid in den Straßen Londons ansprachen. Es ergab sich, daß jährlich in dem Hafen von London viele hundert Seeleute ohne ärztliche oder wundärztliche Hülfe waren, und es wurde beschlossen, ein Hospital für diese Unglücklichen zu stiften. In einer Zusammenkunft im März 1821 wurde der Beschluß gefaßt, ein Hospitalschiff auf der Themse ausschließend für kranke und gebrechliche Matrosen einzurichten und es durch milde Beiträge zu unterhalten. Man nahm dazu anfänglich ein Schiff von 50 Kanonen, es zeigte sich aber im Jahre 1830, daß dieses Fahrzeug nicht geräumig genug war, und die Admiralität gab dafür ein großes Schiff von 104 Kanonen, den Dreadnought, das 1831 für den Zweck der Heilanstalt eingerichtet ward. Es liegt auf der Höhe von Greenwich vor Anker, in der günstigsten Lage, in der Nähe der Docks und des Schiffsverkehrs in der Themse. Jeder kranke Seemann, woher er auch sei, wird aufgenommen, so bald er sich meldet. Das Schiff ist wie jedes andere Spital in England eingerichtet und hat einen Vorsteher, zwei Wundärzte, einen Apotheker, mehre zu regelmäßigen Besuchen verpflichtete Ärzte, einen Geistlichen und andere Beamte. Die Zahl sämmtlicher an Bord aufgenommenen Kranken betrug von 1821 bis zu Anfange des Jahres 1836 über 25,000. Unter diesen waren gegen 20,000 Eingeborne der britischen Inseln, die übrigen aus allen Welttheilen, und überhaupt gegen 22,000, die zu Kauffahrteischiffen aller Nationen gehörten. Die Einrichtung der Anstalt ist vortrefflich. Die Kranken werden nach ihrer Genesung an Bord behalten, bis ihre Gesundheit völlig hergestellt ist und sie im Stande sind, sich ein Unterkommen zu verschaffen, und nicht selten werden Genesene auf Kosten der Anstalt in ihre Heimat geschickt.

Über einige fabelhafte Meerthiere.
(Beschluß aus Nr. 202.)

Wir kommen nun zu demjenigen fabelhaften Ungeheuer, dessen Existenz zu allen Zeiten von den Reisebeschreibern und Naturforschern vielfach besprochen worden ist. Es ist dies die große Meerschlange, von welcher fast alle alten Schriftsteller erzählen, und die in den nördlichen Meeren hausen soll. Von dieser furchtbaren Schlange ist durch das ganze alte Testament die Rede, sowol im 1. Buch Mose, als in den Weissagungen des Jesaias und dem Buch Hiob. In der altgriechischen Mythologie, sowie in der altskandinavischen Götterlehre, spielt sie eine große Rolle. Der römische Geschichtschreiber Livius erwähnt sie in der Geschichte des punischen Krieges; Ptolemäus will eine solche lebendig zu Alexandrien gesehen haben, Diodorus von Sicilien berichtet von einer solchen Schlange, die an der Meeresküste gelebt und ganze Heerden verschlungen haben soll. Auch erwähnt sie Plinius in seiner Naturgeschichte. Sehr spaßhaft ist der Bericht, den Belleforest in einem Buche, das den Titel: „Weltbeschreibung" führt, von dieser Schlange abstattet. Nach ihm war sie von einer unermeßlichen Größe, mit Schuppen bedeckt und außerordentlich beweglich. Sie stürzte sich auf Boote und kleine Schiffe, zerbrach sie mit der Kraft ihres Leibes und verschlang die darin befindlichen Menschen. In dieser Beschäftigung begriffen finden wir sie auf unserer Abbildung. Sie hatte einen Kopf, dem eines Wolfes gleich, kleine nach hinten stehende Ohren und eine ungeheure Zunge mit Widerhaken, gleich einem Harpun. Der gutmüthige Belleforest erzählt, sie zerbreche ein Fahrzeug mit eben der Leichtigkeit, wie wir eine Nußschale zerdrücken. In Norwegen herrschte lange Zeit, und vielleicht noch jetzt, der allgemeine Volksglaube an die Meerschlange. Die Skalden oder altskandinavischen Volksdichter verfertigten Gesänge auf sie und ein späterer Dichter, Peter Daß, widmete ihr eine ausführliche Beschreibung, die sehr interessant und spaßhaft zu lesen ist. Es wird darin gesagt, sie erreiche eine Länge von 600 Fuß und sei mit einem dicken Panzer aus glänzenden Schuppen bedeckt, ihr Kopf habe Ähnlichkeit mit dem eines Pferdes, ihre Augen seien schwarz und glühend, und ihre ungeheure Mähne sprühe tausend Funken. Ihre Zunge wird in allen Beschreibungen als pfeilförmig geschildert. Die alten Bücher geben auch viele Abbildungen von dieser Meerschlange, die aber in einzelnen Körpertheilen von einander abweichen, wiewol sie im Wesentlichen übereinstimmen. Es gibt ein altes und ziemlich seltenes Werk, von einem gewissen Hoppelius verfaßt, unter dem Titel: „Mundus mirabilis" oder „die wunderbare Welt." Darin wird erzählt, daß eine solche Meerschlange sich am 6. Januar 1656 bei einer großen Überschwemmung in Norwegen sehen ließ. Sie hatte sich vorher in den Flüssen Mios und Banz aufgehalten und schwamm nun, einem großen Schiffswerke zu vergleichen, dem Meere zu. Ihr Geheul war entsetzlich; sobald sie sich ins Meer gestürzt hatte, verschwanden augenblicklich alle Fische von der Küste, sodaß mehre Wochen lang kein Fischfang stattfinden konnte und die armen Fischer in Noth geriethen. Niemand wagte sich mit seinem Boot ins Meer oder ging am Ufer spazieren, aus Furcht, von der mächtigen Schlange ergriffen zu werden. Nach andern Beschreibungen war dieses nördliche Meerungeheuer 200 Fuß lang und 20 Fuß dick, hielt sich in hohlen Felsen in der Nähe der Stadt Bergen auf, aus denen es nur bei hellem Mondschein hervorkam, um die Heerden zu verschlingen. Auch ging es zuweilen ins Meer, um sich der Boote und der darin befindlichen Menschen zu bemächtigen. Dies soll dasselbe Meerungeheuer gewesen sein, welches die Mannschaft bemerkte, die Paul Egede auf seiner zweiten Reise nach Grönland begleitete. Am 6. Junius nämlich erblickten die Matrosen ein Ungeheuer, das sich aus dem Meere beinahe bis zur halben Höhe des Mastbaumes emporrichtete. Es hatte einen stark zugespitzten Kopf und auf dem Scheitel eine Öffnung, aus welcher es Ströme von Wasser hervorspritzte. Die Floßfedern fehlten ihm, dafür hatte es ungeheure Ohren, die es gleich Flügeln bewegte, um den obern Theil seines Körpers außerhalb dem Wasser zu halten. Beim Zurückfallen in das Wasser schlug es eine Art von Purzelbaum, wobei man deutlich alle Theile seines mit Schuppen bedeckten Körpers wahrnehmen konnte. Hiebei ist zu bemerken, daß die sonstigen Berichte dieses Paul Egede keineswegs unglaubwürdig sind und er im Allgemeinen in dem Rufe eines wahrheitliebenden Reisenden steht. Später will man eine solche Schlange bei den orkadischen Inseln wahrgenommen haben, deren Länge aber nur auf 80 Fuß angegeben wird. Es wird ihr gleichfalls eine struppige Mähne zugeschrieben, die in der Dämmerung einen Lichtschein von sich gegeben habe. Die schotischen Naturforscher haben sich mit diesem furchtbaren Wasserriesen viel beschäftigt und ihm auch bereits seinen Platz in der Naturgeschichte unter derjenigen Gattung der Fische angewiesen, die man Squalus maximus nennt. In neuern Zeiten hat die Existenz einer solchen großen Wasserschlange wieder an Glaubwürdigkeit gewonnen durch die Berichte mehrer Reisenden und namentlich durch ein Ereigniß, welches vor etwa zehn Jahren sich in den Vereinigten Staaten von Nordamerika zutrug und in den amerikanischen Zeitungen, sowie in einer englischen Zeitschrift vielfach besprochen wurde. Man hatte nämlich schon früher in der Bai von Gloucester mehrmals ein außerordentliches Thier bemerkt, das sich im August 1817 ungefähr 30 Meilen von Boston wieder so deutlich zeigte, daß man es beobachten konnte. Das Äußere dieses Thieres war ganz das einer Schlange; seine Beweglichkeit war außerordentlich; bei ruhigem Wetter und hellem Sonnenschein kam es auf die Oberfläche des Wassers, erhob sich in ringelförmigen Bewegungen und tauchte dann wieder unter. In Amerika machte diese ungewöhnliche Erscheinung großes Aufsehen und man sieht wol, daß zwischen diesem gewaltigen Wasserthiere und jenem Ungeheuer, welches die norwegische Sage schildert, eine gewisse Ähnlichkeit und Verwandschaft stattfindet, wobei man jedoch, um das Richtige zu treffen, seine Einbildungskraft sehr herabstimmen muß. Ein ganz ähnliches Thier will man auch an der Küste von England unweit Plymouth zu verschiedenen Zeiten wahrgenommen haben. Man hat darüber viele Fischer und Seeleute abgehört, welche das Ungeheuer gesehen haben wollten, ihre Aussagen sogar eidlich erhärteten. Dabei ist es jedoch merkwürdig, daß in neuern Zeiten dergleichen Erscheinungen nur in den amerikanischen und englischen Gewässern, noch nie aber an einer andern Küste wahrgenommen worden sind.

Wir wollen nun hinsichtlich der wirklichen oder fabelhaften Existenz einer solchen großen Meerschlange noch das Zeugniß eines andern Augenzeugen beifügen, welches sich vom 16. August 1819 herschreibt. Der Verfasser dieses Berichts erzählt, daß, als er sich mit seiner Familie von Boston nach Nahant habe einschiffen wollen, ihm unterwegs gemeldet worden sei, daß man den Abend vorher die neuerdings so viel besprochene Meerschlange unweit der Küste von Nahant erblickt haben wolle, und daß sich nun eine große Anzahl von Menschen am Ufer versammelt habe, um das Thier aufzuspüren. Glücklicherweise hatte der Berichterstatter ein vortreffliches Fernrohr bei sich, mittels dessen er, auf der mit Menschen überfüllten Küste angekommen, sogleich das in Rede stehende Thier in einiger Entfernung vom Ufer erblickte. Der Kopf desselben ragte ungefähr drei Fuß über die Meeresfläche empor, der Körper des Thieres aber bestand aus mehren schwärzlichen Schuppenringen oder Abschnitten, deren der Erzähler 13 gezählt haben will. Das Ungeheuer durchstrich die Bai dreimal mit mäßiger Geschwindigkeit und das Wasser gab Schaum unter dem Druck seines Leibes. Nach der übereinstimmenden Aussage aller Umstehenden war es mindestens 50—60 Fuß lang, doch konnte man wegen der tiefen Furche, die es nach sich zog, nicht recht bestimmen, wo sein Leib aufhörte. Zuweilen schwamm die Schlange eine ziemliche Strecke unter dem Wasser fort, dann kamen wieder einzelne Theile derselben zum Vorschein. Der Berichterstatter versichert, das seltsame und ungeheure Thier sei mindestens eine Stunde lang den Zuschauern sichtbar gewesen. Bei Nahant zeigte es sich zum zweiten Male, und abermals war eine große Menge Menschen am Ufer versammelt, um es zu beobachten. Hier kam es so nahe, daß man seine Augen unterscheiden konnte, die sehr feurig waren. Alle diese Zuschauer waren einig darüber, daß es kein Walfisch oder Kaschelot, oder irgend ein anderer großer Seefisch sein könnte, da keines der letztern Thiere solcher wellen- und schlangenförmigen Bewegungen fähig ist.

Vereinigen wir nun diese Beobachtungen verschiedener Reisenden und stellen jene alten fabelhaften, unendlich übertriebenen Berichte mit den neuesten Nachrichten über die Existenz einer großen, bisher unbekannten Wasserschlange zusammen, so wird sich uns als Endresultat ziemlich unzweifelhaft wol so viel ergeben, daß es wahrscheinlich ein solches Thier in einigen Gewässern der Erde geben mag, das jedoch nur selten zum Vorschein kommt, oder auch vielleicht nur erst in geringer Anzahl vorhanden ist. Gibt es ja doch auf dem Lande die große Boa Constrictor oder Riesenschlange, die oft eine Länge von 18 — 20 Ellen erreicht, warum soll es also nicht auch im Wasser ein noch größeres schlangenähnliches Geschöpf geben können, da ja überhaupt die Erfahrung zeigt, daß das Meer weit größere Thiere beherbergt, als auf dem Lande angetroffen werden. Übrigens ist zu bemerken, daß man nicht allein im Meere die Existenz einer solchen großen Schlange vermuthet, sondern, neuesten Nachrichten zufolge, auch im Amazonenflusse mehrmals eine solche Erscheinung beobachtet hat. Vielleicht ist also ihr eigentlicher Aufenthalt der Ocean, und sie begibt sich nur zuweilen in die größern Ströme. Mögen wir aus allen diesen Umständen abnehmen, wie groß und unerschöpflich das Weltall ist, wie Vieles es vielleicht noch geben mag, das erst von spätern Geschlechtern erkannt wird, und dessen Dasein uns gegenwärtig ebenso fabelhaft erscheint, als wir jene übertriebenen Berichte früherer Jahrhunderte für Fabeln erkennen müssen.

Unglücksfälle auf der Straße über das stilfser Joch.

Beinahe jährlich rafft des Wetters Ungemach einige Opfer auf den hohen Bergzügen der Alpen dahin, welche, Dank sei es den großartigen Straßenanlagen der neuern Zeit, Italien von Deutschland zwar scheiden, aber nicht mehr trennen. Wie sehr auch die Fürsorge der Regierung auf die Sicherheit, ja selbst auf die Bequemlichkeit des einsamen Wanderers, sowie des belebten Güterverkehrs durch Anlage von Zufluchtshäusern, Schneedächern, Schutzwänden und andern Vorkehrungen bedacht gewesen ist, vermag sie doch nicht allen Folgen unvorhergesehener Naturereignisse vorzubeugen. Die Straße über das stilfser Joch, die höchste und gewiß eine der am zweckmäßigsten gebauten Alpenstraßen, die trotz ihrer Höhe mehr als jede andere vor ähnlichen Zufällen geschützt ist, und auf welcher auch während des strengsten Winters durch einen bedeutenden Aufwand von Mitteln die regelmäßigste Verbindung zwischen Italien und Deutschland erhalten wird, eröffnet im gegenwärtigen Winter die Reihe der Unglücksfälle. Am 24. December war auf der unwirthbaren Höhe des Joches und auf seinen beiden Abhängen eine beispiellose Menge Schnee gefallen, und das Schneien dauerte die folgende Nacht und den nächsten Tag ununterbrochen fort. Nicht achtend des Schneegestöbers begab sich am Morgen des Weihnachtsfeiertags der Postmeister der zunächst des Joches auf der tiroler Seite errichteten Station Franzenshöhe, Johann Ortler, in Begleitung des Sohnes des Straßenconducteurs Casnati, nach dem unterhalb gelegenen Orte Trafoy, wo des Postmeisters Bruder die Post verwaltet und wo die Mutter und Schwester leben, um daselbst die Messe zu hören. Auf dem Heimwege hatten sie beinahe wieder Franzenshöhe erreicht, als ein mächtiger Schneesturz sich von der Höhe löste und sich über die Straße wälzend die beiden Wanderer mit sich fort in den Abgrund des Mondatschgletschers schleuderte. Bis zum 29. December hatte man die Leichname noch nicht aufgefunden. Ortler war ein junger, in jeder Zeit und Stunde zur Hülfe bereitwilliger Mann, welcher in seinem mitten in der Eisregion stehenden Posthause den Reisenden eine freundliche Zuflucht und werkthätige, nicht selten mit Aufopferung und Gefahr verbundene Hülfe gewährte. Wie manche edle That verübte der wackere Mann auf seiner luftigen Höhe, deren Kunde ebenso wenig zu den behaglichen Wohnungen der Thäler gelangte, als jene von den Mühen und Beschwerden, die Ortler in seinem harten und wenig gewinnreichen Berufe zu erdulden hatte.

Aber diese beiden Opfer sollten nicht genügen, auch die lombardische Seite der Straße sollte an den durch jenes Schneegestöber herbeigeführten Unfällen Theil haben. Das Unwetter dauerte auch hier bis zum 26., wo sich um Mittagszeit das Gestöber etwas zu vermindern schien. Da wagten sich die vier Wegmacher, welche in dem Hause oberhalb Spondalunga, zunächst dem Wasserfalle der Adda, zwischen der zweiten und dritten Cantoniera stationirt sind, aus ihrem Zufluchtsorte heraus, um den Weg für die Poststaffette zu bahnen, die an jenem Tage sowol von der lombardischen als von der tiroler Seite über den Berg passiren sollte. Nun aber erhob sich plötzlich ein eisiger Sturm, welcher die oberhalb gelegenen Schneemassen aufwühlte, in die Höhe trieb und sie im Falle auf die Straße stürzte, wo die eifrigen Rutterer arbeiteten. Sie wurden in die ungeheure Lavine eingehüllt und mit derselben über den von den merkwürdigen Straßenwendungen vielfach durchschnittenen Bergabhang gleitend, in die enge Thalschlucht der Adda geworfen. Diese Erscheinung war um so unerwarteter, als der Bergabhang daselbst nur eine höchst geringe Neigung hat, weshalb die Lavinen sich dort nur langsam herabsenken, und bisher noch nie einen Schaden angerichtet haben.

Bei dieser Gelegenheit sei noch der muthigen Ausdauer gedacht, mit welcher die braven Wegmacher mitten unter Entbehrungen und Gefahren ihre schwere Pflicht erfüllen. Von aller Welt abgeschieden, oft Monate lang auf ihre 6000 — 8800 Fuß über dem Meere gelegenen Zufluchtshäuser beschränkt, und bei geringem Lohne (8 Groschen täglich) häufigem Mangel preisgegeben, beginnen sie ihre harte Arbeit, wenn jedes andere lebende Wesen ein Obdach sucht, im Sturme und Unwetter, um die durch Wind und Schnee stets bedrohte Verbindung auf der Straße offen zu erhalten. Aber auch zu Wagnissen, welche die Pflicht nicht gebietet, treibt das Ehrgefühl diese einfachen Leute an, die ihren Ruhm darein setzen, das Postfelleisen, trotz allem Ungemach des Wetters, regelmäßig weiter zu befördern, und sich, wenn die Bahn verweht ist, freiwillig anbieten, das Felleisen auf ihrem Rücken über den Berg zu tragen. Oft bis über den Gürtel im Schnee watend, gehen sie muthig über die gefährlichsten Stellen, wo jeder Lufthauch unvermeidlichen Tod bringen kann.

Verfahren, Fruchtbäume vor den Verwüstungen der Insekten zu schützen.

Gartenbesitzer und Landwirthe haben nur zu oft Ursache, sich über Raupen und andere Insekten zu beklagen, welche ihre Bäume überziehen, die Blätter abfressen, die Fruchtkeime tödten und so alle Hoffnung auf die Ernte vernichten. Zwar hat man mancherlei Mittel angewendet, um diese Zerstörung abzuwenden, aber fast alle sind bis jetzt erfolglos geblieben. Ein englischer Landwirth, Samuel Curtis, macht nun die Anwendung des Kalkstaubes als ein wirksames, von ihm erprobtes Mittel bekannt und sagt darüber Folgendes:

„Mein Obstgarten", erzählt er, „auf welchen ich die größte Sorgfalt verwandte, gerieth seit einigen Jahren immer mehr in Verfall; jeden Frühling wurden die knospenden Blätter von Raupen abgefressen, sodaß in der Mitte des Sommers Zweige und Baumäste kahl wie im Winter aussahen. Ich bekam weder Blüten noch Früchte und sann nun auf ein geeignetes, im Großen anwendbares und leicht ausführbares Mittel, wodurch viele Bäume auf einmal von ihren schlimmen Gästen befreit werden könnten. Die Unwirksamkeit der Besprengung mit Kalkwasser kannte ich bereits aus Erfahrung, aber ich gebe zu, daß meine Versuche nicht gut ausgeführt und die Besprengungen nicht mit der schlechterdings nothwendigen Vorsicht angestellt wurden. Daher fuhr ich eifrig in meinen Versuchen fort und gerieth endlich auf ein Mittel, wodurch ich meine Bäume rettete und das Gedeihen meines Obstgartens von Neuem beförderte. Ich verzweifelte schon an meinen herrlichen Pflanzungen, als der Gedanke in mir aufstieg, die Wirkung des zu feinem Staube gestoßenen ungelöschten Kalks zu versuchen und diesen auf irgend eine Art über meine Bäume auszustreuen. Ich erfand dazu eine Art Gießkanne, welche ziemlich einer großen Sandbüchse ähnlich und mit einem Handgriffe versehen ist. Sie ist einen Fuß hoch, hält sieben Zoll im Durchmesser und die mit kleinen Löchern versehene Scheibe hat vier Zoll.

„Der Versuch dieser mit Hülfe des eben beschriebenen Gefäßes angestellten Staubbestreuungen hatte die erwünschte Wirkung. Ich beobachtete den Zeitpunkt, wo die Blätterknospen sich zu entfalten beginnen, brachte meinen ungelöschten Kalkstaub darauf und die Raupen fielen sogleich ab. In kurzer Zeit erhielten meine Bäume ein frisches und lebhaftes Ansehen, aber ich fuhr nichtsdestoweniger in meinen Staubbestreuungen fort. Endlich hatte ich die Freude, meine Bäume mit einem herrlichen Grün geschmückt zu sehen und von ihnen eine reiche Ernte zu erhalten.

„Damit aber der ungelöschte Kalkstaub seine ganze Wirkung hervorbringe, muß man den Zeitpunkt wählen, wo die Bäume durch einen Thau oder nach einem Regen angefeuchtet sind, und noch besser wird die Operation von statten gehen, wenn ein schwacher Wind den Staub zerstreuen hilft.

„Ich streue gewöhnlich den Kalk auf meine Bäume kurz vor dem Hervorbrechen der Blüten, weil die Insekten erst dann ihre Verwüstungen beginnen, welche man in der Regel nicht eher gewahr wird, als bis jedes Mittel zu spät ist. Nach dem Hervorbrechen der Blüten sind noch zwei oder drei Bestreuungen von großem Nutzen, und man wird sich durch den prächtigen Anblick seines Gartens und durch eine reiche Ernte für jenen geringen Kostenaufwand mehr als entschädigt sehen."

Das todte Meer.

Das merkwürdigste Gewässer Syriens ist ein 12 Meilen langer und 1½ — 3 Meilen breiter See, welcher das todte Meer genannt wird, weil das umliegende Land unfruchtbar und fast aller Cultur unfähig ist, und kein Fisch in dem Gewässer lebt*). Außer nackten, schauerlichen Gebirgen, welches dieses Meer umgeben, wird der Aufenthalt daselbst noch unheimlich und unsicher gemacht durch arabische Räuberhorden. Sein Wasser ist stark gesalzen und selbst am Ufer ohne Schilf. Auf demselben schwimmt oft in großen Massen ein brennbares Erdharz (Asphalt, auch Judenpech genannt), welches aus einem Berge der Ostseite quillt und sich leicht entzündet. Wie schon zu Abraham's Zeiten hat es noch jetzt die Eigenschaft, daß es alle Körper, die man hineinwirft, nicht untersinken läßt und sie mit einer Salzrinde überzieht, worin die Zeugnisse aller Reisenden übereinstimmen. Richard Pococke, der während seiner Reisen in dem Morgenlande (von 1737—41) auch zu dem todten Meere kam, badete sich in demselben und fand, als er wieder aus dem Wasser herausgestiegen, daß sein Körper mit einer Salzrinde überzogen war. Dasselbe ersehen wir aus den Beobachtungen des Reisenden Michael über dieses Meer. Der Reisegefährte desselben wagte es, trotz dem Abrathen seines arabischen Führers, sich mit seinen Gesellschaftern darin zu baden. Das Wasser hatte die Kraft, selbst Diejenigen, die nicht schwimmen konnten, auf die wunderbare Art über dem Wasser zu erhalten. Ihre erste Empfindung bei dem Untertauchen war ein plötzliches Erblinden, und an Stellen, wo ihre Haut verletzt war, fühlten sie einen stechenden Schmerz. Der Geschmack des Wassers war bitter und widerlich salzig. Einige von Denen, die sich in das Wasser gewagt hatten, litten noch lange nachher von einer öligen Kruste, mit der das Wasser ihren Körper überzogen hatte, und die ungeachtet des sorgfältigsten Waschens nicht so bald fortgeschafft werden konnte; bei Andern schälte sich mehre Tage nacheinander die Haut.

Eigenthümliche Art sich zu baden.

In südlicher Richtung von Cumana in Südamerika nimmt durch eine der Ebenen, welche diese Stadt umgeben, der kleine Fluß Manzanares einen geschlängelten Lauf nach dem Meere. Seine Ufer sind mit Mimosen und Bäumen von riesenhaftem Wuchse besetzt.

Dieser Fluß ist wegen des brennend heißen Klimas eine unschätzbare Wohlthat für die Einwohner von Cumana, die sämmtlich, selbst die Frauen und Mädchen der reichsten Familien nicht ausgenommen, schwimmen lernen. Die Art, wie hier aber die wohlthätige Kühle des Wassers benutzt wird, ist originell. Humboldt und Bonpland besuchten bei ihrem dortigen Aufenthalte jeden Abend eine sehr achtbare Familie. Bei schönem Mondlicht wurden hohe Rohrstühle in den Fluß gestellt, worauf sich Damen und Herren in leichter Bekleidung setzten. Die Familie brachte so mehre Stunden im Wasser zu, wobei sie Cigarren rauchten, über die gewöhnlichsten Gegenstände unterhielten und Besuche von Fremden erhielten. Die Gesellschaft ließ sich durch die Bavas, eine Art kleiner, drei bis vier Fuß langer Krokodile, die sich im Manzanares aufhalten, jetzt aber nur noch sehr selten bemerkt werden, nicht stören. Humboldt hat keines derselben zu Gesichte bekommen, wol aber sah er eine große Menge Delphine, welche zur Nachtzeit in den Fluß heraufkamen und die Badenden durch das Ausspritzen von Wasser durch ihre Nasenlöcher erschreckten und belustigten.

---

*) Vergl. Pfennig-Magazin Nr. 136, wo eine Ansicht der Gegend des todten Meeres gegeben ist.

Das griechische Theater zu Syrakus.

Unsere Abbildung zeigt die bedeutenden Überreste eines griechischen Theaters, das in einen Felsen gehauen war. Es hatte drei Reihen von Sitzen, welche durch Gänge geschieden waren, sie liefen ringsum und wurden durch Treppen verbunden. Es übersah die Stadt und hatte eine herrliche Aussicht auf die Bai von Syrakus, während man von der hintern Seite die merkwürdigen syrakusischen Steinbrüche und unter anderen das sogenannte Ohr des Dionysius sah. Die ältesten Theater der Griechen waren roh und kunstlos wie ihre dramatischen Darstellungen, und erst nach und nach entstanden jene Meisterwerke der Baukunst, die uns noch in ihren Trümmern zur Bewunderung zwingen. Die ersten steinernen Theater wurden in den reichen griechischen Colonien in Italien gebaut, und 500 Jahre vor Christus, wo das Theater zu Athen noch von Holz war, gab es in Sicilien schon steinerne. Die gewöhnliche Form der Theater war ein Halbkreis. Sie waren sehr groß und oben offen, und erst in spätern Zeiten ward es Gebrauch, sie mit Tüchern zu überspannen. Die Enden des Halbkreises, den des Theater bildete, waren verlängert und durch ein Quergebäude verbunden. Das Theater hatte drei Haupttheile, den Platz für die Zuschauer, im Bogen des Halbkreises, den Platz für die Schauspieler in dem Quergebäude und das Orchester oder den Raum von der Bühne bis zu den Sitzen der Zuschauer. Diese Sitze bestanden immer aus drei Reihen über einander und hatten mehre Abtheilungen, zu welchen Stufen führten. Achtbare Frauen saßen getrennt von den Männern wie von den sittenlosen Weibern. Die Theater der Griechen und Römer hatten in ihrer Einrichtung einige Verschiedenheiten, die vorzüglich aus der den dramatischen Darstellungen der Griechen eigenthümlichen Einrichtung des Chors entstanden. Dieser Chor bestand aus einer bestimmten Anzahl von Personen, die während der ganzen Vorstellung Zuschauer oder Zeugen der Handlung waren und die Bühne nicht verließen. Er nahm zuweilen an der Handlung Theil, indem er die Handelnden rathend, tröstend, ermahnend oder abrathend anredete und während des Stillstandes der Handlung sang er Lieder. In den frühesten Zeiten bestand der Chor zuweilen wol aus funfzig Personen, später aber ward er auf funfzehn beschränkt. Er theilte sich zuweilen in zwei Abtheilungen, die von einer Seite der Bühne zur andern sich bewegten. Er hatte seinen Platz im Orchester mit den Musikern, deren Instrumente die Gesänge des Chores begleiteten. Der Vorsteher des Chores, der Koriphäus, war der Wortführer, wo der Chor Antheil an der Handlung nahm. Zu dem Maschinenwesen der griechischen Theater gehörte vorzüglich die Maschine am Eingange der Bühne, mittels welcher in Trauerspielen die in der Luft schwebenden Götter und Helden dargestellt wurden, sowie der Raum über der Scene für die im Olymp versammelten Götter, und eine von oben herabgelassene Maschine, durch welche ein Schauspieler schnell von der Bühne entfernt werden konnte.

Das griechische Theater zu Syrakus.

Das Pfennig-Magazin

für Verbreitung gemeinnütziger Kenntnisse.

204.] Erscheint jeden Sonnabend. **[Februar 25, 1837.**

Galerie der deutschen Bundesfürsten.
VI.

Wilhelm I., König von Würtemberg.

Wilhelm I., der regierende König von Würtemberg, ist der Sohn des nachmaligen Königs Friedrich I. aus dessen Ehe mit der Prinzessin Auguste Karoline Friederike Luise von Braunschweig. Er wurde am 27. September 1781 zu Lüben in Schlesien geboren, wohin seine Mutter dem Vater, der damals als Generalmajor ein preußisches Dragonerregiment commandirte, gefolgt war. Familienverhältnisse führten ihn in früher Jugend nach Rußland, dann nach der Schweiz, später nach Deutschland, und sein siebenter Geburtstag war der Todestag seiner Mutter. Erst nachdem er 1790 zum bleibenden Aufenthalte nach Würtemberg gekommen, begann seine ernstere Erziehung, in die aber sein Vater, der in der Pädagogik durchgehends dem Grundsatze der nachsichtslosen Strenge huldigte, oft störend einwirkte. Auch wurde der ruhige Fortgang der Bildung des Prinzen durch den Einfall der Franzosen in Würtemberg im Jahre 1796, wo er mit den übrigen Gliedern der herzoglichen Familie das Vaterland verlassen mußte, unterbrochen. Als 1799 die Franzosen abermals in Würtemberg einfielen, trat der Prinz 1800 als Freiwilliger in die östreichische Armee unter dem Erzherzoge Johann und gab in der Schlacht bei Hohenlinden schon die ausgezeichnetsten Beweise seiner Tapferkeit und Unerschrockenheit.

Da auch jetzt noch der Vater, der im December 1797 die Regierung des Herzogthums Würtemberg angetreten hatte, den Sohn, der nun zum thatkräftigen Jünglinge herangereift war, fortwährend in der frühern unbedingten Abhängigkeit erhalten wollte, so fand es der nunmehrige Erbprinz, um alle unangenehmen Verhältnisse zu vermeiden, am geeignetsten, sich vom Hofe zu entfernen. Er unternahm deshalb 1803 eine Reise nach Wien, dann nach Frankreich und Italien, die wesentlich seine weitere Ausbildung förderte, und kehrte erst 1806, nachdem bereits sein Vater die Königswürde angenommen, ins Vaterland zurück. Hier lebte er zurückgezogen mit wenigen Freunden zu Stuttgart, und auch seine Verbindung mit der Prinzessin Karoline Auguste von Baiern 1808 änderte seine Lebensweise nur wenig.

Beim Ausbruche des Krieges 1812 stellte sich der Kronprinz, nach dem Wunsche seines Vaters, an die Spitze der 15,000 Würtemberger, welche sich dem französischen Heere anschlossen, doch gefährlich erkrankend mußte er in Wilna zurückbleiben und kehrte gegen Ende 1813 nach Würtemberg zurück, wo er nun, nachdem sein Vater nach der Schlacht bei Leipzig sich den Verbündeten angeschlossen hatte, den Befehl über eine größere würtembergische Heeresabtheilung erhielt, zu der auch mehre russische und östreichische Regimenter gehörten. Bald entwickelte er ein ausgezeichnetes Feldherrntalent, und namentlich trug er zur glücklichen, aber blutigen Entscheidung bei Epinal, Brienne und Sens wesentlich bei, und unter den gefährlichsten Verhältnissen hielt er bei Montereau, wo er den Rückzug der Verbündeten zu decken hatte, den ihm fünffach überlegenen Feind unter Napoleon einen ganzen Tag auf. Hatte schon früher das Land die Hoffnung einer bessern Zukunft auf den Kronprinzen gesetzt, so wendete sich ihm nun vollends das ganze Vertrauen des Volkes zu und mit hoher Begeisterung ward er bei seiner Rückkehr 1814 empfangen. Seine kinderlose Ehe löste er nach seiner Rückkehr aus Frankreich im Einverständnisse mit seiner Gattin, die nachher die Gemahlin Kaiser Franz I. von Östreich wurde.

Im Feldzuge von 1815 führte er ebenfalls ein bedeutendes Armeecorps und erwarb sich neue Lorbern. In Paris lernte er damals die Großfürstin von Rußland, Katharina Pawlowna, Witwe des Prinzen Peter von Holstein-Oldenburg, kennen, begleitete sie nach London und vermählte sich mit ihr zu Wien 1816. Bald darauf rief ihn der unerwartet schnelle Tod seines Vaters, am 30. October 1816, auf den Thron, zu einer Zeit, wo das Land großer Pflege bedurfte, um von den Wunden, die eine schwere Zeit ihm geschlagen, zu genesen. Mit dem ernsten Willen, das Wohl des Volkes gewissenhaft zu fördern, erleichterte er die drückenden Lasten seiner Unterthanen, beschränkte zunächst sich selbst in seinem Aufwande und führte an seinem Hofe eine weise Sparsamkeit ein; dann begründete er im Einverständnisse mit den Ständen von Neuem die Verfassung seines Landes und unternahm die wichtigsten und durchgreifendsten Reformen in der Staatsverwaltung.

Die glückliche Ehe mit seiner zweiten Gemahlin währte nur kurze Zeit, sie starb am 9. Januar 1819 und hinterließ ihm zwei Prinzessinnen: Maria, geboren 1816, und Sophie, geboren 1818. Hierauf vermählte sich der König zum dritten Male am 15. April 1820 mit der Prinzessin Pauline, einer Tochter des Prinzen Ludwig von Würtemberg, geboren am 4. September 1800. Aus dieser Ehe sind entsprossen: 1) der Kronprinz Karl Alexander Friedrich, geboren am 6. März 1823; 2) Katharine, geboren 1821, und 3) Auguste, geboren 1826.

Unter den sehr zahlreichen Gliedern des königlichen Hauses erwähnen wir nur noch den durch seine Reisen nach Amerika berühmten Bruder des Königs, den Prinzen Paul, geboren am 19. Januar 1785, vermählt seit 1805 mit der Prinzessin Charlotte von Sachsen-Altenburg, und den Bruder der jetzigen Königin, den kaiserlich russischen General, Prinzen Adam, geboren am 16. Januar 1792.

Patagonien und seine Bewohner.

Patagonien, wie man den südlichsten Theil des amerikanischen Festlandes nennt, ist über 20,000 Quadratmeilen groß. Im Westen erhebt sich das an Vulkanen reiche Hochland der Andes, im Osten wechseln ebene Gegenden mit dürren Sandstrichen und Sumpfflächen. Unter seinen Flüssen, welche schon nicht mehr Ströme genannt werden können, ist der Cusu Leuwu oder Negro der nördlichste, und nach der äußersten Südspitze zu wird das Land immer mehr todte Ebene. Schon hier in Patagonien finden wir die Bestätigung, daß die Kälte in der südlichen Erdhälfte größer ist als in der nördlichen. Wenn in dem südlichen Ende von Amerika die Vegetation schon merklich abstirbt, so sehen wir in gleicher Entfernung vom Äquator nach Norden den Acker noch mit ziemlichen Erfolge bebaut; wenn dort der Boden nur einzelne Gattungen von Bäumen und Stauden trägt, so sehen wir hier im Norden unter demselben Breitengrade noch große Waldungen. Das Klima ist ungewöhnlich rauh, selbst im Sommer, besonders im südlichen Theile, und der Winter sehr strenge und stürmisch. Wegen der geringen Fruchtbarkeit des Landes haben sich außer den Spaniern keine Europäer dahin gezogen gefühlt, und auch diese konnten, nachdem sie 1572 im Nordosten vom Cap Forward im **Port of Famine**, d. h. Hungerhafen, eine Colonie begründet hatten, auf eine dauernde Ansiedelung nicht denken, da schon im Jahre 1586 Alle, bis auf einen Mann, durch Krankheit und Hunger umgekommen waren. Da die Spanier im Ganzen wenig von der Beschaffenheit des Landes mitgetheilt haben und auch nur selten Reisende die Küste von Patagonien besuchten, so ist das Innere dieses Landes noch ziemlich unbekannt.

Die Eingeborenen leben noch in ungestörter Ruhe und Freiheit, nur die Abiponer und Araucos, die Urvölker von Paraguai und Chile, streifen in die nördlichen Theile hinein, ohne jedoch die eigentlichen Eingeborenen zu belästigen. Diese zerfallen in zwei verschiedene Stämme. Der erste derselben, der an ein nomadisches Leben gewöhnt ist, und der sich längs der Küste von Rio de la Plata bis an Magelhaensland verbreitet, machen die Tahualhets oder Patagonen aus, deren die Reisenden in frühern Zeiten so oft gedachten und deren Größe sie bis zu 12 Fuß angaben. Wie wenig dies der Wahrheit gemäß ist, hat uns ein Reisender berichtet, der vor etwa 20 Jahren das Land besucht hat. Dieser führt als Beispiel ihrer großen Körpergestalt an, daß er zwei Anführer oder Kaziken gesehen hatte, welche gewiß 8 Fuß Höhe maßen, und er selbst hatte einige Zeit einen jungen Menschen von 15 Jahren bei sich, der nicht weniger als 6 Fuß 2 Zoll groß war. Im Ganzen sind die Patagonen breitschulterig, stark und wohlgenährt. Sie führen ganz die Lebensart eines Jägervolkes, und ihr Pferd geht ihnen über Alles. Weder dieser, noch der andere Stamm machen Gebrauch von Feuergewehren; ihre einzigen Waffen sind Schleudern, Bogen und Lanzen.

Der andere Stamm, den die Spanier zum Unterschiede von den Patagonen, die bei ihnen Serranos, d. i. Bergbewohner, heißen, Pampas, d. i. in den Ebenen Herumschweifende, nennen, besteht aus einer kleinen Menschenrace, von etwas gebildetern Sitten, welche vorzüglich westwärts vom Rio Negro wohnen. Sie treiben Ackerbau und Viehzucht und haben auch einige Manufacturen.

Was den Lebensunterhalt, den Charakter und die Gebräuche anbelangt, sind sich beide Stämme gleich. Trotz dem rauhen Klima gehen sie halb nackt. Ein über die Schulter geworfenes Fell, ein kurzer Schurz und eine Art Halbstiefeln von Pferdeleder machen ihre Bekleidung aus.

Ihr Charakter wird mehr gut als böse geschildert. Herzhaftigkeit, kriegerischer Muth und Verachtung des Todes zeichnet sie aus.

Ihre Todten bestatten sie feierlich. Sie trocknen ihre Gebeine und verwahren sie in eignen Begräbnissen, stellen die Waffen auf die Todtenhügel und um sie her Skelette ihrer Pferde.

Das Land um den Rio Negro ist fruchtbar an Korn, und es gibt daselbst weite und wohlgewässerte Striche Landes, die sich zur Viehzucht eignen. Rindvieh von bedeutender Größe und Pferde sind hier nicht selten. Außerdem ist das Land voll von wildem Hornvieh und wilden Pferden. Auch Vögel gibt es in Menge, unter denen viele Raubvögel sich befinden, als Geier, Adler, Eulen, Habichte, auch große Condore. Unter den Producten des Pflanzenreichs zeichnet sich der Winter= oder Zimmetbaum durch seine äußerst scharfe Rinde aus. Dieser Zimmet kommt im europäischen Handel unter dem Namen Winterrinde vor. Sie ist weiß, kommt aber in ähnlichen röhrenartigen Stücken zu uns wie die braune ostindische Zimmtrinde. Dieser Baum wird selbst auf dem öden Feuerlande gefunden.

Weidenholz wird zu Balken und Sparren der Häuser gebraucht. Anderes Zimmerholz kennt man hier nicht und gebraucht an der Sonne getrocknete Ziegel, obgleich Steine im Überfluß vorhanden sind.

Längs der Küste liegen viele Inseln und Sandbänke, die sich vom festen Lande hin in einer Entfernung von sieben bis acht Meilen erstrecken; innerhalb derselben finden sich sichere Häfen und zahlreiche Buchten. Während des Frühlings, das ist in unserm September, October und November, sind diese Bänke mit Rüsselrobben oder Seeelefanten bedeckt, sodaß jährlich 15 — 20 Schiffe, jedes zu 200 Tonnen, wenn der Fang mit gehöriger Einschränkung geschieht, mit Thran befrachtet werden können. Die ganze Küste wimmelt außerdem von borstigen und wolligen Seehunden, deren Felle auf den Märkten von London und China einen beträchtlichen Handelsartikel abgeben.

Die im Jahre 1837 zu erwartenden Himmelsbegebenheiten. *)

Der größte und glänzendste Triumph, welchen die Sternkunde feiert, besteht in der Vorhersagung der zu erwartenden Himmelsbegebenheiten, Sonnen= und Mondfinsternisse, Planetenstellungen, Sternbedeckungen u. s. w. Wer auch noch so ungläubig ist, noch so sehr die Unmöglichkeit behauptet, die Entfernung eines andern Weltkörpers, wie z. B. des Mondes von der Erde, zu bestimmen, muß doch seine Zweifel vor dem Augenscheine, dem pünktlichen Eintreffen jener Vorhersagungen beugen, welche sich eben auf die bestrittene Kenntniß stützen. Wenn also eine Himmelschronik in dem von uns angekündigten vorhersagenden, also umgekehrten Sinne, auch sonst keinen Nutzen hätte, so dient sie doch, das Vertrauen zur edelsten und erhabensten Wissenschaft zu verstärken, und der Blick richtet sich zuversichtlicher zum Himmel, dessen Gesetze und Bewegungen zur völligen Gewißheit erhoben sind.

Freilich ist das Jahr 1837 an außergewöhnlichen Himmelsbegebenheiten nicht eben reich, eigentlich ereignen sich, an recht Auffallendem, nur zwei totale Mondfinsternisse, auf welche wir an ihrem Orte ausführlich zurückkommen werden. Indeß verdient doch schon der Stand der Planeten zu Anfange des Jahres die Aufmerksamkeit des Himmelsbeobachters. Merkur leuchtet in den ersten Tagen des Januars am Abendhimmel und wird nahe am Horizont gesehen werden können. Venus glänzt als Morgenstern in Südosten.

Mars geht Abends um sieben Uhr *) auf und steht zwischen drei und vier Uhr Morgens im Mittagskreise, er steht nördlich vom Regulus (Herz des Löwen), und beide Gestirne sind an ihrem besonders rothen, feuerfarbenen Lichte leicht zu erkennen. Westlich, aber nicht fern von ihnen, zeigt sich Jupiter, dieser größte Planet unsers Systems, in seinem schönen und hellgelblichen Lichte und in ausstrahlendem Glanze; er geht durch den Meridian etwas früher als Mars. Diese drei Gestirne: Mars, Regulus und Jupiter, bilden ein kleines Dreieck und werden einen anziehenden Anblick gewähren. Saturn steht im Sternbilde der Wage und geht erst nach drei Uhr Morgens auf. Uranus geht gleich nach sieben Uhr Abends unter und ist also für uns unsichtbar.

Am 2. Februar Morgens um 3 Uhr 26 Minuten tritt Jupiter mit der Sonne in Opposition. Die Leser erinnern sich daran, daß die Bahn des Jupiter die Bahn der Erde um die Sonne einschließt. Wenn nun die Erde in ihrer Bahn also zu stehen kommt, daß sie sich zwischen dem Jupiter in seiner Bahn und der Sonne befindet, so sagt man, der Planet sei in Opposition oder im Gegenscheine. Da er dann also in der Länge um eine Himmelshälfte von der Sonne verschieden ist, so geht er grade zwölf Stunden nach ihr, d. h. um Mitternacht, durch den Meridian und scheint dem zufolge die ganze Nacht. Er wird also mit seinen vier Monden schön zu sehen sein. Diese Gelegenheit zur bequemen und dauernden Beobachtung des großen und schönen Planeten muß den Astronomen um so erwünschter kommen, da sich jetzt in seiner Atmosphäre bedeutende Veränderungen zuzutragen scheinen. Die glänzende Scheibe des Jupiter zeigt nämlich sonst immer eine Anzahl von Streifen, welche sämmtlich dem Jupiteräquator parallel laufen, wie sie auf jeder Abbildung des Jupiter angegeben sind. Höchst wahrscheinlich sind diese Streifen atmosphärische Verdichtungen, welche besondere Neigung zeigen, sich dem Äquator des Jupiter parallel niederzuschlagen, wie sich z. B. auch die tropischen Regen unserer Erde in einerlei Parallelkreisen ziemlich gleichzeitig einstellen und dem entfernten Beobachter ebenfalls wie dunkle, dem irdischen Äquator parallel laufende Bänder erscheinen mögen. In diesen

---

*) Dieser Aufsatz ging erst jetzt ein, und obgleich mehre der angezeigten Himmelsbegebenheiten schon vorüber sind, so glauben wir doch, sie hier nicht fehlen lassen zu dürfen.

*) Es ist in diesem Aufsatze die mittlere berliner Zeit gemeint.

sonst ziemlich constanten Jupitersstreifen gehen jetzt, wie gesagt, Veränderungen, theilweise Aufhellungen u. s. w. vor. Man möchte wieder, nach Analogie der Erde, fast annehmen, daß auch auf dem Jupiter trockene Zeit herrsche, wie sie lange bei uns geherrscht hat, und da der Sonneneinfluß solche Trockenheit besonders verursacht, so kann er, da er doch durch das ganze Planetensystem reicht, leicht auf dem Jupiter ähnliche Folgen gehabt haben, wie auf der Erde. Weitere Beobachtungen entscheiden vielleicht darüber; in jedem Falle ist die Aufsuchung solcher Analogien zwischen der Erde und den übrigen Planeten unsers Systems ein höchst interessanter Gegenstand astronomischer Forschung.

Am 6. Februar Morgens um 3 Uhr 40 Minuten tritt ferner Mars mit der Sonne in Opposition und leuchtet dann also auch die ganze Nacht. Auch die Beobachtung dieses Planeten kann ein eigenthümliches Interesse gewähren. Man hat nämlich auf demselben öfters sehr hell- und weißglänzende Stellen gesehen und dergleichen Stellen besonders in den Regionen desjenigen Pols gefunden, welcher eben Winter hatte. Diese Stellen mahnen so deutlich an Anhäufungen von Eis und Schnee, daß man sich dem Gedanken gar nicht widersetzen kann. Es wird also bei den Beobachtungen des Mars sich ergeben, wo und in welcher Ausdehnung dergleichen hellglänzende Schneefelder vorgekommen und daraus dann eine Ähnlichkeit zwischen dem Marswinter und Erdenwinter abzuleiten sein. In der Nacht vom 18. zum 19. Februar hat eine Bedeckung desselben Planeten Mars durch den Erdmond statt.

Um 11 Uhr 58 Min. 36 Sec. tritt der Mittelpunkt des Planeten hinter den südöstlichen Mondrand, verbirgt sich hinter dem Körper des Mondes und kommt erst um 1 Uhr 12 Min. 12 Sec. wieder zum Vorschein; der Mond ist beinahe voll und steht hoch im Meridian, welches die Beobachtung der Erscheinung sehr begünstigen wird. Diese Beobachtung kann wichtig werden, um über die Höhe und Dichtigkeit der Mondatmosphäre zu entscheiden. Je höher und dichter dieselbe nämlich ist, um so eher muß der Planet beim Näherrücken des Mondes und vor dem gänzlichen Verschwinden hinter dessen Körper anfangen, von seinem Glanze zu verlieren, indem er nun durch die Mondluft, welche ihn einzuhüllen anfängt, verdunkelt wird. Da wir uns den Mond in so vieler Hinsicht als unserer Erde ähnlichen Körper zu denken haben; da er Berge und Thäler, große Ebenen und, wenn der eifrige Mondbeobachter Gruithuisen recht gesehen hat, auch Wälder, Felsen u. s. w. zeigt, gleich unserer Erde, so wird die Frage nach seinem Luftkreise, als einer Ähnlichkeit mehr, überaus interessant, und der zu erwartende Vorgang kann, wie gesagt, dazu dienen, uns eine noch bestimmtere Antwort auf diese Frage zu verschaffen.

Gegen den 23. Februar erhält der veränderliche Stern Mira (im Wallfische) sein größtes Licht; er geht um vier Uhr Abends durch den Meridian. Dieser Stern nämlich, welcher deshalb auch der „Wunderbare im Wallfische" (Mira ceti) genannt wird, zeigt sich zuweilen im schönsten Glanze und verschwindet dann wieder gänzlich; dieser Lichtwechsel aber ist in eine bestimmte, etwa elf Monate lange Periode eingeschlossen. Die neuere Astronomie hat mehre solche veränderliche Sterne am Himmel beobachtet, und man sucht den Grund dieser auffallenden Erscheinung in einer langsamen Achsendrehung dieser Sterne, wobei sie der Erde bald eine hellere und bald eine weniger helle Hemisphäre zukehren. Wie es sich aber auch mit der eigentlichen Natur dieses Vorganges verhalte, so sieht man wenigstens im Allgemeinen, daß sich noch sehr besondere Erscheinungen am Himmel ereignen, über deren geheimes Wesen es einer künftigen Astronomie vorbehalten bleibt, vollere Aufklärung zu ertheilen.

Gegen Ende des März steht Mars dem Jupiter sehr nahe, östlich neben der Krippe im Krebs, der erstere Planet in seinem schönen feuerfarbenen, der letztere dagegen in seinem schönen hellgrünlichen Lichte, werden sich, so dicht nebeneinander, vortrefflich ausnehmen.

Am 4. April Morgens ereignet sich eine Sonnenfinsterniß, die aber in unsern Gegenden unsichtbar ist, und wir erwähnen ihrer nur der astronomischen Genauigkeit wegen, welcher kein wichtiges Himmelsereigniß entgeht.

Am Morgen des 14. April tritt einer von den bekannten vier kleinen, zwischen Mars und Jupiter befindlichen Planeten, nämlich die Juno, mit der Sonne in Opposition. Diese vier Planeten: Ceres, Juno, Pallas und Vesta, sind ebenfalls eine höchst merkwürdige Erscheinung in unserm Planetensysteme. Die Planeten unsers Systems sind nämlich, was ihre Entfernungen von der Sonne betrifft, nach einer gewissen Progression aufgestellt, und in dieser Reihe fehlte, vor der Entdeckung jener Planeten, ein Glied zwischen Mars und Jupiter. Man vermuthete diese Weltkörper daher früher, als sie noch wirklich entdeckt waren; besonders merkwürdig ist aber, daß hier vier den Platz einnehmen, den ein Planet haben sollte. Der Astronom Olbers hat daher die Hypothese aufgestellt, daß diese kleinen Planeten Bruchstücke eines größeren sein könnten, welcher durch irgend eine außerordentliche Revolution in diese Trümmer zerspalten worden sei.

Zu den bemerkenswerthesten Himmelserscheinungen dieses Jahres gehört aber die vorläufig schon oben erwähnte, totale Mondfinsterniß, welche am 20. April Abends eintritt.*) Die Leser erinnern sich, in

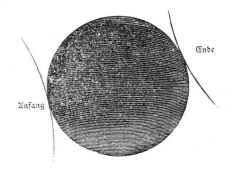

Bezug auf diese Erscheinung, daß die an und für sich dunkle und von der Sonne erleuchtete Erdkugel, dieser letztern gegenüber, hinter sich einen langen Schattenkegel in den Himmelsraum hinein wirft, und daß der Mond bei einer Mondfinsterniß in diesen Schattenkegel eintritt und in demselben sein ebenfalls von der Sonne erborgtes Licht wirklich verliert; diesmal tritt der Mond am Abend des genannten Tages um 7 Uhr 43 Minuten mit seinem südöstlichen Rande in jenen Erdschattenkegel ein und um 8 Uhr 44 Minuten hat er sich gänzlich in diesen Schatten eingetaucht, mit welchem

*) Vergl. Pfennig-Magazin Nr. 3 und Nr. 45.

Augenblicke also die eigentliche totale Verfinsterung beginnt. Der Mond verharrt solchergestalt ganz im Schatten bis um 10 Uhr 25 Minuten, dem zufolge also die Dauer dieser eigentlichen gänzlichen Finsterniß 1 Stunde 41 Minuten beträgt; dann tritt er an der entgegengesetzten Seite des Schattens wieder hervor, gewinnt allmälig eine immer breitere Lichtgestalt und um 11 Uhr 25 Minuten hat er den Schatten ganz verlassen und leuchtet wieder voll wie vorher. Die Dauer der ganzen Finsterniß von der ersten Berührung des Erdschattens durch den Mond bis zum gänzlichen Wiederaustritte ist also 3 Stunden 42 Min. Selbst so lange der Mond sich aber völlig im Schatten befindet, wird er, in einem matten röthlichen Lichte glänzend, wenigstens durch Fernrohre noch sichtbar bleiben; diese Beleuchtung rührt vom Sonnenlichte her, welches im Luftkreise der Erde gebrochen wird und solchergestalt in den Schattenkegel gelangt. Die Leser können nun den Augenschein mit dieser Voraussagung vergleichen und werden, wenn Alles eintrifft, wie es angekündigt worden, gewiß noch mehr Achtung vor einer Wissenschaft bekommen, welche so genauer Vorherverkündigungen fähig ist.

Am 4. Mai kommt Saturn mit der Sonne in Opposition, und geht also um Mitternacht durch den

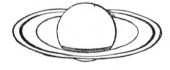

Meridian. Der diesen Planeten auszeichnende Ring wird dann gut zu beobachten sein. Dieser Ring nämlich, eine Erscheinung, von welcher unser ganzes System kein zweites Beispiel darbietet, umschwebt den Saturn in der Richtung des Äquators dieses Planeten, concentrisch, aber ganz frei, gleichsam wie eine große, ringsum laufende Brücke; er wird durch seine eigne Schwere, in Verbindung mit der ihm beiwohnenden Rotationsbewegung, in dieser wunderbaren Lage erhalten. Zwischen dem Saturn und diesem seinem Ringe befindet sich also ein großer offener, blos vom Luftkreise des Planeten erfüllter Raum; und da die beiderseitige Entfernung nur etwa 6000 Meilen beträgt, so muß man an eine beständige gegenseitige Luftverbindung denken. Wir führen dies nur an, um bei dieser Veranlassung darauf aufmerksam zu machen, welche ganz abweichende Lebensformen auf den andern Planeten unsers Systems neben manchen Ähnlichkeiten mit der Erde doch bestehen mögen.

Am Abende desselben Tages hat eine Sonnenfinsterniß statt, welche aber für unsere Gegenden wiederum unsichtbar ist und nur im höchsten Norden zu Gesichte kommt. Wir können auf eine Erläuterung der Gründe, warum Sonnenfinsternisse an gewissen Punkten der Erde sichtbar sind, und an andern nicht, hier nicht ausführlich eingehen; im Allgemeinen aber übersieht man bald, daß, abgesehen von dem Umstande, ob sich die Sonne über oder unter dem Horizonte befindet, auch bei der großen Entfernung der Sonne und der gegentheiligen Nähe des Mondes, letzterer von gewissen Gegenden der Erde aus gerade oder theilweise vor der Sonne gesehen werden kann, und für diese Gegend also eine Sonnenfinsterniß verursacht, indeß den Mond andere entfernte Gegenden außerhalb der Sonne sehen, und also keine völlige oder auch nur theilweise Verfinsterung der Sonne haben.

Im Juni zeigt sich Mars bis gegen Mitternacht am Abendhimmel beim Hinterfuße des Löwen. Sonst ist dieser Monat durch keine bemerkenswerthe Himmelserscheinung ausgezeichnet.

Am 2. Juli befindet sich die Erde am weitesten von der Sonne entfernt. Da ihre Jahresbahn nämlich eine Ellipse ist, in deren Brennpunkte die Sonne ihren Platz hat, so gibt es für sie natürlich einen Punkt der weitesten und einen Punkt der geringsten Entfernung von der Sonne (Sonnenferne, Sonnennähe).

Am 27. Juli zeigt sich Venus, dieser schöne, hellglänzende Planet, zur Zeit des Sonnenunterganges in Westnordwesten nahe beim Jupiter und dicht neben Regulus, dem schon erwähnten Firstern erster Größe im Sternbilde des Löwen. Diese drei so nahe beieinander stehenden schönen Gestirne werden unter günstigen Umständen einen prächtigen Anblick gewähren.

Am 30. August gelangt Uranus mit der Sonne in Opposition. Dies ist der äußerste aller Planeten unsers Systems, und seine Entfernung von der Sonne beträgt 400 Millionen Meilen; er ist von vielen Monden (sechs derselben sind bereits wirklich entdeckt) umringt, und scheint überhaupt eine von unserer Erde höchst abweichende planetarische Einrichtung zu haben, welches demnach auch auf ebenso verschiedene Lebensformen schließen läßt.

Am 2. September Abends 7 Uhr 34 Minuten steht Venus so nahe bei der gleich nachher untergehenden Mondsichel, daß diese Zusammenkunft für manche Punkte eine Bedeckung werden wird.

Am 13. October tritt die zweite totale Mondfinsterniß ein. Sie beginnt Abends um 10 Uhr 24 Min., und

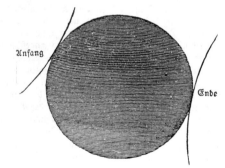

grade eine Stunde später, nämlich 11 Uhr 24 Min., hat sich der Mond eben völlig in den Schattenkegel der Erde eingetaucht. Er verharrt ganz darin bis 12 Uhr 56 Min., also 1 Stunde 32 Min., welches demnach die Dauer der totalen Mondfinsterniß ist. Um 1 Uhr 57 Min., also 3 Stunden 33 Min., ist der Mond wieder aus dem Schattenkegel der Erde hervorgetreten und damit die ganze Finsterniß beendet. Aber auch diesmal wird der Mond, wie bei der Aprilfinsterniß, selbst zur Zeit des Aufenthaltes im tiefsten Erdschatten, noch in einem röthlichen Lichte sichtbar sein.

Den 17. October tritt Pallas, einer der vier kleinern, zwischen Mars und Jupiter befindlichen, oben erwähnten Planeten, mit der Sonne in Opposition; diefer kleine Planet steht dann im Walfische und leuchtet die ganze Nacht.

Im November nimmt die östliche Entfernung oder Ausweichung des herrlichen Planeten Venus von der Sonne mehr und mehr zu, und er kommt als Abendstern besser zu Gesicht. Weiter geschieht aber während dieses Monats nichts Bemerkenswerthes am Himmel.

In der Nacht vom 9. zum 10. December steht Ceres, wieder einer von den erwähnten vier kleinern Planeten, die ihren gemeinsamen Platz zwischen Mars und Jupiter haben, mit der Sonne in Opposition. Gegen Ende des Jahres gewährt Venus, fast halberleuchtet, dem Abendhimmel die schönste Zier; Mercur ist nach Sonnenuntergang niedrig am Südwesthimmel aufzusuchen; Mars und Uranus sind unsichtbar; Jupiter leuchtet die ganze Nacht und wird an seinem schönen hellgelblichen Lichte leicht erkannt werden. Saturn aber ist nur Morgens am Osthimmel zu sehen.

Damit schließt unsere Himmelschronik für das Jahr 1837, und wir wiederholen, selbst schließend, nur noch die Bitte an unsere Leser, den Erfolg mit der Prophezeiung zu vergleichen.

Die Entwickelungsstufen des deutschen Volkes.
I.
(Beschluß aus Nr. 203.)

Kühner erhoben sich die deutschen Völker im zweiten Jahrhunderte gegen die Römer, als die Macht des Weltreiches nach kurzem Aufschwung unter einigen ausgezeichneten Herrschern allmälig zu sinken begann. Alle Donauvölker ergriffen die Waffen. Andere germanische Stämme traten auf den Schauplatz. Die Westgermanen bildeten größere Genossenschaften in den Grenzen der drei alten Hauptvölker, die Alemannen, als echte Sueven, die alle Stämme des südwestlichen Deutschlands vom Main bis zu den Alpen umfaßten, die Franken am Niederrhein, die um das Jahr 240 zuerst auftraten und ungefähr dieselben Stämme enthielten, die früher dem Cheruskerbunde sich angeschlossen hatten, und später der mächtige Völkerbund der Sachsen an der Nordküste Deutschlands, die zuerst um das Jahr 286 als kühne Seeräuber in der Geschichte erscheinen. Der große deutsche Völkerverein der Gothen erhebt sich um diese Zeit an der Ostgrenze des Römerreiches, und sein Name wird immer bedeutender. Seine Nachbarn sind zwei andere Völker, die Vandalen und die Alanen, der letzte deutsche Stamm, der auf der Wanderungslinie vom Kaukasus nach Westen zieht. Die Entstehung der Vereine der westlichen germanischen Völker war in der Auflösung der Stammverfassung zu suchen, welche durch die Kriege gegen die Römer herbeigeführt ward, und in der höhern Bedeutung, die seitdem das Gefolgwesen erhielt, da die zerstreuten Überreste der Stämme sich gern unter Edlen oder Abkömmlingen alter Fürstengeschlechter sammelten. So wenig aber als die alten Stämme, waren diese Genossenschaften durch Eintracht gegen den gemeinschaftlichen Feind verbunden. Die Verwirrungen im römischen Reiche begünstigten die Angriffe der Westgermanen und der deutschen Völker an der Donaugrenze. Einzelne Triumphe glücklicher Imperatoren konnten den Andrang der Germanen nicht aufhalten, welche das römische Gebiet nicht nur zu Lande, sondern selbst zur See anfielen. Besonders war Gallien den Angriffen der deutschen Völker ausgesetzt, welche nach festen Sitzen jenseit des Rheins trachteten, die aber endlich nur die Franken und die Burgunder, die alten Nachbarn der Alemannen, erlangten. Bald siegend bald besiegt, erleichterten zwar die deutschen Völkerbünde einander ihre Angriffe, da die Römer auf der weit ausgedehnten Nordgrenze gewöhnlich ihre Streitkräfte theilen mußten, aber die Germanen handelten nicht nach einem gemeinschaftlichen Plane und durch besondere Friedensschlüsse oder Soldverträge schadeten sie eben so oft der gemeinsamen Sache. Die lange Waffenübung gab dem anfangs lockern Bande der Vereine eine größere Festigkeit. Die Römer suchten das Vordringen der Deutschen zu hemmen, indem sie immer mehr Hülfsvölker aus ihnen aufnahmen. Die Verlegung des Herrschersitzes nach Byzanz in der ersten Hälfte des vierten Jahrhunderts hatte zum Theil ihren Grund in der größeren Gefahr, welche die östlichen Völker der Grenze des Reiches drohten, wiewol seitdem Italien den Germanen immer mehr geöffnet wurde. Bald nachher hatten die Deutschen schon einzelne Gegenden in den westlichen Grenzländern eingenommen, und Anführer deutscher Völker kamen sogar schon in wichtige Ämter und Ehrenstellen im römischen Reiche, während unter streitenden Thronbewerbern Deutsche gegen Deutsche kämpften. Die bedeutendsten Feinde waren die Alemannen, die Julian's Siege am Rhein (355—361) nur auf kurze Zeit in ihren Eroberungen hemmen konnten. Nach einem hundertjährigen Grenzkriege seit der Entstehung der großen Völkervereine, hatten jedoch die Germanen noch nicht viel Boden gewonnen, ungeachtet sie durch nachrückende Völker verstärkt wurden. Die Römer wußten, wie früher, die einzelnen Völker zu entzweien, und wo die eignen Streitkräfte nicht hinreichten, durch deutsche Söldner Widerstand zu leisten, oder wenn der Andrang zu mächtig war, durch Verpflanzung besiegter Stämme in die verödeten Binnenländer des Reiches die Macht der Feinde zu brechen. Die römischen Heere waren durch Werbungen und Soldverträge schon mehr germanisch als römisch geworden.

So stand Rom den deutschen Völkern gegenüber, als im 4. Jahrhunderte durch lange vorbereitete Bewegungen im innern Asien gedrängt, zahlreiche undeutsche Völker vorrückten, wodurch die Stämme im innern Deutschland gezwungen wurden, die vordere Linie der früher eingewanderten, meist schon seßhaften Völker zu durchbrechen. Die Hunnen, eine mongolische Nomadenhorde, die vielleicht schon zu Ende des 1. Jahrhunderts aus ihren Sitzen an den Grenzen von China aufgebrochen war, zogen nach dreihundertjährigem Wandern in den nordasiatischen Steppen über die Wolga und den Don und überfielen die Alanen. Diese neue Völkerbewegung, die auf ganz Europa und besonders das alte Deutschland einen wichtigen Einfluß hatte, berührte zuerst die Gothen, die seit dem 3. Jahrhunderte am linken Donauufer sich festgesetzt und ein mächtiges Reich gegründet hatten, das über den ganzen Nordosten von Europa sich ausbreitete, aber im Jahre 367 in zwei Theile zerfiel, in das Ostgothenreich am schwarzen Meere und das Reich der Westgothen im römischen Dacien, oder Ungarn, Siebenbürgen, der Moldau und Walachei. Ein großer Theil dieses Volkes erzwang sich Sitze in dem oströmischen Reiche. Als nun die in ihrem Mittelpunkte bedrohte Macht der Römer die große Vertheidigungslinie bis Gallien nicht mehr zu schützen vermochte, gingen deutsche und nicht deutsche Völker ungehindert über die Donau, während die Franken Gallien bedrohten. Am Ende des 4. Jahrhunderts brachen die Westgothen unter ihrem König Alarich aus den ihnen eingeräumten Sitzen hervor, überfielen Griechenland und Italien, eroberten Rom (410) und durch andere Stämme aus dem deutschen Binnenlande verstärkt, die der allgemeinen Bewegung folgten, überschwemmten sie Gallien und gingen endlich über die Pyrenäen, wo sie das westgothische Reich stifteten, während die von ihnen vorwärts gedrängten Vandalen unter ihrem Anführer Geiserich aus Spanien nach dem römischen Afrika (429) übergingen und ein neues Reich gründeten. Zwanzig Jahre später gingen Sachsen und Angeln von der Mündung der Elbe unter ihren kriegerischen Häuptlingen nach Britannien, wo sie bald ihre Herrschaft befestigten.

Als die Germanen diese äußersten Grenzen ihrer Wanderungen erreicht hatten, bereiteten die Hunnen in ihren neu erworbenen Sitzen an der Niederdonau einen gefährlichen Sturm. Von den oströmischen Kaisern durch Friedensgelder beruhigt, hatten sie sich mehre Völker unterworfen und viele waren mit ihnen verbündet, als ihr König Attila aus seinem Feldlager an der Theiß in Ungarn im Jahre 450 mit seinen in Krieger umgewandelten Nomaden aufbrach, von mehren germanischen Völkern begleitet, jeder Stamm unter seinem Fürsten, aber alle dem Befehle der Geißel Gottes gehorsam. Die Römer, durch die zahlreichen Streitkräfte der Westgothen und Alanen verstärkt, schlugen ihn im Jahre 451 in den Ebenen bei Chalons an der Marne. Als er das Abendland wieder verlassen hatte und bald nachher starb, war die Macht der Hunnen gebrochen; die deutschen Völker, die ihnen gefolgt waren, rissen sich los und nahmen sich neue Sitze im römischen Reiche. Die wichtigste dieser Ansiedelungen gründeten die Ostgothen an der Donau. Rom war von allen Seiten bedrängt, und meist nur mit Hülfe germanischer Söldner suchten sich die schwachen abendländischen Kaiser zu behaupten, bis endlich (476) Odoaker, ein Anführer deutscher Soldkrieger, das weströmische Reich stürzte und Italien sich unterwarf. Während jene deutschen Stämme in römischen Gebiet sich niederließen und den christlichen Glauben annahmen, blieben die Völker des innern Germaniens in ihren alten Sitzen. Im nördlichen Deutschland vereinigten die nicht ausgewanderten Stämme, ausgenommen die Friesen, sich mit den Völkerbunde der Sachsen. Das herrschende Volk im südwestlichen Deutschland waren noch die Alemannen und in ihrem Rücken in der Mitte des westlichen Landes breiteten die Thüringer unter der Herrschaft eines Königsstammes bis an die Donau sich aus. Der wichtigste Stamm aber wurden bald die Franken, welche, unter mehre Fürsten getheilt, schon die Eroberlaufbahn betreten hatten. Clodwig, einer ihrer Fürsten, drang siegreich in das von den Römern nur schwach beschützte Gallien, gründete ein neues Reich und befestigte seine Herrschaft (496) durch die Besiegung der Alemannen. Vierzehn Jahre nach der Auflösung des weströmischen Reiches waren die Ostgothen von der Donau durch Ungarn hinaufgezogen, um jenseit der Alpen neue Wohnsitze zu suchen, und als Odoaker nach tapferm Widerstande erliegen mußte, war das ostgothische Reich in Italien (493) gegründet, das unter Theodorich bald blühend wurde. Seine Macht und seine Weisheit gaben ihm einen großen Einfluß auf die neuen germanischen Staaten, den er benutzte, um Eintracht unter ihnen zu stiften und ein gesetzliches Gleichgewicht zu gründen. Bald nach seinem Tode sank die Macht der Ostgothen, aber ihre Tapferkeit bestand einen zwanzigjährigen Kampf gegen die Feldherren des Kaisers Justinian und seine germanischen Verbündeten, ehe ihr Reich im Jahre 555 unterging. Während die Franken unter Clodwig's Nachfolgern durch die Eroberung Thüringens und des burgundischen Reiches ihre Macht erweiterten und immer mehr zum herrschenden Volke unter den Germanen sich erhoben, ward auch Italiens Schicksal entschieden. Die Longobarden, ein roher suevischer Volksstamm, der aus seinen frühern Sitzen an der Elbe nach der Donau aufgebrochen war, zogen im Jahre 568 unter ihrem König Alboin, von 20,000 Sachsen und andern germanischen, hunnischen und slawischen Horden begleitet, in das durch Kriege und Seuchen verödete Italien und stifteten ein neues Reich, dem sie ihren Namen gaben. So endigten die Wanderungen der deutschen Völker und der Grund war gelegt, auf welchem der jetzige Zustand derselben sich ausbildete.

Der Wettersee.

Der Wettersee in Schweden, einer der größten und fischreichsten Landseen, ist auch einer der unruhigsten und für die dort sehr lebhafte Schiffahrt höchst gefährlich. Die Fahrzeuge werden häufig von Stürmen überfallen, welche mit einer Gewalt, wie selten auf dem Meere selbst, von den hohen Bergen, die den See ringsum einschließen, niederstürzen. Die Wellen werden alsdann so ungestüm und steigen zu einer so beträchtlichen Höhe, daß ein von einem Sturme überfallenes Schiff meistens verloren ist. Was aber diesen See am unsichersten macht, sind die gewaltigen Strömungen, die oft bei vollkommen ruhiger Luft und dem schönsten Wetter auf demselben plötzlich entstehen. Das Wasser hebt und senkt sich erst mit der größten Schnelligkeit und geräth in eine zitternde Bewegung, dann bilden sich auf der Wasserfläche entgegengesetzte Strömungen, deren Richtung sich jeden Augenblick verändert, und welchen auch das stärkste Fahrzeug nicht zu widerstehen vermag. Man schreibt diese seltsame Erscheinung unterirdischen Winden zu, die aus tiefen Höhlen auf die Wassermasse stoßen und sie emportreiben. Am furchtbarsten sind diese Strömungen im Winter, wenn der See mit dickem Eise bedeckt ist. Die Eisschollen zerbrechen alsdann mit schrecklichem Krachen, thürmen sich hoch übereinander und versinken mit Getöse in den Abgrund. Vor mehren Jahren wurde eine große Anzahl Menschen, die über den gefrorenen See nach einer Kirche an dem entgegengesetzten Ufer gingen, bei dem heitersten Himmel von einem solchen Eissturm überfallen und verschlungen, sodaß auch nicht einer mit dem Leben davon kam. Da ähnliche Unglücksfälle dort nicht selten sind und die Bewohner der Ufer des Wettersees die wahre Ursache dieser Erscheinung nicht kennen, so erzählt man sich dort eine Menge abenteuerlicher Geschichten von Geistern und Nixen, welchen man jene schrecklichen Wirkungen zuschreibt.

Holzpflasterung.

Die häufigen kostspieligen Wiederherstellungen des Straßenpflasters in großen belebten Städten haben bereits mehrmals Veranlassung gegeben, auf die Verbesserung desselben zu denken. So hat man z. B. in Neuyork und auch in Rußland Holzpflasterungen versucht, welche ein günstiges Resultat hoffen lassen und vielleicht auch an andern Orten mit verhältnißmäßig geringen Kosten nachgeahmt werden können. Man hat nämlich die Erde hinreichend tief ausgegraben, sodann eine fußdicke Schicht von Kies gelegt, dieselbe wohl geebnet und mit zweizölligen Bohlen bedeckt, diese endlich mit Pech oder Theer überzogen und darauf sechseckig gehauene Holzblöcke gestellt, deren etwaige Zwischenräume wieder mit Harz oder Theer ausgefüllt wurden. Bei einem andern Versuche ließ man die Bohlen weg und rammte die Blöcke unmittelbar in das Kieslager ein. Durch diese Art von Pflasterung erhält man eine völlig ebene Oberfläche, wodurch die Fortbewegung besonders schwer beladener Frachtwagen sehr erleichtert und dem für das Fuhrwerk sowol als für das Pflaster nachtheiligen Stoßen abgeholfen wird. Der Preis dieser Pflasterung beträgt in Neuyork für drei Quadratfuß 3 Thlr. 8 Gr., doch darf man hoffen, daß sich die Sache künftig noch wohlfeiler wird herstellen lassen. So viel hat man bereits in Erfahrung gebracht, daß sich die Blöcke nicht verschieben und in keiner Weise leiden. Die einzige Frage ist die: Wie lange dauert das Holz? Man glaubt, daß es mindestens acht Jahre halten werde, doch kann diese Annahme blos durch die Zeit bestätigt werden.

Der Kohlbaum.

Dieser prächtige Baum wächst in den Thälern und auf den Bergen der westindischen Inseln, besonders auf Barbadoes. Seine zahlreichen dunkelfarbigen Wurzeln haben die Gestalt runder Zangen, sind sehr lang und dringen tief in die Erde, wenn der Boden sandig und weich ist. Der Stamm, der gewöhnlich sechs bis sieben Zoll im Durchmesser hat, ist etwas dicker über der Wurzel und wächst dann, allmälig abnehmend, bis zu einer Höhe von beinahe 140 Fuß. Die Masse des Baumes ist bis auf eine Tiefe von drei Zoll unter der Rinde von dunkler Farbe und sehr hart und fest. Tiefer im Stamme befindet sich ein weißliches Mark mit Holzfasern vermischt. Die Farbe der Rinde ist wie bei der Esche, und in Entfernungen von vier bis fünf Zoll sieht man die Spuren abgefallener Zweige. Die Rinde behält jene Farbe bis ungefähr 30 Fuß von der Spitze des Baumes, wo sie sich in ein schönes Seegrün verwandelt. Etwa fünf Fuß über der Stelle, wo diese Farbenverwandlung beginnt, ist der Stamm von zahlreichen Ästen umgeben, von welchen die untersten sich horizontal ausbreiten, während die obersten sich zierlich wie Federn herabneigen. Diese Äste sind, wenn sie ihr volles Wachsthum erreicht haben, gegen 15 Fuß lang, und sitzen übereinander fest am Stamme, den sie völlig umgeben und bedecken, bis er über die Zweigen in einer geraden grünen Spitze sich erhebt. An den Zweigen sitzen zahllose Blätter, die zum Theil 3 Fuß lang und 1½ Fuß breit sind, an den Spitzen allmälig schmäler werden und an den Enden der Zweige an Länge abnehmen. Die obere Seite des Blattes ist glatt und glänzend. Die unteren Zweige des Baumes fallen monatlich ab. Geschieht dies, so kommt an der grünen obern Spitze des Stammes ein junger Zweig hervor, welcher der oberste bleibt, bis ein anderer unten wieder abfällt. Der grüne Theil des Stammes ist nicht blos in der Farbe, sondern auch in der Masse von den übrigen unterschieden und besteht aus verschiedenen Lagen einer zähen Rinde, ungefähr ¼ Zoll dick. Alle Zweige, wenn sie allmälig alt werden, sind durch einen breiten Stiel mit der äußeren Rindenlage verbunden. Ehe der untere Zweig ganz abgewelkt ist, theilt sich die kreisförmige Lage, die vorher ein Theil des Stammes zu sein schien, senkrecht, um mit dem Zweige, zu welchem sie gehört, abzufallen. Die erste, zweite, dritte und zuweilen auch die vierte Lage ist von außen grün und inwendig weiß. Der sogenannte Kohl ist schneeweiß und enthält viel Öl. Er hat beinahe den Geschmack einer Mandel, und wird roh, geröstet oder gekocht gegessen. Der Baum geht ein, wenn der Kohl ausgeschnitten wird, den man daher nur bei Gastmahlen genießt. Die Blüte kommt an demjenigen Theile des Stammes hervor, wo die beiden Farben aneinander grenzen. Sie gleicht anfänglich einer Hülse, die allmälig gegen 20 Zoll lang wird. Zwischen den Fasern derselben liegen mehlreiche gelbe Samenkörner, welche wie Früchte eingemacht werden. Schneidet man sie nicht zu diesem Zwecke jung ab, so springen sie bei der Reife auf und enthalten mehre Nüsse, den Beeren des Kaffeebaumes gleich. Die inneren Fasern der Blätter werden wie Flachs und Hanf gesponnen und zu Stricken und Netzen gebraucht. Der harte Theil des Stammes liefert gutes Holz.

Das Pfennig-Magazin

für
Verbreitung gemeinnütziger Kenntnisse.

205.] Erscheint jeden Sonnabend. **[März 4, 1837.**

Die Ersteigung des Cumbre in den Anden.

Die Ersteigung des Cumbre in den Anden.

Amerika war in den zuletzt vergangenen Jahrhunderten eine reiche Fundgrube für das Studium der Natur. Die Großartigkeit und Mannichfaltigkeit in den Erscheinungen lockten viele Reisende über den Ocean und ermuthigten dieselben zu schwierigen und gefahrvollen Unternehmungen. Die Ersteigung des Cumbre, deren Beschreibung wir dem Bericht eines Reisenden entlehnen, gehört zu den neuesten. An Anstrengungen gewöhnt, mit Gefahren vertraut und von Ehrgeiz gespornt, unternahm dieser, ein Seemann, bei einer Reise durch Peru dieses gefahrvolle Unternehmen, dessen Erfolg für den Freund großartiger Naturerscheinungen sehr erfreulich ist.

„Begierig nach dem Anblicke des Cumbre", erzählt der Reisende, „von dem wir bereits von unsern eingeborenen Führern, die an öftere Streifereien in diesen ungeheuern Eisgebirgen gewöhnt waren, so viel Wunderbares gehört hatten, machten wir uns am 22. August auf den Weg. Aber kaum waren wir eine Stunde unterwegs, als einer jener fürchterlichen Stürme der Anden, gegen welche die stärksten Europas als schwacher Lufthauch erscheinen, über uns losbrach und uns nöthigte, in einer Felsenhöhle vor den Windwehen Schutz zu suchen, die uns in den Schnee zu vergraben drohten. Von Kälte arg gepeinigt, mußten wir hier die ganze Nacht zubringen, bis es uns erst mit Anbruch des Tages, nachdem sich der Sturm etwas gelegt hatte, möglich war, das vor unsern Blicken sich aufthürmende Schneegebirge zu ersteigen. Unser Gepäcke war während der Nacht fast ganz unter Schnee begraben und die Spur der kleinern Fußsteige gänzlich verweht worden. Als wir auf dem Gipfel eines steilen Berges ankamen, stiegen wir etwas abwärts und überschritten den Fluß Los Orcones auf einer natürlichen Brücke von Schnee, der an mehren Stellen gegen 10 Fuß hoch lag. Nach zwei ermüdenden Stunden erreichten wir die am Fuße des Cumbre gelegene Casucha und machten daselbst Halt, um uns durch Erfrischungen zu unserm gefahrvollen Unternehmen vorzubereiten. Der Anblick des Cumbre gewährt ein imposantes Schauspiel; eine Schneemasse von fast 2000 Fuß Höhe, welche sich in den Wolken verliert, erschien diese ungeheure Fläche glatt wie ein Spiegel, und die von dieser blendendweißen Masse reflectirten Sonnenstrahlen gaben ihm das Ansehen eines glänzenden Alabastergebirges. Ungeheure Berge, vom Fuße bis zum Gipfel von dem reinsten Schnee bedeckt, umgaben von allen Seiten die kleine Casucha."

„Der Cumbre zeigt nicht sogleich seine ganze Höhe; um seinen höchsten Gipfel zu erreichen, sieht sich der Reisende genöthigt, Winkel zu machen, deren Größe sich nach der Steilheit des Gebirges richtet. Der Schnee lag nicht so fest, als wir gehofft hatten, weshalb wir fortwährend bis an die Knie einsanken; der Ruf unserer Führer (Peons), durch welchen diese von Zeit zu Zeit sich ermunterten, war, vom Echo zurückgegeben, die einzige Unterbrechung der lautlosen Stille in diesen Bergen. Der Widerschein der Sonne auf dem Schnee war so blendend und der Wind wehte so scharf, daß ich fürchtete, schneeblind zu werden, ein Unglück, das meinen Begleiter bereits im vergangenen Winter beim Ersteigen des Cumbre betroffen hatte und von dem er erst nach einigen Tagen wieder befreit wurde. Zum Glück blieb es bei der bloßen Furcht, trotz dem, daß wir schon vier Tage in diesen Schneegefilden zugebracht hatten. Einmal ließ ich mir es einfallen, rückwärts zu sehen, allein dieser Rückblick war eben nicht ermuthigend; die hinter mir zurückgebliebenen Gefährten kamen mir wie Pygmäen vor, und ein Fehltritt Derer, die vor mir waren und zu denen ich aufwärts schaute, konnte mich leicht durch ihren Sturz auf mich zu jenen hinabbringen. Ich bereute nachher meine Neugierde, denn ich wurde dadurch erst auf die Größe der Gefahr Derer, welche sich über mir befanden, und somit auch auf die meinige aufmerksam gemacht, woran ich seither, einzig mit der Sorge für meine Sicherheit beschäftigt, noch nicht gedacht hatte."

„Vier und eine halbe Stunde lang mußten wir die unsäglichsten Strapazen ausstehen, ehe wir den Gipfel erreichten, auf dem uns das Freudengeschrei unserer Führer begrüßte, die vor uns eben angekommen waren. Wir fanden hier ein hohes Kreuz zum Gedächtniß an einige verunglückte Führer, welche hier zu Anfange eines harten Winters die Opfer eines Orkans geworden waren. Der Himmel war außerordentlich klar und heiter, aber es wehte ein scharfer, kalter Wind. Auf dem Gipfel befand sich eine kleine Ebene, aber mit ewigem Schnee bedeckt und noch von keinem menschlichen Fuße betretene Gebirge beschränkten nach allen Seiten hin die Aussicht. Obwol ich viel von der Schwierigkeit, Athem zu holen, gehört hatte, so fühlte ich doch nichts weiter, als einen großen Durst, den ich zwar auf Augenblicke mit Schnee zu löschen suchte, der dadurch aber, anstatt gestillt zu werden, nur noch mehr gereizt ward."

„Da sich unsere Führer scheuten, auf dem Cumbre zu übernachten, so machten wir uns wieder auf den Rückweg, der auf besondere Art und sehr schnell zurückgelegt wurde. Wir kamen nämlich an einen steilen, ungefähr 600 Fuß hohen Abhang, auf dem sich zu meiner Verwunderung unsere Führer ruhig entluden, das Gepäck vor sich hinlegten, sich niedersetzten und lachend in die Tiefe hinabrutschten. Ich muß gestehen, diese neue Art zu reisen machte mir einige Sorge; allein der Abhang war zu steil, als daß man es ohne Gefahr, kopfüber hinabzustürzen, hätte wagen können, aufrecht hinabzusteigen. Ich mußte also den Versuch ebenfalls wagen. Anfangs machte es mir Vergnügen, als aber die Schnelligkeit meines Laufes so zunahm, daß ich mich nicht mehr halten konnte, bereute ich es, ohne Führer etwas unternommen zu haben, was ich nicht verstand. Unsere Führer hielten sich nämlich mit ihren Stöcken und konnten sich nach Gutdünken lenken, und diese nothwendige Geschicklichkeit ging mir gänzlich ab. Gleichwol kam ich gesund und wohlbehalten unten an, und als ich nun die schnelle Niederfahrt der Übrigen betrachtete, staunte ich über meine Verwegenheit. Wir befanden uns in einem Thale und gingen über einen mit Schnee bedeckten Fluß. Ungeheure, ungefähr 300 Fuß von uns entfernte Gebirge, die mit dem reinsten Schnee bedeckt waren, auf denen keine Spur von Vegetation zu sehen war, umgaben uns von allen Seiten."

„Die von dem Schnee zurückprallenden Sonnenstrahlen griffen unsere Augen außerordentlich an. Wir kamen ziemlich spät in der armseligen Casucha de Calaveras an, welche auf dieser ungeheuern Fläche wie ein kleiner schwarzer Punkt erschien. Hier konnten wir uns mit Wasser aus geschmolzenem Schnee versehen, denn obwol eine Quelle und selbst ein großer See (Laguna del Juca) sich in der Nähe befand, so waren sie doch völlig zugefroren und mit Schnee bedeckt. Dieser Tag war für uns sehr ermüdend, denn wir hatten vier und eine halbe Meile, dabei 3000 Fuß auf- und 2000 Fuß abwärts zurückgelegt."

„Am folgenden Tage machten wir uns im herrlichsten Wetter bei guter Zeit auf den Weg, fest entschlossen, so weit als möglich zu kommen, weil wir einen Wechsel der Witterung befürchteten. Nachdem wir eine Meile zurückgelegt hatten, sahen wir ein hohes Kreuz zum Andenken an einen Führer, der im vergangenen Winter bei einer Gelegenheit, wo es dem unsrigen zu entkommen geglückt war, sein Leben eingebüßt hatte. Nach drei Meilen gelangten wir zu der Cuesta de Concual, einem schrecklichen Abhange, an dessen Fuß sich ein fürchterlicher Abgrund befindet. In der Tiefe des Abgrundes rauscht ein reißender Strom. Ich habe noch wenig so schreckenvolle Schauspiele gesehen! Dieser Abhang konnte ungefähr 11—12,000 Fuß haben und war an mehren Stellen so steil, daß man sich nicht aufrecht erhalten konnte. Es handelte sich nun darum, hinunter zu kommen, und niemals hätte ich gedacht, daß man so etwas versuchen könne, wenn ich es nicht selbst gesehen, nicht selbst gethan hätte; so wenig kennt der Mensch seine noch unversuchten Kräfte."

„Ich stand noch erstaunt und zweifelhaft, ob man ein solches Wagniß unternehmen könne, als meine Führer ihr Gepäcke wieder ablegten und es hinabstießen, daß man es mit der Schnelligkeit eines Blitzes hinuntergleiten sah und wir es bald aus dem Gesichte verloren. Alsdann trafen sie ihre Vorbereitungen, indem sie sich platt auf den Rücken legten, worauf sie mit einer fürchterlichen Geschwindigkeit einer nach dem andern hinabfuhren. Allein trotzdem, daß gestern mein Wagstück so gut abgelaufen, fürchtete ich doch, diese Fahrt möchte nicht so gut gelingen, und beschloß daher, dem Rath und Beispiele meines unmittelbaren Führers zu folgen. Dieser näherte sich dem Rande, machte ein Loch, setzte seine Hacke hinein und stieß sodann seinen Stock bis zur Hälfte in den Schnee, sodaß er sich daran herunterlassen und mit seiner Hacke wieder ein anderes Loch machen konnte. Auf diese Weise stiegen wir die steilsten Stellen hinunter, worauf wir uns dann setzten und nun vollends in die Tiefe hinabgleiteten."

„Man wird leicht begreifen, daß bei einem so schnellen Niedersteigen ein rascher Temperaturwechsel stattfinden mußte: je weiter wir herabkamen, desto größer wurde die Beschwerde, denn an vielen

Stellen sanken wir bis unter die Arme in den Schnee. Von der Freude, welche wir empfanden, als wir den festen Boden wieder betraten und seit fünf Tagen die ersten lebenden Geschöpfe, unsere Pferde, wiederfanden, mit denen uns am Fuße des Berges Führer erwarteten, kann sich nur Der einen Begriff machen, welcher sie nach einer solchen Einsamkeit selbst schon empfunden hat."

*

Die Stiergefechte in Spanien.

Jedes Volk und jedes Land hat nicht blos seine eigenthümliche Nationalsitte, sondern auch seine eigenthümlichen Nationalschauspiele und Belustigungen. Dies zeigte sich in alten Zeiten ebenso, wie es jetzt der Fall ist. Die alten Römer besaßen ihre Gladiatorenkämpfe, das heutige Italien hat seinen Corso, England seine Wettrennen und Hahnengefechte, die Schweiz ihre Ringkämpfe. Ebenso besitzt Spanien seit uralten Zeiten seine Stiergefechte, die der Eigenthümlichkeit dieses Landes und den besondern Charakter seiner Bewohner gleichfalls angemessen sind, um so mehr, da die wüthenden Thiere, deren Wildheit und Körperstärke hier in so heftigen Kampf mit der Gewandtheit und Geschicklichkeit des Menschen tritt, in den ausgedehnten Gebirgswaldungen des Landes selbst sich vorfinden, wo man sie zu diesem Behuf einfängt. Widmen wir diesem Gegenstand, für welchen die Vorliebe des spanischen Volkes so groß ist, daß selbst Frauen die Begeisterung der Männer theilen, eine etwas ausführlichere Beschreibung.

Der Schauplatz der Stiergefechte ist ein geräumiger Circus, so groß, daß 20—30 Reiter sich nach Belieben mit ihren Rossen darauf herumtummeln können; Dieser Platz ist mit Schranken von starken Bohlen umgeben, hoch genug, um die Zuschauer vor der Gefahr sicherzustellen; über den Schranken erhebt sich eine zierliche Ballustrade mit ringsherum laufenden Bögen, die für die vornehmern und bemittelten Zuschauer bestimmt sind. Außerdem befinden sich noch an mehren Stellen innerhalb der Schranken schräge Breter, die festgenagelt und mit Sprossen versehen sind und unsern sogenannten Hühnersteigen ähnlich sehen; diese sind für die Toreadores bestimmt, um ihnen das Übersteigen der Barriere zu erleichtern, wenn sie von dem wüthenden Stier allzu heftig gedrängt werden. Mit dem Namen Toreador (Kämpfer) bezeichnet man nämlich Jeden ohne Unterschied, der an dem Stiergefechte thätigen Antheil nimmt. Dagegen führen diejenigen Leute, welche den Stier durch allerlei künstliche Mittel zum Kampfe anreizen, den besondern Namen der Picadores, während Diejenigen, die dem Thiere den Todesstoß beibringen und es erlegen, Matadores genannt werden. In den gewöhnlichen Stierkämpfen erscheinen die Picadores in einem glänzenden seidenen Anzuge, mit Bändern und Gold- und Silberstickereien geziert. Sie sind die Ersten, die den Kampfplatz betreten und sogleich bei ihrem Erscheinen von dem lauten Jubelruf des Volkes begrüßt werden. Diesen Gruß erwidert der Picador mit einer zierlichen Bewegung der Hand und Abnehmen des Hutes. In der linken Hand hält er ein Bündel kleiner Wurfpfeile, an deren jedem ein flammenrothes Fähnlein befestigt ist. Außerdem führt er auch noch eine größere rothe Fahne. Die rothe Farbe ist nämlich dem Stier ganz besonders zuwider, und grade deshalb bedient man sich ihrer als vorzügliches Reizmittel. Sobald die Picadores auf dem Platze erschienen sind und ihre Stellung eingenommen haben, öffnet sich eine Thüre unter der Magistratsloge, auf welche gleich anfangs die gespannte Aufmerksamkeit der ganzen Versammlung gerichtet war, und hervor stürzt der schon früher mannichfach gereizte Stier mit lautem Gebrülle; beim Anblick dieses geschlossenen, mit Menschen ganz erfüllten Raumes stutzt er, steht still und sieht sich mit unruhigen, Funken sprühenden Blicken um. Jetzt tritt sogleich der Picador hervor, schleudert dem Thiere einen Wurfpfeil in die Flanken und zeigt ihm die rothe Fahne. Nun verwandelt sich das dumpfe Erstaunen des Thieres in laute Wuth. Es brüllt schrecklich, wühlt die Erde mit seinen Hörnern auf, stürzt sich dann grimmig auf seinen Feind, immer mehr gereizt durch die wehende rothe Fahne in dessen Hand. Mit großer Gewandtheit springt nun der Picador auf die Seite, entflieht, der Stier verfolgt ihn, und er muß nun all seine Geschicklichkeit und Gewandtheit aufbieten, um nicht eine Beute des rasenden Thieres zu werden. In dem Augenblicke jedoch, wo dieser erste Picador am meisten in Gefahr zu sein scheint, springt ein zweiter hervor, und der Stier empfängt von diesem einen zweiten Wurfpfeil in die Seite. Dieser neue Angriff lenkt seine Aufmerksamkeit von dem ersten Gegner ab. Sobald nun der zweite ebenso sehr in Gefahr schwebt, zeigt sich der dritte Picador, hierauf ein vierter und so fort. Diese sämmtlichen Picadores hören nicht auf, den Stier zu stacheln und zu reizen, bis seine Wuth den höchsten Grad erreicht hat. Zuweilen jedoch kommt es auch vor, daß das wüthende Thier mit mehr Klugheit verfährt, und anstatt mit allen seinen Gegnern anzubinden, nur auf die Verfolgung eines einzigen ausgeht, den es alsdann aber auch so furchtbar in die Enge treibt, daß ihm nichts mehr übrig bleibt, als über die Schranken zu setzen, und er froh sein muß, wenn ihn dieser letzte Ausweg in Sicherheit bringt.

Großartig ist der Augenblick, wenn nun der entsetzliche Stier durch alle die Pfeilchen und Fähnchen der Picadores auf das Äußerste gereizt ist, und mit einem Male, wie aus der Erde gewachsen — denn bei der so vielfach getheilten Aufmerksamkeit ist es dem zum ersten Male Zuschauenden fast unmöglich, sein Kommen zu bemerken — die ruhig-furchtbare Gestalt des Matador erscheint. Das Volk natürlich, an die Einzelnheiten dieses Kampfes gewöhnt, bemerkt ihn und empfängt ihn mit einem ungeheuern Beifallssturm, denn er ist es ja, der die Entscheidung, das Ende und den Tod mit sich bringt. Der Matador ist reicher gekleidet als die übrigen Toreadores, in der Rechten hält er ein kurzes starkes Schwert. Sobald er das anwesende Publicum gegrüßt, stellt er sich grade vor den Stier hin, die Picadores treten augenblicklich ab, und der ernstere Kampf auf Leben und Tod nimmt seinen Anfang. Das Thier stürzt sich nun sogleich auf seinen neuen Gegner. Allein in dem Augenblicke, wo man glaubt, daß die Hörner des Stiers schon in seinen Eingeweiden sitzen, thut der Matador mit Leichtigkeit und Grazie einen Seitensprung, setzt mit Blitzesschnelligkeit dem Stier sein Schwert vor die Weichen und zeigt auf diese kunstvolle Weise dem Publicum, daß es zwar in seiner Macht, allein noch keineswegs in seinem Willen steht, das Thier zu erlegen. Sein wieder emporgehobenes Schwert sagt deutlich: Ich bin Meister des wüthenden Stiers, aber meine überlegene Geschicklichkeit fürchtet den Kampf mit ihm nicht. Und diese heldenmüthige Gesinnung wird auch sogleich durch den lauten Zuruf der Menge: bravo, bravo matador! belohnt. Jetzt wiederholt der Stier seinen Angriff, er sieht, daß sein Gegner noch lebt und stürzt mit zur Erde gesenktem Kopf von Neuem auf ihn los. Besitzt nun der Matador einen hohen Ehrgeiz und will er sein Leben an einen gefährlichen Sprung wagen, um des Ruhmes eines wahrhaft trefflichen Kämpfers gewiß zu sein, so ist jetzt der Zeitpunkt gekommen, wo er sich unsterblich machen kann. Alsdann setzt er seinen linken Fuß zwischen die Hörner des Stiers, nimmt in dem Augenblicke, wo dieser seinen Kopf wieder aufrichtet, seinen Anlauf und schwingt sich mit einem Satze über ihn hinweg. Er neckt das vor Wuth schäumende Thier hierauf noch eine kurze Zeit und endigt dann damit, daß er ihm sein Schwert in die Brust stößt, wobei er insgemein die rechte Stelle so zu treffen weiß, daß das Thier augenblicklich todt zur Erde fällt. Sobald der Stier erlegt ist, führt man vier reich angeschirrte Pferde in den Circus, um das todte, vor Hitze und Racheglut noch dampfende Thier hinwegzuschaffen.

Stiergefecht mit Toreadores zu Pferde.

Indessen erntet der geschickte Matador in reichem Maße den Beifall der Versammlung, der ihm zuweilen auch noch zu einträglichen Belohnungen verhilft.

Außer den eben beschriebenen Gefechten zu Fuß, gibt es auch noch Stierkämpfe zu Pferde, die bei einem großen Theil des Volkes in noch größerem Ansehen stehen, aber auch mit größerer Gefahr verbunden sind. Die Toreadores zu Pferde sind mit langen Lanzen bewaffnet und stellen sich in gleichmäßiger Reihe, jedoch in Zwischenräumen von zehn bis zwölf Schritt nebeneinander auf, dergestalt, daß der erste gerade der Loge gegenüber bleibt, wo der Stier, unaufhörlich von den Picadores gereizt, sich befindet. Jetzt stürzt er endlich durch die weitgeöffnete Thür, in voller Wuth auf den ersten Reiter los. Dieser macht geschickt eine Volte und weicht so dem Angriff aus, dabei aber schleudert er seine Lanze in den Nacken des Thiers. Mit vermehrter Wuth wirft sich nun der Stier auf den zweiten Reiter, der es ebenso macht, bis endlich das Thier, von allen Kämpfern verwundet, sein Leben aushaucht. Die hauptsächliche Gefahr bei diesem Kampfe besteht darin, wenn der Reiter nicht gewandt, oder das Pferd nicht lenksam genug ist, und es dem Stier gelingt, mit seinen Hörnern es zu verwunden und zu Boden zu strecken. Es ist alsdann leicht möglich, daß der Stier auch den Reiter tödtet, oder wenigstens gefährlich verwundet, bevor dieser Zeit gewinnt, sich von seinem Sturz zu erheben und kampfbereit zu machen. Ist ihm aber das gelungen, so greift er mit dem Degen in der Hand den Stier an, und es beginnt oft ein langer und hartnäckiger Kampf, bevor er ihn erlegt. Bei diesem Kampf auf Leben und Tod zwischen Mensch und Thier, wäre die Unparteilichkeit, welche die Zuschauer an den Tag legen, beinahe barbarisch zu nennen. Von allen Seiten erschallt der Ruf: Bravo, mein Stier! bravo, Matador! je nachdem der eine oder der andere einen Vortheil über seinen Gegner zeigt. Wenn man erwägt, daß oft im Verlauf eines einzigen Tages der Kampf mit 15 — 20 Stieren bestanden wird, so kann man sich einen Begriff von der Leidenschaftlichkeit machen, mit welcher die Spanier diesem Schauspiel ergeben sind.

Es ist aber seltsam, daß unter diesen wilden und kampflustigen Thieren sich hin und wieder auch einige sehr phlegmatische Naturen finden, die man trotz aller angewandten Mühe nicht zum Kampfe bewegen kann. Sie lassen sich von den Picadores mit Wurfpfeilen spicken und mit rothen Fahnen bewedeln, ohne dabei etwas Anderes zu thun, als daß sie ruhig in der Arena umherlaufen und nur dumpf brüllen. Bei diesen Gelegenheiten thun auch die Zuschauer von ihren Sitzen das Ihrige, um den trägen Stier kampflustig zu machen, durch Hurrahrufen und Wehen mit hellfarbigen Tüchern. Allein wenn dies Alles nichts hilft und das Thier in seiner trägen Ruhe beharrt, so macht man der Sache ein kurzes Ende. Der Matador wendet sich alsdann blos mit einem fragenden Blick an die Versammlung, worauf das allgemeine Geschrei ertönt: „Zum Tode mit dem Faullenzer!" Auf diesen Zuruf ersticht der Matador das friedfertige Thier mit seinem Degen.

Zuweilen machen sich auch die sämmtlichen Toreadores auf einmal daran, den Stier zu erlegen. Einer springt ihm auf den Rücken und packt ihn bei den Hörnern, die andern ergreifen ihn bei den Füßen, bei dem Halse, beim Schwanz und bei den Ohren, wo sie am besten ankommen können, und werfen ihn so zur Erde, worauf ihn die Matadores tödten. Allein dieser Kampf ist gefährlich; er geht selten ab, ohne daß einige Kämpfer verwundet oder gar getödtet werden.

Für die Hinterlassenen eines jeden Matadors, der in der Arena sein Leben endigt, setzt der Staat eine Pension aus. Dagegen erhalten die Witwen und Waisen der Picadores, grausam genug, keine Unterstützung.

Manchmal endigt auch der blutige Tag eines solchen Stiergefechts mit einem kurzweiligen Possenspiel. Alsdann tritt ein einzelner leicht und zierlich gekleideter Matador auf, nur mit seinem kurzen Schwert bewaffnet. Zu gleicher Zeit wird eine geräumige Tonne aus festem Eichenholz, mit starken eisernen Reifen versehn, herbeigeschafft. Sobald nun der Stier auf den Matador losstürzt, versteckt sich dieser in die Tonne, die nun das starke Thier in seiner ohnmächtigen Wuth, da es den Feind selbst nicht zu erreichen vermag, in der Arena herumrollt. Zeigt sich wieder ein günstiger Augenblick, so springt der Matador aus seinem Versteck, neckt den Stier zu wiederholten Malen und verbirgt sich dann aufs Neue in der Tonne. Dieses Spiel wird fortgesetzt, bis es die Zuschauer müde sind und dem Matador das Zeichen geben, den Stier zu erlegen. Uebrigens ist der Stand eines Toreadors in Spanien keinesweges gering geachtet. Sehr vornehme Personen, Edelleute und selbst Prinzen haben schon in der Arena ihr Glück und ihren Muth versucht und durch kunstgerechte Erlegung eines Stiers großen Ruhm eingeerntet.

Nicht blos in Spanien, auch in Südamerika finden solche Stiergefechte statt, die freilich erst durch die Spanier dort gebräuchlich geworden sind. Das Interesse, welches das Volk in jenem Welttheil daran nimmt, ist nicht geringer als in Spanien selbst. Die dortigen Kampfstiere werden meist aus den Thalgehölzen von Chincha bezogen, wo sie in ungemein großer Anzahl sich aufhalten. Ihr Transport aus diesen Wäldern nach Lima ist mit nicht geringen Kosten verbunden. Diesen Transport übernehmen dort die „Gremios" oder bemittelten Landbesitzer, welche die Lieferung dieser Stiere als ein freiwilliges Geschenk betrachten, das sie zum allgemeinen Vergnügen darbringen. Reich geschmückt mit bunten Bändern, langt der Stier (einem Opferthier der Alten zu vergleichen) an dem Orte seiner Bestimmung an, und dieser Zierath gehört als Eigenthum dem Matador, der ihn zu bekämpfen das Glück hat. Die Plätze bei diesen Schauspielen müssen bezahlt werden, sowie denn jedes Stiergefecht von einem Unternehmer ausgeht, der dadurch seinen Gewinn macht, und dem Staate für die Erlaubniß eine Abgabe zahlen muß. Im Einzelnen sind diese Schauspiele in Amerika von denen in Spanien verschieden. In der Regel ist zwei Uhr Nachmittags die zum Anfang festgesetzte Stunde. Voraus geht immer eine Art von Pantomine, durch Soldaten ausgeführt. Diese bilden allerlei anmuthige Stellungen, groteske Figuren, z. B. Sterne, Kreuze u. s. w. zuweilen auch Namenszüge von bedeutenden Personen, denen damit geschmeichelt werden soll, auch ganze Phrasen, z. B. Viva la patria! Wenn dieses Vorspiel vorüber ist, treten die Toreadores auf, fast ebenso gekleidet wie in Spanien, unter denen die Matadores fast immer begnadigte Verbrecher sind, die für jeden erlegten Stier ein ansehnliches Entgeld erhalten. Auch Dilettanten zu Pferde stellen sich ein, die ihr Heil versuchen und Ruhm erwerben wollen. Wenn man den Stier aus dem Souterrain der Hauptloge herausgelassen, so neckt man ihn anfangs damit, daß man Strohmänner, Popanze, u. s. w. auf ihn loswirft, in deren Bauch Vögel verborgen sind, die nun herausflattern. Diese Puppen spießt der Stier mit seinen Hörnern auf und schleudert sie grimmig weit von sich. Manche von diesen Popanzen sind so gearbeitet, daß sie, zu Boden geworfen, sich immer wieder auf die Beine stellen. Andere enthalten künstliche Feuerwerke, die sich auf den Hörnern des Stiers entzünden, was den Zuschauern großes Vergnügen gewährt. An diesen untergeschobenen Gegnern arbeitet sich der Stier so ab, daß er ganz matt wird. Alsdann erlegt ihn der Matador ohne große Mühe.

Zu einer andern Zeit wird der Stier von zwei Picadores zu Pferde angegriffen, deren Beine durch Kissen geschützt sind. Sie reiten schlechte Pferde, die in der Regel während des Kampfes vom Stier getödtet werden. Oft reißt er ihnen mit scharfen Hörnern den Bauch auf, daß die Eingeweide in der Arena liegen. Man sieht wol, daß ein solcher Kampf auch für die Reiter nicht gefahrlos ist, und es müssen diesen oft einige Matadores zu Hülfe kommen.

Noch eine andere Art, den Stier zu erlegen, wo möglich noch grausamer als die vorigen, ist der Kampf mit der Lanzada. Dies ist ein Spieß mit sehr langem und starkem Schaft, dessen Ende mittels einer schweren Basis an den Boden befestigt ist. Die Spitze dieses Speers bildet eine lange, scharfgeschliffene und sehr harte Stahlklinge. Bevor man den Stier herausläßt, reizt man, wie gewöhnlich, durch Martern aller Art seine Wuth aufs höchste. Er stürzt nun mit schäumendem Munde auf den Mann, der die Lanze führt und den Stier ganz allein zu bestehen hat, und der ganz in Scharlachfarbe gekleidet ist. Dieser läßt sich beim Angriff des Stiers auf ein Knie nieder und richtet den Spieß so, daß das Thier mit dem Kopfe grade auf die Spitze der Lanze zurennt. Die Gewalt des Stoßes ist so groß, daß in der Regel das Eisen bis an den Schaft hineindringt, Gehirn und Knochen durchbohrt und am Nacken wieder herauskommt.

Nicht selten geschieht es auch, daß der Matador auf dem Stier reitet, der sich alle Mühe gibt, den Reiter abzuwerfen und in diesem fruchtlosen Bemühen zur höchsten Wuth entflammt wird. Der Matador springt hierauf ab und bekämpft den Stier nun auf die beschriebene Weise.

Außer Spanien und Südamerika finden dergleichen Stierkämpfe in keinem Lande statt.

Einfluß der Luftelektricität auf epidemische Krankheiten, insbesondere die Cholera.

Wenn wir uns der bedenklichen Zeit erinnern, wo die asiatische Cholera zum ersten Mal Deutschland überflog, in dessen Gauen sie hier und da auf das furchtbarste hauste, und wenn wir namentlich dabei an die Unzahl medicinischer und nichtmedicinischer Flugschriften denken, welche so verschiedene Ansichten über diese furchtbare Krankheit aufstellten, worunter sich auch, wie die Folgezeit ergab, sehr viel Irrthümliches und Nachtheiliges befand, so muß die ganz neuerliche Mittheilung eines ausgezeichneten Arztes in Betreff dieser und anderer epidemischen Krankheiten und ihres wahrscheinlichen Entstehungsgrundes ein großes Interesse erregen, da hier aus reiner und wohlbegründeter Erfahrung auf ein bisher ganz unbeachtetes, wiewol sehr nahe liegendes Feld hingedeutet wird. Es ist dies wirklich das allen Menschen zugänglichste und nothwendigste Element, nämlich die Luft selbst, und die in derselben herrschende Elektricität. Der Gelehrte, von welchem wir sprechen, ist der königlich würtembergische Oberamtsarzt Dr. Buzzorini, der bei einer neulich stattgefundenen Versammlung der Ärzte in München, wo bekanntlich die Cholera im vorigen Jahre ausgebrochen, diesen Gegenstand zuerst zur Sprache brachte. Da dieser ebenso gemeinwichtig als interessant ist, so wollen wir unsern Lesern den Inhalt jener Mittheilung ausführlich geben. Schon seit dem Monat Julius des vorigen Jahres (1836), bemerkt Dr. Buzzorini, zeigte die Luft und mit ihr die Menschen eine entschieden größere Menge von Elektricität als in frühern Jahren. Dieser Überfluß an Elektricität zeigte sich mehr nach seinem chemischen als physischen Wirkungsvermögen, nämlich als negative und galvanische Elektricität, eine Erscheinung, welche mit dem Mangel an Gewittern im verflossenen Sommer genau zusammenhängt, und sich auf das genaueste durch ein von den berühmten Physikern und Chemikern Schweigger und Poggendorf erfundenes Instrument, das den Namen des elektromagnetischen Multiplicators führt, nachweisen ließ. Schon seit längerer Zeit hatte Dr. Buzzorini hierauf bezügliche Beobachtungen angestellt, die er auf seiner Reise von Ehingen über Ulm und Augsburg fortsetzte, und wobei es ihm auffiel, daß, je näher er München kam, desto mehr freie negative Elektricität sich zeigte, und zwar in einer solchen Menge, wie der Berichterstatter nie zuvor an sich bemerkt hatte. Derselbe war ursprünglich geneigt, diese Erscheinung zufälligen Einflüssen, z. B. der veränderten Lebensweise, der Anstrengung der Reise u. s. w. zuzuschreiben, allein er machte die Erfahrung, daß während der ganzen Dauer seines Aufenthalts in München dieses Verhältniß nicht nur an ihm selbst, sondern auch an allen übrigen gesunden Menschen, die er untersuchte, in demselben Maße sich gleich blieb. Ja sogar leblose und todte Körper, die sonst wenig oder keine besitzen, zeigten hier einen Überfluß an freier Elektricität. Diese letztere verschwindet, wie Dr. Buzzorini aus genauen Beobachtungen erkannte, jedesmal auf der Haut, sobald die Cholera den Menschen befällt, was auch die Ärzte in dem großen Krankenhause zu München wahrgenommen haben, und ihre Wiederkehr ist bei dieser Krankheit jedesmal ein sicheres Zeichen der Besserung, das sich als erstes Symptom zu erkennen gibt, bevor noch die übrigen Krankheitserscheinungen eine günstige Wendung der Krankheit verrathen. „Daß die Elektricität (so fährt Dr. Buzzorini in seiner Beweisführung fort) bei der Erzeugung der asiatischen Cholera in den einzelnen Erkrankungen eine wichtige Rolle spielt, beweist auch der Umstand, daß der Ausbruch der Krankheit in den weit häufigsten Fällen mit der Zeit des Tages zusammenfällt, wo die Menge der Luftelektricität am größten ist, das heißt, in den Stunden gegen Morgen. Schüller hat bekanntlich das allgemeingültige Gesetz nachgewiesen, daß die Menge der Elektricität der Luft mit Sonnenuntergang bis zu den Mitternachtsstunden abnimmt, dann aber wieder wächst, und ihre größte Höhe gegen die Frühstunden vor Sonnenaufgang erreicht. Alle diese Erscheinungen zusammengenommen machen es wahrscheinlich, daß die schon oft und namentlich wieder kürzlich hier ausgesprochene Ansicht, daß die Ursache des epidemischen Erkrankens überhaupt, und insbesondere auch der Cholera, in dem Einflusse der unwägbaren Stoffe, worunter man auch die Elektricität rechnet, zu suchen sein möchte, mehr als eine Hypothese, und wie es scheint, eine physikalisch nachweisbare Ursache dieser Krankheit ist, welche, wie es schon ihrem Charakter als galvanische Elektricität gemäß ist, eine chemische Wirkung auf den Organismus äußert. Diese Wirkung aber geschieht vermöge der algemeinen physischen Gesetze weniger durch die trockene Haut, als vielmehr durch die Werkzeuge des Athemholens, die vermöge ihrer natürlichen Feuchtigkeit leitungsfähig sind. Bei jedem Athemzuge kommt diese freie Elektricität fast unmittelbar mit dem Blute in Berührung, und bei längerer Einwirkung unterliegt die zum Leben gehörige Mischung des Blutes theilweise dem chemischen Wirkungsvermögen der Elektricität, und es entsteht ein Chemismus im Blute, eingeflößt durch die Art und Menge der Luftelektricität, unter welchem eine Lähmung des Blutlebens herbeigeführt wird, und in welchem die Cholera die Erklärung ihrer Entstehung und ihrer charakteristischen Erscheinungen findet. Wird diese Luftelektricität auch fernerhin und an andern Orten — woran ich nach meinen bisher anderweitig über die Entstehungsursachen epidemischen Erkrankens gemachten Beobachtungen nicht zu zweifeln Ursache habe, nachgewiesen, so geht daraus hervor, daß alle Absperrungsanstalten vergeblich sein müssen; es geht aber auch hervor, daß wir im Stande sind, die Wirkungen dieses Einflusses auf den menschlichen Organismus zu vermindern, denn Alles, was die Lebensfähigkeit, namentlich die Energie des Blutlebens herabstimmt, begünstigt den Einfluß äußerer Agentien auf dasselbe, und es kann daher keine andere Aufgabe der Behörden, und der einzelnen Individuen beim Erscheinen dieser Krankheit sein (da das genetische Moment selbst nicht abwendbar ist), die Bedingungen so viel als möglich ferne zu halten, welche die Wirkungen des elektrischen Einflusses auf den Organismus der Menschen begünstigen." Am Schluß seiner Mittheilungen über diesen Gegenstand ertheilte der gelehrte Verfasser den von der Staatsregierung in Baiern getroffenen Maßregeln zur Abwehrung und Verminderung der Cholera, das Lob, daß sie das obige, einzig richtige Verhältniß nie aus den Augen verloren und sich deshalb als wahrhaft zweckdienlich und für andere Gegenden, welche die verheerende Krankheit etwa noch besuchen dürfte, nachahmungswürdig erwiesen haben.

Darf ich mir erlauben, als Nichtarzt den sehr beherzigungswerthen Beobachtungen eines gelehrten Arztes noch etwas beizufügen, so möchte ich wol behaupten, daß in Rücksicht aller nicht blos epidemischen, sondern auch anderen Krankheiten, das Verhältniß des Luftzustandes und die verschiedenartige Einwirkung derselben zu den Erkrankungen überhaupt zeither beiweitem nicht in dem Maße erörtert und sogar vom medicinischen Standpunkte aus beherzigt worden ist, als dies nach so vielfachen Erfahrungen und zerstreuten Beobachtungen nothwendig erscheinen muß.

Schwämme auf weggeschüttetem Kaffeesatze.

Auf dem spanischen Platze in Rom steht das Kaffeehaus Café americano. Der Wirth desselben, der in seinem Hofe eine Grube gemacht hatte, worein er den Kaffeesatz schüttete, bemerkte eines Tages, daß demselben eine Menge Schwämme entkeimten, welche die Botaniker Agaricus campestris nennen, den Leckermäulern aber unter dem Namen Champignons à la couche, d. i. Erdschwämme auf dem Mistbeet gezogen, bekannt sind. Sie kommen übrigens auch häufig in der freien Natur vor oder werden auf Beeten von Pferdemist gezogen, woraus sie von selbst ohne Samen emporkeimen und alsdann beständig nachwachsen. Die Chinesen graben zu eben dem Zwecke faules Ulmen- und Weidenholz in die Erde, bedecken es mit den Blättern dieser Bäume und begießen das darüber geworfene Erdreich mit Wasser, worin Salpeter aufgelöst worden. Bemerkenswerth ist daher die Entdeckung, daß sie sich auch auf Kaffeesatz ziehen lassen, und daselbst vorzüglich wohlschmeckend gerathen.

Der Fang des Jaguars in Tucuman.

In Tucuman, einer der Provinzen der Laplatastaaten in Südamerika, wo der Jaguar oder amerikanische Tiger sich sehr häufig findet, besteht die gewöhnliche Weise, ihn zu tödten, darin, daß man ihn in seinem Lager aufspürt, wobei man die Spur durch dazu besonders abgerichtete Hunde verfolgen läßt. Hat der Jäger seinen Feind aufgefunden, so nimmt er eine solche Stellung gegen denselben ein, daß er das Thier beim ersten Sprunge, den es wagt, mit einem vorgestreckten Spieße empfangen kann. In dieser Stellung harrt er, bis die Hunde das Thier heraustreiben. So groß auch dieses Wagstück ist, so wird es doch mit so kalter Besonnenheit und so vieler Gewandtheit ausgeführt, daß man nur höchst selten von einem Beispiel hört, wo es dem Jäger nicht geglückt wäre.

Ein solches Beispiel, wo der Jäger unglücklich war, erzählt uns Humboldt, der es von einem seiner Führer, dem es selbst begegnet war, gehört hat. Das Thier, erzählte dieser, lag in seiner ganzen Länge auf der Erde ausgestreckt, wie eine völlig gesättigte Katze. Anstatt Zorn zu äußern und mit Wuth auf seine Feinde loszustürmen, zeigte es sich vielmehr zum Spielen geneigt und schien mit den Hunden auf freundliche Art unterhandeln zu wollen, statt ihren ernstlich gemeinten Angriffen muthvoll entgegenzutreten. Hierauf ward auf das Thier geschossen und die Kugel drang in seine Schulter. Es sprang sogleich mit solcher Wuth gegen seinen wachsamen Gegner an, daß es sich nicht blos dem Spieß in den Leib stieß, sondern auch über den Jäger stürzte. Beide rangen auf dem Boden miteinander, und der Jäger befand sich schon in den Klauen des wüthenden Thieres. „Ich glaubte", fuhr er in seiner Erzählung fort, „ich wäre am längsten Capitaz (so hieß er) gewesen, während ich mit dem Arme meine Kehle zu schützen suchte, bei welcher mich das Thier packen zu wollen schien; allein als ich schon fürchtete, seine Klauen in meinem Fleische zu fühlen, erlosch das grüne Feuer seiner Augen, welches auf mich herabflammte, mit einem Male. Der Tiger fiel auf mich nieder und hauchte in dem nämlichen Augenblicke, wo ich mich für immer verloren hielt, sein Leben aus."

Das Pfennig-Magazin
für Verbreitung gemeinnütziger Kenntnisse.

206.] Erscheint jeden Sonnabend. **[März 11, 1837.**

Galerie der deutschen Bundesfürsten.
VII.

Leopold, Großherzog von Baden.

Karl Leopold Friedrich, regierender Großherzog von Baden, wurde zu Karlsruhe am 29. August 1790 geboren, ein Sohn des Großherzogs Karl Friedrich, gestorben 1811, aus dessen zweiter, und zwar morganatischer Ehe, mit der zur Reichsgräfin von Hochberg erhobenen Freiin Luise Karoline Geyer von Geyersdorf, gestorben 1820. Ohne Aussicht, zur Regierung zu gelangen, da so viele Erben vorhanden zu sein schienen, gewann der Graf von Hochberg manche freiere Anschauung des Lebens, zumal während er in Heidelberg studirte. Erst als die regierende Linie in Baden dem Erlöschen nahe kam, trat die Bestimmung ein, welche des Grafen Vater bei seiner Vermählung mit der Gräfin von Hochberg 1787 sich vorbehalten und unter dem Beitritte der Agnaten am 10. September 1806 zum Familienstatut erhoben hatte. Es wurden durch den Großherzog Karl, gestorben 1818, in öffentlicher Bekanntmachung unterm 4. October 1817 die Grafen von Hochberg zu großherzoglichen Prinzen und Markgrafen von Baden unter Beilegung des badischen Haustitels und Stammwappens erklärt, und dieses Erbfolgerecht zu Frankfurt 1819 durch die Großmächte anerkannt. Wenige Tage nachher, am 25. Juli, vermählte sich der Markgraf mit Sophie Wilhelmine, einer Tochter des ehemaligen Königs von Schweden, Gustav IV. Adolf, geboren am 21. Mai 1801, eine Vermählung, die ihm die Quelle des wahrsten häuslichen Glückes wurde, dessen er um so mehr bedurfte, da sein Halbbruder, der Großherzog Ludwig, ihn von aller Theilnahme an den Regierungsgeschäften ängstlich entfernt hielt.

Der Tod desselben, am 30. März 1830, berief Leopold auf den badischen Thron, wo ihn der überschwengliche Jubel des Volkes empfing, dessen Enthusiasmus für den neuen Beherrscher sich noch steigerte, als derselbe bald nachher mit Berücksichtigung der Verhältnisse mehre wohlthätige Reformen eintreten ließ. Noch inniger umschlang das Band des Vertrauens Fürst und Volk in Folge der Reise, welche der Großherzog bald nachher durch die Städte und Provinzen seines Landes unternahm, und als die Verhandlungen der Ständeversammlung, die am 17. März 1831 zusammentrat, insbesondere durch die persönliche Gesinnung des Fürsten zu einem erfreulichen Ende geführt wurden, wozu die gleichen Gesinnungen der geistreichen Gemahlin des Großherzogs, sowie des edeln Fürsten von Fürstenberg, seines Schwagers, nicht wenig beitrugen. Doch kaum noch waren die neuen in der Ständeversammlung berathenen Gesetze ins Leben getreten, als die Bundestagsbeschlüsse vom 28. Juli 1832 den Großherzog in die Nothwendigkeit versetzten, im Allgemeinen andere Regierungsmaximen zu verfolgen.

Seine Kinder sind: 1) der Erbgroßherzog Ludwig, geboren am 15. August 1824; 2) Friedrich, geboren 1826: 3) Karl, geboren 1832; 4) Alexandrine, geboren 1820, und 5) Marie Amalie, geboren 1834. Geschwister von ihm sind: 1) der Markgraf Wilhelm, geboren 1792, General der Infanterie; 2) Maximilian, geboren 1796, Generalmajor, und 3) Amalia, geboren 1795, Gemahlin des Fürsten Karl Egon von Fürstenberg. Noch zu erwähnen sind die hinterlassenen Prinzessinnen des Großherzogs Karl, aus seiner Ehe mit Stephanie, Madame de Beauharnais und Adoptivtochter des Kaisers Napoleon: 1) Luise, geboren 1811, Gemahlin des Prinzen Gustav von Wasa; 2) Josephine, geboren 1813, Gemahlin des Erbprinzen Karl von Hohenzollern-Sigmaringen, und 3) Marie, geboren 1817. Eine Schwester des Großherzogs Karl ist die verwitwete Königin von Baiern, Karoline, geboren 1776.

Sitten der irländischen Landleute.

Die volksthümlichen Sitten der Irländer zeigen sich rein und unvermischt mit fremden Gewohnheiten nur in den südlichen und westlichen Grafschaften, während in den nördlichen und östlichen Theilen der Insel die britischen Eingewanderten, die seit dem 12. Jahrhundert zur Herrschaft über die Eingebornen gelangten, die Züge alter Volksthümlichkeit verwischt haben. In jenen zum Theil gebirgigen Gegenden muß man die alterthümliche Sitte suchen. Der häufige Verkehr zwischen Süd-Irland und Spanien, der von den ältesten Zeiten bis zu Ende des 16. Jahrhunderts bestand, verräth sich nicht nur in der Tracht, sondern auch in den Gesichtszügen der Bewohner; doch findet man in beiden Beziehungen eine auffallende Verschiedenheit zwischen einzelnen Bezirken, besonders auch in den Farben der männlichen und weiblichen Kleidung. Der Mantel fehlt bei den Weibern fast nie. Er hat immer eine Kappe, die selbst im heißesten Sommer über den Kopf gezogen wird. Ist eine Arme nicht so glücklich, einen Mantel zu besitzen, so legt sie den Saum ihres Kleides oder eine Schürze über die Schultern, wenn sie ausgeht. Die gewöhnliche Tracht der Bäuerinnen besteht aus einem Kleide von braunem Wollenstoffe, einem grünen Unterrocke und hellblauen Strümpfen, doch sind die Strümpfe keineswegs unumgänglich nöthig, und man sieht sie in der That selten. Auch werden Schuhe fast für eine unbequeme Last gehalten und meist nur an Sonntagen getragen. Reisen werden gewöhnlich barfuß gemacht, und Schuhe und Strümpfe hangen zusammengebunden auf dem Arme. Allgemein ist jedoch der Wunsch, ein paar silberne Schuhschnallen oder eine silberne Mantelspange zu besitzen, und solche Ziearthen, die man für Zeichen von Vornehmheit hält, vererben von Mutter auf Tochter. Hauben sind bei den Frauen ganz unbekannt. Die Mantelkappe ersetzt jeden Kopfputz, doch tragen ältliche Weiber häufig das Fobahin, ein um den Kopf gewundenes und unter dem Kinn in einen Knoten geknüpftes Tuch.

Seit den ältesten Zeiten herrscht unter den irländischen Landleuten die Sitte, mit einem Segenswunsch zu grüßen, die vielleicht morgenländischen Ursprungs ist. Wanderer werden mit besondern Redensarten gegrüßt, die sich nach den Tageszeiten, nach der Beschaffenheit der Straßen und andern Umständen richten.

Die Verwünschungen der Landleute sind sehr kräftig und enthalten eine Steigerung von Übeln, die allmälig in die furchtbarsten Flüche übergeht, von dem „Möge das Gras auf der Schwelle deines Hauses wachsen!" „Mögest du freundlos und allein in dieser Welt stehen!" Ihre Ausrufungen sind kräftig und bildlich und grenzen zuweilen an das Erhabene. Immer wendet sich der Irländer an das Gefühl, nie an den Verstand, und die Leidenschaften werden stets stürmisch und plötzlich angeregt.

Ein merkwürdiger Zug sind die Gedanken von Freiheit und Unabhängigkeit, die in der Seele des irländischen Landmannes dunkel walten, und sie werden nur von dem Stolze übertroffen, den er in einem mit seiner Lage ganz unvereinbaren Grade hegt. „Weil Ihr es befehlt, würde ich es thun, aber ich mag mich nicht erniedrigen", ist eine gewöhnliche Antwort, welche allen Gründen trotzt, die Vernunft oder Schicklichkeit angeben. Jeder gilt für einen Edelmann, wer verwandt mit einem Edelmanne ist. Das Mitleid, welches der arme, stolze und tieffühlende Irländer erweckt, wird daher oft durch andere Regungen beschränkt. In der Sprache des Landmannes hört man immer Übertreibungen. Der Bewohner einer armseligen Lehmhütte spricht mit großer Zuversicht von seinem Putzimmer, einem Gemach im Dache, zu welchem er auf einer Leiter hinansteigt, und der Fußpfad, der durch seinen Gemüsegarten von einem halben Morgen führt, heißt der Weg durch sein Gut.

Aber so armselig und dürftig diese Hütten sind, der obdachlose Bettler, der mit dem Wunsche „Gott segne Alle hier!" hereintritt, kann auf jede Gastfreundschaft rechnen, die der Bewohner zu geben im Stande ist. Er erhält den besten Sitz, die größte Kartoffel wird für ihn ausgesucht. Diese Gastfreundschaft findet man nicht blos in der Hütte, sondern sie ist ein Zug des Volkscharakters, den Jeder, der die Insel besucht, dankbar anerkennen muß.

Der Hang zum Trunke, den man dem Irländer zuschreibt, hat verschiedene Ursachen, namentlich die ihm eigne Neigung zu lebhafter Aufregung, seine Geselligkeit und seine Ansichten von allgemeiner Gastfreiheit. Der Wohlfeilheit des Branntweins, der früher zum Nachtheil der drückenden Steuergesetze häufiger als jetzt heimlich verfertigt ward, und die Leichtigkeit, sich dieses Getränk zu verschaffen, sind mächtige Versuchungen. Hat der Landmann durch die bösen Folgen des Trunks gelitten, so nimmt er sich oft vor, den Branntwein auf bestimmte Zeit zu meiden. Er schwört, keinen Branntwein innerhalb eines gewissen Bezirks zu trinken oder in keinem Hause, oder weder innerhalb noch außerhalb eines Hauses. Diese Gelübde werden zuweilen genau beobachtet, häufig aber durch mancherlei Listen umgangen. Der Landmann geht z. B. zwei Meilen weit mit der Branntweinflasche in der Hand, bis er über die Grenze des bestimmten Bezirks kommt, oder er trinkt ihn unter freiem Himmel, oder wenn er gelobt hat, weder innerhalb noch außerhalb eines Hauses zu trinken, so stellt er einen Fuß über die Schwelle und den andern in das Haus, und hat er bei Allem, was heilig ist, geschworen, nicht einen Tropfen zu trinken, so überwindet er die Schwierigkeit, indem er sein Brot in den Branntwein tunkt. Wein oder Branntwein wird als ein Heilmittel gegen jede Beschwerde betrachtet, da man den Sitz jeder Krankheit im Herzen sucht. Die gewöhnliche Rede am Krankenbette ist: „Sein armes Herz braucht einen stärkenden Tropfen." Täglich sieht man vor den Wohnungen der Wohlhabenden schmuzige Bettler, die ihre Flasche darreichen und um einen Tropfen Wein für einen armen Mann bitten, der auf dem Krankenbette liege.

Zu den auffallendsten Überresten des alterthümlichen Sittenzustandes gehören die häufigen Kämpfe zwischen den verschiedenen Stämmen oder Parteien, den Gesetzen zum offenen Trotz. Ein Jahrmarkt, das Fest eines Schutzheiligen, oder sonst eine öffentliche Zusammenkunft, endigt selten ohne Kampf, ohne Todtschlag. Knittel und Steine sind die gewöhnlichen Waffen, nicht selten aber sieht man auch gefährlichere Mordwaffen, und es war vor noch nicht langer Zeit nicht ungewöhnlich, daß jährlich ein streitiger Gegenstand zwischen zwei Parteien blutig ausgefochten wurde. Oft wird absichtlich Gelegenheit zum Zanke gesucht, um ein allgemeines Gefecht herbeizuführen, und diese Streitlust ist so eingewurzelt, daß zuweilen Jemand seinen Rock beim Kragen hält, und durch die Versammlung schleppt, indem er Andere herausfodert oder listig verleitet, darauf zu treten, was er dann als eine Beleidigung ansieht und mit einem Schlage rächt, worauf alsbald der Kampf beginnt.

Die zu gewissen Jahreszeiten üblichen Feste und Gebräuche haben viele Ähnlichkeit mit den Gewohnheiten im schottischen Hochlande, wo die durch solche Gebräuche erweckten geheimnißvollen Gefühle noch mehr Einfluß haben als bei den in der Gesittung weiter vorgeschrittenen Landleuten in Niederschottland und in England. In der letzten Nacht des Jahres wirft jeder Hausvater einen Kuchen gegen die Außenseite der Hausthüre. Dies soll im ganzen folgenden Jahre den Hunger abhalten, und die unzähligen, durch die Erfahrung gegebenen Beweise von der Trüglichkeit dieses Gebrauches haben die Überzeugung von der Wirksamkeit desselben nicht geschwächt. Am Stephanstage tragen Haufen junger Bauern einen mit Bändern gezierten Stechpalmenbusch, an welchem viele Zaunkönige hangen, singend von Haus zu Haus und bekommen ein kleines Geldgeschenk, das sie am Abend vertrinken. Am Vorabend des Johannistages und einiger andern Feste wird ein Besenstiel wie eine menschliche Figur angeputzt, in der Dämmerung von Hütte zu Hütte getragen und dann plötzlich in die Thüre geschoben, was Gelegenheit zu mancherlei Kurzweil gibt.

Der Aberglaube der Irländer ist zwar meist von unschädlicher Art, eine abergläubige Meinung aber ist so empörend, daß man an dem Dasein derselben zweifeln könnte, wenn sie nicht als Thatsache erwiesen wäre. Man glaubt nämlich, daß die linke Hand einer Leiche, in einem Milchnapf getaucht, die Wirkung habe, die Milch fetter und besser zu machen. Vor ungefähr zwanzig Jahren ward eine alte Frau eingezogen, weil sie eine Todtenhand in die Milch gesteckt haben sollte und es wurden zwei Hände in ekelhafter Fäulniß als Beweise gegen sie vorgebracht. Es ergab sich zwar, daß Jemand diese Hände in die Milchkammer gebracht hatte, um die arme Frau ins Unglück zu bringen, aber der Umstand war hinlänglich, das Dasein des Aberglaubens zu beweisen.

Liebesbewerbungen fangen gewöhnlich an, sobald die jungen Leute aus den Kinderschuhen getreten sind. Eine zahlreiche Nachkommenschaft ist die Folge früher Heirathen, und oft sehen Vater und Sohn wie Brüder aus und behandeln sich eher brüderlich als mit den zwischen Ältern und Kindern gewöhnlichen Gefühlen. Ein Haus mit drei aneinanderstoßenden Gemächern wird zur Hochzeit ausgesucht, um die erwarteten Gäste absondern zu können. Das beste ist für Braut und Bräutigam, den Geistlichen, den Pfeifer und die wohlhabendsten und vornehmsten Gäste, z. B. den Gutsherrn und den benachbarten Adel bestimmt, die immer eingeladen werden. Das zweite nimmt die übrigen Nachbarn, das dritte die Bettler auf. Ist die Trauung vollzogen, so werden zwei Geldsammlungen unter den Gästen veranstaltet, eine für den Geistlichen, die andere für den Pfeifer. Das Fest beginnt spät am Abend nach der Trauung und endigt selten vor Tagesanbruch.

Unter den Bettlern war bis vor wenigen Jahren eine Classe häufig, die man Buckaugh nannte. Der Name bedeutet eigentlich einen Lahmen oder Verstümmelten; aber manche rüstige junge Leute hüllten sich in Lumpen und suchten die Vorrechte der Gebrechlichen und Alten geltend zu machen. In Irland, wo es keine Zigeuner gibt, nahmen diese Bettler deren Stelle ein und waren ihnen in unsteter Lebensweise gleich, wiewol sie sich nicht in Haufen gesellten. Der Buckaugh ist ein einsames Wesen, das allein in der Welt zu stehen scheint, ohne sichtbare Beschäftigung, ohne Lebensberuf. Man sieht ihn auf Heerstraßen und abgelegenen Wegen, zu allen Stunden und in allen Jahreszeiten. Sein Bart ist ungeschoren, sein Anzug besteht aus Lumpen, mit Bindfaden zusammengeflickt. Er geht, mit Quersäcken beladen, auf seinen langen, mit Eisen beschlagenen Stab sich stützend einher. Am Abend findet er seinen Ruheplatz am Torffeuer des armen Hüttenbewohners, dessen dürftige Mahlzeit er theilt. Er hat seine Säcke und seinen Wanderstab in einen Winkel gelegt und schläft auf einem Strohbund. Nicht selten findet man bei diesen Leuten manche literarische Kenntnisse; sie besitzen gewöhnlich mehre Bücher und irländische Handschriften, die sie gesammelt haben und sorgfältig von einem Orte zum andern mitnehmen, und nicht immer ist ihnen für Geld etwas von diesen Schätzen feil. Des Schreibens kundig, sind diese Bettler den Landleuten willkommen, deren Briefwechsel oft allein durch sie geführt wird. Die jüngern Glieder der Familie behandeln den Buckaugh mit besonderer Achtung und machen ihn zum Vertrauten ihrer Liebeshändel. Er schreibt die Liebesbriefe und überbringt sie heimlich, rühmt den Jüngling seiner Geliebten und das Mädchen dem Liebsten. Der Buckaugh ist oft der Schiedsrichter in den Zwisten der Landleute und der Abgesandte, den eine streitende Partei zu der andern schickt. Die Lebensmittel, die man ihnen aus Dankbarkeit oder Mitleid schenkt, verkaufen sie gewöhnlich an arme Landleute oder Stadtbettler, welche sie für geringer halten und die es auch sind, da beide auf

*

ganz verschiedene Weise ihren Unterhalt gewinnen. Bei vieler Menschenkenntniß sind diese Bettler ungemein scharfsinnig, schlau und verständig, aber sie zeigen ein unbefangenes Benehmen und wenn sie ihren Vortheil dabei sehen, tragen sie selten Bedenken, Diejenigen zu täuschen, die ihnen Vertrauen schenken, wiewol man auch Beispiele von einem fast ritterlichen Ehrgefühle unter dieser Bettlerclasse findet.

Die Riesengrotte der norischen Alpen.

Fast in der Mitte der an Naturschönheiten so reichen norischen oder steirischen Alpen, aus deren tiefverborgenen Erzschachten schon die alten Römer ihren in zwei Welttheilen gefürchteten Stahl und das Eisen für die nützlichere Pflugschar gewannen, öffnet sich ein halbmondförmiges, zwischen Felsengipfeln eingebettetes Alpenthal. Den Eingang zu diesem Thalgrunde beherrscht der grünbewaldete Polster, während sich zur Linken, gleichsam als ein zweiter kühner Thalwächter, die gigantische Felsensäule des Pfaffensteins erhebt. Zwei silberhelle Bergströme, der Neuwaldeck- und der Hirscheck-Gießbach durchströmen dasselbe bis zu dem Fuße des mächtigen Erzberges. Eine den ganzen Thalgrund überspannende Alpenwiese zieht sich am Saume der links und rechts aufgethürmten Kalkmassen hin. Über diese Gefilde schlängelt sich der Weg dem Fuße des steil und kahl emporsteigenden ungeheuren Felsenstockes der Frauenmauer durch das sogenannte Bärnloch entgegen. Der schmale Bergpfad drängt sich durch einen von riesigen Felsblöcken stellenweise besetzten Fichtenhain immer steiler den Abhang hinan, dessen oberste Seiten völlig mit Gries- und Steingerölle angefüllt, das Hinanklimmen für ungeübte Bergsteiger sehr mühsam und beschwerlich machen. Ein enger, halbverwachsener Fußsteig ist die Spur, der man aufwärts folgt, und sowie man allmälig höher steigt, verdrängen knorrige Fichten und Föhren das üppige Nadelholz. Jetzt öffnet sich die Aussicht auf die Marmorwand der Frauenmauer, und ein dreifaches Felsenthor bietet dem überraschten Blicke sich dar, durch deren mittleres großes Portal man zu der das Ziel der Reise bildenden Grotte gelangt. Hat man nach ermüdendem Klettern über loses Gerölle den Fuß der senkrecht sich emporhebenden Frauenmauer erreicht, so leitet der Pfad über eine vorspringende Steinklippenhöhe zum Eingange der Höhle selbst hin. Über diesen, nur von einer dünnen lockern Rasendecke bekleideten Felsenhang muß man mit Behutsamkeit und Kraftanstrengung hinaufklimmen und sich vor Schwindel bewahren, damit man nicht in die schauerliche Tiefe, die zwischen den überhängenden Steinwänden herauf gähnt, hinabstürze. Dicht unter dem Eingange auf einem schmalen Felsbogen, hebt eine mächtige Alpenfichte ihr Haupt in die Wolken. Mit Staunen steht der Wanderer an der furchtbar erhabenen Schwelle eines steinernen Riesentempels der Natur, dessen mittlerer Eingang in der Gestalt eines ungleichen Halbcirkels einem Triumphbogen gleicht, von wahrhaft imponirendem majestätischen Ansehen. Dies ist die Mündung der Riesengrotte, die nun mit ihren gothischen Wölbungen und prächtigen Hallen dem Blicke des Beschauers aufgeschlossen liegt. Man glaubt sich in einen Prunkpalast des Königs der Gnomen versetzt. Auf beiden Seiten dieser Wundergrotte steigen ungeheure graue Felsen fast senkrecht zu einer Höhe von 400 Fuß empor, und bilden in rechten oder schiefen Winkeln zusammenlaufend, wundersame Gewölbe und prächtige Bögen; Säulen streben empor in mancherlei Ordnungen mit abenteuerlichen Knäufen und Stühlen. Tiefe Stille herrscht rings umher, die nur zuweilen von rieselnden Tropfquellen unterbrochen wird.

Um in die tiefen Kammern und labyrinthischen Gänge der Grotte zu gelangen, müssen nun die Fackeln angezündet werden. Beim zitternden Schein des Lichtes sieht man sich zuerst unter eine ungeheure kühn geformte Wölbung versetzt, die in der Mitte fast ein halbes tausend Fuß hoch ist, ohne daß ein einziger Pfeiler diesen kolossalen Bogen, der über dem Ganzen aus einem Stücke besteht, unterstützte. Von oben, von unten und von den Seiten wird der Schein der Fackellichter in jeglicher Richtung zurückgeworfen und enthüllt die einzelnen Schönheiten dieser unbeschreiblich erhabenen Felsenkatakomben dem Auge des Beschauers. Die Wände dieser Grotte bestehen aus uranfänglichem Kalkstein und bilden ein zierliches Ebenmaß in der Anordnung der Felsen. Die von außen hereinsickernde Feuchtigkeit bildet allerlei abenteuerliche Krusten und Ansätze; lose Felsblöcke, kühn übereinandergeworfen, als hätte die Gewalt des Wassers sie aufgewälzt, füllen das weite Gewölbe, in welches die Höhle sich öffnet.

Dieser ungeheure Felsenhang, von dem die Eingangshöhle bedeckt ist, erstreckt sich auf 100 Fuß in das Innere hinein, wo die Decke niedriger wird und in sanftem Abhange zu den innern Gemächern der Höhle leitet. Zur Rechten schweifen zwei Gänge der Grotte ab. Diesen entlang, über einen rauhen felsigen Abstieg, gelangt man in der sich allmälig niederwindenden Höhlenwölbung zur zweiten Kammer dieses Felsenlabyrinthes, die ein See von ungefähr 100 Fuß Länge und mäßiger Breite ausfüllt, dessen kühles, oft in den heißesten Sommertagen mit Eis bedecktes Gewässer in so friedlicher Einsamkeit einen wahrhaft erfrischenden Eindruck hervorbringt. Die ganze weite Felshalle ist mit krystallenem Eise, wie mit einer Rinde überzogen, durch die man jedes Fleckchen, jede Spalte deutlich wahrnehmen kann. Vom Gewölbe hängen große und dicke Zacken herab, die sich in verschiedene Äste ausbreiten und allerhand seltsame Gestalten bilden; an einzelnen Stellen senken sich kolossale Säulen von Eis von der Decke hernieder und verleihen dieser Felsenkammer Festigkeit und ein Ehrfurcht gebietendes Ansehen. Die Felsenwände sind reiner Krystall, der an Millionen Punkten von den hinaufstrahlenden Lichtern widerflimmert und nicht blos die obern Gewölbe, sondern auch den Fußboden ganz überzieht. Sobald das Auge sich einigermaßen an diesen blendenden Glanz gewöhnt hat, zeigen sich ihm alle möglichen Bildungen: Säulen, Knäufe, Cylinder, Pyramiden, Alles vom reinsten Eise, das hier in einen stumpfen Hügel, dort in einen spitzen Vorsprung, dort wieder in eine schöne Draperie zusammengeflossen und versteinert ist; weiter im Hintergrunde findet man in lebloser Erstarrung die Wasserfälle und Kaskaden, die in dem Augenblicke des heftigsten Sturzes und der schäumendsten Brandung ergriffen und in Eis verwandelt zu sein scheinen, und wenn man mit Vorsicht ein Paar Fackeln hinter einen Eisobelisken gestellt hat, dann erst glaubt man in die Prunkgärten der Gnomen hinabgestiegen zu sein, so reizend spielt der Schimmer derselben auf dem glänzenden Eise bald blaue, bald grüne, bald gelbe Farben, und die ganze Höhle scheint entflammt. Das Wasser, welches durch den Regen und durch die Auflösung des Schnees erzeugt wird, sinkt durch die Klüfte des Gebirges in diese Höhle, und bildet da jene mancherlei seltsamen Formen.

Man steigt nun über eine Menge großer Steinstücke höher und höher fort, bis zur mittlern Bogenöffnung, der Schluf genannt, die an den Seitengehängen des Felsens niedrig ausbricht und durch welche man mit gebücktem Körper schreiten muß. Die immer enger werdenden Gänge führen zwischen seltsam geformten Massen von Kalkstein durch, bis zu einem tief in den Bauch des Gebirges sich allmälig hineinziehenden Schlund, wo sich die Steinkammer ganz zu schließen scheint. Hier vernimmt man schon von fern das Plätschern eines Wasserfalls, der sich auf der Deckenwölbung in einen schönen Wasserteich entleert, von dem aus sich die Gewässer in einen tiefen Abgrund stürzen.

Eine vierte Felsenkammer, zu welcher man nur in gebückter Stellung auf beschwerlichen, rauhen Pfaden gelangt, durchzieht die Höhle in ihrer ganzen Länge bis zu ihrer östlichen Ausmündung. Der schmale, niedrige Eingang erweitert sich bald immer mehr und führt endlich zu einer hohen geräumigen Grotte, deren Ausdehnung an 500 Klafter beträgt und deren Länge man auf 1½ Stunde anschlagen kann.

Auch das kühnste Herz wird durch den steten Wechsel des Sichern und Gefährlichen, des Angenehmen und Schrecklichen in diesen weitgestreckten Felsengängen mit Staunen und Bewunderung erfüllt. Bald muß man fast kriechend vorwärts zu kommen suchen, bald kann man gemächlich durch hohe geräumige Kammern schreiten. Jetzt geht man durch schmale, ein oder zwei Klafter hohe unterirdische Gänge, dann nehmen uns wieder große weitschichtige Hallen auf, oder man gelangt in schreckliche Höhlen, wo die hier und da herabhängenden fast losgerissenen Felsenmassen uns jeden Augenblick zu zerschmettern drohen. Hier gähnt ein Abgrund dem Neugierigen entgegen, dort dringen unermeßliche Felsenspalten in den Berg hinauf, die gleich hohen Thürmen emporsteigen. Hier muß man einen Felshügel mühsam hinaufklettern, dann erleichtern jenseits von der Natur gelegte Stufen das Herabsteigen. An der einen Stelle bleibt der Fuß ganz trocken, während man an einer andern den sprühenden Tropfquellen ausweichen muß.

Hier herrscht nun ewige Nacht; hier grünt kein Pflänzchen, hier regt sich kein Wesen der Schöpfung, als der Verwegene, der hier wandelt. Von den Wänden fallen dicke, schwere Tropfen plätschernd nieder, in denen man die Pulsschläge der Gebirgsadern zu vernehmen glaubt.

Endlich führt der Weg durch diese ungeheuern Räume zu einer Stelle, wo sich die zusammentretenden beiderseitigen Steinwände ganz zu schließen scheinen; nur eine sehr schmale Öffnung zeigt etwas sich über dem Boden, durch die es möglich scheint, weiter zu kommen; allein dieses Weiterkommen ist fast mit Lebensgefahr verbunden und Entsetzen erregend. Ein ungeheurer, von der obern Felsmasse abgelöster Block, in schauerlicher Stellung zwischen dieser Felsenenge eingeklemmt schwebend, füllt die ganze Kluft aus, unter welchem der Besucher auf sehr schlüpfrigen, schmalränderigen Stufen durchklettern muß.

Bei diesem Anblick erstarrt der Ankommende, und es bedarf schon einer großen Herzhaftigkeit, um durch diesen Schlund des Schreckens auf rauher Stiege bis zur Tiefe einer fünften, durchgängig mit Felsentrümmern angefüllten Kammer hinabzusteigen. Der Pfad hebt sich nun über unförmliche, herabgestürzte Felsenmassen allmälig steiler empor, dann zieht er sich in sanfter Senkung ungefähr 60 Fuß lang bis zum Mittelpunkte dieses Steinlabyrinthes hin. Hier gewahrt der Blick an der linkseitigen glatten Felswand Zahlen- und Buchstabenzeichen.

Ein steiermärkischer Bergmann, Namens Christian Hanickl, war der Erste, der diese Wundergrotte in mineralogischer Beziehung durchforschte, ein Unternehmen, womit er im Sommer 1822 glücklich zu Stande kam.

Durch einen engen, ungefähr 60 Fuß langen Felsengang gelangt man nach mannichfachen Schwierigkeiten zu einem prächtigen Amphitheater. Hier steigen die steinernen Wände zu einer schwindelnden, dem Blick unerreichbaren kolossalen Bogenwölbung senkrecht empor, und entsenden nach Nord und Süd gewaltige, durch die massiven Kalkmassen kühn getriebene Bogengänge, die das ganze Gewölbe des Himmels zu tragen scheinen. Diese mächtigen Säulen in einem ovalen, weitgedehnten Umkreis geordnet, bieten dem Auge den Anblick eines der herrlichsten und glänzendsten Amphitheater dar. Was sind in Vergleichung mit einer solchen Feenhalle alle von Menschen erbauten Dome und Paläste? Wahre Nachahmungen, so winzig und klein, wie der Menschen Werke immer erscheinen, im Vergleich mit den Werken der Natur.

Ein 40 Fuß hoher Marmorblock scheint an einer Stelle dem Wanderer das Vordringen zu verwehren. Ist man aber an diesem Hinderniß vorbeigeschritten, so erreicht man in kurzer Zeit den Punkt, wo die erhabene Hallenwölbung zu einem so niedrigen Gange abwärts streicht, daß man fast hindurchkriechen muß, um nicht an den scharfen Kanten der Felsendecke anzustoßen. Der Weg gestaltet sich nun immer steiler und übersteinerter, während der Grottengang zugleich von seinem bisherigen Hauptzug stark zur Rechten abschweift.

Nach einer Wanderung von wol 1000 Schritten ebnet sich der Pfad und man entdeckt nun von fern einen brennenden Punkt, der im Vorwärtsschreiten nach und nach zum flimmernden Sterne und bald darauf zur leuchtenden Scheibe wird, und nicht ohne Rührung sieht man sich plötzlich von der ganzen Klarheit des Tages umstrahlt.

Diese Wirkung des Tageslichts beim Zurückkehren aus diesen tiefumnachteten Steingängen macht einen unvergleichlichen Eindruck, und die allmälige Erleuchtung der Felsen, die immer heller und heller werden, je mehr man sich dem Ausgange nähert, bietet den schönsten Anblick dar.

Am Ausgange dieser Riesengrotte schaut der trunkene Blick des Wanderers auf eine, wie durch den Zauberschlag einer wohlthätigen Gottheit neu erstandene wunderherrliche Alpenwelt, auf die erhabenen Scenen eines prachtvollen Amphitheaters, umsäumt im Hintergrunde von einem kühnen Kranze hochmächtiger Alpengipfel, aus denen die noch in vollen Sonnenglanz getauchten Kronen des Hochschwab, Ebenstein, Spitzstein, Seestein, der Hochalpe und des Kulmstein vor allen hervorragen. Den lieblichen Vordergrund bilden die triften- und quellenreichen Thalkessel des Neuwaldes und Fassings, in der Mitte frischgrünende Alpenmatten, die von einzelnen Sennenhütten belebt werden; ferner die kühnen Felsenterrassen des Langstein und der Heuschlagmauer, mit dem dunkeln Grün der Buchen und Fichten bekleidet und von zahlreichen Alpenheerden malerisch beweidet. Ein wahrhaft hinreißendes Bild. Am Ausgangspunkte der Grotte zeigt sich eine ungemein merkwürdige Naturerscheinung, nämlich ein über alle Vorstellung erhabenes, reines und mächtiges Echo, das deutlich jeden Schall fünffach wiederholt. Beim langsamen Vortrage der Töne auf Blasinstrumenten erwacht aus Bergen, Thälern und Felsen dieses Amphitheaters eine wahrhaft harmonische Echomusik, und man wird sich auszurufen gedrungen fühlen: „Herr, wie sind deine Werke so groß und viel; du hast sie alle herrlich geordnet, und die Erde ist voll deiner Güte!"

Merkwürdiger naturwissenschaftlicher Versuch.

Nachstehender merkwürdige Versuch des kenntnißreichen englischen Physikers, Andrew Croß, scheint unwiderleglich zu beweisen, daß man auch auf unorganischem Wege organische Gebilde und sogar wirkliche lebende Geschöpfe entwickeln und erzeugen kann. Der genannte Gelehrte hat bereits seit einiger Zeit eine Reihenfolge von Untersuchungen über den Proceß der Krystallisation, oder, mit andern Worten: über die verschiedenartigen Äußerungen des Bildungs- und Erzeugungstriebes in der Natur angestellt und in dieser Hinsicht bereits mehre höchst wichtige Entdeckungen gemacht. Er ging nun, auf Grund dieser, in seinen weitern Versuchen bis zu der Aufgabe: ob es möglich sei, auf diese krystallisch-erzeugende Weise und durch Nachahmung der Natur in ihrem Bildungstriebe mit Hülfe des Galvanismus — wie man die künstliche Einwirkung der Elektricität auf das Lebendige nennt*) — wirkliche lebendige Wesen hervorzubringen. Um sich hiervon zu überzeugen, bereitete er eine kieselerdehaltige Flüssigkeit zur Krystallisation; er erhitzte einen Feuerstein bis zum Grade des Weißglühens und ließ ihn dann im Wasser pulverisiren. Als in dieser Pulvergestalt die Kieselerde mit Salzsäure übersättigt worden war, brachte der Experimentirende dieses Gemisch in ein kleines Gefäß und hängte einen Streifen Flanell darin dergestalt auf, daß ein Ende desselben über den Rand hervorragte, auf diese Weise die Flüssigkeit nach und nach durchseigte und in einen Trichter überleitete. Aus diesem ließ er sie auf ein Stück Eisenerz tropfen, das vom Vesuv gewonnen und vorher gleichfalls einer starken Weißglühhitze ausgesetzt gewesen war, sodaß unmöglich noch ein Lebenskeim darin vorhanden sein konnte, worauf er zwei Drähte anbrachte, die mit jedem Pole einer galvanischen Batterie in Verbindung standen. Nach täglicher Beobachtung dieser Vorrichtung zeigten sich endlich am 14. Tage einige kleine weiße Flecken auf dem Steine, die nach Verlauf von andern vier Tagen eine länglichrunde Gestalt annahmen. Aus dieser Gestalt zog Herr Croß den Schluß, daß es in der Entstehung begriffene Krystalle seien. Am 22. Tage bemerkte er mit Erstaunen, daß an jedem dieser weißen Körper acht Schenkel hervorragten, die am 26. Tage sich zu vollkommenen Insekten ausgebildet hatten, mit Bewegung und Freßvermögen begabt. Auf diese Weise entstanden 18—20 solcher Insekten, welche von vielen Personen in Augenschein genommen und für solche erkannt worden sind. Doch erinnerte sich Niemand, jemals dergleichen Insekten gesehen zu haben. Sie glichen etwas einer Made, waren von grauer Farbe und breiartiger Masse, achtbeinig und an einigen Theilen ihres Leibes sehr borstig. Es schien als nährten sie sich von den kieselartigen Theilen der Flüssigkeit, und eben der Umstand, daß sie in dieser fortdauern konnten, war gewiß nicht das am wenigsten Merkwürdige bei der Sache, da die Säure sonst in der kürzesten Zeit jedes andere lebende Wesen zerstört. Ein zweiter Versuch, den Herr Croß, um seine Überzeugung völlig zu befestigen, anstellte, lieferte den Beweis, daß diese Thiere nicht aus der Säure, sondern aus der Kieselerde erzeugt werden. Es wurde nämlich ein Stück Feuerstein (der auch nichts Anderes enthält als Kieselerde) auf eben jene Weise zubereitet und in eine Art von Gallerte versetzt, jedoch ohne Säure. Hierauf ließ er mittels eines Gewindes von Silberdraht, das an beiden Polen in die Masse tauchte, diese fortwäh-

---

*) Vergl. über den Galvanismus Pfennig-Magazin Nr. 69.

rend von einem Strome elektrischer Flüssigkeit durchziehen, und fand nach Verlauf von drei Wochen, bei Untersuchung der Pole, an einem der Drahtgewinde wieder eines dieser merkwürdigen Insekten.

Vergleicht man dieses ungemein wichtige Ergebniß mit der neuerlichen Entdeckung eines deutschen Naturforschers, daß mehre, besonders kieselerdige Gebirgsarten, größtentheils aus Überresten von Insekten bestehen, so wird man zu der überraschenden Vermuthung veranlaßt, daß sich in diesen Gebirgschichten die Lebenskeime Jahrtausende lang erhielten und schlummerten, um durch die Wissenschaft des Menschen aus ihrer Gefangenschaft erlöst und zu neuer Lebenskraft entwickelt zu werden.

Schneestürze in England.

Viele unserer Leser sind wol der Meinung gewesen, daß die Schneestürze oder sogenannten Lavinen nur in den hohen Alpenländern vorkommen, wo die viele tausend Fuß hohen Berge mit ewigem Schnee bedeckt sind. Allein die neueste Erfahrung belehrt uns eines Andern. Bekanntlich fiel zu Ende des vorigen Jahres in England ein so gewaltiger Schnee, daß er an manchen Orten 30-40 Fuß hoch lag und aller Handels- und Postverkehr dadurch auf mehre Tage gehemmt wurde. So hatte sich unter Anderm auf einem steilen Felsen unweit Lewes, einer kleinen Stadt in der Grafschaft Sussex, während dreier Tage, vom 24. bis zum 26. December, der Schnee in einer solchen Menge angesammelt, daß er bei dem kurz darauf eintretenden Thauwetter mit aller niederschmetternden Gewalt herabstürzte, und sein Sturz sich sogar bis auf das jenseitige Ufer des unten vorbeiströmenden Flusses erstreckte. Schon bei diesem Schneefall wurden drei Häuser zerstört, allein der Hauptsturz erfolgte einige Tage später und begrub nicht weniger als sieben menschliche Wohnungen. Man traf sogleich die nöthigen Anstalten und stellte 150 Arbeiter an, um die bei dieser Gelegenheit von dem Schnee verschütteten Menschen auszugraben, und wirklich hatte man die Freude, mehre noch lebendig aus ihrem eisigen Grabe hervorzuholen; allein die meisten waren in demselben schon erstickt. Selbst während des Ausgrabens der bereits Verunglückten erfolgten noch wiederholte Schneestürze, die, wenn sie beträchtlicher gewesen wären, ein noch weit größeres Unglück angerichtet haben würden. Acht Menschen waren bei diesen Schneefällen ums Leben gekommen und noch mehre beschädigt worden. Wahrscheinlich würden die meisten der Verunglückten diesem Schicksale entgangen sein, wenn sie den Warnungen eines im Orte lebenden Greises, der bereits in seiner Jugend etwas Ähnliches erlebt hatte, Gehör gegeben hätten. Das Ungewöhnliche ist nicht immer das Unmögliche; dies lehrt uns häufig die Erfahrung.

Billard von Gußeisen.

Bereits in Nr. 158 des Pfennig-Magazins haben wir von einem Pianoforte gesprochen, das von zwei französischen Instrumentmachern aus Gußeisen verfertigt worden war und sich in seiner Art als durchaus entsprechend und manchen Vorzug vor den hölzernen behauptend auswies. In neuesten Zeiten nun hat man dasselbe Princip auch auf die Billards übergetragen, weil man sich von dem Gußeisen, wie dort eine größere Sicherheit des Klanges, so hier eine größere Richtigkeit der mathematischen Verhältnisse verspricht. Ein solches Billard aus Gußeisen zeigte man vor Kurzem zu Paris in dem Atelier der Wittwe Chereau, als ein vorzügliches Meisterstück, auf dem der bekannte Noël, Lehrer des Billardspiels zu Paris, Unterricht geben will. Nicht etwa blos das Gestell, sondern auch die ganze Platte dieses Billards, welche letztere so schön wie Krystall polirt ist, ist von gegossenem Eisen. Wir sollten meinen, daß beim Gebrauch dieses Billards der Glanz der geglätteten Eisentafel, besonders bei Lichtschein, sehr nachtheilig sein müsse, auch doch wol die Banden eines elastischen Überzugs bedürfen.

Etwas über das muthmaßliche Alter der Bienenköniginnen.

Nach mehrfachen Beobachtungen hat sich ergeben, daß der junge Schwarm der Bienen allemal von der alten Königin des Stocks und nicht von der jüngern, wie man zu glauben geneigt war, angeführt wird. Dasselbe hat ein großer Bienenfreund, der Prediger Gelin, bestätigt. Dieser nahm wahr, daß ein Stock, der vorher nie geschwärmt hatte, endlich im fünften Jahre einen Schwarm ausschickte, und zwar unter Anführung einer Königin, deren Flügel ganz abgestumpft waren, sodaß sie nicht mehr fliegen konnte und zur Erde fiel. Auch außerdem bemerkte er Zeichen der Betagtheit an ihr. Er schloß daraus, daß die Königin wenigstens fünf Jahre alt gewesen sei. Die Arbeitsbienen bringen ihr Leben nicht über ein Jahr.

Der Trongon.

Wir verdanken den Bemühungen einiger französischen, englischen und deutschen Naturforscher unserer Zeit die genaue Kenntniß dieser aus mehren Gattungen bestehenden Familie von Vögeln, die den Namen Trongon führen und in den heißern Gegenden Amerikas und Indiens und den umliegenden Inseln Ceylon, Java und Sumatra heimisch sind, in Afrika aber nur in einer Gattung vorkommen. Sie gehören zu den Vögeln, die sich durch den Farbenglanz ihres Gefieders vor allen auszeichnen, und die Gegensätze von prunkigem Scharlachroth, Schwarz, Grün und Braun machen eine herrliche Wirkung. Die Zehen stehen paarweise, zwei vorne und zwei hinten, wie bei den Papageien; der Schnabel ist stark und weit aufklaffend, der Körper voll und rund, der Kopf groß, das Gefieder dicht, die Flügel kurz und spitzig, der Schwanz lang und groß und bei einigen Gattungen, besonders bei dem glänzenden Trongon, in sehr lange Federn auslaufend. Der Trongon lebt einsam in den dichtesten Wäldern, fern von den Wohnungen der Menschen. Stunden lang sitzt er unbeweglich auf einem Baumzweige und läßt zuweilen einen klagenden Schrei hören, besonders wenn das Weibchen brütet. Bei Tage gleichgültig gegen alle Gegenstände, sorglos oder schlummernd auf dem Baume, läßt er sich oft so nahe kommen, daß man ihn mit einem Stocke erschlagen kann. Der Glanz der Sonne blendet sein Auge und erst in der Dämmerung wird er thätig und sucht sich seine Beute. Früchte, mehre Insekten und ihre Larven sind seine Nahrung. Die meisten sind zu einem schnellen, aber nicht langen Fluge geschickt, und den vorbeifliegenden Insekten auflauernd, schießen sie mit ungemeiner Geschwindigkeit auf dieselben. Diejenigen, deren langes Gefieder den Flug erschwert, leben fast nur von Früchten. Wie Papageien und Spechte, nisten sie in hohlen Bäumen und legen ihre Eier in das von Insekten gemachte Holzmehl. Die ausgebrüteten Jungen sind anfänglich ohne alles Gefieder, das sich erst nach zwei bis drei Tagen zeigt. Der amerikanische Trongon hat einen Schnabel von mäßiger Länge mit gezähnten Rändern, und der Rücken, besonders der Männchen, ist glänzend metallisch grün, der untere Theil scharlachroth oder hochgelb, die äußeren Schwanzfedern sind meist schwarz und weiß gestreift. Der indische Trongon hat einen längern und stärkeren Schnabel. Die Augen sind mit einem glänzend gefärbten Ringe umgeben. Der obere Theil des Leibes ist braun, der untere hochroth. Der afrikanische Trongon ist dem amerikanischen ziemlich ähnlich. Unter allen Gattungen ist der glänzende Trongon der prächtigste. Er wohnt in den dunkelsten Wäldern von Süd-Mexico. Der obere Theil des Körpers ist metallisch goldgrün, und ebenso die langen Federn, in welche der Schwanz ausläuft. Seine glänzenden Federn wurden von den alten Mexicanern zum Kopfputze gebraucht. Am ähnlichsten ist ihm der brasilische Pfauentrongon, der aber nicht wie jener einen Kamm hat, und dessen Schwanzdeckfedern nicht über zwei Zoll lang sind.

Der Trongon.

Das Pfennig-Magazin
für Verbreitung gemeinnütziger Kenntnisse.

207.] Erscheint jeden Sonnabend. [März 18, 1837.

Galerie der deutschen Bundesfürsten.
VIII.

Wilhelm II., Kurfürst von Hessen.

Wilhelm II., Kurfürst von Hessen und Großherzog von Fulda, wurde am 28. Juli 1777 geboren und war der älteste Sohn des Landgrafen Wilhelm IX. von Hessen, der, als er die Kurwürde erhielt, Wilhelm I. sich nannte, und seiner Gemahlin, Wilhelmine Karoline, einer Tochter des Königs Friedrich V. von Dänemark, die 1820 starb. Der Prinz wurde sehr streng und zum Soldaten erzogen; Unterricht erhielt er, vorzüglich außer den Kriegswissenschaften, in der Geschichte und Politik unter der Aufsicht seines Vaters, nach einem von diesem selbst entworfenen Plane. Im Jahre 1797 vermählte er sich mit Auguste Friederike Christine, geboren am 1. Mai 1780, einer Tochter des Königs Friedrich Wilhelm II. von Preußen. Als 1806 das Kurfürstenthum Hessen von den Franzosen besetzt wurde, ging der Prinz mit seinem Vater zuerst nach Gottorp, später nach Rendsburg und Itzehoe, 1808 nach Prag und 1809, während der Vater in Böhmen blieb, nach Berlin, wo er auf längere Zeit seinen Aufenthalt nahm.

Im Jahre 1813 focht er in den Reihen des preußischen Heeres und nach der Schlacht bei Leipzig eilte er sofort nach Kassel, wo er im Namen seines Vaters die Hessen zum Kampfe gegen Frankreich aufrief. Nach der Rückkehr des Kurfürsten nahm er thätigen Antheil an der Ausrüstung des hessischen Heers, über welches er im März 1814 den Oberbefehl erhielt. Später ging er mit seinem Vater zum Congresse nach Wien.

Nach dem Tode des Kurfürsten, am 27. Februar 1821, folgte er demselben in der Regierung und erregte durch seine ersten Schritte günstige Hoffnungen für eine bessere Gestaltung des Staatslebens, besonders als er im Juni 1821 die Trennung der Verwaltung von der Rechtspflege anordnete. Doch der bald nachher eintretende traurige Zwiespalt in der fürstlichen Familie trübte die Aussicht auf die Zukunft, zumal als er so weit gedieh, daß die Kurfürstin, welche die Achtung und Liebe der Bewohner der Hauptstadt in hohem Grade genoß, im Mai 1826 sich nach Bonn begab und der Kurprinz im September desselben Jahres nach Berlin ging. Erst im Jahre 1830 erfolgte in Karlsbad die Aussöhnung des Kurprinzen mit seinem dort erkrankten Vater, der in Folge der Ereignisse in Kassel im September desselben Jahres mit den Landständen über eine neue Verfassung sich berieth, und nachdem er im Januar 1831 seine Residenz nach Hanau verlegt hatte, am 30. September 1831 dem Kurprinzen die Mitregentschaft übertrug, die dieser am 1. October antrat. Die Kurfürstin kehrte hierauf nach Kassel zurück; der Kurfürst aber hielt sich seitdem abwechselnd in Philippsruhe, Hanau, Baden-Baden und Frankfurt am Main auf.

Aus der Ehe des Kurfürsten mit seiner Gemahlin stammen: 1) der Kurprinz und Mitregent Friedrich Wilhelm, geboren am 20. August 1802, der seit dem 30. September 1831 in morganatischer Ehe mit der Gräfin Gertrude von Schaumburg, geboren am 18. Mai 1806, vermählt ist; 2) Karoline, geboren 1799, und 3) Marie, geboren 1804, vermählt seit 1825 mit dem Herzoge von Sachsen-Meiningen-Hildburghausen, Bernhard Erich Freund. Unter den Verwandten des kurfürstlichen Hauses erwähnen wir nur den dänischen Generalmajor, Prinzen Wilhelm, geboren 1787, aus dessen Ehe mit der dänischen Prinzessin Luise am 26. November 1820 der Prinz Friedrich entsprossen ist. Die beiden Nebenlinien des Hauses Hessen sind: Hessen-Philippsthal, und Hessen-Philippsthal-Barchfeld; eine dritte, Hessen-Rothenburg, ist mit dem Tode des Landgrafen Victor Amadeus, am 12. November 1834, in der männlichen Linie erloschen. Landgraf von Philippsthal ist Ernst Konstantin, geboren 1771, Landgraf von Philippsthal-Barchfeld Karl, geboren 1784.

Ein Volksfest im alten Griechenland.

Nichts gibt so viel Aufschluß über die Bildung, den Charakter und das innerste Wesen eines Volkes und seiner Zeit, als die Art, wie bei ihm die öffentlichen Feste und Spiele gefeiert wurden. Denn da sich schon bei dem einzelnen Menschen der Charakter in der Freude und Lust am reinsten und unverstelltesten ausspricht, so muß dies noch weit mehr bei ganzen Völkern stattfinden, wo sich nicht blos die durch höhere Bildung Hervorragenden, sondern sämmtliche Glieder des Volkes, Hohe wie Niedere, Vornehme wie Geringe zusammenfinden und sich der Freude rücksichtslos hingeben. Und daß sich dies von je so verhalten habe, bestätigt uns die Geschichte der alten und neuen Zeit. Je humaner die Feste und Spiele eines Volkes sind, einen desto höhern Grad von Humanität hat es selbst bereits erstiegen; es zeigt sich dies bei den griechischen Volksfesten auf das Vollkommenste. Denn schon seit den ältesten Zeiten bestanden bei diesem Volke öffentliche Festlichkeiten darin, daß man Proben erlangter Geschicklichkeit und Körpergewandtheit ablegte, woran sich schon ziemlich früh auch geistige Übungen anschlossen. Ganz anders war der Charakter der römischen Volksfeste; die verhärteten Kriegernaturen konnten nur da Lust und Befriedigung finden, wo Blut floß und es einen Kampf auf Leben und Tod galt; daher die Gladiatorspiele, wo Menschen gegen Menschen oder Menschen gegen wilde Thiere kämpften. Anders wiederum war es bei den alten Deutschen, die nur eine Art von Volksfesten kannten, die sich bei jeder größern Versammlung auf dieselbe Weise wiederholte. Nackte Jünglinge nämlich warfen sich im Sprunge zwischen Schwerter und entgegengehaltene Speere; Übung von Jugend auf machte diese zu einer Kunstfertigkeit; die Fertigkeit erhob sich zu Anstand; die Belohnung bestand in dem Vergnügen und dem Beifall der Zuschauer. Doch ich kehre zum alten Griechenland zurück.

Die beiden Hauptpunkte in der griechischen Erziehung waren Gymnastik und Musik; erstere bildete die Kräfte des Körpers, die zweite die Anlagen des Geistes aus; denn zur Musik gehörte bei den Alten als ein untrennbarer Theil die Dichtkunst und die von ihr ausgehende Bildung des Geistes überhaupt. Übungen in Gymnastik und Musik füllten das ganze Leben der Griechen. Bei den öffentlichen Volksfesten wetteiferten Knaben, Jünglinge und Männer und jeder strebte unter seines Gleichen der Erste zu sein; denn sein Name war dann ein hochgefeierter, Dichter verherrlichten seinen Sieg, Künstler bildeten seine Gestalt in Erz und Marmor. Natürlich gilt dies hauptsächlich nur von den Siegern in den großen Nationalspielen in Olympia u. s. w.; jedoch auch in kleinern Städten müssen öftersm wahrscheinlich jährlich einmal, Spiele veranstaltet worden sein, und hier ward wenigstens der Name des Siegers auf marmornen oder ehernen Tafeln eingegraben, um so den spätern Geschlechtern stets vorzuleuchten.

Damit sich der Leser ein lebendiges Bild eines solchen Festes machen könne, wollen wir eine Beschreibung eines derselben, das in Chios, jetzt Skio, gehalten wurde, von dem wir selbst die Namen der Sieger, die uns durch eine Marmortafel erhalten worden sind, noch wissen, in seinen Hauptzügen beschreiben; es wird sich daraus von selbst die ungemeine Verschiedenheit jener alten Zeiten und der unserigen auf das deutlichste ergeben. In Deutschland haben wir nichts, nur in der Schweiz findet sich noch, wenigstens im Ringen, etwas Ähnliches.

Der Wettkampf war auch hier, wie schon oben angedeutet, ein doppelter, nämlich ein dichterischer und ein gymnastischer.

Der erstere zerfiel in vier Abschnitte, und zuerst fand ein Wettkampf im Vorlesen statt, der darin bestand, daß Einer einen Aufsatz in Prosa, den er selbst gefertigt hatte, öffentlich in der Festversammlung, während ringsum Alles seinen Worten lauschte, vortrug.

Hierauf folgte die Recitation eines poetischen Stücks, jedoch in ganz anderer Weise als bei uns. Die Alten nannten dieses nämlich Rhapsodie und verstanden darunter den recitativähnlichen, mit Musik und passender Action begleiteten Vortrag einer Rhapsodie, das heißt, eines zusammenhängenden, ein Ganzes für sich bildenden Stücks aus einem epischen Gedichte. Der Vortragende war wie ein wandernder Sänger gekleidet und hielt den Vortrag scheinbar aus dem Stegreife, in der Art, wie etwa heutzutage die Improvisatoren vorzutragen pflegen. Zunächst lag es allerdings im Begriffe des Rhapsoden, daß er Stellen aus Homer oder andern epischen Dichtern vortrug; später jedoch scheint sich der Begriff erweitert zu haben, und der Rhapsode trug auch andere Gedichte, zuweilen wol auch eigne Dichtungen vor.

Auf diese Vorträge folgten zwei andere, wo das Reinmusikalische mehr in den Vordergrund trat; nämlich der Psalmos und der Kitharismos. Ersterer bestand darin, daß man einen Gesang unter Begleitung eines musikalischen Instruments, das unserer Laute glich, vortrug. Das Instrument hieß Magodis oder Pectis und erfoderte, da es blos zur Begleitung diente, keine große Kunstfertigkeit. Die Musik war ursprünglich Dienerin der Poesie; zu ihrer Verherrlichung und Verschönerung ward sie geübt und gelernt, und jeder einigermaßen gebildete Grieche spielte ein Instrument; eine Sitte, die ebenfalls den Römern gänzlich fremd war.

Ein anderer war der Kitharismos oder das bloße kunstreiche Spiel auf der Kithara*), welche mit dem Plectrum, einem Metallstäbchen, gespielt wurde. Viele und große Übung gehörte dazu, um sie mit Virtuosität zu spielen, und daher waren es eigentliche Musiker im engern Sinne, welche sich auf diese Art des Wettkampfes einließen. Diejenigen Alten, welche über Erziehung geschrieben haben, z. B. Plato und Aristoteles, tadeln es gar sehr, daß man diese Art der musikalischen Bildung in den Jugendunterricht ziehe; dahin gehört keineswegs, wie sie meinen, bloße Kunst- und Fingerfertigkeit; die Musik, sagen sie, soll Ausdruck der Empfindung sein und es reicht hin, wenn ein Knabe so viel Musikbildung hat, um sich zum Gesange und zum Vortrage poetischer Stellen begleiten zu können.

Nach diesen, man möchte sagen geistigen, Übungen kamen die gymnastischen: nämlich verschiedene Arten des Wettlaufs, hierauf das Ringen und zuletzt der Faustkampf.

Der Wettlauf war nach der Länge der Bahn und der dabei erfoderlichen Ausdauer verschieden und zerfiel hiernach in fünf Gattungen. Die Rennbahn, Stadium genannt, hatte eine Länge von 125 Schritten. Wer diese einfach durchlief, hieß ein Stadiumläufer; es war dies die einfachste und leichteste Art des Laufs. Die zweite bestand darin, hin- und zurückzulaufen, was wir also durch Doppellauf ausdrücken können. Die dritte Art des Laufes bestand darin, vier Stadien oder 500 Schritt zu durchlaufen; weil dies das gewöhnliche Maß für Pferde war, heißt deshalb diese Art des Laufs auch der Roßlauf. Die beiden letzten Arten sind der Langlauf und der Roßlanglauf und die Längen derselben werden verschieden angegeben; in der Regel jedoch scheint der Langlauf sieben Stadien oder 875 Schritte betragen zu haben; der andere 24 Stadien.

Unter den Wettkämpfern fanden verschiedene Classen statt: die erste waren die Knaben, die letzte die Männer; in der Mitte lagen drei Classen von Jünglingen, solche, die den Knaben, andere, die den Männern zunächst standen und die dritte zwischen diesen beiden. Mit dem Langlauf ward in der Regel sowol bei den allgemeinen Nationalspielen als auch bei denen der einzelnen Städte der Anfang gemacht; die übrigen reihten sich an, und es konnte einer in mehren Arten des Wettlaufs zugleich Sieger werden.

Auf den Wettlauf folgte das Ringen. Den lebendigsten Begriff wird sich von dieser Übung Der machen können, welcher an einem dritten Osterfeiertage in Bern dem Schwingen, wie die Schweizer sagen, zugesehen hat.**) Nur der Unterschied fand statt, daß bei den Alten die Sache methodischer und kunstreicher betrieben wurde. Die Ringer nämlich begannen nie einen Kampf, ohne Gelenke und Glieder zu reiben und durch Öl geschmeidig zu machen. Sieger war Derjenige, der seinen Gegner dreimal zur Erde warf. Dieser Kampf stand bei den Alten in hohen Ehren, und nicht blos Männer, sondern auch Jungfrauen nahmen daran Theil, und letztere kämpften nicht allein unter sich, sondern auch mit Männern.

Der letzte Kampf endlich, der jedoch erst später in Griechenland allgemeinere Aufnahme fand und nie recht in Ehren stand, sondern mehr blos von Solchen geübt wurde, die ihn gleichsam professionsmäßig betrieben, ist der Faustkampf; nicht selten waren schwere Wunden und Entstellungen die Folgen und Begleiter desselben. Schon aus diesem Grunde konnte er nicht Jedermanns Sache sein. Diese Art des Kampfes, in der Griechenland in der heroischen Zeit einige berühmte Helden zählte, wurde anfangs mit unbewehrten Händen und Armen ausgeführt; späterhin geschah es oft, daß man die Hände bis an den Knöchel mit starken ledernen Riemen umwand; ja sogar steinerne und bleierne Kugeln hatten die Kämpfer in den Händen, sowie zuweilen auch der Cästus (so hieß der erwähnte lederne Riemen) mit Stücken Blei und Eisen verstärkt wurde.

Und dies wären denn diejenigen Kampfarten, welche bei jenem in Chios gefeierten Feste alle Einwohner der Insel zusammenriefen und zur eifrigsten Theilnahme begeisterten.

In der That, so einfach auch die hier gegebene Beschreibung ist, man kann sie nicht lesen, ohne auch hier die Vorzüge des Alterthums anzuerkennen. Wir Neuern nämlich unterrichten unsere Jugend so ausschließend und überhäufen sie mit so Vielerlei, daß sie fast erliegt; auf der andern Seite vernachlässigen wir fast ganz die Erziehung und Gewöhnung, welche bei den Alten durch solche gymnastische Übungen sich durch die ganze Knaben- und Jünglingszeit hindurchzog, ja selbst noch die jüngern Männer umfaßte. Denn nur der geringere Vortheil ist es, daß durch gymnastische oder, wie wir jetzt sagen würden, Turnübungen der Körper gekräftigt und gewandt gemacht wird; der andere, bisher noch verkannte und doch weit wichtigere Vortheil ist der, daß durch sie die praktischen Anlagen des Geistes, Gefühl und Thatkraft, belebt und gebildet werden; für die Entwickelung und Kräftigung dieser Seiten des menschlichen Geistes leistet die Turnkunst Dasjenige, was die Wissenschaft für Bildung des Erkenntnißvermögens. Bewegung in Gottes freier Natur weckt die Gefühle; gesellschaftliche Spiele entflammen den Wetteifer für Freundschaft, Ehre und Vaterland; für alles Gute, Edle und Löbliche wird der Jüngling bei solchen Übungen geweckt und durch Übung und Gewöhnung in ihnen stark, körperlich und geistig gesund und frisch. Was thun unsere Jünglinge? Haben sie sechs bis sieben Stunden in der engen Schulstube gesessen und dann wieder zu Hause einige Stunden, um ihren Aufgaben zu genügen, so kennen sie kein höheres Vergnügen, als sich wieder in eine Stube einzuschließen und hier bei Bier und Taback sich zu erholen! Wundern wir uns also noch, daß die Tugenden des Muthes, der Ausdauer, der Enthaltsamkeit und Mäßigkeit unter unsern Jünglingen so selten sind? Daß so Viele auf der Akademie körperlich und moralisch untergehen? Unterrichtet sind sie worden, vielleicht sehr gut, jedoch durch Unterricht allein ist des Menschen Bildung noch keineswegs vollendet. Doch es würde hier nicht der Ort sein, dieses Thema weiter aus-

---

*) Das Instrument, das man heutzutage ganz falsch mit dem Namen Lyra zu benennen pflegt.

**) Vergl. Pfennig-Magazin Nr. 24.

zuführen; der geneigte Leser jedoch wird die Betrachtungen leicht selbst fortsetzen und wenigstens so viel zuverlässig und deutlich erkannt haben, daß Turnübungen auf alle Weise zu begünstigen und zu ermuntern sind, daß durch sie die Erziehung des heranwachsenden Geschlechts erst vollendet werden kann.

Upsala.

Unsere Abbildung stellt die Stadt Upsala in Schweden und deren nächste Umgebungen vor. Diese freundliche und angenehme, wenngleich nicht eben große Stadt war früher die Hauptstadt von ganz Schweden und ist gegenwärtig der Hauptort der Provinz gleiches Namens. Nicht weit davon liegt der 18 Quadratmeilen große Mälarsee, einer der größten Seen des Landes, auf welchem eine ziemlich lebhafte Dampfschifffahrt getrieben wird. Upsala gewährt dem Reisenden einen äußerst freundlichen Anblick; ein kleiner Fluß, Fyrisa, durchströmt der Länge nach die ganze Stadt; die Ufer oder Kais dieses Flusses sind mit schönen Bäumen bepflanzt, die Straßen breit und gerade, besonders die Hauptstraßen, welche von den schönen und regelmäßigen Marktplatz ausgehen. Was man in wenigen andern Städten findet, trägt hier viel zur Gesundheit und Annehmlichkeit des Aufenthalts bei, daß nämlich die meisten Häuser nicht aneinander gebaut, sondern durch Zwischenräume und die sie umgebenden Höfe und Gärten geschieden sind. Die Stadt zählt etwa 5000 Einwohner, mit Ausschluß der auf der Universität Studirenden.

Zu den vorzüglichsten Sehenswürdigkeiten der Stadt gehört die sehr alte Dom- oder Kathedralkirche, deren Bau bereits 1258 begonnen ward; sie ist die größte und schönste Kirche Schwedens, ja man kann vielleicht behaupten, des ganzen evangelischen Nordens, im reinen gothischen Styl erbaut. Ein berühmter englischer Reisender, Bischof Heber, beklagt sich in seiner Beschreibung bitter über einige sogenannte Verbesserungen, die man in neuern Zeiten damit vorgenommen, und die nun in ihrer modernen Gestalt gegen den alterthümlich erhabenen Styl des Ganzen auf widrige Art abstechen. Dieser majestätische Dom mißt 180 Ellen in der Länge, 76 in der Breite und 58 Ellen in der Höhe, und ist durchaus mit Kupfer gedeckt. Es vergingen beinahe zwei Jahrhunderte, bevor er vollendet da stand, denn seine Einweihung erfolgte erst 1435. Im Innern ruht das mächtige Gebäude auf vier nebeneinander fortlaufenden Säulenreihen, welche in der Mitte abbrechen und einen freien Raum bilden, wo vordem die Könige von Schweden gekrönt wurden. Eine Hauptzierde desselben sind auch die zahlreichen, mehr oder minder prächtigen Grabmäler von Königen, Kirchenverbesserern, Erzbischöfen und andern ausgezeichneten Männern. Hier ruht der berühmte Gustav Wasa, der Stammvater so vieler schwedischen Könige, einer der geistvollsten, thätigsten und einflußreichsten Fürsten, die je auf einem Throne gesessen, der sich einst mit Kraft und Kühnheit an die Spitze der muthigen Bergbewohner von Dalekarlien stellte und sich, 1523, aus einem armen Flüchtling, welcher in den dortigen Bergwerken gleich einem Tagelöhner gearbeitet hatte, zum König eines mächtigen Reiches machte. In einer von einem geborenen Schweden vortrefflich gearbeiteten Kapelle ruhen seine Gebeine und die Asche seiner Gemahlinnen, Kinder und Enkel.

Auch befindet sich hier das Denkmal des berühmten Naturforschers Linné, eine einfache Pyramide aus braunem schwedischen Porphyr, der von ausgezeichneter Schönheit ist. Diese führt die einfache lateinische Inschrift: „Dem ersten unter den Botanikern sezten dieses Denkmal seine Freunde und Schüler im Jahre 1798." Nicht weit davon befindet sich die Büste des großen Naturforschers, die seine Gesichtszüge auf das Treueste wiedergibt.*) Sehenswerth sind ferner die Sacristeien des Doms, wo man noch sehr viele alterthümliche Reliquien zeigt, die als sprechende Denkmäler aus der frühern Geschichte Schwedens heilig aufbewahrt werden, so z. B. die Kleider des unglücklichen Nils Sture, den einst König Erich XIV. mit eigner Hand auf dem Schlosse von Upsala tödtete; ferner ein zwei Ellen langer Schleifstein, den einst der schwedische König Albrecht von Mecklenburg an die Königin Margaretha von Dänemark schickte, mit dem Vermelden: „sie solle auf demselben ihre Nähnadeln schleifen, was sich weit besser für sie ziemen würde, als Krieg zu führen." Allein die beleidigte Königin verstand sehr wohl, diese unziemliche Rede zu erwidern, indem sie dem König ein Gegengeschenk mit einer Fahne machte, die aus den Fetzen ihres Nachtgewandes verfertigt war. Eine große Menge heiliger Gefäße, Kelche, Hostienteller, Kreuze, die zum Theil Geschenke von Päpsten und Fürsten sind, bilden einen höchst werthvollen Kirchenschatz. Endlich bemerken wir noch, daß auf diesem Dom die größte Glocke befindlich ist, die es in Schweden gibt; sie wiegt 108 Centner, wird aber nur bei großen Kirchfesten und akademischen Feierlichkeiten geläutet.

Upsala ist der Sitz einer berühmten Universität, die gegenwärtig ungefähr 800 Studirende zählt und den Mittelpunkt bildet, auf welchen sich hier fast alles gesellige Leben bezieht. Sie wurde 1476 gestiftet, und 1624 von dem großen König Gustav Adolph fast durchaus nach den Foderungen und Bedürfnissen seiner Zeit umgestaltet. Dieser ausgezeichnete Fürst legte auch 1621 den ersten Grund zur Bibliothek, die nunmehr in vier größern und zwei kleinern Sälen enthalten ist, gegenwärtig 80,000 Bände zählt, und namentlich im Fach der Geschichte die ausgezeichnetsten Werke besitzt. Das hierzu gehörige Museum ist von dem König Gustav III., der von Ankarström ermordet wurde, erbaut, ein schönes, regelmäßiges Gebäude, welchem ein antikes Portal von dorischen Säulen zur besondern Zierde gereicht. Neben diesem Museum befindet sich der botanische Garten, und in demselben werden die naturhistorischen Sammlungen aufbewahrt, die wenig andere Universitäten reicher und ausgewählter besitzen. Sie sind ungemein vermehrt worden durch den berühmten Botaniker Thunberg, der dem Museum alle von ihm auf seinen Reisen im südlichen Afrika, in Japan und andern Weltgegenden eingesammelten Pflanzen, allein 20,000 Exemplare, nebst einer Menge von zoologischen Gegenständen zum Geschenk machte. Der auf der Universität zu Upsala herrschende Geist ist zu allen Zeiten und besonders wieder neuerdings, als ein durchaus vorzüglicher zu rühmen gewesen. Man findet hier nichts von rohem Betragen, zweideutigen Sitten, von Händeln und Raufereien, von Renommistwesen und Zechgelagen, wodurch wol an andern Orten zuweilen das Leben der Studirenden auf störende Weise bezeichnet wird. Duelle und das sogenannte Burschenleben sind hier völlig unbekannt; überall ist Fleiß und ernste Beschäftigung unter den Studirenden sichtbar, ein sittliches, wissenschaftliches und äußerlich gebildetes Wesen, dessen Ursache wol großentheils in dem nähern Umgange der Studirenden mit den akademischen Lehrern zu suchen ist, der dort jedem wohlgesinnten jungen Mann verstattet ist. Überhaupt ist Upsala ein ebenso gebildeter, als geselliger und gastfreundlicher Ort, dessen Bewohner, nach dem einstimmigen Zeugniß aller Reisenden, die Freiheit des Umgangs mit der wahren Schicklichkeit zu verbinden wissen.

An die Umgebungen dieser freundlichen Stadt knüpfen sich viele sagenhafte Erinnerungen aus dem frühesten skandinavischen Alterthum. In diesen romantischen Gefilden wurden sonst die mächtigen Gottheiten der alten Skandinavier, Thor und Odin, verehrt, Thor mit dem mächtigen Hammer, dessen ungeheures Bild, ein rauhes Werk uralter Zeit, noch jetzt in dem Dom gezeigt wird, und von dessen altem Tempel auch in der Nähe der Stadt noch die Ruinen vorhanden sind. Der Leser wird im Vordergrunde unserer Abbildung vier mächtige, kegelförmige Erdhügel bemerken; dies sind die berühmten, sogenannten Upsalahögar (Upsalahöhen), die Grabstätten mächtiger Altvordern. Drei von diesen Anhöhen sind sehr steil und fast cylinderförmig, eine andere, mit mehr breitem Rücken wird Tingshög oder die Gerichtshöhe genannt, weil man hier in den alten heidnischen, und selbst noch in den ersten christlichen Zeiten, so lange die schwedischen Könige noch in Alt-Upsala residirten, das Gericht der Disa, der Göttin der Gerechtigkeit, zu halten pflegte. Noch heutzutage werden an gewissen Festtagen diese Hühnengräber von Upsala aus stark besucht, wobei von den Besuchenden zu Ehren ihrer heidnischen Altvordern eine bedeutende Quantität von dem guten Bier getrunken wird, das die Brauereien von Upsala liefern. Außerdem findet man in der Umgegend noch eine Menge alter Runensteine, und Trümmer uralter Gebäude, die wahrscheinlich gleichfalls zu dem Cultus des heidnischen Gottes Odin gehört haben. Eine Meile von der Stadt steht ein kleines gothisches Gebäude, das der Leser auf unserer Abbildung nicht vergessen findet; es steht auf dem Platze, wo ehedem die Könige des Landes unter freiem Himmel gekrönt wurden.

Diejenigen, welche sich eines anziehenden Gesammtüberblicks über die Stadt Upsala erfreuen wollen, pflegen die Terrasse des alten Schlosses zu besteigen, von wo aus sich alle Reize einer skandinavischen Landschaft entfalten.

Die kleinen pariser Industrieritter.

Wenn hier von „Industrierittern" der französischen Hauptstadt die Rede sein soll, so müssen wir im Voraus bemerken, daß wir obiges Wort hier nicht in seiner nachtheiligen Bedeutung nehmen wollen, nach welcher ein Industrieritter kurz und gut nichts Anderes ist, als ein Gauner, Dieb, Marodeur, Gurgelabschneider und dergleichen. Solch Gesindel, bald aus gröberm, bald aus feinerm Stoff, birgt freilich jede große Stadt; allein hier sprechen wir nicht von dieser Gattung von Gewerbfleiß; die Industrie, welche hier genannt ist, ist unschuldiger, wiewol auch mancher Streich mit unterläuft; es ist eine Industrie im Kleinen, welche höchstens nur die Leute anführt, wenn es einmal nicht anders gehen will, allein, im Ganzen genommen, doch immer noch besser ist als Bettelei und offener Müßiggang, wenngleich auch manche dahin einschlagende Beschäftigungen sich nicht viel vom Müßiggang unterscheiden

---

*) Vgl. Pfennig-Magazin Nr. 22.

Mit Recht nennt ein geistreicher Franzose die Beschäftigungen und Zustände dieser „gewerbfleißigen Leutchen im Kleinen", um sie sämmtlich unter einen Hut zu bringen: ein eigenthümliches Elend. Dieses originelle Elend kann sich bis zur höchsten Gräßlichkeit, bis zum Entsetzen und tiefster Verworfenheit steigern, denn Städte wie Paris sind einer trüben Wassermasse zu vergleichen, in deren schlammigem Grunde abscheuliche Gestaltungen aller Art sich bargen; allein warum grade diesen untersten Bodensatz des Elends zu Tage wühlen? Genug, wenn er von Denen untersucht und zergliedert wird, welche dazu berufen sind. Dagegen gibt es ein Elend, welches leichterer, leichtsinniger und eben darum mehr scherzhafter Natur ist. So lange der Mensch sich in seiner bedenklichen Lage noch erfinderisch und betriebsam zeigt, so lange mag es mit ihm noch hingehen. Er wird den Druck seiner Lage nicht so sehr empfinden, und wenn er auch mit fast nichts Besserm als Lumpen seine Blöße bedeckt, so gelingt es ihm doch noch, unter diesen Lumpen ein leidlich heiteres Gesicht zu zeigen; etwas, was so Viele nicht vermögen, die sich in Gold und Seide hüllen.

Um es kurz zu bezeichnen, es sind die Leute, die von dem Augenblick leben, die wir hier meinen, die Leute, deren ganze Berechnung nur dahinausgeht, ihre Existenz zu behaupten. Diese Leute haben einen gemeinsamen Stammvater, wiewol dieser in bessern Verhältnissen lebte, als die meisten unter ihnen selbst. Dies ist Figaro, der spanische Barbier, der Cicero aller Barbiere, wie er sich selbst zu nennen beliebt. Figaro, der erfinderische Barbier, der die Augenblicke so trefflich zu benutzen wußte, wie die Gelegenheiten, er hat eine fast unzählige Nachkommenschaft hinterlassen. Diese Nachkommenschaft muß man in den großen Hauptstädten suchen. Dort wird man sie antreffen, denn dort sind sie die unbeschränkten Herrscher des Straßenpflasters; ihnen gehören die Straßen eben sowol deshalb, weil sie in der That keinen andern Wohnsitz haben außer der Straße, als auch darum, weil sie diese große Domaine des öffentlichen Straßenwegs allein würdig zu benutzen wissen. Hier siedeln sie sich an und erwarten, bei vollkommen guter Laune, vom Zufall das günstige Loos einer nächsten Mahlzeit und, wenn es Nacht wird, eines leidlichen Lagers. Wenn der Regen in Strömen vom Himmel herniederfällt und einen schwarzen Koth durch die engen Straßen wälzt, dann hat der Himmel ihre sehnsüchtigsten Wünsche erhört, und sie begrüßen den Wettersturm mit innigster Freude. Befindest du dich unter freiem Himmel und weißt nicht, wie du über die zum breiten Gießbach umgewandelte Straßenrinne in dein Haus oder mindestens in deine Straße gelangen sollt, so brauchst du nur die Augen aufzuschlagen, denn am jenseitigen Ufer steht der betriebsame Industrieritter und schlägt dir eine improvisirte Brücke mittels seiner langen Arme, auf welcher du für einen einzigen Sou trockenen Fußes in Sicherheit gelangst. Vielleicht glaubst du der liebenswürdigen Zudringlichkeit des Glücksritters zu entgehen, wenn du das erste beste Cabriolet besteigst, das dir in den Weg kommt. O mit nichten, denn dies hat der erfinderische Mann schon längst vorausgesehen. Kaum willst du einsteigen, so tritt er herzu und bietet dir mit der verbindlichsten Miene von der Welt ein altes Stück Tapete, einen Lumpen Wachstuch an, um es zwischen das Rad und dein Kleid zu schieben, das sonst durch Anstreichen an das schmuzige Rad Schaden leiden könnte. Dies ist eine Zuvorkommenheit, wofür du nicht füglich weniger als einen Viertelfranc Vergütung zahlen kannst. Kaum hält der Wagen vor der Thür deines Hauses, so springt schon ein neuer „Gewerbfleißiger" herbei, um dir aussteigen zu helfen. Verbitte dir diesen Dienst so sehr du willst, du wirst nichts ausrichten. Die gefällige Hand begleitet dich bis in die Hausflur, und es wird dir zuletzt ganz unmöglich fallen, sie ohne ein Zeichen deiner Erkenntlichkeit zu entlassen.

Der Fremde in einer Stadt wie Paris weiß öfters selbst nicht, wohin er eben seinen Weg nehmen soll. In diesem Falle ist es wieder die Industrie der pariser Pflastertreter, die ihm aus der Verlegenheit hilft. Er ist vielleicht in den Fiaker gestiegen wegen eines leichten Regens; er hat nicht genau den Ort bezeichnet, wohin es gehen soll; es ist aber grade Theaterzeit. So findet er sich plötzlich vor dem Schauspielhause. Kaum nähert er sich dem Eingang, so strecken mehr als vier Hände ihm wohlfeile Billets entgegen, Sperrsitze, Stehplätze, Plätze im Orchester. Er hat die Auswahl, Stück für Stück kostet nur 20 Sous. Von allen Seiten zupft man den Fremden am Rock, man vertritt ihm den Weg, man belagert ihn förmlich, sogar Marken für Badezimmer werden ihm auf demselben Wege angeboten, wenn ihn etwa vor Anfang der Vorstellung noch die Lust anwandeln sollte, sich durch ein Bad zu erfrischen. Es ist natürlich unmöglich, allen diesen verschiedenen Ansprüchen zu entsprechen. Übrigens ist die Industrie der guten Leutchen, welche, nach ihrer beliebten Redensart, „die Plätze wohlfeiler verkaufen als die Bureaus", keineswegs eine so unersprießliche und gewagte Speculation, als Mancher glauben mag, der eine wahre Scheu davor hat, anderswo als an der Kasse seine Billets zu kaufen. Es kommt Alles nur darauf an, die wahren marchands de billets, welche dazu berufen und ermächtigt sind, von den falschen zu unterscheiden, dergleichen es freilich auch gibt, und die auf Betrug ausgehen. Diese, welche von den wahren „marchands" auf das tiefste verachtet werden, führen den Namen „trafiquans" (Handelsleute im ordinairsten Sinne) oder auch „marchands de contremarques". Allein beide Classen trennt eine große Kluft, die nicht immer von den Käufern bemerkt und berücksichtigt wird. Die Sache verhält sich folgendermaßen: Es gibt in Paris eine Specialverwaltung, für die der Autor bei jeder Vorstellung seines Stücks Billets ausgeben und verkaufen kann, und welche diese Billets oft selbst um die Hälfte des Preises verkauft. Diese Gesellschaft unterhält nun zum weitern Vertrieb der Billets ihre Agenten, welche sie weiter verkaufen oder am Tage der Vorstellung selbst einzeln an den Mann bringen. Man kann am Eingange des Schauspielhauses diese Agenten ohne viele Mühe von den bloßen trafiquans unterscheiden, und das schon an der ganzen Haltung, an der stolzern Miene, an dem vertrauensvollen Benehmen, womit sie bei dem Verkauf selbst zu Werke gehen, an der Verachtung, womit sie dem trafiquant begegnen. Der letztere ist, mit wenigen Ausnahmen, ein bloßer Betrüger, darum ist er auch viel unverschämter und zudringlicher; läßt man sich mit ihm ein, oder sich gar ein oder zwei Stückchen rothe oder blaue Pappe von ihm aufbinden, so kann man versichert sein, daß man weder bei der Controle große Ehre einlegen, noch den Schurken von Verkäufer mehr an Ort und Stelle finden wird, der sich sicherlich aus dem Staube gemacht hat.

Unstreitig muß Derjenige viel Einbildungskraft, man möchte fast sagen: Genie besessen haben, der zuerst jene hundert und aber hundert mystischen Beschäftigungen und Ämterchen, die unter dem pariser Himmel gedeihen gleich den Pilzen auf einem Melonenbeete, der sie zuerst mit oft so ausdrucksvollen Namen belegt hat. Einige jener Bezeichnungen lassen sich im Deutschen kaum wiedergeben; schon das Wort: „Maikäferhändler" drückt beiweitem nicht aus, was in Paris der „marchand de hannetons" sagen und bedeuten will. Aber nun gar der „employé aux trognons de pommes" ist ganz unübersetzlich. Welche großartige, majestätisch klingende Bezeichnung für einen Menschen, der weiter nichts thut, als die Apfelkriebse aus den Kehrichthaufen auszulesen! Wie geistreich klingt auch der Name: „allumeur de chalands"; und doch thut der Mann, dem dieser Titel zugehört, weiter nichts, als daß er in die und jene Bude Kunden herbeilockt.

Der Gürtel der Boulevards, welcher das schöne und doch auch wieder so häßliche Paris rings umschließt, dies ist der wahrhafte Schauplatz dieser kleinen pariser Industrie. Man gehe z. B. an irgend einem Festtage, wo das Gesellschaftszimmer des Adels so gut wie die Mansardstübchen des Bürgersmanns seine Bewohner auf die freie Straße geschickt hat, auf irgend einen Theil derselben, und man wird wenig Ursache finden, sich über Mangel an Aufmerksamkeit von Seiten der pariser Industrieritter zu beschweren. Da ist zuerst der sogenannte „aboyeur officiel", ein Mann, der wenigstens seiner Meinung nach, so nothwendig zum Gemeinwesen des Staats gehört, wie irgend ein Mitglied der Pairs- oder Deputirtenkammer. Was thut der Mann? Er verkauft die „einzige und wahrhafte" Beschreibung des Triumphbogens der Etoile, mit den Namen aller Generäle und Schlachten, welche diese zu Gunsten des französischen Volkes geliefert haben. Und dies Alles für einen Sou. Etwas weiterhin findet man die „einzige und wahrhafte" Beschreibung des Obelisken; noch weiter die ebenfalls „einzige und wahrhafte" Klage Dufavel's, des in Lyon verschütteten Brunnenarbeiters. Hier bemerken wir die ewig junge „Riesin aus Norden" u. s. w., welche fortwährend in dem Alter von 16 Jahren bleibt. Dort erscheint Polichinell, dem man eine ewige Jugend beilegen könnte. Hier der Maccaronihändler, dort die auswärtige Lotterie, der Cocosnußverkäufer, der Jongleur und der Verkäufer des persischen Zahnpulvers. Übersieht man dieses Ganze, so findet man überall Elend, allein auch überall Industrie. Jetzt gelangt man, nachdem man unterwegs noch manches Interessante gezeigt, zu den Savoyarden, die seit undenklichen Zeiten das Privilegium der Murmelthiere, Affen und Drehorgeln haben. Vergeßt auch nicht im Vorbeigehen dem guten Manne einen Sou zu geben, der für euch ein Stück des Weges rein gefegt hat, und der euch mit dem schmeichelhaften Titel: Capitain, oder gar: General begrüßt. Auch die Veilchenverkäuferin und die kleine Elsasserin, die euch einen niedlichen Staubbesen anbietet, wollen ihr Theil. Endlich gelangt ihr noch zu dem Manne, der Stöcke aus hohlem Eisen verkauft, sowie bei der ehrenwerthen Zunft der Hundebader, welche jeden Augenblick bereit sind, für ein mäßiges Entgeld unsern kleinen Pudel zu waschen, wenn er schmuzig, oder ihm zur Ader zu lassen, wenn er unpäßlich ist.

Zu guterletzt jedoch dürfen wir jene guten und bekannten Leute wenigstens nicht mit Stillschweigen übergehen, die, mit ihrem Korbe unter dem Arme, es sich angelegen sein lassen, unsern bestäubten Rock oder bespritzten Stiefel so blank als möglich zu putzen. Wer weiß, ob diese nicht noch unter allen Industrierittern der zahmen Gattung das meiste Glück machen. Wenigstens kann es ihnen doch bei bösem Wege, der in Paris nicht selten, nicht so leicht an Kunden fehlen, und sie wissen auch wol, je nach Beschaffenheit der Umstände, mit den Preisen zu wechseln. Einige derselben besitzen viel Witz und guten Humor, und laden auf verbindliche Weise die Vorübergehenden ein, sich ihrer Verschönerungskunst zu bedienen, wobei sie auch wol irgend ein Journal zu lesen mit in den Kauf geben, sodaß man, auf einem Beine stehend, sich über die wichtigsten Tagesbegebenheiten unterrichten kann.

Verzögerte Lebensrettung aus Aberglauben.

Welche verderbliche Folgen der Aberglaube und die Gespensterfurcht haben können, ist schon durch vielfache Beispiele erörtert worden. Man glaube aber ja nicht, daß in unserer sich so gern aufgeklärt nennenden Zeit dergleichen Beweggründe und Folgen nicht mehr vorkommen. Vor ganz kurzer Zeit erst ereignete sich im Hessischen ein solcher trauriger Fall, wo die unvernünftige nächtliche Furcht gewisser Personen die Veranlassung war, daß ein menschliches, hülfloses Wesen einer siebentägigen Qual, wo nicht dem Tode zur Beute wurde. Es wollte nämlich eine Bauersfrau am 10. December des vorigen Jahres von dem Dorfe Wächtersbach in der Provinz Hanau nach Waldenberg gehen, ward jedoch unterwegs von einem heftigen Schnee- und Stöberwetter ergriffen, sodaß sie genöthigt war, in einem nahe bei einem Teiche gelegenen, unbewohnten Häuschen, unweit der sogenannten Weihermühle, Zuflucht zu suchen. Kaum aber war sie dort eingetreten, als der heftig brausende Sturm die Thüre hinter ihr zuschlug und der Unglücklichen dergestalt den Ausgang versperrte. Sie fing nun in der größten Angst an, laut um Hülfe zu schreien; auch fehlte es nicht an Vorübergehenden, die der Armen recht wohl hätten Erlösung bringen können, allein sie eilten vorüber, weil in dieser Gegend die einfältige Sage geht, daß es am Teiche spuke, weil sich einmal einige Leute darin ertränkt haben. So mußte denn, von Allen geflohen, die Unglückliche sieben volle Tage ohne Trank und Speise in dem Fischhäuschen zubringen. Endlich, am 17. December, führte die Vorsehung einen Mann vorüber, der die wimmernde Stimme der armen Frau vernahm und die Worte: „Gebt mir Wasser, sonst muß ich sterben", zu unterscheiden glaubte. Allein auch dieser vermochte es nicht über seine Furcht, die Sache näher zu untersuchen, sondern nahm die Flucht nach dem Orte Witgenborn, wo er sein Erlebniß erzählte. Erst der nächste Morgen des achten Tages sollte der Unglücklichen Rettung bringen. Der Weihermüller, der von dem Vorfall gehört hatte, kam mit seinem Gesinde herbei und sprengte die Thüre des Häuschens, wo man denn die beklagenswerthe Frau in einem dem Tode nahen Zustande fand. Es war nur eine schwache Hoffnung vorhanden, sie am Leben zu erhalten.

Suche doch Jeder mit aller geistigen und sittlichen Kraft, die ihm zu Gebote steht, das bleiche Gespenst, der Geisterfurcht, zu bannen und zu bezwingen. Wir sehen aus obigem Beispiele, daß der Mensch, von ihr beherrscht, sogar die Schuld an dem Untergange eines Menschenlebens, des theuersten, was es auf der Welt gibt, auf sein Gewissen laden kann!

Der Augenstein.

Unfern von Cumana, auf der Küste einer Halbinsel an dem Busen von Curiaco, auf welcher die Stadt Araya liegt, wird der Augenstein, welcher, der Meinung der Eingeborenen nach, das merkwürdigste Naturproduct ist, gefunden. Sie halten es sowol für einen Stein, als auch für ein Thier, und behaupten, daß es, wenn es im Sande gefunden werde, bewegungslos sei; dagegen aber, wenn man es auf eine glatte Fläche, z. B. einen irdenen Teller, bringe und es mit Citronensäure reize, es sich bewege und lebe. Sie schreiben ihm auch eine wunderbare Heilkraft zu, die es vornehmlich an dem Auge bewähre, indem es jede andere, zufällig in dieses Organ gerathene Substanz daraus entferne, wenn man dem Auge dieses wunderbare Product so nahe als nur immer möglich gebracht habe. Als Alexander von Humboldt auf seiner Reise durch Südamerika dahin kam, ward ihm auch dieser seltsame Stein gezeigt, welchen die Eingeborenen zu Hunderten herbeibrachten. Man sprach zugleich gegen die Reisenden den Wunsch aus, sie möchten sich Sand in die Augen streuen, um sich von der Wirksamkeit eines so wunderbaren Mittels durch eigne Erfahrung zu überzeugen, was freilich unterblieb, aber nach genauerer Untersuchung ergab sich, daß es nichts mehr und nichts weniger war, als der Deckel eines kleinen Schalthieres.

Die Rosen-Darmimme und ihre Entstehung.

Die sogenannten Darmimmen gehören eigentlich zu dem Geschlecht der Bienen, sind aber viel kleiner als die gewöhnlichen Honigbienen und gleichen überhaupt mehr den Fliegen. Ihre Hauptunterscheidungszeichen sind, daß sie in den Unterflügeln keine Adern haben und in den Auswüchsen der Pflanzen entstehen. Die Weibchen stechen nämlich die Eier einzeln in die Gewächse, wodurch sich gewisse Knollen bilden, die man z. B. bei der Eichen-Darmimme Galläpfel nennt. Manche dieser Auswüchse ähneln so täuschend wirklichen Pflanzenfrüchten, daß, wer sie nicht genau kennt, versucht sein kann, sie für solche zu halten, um so mehr, da sie zuweilen mit den schönsten und frischesten Farben prangen. Das Insekt aus dieser Gattung, welches unsere Abbildung zeigt, ist die Rosen-Darmimme, deren Larven und Zellen man auf den Stengeln des wilden Rosenstrauchs findet. Wir sehen hier die ganze Entstehungsgeschichte dieses Thierchens dargestellt, 1 zeigt zwei jener haarigen Auswüchse, die von der Made dieses Thieres hervorgebracht werden; 2 stellt gleichfalls einen solchen vor, aber geöffnet, mit den darin befindlichen Zellen für die Larven; 3 zeigt die Larve selbst in ihrer natürlichen Größe, und 4 im vergrößerten Maßstabe; bei 5 und 6 endlich erblicken wir das Insekt selbst, das eine Mal in natürlicher Gestalt, das zweite Mal auch um Vieles vergrößert. Die Weibchen haben an dem äußersten Ende des Unterleibes eine Art von haarförmigem Rüssel, der nach dem After zu schneckenartig gewunden ist. Das äußerste Ende dieses Rüssels ist rinnenförmig gehöhlt und mit Seitenzähnen, nach Art einer Pfeilspitze, versehen, mittels welcher das Insekt die Einschnitte, die es an verschiedenen Theilen der Pflanze macht, erweitert, damit die Eierchen darin Raum finden. Durch den Saft nun, der sich dabei in die Öffnung ergießt, entstehen eben jene Auswüchse, worin dann die Eier und Larven sich ausbilden.

Eine andere Gattung dieser Insekten sticht ihre Eier in Feigen, wodurch diese Früchte viel saftreicher, süßer und früher reif werden.

Das Pfennig-Magazin
für Verbreitung gemeinnütziger Kenntnisse.

208.] Erscheint jeden Sonnabend. [März 25, 1837.

Die Thiere der Urwelt.

Das Mammuth.

Nicht blos in der gegenwärtigen Weltordnung lebt und bewegt sich eine zahllose Menge von thierischen Wesen; Dasselbe ist der Fall gewesen bereits in den ersten Tagen des jugendlichen Menschengeschlechts und selbst in noch frühern Zeiten, vor dem Auftreten des Menschen auf der Erde, hat sich ein buntes Gewimmel organischer Geschöpfe geregt. Wollen wir uns nun über die Beschaffenheit jener ältesten Thierformen Aufschluß verschaffen, so müssen wir denselben in den Schichten der Gebirge und in den Ablagerungen des aufgeschwemmten Landes suchen, wo eine nicht unbedeutende Menge von ihren Überresten sich erhalten hat. Bei einer nähern und genauern Vergleichung ergibt sich alsdann für uns das auffallende Resultat, daß diese Thiere der Urwelt größtentheils ganz anderer Art als die gegenwärtig lebenden sind, und daß die in den Gebirgsschichten eingeschlossenen Thiere wieder mehr von den gegenwärtigen abweichen, als die in dem aufgeschwemmten Lande.

Unter aufgeschwemmtem Lande versteht man alle jene Ablagerungen von Sand, Lehm, Grus, Gerölle u. s. w., wie sie Flüsse und Meere bei ihren Überschwemmungen auf dem festen Lande zurücklassen. Solche Überflutungen haben sich in ältern Zeiten so gut als in neuern ereignet. Die letztern, welche noch immer sich einstellen, gehen in der Regel zu keiner großen Höhe hinan und sind von keiner bedeutenden Ausdehnung; ihre Ablagerungen nennt man Alluvialbildungen. Schließen diese Bildungen Thiere ein, so sind es keine andern, als die in der Gegend vorkommenden. Dagegen gibt es eine andere Art von aufgeschwemmten Ablagerungen, welche sich zum Theil in Höhen von mehren hundert und tausend Fußen finden, wohin keine unserer gewöhnlichen Überschwemmungen reicht; kommen sie aber in Ebenen vor, so erkennt man sie als gleichartig mit jenen in der Höhe theils durch die Mächtigkeit ihrer Ausbreitung, theils durch die enorme Größe und Schwere der sie begleitenden Felsblöcke, welche keine Wasserflut der gegenwärtigen Zeit mehr mit sich fortzuwälzen im Stande wäre. Dieses ältere aufgeschwemmte Land findet sich in allen Welttheilen. Eine Menge Thierüberreste, die in demselben in nördlichern Gegenden vorkommen, gehören solchen Thiergattungen an, welche jetzt keineswegs im Norden, sondern nur in heißen Klimaten leben, oder ganz ausgestorben sind. Die Allgemeinheit dieser Ablagerungen, die ungemeine Höhe, in welcher sie zum Theil gefunden werden (auf den Cordilleren über 7000 Fuß, im Himalayagebirge über 16,000 Fuß hoch über dem Meere), die Menge von ausgestorbenen Thieren, welche in ihnen vorkommen, Alles zeigt an, daß diese Ablagerungen von einer Wasserbedeckung herrühren müssen, welche in uralter Zeit die ganze Erde mit allen ihren Gebirgen überflutete. Von dieser großen Flut, deren Spuren der Naturforscher allenthalben gewahr wird, wissen auch die alten Völkerurkunden zu erzählen; Inder, Chaldäer, Griechen, Mexicaner, Südseeinsulaner u. s. w. berichten hiervon, am deutlichsten und bestimmtesten aber die heilige Schrift, welche uns mit dieser gewaltigen Katastrophe unter dem Namen der Sündflut bekannt macht. Es stimmen demnach die Beobachtungen des Naturforschers mit denen der Bibel aufs vollkommenste überein.

Die hier zuletzt erwähnten Ablagerungen sind es, welche, weil sie von der Sündflut herstammen, mit dem Namen der Diluvialgebilde bezeichnet werden. In ihnen finden wir nun, wenn wir von der Gegenwart in die Vergangenheit zurückblicken, die ersten Thiere aus der urweltlichen Zeit unserer Schöpfung; natürlich von ihnen gewöhnlich nur die harten Theile des Knochengerüstes, welche durch ihre Festigkeit der Zerstörung Trotz bieten konnten, in seltenen Fällen haben sich ausnahmsweise auch weiche Theile derselben erhalten. Es versteht sich ferner, daß solche Thierüberreste überhaupt nur da sich erhalten konnten, wo sie eine schützende Decke vorfanden, lagen sie aber frei auf dem Erdboden herum, so mußten sie nothwendig durch den zerstörenden Einfluß der Witterung bald vernichtet werden. Am geeignetsten zu ihrer Erhaltung waren daher Höhlen, wo die Knochen nicht blos von der angeschwemmten Erde verdeckt, sondern auch vor Regen und spätern Überschwemmungen gesichert waren. Am geeignetsten vor allen mußten aber jene Kalkhöhlen sein, in denen durch Einfluß der Tagewasser beständig Kalktheile aufgelöst und unter der Form von Tropfsteinzapfen oder Tropfsteinschalen wieder abgesetzt werden. Auf solche Weise bildete sich in diesen Höhlen über den Schlammlagern, in welchen die Thierknochen eingeschlossen waren, eine schützende Decke von Tropfstein, welche alle atmosphärischen Einflüsse ausschließend, diese thierischen Überreste im besten Stande bis auf unsere Zeiten bewahrt hat. Diese knochenführenden Höhlen sind daher vorzüglich geeignet, um uns über jene Thiere Aufschluß zu geben, welche in der Sündflut umgekommen sind.

Betrachten wir nun zuerst die hauptsächlichsten unter jenen Thierüberresten, welche in den Diluvialablagerungen vorkommen, und wenden uns nachher zu denjenigen, welche in den frühern Gebirgsschichten enthalten sind.

Charakteristisch für die Diluvialperiode sind die Raub- und Hufthiere. Affen sind bis jetzt in ihr nicht gefunden worden. Zweifelhaft ist es noch immer, um dies beiläufig zu erwähnen, ob die Menschenknochen, welche man in manchen Höhlen zugleich mit Thierknochen gefunden hat, aus der Diluvialzeit herrühren, oder ob sie nicht vielleicht später zufällig unter die urweltlichen Thierüberreste gerathen sind.

Am häufigsten unter den Raubthieren haben sich, zumal in deutschen Höhlen, die Knochen von Bären vorgefunden. In der gailenreuther Höhle bei Muggendorf in Baireuthischen allein hat man an 800 Schädel nach und nach ausgegraben und noch ist der Vorrath daran nicht erschöpft. Die gewöhnlichste Art ist der hochstirnige Bär mit gewölbter, hochaufsteigender Stirne, der von allen lebenden Arten specifisch verschieden und beträchtlich größer als unser brauner Landbär gewesen ist. Nächstdem am häufigsten ist die Höhlenhyäne, die in vielen deutschen, französischen und englischen Höhlen vorkommt und von den lebenden Arten ebenfalls verschieden ist. Von ihr hat der berühmte Geognost Buckland mit Evidenz nachgewiesen, daß sie nicht etwa aus den südlichen Gegenden, wo jetzt die Heimat der Hyänen ist, herbeigeschwemmt wurde, sondern daß vor der Sündflut die europäischen Höhlen ihr gewöhnlicher und eigentlicher Aufenthalt waren. Auch eine Katzenart von Löwengröße, der Höhlenlöwe, hat sich, wiewol seltener, in der gailenreuther Höhle gefunden; häufiger der Höhlenwolf, der sich dem Skelet nach nicht von dem lebenden Wolf unterscheiden läßt. Dasselbe ist mit dem seltenen Höhlenvielfraß der Fall.

Besondere Aufmerksamkeit muß es erregen, daß in unserm Welttheile so häufig fossile Überreste von Dickhäutern (Pachydermen, wohin Elefant, Nashorn, Tapir u. s. w. gehören) sich vorfinden. Am weitesten verbreitet sind die Knochen der Mammuths, welche nicht nur in ganz Europa und Asien, sondern selbst in Amerika und auf Neuholland gefunden werden, zum Zeugniß, daß dieses Thier einst über die ganze Erde verbreitet gewesen ist. Seine Knochen finden sich in Höhlen wie im aufgeschwemmten Flachlande, und sind in ältern Zeiten nicht selten für Riesenknochen ausgegeben worden. Was aber am auffallendsten erscheinen muß, und worüber schon ein anderer Berichterstatter in diesen Blättern*) gesprochen hat, ist der Umstand, daß man das Mammuth einige Male wohlbehalten mit Fleisch und Haut eingefroren im Polareis Sibiriens fand, sodaß man nicht nur mit seinen harten, sondern auch seinen weichen Theilen und seinem äußern Aussehen bekannt geworden ist. Es gleicht, wie die vorstehende Abbildung zeigt, dem asiatischen Elefanten an Gestalt und Größe, doch hat es stumpfere Unterkiefern, breitere Backenzähne mit näher aneinander liegenden Bändern und reichlichere Haare. Diese waren von zweierlei Art: nämlich eine grobe rothbraune Wolle und steife schwarze Haare, welche längs des Halses und Rückgraths so verlängert waren, daß sie eine Art Mähne bildeten. Da indeß unser Elefant im wilden Zustande ebenfalls mit Haaren bedeckt ist, so wäre es gleichwol möglich, daß das Mammuth und der noch lebende asiatische Elefant von einer und derselben Art abstammen könnten. Der Umstand, daß man an der Nordküste Sibiriens unversehrte Cadaver vom Mammuth angetroffen hat, spricht dafür, daß nach der Sündflut das ehemalige Tropenklima der nördlichen Erdhälfte plötzlich in das kalte der gegenwärtigen Zeitperiode übergegangen ist. Die erwähnten Cadaver mußten bald in Eis eingefroren sein, weil sie sich außerdem nicht bis auf unsere Zeit hätten erhalten können.

Auch vom Nashorn, das jetzt, wie der Elefant, nur den heißen Klimaten angehört, finden sich in Europa und Sibirien eine Menge von Knochen, ja in letzterm Lande ist gleichfalls ein Cadaver entdeckt worden. Er wurde im gefrornen Sande des Willujiflusses, der sich in die Lena ergießt, unter dem 66. Breitengrade gefunden und Kopf und Füße an das

---

*) Vergl. Pfennig-Magazin Nr. 81 und 82.

Museum in Petersburg eingeliefert. Gleich dem Mammuth war dieses Thier mit langen Haaren reichlich bedeckt. Von den lebenden Nashornarten ist es außerdem dadurch verschieden, daß es eine knöcherne Nasenscheidewand hat. Unter den mehren fossilen Arten vom Rhinozeros ist die in der Abbildung gegebene, die gewöhnlichste und gehört zu derjenigen, welche nur mit einem Horne über der Nase bewaffnet sind.

Das Nashorn.

An Gestalt und Größe dem Elefanten ähnlich, mit Stoßzähnen und einem Rüssel gleich diesem versehen, aber nicht mit flachen, sondern mit höckerigen Backenzähnen, ist die Gattung der Mastodon, von der man mehre Arten kennt, welche alle ausgestorben sind. Sie sind über Europa, Asien und Amerika verbreitet und in letzterm Lande, wo man sie Ohiothiere nennt, in ganzen Skeleten gefunden worden. Ihre Zähne liefern die sogenannten occidentalischen Türkisse.

Neben diesen kolossalen Geschöpfen finden sich in

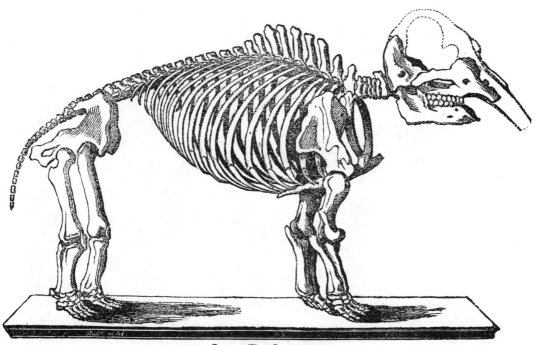

Der Mastodon.

unserm aufgeschwemmten Lande ferner noch die Überreste von Flußpferden und riesenhaften tapirartigen Thieren, welche letztere ebenfalls aus der jetztlebenden Thierwelt vertilgt sind. Zu dieser geologischen Epoche rechnen wir auch noch einige andere ausgestorbene Dickhäuter, wie Palaerotherien, Anoplotherien u. s. w., welche zwar gewöhnlich in den jüngsten Gebirgsschichten, den Tertiairgebilden, eingeschlossen sind, doch auch mit den vorhin genannten Thieren hier und da zugleich in Knochenbreccien und Bohnenerzen, welche man als Diluvialablagerungen betrachtet, vorkommen.

Das Palaerotherium, welches zuerst in dem Gyps der pariser Steinbrüche aufgefunden wurde, kommt in vielen Beziehungen mit dem Tapir überein.*) Es hatte ein schwerfälliges Ansehen, einen kurzen Rüssel, kurze plumpe Füße, von denen jeder mit drei Hufen versehen war, und hatte demnach eine Gestalt, wie sie in nachstehender Abbildung, nach den Verhältnissen des Skelets, gezeichnet ist. Die größte von diesen Arten erreichte die Höhe eines Pferdes.

Das Palaerotherium.

Das Anoplotherium, dessen Überreste gewöhnlich zugleich mit denen des Palaerotheriums vorkommen, hat an jedem Fuße nur zwei große Zehen, und seine Zähne stehen ohne alle Unterbrechung, wie dies sonst nur beim Menschen vorkommt, in einer geschlossenen Reihe. Im Allgemeinen hält diese Gattung das Mittel zwischen Dickhäutern und Wiederkäuern. Die größte Art hatte die Höhe eines Esels, einen langen Schwanz und mochte ein Ansehen haben, wie es die beigefügte Abbildung zeigt.

Das Anoplotherium.

*) Vergl. über diesen Pfennig=Magazin Nr. 93.

Ziemlich häufig im aufgeschwemmten Lande kommen auch Fragmente des Knochengerüstes von Pferden und Wiederkäuern vor. Unter diesen letztern ist am merkwürdigsten das fossile Elenn= oder, wie es auch noch genannt wird, der Riesenhirsch. Seine riesenhaften Überreste, von welchen wir in unserer Abbildung nur Kopf und Geweih geben, finden sich am häufigsten in den Moorgründen und Mergelgruben Irlands, doch kommen sie auch, wiewol seltener, im aufgeschwemmten Boden von England, Deutschland, Frankreich und Italien vor. In Irland namentlich sind sie so häufig, daß mit dem sogenannten „Gehörn des alten Hirsches" oft die Hallen der Landgüter ausgeschmückt sind. Der Riesenhirsch gehört zu derjenigen Abtheilung der

Kopf und Geweih des Riesenhirsches.

Hirscharten, bei welchen die Hörner eine schaufelartige Form haben, und sowol in dieser Beziehung, als auch hinsichtlich der Größe nähert sich ihm unter den lebenden Arten am meisten das Elennthier. Indeß ist der Riesenhirsch von unserm Elenn der Art noch ganz und gar verschieden, denn obschon allerdings bei beiden das Geweih schaufelartig ist, so ist es dies doch bei jedem in anderer Weise. Auch sind die Geweihe des letztern ungleich größer, da man nicht selten solche findet, die von einer Spitze zur entgegengesetzten eine Breite von zehn Fuß haben, während die breitesten Geweihe des Elennthieres nie über vier Fuß betragen. Dagegen ist bei diesem der Schädel größer als bei jenem, denn während er bei dem Elenn häufig zwei Fuß lang ist, beträgt die Länge der größten Schädel bei dem Riesenhirsch nicht über einen Fuß und neun Zoll.

Auch aus der Ordnung der zahnlückigen oder langkralligen Thiere, wohin Faulthiere, Gürtelthiere und andere gehören, hat man in dem Diluvium die Überreste von riesenhaften Gattungen gefunden, von denen Megatherium und Megalonyx ganz ausgestorben sind. Das Megatherium ist in vielen Stücken mit den Faulthieren verwandt*); Kopf, Zehen und Krallen sind wie bei diesen beschaffen; die Beine sind außerordentlich stark, an den Vorderfüßen ragen drei lange Krallen, an den Hinterfüßen nur eine, aber noch mächtigere hervor. Das sonderbar Thier hatte einen kurzen Rüssel und war mit einem Panzer bedeckt, sodaß es ein sehr abenteuerliches Ansehen hatte, welches in der auf S. 96 gegebenen Abbildung aber dennoch wol etwas übertrieben ist. Bei seinen schwerfälligen Formen konnte dieses Thier, gleich unsern Faulthieren, nur langsam sich bewegen, dafür aber mit seinen starken Krallen sich gegen alle Angriffe tüchtig vertheidigen. Man hat von dem Megatherium mehre Skelette in Amerika aufgefunden, ein fast vollständiges ist von da nach Madrid gebracht und daselbst in der königlichen Sammlung aufgestellt worden. Dies ist zwölf Fuß lang und sechs hoch, also von einer Größe, wie man unter den faulthierartigen Thieren der gegenwärtigen Periode keines aufzuweisen hat.

Wir haben bisher den Lesern die ausgezeichnetsten Thiere aus den Diluvialablagerungen zur Betrachtung vorgelegt und gehen jetzt zur Schilderung der in den Gebirgsschichten eingeschlossenen Thierüberreste über. Diese sind noch ungleich zahlreicher und mannichfaltiger als jene, sodaß wir aus dieser übergroßen Menge nur einige Repräsentanten herausheben können. Während die Diluvialthiere vorzüglich durch sonderbare Säugethierformen charakerisirt werden, sind es hier die Am=

---

*) Vergl. über dieses Pfennig=Magazin Nr. 131.

phibien, welche theils durch ihre Riesengröße, theils durch auffallende Gestaltung sich auszeichnen.*)

Unter allen die seltsamste Gestalt ist die Flederechse. Sie ist von einem so sonderbaren Bau, daß einige Naturforscher sie zu den Vögeln, andere zu den Säugethieren, die meisten aber zu den Amphibien gerechnet haben, wohin sie auch in der That gehört. Betrachtet man nämlich auf vergleichende Weise das Skelet, so findet sich in der Siebenzahl der Wirbel, in dem kurzen Schwanze, in der auffallenden, wenn auch nur für den einen geltenden Verlängerung der Finger, sowie in den Spuren einer Flughaut Hinweisung auf die Fledermaus. Der langgestreckte Schnabel, die Zusammenlegung der vordern Gliedmaßen und die Stellung beim Sitzen oder Gehen auf den hintern, deutet auf den Vogel; alle andere Merkmale aber weisen auf die Amphibien hin. Ganz eigenthümlich ist es für diese Flederechse, daß bei ihr die vier Glieder des äußern oder Ohrfingers eine ungeheure Länge erreichen, während die andern drei Finger ganz kurz bleiben. Was man schon früher vermuthete, daß zwischen diesem langen Finger und dem Leibe eine Flughaut ausgespannt sein möchte, hat sich durch die Auffindung eines neuen Exemplars vollkommen bestätigt. Denkt man sich nun ein solches Thier im lebenden Zustande, so mag es von nachstehender Form gewesen sein. Es war also allerdings ein fliegendes Geschöpf, doch flog es nicht mittels einer Haut-

Die Flederechse.

ausbreitung längs der Rippen, wie der Drache, oder zwischen den Fingern wie die Fledermaus, sondern die Flughaut war zwischen dem Ohrfinger und dem Leibe befestigt. Wollte das Thier also auf dem Boden gehen, so mußte es wie ein Vogel seine Flügel zusammenschlagen und sich auf den Hinterfüßen aufrichten. Diese abenteuerlichen Geschöpfe sind bis jetzt nur in dem lithographischen Schiefer von Solnhofen, sowie in den Liasschiefern von England und Banz gefunden worden, sind aber von keiner auffallenden Größe.

*) Vergl. Pfennig-Magazin Nr. 81.

Von gigantischen Formen dagegen waren der Ichthyosaurus und Plesiosaurus, deren Skelete bereits in Nr. 82 des Pfennig=Magazins abgebildet und beschrieben sind. Hier legen wir nun eine Abbildung von dem muthmaßlichen Aussehen des Plesiosaurus vor. Beide Gattungen hatten flossenartige Füße wie die Walfische, doch waren bei ihnen nicht blos vordere, sondern auch hintere Gliedmaßen vorhanden. Die Unterschiede liegen aber darin, daß der Plesiosaurus einen kleinern, eidechsenähnlichen Kopf hat, einen über-

Der Plesiosaurus.

aus langen, aus mehr als 30 Wirbeln zusammengesetzten Hals, der seiner Dünne und Länge wegen dem Körper einer Schlange gleicht, während der Schwanz ganz kurz ist. Beim Ichthyosaurus ist der Kopf allerdings auch eidechsenähnlich, aber viel größer und hat die Schnauze eines Delphins; der Hals ist auffallend kurz, der Schwanz von mittlerer Länge. Wegen ihrer flossenartigen Füße konnten Plesiosauren und Ichthyosauren nicht auf dem Lande kriechen, sondern nur, wie die Walfische, im Meere herumschwimmen. Nicht minder riesenhaft als die obengenannten Gattungen war ein anderes eidechsenähnliches Thier, der Megalosaurus, das 40—50 Fuß lang gewesen sein mochte und sich in die Merkmale des Krokodils und der Warneidechse theilte; das Iguanodon wird gar auf 70 Fuß Länge geschätzt. Der Raum erlaubt es nicht, noch mehre von diesen gigantischen Amphibien hier aufzuführen, wir sehen jedoch schon aus diesen wenigen Beispielen, welch ein sonderbares Gewimmel von diesen Thieren in den fernsten Zeiten der Urwelt sich regte.

Mannichfaltig sind die Fische, die in den Gebirgen abgelagert sind, aber wahrhaft zahllos ist die Menge von Schalthieren, indem manche Schichten aus nichts Anderm als aus fossilen Schalen bestehen, und diese Überreste durch alle Felsarten von den jüngsten Tertiairgebilden an, bis zu den ältesten Gliedern der Übergangsgebirge verbreitet sind. Wo soll hier die Beschreibung anfangen, wo soll sie enden? Für unsern Zweck müssen einige Beispiele genügen, wobei wir uns hauptsächlich auf die von einem andern Bearbeiter mitgetheilten Abbildungen in den mehrmals erwähnten Nummern des Pfennig=Magazins berufen.

Vorwaltend in den ältesten Zeiten war die Ordnung der Kopffüßler oder Tintenfische, und zwar in ungleich mehr Gattungen als die jetzt lebende Thierwelt sie aufzuweisen hat. Sie zeichnen sich dadurch aus, daß bei ihnen die Füße an dem Kopfe stehen, rings um den Mund herum, der mit einem papageiähnlichen Schnabel versehen ist. Sie wohnen theils in besondern Gehäusen, theils sind sie ohne solche ganz freilebend und haben dann gewöhnlich innere Schalen aufzuweisen. Am seltensten unter den Versteinerungen sind die Papierboote, welche kunstfertige Segler sind, indem sie ihre hohle gewundene Schale wie ein Boot gebrauchen, die zwei am Ende mit einer häutigen Ausbreitung versehene Füße in die Höhe richten und wie ein Segel nach dem Winde stellen, während die andern sechs Füße als Ruder dienen.*) Häufiger als diese kommen versteinerte Schiffsboote vor, bei welchen die schneckenartig gewundene Schale in Kammern abgetheilt ist, deren Scheidewände durchbohrt sind; die letzte, sehr weite Mündung ist so groß, daß sie die übrigen umschließt. Am allerhäufigsten aber erscheint eine Gattung, die unsere Meere gegenwärtig gar nicht mehr aufzuweisen haben, und dies sind die Ammonshörner, welche von der Kreide an bis in das Übergangsgebirge hinein meist in zahllosen Schaaren vorkommen und von der Größe eines Pfennigs bis zu der eines Pflugrades sich zeigen. Die Ammonshörner stimmen mit den Schiffsbooten darin überein, daß ihre spiralförmig gewundene Schale ebenfalls in Kammern abgetheilt ist, aber diese sind nicht durchbrochen, und ihre äußern Ränder sind nicht einfach wie bei den Schiffsbooten, sondern kraus oder buchtig hin und her gewunden; zugleich ist die letzte Windung nicht so groß, daß sie andern von ihr verdeckt wären.**)

Selbst von den nackten Tintenfischen haben sich, namentlich im lithographischen Schiefer von Solnhofen, nicht blos ihre innerlichen Schalen erhalten, sondern selbst Abdrücke ihrer weichen Theile mit den Tintenbeuteln. Von den sonderbaren kegelförmigen, mit einem innern gegliederten Trichter versehenen Schalen, welche zu den allergewöhnlichsten Versteinerungen gehören, von den Naturforschern Belemniten, vom gemeinen Volke aber Teufelsfinger genannt werden, hat es sich gezeigt, daß sie gleichfalls innerliche Schalen von Dintenfischen sein möchten.

Wenn sich die Classen der Gliederthiere unter den urweltlichen Überresten minder zahlreich als im gegenwärtigen Bestande der Dinge zeigen, so dürfen wir daraus keineswegs schließen, daß sie in den ältesten Zeiten unsers Welttheils seltener vorhanden gewesen seien. Da die meisten Insekten und Würmer einen weichen Leib haben, so konnte dieser natürlich sich nicht leicht erhalten, gleichwol kennen wir doch Abdrücke von Libellen im solnhofer Schiefer, und in den Tertiairgebilden mancher Gegenden sind viele weiche Insekten eingeschlossen. Am besten haben sich natürlich die hartschaligen Krebse, sowie die Gehäuse von Würmern erhalten, die wir daher auch zahlreich antreffen.

In Menge sind gleichfalls die mit einem harten Gehäuse oder festem Stocke versehenen Strahlthiere unter den Versteinerungen aufzufinden, und sowie bei den Mollusken die Kopffüßler vorherrschend und charakteristisch auftreten, so ist es hier mit den Strahlenkrustern und zumal mit den Stielsternen, unter ihnen der Fall, bei welchen auf einem gegliederten Stiele eine gegliederte Blume oder ein gegliederter Stern steht. Sind die Glieder des Stiels rund, so nennt man diese Geschöpfe Liliensterne, Encriniten*), sind aber die Glieder fünfeckig, so heißen sie Pentacriniten.

So haben wir in dieser kurzen Übersicht über die Thiere der Urwelt eine Mannichfaltigkeit der Bildungen kennen gelernt, nicht minder überraschend und bewundernswerth als sie in der gegenwärtigen Weltordnung erscheint.

Notiz.

Nicht lange vor seinem Tode ließ König Georg IV. einen prächtigen Weinkühler in London bei Rundell und Bridge machen. Als das Werk fertig war, befahl er, den Kühler, der 140 Kannen faßte, mit Portwein-Negus für die Arbeiter in der Fabrik zu füllen. Man brauchte dazu 60 Kannen alten Portwein, 4 Kannen Branntwein, 30 Kannen Wasser, 8 Dutzend Citronen, 6 Dutzend Muscatnüsse und 20 Pfund Zucker.

*) Vergl. Pfennig-Magazin Nr. 81, Fig. 14.
**) Vergl. Pfennig-Magazin Nr. 81, Fig. 1 und 2.
*) Vergl. Pfennig-Magazin Nr. 81, Fig. 5—10.

Das Megatherium.

Verantwortlicher Herausgeber: Friedrich Brockhaus. — Druck und Verlag von F. A. Brockhaus in Leipzig.

Das Pfennig-Magazin
für Verbreitung gemeinnütziger Kenntnisse.

209.]   Erscheint jeden Sonnabend.   **[April 1, 1837.**

Galerie der deutschen Bundesfürsten.
IX.

Ludwig II., Großherzog von Hessen.

Ludwig II., Großherzog von Hessen, wurde zu Darmstadt am 26. December 1777 geboren und ist der älteste Sohn des nachmaligen Großherzogs Ludwig I. und dessen Gemahlin Luise Karoline Henriette, der Tochter des Landgrafen Georg Wilhelm von Hessen, einer sehr geistvollen und liebenswürdigen Prinzessin. Seit 1790, wo sein Vater dem Landgrafen Ludwig IX., damals als Ludwig X. in der Regierung gefolgt war, Erbprinz, begleitete er, als sein Vater in Folge der Kriegsereignisse Darmstadt zu verlassen sich genöthigt sah, denselben nach Gießen und später nach Sachsen. Hier machte er auf der Universität zu Leipzig unter der Leitung des nachmaligen Geheimraths von Petersen seine akademischen Studien. Am 19. Juni 1804 vermählte er sich mit der Prinzessin Luise, einer Tochter des Erbprinzen Karl Ludwig von Baden, die er 1836 durch den Tod verlor, und als sein Vater nach dem Beitritte zum Rheinbunde 1806 Großherzog wurde und als solcher den Namen Ludwig I. annahm, erhielt der Prinz den Titel Erbgroßherzog. Fern von aller unmittelbaren Theilnahme an der Regierung, ohne besondere Leidenschaft für irgend eine Lieblingsbeschäftigung, seit 1813 im Genusse einer sehr bedeutenden Apanage, hatte der Erbgroßherzog in Darmstadt meist sehr zurückgezogen gelebt, als der schnelle Tod seines Vaters am 6. April 1830 ihn zur Regierung rief. Das Volk begrüßte den neuen Landesherrn mit allgemeinem Jubel als einen milden Fürsten; unangenehm aber wirkte der erste Antrag des Großherzogs an die Stände, seine Privatschulden, welche über zwei Millionen Gulden betrugen, auf die schon mit 12 Millionen Gulden Staatsschulden belastete Landeskasse zu übernehmen. Mehre wohlthätige Einschränkungen wurden dagegen auch getroffen und trugen ihre Früchte, als im October 1831 die Unruhen in Oberhessen ausbrachen, die auf den Großherzog einen sehr schmerzlichen Eindruck machten. Die energischen Maßregeln, zu welchen der Großherzog griff, die Verordnungen gegen die politischen Vereine und die Ereignisse bei

Eröffnung der Ständeversammlung am 1. December 1832 wurden zum Theil misverstanden; doch die Gesammtheit des Volkes kennt die Gesinnungen des Großherzogs, namentlich seine Gerechtigkeit und seine Redlichkeit.

Kinder: 1) der Erbgroßherzog Ludwig, geboren am 9. Juni 1806, vermählt seit 1833 mit der Prinzessin Mathilde von Baiern; 2) Wilhelm Ludwig Karl, östreichischer Generalmajor, geboren 1809; 3) Ludwig Christian Georg Friedrich Emil Alexander, geboren 1823; 4) Marie, geboren 1824.

Brüder: 1) Georg, hessischer General der Infanterie, geboren 1780; 2) Friedrich, geboren 1788; 3) Emil, hessischer General der Cavalerie und östreichischer Feldmarschalllieutenant, geboren 1790.

Rechtsfälle in England und Frankreich.

Vor den Policeigerichten in Paris und London, welche oft über sehr ernsthafte Rechtsfälle zu entscheiden haben, werden hin und wieder auch minder tragische Processe verhandelt, wovon wir als Proben hier einige mittheilen wollen, und zwar als erstes Beispiel die Verhandlungen über einen Birnendiebstahl. Lazari ist ein baumlanger Kerl und so breitschulterig gebaut, daß man glauben muß, er sei zum Lastträger geboren. Allein Lazari scheint sich weniger diesem, als einem andern leichtern Berufe gewidmet zu haben. Er zieht es nämlich vor, in Paris aus der Fruchthalle Obst zu stehlen. Dieses Vergehen bringt ihn vor die Schranken des pariser Policeigerichts, wo sich nun der Kläger, ein Gärtner, also vernehmen läßt: „Ich möchte wol wissen, um welche Stunde man nach der Halle kommen muß, um dort nicht schon Spitzbuben anzutreffen. Es scheint mir, als ob sie sich gar nicht mehr zum Schlafen niederlegten, denn dieser Bursche hier hat mir heute Morgen um drei Uhr schon einen Korb mit Birnen entwendet."

Lazari: Ja, ja, schon recht, ich hatte vorige Nacht dort geschlafen.

Präsident: Ihr habt erklärt, daß Ihr auf dem Lande wohnt, wie kam es also, daß Ihr Euch zu so früher Tageszeit schon in Paris befandet?

Lazari: Ja, darüber wundere ich mich ebenfalls, ich erinnere mich durchaus nichts, was ich an diesem Tage könnte angegeben haben, ausgenommen, daß ich mich in einem schrecklichen Zustande der Trunkenheit befand.

Zeuge: Das kann ich nicht glauben. Denn Ihr wart, wie ich mich erinnere, in einem ziemlich nüchternen Zustande, als Ihr mir die gestohlenen Birnen verkaufen wolltet. Ihr handeltet mit mir ganz vortrefflich um den Preis, nur saht Ihr aus, wie Einer, der sich je eher je lieber aus dem Staube machen will.

Lazari: Das kann möglich sein; ich erinnere mich dessen wirklich nicht genau; wenn man auch seinen Verstand nicht beisammen hat, so kann man doch ebenso gut als andere nüchterne Leute seine lichten Augenblicke haben, in denen man sich wie ein ordentlicher Mann betragen kann, ohne jedoch recht bei Sinnen zu sein.

Kläger: Unmöglich könnt Ihr so betrunken gewesen sein, denn Ihr habt mir ja grade den größten Korb gestohlen.

Lazari: Möglich, möglich; ich würde auch ebenso gut Euer Pferd mit davongetragen haben, wenn es mir just unter die Hände gerathen wäre. Ich habe das Unglück, etwas starke Fäuste und breite Schultern zu haben, besonders wenn ich betrunken bin, denn ich erinnere mich, daß ich einmal im trunkenen Zustande einen schlafenden Gendarmen forttrug, in der Meinung, es wäre eine Rindshaut, die ich mir gekauft hatte, denn, mein Herr, ich bin Schuhmacher.

Kläger: Mit Erlaubniß, auf diese Weise könnte man ja den Burschen zum Aufrichten des Obelisken vortrefflich gebrauchen, das würde vielleicht für das allgemeine Beste die passendste Beschäftigung für solch einen Hercules sein. *)

Das Policeigericht fand sich jedoch bewogen, anstatt dessen den Lazari zu viermonatlichem Gefängniß zu verurtheilen.

* * *

Ein anderer Fall, der gleichfalls vor dem Policeigerichte zu Paris verhandelt wurde, beweist, daß es nicht immer Leute aus dem geringern Stande sind, die hin und wieder vor dem Tribunal erscheinen. So wurde neuerdings ein junger Graf angeklagt, das Hausrecht in der Wohnung eines Arztes auf ganz ungebührliche Weise verletzt und überdies noch an dessen Mobiliarzubehör bedeutenden Schaden angerichtet zu haben. Die Sache verhält sich so: Der junge Graf war eines Morgens ausgefahren und hatte, ob zufällig oder absichtlich, ist nicht bekannt, seinen Wagen vor dem Hause des Arztes so halten lassen, daß es diesem im eigentlichsten Sinne unmöglich war, aus seinem eignen Hause zu kommen. Als nun der Arzt sehr natürlicherweise verlangt, daß der Wagen des Grafen weiter fahren solle, so weigert sich dieser, was zu einigen unangenehmen Erklärungen führt, worauf der Graf den Arzt ohne Weiteres zu einem Zweikampf herausfodert, den dieser jedoch nicht annimmt, weil er eben dringende Geschäfte in seinem Beruf habe, und davongeht. Der junge Graf ist über diese Weigerung ganz außer sich. Er bietet den Umstehenden, welche, obgleich es noch früh am Tage ist, doch in ziemlicher Masse herbeigelaufen waren, 10 Louisdor, wenn sie ihm sogleich ein Pferd schaffen wollen, um dem Arzt nachzusetzen, da das Menschengetümmel bereits so angewachsen war, daß er mit seiner Equipage nicht mehr hindurch kam. Allein es meldet sich Niemand, um die 10 Louisdor zu verdienen. Was thut nun der Graf? Er stürzt wie ein Rasender in die Wohnung des Arztes und begegnet hier zuerst einer alten Magd, an der er seine Wuth ausläßt, indem er ihr einen Fußtritt versetzen will, der jedoch glücklicherweise nicht sie selbst, sondern einen irdenen Krug trifft, den sie eben in ihrer Hand hält und der auf diese Weise ihr Leben beschützt. Auf das Geschrei der Magd eilen einige Leute von der Straße hinzu, die den ungebührlichen Streit beendigen, der nun weiter keine Folgen hat, außer daß gegen den jungen Grafen eine Klage anhängig gemacht wird. Obgleich der Advocat des Grafen es sich hat angelegen sein lassen, zu beweisen, daß, im Sinne des Gesetzes, hier keine wirkliche Verletzung des Eigenthums statt gefunden, so hat doch dagegen der Generaladvocat dargethan, daß in dem zerbrochenen Kruge wirk-

---

*) Zur Aufrichtung des Obelisken von Luxor in Paris wurden nämlich sehr kostspielige Anstalten gemacht, und hierauf bezieht sich dieser ironische Vorschlag.

lich das Eigenthum des Arztes verletzt sei, sodaß auf Grund dieses Erweises das Tribunal den Grafen zu 4 Thaler Geldbuße, Erstattung der Kosten und sechstägiger Haft verurtheilt hat.

* * *

Vor dem Policeibureau der Lambethstraße in London kam neulich folgender Fall vor. Es handelte sich hier um eine Realinjurie. John, ein Tischlergeselle, stellt sich der Behörde vor mit blaugeschlagenen Augen, aufgelaufenem Gesichte, sein Kinnbacken ist tüchtig zerschlagen und blutig. „Ich war", erzählt er, „in der Werkstatt eben beschäftigt, Pfosten zu sägen, als mein Kamerad, Thomas, wie ein Wüthender hereinstürzt, mir einen ungeheuern Faustschlag ins Auge versetzt und mit einem zweiten mir zwei Zähne aus dem Munde schlägt, von denen ich einen hier mitgebracht habe."

Magistratsperson: Und was habt Ihr mit dem andern Zahn gemacht?

John: Den hab' ich in der Angst verschluckt.

Dagegen bringt nun der Angeklagte zu seiner Entschuldigung folgende Erzählung vor: „Am vorigen Abend machte ich mir, wie gewöhnlich, meinen Thee in einem Siedekessel, den ich als Theemaschine zu benutzen pflege, und lud einen guten Freund ein, mit mir zu trinken. Gleich bei der ersten Tasse fanden wir, daß der Thee einen ganz abscheulichen Geschmack hatte; um uns nun zu überzeugen, woher dies rühre, goß ich den Theekessel aus und fand auf dem Boden desselben eine todte Ratte von ungeheurer Größe. Zu gleicher Zeit ließ sich in der benachbarten Werkstätte ein gewaltiges Gelächter vernehmen, woraus ich denn abnahm, daß man uns absichtlich einen Streich gespielt hatte. Bei näherer Erkundigung ergab sich, daß John der Thäter gewesen, worauf ich, empört über ein solches schändliches Benehmen, das mich und meinen Freund hätte umbringen können, mich zu ihm verfügte und ihm auf die Art und Weise, welche Ihnen, meine Herren, bekannt ist, meine „Vorstellungen" machte."

Hierauf entgegnete die obrigkeitliche Person: Die sehr tadelnswerthe Aufführung John's, welche keineswegs einen kameradschaftlichen Sinn an den Tag lege, entschuldige allerdings nicht die allzu nachdrücklichen „Vorstellungen" von Seiten Thomas, indessen halte er es doch für das Beste, diese sehr ekelhafte Sache nicht weiter zu treiben. Es würde für beide Theile gut sein, wenn sie miteinander aufheben wollten; dem John jedoch stehe es frei, wenn er sich bei diesem Urtheilsspruche nicht beruhigen wolle, die Sache bei den Assisen vorzubringen. Dies that jedoch John nicht, nachdem er seine Stellung als unberufener Spaßmacher weiter überlegt, vielmehr nahm er sich diese Geschichte zur Lehre an, und man sagt, daß er keinen Trieb mehr fühle, dergleichen Späße künftig zu wiederholen.

Die Procession des Fronleichnams zu Sevilla.

Sevilla, am Flusse Guadalquivir gelegen, eine der ältesten Städte Spaniens, ist zugleich die größte dieses Königreichs, selbst die Hauptstadt Madrid nicht ausgenommen. Sie hat mit Einschluß der Vorstädte einen Umfang von beinahe vier geographischen Meilen, aber in fast 14,000 Häusern gegenwärtig nur noch 96,000 Einwohner. In ihren alten blühenden Zeiten zählte sie deren 400,000. Die Stadt ist schlecht gebaut und hat sehr enge, krumme und schlecht gepflasterte Straßen. Wegen des sumpfigen Bodens ruht ein großer Theil der Häuser auf Pfählen. Unter den 30 Pfarrkirchen, die diese ausgedehnte Stadt besitzt, ist die Hauptkirche oder Kathedrale die ausgezeichnetste und berühmteste; sie ist die größte Kirche in Spanien, und nächst der Peterskirche in Rom wol überhaupt die größte der ganzen Christenheit. Diese mächtige Kathedrale ist auf den Grund einer maurischen Moschee erbaut, mißt 420 Fuß in der Länge, 126 F. in der Höhe, 263 F. in der Breite, und wird durch 30 hohe gothische Fenster erleuchtet. Schon die Zahl ihrer Altäre beweist ihre gewaltige Größe; man zählt deren 82. Eine vorzügliche Zierde dieses erhabenen Doms bildet der Hauptthurm desselben, Torre de la Giralda genannt, der 374 Fuß hoch, von viereckiger Gestalt, an jeder Seite 50 Fuß breit und so gebaut ist, daß man 41mal von einem viereckigen Absatz zum andern unmerklich aufsteigen, und wenn man will, sogar hinaufreiten kann, ein Unternehmen, daß jedoch schwerlich schon ein Mensch gewagt hat. Auf diesem Thurme befinden sich 22 Glocken, die so geschickt aufgehangen sind, daß sie, von der größten bis zur kleinsten, durch einen einzigen Menschen in Bewegung gesetzt werden können. Den Namen de la Giralda führt dieser merkwürdige Thurm von einer weiblichen Figur mit einem Palmzweige in der einen und einer Flagge in der andern Hand, die sich auf dessen Gipfel befindet, und sich nach dem Winde drehend, als Wetterfahne dient. Zu den übrigen Hauptsehenswürdigkeiten der Kathedrale gehört auch das Grabmal des Colombo, aus welchem jedoch später die Gebeine herausgenommen und nach der Havana übergeschifft wurden, nach dem eignen Testament dieses großen Entdeckers, der selbst seine Asche dem Lande nicht gönnen wollte, das sich so undankbar gegen ihn bewiesen hatte.

Wenn Spanien überhaupt als ein Hauptsitz des Katholicismus angesehen werden muß, der sich dort in seinen ursprünglichsten und alterthümlichsten Formen bis auf die neuesten, für dieses schöne Land zu unglücklichen Tage erhalten hat, so ist Sevilla vielleicht diejenige Stadt in Spanien, die man als den eigentlichen Mittelpunkt des katholischen Kirchenthums in diesem Lande betrachten kann. Aus diesem Grunde werden die Kirchenfeste in Sevilla mit besonderer Feierlichkeit und mit Beibehaltung alles Ceremoniels begangen, was dort um so eher stattfinden kann, da Sevilla eine außerordentliche Menge von Klöstern, 82 an der Zahl, und in diesen Mönche aus allen geistlichen Brüderschaften besitzt. Aus diesem Grunde sind in Sevilla die kirchlichen Processionen oder festlichen Umzüge der Priesterschaft nicht allein besonders zahlreich, sondern finden auch mit dem größten Schaugepränge und mit allen Förmlichkeiten statt. Besonders anziehend ist jedoch für den Fremden die große Fronleichnamsprocession, welche zur Feier des heiligsten und glänzendsten aller katholischen Kirchenfeste mit dem ausgesuchtesten Pomp begangen wird. Es ist unsern Lesern bekannt, daß man unter dem Ausdruck Fronleichnam (abzuleiten aus dem altdeutschen Wort: Fron, d. h. Herr, und Leichnam, d. i. Leib, Leib des Herrn oder Heilandes) die geweihte Hostie versteht. Papst Urban IV. stiftete im Jahre 1264 dieses Fest, welches seitdem an jedem ersten Donnerstag nach Trinitatis in allen katholischen Landen gefeiert wird. Hier in Sevilla bietet die Geistlichkeit, wie schon bemerkt, Alles auf, um in der Feier dieses Festes jeder andern spanischen Stadt, und der Hauptstadt selbst, den Rang abzulaufen, und es strömen deshalb, wenn die Zeit der Feier herannaht, aus allen Theilen des Landes eine große Menge Menschen herzu, um das heilige Schauspiel anzusehen, sodaß es in diesen Tagen den Anschein gewinnt, als sei der vormalige Glanz der alten berühmten Stadt zugleich mit ihrer frühern zahlreichen Bevölkerung zurückgekehrt. Die Procession selbst nimmt am Morgen sogleich nach der Frühmesse ihren Anfang, und geht von dem Platze der Kathedrale aus durch alle Theile und Straßen der umfangreichen Stadt. Überall von den Balconen der Häuser und Paläste herab, an denen der Zug vorüberführt, sind die kostbarsten Teppiche ausgehängt, mit Seide, Silber und Gold reich gestickt, um der heiligen Monstranz die größtmögliche Ehrerbietung zu zollen. Voran getragen wird von einem Mönch das prächtige Banner der Kathedrale von Sevilla, dessen Stab, sowie das Doppelkreuz auf der Spitze, aus gediegenem Golde gearbeitet ist. Das Banner selbst ist aus dem kostbarsten Stoffe verfertigt, worin man das Abendmahl des Herrn in wundervoller Arbeit eingestickt hat. Diesem zunächst folgt auf einem von Menschen gezogenen Wagen der Thurm de la Giralda selbst mit den beiden heiligen Töpferstöchtern in verkleinerter, überaus kunstvoller Arbeit. Zur Erklärung dieses Mysteriums, welches der Leser auf unserer Abbildung dargestellt findet, wollen wir, was uns die Legende von diesen beiden heiligen Jungfrauen berichtet, hier

Die Fronleichnamsprocession zu Sevilla.

mittheilen. Sie waren die Töchter eines armen Töpfers aus der Vorstadt Triana, und befanden sich unter den ersten Frauen der Stadt, welche den christlichen Glauben annahmen und dafür als die ersten Märtyrinnen zu Sevilla den Tod erleiden mußten. Nachdem sie auf diese Weise die höchste Stufe der Heiligkeit erstiegen hatten, ereignete sich eines Tages ein so furchtbares Erdbeben, daß die ganze Stadt in ihren Grundfesten erzitterte und eine große Anzahl der herrlichsten Häuser und Paläste zusammenstürzte. In dieser allgemeinen Verwüstung stand allein der Thurm der Kathedrale unerschütterlich wie ein Fels im Meere. Über dieses Wunder erstaunt, wandten sich, nachdem die gewaltige Erschütterung etwas nachgelassen, Aller Augen nach dem Thurme, und hier erblickte man nun die beiden Märtyrinnen in riesengroßer Gestalt zu beiden Seiten des Heiligthums, welches sie mit ihren Händen stützten und dergestalt vor dem Einsturze bewahrten. Zum Gedächtniß dieses wunderbaren Ereignisses ließ man nun diese Begebenheit in Stein nachbilden und verordnete, daß dieses heilige Bild an jedem Jahresfeste dem Fronleichnam vorausgetragen werden sollte. Zu gleicher Zeit ließ man in der Kathedrale selbst eine prächtige Kapelle erbauen und widmete dieselbe der ausschließlichen Verehrung der beiden Jungfrauen. Übrigens macht der Anblick ihrer Standbilder beim Fronleichnamsfest eher einen seltsamen als Andacht erregenden Eindruck, denn sie zeigen sich in ganz modernem Anzug, der Mantel, das Kleid, der Haarputz, Alles ist nach dem neuesten Zuschnitt, sodaß ihr Anzug eher dem einer reichen Dame als einer christlichen Märtyrin gleicht. Die Augen dieser Statuen sind eingesetzt und bewegen sich durch einen sehr einfachen Mechanismus unaufhörlich in ihren Höhlen, wodurch die Andacht der Gläubigen gestärkt werden soll.

Nach diesem sonderbaren Vehikel folgt nun das Reliquirium selbst, worin das heilige Sacrament befindlich. Es ist aus massivem Silber gearbeitet und die Verzierungen daran sind überaus reich und prachtvoll. Man kann sich denken, daß dieses Heiligthum sehr schwer von Gewicht ist, weshalb es auch von nicht weniger als 16 Männern getragen wird, die aber den Blicken der Zuschauer verborgen bleiben. Während der Procession, die sehr lange dauert, wird mit allen Glocken geläutet, tausend stattliche Banner flattern in den Lüften, die fast zahllosen Priester und Mönche singen feierliche Hymnen und entzückende Weihrauchdüfte wallen gen Himmel, eine ungeheure Menschenmenge wogt dazwischen von Straße zu Straße, von Platz zu Platz.

Bei der doppelten Messe, die an diesem Tage in der Kathedrale von Sevilla gehalten wird, tanzen reichgekleidete Kinder vor den Altären, mit Castagnetten, die sie gar künstlich zu schlagen wissen. Auf dieselbe Weise ziehen sie tanzend und musicirend den Bildsäulen der heiligen Töpferstöchter voraus, um an den König David zu erinnern, der gleichfalls mit seiner Harfe vor der Bundeslade hertanzte.

Unsere zweite Abbildung stellt den Circus für die Stiergefechte in Sevilla vor. Der Leser erblickt im Hintergrunde den Riesenbau der Kathedrale mit dem Giraldathurm, zur Rechten das prächtige Stadthaus. In Betreff der Stiergefechte selbst beziehen wir uns auf einen in Nr. 205 des Pfennig-Magazins mitgetheilten Aufsatz.

Circus für die Stiergefechte in Sevilla.

Die Entwickelungsstufen des deutschen Volkes.*)

II.

Die mongolischen Horden ließen nur Verheerung auf ihren Zügen zurück, die Germanen waren vorgerückt, um zu erobern und wieder aufzubauen. Mehre Stämme waren nun ganz, andere theilweise ausgewandert, wenige unverändert in ihrer Heimat geblieben. In den eroberten Gebieten zeigten die Sieger nirgend die Absicht, gleich anfangs Alles umzugestalten, sondern es wurde so viel als möglich von den alten Einrichtungen beibehalten. Die Bewohner der römischen Provinzen wurden weder ausgerottet, noch zu Sklaven gemacht, mußten aber so viel von ihren Ländereien, als die Eroberer brauchten, gewöhnlich ein Drittheil, abtreten, und wurden übrigens in ihrem Eigenthum und ihren Rechten geschützt. Ein Theil derselben, besonders die größern Landeigenthümer, traten in des neuen Königs Dienstgefolge, ein anderer Theil blieb als Grundeigenthümer frei, genoß aber nicht, wie die freien Deutschen, Freiheit von Grundabgaben, und andere wurden Unfreie, besonders in den Landstrichen, die dem König und dem Adel zufielen. Der neue Fürst ward in den eroberten Ländern unbeschränkter Beherrscher eines zahlreichen und betriebsamen Volkes; aber obgleich in der Verwaltung Manches vereinfacht ward und germanische Einrichtungen allmälig Einfluß gewannen, so mußten doch die dem Fürsten unentbehrlichen römischen Verwaltungsbeamten überall beibehalten werden. Die oberste Verwaltung leitete der König unter der Mitwirkung seiner Hofbeamten, die seinen Rath bildeten, und nach dem Vorbilde des römischen Hofes umgab er sich mit einem glänzenden Hofstaate, um die Meinung von einer ihm zugewachsenen Größe bei seinem Volke zu erwecken. Die Deutschen wurden zwar nicht wie die unterworfenen Römer behandelt, aber die Gewalt des Königs erhielt durch die Eroberung eine große Ausdehnung, da die Römer, welche er zu jedem Kriege aufbieten konnte, ihm hinreichende Streitkräfte gaben und die aus dem eroberten Lande ihm zufließenden Einkünfte ihn in Stand setzten, ein größeres Gefolge zu unterhalten, als früher aus dem Ertrage seiner Erbgüter und der freiwilligen Geschenke des Volkes. Die zahlreichen Besitzungen, welche er durch die ihm zugefallenen kaiserlichen Privatgüter gewonnen hatte, gaben ihm Mittel, diejenigen unter seinem Gefolge, die seine Gunst besaßen, durch Güter (Beneficien) zu belohnen, um den Adel dadurch fester an sich zu binden und die Freien zum Gefolgedienste anzulocken.

Wir werfen nun einen Blick auf die einheimischen Völker, die nach der Auswanderung ihrer Stammgenossen im eigentlichen Deutschland ihre Sitze behielten. Nach der Besiegung der Thüringer und Alemannen verbreiteten sich die Franken im Süden des Thüringerwaldes bis zu den Quellen des Mains und aufwärts an beiden Rheinufern, wo sie unter den alten Bewohnern sich ansiedelten, und bei der Trennung der

---

*) Vergl. Pfennig-Magazin Nr. 202—204.

deutschen Völker von dem Frankenreiche erhielt das Land am Main von ihnen den Namen Franken. Während die Franken, bei ihrem Einrücken in Gallien noch rohe Kriegsvölker, allmälig die Sitten des durch Landbau und Handel blühenden Landes annahmen, und durch ihre Einrichtungen in der neuen Heimat jene Macht erlangten, die sie so lange behaupteten, lebten ihre diesseit des Rheins zurückgebliebenen Stammgenossen in einem verödeten, durch Auswanderungen und Kriege entvölkerten Lande noch im Jahrhundert nach der Zeit, bei welcher wir hier stehen, in dem einfachen Zustande der alten Germanen. Die suevischen Alemannen hatten die Nordseite der Alpen mit einem Theile der Schweiz und beide Ufer des Oberrheins in Besitz. Später nach dem Ende der alemannischen Kriege wurde der alte Suevenname wieder vorherrschend und ging endlich in den neuen Volksnamen Schwaben über. In einem schönen und fruchtbaren Lande und durch das Hochgebirge geschützt, begnügten sich die Alemannen, welche die alte Eroberungslust verloren hatten, gegen die Franken ihr Land zu behaupten, wo sie die Wälder lichteten, Moore austrockneten und mit ihren Heerden die Alpen beweideten, während dieser Übergang zu einem seßhaften Leben ihre Sitten milderte und die alte Freiheit der Volksgemeinden sich in den Bergen erhielt. Im Süden verschmolzen mit den Alemannen die Überreste der nördlichen Alpenvölker und einige aus Italien vertriebene Gothen. Abwärts vom Lech hatten die Bojoarier, die Stammväter der Baiern, in Sprache und Sitten mit den Alemannen verwandt, ihre Sitze. Sie waren frühzeitig unter einem eignen Fürstenhause vereinigt. Die Sachsen, die sich von der Ostsee landeinwärts bis über die Weser ausgebreitet hatten, trennten sich bei dem Aufhören der Wanderungen nach den Landesgrenzen in Westfalen zwischen dem Rhein und der Ems, Engern an der Weser und Ostfalen zwischen Weser und Elbe. Sie und ihre Nachbarn, die Friesen, die von der Weser längs der Küste des Meeres bis zu den Mündungen des Rheins wohnten, hegten einen tiefen Haß gegen alle Einrichtungen der Franken, ihrer ehemaligen Verbündeten, der in den Ereignissen einer spätern Zeit gesteigert hervortrat. Die Sachsen beneideten das Kriegsglück der Franken, das sie in ihren Streifzügen hemmte, und hatten eine heftige Abneigung gegen den neuen Glauben, während die Franken die Macht ihrer nördlichen Nachbarn fürchteten. In der Gesittung standen die Sachsen, obgleich sie länger als andere deutsche Völker dem Heidenthum anhingen, nicht tiefer, und der Handelsverkehr führte ihnen Manches zu, das den Völkern des Binnenlandes unbekannt blieb. Das Urvolk der Friesen, freiheitliebend wie die Sachsen, hatte durch unermüdete Thätigkeit einen großen Theil seines Bodens den Meeresfluten abgewonnen, durch Dämme geschützt, und im Kampfe mit den Elementen Muth und Vaterlandsliebe gekräftigt. Während bei den Franken die monarchische Form sich ausbildete, entstand bei den Sachsen und Friesen unter zahlreichen Edeln eine Aristokratie, bei den Alemannen und Baiern aber, abwechselnd unter Wahlfürsten und erblichen Gebietern und bei wenigem Adel, erhielt die Verfassung der Volksgemeinden der Freien ihre Ausbildung.

Diese Völker mit einigen Unterabtheilungen waren der Überrest der Deutschen in ihrem Mutterlande. Der große Raum, den das Volk bei seinem Auftreten in der Geschichte von den Alpen bis zur Nordsee und Ostsee, von den Ardennen bis zu den Karpaten eingenommen hatte, war zu einem Halbkreis verengt, der nur noch die Länder diesseit der Elbe an der Nordsee und an beiden Rheinufern und an der obern Donau bis an die Alpen umfaßte. Hier wohnten diesselben Völker, die am längsten für ihre Freiheit in diesen alten Sitzen gestritten hatten.

Seit dem 1. Jahrhundert hatte sich der gesellschaftliche Zustand dieser Völker vielfach ausgebildet und verändert. Die altgermanische Stammverfassung und die eigenthümlichen Einrichtungen der suevischen Völker waren immer mehr verschmolzen, aber während unter den Westgermanen statt der ehemaligen gewählten Häupter das Königthum aufgekommen war, hatten sich die suevischen Stämme, die früher Königen gehorchten, unter Wahlfürsten vereinigt. Die Franken erlangten unter ihren Königen das Übergewicht über die andern Völker, und der Gefolgsdienst ward auch in den eroberten Gebieten der Thüringer und Alemannen vorherrschend, da ein großer Theil des freien Eigenthums dem Könige und dem Adel dienstbar gemacht wurde. Jedes Volk aber behielt bei dieser Veränderung der Wehrverfassung seine eignen Gesetze und Einrichtungen, und in der Mitte der Volksgemeinden blieb auch unter den fränkischen Königen die gesetzgebende Gewalt. In den seit der Herrschaft der Franken nach und nach aufgeschriebenen Gesetzen der deutschen Völker sehen wir vorzüglich die allen germanischen Stämmen gemeinschaftliche Sühne für Rechtsverletzungen in dem Wehrgeld (Weregild) oder der gesetzlichen Gewährleistung der persönlichen Sicherheit weiter ausgebildet und mit den Standesverhältnissen in genaue Übereinstimmung gesetzt. Für jede Verletzung an Leib, Gut und Ehre mußte ein Ersatz geleistet werden, der dem Beschädigten oder seinen Erben zufiel und nun nach Metallgeld berechnet wurde. Die Einheit, nach welcher die Gesetze diese Buße bestimmten, war der Schilling (solidus), dessen Werth, bei den verschiedenen Völkern verschieden, bald zwei gesunden Ochsen, bald einem einjährigen Ochsen, bald einem Schafe mit dem Lamme gleich kam. Der Betrag des Wehrgeldes richtete sich nach der alten Abtheilung des Volkes in Freie und Unfreie, und unter jenen hatte der Edle ein oft bedeutend höheres Wehrgeld als der gemeine Freie, z. B. bei den Franken mußte der Mörder eines Freien 200 Schillinge, eines Edeln 300, eines königlichen Dienstmannes 500 Schillinge bezahlen, und bei den Sachsen hatte der Edle sogar das zwölffache Wehrgeld, 1440 Schillinge, die bei ihnen dem Werth von ebenso vielen einjährigen Ochsen hatten. Das Wehrgeld des weiblichen Geschlechts war nach den Sitten der Völker sehr verschieden. Bei einigen Stämmen hatte das freie Weib das doppelte Wehrgeld des freien Mannes, „weil sie sich nicht wehren konnte;" bei den Franken die Jungfrau wie die Frau, die nicht mehr fruchtbar war, das einfache Wehrgeld; eine Frau, die angefangen hatte, zu gebären, mehr als das doppelte; eine Schwangere das höchste, 700 Schillinge oder den Werth von 1400 Ochsen. Das Wehrgeld galt ursprünglich nur für die Freien, die allein das rechtsfähige Volk ausmachten, doch wurden auch die Unfreien einer verhältnißmäßigen Schätzung unterworfen und das nach derselben bestimmte Wehrgeld, das z. B. bei den Leibeignen unter den Alemannen 12—15 Schillinge betrug, fiel ihren Herren zu. Alle Beschädigungen durch Diebstahl, Brand, Mord, Verwundung und andere widerrechtliche Handlungen hatten ihre gesetzliche Währung. Bei der Beschädigung körperlicher Sachen, die geschätzt werden konnten, kam zu dieser Buße noch die Erstattung des Schadens selbst, und wenn mit dem Vergehen zugleich ein Friedensbruch verbunden war, mußte überdies dem Könige und dem Richter Buße bezahlt werden. Den Unfreien, der ein Verbrechen begangen hatte, trafen nur körperliche Strafen, gewöhnlich Peitschenhiebe, aber auch selbst Todesstrafe. Für den Freien gab es noch immer, außer bei Hochverrath, keine Todesstrafe, ebenso wenig Leibesstrafen, und eine Ausnahme machte nur das strenge baierische Gesetz, das erste, das einem Freien körperliche Züchtigung auflegte, und z. B. einem Uebertreter der Kriegsordnung Prügel zuerkannte.

Außer der Verschiedenheit des Wehrgeldes, wodurch alle deutschen Volksgesetze den Unterschied des Adels und der gemeinen Freien bezeichneten, hatten die Edlen noch andere Vorrechte, aber auch besondere Pflichten. Bei den Franken und allen deutschen Völkern im fränkischen Reiche mußten die Edlen als Dienstleute dem König treu und gewärtig sein und wurden daher seine Getreuen (leudes) genannt. Sie hatten dagegen das Vorrecht, gleichfalls ein Dienstgefolge zu halten und den Anspruch auf hohe Staatsämter. In der Volksgemeinde genossen sie keine Vorzüge vor andern Freien. Die Rechte der Freien bestanden in höherm Wehrgelde und in der Fähigkeit, ein echtes, vollkommenes oder von der Gemeinde gewährleistetes Eigenthum zu besitzen und in der Versammlung der Gemeinde als Theilnehmer an den öffentlichen Angelegenheiten zu erscheinen. Die Freiheit ward erworben durch eheliche Geburt von freien Ältern und durch die Aufnahme eines unvollkommen freien Mannes in die Volksgemeinde. Die strengste Art der Unfreiheit war der römischen Knechtschaft ähnlich. Hörige waren alle Unfreie, die zwischen den Zinspflichtigen und Leibeignen in der Mitte standen. Es gab zwei Classen derselben, die Hofhörigen, die ein Wehrgeld hatten, das aber zum Theil ihr Herr erhielt, der auch nicht, wie bei den Leibeignen unbedingt für sie zu haften brauchte und sein Schutzrecht aufgeben konnte, und die unfreien Dienstleute, die zwar in ihren Verhältnissen als Grundbesitzer von den Hörigen nicht verschieden, aber zum Kriegsdienste bei den Edlen und besonders bei dem Könige verpflichtet, doch von knechtischen Diensten frei waren, Ämter verwalten durften, die keine Gewalt über freie Leute gaben, und Ehrendienste am Hofe ihres Herrn leisten mußten. Die Unfreiheit entstand theils durch Geburt, wenn der Vater oder die Mutter unfrei war, nach dem Grundsatze, daß das Kind der ärgern Hand folge, theils durch die Ehe mit einer unfreien Person, die Eigenthum eines andern war, theils durch Vertrag, Kriegsgefangenschaft und Zahlungsunvermögen. Jede Art der Unfreiheit wurde durch die Freilassung aufgehoben, die aber nicht vollkommene Freiheit geben konnte, weil sie den Freigelassenen nicht zum Genossen einer Volksgemeinde machte.

Die Volksgemeinde — das echte Ding, Lobding — versammelte sich von 14 zu 14 Tagen, gebotene Gerichte (Botding) aber waren außergewöhnliche Versammlungen, die auf Anrufen eines Verletzten gehalten wurden und in welchen außer den Urtheilsprechern nur die Parteien mit ihren Zeugen erschienen. Zu dem Volksgerichte war ein besonderer freier Platz bestimmt, gewöhnlich auf einem Hügel, unter alten ehrwürdigen Bäumen oder bei einer Steinsäule, und wurde Mahl, Mahlberg (mallus) genannt. Jeder freie Mann war bei Strafe verpflichtet, in der gewöhnlichen Volksgemeinde zu erscheinen, die unter dem Vorsitze der Obrigkeiten gehalten wurde. Die Gemeinde oder besondere, aus derselben genommene Urtheiler, deren bei den Franken in jedem Volksgerichte sieben waren, sprachen durch Abstimmung das Urtheil aus, der Anfang der spätern Einrichtung der Schöffen. Das Urtheil wurde von der vorsitzenden Obrigkeit vollzogen.

Die Landeseintheilung war überall bei den deutschen Völkern gleich. Eine Vereinigung von Höfen und Weilern bildete eine Markgenossenschaft, mehre solcher Genossenschaften hießen Send oder Cent (Hundert) und die Gesammtheit eines Landbezirkes war der Gau. Die Vorsteher dieser Abtheilungen, die blos in Friedenszeiten Gericht hielten, führten ihre Gemeinden, Senden und Gaue auch in den Krieg. Die Freien allein hatten Waffenrecht. Die Waffen waren noch, wie in frühern Zeiten, die Lanze und der Schild, der bei verschiedenen Völkern eine eigne Farbe hatte. Neben der allgemeinen Landwehr der Freien stand die besondere bewaffnete Macht der Dienstleute, jene durch einen Volksbeschluß, diese durch des Königs Befehl aufgeboten. Während die Freien als Grundbesitzer zum Waffendienste verpflichtet waren, erhielten die Getreuen des Königs, gleichfalls Freie, ihren Sold in liegenden Gründen, wodurch eine doppelte Art des Grundeigenthums entstand, das echte Eigenthum der freien Gemeindegenossen und das Eigenthum des Königs und seiner Leute.

Die Familienverfassung war noch immer auch die Grundlage der öffentlichen Verhältnisse. Die Glieder einer Familie bildeten einen Verein zum Schutze gegen Verletzungen ihres Eigenthums und ihrer Personen gegen Andere. Alle, die sich nicht selber schützen konnten, standen unter dem Munde (mundium, Schutz) eines Freien, namentlich Weiber und Hauskinder. Wer um eine Frau warb, mußte dem Hausvater bei der Verlobung das Schutzrecht ersetzen oder bezahlen, und dies war die Bedeutung des Mahlschatzes, der in mehren altdeutschen Gesetzen als wirklicher Kaufschilling erscheint. Die Frau stand unter dem Munde ihres Mannes, der dadurch eine ziemlich unbeschränkte Gewalt über sie erhielt. Die Ehe zwischen Freien und Unfreien war durch schwere Strafdrohungen verboten. Nach den Gesetzen der Uferfranken (Ripuarier) ward einer Freien, die wider den Willen ihrer Ältern einen Leibeignen heirathen wollte, von dem Richter ein Schwert und eine Kunkel gereicht, und nahm sie jenes, so mußte sie den Knecht tödten, wählte sie diese, so fiel sie in Knechtschaft. Das Erbrecht gründete sich auf die Abstammung aus gleicher Ehe. Der Mannsstamm erbte das Land, das Hausgeräthe und die Blutrache, und erst nach der Erlöschung desselben kam die ganze Erbschaft auf die Töchter.

(Fortsetzung folgt in Nr. 210.)

Riesenkohl.

Man baut gegenwärtig in der Umgegend von London eine Kohlart von ungewöhnlicher Größe; sie hat 12 Fuß Höhe und 20 Fuß im Umkreis. Fünf dieser ungeheuern Pflanzen reichen zur täglichen Nahrung von 100 Schafen oder 10 Kühen hin.

Der Tiger und der Dsiggetai.

In den ungeheuern Sandstrecken Mittelasiens, in den weitläufigen Ebenen der Tatarei, in der berühmten Wüste Kobi, die sich bis nach Indien hinzieht, in diesen ungeheuern Einöden der Schöpfung, und nur hier allein wohnt der Dsiggetai, ein Thier aus dem Pferdegeschlecht, das die Mitte zwischen diesem und dem Esel hält. Die Alten nannten dieses Thier das wilde Maulthier, unter welchem Namen es schon Aristoteles in seiner Naturgeschichte erwähnt. Der Dsiggetai ist leicht und schlank gebaut, obwol sein Kopf ein wenig groß und unförmlich ist, von Farbe orangegelb, mit kurzer, dicker Mähne und langem kahlen Schwanz, an dessen Ende sich ein starker Haarbüschel befindet, wie bei dem Rindvieh. Er ist ungemein schnellfüßig und im höchsten Grade scheu, aber von sanfter, gutmüthiger Natur. Man hat bisher behauptet, es sei unmöglich, dieses Thier wegen seiner außerordentlichen Scheuheit lebendig zu fangen und zu zähmen, neuerdings jedoch hat die Erfahrung diese Behauptung widerlegt, denn gegenwärtig befinden sich in der Menagerie des königlichen Gartens zu Paris zwei lebendige Exemplare. In der Wildniß leben diese Thiere in kleinern Heerden beisammen, deren jede einen Hengst zum Führer hat. Die Anzahl einer solchen Heerde übersteigt selten 12 — 15 Stück. Am liebsten halten sich die Dsiggetais in denjenigen Steppen auf, die nicht allzuweit von großen Strömen entfernt sind. Hier ist es, wo ihnen ihre Hauptfeinde, die Menschen und die Tiger vornehmlich, auflauern. Beide nämlich, der Mensch sowol als dieses schreckliche Raubthier, finden das Fleisch des Dsiggetai besonders schmackhaft. Der Tiger, in irgend einem Felsengebüsch versteckt, liegt so lange auf der Lauer, bis der Dsiggetai vorüberläuft. Jetzt ersieht der ebenso tückische als starke Feind den passenden Augenblick und stürzt sich mit einem gewaltigen Sprunge auf das arglose Thier, dem er sogleich durch die Gewalt dieses ersten Anfalls das Rückgrath zerschmettert. Hierauf schleppt der Tiger seine Beute in das nahe Dickig, nimmt sie dort in seinen weiten Rachen und trägt sie mit Leichtigkeit seiner Höhle zu.

Der Tiger und der Dsiggetai.

Verantwortlicher Herausgeber: Friedrich Brockhaus. — Druck und Verlag von F. A. Brockhaus in Leipzig.

Das Pfennig-Magazin
für Verbreitung gemeinnütziger Kenntnisse.

210.] Erscheint jeden Sonnabend. [April 8, 1837.

Galerie der deutschen Bundesfürsten.
X.

Friedrich VI., König von Dänemark.

Friedrich VI., König von Dänemark, als Herzog von Holstein und zu Lauenburg Mitglied des deutschen Bundes, wurde am 28. Januar 1768 geboren und ist der Sohn des Königs Christian VII. und der Prinzessin Karoline Mathilde von England. Nachdem er bereits am 14. April 1784 zum Mitregenten seines gemüthskranken Vaters erklärt worden war, verheirathete er sich 1790 mit der Prinzessin von Hessen-Kassel, Marie Sophie Friederike, geboren am 28. October 1767. Seinem Vater folgte er am 13. März 1808 auf dem Throne und seine Krönung erfolgte am 31. Juli 1815. Seine Regierung zeichnete sich von allem Anfange an durch Gradheit und Offenheit aus. Die gegen Ende des 18. Jahrhunderts während des französischen Revolutionskrieges, namentlich von England, angefochtene Neutralität Dänemarks wußte Friedrich mit Energie und Festigkeit zu behaupten, dabei zwang er 1797 die Raubstaaten, seinen Bedingungen sich zu fügen. Doch durch den plötzlichen Überfall Englands 1807 verlor der dänische Staat Handel und Marine, und sah sich in den unglücklichen Krieg verwickelt, in welchem er zuletzt, fast gegen das ganze übrige Europa alleinstehend, das Königreich Norwegen einbüßte. Im Frieden von 1814 ward er für diesen Verlust durch Schwedisch-Pommern und die Insel Rügen entschädigt, die es später gegen das Herzogthum Lauenburg und eine Summe Geldes an die Krone Preußen abtrat. Auf dem Congresse zu Wien war der König persönlich zugegen, ließ 1815 sein Contingent zur Occupationsarmee in Frankreich stoßen, und nach dem Frieden war es sein unablässiges Bestreben, das Wohl seiner Staaten in geistiger wie in materieller Hinsicht zu fördern.

Dem Könige Friedrich verdankt Dänemark die gesetzliche Feststellung der Preßfreiheit (seit 1784), die Aufhebung der Leibeigenschaft und die seit 1792, also früher als in irgend einem andern Staate, vorbereitete und seit 1803 gesetzliche Abschaffung des Sklavenhandels, die Einsetzung der Friedensgerichte, ein geordnetes

Volksschulwesen und viele andere wohlthätige Einrichtungen, endlich in neuester Zeit die Einführung berathender Provinzialstände in dem Königreiche sowol, als in den Herzogthümern. Was den persönlichen Charakter des Königs anbelangt, so kann man in der That sagen, daß er eigentlich über jede Beleidigung erhaben sei; alle Beschränkung, insbesondere der Redefreiheit, ist ihm zuwider. Hiervon gibt das beste Zeugniß seine Bemerkung, als ein dänischer Beamter wegen allzu freier Äußerungen im Auslande verklagt wurde: „Er hat geglaubt, er wäre zu Hause."

Der König hat keinen Sohn, sondern nur zwei Töchter: die Kronprinzessin Karoline, geboren am 28. October 1793 und seit 1829 mit dem Prinzen Ferdinand von Dänemark vermählt, und Wilhelmine, geboren am 17. Januar 1808, seit 1828 die Gemahlin des Prinzen Friedrich von Dänemark. Präsumtiver Thronfolger ist des Königs Vaters Bruders Sohn, Christian Friedrich, geboren am 18. September 1786, der am 19. Mai 1814 als König von Norwegen ausgerufen wurde, aber schon am 10. October desselben Jahres dieser Krone zu entsagen sich genöthigt sah. Der Prinz war zuerst mit der Prinzessin Charlotte von Mecklenburg-Schwerin vermählt; diese Ehe wurde aber 1812 getrennt, worauf er sich 1815 mit der Prinzessin Karoline von Holstein-Sonderburg-Augustenburg, geboren am 28. Juni 1796, vermählte. Aus seiner ersten Ehe stammt der Prinz Friedrich, geboren am 8. October 1808, der Gemahl der Prinzessin Wilhelmine, der Tochter des Königs. Des Thronfolgers Bruder ist der Prinz Ferdinand, geboren am 22. November 1792, der Gemahl der Kronprinzessin, und seine Schwestern sind die seit 1834 verwitwete Landgräfin von Hessen-Philippsthal-Barchfeld, Juliane, geboren 1788, und Charlotte, geboren 1789, die Gemahlin des Landgrafen Wilhelm von Hessen-Kassel. Nebenlinien des königlichen Hauses, jedoch ohne Landeshoheit, sind: Holstein-Sonderburg-Augustenburg und Holstein-Sonderburg-Glücksburg. Herzog von Holstein-Sonderburg-Augustenburg ist Christian, geboren 1798; Herzog von Holstein-Sonderburg-Glücksburg Karl, geboren 1813. Der erstern Linie gehört der Prinz Emil an, geboren 1767, der 1801 mit der Baronin Sophie von Scheel, gestorben 1836, sich verheirathete und in Leipzig lebt.

Die Entwickelungsstufen des deutschen Volkes.

II.

(Fortsetzung aus Nr. 209.)

Die Entstehung der größern Völkerbünde war nicht ohne Einfluß auf den Volksglauben geblieben. Die heiligen Haine in der Mitte jedes Stammes wurden theils während der Kriege mit den Römern zerstört, theils bei den Wanderungen der Völker verlassen, wiewol einige solcher geheiligten Orte, besonders in den Ostseeländern, auch bei den nachrückenden undeutschen Völkern in ihrem alten Ansehen blieben. Durch das Vorrücken der nordöstlichen Suevenstämme wurde der Dienst der Hertha in die südwestlichen Länder gebracht. In den meisten heiligen Hainen war eine Quelle, bei welcher die Opferthiere geschlachtet wurden, der Blutbrunnen genannt. Außer den Opfern gehörte auch Zeichendeutung zu den heiligen Handlungen, und besonders ward auf den Flug und die Stimmen der Vögel geachtet. Die Männer, die diesen Gebräuchen vorstanden, bildeten auch im 6. Jahrhunderte noch keinen besondern Priesterstand. Die Hauptfeste bezogen sich auf den Wechsel der Jahreszeiten, wie überall, wo die Religion Naturdienst ist. Die Oster- und Johannisfeuer sind uralte deutsche Gebräuche, auf den Sieg der Sonne deutend. Bei Mondfinsternissen versammelten sich die Deutschen in Freien und riefen: Sieg Mond! In den Wintermonaten belustigten sie sich mit Mummereien. Bei Leichenbegängnissen folgten der Todtenklage bald muntere Lieder. Die Sachsen verbrannten ihre Todten, bei den übrigen deutschen Völkern aber war schon im 6. Jahrhunderte Beerdigung üblich. Den Todten wurden ihre Waffen und ihre liebste Habe in das Grab gelegt, eine Hindeutung auf den Glauben an ein künftiges Leben. Im Allgemeinen finden wir die Deutschen zu jener Zeit in Beziehung auf religiöse Ansichten auf der Stufe, wo die ursprüngliche Vorstellung von der Einheit Gottes sich bereits verloren hat und bei dem Übergange durch den Naturdienst Neigung zur Vielgötterei entstanden ist, ohne daß jedoch die frühern Eindrücke ganz erloschen sind. Die Gottheiten Wodan, Thor und Freya wurden im Laufe der Zeit auf verschiedene Weise versinnlicht. In der Eiche wurde Thor, der unsichtbare Gott des Blitzes, verehrt, und der Dienst der Göttin Freya mochte ursprünglich nichts als die Verehrung der Mutter aller Wesen sein. — Die Sprache der Deutschen hatte bei der Einwanderung des Volkes in Europa wahrscheinlich ebenso viele Mundarten als es Stämme gab. Die älteste deutsche Schrift aus der zweiten Hälfte des 4. Jahrhunderts gehört den Gothen an, die Übertragung des Neuen Testaments von dem Bischof Ulfilas. Erst bei der Vereinigung in größere Völkerbünde mochten die besondern Mundarten in einige herrschende zusammenfließen, doch haben hier klimatische Einflüsse bedeutend eingewirkt. So verloren sich die rauhen Kehltöne der Anwohner des Harzgebirges, der Katten, in ihren Abkömmlingen, den Batavern, und bei der von ihnen ausgegangenen Franken in eine weiche Mundart, und als die Franken sich später aufwärts am Rhein ausbreiteten, behielten sie nicht die weiche Mundart ihrer letzten Wohnsitze, sondern es entstand unter ihnen eine mitteldeutsche mit manchen Verzweigungen.

In dem Zeitraume, an dessen Grenze wir stehen, hatte Deutschland einen neuen Bestandtheil in den slawischen Ansiedelungen erhalten, welche, obgleich dem Stamme der alten Bewohner fremd, nun in die Geschichte des Landes eintreten. Den germanischen Völkern folgten schon auf ihren ersten Wanderungen slawische Stämme, die zu den alten, auch den Griechen bekannten, Sarmaten gehörten. Früh drangen sie von Mitternacht her, besonders zwischen die gothischen Völker, waren im 3. Jahrhundert gegen die Donau gerückt und im 4. erhielt eine große Anzahl vertriebener sarmatischer Ansiedler Sitze in Thracien, Macedonien und Oberitalien. Als im 5. Jahrhundert mehre deutsche Völker aus ihren Wohnsitzen aufbrachen, zogen slawische Stämme in das verlassene Land zwischen der

Donau und dem baltischen Meere, besonders nach Ungarn, Böhmen und Schlesien. Spätere Wanderungen öffneten ihnen den Weg aus den Niederungen Polens in das Elbland, und im 6. Jahrhundert besetzte der slawische Stamm der Serben das Land zwischen Elbe und Saale, wo ihnen die Sachsen nach der mit den Franken unternommenen Eroberung Thüringens Wohnsitze einräumten, während andere Slawenstämme die Gebirgsgegenden einnahmen, die zu Östreich, Steiermark, Kärnten, Tirol und Salzburg gehören. Fast die ganze östliche Hälfte Deutschlands, längs einer Linie vom adriatischen Meere durch Böhmen bis zur Ostsee, war schon von slawischen Stämmen bewohnt. Erst im 4. Jahrhundert erhielt das Volk den Namen Slawen, von Slawa, Ruhm, oder von Selo, wandern oder ansiedeln, abgeleitet. Wie die Germanen als Krieger in die römischen Länder drangen, zogen die Slawen als friedliche und betriebsame Landbauer in die verödeten Gebiete. Bei manchen Ähnlichkeiten in den Sitten beider Völker, welche auf die gemeinschaftliche Urheimat hindeuten, waren sie doch vielfach verschieden. Auch bei den Slawen war die gesellschaftliche Verfassung auf den Familienverein gegründet. Die Häupter der Familien bildeten die Gemeinde. Es gab früh Erbfürsten, aber keinen Erbadel und für Sklaverei hatte die Sprache der slawischen Völker kein Wort. Ihre Religion war ursprünglich von Götzendienste frei, den sie erst später von ihren Nachbarn annahmen. Bei ihren Opfern gingen sie von unblutigen zu Thieropfern über und durch die Kriege mögen Menschenopfer aufgekommen sein. Zwischen ihnen und den Deutschen aber war von den frühesten Zeiten, obgleich sie zuweilen vereint gegen gemeinsame Feinde kämpften, gegenseitige Abneigung, die zuletzt in Haß und Verachtung überging. Die Behandlung der Weiber war bei den Slawen mehr asiatisch als europäisch, selbst als sie in ihren neuen Sitzen waren, und das Weib wurde nur als Eigenthum des Mannes betrachtet. Die slawischen Völker widmeten sich zwar immer friedlichen Beschäftigungen, während die Deutschen länger kriegerische Wandervölker waren, aber sie machten nur langsame Fortschritte in der Gesittung und blieben hinter den germanischen Völkern zurück, theils weil sie roher aus ihrer nordischen Heimat kamen, besonders aber weil die Deutschen sie von jeher hart gedrückt hatten. Zu ihren Vorzügen gehörte, außer ihrer Betriebsamkeit im Landbau, ihre Thätigkeit im Handel, zu einer Zeit, wo die Deutschen dieses Gewerbe noch gering schätzten. Die slawischen Bewohner Deutschlands bildeten drei Stämme, die Ostsee-Wenden, die Serben oder Sorben in der Mitte Deutschlands, vom Riesengebirge bis an die Saale, und die Slawen auf der Südseite der Donau. Die nördlichen Wenden blieben unter allen slawischen Völkern am längsten in dem Genusse ihrer Freiheit, während die vorgerückten serbischen Ansiedler den Franken zinsbar waren und die Donauslawen von den Avaren, Stammverwandten der Hunnen, im 6. Jahrhundert bedrängt wurden.

Das fränkische Reich war seit der Besiegung der Alemannen, Thüringer und Burgunder gegen äußere Feinde geschützt; aber die auf altdeutsches Erbrecht gegründeten Theilungen des Gebiets, die schon unter Clodwig's Söhnen begannen, führten zu Zerrüttungen, welche oft in blutige Hauszwiste übergingen und stete Kämpfe über die Alleinherrschaft entzündeten. Endlich bildeten sich unter diesen Streitigkeiten drei Hauptmassen des Frankenreiches, welche, auch bei spätern Wiedervereinigungen, als abgesonderte Gebiete betrachtet wurden, Austrasien, das die östlichen Länder mit den deutschen Landschaften umfaßte, Neustrien, das westliche Gebiet bis an die Loire, und Burgund, das südliche Land. Die Kriege und Fehden der Könige wurden meist mit ihren Dienstleuten geführt, deren Zahl jeder König durch lebenslängliche Verleihung von Krongütern zu vermehren suchte. Auf die Vertheilung dieser Soldgüter hatten die obersten Hof- und Staatsbeamten den bedeutendsten Einfluß, besonders aber der Major Domus (Hausoberst), der zwar gewöhnlich vom König ernannt wurde, dessen Wahl aber mehr von dem Willen der Dienstleute abhing. Er sollte vorzüglich dafür sorgen, daß die eroberten Länder nie ihre Bestimmung behielten, zum Solde der Getreuen des Königs zu dienen. Je mehr die Theilungen des Gebietes und die Familienzwiste die königliche Macht schwächten, je mehr Clodwig's Nachkommen von Geschlecht zu Geschlecht entarteten, desto höher stieg die Macht jenes Beamten, bis endlich Pipin von Landen aus einem angesehenen Hause an der Maas, unter König Dagobert I., der die fränkischen Reiche wieder vereinigt hatte, die Verwaltung des Staats erhielt. Sein Enkel, Pipin von Herstall, gab als Major Domus von Austrasien durch seinen Sieg über die Neustrier (687) seinem Amte noch eine höhere Gewalt und nannte sich Herzog und Fürst der Franken. Die merovingischen Könige lebten seitdem einsam und unthätig auf ihren Gütern und wurden jährlich einmal dem Volke auf dem Reichstage gezeigt, während der Major Domus als Reichsverweser herrschte. Der Adel empörte sich gegen die steigende Macht dieser Beamten, seit er sie fühlte, aber noch mehr als die Großen unter den Westfranken sträubten sich die deutschen Fürsten gegen die neue Herrschaft. Sie besaßen in ihren Ländern die erblichen Rechte eines Stammoberhauptes, und obgleich sie dem Frankenkönig zu Diensttreue verpflichtet waren, wollten sie sich doch nicht von dem Major Domus fränkischen Dienstleuten gleich stellen lassen. Pipin's Sohn, Karl Martell, von den Austrasiern zum Herzog erwählt besiegte die spanischen Araber, aber die deutschen Fürsten, besonders die Alemannen und Baiern, trotzten seiner Macht, bis endlich Pipin, Karl's Sohn, als er die Reichsverwaltung erhalten hatte, ihren Widerstand seit 748 brach. Nur Baiern behielt seinen Herzog, Alemannien aber und die andern überrheinischen Länder, die den Franken gehorchten, kamen unter die Verwaltung fränkischer Beamten, und den Sachsen wurde wieder die ihnen früher erlassene Zinspflichtigkeit aufgelegt. Dies geschah, ehe noch Pipin, nach des Papstes Ausspruch, König der Franken (752) genannt ward und der letzte von den gesunkenen Stamme der Merovinger mit geschorenem Haupte in das Kloster wanderte.

Die edlen Dienstleute im fränkischen Reiche, die schon im 6. Jahrhunderte von dem König zur Berathung über die wichtigsten Staatsangelegenheiten gezogen wurden, begünstigten die Veränderung des Herrscherstammes, da Pipin alle in ihre Soldgüter eingesetzt hatte und sie den Verlust derselben befürchten mußten, wenn ihm entgegenarbeiteten oder sein Geschlecht die Herrschaft verlor. Eine noch mächtigere Stütze aber fand Pipin in der Geistlichkeit, die nicht weniger Einfluß auf die Staatsverwaltung ausübte, und die er gleichfalls durch die Aussicht auf Güter gewonnen hatte, wie den Papst durch die Hoffnung auf die Befestigung der Macht des römischen Stuhles. Die Geistlichkeit gewann ihm die Stimme des Volkes.

(Die Fortsetzung folgt in Nr. 211.)

Die Amerikanerinnen.

Der Verfasser des interessanten Buchs: „Die Amerikaner in ihren moralischen, gesellschaftlichen und politischen Verhältnissen", gibt folgende Schilderung von den amerikanischen Frauen: Die Formen der amerikanischen Frauen zeichnen sich im Allgemeinen durch Regelmäßigkeit und schönes Verhältniß aus; allein ihre Körperconstitution ist weniger kräftig als die der Europäerinnen. Ihren schönen und blühenden Gesichtszügen ist ein geistvoller Ausdruck und ein gewisser schmachtender Reiz eigen, der sich nicht beschreiben läßt und ihnen eine Anmuth verleiht, deren gleichen man kaum in Europa findet. Eine amerikanische Dame in dem Alter von 13—19 Jahren ist vielleicht das sylphengleichste Geschöpf auf dem ganzen Erdboden. Ihre Glieder schlank und frei, ihre Bewegungen leicht und anmuthig und ihre ganze Haltung edel und zierlich. Schade ist es, daß diese äußerlichen Vorzüge und Schönheiten einem frühen Verfall geweiht sind. Schon in ihrem vierundzwanzigsten Jahre bemerkt man eine bedeutende Abnahme ihrer Körperfülle, und wenn sie einmal erst das dreißigste Jahr erreicht haben, so sind nur noch wenige Spuren der vorigen Reize mehr vorhanden. Man pflegt gewöhnlich als Hauptursache dieses frühzeitigen Verblühens das Klima anzuführen, allein mit größerm Recht findet man sie in der beharrlichen Gewissenhaftigkeit, womit die Amerikanerinnen ihre Pflichten als Mutter erfüllen. Kaum sind sie verheirathet, so beginnt für sie ein zurückgezogenes Leben, und einmal Mutter, ist sie für die Welt begraben. Nur wenn ihre Kinder so weit herangewachsen sind, um in die Welt eingeführt zu werden, erscheinen sie noch einmal als achtungswerthe Matronen, allein nur als ruhige Augenzeuginnen der Triumphe ihrer Töchter. Eine amerikanische Mutter ist die Amme, Vormünderin, Pflegerin, Freundin und Rathgeberin ihrer Kinder, oder mit andern Worten, sie ist Mutter in jeder Beziehung. Beinahe das ganze Erziehungsgeschäft ruht auf ihr, ein Werk, wofür es ihr häufig an physischer Kraft gebricht. So gibt es in dem neuen England viele Mütter, die nicht allein regelmäßig mit ihren Kindern die Schulstunden wiederholen, sondern ihnen auch bei Lösung ihrer Aufgaben getreulich beistehen; es gibt verheirathete Damen von Stande, die sich selbst dem ernstlichen Studium der Mathematik und der Classiker widmen, aus keinem andern Grunde, als um dadurch die Bildung ihrer Kinder zu befördern, und es finden sich Jünglinge, die sich auf Collegien und höhere Lehranstalten begeben, ohne eine andere wissenschaftliche Grundlage, als die ihnen von ihren Müttern zu Theil geworden ist. Allein diese unausgesetzte mütterliche Bestrebung, diese zärtliche Sorgfalt für das körperliche und geistige Wohlsein ihrer Kinder, dieser rastlose Eifer in der Pflege und im Unterricht untergräbt die Gesundheit besonders bei Wesen, die von Natur zart organisirt sind. Wenn überhaupt die zärtlichen Sorgen und Mühen einer Mutter ganz unberechenbar sind, so muß man gestehen, daß die Amerikanerinnen deren größere und mannichfaltigere hegen, als die Frauen irgend eines andern Welttheils, und mithin unter allen Müttern das bedeutendste Verdienst haben. Ein junges Mädchen von guter und bemittelter Familie hat in Amerika weit mehr zu lernen als anderwärts, und weit weniger Zeit für Nebendinge und Modethorheiten. Sie wird unterrichtet im Griechischen und Lateinischen, in den Anfangsgründen der Botanik, Naturphilosophie, Mineralogie, Chemie, Algebra, Geometrie, Astronomie, ja zuweilen sogar im Hebräischen. Für das Betreiben aller dieser verschiedenartigen Fächer bedarf sie so viel Zeit, als der Schüler eines Gymnasiums, und man kann im Allgemeinen sagen, daß die letztern beiweitem weniger Ernst zeigen. Deshalb ist es auch kein Wunder, daß die Bilanz des allgemeinen Unterrichts in den Vereinigten Staaten zu Gunsten des weiblichen Geschlechts ausfällt. Es gibt wenig Gegenstände der Unterhaltung, an denen eine amerikanische Dame nicht Antheil nehmen könnte. Die Musik und das Zeichnen werden in Amerika weniger betrieben als in Frankreich oder Deutschland, dafür tanzen die Amerikanerinnen vortrefflich und mit Leidenschaft. Wir möchten es aber keinem unserer jungen Ballstutzer anrathen, sich mit einer amerikanischen Tänzerin allzu tief ins Gespräch zu verlieren; es wäre dann leicht möglich, daß sie ihn durch ihre Kenntnisse und deren gewandte Darlegung sehr stutzig machen würde, oder ihn gar einmal auf Griechisch oder Latein anredete, worauf er dann wol nicht zu antworten vermöchte.

Giftiger, von Hummeln gesammelter Honig.

Die Erfahrung hat mehrmals gelehrt, daß dem Honige die nachtheiligen Eigenschaften der Pflanzen anhängen, aus deren Blumen er gesammelt ist. So hat der Honig, den die Bienen aus den Blumen der pontischen Alpenrose in Kleinasien zusammentragen*), eine betäubende Kraft, die ihn ebenso giftig macht, wie es die Blume selbst ist. Ein Beispiel von Vergiftung durch Honig ereignete sich vor mehren Jahren in der Schweiz.

Auf einem zur Gemeinde Spiringen gehörigen Berge waren drei kräftige junge Männer mit Heumachen beschäftigt. Beim Abmähen des Grases wurden zwei derselben ein bedeutendes, mit Honig reichlich versehenes Hummelnest gewahr. Nicht wenig erfreut über diesen Fund, hatten sie nichts Eiligeres zu thun, als sich niederzusetzen und sich gemeinschaftlich an der einladenden Speise zu laben. Jeder mochte ungefähr drei Eßlöffel voll Honig genossen haben, als sie Beide kaum eine halbe Stunde darnach ein Beißen an der Zunge und einen Schmerz an der linken Handwurzel fühlten. Mit jeder Minute wurden diese Schmerzen heftiger und dehnten sich bald bis zur rechten Handwurzel, von da zu den Füßen und endlich bis in den Unterleib und die Brust aus. Jetzt verfielen sie in eine Art von Wuth und bekamen krampfhafte Zuckungen. Der Kopf war ihnen ganz eingenommen und sie redeten irre. Unter der heftigsten Angst und fortwährendem Reiz zum Erbrechen dauerten ihre Schmerzen und Zuckungen fort, bis der ältern von Beiden seine kräftigere Natur durch Erbrechen einer grünen, übelriechenden Materie, wozu sich auch Ausleerungen des Darmkanals gesellten, vom Tode rettete. Der Dritte, welcher insofern wenigstens bei diesem unglücklichen Vorfalle nicht betheiligt war, als er keinen Honig genossen, bemühte sich, diesen aus der einsamen Gegend, in der sie sich befanden, auf einen sicherern Pfad zu bringen, nachdem er den andern Mitleidenden angebunden hatte. Aber wie erschrak er über diesen, als er wieder zu ihm zurückkam! Die heftigen Zuckungen dauerten noch immer fort und vergebens trieb ihn die Natur zum Erbrechen. Seine Leiden vermehrten sich mit jedem Augenblicke, wie ein Wurm wand er sich am Bo-

---

*) Vergl. Pfennig-Magazin Nr. 106.

ben und aus Nase und Mund drang ein blutiger Schaum hervor, bis endlich der Tod ihn von seinen Qualen befreite. Der Ältere dagegen verfiel nach wiederholtem Erbrechen endlich in einen erquickenden Schlaf, aus dem er am folgenden Morgen ziemlich wohl und seiner vollkommenen Genesung gewiß, erwachte. Beide waren junge, kräftige Männer, etwas über zwanzig Jahre alt.

Nach der Aussage des Geretteten war es der Bau gemeiner großer Hummeln gewesen, den sie ausgenommen, und es ergab sich, daß in jener Gegend vorzüglich viel weiße und blaue Wolfswurz, auch Sturmhut genannt, wuchsen, auf denen die Hummeln gern sich niederlassen und Honig sammeln. Da diese Pflanzen an und für sich ein scharfes Gift enthalten, so ist wol nicht zu bezweifeln, daß auch dem aus ihren Blumen gesammelten Honige dieselbe nachtheilige Eigenschaft mitgetheilt worden sei.

Der Argonaute oder Papiernautilus.

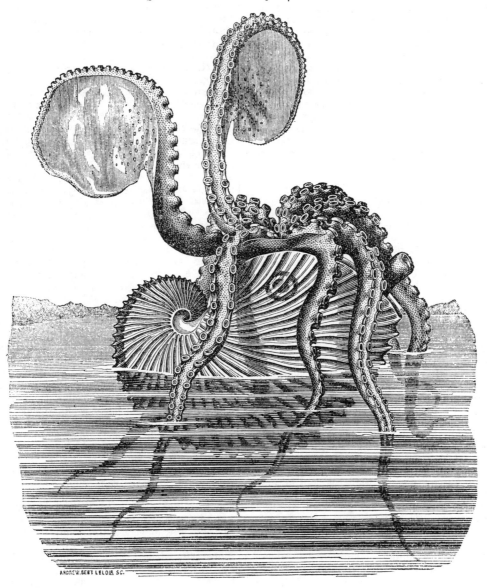

Dieses merkwürdige Thier, das zu dem Geschlechte der Mollusken oder Weichthiere, und unter diesen zu der Gattung der Sepien oder Tintenfische gehört, war schon den Alten bekannt, die ihm den Namen Nautilus oder Pompilus beilegten, und wird unter andern von Plinius in seiner Naturgeschichte erwähnt. Es gehört zu den Conchylien oder Schalthieren, und da seine Schale sehr zart, regelmäßig gefurcht und spiralförmig gewunden ist, so kann sich das Thier derselben als eines Kahns bedienen und sich in ihr weiter rudern. Wenn daher das Meer ruhig und das Wetter heiter ist, so steigt der Argonaut auf die Oberfläche empor und beginnt seine schaukelnde Bewegung, wobei er sechs seiner Arme oder Fühlröhren nach unten senkt, die ihm als Ruder dienen, zwei andere aber, welche an den Enden ziemlich breit und pergamentähnlich sind, aufwärts richtet, gleichsam als Segel, wie dies die Abbildung zeigt. Oft sieht man eine Menge solcher Schiffchen wie eine kleine Flotte hintereinander herrudern. Sobald die Wellen stürmisch werden oder irgend eine andere Gefahr droht, so zieht der Argonaut seine Arme wieder ein, schließt sich in seine Schale zusammen und versenkt sich auf den Grund des Meers. Man glaubte früher, daß diese merkwürdige Schale nicht zu dem Thiere gehöre, sondern von demselben nur zu besserer Sicherheit bewohnt werde, sowie z. B. eine Gattung Krebse, welche Einsiedler- oder Bernhardskrebse heißen, die sich gleichfalls in ihnen nicht eigenthümlichen Schneckenschalen zu verstecken pflegen; allein da man den Argonauten stets in derselben Schale und in dieser niemals ein anderes Thier findet, und da man den Keim derselben sogar in dem Ei des Thieres wahrgenommen hat, so muß man sie nun wol als einen wesentlichen Bestandtheil desselben ansehen.

Einige Gattungen dieses merkwürdigen Thiers halten sich im mittelländischen Meere, andere im indischen Ocean unweit der molukkischen Inseln auf. Ihr Körper ist perlmutterweiß und mit rothen und braunen Pünktchen besetzt. Den Namen Papiernautilus haben sie von jenen pergament- oder papierähnlichen Armen, deren sie sich beim Schwimmen bedienen. *)

Die Seidenmanufactur in England.

Schon im 14. Jahrhunderte wurden Seidenzeuge in England gewebt und seitdem mehre Gesetze zum Schutze der inländischen Fabriken gegeben. Im Jahre 1765 wurde die Einführung ausländischer Seidenzeuge streng verboten. Dieses Verbot sicherte den englischen Seidenfabriken den einheimischen Markt, von welchem sie sonst bei dem damaligen unvollkommenen Zustande der Fabrikation durch die bessern Erzeugnisse des Auslandes wären verdrängt worden. Die Erfahrung beweist, daß ein durch Schutzzölle begünstigtes Gewerbe ohne jene Rücksicht auf Ersparung in dem Verfahren betrieben wird, die nothwendig ist, um die Ausbreitung desselben dadurch zu befördern, daß der geschützte Handelsartikel einer größern Menge von Verbrauchern zugänglich ist. Seidenwaaren wurden daher in England als bloße, nur für die reichere Classe bestimmte Luxusartikel betrachtet, und dieser Zustand der Dinge wurde noch verschlimmert, als man Seidenwaaren für passende Gegenstände der Besteuerung ansah. Es wurden schwere Abgaben auf rohe und gesponnene Seide gelegt, und der Preis der aus so theuern Stoffen verfertigten Waaren stieg so hoch, daß sie dem größern Publicum unzugänglich blieben, und die Fabrikanten waren bei jeder Veränderung der Mode bedeutenden und plötzlichen Nachtheilen ausgesetzt. Auf der andern Seite fehlte es den Fabrikanten, welchen das Monopol des einheimischen Marktes gesetzlich gesichert war, an dem nöthigen Antrieb zu Verbesserungen, und die Schleichhändler erhielten eine Versuchung, die verbotenen bessern französischen Waaren einzuführen. Von 1765—1824 war der englische Seidenhandel in stetem Schwanken zwischen Gedeihen und Bedrängniß, im Ganzen gedieh er indeß, da die Fabrikation sich vermehrte. Im Jahre 1824 wurde das alte System gänzlich umgewandelt. Die hohen Abgaben von 1 Thaler 8 Groschen auf das Pfund Rohseide und 4 Thlr. 16 Gr. auf gesponnene Seide wurden auf 1 Thlr. und 2 Thlr. 8 Gr. und später auf 8 Gr. und 1 Thlr. 4 Gr. herabgesetzt, und der auf gesponnene Seide bezahlte Zoll wird jetzt sogar zurückgegeben, wenn die aus derselben verfertigten Zeuche in das Ausland ausgeführt werden. Zu gleicher Zeit wurde das Verbot der Einfuhr fremder Seidenzeuge aufgehoben und die Zulassung derselben gegen einen Zoll erlaubt, der jedoch erst nach dem 5. Juli 1826 eintrat, um den einheimischen Fabrikanten Zeit zu lassen, ihre fertigen Vorräthe zu verkaufen und sich auf die ausländische Mitbewerbung vorzubereiten. Die Verminderung der Preise der Rohstoffe hatte alsbald Einfluß auf die Zunahme der Manufactur. Alle Seidenspinnereien und alle Seidenweber waren in steter Thätigkeit. Die Zahl der Spinnereien stieg von 175 auf 266 in den verschiedenen Theilen des Landes, und dennoch war es den Spinnern nicht möglich, den Bedarf der Weber schnell genug zu befriedigen. Die allgemeine Handelsstörung im Jahre 1825 hatte zwar auch auf diesen Gewerbszweig einen nachtheiligen Einfluß, und die einheimischen Seidenfabrikanten beschwerten sich über die Aufhebung der alten Beschränkungen, worin sie die Hauptursache des gesunkenen Verkehrs zu sehen wähnten; diese Bedrängniß ging jedoch bald vorüber und 1827 wurden mehr Seidenzeuge in England verfertigt als je vorher. In den zehn Jahren vor 1824 wurden ungefähr $19\frac{1}{2}$ Mill. Pfund Rohseide und gesponnene Seide in England eingeführt, in den zwölf Jahren nach 1824 aber gegen 50 Millionen Pfund. Ungeachtet des gestiegenen Verbrauchs von Rohstoffen in den Seidenwebereien hat die Einfuhr gesponnener Seide in den letzten 60 Jahren nicht zugenommen, sondern ist in neuern Zeiten sich bedeutend vermindert. Die Mitbewerbung ist für die Manufactur in ihren beiden Zweigen ein kräftiger Sporn geworden. Die verbesserten Maschinen in den Spinnereien haben die Kosten um mehr als die Hälfte vermindert, und durch die Anwendung und Verbesserung des Jacquardstuhls sind die Weber in Stand gesetzt, Modestoffe zu liefern, die mit den französischen jede Vergleichung aushalten. Bei der Aufhebung des Verbots ausländischer Seidenwaaren ward eine Abgabe von 30 Procent des Werthes auf dieselben gelegt, bald nachher aber der Zoll nach dem Gewichte von den verschiedenen Waaren genommen, doch so, daß im Ganzen immer 30 Procent des muthmaßlichen Werthes herauskamen. Einen höhern Schutzzoll glaubte man auch deshalb nicht annehmen zu dürfen, um nicht den Schleichhandel zu ermuntern. In dieser Absicht wurden bei schlichten Seidenstoffen nur 25 Procent des Werthes angenommen, die höhern Procente aber auf andere Waaren gelegt, die dem Schleichhändler mehr kosten. Der Grund lag darin, daß Modestoffe schnell auf den Markt gebracht werden müssen, wogegen bei schlichten Stoffen, die zu allen Zeiten Absatz finden, der Schleichhändler eine günstigere Gelegenheit abwarten kann, die Zollaufseher zu hintergehen. Nachdem der Markt ausländischen Seidenstoffen geöffnet war, erwarteten Viele den Untergang der einheimischen Manufactur, welche, nur für die höhern Classen arbeitend, immer die Nachtheile eines beschränkten Marktes gefühlt hatten; die Erfahrung weniger Jahre aber bewies, daß diese Besorgnisse ungegründet waren, daß durch die Herabsetzung der Preise ihrer Erzeugnisse der Absatz sich vermehrte, und daß die Fabrikation, durch ausländische Mitbewerbung angespornt, mit den schönsten Producten fremder Manufacturen wetteifern kann. Während im J. 1820 für

*) Vergl. Pfennig-Magazin Nr. 3 und 109.

2,590,000 Thaler Seidenwaaren ausgeführt wurden, gingen 1835 für mehr als 11,804,000 Thaler in das Ausland, wovon ⅔ nach Frankreich, während der übrige Theil nach den britischen Colonien in Amerika und Westindien und nach den Vereinigten Staaten geführt ward.

Ein seltsamer Passagier.

Seitdem in neuerer Zeit in Hinsicht auf den freiern Weltverkehr immer eine gemeinnützige Erfindung der andern auf dem Fuße gefolgt ist, können Bewegung und Veränderung liebende Leute ihre größern oder kleinern Reisen auf sehr mannichfaltige Weise unternehmen. Die Fahrposten, Extraposten und selbst die Eilposten sind bereits etwas Verbrauchtes, Dampfschiffe gehen fast auf allen Gewässern, die Dampfwagen, an deren Vollendung hier und dort mit Macht gearbeitet wird, versprechen eine noch weit eilfertigere Zukunft, und wie weit man es sogar in den neuesten Tagen mit der schwierigen Kunst der Aëronautik gebracht hat, dies bewiesen uns vor Kurzem erst Herr Green aus London und seine unternehmenden Gefährten. Man sollte glauben, es wären nun alle Reisemethoden erschöpft, und selbst dem neuerungslustigen Manne bliebe kaum etwas Anderes übrig, als die bereits vorhandenen Resultate und Reisevehikel zu benutzen. Allein mit nichten. Die Genies sterben in der Welt so leicht nicht aus, und wir treffen im Weltlauf hier und da einen erfinderischen Kopf, der durchaus nur seine eigne Methode anerkennt, und so viel auch immer schon vorhanden sein mag, doch auf eigne Hand noch einen kleinen Versuch machen will, sollte dieser auch das Gelächter der Welt auf sich ziehen. Sprechen dann auch die Leute: dieser Mensch ist ein Narr, nun so tröstet er sich damit, daß er ein Narr auf eigne Manier gewesen.

Solch ein närrischer Kauz stand unlängst vor einem pariser Gerichtshofe, um dort von einem seltsamen Reiseplan, den er ganz im Ernste vorbereitet, allein durch Zufall gehindert, nicht ausgeführt hatte, etwas genauere Rechenschaft abzulegen. Bei dieser Gelegenheit erfuhr denn das Publicum nachstehende Einzelheiten. Hermand, so hieß der kleine Sonderling, 29 Jahre alt, war ursprünglich seines Zeichens ein Gewürzkrämer, der seinen Laden in der Straße Grange Bateliere Nr. 16 hatte, allein dort keine sonderlichen Geschäfte machte. Er warf sich also auf einen andern Handelszweig, zog in die Straße St.-André-des-Arts und fing dort an, Chocolade zu fabriciren. Allein aller guten Dinge müssen drei sein, wie das Sprüchwort sagt; der neugebackene Chocoladenmacher veränderte sich zum dritten Male, hatte aber nirgend guten Fortgang. Dies machte ihn so melancholisch, als ein leichtfertiger Pariser nur immer werden kann. Er war verheirathet, und hatte vielleicht hin und wieder mit seiner vernünftigern Frau einen kleinen ehelichen Streit, was denn dazu beitrug, ihn noch unzufriedener mit seiner Lage zu machen. Mit einem Worte, Herr Hermand hatte seine guten Gründe, Paris zu verlassen, und er wollte dies auf so stille Weise als möglich thun, weil ein gutgezogener Franzose nichts mehr haßt, als das Auffallende. Schon längst darüber mit sich einig, daß seine Ehehälfte weder von seinem Abgange noch von dem künftig zu wählenden Aufenthalte etwas erfahren sollte (denn er war sich selbst genug), verschaffte er sich vor allen Dingen einen großen Korb. Der Leser meint vielleicht, um sein Reisegepäcke hinein zu thun? O nein, vielmehr, um sich selbst hinein zu thun. Er ließ sich in diesem Korbe mit einer Adresse nach Marseille versehen, durch einen vertrauten Mann auf die Post schaffen. Zufällig ging von einem pariser Waarenhause ein Transport nach Marseille ab; diese Gelegenheit wollte unser Abenteurer nicht unbenutzt lassen; er gab die Kiste, worin er selbst steckte, auf das Bureau der Fahrposten und erwartete hier sein Schicksal, so bequem als möglich unter dem Charakter eines Waarenballens nach der berühmten Seestadt geschafft zu werden. Allein die Packer verfuhren bei ihrem Geschäft nicht allzu glimpflich, Herr Hermand nebst Emballage wurde ganz auf dem Gipfel des Wagens mit so viel Unbequemlichkeit hinaufgestaucht, daß er sich einiger melodischen Seufzer im Innern seiner Behausung nicht erwehren konnte. So ward er sein eigner Verräther und aus seinem Versteck, worin ihm bereits die Gliedmaßen anfingen weh zu thun, hervorgeholt. Außer seiner eignen Person kam nun auch sein wunderliches Reisegepäck nebst seinen Mundvorräthen, womit er sich in dem ungewöhnlichen Reisebehältniß reichlich versehen hatte, zum Vorschein. Dies bestand aus folgenden Artikeln: Einem vierpfündigen Brot, zwei Flaschen Wein, einer Flasche Wasser, einigen Pfunden Chocolade aus eigner Fabrik, einem Trichter, einer Kaffeebüchse ohne Kaffee, über deren Bestimmung sich Herr Hermand in etwas dunkeln Worten ausspach, einem Paar Schuhen, einem Überrock, einem Hut, Messer, Licht und chemischem Feuerzeuge. Außerdem führte der vorsichtige Reisende noch 350 Francs in barem Gelde und einen Blasebalg bei sich, um sich im Nothfall mit frischer Luft zu versorgen.

Man kann sich denken, daß bei Zutageförderung aller dieser Herrlichkeiten sich auf Kosten des erfinderischen Passagiers ein allgemeines Gelächter erhob, und da man in Paris wie an andern Orten dafür zu sorgen pflegt, daß die Bäume nicht in den Himmel wachsen, so fand man für gut, dem Herrn Hermand einstweilen ein anderweitiges, freies Quartier anzuweisen, bis man sich überzeugt haben würde, wie es mit seinen Verhältnissen und insbesondere wie es mit seinen Verstandeskräften beschlagen sei. Auf jeden Fall wird es vorläufig für ihn einige Schwierigkeiten haben, sich mit einem Reisepaß zu versorgen.

Riesenerdäpfel.

Der Prinz von Rohan hat einem pariser Agronomen eine ungeheure Kartoffel zugesendet, die allein 30 Menschen satt machen könnte. Bekanntlich hat derselbe eine seinen Namen tragende Kartoffelart in Frankreich eingeführt.

Leben im Meere.

Die Unfruchtbarkeit und Einsamkeit, die man zuweilen den Tiefen des Meeres beigelegt hat, bestehen nur in der Phantasie. Die große Wassermasse, welche drei Viertheile der Erdoberfläche bedeckt, und der Grund des Meeres bis in eine gewisse, dem Lichte zugängliche Tiefe ist mit zahllosen Scharen von Gewürmen belebt. Eine unendliche Vermehrung des Lebens scheint immer der Zweck der Schöpfung gewesen zu sein. Die Grundlage der thierischen Nahrung aber ist das Pflanzenreich und daher ist der Boden des Meeres ebenso üppig mit Gewächsen bekleidet als die Oberfläche der Erde mit grünen Kräutern und stattlichen Wäldern. In beiden Fällen wird jedoch eine nachtheilige Vermehrung der pflanzenfressenden Thiere durch den Einfluß der fleischfressenden gehemmt, und das gemeinsame Ergebniß ist die größtmögliche Summe thierischer Genüsse für die größte Zahl von Individuen.

Die Festung Dschindschi und die Moschee von Rajah-Ghur.

Ungefähr unter dem 15. Grad nördl. Breite läuft eine Gebirgskette von den westlichen Ghauts in Ostindien ab und zieht sich nördlich hin, bis sie den Krischnastrom auf der Küste von Koromandel erreicht. Diese Ghauts (Bergwände von Granit) erheben sich zu ungleicher Höhe, viele von ihnen ragen bis in die Wolken; im Allgemeinen aber bilden sie eine Felsenwand, welche sich 3000 Fuß über die Meeresfläche in Form einer Terrasse erhebt. Diese wird Mysore, und das ganze niedere Land auf der Ostseite der westlichen Ghauts Karnatik genannt. Hier nun erhebt sich eine Kette von einzelnen, großen, runden Bergen, die gleichsam wie durch Kunst einer auf den andern gesetzt sind und den gemeinsamen Namen des Gingi- (Dschindschi-) Gebirges tragen. Auf einem dieser öden und steilen Berge, in der Nähe des Palarflusses thront die furchtbare Festung Dschindschi.

Wie alle indischen Festungen stammt auch diese aus den Zeiten, wo der Gebrauch des Geschützes noch nicht eingeführt war, und besteht daher aus festen Steinwällen, in denen, sowie in den sechs hohen Thürmen, welche über die Wälle hervorragen, überall Schießscharten angebracht sind, durch welche die Belagerten ihre Waffen schleudern oder ihre kurzen Gewehre gegen den anstürmenden Feind abschießen können. Obwol von der Natur schon zu einer unüberwindlichen Feste gestempelt, haben die indischen Fürsten nicht unterlassen, sie durch Kunst dem Feinde noch furchtbarer zu machen. Einen sichern Schutz gewährte sie daher von je dem siebenthorigen Rajah-Ghur, der Fürstenstadt, welche sich am Fuße des Felsens, auf dem die Feste erbaut ist, ausbreitet, von der wir auf unserer Abbildung außer einem Thurme, wie ihn fast alle größern indischen Städte haben und der gewöhnlich zur Wohnung des Rajah oder Fürsten gehörte, im Vordergrunde noch ein anderes Denkmal ehemaligen Glanzes wahrnehmen.

Dieses prächtige Gebäude mit seinen Säulenhallen und platten Dache, ein Zeichen echt orientalischer Bauart, ist die herrliche Moschee, welche, auf der Stelle eines indischen Tempels errichtet, dem alten Rajah-Ghur, so lange mohammedanische Fürsten dort herrschten, wegen der häufigen Wallfahrten einen besondern Glanz verlieh.

Die Festung Dschindschi, obwol mehrmals vergebens angegriffen, kam, nachdem sie selbst der dreijährigen Belagerung des tapfern Aurengzeb getrotzt hatte, in die Gewalt der Fürsten von Mysore, Hyder-Ali und seines Sohnes Tippo-Saheb. Späterhin besaßen diese Festung die Franzosen; jetzt aber gehört sie, sowie das ganze Karnatik, den Engländern, welche nach Erstürmung Seringapatnams (1799), der ehemaligen Residenz jener Fürsten, sie in Besitz nahmen.

Verantwortlicher Herausgeber: Friedrich Brockhaus. — Druck und Verlag von F. A. Brockhaus in Leipzig.

Das Pfennig-Magazin

für
Verbreitung gemeinnütziger Kenntnisse.

211.]   Erscheint jeden Sonnabend.   [April 15, **1837.**

Ludwig der Heilige.

Ludwig der Heilige.

Die Schilderung der Lebensumstände Ludwig's des Heiligen, eines der ausgezeichnetsten Herrscher in der langen Reihe der französischen Könige, versetzt uns in eine an innern Anregungen wie an äußern glänzenden und ritterlichen Thaten reiche Zeit zurück. Es war dies nämlich die Zeit der spätern Kreuzzüge, jener vom Geiste der Gottesandacht eingegebenen Heeresfahrten nach dem gelobten Lande zur Wiedereroberung des heiligen Grabes, das der gläubige Sinn der christlichen Völker damals als das wahre Kleinod seiner Religion betrachtete. Schon die würdigsten Helden, die vornehmsten Fürsten der Christenheit hatten fast seit einem Jahrhundert um den Besitz von Palästina, das damals in den Händen der Ungläubigen war, mit Blut und Leben und unter den größten Aufopferungen gestritten. So der berühmte Gottfried von Bouillon, der den ersten Kreuzzug unternahm, und zum ersten Male den Titel eines Königs von Jerusalem führte; so die ruhmwürdigen Helden Balduin und Tancred, und der ritterliche, löwenherzige Richard, König von England. Wiederum war das heilige Land mit seinen segenvollen Erinnerungen und Schauplätzen eine geraume Zeit hindurch im ungestörten Besitz der Sarazenen gewesen, als um 1245 der Klageruf des Papstes Innocentius IV. über die Entweihung der Tempel von Jerusalem und über das Elend der Christen in Palästina alle Länder erfüllte, und seine wiederholte Aufforderung, dieses Elend zu lindern, an alle Fürsten Europas erging. Damals behauptete den Thron des schönen Frankreichs Ludwig IX., ein noch nicht 30jähriger Monarch, Sohn Ludwig VIII., und der in manchem schönen Minneliede damaliger Zeit gefeierten Blanca von Castilien. Die Gottesfurcht und der Glaubenseifer dieses Monarchen waren so groß, daß er ihm 28 Jahre nach seinem Tode einen Platz unter den Heiligen der katholischen Kirche erwarben; eine nicht minder rühmliche Stelle nimmt er aber als König und Mensch in der Geschichte ein. In seinem Lebenslaufe treten alle Tugenden des Heldenalters, dem er, einer der Letzten, noch angehörte, glänzend hervor, und sein reiner Sinn bewahrten ihn vor den herrschenden Lastern eines immer mehr ausartenden Jahrhunderts. Redlich in seiner Staatskunst, treu seinem gegebenen Worte, ein zuverlässiger Nachbar und ein edelmüthiger Gegner, ließ er durch seinen kriegerischen Geist, auch bei lockenden Veranlassungen, nie zu den eigennützigen Unternehmungen eines bloßen Eroberers sich hinreißen. Seinen Völkern ein liebender Vater, hielt er strenge Gerechtigkeit für die erste der Regentenpflichten, und wachte mit unermüdeter Sorgfalt über die gewissenhafte Ausübung derselben. Jedem Bittenden zugänglich, nahm er in Person von wichtigen Rechtsfällen Kenntniß, und wo er selbst Partei war, gab er in zweifelhaften Fällen stets seine eigne Sache verloren. Er befolgte alle Vorschriften der Kirche mit fast ängstlicher Genauigkeit, doch nie durfte die pünktliche Beobachtung der äußern Gebräuche des Gottesdienstes bei ihm den Gang der Regierungsgeschäfte stören; Fasten und Kasteiungen, denen er sich häufig unterwarf, hatten keinen Einfluß auf seine gutmüthig-heitere Laune. Er war mäßig in jedem Genuß, freundlich im Umgange und ein milder Gebieter, weshalb er auch die Liebe und Ehrfurcht sowol der Nächsten bei Hofe als der entferntesten Unterthanen genoß. Das Ritterthum betrachtete der König nicht blos als einen Ruf zu glänzenden Thaten, sondern als eine heilige Verpflichtung zu höherer Tugend, und sein eifrigstes Streben ging dahin, die Ritterlichkeit durch Aufmunterung und eignes Beispiel zu der Reinheit ihres ersten Ursprungs zurückzuführen.

Daß ein Monarch von so hoher Gesinnung unter den Ersten sein würde, welche die Idee eines neuen Kreuzzugs zur Wiedereroberung Palästinas faßten, läßt sich erwarten. Diese Idee war ein längst in seiner Seele schlummernder Gedanke, und es bedurfte nur eines Anstoßes, ihn zum Entschluß zu wecken. Und auch dieser fand sich bald, als 1244 den König eine gefährliche Krankheit befiel, die ihn nahe an den Rand des Grabes brachte. Schon hatte man sein Leben aufgegeben und die Priester lasen die Gebete für Sterbende an seinem Bette; Blanca von Castilien, die trauernde, in Thränen aufgelöste Mutter des Königs, hatte ihm das Bild des Gekreuzigten, als er so im Todesschlummer lag, auf die Brust gelegt. Aber Ludwig erwachte noch einmal zum Leben, und als sein erster Blick nun auf das Crucifix fiel, wurde sofort, was er zu thun, ihm klar, und er gelobte einen Pilgerzug nach dem heiligen Lande, wenn Gott ihn genesen ließe. Kaum war dies geschehen, so der König nun auch seine ganze Thätigkeit den Zubereitungen zu dem Kreuzzuge widmete; von allen Kanzeln im ganzen Reiche ward das Kreuz gepredigt, und die Großen des Reichs wetteiferten, den Wunsch ihres Gebieters, sich dem Zuge anzuschließen, zu erfüllen; eine zahllose Menge Volkes drängte sich in den Provinzen zu den Kreuzpredigern, alle Anstalten wurden mit dem größten Eifer betrieben, sodaß im August 1248 Ludwig an der Spitze der Vasallen seines Hauses die Hauptstadt verließ, um über Lyon sich nach dem Einschiffungsplatze zu begeben. Der Abschied, den der König von seiner zärtlich liebenden und geliebten Mutter nahm, war überaus rührend. „Mein theurer Sohn", sprach Blanca, „eine geheime Ahnung sagt mir, daß ich dich nicht wiedersehe!" Und diese Ahnung ging auch in Erfüllung, denn die Königin starb noch bevor Ludwig zurückkehrte. Vor seiner Abreise ließ Ludwig alle Diejenigen, welche irgend ein Unrecht von ihm erlitten zu haben meinten, auffodern, sich zu melden und der Genugthuung gewärtig zu sein, und es ist gewiß ein Zeugniß für die gerechte Regierung dieses Fürsten, daß nur Wenige sich meldeten und Alle befriedigt wurden. Von Lyon ging der Zug der Kreuzfahrer nach Marseille, und am Tage nach dem Bartholomäusfeste bestieg das Heer die bei Aigues Mortes (dem alten Aquae mortuae) versammelten Schiffe, welche alsbald ihren Lauf nach der Insel Cypern richteten; hier vereinigten sich viele vornehme Ritter aus England und aus den Staaten der großen Vasallen Ludwig's mit seinem Heere; unter den letztern befand sich auch Johann Sire de Joinville, erblicher Seneschall von Champagne, einer der treuesten Begleiter Ludwig's, der in seinen spätern Jahren eine werthvolle Geschichte des heiligen Ludwig schrieb. Die Kreuzfahrer, deren nächstes Reiseziel Ägypten war, beabsichtigten in Alessandrien zu landen, wurden jedoch nach einer langen und gefährlichen Fahrt auf die Küste von Damiette verschlagen, wo sie vor Anker gingen. Die Ungläubigen wollten zwar die Landung des christlichen Heers hier hindern, allein sie erlitten bei diesem Beginnen von dem letztern eine furchtbare Niederlage. An diesem Tage wurden mehre Tausende von den Ungläubigen, aber nur ein einziger französischer Ritter erschlagen, und der König selbst, umgeben von seinen Edeln, focht mit halbem Leibe im Wasser stehend. Sofort ließ der König ein Lager aufschlagen, um am nächsten Morgen die Bestürmung der Festung Damiette zu beginnen; allein schon in der ersten Frühe fand man die Stadt von den Ungläubigen verlassen, in welche nun der König ungehindert seinen Einzug hielt. Da die Sommermonate den kriegerischen Unternehmungen im Innern des Landes nicht günstig waren, so befestigte das christliche Heer unter den Mauern der Stadt sein Lager, und Ludwig beschäftigte sich angelegentlich mit der Verstärkung der Festungswerke. Allein für die Zucht und Sittlichkeit des Heers selbst war dieser Aufenthalt keineswegs günstig; es begannen Sorglosigkeit, Üppigkeit und wilde Ausschweifungen im Lager zu herrschen, und Ludwig beklagte sich mit Betrübniß, daß er nicht um einen Steinwurf weit sich von seiner Wohnung entfernen könne, ohne auf ein liederliches Haus zu stoßen. Es war nunmehr die Frage, ob man zunächst auf die Hauptstadt Kairo oder auf Alexandrien losgehen sollte. Allein der muthige Graf von Artois, des Königs Bruder, gab den Ausschlag, indem er ausrief: „Wozu die Umwege! Wer die Schlange erlegen will, muß ihr den Kopf zertreten. Ich stimme für die Hauptstadt." Nach dieser richtete sich also nun auf der Weg der Kreuzfahrer; allein von den leichten Reiterscharen der Feinde unaufhörlich beunruhigt, konnten sie nur sehr langsam vorrücken. Sie durften sich nicht von den Ufern des Nils entfernen, weil auf diesem ihre Lebensmittel von Damiette aus zu ihnen gelangten, und das mühselige Unternehmen, einen Damm quer durch das Wasser zu führen, verursachte einen noch größern Aufenthalt. Dabei wurden sie von den an beiden Ufern schwärmenden Sarazenen auf das heftigste, namentlich mit griechischem Feuer, beschossen, das ihnen damals eine ebenso neue als furchtbare Erscheinung war. Wie groß die Furcht vor diesem schrecklichen Geschütz in dem französischen Heere war, geht aus der Beschreibung des bereits genannten Sire de Joinville hervor. „Jedesmal", sagt dieser, „kam ein Feuerklumpen von der Größe einer Tonne durch die Luft geflogen und zog einen langen, flammenden Schweif hinter sich her. Ein Knall gleich einem Donnerschlage erschütterte weit umher den Boden, und mit fürchterlichem Geprassel fiel der glühende Strom herab. Wir vermochten nichts dagegen zu thun. Sobald wir den ersten Blitz sahen, warfen wir uns platt auf die Erde nieder und befahlen Gott unsere Seele. Bis an das Lager ertönte der gräßliche Widerhall, und so oft der König ihn hörte, fiel er auf seine Knie und rief mit heißen Thränen: Guter Herr Christus, schütze mich und meine Leute." Endlich wurde es beschlossen, an einer seichten Stelle durch den Nilkanal zu setzen. Die Tempelherren, nach alter Sitte, bildeten den Vortrab; dann folgte der muthvolle Graf von Artois mit einer auserlesenen Schar; allein dies geschah zu hitzig und unbedachtsam. Anstatt den Übergang der Nachfolgenden zu decken, setzte der Graf von Artois den vom Ufer entfliehenden Sarazenen bis zur benachbarten Stadt nach, wo er mit den Seinigen in den Windungen der engen Straßen gänzlich eingeschlossen wurde. Von einer Überzahl von Mamluken angegriffen, aus den Fenstern und von den Dächern mit Pfeilen, Steinen und Balken begrüßt, mußten diese verwegenen französischen Ritter sämmtlich dort ihr Leben lassen. Über 300 der letztern, unter ihnen der Graf von Artois selbst, viele Tempelherren und englische Ritter, fanden den Tod und wurden von den Hufen der Pferde zertreten. Dies war der Anfang des mannichfaltigen Misgeschicks, welches Ludwig in diesem Lande treffen sollte. Bald darauf wurde das Hauptheer von den Ungläubigen unter fürchterlichem Geschrei angegriffen, und Ludwig selbst, den seine hohe Gestalt und der vergoldete Helm sehr kenntlich machten, entging mit genauer Noth der Gefangenschaft. Mit Löwenmuth vertheidigte er sich eine geraume Zeit gegen fünf sarazenische Reiter. In dem sumpfigen Gewässer fanden viele Krieger den Tod, aber dennoch verließ sie der Muth und die Heiterkeit nicht, und der Graf von Soissons, der aus mehren Wunden blutete und dessen Rüstung ganz zerhauen war, sprach zum Sire von Joinville: „Was meint Ihr, Seneschall, ist das nicht ein Tag, an den man sich im ruhigen Zimmer und bei schönen Damen künftig recht vergnügt erinnern wird?" Mitten im Schlachtgetümmel vernahm der König die Nachricht von dem Tode seines geliebten Bruders Robert von Artois. Dieser unglückliche Tag kostete 7000 christlichen Kriegern und 1000 Rittern das Leben. Mit dieser Niederlage verbanden sich noch Unglücksfälle anderer Art für das Heer der Kreuzfahrer. Eine pestartige Krankheit brach unter ihnen aus und raffte Viele dahin. Ludwig selbst war sehr leidend, allein dennoch ließ er sich durch kein Zureden bewegen, das Heer zu verlassen. „Ich habe gelobt, mit meinen Völkern zu leben oder zu sterben", erwiderte er stets. Ein großer Mangel an Lebensmitteln und die Ausdünstungen der Tausende von menschlichen Leichnamen und todten Pferden, die man in das Wasser geworfen hatte, vermehrten die Wuth der Seuche mit jedem Tage. Dessenungeachtet ward der Krieg gegen die Ungläubigen mit gleicher Erbitterung zu Wasser wie zu Lande fortgeführt. Allein der entscheidende Zeitpunkt, der die Ungunst des Kampfes gänzlich auf das Heer der Christen lenken sollte, war nahe. Bei einem nächtlichen Gefecht, das am 5. April in der Gegend der Stadt Fareskur vorfiel, wurden die französischen Krieger völlig zersprengt, viele der tapfersten Ritter getödtet und Ludwig selbst gefangen genommen. Sein Leben schwebte in der größten Gefahr. Selbst nachdem er sich zu erkennen gegeben hatte, schwenkten die ergrimmten Mamluken, einander die glänzende Beute misgönnend, ihre Säbel über seinem Haupte. Allein die Hoheit und unerschütterliche Ruhe des großen Monarchen entwaffnete die Mordlust der Wüthenden, die sich nun begnügten, dem König seine Waffen und Kleider zu nehmen, ihm Fesseln anzulegen und ihn zu so Turanschah, Sultan von Ägypten, zu führen. Allein dieser dachte edel genug, einen der ausgezeichnetsten Fürsten der Christenheit mit Anstand und Hochachtung zu behandeln, und er beschenkte sogar den König und seine Ritter mit kostbaren Anzügen und was ihnen sonst nöthig. Demnächst wurde von dem Sultan das Lösegeld des Königs bestimmt, welches sich auf etwa 800,000 goldene Byzantiner, nach unserm Gelde etwas anderthalb Millionen Thaler, belief, wovon die Hälfte sogleich bezahlt wurde. Nach diesen vielfachen Unglücksfällen wurde der Aufenthalt des französischen Heers in Ägypten immer bedenklicher; auch nach so vielen erlittenen Verlusten an Mannschaft und Kriegsmitteln war vor der Hand an die Fortsetzung des Kriegs und an die Eroberung von Palästina nicht mehr zu denken, und so verließ denn der König, nachdem er noch einige Zeit vergeblich auf Unterstützung von Seiten anderer christlichen Fürsten gewartet hatte, endlich am 25. April 1254, als an seinem Geburtstage, den Hafen von Akkon, um in sein Vaterland zurückzukehren, wo er mit vier Galeeren und acht großen Schiffen, dem Überreste seiner bedeutenden Seemacht, nach einer Fahrt von zehn Wochen landete. Über 100,000 auserlesene Krieger hatten während dieser unheilvollen Feldzüge in Ägypten ihr Leben eingebüßt.

*

Der zweite und letzte Kreuzzug, den Ludwig nach dem gelobten Lande unternahm, geschah 16 Jahre später, 1270. Der König schiffte sich, an der Spitze eines Heers von 60,000 Mann, zu Aigues Mortes*) ein und betrat nach einem kurzen Aufenthalte in Sardinien, schon am 20. Juli den afrikanischen Boden. Die Feindseligkeiten wurden mit der Belagerung von Tunis eröffnet, bei welcher die Ungläubigen keinen großen Widerstand leisteten. Allein die Vorsehung hatte den Unternehmungen des frommen Königs bereits das Ziel gesetzt. Es brach abermals eine verheerende Krankheit in dem französischen Heere aus. Unter der Glut der afrikanischen Sonne in den heißesten Monaten des Jahres und bei Mangel an gesundem Wasser verbreitete das Übel mit furchtbarer Schnelligkeit sich durch das ganze Lager. Schon am 3. August sah Ludwig seinen zweiten Sohn, Johann Tristan, ins Grab sinken; in der folgenden Woche wurde der päpstliche Legat, der Cardinal von Albano, zur Erde bestattet, und am 25. August schloß auch der fromme König die Augen auf weitentlegener Küste, fern von dem schönen Frankreich.

So starb ein Monarch, dessen königliche Eigenschaften ihn der Reihe der trefflichsten Fürsten jedes Zeitalters beigesellen, ein Monarch, der mit dem belohnendsten Erfolge alle seine Sorgen dem Heile seiner Unterthanen widmete, der stets darauf bedacht war, die Lasten des Volkes möglichst zu erleichtern, und gegen Hohe und Niedere gleiche Gerechtigkeit zu üben. Unter seinem Scepter hatte Frankreich zu einem Grade der Macht und des Wohlstandes erhoben, mit welchem kein anderes Land in Europa sich messen konnte, und dadurch allein ward es ihm möglich, zwei so großartige Heereszüge zu unternehmen, die leider so traurig für ihn endigen mußten. Nach Ludwig dem Heiligen unternahm kein anderer Fürst einen weitern Kreuzzug, denn die Mittel, die zu einem solchen Unternehmen gehörten, waren erschöpft, und die traurigen Erfahrungen, die so viele tapfere Krieger in Palästina gemacht hatten, dienten zur Lehre und Warnung.

Das Andenken an Ludwig IX., der den ihm beigelegten Zunamen des Heiligen in so reichem Maße verdiente, wird noch jetzt in Frankreich lebendig erhalten durch manche treffliche Einrichtung, deren Ursprung sich aus seiner Regierung herschreibt, sowie durch manches herrliche Werk der Baukunst, das er in seinem frommen Sinne zur Ehre Gottes errichten ließ. Unter diesen Bauwerken, die von ihm herrühren, ist unstreitig die sogenannte „heilige Kapelle" das vorzüglichste, eine der herrlichsten Kirchen, welche die gothische Baukunst hervorgebracht hat. Sie ward erbaut neben dem alten königlichen Palaste in Paris, auf dessen Stelle sich gegenwärtig der Justizpalast (Palais de justice) befindet. Mit der Entstehung dieses denkwürdigen Baues verknüpfte sich eine seltsame Sage, die wir hier mittheilen wollen. Es soll nämlich der König Ludwig, nachdem er den Vorsatz gefaßt, die heilige Kapelle zu bauen, weit und breit an alle inländischen und ausländischen Baumeister den Aufruf haben ergehen lassen, ihm Pläne und Risse zu diesem Gebäude vorzulegen; von denen der französischen Baumeister soll jedoch dem König kein einziger gefallen haben. Nun fügte es sich, daß ein ausgezeichneter Architekt aus Deutschland, der schon zu Wien die herrliche Kirche des heiligen Jakob erbaut hatte, mit seinem Baurisse nach Frankreich zog, unterwegs aber einen Greis einholte, der sich in gleicher Absicht zum Könige begeben wollte. Da er sich den Riß dieses Greises zeigen ließ, erschrak er so sehr über dessen hohe Vollkommenheit, daß er den Entschluß faßte, den Greis zu tödten und ihn seines Risses zu berauben, damit dieser nicht mit dem seinigen um den Preis streiten könne. Nachdem der auf seinen Ruhm eifersüchtige Baumeister diese entsetzliche That in einem Walde ausgeführt, ergriff ihn die tiefste Reue und Verzweiflung, sodaß er sogleich nach seiner Ankunft in der Hauptstadt einem Dominikanermönche seine That beichtete und sich unter vielen schweren Büßungen in diese geistliche Brüderschaft aufnehmen ließ. In dem Kloster erzog er sich einen jungen hoffnungsvollen Schüler, dem er seinen Riß übergab und die Vollendung des heiligen Baues in seine Hände legte. Dieser Schüler war Peter von Montreuil, den die Geschichte als den Baumeister der heiligen Kapelle nennt und dem der König Ludwig noch manches andere ausgezeichnete Gebäude zu errichten auftrug. Der Name des wahren Erfinders dieser Zeichnungen zur heiligen Kapelle soll jedoch nie ermittelt worden sein.

Der Bau dieser herrlichen Kirche ist vorzüglich ausgezeichnet durch die Anmuth, Leichtigkeit und harmonische Schlankheit seiner Verhältnisse. Alle frühern und spätern Geschichtschreiber sind einstimmig in seinem Lobe, und ein gelehrter Kanonikus hat sogar eine „Ausführliche Geschichte der heiligen Kapelle Ludwig IX." in mehren Quartbänden geschrieben. Ohne uns in eine ähnliche Ausführlichkeit, wie dieser würdige Geistliche, einzulassen, wollen wir unsern Lesern nur in aller Kürze die Eigenthümlichkeiten, sowie die innere und äußere Gestalt dieses Bauwerks deutlich zu machen suchen.

Die heilige Kapelle ist eine Kirche von nicht allzu großem Umfange, aber im reinsten gothischen Styl erbaut. Ein schöner, schlanker Glockenthurm, einer der höchsten in ganz Paris, gereicht ihr zur besondern Zierde. Die Kühnheit der Gewölbe und Bögen ist außerordentlich, und die Pfeiler, auf denen sie ruhen, sind so schlank gearbeitet, daß es scheint, als wären sie nicht im Stande, diese mächtigen Wölbungen zu tragen, und doch sind schon sechs Jahrhunderte verflossen und sie unterstützen ihre herrliche Last noch immer. Vorzüglich schön gearbeitet ist das Zimmerwerk und das Getäfel der Decke, und man behauptet, ganz Paris habe keine gleiche Arbeit aufzuweisen. Daß die Verhältnisse dieser Kirche keineswegs kolossal sind, geht daraus hervor, daß vom Fußboden bis zum Dache hinauf nur eine Höhe von 40 Fuß ist. Man könnte vielleicht sagen, der hohe Thurm stehe in keinem richtigen Verhältniß zu der Kirche selbst, allein die ausnehmende Schlankheit und Nettigkeit der Arbeit an diesem Thurme macht einen so günstigen Eindruck, daß man in diesem Verhältniß durchaus nicht die Harmonie vermißt. Der Thurm hat zwei Kuppeln, eine größere und eine kleinere; in einer Höhe von 14 Fuß über der letztern schwebt als Gipfelpunkt des ganzen Thurms die Kugel mit dem neun Fuß hohen Kreuz. Was an der Außenseite der heiligen Kapelle ganz vorzüglich die Aufmerksamkeit des Beschauers auf sich zieht, ist das höchst kunstvoll gearbeitete Portal mit seinen mystischen und hieroglyphischen Figuren, deren Erklärung in frühern Zeiten den Auslegern viel zu schaffen gemacht. Man erblickt hier mehre kolossale Engelsgestalten, eine Abbildung des jüngsten Gerichts, eine riesenhafte Bildsäule des Heilandes, der mit der Rechten die Völ-

---

*) Vor zwei Jahren wurde in den Küstengewässern unweit dieser Stadt eine versunkene Galeere im Meeresgrunde entdeckt und heraufgeholt, welche laut den Zeugnissen sachverständiger Gelehrten eins der Fahrzeuge sein soll, die zu dieser zweiten Ausrüstung des heiligen Ludwig gehört haben. Eine wegen ihrer langen Erhaltung, sowie wegen ihrer geschichtlichen Erinnerungen willen doppelt merkwürdige Antiquität.

ker segnet, und in der Linken die Weltkugel hält. Auch die sämmtlichen Propheten des Alten Testaments sind in Stein gehauen, und kunstvoll gearbeitete Lilienblumen, die sich zwischen diesen Bildwerken hindurchflechten, deuten, sowie die an verschiedenen Stellen ausgehauenen Wappen von Castilien, auf die ehrwürdige Blanca, die Mutter des heiligen Ludwig.

Noch weit merkwürdiger jedoch als diese Außenseite ist das Innere der heiligen Kapelle. Dies besteht aus einer doppelten Kirche, einer untern und einer obern. Die obere, zu der man auf 43 Stufen gelangt, besteht aus einem einzigen Schiffe mit sehr hohen Spitzbögen; dünne zierliche Säulen tragen das Gewölbe, die sich nach dem Chore zu immer dichter zusammenschließen, dergestalt, daß die Zwischenöffnungen zu Fenstern dienen und das Licht hindurchfallen lassen. Die Fenster aus buntem Glase sind von so schön erhaltenen lebhaften Farben, daß sie kaum ihres Gleichen in andern gothischen Kirchen finden. Diese obere Kapelle war eigentlich das wahre Heiligthum, und hier befand sich auch das Reliquirium. Dagegen war die untere

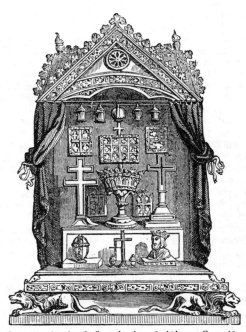

Der Reliquienkasten in der heiligen Kapelle.

Kapelle zur Andacht für die Leute des Königs und für die Kanonici bestimmt; man gelangte zu ihr durch eine Seitenthür, die in neuern Zeiten verbaut worden ist. Das Schiff derselben war in zwei Abtheilungen getheilt; auch hier zeigten die Bogenwölbungen dieselbe Kühnheit, aber die Säulen, welche die Wölbung trugen, waren noch schlanker, leichter und zierlicher gearbeitet. Es schien demnach, als ob das ganze Gebäude sich selbst stütze und die Pfeiler nur als eine nicht nothwendige Zierde angebracht wären. In dieser untern Kapelle befanden sich zahlreiche Grabmäler. Zwei Altäre mit schönen Emailgemälden gereichten der untern Kapelle zur Zierde. Ausgezeichnet war besonders der Hochaltar durch einen goldenen Schrein, zu welchem zwei kleine Stiegen hinaufführten und worin sich die heiligen Reliquien befanden, welche König Ludwig von Balduin, Kaiser von Konstantinopel, gekauft hatte und zu deren Aufbewahrung eigentlich die Kapelle selbst gegründet worden war. Diese Reliquien bestanden in der Dornenkrone des Heilands, der Lanzenspitze, die seine Seite durchbohrt, dem Rohr, das er in den Händen hielt, da man ihn verspottete, ferner in dem Schwamme, womit man ihn tränkte, in den Nägeln, die man durch seine Hände schlug und endlich in einem Stück vom wahren Kreuz.

Auch für Ludwig des Heiligen Nachfolger war die heilige Kapelle, die 1248 eingeweiht wurde, und deren Erbauung und Ausschmückung dem Könige die Summe von neun Millionen Livres gekostet hatte, stets ein Gegenstand besonderer Ehrfurcht und königlicher Freigebigkeit. Sein Sohn Philipp gründete hier eine kleine Nebenkapelle zum Andenken für das Seelenheil seines Vaters, die mit vortrefflicher Goldarbeit und sogar mit Edelsteinen geschmückt war; Ludwig XI. ließ prächtige Umarbeiten und Verzierungen mit der heiligen Kapelle vornehmen; stiftete für sie Fundationen und Privilegien und machte ihr von Zeit zu Zeit reiche Geschenke, sodaß endlich unter den nicht minder freigebigen Schenkungen der spätern Regenten der Schatz der heiligen Kapelle bis auf 80 Millionen Livres anwuchs. Sie war zu verschiedenen Zeiten der Schauplatz feierlicher und einflußreicher Ereignisse. Hier fanden die religiösen Ceremonien statt, durch welche die ausgezeichnetsten Ereignisse in dem Leben der französischen Könige, ihre Geburt, ihre Thronbesteigung, ihr Tod u. s. w. die kirchliche Weihe empfingen. In spätern Zeiten fanden in der heiligen Kapelle zuweilen auch andere Festlichkeiten von etwas seltsamer Art statt, die wir in heutigen Tagen mit einem solchen Heiligthume unverträglich finden würden. So wurde unter Anderm am Pfingstfeste 1484 in Gegenwart des Königs Karl VIII. eine halb weltliche, halb heilige Vorstellung daselbst gegeben, wobei die sämmtlichen Bogenwölbungen der Kapelle mit Blumenguirlanden geschmückt waren. Flammende Pechkränze waren hier und dort aufgehängt, und weiße Tauben, die man vom Chor herniederflattern ließ, sollten die Niederlassung des heiligen Geistes auf die christliche Gemeinde versinnlichen. Auch ließ sich eine Engelsfigur mittels eines verborgenen Mechanismus vom Hochaltar herab und sprengte aus einer goldenen Schale Weihwasser. König Karl VIII. fand an diesem Schauspiele so großen Gefallen, daß er es an mehren Sonntagen wiederholen ließ. Auch die Feier der ehemals in Frankreich so beliebten Narrenfeste fand mehrmals in der heiligen Kapelle statt. In neuern Zeiten hat dieser ehrwürdige Tempel eine Bestimmung erhalten, die freilich dem frommen Sinn seines Erbauers durchaus entgegengesetzt ist. Nachdem er schon während der Revolution von 1789 aller seiner Schätze beraubt worden, benutzt man ihn gegenwärtig zum Archiv für die Staatskanzlei. Da, wo sonst die größten Heiligthümer und heiligsten Reliquien der Christenheit aufbewahrt wurden, erblickt man jetzt Bücherschränke und Actenstöße aufgeschichtet. Auf diese Weise sieht man leider im Laufe der Weltgeschichte Dasjenige, was die Vorzeit nur mit höchster Andacht zu betrachten und zu betreten wagte, häufig durch spätere Geschlechter mit Sorglosigkeit, wo nicht mit Leichtsinn behandelt.

Seltsame Rache eines Prüfungscandidaten.

Der nachstehende Vorfall beweist, daß nicht blos die Kinder den Unwillen, den sie über sich selbst empfinden sollten, an schuldlosen Personen auslassen, sondern daß auch Erwachsene und Gebildete Andern Dasjenige beizumessen geneigt sind, was sie, genau genommen, nur sich selbst zuzuschreiben haben. Namentlich wird man Studirende, die in irgend einer öffentlichen Prüfung übel bestanden, oder in ihrem Facultätsexamen gar durchfielen, sehr bereit finden, weit eher die einzelnen Examinatoren oder den ganzen Prüfungsausschuß, als sich selbst deshalb anzuklagen. Dies kommt, wie bemerkt, oft vor, selten aber mag ein auf solche Weise verunglückter Kopf eine ähnliche Rache an seinen Prüfenden nehmen, wie neulich ein Candidat der Pharmacie zu London that. Dieser junge Mann gab bei der Prüfung sehr ungenügende Antworten, und zeigte sich in manchen nothwendigen Zweigen seiner Wissenschaft gänzlich unbewandert, sodaß die Prüfungsbehörde einstimmig erklärte, man könne ihm kein Zeugniß der Tüchtigkeit ertheilen. Auf diese Entscheidung erwiderte der durchgefallene Candidat mit verzweifelter Kaltblütigkeit: „Wohlan, meine Herren, Sie machen mich durch Ihren Ausspruch zu einem ehrlosen Mann, den man in seiner Vaterstadt verachten wird. Lieber will ich sterben, als dies ertragen; allein ich will nicht ungerächt sterben." Bei diesen Worten ergriff der verzweifelte Candidat einen dicken Stock, den er in einem Winkel des Saals stehen gelassen und wahrscheinlich aus Vorsorge mitgebracht hatte, und prügelte mit diesem, wie ein wüthendes Unthier, auf alle seine Examinatoren, vier an der Zahl, los, die er fast sämmtlich bedenklich verletzte. Zwei davon mußten nach Hause getragen werden. Bei seiner Verhaftung fand man eine Flasche Branntwein bei ihm, halb ausgetrunken; wahrscheinlich hatte er sich damit sowol zum Examen als zu der darauf folgenden Unthat vorbereitet.

Die Entwickelungsstufen des deutschen Volkes.
II.
(Fortsetzung aus Nr. 210.)

Das Christenthum hatte unter den germanischen Völkern bei ihrer Einwanderung in die römischen Länder leicht Eingang gefunden und nun schon wichtige Veränderungen in ihrer gesellschaftlichen Verfassung herbeigeführt. Unter den Gothen ward es, vielleicht durch römische Gefangene, schon im 3. Jahrhundert bekannt, aber sie, wie andere deutsche Völker, z. B. Westgothen und Vandalen, hingen der Arianischen Lehrmeinung an, welche in den Ansichten über die göttliche Natur Christi von der sogenannten rechtgläubigen Kirche abwich, und es war daher für den römischen Stuhl wichtig, daß der König der Franken, als er im Jahre 476 mit 3000 seiner Getreuen sich taufen ließ, die Lehrsätze der katholischen Kirche annahm. Die fränkischen Könige, so eifrig sie sich gegen die Arianischen Christen zeigten, machten doch keine Versuche, die überwundenen Völker diesseit des Rheins zu dem neuen Glauben zu bringen. Einzelne Spuren des Christenthums, die man besonders seit Konstantin's Regierung auch in den innern Deutschland, am Rhein und in den Donauländern, selbst in den Alpen fand, wurden bei den Streifzügen der Germanen in das römische Gebiet meist vernichtet, und am Ende der Wanderungen der deutschen Völker mußte erneut werden, was untergegangen war. In der ersten Hälfte des 7. Jahrhunderts wurden von den fränkischen Königen eifrigere Bekehranstalten gemacht, und schon Dagobert I. ließ die Bewohner des heutigen Belgiens durch seine Bischöfe zur Taufe zwingen. Am Rhein und im südlichen Germanien waren zwar einige alte Bischofssitze, z. B. Trier, Mainz, Köln, Lorch, Konstanz, erhalten worden, aber die Bischöfe hatten für die Ausbreitung des Christenthums wenig gewirkt, als es endlich dem beharrlichen Eifer irländischer und angelsächsischer Glaubensboten gelang, es im Innern Deutschlands zu gründen. Unter ihnen war der erste der irländische Mönch Columban, der gegen Anfang des 7. Jahrhunderts nach Süddeutschland kam. Aus den einsamen Zellen dieser fremden Lehrer entstanden Klöster selbst in den wildesten Gegenden, wie auch Columban am Fuße der Vogesen und in den Alpen zwei stiftete, wohin er die seinen Ordensbrüdern eigne Liebe zu wissenschaftlicher Thätigkeit verpflanzte, während sein Gefährte Gallus das von ihm gegründete Kloster zu St.-Gallen zu einem Mittelpunkte geistiger Bildung in Alemannien machte. Ihr glücklicher Erfolg ermunterte andere irländische Mönche, die, von gleichem Eifer geleitet, nach Gallien und Deutschland zogen, wie Kilian und Columban, die das Christenthum in Franken und Thüringen predigten. In dankbarer Erinnerung an die Verdienste der frühern Glaubensboten wurden den irischen Mönchen später in mehren Gegenden Deutschlands Klöster angewiesen, welche zum Theil bis in unsere Zeiten durch den Namen Schottenklöster an ihre ursprünglichen Bewohner erinnern, da die Irländer bis weit hinab in das Mittelalter Schotten hießen. In Alemannien am Rhein und in Baiern, wurde die Thätigkeit der Glaubensboten selbst in Kriegen und unter Verheerungen nicht ganz gestört und in Baiern schon im 7. Jahrhundert eine nähere Verbindung mit dem römischen Stuhle angeknüpft. Der Papst begann nun die Bekehranstalten zu leiten, um das Christenthum auch zu den Völkern an der nördlichen Küste zu bringen. Die irländischen Glaubensboten unterstützten diese Absicht, da der Erfolg ihrer Arbeiten dem Papste Gregor dem Großen viel zu verdanken hatte. Die fränkischen Könige überließen diese Bemühungen anfangs ihrem stillen Gange. Im südlichen Deutschland gingen die Fürsten und die Vornehmen nach und nach zu dem neuen Glauben über; unter den nördlichen Völkern aber konnte das Christenthum nur auf den Trümmern der alten Verfassung eingeführt werden und zuerst ward unter den Friesen Waffengewalt zu diesem Zwecke gebraucht. Angelsächsische Mönche, die das Beispiel der irländischen Glaubensboten reizte, kamen aus Britannien herüber, um das Christenthum unter ihren Stammverwandten zu predigen; als aber die Friesen gegen Pipin von Herstall sich empörten, wurde der Kampf ein Glaubenskrieg, weil die Franken die neue Lehre zugleich mit ihrer Oberherrschaft einführen wollten. Die Glaubensboten wurden verjagt, und auch ihren Nachfolgern, unter welchen der eifrige Wilibrord sich auszeichnete, gelang es nicht, das Christenthum unter den Friesen und Sachsen auszubreiten, trotz der Unterstützung, die er von dem mächtigen Pipin erhielt. Diese vereinzelten Bestrebungen hatten nur wenig Erfolg gehabt, als der Angelsachse Winfried, genannt Bonifacius, erschien und der Stifter der christlichen Kirche in Deutschland wurde. Seine Thätigkeit war nicht nur die Fortsetzung der Heidenbekehrung und die verbesserte Einrichtung der bereits gegründeten Kirchen gerichtet, sondern es war sein Hauptzweck, die neuen Bisthümer dem römischen Stuhle unterzuordnen. In Thüringen wurden Land und Volk durch ihn umgebildet, und während immer neue Gehülfen, selbst fromme Frauen, aus Britannien kamen, wurden die Bekehrungen rastlos fortgesetzt; weniger Erfolg aber hatten seine Bemühungen bei den Friesen und Sachsen. Ohne den Schutz, den ihm Karl Martell und Pipin aus politischen Rücksichten gewährten, wäre es dem eifrigen Lehrer, der als Erzbischof von Mainz die geistlichen Angelegenheiten Deutschlands leitete, kaum gelungen, die deutsche Kirche zu ordnen, wogegen er auch die Entwürfe des neuen Herrscherstammes begünstigte, der den Thron der Merovinger stürzte.

Für die deutschen Völker gingen aus dieser politischen Umwälzung viele Vortheile hervor, da der neue Herrscherstamm eine Vorliebe für seinen alten Wohnsitz hatte und Austrasien der Mittelpunkt des Reiches geworden war. Pipin hatte schon durch den Antheil, den er an den italischen Angelegenheiten nahm, und durch sein Einverständniß mit dem Papste den Grund zu der Verbindung mit Italien gelegt, die später für Deutschland so wichtig ward, und auch in der Verfassung des Reichs große Veränderungen begonnen, als er seinem Sohne Karl dem Großen die Vollendung seines Werkes hinterließ. Das Aufgebot aller Freien zum Kriege war zu einem Heerbann geworden und Karl erhielt durch die Ausbildung dieser Anstalt das kriegerische Übergewicht über alle Nachbarvölker. Die Dienstleute des Königs mit ihrem untergeordneten Dienstgefolge, wie die freien Eigenthümer, die keinen Dienstherrn hatten, waren auf gleiche Weise zur Heersfolge verpflichtet. Sobald das Aufgebot ergangen war, mußte jeder Dienstherr mit seinen Leuten, jeder Freie, der nicht mit seinem Ältesten auszog, unter seinem Grafen und dessen Hauptleuten gerüstet und auf drei Monate mit Lebensmitteln versehen auf dem Sammelplatze erscheinen. Anfänglich war Derjenige, der drei Morgen Grundeigenthum besaß, zur persönlichen Erscheinung verbunden; Diejenigen aber, die weniger hatten, mußten zusammen auf drei Morgen einen tauglichen Krieger stellen, und fünf Eigenthümer, deren Jeder nur einen halben Morgen besaß, gemeinschaftlich einen Bewaffneten ausrüsten. Später verpflichtete nur der Besitz von vier Morgen zu persönlichem Kriegsdienste. Auch die Bewaffnung war nach dem Vermögen bestimmt. Der Besitzer von zwölf Morgen mußte einen vollständigen Harnisch haben, Andere erschienen mit Lanze und Schild oder mit Bogen und Pfeilen. Wer dem Aufgebote nicht folgte, wurde bestraft, doch die nach dem Vermögen bestimmte Geldbuße nicht von dem Landeigenthum, sondern von der beweglichen Habe genommen. Ausreißer (Heerschlitz) traf nach den alten Gesetzen die Todesstrafe.

(Der Beschluß folgt in Nr. 212.)

Steinölquelle.

Bei Burksville in Kentucky, einem der nordamerikanischen Staaten, fand man vor etwa zehn Jahren bei Aufsuchung einer Salzquelle, in einem Felsen in einer Tiefe von etwa 200 Fuß eine Art Steinöl, das plötzlich in einem Strahl hervorschoß und sich bis zu einer Höhe von 12 Fuß erhob. Die Ausströmung des Öls dauerte mehre Tage und überzog bald den Fluß Cumberland, in dessen Nähe man zu bohren begonnen hatte, mit einer Ölrinde. Aberwitz und Neugierde verleiteten die verwunderten Zuschauer, um sich von der Brennbarkeit des Öls zu überzeugen, es anzuzünden, und verwandelten so den Strom zu ihrem großen Schrecken in ein Feuermeer, das die Bäume seines Ufers in schneller Flucht verzehrte und der ganzen Umgegend Verderben drohte. Das Öl ist von grüner Farbe, wird aber, sobald es an die Luft kommt, braun. In Fässern läßt es sich nicht bewahren, weil es durch die feinsten Ritzen dringt. Das Hervorströmen des Öls findet sich immer statt, in den letzten sechs Jahren ist es nur zweimal ausgebrochen, und zwar zum letzten Male am 4. Juli 1835, wo der Ausbruch sechs Wochen lang fortdauerte.

Sparsamkeit im französischen Heere.

Die durch die wohlthätige Einführung der Sparkassen geweckte Idee und Gewohnheit der Sparsamkeit beginnt auch, namentlich in dem französischen Heere, Wurzel zu fassen. Vor längerer Zeit foderte das 19. Regiment bei seinem Abgange aus Strasburg für nahe an 11,000 Thaler Anweisungen auf die Sparkasse von Paris, wohin das Regiment in Garnison kam. Das 11. Artillerieregiment traf dagegen von Dijon mit einer Anweisung von ebenfalls 8000 Thalern auf die Sparkasse jener Stadt ein. Sehr angenehm würde es uns sein, könnten wir von deutschen Regimentern Ähnliches mittheilen.

Ansicht von Hurdwar.

Es ist bekannt, wie heilig die Hindostaner den Ganges halten; aus allen Gegenden Indiens strömen unzählige Andächtige dahin, um sich in seiner Flut zu baden, welcher man eine reinigende und heiligende Kraft beilegt. Obgleich das Wasser dieses Flusses, des berühmtesten von allen Flüssen, immer und überall, von seinem Ursprunge bis zu seiner Mündung, eine heiligende Kraft besitzt, so ist doch zu gewissen Zeiten und an gewissen Stellen seine Wirksamkeit größer und das Baden darin verdienstlicher. Die wirksamste und feierlichste Abwaschung im heiligen Flusse ist die, welche aller zwölf Jahre in der Stadt Hurdwar stattfindet, um die Zeit, wenn das Sternbild des Jupiter sich im Wassermann befindet und die Sonne in den Widder tritt.

Hurdwar (das Thor Gottes), heiliger als selbst Benares, liegt nicht weit von der Stelle, wo der Ganges mit großem Getöse von den Gipfeln des Himalaya herabstürzt und sich majestätisch in der Ebene auszudehnen anfängt. Die kleine, unansehnliche Stadt, welche aus einer einzigen sehr langen Gasse besteht, ist für gewöhnlich still und menschenleer, aber zu der eben angegebenen festlichen Zeit strömt aus allen Gegenden Asiens eine ungeheure Menschenmenge darin zusammen, welche außer den frommen Pilgern aus Neugierigen und Kaufleuten besteht, weil zu gleicher Zeit einer der berühmtesten Märkte des Orients dann in Hurdwar gehalten wird; Andacht, Speculation und Neugierde drängen hier über eine Million Fremde auf einem Punkte zusammen.

Alle Natur- und Kunstproducte des Orients, ja der Welt, möchte man sagen, erfüllen die in einen großen, reichen Bazar verwandelte Stadt; alle Völker haben ihre Repräsentanten in dieser Masse, welche, von kaufmännischem Geiste beseelt, lärmt und tobt, um zu kaufen und zu verkaufen. Engländer, Franzosen, Russen, Türken, Perser, Chinesen, Tataren, Tibetaner, Neger, Hindus, Menschen jeder Gattung, mit dem eigenthümlichen Gepräge ihrer Gesichtszüge, Farben und Sitten drängen und treiben sich und rufen in jeder Sprache um das bunte, ungeheure Gewühl von Pferden, Elefanten, Kameelen, Katzen, Hunden, Ochsen, Schafen und das seltsame Gemisch von Leder, Pelzwerk, Zeuchen, Edelsteinen, Gewürz, Eßwaaren, trockenen Früchten, Waffen und kurzen Waarenartikeln. Die seltsamsten Zusammenstellungen von Menschen, die sonderbarsten Vermischungen von Waaren finden in diesem Handels-Babel statt. Doch die religiöse Scene ist noch viel malerischer und interessanter als die des Handelsverkehrs.

Wenn die Stunde des Badens naht, belagert eine ungeheure Menge die heilige Treppe (Ghaut), welche großartig in ihrer Anlage und zierlich in ihrem Bau, auf breiten Stufen von dem steilen Ufer bis in den Fluß führt. Männer, Weiber und Kinder drängen sich am Geländer hin und stürzen in regelloser Masse in die heilige Flut. Es ist sehr interessant, den leicht bemerkbaren Unterschied zwischen der Mehrzahl der Badenden wahrzunehmen, welche, während sie eine religiöse Pflicht erfüllen, zugleich ein Vergnügen darin finden, und zwischen den streng Andächtigen, welche ohne alle Merkmale von äußerm Behagen sich auf die genaue Beobachtung des vorgeschriebenen Gebrauchs beschränken. Erstere scheinen das Erquickende eines Bades unter einem heißen Himmelsstriche zu empfinden, und man sieht, daß sie in ihrer frommen Pflichterfüllung nebenbei auch ein physisches Vergnügen fühlen; sie genießen langsam die Frische des Wassers, das sie umflutet. Die Frauen waschen sorgfältig ihr langes schwarzes Haar, die Männer strecken behaglich ihre gedrungenen und nervigten Glieder. Der Andächtige dagegen geht, auf jeder Seite von einem Brahminen unterstützt, ernst und gleichgültig durch den Fluß; in der Mitte des Stroms angelangt, tauchen ihn seine Begleiter dreimal in die heilige Flut und führen ihn sofort schweigend an das Ufer zurück. Der stumme Ernst dieser Gläubigen hat für die Gruppen, die sie durchschreiten, etwas Ehrfurchtgebietendes. Die Brahminen fodern zu diesen Reinigungen eifrig auf, da sie ihnen auch sehr viel einbringen und man nur für Geld ihren Beistand während der Ceremonie erlangt.

Der ungeheure Zusammenfluß von Menschen jedes Alters und Geschlechts an den steilen Ufern und dem reißenden und tiefen Wasser, das außerdem noch Alligatoren zum Aufenthalt dient, gibt häufig Veranlassung zu Unglücksfällen, und nicht Alle, die in den Ganges steigen, kehren daraus wieder zurück. Indessen hatte bis 1820 kein besonderes Ereigniß die Wiederkehr dieser frommen Feier bezeichnet, aber zu jener Zeit setzte ein trauriger Vorfall Hurdwar in Bestürzung. Nur ein schmaler, abschüssiger, trichterförmiger Weg führte von der großen Straße auf die einzige Treppe, mittels welcher man damals zum Ganges gelangen konnte. Zu der zum Baden bestimmten Stunde stürzte die Menge mit solchem Ungestüm zum Flusse, daß der Weg, der nicht so schnell leer werden konnte, als er voll wurde, in einem Augenblick verstopft war, während neue gewaltige Wogen unaufhörlich nach dem Eingange sich wälzten, anhäuften und mit schrecklicher Gewalt vordrängten. Da die Zögerung die Ungeduld der Gläubigen nur steigerte und das Angstgeschrei der Vordersten in der Mitte und von der hintersten stets wachsenden Menge nicht gehört werden konnte, so wurde das Drängen immer ärger und schrecklicher in seinen Folgen. Mehre Stunden vergingen, ehe die Letzten den wahren Grund erfuhren und noch einige Stunden reichten kaum hin, die rückgängige Bewegung zu bewerkstelligen, welche allein die Unglücklichen retten konnte. Über tausend Menschen waren zerquetscht und zertreten und die Anzahl der Verwundeten, die, wie man sich vorstellen kann, sehr bedeutend gewesen sein muß, hat man nie näher erfahren können.

Die englisch-ostindische Compagnie hat seitdem den Weg beträchtlich erweitert und auch noch eine zweite Treppe bauen lassen, sodaß die Zugänge zum Flusse sicherer und bequemer und ähnliche Unglücksfälle nicht zu befürchten sind.

Ansicht von Hurdwar.

Verantwortlicher Herausgeber: Friedrich Brockhaus. — Druck und Verlag von F. A. Brockhaus in Leipzig.

Das Pfennig-Magazin

für Verbreitung gemeinnütziger Kenntnisse.

212.] Erscheint jeden Sonnabend. [April 22, **1837**

Galerie der deutschen Bundesfürsten.
XI.

Wilhelm I., König der Niederlande, Großherzog von Luxemburg.

Wilhelm I. (Friedrich), König der Niederlande, wurde als Erbprinz von Oranien-Nassau am 24. August 1772 geboren. Sein Vater war Wilhelm V., Erbstatthalter der Vereinigten Niederlande, seine Mutter Friederike Sophie Wilhelmine, die Tochter des Prinzen August Wilhelm von Preußen. Ihr insbesondere verdankte der Prinz seine Erziehung, die unter ihrer Leitung sorgsam gewählte Lehrer förderten. Nachdem er sich 1788 einige Zeit am Hofe seines Oheims, des Königs Friedrich Wilhelm II., in Berlin aufgehalten hatte, bezog er 1790 die Universität zu Leyden und vermählte sich 1791 mit seines Oheims, des Königs von Preußen, Tochter, Wilhelmine, geboren am 18. November 1774. Hierauf machte er sich nebst seinem Bruder Friedrich, der sich nachmals als Feldherr auszeichnete, um die Verbesserung der holländischen Landmacht verdient. Gleich ausgezeichnet fochten beide Brüder gegen die Republik Frankreich, die ihrem Vater am 1. Februar 1793 den Krieg erklärt hatte. Doch die französischen Generale, Jourdan und Pichegru, thaten Wunder der Tapferkeit, und nachdem Letzterer am 17. Januar 1795 Utrecht besetzt, legten beide Prinzen Tags darauf die Befehlshaberstellen nieder und folgten zwei Tage später ihrem Vater nach England.

Beide Brüder kehrten indeß bald wieder nach dem Festlande zurück; Prinz Friedrich trat in östreichische Dienste und starb zu Padua am 6. Januar 1799; der Erbprinz Wilhelm aber begab sich mit seiner Familie an den ihm befreundeten preußischen Hof und kaufte einige Güter bei Posen und in Schlesien. Als aber sein Vater die ihm im Reichsdeputationsschluß zugefallene Entschädigung in Deutschland, das Fürstenthum Fulda und Korvei, an den Sohn abgetreten hatte, nahm dieser 1802 seine Residenz in Fulda. Nach dem Tode seines Vaters, am 9. April 1806, folgte er demselben in den nassauischen Stammländern, die er aber bald nachher verlor, als er sich weigerte, dem Rheinbunde beizutreten. Hierauf trat er in preußische Dienste und wurde, nach der

V.
16

Schlacht bei Jena, in Erfurt durch Capitulation kriegsgefangen, erhielt jedoch die Erlaubniß, sich in Preußen bei seiner Gemahlin aufzuhalten. Napoleon erklärte ihn nun aller seiner Länder für verlustig und selbst die ihm in der Bundesacte garantirten Domainen wurden eingezogen.

Hierauf begab er sich auf seine Güter in Posen, die ihm allein geblieben waren, und lebte hier ganz seiner Familie und den Wissenschaften. Nur im Jahre 1809 nahm er als Freiwilliger unter dem Erzherzoge Karl an der Schlacht bei Wagram Theil.

Erst als die Macht Napoleon's in Deutschland gebrochen war und sich in den Niederlanden gewichtige Stimmen für die Wiederherstellung des Hauses Oranien erhoben, eilte Wilhelm nach England, um hier Maßregeln zur Unterstützung der Niederländer zu verabreden, wenn sich diese gegen die französische Herrschaft erheben sollten. Nachdem der Aufstand in Amsterdam am 15. November 1813 ausgebrochen und auch den Haag am 17. November sich für das Haus Oranien erklärt hatte, schiffte sich Wilhelm nach den Niederlanden ein, wo wenige Tage nach seiner Ankunft in Scheveningen die provisorischen Commissarien des Gouvernements in Amsterdam am 1. December die Proclamation: „Niederland ist frei und Wilhelm I. der souveraine Fürst dieses freien Landes!" erlassen hatten.

Der Fürst nahm dankbar die ihm dargebotene Krone an; schnell waren alle Franzosen aus dem Lande vertrieben; noch vor Ende des Jahres 1813 hatte Wilhelm auch seine deutschen Erbländer wieder in Besitz genommen und bereits am 29. März 1814 wurde das neue Verfassungsgesetz von den Kammern des Königreichs angenommen und vom König beschworen. Nachdem der wiener Congreß die Vereinigung Belgiens und Lüttichs zu einem Königreich der Niederlande ausgesprochen, wurde der Fürst am 16. März 1815 im Haag unter dem Namen Wilhelm I. als König der Niederlande und Herzog von Luxemburg, das am 22. Juli zum deutschen Bunde gezogen und im Mai zum Großherzogthum erhoben wurde, ausgerufen; seine deutschen Stammbesitzungen aber trat er für den Besitz von Luxemburg, als dessen Beherrscher und Mitglied des deutschen Bundes ist, an Preußen ab. Seitdem lebte der König abwechselnd in Brüssel und im Haag, bis 1830 in Südniederland die Revolution ausbrach, in Folge deren sich Belgien ganz von Nordniederland losriß und am 4. November 1830 von den europäischen Großmächten als selbständiges Königreich anerkannt wurde, während der König Wilhelm sich fortwährend weigert, dasselbe anzuerkennen.

Der König liebt die Einfachheit an seinem Hofe; er ist für seine Unterthanen sehr zugänglich und wird schon um seiner Persönlichkeit willen von dem Volke allgemein hochgeachtet. Er ist nicht nur im Besitz ansehnlicher Kunstsammlungen, sondern unterstützt auch Künste und Wissenschaften auf die großmüthigste Weise. Der König hat zwei Söhne und eine Tochter, Mariane, geboren am 9. Mai 1810, vermählt seit 1830 mit dem Prinzen Albrecht von Preußen.

Der Thronfolger, Wilhelm Friedrich Georg Ludwig, Prinz von Oranien, Kronprinz des Königreichs der Niederlande, Feldmarschall des niederländischen Heeres, ein an Kenntnissen, Talent und Muth gleich ausgezeichneter Feldherr, geboren am 6. December 1792, vermählte sich 1816 mit der Schwester des Kaisers Alexander, Anna Paulowna, geboren am 19. Januar 1795. Seine Kinder sind: 1) Wilhelm, geboren am 19. Februar 1817, 2) Alexander, geboren 1818, 3) Friedrich, geboren 1820, und eine Tochter Sophie, geboren 1824. — Sein ihm an ausgezeichneten Eigenschaften ähnlicher Bruder, dabei aber ein ächter Holländer, der Prinz Friedrich Wilhelm Karl, Admiral der niederländischen Flotte, östreichischer Feldzeugmeister und preußischer Generallieutenant und Inhaber des vierten Kürassierregiments, geboren am 28. Februar 1797, vermählte sich 1825 mit der Prinzessin Luise von Preußen, geboren am 1. Februar 1808.

Die Entwickelungsstufen des deutschen Volkes. *)

II.

(Beschluß aus Nr. 211.)

Die Unterwerfung der Longobarden, deren Reich schon lange durch innere Zwiste geschwächt war, befestigte die Verbindung des neuen fränkischen Königsstammes mit dem Papste, der von Jenen in seinem Bischoffsitze zu Rom bedrängt wurde. Schwieriger war die Unterwerfung der Sachsen, die nothwendig geworden war, seit die Könige Austrasien zum Hauptsitze des Reichs gemacht hatten. Sie sollten den Glauben ihrer Väter aufgeben, christlichen Priestern den Zehnten ihrer Früchte bringen, von fränkischen Grafen sich richten lassen und den Franken überall in den Krieg folgen. Erst nach einem dreißigjährigen Freiheitskriege, den die unerschütterliche Tapferkeit des Volkes, gewaltsame Verpflanzung zahlreicher Volkstheile, grausame Verheerungen und Metzeleien, erzwungene Bekehrungen bezeichneten, unterwarfen sich die Sachsen, nachdem Karl die Vornehmen im Volke gewonnen hatte, auf dem Reichstage zu Selz (803), unter der Bedingung, daß sie nicht wie ein unterjochtes Volk den Franken gehorchen, sondern ihre alten Gesetze und Gewohnheiten behalten sollten, aber sie mußten das Christenthum annehmen, dem Könige die Heeresfolge leisten und der Kirche den Zehnten geben. Bald nachher wurde der Herzog von Baiern verbannt und das Herzogthum wie andere deutsche Länder der unmittelbaren Verwaltung fränkischer Beamten unterworfen. In allen mit dem Frankenreiche verbundenen deutschen Ländern stand nun kein deutsches Fürstenhaus dem Könige mehr entgegen. Die Besiegung der Avaren an der Donau dehnte Deutschland weiter gegen Osten bis nach Ungarn aus, und der Friede mit den Dänen in Jütland machte die Eider zur Gränze des Reichs. Die Erneuerung der abendländischen Kaiserwürde, die Papst Leo III. aussprach, als er dem Frankenkönige am Weihnachtsfeste des Jahres 800 in der Peterskirche zu Rom die Krone aufsetzte, machte ihn zwar zum Herrn der Stadt Rom und ihres Gebiets, aber seine Herrschergewalt in Deutschland wurde dadurch nicht vermehrt, obgleich sie ihm selber eine höhere Meinung von seinem Berufe gab. Dies bewies auch der neue umfassende Huldigungseid, den er sich nach der Annahme der Kaiserwürde von allen Männern in seinem Reiche, bis herab auf zwölfjährige Jünglinge, leisten ließ, und der nicht blos, wie bei der alten Dienstmannschaft, Treue versprechen, sondern auch zu Gehorsam verpflichtet sollte. Karl wollte alle deutschen Völker, nachdem sie ihre Fürsten verloren hatten, auch in Beziehung auf die Verwaltung zu einem Volke vereinigen. Die alten Formen des germanischen Rechts wurden aber nicht verletzt, und die Gesetze, die der König vorschlug, erhielten erst durch die Zustimmung der Volksgemeinde ihre Gültigkeit. Der Reichstag war mit dem **Maifeld**, der allgemeinen Heerschau der Kriegspflichtigen, verbunden, im Herbste aber ward ein zweiter Reichstag gehalten, auf welchem Karl mit seinen vornehmsten Räthen die Angelegenheiten für das Maifeld vorbereitete und über minder wichtige Gegenstände entschied. Stimmfähige Reichsstände waren nur die höhern adeligen Dienstleute, welchen das alte Gefolgewesen ihr Ansehen gegeben hatte, und die Geistlichkeit, die zu einem größern Einflusse auf die Staatsangelegenheiten gelangt war. Die Gesetze, die der König mit Einstimmung der Reichsstände gab, hießen Capitularien, und durch sie wurde das Reichsrecht gegründet. Die Volksrechte aber sollten nach dem ausdrücklich ausgesprochenen Grundsatze nur durch die eignen Beschlüsse der Volksgemeinden geändert werden können, und was aus den Capitularien in sie übergehen sollte, mußte erst die Zustimmung der Gemeinden erhalten. Jedes Volk betrachtete die Gesetzbücher, die den Richtern zur Regel dienten, allein als altes, wahres Volksrecht und achtete sie höher als die Beschlüsse, die der König mit dem Adel und der Geistlichkeit gab. In diesen von den Reichstagen gegebenen Gesetzen, welche meist die äußere Ordnung in Staat und Kirche, Sitten, Handel, Gewerbe und Kriegsverfassung betrafen, zeigte sich eine zunehmende Strenge und die Todesstrafe wurde häufiger verhängt, als es in den alten Volksrechten bestimmt war. Die Verwaltung der Reichsländer führten die von dem Könige angestellten Grafen, welche über einen oder mehre Gaue geboten und von den Bischöfen, wie diese von ihnen, überwacht wurden. Die Seele der Verwaltung aber war der königliche Sendgraf (missus), der jährlich das ihm anvertraute Gebiet durchreiste und auf einer Volksversammlung den Zustand des Landes und die Verwaltung der Großen, der Bischöfe und der Unterbeamten untersuchte. Gewöhnlich wurden, um die gegenseitige Überwachung der weltlichen und geistlichen Beamten zu erleichtern, ein Graf und ein Bischof als Sendboten in die Provinzen geschickt, welche die Gaue und die geistlichen Sprengel nach gemeinschaftlichen Grundsätzen untersuchen sollten. Nach den jährlichen Berichten der Sendboten wurde der Zustand der Länder mit den Reichsständen berathen. Erst durch diese Einrichtung, die im Mittelalter nicht ihres gleichen hatte, kam Einheit in die Verwaltung. Der König konnte dadurch das Volk gegen die Bedrückungen des Adels schützen und die Staatsbeamten, die durch strenge Gesetze auf ihre Pflicht gewiesen waren, von jedem Gewaltmißbrauche abhalten.

Es bildete sich ein neues Verhältniß zwischen Staat und Kirche. Früher hatten die deutschen Völker die Kirche als eine Anstalt betrachtet, die, wie andere römische Einrichtungen, beibehalten wurde, nun aber dachte man sich Kirche und Staat enge verbunden und sah in der Christenheit ein Ganzes, zu dessen Wohlfahrt Gott selbst die geistliche und weltliche Obrigkeit eingesetzt habe. Die Regierung des Staats wurde nach dem Vorbilde der Kirchenverfassung eingerichtet, und die Reichstage waren Nachbildungen der kirchlichen Versammlungen. Staat und Kirche wurden als eine Hierarchie betrachtet, aus geistlichen und weltlichen Ständen zusammengesetzt, deren Haupt der König war. Karl der Große aber wußte kräftiger als seine Nachkommen die Königsrechte gegen die Ansprüche der Kirche zu wahren, und während er die Bischöfe des Reichs als seine geistlichen Beamten betrachtete, sprach eine unter seinen Augen gehaltene Kirchenversammlung über verschiedene Lehrmeinungen gegen die in Rom herrschenden Ansichten.

Wie Karl zur politischen Umbildung Deutschlands den Grund legte, so hatte er auch durch viele von ihm gestiftete Anstalten einen Einfluß auf die höhere Ausbildung des Volkslebens, der seine Staatseinrichtungen überlebte. Man kann die Gewaltschritte, durch welche die norddeutschen Stämme zum Christenthume gebracht und ihrer Unabhängigkeit beraubt wurden, fast vergessen, wenn man in den von ihm gegründeten Bildungsanstalten die Keime der später aufgeblühten Cultur des nördlichen Deutschlands findet. Neue Bisthümer wurden gestiftet und reich begabt durch Güter, besonders durch Zehnten, die im 6. Jahrhunderte von den Geistlichen ermahnend verlangt, aber im 8. schon durch Staatsgesetze verordnet wurden. Mit den Bischofsitzen wurden Schulen verbunden und die alten Klosterschulen verbessert, um auf künftige Geschlechter zu wirken. Ausländische Gelehrte wurden an den Hof berufen, und Karl selber nahm Theil an ihren wissenschaftlichen Arbeiten. In den Rheinlanden, wo er gewöhnlich sich aufhielt, entstand ein Mittelpunkt für Gewerbsamkeit und Handel, und die Sorgfalt, die auf den Anbau der zahlreichen Krongüter gewendet wurde, wie aus vielen Verordnungen hervorgeht, wirkte wohlthätig auf die Verbesserung der Landwirthschaft.

So war der ganze gesellschaftliche Zustand Deutschlands durch die Verbindung mit dem Frankenreiche ausgebildet. Bei der Theilung des Reichs unter seine Söhne war es Karl's Absicht, die drei Reiche in einer engen Verbindung zu lassen, die nicht blos in der gemeinsamen Vertheidigung gegen äußere Feinde, sondern auch in einer nach gleichen Grundsätzen geführten Verwaltung sich zeigen sollte, und obgleich diese Theilung nicht ausgeführt wurde, da nur der schwächste seiner Söhne ihn überlebte, so hatte jener Entwurf doch Einfluß auf die spätern Theilungen. Karl's Nachfolger, Ludwig der Fromme, vollzog die erste Theilung, die der Anfang verderblicher Zwiste wurde. Kein Band der Einheit verknüpfte die drei Reiche, die das westliche Frankenland, Austrasien oder die Loire bis zur Elbe und Italien bildeten. Streitigkeiten über die Kaiserwürde und Kampf über die Erbtheilungen unter Ludwig's Söhnen waren die ersten Folgen, und diese Zwiste führten endlich 843 zu dem Vertrage von Verdun, der Deutschland diesseit des Rheins und die Städte Speier, Worms und Mainz auf dem linken Rheinufer zu einem besondern Reiche machte, das Ludwig der Deutsche erhielt.

Bald nach Karl's des Großen Tode, als sein Geist nicht mehr waltete, dessen eigenthümliches Gepräge seine Beschlüsse trugen, traten bald die Mängel seiner Staatseinrichtungen hervor. Das Sinken des Standes der Freien, des eigentlichen Volkes, zeigte sich als eine Folge der langen Kriege, und in der steigenden Macht der geistlichen und weltlichen Dienstleute und Beamten trat dem Volke gegenüber eine Aristokratie auf, welche Volksfreiheit vielfach gefährdete. Das Ansehen der Stände stieg schon unter Karl's nächsten Nachfolgern zum Nachtheil der königlichen Macht, besonders auch durch ihren Einfluß auf die Theilungen und durch das ihnen verliehene Recht, bei der Erledigung eines Reichs-

*

theils zwischen den Söhnen des Königs und den Vatersbrüdern zu entscheiden, das allmälig in ein Wahlrecht überging. Karl's Einrichtungen zur kräftigen Verwaltung des Staats verfielen bald in allen Reichen, besonders aber in Deutschland; die Anstalt der königlichen Sendboten hörte auf oder ihre Gewalt fiel den Befehlshabern der Provinzen zu, wodurch der Beamtendruck zunahm. Der Adel, durch keine Gegenkraft zurückgehalten, erhob sich mächtiger und das Volk verfiel in eine Knechtschaft, aus welcher es sich erst nach 300 Jahren wieder aufrichtete, als die aufblühenden Städte der Aristokratie entgegentraten. Noch mehr als die weltlichen Stände wußte die Geistlichkeit sich zu erheben, die sich nach und nach der weltlichen Oberherrschaft entzog, und am meisten gelang es dem Papst, dem ersten Reichsbischof, aus dem untergeordneten Verhältnisse zu treten, in welchem er zu Karl dem Großen stand. Die geistliche Richtergewalt in den jährlichen Kirchenversammlungen und das Strafrecht derselben wurden immer mehr ausgedehnt, und die bürgerlichen Gesetze durch den Bannfluch der Geistlichkeit verstärkt. Die geringern Freien mußten wieder ihre Zuflucht zu geistlichen und weltlichen Schutzherren nehmen, und bei dem häufigen Übergange der Freien in Dienstverhältnisse gewöhnte man sich immer mehr, die Ehre des Mannes nicht in dem freien Stande und dem freien Eigenthume, sondern in der kriegerischen Ehre zu finden. Wer die Waffen führen durfte, hatte Anspruch auf bürgerliche Ehre, mochte er ein freies oder ein verliehenes Eigenthum besitzen.

Während Karl's des Großen Reich zerfiel, drohten rings an den Grenzen kriegerische Völker, Araber und Normannen, und die Slawen von der Ostsee bis zum adriatischen Meere wollten die Fesseln abschütteln, die Karl ihnen angelegt hatte. Die Zwiste der karolingischen Fürsten, die geschwächten Kräfte und die getheilten Interessen ihrer Staaten hinderten das einträchtige Zusammenwirken gegen die gemeinschaftlichen Feinde, das die Theilungsverträge verordnet hatten, und die deutschen Völker waren wieder ihrer eignen Kraft hingegeben. Gegen die avarischen Völker wurden mächtige Markgrafen angestellt, aber furchtbarer waren die Normannen, die bald an der Elbe landeten, bald bis an den Rhein vordrangen, wie sie gleichzeitig Frankreich verheerten. In Thüringen und Sachsen standen nun wieder Herzoge aus alten einheimischen Geschlechtern an der Spitze des Volkes, und bald auch in Baiern und Ostfranken. Diese neuen Herzoge fühlten, daß die Könige es nicht mehr in ihrer Gewalt hatten, sie in die Schranken unterwürfiger Statthalter einzuschließen. Sie vereinigten den Oberbefehl über den Heerbann, die Leitung der Volksversammlungen und die Erhaltung des Landfriedens in ihrer Hand. Durch die Theilungskriege und die erneute Fürstenwürde erhielt das Gefolgewesen wieder das Übergewicht über die freie Landwehr. Unter den äußern Gefahren, gegen welche der zerrüttete Staat keinen kräftigen Schutz gewähren konnte, sorgten viele Grundeigenthümer durch Anlegung von Burgen und befestigten Wohnsitzen für ihre Sicherheit, und es wurde gewöhnlich, daß mächtige Güterbesitzer Ländereien an Krieger verliehen, die sich verpflichteten, als Besatzung in einer Burg zu dienen. Diese Bergfesten, die immer zahlreicher in Deutschland wurden, mußten bei der zunehmenden Zerrüttung eine starke Stütze der Eigengewalt werden. Wie durch äußere Feinde, wurden die karolingischen Fürsten fortdauernd durch innere Streitigkeiten geschwächt. Der Vertrag zu Mersen (870), der einen neuen Erbstreit schlichtete, war für Deutschland wichtig, da er die Länder des linken Rheinufers zu dem Reiche brachte. Ludwig's des Deutschen Sohn, Karl der Dicke, vereinigte (884) auf einige Jahre Deutschland und Frankreich, fast das ganze Reich Karl's des Großen, unter seiner Herrschaft; aber schon 887, während die Normannen drohten, übten die deutschen Fürsten das altgermanische Wahlrecht aus und setzten Ludwig's unehelichen Enkel, den tapfern Arnulf, auf den Thron, der den Waffenruhm der Karolinger erneuerte. Bei seinem Tode blieben die deutschen Fürsten bei Karl's Stamm und wählten Arnulf's unmündigen Sohn. Während seiner Regierung stieg die Macht der Fürsten durch die Schwäche der Regierung und durch die Wehranstalten gegen einen neuen Feind des Reichs, die wilden Ungarn, die seit 892 ihren Weg nach Deutschland gefunden hatten und 908 schon bis Thüringen vordrangen. Deutschland war diesseit des Rheins überall bedroht, als 911 mit Ludwig dem Kinde der deutsche Stamm der Karolinger erlosch, während in Frankreich Karl's des Großen Geschlecht noch fortdauerte. Das letzte Band der Vereinigung beider Reiche war zerrissen.

Brügge.

Wie die meisten andern Städte der Niederlande verdankt Brügge, die Hauptstadt Westflanderns, seinen Aufschwung dem Handel, ist aber gegenwärtig in solchen Verfall gerathen, daß sie nur noch so viel von ihrer alten Größe hat, um den Contrast zwischen dem ehemaligen und jetzigen Zustande fühlbar zu machen. Die Stadt liegt in einer Ebene, ungefähr eine Meile von der Seeküste. Der schöne Kanal von Gent nach Ostende, der mitten durch die Stadt geht, gibt ihr eine bequeme Verbindung mit dem Meere und ist so breit und tief, daß er Schiffe von 2 — 300 Tonnen trägt. Ein Arm dieses Kanals führt nach Sluys, das vor seiner Trennung von Flandern und seiner Verbindung mit den Vereinigten Provinzen der Hafen von Brügge war. Der Ursprung der Stadt wird in das 7. Jahrhundert gesetzt, wo sie auf den Trümmern des von den Normannen eroberten Oudemburg erbaut ward, und sie soll den Namen von einer Brücke haben, die zwischen Oudemburg und einer andern alten Stadt stand. Schon im 9. Jahrhundert hatte Brügge einen blühenden Handel und ein Jahrhundert später wurde die Stadt von dem Grafen Balduin von Flandern mit Mauern umgeben. Nach der Mitte des 10. Jahrhunderts erhielt sie einen Jahrmarkt und während der vier folgenden Jahrhunderte erhoben sich die gewerbfleißigen Bürger auf eine hohe Stufe des Reichthums und der Gesittung. Die Weberei, durch welche Flandern in früher Zeit sich auszeichnete, wurde für Brügge eine reiche Quelle des Gewinns, und die Heringsfischerei brachte ihr seit dem 14. Jahrhundert neue Vortheile. Um die Mitte des 13. Jahrhunderts fingen die Hanseaten an, Brügge zu besuchen und machten bald nachher die Stadt zu einer ihrer großen Factoreien. Der Handel zwischen dem nördlichen und südlichen Europa war durch die Ostseestädte schon sehr bedeutend geworden, aber die Schiffahrt war damals noch so mangelhaft, daß eine Reise von der Ostsee nach dem mittelländischen Meere in einem Sommer nicht zurückgelegt werden konnte. Es wurde daher nothwendig, auf der Mitte des Weges eine Station einzurichten, wo die Kaufleute ihre Waaren niederlegen und austauschen konnten, und Brügge wurde dazu erwählt.

Hierher kamen die Kaufleute aus Italien, besonders aus Venedig und brachten die morgenländischen Waaren, wogegen sie die nordischen Handelsartikel, vorzüglich Eisen, Kupfer, Flachs, Hanf und Schiffbauholz, einkauften. Die Handelsverbindung zwischen Brügge und England war schon bedeutend, ehe die Stadt eine Factorei der Hanseaten geworden war und später nahm der Verkehr zu. Gegen Ende des 13. Jahrhunderts erhielten die Kaufleute von Brügge das Recht, Wolle in England, Irland und Schottland einzukaufen, und 50 Jahre später war die Stadt der Stapelplatz, wohin alle aus England ausgeführte Wolle ging. Später theilte zwar Calais diese Vortheile mit Brügge, um die Mitte des 14. Jahrhunderts aber wurde die Verbindung zwischen England und Brügge noch enger und die Stadt der Hauptstapelplatz für englische Wollwaaren. Während der Zeit von ihrer Gründung bis zu ihrem Aufschwung war die Stadt nicht frei von Unglücksfällen und wurde mehrmals durch sehr bedeutende Feuersbrünste heimgesucht; besonders aber führten die Zwistigkeiten zwischen ihren unruhigen, durch Reichthum übermüthig gewordenen Bürgern und den Grafen von

Ansicht von Brügge.

Flandern zu vielfachen Zerrüttungen. Auch die Hanseaten führten oft Beschwerde über den Übermuth der Bürger, und die Streitigkeiten wurden nicht selten so heftig, daß die Hanse daran dachte, ihre Verbindung mit Brügge aufzuheben. Die Stadt hatte im 14. und 15. Jahrhundert den Gipfel ihrer Größe erreicht. Sie war das große Waarenhaus, wo die europäischen Völker sich mit ihren Bedürfnissen versorgten. Die Bürger zeigten in ihrem Anzuge, ihren Wohnungen, ihrer Lebensweise eine so üppige Pracht, daß sie den Stolz der Fürsten demüthigten und sogar den Neid derselben erregten. Als Philipp der Schöne nach der Unterwerfung von Flandern mit seiner Gemahlin nach Brügge kam, war die Königin so erstaunt über den Glanz und die Prachtliebe der Bürgerfrauen, daß sie unmuthig ausrief: „O, ich glaubte, auch hier allein eine Königin zu sein, und sehe nun, daß ich nur Eine unter Hunderten bin."

In dieser glänzenden Zeit hatten außer den Hanseaten und Engländern, französische, schottische, spanische, italienische, deutsche, dänische und schwedische Kaufleute Factoreien in Brügge. Der Verfall der Stadt begann mit dem Jahre 1487, wo ein Streit zwischen der Stadt und dem Erzherzog Maximilian ausbrach. Es folgte ein zehnjähriger Krieg, und obgleich die Bürger ihre Vorrechte siegreich behaupteten, so wurde doch während dieser Zeit ihr Handel zerrüttet. Maximilian schloß den Hafenort Sluys ein und schnitt dadurch der Stadt die Verbindung mit dem Meere ab. Ihr Handel ging auf ihre eifersüchtigen Nebenbuhler Antwerpen und Amsterdam über, welche auf der Seite des Erzherzogs standen und dagegen von ihm die Handelsvorrechte erhielten, die Brügge früher ausschließend genossen hatte. Vorzüglich gewann Antwerpen, das sich seitdem zu hohem Wohlstande erhob. Die meisten fremden Kaufleute begaben sich dahin, die Engländer 1515 und nur die Spanier blieben noch zurück. Ehe ein Jahrhundert verflossen war, hatte die verlassene Stadt wieder einen Theil ihres ehemaligen Wohlstandes erlangt. Der plötzliche Verlust von Calais im Jahre 1558 bewog die Engländer, Brügge wieder zu dem Stapelplatze ihres Wollhandels zu machen. Die Stadt behauptete, ungeachtet ihres Verfalls, noch immer einen ansehnlichen Rang unter den europäischen Manufacturstädten; doch war dieser neue Aufschwung ihres Wohlstandes nur vorübergehend, denn unter dem Drucke des Krieges und durch den unglücklichen Einfluß der Glaubensverfolgungen gingen die Vortheile, die Flandern als Manufacturland genossen hatte, schnell auf andere Länder über.

Die Stadt hat ein reinliches Ansehen und breite Straßen, ist aber still und öde. Die Häuser mit den hohen Giebeln geben ihrer Bauart einen gothischen Charakter, der in unserer Abbildung hervortritt. Der hohe Thurm, den wir darauf sehen, gehört zu dem alten Stadthause, ist 360 Fuß hoch und wird auf 535 Stufen erstiegen. Die Aussicht von der Zinne des Thurmes ist umfassend und gewährt ein schönes Panorama der Stadt und einer üppigen, aber flachen flandrischen Landschaft. Berühmt ist das schöne Glockenspiel des Thurmes, das alle Dreiviertelstunden in den mannichfaltigsten Weisen erklingt.

Die Scillyinseln.

Ungefähr neun Seemeilen südwestlich von der Küste der englischen Grafschaft Cornwall liegt eine romantische Gruppe von Felseninseln, die in der Ferne alten Burgen und Kirchen gleichen. Schon den Alten waren sie bekannt und hießen bei den Griechen die Kassiteriden, wahrscheinlich wegen der Nähe des zinnreichen Cornwall, wohin schon die Phönizier Handel trieben. Auf den Inseln selbst hat man keine Spur von Zinnerzen gefunden. Sie haben, seit sie von den Griechen erwähnt wurden, offenbar große Veränderungen erfahren. Jene kannten nur zehn Inseln in dieser Gruppe, jetzt zählt man gegen 140; die meisten aber sind öde Felsen und nur sechs Inseln bewohnt. Sie heißen St.-Mary, St.-Agnes, St.-Martin, Trescow, Bryer und Samson. Die gesammte Volksmenge der Inseln beträgt gegen 2800 und nimmt immer zu, da weit mehr Menschen geboren werden als sterben. Das Klima ist so gesund, der Menschenschlag so kräftig, daß ein sprüchwörtlich sagt: „Gegen Einen, der eines natürlichen Todes stirbt, kommen neun in den Wogen um." Krüppel sieht man gar nicht. St.-Mary ist die größte Insel und hat allein so viel Einwohner, als die übrigen zusammen. Sie hat einen trefflichen Hafen und mehre Handelsschiffe. Ihre Felsenberge sind ziemlich hoch und metallreich; die Thäler meist fruchtbar, wiewol von Marschland durchschnitten. Sie hat drei Flecken und viele Überreste aus der Zeit der Druiden.

Die Insel St.-Agnes hat einen 1680 erbauten sehr hohen und festen Leuchtthurm, der so eingerichtet ist, daß er sein Licht in Zwischenräumen von drei Minuten über den Horizont des Meeres ergießt und bei diesen regelmäßigen Abwechselungen der Lichtstärke von allen andern Leuchtthürmen auf der westlichen Küste unterschieden werden kann. Die Bewohner dieser Insel, wie der andern westlichsten, leben im Winter meist vom Lootsendienst, während sie im Sommer im Kanal kreuzen, um ihre Fische, Eier und Früchte an heimkehrende Schiffer zu verkaufen. Von einer ansehnlichen Summe, die im Jahre 1819 in Großbritannien gesammelt ward, um dem Nothstande der Inselbewohner abzuhelfen, wurde auf der Insel Trescow ein Keller zum Aufbewahren und Einpökeln der Fische angelegt, Boote zum Pilchardfange wurden angekauft, Fischergeräthschaften freigebig vertheilt.

Die Ländereien werden in kleinen Abtheilungen von den Grundeigenthümer auf 21 Jahre verpachtet, um vielen Anbauern Nahrung zu geben. Einige haben nur einen Morgen Landes, keiner mehr als vier. Das Grundeigenthum ist seit 1831 an die Krone zurückgefallen. Der Boden ist gut und erzeugt treffliche Kartoffeln und Getreide aller Art, ausgenommen Weizen, der zwar in ältern Zeiten gesäet ward, aber seit vielen Jahren nicht mehr gedieh. Die Inselbewohner backen nur Gerstenbrot. Zwei unbewohnte Inseln, Gew und Annet, nicht weit von St.-Agnes, liefern Farnkraut und Torf zur Feuerung, werden aber vorzüglich als Weide für die Schafe benutzt, deren fast jede Familie einige besitzt. Diese Schafe, die blos der Wolle wegen gehalten werden, sind sehr klein und in schlechtem Zustande, da sie nicht viel andere Nahrung als Seegras haben, das auch das einzige, aber ungemein befruchtende Düngmittel ist. Sehr viel Seegras und Tang wird im Sommer zu Kelp verbrannt, während im Winter das Vieh davon leben muß. Kaninchen, wildes Geflügel und Seevögel sind häufig auf allen Inseln, und an den Küsten derselben werden sehr viele Fische gefangen, welche eingesalzen im Winter die Hauptnahrung der Einwohner sind. Das Lootsengewerbe ist indeß die einträglichste Beschäftigung der Inselbstbewohner. In den Stürmen, die so häufig an der Westküste Großbritanniens wüthen, besonders längs der gefährlichen Felsengestade der Scillyinseln, haben sich sie oft rühmlich durch ihre Anstrengungen zur Rettung gescheiterter Schiffe ausgezeichnet. Man kann selten mehr als sechs vollkommen windstille Tage im Laufe eines Jahres auf diesen Inseln rechnen. Das Klima ist jedoch ungemein mild und gleichförmig; Frost und Schnee sind fast unbekannt. Die Verwaltung der Inseln wird von zwölf angesehenen Einwohnern geführt, die einmal in jedem Monat auf St.-Mary sich versammeln und unter dem Vorsitz eines Offiziers ein Gericht bilden, welches über bürgerliche Rechtssachen und geringe Vergehungen entscheidet; schwere Verbrechen aber gehören vor das Gericht in der Grafschaft Cornwall.

Ein Rechtsfall in England.

Als Fortsetzung der in Nr. 209 des Pfennig-Magazins mitgetheilten Rechtsfälle lassen wir folgenden, vor einem der Policeigerichte von London verhandelten Proceß folgen:

Der Bär und der Friseur.

Erster Kläger. Zuerst muß ich bemerken, daß Herr Bailey, Perückenmacher, Friseur oder Haarkünstler, wie man will, die Unterthanen Sr. britischen Majestät glauben machen will, daß sein Rindsmark echter Eisbärentalg sei, der den Bart in einer Stunde wachsen mache, was das ganze Viertel in Alarm bringt und die betrübendsten Unfälle verursacht.

Richter. In welcher Beziehung steht Ihre Anklage mit dem Rindsmark? Was geht Sie des Beklagten Vorgeben an, daß er echtes Eisbärenfett zu verkaufen habe? Sprechen Sie sich deutlicher aus.

Erster Kläger. Freilich, Herr Richter, das geht mich wol an, denn ohne diese lächerliche Behauptung wäre ich nicht von diesem wilden Thiere von Bailey so jämmerlich zugerichtet worden.

Richter. Das verbitte ich mir, keine Beleidigung gegen den Beklagten, kommen Sie zur Sache.

Kläger. Es liegt nicht in meinem Charakter, Jemanden, wer es auch sei, zu beleidigen, ich rede nur von seinem großen russischen Bärenungeheuer, das alle Bewohner des Viertels aufgefressen, das es hat habhaft werden können, sodaß auch ich, der ich gleichfalls dazu gehöre, unter die Tatze dieses fleischfressenden Vierfüßlers gerathen und arg zugedeckt worden bin, und das trug sich auf folgende Weise zu. Zum Unglück wohne ich in dem Erdgeschoß eines Hauses, das an den Hof stößt, welcher dem Bären des Beklagten zur Wohnung dient. Eines Morgens nun reißt sich dieses Thier, wahrscheinlich von dem Geruche meines Frühstücks angelockt, von seiner Kette los, macht von dem Hofe einen Satz auf meinen Tisch und auf mich, und ich verdankte mein Leben nur einem großen Stück Rinderbraten, der auf einen Augenblick seinem gefräßigen Appetite genügte, indem ich mich, während es an meiner Statt frühstückte, auf und davon machte und diesem ungebetenen Gast einschloß. Ich fodere nun für mein Frühstück und meine zerschlagenen Glieder 10 Thaler Vergütung.

Zweiter Kläger. Der Herr Perückenmacher Bailey begeht unmaßgeblich einen großen Fehler, erstlich weil er Bären in einem Wohnhause hegt, und dann, weil er sie unter dem Vorwande, daß er sie abrichte, hungern läßt; das ist so seine Idee; allein er muß das Leben eines Menschen in Acht nehmen. Aber was thut er? Nachdem er meinen geschätzten Nachbar schrecklich zerrissen bekommt, hat sein großer Bär aus Rußland oder Sibirien, was weiß ich, woher, den Einfall, die Treppe hinaufzusteigen, wo er, im großen Galop auf dem Corridor herumlaufend, Alles, was ihm in den Weg kommt, ohne Unterschied des Standes, des Alters und des Geschlechtes, umreißt und unter Anderm auch mir den Arm vom Ellenbogen an bis hinauf an das Schulterblatt aufschlitzt, sodaß es mir unmöglich gewesen ist, für meine Kunden — ich bin, zu dienen, Schuhmacher — zu arbeiten, und zwei Thaler, die ich für meine Versäumniß verlange, ist, denke ich, wol nicht zu viel gefodert.

Richter. Beklagter, bringen Sie Ihre Vertheidigung nun an.

Beklagter. Die Aussagen, die Sie eben vernahmen, sind nur die fortgesetzte Figur einer Hyperbel. Im wohlverstandenen Interesse meiner Clienten und der Gesellschaft halte ich allerdings einen Bären, aber dieser Bär besitzt, obgleich er vom Nordpol her ist, die sanftesten und politesten Sitten, deren man sich nur schmeicheln kann; ich habe seine Erziehung von Kindheit an geleitet und ich könnte Ihnen auf Verlangen das einstimmigste Zeugniß seiner friedlichen Gewohnheiten beibringen. Als Beweis hierfür erwähne ich nur, daß dieses gelehrige Thier, als alle Miethleute und Nachbarn es verfolgten, keinen langen Widerstand gezeigt und sich auf Gnade und Ungnade ergeben hat.

Aber trotz dem friedlichen Charakter seines Bären, und auch mit Rücksicht auf die Übertreibungen der Kläger, verurtheilte der Richter den Beklagten zu einem Schadenersatz von nur $3^{1}/_{3}$ Thaler, worin sich beide Kläger theilen sollten, empfahl aber Ersterm noch, um ernsthaftere Unfälle zu verhüten, mit seinem Bären dem zoologischen Museum ein Geschenk zu machen.

Ein Katzenhospital.

Mohammed war ein großer Katzenfreund, und es wird von ihm erzählt, daß, als einmal seine Lieblingskatze in dem Ärmel des Propheten ihre Jungen zur Welt gebracht hatte, er, um sie nicht zu stören, den Ärmel abgeschnitten und ihr denselben überlassen habe. Deshalb werden die Katzen noch heutiges Tages von den Mohammedanern in großer Verehrung gehalten, und wir dürfen uns nicht wundern, wenn ein Reisender, der vor Kurzem Syrien durchwanderte, aus Aleppo berichtet, daß er daselbst neben andern Merkwürdigkeiten ein Katzenhospital besucht habe, worin sich 500 Katzen befanden. Stirbt Jemand und hinterläßt eine Katze, um deren ferneres Schicksal er besorgt ist, so vermacht er sie dieser Art Hospiz, worin die Thiere von der Mildthätigkeit der Gläubigen leben.

Über die Natur und Bereitung des Schwefels.

Schwefel ist ein Mineral, das in verschiedenen Theilen der Welt in großem Überfluß gefunden wird, besonders aber in vulkanischen Gegenden. Man findet ihn auch in Verbindung mit andern Substanzen. In Eisenbergwerken enthält das Erz gewöhnlich einen großen Theil Schwefel, dieses Erz nennt man dann Schwefelkies. Man kann den Schwefel sehr leicht durch eine mäßige Hitze davon trennen. Wenn das Erz mit Blei verbunden ist, heißt es Bleierz, mit Quecksilber: Zinnober.

Der größte Theil des Schwefels jedoch wird aus Schwefelgruben gewonnen, die sich in Gegenden befinden, wo unterirdische Feuer bestehen. Wenn der Schwefel einem gewissen Grad von Hitze ausgesetzt wird, die allerdings nicht so stark sein darf, daß er sich entzündet, so geht er in Dünste auf, die, wenn sie durch Kälte gerinnen, die Gestalt der Schwefelblume annehmen. In diesem Zustande ist er äußerst rein. Betrachtet man die Schwefelblume durch ein Mikroskop, so erscheint sie wie aus kleinen, nadelförmigen Krystallen zusammengesetzt. Der Schwefel, einer hinreichenden Hitze ausgesetzt, brennt blaßblau. Wenn sich die Dünste erheben, verbinden sie sich mit dem in der Luft enthaltenen Sauerstoff und bilden dann schwefelsaures Gas. Sammelt man dies in einem Gefäß mit Wasser, so verbindet sich dieser Stoff mit dem Wasser und es entsteht daraus Schwefelsäure (Vitriolöl).

Bei der Bereitung des Schießpulvers, in der Medicin und bei vielen andern Gewerken und zu häuslichen Zwecken ist der Schwefel von sehr großer Wichtigkeit.

Unsere Abbildung zeigt die Zubereitungsart des Schwefels in Sicilien. Die Stelle ist nicht weit von der Stadt Catolica entfernt und liegt auf einem kleinen abgelegenen Berge und ungefähr 1200 Fuß im Durchmesser. Auf den ersten Blick glaubt man einen Marmorbruch zu sehen; die verschiedenen Farben, die der Schwefel annimmt, erscheinen wie Marmoradern, indem er mit den Kalksteinen, woraus der Berg zum Theil besteht, mit Thon und Gyps verbunden ist. Die gewöhnliche Grundfarbe ist ein schönes, etwas glänzendes Grau. Durch diesen Grund schlängeln sich Schwefeladern von verschiedener Farbe und Breite; die dunkelsten sind fast so roth, wie eine reife Corneliuskirsche. Die Bergleute nennen dieses Erz Jungfernschwefel. Ebenso sieht man große schwarze Flecken; dies ist mit Schwefelsäure verbundene Erde. In der Mitte dieser schwarzen Massen findet man Höhlungen, die zum Theil mit schönen Gypskrystallen von allen Farben angefüllt sind.

Der Berg oder vielmehr Felsen wird gesprengt, um Schwefel daraus zu gewinnen, die abgesprengten Steine werden den Wirkungen eines Feuers ausgesetzt, was auf folgende Art geschieht. Man baut mehre Schmelzöfen, die großen Kesseln gleichen, sechs bis sieben Fuß im Durchmesser haben und vier bis fünf Fuß tief sind. In die Vorderseite jedes dieser Öfen wird eine Öffnung gemacht, die man mit Lehm bedeckt, welche vorher etwas mit Wasser angefeuchtet worden ist. Hierauf werden zuerst die größten Schwefelsteine auf einen kleinen Rand gelegt, der um den Boden des Ofens herumgeht. Dann folgen kleinere Steine, sodaß sich nach und nach eine Art Gewölbe oder Kuppel bildet, an deren Spitze sich eine kleine Öffnung befindet. Das Ganze wird hierauf mit den kleinsten Steinen und dann mit bloßem Schwefelstaub bedeckt, sodaß endlich eine förmliche Pyramide entsteht. Nachdem das Erz so geordnet ist, wird ein Rasengürtel um die Grundfläche der Pyramide gelegt, der ungefähr sieben bis acht Zoll breit ist und das zu leichte Entfliegen des Schwefeldunstes verhindert. Nun bedeckt man die Pyramide mit Stroh, das angezündet wird und erst die äußern Schwefelsteine und dann die innern in Flammen bringt. Wenn das Feuer acht Stunden lang fortgebrannt hat, so ist der Schwefel von dem Erze getrennt und befindet sich in einem flüssigen Zustande auf dem Boden des Schmelzofens. Man bohrt darauf mit einer eisernen Stange in die Lehmerde, womit die Öffnung in der Vorderseite des Ofens bedeckt ist, ein kleines Loch, wodurch der Schwefel heraus und in hölzerne Gefäße läuft, die man vorher angefeuchtet, damit der Schwefel nicht anhänge. In funfzehn Minuten ist er so hart, daß man ihn aus den Gefäßen herausnehmen und anderweit verpacken und versenden kann.

Die Bereitung des Schwefels in Sicilien.

Verantwortlicher Herausgeber: Friedrich Brockhaus. — Druck und Verlag von F. A. Brockhaus in Leipzig.

Das Pfennig-Magazin

für Verbreitung gemeinnütziger Kenntnisse.

213.]   Erscheint jeden Sonnabend.   [April 29, **1837**.

Galerie der deutschen Bundesfürsten.
XII.

Karl Friedrich, Großherzog von Sachsen-Weimar-Eisenach.

Karl Friedrich, Großherzog von Sachsen-Weimar-Eisenach, wurde zu Weimar am 2. Februar 1783 geboren, ein Sohn des Herzogs, seit 1815 Großherzogs, Karl August mit dessen Gemahlin Luise, einer Tochter des Landgrafen Ludwig IX. von Hessen-Darmstadt. Der glänzende Kreis ausgezeichneter Männer, der damals die hochgebildete fürstliche Familie in Weimar umschloß und mit ihr im schönsten Vereine lebte, mußte nothwendig auf den einstigen Thronerben schon von der frühesten Zeit an den wohlthätigsten Einfluß haben. An seiner Wiege wurden eigens zu diesem Behufe gedichtete classische Lieder gesungen; Herder taufte ihn, theilte sich mit Böttiger und andern trefflichen Männern in dessen Unterricht, führte ihn 1799 in die Gemeinde der Christen ein und sprach bei dieser Gelegenheit ebenso herrliche als freimüthige Worte der Weihe. Durch geraden Sinn für Wahrheit, tiefes Gefühl für Sittlichkeit und große Gutmüthigkeit ausgezeichnet, berechtigte der Prinz, als er in das Jünglingsalter trat, zu den schönsten Hoffnungen. Zu seiner weitern Ausbildung und um die Welt in weitern Kreisen kennen zu lernen, unternahm er 1802 eine Reise nach Paris. Bald nach seiner Rückkehr vermählte er sich am 3. August 1804 mit der hochgebildeten Großfürstin Maria Pawlowna, einer Tochter Kaiser Paul I., geboren am 16. Februar 1786. Seitdem und in Folge dieser Verbindung besuchte er sehr oft Petersburg, wo er sich auch befand, als am 14. Juni 1828 der Tod seinen Vater überraschte. Nachdem er im August zurückgekehrt und treues Festhalten an der Verfassung, die 1816 dem Lande gegeben wurde, geschworen, empfing er die Huldigung des Volkes, dem er durch Beschränkung des Jagdaufwandes und Verminderung des Wildstandes die erste Erleichterung gewährte. Die Verwaltung wurde ganz wie früher fortgesetzt; doch sehr bald wurden Stimmen laut für größere Einschränkung im Hofhaushalt und für Beschränkung der Ausgaben; auch kam die Wiederherstellung der seit 1823 durch Beschluß der Landstände aufgehobenen Öffentlichkeit der ständischen Verhandlungen zur Sprache.

Einen großen, höchst schmerzlichen Verlust erlitt der Großherzog durch den Tod seiner Mutter am 14. Februar 1830, die sich in dem Herzen des Volkes ein unvergängliches Andenken gesichert. Bald darauf zeigten die Erschütterungen jenes merkwürdigen Jahres auch in Weimar ihre Wirkung; doch wurde die gestörte Ruhe durch die gerechte Beachtung der Beschwerden sehr schnell wiederhergestellt. Auch schlichtete der Großherzog manche zum Theil ihm überlieferte Irrungen mit den Nachbarstaaten. Er bereitete seinem Lande die Segnungen des deutschen Zollvereins; den ständischen Antrag auf Öffentlichkeit der Verhandlungen wies er aber 1833 zurück.

Erbgroßherzog ist Karl Alexander August Johann, geboren am 24. Juni 1818; seine älteste Schwester, Marie, geboren 1808, ist an den Prinzen Karl von Preußen, und die andere, Auguste, geboren 1811, mit dem Prinzen Wilhelm von Preußen vermählt.

Des Großherzogs Bruder, der Herzog Karl Bernhard, Generallieutenant in niederländischen Diensten, als Krieger ausgezeichnet und berühmt durch seine Reisen, wurde zu Weimar am 30. Mai 1792 geboren. Für den Militairdienst bestimmt, trat er 1806 in preußische und 1807 in königlich sächsische Dienste. Nach dem Wunsche seines Vaters nahm er beim Ausbruche des Kriegs gegen Rußland Urlaub zu einer Reise nach Italien und trat erst nach der Schlacht bei Leipzig wieder in sächsische Dienste, die er aber 1815 mit den niederländischen vertauschte, in denen er, seit 1831 zum Generallieutenant aufgerückt, den Oberbefehl über die zweite Division der Armee führt. Nach wiederholten andern Reisen ging er 1825 auch nach den Vereinigten Staaten von Nordamerika. Das interessante Tagebuch dieser Reise wurde von Luden herausgegeben unter dem Titel: „Reise des Herzogs Bernhard von Sachsen-Weimar-Eisenach durch Nordamerika" (2 Bände, Weimar 1828). Der Herzog ist seit 1816 mit der Prinzessin Ida von Sachsen-Meiningen vermählt, mit der er vier Prinzen: Wilhelm, geboren 1819, Eduard, geboren 1823, Hermann, geboren 1825, und Friedrich, geboren 1827, und zwei Prinzessinnen: Anna, geboren 1828, und Amalia, geboren 1830, zeugte.

Entwickelung der menschlichen Fähigkeiten.

Die Hülflosigkeit der Jugend ist nur vorübergehend. Wer Gelegenheit hat, die Entwickelung des menschlichen Charakters zu beobachten, findet bald ein neues Feld zu interessanten Bemerkungen; denn so lange die Zeit, in Vergleichung mit derselben Zeit in dem Leben anderer Thiere dauert, ehe der Mensch das volle Wachsthum der Seele und des Leibes erlangt, so zeigt sich doch die Überlegenheit seiner geistigen Natur in sehr früher Zeit. Er fängt bald an, den Stoff für künftigen Gebrauch einzusammeln, und obgleich er später nicht im Stande sein wird, sich zu erinnern, zu welcher Zeit und unter welchen Umständen jener Stoff ihm zugekommen ist, so wird er ihn doch so wirksam benutzen, als ob er ihn ursprünglich durch unmittelbare Beobachtung erlangt hätte.

Zu welcher Zeit auch das erste Erwachen der geistigen Thätigkeit das Gesicht des Kindes erhellen möge, gewiß gehört zu seinen ersten Strahlen jenes ausdrucksvolle Lächeln, das zwar durch den Anblick der Mutter erweckt und vielleicht blos mit der Erwartung eines angenehmen Genusses verbunden ist, aber bald auch durch andere Personen erregt wird, welche die Aufmerksamkeit des Kindes zu gewinnen und seine geistigen Fähigkeiten zu unterhalten wissen. Es scheint den Jungen aller Thiere der höhern Classen eine instinctartige Hinneigung zu jenen Handlungen eingepflanzt zu sein, welche bei vollständiger Entwickelung durch ihre specifische Form natürlich bestimmt werden, vielleicht unter Anderm auch in der Absicht, den Gliedern Gelegenheit zu derjenigen Übung zu geben, welche für die Gesundheit nothwendig ist. Daher senkt der junge Widder seinen Kopf und rennt gegen seinen Gegner lange vor der Zeit, wo die Hörner erscheinen, und der junge Fasan greift seinen Widersacher mit vorgestreckten Beinen an, ehe seine Sporen hervorkommen. Wir dürfen mit Grund annehmen, daß die Spiele der Kindheit ein natürliches Streben haben, die Beschäftigungen der männlichen Jahre vorzubilden, und daß es, abgesehen von dem durch Erziehung gegebenen Anstoß oder der freiwilligen Nachahmung der Ältern, instinctartige Unterschiede in den Unterhaltungen der Kinder von verschiedenem Temperament gibt, die mit ihren künftigen Lebenslagen verbunden sind. Da nun aber in dieser frühen Lebenszeit die Urtheilskraft für tiefere Beobachtung noch nicht reif ist, so begnügt sich die Seele mit einer Ansicht der Gestalt und Oberfläche der ihr dargebotenen Gegenstände, gleichsam mehr mit ihrer Anatomie als ihrer Physiologie; zu gleicher Zeit aber macht sie sich unzerstreut bekannt mit jenen sinnlichen Eigenschaften, die sie nothwendig kennen muß, ehe sie über Ursachen und Verhältnisse ein Urtheil fällen kann. Es könnte zwar auf den ersten Blick scheinen, daß eine unverhältnißmäßig lange Zeit unsers Lebens der bloßen Übung der Sinne gewidmet sei, es ist aber sehr wahrscheinlich, daß gleichzeitig wichtige geistige Bewegungen vorgehen, obgleich wir uns derselben nicht bewußt sind, denn etwas Ähnliches ist im ganzen Laufe unsers Lebens zu bemerken. Wie wenige Menschen gibt es, die sich zu irgend einer Zeit ihres Lebens auch nur an den zehnten Theil Dessen erinnern können, was sie kürzlich gehört oder bemerkt haben. Läßt sich dies von dem reifern Alter und von Menschen behaupten, die von Natur mit bedeutenden Geisteskräften ausgerüstet sind, wie viel mehr paßt es auf Diejenigen, deren geistige Kräfte nicht über das gewöhnliche Maß gehen oder noch nicht durch Alter gereift sind. Man darf wol mit Grund annehmen, daß die allgemeinen Grundsätze und Regeln, welche das Urtheil und Betragen der Menschen bei gewöhnlichen Gelegenheiten leiten, bei jedem ursprünglich aus vielen lange vergessenen Dingen hergeflossen sind. Menschen von hohen Geisteskräften und ebenso reger Thätigkeit haben behauptet, daß bei den meisten jungen Leuten täglich nicht mehr als sechs bis acht Stunden der geistigen Ausbildung gewidmet werden können. Ist dies der Fall, wie man es wahrscheinlich wol annehmen kann, so raubt der hochstrebende Jüngling der Natur vergebens den Schlaf, zum Ersatz der erschöpften geistigen und körperlichen Kräfte nothwendig ist, und vergebens versucht er es, die Anstrengungen geistiger Aufmerksamkeit mit körperlicher Thätigkeit zu vereinigen oder sogar während der Mahlzeiten ernstere Studien fortzusetzen.

Es ist zweifelhaft, ob in irgend einer Lebenszeit der Verkehr zwischen der äußern Welt und den Gemüthskräften des Menschen so schnell, so lebhaft und wirksam sei, als während jener Zeit, die zwischen der Kindheit und dem reifern Jugendalter liegt, und diese Thatsache, wenn sie gegründet ist, läßt sich aus jenem Grundsatze unserer Natur erklären, von welchem die Neigung zu Neuheiten abstammt, nämlich von jener Empfänglichkeit der Nerven, durch welche sie von neuen Eindrücken lebhafter als von gewohnten gereizt werden, denn gewiß wirkt dieses Princip mehr, je näher wir der Kindheit sind, da dann jeder Eindruck ganz neu ist oder doch die Nerven durch zu häufige Wiederholung noch nicht abgestumpft hat. Ein anderer Beweis der wohlthätigen Übereinstimmung zwischen der Natur des Menschen und der äußern Welt ist die Bereitwilligkeit und das Vertrauen, womit wir in dieser frühen Zeit des Lebens die Eindrücke der Sinne empfangen. Wo Alles neu ist und daher Alles uns in Verwunderung setzt, gibt es keinen Anlaß zum Zweifel. Die Natur lehrt das menschliche Gemüth Alles ohne Mistrauen aufnehmen und sich unbedingt auf diese Zuflüsse von Kenntnissen, auf die Sinneseindrücke, verlassen, welche in den ersten Jahren seine einzigen Führer sein sollen. Die Kindheit ist nicht zur Zweifelsucht geneigt.

Die Policei der Natur.

Das Gesetz der allgemeinen Sterblichkeit ist die Bedingung, unter welcher der Schöpfer jedem Geschöpf das Dasein auf der Erde gegeben hat, und es ist daher eine wohlthätige Fügung, jedem Wesen das Ende des Lebens so leicht als möglich zu machen. Der leichteste Tod ist sprüchwörtlich derjenige, den man am wenigsten erwartet, und wiewol wir aus moralischen, unserer Gattung eigenthümlichen Gründen ein plötzliches Ende unsers Lebens nicht wünschen, so ist doch bei den niedern Thiergattungen ein solcher Schluß des Lebens der erwünschteste. Kränklichkeit und die Hinfälligkeit des Alters sind die gewöhnlichen Vorläufer des Todes, die aus dem allmäligen Verfall der körperlichen Kräfte hervorgehen. Nur bei dem Menschen allein können diese durch innere Quellen der Hoffnung und des Trostes gemildert werden und geben der wohlwollenden Milde und den zärtlichsten Sympathien Gelegenheit, sich zu zeigen. In der ganzen Schöpfung der niedern Thierarten aber gibt es solche Sympathien nicht, keine Zuneigung, keine Rücksicht gegen Schwache und Bejahrte, keine theilnehmende Sorgfalt, den Kranken Erleichterung zu verschaffen, und eine Verlängerung des Lebens in der Zeit der Hinfälligkeit und des Alters würde für jedes Individuum nur ein verlängertes Elend sein. Die Natur würde dabei eine Masse ununterbrochener Leiden zeigen, welche den fröhlichen Genuß des thierischen Lebens bedeutend beeinträchtigte. Bei der bestehenden Natureinrichtung plötzlicher Zerstörung und schneller Aufeinanderfolge werden die Schwachen und Hinfälligen schnell von ihren Leiden erlöst, und die Welt ist zu allen Zeiten mit Tausenden von fühlenden und glücklichen Wesen angefüllt, und obgleich vielen Einzelnen nur eine kurze Lebensdauer zugemessen ist, so ist sie doch gewöhnlich eine Zeit ununterbrochner Genüsse, während der augenblickliche Schmerz eines plötzlichen und unerwarteten Todes ein unendlich kleines Übel in Vergleichung mit den Freuden ist, welchen er ein Ende macht.

Man hat die Bewohner der Erde immer in zwei Hauptclassen eingetheilt, pflanzenfressende und fleischfressende, und wiewol das Dasein dieser letzten Classe auf den ersten Blick den Schmerz in der thierischen Welt vermehren zu müssen scheint, so findet man doch, wenn man das Ganze überblickt, daß sie ihn wesentlich vermindert. Wer nicht die allgemeinen Ergebnisse der Ökonomie der Natur ins Auge faßt, könnte glauben, einen steten Kampf und ein unabläßiges Blutvergießen auf Erden zu sehen; wenn man aber einen freiern Blick auf das Ganze wirft und die Einzelnen in ihren Verhältnissen zu dem allgemeinen Wohl ihrer Gattung und der Wohlfahrt anderer Gattungen betrachtet, mit welchen sie in der großen Familie der Natur verbunden sind, so sieht man jedes scheinbare einzelne Übel in ein Beispiel sich auflösen, das uns zeigt, wie das Einzelne dem Wohl des Ganzen dient.

Bei der bestehenden Einrichtung wird nicht nur die Masse der thierischen Genüsse vermehrt, indem alle fleischfressenden Racen zu der Masse der lebendigen Wesen kommen, sondern diese sind auch selbst den pflanzenfressenden Thieren, welcher ihrer Herrschaft unterworfen sind, höchst wohlthätig. Außer der erwünschten Erleichterung, die bei der Annäherung der Hinfälligkeit des Alters ein schneller Tod gibt, erzeigen die fleischfressenden Thiere der Gattung, die ihre Beute ist, auch noch die Wohlthat, daß sie die übermäßige Zunahme derselben verhindern, indem sie viele junge und gesunde Thiere zerstören. Ohne diese wohlthätige Hemmung würde sich jede Gattung bald so sehr vermehren, daß Mangel an Nahrung entstehen müßte und die ganze Classe der pflanzenfressenden Thiere würde der Gefahr des Verhungerns ausgesetzt sein. All diesen Übeln wird dadurch vorgebeugt, daß durch die fleischfressenden Thiere die Anzahl jeder Gattung in gehörigem Verhältnisse zu der Zahl der übrigen erhalten wird; die Kranken, die Gebrechlichen, die Alten sind schnellem Tode geweiht, und während jedes leidende Thier bald von seinen Schmerzen erlöst wird, trägt es durch seine Überreste zur Erhaltung seines fleischfressenden Wohlthäters bei und läßt dem behaglichen Dasein der Gesunden mehr Spielraum.

Dieselbe heilsame Natureinrichtung unter den Landthieren finden wir auch unter den Bewohnern des Meeres. Auch sie zerfallen in solche, die von Pflanzen leben, und fleischfressende Thiere, welchen jene zur Nahrung dienen. In den Hauptergebnissen scheint es daher eine wohlthätige Fügung zu sein, daß dem thierischen Leben gewöhnlich durch die fleischfressenden Thiere ein Ende gemacht wird; es wird dadurch der Schmerz des allgemeinen Looses der Sterblichkeit vermindert, das Elend der Krankheit und zufälliger Verletzungen in der ganzen thierischen Schöpfung fast aufgehoben und ein gehöriges Verhältniß zwischen den Nahrungsmitteln und dem Bedarf festgehalten.

Das Leben ist für jedes Individuum ein fortgesetztes Gastmahl in einem Reiche des Überflusses, und wenn ein unerwarteter Tod es aufhebt, bezahlt das Geschöpf mit geringen Zinsen die große Schuld, die es von dem gemeinsamen Capital thierischer Nahrung entlehnt hat. So wird das große Drama des allgemeinen Lebens fortwährend gespielt und obgleich die Schauspieler stets wechseln, so werden doch dieselben Rollen durch andere und wieder andere Generationen dargestellt und auf der Oberfläche der Erde und in der Tiefe des Meeres folgen ununterbrochen Leben und Glück.

Rouen.

Auf dem rechten Ufer der Seine, ungefähr 14 Meilen nordwestlich von Paris, liegt die alte Stadt Rouen malerisch in einem schönen Thale, das nördlich von hohen Bergen eingeschlossen und südlich von dem Flusse bespült wird, der es in mannichfaltigen Windungen begrenzt. Auf der Straße von Dieppe bietet die Stadt dem Reisenden eine überraschend schöne Ansicht dar, wenn er den Gipfel jenes Amphitheaters von Bergen erstiegen hat und in das Thal hinabsieht. Er kommt bald in eine schöne Allee von hohen Bäumen, die ihre dichten Wipfel über ihn wölben und ihm hier und da einen Blick auf die Gebäude der Stadt öffnen. Die schönste Ansicht aber hat man auf der Höhe des Katharinenberges, wo man die ganze Stadt mit einem Blick übersieht. Mitten unter den alterthümlichen, zum Theil höchst merkwürdigen Gebäuden ragen die Doppelthürme der alten gothischen Domkirche*) hervor und die vielen Spitzen der andern Kirchthürme, das sonnige Thal überschauend,

Die große Uhr zu Rouen.

*) Vgl. Pfennig-Magazin Nr. 98.

das sich weit hinaus erstreckt. Alle Berge sind gut angebaut und bis zum Gipfel mit Gärten und Landhäusern bedeckt. Die Stadt hat jetzt keine Befestigungen und nur die den meisten französischen Städten gewöhnlichen Barrièren. Die alten Wälle und Thürme sind vor vielen Jahren abgetragen worden und angenehme Boulevards sieht man nun an deren Stelle. Die innere Anlage der Stadt verräth ihr hohes Alter und trägt den Charakter der normannischen Bauart. Die Straßen sind eng und krumm und ihre Dunkelheit wird durch die hohen Häuser auf beiden Seiten noch vermehrt. Dies ist besonders der Fall in den ältern Stadttheilen, die in der Nähe der Domkirche liegen. Die meisten Häuser sind hier von Zimmerwerk, das roth oder schwarz angestrichen ist. Sie bestehen gewöhnlich aus vier Stockwerken, erscheinen aber bei ihren sehr schmalen Giebeln höher, als sie wirklich sind. Einen auffallenden Contrast gegen diese alten Straßen bilden die breiten und geräumigen Quais an der Seine, wo die Wimpel der Masten wehen und ein lebendiges Bild der Betriebsamkeit und des Wohlstandes der Stadt sich zeigt. Einige Häuser an den Quais sind jedoch auch noch von

Der Justizpalast zu Rouen.

alter Bauart, die meisten aber von Ziegeln oder Quadersteinen zierlich gebaut.

Eine der Stadtmerkwürdigkeiten ist die große Schlaguhr, die auf jeden Fall von hohem Alter ist. Sie hängt unter einem im 16. Jahrhundert erbauten steinernen Bogen über die Straße, welche den Namen Glockenstraße führt. Sie ist jetzt mehr wegen ihres Alterthums als wegen der Regelmäßigkeit des Ganges berühmt, von schwerfälligem und plumpem Ansehen, doch nicht ohne reiche altfränkische Verzierungen. Links von der großen Glocke sehen wir einen Theil eines Thurmes, der Glockenthurm genannt. Er enthält eine Glocke, mit welcher die Schlaguhr in Verbindung gebracht ist, außerdem wird sie auch bei feierlichen Gelegenheiten oder auch bei Feuersbrünsten und andern Unglücksfällen geläutet und jeden Abend um neun Uhr angeschlagen.

Ein nicht weniger merkwürdiges Gebäude ist der hier in einer Seitenansicht dargestellte Justizpalast, eine der gelungensten Anwendungen des gothischen Styls auf bürgerliche Gebäude aus der Zeit Ludwig XII. Er besteht aus drei verschiedenen Abtheilungen, welche die drei Seiten eines Vierecks bilden. Der älteste Theil des Gebäudes war ursprünglich zu einer Börse bestimmt. Das Innere enthält einen 160 Fuß langen und über 50 Fuß breiten Saal mit einem kühnen Deckengewölbe von Eichenholz, das die Zeit geschwärzt hat. Rechts von diesem Gebäude steht der eigentliche Justizpalast, der prächtig verziert ist. Das

Innere enthält zwei Abtheilungen, von welchen die sogenannte große Kammer der Sitzungssaal des ehemaligen Parlaments war und jetzt das Versammlungszimmer des Gerichts ist. Der Saal ist mit vieler Pracht verziert und sehr gut erhalten. Das Gebäude, das die dritte Seite des Vierecks einschließt, ward erst zu Anfange des 18. Jahrhunderts erbaut. Es ist im griechischen Styl und paßt wenig zu den übrigen. In der Nähe des Justizpalastes steht die Säule der Jungfrau von Orleans, die hier verbrannt wurde.*)

Die normännische Abstammung zeigt sich auch noch in den auf Seite 136 dargestellten originellen Trachten der Bauern aus der Umgegend der Stadt, welche ehemals die Hauptstadt der Normandie war.

Das Neueste aus der Natur- und Gewerbswissenschaft. **)

Green's Luftreise, diese große aëronautische Unternehmung unserer Tage, ist derjenige naturwissenschaftliche Versuch, mit welchem ich meine Leser diesmal zunächst unterhalten muß. Zwar haben die allermeisten öffentlichen Blätter bereits darüber gesprochen, allein wir werden den Gegenstand mehr aus dem physikalischen Gesichtspunkte betrachten und zugleich einige historische Notizen über die allmälige Ausbildung der Luftschiffahrtskunst beifügen. Das Factum selbst, um welches es sich hier handelt und das ich hier in das Gedächtniß meiner Leser zurückrufe, ist ganz kürzlich folgendes: Die drei Engländer, Green, Holland und Mason (Ersterer Physiker und Luftschiffer von Profession, die beiden Andern reiche Dilettanten) stiegen am 7. November v. J., Nachmittags um 2 Uhr, mit einem von Green verfertigten Ballon***) in London auf, blieben, wegen Mangels einer günstigen Luftströmung, eine Zeit lang über der Stadt schweben, kamen, als jene eintrat, um 5 Uhr Abends, nach Dover, passirten den, dort gegen fünf deutsche Meilen breiten Kanal in unglaublich kurzer Zeit†), fuhren über die Niederlande nach Deutschland und ließen sich am andern Tage, Morgens 7½ Uhr, an der Lochmühle zwischen Dillhausen und Niederhausen im Nassauischen nieder. Sie hatten also in 17½ Stunden, abgesehen von den Umwegen, eine Strecke zurückgelegt, welche in gerader Linie über 100 Meilen beträgt. Dies ist die weiteste bis jetzt gemachte Luftreise, und schon aus diesem Grunde erscheint die Unternehmung höchst bemerkenswerth.

Allein es sind dabei noch andere sehr wichtige Verbesserungen gegen die frühere Einrichtung der Luftschiffe vorgekommen, welche diesen Unternehmungen eine weit größere Sicherheit und Ausdehnung versprechen, sodaß man die Grenze, wohin diese Sache bei der ihr nunmehr bevorstehenden schnellen Ausbildung führen könnte, noch gar nicht anzugeben vermag. Dahin gehört zunächst die Füllung des Ballons. Sonst wählte man dazu das reine Wasserstoffgas, welches bekanntlich am kürzesten erhalten wird, wenn man eine Mischung von Wasser- und Schwefelsäure auf Eisenfeilspäne gießt. Wir wissen nämlich, daß das Wasser aus einer Zusammensetzung zweier Stoffe, des Sauerstoffs und Wasserstoffs, besteht und daß, wenn man es auf Eisen gießt und einen Antheil Schwefelsäure hinzuthut, wodurch der Proceß beschleunigt wird, ersterer Stoff an das Eisen tritt und der Wasserstoff dagegen in Gasform entweicht. Dieses Gas leitete man nun sonst in den Ballon, und da dasselbe fast 15 Mal leichter ist, als die atmosphärische Luft, wie sie sich nahe an der Oberfläche der Erde gewöhnlich befindet, so springt in die Augen, daß ein solcher also gefüllter und wohl verschlossener Ballon von feinem Stoffe in die Höhe steigen muß, bis er in obere Luftschichten gelangt, wo die weniger als am Boden zusammengedrückte Luft von ähnlicher Leichtigkeit ist. Allein wie paßlich diesem nach das Wasserstoffgas zu diesem Gebrauche auch schien, so kam es doch andererseits sehr theuer zu stehen, wie man bei Betrachtung der zur Gewinnung desselben anzuwendenden Materialien, der Schwefelsäure und des Eisens, leicht überschlagen kann, und hatte außerdem den Nachtheil, den Einwirkungen der atmosphärischen Luft nicht lange zu widerstehen und selbst aus sorgfältig gearbeiteten Ballons bald in dieselbe zu entweichen. Diese Umstände veranlaßten unsern Green, zur Füllung seines Ballons lieber Steinkohlengas anzuwenden, welches man durch bloße trockene Destillation der gewöhnlichen Steinkohle ohne viele Mühe erhält und welches zwar schwerer als das Wasserstoffgas, aber immer noch hinreichend leichter als die gewöhnliche atmosphärische Luft und zugleich wohlfeiler ist und länger aushält. Die Anwendung dieses Steinkohlengases, an die Stelle des sonstigen Wasserstoffgases, erscheint als einer der wichtigsten Fortschritte der Luftschiffahrt und berechtigt zu den kühnsten Erwartungen; wir erfahren auch wirklich, daß Green eine Reise über den atlantischen Ocean bis Amerika beabsichtigt, welche er, mit Hülfe der bekanntlich stets in der constanten Richtung von Ost nach West wehenden sogenannten Passatwinde, in etwa 72 Stunden zu vollenden gedenkt. Ja, er will diese Luftreise späterhin noch weiter ausdehnen und wird in diesem Plane durch die von ihm gemachte Entdeckung bestärkt, daß in den verschiedenen, übereinander liegenden Luftschichten unserer Atmosphäre auch verschiedene, gleichzeitig in ganz entgegengesetzter Richtung wehende Winde stattfinden, demzufolge der Luftschiffer also künftig durch abwechselndes Heben oder Senken seines Ballons nur diejenige Luftschicht aufzusuchen hat, in welcher eben ein für ihn günstiger Wind weht. Da aber Ersteres durch Auswerfen von Ballast, und Letzteres durch Entlassung von Gas, stets erzwungen werden kann, so wäre der Luftschiffer somit Herr über den einzuschlagenden Weg, bis vielleicht einst das noch nicht entdeckte Geheimniß der horizontalen Leitung der Luftschiffe entdeckt wird.

Außer den von Green solchergestalt erlangten neuen Vortheilen der Luftschiffkunst ist sein Ballon aber auch durch Größe, Sicherheit und Bequemlichkeit der übrigen Einrichtung vor den früher angewendeten ausgezeichnet. Dieser Ballon besteht aus rothem und gelbem Taffet, überzogen mit einer vom Besitzer selbst erfundenen Masse (wahrscheinlich einer Auflösung von Caoutschuc), wodurch das Entweichen des Gases aus

---

*) Vergl. Pfennig-Magazin Nr. 139.
**) Vergl. Pfennig-Magazin Nr. 200 und 201.
***) Vergl. über Luftballon Pfennig-Magazin Nr. 54, wo auch verschiedene Ballons in Abbildungen beigefügt sind.
†) Einer der vor uns liegenden Berichte gibt „10 Minuten" an, welches unerhört scheint. Indeß finde ich mehre Beispiele großer Schnelligkeit der Luftschiffer. Der Ballon unter Anderm, mit welchem Garnerin und Capitain Sawdon im Jahre 1802 von London nach Colchester fuhren, legte also über 17 deutsche Meilen in der Stunde zurück, welches also nur vier Zeitminuten auf die Meile gibt. Ermißt man, daß heftige Luftströmungen oft 100 Fuß und darüber in der Secunde machen, so verliert diese Schnelligkeit der Luftfahrten von ihrer anscheinenden Unbegreiflichkeit.

etwaigen Ritzen u. s. w. sehr verhindert wird. Er hat eine sphäroidische Form, der eine Durchmesser beträgt 60, der andere 51 Fuß; der Umfang 160 Fuß; die Oberfläche 8160 Quadratfuß. Zur Füllung werden 85,200 Cubikfuß Gas erfodert. Umgeben ist dieselbe von einem Netze, an welchem sich ein solchergestalt leichter und solider zu befestigender, von Holz und Sohlenleder verfertigter starker Ring befindet, und an diesem hängt mittels geflochtener Seile die aus Weiden und Rohr gefertigte, mit rothem Baumwollendamast überzogene Gondel. Der Abstand vom Boden dieser Gondel bis zu der oben im Ballon befindlichen Klappe zur Entlassung des Gases beträgt 80 Fuß; diese Klappe wird von der Gondel aus durch eine Schnur dirigirt. In der Mitte der Gondel befindet sich eine Winde zur Handhabung des fünfarmigen Ankers, welcher an einem 1000 Fuß langen, der größern Halt- und Dehnbarkeit wegen zum Theil aus Gummi elasticum verfertigten Seile befestigt ist. Die Erfahrung hat den Nutzen solcher Seile zur Verminderung des Stoßes beim Auswerfen des Ankers bewiesen. Zum Ballast gehören auch große kupferne, mit Wasser gefüllte und mit Ventilen versehene Cylinder, welche, wenn sie neu gefüllt werden sollen, im Augenblick, da man über Gewässer wegschifft, nur in dieselben hinabgelassen werden dürfen. Über der Gondel hängt eine von sehr dickem Glase verfertigte Lampe, welche so eingerichtet ist, daß die durch Fischthran genährte Flamme nicht leicht verlöschen kann. Sonst darf kein Feuer im Luftschiff unterhalten werden, da die damit verknüpfte Gefahr offenbar gar zu groß ist; die Erwärmung von Speisen und Getränken geschieht vielmehr in Gefäßen mit ungelöschtem Kalk, auf welchen man Wasser oder eine andere Flüssigkeit gießt. Der gefüllte Ballon, mit Netz, Schiff, Anker, Tau und Ring, wiegen zusammen 1205 Pfund; an Ballast hatte man 1874 Pfund, an Provisionen aber 400 Pfund mitgenommen; das Gewicht der drei Reisenden betrug 450 Pfund; total gegen 4000 Pfund, welches zugleich einen Begriff von den bedeutenden, mittels solcher Aërostaten zum Steigen zu bringenden Lasten gewährt.

So weit die Beschreibung des Green'schen Ballons. Wir gehen jetzt zunächst noch auf den Nutzen über, welcher sich von Anwendung dieser Maschinen für die Wissenschaft, für das Gewerbe u. s. w. erwarten läßt. Green selbst, doch wol ein competenter Richter, da er schon über 200 solche Luftreisen gemacht hat, ist der Meinung, daß die Luftschiffahrt in praktischer Hinsicht nie eine sehr ausgedehnte Anwendung erhalten kann und wird. Vergessen wir aber dagegen nicht, daß die Sache noch in ihrer Kindheit ist, da seit den ersten Versuchen noch keine 100 Jahre verstrichen sind. Wie viele Jahrhunderte liegen zwischen den ersten schwachen Versuchen einer Küstenschiffahrt und der Darstellung eines Linienschiffs! Schon machte ein Gelehrter auf die Anwendbarkeit des Aërostaten zur Planaufnahme der Gegenden, über welchen man schwebt (also in der Vogelperspective) aufmerksam, wozu er sich auch wirklich vortrefflich zu eignen scheint, wenn man nur einen windstillen Moment hascht. Ebenso scheint die astronomische Beobachtung gewinnen zu müssen, wenn man sich, über alle Dünste der Erde hinweg, bis zu bedeutenden Höhen erhoben hat. Wird aber gar erst die horizontale Leitung, d. h. also die willkürliche Lenkung des Ballons erfunden, so erscheint, z. B. gleich in militairischer Hinsicht, der Nutzen unberechenbar. An Anstrengungen fehlt es nicht; in England hat sich jetzt schon eine eigne Luftschiffahrtsgesellschaft gebildet, welche aëronautische Versuche aller Art anstellen will, und also vertrauen wir dem Geiste des Jahrhunderts, in welchem wir leben, und welches schon so vieles scheinbar Unmögliche bewerkstelligt hat, daß es auch mit dem Luftschiffahrtsproblem, in seiner hier angedeuteten Ausdehnung, zu Stande kommen werde.

Die ersten Versuche, sich in die Lüfte zu erheben, oder zu fliegen, mögen wol schon in den ältesten Zeiten gemacht worden sein; der beständige Anblick der Vögel muß natürlich darauf geführt haben, und die Fabel von Dädalus und Tiarus scheint sich auf einen solchen Versuch zu beziehen. Gellius, in den „Attischen Nächten", erzählt, Archytas aus Tarent, ein bekannter Mathematiker aus dem 3. Jahrhundert v. Chr., habe eine fliegende Taube verfertigt, welche durch mechanische Kräfte und einen „eingeschlossenen Hauch" belebt worden sei. Leider ist über diese merkwürdige Anführung nichts Näheres bekannt, und die Sache selbst blieb nachher viele Jahrhunderte lang auf sich beruhen, bis der englische Naturforscher Cavendish um die Hälfte des vorigen Jahrhunderts die große specifische Leichtigkeit der damals sogenannten brennbaren Luft (des Wasserstoffgases) entdeckte, welche Entdeckung den Dr. Black zu Edinburg auf den Gedanken brachte, daß eine mit solchem Gas gefüllte Blase in der Luft aufsteigen würde. Er überzeugte sich jedoch davon nicht durch wirkliche Versuche. Cavallo, Mitglied der königlichen Gesellschaft der Wissenschaften zu London dagegen, welcher ähnliche Gedanken gehabt hatte, stellte dergleichen Versuche in der That an, und hatte auch die Genugthuung, Seifenblasen, welche er mit brennbarer Luft füllte, emporsteigen zu sehen. Der bekannte deutsche Naturforscher Lichtenberg ahmte ihm darin nach und wahrscheinlich sind diese mit Wasserstoffgas gefüllten Seifenblasen die ersten sichtbar in die Luft emporsteigenden Körper gewesen, welche die menschliche Kunst hervorgebracht hat. Man sieht, wie klein auch die Sache angefangen hat.

Die große Erfindung der aërostatischen Maschinen selbst ward im August 1782 in Frankreich von zwei Brüdern, Stephan und Joseph Montgolfier, Papierfabrikanten zu Annonay, Männern von Genie und eifrigen Liebhabern der Naturkunde, gemacht. Sie versuchten zuerst, Säcke von Papier mit brennbarer Luft (Wasserstoffgas) zu füllen, nachher aber nahmen sie ein Parallelepipedum von Taffet, welches auch wirklich in freier Luft eine Höhe von 70 Fuß erreichte. Dadurch ermuthigt, verfertigten sie einen großen Ballon aus Leinwand von 35 Fuß im Durchmesser, welcher über vier Centner wog, und den man noch mit beinahe so viel Ballast belud, und ließen denselben am 5. Juni 1783 zu Annonay, in Gegenwart der versammelten Stände von Vivarais, steigen. Diese Maschine erhob sich in weniger als zehn Minuten zu einer Höhe von 6000 Fuß und durchflog eine Weite von fast zwei Meilen, ehe sie wieder zur Erde kam. Das angewendete Mittel hatte aber diesmal blos darin bestanden, daß unter dem zusammengefalteten Sacke ein Strohfeuer unterhalten und die Luft dadurch verdünnt worden war, welches natürlich ein Steigen des damit erfüllten Ballons in der ruhigern und schwerern atmosphärischen Luft hatte bewirken müssen.

Der Ruf dieser für die damalige Zeit höchst erstaunenswürdigen Entdeckung verbreitete sich blitzschnell nach Paris, ohne daß das von den Gebrüdern Montgolfier angewendete Verfahren ebenso schnell bekannt geworden wäre. Die pariser Naturforscher verfielen also zunächst wieder auf den Gedanken, die brennbare Luft anzuwenden, und Charles, Professor der Physik zu Paris, verfertigte mit Hülfe der Gebrüder Robert, geschickter

Mechaniker, eine Kugel von Taffet, mit Firniß überzogen, welche, wie bis auf die neuesten Zeiten herab, mit Wasserstoffgas gefüllt wurde, das man durch einen Aufguß von verdünnter Schwefelsäure auf Eisen entband. Dieser Ballon hatte 12 Fuß im Durchmesser, wog gefüllt 25 Pfund und wurde am 27. August 1783 im Champ de Mars in die Luft aufgelassen. Er erreichte fast augenblicklich eine Höhe von beinahe 3000 Fuß, verschwand dann in den Wolken und kam nach kaum ¾ Stunden bei dem Dorfe Gonesse, gegen drei Meilen von Paris, sehr sanft wieder zur Erde.

Also theilten sich die aërostatischen Maschinen, gleich nach ihrer Erfindung, in zwei große Classen, nachdem sie mit erhitzter Luft oder mit Wasserstoffgas gefüllt wurden; man nannte, nach den Erfindern, die erstern Montgolfièren, die andern Charlièren.*) Unterdeß war der jüngere Montgolfier nach Paris gekommen, um daselbst Versuche mit seinen Montgolfièren zur Schau zu geben. Der merkwürdigste dieser Versuche ist der am 19. September 1783, unter den Augen des damaligen Königs von Frankreich, Ludwig XVI., angestellte, bei welchem ein Sphäroid von Leinwand, 57 Fuß hoch, 41 breit, dessen Inhalt 37,500 Cubikfuß betrug, durch Verbrennung von 80 Pfund Stroh mit erhitzter Luft angefüllt wurde. Diese Maschine, welche mit einem daran befestigten Käfig, in dem sich ein Hammel, eine Ente und ein Hahn befanden, gefüllt gegen neun Centner wog, erhob sich 1400 Fuß hoch in die Luft und kam nach acht Minuten beim Dorfe Vaucresson, etwa ½ Meile vom Aufsteigepunkt, wieder zur Erde, ohne daß die mit aufgestiegenen Thiere im mindesten beschädigt gewesen wären.

(Beschluß in Nr. 214.)

Uhr und Herz.

Eine gewöhnliche Taschenuhr pickt 17,160 Mal in einer Stunde, folglich 411,840 Mal in einem Tage, 150,424,560 Mal in einem Jahre. Bei sorgfältiger Behandlung geht eine Taschenuhr zuweilen 100 Jahre richtig, und in diesem Falle würde sie 15,642,456,000 Mal picken. Eine Uhr ist von hartem Metall gemacht, aber es gibt eine andere merkwürdige Maschine, die aus weit weicherm Stoffe besteht und doch 5000 Mal in einer Stunde schlägt, 120,000 Mal an einem Tage, 43,830,000 Mal in einem Jahre. Sie dauert auch wol, jedoch nicht oft, 100 Jahre, und würde dann 4,383,000,000 Mal schlagen. Man sollte denken, diese Maschine müßte, da sie so weich ist, sich schneller abnutzen als die andere, aber dem ist nicht so. Jedermann hat diese kleine Maschine bei sich und kann ihren Schlag fühlen, sie ist das Herz.

*) Zuweilen hat man auch beide Arten von Maschinen miteinander verbunden, und solchen Verbindungen den Namen der Carolo-Montgolfière beigelegt.

Trachten des Landvolkes in der Umgegend von Rouen.

Verantwortlicher Herausgeber: Friedrich Brockhaus. — Druck und Verlag von F. A. Brockhaus in Leipzig.

Das Pfennig-Magazin
für
Verbreitung gemeinnütziger Kenntnisse.

214.] Erscheint jeden Sonnabend. [Mai 6, 1837.

Der Zucker.

Zuckerpflanzung in Westindien.

Zucker oder Zuckerstoff nennt man überhaupt jeden süßen, durch Gährung in Weingeist oder Essig übergehenden, im trockenen Zustande verbrennlichen Stoff, der aus Kohlenstoff, Sauerstoff und Wasserstoff besteht. Er findet sich sowol im Pflanzenreich als im Thierreiche, besonders in jenem. Zu dem thierischen Zucker gehören: der Milchzucker, der aus abgedampften Molken gewonnen wird, und der Honig. Der pflanzliche, in allen Theilen zuckerhaltiger Pflanzen befindliche, ist theils harter krystallisirbarer, der besonders im Zuckerrohr und in mehren andern Pflanzensäften enthalten ist, theils weicher krystallisirbarer Zucker, wie der Zuckerstoff der Früchte und der Mannazucker, theils flüßiger, nicht zu krystallisirender Zucker, der mit jenen beiden Arten in denselben Pflanzen, in vielen aber allein vorkommt, der sogenannte Schleimzucker. Der Zucker kann aber auch aus Pflanzen und pflanzlichen Stoffen, in welchen er sich nicht als krystallisirbarer Saft befindet, künstlich gewonnen werden, z. B. aus Stärkemehl mit verdünnten Säuren, mit Kleber oder Wasser allein, bei freiem und verhindertem Zutritte der Luft und einer angemessenen Temperatur behandelt, oder durch Anwendung von Schwefelsäure aus Holzfasern, selbst aus Leinwandlumpen.

Wie betrachten hier zunächst und hauptsächlich den aus dem Zuckerrohr, dem Ahorn und der Runkelrübe gewonnenen Zucker. Das Zuckerrohr*), wovon es verschiedene Arten gibt, gehört, wie der Bambus und der Mais, zu der Familie der Gräser. Es wächst sieben bis acht Fuß hoch, hat breite Blätter, einen glatten, glänzenden, mit einem schwammigen Marke gefüllten Stengel, kleine zahlreiche Blüten, die äußerlich mit seidenartigen Haaren bedeckt sind. In Westindien wird es durch Schnittlinge vom Wurzelende vermehrt, die man im Frühlinge oder Herbste auf Anhöhen oder in Gräben pflanzt. Die Schnittlinge wurzeln unter den

*) Vergl. Pfennig-Magazin Nr. 44.

Knoten, die in der Erde liegen, und treiben aus den obern Knoten Schößlinge, die nach acht, zwölf oder vierzehn Monaten zum Schnitt reif sind. Erst nach Verlauf eines vollen Jahres blüht die Pflanze, doch trägt sie in manchen Gegenden, z. B. in den Vereinigten Staaten, nach der Blüte keinen Samen. Das Zuckerrohr wurde seit den ältesten Zeiten in China gebaut. Auch die Griechen und Römer kannten den von selbst ausschwitzenden und am Rohr verhärtenden Saft und preßten auch die Wurzel des Rohres aus. Den aus den Knoten des Bambusrohres schwitzenden zuckerhaltigen, an der Luft vertrocknenden Saft nannten sie indischen Honig. Gewöhnlich aber benutzten die Alten nur den Bienenhonig und den Saft süßer Früchte zur Bereitung geistiger Getränke und zu Speisen. Die Araber haben, wie es scheint, schon früh das Zuckerrohr ausgepreßt und den Saft zu Syrup eingedickt. Aus Ostindien und Arabien wurde das Zuckerrohr nach Ägypten, Cypern, Kandia und Griechenland verpflanzt. Die Europäer lernten es während der Kreuzzüge in Syrien kennen. Aus Griechenland kam es nach Sicilien, das schon im 12. Jahrhundert große Pflanzungen hatte. Später wurde es aus Italien nach Südfrankreich, von den Spaniern nach den canarischen Inseln, von den Portugiesen (1420) nach Madeira gebracht, wo es aber bald von dem Weinbau verdrängt wurde. In Südamerika lernte man es erst im 15. Jahrhundert kennen, doch ist es nicht genau bekannt, ob man es dahin verpflanzt oder wildwachsend gefunden habe. Die Einführung des Zuckerbaues auf den Inseln des atlantischen Meeres brachte der neuen Welt den Fluch der Sklaverei. Westindien wurde seitdem der Hauptmarkt des Zuckerhandels, der mehr als irgend ein anderer Umstand beigetragen hat, dem europäischen Handel einen neuen Schwung zu geben, und auf den westindischen Inseln wurde bald so viel Zucker gebaut, daß sie die ganze übrige Welt damit versorgen konnten und der Zuckerbau in Europa einging. In Nordamerika wurde das Zuckerrohr erst im 18. Jahrhundert angepflanzt, wird aber jetzt besonders in den südlichen Gegenden von Luisiana um die Mündung des Missisippi, in Georgia und in Westflorida in so großem Umfange gebaut, daß die Gewinnung des Ahornzuckers, den selbst die Wilden schon lange zu bereiten verstanden, dadurch immer mehr beschränkt wird. Die Erfahrung hat dort bewiesen, daß sich das Zuckerrohr in kältern Breitengraden anbauen läßt als man gewöhnlich glaubt, und man gewinnt jetzt schon Ernten in Gegenden von Luisiana, wo noch vor wenigen Jahren das Zuckerrohr vor der Reife erfror. Auch in den britischen Besitzungen in Ostindien wird viel Zucker gebaut, doch wurde seither die Ausfuhr desselben durch den zu Gunsten der westindischen Pflanzer aufgelegten höhern Zoll gehemmt. In Otaheite hat man in der neuesten Zeit eine Abart des Zuckerrohres gefunden, die auch auf einem für die gewöhnliche westindische Art zu dürftigen Boden gedeiht und vier Ernten jährlich gibt, wogegen jene nur drei gewährt. Es wird jetzt häufig in Luisiana gebaut und gibt dort zwar viel, aber nicht so süßen Zucker als andere Arten.

Ehe wir von der Gewinnung des Rohrzuckers sprechen, werfen wir einen Blick auf die Einrichtung der westindischen Zuckerpflanzungen, wie sie im Ganzen noch besteht, obgleich die Abschaffung der Sklaverei seit 1834 in der Ökonomie der Pflanzungen wesentliche Veränderungen zum Theil schon hervorgebracht hat. Eine Zuckerpflanzung hat gewöhnlich drei Abtheilungen, eine für das Zuckerrohr, die andere für Weideland und die dritte ist Waldboden. Unsere vorstehende Abbildung zeigt eine solche Zuckerpflanzung. Ein Theil des angebauten Landes ist für verschiedene Gemüse bestimmt, das nebst gesalzenen Fischen und so viel Schweinefleisch und Federvieh als sie selber gewinnen können, die Hauptnahrung der Neger ist. Der Waldboden liefert Bauholz und Feuerung. Eine Pflanzung, die jährlich 200 Oxhoft Zucker und 600 Eimer Rum liefert, muß ungefähr 900 Morgen halten. Während die Kaffeepflanzungen auf Anhöhen angelegt sind, wächst das Zuckerrohr in den Niederungen. Jene leiden selten durch Dürre, da in den höhern Gegenden auch bei der größten Trockenheit etwas Regen fällt, aber dagegen sind sie den verheerenden Wirkungen der Stürme ausgesetzt. Die Zuckerpflanzungen entgehen zwar häufiger der Wuth der Winde, leiden aber oft durch Mangel an Regen. Auf einer Pflanzung von ungefähr 1000 Morgen sind die nothwendigsten Gebäude eine Wassermühle oder in Ermangelung von Wasser, einige von Maulthieren getriebene Mühlen, ein Siedehaus, ein Haus, das die Hälfte der Ernte faßt und eine Cisterne für die Melasse von ungefähr 250 Eimer, ein Destillirhaus mit dem nöthigen Raum für die Rumvorräthe, zwei an den Seiten offene Dreschhäuser, ein Krankenhaus für die Neger mit einem abgesonderten Raum für die Wöchnerinnen, Vorrathshäuser für die Werkzeuge und die Lebensmittel, Werkstätten für Zimmerleute, Böttcher, Wagner und Schmiede, einen Stall für die Maulthiere mit einem darüber befindlichen Kornboden. Überdies gibt es ein Wohnhaus für den Aufseher; die Buchhalter und andere weiße Beamten aber haben besondere Wohnungen. Die Häuser der Eigenthümer der Pflanzungen sind in der Regel von gleicher Bauart. Sie sind von Holz, stehen gewöhnlich auf Pfeilern und haben nur ein Stockwerk. Eine lange Galerie, Piazza genannt, die an jedem Ende ein viereckiges Gemach hat, läuft um das ganze Haus. Auf jeder Seite der Piazza befindet sich eine Reihe von Schlafkammern und unter den Eingangshallen auf beiden Hauptseiten des Gebäudes gibt es zwei andere Zimmer mit Geländer und Stufen, die auf den Rasenplatz führen. Ein Schirmdach läuft um das Ganze und hat Blendladen, um die Luft einzulassen, nur eines der Zimmer am Ende des Gebäudes hat Schiebfenster, wegen des Regens, der so heftig ist und vom Winde getrieben, so plötzlich von einer Seite auf die andere schlägt, daß man alle Blendladen verschließen muß und das ganze Haus dunkel ist, bis auf das Zimmer mit Schiebfenstern. Außerdem gibt es noch einige Räume für Vorräthe und eine Art von Gesindestube, da die Neger nicht im Wohnhause des Eigenthümers schlafen, sondern Abends in ihre Hütten gehen. Diese Hütten haben Flechtwerk von außen, hölzernes Sparrwerk und sind inwendig mit Mörtel beworfen und geweißt. Sie bestehen aus zwei Gemächern, eines zum Kochen, das andere zum Schlafen, und sind im Allgemeinen mit Stühlen, Tischen, einer Bettstelle und vielen Decken versehen, da die Neger, ungeachtet des warmen Klimas, immer frösteln, so bald die Sonne untergegangen ist. Jede Hütte hat einen eignen Garten und das ganze Negerdorf ist von schmalen Gassen durchschnitten, die mit blühenden und lieblich duftenden Gewächsen besetzt sind. Die Neger bauen ihr Gemüse auf dem ihnen angewiesenen Felde, das mit Pomeranzen, Cocosbäumen und Pfefferstäuchern besetzt ist. Außer dem Gewinn, den sie von dem Überfluß ihrer Gemüse haben, welche die bessere Classe der Neger in ansehnlicher Menge erbaut, ziehen sie Federvieh und Schweine. Eine Zuckerpflanzung bietet einen lebendigen Anblick dar. Alle Arbeiter sind in weiße oder roth und hellblau gestreifte Jacken und Beinkleider gekleidet. Hier sieht man einen Haufen Neger das reife Zuckerrohr auf dem Kopfe in die Mühle tragen, dort schafft ein anderer das ausgepreßte Rohr fort; Heerden von Truthühnern suchen unter den Bäumen Schutz gegen die Hitze; Böttcher und Zimmerleute sind bei den Rumfässern beschäftigt; Karren mit Ochsen bespannt bringen Mais von den Feldern, die schwarzen Kinder schaffen die Maiskolben in das Vorrathshaus und kämpfen mit den ebenso schwarzen Schweinen, die das Korn stehlen, sobald die Wächter die Augen wegwenden. Eine Pflanzung von 900 — 1000 Morgen hat gewöhnlich 250 Neger, 80 Ochsen und 60 Maulthiere und einen Gesammtwerth von 200,000 Thalern. Der jährliche Gewinn wurde seither zu 70 Thalern auf jeden bei der Zuckergewinnung beschäftigten Neger gerechnet. Gewöhnlich werden auch Baumwolle, Indigo, Kaffee, Cacao, Piment und Ingwer auf den Pflanzungen gewonnen, die jedoch zusammen weit weniger Gewinn abwerfen als das Zuckerrohr. Vor dem 1. August 1834, wo das neue Gesetz über die Freilassung der Neger auf den britisch-westindischen Inseln in Wirksamkeit trat, war die Anwendung der Peitsche bis zu 30 Hieben durch keine gesetzliche Strafdrohung beschränkt. Die Neger wurden gewöhnlich in drei Abtheilungen zur Arbeit geführt. Der erste Haufe bestand aus den gesundesten und rüstigsten Männern und Weibern, die außer der Erntezeit die Felder bearbeiten und bepflanzen, während der Ernte aber das Zuckerrohr schneiden, in die Mühlen tragen und das Auspressen und Sieden des Saftes besorgen mußten. Sie wurden vor Sonnenaufgang durch den Ton einer Glocke oder das Blasen auf einer Schneckenmuschel zur Arbeit gerufen und brachten ihre Lebensmittel mit. Die Zahl der Neger dieser ersten Classe, mit Ausnahme des Hausgesindes, der Zimmerleute und anderer Handwerker, betrug auf einer gut eingerichteten Pflanzung ein Drittheil der gesammten Sklaven. Die zweite Abtheilung bestand aus Knaben und Mädchen, genesenen und schwächlichen Sklaven, die zum Gäten und andern leichten Arbeiten gebraucht wurden, und die dritte aus Kindern, die unter der Aufsicht eines ältlichen Negers die Gärten von Unkraut reinigen mußten. Die Bewirthschaftung der Pflanzungen ist seit der Aufhebung der Sklaverei in den englischen Colonien im Übergange zu einer gänzlichen Veränderung, und es kann nicht fehlen, daß dieses Beispiel auf andere Pflanzungen in Westindien, wo noch Sklavenarbeit fortdauert, wohlthätig zurückwirken wird. In den englischen Colonien wurde seither der Anbau und die Gewinnung des Zuckers nach ganz veralteten Grundsätzen betrieben; und das in neuern Zeiten so sehr verbesserte Maschinenwesen hat kaum irgend einen Einfluß darauf gehabt. Der Pflug, früher fast gar nicht gebraucht, wurde 1835 aus Noth mit dem besten Erfolge angewendet. Man denkt auch daran, die Maulthiermühlen abzuschaffen, da sie so langsam arbeiten, daß sie selbst nicht mit den verminderten Werkstunden der freien Arbeiter Schritt halten können.

In Luisiana, wo die Erfahrung bewiesen hat, daß zur Gewinnung des Zuckers Sklavenarbeit keineswegs unumgänglich nöthig ist, wie die britischen Sklaveneigenthümer früher wol behauptet haben, befolgt man bei dem Anbau des Zuckerrohres richtigere Grundsätze. Statt Sklaven zu gebrauchen, die ein großes Anlagecapital und bedeutende Unterhaltskosten fo-

dern, dingt man Weiße, um den Boden pflügen und eggen, das Rohr pflanzen und nach der Reife schneiden und in die Zuckermühlen schaffen zu lassen. Das Pflanzen geschieht nach der ungesunden Herbstzeit und vor dem Frühjahre und die Ernte ist am Ende des nächsten Herbstes. Man findet es unvortheilhaft, nach dem Beispiele der westindischen Pflanzer, bedeutende Capitale für die Anlegung von eignen Zuckermühlen auf den einzelnen Pflanzungen zu verwenden, und hält es für nützlicher, die Arbeit des Auspressens und Siedens einem Unternehmer für eine gewisse Anzahl von Pflanzungen zu übertragen und durch ihn den Rohzucker bereiten zu lassen.

Das abgeschnittene reife Zuckerrohr wird in den Mühlen zwischen hölzernen, mit Eisen beschlagenen Walzen gepreßt, die durch Wasser, Menschenhände oder Dampfkraft in Bewegung gesetzt werden. Der ausgepreßte Saft des Rohres enthält Wasser, krystallisirbaren Zucker, nicht krystallisirbaren Zucker und verschiedene andere Bestandtheile, und die Läuterung besteht darin, den krystallisirbaren Zucker von den anderen Theilen zu scheiden. Der Saft wird in einem kupfernen Kessel mit Holzasche und Kalk gekocht, um die überflüssige Säure sogleich zu entfernen, während der bei dem Sieden aufsteigende Schaum sorgfältig abgeschöpft wird. Das ausgepreßte Rohr dient zur Feuerung. Nach wiederholtem Absieden wird der eingedickte Saft in ein Kühlgefäß gegossen, während man ihn mit hölzernen Stäben umrührt, welche die Rinde brechen, die sich auf der Oberfläche bildet. Dann füllt man ihn auf andere Gefäße, um die Abkühlung zu beschleunigen, und so lange er noch warm ist, wird er in Fässer geschöpft, die auf dem Boden mehre mit Zuckerrohr verstopfte Löcher haben und über einer Cisterne stehen. Die flüssigern Theile des Saftes, Melasse genannt, tröpfeln durch jene Öffnungen in die Cisterne und werden zum Theil zu Rum destillirt. Der in den Fässern zurückbleibende, eingedickte und krystallisirbare gelbliche Theil heißt Rohzucker, Farinzucker oder Moscovade. Man rechnet, daß 200 Pfund Zuckerrohr 100 Pfund Saft geben, woraus man 25½ Pfund Rohzucker bereitet. Die weitere Läuterung des Rohzuckers, der durch den Einfluß des Bodens und des Klimas an Geruch, Geschmack und Farbe sehr verschieden ist, geschieht zum Theil schon auf den Pflanzungen. Die noch warme Moscovade wird in kegelförmige unglasirte thönerne Gefäße gefüllt, die man auf ihre mit einer verstopften Öffnung versehene Spitze stellt. Nach der Abkühlung wird der Pfropf herausgezogen, um den Syrup auströpfeln zu lassen. Die Grundfläche des Zuckers in der thönernen Form wird dann mit nassem Thon bedeckt, wodurch die in dem Zucker noch befindliche Melasse verdünnt und nach und nach entfernt wird. Der auf diese Weise geläuterte Zucker, den man Thonzucker und auf den französischen Zuckerinseln Cassonade nennt, wird dann aus den Formen genommen, getrocknet und nach Europa geschickt, wo man ihn noch einmal reinigt oder raffinirt. Der Candiszucker wird aus einer Auflösung von weniger concentrirtem Zucker bereitet, die man nach der Absiedung in ein mit Zwirnfäden durchzogenes Gefäß gießt, wo sie in der Darrkammer in weißlichen, gelblichen oder braunen Krystallen anschießt. Bei dem Raffiniren wird die Cassonade mit Kalkwasser aufgelöst, mit einem Zusatze von Ochsenblut oder besser von verkohlten Knochen (thierische Kohle) gesotten, wodurch die im Rohzucker noch befindliche Säure ausgeschieden und das rückständige pflanzensaure Salz zersetzt wird. Er wird dann

*

Zuckerrohrmühle in Westindien.

noch einmal gesotten, in die Kühlpfanne geschöpft, in thönerne Formen gefüllt und auf die angegebene Weise mit feuchtem Thon belegt, um den nicht krystallisirbaren Syrup vollends auszuscheiden. Der raffinirte Zucker ist nach der Verschiedenheit des Rohzuckers von ungleicher Güte. Er ist desto reiner und theurer, je härter und weißer er ist, doch versüßt der feine Zucker nicht mehr als der gröbere. Der feinste heißt Canarienzucker oder Königszucker, weil er früher von den canarischen Inseln kam oder aus canarischem Rohzucker bereitet wurde.

Der Ahornzucker*) wird hauptsächlich aus dem Zuckerahorn, der in großer Menge in den westlichen Gegenden Nordamerikas wächst, gewonnen. Dieser hohe und schöne Baum, der eine bedeutende Kälte verträgt, gedeiht besonders in gebirgigen Gegenden auf feuchtem und kaltem Boden. Im Februar oder zu Anfange des März, wenn die Kälte noch stark ist und der Schnee noch liegt, steigt der Saft bereits in den Bäumen auf, und die Arbeit der Zuckergewinnung beginnt. Es wird in einer passenden Lage in der Mitte der Bäume, deren Saft abgezapft werden soll, ein Obdach eingerichtet, das Zuckerlager genannt, um dem Kessel und den Arbeitern Schutz gegen die Witterung zu geben. Der Baum wird in einer schief aufwärts steigenden Richtung gewöhnlich auf der Südseite mit zwei Löchern in einer Entfernung von 4—5 Zoll angebohrt, 18—20 Zoll hoch vom Boden, wobei darauf gesehen werden muß, daß der Bohrer, der $\frac{3}{4}$ Zoll im Durchmesser hat, nicht über einen $\frac{1}{2}$ Zoll tief durch den Splint dringe, weil die Erfahrung gezeigt hat, daß der Saft in dieser Tiefe am reichlichsten fließt. Unter die Röhren, welche in die Bohrlöcher gesteckt werden, stellt man einen kleinen Trog, in welchem der Saft gesammelt wird, den man täglich auf Gefäße füllt, um ihn zu dem Kessel zu bringen. Der Baum leidet nicht durch das Anbohren, sondern gibt desto mehr Saft, je öfter man ihn anbohrt. Der Saft wird bei einem lebhaften Feuer gesotten, von Zeit zu Zeit frischer Saft hinzugegossen und die Hitze unterhalten, bis die Flüssigkeit zu einem Syrup eingedickt ist. Man läßt ihn alsdann abkühlen und seihet ihn durch Leinwand oder Wollenzeuch. Drei Arbeiter sind hinlänglich, 250 Bäume abzuzapfen, die ungefähr 1000 Pfund Zucker geben. Der durch Läuterung des Ahornsaftes gewonnene Rohzucker ist wenigstens ebenso gut als die westindische Moscovade, schmeckt angenehm, dient zum gewöhnlichen Küchengebrauche, und wenn er raffinirt wird, ist er dem feinen europäischen Zucker gleich. Die Vereinigten Staaten gewannen seither jährlich gegen 135 Millionen Pfund Ahornzucker; die Wohlfeilheit des trefflichen Rohzuckers aber, den man in Luisiana gewinnt, und die durch Dampfschifffahrt verminderten Fortschaffungskosten haben die Bereitung des Ahornzuckers in der neuesten Zeit sehr beschränkt.

Unter den Pflanzen, die krystallisirbaren Zucker geben, sind die zuckerreichsten die verschiedenen Arten des Mangolds, unter welchen der weiße Mangold, oder die Runkelrübe obenan steht. Die Runkelrübe ist im südlichen Europa einheimisch, wo man sie am häufigsten an feuchten Orten findet, doch hat sie sich durch den Anbau schon längst daran gewöhnt, auch auf höherm Boden zu gedeihen. Sie geht leicht in Abarten über, und nicht selten kommen aus einer Samenkapsel zwei Pflanzen, von welchen die

---

*) Vergl. Pfennig-Magazin Nr. 135.

Zuckersiederei in Westindien.

eine rothe, die andere weiße Rüben trägt. Von diesen Arten passen die weiße Runkelrübe und die gelbe, und unter den weißen die lange keilförmige am besten zur Zuckergewinnung. Sie enthalten den meisten Zuckergehalt, der ungefähr 10 Procent, unter günstigen Verhältnissen auch wohl über 12 beträgt, aber sich ganz nach der Beschaffenheit des Bodens, nach der Stelle, die man ihnen bei ihrem Anbau in dem Fruchtwechsel gibt, und nach der Art der Düngung richtet. Im Allgemeinen ist zu bemerken, daß sie vorzüglich auf Moorboden und thonigem Boden gedeihen, daß durch Mistdüngung der Gehalt an ammoniakalischen Salzen, welcher die Zuckergewinnung sehr schwierig macht, bedeutend vermehrt wird und dagegen die Gründüngung den Vortheil hat, den Zuckergehalt zu vermehren und folglich dem Anbauer einen größern Reinertrag zu verschaffen. Ein Morgen Landes liefert ungefähr 117 Centner zur Fabrikation brauchbare Rüben. Die gewonnenen Rüben müssen sorgfältig aufbewahrt werden. Sie ertragen die Kälte leichter als die Wärme, und auf einander gehäuft, erhitzen sie sich leicht und erleiden dadurch eine ihrem Zuckergehalte nachtheilige Veränderung.

Der in der Runkelrübe enthaltene Zucker ist ganz krystallischer Art, durchaus dieselbe Zuckerart, die das Zuckerrohr enthält, ohne Beimischung von Schleimzucker. Obgleich dieser Gehalt wol über 12 Procent steigt, so hat man doch bei den Schwierigkeiten der Gewinnung und bei der Mangelhaftigkeit des bisherigen Verfahrens zur Ausscheidung fremdartiger Theile im Allgemeinen nicht viel über 5 Procent Rohzucker gewonnen, die 2 bis 2½ Procent raffinirten Zucker geben. Schon im Jahre 1747 untersuchte der Apotheker Marggraf zu Berlin unter andern Wurzelgewächsen auch die Runkelrübe, um ihren Zuckergehalt zu erforschen, und als er durch Behandlung der getrockneten und gepulverten Rübe mit Weingeist 6 Procent Zucker erhielt, empfahl er den Anbau derselben den Landwir= then. Nach 1796 wurde der Chemiker Achard bewogen, die Sache im Großen auszuführen und er gab ein eignes Verfahren an, den ausgepreßten Saft theils mit Kalk, theils mit Schwefelsäure zu läutern. Andere wendeten das in den Zuckerpflanzungen übliche Verfahren an. Während in Deutschland die einheimische Erfindung im Allgemeinen vernachlässigt und nach der Aufhebung der Continentalsperre kaum noch in vereinzelten Unternehmungen gepflegt wurde, bildete sie sich in Frankreich zu einem so bedeutenden Gewerbszweige aus, daß jetzt bereits die Hälfte des einheimischen Zuckerbedarfs aus der Runkelrübe gewonnen wird. Diese großen Ergebnisse haben nun auch in Deutschland allgemeine Aufmerksamkeit erregt und mit Recht vorzüglich die Blicke der Landwirthe auf sich gezogen, da sie erkennen mußten, daß dieser Gewerbszweig vorzugsweise ein landwirthschaftlicher ist, weil er neben dem Hauptproduct, dem Rohzucker, zugleich ein treffliches Viehfutter liefert, das nirgend so hoch verwerthet werden kann als in der Landwirthschaft. Spricht schon dieser Umstand dafür, die Fabrikation des Runkelrübenzuckers den Landwirthen zuzuweisen, so kommt noch hinzu, daß nur sie im Stande sind, die Rübe wohlfeil zu erzeugen, und daß die zur Fabrikation erforderliche Handarbeit nur auf dem Lande wohlfeil erlangt werden kann.

Das Verfahren bei der Fabrikation ist in der neuesten Zeit sowol in Frankreich als auf einigen großen Landgütern in Böhmen vervollkommnet worden, wiewol man in der Hauptsache Achard's Angaben befolgt hat. Die Fabrikation besteht in der Gewinnung des zuckerhaltigen Saftes, in der Läuterung desselben und in der Eindickung der Zuckerauflösung bis zur Krystallisation. Der Saft wird gewöhnlich durch Auspressen der zerschnittenen oder zerriebenen Rüben gewonnen, doch haben Einige sowol in Frankreich als in Böhmen nach dem Beispiele des französischen Agronomen Matthieu von Dombasle das schwierigere Verfahren versucht, den

Saft durch warmes Wasser auszuziehen. Die Ausscheidung der in dem Safte mit dem Zucker aufgelösten fremdartigen Bestandtheile wird entweder, wie in den Zuckerpflanzungen, durch ätzenden Kalk allein oder, wie in den französischen und böhmischen Anstalten, durch Schwefelsäure und Kalk bewirkt. Nach diesem ersten, für das Gelingen der Fabrikation wichtigen Verfahren muß der geklärte Saft weiter geläutert werden, ehe er auf Zucker gesetten werden kann. Er wird zunächst in flachen Pfannen durch Abdampfen eingedickt und dann durch thierische Kohle gereinigt, welche hauptsächlich dazu dient, die Zerstörung der Syrupsfarbe zu bewirken und dadurch das Sieden zu erleichtern, da jene Farbe einer bestimmten Substanz angehört, welche durch die Kohle aus der Zuckerauflösung geschieden wird. Ist nun der Syrup auf diese Weise behandelt worden, so muß ihm der Überfluß an Wassertheilen entzogen werden, der die Krystallisation des darin befindlichen Zuckers hindert, und dies geschieht durch Abdampfen in der Wärme. Es ist bei dieser Arbeit um so wichtiger, die Bildung der Syrups zu verhüten, da der Runkelrübensyrup sehr übelschmeckend ist, weil er, außer den nach den ersten Läuterungen noch zurückgebliebenen Beimischungen, fast alle in den Runkelrüben enthaltenen Salze bei sich führt. Man hat in neuern Zeiten verschiedene Vorrichtungen zur Abdampfung angegeben, vor allen aber verdient die schon von Achard versuchte Abdampfung durch Wasserdämpfe den Vorzug, weil dabei weder ein Anbrennen noch eine Zersetzung des Zuckers zu befürchten ist. Hat endlich die Krystallbildung begonnen, so wird der Zucker in Formen gefüllt, wo er vollends krystallisirt. Ist er erstarrt, so wird das in der Spitze der Form befindliche Loch geöffnet, um der Melasse, von welcher der Zucker durchzogen ist, Abfluß zu geben, und man hat dann den reinen Rohzucker. Die abgeflossene dunkelbraune Melasse, noch einmal gereinigt und wieder versotten, gibt abermals krystallinischen Zucker.

Das Raffiniren des Rohzuckers geschieht auf ähnliche Weise wie bei dem westindischen Zucker durch Auflösung in Wasser, Reinigung mit thierischer Kohle, abermalige Absiedung und endlich durch Bedeckung des Zuckers in der Form mit feuchtem Thon, und die besten französischen und böhmischen Fabriken haben auf diese Weise ein Erzeugniß gewonnen, das dem Colonialzucker nicht nachsteht.

Das Neueste aus der Natur= und Gewerbswissenschaft.

(Beschluß aus Nr. 214.)

Montgolfier fand in Paris einen unermüdlichen Gehülfen an Pilatre de Rozier, Vorsteher des Museums, welcher am 15. October 1783 zum ersten Male wagte, mit einer 74 Fuß hohen, 48 Fuß breiten Montgolfière, die mit einer Galerie für ihn und einer Glutpfanne zur Unterhaltung des Feuers versehen war, selbst 84 Fuß vom Boden aufzusteigen, wobei er jedoch den Ballon an Stricken festhalten ließ. Da ihm dieser Versuch vollkommen gelang, so unternahm er, in Begleitung des Marquis d'Arlandes, am 21. November 1783, die erste wirkliche Luftreise. Die beiden kühnen Männer stiegen an genanntem Tage, nachdem der Ballon in nur 8 Minuten aufgeschwellt worden war, um 2 Uhr Nachmittags, im Schlosse la Muette auf, ließen sich vom Winde über die Seine treiben und legten in 25 Minuten einen Weg von $^5/_4$ deutsche Meilen zurück. Ihre Maschine faßte 60,000 Cubikfuß Raum und wog, belastet, über 16 Centner. Durch geschickte Behandlung des Feuers, mittels dessen sie die Luft im Ballon nach Belieben erhitzen und ausdehnen konnten, gelang es ihnen, sich abwechselnd zu heben und zu senken, und endlich den Boden vollkommen unbeschädigt wieder zu erreichen.

Jetzt veranstalteten ihre Rivale, die oben genannten Herren Charles und Robert, auch eine Luftfahrt, aber in einer Charlière. Ihre an dem also mit Wasserstoffgas gefüllten Ballon von Taffet hangende Gondel hatte die Gestalt eines Triumphwagens, in welchem sie, am 1. December 1783, aus den Tuilerien stolz aufstiegen. Sie gingen, in einer Höhe von etwa 1800 Fuß, mehr als zwei Stunden lang in derselben Richtung fort und ließen sich endlich in der Ebene von Nesle, welche gegen fünf Meilen von Paris entfernt ist, nieder, wo Robert ausstieg, Charles sich aber, mit dem dadurch erleichterten Ballon, neuerdings gegen 10,000 Fuß erhob, 35 Minuten in der Luft verweilte und endlich bei Tour du Lay unbeschädigt zur Erde kam.

Seitdem vervielfältigten sich die Luftfahrten ungemein und sanken, ohne daß man dabei einen wissenschaftlichen Zweck verfolgt hatte, zu einem bloßen Schauspiel herab. Wir können daher nur noch derjenigen Aufsteigungen Erwähnung thun, welche etwas Ausgezeichnetes darbieten.

Dahin gehört die durch ihren tragischen Ausgang so bekannt gewordene Luftfahrt des schon genannten Pilatre de Rozier. Dieser kühne Mann stieg nämlich am 15. Juni 1785 mit einem Parlamentsadvocaten Romain in einer Montgolfière zwischen Calais und Boulogne auf, um über den Kanal zu setzen. Ein Gegenwind trieb die Luftschiffer aber, nachdem sie schon eine Weile über der See geschwebt hatten, nach der Küste von Frankreich zurück, wo ihr Ballon Feuer fing, sodaß sie aus einer Höhe von mehr als 1200 Fuß herabstürzten und dergestalt zerschmettert wurden, daß ihre Leichname kaum zu erkennen waren. In jener Absicht, den Kanal zu überfliegen, war ihnen aber auch bereits ein anderer französischer Luftschiffer, der bekannte Blanchard, zuvorgekommen, welcher in Begleitung eines Amerikaners, des Dr. Jefferies, am 7. Januar 1785 den Überflug von Dover, wo sich Beide vereinigt hatten, nach Calais, in einer Charlière wirklich, jedoch nicht ohne große Gefahr, ausführten. Denn das Gas entwich sehr schnell aus ihrem Ballon, sodaß sie genöthigt waren, ihren Ballast, ihre Instrumente, Kleider, kurz Alles wegzuwerfen. Erst nahe an der Küste von Frankreich hob sich der Ballon wieder etwas, und sie kamen endlich im Walde von Guiennes zur Erde. Für diese Unternehmung erhielt Blanchard vom Könige von Frankreich 12,000 Livres und einen Jahrgehalt von 1200 Livres.

In England, wo man bekanntlich mehr auf das Praktische sieht, erregte die Luftschiffahrt anfänglich weniger Theilnahme, als im nachbarlichen Frankreich, bis Graf Zambeccari Aufmerksamkeit dafür zu gewinnen wußte. Dieser, ein geborener Bologneser und aus einer der vornehmsten dortigen Familien, trieb die Aëronautik aus leidenschaftlicher Vorliebe, wagte mehre Aufsteigungen in den Hauptstädten des britischen Reichs (zuerst 1783), gleichwie nachher des übrigen Europa und bemühte sich viel um die horizontale Leitung des Luftballons, wie wir dies Problem oben bezeichnet haben. Wir erwähnen seiner besonders, da auch er ein Opfer seiner Kunst wurde. Denn bei einer Auffahrt im Jahre 1812 blieb sein Ballon an einem Baume hängen, der Graf stürzte herab und fand den Tod.*) Zu den interessantesten Luftfahrten, welche in dem britischen Königreiche bewerkstelligt wurden, gehört ferner die von Crosbie, welcher am 19. Juli 1801 in Dublin aufstieg, um über den Kanal nach England zu gehen. Die Gondel war dabei mit einem zweckmäßigen Rande versehen, um im schlimmsten Falle zugleich als Kahn zu dienen. Der Luftschiffer nahm 300 Pfund Ballast mit, wovon er aber gleich 50 Pfund wegwerfen mußte. Anfangs trieb ihn ein directer Westwind gerade nach England, bald aber wurde der Wind NO., und so befand er sich etwa acht deutsche Meilen von der irischen Küste über dem Meere, im Angesicht beider Königreiche, ein Schauspiel, welches er als alle Vorstellung übertreffend schildert. Die Kälte war aber in der dabei erreichten Höhe so stark, daß seine Tinte gefror und das Quecksilber des Thermometers in die Kugel hinabsank. Dem Luftschiffer selbst ward äußerst unwohl und er fühlte einen heftigen Druck in den Ohren. In der größten Höhe kam es ihm vor, als stehe sein Ballon ganz still; als er aber hierauf etwas Gas entweichen ließ, sank er herab, gerieth aber dabei in einen nördlichen Luftstrom, fand sich dann in einer Gewitterwolke, in der er Blitz und Donner wahrnahm, und wurde nun so schnell gegen das Wasser getrieben, daß er nicht einmal Zeit behielt, Ballast auszuwerfen, seine Gondel erfüllt und Alles darin zerstört sah. Glücklicherweise erhielt ihn der oben beschriebene breite Rand derselben über dem Wasser, indem der Ballon als Segel diente, sodaß er der englischen Küste mit reißender Schnelligkeit zugetrieben wurde und also sein Ziel, wenn auch nicht fliegend, doch schwimmend endlich wohlbehalten erreichte. Ein ähnliches Schicksal traf den Major, nacherigen General Money, welcher bald nach Crosbie zu Norwich aufstieg, auch in das Wasser sank und von einem Boote nur mit Mühe gerettet wurde. Diese mehrfachen Erfahrungen lehren, daß der Luftfahrer, trotz aller angewendeten Vorsicht, unendlichen Gefahren ausgesetzt bleibt, zu deren vollkommener Beseitigung keinerlei Maßregel vollkommen hinzureichen scheint.**)

Unter den zu den bestimmtesten Zwecken unternommenen aëronautischen Versuchen machten ein ganz besonderes Aufsehen die Aufsteigung französischer Offiziere zur Auskundschaftung des östreichischen Lagers am Tage der Schlacht bei Fleurus (26. Juni 1794). Der dabei angewendete Ballon war von elliptischer Form, hatte 57 Fuß im Umfange und wurde, bei widriger Windrichtung, von 40 Pferden an langen Seilen festgehalten; die französischen Offiziere erhoben sich in demselben aus ihrem eignen Lager so hoch, daß sie das feindliche Lager übersehen konnten, wonächst sie ihre in der Höhe niedergeschriebenen Bemerkungen an Fäden mit Bleikugeln herabließen. Während der Revolutionskriege haben die Franzosen dieses Mittel mehr als 30 Mal angewendet; gegen einen solchen Ballon ließen die Östreicher einst eine ganze Batterie spielen, aber, bei der erreichten Höhe, ohne allen Erfolg. Der bekannte General Mausnien, ein sehr wissenschaftlicher Mann und früherer Gehülfe Lavoisier's bei allen seinen Versuchen, interessirte sich sehr für diese Sache; nach seinem Tode blieb sie aber gleichwol liegen, wahrscheinlich weil die Langsamkeit der Füllung der Ballons und die Unmöglichkeit ihrer horizontalen Leitung zu große Schwierigkeiten entgegensetzten.

In rein wissenschaftlicher Absicht unternahmen dagegen die französischen Gelehrten Biot und Gay-Lussac am 24. August 1804 eine Aufsteigung, bei welcher über Temperatur, Mischungsverhältnisse der obern Luftschichten u. s. w. die wichtigsten, interessantesten und befriedigendsten Versuche angestellt wurden. Der letzere dieser beiden ausgezeichneten Männer wiederholte die Aufsteigung im nämlichen Ballon hiernächst vier Wochen später allein und erreichte dabei eine Höhe von 21,600 Fuß (welches sich aus dem Stande der mitgenommenen Barometer folgern läßt); diese Erhebung übertrifft die senkrechte Höhe des Chimborazo um 2000 Fuß und scheint die äußerste, bis jetzt von Luftschiffern erreichte atmosphärische Grenze zu sein.

Eine Hauptbesorgniß bei allen diesen Luftreisen ist offenbar die wenige Haltbarkeit des zu den Ballons anzuwendenden Stoffes. Wer möchte nicht bei dem Gedanken zittern, daß das kleinste Riß im so zerreißbaren Taffet die Luftschiffer einem fast unvermeidlichen und fürchterlichen Tode aussetzt? Man hat daher den Vorschlag gemacht, den Ballon von Kupferblech anzufertigen, und eine darüber vor uns liegende Berechnung zeigt, daß, wenn man diesem Bleche auch wirklich $1/10$ Linie Dicke gebe, bei einem einigermaßen beträchtlichen Durchmesser noch immer eine sehr bedeutende Steigekraft übrig bleiben würde. Dieser Vorschlag, wenn nicht etwa technische, von uns ungekannte Schwierigkeiten entgegenstehen, scheint alle Beachtung zu verdienen. Gleichwol würde immer erst noch durch Erfahrung zu entscheiden bleiben, ob selbst ein solcher Ballon von gehämmertem Kupferbleche dem wechselnden Luftdrucke und der ungeheuren Expansionskraft des eingeschlossenen Gases ohne zerdrückt oder gesprengt zu werden, unter allen Umständen zu widerstehen vermögend sein möchte. Das wichtigste Problem für die Aëronautik hiernächst ist aber, wie schon angeführt, die horizontale Leitung, d. h. also die Fähigkeit, mit dem Ballon in einer beliebigen Luftschicht horizontal und nach einer genommenen Richtung fortzugehen, wenn auch der Wind nicht in dieser nämlichen Richtung, sondern z. B. seitwärts auf dieselbe weht, gleichwie der Schiffer auf dem Wasser seinen Weg noch mit einem solchen Seitenwinde verfolgt, indem er die Segel danach stellt. Allein dem letztern kommt dabei die Adhäsion seines Schiffes am Wasser und der Widerstand des Wassers selbst zu Statten, wogegen bei der Luftschifffahrt nur die Eine Kraft des Windstoßes gegeben ist, wodurch die Richtung des Ballons allein bestimmt wird, sodaß Steuerruder und Segel nichts helfen können, indem diese zugleich mit dem Ballon alsbald dieselbe Richtung annehmen. Daher kommt es auch, daß der Luftschiffer nach allen Erfahrungen, selbst beim heftigsten Sturme, wenn dieser nur gleichmäßig weht, keine Bewegung empfindet; denn ein Wechsel der Gegenstände, woraus er diese Bewegung abnehmen könnte,

---

*) Schon früher (1803) war Zambeccari bei einem Aufluge zu Bologna mit dem Ballon in das adriatische Meer gesunken und nur mit Mühe gerettet worden. Bei der damals erreichten Höhe waren ihm mehre Finger erfroren, welche hernach abgenommen werden mußten.

**) Wir erwähnen auf diese Veranlassung eines eben zu unserer Kenntniß kommenden Vorfalls aus der letzten Green'schen Reise, welche uns zu allen diesen Betrachtungen eben die Veranlassung gegeben hat. Am Morgen nach ihrer Abfahrt nämlich, kurz vor Tagesanbruch, und als die Luftschiffer noch dichte Finsterniß umgab, vernahmen sie plötzlich am Ballon über ihren Häuptern ein donnerndes Krachen, wobei die Gondel heftig zu schwanken anfing. Schon glaubten sie den Ballon geplatzt und sich, in dieser Höhe, verloren. Erst der anbrechende Tag belehrte sie über den Grund des schreckenvollen Vorganges. Der Ballon hatte sich während der Nacht mit einer Eiskruste belegt und sprengte diese, als er sich mit Aufgang der Sonne auszudehnen anfing. Man kann sich die Angst der Aëronauten aber vorstellen.

hat so wenig Statt, als ein hinreichender Widerstand, den sie ihm fühlbar machte. Auch haben sich alle die zahllosen, bis jetzt gemachten Versuche, zur beliebigen horizontalen Leitung des Ballons, mit deren einzelner Beschreibung wir die Leser deshalb auch nicht ermüden, praktisch unausführbar bewiesen, und es scheint hiernach in der That nichts übrig zu bleiben, als das schon oben angedeutete, von Green, vor ihm aber auch schon von Montgolfier, Blanchard und Zambeccari benutzte Mittel, durch willkürliche Bestimmung der lothrechten Bewegung den Aërostaten von den in ungleichen Höhen auch verschiedenen Luftströmen denjenigen zu wählen, dessen Richtung der augenblicklichen Absicht des Aëronauten entspricht.

Die beiden Engländer.

Es war 1815, bald nach der zweiten Einnahme von Paris durch die Truppen der Alliirten, zu einer Zeit als diese Hauptstadt der Welt einen gar bunten und seltsamen Anblick gewährte. Damals begegnete man überall fremden Uniformen. Hier schwärmten Kosackenhaufen in Blau und Roth gekleidet, auf ihren hohen Sätteln und kleinen Pferden und mit ihren langen Lanzen durch die Straßen; dort kam ein russischer Soldat von der Linie, weiterhin bemerkte man die weiße Uniform des Östreichers, dort schwarze Husaren mit Todtenköpfen des tapfern in der Schlacht den Heldentod gestorbenen Herzogs von Braunschweig, stachen dagegen auffallend ab, und endlich setzten die blauen Uniformen der Preußen, die rothen Röcke der Engländer, und die Bergschotten in ihrer eigenthümlichen Tracht dem buntfarbigen Gewühl die Krone auf.

Dieses bunte Gewühl schwärmte damals Tag für Tag in dem schönen Garten der Tuilerien auf und nieder, und den Parisern selbst war eine Zerstreuung, die für sie so viel Neues hatte, keineswegs unangenehm. Sie ergötzten sich an diesen so verschiedenartigen Kriegern aus aller europäischen Monarchen Ländern, und vergaßen darüber ihren eignen traurigen Zustand. So geschah es denn, daß eines Tages ein langer, magerer Engländer, mit plumper linkischer Haltung, ganz allein in dem Garten der Tuilerien auf- und abging, und in seiner Zerstreuung nicht bemerkte, daß er durch sein auffallendes Äußere die Blicke aller Vorübergehenden auf sich gezogen hatte. Seine Kleidung war halb militairisch, halb bürgerlich; die Uniform schlotterte ein wenig um seinen magern Körper; seine Gesichtszüge hatten einen halb stutzerhaften, halb verächtlichen Ausdruck. Sein kleines Hütchen saß dem Manne auf dem Kopfe wie ein umgekehrter Napf, und oben darauf wankten einige dünne Hahnenfedern, denen Regen und Wind arg mitgespielt hatten. Diese äußerliche Unordnung stimmte gut mit der zerstreuten Miene des Spaziergängers, um dessen Person sich bald eine Menge Neugieriger gedrängt hatte, die kichernd und lachend über solche seltsame Erscheinung, eine Art von Gasse auf beiden Seiten des Wegs bildete. Die Scherze der lustigen Menge vermehrten sich noch, als plötzlich von dem andern Ende des Baumganges her ein zweiter Engländer dem eben beschriebenen entgegen kam, der wo möglich noch abenteuerlicher gekleidet war. War der Erstere lang und mager, so war dieser Zweite in eben dem Maße corpulent und untersetzt. Kaum hatten sie einander bemerkt, als sie mit so viel Schnelligkeit, als die Natur eines Engländers verstattet, aufeinander zu kamen, sich mit lebhaften Geberden die Hände drückten und endlich Arm in Arm, zutraulich redend, den Baumgang hinabgingen; ganz unbekümmert um die heitere Stimmung des Publicums, das nun in ein lautes Gelächter ausbrach, sowie um einen jungen Mann, der in einiger Entfernung mit Bleistift und Papier stand und die beiden auffallenden Landsleute abzeichnete. Dieser Jüngling war Horace Vernet.

Inzwischen traten mehre englische Stabsoffiziere aus dem Palaste der Tuilerien. Dies war der Herzog von Wellington mit seinem Generalstabe. Der Herzog näherte sich sogleich den beiden Engländern, die seit geraumer Zeit die Zielscheibe der pariser Scherze gewesen waren. Er sprach mit ihnen freundlich und achtungsvoll und lud sie endlich ein, nachdem er sich eine Weile mit ihnen unterhalten, mit ihm in seinen Wagen zu steigen. Diese Auszeichnung verwandelte das allgemeine Gelächter in Erstaunen.

Eine junge französische Dame, welche Zeugin dieses Auftritts gewesen war, fragte nun einen der englischen Offiziere, wer denn diese beiden seltsamen Herren wären, die der Herzog mit so viel Achtung behandelte? „Das will ich Ihnen sogleich sagen", antwortete der Offizier mit dem Ausdruck der Hochachtung; „der Eine heißt Humphry Davy, der Andere James Watt."

Der jungen Französin waren allerdings diese Namen unbekannt. Unsern Lesern brauchen wir nicht zu sagen, daß der Erste einer der ausgezeichnetsten englischen Chemiker gewesen, der vor Kurzem verstorben, und dem die Wissenschaft der Chemie die bedeutendsten Entdeckungen verdankt, daß er es ist, der die berühmte Sicherheitslampe erfand, eine Erfindung von dem größten Verdienst um die Menschheit, da sie so manchem im Schoos der Erde arbeitenden Bergmanne das Leben gerettet.*) Und wem von unsern Lesern sollte der Name des zweiten nicht bekannt sein, James Watt**), der unsterbliche Verbesserer der Dampfmaschinen?

---

*) Vergl. Pfennig-Magazin Nr. 13.
**) Vergl. Pfennig-Magazin Nr. 13.

Verantwortlicher Herausgeber: Friedrich Brockhaus. — Druck und Verlag von F. A. Brockhaus in Leipzig.

Das Pfennig-Magazin
für Verbreitung gemeinnütziger Kenntnisse.

215.]   Erscheint jeden Sonnabend.   [Mai 13, **1837.**

Galerie der deutschen Bundesfürsten.
XIII.

Herzog Bernhard zu Sachsen-Meiningen-Hildburghausen.

Der Herzog Bernhard Erich Freund zu Sachsen-Meiningen-Hildburghausen wurde am 17. December 1800 geboren. Da sein Vater, der Herzog Georg zu Sachsen-Meiningen, ein Fürst, der sich durch seinen Eifer für das Wohl seiner Unterthanen und durch seine große Popularität ein unvergängliches Gedächtniß im Volke gestiftet, bereits am 24. December 1803 verstarb, so folgte er demselben in der Regierung unter der Obervormundschaft seiner trefflichen Mutter, der Herzogin Luise Eleonore. Diese, eine geborene Prinzessin von Hohenlohe-Langenburg, geboren am 11. August 1763, unterzog sich ihren hohen Verpflichtungen, namentlich als Erzieherin ihres Sohnes, mit einer Treue, Umsicht und Ausdauer, überhaupt mit einer Sorglichkeit, die ihr zur höchsten Ehre gereicht und auch die schönsten Früchte getragen hat. Unter ihrer Leitung durch ausgezeichnete Lehrer würdig vorbereitet, besuchte der junge Herzog zu seiner weitern Ausbildung die Hochschulen zu Jena und Heidelberg und vollendete dieselbe auf verschiedenen Reisen, die er nach den Niederlanden, nach der Schweiz, nach Italien und England unternahm. Hierauf trat er am 17. December 1821 die Regierung selbst an und begann sogleich die ihm vorbehaltenen zweckmäßigen Reformen in der Staatsverwaltung. Bereits am 25. November 1823 ließ er die neue Organisation der Landesbehörden und am 4. September 1824 das Grundgesetz der landständischen Verfassung in Kraft treten. Am 23. März 1825 vermählte er sich mit der Prinzessin Marie, der zweiten Tochter des Kurfürsten Wilhelm II. von Hessen, geboren am 6. September 1804. Als in Folge des Aussterbens der Linie Sachsen-Gotha-Altenburg sein Land durch die ihm bei der Theilung zugefallenen Fürstenthümer Hildburghausen und Saalfeld, durch die Grafschaft Kamburg und die Herrschaft Krannichfeld um mehr als die Hälfte sich vergrößert und eine neue Organisation eines aus so verschiedenen Bestandtheilen zusammengesetzten Landes sich fühlbar gemacht hatte, unterzog er sich, beseelt von dem

Wunsche, seinen Unterthanen eine durch den Geist der Zeit bedingte Verfassung zu geben, und um in die Verwaltung Einheit zu bringen, von Neuem einer mühsamen und schwierigen Umgestaltung. Nachdem das neue Grundgesetz mit dem Ausschusse der Stände war berathen worden, wurde es als vertragsmäßige Verfassung am 23. August 1829 bekannt gemacht und in Folge einer besondern Aufforderung des Herzogs die Öffentlichkeit der Verhandlungen von den Ständen beschlossen. Im Privat= und Familienleben ist der Herzog ein edler, humaner, höchst feinfühlender Mann, und als Gatte und Vater das schönste Vorbild seiner Unterthanen.

Die Ehe des Herzogs war bisher mit einem einzigen Sprößling gesegnet. Dieses ist der Erbprinz Georg, geboren am 2. April 1826.

Des Herzogs älteste Schwester, Adelheid, ist die Gemahlin des Königs Wilhelm IV. von England, und die andere, Ida, geboren 1794, mit dem Herzog Bernhard von Sachsen=Weimar vermählt.

Die kirchlichen Feierlichkeiten in Rom während der heiligen Woche.

Der Reisende, welcher das herrliche Rom, die ewige Stadt der Wunder und Erinnerungen, in der sogenannten heiligen oder Charwoche besucht, findet Gelegenheit, den katholischen Cultus in seinem vollen Glanz und höchstem Festgepränge kennen zu lernen. Zu keiner andern Zeit und an keinem andern Orte der Welt offenbart sich die äußerliche sinnliche Glorie des römischen Kirchendienstes mächtiger und ergreifender, als da, wo das Oberhaupt der ganzen römisch=katholischen Christenheit selbst an der Spitze der vornehmsten Würdenträger der Kirche deren höchstes und freudigstes Fest zugleich mit den Andächtigen feiert. Die heilige Woche ist die merkwürdigste Epoche des ganzen römischen Kirchenjahrs, der Culminationspunkt aller katholischen Kirchenfeste. Von diesen imposanten Feierlichkeiten unsern Lesern ein möglichst anschauliches Bild zu entwerfen, wollen wir versuchen; wir sagen absichtlich: ein möglichst anschauliches Bild, da Alle, die demselben in Rom beiwohnten, einstimmig versichern, daß die vielgestaltigen Eindrücke der heiligen Woche bei solcher kirchlichen Pracht Ungewohnten fast überwältigen.

Diese Feierlichkeiten beginnen mit der sogenannten Palmenvertheilung oder Palmenweihe, welche am Palmsonntag in der Sixtinischen Kapelle stattfindet. Bei dieser Gelegenheit versammeln sich die sämmtlichen Cardinäle auf erhöheten Wandbänken, ihnen gegenüber befinden sich die Oberhäupter und Generale aller geistlichen Orden. Amphitheatralisch geordnete Stufensitze werden von den Gesandten der auswärtigen Mächte und deren Familien eingenommen; ein zweites Amphitheater ist für die angesehenen Damen der Stadt bestimmt, welche mit Einlaßkarten versehen sind, sowie für die übrige Geistlichkeit. Auf einer umfangreichen, reichgeschmückten Tribune befinden sich die Musiker. Etwas seitwärts von dem einfach geschmückten Hochaltar stellt sich der Thron des heiligen Vaters dar, und unmittelbar neben diesem der Lehnsessel für das Oberhaupt des römischen Magistrats. Außerdem wimmelt das Schiff der Kapelle von Zuschauern aller Classen, welche sich drängen und stoßen, um einen leidlichen Platz, dem Altar gegenüber, zu gewinnen, bevor die Pforten der Kapelle geschlossen werden. Dies geschieht mit dem Glockenschlag elf und bald darauf sieht man eine kleinere Seitenthür, unweit dem Altar, sich öffnen; durch diese treten zuerst die hohen Kirchenprälaten, unter ihnen die Auditoren der Rota, oder Mitglieder des höchsten päpstlichen Appellationsgerichts, zwölf an der Zahl. Ihnen folgt der heilige Vater selbst, in Begleitung der Offiziere seines Palastes und anderer geistlichen Diener, und begibt sich nach dem für ihn errichteten Thron. Die sämmtlichen Cardinäle tragen Chorröcke von violetter Seide und Mäntel von gleicher Farbe, denn dies ist der von dem päpstlichen Ceremoniel während der heiligen Woche vorgeschriebene Traueranzug. Nur diejenigen Cardinäle, welche zu dem Camaldulenser= und Capuziner=Mönchsorden gehören, tragen die Farben ihrer Orden, bei den erstern weiß, bei den letzern braun. Sobald der Papst seinen Sitz eingenommen, nähern sich die Cardinäle einer nach dem andern, knieen nieder und küssen den Fischerring des heiligen Petrus. Nach dieser Devotion beginnt die Vertheilung der Palmen, welche letztere von doppelter Art sind. Die Cardinäle, Prälaten und Ordensgenerale empfangen künstliche Zweige mit Zierathen aller Art ausgestattet und volle sechs Fuß hoch, welche ausschließlich in Genua gearbeitet und um die Osterzeit von da aus nach Rom geschickt werden; dagegen erhalten die übrigen Personen des Gefolges kleinere Zweige von wirklichen Palmen. Nach Beendigung dieser Feierlichkeit legen die Cardinäle eine andere Kleidung an, welche in einem weißen, mit Gold durchstickten Gewande und weißer Mitra besteht; dies geschieht zur Feier der großen Messe, welche in der Paulinischen Kapelle von einem Cardinal=Diakonus gehalten wird. Die Procession des Klerus dorthin, die unsere Abbildung freilich etwas mangelhaft vorstellt, ist überaus prächtig. Voran trägt man das heilige Kreuz, dann folgen die sämmtlichen Officianten des päpstlichen Palastes, hierauf die Cardinäle, das Haupt mit der Mitra bedeckt; ihnen folgt, auf einem prächtigen Lehnsessel getragen, der heilige Vater selbst, gekleidet in eine weiße Robe, mit der bischöflichen Kappe aus Purpur mit Gold durchwirkt, die Tiara auf dem Haupte. Dicht neben ihm, zu beiden Seiten, werden die prachtvollen Fächer getragen, deren gigantisches Rad ein kostbar nachgebildeter Pfauenschweif ist. Die zwölf Beamten, welche den Sessel tragen, sind in die dreifarbige päpstliche Liverei gekleidet: gelb, blau und schwarz. Am Schluß der Messe verkündigt der Cardinal=Diakonus Allen, welche derselben beigewohnt, einen Ablaß von 48 Jahren, und der Papst selbst ertheilt der Versammlung mit lauter Stimme seinen Segen. Am Mittwoch Nachmittag wird zum ersten Male in der Sixtinischen Kapelle das Miserere gesungen; dies ist die Vorfeier des grünen Donnerstags, die bei den ältesten Christen in der Nacht stattfand, weshalb sie auch Notturno oder Matutino delle tenebre genannt wird. In violetten Talaren versammeln sich alle Cardinäle beim hellen Glanz der zahllosen auf und neben dem Altar brennenden gelben Wachskerzen; endlich erscheint der Papst selbst und nun nehmen die feierlichen Gesänge ihren Anfang, herrliche Compositionen, die ein wunderbar ergreifenden Eindruck auf das Gemüth des Hörers hervorbringen. Mitten unter diesen wunderbaren Tönen werden nach und nach alle Lichter ausgelöscht, bis auf ein einziges, welches den siegreich aus Todesnacht und Grabesbanden hervorgehenden Heiland bedeuten soll. Sobald nun tiefe Dämmerung an die Stelle des vorigen Glanzes getreten ist und das von seltsamem Entzücken schon trunkene Auge kaum noch die kolossalen Frescobilder auf Wänden und Decke unterscheiden kann, sinken der Papst und alle Cardinäle auf ihre Kniee und es beginnt nun der unsterbliche Gesang des 57. Psalms oder das sogenannte Miserere, unstreitig der ergreifendste Hymnus, den ein menschliches Ohr vernehmen kann. Er erschallt von zwei vierstimmigen Chören, die ihn mit solcher Inbrunst, Zartheit und Harmonie vortragen, daß auch die kältesten Herzen zu Thränen der brünstigsten Andacht und des heiligsten Entzückens hingerissen werden. Diese einfache, schmelzende, unaussprechlich erhabene Musik klingt wie Töne aus einer andern Welt, wie Stimmen der nach Seligkeit ringenden Seelen, oder der Engel, welche jenseits die Erlösten begrüßen. „Bei dem Klange dieser Stimmen" — so drückt sich ein geistreicher Reisender darüber aus — "schweigen in jeder Brust irdischer Drang und Trieb; göttliche Reue nur und Liebe und Sehnsucht füllen den geweihten Raum; man ist emporgehoben über diese Welt und steht an den offenen Thoren des Himmels. Endlich sind die Töne verhallt, aber lange noch ist kein Athemzug vernehmbar in der tiefen Stille, mit welcher die bewegte Versammlung von bannen geht."

Am grünen Donnerstag finden vom Morgen bis zum Abend kirchliche Feierlichkeiten statt. Früh ist abermals große Messe in der Sixtinischen Kapelle, deren Eingänge die Schweizergarden des Papstes in Harnischen und Pickelhauben besetzt halten. Die Hauptceremonie an diesem Morgen besteht darin, daß der Papst das Sacrament in das heilige Grab trägt, dessen Schlüssel hierauf den Händen eines Cardinals anvertraut wird. Nach der Messe wird der Papst in die Loge der Peterskirche getragen, von wo herab er eine der großartigsten Handlungen, nämlich die feierliche Segensprechung über die Stadt und Welt.*) Allein das erhabene Schauspiel, welches der Petersplatz in diesem Augenblick darbietet, möchte man in der That unbeschreiblich nennen. Diese ungeheure, von Andacht durchdrungene Menschenmenge, auf Knieen hingestreckt, um den Segen zu empfangen, dazwischen das klingende Spiel des Militairs, die Edelleute in grüner Kleidung mit Gold gestickt, auf hohen sich bäumenden Rossen, das Geläute aller Glocken in der gewaltigen Stadt, der Donner der Kanonen von der Engelsburg, und dann, von oben herab die Völker segnend, die ehrwürdige Gestalt des heiligen Vaters, angethan mit den kostbarsten Gewändern, in einen Wirbel von Weihrauch gehüllt, gleich einer vom Himmel selbst herniederwinkenden Erscheinung — dies Alles vollendet die Scene, welcher an Hoheit und Majestät nur wenige zu vergleichen sind. Nach der Segensprechung erfolgt die Ceremonie der Fußwaschung in der Sala ducale. Dreizehn, meist bejahrte Priester, gekleidet in weiße Pilgergewänder, sitzen auf einer erhöheten Estrade an der Wand, die mit einer kostbaren Tapete, das Abendmahl des Herrn nach Leonardo da Vinci vorstellend, bekleidet ist.**) Unter den Gesängen der Kapelle legt der Papst die Tiara und das Obergewand ab, thut einen Schurz vor, wäscht und trocknet jedem Pilger den rechten Fuß, worauf er ihn küßt und ihm einen Blumenstrauß in die Hand gibt. In einem anstoßenden Gemach, wo eine Tafel gedeckt und geschmückt ist, findet hierauf die Speisung der dreizehn Pilger statt; sie empfangen aus der Hand des Papstes, der in seiner Haustracht erscheint, zuerst das Wasser zum Händewaschen, alsdann die Suppe, zwei andere Schüsseln und den Wein. Während sie noch speisen, ertheilt er ihnen den Segen und entfernt sich. Nach beendigter Mahlzeit erhalten die Pilger das sämmtliche Gedeck und noch überdies jeder zwanzig Scudi zum Geschenk.

Nach Beendigung einer nochmaligen Aufführung des Miserere in der Sixtinischen Kapelle begibt sich Alles in die Peterskirche, wo nunmehr das erhabene Schauspiel der Kreuzerleuchtung vor sich geht. Von dem Gewölbe der Kuppel herab, der prächtigsten in der ganzen Christenheit, über dem Grabe des Apostels Petrus, schwebt ein kolossales Kreuz aus Messingblech, 33 Spannen hoch, auf welchem nicht weniger als 628 Lampen brennen. Wie auf Correggio's wundervollem Gemälde der „heiligen Nacht" alles Licht von dem göttlichen Kinde ausgeht, so geht hier alles von dem heiligen Zeichen aus, wodurch ein ahnungsvoller Wechsel von Dämmerungshelle und nächtlicher Dunkelheit in diesen heiligen Räumen hervorgebracht wird. Unter dieser magischen Beleuchtung wandeln und wogen von Andacht durchdrungene Menschen, oder liegen auf den Knieen, die heiligen Reliquien des Schweißtuchs, Kreuzes und der heiligen Lampe anbetend, die von den Bogen der Kuppelpfeiler herab allen Gläubigen gezeigt werden.

Am Charfreitage, dem wehmüthigsten Tage in der Christenheit, findet eine Trauermesse in der Sixtinischen Kapelle statt, wobei die ganze Passion aus dem Evangelium Johannis gesungen wird und das Heiligthum alles seines Schmucks entkleidet ist. Die Messe wird von dem Cardinal Pönitentiarius begangen, der in ein schwarzes Trauergewand gekleidet ist, worauf die ergreifende Ceremonie der Enthüllung und Adoration des Kreuzes vor sich geht. Nachdem nämlich der Meßprälat das Kreuz auf ein reiches Kissen vor dem Altar niedergelegt, so entkleidet sich der heilige Vater des Mantels und der Schuhe, sodaß er nur im Chorhemd und der Stola erscheint, steigt vom Throne und nähert sich, mit bloßem Haupt und barfuß, dem Crucifix, vor dem er in verschiedenen Entfernungen dreimal niederkniet und von welchem er hierauf mit einem Kuß scheidet. Diese Feierlichkeit, in welcher die sämmtlichen Cardinäle paarweise dem Papst nachfolgen, findet statt unter den sanften Tönen der Chöre, welche die sogenannten Improperi (Vorwürfe) von Palestrina singen und mit den Worten anheben: „Mein Volk, was that ich dir, daß du mich schlugst" u. s. w. Auf diese Gesänge folgt als glorreicher Schluß das prächtige Dreimalheilig von demselben Componisten.

Am Sonnabend, dem Rüsttag des heiligen Auferstehungsfestes, läutet man in der Stadt von elf bis zwölf Uhr mit allen Glocken; auf den Straßen, aus den Fenstern wird geschossen, man zerschellt eine Menge alter Töpfe zum frohen Zeichen, daß nun das Ende der Fasten herbeigekommen. Hier sieht man, wie mitten unter den heiligen ernsten Kirchenceremonien der Muthwille des römischen Volks sich regt, bei welchem vom melancholischen Andachtsgefühl zum lauten Scherz und lustigem Spaß nur ein kleiner Übergang ist. Besonders bilden die Ausstellungen der Fleischverkäufer, die schon seit der Mittwoch vor dem grünen Donnerstage stattfinden, eine wahrhafte Ironie auf die ganze

---

*) Eine kurze Beschreibung dieser außerordentlichen Ceremonie findet der Leser bereits in Nr. 85. des Pfennig-Magazins.

**) Vergl. Pfennig-Magazin Nr. 154, wo eine Abbildung dieses Gemäldes gegeben ist.

Fastenzeit. Hier sieht man vor jedem Fleischladen symmetrische Stufenleitern, gleich Amphitheatern, sich erheben, die von oben bis unten mit Schinken, Schweinsköpfen, Speckseiten und Würsten belegt sind, welche wiederum von grünen Guirlanden umgeben und mit Blumensträußen ausgeschmückt werden. Im Hintergrunde des Ladens, hell erleuchtet durch eine Unzahl kleiner Wachskerzen, befindet sich ein kleines Heiligenbild, öfters auch das Bild der heiligen Jungfrau selbst. Hierher strömt nun die lustige Menge, um diese Herrlichkeiten zu betrachten und sich nebenbei an den schönen Fleischwaaren zu weiden, deren Genuß nun wieder erlaubt ist. Aber mit Einbruch der Nacht mahnen die feierlich-dumpfen Klänge der großen Glocke auf der Peterskirche alle andachtsvollen Christen, daß nun in Kurzem der glorreiche Auferstehungsmorgen am Himmel aufsteigen wird und um 6 Uhr Morgens verkündet sie, daß das Wunder der Auferstehung nun geschehen sei, und ladet alle Christen in den wunderbaren Dom St.-Peters, um der heiligen Messe beizuwohnen, die heute vom Papst selbst gehalten wird. Eine unzählbare Menge strömt nach der Peterskirche; schon sind alle Sitze in diesem gigantischen Tempel besetzt und die Menge drängt sich wogend und stehend in den ehrwürdigen Riesengängen. Schon sind längs dem Hauptschiff die päpstlichen Garden aufgestellt, weil dies frei bleiben muß, um die erwarteten Aufzüge hindurchzulassen. In dem Hinterchor ist eine Tribune errichtet für die Musiker; von dem Stuhl des Petrus bis zum Hochaltar ziehen sich unabsehbare Bänke, um den durch Rang bevorzugten Theilnehmern der Ceremonie Raum zu verstatten; auf jeder Seite des Altars ist ein Amphitheater errichtet blos für diejenigen Damen, welche mit Einlaßkarten versehen sind. Unterdessen kommen

Der Papst bei der Procession am Palmsonntage in Rom.

die Congregationen der schwarzen und weißen Büßenden, der Zahl nach etwa 200. Der Anblick dieser feierlich daherschreitenden, auf der einen Seite in einfaches Weiß, auf der andern in einfaches Schwarz vom Wirbel bis zur Zehe gekleideten Priesterschar bringt eine ganz eigne Wirkung hervor; in ihrer ganzen monotonen Gewandung zeigen sich nur zwei kleine Öffnungen für beide Augen. Um die elfte Stunde erscheint ein Musikchor, auf welches die Gesandten folgen, mit einer zahlreichen Begleitung von Dienern in festlicher Livereí. Bald darauf nahen sich die beiden Capitel der Chorherren von St.=Peter und der Pfarrherren des heiligen Johannes im Lateran, welches letztere den ersten Rang einnimmt, ferner die Senatoren der römischen Curie, die Auditoren der Rota, die Prälaten, die Generäle der geistlichen Orden, die Cardinäle, die Offiziere und die Beamten des päpstlichen Palasts. Der Papst selbst in der goldenen Tiara mit ritualem Meßgewand, erscheint auf einem Thronsessel, getragen von zwölf Palastbeamten. Unmöglich kann ein Anblick ehrfurchtgebietender, majestätischer sein, als dieser des Oberhaupts der katholischen Christenheit, im unvergleichlichen Pomp, mitten unter einer unabsehbaren Menge, in dem schönsten und erhabensten Gotteshause, das die Erde trägt, wo alle großartigen Eindrücke zusammenwirken und vor der Heiligkeit, Erhabenheit und Harmonie verschwinden. Der heilige Vater sinkt auf die Knie vor dem Altar nieder, den Blick dem großen Portal zugewandt und verrichtet ein Gebet; sodann beginnt das Hochamt, das 55 Minuten dauert und wobei nur die Musiker der päpstlichen Kapelle fungiren. Mit der zweiten Segenertheilung des heiligen Vaters von der Loge der Peterskirche herab über eine zahllos versammelte Menge beschließen sich die ergreifenden Feierlichkeiten der heiligen Woche, die jeden Zuschauer, der ihnen mit Aufmerksamkeit und Hingebung beiwohnt, in einen Zustand geistiger und physischer Erschöpfung versetzen, aber auch ihn mit Eindrücken erfüllen, so großartiger Natur, daß die Erinnerung daran schwerlich jemals in seinem Gemüth verlöschen wird.*)

Ackerbau und Gartenkunst in China.

Seit den ältesten Zeiten hat sich die Regierung in China das Verdienst erworben, die Anbauer des Bodens zu ehren und Diejenigen zu belohnen, die den Ackerbau verbesserten, welcher bei der Dichtheit der Bevölkerung des Landes und dem beschränkten Umfange seines Handels immer ein Gegenstand der größten Aufmerksamkeit sein mußte. In der gesellschaftlichen Rangordnung geht der Landwirth in China Soldaten, Kaufleuten, Handwerkern und Andern vor und folgt zunächst den Gelehrten und Staatsbeamten. Soldaten und Priester arbeiten als Landbauer, so oft jener der Dienst es erlaubt, und diese bei ihren Amtswohnungen Ländereien haben. Selbst der Kaiser begibt sich um die Frühlingsnachtgleiche nach einer gottesdienstlichen Feier auf das Feld, pflügt einige Furchen und streut Saat aus. Mehre Kaiser haben über den Ackerbau geschrieben, und es wird vorausgesetzt, daß jeder Mandarin, welchem die Verwaltung einer Provinz anvertraut wird, mit dieser „großen Wissenschaft des Bürgers und des Fürsten" bekannt sei. Mehre den Statthaltern gegebene Amtsvorschriften beweisen die Sorgfalt der Regierung. Die Beamten werden unter Anderm angewiesen, mit der natürlichen Beschaffenheit ihrer Amtssprengel sich bekannt zu machen, die Art der Ländereien und den Ertrag derselben kennen zu lernen, darauf zu sehen, daß Niemand müßig gehe, daß kein des Anbaus, besonders des Reisbaus fähiges Land unbenutzt liege; es wird ihnen empfohlen, sich über den Ackerbau mit Landwirthen, über den Gartenbau mit Gärtnern zu besprechen, darauf zu sehen, daß die angepflanzten Bäume Obstbäume seien, wo anders nicht Mangel an Brennmaterial herrsche, und der Ausartung der Gewächse durch Erneuerung aus Wurzeln und Samen und durch Pfropfen vorzubeugen, und selbst aus entfernten Provinzen andere Pflanzen kommen zu lassen und sie unter die Landleute zu vertheilen. Dabei wird aber auch der Grundsatz ausgesprochen, daß der Ackerbau desto mehr blühen werde, je mehr man dem Landmann den Genuß des Lebens und der Früchte seiner Arbeit gestatte, und den Mandarinen wird eine milde und nachsichtige Behandlung dieser Volksclasse empfohlen. Die landwirthschaftlichen Schriften der Chinesen geben sehr genaue Vorschriften über die Verhältnisse der zum Anbau des Reises oder Korns, oder zu Gartenland und Wiesen, oder zu Baumpflanzungen zu bestimmenden Ländereien, und in einer derselben wird gezeigt, daß die unter die Landleute vertheilten Ländereien immer besser angebaut gewesen seien als die Krongüter oder die Besitzungen der Großen am Hofe.

Seit Jahrhunderten werden in China, wo man freilich weder Thermometer noch Barometer kennt, Tagebücher über die Witterung gehalten, welche früher im Gewahrsam der über den Anbau des Landes die Aufsicht führenden Beamten waren. Von Zeit zu Zeit werden landwirthschaftliche Kalender herausgegeben, und im Allgemeinen sind die Landleute mit den Witterungsverhältnissen und dem Einflusse der Jahreszeiten und der verschiedenen Naturverhältnisse wohl bekannt.

Der Kaiser ist nach den Ansichten der Chinesen der allgemeine Landeigenthümer, der alleinige Besitzer der gesammten Bodenfläche; aber der Inhaber eines Landes wird nie aus dem Besitze getrieben, so lange er seinen Grundzins an die Krone bezahlt, der zu ungefähr 1/10 des Ertrags eines Landguts gerechnet wird. Hat ein Landbauer mehr Land, als er mit seinen Angehörigen anbauen kann, so überläßt er es Andern gegen die Hälfte des Ertrags, wovon er dann den ganzen Grundzins bezahlen kann. Große Landeigenthümer gibt es eigentlich gar nicht. Jeder Landbauer schafft den beschränkten Ertrag seines Bodens auf einen offenen und freien Markt; Mangel und Hungersnoth aber sind dennoch nicht selten in mehren Provinzen.

Reis, nicht Getreide, ist das Hauptnahrungsmittel in China. Er wächst überall, wo das zum Anbau desselben nöthige Wasser zu Gebote steht, und die chinesischen Landbauer sind bewunderungswürdig betriebsam und erfinderisch, sich die Mittel zur Bewässerung ihrer Felder zu verschaffen. Außer Kanälen und künstlichen Bächen, die durch viele Theile des Landes dicht neben einander fließen, werden Behälter angelegt, um Regenwasser oder das von den höhern Ländereien fließende Wasser zu sammeln und mittels verschiedener hydraulischen Maschinen, die von Menschenhänden und zuweilen von Büffeln bewegt werden, über die Reisfelder zu vertheilen.*)

---

*) Vergl. über Rom noch Pfennig=Magazin Nr. 2, 35, 60, 64, 83, 110, 176, 177, 178.

*) Vergl. über den Anbau des Reises Pfennig=Magazin Nr. 172, über den Anbau der Baumwolle Pfennig=Magazin Nr. 2, und über den Anbau des Indigos Pfennig=Magazin Nr. 146.

Der Reis wird zuerst auf ein Feld gesäet, sobald die Pflanzen aber einen Fuß hoch sind, sorgfältig in Reihen verpflanzt, nachdem man das bewässerte Land vorher gepflügt, die Erdklöse zerschlagen und das Ganze mit einer Walze geebnet hat Liegen Getreidefelder in der Nähe eines Sees oder Kanals, oder gibt es sonst Mittel, sie bequem zu bewässern, so werden sie gleich nach der Ernte gepflügt. Der Landbauer verpflanzt dann den Reis in die Weizenfelder, die nun sogleich überschwemmt werden. Außer diesem Fruchtwechsel zwischen Weizen und Reis wechselt man auch häufig mit Weizen und Baumwolle oder Weizen und Indigo.

Bei dieser Wechselwirthschaft, die das Land nie brach liegen läßt, ist eine außerordentliche Menge von Dünger nöthig, und da die Chinesen nur einen dürftigen Viehstand haben, so müssen sie Alles aufbieten, sich Ersatzmittel zu verschaffen. Der Boden wird darum unaufhörlich mit andern Bestandtheilen gemischt, Mergel und Thon mit leichtem und sandigem Boden, Sand und Kies mit Thonboden. Aus Flüssen, Kanälen und allen Pfützen wird Schlamm herbeigeschafft und auf die Sammlung des menschlichen Unraths besondere Sorgfalt gewendet. Gewöhnlich werden alle Sämereien vor der Aussaat in Harn aufgeweicht, besonders aber Rübsamen in einer Mischung von Harn und Kalk, weil man dadurch die Pflanzen gegen Insekten zu schützen glaubt. Bei jedem Hause sind große Gefäße in die Erde gesenkt, um den Unrath aufzubewahren, und in den Städten und Dörfern sieht man alte Leute und Kinder mit irdenen Krügen, Körben und Rechen umhergehen, um alle Unreinigkeiten und Abfälle aufzusammeln. Vor allen Städten gibt es Reihen von öffentlichen Abtritten, die nicht etwa verdeckt, sondern ganz offen stehen und stets benutzt werden. Die Eigenthümer dieser Anstalten ziehen mehrfache Vortheile aus dem Verkaufe des Inhalts, den die Chinesen Tafiu nennen und häufig als Dünger benutzen. Er wird zuweilen mit Dammerde vermischt, dann dünn in freier Luft auf ebener Oberfläche ausgebreitet, und wenn er trocken geworden ist, in Stücke zerbrochen, die etwa einen Fuß im Gevierte haben und im ganzen Lande zum Verkaufe verführt werden. Vor dem Gebrauche löst man diese Düngerkuchen, in kleine Stücke zerbrochen, in Wasser auf und schafft sie dann auf die Felder. Soll der Ta fiu aber in der Nähe des Ortes, wo man ihn sammelt, gebraucht werden, so wird er in Gruben, die mit Gyps ausgefüttert sind, in Wasser verdünnt und bleibt mehre Tage darin, ehe man ihn mittels kleiner Kanäle auf die Felder leitet oder mit Eimern ausschöpft. Der Anwendung dieses Düngers schreibt man die außerordentliche Fruchtbarkeit der kleinen Felder zu, die um die ländlichen Wohnungen der Chinesen liegen.

Selbst Menschenhaare und die Abfälle des Barts werden sorgfältig gesammelt. Jeder Barbier — eine zahlreiche Classe, da die Chinesen nur einen kleinen Haarbüschel auf dem Hinterkopfe tragen und Wenige sich selber zu scheren verstehen — ist mit einem kleinen Beutel versehen, in welchem er alle Abfälle sammelt, die ihm sein Messer verschafft, und die einen trefflichen Dünger geben. Selbst die Borsten der Schweine werden abgeschoren und besonders zum Dünger der Reisfelder gebraucht. Kurz, das betriebsame Volk läßt buchstäblich nichts verloren gehen.

Der Ertrag der Reisfelder in China ist im Durchschnitt dreißigfältig, die Kornfelder aber geben einen geringern, gewöhnlich nur fünfzehnfältigen Ertrag. Der ausgebreitete Anbau des Reises, mit Ausschluß fast aller andern Getreidearten, ist ein Hauptmangel des chinesischen Ackerbausystems, denn obgleich die Reisfelder in günstigen Jahreszeiten eine reichlichere und auch leichtere Ernte geben, so tritt doch unter ungünstigen Naturverhältnissen auch leichter Miswachs ein. Wassermangel in der ersten Zeit des Wuchses ist ebenso nachtheilig als Wasserüberfluß in der spätern. Überdies ist der Reis mehr als andere Körnerarten den Verheerungen der Vögel und besonders der Heuschrecken ausgesetzt, die zuweilen in ungeheuern Schwärmen ganze Provinzen verwüsten. In den nördlichen Provinzen des Reichs, wo man weniger Reis und dagegen desto mehr Weizen, Hirse und andere Körnerfrüchte anbaut, ist Hungersnoth seltener, und gewiß würde man durch den Anbau von Kartoffeln und Mais in den mittlern und südlichen Landschaften dieser Geißel ganz entgehen.

Die Ackerbauwerkzeuge sind im Ganzen noch sehr unvollkommen. Der gewöhnliche Pflug ist eine äußerst einfache Maschine und noch unter dem schlechtesten, den man vor 50 Jahren in den meisten europäischen Ländern kannte. Doch gibt es schon lange in einigen Gegenden Chinas eine Art von Sämaschine, die mit einem Pfluge verbunden ist. Sie besteht aus zwei parallelen Stangen, mit Pflugscharen versehen, um die Furchen zu machen, und an jeder derselben ist ein kleiner Trichter befestigt, aus welchem die Saat in die Furchen fällt, die dann mittels eines hinten an der Maschine angebrachten Querbretes eben gestrichen werden. Aber auch der beste chinesische Pflug schneidet nur vier Zoll tief, selbst in den besten Boden, sodaß man Jahr aus, Jahr ein in denselben Boden säet, ohne je frische Erde heraufzuholen und die erschöpfte unterzupflügen. Auch die Zugthiere der Chinesen sind sehr schwach, und ihre Maulthiere und Esel, die zum Pflügen gebrauchen, würden kaum einen europäischen Pflug ziehen können. In einigen Provinzen sind jedoch die Pferde häufiger und die Maulthiere besser, und allerdings ist nicht zu übersehen, daß ein so fleißiges Volk wie die Chinesen, durch Spatencultur jene Mängel zu ersetzen im Stande ist.

Der Anbau der Baumwolle ist sehr alt in China. Der Venetianer Marco Polo, der im 13. Jahrhundert das Land bereiste, kannte schon die schöne Nankinbaumwolle und die aus dem ungefärbten Garn derselben gewebten Zeuche, die noch immer ein bedeutender Ausfuhrartikel sind. In den Baumwollendistricten erntet jeder Landwirth seinen Bedarf; Weiber und Kinder spinnen die Baumwolle, die dann in seinem Hause zuweilen von seinen Angehörigen, häufiger aber von gemietheten Arbeitern, gewebt wird. In den Landschaften, wo Baumwolle gebaut wird, sieht man bei den meisten Pflanzungen Indigofelder. Der Indigo gedeiht überall in den südlichen und mittlern Provinzen. Der Färbestoff, den diese Pflanze liefert, ist kein Handelsartikel in China und wird daher nicht in trocknem Zustande angewendet, sondern man gebraucht gewöhnlich die Blätter zum Färben, um Arbeit zu ersparen und den Verlust zu vermeiden, der durch die Zubereitung herbeigeführt wird.

Wir müssen im Allgemeinen bemerken, daß die Schilderungen von dem Zustande des Ackerbaus in China, wie wir sie in den Berichten früherer Reisenden, besonders der französischen Missionare, finden, viele Übertreibungen enthalten, die durch die Beobachtungen neuerer Reisenden berichtet worden sind. Dies ist namentlich der Fall in Beziehung auf den Anbau eines gebirgigen Bodens mittels Terrassen, den man zwar häufig findet, der aber den Chinesen keineswegs so vorzugsweise eigen ist, als es frühere Berichte darstellen. Wir haben bereits erwähnt, daß der Viehstand in China sehr dürftig ist. Nie wird gutes Land als Weide benutzt, welche die chinesische Landwirthschaft kaum kennt. Das wenige Vieh wird auf wüste Ländereien getrieben, die man nie durch künstlichen Dünger oder Anbau verbessert. Daher das ärmliche Aussehen der Kühe und Pferde in China. Das Fleisch der Heerden wird fast nur von den Reichen genossen, und kein Chinese genießt Milch, Butter oder Käse. So viel Sorgfalt die Regierung von jeher darauf gewendet hat, den Ackerbau zu ermuntern und den Menschen Nahrung zu verschaffen, so haben doch immer ungereimte Vorurtheile gegen einen ausgebreiteten Gebrauch von Fleischnahrung geherrscht. Die Strafgesetze enthalten strenge Drohungen gegen Diejenigen, die ihr Vieh ohne ausdrückliche Erlaubniß tödten. Es ist ein bekannter Grundsatz, daß überall, wo der Ackerbau bedeutend ist, der Zins von dem zu Weide bestimmten Lande, nach Verhältniß der Güte desselben, dem von Getreidelande gewonnenen Ertrage gleich sein muß, und dies muß bei dem Anbau des Reises, der drei Ernten oder zwei Ernten neben einer Getreideernte gibt, einen auffallenden Einfluß auf die Preiserhöhung des Fleisches haben und unter einem so mäßigen Volke als die Chinesen den Genuß desselben vermindern. Kein Volk, mit Ausnahme der Hindu, die jedoch Milch genießen, ißt so wenig Fleisch als die Chinesen, die aber desto mehr Fische und Pflanzenkost verzehren. Nirgend wird auch weniger Vieh zum Ziehen und Lasttragen gebraucht. Wo alle gesellschaftlichen Einrichtungen den Zweck haben, die Bevölkerung auf das Äußerste des bloßen Lebensunterhalts zu beschränken, und weder Stolz noch Vorurtheil den Arbeiter abhält, seine Hände zu gebrauchen, muß menschliche Anstrengung jede andere ersetzen. In den südlichen Theilen des Reichs sind Zug- und Lastthiere, mit Ausnahme einiger elenden Reitpferde und einiger Büffel zum Pflügen, fast ganz unbekannt. Nach Peking hin und an den Grenzen der Tatarei ist es anders, und noch immer kann die große Mauer als die Grenze betrachtet werden, die zwei Völker scheidet, von welchen das eine ein Hirtenvolk, das andere ausschließend ein Ackerbauvolk ist.

Mehr als im Ackerbau zeichnen sich die Chinesen im Gartenbau aus, und die Art, in welcher der Boden angebaut wird, könnte eher Gartencultur als Ackerbau genannt werden. Die Geschicklichkeit der Chinesen zeigt sich besonders darin, die größtmögliche Menge von Gewächsen auf einem gegebenen Boden zu erzeugen. Man kann unbedenklich annehmen, daß ein chinesischer Bauer, wenn man ihm so viel Land gibt, als er und seine Familie mit dem Spaten bearbeiten können, diesem Lande weit größern Ertrag an menschlicher Nahrung abgewinnen wird, als ein Europäer vermöchte. Sie bearbeiten unaufhörlich den Boden, bereiten ihn mit der größten Sorgfalt zur Bepflanzung vor und halten ihn von allem Unkraut rein. Die Kunst, Gewächse durch künstliche Wärme zu treiben, scheinen sie nicht zu kennen. Es ist eine Eigenheit der Gartencultur der Chinesen, wodurch sie sich, wie in andern Dingen, auch unterscheiden, daß die Geschicklichkeit ihrer Gärtner darauf gerichtet ist, die Größe der Pflanzen und der Früchte zu vermindern, sodaß sie die ursprünglichen Erzeugnisse nur im Kleinen darstellen. Eigenthümlich ist den Chinesen auch der Gartenbau auf Böten und Flößen. In den Gegenden, welche von großen Seen, Sümpfen, Flüssen und Kanälen bedeckt sind, lebt ein großer Theil der Volksmenge immer auf dem Wasser und gewinnt den Lebensunterhalt meist durch Fischerei, um aber den Nachtheilen der häufigen Fischnahrung vorzubeugen, ißt man Knoblauch und Zwiebeln, die man auf dem Wasser anbaut, wo die Wohnkähne beständig rudern. Der arme Fischer, der kein Haus am Ufer, überhaupt keinen festen Wohnsitz hat, baut ein Floß von Bambusrohr, das er mit trockenen Kräutern und starkem Grase durchflicht, bringt es auf das Wasser und bedeckt es mit fruchtbarer Erde. Diese schwimmenden Gärten werden an das Hintertheil des Boots gebunden und überall nachgeschleppt, wie ehemals ähnliche Gärten auf dem See bei Mexico.

In der Landschaftsgärtnerei haben es die Chinesen zu großer Auszeichnung gebracht. Schon Marco Polo rühmt ihre Kunst und spricht mit Begeisterung von dem großen Park zu Kin-sai, wo zu jedem der 500 Zimmer des kaiserlichen Palastes ein eigner Lustgarten gehörte. Nichts übertrifft unter den neuern Anlagen den kaiserlichen Garten zu Gehol, der „das Paradies der zehntausend Bäume" heißt. Man findet darin einen großen See mit vielen Inseln und gegen 50 Pavillons, die mit Gemälden von des Kaisers Jagden und mit köstlichen Vasen von Jaspis, Agat und Porzellan geschmückt sind, und besonders wird die glückliche Wahl der Lage dieser Ziergebäude gerühmt. Der westliche Theil des Parks bildet eine der reizendsten Waldpartien, mit Jagdthieren aller Art bevölkert, hier von einem murmelnden Bach, dort von einem schäumenden Wasserfall belebt.

Die canadische Bisamratte.

Ein Hauptbewohner der Polargegenden des nördlichen Amerikas ist die sogenannte Ondatra oder canadische Bisamratte, die in ihrer ganzen Lebensweise große Ähnlichkeit mit dem Biber hat. Wie dieser erbaut sie sich im Winter auf dem Eise eine kegelförmige Hütte aus einer Mischung von Erde und Lehm, worin immer mehre dieser Thiere beisammenwohnen. Aus dieser Hütte führt eine Öffnung unter das Eis, die den Aus- und Eingang bildet, denn das Thier sucht seine Nahrung, die aus Kalmuswurzeln besteht, im Wasser. Im strengen Winter, wenn die arktischen Seen bis auf den Grund zugefroren sind, und ihnen demnach ihre gewohnte Nahrung mangelt, sind sie genöthigt, einander selbst aufzufressen. Die Bisamratte schwimmt vortrefflich, wobei ihr der lange fächerförmige, nach beiden Seiten hin ungemein bewegliche Schwanz, dessen sie sich als Steuer bedient, sehr zu statten kommt. Diese Thiere sind sehr fruchtbar und werfen jährlich dreimal Junge; ihr Pelzwerk, das jedoch geringer an Werth ist als das Biberfell, wird dennoch von den Hutmachern häufig anstatt dessen untergeschoben und verarbeitet. Die Hudsonsbaicompagnie führt jährlich ungefähr eine halbe Million solcher Felle ein.

Der weiße Quinoa.

Seit langer Zeit hat man sich bemüht, in Frankreich den Anbau des weißen Quinoa an die Stelle des Reises zu setzen, dessen Anbau wegen der mörderischen Krankheiten, die er verursacht, verboten worden war. Schon 1779 machte der berühmte Naturforscher Dombey nach seiner Rückkehr aus Peru fortdauernde Versuche, diese Pflanze zu akklimatisiren, aber umsonst. Später versuchte man es wiederholt, namentlich mit dem von

Humboldt nach Frankreich gebrachten Samen, aber auch diese Versuche schlugen fehl, indem die Körner nicht keimen wollten. Jetzt soll es endlich gelungen sein, die Pflanze völlig zu naturalisiren. In Mexico, Peru und in fast allen Provinzen Südamerikas gilt der Quinoa für ebenso nützlich als der Weizen, der Mais und die Kartoffel; die Blätter werden als grünes Gemüse verwendet wie bei uns der Spinat und der Sauerampfer; der Same dagegen dient zur Hauptnahrung der Einwohner und ist so gewöhnlich, wie der Reis in Hindostan, Persien und China.

Der See von Nantua.

Nantua ist eine kleine Stadt im Departement de l'Ain, zwischen zwei Bergrücken und am östlichen Ufer eines reizenden Sees gelegen. Sie zählt nicht viel über 4000 Einwohner, ist aber reinlich und nett gebaut und gewährt dem Reisenden einen anmuthigen und malerischen Anblick; auch ist sie historisch merkwürdig durch das Grabmal König Karl's des Kahlen, das sich hier befindet.

In dem von reizenden Ufern umgebenen See fängt man eine Menge der schönsten Fische, besonders herrliche Forellen, die im ganzen Lande berühmt sind.

Überhaupt ist diese ganze Gegend fischreich, und besonders merkwürdig durch jene große Anzahl Teiche, welche von den Einwohnern nach Willkür trocken gelegt werden können und ihnen sowol durch den Fischfang als durch die Feldfrüchte, welche darauf geerntet werden, wenn das Wasser abgelassen ist, reiche Nahrungsquellen gewähren. Diese für den Ackerbau dieses ganzen Landstrichs so überaus wichtigen Teiche nehmen die ganze Höhenfläche der „Bresse=bressone" ein und mögen sich der Zahl nach ungefähr auf 1660 belaufen. Diese Höhenfläche wird durchschnitten von vielen kleinen Hügeln, die sehr nahe beieinander liegen, und besteht aus einem sehr festen und für das Wasser undurchdringlichen Thonboden, über welchem sich jedoch noch eine Schicht von vegetabilischer Erde befindet, von etwa vier bis fünf Zoll Dicke. Quellen, Bäche und Flüßchen rieseln hier in beträchtlicher Anzahl, sodaß man leicht einsieht, wie diese ganze Gegend früher ein großer Morast gewesen sein muß, wovon auch der alte Name Bresse marecageuse (die morastige) herrührt, bis man auf den Gedanken kam, die Gewässer zu vereinigen und mittels Dämme, die von einer Hügelreihe zur andern gehen, aufzuhalten und einzudeichen. Auf diese Weise haben sich die unergiebigen, ja schädlichen Moräste in schöne Teiche verwandelt, welche ihren Eigenthümern einen ebenso mannichfaltigen als reichlichen Ertrag sichern. Will man sie als Ackerland benutzen, so legt man den Teich trocken dadurch, daß man die Schleuse öffnet und das Wasser ablaufen läßt, und besäet hierauf jene fruchtbare Pflanzenerde, welche die oberste Schicht des feuchten Bodens bildet, mit Getreide. Dieser Boden ist so ergiebig, daß er im Vergleich zu dem übrigen Ackerboden der Provinz mehr als den doppelten Ertrag gewährt. Sobald die Ernte vorüber ist, läßt man das Wasser wieder in den Teich und besetzt ihn mit junger Fischbrut. Am besten eignen sich der Karpfen, der Hecht und die Schleie. Der Fischfang findet insgemein vom 1. November bis zum 1. April statt und gewährt einen sehr ergiebigen Nutzen, da viele der Fische nach Lyon, ja selbst bis nach der Schweiz verführt werden.

Verantwortlicher Herausgeber: Friedrich Brockhaus. — Druck und Verlag von F. A. Brockhaus in Leipzig.

Das Pfennig-Magazin
für Verbreitung gemeinnütziger Kenntnisse.

216.] Erscheint jeden Sonnabend. [Mai 20, **1837.**

Galerie der deutschen Bundesfürsten.
XIV.

Joseph, Herzog zu Sachsen-Altenburg.

Der regierende Herzog zu Sachsen-Altenburg, Friedrich Ernst Georg Karl Joseph, wurde als Prinz von Sachsen-Hildburghausen am 27. August 1789 zu Hildburghausen geboren und ist der Sohn des Herzogs Friedrich mit seiner Gemahlin, der Prinzessin Charlotte von Mecklenburg-Strelitz, der Schwester der Königin Luise von Preußen. In Folge des Erlöschens der Linie Sachsen-Gotha und Altenburg im Jahre 1825 erhielt sein Vater 1826 das Herzogthum Altenburg, während er Hildburghausen an Meiningen abtrat, und hieß nun Herzog von Sachsen-Altenburg. Der Erbprinz Joseph genoß, gleich seinen Geschwistern, eine ausgezeichnete Erziehung und früh schon entwickelte sich bei ihm ein tief religiöser Sinn, den er auch fortwährend bewahrte. Nach dem Tode seines Vaters, der als Senior der Ernestinischen Linie des Hauses Sachsen am 29. September 1834 starb, folgte er demselben in der Regierung. Die Rede des Herzogs an die versammelten Stände am 7. November 1836 war ein schönes Zeugniß seiner auf religiösem Grunde ruhenden landesväterlichen Gesinnungen.

Der Herzog ist seit 1817 mit der Prinzessin Amalie, geboren am 28. Juni 1799, einer Tochter des Herzogs Ludwig von Würtemberg, vermählt und Vater von fünf Prinzessinnen: 1) Marie, geboren 1818; 2) Therese, geboren 1823; 3) Elisabeth, geboren 1826; 4) Alexandra, geboren 1830, und 5) Luise, geboren 1832. — Seine Schwestern: Charlotte, geboren 1787, und Therese, geboren 1792, sind Beide vermählt, jene mit dem Herzoge Paul von Würtemberg, diese mit dem Könige Ludwig von Baiern. — Sein Bruder, der Prinz Georg, geboren 1796, residirt zu Eisenberg und ist seit 1825 mit der Prinzessin Marie von Mecklenburg-Schwerin vermählt, mit der er die Prinzen Ernst, geboren 1826, und Moritz, geboren 1829, zeugte. — Seine beiden andern Brüder sind der Prinz Friedrich, geboren 1801, und der Prinz Eduard, geboren 1804, bairischer Oberstlieutenant, seit 1835 mit der Prinzessin Amalie von Hohenzollern-Sigmaringen vermählt.

V.

Die Verschiedenheit der Organisationen in Übereinstimmung mit der Verschiedenheit des Klimas.

Die Organisation der Pflanzen und Thiere zeigt sich in verschiedenen Familien mehr oder weniger verschieden, aber in allen Fällen ist sie im Allgemeinen der Wirksamkeit der Elemente angepaßt. Die Pflanzen und Thiere, die in weit voneinander entlegenen Ländern gedeihen, zeigen dem Auge des Reisenden eine Reihe von Gemälden, die selbst für einen unwissenden und wenig nachdenkenden Beobachter bei der Neuheit und Ungewöhnlichkeit der stets wechselnden Scenen ein eigenthümliches Interesse haben. Mit Bewunderung sprechen die Reisenden von der üppigen Fülle und der reichen Mannichfaltigkeit der Pflanzenwelt in den tropischen Ländern. Das Pflanzenleben scheint dort weit kräftiger und thätiger zu sein, und die Umstände, unter welchen es sich entwickelt, erscheinen günstiger als in unsern Breiten. Wenn wir nun annehmen, daß ein Bewohner jener Gegenden, der bei seiner Kenntniß von der Gestalt und der Bewegung der Erde mit den klimatischen Verschiedenheiten auf derselben bekannt wäre, nach Allem, was er um sich her sieht, die Lage anderer Erdgegenden hinsichtlich des Pflanzenreichthums vermuthete, so würde er wahrscheinlich voraussetzen, daß die Erdgegenden außerhalb der Wendekreise fast ganz von Pflanzen entblößt wären. Wir wissen, daß die Alten, die in einem gemäßigten Klima lebten, auf die Vermuthung kamen, daß die heiße und die kalte Zone unbewohnbar sein müßten. Ebenso würde der Bewohner des heißen Erdgürtels leicht auf die Vermuthung kommen, daß der Pflanzenwuchs allmälig aufhören und endlich ganz hinsterben müßte, je weiter er sich von dem belebenden Einflusse der Sonne entfernte. Da in seiner Heimat die mittlere jährliche Temperatur ungefähr 22 Grad R. ist, so würde er es kaum für möglich halten, daß Pflanzen gedeihen könnten, wo die mittlere Temperatur nur 8 Grad, und die Temperatur im Sommer nur 14 Grad ist. Aber die vom Äquator entfernten Gegenden sind nicht so ungünstig von der Natur bedacht. Sie sind keineswegs mit solchen tropischen Pflanzen bedeckt, die nur ein verkrüppeltes und unsicheres Leben unter einem ungünstigen Himmel haben würden, sondern reichlich mit einer Menge von Gewächsen versehen, welche eigens für sie geschaffen zu sein scheinen, da sie ebenso wenig unter dem Äquator gedeihen würden als die Äquatorpflanzen in diesen gemäßigten Gegenden fortkommen können. Und solchen neuen Zuwachs der Pflanzenwelt, der den neuen klimatischen Verhältnissen angepaßt ist, finden wir stets, wenn wir uns den anscheinend unbewohnbaren Gegenden des Nordpols nähern. Jede Zone hat ihre eigenthümlichen Gewächse, und vermissen wir einige, so treten andere in ihre Stelle.

Blicken wir nun auf die einheimischen Pflanzen Asiens und Europas, so finden wir eine solche Aufeinanderfolge als wir eben angedeutet haben. Unter dem Äquator sehen wir die Erzeugnisse der Gewürzinseln, Muskatnüsse, Gewürznelken, Pfeffer; der Zimmtstrauch bedeckt den Boden von Ceylon, das wohlriechende Sandelholz, der Ebenholzbaum, der Teakbaum wachsen in Ostindien. Unter denselben Breitengraden, im glücklichen Arabien, finden wir Balsam, Weihrauch, Myrrhen, Kaffee und Tamarinden. Aber in diesen Gegenden, wenigstens in den Ebenen, fehlen jene Bäume und Gesträuche, die unser nördliches Klima zieren, und gehen wir weiter nordwärts, so ändern sich bei jedem Schritte die Gruppen der Pflanzenwelt, bald durch Zuwachs, bald durch Ermangelung. In den Wäldern am westlichen Ufer des kaspischen Meeres sehen wir die Aprikose, die Citrone, die Pfirsche, die Wallnuß. Unter denselben Breitengraden finden wir in Spanien, Sicilien und Italien die Zwergpalme, die Cypresse, den Korkbaum; die Pomeranzenbäume durchduften die Luft mit ihrer Blüte, die Granate wächst wild unter Felsen. Gehen wir über die Alpen, so finden wir den dem nördlichen Europa eignen Pflanzenwuchs, die Eiche, die Buche, die Ulme. Im höhern Norden haben die Wälder einen andern Charakter. In den nördlichen Provinzen Rußlands finden wir Wälder von verschiedenen Föhrenarten. Auf den Orkaden wächst kein Baum, außer der Haselstaude, die wir auch an dem nördlichen Ufer der Ostsee antreffen. Weiter aufwärts in den kältern Regionen finden wir Pflanzen, die eigens für diese Lagen geschaffen zu sein scheinen. Die Bergesche begleitet uns bis zu der Spitze des bottnischen Meerbusens, und wenn wir über diese hinausgehen, kommen wir über die Grenzen der schottischen Fichte und jener Gesträuche, welche unter dem Namen Zwergbirke und Zwergweide bekannt sind. Auch hier, in der Nähe des Nordpols, blühen noch Blumen von großer Schönheit, das Mezereum, die gelbe und weiße Wasserlilie, und wo wir diese nicht mehr sehen, macht das Rennthiermoos diese Gegenden noch immer für Thiere und Menschen bewohnbar.

So finden wir in den Gesetzen der Pflanzenorganisation eine Mannichfaltigkeit, welche den klimatischen Verschiedenheiten merkwürdig angepaßt ist, und vermöge dieser Übereinstimmung ist die Erde von Pol zu Pol mit Pflanzen bedeckt und mit Thieren bevölkert, wogegen ohne eine solche Anpassung das pflanzliche und thierische Leben fast ganz auf eine schmale Zone der Erdoberfläche beschränkt sein müßte.

Der Pflanzenreichthum der Erde dient vorzüglich zum Unterhalt des Menschen, dem er Nahrung und Kleidung liefert, und der Umstand, daß die Familien einheimischer Pflanzen jedem Klima angepaßt sind, geht ohne Zweifel aus der Absicht hervor, daß sich das Menschengeschlecht über die ganze Erde verbreiten soll. Dieser Zweck aber wird nicht allein durch einheimische Pflanzen erreicht und in den verschiedenen Pflanzen, welche sich mit Vortheil in verschiedenen Gegenden anbauen lassen, finden wir einen weitern Beweis, daß das organische Leben dem System der Elemente angepaßt ist. Die angebauten Pflanzen, welche zu den Lebensbedürfnissen oder zu den angenehmen Genüssen gehören, sind in enge Grenzen eingeschlossen, wenn wir sie mit der ganzen Erdoberfläche vergleichen, doch ist fast jeder Theil dieser Oberfläche fähig, mit der einen oder der andern Art dieser Gewächse bedeckt zu werden. Fehlt es an einer Classe, so erscheint eine andere in ihre Stelle. Getreide, Rebe und Ölbaum haben ihre Grenze. Der Weizen erstreckt sich durch den alten Continent, von England bis Tibet, hört aber bald weiter nördlich auf und gedeiht nicht mehr im westlichen Schottland, doch ebenso wenig in der heißen Zone als in den Polargegenden. Innerhalb der Wendekreise werden Weizen, Gerste und Hafer nicht angebaut, ausgenommen in Gegenden, die in bedeutender Höhe über der Meeresfläche liegen. Die Bewohner dieser Gegenden haben eine andere Kornart, den Mais, oder andere nährende Gewächse. Der Weinbau paßt nur für Gegenden, deren mittlere Temperatur das Jahr hindurch zwischen 8 und 14 Grad ist. Der vortheilhafte Anbau der Rebe hört über 40 Grad vom Äquator bald auf. Die Grenzen des Maisbaus und des Ölbaums in

Frankreich sind parallel mit den Grenzen, welche den Weinbau und den Getreidebau einschließen, wenn wir uns nordwärts wenden. Im nördlichen Italien, westlich von Mailand, finden wir zuerst den Reisbau, der sich durch das ganze südliche Asien erstreckt, wenn anders das Land nach Belieben bewässert werden kann. Baumwolle wird auf der westlichen Halbkugel bis zum 40 Grad angebaut, erstreckt sich aber bis Astrachan unter 46 Grad auf der östlichen. Das Zuckerrohr, die Betelnuß, der Indigo, der Thee belohnen die Mühe des Anbaues in Indien und China, und einige dieser Pflanzen hat man mit Vortheil in Amerika und Westindien angebaut. Im südlichen Amerika finden zahlreiche Bewohner überflüssige Nahrung auf einem kleinen, mit Yucca, Yams und Mais bepflanzten Raume. Der Anbau des Brotfruchtbaumes beginnt auf den Manillen und erstreckt sich durch das stille Meer; die Sagopalme wächst auf den Molukken und der Kohlbaum auf den Peleweinseln.

Auf diese Weise sind die verschiedenen Menschenstämme mit Pflanzennahrung versorgt. Einige leben jedoch von der thierischen Nahrung, die ihr Boden darbietet, und die Erzeugnisse der Erde dienen ihnen nur mittelbar zur Befriedigung ihrer Bedürfnisse. So leben die Tatarenstämme von ihren Heerden. Der Geschmack an Pferdefleisch scheint sich nur bei den Mongolen, den Finnen und mehren Abkömmlingen der alten Scythen zu finden. Heuschreckenesser gibt es jetzt, wie früher, nur in Afrika.

Diese Verschiedenheiten sind großentheils von der Gewohnheit, von dem Boden und andern Ursachen abhängig, viele aber stehen auch mit dem Klima in Verbindung, und die Mannichfaltigkeit der Hülfsmittel, die dem Menschen auf diese Weise zu Gebote stehen, ist in den verschiedenen Eigenheiten der anbaufähigen Gewächse gegründet, vermöge welcher das eine für dieses, das andere für jenes Klima paßt.

Durch die Verschiedenheiten in den Pflanzenarten, wie wir genannt haben, ist für den Unterhalt und den Genuß des Menschen reichlich gesorgt. Noch ein anderer Umstand aber, ein Ergebniß der Verschiedenheit der einheimischen Erzeugnisse verschiedener Gegenden, und daher eine Folge der klimatischen Verschiedenheiten, von welchen die Verschiedenheit der Bodenerzeugnisse abhängig ist, verdient unsere Aufmerksamkeit. Die Mannichfaltigkeit der Erzeugnisse verschiedener Länder steht nicht nur mit dem physischen, sondern auch mit dem gesellschaftlichen und moralischen Zustande des Menschen in Beziehung.

Der Verkehr, den Entdeckungsreisen, Ansiedelungen und Handel zwischen den Völkern anknüpfen, das Studium der Naturgeschichte, der Sitten und Einrichtungen fremder Länder führen viele hochwichtige Ergebnisse herbei. Ohne diesen Gegenstand genauer zu erörtern, wird man doch zugeben müssen, daß ein solcher Verkehr einen großen Einfluß auf die Lebensgenüsse, die Wohlfahrt, die Künste, die Literatur und die Macht der Völker hat, die dadurch in Verbindung gebracht werden. Die mannichfaltigen Erzeugnisse verschiedener Länder sind sowol ein Antrieb zu diesem Verkehr, als zugleich die Mittel, durch welche die Wirkungen desselben hervorgebracht werden. Der Wunsch, die Gegenstände oder die Kenntnisse zu erlangen, welche fremde Länder allein darbieten können, treibt den Kaufmann, den Reisenden, den Seefahrer, über Land und Meer zu gehen, und die Fortschritte der Künste, die Vortheile der Gesittung bestehen fast allein in der Benutzung und Verbesserung derjenigen Gegenstände, die wir aus andern Ländern erhalten haben. Dies ist in weit größerm Umfange der Fall, als wir auf den ersten Blick glauben mögen. Wo der Mensch den Boden thätig anbaut, wendet er kaum so große Sorgfalt auf jene Pflanzen, welche das Land freiwillig hervorbringen würde. Er wählt nicht einige einheimische Pflanzen aus, um sie durch Anbau zu veredeln, sondern vertreibt gewöhnlich die ursprünglichen Inhaber des Landes und führt fremde Ansiedler ein. Nehmen wir den Zustand unserer Erdgegend als Beispiel an, so finden wir, daß nur wenige der Pflanzen, die in unsern Feldern und Gärten gedeihen, ursprüngliche Erzeugnisse dieses Bodens sind. So erhielten wir die Wallnuß und die Pfirsche aus Persien, Kirschen, Feigen, Birnen, Granaten, Ölbäume aus Kleinasien und Syrien, und die jetzt in Europa angebaute Rebe wird an den Küsten des kaspischen Meeres, in Armenien und Caramanien wild gefunden. Die nützlichsten Pflanzen, die Getreidearten, sind gewiß Fremdlinge, obgleich ihre ursprüngliche Heimat ein undurchdringliches Geheimniß zu sein scheint. Einige haben zwar geglaubt, daß die Gerste an den Ufern des Semara in der Tatarei wild wachse, Roggen in Kreta, Weizen in Asien einheimisch sei, aber diese Angaben sind sehr zweifelhaft. Ebenso schwierig ist es, die Kartoffel, die sich in neuern Zeiten so weit über die ganze Welt verbreitet hat und vielen Ländern einen so reichlichen Zuwachs von Lebensbedürfnissen liefert, bis in ihre ursprüngliche Heimat zu verfolgen.

So finden wir überall die Spuren der Verbindung zwischen den Fortschritten der Gesittung und dem Völkerverkehr. Die Erzeugnisse, die dem Luxus der Europäer dienen, werden in ihren Colonien gewonnen, Baumwolle, Kaffee, Zucker aus dem Osten in das entfernteste Westland verpflanzt, und so lebt der Mensch mitten in einem mannichfaltigen Überflusse, der auf der Leichtigkeit beruht, womit sich Pflanzen, Thiere und Culturarten in Länder bringen lassen, die weit von denjenigen entfernt sind, wo die Hand der Natur sie gepflanzt hat.

Die Verschiedenheiten der Erzeugnisse verschiedener Länder, die den Völkerverkehr befördern und dadurch die Wohlthaten herbeiführen, die wir angedeutet haben, sind keineswegs ausschließend von der Verschiedenheit der Temperatur und des Klimas abhängig, sondern sind einige der wichtigsten Ursachen oder Bedingungen der Verschiedenheit der Erzeugnisse, und so ist die Gestalt und Bewegung der Erde, woraus die klimatischen Verschiedenheiten entstehen, mit der gesellschaftlichen und moralischen Wohlfahrt und mit den Fortschritten der Menschheit verbunden.

Wir haben in der Mannichfaltigkeit der organischen Wesen eine Angemessenheit zu den klimatischen Verschiedenheiten, eine vorsorgende Einrichtung zur Erhaltung der Menschen auf der ganzen Erde und ein Mittel zur Beförderung der Gesittung nachgewiesen; doch haben wir diese Mannichfaltigkeit nicht als einen Zweck an sich dargestellt, den wir ohne Beziehung auf einen höhern Zweck begreifen könnten. Wer gewohnt ist, die Einrichtungen der Welt in Beziehung auf den Schöpfer zu betrachten, wird in dieser Mannichfaltigkeit erschaffener Wesen einen Gegenstand der Bewunderung finden, und allerdings können diese anscheinend unerschöpflichen Vorräthe von Lebensformen und Lebensweisen, diese bestimmten Gesetze jeder Classe, ihre Verschiedenheit von allen andern, ihre Beziehungen zu vielen unsere Bewunderung erregen. Wir sehen Formen, Gewohnheiten und Charactere, die in ihren Ähnlichkeiten und Verschiedenheiten alle möglichen Abstufungen

*

zeigen. Jedes neue Land, das wir erforschen, zeigt uns neue Verbindungen, wo alle möglichen Fälle erschöpft zu sein schienen, neue Ähnlichkeiten und Verschiedenheiten, die alle frühern Vermuthungen täuschen. Wer die Natur in dieser Beziehung mit umfassendem Blicke betrachtet hat, muß fühlen, daß in einer solchen Schöpfung eine Harmonie, eine Schönheit, eine Würde ist, die einen unwiderstehlichen Eindruck machen, und die nicht stattfinden würden, wenn eine einförmigere und beschränktere Einrichtung herrschte.

Ein mohammedanischer Fakir aus Hindostan.

Wer ist die seltsame Figur hier auf unserer Abbildung, die den ganzen Leib in ein rauhes Schaffell gewickelt hat und auf einem Ochsen reitet, die mit dem struppigen, schwarzen Haupthaar und dem dichten Bart beinahe das Ansehen eines Räubers hat? Es ist ein Fakir aus Hindostan, ein Wesen, das in der That nicht nur zu den seltsamsten, sondern auch zu den überflüssigsten Menschenclassen gehört; ein Mann, der zu gleicher Zeit ein Heiliger, ein Tagedieb, ein Bettler und Räuber ist und bei dem, sonderbar genug, das scheinbare Verdienst dieser sogenannten Heiligkeit den letztern wenig empfehlungswerthen Eigenschaften zur Entschuldigung gereicht. Doch wir müssen unsere Leser etwas ausführlicher mit dieser auffallenden Erscheinung bekannt machen.

In dem reichen und schönen Lande Hindostan, das so fruchtbar nicht blos an Naturerzeugnissen der trefflichsten Gattung, sondern auch an uralten, heiligen Erinnerungen ist, welche beweisen, daß dort ehemals unter den Eingeborenen, den Hindus, eine weit höhere Cultur und wissenschaftliche sowol als gesellige Bildung herrschte — in diesem ausgezeichneten Lande sind heutiges Tages Aberglaube, Abgötterei, Müßiggang, Heuchelei und Verbrechen so weit verbreitet und tief eingewurzelt, daß man vor dem großen Elend, das aus dieser sittlichen Gesunkenheit folgt, zurückschaudern möchte. Der Leser wird sich hiervon eine Vorstellung machen, wenn wir ihm mittheilen, daß es in Hindostan von religiösen Betrügern und Schwärmern aus allen möglichen Sekten im eigentlichsten Sinne wimmelt, die unter den Eingeborenen in dem Geruch großer Heiligkeit stehen, den sie sich durch allerlei religiöse, oder vielmehr abgöttische Übungen, durch gelegentliche öffentliche Kasteiungen, sowie durch ihre fabelhafte Abkunft und ihr uraltes Bestehen zuwegegebracht und dessen sie sich nun bedienen, um von den Eingeborenen und Gläubigen allerlei Gaben zu erbetteln und zu erpressen, wodurch sie ihren Lebensunterhalt gewinnen und in den Stand gesetzt werden, ihre scheinheiligen Entbehrungen auf der andern Seite wieder durch ebenso große Ausschweifungen zu ersetzen. Die Haupt-, ja vielmehr die einzige Beschäftigung dieser unheiligen Heiligen, welche der allgemeine Glaube der geistig beschränkten Hindus für erhabene Mittelwesen zwischen Gottheit und Menschheit hält, ist die Bettelei, für deren Ausübung sie ein außerordentliches Talent und eine unvergleichliche Unverschämtheit besitzen. Sie ziehen von einer Wohnung zur andern und verlassen kein Haus, ohne reichlich beschenkt zu werden; selbst der Ärmste muß etwas dazu beitragen, um ihre Seckel zu füllen und sogar von den Reisenden, die ihnen unterwegs begegnen, erheben sie ihren heiligen Zoll.

Es ist fast unglaublich, wie weit verbreitet in Hindostan überhaupt die Bettelei, wie groß dort die Anzahl solcher Personen ist, die keinen andern Lebensberuf haben, als zu betteln. Unter allen diesen Bettelsekten, die jenes herrliche Land auf unverantwortliche Weise aussaugen, sind die Fakirs eine der angesehensten. Sie sind ihrer Religion nach ursprünglich Mohammedaner, haben jedoch während ihres langen Aufenthalts unter den Hindus viel von deren Religionsgebräuchen und abergläubigen Ceremonien angenommen, wodurch ihre Religion gewissermaßen ein Mittelding zwischen der Religion der Hindus und dem Mohammedanismus geworden ist, daher es denn auch kommt, daß sie bei den Mohammedanern wie bei den reinen Hindus in gleichem Ansehen stehen. Die Fakirs leiten ihren Ursprung ab von einer der frühesten mohammedanischen Sekten in Indien, die den Namen der Santoes führte. Sie sind halb Schwärmer, halb Betrüger und besitzen ebenso viel religiösen Enthusiasmus als Aberglauben und Sittenlosigkeit. Das Leben vom bloßen Müßiggang hat das wenige Edle, das vielleicht ursprünglich in dieser Sekte vorhanden war, nach und nach völlig abgestreift, sodaß während der Pöbel den strengsten Glauben an ihre Auserwähltheit und Unbeflecktheit hegt und sich für verpflichtet hält, ihnen in allen äußerlichen Bedürfnissen den unbedingtesten Vorschub zu leisten, sie selbst sich als die entartetsten, anmaßendsten, ausschweifendsten und unredlichsten Geschöpfe beweisen. Sie wissen auch recht gut, daß ihr Ansehen in der öffentlichen Meinung zu festgewurzelt ist, um daraus vertilgt werden zu können, und thun also für ihr Theil wenig oder nichts, um dieser Meinung irgendwie zu entsprechen. Jene gelegentlichen Selbstkasteiungen und Bußübungen sind das Einzige, was sie vornehmen, um das Volk in seinem Vorurtheil über sie zu bestärken. Das Hauptgeschäft der Fakirs ist und bleibt aber, wie bemerkt, das Betteln und Erpressen frommer Gaben von den reichen und armen Gläubigen. Sie treiben diese Geschenke im Namen des Propheten ein und fodern sie mit der größten Unverschämtheit, ja rauben sie sogar, wenn man sie ihnen nicht freiwillig darbietet. Oft ziehen sie in Trupps im Lande herum und dann gleichen sie den wirklichen Räubern im vollsten Maße, halten die Reisenden unterwegs an und schlagen und berauben sie, wenn sie Widerstand finden. Der Vorwand, dessen sie sich bei solchen Gelegenheiten zunächst bedienen, ist natürlich die Religion selbst. Sie werfen sich auf den Boden und verrichten sogleich unter freiem Himmel einiger ihrer Andachtsübungen, worauf sie alsdann den Fremden zu überreden suchen, daß es nicht allein verdienstlich, sondern sogar die höchste Pflicht eines Gläubigen sei, Diejenigen, welche die Gottheit zu ihren ersten Dienern und Stellvertretern ausersehen habe, reichlich zu belohnen. Will der Reisende nicht sogleich auf diese Beweisführung eingehen, so nehmen sie ihm mit Gewalt, was er verweigert. Die äußere Tracht der Fakirs, wenn sie dergleichen Umzüge halten, ist genau so, wie sie auf unserer Abbildung vorgestellt ist. Eigentlich verlangt die strenge Regel ihrer Sekte, daß sie ihre Wanderungen zu Fuß unternehmen sollen, allein weit lieber versehen sie sich mit einem tüchtigen Ochsen, der ihnen anstatt eines Reitpferdes dient, und den sie entweder als freiwilliges Geschenk erhalten oder dem ersten besten Besitzer abnehmen. Das Gewand der Fakirs besteht aus einem unbearbeiteten Schaffell, an welchem die Wolle nach außen gekehrt ist. Um den Hals tragen sie mehre Reihen großer Perlen; ihre einzige Kopfbedeckung ist ihr langes, dickes Haar, das von der Stunde ihrer Geburt an niemals geschoren wird. Auch das Thier, auf dem sie reiten, trägt einigen Schmuck, nämlich um den Hals an einem Riemen eine Glocke, die bei jedem Schritt des bei den Hindus für heilig gehaltenen Thiers einen dumpfen, einförmigen Ton von sich gibt, und um den untern Theil der Vorderfüße einige hörnerne Ringe.

Die elysischen Inseln.

Jeder kennt wol Göthe's herrliche Beschreibung Utopiens, welche der „zerlumpte Rhapsod" den horchenden Venetianern erzählt, jenes glückselige Schlaraffenland, wo man weder säet noch erntet, noch sonst die geringste Arbeit thut, sondern wo die gebratenen Tauben umherfliegen, wo man blos auf dem Markte sitzt, über dem schwellenden Bauch die Arme geschlungen, zu hören lustige Lieder wandernder Sänger, zu sehen die Tänze der Mädchen, der Knaben Spiele u. s. w.

Von jeher hat sich die Phantasie der Menschen darin gefallen, dergleichen Scenen auszumalen, und um zu sehen, wie sich die Alten jenes Utopien dachten, will ich die Beschreibungen der elysischen Inseln aus den Geschichten des Lucianus, zur Vergleichung mit jener Göthe'schen Beschreibung, hierher setzen.

„Eine wunderliebliche Luft", sagt der Erzähler, „mit tausend Wohlgerüchen geschwängert, wehte uns an, denn ringsum war Alles mit Rosen, Narcissen, Hyacinthen, Lilien, Veilchen, mit Myrrhen und Lorbern und blühenden Weinstöcken bedeckt; wir erblickten ruhig wogende Seen und kryftallhelle Flüsse, die ruhig ins Meer wogten, ferner Wiesen und Wälder, aus denen tausendstimmiger Gesang der herrlichsten Vögel hervorschallte, der dem in der Nachtstille von fern tönenden Klange von Flöten glich. Wir legten unser Schiff an, und durch eine blühende Aue vorwärts schreitend, gelangten wir zu einem Wachtposten. Dieser fesselte uns mit Rosenketten, die schlimmsten Bande, die man hier kennt, und führte uns zur Obrigkeit; unterwegs vernahmen wir dann von unserm Führern, daß dies die Insel der Seligen sei, und daß Kreter Rhadamanthus sie als oberster Herrscher inne habe. Es ward eben von ihm Gericht gehalten, und nachdem mehre Streitfragen entschieden worden waren, wandte er sich zu uns und fragte, was uns denn eingefallen sei, daß wir als lebende Menschen an diesem heiligen Orte gelandet wären? Nachdem wir ihm unsere Irrfahrten erzählt, entschied er, daß wir für unser Umherstreichen einst nach unserm Tode Rechenschaft abzugeben haben würden; vor der Hand aber sollten wir auf der Insel bleiben und uns mit den Seligen ergötzen, jedoch nicht länger als sieben Monate. Sofort fielen die Rosenketten von selbst von uns ab, wir waren frei und wurden in die Stadt geführt. Diese Stadt nun war ganz von Gold, die Mauer, die sie umschloß, bestand aus Smaragden, sie hatte sieben Thore, jedes aus einem einzigen Stück Zimmetholz gearbeitet; der Fußboden der Stadt und alle Wege innerhalb der Mauern waren von Elfenbein, die Tempel sämmtlicher Götter waren von Sapphiren aufgebaut, die Altäre in ihnen sehr groß, und jeder bestand aus einem einzigen Amethyst; auf ihnen wurden die Hekatomben geopfert. Um die ganze Stadt herum floß ein Strom des köstlichsten Salböls, 100 Ellen breit und so tief, daß man bequem darin schwimmen konnte. In den Häusern hatten sie Bäder, groß und geräumig, von dem schönsten Krystall, die mit Zimmetholz geheizt wurden, in den Badewannen jedoch war statt des Wassers warmer Thau. Als Kleider bedienen sie sich feiner, purpurner Spinngewebe; sie selber aber haben keine Körper, sondern sind unberührbar und fleischlos und haben blos eine Scheingestalt; trotzdem aber kommen sie zusammen, bewegen sich, denken und sprechen. Es sieht fast aus, als wenn die Seele nackt umherginge und nur einen Schein von Körper um sich hätte; wenigstens ohne sie anzurühren, würde sich Niemand überzeugen können, daß sie nicht wirkliche Körper seien, denn sie sind wie aufrechtstehende, nicht schwarze Schatten; sie sind nicht altert, sondern in dem Alter, in welchem einer ankommt, bleibt er. Es wird weder Nacht bei ihnen, noch auch heller Tag, sondern stets ist das sanfte Zwielicht über Alles ausgegossen, welches stattfindet, wenn die Sonne noch nicht ganz aufgegangen ist; sie kennen nur eine Jahreszeit, den Frühling, und nur ein Wind weht beständig, der Zephyr. Die Gegend umher prangt in mannichfachster Blumenpracht; die Weinstöcke tragen zwölfmal und jeden Monat haben sie reife Früchte; die Granatbäume aber und Pfirschen und das übrige Obst soll gar dreizehnmal tragen, denn in dem einen Monat, der der minonische heißt, tragen sie zweimal. Statt des Weizens tragen die Ähren fertige Brote an den Spitzen, wie Pilze. Wasserquellen gibt es um die Stadt herum 365, ebenso viele Honigquellen, ferner 500 Salbenquellen, jedoch etwas kleiner, endlich sieben Milch- und acht Weinflüsse. Die Hauptmahlzeit findet draußen vor der Stadt, auf dem sogenannten elysischen Gefilde, statt, das ist eine sehr schöne Wiese, ringsum mit dichtem Walde eingeschlossen, dessen Schatten die Schmausenden umgibt, während ihr Lager würzige Blumen bilden. Die Aufwärter bei Tische sind die Winde, die Alles besorgen, außer das Weineinschenken, denn das ist nicht nöthig; es stehen nämlich große gläserne Bäume von dem hellsten Kryſtallglanze rings umher, die Früchte dieser Bäume sind Trinkgeschirre von verschiedener Art und Größe. Wenn nun Jemand zu Tische geht, so nimmt er sich einen oder zwei solcher Becher mit und stellt sie an seinen Platz, diese füllen sich sofort mit Wein, und so trinken sie. Statt der Kränze aber streuen die Nachtigallen und die übrigen Singvögel, indem sie mit ihren Schnäbeln von den nahen Wiesen Blumen pflücken, diese unter Gesang auf die Schmausenden herab, und auf dieselbe Weise werden sie auch gesalbt; dichte Wolken nämlich, welche die Salben aus den Quellen und aus dem Flusse in sich saugen, lassen, wenn sie über das Gastmahl hinziehen und die Winde sanft auf sie drücken, feine Tropfen wie Thau herniederfallen. Während des Mahls erquicken sie sich an Gesang und Musik, hauptsächlich aber werden die Gesänge des Homer gesungen, welcher selbst mit am Mahle Theil nimmt. Die Chöre bestehen aus Knaben und Jungfrauen, Vor- und Mitsänger aber sind Eunomos und Arion, Anakreon und Stesichoros; wenn diese mit dem einen Liede fertig sind, so tritt ein zweiter Chor von Schwänen, Schwalben und Nachtigallen auf; sind auch diese fertig, so beginnt der ganze Wald zu tönen und die Winde geben den Ton an. Zur Heiterkeit haben sie folgendes wichtige Mittel: es gibt neben dem Festmahle zwei Quellen, die eine des Gelächters, die andere der Lust; wenn nun das Gastmahl beginnen soll, trinken die Gäste aus diesen beiden Quellen und sind daher während der Mahlzeit lustig und guter Dinge."

Werth der körperlichen Beredtsamkeit.

Bekanntlich wird Demosthenes der größte Redner des Alterthums genannt; diese Auszeichnung ist um so ehrenvoller für ihm, da Demosthenes mit vielen Schwierigkeiten zu kämpfen hatte, welche es sonst unmöglich machten, ein Redner zu werden. Er war nämlich von Kindheit an mager und siech, sprach undeutlich, hatte kurzen Athem und besonders eine schlechte Haltung des Körpers. Indessen als er einst noch ziemlich jung Zeuge gewesen war von der außerordentlichen Bewunderung, welche ein damals berühmter Redner, Namens Kallistratus, errungen hatte, als er sah, wie man ihn unter Lobsprüchen und Glückwünschen nach Hause begleitete, faßte er den Entschluß, ebenfalls ein Volksredner zu werden. Zunächst suchte er die trefflichsten Redner seiner Vaterstadt Athen auf und studirte, nächst der Theorie der Beredtsamkeit, besonders Philosophie; um seine körperlichen Hindernisse zu beseitigen, that er Folgendes: Er nahm kleine Steine in den Mund und sagte lange Dichterstellen her; so bezwang er das Anstoßen mit der Zunge; er lief dann oder ging bergan und unterhielt sich zugleich mit Jemand oder declamirte, so stärkte er die Lungen und die Stimme. Ferner ließ er sich ein kellerartiges Studierzimmer bauen, in welchem er Monate lang verweilte, indem er sich, um auch einen äußern Zwang zu haben, den Bart und das Haupthaar abschor. Auch hatte er sich einen großen Spiegel machen lassen, vor den er hintrat, um sich in der Gesticulation zu üben. Trotz diesen Bemühungen wurde er bei seinem ersten Auftreten verhöhnt, und nur der Trost eines alten Mannes, Eunomos, der ihm sagte, daß er in seinen Reden den Perikles gleiche, richtete ihn auf und gab ihm Muth, sich noch einmal zu versuchen. Auch dieser Versuch mislang gänzlich und Unmuth faßte den tieferschütterten jungen Mann. Er klagte sein Leid dem Schauspieler Satyros, auf den er zufällig stieß: „Er sei sich bewußt, daß er sich in der Ausarbeitung seiner Rede mehr als irgend ein anderer Redner Mühe gebe, daß er beinahe schon alle seine Körperkräfte aufgezehrt habe und doch bei dem Volke noch immer keinen Dank verdienen könne; ihn lasse man gänzlich außer Acht, während unwissende Menschen Gehör fänden, und die Rednerbühne immer besetzt hielten."

Satyros sagte zu ihm: „Du hast völlig Recht, lieber Freund, indessen ich will dem Übel bald abhelfen, wenn du mir so gut sein und eine Stelle aus Sophokles oder Euripides hersagen willst." Demosthenes war natürlich sofort dazu bereit, und als er geendet, wiederholte sie nun Satyros selber, und indem er sie mit den erforderlichen Geberden, mit der erforderlichen Action, indem er die pathetischen Stellen mit der gehörigen Leidenschaftlichkeit vortrug und declamirte, schien die Stelle dem Demosthenes eine ganz andere zu sein.

Dies lehrte den Demosthenes, wie sehr eine Rede durch die Action an Zierde und Annehmlichkeit gewinne; er lernte einsehen, daß bloße Übung im Reden nichts helfe, wenn man dabei den Vortrag und die der Rede angemessene Action vernachläßige. Jetzt war es seine angelegentlichste Sorge, diese Mängel durch unablässige Arbeit und Anstrengung zu beseitigen, und es gelang ihm so gut, daß er nicht nur schon das nächste Mal mit allgemeinem Beifall gehört wurde, sondern daß er bald alle seine Gegner in den Schatten stellte.

Verpflanzung des chinesischen Indigos nach Transkaukasien.

Als Vaterland der eigentlichen Indigopflanze (Indigofera tinctoria) hat man wol die Provinz Guzurate in

Vorderindien anzusehen, obwol sich ihr Anbau im Laufe der Zeit über Westindien, Südamerika, sowie über alle wärmern Gegenden verbreitet hat. Auch versuchte man ihre Anpflanzung in Europa, jedoch geschah dies nur auf der Insel Malta im 17. Jahrhundert mit glücklichem Erfolge. Nach den neuesten Berichten hat man auch in Transkaukasien von Seiten der kaukasischen Gesellschaft zur Beförderung der Industrie einen Versuch mit der Anpflanzung des chinesischen Indigos gemacht, der im Ganzen befriedigend ausgefallen ist. Um das geeignetste Verfahren aufzufinden, unternahm man in einem dem Staate zugehörigen Garten zu Tiflis und auf einem in der Nähe gegründeten Mustergute den Anbau auf doppelte Art, indem man in dem Garten den Samen nach chinesischer Weise in Reihen, jede eine Viertelarschine (russische Elle) von der andern entfernt, und auf dem Musterqute auf die gewöhnliche Weise, nämlich im Fluge, aussäete. In beiden Fällen ging der Same gut auf, nur muß beim erstern Verfahren mehr Mühe auf das Ausjäten des Unkrauts verwendet werden, während beim zweiten aus jedem Samenkorne drei bis vier Stengel hervorgingen, welche alles Unkraut umher erstickten. Auf zähem Thonboden waren die Stengel mager und dürftig, auf leichtem, etwas gedüngtem Sandboden aber kräftig. Die Pflanzen erreichten hier eine Arschine Höhe und hatten hellgrüne Blätter, während sie auf fettem, wohlgedüngtem Boden dunkelgrüne Blätter bekamen und 1½ Arschine hoch wurden. In der feuchten Dammerde des Gouvernements Imerethi wurden die Stengel zwei Arschinen hoch. Fernere Versuche müssen nun lehren, welcher Boden hinsichtlich der Eigenschaft als Färbestoff der vorzüglichere ist.

Die ersten Blüten, welche im Juli an den Spitzen der Pflanzen zum Vorschein kamen, lieferten bereits im August reifen Samen. Bald nach Einsammlung desselben zeigten sich etwas weiter unten neue Blüten, deren Same im September reifte. Die dritte Samenernte von denselben Stengeln konnte im October, die vierte Anfangs Novembers gehalten werden, aber immer setzten die Blüten etwas tiefer an als vorher. Gegen den 15. November zeigten sich zum fünften Male rosenfarbene Blütenknospen, die aber wegen der eintretenden Kälte nicht reifen konnten. Der Same wurde nach der verschiedenen Einsammlungszeit besonders aufbewahrt und im Ganzen von 3½ Pfund 11 Pud (ein Pud zu 40 russischen Pfund) geerntet. Da der Gesellschaft daran lag, neuen Samen zu erhalten, so hat man noch keine Probe gemacht, welche Farbe sich daraus gewinnen lasse, denn dazu muß die Pflanze vor der Blüte abgeschnitten werden, wie wir dies bereits in Nr. 146 dieser Blätter, wo wir Einiges über die Bereitung des Indigos mittheilten, bemerkt haben. Die Anpflanzung des Indigo war schon am 15. April geendet, und man machte die Bemerkung, daß die in Tiflis und in der Umgegend den meisten Pflanzengattungen so verderblichen Morgenfröste dem Indigo nicht im Mindesten schaden. Entspricht die Qualität des gewonnenen Farbestoffs den Erwartungen, so wird sich die Anpflanzung des Indigo gewiß über das ganze südliche Rußland ausbreiten.

Man hat verschiedene Zeichen, woran man den guten Indigo erkennt. Er muß nämlich in ganzen Stücken, leicht im Gewicht, völlig trocken, äußerlich von blauer oder violeter Farbe, inwendig aber mit silberfarbigen Streifen, welche man die Blume nennt, durchzogen sein; er muß auf dem Wasser schwimmen, in Vitriolsäure sich völlig auflösen, auf glühenden Kohlen aber gänzlich verzehrt werden.

Die Paulskirche in London.

Auf dem Platze, wo jetzt die Paulskirche, eines der prächtigsten Bauwerke Londons, sich erhebt, stand früher eine der berühmtesten gothischen Kirchen Englands. Sie war im Laufe der Zeit verfallen und hatte besonders während des Bürgerkriegs im 17. Jahrhunderte gelitten, wo sie lange als ein Stall für die Reiterei diente. Nach der Restauration erhielt der als Mathematiker und Erfinder physikalischer Werkzeuge schon früher ausgezeichnete Christoph Wren den Auftrag, einen Plan zur Wiederherstellung der Kirche zu entwerfen. Er ging 1665 nach Paris, um diese Arbeit auszuführen, und vollendete seine Zeichnungen. Bei dem furchtbaren Brande, der 1666 einen großen Theil Londons verheerte, ward auch die Paulskirche ein Raub der Flammen, und Wren erhielt nun Gelegenheit, seine großen Talente durch die Erbauung einer neuen Kirche zu zeigen. Man benutzte anfänglich einen von den Flammen verschonten Überrest des alten Gebäudes zum Gottesdienste, bis endlich 1676 der erste Stein des neuen Baus gelegt wurde, den die Hand des Meisters 1710 vollendete. Er bekam einen jährlichen Gehalt von ungefähr 1200 Thalern und verlangte nie eine Erhöhung desselben, auch dadurch das Lob bewährend, das ihm die Inschrift seines Denkmals gibt, daß er nicht für sich selber, sondern nur für das öffentliche Wohl gelebt habe.

Die Länge der Kirche beträgt von Osten nach Westen 500 Fuß, die Breite des Schiffes und der Chorgänge 107, die Höhe von der Grundfläche bis zum Kreuze 404, der Umfang der Kirche 420 Fuß. Über den eisernen Pforten des Chores ist eine schöne Orgel, die reich mit Schnitzwerk verziert ist. Auf der Südseite des Chors befindet sich der Sitz des Bischofs von London, auf der Nordseite ein ähnlicher für den Lord Mayor. Das Lesepult hat die Form eines Adlers, auf dessen ausgespannten Flügeln das Buch liegt. Der Altar ist mit blauen Säulen verziert. Im südwestlichen Theile geht eine Treppe zur Kuppel hinan, welche zuerst zu der seltenen Schätzen ausgestatteten Büchersammlung führt. Die große Glocke befindet sich höher in einem besondern Thurm. Sie ist über 11,400 Pfund schwer, hat 10 Fuß im Durchmesser und ist 10 Zoll dick. Sie schlägt nur die vollen Stunden, die Viertelstunden werden an zwei kleinern Glocken angeschlagen. Dann steigt man zu der Flüstergalerie, wo der leiseste Laut der Stimme mit zunehmender Deutlichkeit und Stärke einer an der andern Seite befindlichen Person zugeführt wird. Die Ansicht des Innern der Kirche mit ihren Säulen und Denkmälern ist von dieser Galerie herab großartig. In frühern Zeiten waren die Wände der Kirche mit den von britischen Heeren in Schlachten eroberten Fahnen geziert, die aber in der neuesten Zeit weggeschafft wurden, die Schiffsflaggen in das Hospital zu Greenwich, die Heeresfahnen nach Chelsea. In der Mitte des marmornen Fußbodens sieht man eine metallene Tafel, unter welcher sich die Gruft befindet, wo Nelson's Asche ruht. Unter den übrigen Denkmalen sind zwei auszuzeichnen. Ein einfacher Denkstein bezeichnet das Grab des großen Baumeisters Christoph Wren, der, 91 Jahr alt, 1723 starb. Die Inschrift schließt mit den Worten: „Suchest du sein Denkmal, so schaue umher." Eine schöne Marmorgruppe von dem englischen Bildhauer Chantrey zeigt uns den frommen und gelehrten Bischof Heber zu Kalkutta, wie er in seiner letzten Amtshandlung einige indische Christen confirmirt.

Die Kosten des Baues betrugen über 10,000,000 Thaler, die zum Theil durch freiwillige Geschenke und zum Theil durch eine von Steinkohlen erhobene Abgabe aufgebracht wurden.*)

Die Paulskirche in London.

*) Vergl. Pfennig-Magazin Nr. 118 u. fg.

Das Pfennig-Magazin
für
Verbreitung gemeinnütziger Kenntnisse.

217.]   Erscheint jeden Sonnabend.   [Mai 27, **1837**

Zwei Gemälde aus der letzten Kunstausstellung (1836) des Louvre in Paris.

Napoleon bei Wagram.

Der Louvre, dieser alte Königspalast der französischen Monarchie, ist eins der an Kunstschätzen reichsten Gebäude Europas. Es fehlt daher dem Louvre natürlicherweise zu keiner Zeit an Besuchern, doch ist der Zudrang am stärksten, wenn der sogenannte „Salon", die jährliche Gemäldeausstellung von Bildern aus der neuesten französischen Schule, eröffnet ist. Die Menge, welche um diese Zeit den Louvre besucht, ist ungeheuer, und der Fremde, der diesem ungestümen Drängen zuschaut, weiß nicht, ob er es der Mode oder der Kunstliebe beimessen soll. Auch französische Schriftsteller selbst haben sich darüber aufgehalten und dieses ungestüme Drängen bespöttelt, indem sie ihren Mitbürgern den Vorwurf machen, daß sie das ganze Jahr über den Louvre unbesucht lassen und sich um die dort aufbewahrten Meisterwerke von Rafael, Murillo, Rembrandt

Teniers und andern großen Meistern wenig kümmern, während sie zur Zeit des Salons mit fast lächerlichem Enthusiasmus Dinge bewundern, die oft kaum des Ansehens werth seien.

Es mag wol sein, daß dergleichen Vorwürfe nicht ganz ungegründet sind, und vielleicht könnte man sie auch bei unsern Kunstausstellungen mehr oder weniger in Anwendung bringen.

Der Salon des Louvre vom vorigen Jahre war jedoch, nach dem Urtheile der Kunstkenner, sehr reichhaltig. Vorzüglich interessirten zwei Bilder, von welchen unsere Abbildungen freilich nur schwache Nachahmungen sind, nämlich das erste: die Schlacht von Wagram, von Horace Vernet, dessen Pinsel in dieser Gattung schon so Ausgezeichnetes leistete; das zweite, das Portrait des berühmten Admirals Rigny, des Siegers von Navarin. Auf dem ersten Bilde sehen wir den großen Kaiser, wie er mit seinem Generalstabe eine Anhöhe besetzt hält und von seinem weißen Rosse mit dem Teleskop in die Ferne blickt, um die Hauptmomente jener Schlacht zu recognosciren, in welcher, wie der Leser weiß, der Mann des Jahrhunderts siegte. Das zweite Bild, welches auf Seite 168 gegeben ist, stellt den einsichtsvollen Admiral vor, am Bord seines Schiffes, in voller Galauniform. Um ihn her dauert der Kampf hitzig fort; er aber ertheilt mit gemessener Ruhe, das Fernrohr unter dem Arme, seine Befehle. Dieses schöne Bild ist von Lepaulle gemalt.

Das Brot.

Ackerbau und Brotbacken stehen in einer so innigen Verbindung, daß man wenigstens den Gebrauch des ungesäuerten Brotes für gleichzeitig mit dem Anbau des Bodens halten kann. Die älteste Erwähnung des Unterschieds zwischen gesäuertem und ungesäuertem Brote findet man bei Moses in der Erzählung des Auszugs der Israeliten aus Ägypten, und man hat daraus den Schluß ziehen wollen, daß die Erfindung diesem Lande angehöre. Abraham's Frau aber setzte den Engeln, die sie besuchten, ungesäuertes Brot vor, und solches Brot wird nach 4000 Jahren noch immer so schnell und ungefähr auf dieselbe Art gebacken, und man kann keineswegs den Schluß machen, daß der Gebrauch des gesäuerten Brotes zu jener Zeit unbekannt gewesen sei. Die Kunst des Brotbackens ist allerdings nur allmälig fortgeschritten, aber es ist merkwürdig, wie wenige Verbesserungen in dieser Kunst gemacht worden sind; im Morgenlande ist sie noch in ihrem ursprünglichen Zustande und selbst in Europa sind die eingeführten Verbesserungen von ziemlich neuem Ursprunge.

In den ältesten Zeiten gehörte die Bereitung des Brotes zur häuslichen Wirthschaft und war ausschließend das Geschäft der Frauen. Bei den Fortschritten der bürgerlichen Gesellschaft und dem Wachsthum der Städte wurde sie ein Gewerbe. In dem Buche des Propheten Jeremias wird eine Bäckerstraße genannt, aber es ist ungewiß, ob es eine Straße war, wo die Bewohner Jerusalems Brot kaufen konnten, oder ob es zum königlichen Haushalte gehörte, oder ob es nur eine während der Belagerung Jerusalems bestehende Einrichtung war. Nach Plinius hatte Rom über 800 Jahre nach der Erbauung der Stadt noch keine Bäcker, die erst nach dem Kriege gegen die Parther aufkamen. Die ersten Bäcker waren Griechen.

Bei den Israeliten wurde das Brot gewöhnlich aus Weizen oder Gerste, Linsen oder Bohnen bereitet. Brot aus Weizenmehl, als das beste, wurde vorgezogen und Gerstenbrot nur in Zeiten der Theurung gebacken. Das Korn wurde, wie noch jetzt im Morgenlande, von Weibern auf Handmühlen gemahlen und nicht mehr als zum täglichen Brotbedarf nöthig war. Sobald das Korn gemahlen war, wurde das Brot sogleich gebacken.

Ungesäuertes Brot besteht aus einer bloßen Mischung von Mehl und Wasser, das zu einem festen und zähen Kuchen gebacken wird, und die ursprünglichen Bestandtheile des Mehls sind darin nur wenig verändert. Die Hafermehlkuchen, die noch in Schottland, wo sie Bannocks heißen, in Nordengland, in Norwegen und Schweden gebacken werden, sind ungesäuert. Auch das Brot der alten Briten bestand aus dünnen Kuchen, die täglich frisch gebacken wurden. Wenn die schottischen Grenzkrieger im Mittelalter gegen ihre Feinde auszogen, führte jeder einen Beutel mit Mehl und eine dünne eiserne Platte, um sich seine Hafermehlkuchen zu backen, wenn ihn hungerte. Im Morgenlande bäckt man das Brot noch jetzt auf eisernen Platten, obgleich es gewöhnlicher in einer in dem Fußboden der Küche gemachten Höhlung geschieht.

Das gesäuerte Brot ist von zweierlei Art; es wird entweder mit Sauerteig oder mit Hefen in Gährung gebracht. Sauerteig erhält man, wenn man eine Mischung von Mehl und Wasser der Gährung aussetzt. Brot blos von Sauerteig gebacken, ist ungenießbar, wenn aber ein kleiner Theil Sauerteig mit frischem Teige in gehörigem Verhältnisse geknetet wird, so kommt die ganze Masse schnell in Gährung. Diese Gährung macht die Masse, wenn sie gebacken wird, verdaulicher und leichter. Der Teig schwillt an und wird schwammig. Das Backen hemmt die Gährung und bringt eine wesentliche Veränderung der Mischung hervor. Der Gebrauch der Hefen statt des Sauerteiges, um den Teig in Gährung zu bringen, war eine wichtige Verbesserung. Es ist unbekannt, wo zuerst die aus dem Biere ausgeschiedenen Hefen zum Brotbacken gebraucht wurden, doch sollen schon die Gallier dieses Mittel gekannt haben. Die pariser Bäcker brachten es in neuern Zeiten in Gebrauch, aber die Ärzte erklärten es im Jahre 1688 der Gesundheit nachtheilig. Hefen bringen eine schnellere und wirksamere Gährung hervor als Sauerteig, der das Brot leicht zu sauer macht, da es schwierig ist, das richtige Verhältniß zu dem frischen Teige zu treffen. Wird zu viel Sauerteig genommen, so erhält das Brot einen unangenehmen Geschmack, und bei zu wenig Sauerteig wird das Brot zähe und schwer. Es dauerte lange, ehe die Bäcker das Publicum überzeugen konnten, daß Weizenbrot mit Hefen gebacken besser ist, als das mit Sauerteig gebackene. Die Chemiker stritten sich lange über die Eigenschaften der Hefen, die solche Wirkungen hervorbringen könnten, aber ihre Theorien fielen zusammen, als man fand, daß sich mit trockenen Hefen derselbe Zweck erreichen ließ. Die französischen Bäcker erhielten die Hefen in dieser Gestalt aus Flandern und es ergab sich, daß sie den Teig ebenso gut in Gährung brachten als frische. Die Gegenwart von Kohlensäure, Essigsäure und Alkohol konnte daher nicht wesentlich sein, da diese Bestandtheile bei der Bereitung solcher Hefen ausgeschieden werden. Endlich fand man, daß das mit einer Pflanzensäure gemischte Gluten alle verlangten Wirkungen hervorbrachte, und dies ist der Bestandtheil, der den Sauerteig und die Hefen geschickt macht, das Brotmehl in Gährung zu setzen. Kommt das Brot aus dem Ofen, so hat es durch die Verdünstung des Wassers ⅕ des Teiggewichts verloren, aber dieses Verhältniß ändert sich durch den Einfluß vieler Umstände, die sich nicht leicht bestimmen lassen. Frisch gebackenes Brot hat einen eigenthümlichen Geruch und Geschmack, der sich verliert, wenn es älter wird, und dies beweist, daß sich bei dem Backen eine besondere Substanz gebildet hat, die man noch nicht kennt. Das Brot ist ganz verschieden von dem Mehle, aus welchem es bereitet wird, da sich keine in diesem enthaltenen Bestandtheile darin finden. Es mischt sich leichter mit Wasser als Teig. Die chemischen Veränderungen, die der Teig durch das Backen erleidet, lassen sich nicht leicht erklären. So viel aber ist gewiß, daß sich ein gewisser Theil des Wassers oder seiner Elemente mit dem Mehle verbindet, auch scheint das Gluten eine Verbindung mit der Stärke und dem Wasser einzugehen, wodurch diejenige Mischung entsteht, von welcher die nährenden Eigenschaften des Brotes abhängen. Die Bäcker in London bereiten jetzt ihre Hefen selbst, die sie aus einer Mischung von Hopfen und Malz machen.

Weizenmehl gibt das feinste und beste Brot, weil eine bedeutende Menge von Gluten enthält, im Durchschnitt ⅕ des ganzen Gewichts des Mehles. Das Gluten scheint viele von den Eigenschaften thierischer Stoffe zu haben und an den chemischen Veränderungen, welche das Mehl bei dem Übergange in Brot erleidet, einen wichtigen Antheil zu haben. Der Weizen ist daher in mehren Ländern, z. B. Frankreich und England, fast ausschließend das Brotkorn geworden, weil man das Weizenbrot nahrhafter gefunden und leichter verdaulich gefunden hat. Hafermehl gibt ein schmackhafteres Brot als Gerste, die ein süßliches, aber schweres und blähendes Brot gibt. Roggenbrot erregt leicht Aufstoßen. Haferbrot soll Sodbrennen verursachen.

Auch Kartoffelmehl wird häufig zu Brot gebraucht, es muß aber einen Zusatz von Kornmehl erhalten. In London nehmen die Bäcker gewöhnlich 15 Pfund Kartoffelmehl auf 8 englische Scheffel Weizenmehl. Reis wird im Morgenlande, wie bei uns die Kartoffeln, zu Brot gebraucht, und gibt, mit etwas Weizenmehl vermischt, gutes Brot. In Amerika wird der Mais als Brotkorn gebraucht. Brot aus Erbsenmehl, das in den nördlichen Gegenden Großbritanniens nicht ungewöhnlich ist, erzeugt Blähungen. Sagobrot ist auf den Molukken gewöhnlich.

Wir fügen noch einige Bemerkungen über das in England gewöhnliche Verfahren beim Backen des Weizenbrotes hinzu. Wird Kartoffelmehl gebraucht, so rührt man es mit Wasser, Hefen und etwas Weizenmehl in einem Fasse um und läßt es ungefähr acht Minuten stehen, bis die Gährung eintritt. Dann thut man Wasser und Mehl hinzu und rührt die Mischung schnell um, bis die Masse gehörige Festigkeit erlangt hat. Darauf läßt man sie bei einer vom Wetter bestimmten Temperatur stehen, damit sie steige oder schwammig werde, wie man es nennt. Dies dauert gewöhnlich sechs Stunden und während dieser Zeit steigt und fällt die Masse zweimal. Dann wird abermals Mehl und Wasser und eine gewisse Menge Wasser und Salz beigemischt, das Ganze mit den Händen untereinander gerührt und durch Zusatz von Mehl zu Teig gemacht, der endlich, nachdem er zwei Stunden gestanden hat, in Brote abgetheilt und zwei Stunden lang gebacken wird. Das in England gewöhnliche Brot ist von dreierlei Art. Weißbrot wird von fein gesiebtem Mehl gemacht, Weizenbrot von Mehl und dem feinern Theil der Kleien und hausbackenes Brot von ganz ungesiebtem Mehl. Bei dem Vorzuge, den man dem Weißbrot gibt, vermischen die Bäcker oft Alaun mit geringerm Mehl, um dem Brot eine weißere Farbe zu geben. Nicht selten wird auch schlechtes Mehl durch Zusatz von Magnesia verbessert, so nachtheilige Wirkungen dies für den Magen haben kann. Die Verdaulichkeit selbst des besten Brotes von dem feinsten Mehle hängt besonders von dem mit dem Teige vermischten Salze ab. Die englischen Bäcker setzen mehr Salz hinzu als die französischen und nehmen beinahe ein Pfund auf jeden englischen Scheffel Mehl.

Die ulmer Magazin- und Schwarmbienenkörbe. *)

Das beste Material, woraus die Bienenstöcke gemacht werden, bleibt in vieler Hinsicht das Stroh; daher verdienen auch die ulmer Bienenkörbe und des Verfassers Methoden in der Bienenzucht, ich darf es wol behaupten, neben den in mehren Zeitungen so angerühmten englischen Nutt-Mussehl'schen sogenannten Lüftungs-Holzkästchen, manchen Vorzug. Die englischen Holzkästchen scheinen viel Gutes zu haben, allein sie werden doch wenig Nachahmer finden, theils weil sie für den Landmann, der weder mit dem Thermometer noch mit dem Ventilator **) umgehen kann, zu theuer, zu umständlich, zu künstlich, theils aber auch, weil sie von Holz sind, welches lange nicht die Vorzüge, wie Stroh hat, indem Holz die Dünste nicht durchläßt, in einem nassen, kalten Jahre die Stöcke immer feucht bleiben und im Winter dann Kälte und Dunst im Stocke veranlaßt wird, wodurch sich sogar Eiskrusten an den Wänden bilden, die oft vielen tausend Bienen das Leben kosten. Dieser Nachtheil findet in den strohernen Körben nicht statt, weil die Dünste überall Durchzug finden oder von dem Stroh eingesaugt werden. Einen starken Beweis des Nachtheiligen liefern uns die Christ'schen Holzkästchen, welche früher auch von vielen Schriftstellern und sogar auch von Bienenhaltern in Schutz genommen und sehr empfohlen wurden, nun aber fast allgemein wieder abgeschafft worden sind, woraus wir sehen, daß mehr als zwei- und dreijährige Erfahrung in der Bienenzucht nothwendig ist, um eine Sache empfehlen zu können; wir müssen in diesem Zweig der Landwirthschaft absolut zehn- und mehrjährige Erfahrung annehmen.

Die gewöhnlichen theilbaren Strohkörbe bestehen aus mehren Kränzen; ihre Form ist verschieden. Am besten ist es aber, wenn sie alle ganz gleiche Weite und Größe haben, weil man dann leichter mit ihnen

---

*) Wer sich noch näher über diese Art Körbe belehren will, findet die Beschreibung in dem Werkchen: „Goldkörner für Bienenhalter und Bienenfreunde; enthaltend eine ausführliche Belehrung, das Schwärmen zu befördern und Ableger zu machen; das Nachschwärmen zu verhüten, wie auch Königinnen zu erziehen und aufzubewahren; von einer bessern Art Flugbretter; von einer sehr bequemen Fütterungsart; von den vorzüglichsten Honig- und Wachspflanzen; von einer leicht Art Bienen auszutreiben, zu vereinigen oder um einen neuen Bau zu bezwecken; von einer ganz einfachen Rauchpfeife und verbesserten Rauchmaschinen u. s. w." Mit Abbildungen.

**) Gleicher Meinung sind ja auch unsere alten sehr ehrenvollen Bienenzüchter Ramdohr und von Ehrenfels, denn außerdem ließe sich ja im Nothfall diese Künstelei auch in jedem andern Korbe anbringen.

arbeiten kann. Um recht viel Honig zu gewinnen, haben schon viele Bienenhalter mancherlei Vorschläge zu Bienenwohnungen gemacht, allein keine hat bis jetzt noch dem allgemeinen Zwecke zur Zufriedenheit entsprochen, wovon wol der Grund sein mag, daß die Bienenzucht sehr von der Jahreswitterung, von der Nahrung und von der Winterung abhängt.

Meine strohernen Bienenkörbe mit den sogenannten Lüftungsansätzen führe ich schon viele Jahre, sie haben folgende Figur:

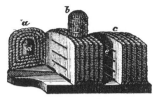

Sie sind halb walzenartig, vorn und hinten mit anpassenden Deckeln (a) von Stroh versehen und die Futter- oder Kappenlöcher oben durch Aufsätze (b) verschließbar. In der Mitte der Wölbung inwendig sind sie 9—10 Zoll hoch, die Wölbung ist beinahe halbcylindrisch oder so viel als möglich flach, um bequem Kappen aufsetzen zu können; in der Breite unten sind sie 11 Zoll und die Tiefe eines Korbes für einen jungen Schwarm ist 12—13 Zoll; die Tiefe des Korbes kann dann aus einem oder mehren Theilen (Ringen) bestehen, wie es der Nahrungsreichthum der Gegend oder die Größe des Schwarms nöthig machen, oder wie man sie gern zu Schwarm- oder Magazinstöcken oder zu Ablegern benutzen will. Die Ringe (c), welche ich als Ansätze gebrauche, haben vier oder fünf Zoll in der Tiefe. Die Deckel hinten und vorn haben, um in den Korb hineinsehen und beobachten zu können, ein großes oder zwei kleine Fensterchen (d) von Glas.

Besonders haben diese Körbe zum Zeideln eine sehr bequeme Form, es wird darin der reinste Honig, also ohne Brut und Blumenstaub, erzielt und durch das Öffnen des hintern Deckels gelangt man unmittelbar zu den Honigscheiben und kann sie da ohne alle Unbequemlichkeit zu jeder Jahreszeit herausnehmen.

Zur Schwarmbienenzucht haben diese Körde auch alle erfoderlichen Eigenschaften, da man sie groß und auch, um baldiges Schwärmen zu bezwecken, im Frühjahre wieder so klein, als man nur will, machen kann, damit jeder Stock schwärme. Will man dagegen das Schwärmen verhüten und blos zeideln, so wird zur Zeit der Apfelblüte, oder wenn die Stöcke schwarmfähig sind, der hintere Strohdeckel behutsam gelüftet, ein Brettchen (e) mit 1/3 Zoll weiten, rinnenartigen Löchern und dann an dieses ein Strohring angesetzt und der Deckel wieder festgemacht. Die Bienen gehen durch die Rinnen des Brettchens (e) und beginnen meist sogleich ihre Arbeit in dem neuen Raume. Durch dieses sogenannte Lüftungsbrettchen theilt sich dann die zu große Wärme im Stocke, sie kann sich in den Ansatz ziehen; der Mutterstock erhält dadurch mehr Luft und tritt dann kalte Regenwitterung ein, so leistet dieses Lüftungsbrettchen wieder Schutz, daß nicht zu viel leerer Raum durch den Ansatz im Stocke ist und also die Wärme etwas mehr in demselben zurückgehalten wird.*) Die Schwärme können aus diesen Körben sehr leicht ausgetrieben werden, auch kann man einen neuen Wabenbau bezwecken, so oft man will. Bei allen andern Arten von Körben geschieht grade immer das Gegentheil; denn es ist auch kein seltener Fall, daß, wenn man die Stöcke oben und unten zeidelt, die Bienen mit Honig beschmiert und manche getödtet und so die Waben, wo nicht verdorben, doch sehr oft von den Bienen gar nicht mehr oder sehr ungern fortgebaut werden.

Daher sind diese Art Körbe mit ihren Lüftungsansätzen (weil ihnen durch das rinnenartige Brettchen Luft und doch nicht zuviel leerer Raum gegeben werden kann) auch als Magazinstöcke unvergleichlich gut, weil man nicht leicht mit einem andern Bienenkorbe so bequem und ohne Gefahr für sich als für die Bienen umgehen kann. Ebenso sind sie zum Ablegermachen ausnehmend vortheilhaft, da man nur zwischen die Ringe, Brettchen (e), mit etwas weitern (einen Zoll) Rinnen setzen darf. Das Ablegermachen ist bei diesen Körben weit natürlicher und leichter als bei allen andern Korbgattungen.

Selbst bei der Einwinterung läßt sich bei diesen Körben viel mehr Vorsicht anwenden, als man sonst beobachten konnte, weil man hier das Volk in die Honigwaben treiben und also mehr zusammendrängen kann, und dasselbe dadurch wärmer sitzt, denn bekanntlich schadet ihm nichts mehr, als Erkältung und Feuchtigkeit im Innern der Wohnung.

Die Vortheile dieser Lüftungsansatzkörbe bestehen also kurzgefaßt darin: daß, wenn man will, das Brutgeschäft der Königin einzig und allein im Hauptkorbe betrieben, der Honig in den Ansätzen rein und unvermischt von Brut, Blumenstaub u. s. w. und zu jeder Jahreszeit mit geringer Mühe genommen, auch das Schwärmen verhindert werden kann, die Bienen immer am Leben erhalten und durch die Ansätze die Bienen zu größerer Thätigkeit veranlaßt werden und also mehr Honig erzielt wird.

Bekanntlich kann zur Behandlung der Bienen die Form der Körbe viel beitragen und das Geschäft dadurch sehr erleichtert oder erschwert werden, und deswegen verdienen diese Körbe in mancher Hinsicht viele Vorzüge vor allen andern Arten von Körben. Mein Wunsch dabei ist nur, daß sie Demjenigen, der sich ihrer bedienen will, viel Nutzen und Vergnügen bringen mögen, daß man den überflüssigen Honig auf eine reinlichere Art als bisher den Bienen nehmen, letztere aber unverletzt zur fernern Arbeit erhalten und in ihrem Geschäft nicht stören möge.

Die Schwanzmeise und ihr Nest.

Das hier dargestellte niedliche Vögelchen gehört zu dem Meisengeschlecht, und unterscheidet sich von den verwandten Gattungen vorzüglich durch den weißen Scheitel und durch den außerordentlich langen Schwanz. Denn auf den letztern allein kommen vier Zoll, während die Länge des ganzen Thierchens nur 6½ Zoll beträgt. Was die Zeichnung seines übrigen Gefieders betrifft, so gleicht es darin sehr den übrigen Abarten dieses Geschlechts. Es ist in den Ebenen und Berggegenden Deutschlands ein

---

*) Will man noch mehr lüften, so darf man nur in die Ansätze oben Futterlöcher machen lassen und in den zu heißen Sommertagen ein Gitterchen oder Leinwandfleckchen daraufkleben, wo warme Luft dann noch mehr abweichen kann.

Sorgt man aber bei Stellung des Bienenstandes dafür, daß er im hohen Sommer nicht zu sehr den heißen Sonnenstrahlen ausgesetzt ist, so hat man diese weitere Lüftung nicht nöthig und letzteres läßt sich ja sehr leicht durch Pflanzung hoher nützlicher Gesträuche bezwecken, welche das Dach und die Seite des Bienenstandes gegen die Mittagsseite schützen.

Die Schwanzmeise und ihr Nest.

sehr gewöhnliches Vögelchen, das sich am liebsten in Laub- und Nadelhölzern aufhält, und den ganzen Winter über bei uns bleibt.. Im Sommer sind kleine Spinnen, Räupchen und andere Insekten und deren Larven seine Nahrung; im Winter durchsucht es die Knospen der Bäume und Sträucher, die aufgesprungenen mit Flechten und Moosen überzogenen Rinde der Stämme und Äste. Da sich in diesen Schlupfwinkeln eine Menge kleiner Spinnen, Fliegen, Insektenpuppen und Larven verbergen, so fehlt es ihm nie an Nahrung. Die Schwanzmeise ist einer der muntersten Vögel und unaufhörlich in Bewegung, allein nur so lange sie in Gottes freier Natur sich aufhalten kann. In Gefangenschaft verliert sie ihre Munterkeit ganz, sitzt traurig auf einer Stelle und stirbt bald. Die Franzosen nennen dieses Vögelchen Perd sa queue, weil sein Schwanz sehr empfindlich ist, und bei einigermaßen unsanfter Berührung leicht ausfällt.

Was jedoch das Merkwürdigste an diesem Vogel ist, das ist das überaus künstliche Nest, das er erbaut, wie es auf unserer Abbildung vorgestellt ist. Man findet dies Nest in Laub- und Nadelwäldern am Stamme einer Eiche, Buche oder irgend eines andern Baumes, zuweilen auch in der Krone desselben, an solchen Stellen angebracht, wo zwei Zweige eine Gabel bilden. Wenn man nicht den Vogel selbst aus- und einfliegen sieht, so findet man es selten, weil es von unten ganz das Ansehn eines Flechten- oder Moosklumpens hat. Es gleicht der Form nach einem Beutel, ist über sechs Zoll hoch und vier Zoll breit, von außen besteht es aus weißlichen, mit Wolle, Haaren und Spinnweben durchflochtenen Baumflechten, inwendig aber ist es mit weichen Federn dicht ausgefüttert. Die Öffnung befindet sich oberwärts an der Seite des Nestes, und besteht nur aus einem kleinen runden Loch. Man sagt, daß die Schwanzmeise nur einmal ein solches künstliches Nest baue; sobald dieser erste mühsame Bau zerstört ist, legt sie in der Höhlung eines andern Baus ein anderes, aber beiweitem weniger kunstvolles Nest an.

Fortschaffung der Häuser in Nordamerika.

Die leichte Bauart der Häuser in den neuen nordamerikanischen Ansiedelungen, besonders bei den sogenannten Hinterwäldern, macht es nicht schwierig, ganze Gebäude mit allem Hausrath von einer Stelle zur andern zu schaffen. Die Häuser sind gewöhnlich von leichten Balken gezimmert und inwendig und auswendig mit dünnen kiefernen Bretern belegt. Wir wollen die Nachricht mittheilen, die uns ein Bewohner des

Landes über das gewöhnliche Verfahren gibt. „Als der Ort — sagt er — noch in seiner Kindheit war, baute einer meiner Bekannten ein Vorrathshaus, dessen Erdgeschoß zur Aufbewahrung von Waaren benutzt wurde, während der obere Theil als Kornboden diente. Mit dem Wachsthum des Ortes nahm auch das Handelsgeschäft des Mannes so sehr zu, daß sein Vorrathshaus zu beschränkt war. Er verkaufte das Gebäude an eine Putzmacherin, die es auf eine andere Stelle in derselben Straße, ungefähr 200 Fuß weit, wegschaffen und es zu ihrem Geschäfte einrichten ließ. Als ich nach einigen Jahren den Ort wieder besuchte, war von dem Laden der Putzmacherin nichts mehr zu sehen. Sie hatte das Gebäude an einen Krämer verkauft, der es auf eine andere Stelle schaffen ließ, wo es der Sammelplatz aller Müßiggänger und Trunkenbolde wurde, welche die Branntweinstube des Krämers anzog. Als die Mäßigkeitsgesellschaften auch in jener Gegend Eingang fanden, besuchte ich den Ort wieder und sah bei meiner Ankunft, daß ein eifriger Mäßigkeitsmann, ein Schuhmacher, der das Gebäude gekauft hatte, eben im Begriff war, es abermals in eine andere Straße in die Nähe seines Wohnhauses schaffen zu lassen, um es zu Werkstätten und Verkaufsläden einzurichten."

„Ich war eines Tages Zeuge, wie eine große Grützmühle mit vier Mahlgängen, ein ansehnliches, 50 Fuß langes und 40 Fuß breites, 4 Stockwerke hohes Gebäude, auf eine andere Stelle geschafft wurde. Das Wasser hatte auf der Stelle, wo die Mühle stand, nicht hinlängliches Gefälle, und der Eigenthümer entschloß sich daher, es ungefähr 300 Fuß stromabwärts zu versetzen, wo die Örtlichkeit günstiger war. Er traf eine Übereinkunft mit einem Manne, der sich verpflichtete, das ganze Gebäude wie es stand auf seine neue Stelle zu schaffen und für jeden Schaden zu stehen, den das Haus oder das Mühlwerk erleiden könnte. Das Gebäude hatte sehr starke Pfosten, und die Balken, welche die Schwelle bildeten, ruhten auf einer steinernen Unterlage. Die erste Arbeit war, einen hölzernen Weg zu legen, auf welchem das Gebäude mittels Walzen fortbewegt werden sollte. Es wurden zu diesem Zwecke fünf gleiche Balken in gewissen Entfernungen voneinander in gleicher Höhe mit der Schwelle der Mühle gelegt bis zu der Stelle, wo die neue steinerne Grundlage bereits fertig war. Das Gebäude wurde dann mittels Keile von hartem Holze acht Zoll hoch senkrecht gehoben, damit die acht Zoll starken hölzernen Walzen unter die Schwelle gelegt werden könnten. Als dies geschehen war, wurden die Keile weggezogen und das Gebäude stand auf den Walzen, die fünf Fuß lang waren und an den Enden Löcher hatten, worein die Hebel angebracht werden sollten, welche die Arbeiter anlegen mußten. Unter jedem Balken lagen vier Walzen und zu allen fünf Balken wurden daher 20 gebraucht. Die Dielen des Fußbodens waren weggeschafft, um den bei den Walzen unter den innern Balken beschäftigten Arbeitern Spielraum zu geben. Bei jeder Walze waren zwei Arbeiter, einer an jedem Ende, angestellt. Als nun Alles befestigt war und die 40 Arbeiter an ihrem Posten standen, gab der Unternehmer die Losung: „Vorwärts!" Das Gebäude bewegte sich sogleich auf dem hölzernen Wege. Sobald die hintersten Walzen unter dem vorrückenden Gebäude frei waren, wurden sie alsbald unter den vordersten Theil des Balkens gelegt, zu welchem sie gehörten. Die Arbeiter waren im Stande, mit ihren Hebeln ohne große Anstrengung das Gebäude zu bewegen und in drei Stunden hatte es den neuen Platz erreicht, wo es stehen sollte. Es wurden nun wieder Keile gebraucht, um die Walzen frei zu machen, und das Gebäude allmälig auf die neue Grundlage zu stellen. Dies geschah ohne den mindesten Schaden zu verursachen, und nicht eine Glasscheibe in den vielen Fenstern war zerbrochen, nicht ein Pflock oder ein Nagel gesprungen oder gebrochen."

Über die königlich sächsische bestätigte Lebensversicherungsgesellschaft zu Leipzig.

Der erschienene Rechnungsabschluß des Jahres 1836 dieser wohlthätigen Anstalt gibt uns ausführliche Mittheilungen. Die Beiträge der Mitglieder und der Zinsengewinn bildete eine Einnahmen von 229,132 Thaler 8 Groschen 1 Pfennig. Für Dividende von 25 Procent an die bis Ende 1831 lebenslänglich beigetretenen Mitglieder, ingleichen für Sterbefälle und Unkosten waren 61,551 Thlr. 16 Gr. 6 Pf. zu berichtigen, sodaß am Ende 1836 ein Capitalvermögen von 167,580 Thlr. 15 Gr. 7 Pf. verblieb. Die Anmeldungen seit Eröffnung der Anstalt mit dem Jahre 1831 erreichten die Höhe von 2272 Personen mit einer Versicherungssumme von 3,166,100 Thlr. Selbige zerfallen den Ständen nach in folgende Abtheilungen:

	Personen.	Versicherungssumme.
Fürsten und Fürstinnen	4	13,300 Thaler.
Höhere Staats- und Hofbeamte	43	106,200 =
Geistliche	128	126,300 =
Justiz-, Verwaltungs- und Policeibeamte	555	674,000 =
Ärzte und Chirurgen	88	119,300 =
Rechtsgelehrte und Notare	41	77,300 =
Professoren und Lehrer an Schulen	214	193,300 =
Militairs in Dienst	45	69,900 =
Militairs außer Dienst	35	40,100 =
Kaufleute, Buchhändler und Apotheker	379	779,500 =
Gutsbesitzer und Ökonomen	65	156,800 =
Künstler	57	63,700 =
Fabrikanten und Gewerbtreibende	311	315,900 =
Studirende	7	3,600 =
Personen, deren Stand nicht angegeben	22	33,600 =
Frauen verschiedener Stände	278	393,300 =
	2272 Prf.	3,166,100 Thlr.

Die Ergebnisse der einzelnen Jahre gewähren folgende Übersicht:

	Anmeldungen.		Zahlung für Sterbefälle.		Bestand am Ende der Jahres.	
1830 1831	500 Pers.	748,500 Thlr.	4 Pers.	4,300 Thlr.	454 Pers.	668,500 Thlr.
1832	288 =	519,400 =	8 =	9,200 =	681 =	1,068,500 =
1833	314 =	431,400 =	12 =	18,300 =	900 =	1,346,300 =
1834	363 =	425,500 =	15 =	13,300 =	1172 =	1,630,100 =
1835	347 =	466,800 =	23 =	38,700 =	1407 =	1,934,600 =
1836	460 =	574,500 =	26 =	33,600 =	1737 =	2,318,800 =

Für Sterbefälle seit Eröffnung der Anstalt bis Ende des Jahres 1836 wurden bezahlt in

dem Herzogthume Altenburg	2,300 Thaler.
= Großherzogthume Baden	1,700 =
= Herzogthume Braunschweig	2,000 =
= = Anhalt-Dessau	300 =
= Kurfürstenthum Hessen	1,500 =
= Königreiche Hanover	1,000 =
= Großherzogthume Mecklenburg-Schwerin	2,200 =
= Königreiche Preußen	70,700 =
= = Sachsen	30,400 =
der Schweiz	1,000 =
dem Königreiche Würtemberg	1,100 =
den freien Städten	3,200 =
	117,400 Thaler.

Den Altersclassen nach gibt die Zusammenstellung der Versicherten am Schlusse des vergangenen Jahres folgendes Resultat:

von 15 bis 25 Jahren einschließlich	26 Pers. versichert mit	29,800 Thaler.
= 26 = 30 = =	130 = = =	165,600 =
= 31 = 35 = =	267 = = =	291,300 =
= 36 = 40 = =	339 = = =	520,300 =
= 41 = 45 = =	291 = = =	431,200 =
= 46 = 50 = =	246 = = =	362,200 =
= 51 = 55 = =	222 = = =	253,200 =
= 56 = 60 = =	147 = = =	174,300 =
= 61 = 67 = =	69 = = =	90,900 =
	1737 Pers. mit	2,318,800 Thlr.

Es erhellt hieraus, daß die Zweckmäßigkeit der Lebensversicherungen im Allgemeinen in Deutschland immer weitere Anerkennung findet, daß in allen Theilen unsers Vaterlandes der Sinn dafür geweckt und erweitert wird, und daß die vermehrte Theilnahme an der leipziger Anstalt um so erklärbarer ist, als dieselbe im Jahre 1837 die sehr bedeutende Dividende von 25 Procent abermals gewähren und dadurch ihren Mitgliedern eine sehr wesentliche Erleichterung zu Theil werden lassen kann.

Chinesische Gebirgsbewohner.

In China haust ein Völkchen tibetanischer Abkunft, die Miao-Tsee, dessen Geschichte, Sitten und Gebräuche viel Eigenthümliches haben. Die Missionare stimmen in der Angabe des Umfanges des von den Miao-Tsee bewohnten Landes nicht überein; aber gewiß ist, daß dieses Volk von den Gebirgen der Provinz Sse-Tchouen eingeschlossen lebte und seine Unabhängigkeit durch die Unzugänglichkeit des Landes, das es bewohnt, behauptet hat.

Diese Gebirgsbewohner zeichnen sich z. B. unter Anderm durch ihr Reiten aus. Ihre Pferde werden wegen der Leichtigkeit, mit der sie die steilsten Höhen hinauf- und hinabgalopiren, sowie wegen der Geschicklichkeit, womit sie über die breitesten Gräben setzen, auch im übrigen China sehr geschätzt. Diese letztere Fertigkeit hat in den Augen der Miao-Tsee einen um so größern Werth, weil eine der äußerst schwierigen Proben, denen sich ihre Häupter vor ihrer Wahl unterwerfen müssen, darin besteht, daß sie zu Pferd über einen breiten Graben setzen, in welchem man helles Feuer angezündet.

Der Krieger dieses Volksstammes trägt das Haar auf den Kopf zurückgebunden und mit einem Netze umwunden. Er ist blos mit einem engen Wamms bekleidet, das Knöpfe aus kleinen Flußmuscheln hat. Die Beinkleider gehen nur bis auf die Hälfte des Schenkels; das übrige Bein, sowie der Fuß ist unbekleidet, obgleich sie mit unglaublicher Schnelligkeit auf spitzen Felsen laufen.

Die Kleidung der Frauen ist wenig von der männlichen unterschieden. Das Wamms ist weiter und hat Ärmel. Wenn der Mann Ohrringe trägt, so hat die Frau dagegen einen Säbel an der Seite. Sie haben eine sehr auffallende Art, ihr Haar zu tragen; sie wickeln dies nämlich auf ein über einen Fuß langes und fünf bis sechs Zoll breites Brettchen, an welches sie es mit Wachs ankleben, sodaß sie einen Hut von Haaren zu haben scheinen. Es ist begreiflich, daß sie, um den sonderbaren Bau nicht zu zerstören, sich sehr in Acht nehmen müssen, wenn sie sich anlehnen oder legen wollen.

Die Miao-Tsee, die in mehre Dörfer vertheilt sind, leben in vollkommener Eintracht miteinander und werden nur von den Ältesten jedes Stammes regiert. Sie treiben Ackerbau und bereiten Leinwand und Matten. Die Leinwand ist sehr mittelmäßig, bewundernswerth aber das feine Gewebe der Matten. Auch verfertigen sie seidene Teppiche von verschiedenen Farben. Handel treiben sie nur mit einem Artikel, und zwar mit dem Holze aus ihren Wäldern, welches sie an die Chinesen verkaufen. Sonderbar ist dabei die Art der Ablieferung. Wenn beide Theile über die Anzahl Bäume einig sind, so werden sie von den Miao-Tsee gefällt und in den, ihr Land durchströmenden Fluß geworfen. Die Chinesen halten unterhalb des Stromes die Bäume auf und bilden große Flöße daraus, welche man auf dem nämlichen Wege weiter befördert.

Die Krieger sind mit einem ganz vorzüglich gut gearbeiteten Dolch bewaffnet, der gegen zwei Fuß lang ist und dessen Griff und Scheide mit rothen und blauen Steinen ausgelegt sind, auch tragen sie Panzer von Rindshäuten mit Eisenplättchen belegt.

Die Lebensweise dieser halbwilden Völker gibt selbst in Peking Anlaß zu einer Menge abgeschmackter Erzählungen. So erzählt man und ist dies selbst bis nach Europa verbreitet worden, sie wären genöthigt, da sie ein unfruchtbares Land bewohnen, sich von Holzkohlen zu nähren.

Admiral Rigny.

Verantwortlicher Herausgeber: Friedrich Brockhaus. — Druck und Verlag von F. A. Brockhaus in Leipzig.

Das Pfennig-Magazin
für Verbreitung gemeinnütziger Kenntnisse.

218.] Erscheint jeden Sonnabend. **[Juni 3, 1837.**

Galerie der deutschen Bundesfürsten.
XV.

Ernst, Herzog zu Sachsen-Koburg-Gotha.

Ernst, Herzog zu Sachsen-Koburg-Gotha, geboren am 2. Januar 1784, der Sohn und Nachfolger des Herzogs Franz von Sachsen-Koburg-Saalfeld, gelangte am 9. December 1806 zur Regierung und befand sich damals, am Nervenfieber schwer darniederliegend, in Königsberg, wohin er sich nach dem unglücklichen Ausgange der Schlacht bei Auerstädt, an der er Theil genommen, gewendet hatte. Noch sehr leidend, mußte er beim Vordringen der Franzosen nach Memel gebracht werden, wo er bis zu seiner Genesung verblieb. Inzwischen hatte Napoleon das Herzogthum Sachsen-Koburg-Saalfeld als erobertes Gebiet in Besitz genommen, und erst im tilsiter Frieden erhielt der Herzog, der sich indessen in Böhmen aufgehalten hatte, sein Erbland zurück. Bei einer persönlichen Zusammenkunft mit Napoleon in Dresden 1807 wurde dem Herzog die Versicherung einer Entschädigung für die aus seinem Lande gezogenen Summen ertheilt, und er begab sich, um diese Angelegenheit kräftiger zu betreiben, bald nachher nach Paris, mußte aber, ohne zum Ziele gelängt zu sein, nach Deutschland zurückkehren, wo er nun vorzüglich mit der Organisation der Staatsverwaltung seines Landes sich beschäftigte. Doch trotz allen Bemühungen, trotz seinem ernstlichen Willen war es ihm, so lange die französische Herrschaft dauerte, nicht möglich, des Landes Lage bedeutend zu verbessern, welches, durch zahlreiche Truppenmärsche heimgesucht, auch darunter litt, daß man französischer Seits den Herzog im Verdacht eines Einverständnisses mit Östreich glaubte. Nach der Schlacht bei Leipzig schloß er sich den Verbündeten an und erhielt den Oberbefehl über das fünfte deutsche Armeecorps, das vorzüglich zur Blockade von Mainz verwendet wurde. Nachdem Mainz sich ergeben, begab er sich nach Paris und sodann auf den Congreß nach Wien, wo er nicht sein eignes Interesse, sondern auch das des Königs von Sachsen mit edler Freimüthigkeit vertrat. Als Napoleon von Elba zurückgekehrt war, übernahm ver Herzog den Oberbefehl über die sächsischen Truppen. Die ihm von wiener Congresse zuerkannten Gebietstheile auf dem linken Ufer des Rheins erhob er 1819 zu einem Fürstenthume unter dem Namen Lichtenberg, das er aber 1834 an den König von Preußen verkaufte. Er vermählte sich 1817 mit der Prinzessin Luise von Sachsen-Gotha, doch wurde diese Ehe 1826 wieder getrennt. In Folge der Erbtheilung nach dem Erlöschen der gothaischen Speciallinie erhielt der Herzog 1826 das Fürstenthum Gotha zu seinem Erbantheile und trat dagegen das Fürstenthum Saalfeld an den Herzog von Sachsen-Meiningen ab. Seit dieser Zeit war er unablässig bemüht, seines Gesammtstaates Wohl zu fördern und erwarb sich als Regent durch große Umsicht, Thätigkeit und Klugheit, durch ein humanes Benehmen gegen Vornehme und Niedere, sowie durch weise Sparsamkeit und Beförderung der Gewerbe und des Handels das Vertrauen und die Liebe seiner Unterthanen. Nach dem Tode seiner von ihm geschiedenen Gemahlin, am 30. August 1831, vermählte er sich am 23. December 1832 mit der Prinzessin Marie, der Tochter des verstorbenen Herzogs Alexander von Würtemberg, geboren am 17. September 1799. Mit seiner ersten Gemahlin zeugte er den Erbprinzen Ernst, geboren am 21. Juni 1818, und den Prinzen Albrecht, geboren am 26. August 1819.

Des Herzogs ältere Schwester, Julie, geboren 1781, vermählte sich unter dem Namen Anna Feodorowna an den Großfürsten Konstantin von Rußland, von dem sie aber 1820 geschieden wurde. Sie lebt zu Elsenau bei Bern. Der jüngere Bruder des Herzogs Ferdinand, östreichischer Feldmarschalllieutenant, geboren 1785, vermählte sich 1816 mit Antonie, Fürstin von Kohary, der Erbin dieses reichbegüterten Hauses in Ungarn, nannte sich deshalb Herzog von Sachsen-Koburg-Kohary und ward der Stifter einer neuen Nebenlinie, die in ihren Nachkommen der katholischen Kirche angehört. Sein erstgeborener Sohn Ferdinand, geboren am 29. Oct. 1816, ist seit 1836 Gemahl der Königin Donna Maria da Gloria von Portugal. — Die jüngere Schwester des Herzogs, Victorie, geboren 1786, ist die Witwe des 1820 verstorbenen Eduard August, Herzogs von Kent, und ihre Tochter Victorie, geboren 1819, die präsumtive Erbin des britischen Reichs. — Der jüngste Bruder des Herzogs, Leopold, geboren am 16. December 1790, früher mit der Prinzessin Charlotte von England vermählt, ist seit 1831 König der Belgier und seit 1832 mit der Prinzessin Luise, der Tochter Ludwig Philipp's, Königs der Franzosen, vermählt.

Veränderungen in der Lebensweise in Großbritannien.

Wie es überhaupt Stoff zu interessanten Betrachtungen darbietet, wenn wir aus der Mitte hoher Gesittung einen Rückblick auf die frühern häuslichen und gesellschaftlichen Zustände und Sitten eines Volkes werfen, so ist es doppelt anziehend bei einem Volke, wo Alles, was zu einem veredelten Lebensgenusse gehört, zu so hoher Ausbildung gekommen ist als bei den Engländern. Wir wollen einige der merkwürdigsten Züge hier zusammenstellen. Alle Volksclassen in England haben während der letzten zwei Jahrhunderte eine wunderbare Vermehrung der Annehmlichkeiten des Lebens erfahren. Die arbeitende Volksclasse hat jedoch am meisten gewonnen, sowol weil Viele unter derselben sich auf eine höhere Stufe geschwungen haben, als auch weil jetzt dem Ärmsten viele Annehmlichkeiten zugänglich sind, die er früher entbehren mußte. Seit dem 16. Jahrhunderte ist die Veredelung des gesellschaftlichen Zustandes in England, einige kurze Zwischenräume abgerechnet, immer im Fortschreiten gewesen, und seit 1760 hat sich gegen alle frühern Zeiten ein reißender Fortschritt gezeigt. Ohne weiter zurückzugehen, um den gesetzlosen und unglücklichen Zustand einer frühern Zeit zu beweisen, wollen wir nur erwähnen, daß während der Regierung Heinrich VIII. (1509—47) 72,000 Diebe hingerichtet wurden, und beinahe in jeder Grafschaft 3—400 arbeitsfähige Landstreicher waren, die von Stehlen und Rauben lebten und oft in Haufen von 60 umherzogen. Diese Unordnungen mochten zum Theil durch die Aufhebung der Klöster, durch die Zusammenlegung kleiner Landgüter und besonders durch die Entwerthung des Geldes nach der Entdeckung der amerikanischen Bergwerke veranlaßt werden, aber abgesehen von diesen zufälligen Umständen, war der Zustand des Volkes in jener Zeit im höchsten Grade traurig. Nur die Vornehmen konnten sich Weizen zu Brot verschaffen, die geringen Volksclassen aßen nur Roggen- oder Gerstenbrot und bei Miswachs nahm man Erbsen oder Hafer zum Brote und mischte selbst Eicheln hinzu. Waren die Lebensmittel der ärmern Volksclassen roh und dürftig, so waren ihre Kleidungen und Wohnungen noch weit armseliger. Die Häuser, selbst der Reichen und Vornehmen, hatten im 16. Jahrhunderte selten Glasfenster, und die Hütten der Armen waren nicht nur ohne Fenster, sondern selbst ohne Schornsteine. Leinene Hemden kannten nur die Vornehmen. Alle Volksclassen, vom Edelmanne bis zum Bauer, ermangelten mancher Bedürfnisse, die jetzt selbst der Ärmste für unentbehrlich hält. Thee und Kaffee waren ganz, Zucker beinahe unbekannt, und was man auch von der rohen Gastfreiheit und dem reichlichen Bierverbrauche jener Zeit sagen mag, es ist gewiß, daß die arbeitenden Classen jetzt zehnmal mehr Bier trinken als ihre Vorfahren im 16. und 17. Jahrhunderte. Niemand kann es leugnen, daß das Volk in unsern Tagen in einer günstigern Lage ist als in jener Zeit, aber ebenso gewiß ist es, daß sein Zustand selbst weit besser ist als vor 100 Jahren, denn seit der Mitte des 18. Jahrhunderts sind die Fortschritte außerordentlich gewesen. Man hat berechnet, daß von den sechs Millionen, die um das Jahr 1760 in England und Wales lebten, nicht weniger als 880,000 von Roggenbrot sich nährten, wogegen jetzt nicht 20,000 von Roggen leben. Der Anbau des Roggens hat in England fast ganz aufgehört, außer in der Grafschaft Durham, wo man eine Mischung von Weizen und Roggen als Brotkorn benutzt. Ebenso wenig wird Gerste als Brotkorn gebraucht. In den nördlichen Grafschaften wurde noch lange nach der Mitte des 18. Jahrhunderts nur sehr wenig Weizen zu Brot verbacken. In Cumberland brauchten die vornehmsten Familien nur zur Weihnachtszeit etwas Weizenmehl. Die Rinde der Gänsepasteten, die um jene Zeit auf jeden Tisch kamen, wurde fast immer von Gerstenmehl gemacht. Jetzt denkt man nicht mehr daran, und fast Jedermann ißt zu allen Jahreszeiten Weizenbrot. So auch in andern Gegenden des Landes. Vor 30—40 Jahren aßen die geringern Landwirthe, die Tagelöhner, die Bergleute in der Grafschaft Cornwall fast nichts als Gerstenbrot, jetzt weit weniger und in manchen Gegenden gar nicht mehr. Weizen ist jetzt das allgemeine Brotkorn in England.

Noch auffallender ist die Veränderung, die seit 50 Jahren in dem Verbrauche von frischem Fleische stattgefunden hat. In den Jahren 1740—50 war die Einwohnerzahl der Hauptstadt nicht sehr schwankend und betrug zu jener Zeit gegen 675,000. Während jenes Jahrzehnds wurden im Durchschnitt jährlich 74,000 Stück Rindvieh und 570,000 Stück Schöpse verkauft. Im Jahre 1831, wo die Einwohnerzahl 1,472,000 betrug, wurden nach dreijährigem Durchschnitt jährlich 156,000 Ochsen und 1,238,000 Schöpse verkauft. Es geht daraus hervor, daß die Zahl der in London verzehrten Ochsen und Schafe in demselben Verhältnisse zugenommen hat, als die Zahl der Einwohner. Aber das Gewicht des Schlachtviehes hat sich seitdem mehr als verdoppelt. Zu Anfange des 18. Jahrhunderts wog ein Ochse in Durchschnitt nicht über 370 Pfund, ein Schöps nicht über 28, wogegen jetzt ein Ochse im Durchschnitt gegen 800 Pfund schwer ist und ein Schöps ungefähr 80 Pfund wiegt. Man kann daher annehmen, daß der Verbrauch von Schlachtvieh jetzt doppelt so groß ist als von 1740—50. Ähnliche Veränderungen haben in den meisten Gegenden Englands stattgefunden. Die Veränderung aber, die seit dem Anfange und der Mitte des 18. Jahrhunderts in Schottland sich gezeigt hat, ist noch auffallender. Zu jener Zeit gab es in Schottland keine Manufacturen außer Leinweberei. Der Ackerbau war in dem traurigsten Zustande und die Einwohner waren in den günstigsten Jahren nur dürftig mit Lebensmitteln versehen und zuweilen allen Schrecknissen der Hungersnoth ausgesetzt. Das Land litt noch zu Anfange des 18. Jahrhunderts durch die Unordnungen und die Störungen der öffentlichen Sicherheit, die England im 17. Jahrhundert zerrütteten. Außer vielen Armen, die von ihren Kirchspielen durch Almosen unterstützt wurden, gab es in Schottland gegen Anfang des 18. Jahrhunderts 200,000 Arme, die von Haus zu Haus bettelten und ein gesetzloses Landstreicherleben führten. Die bessere Einrichtung der Schulen und eine kräftigere Verwaltung unterdrückten zwar zum Theil diese Übel, aber die Schottländer blieben noch lange ohne Manufacturen und Handel und hatten mit Noth und Mangel zu kämpfen. Erst nach dem Jahre 1745 trat durch die Aufhebung vieler alten Misbräuche eine glücklichere Zeit ein, und seitdem sind die Verbesserungen rasch fortgeschritten. Bis zu jener Zeit war das Land in dem rohesten Zustande. Die fruchtbarsten Gegenden lagen wüst oder waren schlecht angebaut. Der Adel stand hinsichtlich seiner Sitten und seiner Lebensweise kaum so hoch als jetzt der gemeine Landwirth. Die geringen Volksclassen, in die gröbsten Stoffe gekleidet, wohnten mit ihrem Vieh in elenden Hütten. Der Ertrag der Landgüter war nur eben hinreichend, einen geringen Zins und das Gesindelohn zu bezahlen und einen dürftigen Lebensunterhalt zu verschaffen. Die Lage der Hochländer war noch elender. Nichtsthun war fast ihr einziger Genuß. Hungersnoth war nicht selten. Ihre dürftigen Ernten wurden im Winter und Frühlinge von ihrem Viehe verzehrt. Sie lebten während der meisten Monate im Jahre nur von Milch und gegen Ende des Frühlings und zu Anfange des Sommers fehlte es auch daran. Die Noth war oft so groß, daß sie Kühen Blut abzapfen mußten, das sie gesotten genossen, und selbst die Bewohner der Thäler zogen in Haufen an die entfernten Küsten, um von dürftiger Fischnahrung zu leben. Sie waren elend gekleidet und wohnten in schmuzigen Hütten. Wie ganz anders jetzt! Sie haben alle Bedürfnisse und selbst manche Annehmlichkeiten des Lebens, und auch Diejenigen, die von Almosen leben, leiden nicht wahren Mangel. Nicht glücklicher war die Lage der Bewohner der südlichen Grafschaften Schottlands. Der Hauptzweck des Anbaus des Landes war, Stroh zur Ernährung des Viehes für den Winter zu gewinnen, das im Sommer auf den Weiden sich nährte. Dies war um so schwieriger, da der Viehstand unverhältnißmäßig groß war, und die armen Thiere waren bis zum Frühlinge der größten Noth ausgesetzt. Sie konnten oft aus bloßer Schwäche sich nicht vom Boden erheben, und es war nicht ungewöhnlich, die Nachbarn zusammenzurufen, um einer Kuh oder einem Pferd aufzuhelfen oder sie aus Mooren und Sümpfen zu ziehen, in welche sie sich bei der ersten Erscheinung von jungem Pflanzenwuchse hatten verleiten lassen. Ohne die Mäßigkeit, an welche die Landleute gewöhnt waren, hätten sich nicht erhalten oder ihren geringen Zins bezahlen können. Ihre Nahrung, meist Erzeugniß ihres Bodens, kostete wenig und bestand meist aus Hafermehl, Gemüsen und Milch. Genossen sie zuweilen Fleisch, so war es von dem hinfälligen Ausschuß ihrer Heerden, den sie nicht verkaufen konnten. Selbst das jetzt so fruchtbare Mittelschottland war nicht in einer bessern Lage. Noch 1757 kannte man dort weder Rüben noch Kartoffeln, Klee oder andere Futterkräuter. Jetzt sind die schottischen Landwirthe durch ihre Kenntnisse und ihre Geschicklichkeit im Ackerbau, ihre treffliche Viehzucht, ihre anständige und behagliche Lebensweise ausgezeichnet. Auch die Tagelöhner auf dem Lande sind wohl genährt und gut gekleidet und haben bequeme, gut eingerichtete Wohnungen. Auch der Verbrauch des Schlachtviehes hat in Schottland außerordentlich zugenommen. Noch im Jahre 1763 schlachtete man in Glasgow keine Ochsen zum öffentlichen Verkauf, obgleich die Stadt bereits 30,000 Einwohner hatte. Vor 1775 und selbst später war es in Edinburg, Glasgow und den ansehnlichsten Städten herkömmlich, daß Familien im November eine Kuh oder einen Ochsen schlachteten und einpökelten, um sich für das ganze Jahr Fleischvorräthe zu verschaffen. In den kleinern Städten und auf dem Lande dauerte diese Gewohnheit bis in das 19. Jahrhundert fort, ist aber jetzt fast überall abgekommen.

In Irland hat der Mittelstand in den letzten 50 Jahren bedeutend zugenommen und seinen vollen Antheil an den Verbesserungen des gesellschaftlichen Zustandes gehabt, die unter den höhern Classen in England und Schottland hervorgetreten sind.

Die Verbesserungen, die während der letzten 50 Jahre hinsichtlich der Kleidungen und der Wohnungen unter den Bewohnern Großbritanniens sich gezeigt haben, sind noch merkwürdiger als die Veränderungen in den Nahrungsmitteln. Der Überfluß und die Wohlfeilheit der Baumwollenzeuche sind in dieser Beziehung von ausnehmender Wichtigkeit gewesen. Die Vortheile, welche für die Masse des Volkes aus dieser Wohlfeilheit hervorgegangen sind, lassen sich gar nicht schätzen. Die Frau des Tagelöhners kann sich einen netten Anzug zu dem Preise von 20 Groschen kaufen. So haben jetzt die geringsten Volksclassen die Mittel, sich ebenso reinlich und nett zu kleiden als die mittlern und höhern in frühern Zeiten, und selbst die Hütte des Landmanns kann bei guter Wirthschaft ein ebenso sauberes Ansehen erhalten, als das Haus eines wohlhabenden Kaufmanns vor 60 Jahren. Seit der Mitte

*

des 18. Jahrhunderts hat sich die Einrichtung der Wohnungen aller Volksclassen außerordentlich verbessert. Dies fällt Jedem auf, der die Häuser in den alten Straßen der englischen Städte mit den in den letzten 50 Jahren gebauten vergleicht. Die Zimmer sind geräumiger und höher, besser gelüftet und auf eine Weise, wovon die Vorzeit keinen Begriff hatte, mit Wasser versehen. Daher sind die großen Städte von epidemischen Krankheiten ganz frei und der Gesundheitszustand der Einwohner hat sich auffallend verbessert. Man kann mit vollem Grunde annehmen, daß mit wenigen Ausnahmen alle landwirthschaftlichen Gebäude in Schottland seit 1780 und besonders seit 1800 neu gebaut sind. An die Stelle elender Hütten sind nun feste, wohleingerichtete und bequeme Wohnungen getreten.

Palermo.

Ansicht von Palermo.

An einem tiefen Meerbusen, am Ende eines von hohen Bergen gebildeten Amphitheaters liegt die Hauptstadt Siciliens, Palermo, die von der Seeseite die prächtige Ansicht darbietet, die unsere Abbildung zeigt. Der hohe und malerische Monte Pellegrino erhebt sich über die Ebenen wie ein Riese zum Schutze der schönen Stadt, die theils längs den Krümmungen der Bai, theils landeinwärts an sanften Abhängen liegt, von Hügeln, Wäldchen und Gärten überragt. Die Sprache hat sich in Bildern erschöpft, die schöne Ebene um Palermo zu schildern; sie heißt die goldene Muschel (conca d'oro) das goldene Thal, die Perle Italiens. Palermos Ursprung verliert sich in ein hohes Alterthum. Wahrscheinlich wurde die Stadt von griechischen Ansiedlern angelegt und erhielt es von ihnen den Namen Panormos. Unter Octavian kam eine römische Colonie dahin und gab der Stadt einen neuen Glanz. Im 9. Jahrhundert von den Arabern erobert, kam sie im 11. mit der ganzen Insel unter die Normannen. Als die Herrschaft des französischen Hauses Anjou, das dem Hause Hohenstaufen folgte, durch den Aufstand der Inselbewohner, der 1282 mit der sicilischen Vesper zu Palermo begann, war gestürzt worden, kam ganz Sicilien an den König Peter von Aragon und ward endlich mit der spanischen Monarchie vereinigt. Die Stadt ist mit einer alten verfallenen Mauer umgeben, einige ihrer Wälle sind mit Gärten bedeckt, andere abgetragen, um der Marina, einem schönen Spaziergange längs dem Gestade, mehr Breite zu geben. Der Hafen wird durch die Feste La Galita und andere Werke vertheidigt, ist aber nicht von großem Umfange. Palermo ist seiner Lage nicht unwürdig, regelmäßig gebaut und hat mit einigen schönen Straßen ein zierliches Ansehen. Zwei breite Hauptstraßen, die Strada Magueda und die Toledostraße, durchschneiden sich in rechten Winkeln und scheiden die Stadt in vier ziemlich gleiche Theile. An beiden Enden dieser Straßen befindet sich eine Pforte, und ihr Durchschnittpunkt in der Mitte der Stadt bildet einen schönen Freiplatz, Ottangolo oder Piazza vigliena genannt, von dessen Mittelpunkt sich eine schöne Aussicht in beide Straßen und auf ihre Thore öffnet. Das nördliche Thor, Porta felice, macht mit seinen reichen Bauverzierungen eine gute Wirkung. Außer diesem Platze gibt es noch mehre andere, die mit Obelisken und Springbrunnen geziert sind; der größte, il piano della marina, liegt dem königlichen Schlosse gegenüber und hat einen schönen und großen Springbrunnen. Die meisten Häuser in den bessern Stadttheilen sind mit eignen Brunnen versehen und das Wasser wird selbst in die obern Stockwerke geführt. Die beiden Hauptstraßen haben Häuser von ziemlich gleicher Höhe, und wären sie etwas breiter, so würden sie zu den schönsten Straßen im südlichen Europa gehören; die Toledostraße oder der Cassero ist jedoch breiter und länger als der berühmte Corso in Rom. Die Lebendigkeit dieser Straßen, mit Ausnahme einiger Stunden in der Mitte der Sommertage, wo man die Siesta hält, bietet einen anziehenden Anblick dar, besonders dem Reisenden, der aus dem Innern der Insel kommt, wo er nur öde Städte gesehen hat. Spazierfahrten in der Toledostraße in den Abendstunden gehören zum feinen Ton, wie in Rom im Corso, und die Frauen zeigen sich dann im glänzendsten Putze. Palermo bietet nicht, wie die neuesten Städte Siciliens, ein trauriges Bild des Verfalls und der Entvölkerung dar. Die kleinen Straßen laufen meist parallel mit den beiden großen. Einige der niedrigen Stadttheile sind schmutzig und sehr unangenehm. Ein Stadttheil, wo die Gerber (conciariotti) wohnen, hat einen schlechten Ruf in der Geschichte, da sich die Bewohner desselben bei jedem Aufstande durch ihre Roheit auszeichneten, und selbst in friedlichen Zeiten war man hier kaum sicher. Die Conciariotti waren im Besitze vieler alten Vorrechte, und wer Jemand aus ihrer durch eigne Gesetze geregelten Genossenschaft beleidigte, hatte es mit Allen zu thun. Während der unruhigen Bewegungen im Jahre 1820 ermordeten sie grausam mehre sicilische Edelleute, seitdem aber ist ihr Stadttheil unter strenge Aufsicht gekommen und sie haben ihre alten Vorrechte gänzlich verloren.

In Palermo wird der Reisende überall an die Herrschaft der Araber und der französischen Normannen erinnert. Die arabische und die normannische Bauart, bald getrennt, bald vermischt, hat die ehemaligen Gebieter überlebt und gibt der Stadt einen eigenthümlichen Charakter, wie man ihn kaum anderswo findet. In dem königlichen Schlosse, das der Vicekönig bewohnt, einem geräumigen Gebäude, sind jene beiden Bauarten auf die sonderbarste Weise verschmolzen und vorherrschend, ungeachtet neuerer Zusätze und Veränderungen, die dem Ganzen ein buntes Ansehen geben. In dem Waffensaale sieht man die Rüstung des Grafen Roger, der 1072 Palermo den Arabern nahm und die Herrschaft über Sicilien erlangte. Auch sieht man im Schlosse zwei Widder von Bronze, die früher in Syrakus gefunden wurden und 1448 nach Palermo kamen. Man behauptet, Archimedes habe sie machen lassen. Sie sind schön gearbeitet, besonders die Köpfe. Beide haben Löcher, und die einströmende Luft soll einen besondern Ton in jedem hervorgebracht haben, sodaß man daraus abnehmen konnte, von welcher Seite der Wind kam. In der alten, im 12. Jahrhundert erbauten Domkirche, welche, ungeachtet einiger ungeschickten neuern Veränderungen, einen malerischen Anblick gewährt, findet man einige der schönsten Züge der morgenländischen Baukunst. Im Innern sieht man einige Sarkophage von dem feinsten rothen Granit, welche die Gebeine mehrer Fürsten, unter Andern der Kaiser Heinrich VI. und Friedrich II., enthalten. Die meisten Kirchen sind prächtig verziert, besonders zeichnen sie sich durch Mosaiken vor den Altären aus. Der alte Palast Ziza, einst der Wohnsitz der arabischen Fürsten oder, nach Andern, eine arabische Lehranstalt, ist wohl erhalten, wie auch eine kleine daran stoßende Moschee. Das Innere enthält Springbrunnen, Höfe und Arcaden und erinnert an die prächtigen Überreste der Alhambra zu Granada. Unter den öffentlichen Gebäuden zeichnet sich das Zollhaus aus, wo früher die Inquisition ihren Sitz hatte. Dieses furchtbare Gericht, das noch 1724 eine Nonne und einen Mönch, die verrückt waren, zu dem Flammentode verurtheilte, ward erst 1782 von dem aufgeklärten Vicekönig Marquis von Caracciolli aufgehoben. Das Jesuitencollegium ist ein großes und prächtiges Gebäude, wo nach der unter dem Schutze der englischen Regierung 1812 eingeführten Constitution das sicilische Parlament seine Sitzungen hielt. Während seiner kurzen Dauer schaffte es die Folter ab und schloß die scheußlichen Gefängnisse, die Damusi, die ebenso furchtbar als die berüchtigten Bleikammern in Venedig waren, unterirdische, finstere und feuchte Behältnisse, ungefähr sechs Fuß im Gevierte, mit scharfen Steinen gepflastert, in welche der Gefangene mit schweren Ketten geworfen wurde, die ihn auf das Fleisch zerschneidenden Boden hinabzogen. Er bekam täglich ein Brot und einen Krug mit Wasser. Konnte er 40 Tage lang diese Qual aushalten, ohne ein Geständniß abzulegen, so ward er als unschuldig entlassen; gewöhnlich aber war kürzere Zeit hinreichend, den kräftigsten Körper aufzureiben. Die Sternwarte ist zwar nicht wegen ihrer Bauart, aber wegen der wichtigen Entdeckungen merkwürdig, die hier gemacht wurden. Sie ward 1748 erbaut und erst lange nachher durch den berühmten Piazzi vollendet, der den Planeten Ceres entdeckte.

Der Stolz Palermos ist die Marina, ein prächtiger Quai zwischen den Stadtwällen und dem Meere vor der Porta felice. In den Abendstunden ist hier ein reges Leben. Zu keiner Zeit aber ist Palermo lebendiger als zu Anfang des Julius, wo mehre Tage lang das Fest der heiligen Rosalie gefeiert wird. Die Kapelle dieser Heiligen auf dem Monte Pellegrino ist S. 176 abgebildet. Am östlichen Ende derselben liegt die Villa Giulia, ein herrlicher Spaziergang, von Pommeranzenbäumen beschattet, an welchen der anmuthige botanische Garten La Flora stößt. Das Haupttheater in Palermo ist ziemlich groß, aber nicht geschmackvoll und schlecht erleuchtet. Das Schauspiel beginnt im Sommer wegen der Hitze erst gegen zehn Uhr. Die Theaterzettel werden nie gedruckt, sondern mit großen rothen Buchstaben geschrieben, an die Thüre des Schauspielhauses angeheftet, und auf Pappe geschrieben an zwei Seiten mitten über die Toledostraße, ungefähr 15 Fuß von der Erde, aufgehängt. Palermo hat mehre Kaffeehäuser, wo man besonders vortreffliches Eis aller Art findet. Das besuchteste ist auf dem Platze Ottangolo. Vor dem Kaffeehause auf der Straße stehen die Leute, die das Eis bereiten. Der Wirth, mit einer weißen, baumwollenen Mütze auf dem Kopfe, sitzt am Büffet. Acht Diener, gleichfalls in weißen Mützen, warten den Gästen auf. Sechs von ihnen haben weiße Jacken, und die beiden Andern, welche Kaffee einschenken, braune. Jeder hat eine ungeheure Kaffeekanne in der Hand. Sie stehen unbeweglich auf beiden Seiten ihres Herrn, schenken den Kaffee ein, wenn sie gerufen werden, und kehren dann wieder auf ihren Posten zurück.

Alle Überreste alter Zeit in Palermo stammen aus dem Mittelalter. Man findet keine Spur mehr von den prächtigen Theatern und Tempeln des alten Panormus aus der Zeit der Römer; sie sind während der Kriege, welche die Insel verheerten, und bei den Belagerungen der Stadt bis auf einige Grundmauern, alte Inschriften und zerbrochene Statuen verschwunden. Mehre früher zerstreute Überreste des Alterthums werden im Palast des Senats aufbewahrt, der auf den Trümmern eines römischen Theaters erbaut wurde. Auch das 1730 gegründete Museo Salnitriano im Jesuitencollegium enthält mehre Alterthümer. Der berühmte alte Hafen, der weit in das Innere der Stadt ging und die Schiffe bis vor die Häuser brachte, ist durch Erdbeben gänzlich verschüttet. Andere Baudenkmale des Alterthums gingen nicht durch die Verwüstungen der Zeit, sondern erst im 17. Jahrhundert durch absichtlich zerstörende Hände unter.

Die Einwohnerzahl der Stadt beträgt ungefähr 180,000. Die Palermitaner sind ein fröhliches Volk, doch nicht so lärmend als die Neapolitaner, und reinlicher. Die Männer sind nicht so schön als in Neapel, aber kräftiger und haben geistreiche Gesichter. Die Frauen sind lebendig und zeigen viel Anmuth in ihrer Haltung. Es herrscht angenehme Geselligkeit und der Fremde findet eine freundliche Aufnahme. Palermo ist der Sitz eines bedeutenden Handels, der bei einer sorgfältigern Verwaltung und bessern Volkserziehung eine große Ausdehnung erhalten könnte. Fast die ganze Insel ist reich an Naturerzeugnissen und ihre Küsten haben die schönsten Fischereien im mittelländischen Meere. Aber bei aller Freigebigkeit der Natur leidet das Volk Mangel, theils wegen seiner Unwissenheit und Trägheit, theils durch die Schuld seiner Regierung, die im Laufe von 700 Jahren nicht eine einzige Straße im Innern der Insel anlegte, und erst in der neuesten Zeit hat man angefangen, dieser Vernachlässigung sich zu schämen.

Die Kunst der Höflichkeit und des geselligen Wohlverhaltens.

Der Mensch ist ein für das Beisammenleben mit seines Gleichen, d. h. mit andern Worten: ein zur Geselligkeit bestimmtes Wesen. Schon die niedern Geschöpfe, die Thiere des Feldes und Waldes, haben den Trieb, in Gemeinschaft mit denen zu leben, die zu derselben Gattung gehören; allein diese Gemeinschaft ist doch kein vernünftiges Beisammensein, es ist nur der natürliche Instinct, dem die Thiere in dieser Hinsicht folgen, es ist eine Gemeinschaft, in welcher es keine Rechte und Pflichten gibt, sondern wo eben nur der Instinct herrscht. Für den Menschen dagegen wird der gesellschaftliche Verein eine fortlaufende Kette von gegenseitigen Ansprüchen und Verpflichtungen; Niemand kann, wie der Dichter richtig sagt, genau bestimmen, wie viel er seinen Gefährten auf der Lebensbahn schuldig wird, oder gar voraus berechnen, mit wem er noch fernerhin in Berührung kommen wird. Eben deshalb muß sich der Einzelne eine allgemeine Richtschnur seines Verhaltens gegen die Menschheit überhaupt und gegen die Nächsten sowol als die Entferntern und Entferntesten bilden; er muß zeigen, daß er zuerst das ganze Geschlecht achtet, dem er angehört, und muß diese Achtung und Ehrerbietung um so mehr gegen Diejenigen steigern, die das Schicksal am innigsten mit ihm in Verbindung gesetzt hat. Es ist nicht genug, daß er mit ihnen lebt, auch reicht es nicht hin, daß er ihnen im Allgemeinen wohl will, ihnen nichts zu Leide thut, sie in ihren Rechten und moralischen Foderungen nicht beeinträchtigt; nein, er muß ihnen auch äußerlich so viel als möglich entgegenkommen, ihnen Artigkeit beweisen und zu diesem Zweck sein eignes Betragen in ihrer Nähe regeln, ordnen, angenehm und wohlgefällig machen. Diese Pflicht und dieses Streben ist es, was man gewöhnlich mit dem Ausdruck des geselligen Wohlverhaltens bezeichnet. Dazu gehört um so mehr, je verfeinerter der gesellige Verein ist, in welchem wir leben; es gehören dazu eine Menge äußerliche Dinge, von deren Wichtigkeit uns das spätere Leben belehrt, auch ist eine gewisse Mannichfaltigkeit des Betragens dazu erfoderlich, weil wir nicht blos mit vielen Menschen, sondern auch mit diesen auf vielfache Weise in Beziehung kommen. Demnach muß das gesellige Wohlverhalten sich auf die ganze äußere Erscheinung des Menschen in allen möglichen Fällen erstrecken.

Man hat sich schon in frühen Zeiten damit beschäftigt, in eignen Büchern Regeln und Vorschriften über die gute Lebensart zu ertheilen, und die sogenannten „Schulen der Höflichkeit", deren eine uns noch in neuester Zeit ein feiner Weltmann gegeben hat, sind keineswegs erst Erzeugnisse der modernen Zeit. Schon im Mittelalter wurden dergleichen Bücher in lateinischer Sprache geschrieben, aus denen freilich der nicht wissenschaftlich gebildete Mensch keinen Vortheil ziehen konnte. Manche spätere Schriften dieser Art gehen auch in ihren guten Regeln zu weit und verlieren sich wol mehr als billig in unbedeutende Einzelheiten oder huldigen zu sehr der Mode der Zeit, zu welcher sie eben geschrieben wurden, denn jede Zeit hat freilich ihre eignen Ansichten von Höflichkeit, vom Schicklichen und Wohlanständigen. Allein man wird doch immer in allen diesen Schriften, wenn sie nicht von ganz ungeschickten und unbereimten Leuten geschrieben wurden, einen gewissen Kern des Wahren bemerken und herausfinden können, woran man sich zu jeder Zeit halten kann, und Etwas, was dem guten Ton, der Reinheit und Feinheit der Sitten überhaupt angehört, was also für die eine Zeit ebenso wol als für die andere in Geltung bleiben muß. An diesen Kern muß man sich halten, genau nach dem Ausspruch der Bibel, welcher lautet: „Prüfet Alles, und das Beste behaltet."

Es liegt ein kleines Büchlein vor uns, das in französischer Sprache und 1782 von einem französischen Edelmanne, Namens de la Salle, geschrieben ist, der zugleich ein Priester und Doctor der Gottesgelahrtheit war. Dies Büchlein führt den Titel: „Regeln des guten Anstandes und der christlichen Höflichkeit." Der Verfasser betrachtet nämlich die wichtigern und vorzüglichern Seiten des geselligen Anstandes aus dem Gesichtspunkte der Religion, ein Standpunkt, der gewiß auch keineswegs zu verwerfen ist. Denn wenn uns die christliche Religion überhaupt Liebe, Anhänglichkeit, Achtung und Zuvorkommenheit gegen unsere Nebenmenschen gebietet, so muß dieses Gebot auch die äußerlichen Mittel und Verhaltungsweisen mit umfassen, wodurch es am schicklichsten erfüllt werden kann. Mancher wird freilich lächeln, wenn er erfährt, daß unser Verfasser unter die Pflichten des christlichen Wohlverhaltens auch die schickliche Art, den Hut zu setzen, rechnet, und wird fragen: was hat denn die Art und Weise, wie ich meinen Hut setze, mit dem Christenthum zu schaffen? Im Grunde genommen ist er aber dennoch im Irrthum, denn schon der Apostel Paulus hielt es in den allerfrühesten Zeiten des Christenthums nicht für unpassend, den ersten christlichen Gemeinden genaue Vorschriften über die Kopfbedeckungen bei und außer dem Gottesdienste zu ertheilen. Auch wissen wir Alle sehr wohl, daß im Laufe der Welt häufig aus geringen Ursachen die wichtigsten Folgen entstehen, und so kann es wol geschehen, daß ein Mensch sich das Miswollen eines ausgezeichneten Mannes zuziehen kann durch die bloße Art, wie er in seiner Gegenwart den Hut setzt, denn auf Zeit, Ort und Umstände kommt ja Alles an; an und für sich unwichtig ist nichts in der Welt, und Das, was in einigen Verhältnissen wirklich unbedeutend ist, kann in andern eine große Bedeutung gewinnen.

Unsers Verfassers Höflichkeitsbüchlein zerfällt in mehre Abtheilungen und in viele einzelne Capitel. Der erste Theil handelt von der Bescheidenheit und Anständigkeit, die der religiöse Mensch im Tragen seines Körpers und in der Haltung der einzelnen Theile desselben beobachten soll: vom Kopf, vom Gesicht, von den Augen, der Nase und den Ohren. Es klingt freilich etwas seltsam, wenn der Verfasser sich in Betreff dieser Extremitäten des Kopfes so vernehmen läßt: „Der Anstand verlangt durchaus, daß man mit seinen Ohren sauber und ordentlich verfahre; es ist unerläßlich, daß man sie von Zeit zu Zeit reinige mittels eines ausdrücklich dazu verfertigten Instruments, das man einen Ohrlöffel nennt; wer dies mit den Fingern oder mit einer Nadel thut, der ist unsauber, und wer es gar in Gegenwart Anderer vornimmt, ist unartig. Auch soll man solche niedrige Beschäftigungen niemals in der Kirche oder an andern heiligen Orten vornehmen." Wir sagen, dieses Capitel über die Ohren klingt unsern Ohren seltsam. Warum aber? Ist es nicht die volle Wahrheit? Und wie viele, selbst recht achtungswerthe Leute gibt es dennoch, die dieser Vorschrift entgegen handeln! „Euer Leib", sagt der Apostel, „sei ein Tempel Gottes." Welch ein schöner und inhaltsvoller Ausspruch ist dies! Aber wie wenige, wie sehr wenige Menschen betrachten ihn als einen solchen! Darum wird in diesem Betracht auch die kleinste Vorschrift zu etwas Bedeutungsvollem.

Auch der Kleidermode widmet unser Verfasser in seinem Büchlein ein Capitel, und die guten Regeln, die er in dieser Hinsicht gibt, scheinen uns, selbst vom Standpunkte der heutigen Zeit betrachtet, einigermaßen beherzigenswerth. „Man versteht unter dem Ausdruck Mode", so äußert er sich, „die Art und Weise, wie man in der gegenwärtigen Zeit seine Kleider trägt. Allerdings muß man sich in diesen jedesmaligen Zeitschnitt selbst mit seinem Linnenzeuch und mit der Kopfbedeckung fügen, und grade mit der letztern vielleicht am ersten. Denn wir bemerken Alle und lachen darüber, wie unstatthaft es sich ausnimmt, wenn eben niedrige Hüte mit kleinen Krempen in der Mode sind und ein Mensch uns begegnet, der einen Hut führt mit thurmhohem Kopf und einer Krempe, so breit als ein Wetterdach. Dennoch darf man in Betreff der Mode wiederum auch nicht gar zu eigensinnig und stutzerhaft sein; es gibt Leute, die sich ein Vergnügen und einen Ruhm daraus machen, vor den Augen der Welt in dieser Hinsicht die Narren zu spielen, diese kann man unmöglich unter die Zahl der Wohlanständigen und Vernünftigen rechnen. Vielmehr ist die sicherste und vernunftgemäßeste Regel, die sich hinsichtlich der Moden aufstellen läßt, diese, daß man auf der einen Seite weder der Erfinder einer Mode sei, noch sich unter den Ersten befinde, die sich ihrer bedienen; auf der andern Seite muß man aber auch nicht im Nachtrabe der Mode erscheinen und einen Kleiderschnitt erst zu tragen anfangen, wenn Andere schon damit aufgehört. Wie gut möchte es nicht sein, wenn heutzutage recht Viele diese vernünftige Lehre beherzigten! Ferner ertheilt der wohldenkende Verfasser einige sehr probate Regeln darüber, wie ein Mensch von guter Erziehung seinen Spazierstock oder spanisches Rohr, und Derjenige, dem es zukomme, einen Degen zu führen, seinen Degen zu tragen habe. Es sei, versichert er, nicht nur nicht fein, immer mit seinem Seitengewehre zu spielen, zu tändeln oder gar zu bramabasiren, sondern auch durchaus unchristlich. Denn Christus selbst habe dem Petrus befohlen, sein Schwert in die Scheide zu stecken, da es doch damals ganz etwas Anderes gegolten habe, als blos damit zu spielen. „Es ist Pflicht", bemerkt der Doctor de la Salle sehr richtig, „für einen wahrhaft gebildeten Mann und Soldaten, bei allen friedlichen Gelegenheiten sein Gewehr so wenig als möglich zur Schau zu stellen, denn der Anblick eines Säbels hat da, wo Friede, Eintracht und Geselligkeit herrschen, jederzeit etwas Störendes. Wenn aber Diejenigen, die niemals einen Degen, sondern höchstens ein Röhrchen zu tragen pflegen, wüßten, wie lächerlich das Fechten und Bramabasiren mit einem solchen aussähe, so würden sie sich diesen Umstand zur Lehre dienen lassen und immerdar fein ruhig ihres Weges gehen."

Ein Capitel des Büchleins führt auch die Überschrift: „Von den verbotenen Vergnügungen." Darunter rechnet der Verfasser vornehmlich die Bälle und theatralischen Vorstellungen, mit Einschluß selbst der Marionettenspiele und Seiltänzerkunststücke. „Was die Bälle betrifft", äußert er sich, „so muß man ein für allemal dies darüber sagen, daß es weder christliche noch rechtschaffene Vergnügungen sind. Man stellt sie deshalb auch zur Nachtzeit an, so als ob man sich derselben schäme und sie vor dem alldurchdringenden Auge des Tages verbergen wolle, vielleicht aber auch nur darum, um unter dem Schutze der Finsterniß desto mehr und desto ungestrafter Laster zu üben und Verbrechen zu begehen." Diese unerlaubte Absicht werden wol Wenige von unsern heutigen Lesern dem Verfasser zugeben, und man muß hierbei wol einigermaßen in Anschlag bringen, daß er als geistlicher Doctor und als Priester sein Buch geschrieben. So allgemein und eingewurzelt auch in unserer gegenwärtigen Zeit gesellige und sittliche Untugenden und Laster sein mögen, so wollen wir doch nicht zugeben, daß grade die öffentlichen Bälle die Hauptschauplätze und Hauptgelegenheiten derselben sein sollen, auch wollen wir dem Tanz überhaupt nicht allzusehr den Stab brechen, denn wenn das Tanzen an und für sich eine Sünde oder eine Vorbereitung zur Sünde wäre, so würde sich nicht die reinste Jugendfreude am liebsten im Tanz ausdrücken. Mit Gewißheit läßt sich auch wol so viel bestimmen, daß der Mensch im Allgemeinen in der Zurückgezogenheit, ja selbst in der Einsamkeit beiweitem mehr sündigt als im fröhlichen Beisammensein.

Ungewöhnliche Körperdicke.

Die Natur bringt in allen Gattungen lebendiger Wesen sogenannte Spielarten hervor, mit andern Worten, abweichende Geschöpfe, die auf irgend eine Weise die Regel überschreiten, welche dem Geschlecht, zu dem sie gehören, zu Grunde liegt. Der Mensch hat in dieser Hinsicht vor den übrigen Geschöpfen nichts voraus, wie uns schon die Zwerge und Riesen und jene übermäßig umfangreichen Personen beweisen, denen die Natur, zu ihrer eignen Beschwerde, das Doppelte und Dreifache des menschlichen Körpergewichts zulegte. Hier einige Pröbchen von solcher beinahe unnatürlichen Körperdicke.

Zu Hainton in England starb 1816 ein Mann, Namens Samuel Sugars, im 52sten Jahre, dessen Leichnam, in einem gewöhnlichen hölzernen Sarge liegend, nicht weniger als 50 Stein wog.

Als Jakob Powell aus Stebbing in der Grafschaft Essex im J. 1754 das Zeitliche gesegnet hatte, kamen seine Träger, die ihn zu Grabe bestätten sollten, in große Verlegenheit, denn sein Leib maß 5 Yards oder 15 Fuß im Umfang und wog 560 Pfund. Zuletzt wurden 16 der stärksten Männer des Kirchspiels ausgesucht, die, nicht ohne Beschwerde, ihn zu Grabe trugen. Diesem dicken Manne ist wahrscheinlich die Erde leichter gewesen, als er ihr war.

Mit diesem wetteifern konnte ein gewisser Spooner aus Skellington, der kurz vor seinem Tode noch 40 Stein und 9 Pfund wog, und in der Breite seiner Schultern vier Fuß drei Zoll maß.

In der Grafschaft Lincoln lebte ein junger Mann, der täglich 18 Pfund Rindfleisch verzehrte und in Folge dieser starken Mahlzeiten im 28. Jahre starb, mit einem Gewicht von 530 Pfund.

Ein anderer dicker Mann in England, der seines Zeichens ein Bäcker war, pflegte sich in seinem Ofen täglich zum Frühstück eine fünfpfündige Hammelkeule zu backen, nahm aber dadurch so sehr an Umfang zu, daß er endlich 34 Stein wog. Er faßte deshalb den heldenmüthigen Entschluß, während eines ganzen Jahres nur Wasser und Schwarzbrot zu genießen. Dies hielt er auch treulich, und fand beim Jahresschluß zu seiner großen Freude, daß sich seine Schwere um beinahe 200 Pfund vermindert hatte.

Herr Collet, ein Lehrer zu Evesham, nahm nach und nach bis zu 26 Stein an Schwere zu. In seinem zwölften Jahre war er fast so dick, als kurz vor seinem Tode. Im zweiten Lebensjahre bedurfte er schon zweier Wärterinnen, um ihn in und aus dem Bette zu bringen, und als er einst ärgerlich war, schlug er die eine von ihnen so hart, daß sie zu Boden fiel.

Eines andern dicken Engländers Strümpfe faßten sechs Gallonen oder 18 berliner Quart Weizen.

Die Kapelle der heiligen Rosalie zu Palermo.

Verantwortlicher Herausgeber: Friedrich Brockhaus. — Druck und Verlag von F. A. Brockhaus in Leipzig.

Das Pfennig-Magazin
für Verbreitung gemeinnütziger Kenntnisse.

219.] Erscheint jeden Sonnabend. [Juni 10, **1837**.

Galerie der deutschen Bundesfürsten.
XVI.

Wilhelm, Herzog von Braunschweig.

Wilhelm August Ludwig Maximilian Friedrich, regierender Herzog von Braunschweig-Wolfenbüttel und Fürst von Öls, geboren am 25. April 1806, ist der zweite Sohn des am 16. Juni 1815 bei Quatrebras gefallenen Herzogs Friedrich Wilhelm von Braunschweig, und dessen Gemahlin, Marie Elisabeth Wilhelmine, Prinzessin von Baden, die nach der unglücklichen Schlacht bei Auerstädt, in welcher des Prinzen Großvater, Karl Wilhelm Ferdinand, tödtlich verwundet wurde, mit ihren beiden Söhnen, Karl, geboren am 30. October 1804, und Wilhelm, nach Schweden flüchtete. Als die Mutter zu Bruchsal, wohin sie später sich begeben, am 20. April 1808 im Kindbette verstorben war, übernahm die Großmutter, die verwitwete Markgräfin Amalia von Hessen-Darmstadt, die Erziehung der Prinzen, bis sie ihr Vater, als der Krieg zwischen Östreich und Frankreich auszubrechen drohte, im März 1809 zu sich nach Öls bringen ließ, von wo sie ihm, als der Krieg ausgebrochen, nach Nachod in Böhmen folgten.

Da aber der Vater selbst Theil am Kriege nahm, ließ er die Söhne durch den Obersten von Nordenfels nach Kolberg und im August 1809 über Schweden nach England bringen, wo er sie der Aufsicht seiner Mutter, der verwitweten Herzogin Auguste, der Schwester Georg III., übergab. Nach Braunschweig zurückgekehrt, ließ er 1814 auch seine Söhne dahin kommen, denen er aber nur zu bald durch den Tod entrissen wurde. Hierauf wurde der nachmalige König Georg IV. von England ihr Vormund und der Hofrath Eigner ihr Erzieher. Unter der Leitung des Letztern und des Barons von Linsingen studirten Beide seit 1820 in Lausanne. In Begleitung des Obersten von Dürnberg ging der Herzog Wilhelm 1822 nach Göttingen und 1823 nach Berlin, wo er Militairdienste nahm und bis zum Grade eines Majors aufstieg. Sein Bruder Karl, der am 30. October 1823 die Regierung in seinem Erblande angetreten hatte, überließ ihm 1826 das Fürstenthum Öls in Schlesien, und Herzog Wilhelm hielt sich fortwährend in Berlin auf, bis in Folge eines Aufstandes am 7. September 1830 sein Bruder Karl genöthigt wurde, Braunschweig zu verlassen. Schon am 10. September traf der Herzog Wilhelm dort ein und übernahm am 28. September provisorisch, auf Ansuchen der Stände, die Regierung, in der ihn ein Beschluß des deutschen Bundes vom 12. December 1830 bestätigte, der den Herzog Karl nicht mehr für befugt erklärte, Regierungsrechte im Herzogthum Braunschweig auszuüben. Nachdem der Herzog Wilhelm zufolge einer Familienacte und im Einverständnisse mit den Agnaten kraft eignen Rechts am 20. April 1831 die Regierung angetreten und am 25. April die Huldigung angenommen, trat er im Mai aus dem preußischen Dienste. Hierauf begab er sich nach England, wo er den Hosenbandorden erhielt. Nach der Rückkehr eröffnete er am 30. September 1831 die Ständeversammlung und bereits am 12. October 1832 wurde von ihm die neue Landschaftsordnung erlassen. Zu dem neuen Residenzschlosse, welches eines der prachtvollsten in Europa werden dürfte, legte er am 26. März 1832 den Grundstein. Am 24. April 1834 stiftete er den Ritterorden Heinrich's des Löwen und ein Verdienstkreuz. Im Jahre 1836 unternahm er abermals eine Reise nach England, und hierauf erschien das Hausgesetz für das Königreich Hanover, welches die gegenseitige Erbfolge in dem Gesammthause Braunschweig ordnet.

Schiffbruch des französischen Fahrzeugs „die Fliege".

Einem französischen Werke entnehmen wir folgende lebendige Schilderung des Schiffbruchs des französischen Fahrzeugs, welcher vor nicht langer Zeit bei Havana sich ereignete.

Seit zwei Tagen, schreibt der Verfasser, befanden wir uns am Bord der „Fliege". Am Morgen des dritten Tages trat plötzlich eine vollkommene Windstille ein. Wir waren höchstens acht Meilen von der kleinen Insel Colorados und von der Korallenbank, welche dieser ihren Namen gegeben hat, entfernt. Die „Fliege" lag ganz regungslos über dem sanften Gewässer, das Bugspriet nach der Küste hingewendet, die Steuerbordshalsen beigesetzt, mit aufgehißtem Dreieckfegel, schaukelte sie auf der stummen Welle. Todtenstille herrschte ringsum und schön und duftig sank die Nacht herab. Myriaden leuchtender Sterne bedeckten die Himmelswölbung, vor deren Licht nach und nach die trübrothen Abendwolken im Westen verschwanden. Endlich stieg noch die helle Scheibe des Mondes empor, alle andere Lichter verdunkelnd, und vollendete so das Bild großartiger Ruhe.

Wer ein Seemann ist, weiß, was er von einer abendlichen Windstille zu erwarten hat. Bald stieg über den Höhen der Insel Colorados eine kleine lichte Wolke auf, deren Erscheinung von einem der Matrosen angezeigt ward. Diese Wolke verkündete fürs Erste das Aufhören der für jeden Seemann so lästigen Windstille. Aber nach und nach ward der lichte Punkt dichter und größer und kam näher.

„Henri!" rief ich einem der Offiziere zu, „ich traue der Wolke nicht, wie wär' es, wenn wir das Marssegel und den Klüver aufsetzten?"

Der Lieutenant schaute nach der Flagge, die sich nicht regte, dann auf die Wolke. „Bah", rief er, „das ist der Mond. Er wird uns nicht schaden. Herunter, Kinder, mit dem großen Segel."

Lachend wurde der Befehl vollzogen und die Mannschaft schlenderte wieder ruhig hin und her, als plötzlich ein Wirbelwind mit großer Gewalt von der bedenklichen Wolke herstieß und in unserm Tau- und Segelwerk wüthete.

„Abgeschnitten die Schote vom großen Segel!" schallte das Wort des Befehlshabers.

Die Gefahr war uns in ihrer ganzen Größe über den Hals gekommen. Die Heftigkeit des Windstoßes hatte unser Fahrzeug so sehr umgelegt, daß das Verdeck schon fast senkrecht lag. Die Raa des großen Segels steckte im Wasser beinahe bis am Mastkorbe. Der ganze Kiel stand oben. Schon hatten wir keinen Boden mehr unter den Füßen; Einige hielten sich mittels Taue in der Schwebe, Andere klammerten sich an die Schaluppe.

„Die Ruderstange an Bord!" rief ich zwei Bootsleuten zu, die sich daran festgeklammert hatten. Allein dieses Manoeuvre, bei welchem es darauf ankam, die Ruderstange vom Steuerruder abzustoßen, um dem Fahrzeuge sein Gleichgewicht wieder zu geben, schlug fehl. Das Schiff, von dem Gewicht seiner Masten und des Ballastes niedergehalten, gehorchte nicht mehr dem Druck des Steuerruders, wenigstens waren dessen Anstrengungen, sich emporzurichten, nicht stark genug, um der Gewalt des Windes das Gegengewicht zu halten, der mit unbändiger Wuth fortblies. Ich war unter Denen, welche sich an die Schaluppe angehängt hatten. Neben mir befanden sich noch sieben andere Männer. „Kinder", rief ich ihnen zu, „helft mir die Schaluppe flott machen."

Sie gehorchten; aber eine ungeheure Windsbraut stürmte in dem Augenblicke daher, heftiger als die vorigen. Alles, was sich auf dem Verdeck befand, Menschen, Kanonen, Boote, ward herab ins Meer geschleudert. Als wir wieder auf die Oberfläche emporkamen, sahen wir unser Schiff ein Spiel der haushohen Wogen. Schon war die Hälfte der Mannschaft im Ocean umgekommen. Etwa 30 Menschen kämpften noch mit den Wellen; ein Theil hielt sich an Tonnen und Planken, die umherschwammen, ein anderer klammerte sich an den großen Mast, der auf den Wellen hintrieb; auch die Schaluppe war flott, sie hatte aber den Kiel gen Himmel gekehrt. Dessenungeachtet war noch Hoffnung, wenn man nur die Schaluppe aufrichten konnte. Henri, ein Mann von Muth, foderte die Matrosen dazu auf. Alle flogen herbei und verließen den Mast, um ihre gemeinschaftlichen Kräfte aufzubieten. Da erschallte die Stimme des Schifflieutenants. „Zurück", rief er, „ihr seid verloren, wenn ihr Alle nach der Schaluppe eilt!"

Selbst in diesem Moment der Todesangst hatte die Mannschaft nicht den Gehorsam verloren. Alle kamen zurück. „Drei Menschen", rief Henri, „sind hinreichend! Benjamin, komm du herbei mit zwei Andern!"

Wir hatten einen Neger, Namens Quacco, mit am Bord gehabt. „Nehmt mich mit, Herr Benjamin", rief dieser laut und heftig. „Hund von Neger", schrie ein anderer Matrose, „wir Christenmenschen gehen dir vor!" — „Laß ihn, John", sagte ein Anderer, „wir sind in zehn Minuten Alle gerettet!" — Gleichsam als hätte die Wuth der Elemente nur dem unglücklichen Schiffe allein gegolten, legte sich jetzt der Sturm und das

Meer ward ruhiger. Der Mond brach durch das Gewölke und beleuchtete mit seinen gebrochenen Strahlen die Scene der Verwüstung. „He, Neger", schrie einer von den Matrosen am Mast zu uns herüber, „wie steht's mit der Arbeit? Ist sie bald gethan? Wir sind hier keine Karpfen; der nasse Spaß fängt an, uns zu langweilen!"

Wir hatten bald die Schaluppe flott gemacht, schöpften das darin gebliebene Wasser mit unsern Hüten aus und waren im Begriff, unsere Gefährten einzunehmen, da rief ein Matrose laut auf: „Teufel, was ist das? Ich sehe die Floßfedern eines großen Fisches!"

„Ein Haifisch! ein Haifisch!" riefen Alle aus einem Munde. „Wir sind verloren."

Mir gerann das Blut in den Adern. War es ein Haifisch, so waren in wenigen Minuten ihrer mehre da und wir wurden sämmtlich verschlungen, ohne daß eine Spur von unsern Gebeinen blieb.

Jetzt hörte alle Mannszucht auf. Mit angstvoller Hast ruderten Alle nach der Schaluppe. Keine Vorstellungen, daß dies unser Unglück vollenden, daß die Schaluppe so von Neuem umschlagen werde, halfen etwas. Alle drängten sich um die Schaluppe und wollten einsteigen. Was die Vernünftigern vorausgesehen, geschah; die Schaluppe schöpfte wieder Wasser und schlug von Neuem um.

Schreckliche Augenblicke folgten nun. Jede Hoffnung verließ uns und wir wurden von Todesangst und Verzweiflung ergriffen. Nur Henri behielt Fassung und Geistesgegenwart. „Benjamin, Quacco", rief er, „macht euch noch einmal ans Werk. Die Schaluppe ist unsere Arche. Wir Andern wollen wieder an den Mast. Ist euch euer Leben lieb, Kinder, so folgt mir!"

Sie gehorchten und machten beim Schwimmen so viel Geräusch als möglich, um die Haifische zu verscheuchen. Oft kehrt für Alle die Hoffnung zurück, wenn nur ein Einziger Geistesgegenwart behält. Noch einmal gelang es uns, die Schaluppe aufzurichten. Wir schöpften wieder das Wasser aus. Sobald wir fertig waren, rief ich: „Lieutenant, sendet zwei Mann zum Einsteigen!" Die zwei Mann kamen und stiegen ein. Ich rief nun nach zwei andern. Kaum aber näherten sich diese der Schaluppe, als aufs Neue ein gräßliches Geschrei sich erhob: „Verloren! verloren! Die Haifische!"

Und in der That sahen wir mit Entsetzen einen Trupp dieser Ungeheuer heranziehen; ihre aufrechtstehenden Floßen bildeten eine lange Furche. Es war vorauszusehen, was nun geschah; Alle stürzten wieder nach dem Boote, das zum zweiten Male umschlug. Mittlerweile schwammen zu unserm größten Entsetzen die Haifische um uns herum, es schien, als wollten sie eine Frist verstatten, als wollte jedes dieser Ungeheuer sich ein bestimmtes Opfer auswählen. Allein dieses Vorspiel währte nicht lange, denn bald verkündigte uns ein durchdringender, entsetzlichen Schrei, daß das Banket der Ungeheuer seinen Anfang genommen und einer unserer unglücklichen Gefährten ein Raub des Todes geworden war. Jetzt sahen wir den Ocean von seinem Blut sich röthen.

Ganz unbeschreiblich ist das Schauspiel des Entsetzens, das nun erfolgte. Die Hyänen des Meeres wütheten und schlachteten unter uns herum. In wahnsinniger Verzweiflung stürzten sich die schon halb ermatteten Gefährten nach dem Wrack des Schiffes, um es zu erklimmen und sich so zu retten. Aber sobald einer das erwünschte Ziel fast erreicht hatte, kam ein Anderer und riß ihn herab, um bald darauf, trotzdem daß er sich aus Leibeskräften an die Schiffswände festklammerte, durch einen Dritten dasselbe Schicksal zu erleiden. Dieser Kampf, dieser verzweifelte Wahnsinn waren gräßlich.

Eine einzige muthvolle Stimme erschallte durch diesen Aufruhr des Elends. Es war die Stimme des tapfern Henri, dessen unerschütterlichen Muth selbst die größte Gefahr nicht beugen konnte. „Die Schaluppe", schrie er, „ums Himmelswillen, macht die Schaluppe wieder flott!" „Benjamin", fuhr er fort, „Sergeant Quacco, ihr seid besonnen, noch einmal ans Werk. Ist es geschehen, so steigen wir einzeln ein. Ich, euer Lieutenant, bin der Letzte."

Der Neger, Benjamin und ich machten uns also zum dritten Male ans Werk. Die Übrigen schlugen mit Händen und Füßen im Wasser, um die Haifische zu verscheuchen. Dazwischen tönte die Stimme des tapfern Lieutenants: „Muth, Kinder, Muth!" Kaum hatte der Unglückliche diese Worte gesprochen, als ein ungeheurer Haifisch seine beiden Beine packte und sie ihm beide mit einem Druck abbiß. „Freund", rief noch der unglückliche, tapfere Mann mit schwacher Stimme mir zu, „ich befehle dir meine Leute, rette sie, wenn du kannst!"

Ich und ein Matrose nahmen ihn in unsere Arme, er sträubte sich und rief: „Es ist unnütz, rettet ihr euch selbst, Freunde. Benjamin, ich habe dir meine Leute anvertraut. Die Schaluppe, die Schaluppe!" Ich vermochte es nicht, ihn zu lassen. „Es ist bald vorbei", sagte er mit fast erstickter Stimme. „Gott helfe euch; kommst du heim, Freund, so vergiß meine Ältern nicht." Das waren die letzten Worte des Helden; er entwand sich sanft meinen Armen, und sein letztes Lebewohl verklang schon dumpf in den schäumenden Wogen, die über seinem Haupte zusammenschlugen. Mit ihm starb die Hoffnung; Muth und Kraft entwichen den Unglücklichen. Die Meisten versuchten kaum noch etwas zu ihrer Rettung, sie schwammen thatlos auf den Wogen hin und wurden die Beute der gefräßigen Ungeheuer. Diese Erschlaffung aller körperlichen und geistigen Kräfte hätte uns Alle zu Grunde gerichtet, hätten uns nicht in diesen Augenblicken die halbgesättigten Ungeheuer einen kurzen Waffenstillstand verstattet. Diesen Moment benutzend, foderte ich noch einmal die Thatkraft der noch Übrigen zum Handeln auf. Zwei Männer fanden sich, mir beizustehen, sie arbeiteten mit so gewaltiger Anstrengung, daß nach Verlauf von einigen Minuten die wenigen Überreste von der Mannschaft sich am Bord der Schaluppe befanden. Um neun Uhr Abends war das Schiff gescheitert, jetzt war es elf Uhr und nur noch zehn von der Mannschaft waren übrig, aber Alle so erschöpft, daß uns unwillkürlich der Schlaf überfiel. Als wir erwachten, war es hoher Tag, einer der ruhigsten Morgen, den die See gewähren kann; wolkenlos der Himmel, kein Lüftchen regte sich; die Sonne brannte schon heiß. Ringsum nichts als der weite Ocean, kein Mast, kein Segel zu erblicken, und wir Unglücklichen hatten weder Lebensmittel noch Kleider.

Da sich ein frischer Wind erhob, befestigten wir, anstatt des Segels, so gut es gehen wollte, ein altes Stück von einem Paar weiten Beinkleidern und ließen so die Schaluppe vor dem Winde hinstreichen, der uns nach der Westküste von Mexico hintrieb, von der wir etwa noch fünf bis sechs Tagereisen entfernt waren. Der günstige Wind dauerte den ganzen Tag fort. Gegen Abend brachte einer unserer Gefährten eine kleine

Bibel aus der Tasche, die trotzdem, daß sie eine zweistündige Wassertaufe erlitten, noch leserlich war. Aus dieser las ich meinen Gefährten vor, um uns im Gottvertrauen zu stärken. Allein es schien nicht, als ob unser brünstiges Gebet etwas helfen wollte, denn am nächsten Morgen gegen sieben Uhr trat eine vollkommene Windstille ein. Die Barke regte sich nicht mehr. Jetzt wurden die Mienen meiner Genossen verzweiflungsvoller. Zu dem Hunger gesellte sich ein brennender Durst, und unser Fahrzeug blieb unbeweglich. Wohl wissend, daß der Genuß des Seewassers den Durst nur vermehrt, tauchten wir unsere Hemden ins Wasser, wickelten sie um den Hals, um die Brust, um den Kopf, aber wir vermehrten dadurch nur Hitze und Durst, denn die salzigen Theile des Wassers drangen in unsere Poren ein. Jetzt ergriff meine Gefährten laute Verzweiflung. Sie zerrauften sich das Haar und brachen in Verwünschungen aus. Da rief ich plötzlich: „Muth, Freunde, ein Segel!" Eine Todtenstille herrschte, kaum zu athmen wagten sie, Aller Blicke hingen an der Gegend, wohin sie mein Auge gerichtet sahen.

Ein allgemeines Frohlocken folgte diesen Worten. Vom Wahnsinn der Verzweiflung bis zum höchsten Entzücken ist beim Seemann ein einziger Schritt. Einer stürzte mit Thränen in dem Auge dem Andern in die Arme. Dann richteten sich wieder alle Blicke sehnsüchtig nach dem Horizont hin, um zu schauen, ob nicht die ganze Erscheinung nur ein Gaukelspiel unserer ermatteten Sinne gewesen. Aber noch immer zeigte sich die Brigg und schien mit einem leichten Winde auf uns zuzusegeln.

Wir fingen nun an, unsere Mützen in die Höhe zu werfen und laut zu rufen, obgleich die Brigg noch so weit entfernt war, daß unser Zuruf kaum von der Mannschaft vernommen werden konnte. Aber ach, das Ende unserer Leiden war noch nicht gekommen, denn in dem Augenblicke, wo unter uns der Jubel der Befreiung aufs Höchste gestiegen war, bemerkten wir, daß die Brigg sich weiter von uns entfernte. „Kinder", rief ich, „laßt uns noch einmal aus Leibeskräften rufen!" Es geschah so laut, als unsern Lungen möglich war; allein vergebens. Die Brigg segelte in entgegengesetzter Richtung weiter. Jetzt rissen wir mit unsern Händen die Ruderbänke los, um uns ihrer als Ruder zu bedienen und wo möglich die Brigg zu erreichen; allein Hunger und Strapatzen hatten uns entkräftet und nach kurzer Anstrengung versagten uns die Kräfte gänzlich.

In diesen schrecklichen Augenblicken grausam getäuschter Hoffnung kam mir ein Gedanke, den ich für eine Eingebung vom Himmel ansah. Mein Auge richtete sich noch einmal nach der Brigg zu, dann rief ich aus: „Freunde, ich will euch retten!"

„Was wollt ihr thun?" fragten Alle mit gespannten Mienen.

Ich will nach der Brigg schwimmen.

„Ihr wollt uns verlassen?" riefen Alle. „Seht euch vor, schaut hinter die Schaluppe."

„Herr", rief der arme Neger, „ihr seid verloren; viele Haifische sind hinter der Schaluppe." — „Wartet noch", riefen einige andere Stimmen, „werft noch nicht eure Kleider ab, es kann ein anderes Schiff sich zeigen." Allein für mich war diese Hoffnung nicht mehr vorhanden; ich zitterte vor dem Augenblick, wo die Meuterei unter meinen verzweifelten Gefährten ihren Anfang nehmen würde; ich wollte lieber sterben, als diesen Greuel mit ansehen. „Freunde", rief ich, „glaubt mir, es ist das letzte Mittel, es ist Hoffnung, daß ich die Brigg erreiche. Wenn mir ein Unglück begegnet, meldet es den Meinigen. Reicht mir Jeder noch einmal die Hand, und nun in Gottes Namen!" Ich sprang in das Meer. Ein Enthusiasmus, wie er sich nur in solchen Augenblicken der menschlichen Seele bemächtigen kann, beflügelte meine Glieder. Ich ruderte aus Leibeskräften, indem ich mit Seelenangst die Entfernung maß, die mich noch von der Brigg trennte. Es kam mir vor, als wäre ich ihr schon um Vieles näher. Noch einmal stählte die Hoffnung meine Kräfte; da bemerkte ich kaum zehn Ellen hinter mir einen gewaltigen Haifisch. Ich schlug mit Händen und Füßen, ich machte so viel Geräusch als möglich, um das Unthier zu verscheuchen. Jetzt erhob sich ein frischer Wind, die Brigg näherte sich mit vollen Segeln. Ich rief nun mit lauter Stimme: „He Brigg, he Brigg, an Bord!" Allein Niemand erschien auf dem Verdeck, Niemand gab Antwort. Ich rief immer lauter, aber vergebens; ich bemerkte Niemand als den Steuermann auf seinem Platz, der ganz mit dem Compaß beschäftigt schien. „He Brigg, he Brigg, an Bord!" rief ich von Neuem, und abermals erfolgte keine Antwort, man bemerkte mich nicht. Meine Kräfte fingen an, ganz zu ermatten, meine Angst stieg, was sollte ich thun? Nach der Schaluppe zurückschwimmen oder mich dem Tode preisgeben, der schon aus dem Abgrund heraufgähnte?

Noch einmal bot ich die letzte Kraft meiner Lunge auf. „Hülfe! Hülfe!" schrie ich mit fürchterlicher Stimme. Da erschien ein Mann in dem großen Mastkorbe. Ich wiederholte meinen Ruf, ich hob einen Arm empor und winkte. Mit halbem Leibe hob ich mich aus dem Wasser und rief immerfort.

Dank der rettenden Vorsehung! Er hatte mich bemerkt. „Ein Mensch im Wasser!" rief er der Mannschaft zu, „setzt das kleine Boot aus!" Jetzt ward es mit einem Male lebendig am Bord der Brigg, der Steuermannsgehülfe setzte den Cours um, man drehte die Segel bei und die Brigg steuerte mir nun gerade entgegen. Wie ein Pfeil kam schon das kleine Boot mit vier Mann auf mich zu; die Wellen schäumten unter ihren Ruderschlägen. „Freunde", rief ich, „eilt, oder ich sterbe." — „Muth, Muth, mein Junge, gleich sind wir da!"

Wenn der Augenblick der Rettung erschienen ist, dann pflegen die geistigen und physischen Kräfte, die in der Zeit der Gefahr noch zusammenhielten, den Menschen zu verlassen. Mein Kopf fing an zu schwindeln; ich sah nur noch, wie ein Mann aus dem Boote meine emporgestreckte Rechte ergriff. „Rettet meine Gefährten!" rief ich noch mit matter Stimme und machte eine Bewegung nach der Schaluppe hin, dann ward ich ohnmächtig.

Das Fahrzeug, das uns Alle aufnahm, war der „Washington" von Neuyork, bestimmt nach Cartagena. Wir blieben drei Tage an Bord des Amerikaners und empfingen von dem menschenfreundlichen Capitain und seiner Mannschaft allen Vorschub, den unsere Lage erheischte. Nach drei Tagen gingen wir am Bord des französischen Kreuzers „l'Hirondelle", der uns mit nach Jamaica nahm.

Die Glyptothek und Pinakothek in München.

Durch die hohe Bildung und Kunstliebe seiner letzten Regenten ist Baiern in Hinsicht auf Wissenschaft und Kunst einer der vorzüglichsten Staaten Deutschlands

Die Glyptothek zu München.

geworden, und insbesondere hat sich der jetztregierende König Ludwig in Allem, was die bildenden Künste betrifft, schon in früherer Zeit als Kronprinz, hohe und bleibende Verdienste erworben. Der Fürsorge und dem unablässigen Streben dieses Fürsten hat namentlich die Hauptstadt München innerhalb des letzten Jahrzehnds die bedeutendsten Verbesserungen und Verschönerungen in Bauwerken, architektonischen und Kunstanlagen jeder Art zu verdanken, sodaß Diejenigen, die diese schöne und jetzt so reich bevölkerte Stadt (München zählt jetzt an 100,000 Einwohner) innerhalb der letztvergangenen 12 oder 15 Jahre nicht besuchten, bei ihrem jetzigen Anblick über die Menge der ebenso neuen als überraschenden Schöpfungen, die seitdem dort entstanden, sicherlich erstaunen müssen. Wer sich jetzt längere Zeit in dem schönen München aufzuhalten Gelegenheit hat, wird ein ganz neues, reges und befriedigendes Kunstleben dort bemerken, welches dem geselligen und öffentlichen Verkehr daselbst einen eigenthümlichen Reiz verleiht. Dieses regsame und schöpferische Leben und Treiben erstreckt sich insbesondere auf die Werke der Baukunst. Es ist gewiß, daß keine Residenz in ganz Europa in neuester Zeit durch so großartige und schnell aufeinander folgende Schöpfungen in dieser herrlichen Kunst bereichert worden ist, als München. Mit Verwunderung betrachtet der Fremde die vielen prächtigen Gebäude und ergeht sich mit Wohlgefallen in den schönen breiten Straßen, deren Reihen mit den herrlichsten Wohnhäusern besetzt sind. Daß diese von Tag zu Tag wachsenden Verschönerungen Münchens zunächst von der außerordentlichen Kunstliebe und feinen Kunstbildung König Ludwig's ausgehen, ist gewiß, und es ist anerkennungswerth, daß auch die begüterteren Privatleute einem so nacheiferungswerthen Beispiele folgen und ihrerseits den Vervollkommnungen, die unmittelbar vom Staate ausgehen, eine bereitwillige Hand bieten. Hierzu kommt, daß München in den Herren von Klenze und Gärtner zwei der ausgezeichnetsten Architekten der neuern Zeit besitzt, deren gebildeter Geschmack fast die sämmtlichen neuerdings dort entstandenen königlichen sowol als Privatbauten geleitet hat. Diese bedeutenden Baumeister ergänzen einander in ihren schöpferischen Bestrebungen auf wünschenswerthe Weise, indem der Erstere mit vorzüglicher Vorliebe dem antiken, der Zweite dem mittelalterlich-romantischen Baustyl ergeben ist. Die zahlreichen Bauwerke, welche den verschiedenartigen Richtungen dieser beiden bewährten Meister ihr Dasein zu verdanken haben, rechtfertigen das hohe Vertrauen, welches der kunstliebende Monarch in ihre beiderseitigen Fähigkeiten gesetzt hat.

Es sind zwei der schönsten, unlängst entstandenen Gebäude Münchens, welche unsere Abbildungen vorstellen, nämlich die nunmehr ganz vollendete Glyptothek oder Galerie für die Bildhauerwerke und die Pinakothek oder das Gemäldemuseum, dessen innerer Ausbau noch nicht völlig abgeschlossen ist. Das erstere, die Glyptothek, erbaute der jetzige König Ludwig noch als Kronprinz. Die Glyptothek ist im Quadrat erbaut, sodaß inwendig ein offener Hofraum bleibt, ihre Façade ist mit einem herrlichen Portal von zwölf ionischen Säulen verziert. Nach außen zu befinden sich anstatt der Fenster nur symmetrische Nischen mit Statuen, denn die Fenster gehen sämmtlich nach dem innern Hof hinaus. Von dem Porticus aus gelangt man in eine schöne Eingangshalle, von welcher zwei Seitenthüren nach den zwölf

Sälen führen, die von verschiedener (nämlich von 50 bis zu 130 Fuß) Länge sind. Der Plan und die Ausführung dieses im antiken Styl errichteten Gebäudes sind von dem Herrn von Klenze. Es ist häufig der Tadel ausgesprochen worden, daß das Innere dieses Gebäudes allzu prachtvoll decorirt sei, wodurch der Inhalt selbst, dessentwillen dasselbe errichtet worden, überstrahlt werde; allein dieser Tadel ist ebenso ungerecht als grundlos, denn der Werth der darin befindlichen Antikensammlung ist so außerordentlich, daß die geschmackvolle Ausschmückung der Räume ihm vollkommen angemessen erscheint, auch sind diese Verzierungen keineswegs überladen, sie herrschen nicht vor, sondern dienen dem Inhalt nur als Unterlage, huldigen ihm gleichsam. Für solche Schätze der alten Bildhauerkunst, wie sie dem Beschauer hier dargeboten werden, können wol die herrlichen Arabesken des Deckengewölbes, die mit farbigem Gyps bekleideten Wände, die kostbaren, mit Marmor ausgelegten Fußböden nicht zu prächtig sein. Denn diese Sammlung enthält, nach der Versicherung der größten Kunstkenner, kein einziges Stück, das nicht den höchsten geschichtlichen und künstlerischen Werth besäße. Hier findet sich Vieles von den Kunstwerken vereint, welche unter der Regierung Napoleon's zu den vorzüglichsten Zierden des pariser Museums im Louvre gehörten, oder die ehedem als das Privateigenthum angesehener italienischer Familien in deren Palästen und Landhäusern aufgestellt waren. Man sieht hier die Statue des ägyptischen Antinous, die berühmten äginetischen Sculpturarbeiten in Marmor, einen herrlichen Apoll, der die Cither spielt, Statuen der Medusa und der Nymphe Leukothea, den berühmten schlafenden Faun aus dem Palast Barberini, eines der herrlichsten Meisterstücke der antiken Bildhauerei, und viele andere vortreffliche Gegenstände der Kunst, die vielleicht da und dort verstreut und unbekannt geblieben, vielleicht sogar verloren gegangen wären, wenn hier nicht der Kunstsinn eines ausgezeichneten Fürsten mit großem Kostenaufwand zu einem ewig bleibenden Denkmal vereinigt hätte. Aber auch die neueste Kunst hat sich hier mit der des Alterthums verbunden, um gemeinschaftlich einen desto erhabeneren Eindruck hervorzubringen, denn abgesehen davon, daß ein eigner Saal für Bildwerke neuerer Meister, unter denen sich die Statue des Paris von Canova, und die des Adonis von Thorwaldsen auszeichnen, eingeräumt worden ist, so findet man auch die beiden mittlern Säle, welche zu Versammlungen und zu Ruheplätzen für die Besuchenden bestimmt sind, mit den herrlichsten Frescogemälden von dem geistvollen Maler Cornelius ausgeschmückt, welcher sich in dieser großartigen Arbeit die erhabene Aufgabe stellte, die griechische Götter- und Heldensage in einer zusammenhängenden und zu einem Ganzen abgeschlossenen Reihe von Gemälden darzustellen, eine Aufgabe, die dieser Meister in der Kunst auf das glücklichste und eindruckvollste gelöst hat. Der erste dieser beiden Säle wird der Göttersaal genannt, weil hier ausschließend die Bilder und Thaten der altgriechischen Gottheiten dargestellt sind; der zweite heißt der Heldensaal, weil hier die Gestalten und Heldenthaten der trojanischen Krieger auftreten, die der göttliche Sänger Homer in seiner Ilias besungen hat. „Wer kann", so ruft ein geistreicher Beschauer aus, der vor Kurzem diese Götter- und Heldensäle besuchte, „diese in ihrem Schmerz versteinte Hekuba unter ihren verzweifelnden Töchtern neben der des greisen Priamus anschauen, ohne das Schauer der tiefsten Rührung und jenes Grauen vor dem ehernen Schicksale zu empfinden, mit welchem allein die milde Kunst uns versöhnt."

Nicht weit entfernt von der eben beschriebenen Glyptothek erhebt sich der herrliche Palast der Pinakothek oder Gemäldegalerie, ein Gebäude, dessen Anordnung und Ausführung mit noch größerm Beifall der Kunstkenner belohnt worden ist. Wir geben davon gleichfalls auf S. 184 eine Abbildung. Der Grundstein zu diesem Prachtgebäude wurde am 7. April 1826, als dem Geburtstag Rafael's, gelegt, und es ist der Bau desselben im Sommer des vorigen Jahres, also innerhalb eines Jahrzehnds, vollendet worden. In dem Erdgeschosse befinden sich die Sammlung hetruskischer Vasen und Mosaiken, das Cabinet der Zeichnungen von alten Meistern, eine Kupferstichsammlung, die zu den ausgezeichnetsten in Europa zu rechnen ist, und eine Bibliothek von Werken, die zur schönen Kunst und deren Geschichte gehören. Die Gemäldegalerie befindet sich im obern Stocke, der in sieben große Säle zur Aufbewahrung der größern Gemälde, und 23 kleinere Gemächer getheilt ist, um die kleinern Bilder der verschiedenen Malerschulen aufzunehmen. Außerdem befindet sich in diesem Stockwerke noch ein Empfangzimmer und ein 400 Fuß langer und 18 Fuß breiter Corridor, der längs der Façade des Gebäudes hinläuft und durch 25 hohe Bogenfenster sein Licht empfängt. Die mittlern großen Säle sind ungefähr 50 Fuß hoch und erhalten ihr Licht durch die Laternen oder Glasaufsätze des Dachs. Der längs der Südfronte hinlaufende Corridor enthält keine alten Bilder, ist aber, nach Art der Loggien im Vatican zu Rom, durchaus mit Frescogemälden geschmückt, welche die Geschichte der Malerei vorstellen. Von diesen Bogenverzierungen hat ebenfalls Cornelius die Skizzen, und Professor Zimmermann die Cartons entworfen, die durch dessen Schüler ausgeführt sind; sie erstrecken sich auch auf die Kuppeln der Arcaden und stellen die Hauptereignisse aus dem Leben der Maler, von Cimabue an (1300) bis Rubens (1640), vor. Am meisten zeichnen sich darunter diejenigen Gemälde aus, welche Scenen aus dem Leben Rafael's und Michel Angelo's darstellen.

Der eigentliche Zweck bei Erbauung dieser glänzend geschmückten Pinakothek war, daß sie von den mehr als 9000 Gemälden, die sich theils in München selbst, theils auf den Lustschlössern Schleißheim und Lustheim befanden und sämmtlich Eigenthum des Königs sind, 1600 der auserlesensten aufnehmen und dergestalt eine der merkwürdigsten, inhaltreichsten Bildergalerien der Welt bilden sollte. Die innere Ausschmückung dieses herrlichen Gebäudes ist nicht weniger königlich und zweckmäßig als die der Glyptothek, wird aber erst in einigen Jahren ganz vollendet sein.

Die Pinakothek sowol als die Glyptothek sind an gewissen Wochentagen dem Publicum und allen Fremden zu unbeschränkter Ansicht geöffnet.

Eine griechische Hochzeit.

Wir waren zu der Hochzeit einer Griechin, der Tochter des angesehensten Arztes in Patras, geladen. Gewürznelken und Muskatnüsse in ein kleines Päckchen gewickelt, waren in dem Hause des Consuls, wo wir wohnten, abgegeben worden. Dies ist in Patras die gewöhnliche Einladungsart. Ärmere schicken nur Gewürznelken, da Muskatnüsse theuer sind. Als wir vor dem Hofthore des Hauses ankamen, sahen wir den Janitscharen des Arztes in einem prächtigen Scharlachkleide als Thürhüter aufgestellt. In seinem seidenen

Gürtel trug er ein paar mit Silber verzierte Pistolen, dazu eine blaue Sammetweste mit Gold besetzt, Turban und Beinkleider vom blendendsten Weiß und Kamaschen von Scharlachsammet mit Gold gestickt. Der Hof vor dem Hause war armselig und schmutzig, das Haus selbst hatte ein schlechtes Ansehen. Als wir eine breite leiterartige Treppe hinangestiegen waren, sahen wir die Mutter der Braut und einige andere Frauen am Eingange stehen, aber sie schienen an dem Empfange der Gäste keinen Antheil zu nehmen. Bei dem Eintritte in das Zimmer, wo der Empfang stattfand, sahen wir den Vater der Braut, einen hübschen, reich gekleideten alten Mann mit einer muffartigen Pelzmütze auf dem beinahe neun Fuß breiten Divan sitzen, der rings um das Zimmer lief und auf der Rückseite Kissen hatte. Wir wurden dahin geführt und saßen ungefähr 18 Zoll hoch über dem Fußboden. Als wir nach landesüblicher Weise mit untergeschlagenen Beinen uns gesetzt hatten, kam ein hübscher Diener, in Blau und Purpur gekleidet, herbei und reichte uns lange Pfeifen, die wir anzündeten. Das Zimmer war armselig ausgestattet, einige hölzerne Stühle von verschiedener Größe und Gestalt, eine hölzerne Wanduhr, einige Bildnisse der heiligen Jungfrau und des Jesuskindes und der Apostel; Gesicht und Heiligenschein von Zinn und die Gewänder gemalt. Bald nach unserer Ankunft erschienen sieben oder acht schwarz gekleidete Priester mit langen Bärten. Man stellte einen gebrechlichen kleinen Tisch in die Mitte des Zimmers, auf welchen die zusammengebundenen Gewänder der Priester gelegt wurden. Diese Anzüge waren verschieden, aber alle reich mit Blumen und Stickereien verziert. Als die Priester ihre gewöhnliche Tracht mit dieser Amtskleidung bedeckt hatten, nahmen sie sich recht hübsch aus.

Man legte nun ein großes Buch auf den Tisch, nebst einem Becher mit Wein und einem Brot. Dann erschien der Bräutigam, ein Mann von 50 Jahren, in einem hellblauen Pelz, mit weiten Beinkleidern, schneeweißem Turban und einem ungeheuern Knebelbart. Nun kam die Braut, etwa 30 Jahre alt, nicht groß, aber ziemlich hübsch. Ihr Haar, das man unter einer Fülle von goldenen und vergoldeten Zierathen kaum sehen konnte, hing, mit Goldfäden durchflochten, bis auf die Hüfte herab. Die Stirn umschlang ein Band mit verschiedenen Goldmünzen. Sie trug einen Purpurpelz, darunter ein kurzes, reich gesticktes, weißes seidenes Wamms und ein seidener Gürtel mit reich gearbeiteten großen Spangen umschloß ihren Leib. Sie sah sehr schüchtern und sittsam aus. Ihre Mutter stand hinter ihr und unterstützte sie.

Nun nahm einer der Priester etwas Weihrauch, der im Rauchfaß angezündet ward, und beräucherte dann seine Amtsgenossen. Ein anderer Priester reichte dem Bräutigam und der Braut brennende Wachskerzen, die Beide küßten, wie auch dem Priester die Hand. Dann wurden die Kerzen niedergelegt und derselbe Priester sprach Gebete. Nun wurden die Trauringe auf das Buch gelegt, mit welchem der Priester vor die Verlobten trat, um sie zu fragen, ob sie sich heirathen wollten. Als sie die Frage bejaht hatten, berührte er ihre Stirne dreimal mit den Ringen, welche darauf dem Manne, der die Braut weggab, Beiden an die Finger gesteckt wurden, wobei dreimal zwischen Braut und Bräutigam gewechselt ward. Es wurde dann die Erzählung von der Hochzeit zu Kana in singendem Tone gelesen. Endlich setzte man den Neuvermählten Brautkronen auf. Ein possirlicher Anblick! Die Kronen hatten eine kegelförmige Gestalt und bestanden blos aus Flittern. Sie wurden dreimal von einem Kopf auf den andern gesetzt. Dann nahm der Priester die Ringe ab und steckte sie wieder an. Während sechs Priester sangen, schnitt der siebente von dem Brote zwei kleine Stücke und legte sie in den Wein. Nun wurde das Abendmahl gereicht und Gebete und Gesänge fingen von Neuem an. Während dies geschah, wurden die Neuvermählten dreimal langsam um den Tisch geführt, wobei sie ein niedergeschlagenes Gesicht machten, wie verurtheilte Verbrecher. Endlich wurden die Anwesenden reichlich beräuchert. Als die Feierlichkeit beschlossen war, küßte der Vater der Braut seinen Schwiegersohn und seine Tochter. Der Gesang dauerte fort, während die Priester ihre Amtskleidung ablegten und wieder einpackten. Braut und Bräutigam, mit ihren glänzenden Kronen auf den Köpfen, zogen davon. Sie lebten nun acht Tage im Hause des Brautvaters, worauf sie in festlichem Aufzuge sich zu der Wohnung des Bräutigams begaben, während die Hochzeitgeschenke ihnen vorgetragen wurden.

Ältere Benutzung des Kautschuk.

Schon vor Jahrhunderten wurde das Kautschuk von den Indianern in Südamerika vielfach benutzt. Der milchichte und gummiartige Saft des Baumes, das Usquahuitl, ward aus der angeschnittenen Rinde in runden Gefäßen von verschiedener Größe gesammelt, die sie Xicalli, die Europäer Kalebassen nennen. Hat sich die Masse völlig gesetzt, so wird sie in Wasser gekocht. Die Indianer, die keine Kalebassen haben, beschmieren ihren Körper mit dem Gummisaft, und wenn er trocken ist, ziehen sie den Überzug ab, dem sie jede beliebige Dicke geben. Aus dem in Wasser gekochten Kautschuk, das die Indianer Ulli nennen, wird durch Anwendung von Hitze ein Öl gezogen, das zu vielfachem Gebrauche dient, aber jetzt weniger als in frühern Zeiten von den Indianern benutzt wird. Man braucht es mit Cokosmilch vermischt als Arznei. Besonders rühmt man es bei Blutflüssen. Die Könige und die Vornehmen ließen in der Vorzeit aus dem Ulli Schuhe für ihre Hofnarren und Zwerge machen, die damit nicht einen Schritt thun konnten, ohne zu fallen und durch ihre linkischen Bewegungen ihren Gebietern Kurzweil machten. Die Spanier in Amerika benutzten das Kautschuk schon im 17. Jahrhundert, ihre Mäntel wasserdicht zu machen.

Ein Zwerg.

In Paris befand sich vor einiger Zeit eine der seltenern Naturerscheinungen, ein Zwerg, mit Namen Mathias Gullia, der in seinem 22. Jahre nur die Höhe von drei Fuß erreicht hatte. Er ward in einem kleinen Dorfe bei Triest von wohlgestalteten Ältern geboren, deren übrige Kinder, seine Geschwister, alle von gewöhnlicher Statur, sind; seine Mutter war 50 Jahr alt, als sie mit ihm niederkam. In seinem fünften Jahre war Mathias 2 Fuß 10 Zoll hoch, und von dieser Zeit an hat er zu wachsen aufgehört; allein es trat blos ein Stillstand des Wachsthums, keineswegs aber ein solcher in seiner übrigen körperlichen Ausbildung ein. Sein Körper nahm an Kraft zu, er entwickelte sich, ohne zu wachsen, und zeichnet sich durch Schönheit des Wuchses, Zartheit in den Proportionen und durch ungemeine

Kraft aus, sodaß Mathias nicht das Ansehen eines misgestalteten Zwerges, sondern das des wohlgebildetsten Menschen, aber in Miniatur, hat. Sein Haar ist blond und weich, seine Hände und Beine sind von außerordentlicher Zartheit, sein Fuß wohlgeformt, seine Hüften stark, seine Brust breit, sein Gesicht voll Ausdruck, seine Stirn hoch und sein Schädel vollkommen ausgebildet.

Mathias ist also keine Misgestaltung, sondern ein vollkommen ausgebildetes Geschöpf, das blos zu wachsen aufgehört hat, übrigens aber alle physischen und moralischen Fertigkeiten besitzt. Er spielt sogar Billard, reitet und ist selbst ein geschickter und leidenschaftlicher Jäger.

Seit drei Jahren ist Mathias auf Reisen und hat Italien und Deutschland durchwandert, hat Venedig, Mailand, Wien, Berlin und München gesehen und ist überall wohl aufgenommen worden. Ueberall machte er sich durch seine Höflichkeit, sein anständiges Benehmen und seine Geschicklichkeit beliebt, und da er weiter keine Hülfsquelle besitzt, so hat ihm dieser gute Ruf überall eine gute Einnahme, Geschenke und sogar auch eine Frau eingebracht, denn Mathias steht im Begriff, zu heirathen.

Seine Braut ist 16 Jahre alt, sie heißt Rosa Padovani, sie ist gut und schön und aus Venedig gebürtig, sie liebt Mathias und wird von ihm geliebt. Und ihre Gestalt? Durch einen glücklichen Zufall hat er ein Wesen gefunden, das zu ihm paßt. Ihre Größe beträgt just nur einen Zoll mehr als die seinige, sodaß zu befürchten steht, es lebe das Geschlecht der Myrmidonen wieder auf, von denen seit der Belagerung von Troja nicht wieder die Rede war.

Bevor Mathias sein Vaterland verließ, wollte er dem Conscriptionsgesetze Folge leisten und fand sich in Castel Nuovo mit den übrigen Militairpflichtigen zur Stellung ein. Als die Sitzung eröffnet war, wurden die Namen verlesen, auch Mathias kam an die Reihe, und er rief: „Hier!" — Steht auf! — „Nun, so steht doch auf!" rief der Offizier von Neuem, der ihn nicht gesehen hatte. Mathias steigt auf eine Bank und ein Kamerad nahm ihn unter lautem Gelächter der Versammlung auf den Arm. „Was ist das für ein Scherz?" rief der Offizier. „Wer unterstand sich, den Knaben hierher zu bringen?" — „Der Knabe ist 18 Jahr alt, er ist militairpflichtig!" hieß es. Und er war in der That so alt, sein Geburtschein wies es aus. Der Offizier strich den Namen des Pygmäen von der Liste und seitdem reiste Mathias ins Ausland.

Da seine Ältern arm waren, so hatte er von Haus aus keine vorzügliche Erziehung genossen. Aber seitdem er die Welt bereist, hat er sich befleißigt, seinem Geiste einige Bildung zu geben; er hat Sprachen erlernt, viel gelesen und sich im Schreiben geübt. In drei Monaten hatte er fertig französisch sprechen gelernt. Auch spricht er deutsch. Aber seine Muttersprache, das Italienische, redet er mit vieler Grazie und Anmuth. Auch liebt er leidenschaftlich die Musik und spielt selbst die Geige.

Die Pinakothek zu München.

Verantwortlicher Herausgeber: Friedrich Brockhaus. — Druck und Verlag von F. A. Brockhaus in Leipzig.

Das Pfennig-Magazin
für Verbreitung gemeinnütziger Kenntnisse.

220.] Erscheint jeden Sonnabend. [Juni 17, **1837**.

Kon-fu-tse.

Kon-fu-tse.

Wie andere Völker, haben auch die Chinesen einen der Weisen der Vorzeit, einen der ältesten Lehrer der Gesittung, in das Dunkel der Sagengeschichte gehüllt, aus welcher seine Gestalt nur in unsichern Umrissen hervortritt. Kon-fu-tse, gewöhnlich Confucius genannt, soll 550 Jahre vor Christus, gleichzeitig mit Cyrus, im Königreiche Lu, das jetzt Schang-ton heißt, geboren sein. Seit seiner frühesten Jugend gab er Beweise eines scharfen Verstandes; keine kindischen Beschäftigungen und Spiele zogen ihn an, und sein bescheidenes ernstes Wesen gewann ihm allgemeine Zuneigung. Als er 15 Jahre alt war, hatte er schon die alten Bücher seines Landes gelesen. Er heirathete, 19 Jahre alt, und hatte einen Sohn, Perju genannt, der in seinem 50. Jahre starb und einen Sohn, Tsosie, hinterließ, der in die Fußtapfen seines Großvaters trat. Kon-fu-tse faßte den Plan, in allen kleinen Reichen, in welche zu jener Zeit China getheilt war, eine weise Regierungsform einzuführen, in der Hoffnung, auf diesem Wege die Sitten des Volkes umzuwandeln. Jedes jener Reiche hatte seine eignen Gesetze, seinen eignen König, und wiewol alle ihre Abhängigkeit von dem Kaiser anerkannten, so hatte dieser doch nie Ansehen genug, die schlechten Regierungen der einzelnen Reiche zu überwachen. Kon-fu-tse ermahnte seine Landsleute zur Mäßigkeit, Uneigennützigkeit und Gerechtigkeit, und bekräftigte seine Lehren durch sein Beispiel. Seine Kenntnisse und der Ruf seiner Tugenden machten ihn im ganzen Reiche bekannt und er nahm ein öffentliches Amt an, um die Verbesserung der Sitten seines Volkes mit desto größerm Nachdruck bewirken zu können. In seinem 50. Jahre ward er der erste Rathgeber des Königs von Lu und gab seinem Vaterlande eine neue Verfassung. Das Königreich Lu wurde so lange von ihm regiert, daß es das glücklichste Land in ganz China wurde. Diese Veränderung aber reizte die Eifersucht der übrigen Fürsten, welche fürchteten, daß der König jenes Landes übermächtig werden möchte, wenn er dem weisen Rathe Kon-fu-tse's folgte. Der König von Tsi legte dem unklugen König von Lu eine Schlinge und verführte ihn, wieder zu seinen frühern bösen Gewohnheiten zurückzukehren und seine Fürstenpflichten zu vernachlässigen. Kon-fu-tse bemühte sich vergebens, den König aus dieser Herabwürdigung zu erheben und legte endlich sein Amt nieder, verließ sein Vaterland und ging in andere Reiche, wo er mit besserm Erfolge zu wirken hoffte. In dem Königreiche Tsi-Gonsi war er anfangs nicht glücklich in seinen Bemühungen, da das Volk seine strenge Moral fürchtete und die Rathgeber mehrer Könige ihn mit Eifersucht betrachteten. Er reiste nun von einer Provinz in die andere und hatte oft mit großem Mangel zu kämpfen, bildete aber auf diesen Wanderungen viele Schüler, von welchen mehre, wegen ihrer Geistesgaben und ihrer Tugenden, den Namen der Blüte seiner Schule erhielten. Kon-fu-tse's Glaubenslehren sind nicht bekannt. Er ermahnte seine Anhänger zu den praktischen Lebenspflichten und zur Ausübung der Wohlthätigkeit, Gerechtigkeit und Tugend, zum Gehorsam gegen die Gesetze und zur Beobachtung der volksthümlichen Sitten und Gebräuche. Bescheidenheit und Leutseligkeit waren die Hauptzüge seines Charakters; er sprach nie zu seinem eignen Ruhm und liebte es nicht, von Andern preisen zu hören. Er starb über 70 Jahre alt in seinem Vaterlande und es ward ihm ein prächtiges Denkmal in der Stadt Kio-fu, am Flusse Su, errichtet, wo er oft seine Schüler unterrichtet hatte. Sein Andenken ist noch immer in China geehrt und fast in jeder Stadt gibt es ein großes Gebäude, wo die Mandarinen sich an gewissen Tagen versammeln und Lieder zu seinem Lobe singen. Man schreibt ihm viele Bücher zu, die aber wahrscheinlich nicht von ihm herrühren, sondern die Werke späterer Weisen sind, welchen man den Namen des berühmten Volkslehrers beilegte.

Die Heringsfischerei.

Der Hering gehört zu derselben Gattung, zu welcher die Sprotten, die Anchovis und Alosen gerechnet werden. Er ist auf dem obern Theil des Leibes bläulichgrün, an untern silberweiß. Seine Kiemendecken öffnen sich so weit, daß er stirbt, sobald er aus dem Wasser genommen wird. Der untere Theil der Kinnlade hat fünf bis sechs Zähne, die untern Ränder der obern Kinnlade sind gezackt und auch die Zunge ist mit kleinen Zähnen versehen. Die Heringe nähren sich meist von kleinen Seethieren, aber zuweilen auch von ihrer eignen Brut. Man findet sie nicht in warmen Weltgegenden, nicht weiter südlich bis an die Nordküste Frankreichs. Der interessanteste Punkt in der Naturgeschichte der Heringe sind ihre jährlichen Wanderungen. Sie kommen nach der gewöhnlichen Meinung von ihrem großen Wintersammelplatze innerhalb des Polarkreises und erscheinen im April oder Mai bei den shetländischen Inseln. Dies sind die Vorläufer des großen Hauptzuges, der im Juni kommt, und durch gewisse Vorzeichen, namentlich Scharen von Vögeln, angekündigt wird, die ihnen folgen, um Beute zu suchen. Der Zug ist so breit und tief, daß er im Meere eine eigne Gestalt gibt. Er theilt sich in zwei deutlich unterschiedene Züge von 2 — 2½ Stunden Länge und 1½ — 2 Stunden Breite. Die Oberfläche des Meeres schlägt Wellen vor ihnen. Zuweilen sinken sie zehn bis zwölf Minuten unter und steigen wieder auf die Oberfläche. Bei hellem Wetter spielen sie in den glänzendsten Farben. Auf dem Wege südwärts wird der Zug bei den Shetlandinseln in zwei Theile getrennt. Ein Flügel wendet sich östlich, der andere zu den westlichen Küsten Großbritanniens. Alle Baien und Buchten werden von ihnen angefüllt. Andere ziehen nach Yarmouth, dem alten großen Heringsmarkt, dann durch den britischen Kanal, worauf sie sich verlieren. Der westlich wandernde Zug zeigt sich bei den Hebriden, wo der große Heringsfang ist, wendet sich dann nach der nördlichen Küste Irlands, wo er sich abermals theilt. Der eine wendet sich nach der Westseite und wird kaum bemerkt, da er sich bald in dem unermeßlichen atlantischen Meere verliert, der andere aber, der in das irländische Meer geht, gibt den Bewohnern der irischen Küsten reichliche Nahrung. Man hat behauptet, daß diese Züge durch Heringe von ungewöhnlicher Größe geleitet werden. Nach andern Beobachtern richten sich die jährlichen Züge der Heringe genau nach der natürlichen Beschaffenheit des Landes, längs welchem sie gehen, und immer wenden sie sich dahin, wo der Boden mager und das Klima rauh ist; doch sind diese Beobachtungen keinesweges zuverlässig. Die Vermuthung, daß ein bestimmter Theil der Küste regelmäßig von Heringen besucht werde, erregte die Hoffnung, aus dem Fischfange Handelsvortheile zu ziehen, und veranlaßte die Gründung von Anlagen, die man später wieder aufgeben mußte, da die Gesetze, nach welchen sich die Ankunft der Heringe richtet, so schwankend sind. Die oben angegebene gewöhnliche Ansicht, daß das Polarmeer der Sammelplatz sei, wohin die Heringe sich im Winter nach dem Laichen begeben, ist, wie gesagt, sehr zweifelhaft und es ist nach neuern Beobachtungen sehr wahrscheinlich, daß sie das Meer an den Küsten, wo sie jährlich erscheinen, nicht verlassen. Sie verlassen die Küsten, um in die Tiefe des Meeres zu gehen, und bei der Rückkehr des warmen Wetters kommen sie wieder an die Küsten. Man scheint annehmen zu dürfen, daß sich der Hering gar nicht in dem Polarmeere aufhalte, wie ihn auch die neuesten Seefahrer dort kaum bemerkt haben. Ebenso wenig fangen die Grönländer Heringe. Eine kleine Abart des Herings fand Franklin in dem Polarmeere. Die Jungen findet man im Winter an der Mündung der Themse und an den Küsten von Essex und Kent. Die Holländer trieben in frühern Zeiten den Heringsfang zuweilen in allen Jahreszeiten. An der westlichen Küste Schottlands ist der Heringsfang oft geendigt, ehe er an der östlichen angefangen hat. Diese und andere Umstände streiten gegen die gewöhnliche Annahme einer Wanderung der Heringe aus dem Polarmeere. An der östlichen Küste Schottlands laichen die Heringe oft zu einer andern Zeit als diejenigen, die nach der westlichen Küste ziehen, und sind sehr verschieden. Der schottische Naturforscher Macculloch versichert, daß zwischen den beiden Küsten keine Wanderung der Heringe stattfindet, daß sie bei ihrer Erscheinung an der westlichen Küste nicht Züge bilden und nicht in Netzen gefangen werden. So stützt auch der berühmte Chemiker Sir Humphry Davy, auf die Ansicht, daß die Wanderungen der Thiere aus dem Bedürfnisse hervorgehen, Nahrung für sich und Ruheplätze und Nahrung für ihre Jungen zu suchen, seine Meinung, daß die vermeintlichen Wanderungen der Heringe aus dem Polarmeer in die gemäßigte Zone nichts als die Annäherung verschiedener Haufen aus der Tiefe des Meeres an seichtere Küsten sei, wo sie laichen. Alle diese Bemerkungen scheinen anzudeuten, daß der Hering ein beständiger Bewohner der britischen Gewässer ist, und daß es verschiedene Arten derselben gibt. Nach dem englischen Naturforscher Yarrell gibt es drei Arten von Heringen, die zu verschiedenen Zeiten laichen. Der kleine Frühlingshering laicht, wenn das Eis zu schmelzen beginnt, später laicht der große Sommerhering, und zuletzt, um die Mitte des Septembers, der Herbsthering.

Die häufigen Veränderungen des Aufenthalts der Heringe sind eine fruchtbare Quelle von Speculationen gewesen. Bald besuchen sie mehre Jahre hindurch einen bestimmten Theil der Küste und verlassen ihn dann plötzlich. Diese Veränderungen werden ohne Zweifel durch Umstände bewirkt, die in der Natur des Thieres gegründet sind, wiewol man sie irrig in ganz andern Ursachen gesucht hat. So schrieb man das Verschwinden der Heringe an einem Theil des westlichen Schottlands der Kelpbereitung zu, die aber erst viele Jahre nachher eingeführt wurde. Andere glaubten, daß Seetreffen, selbst das Abfeuern von Kanonen die Heringe verscheuchten, wie man denn das Verschwinden der Heringe an der schwedischen Küste der Schlacht bei Kopenhagen zuschrieb. In der neuesten Zeit hat man den Dampfböten die Schuld beigelegt, aber es ist Thatsache, daß die Heringe Theile der Küste Schottlands verlassen haben, wo nie ein Dampfschiff rauchte.

Nehmen wir nun an, daß der Hering aus der Tiefe des Meeres an die britischen Küsten komme, und nicht blos aus dem Polarmeere, so muß man drei verschiedene Ursachen dieser Bewegungen annehmen: 1) das Bedürfniß zu laichen; 2) das Aufsuchen von Nahrung; 3) die Absicht, den Feinden zu entgehen, die den Heringen nachstellen. Der Hering laicht gegen Ende des Octobers, und um den Laich zu beleben, ist es nothwendig, daß derselbe in Untiefen abgesetzt werde, wo die Wärme der Sonne auf ihn wirken kann. Diesen Instinct fühlen die Heringe um die Mitte des Juli, und sie werden auf diese Weise eine Beute des Fischers zu einer Zeit, wo sie am vollkommensten sind. Sobald sie ihren Laich abgesetzt haben, werden sie ungenießbar und die Zeit des Fanges hört auf. Nach den Beobachtungen der Naturforscher erhalten die jungen Heringe nicht eher als im ersten Jahre reifen Rogen und haben daher keinen Trieb, in die Tiefe des Meeres zurückzukehren, sondern halten sich an den Küsten auf. Das Gewicht des Laichs bei dem Heringe wird zu 480 Gran angenommen und die Zahl der Eier zu 3—4000. Man hat diesen Laich auf dem Orkneyinseln, auf der Insel Man und auf der ganzen Westküste Schottlands abgesetzt gefunden, und wahrscheinlich würde man bei genauer Beobachtung finden, daß er überhaupt längs der britischen Küste abgesetzt wird. Fischer haben die Bemerkung gemacht, daß sich der Hering am häufigsten in Gegenden findet, wo es viele Medusen und andere Thiere gibt, die das Leuchten des Meeres verursachen. Die Bewegungen der Heringe werden ohne Zweifel oft durch die Zeit und den Ort bestimmt, wo sich häufige Nahrung findet. Fehlt sie an einem Orte, so sucht der Hering sie an einem andern, und die scheinbare Laune, womit er in ungewöhnlichen Zeiten und unregelmäßigen Zwischenräumen Gegenden besucht, hat ihren Grund in einer vorsorglichen Rücksicht auf den Überfluß von Nahrung, den jene Örter darbieten. Endlich aber werden die Züge der Heringe durch die Nothwendigkeit bestimmt, den Walfischen, Haifischen und andern Feinden zu entgehen; und nichts ist unwahrscheinlicher, als daß sie unter solchen Umständen eine instinctartige Vorliebe für gewisse Örter zeigen sollten.

Die Heringsfischerei wird nur während der Laichzeit betrieben, wo der Fisch, wie wir bereits bemerkt haben, in der höchsten Vollkommenheit ist. Von Yarmouth aus beginnt der Heringsfang im September, aber die Zeit ist an verschiedenen Theilen der britischen Küste verschieden. An der Küste von Sutherland beginnt der Fang schon im Juni, der spätere im folgenden Monat und dauert bis in den September. An der Küste von Cromarty erscheinen schon im Mai große Züge. Die Hauptabsicht des Fanges ist, einen großen Vorrath zum Einpökeln zu erhalten, wiewol in der ersten Zeit auch viele Heringe frisch von Yarmouth nach London gehen. Die Heringe sind in der ersten Zeit zuweilen so fett, daß sie zum Einpökeln nicht taugen und daher zum unmittelbaren Verbrauche auf den Markt gebracht werden müssen.

Die Größe der zur Heringsfischerei gebrauchten Böte richtet sich nach der Entfernung, in welcher der Fang von der Küste getrieben werden soll, aber auch darnach, ob weiße Heringe zum Einpökeln oder rothe (Pöcklinge) zum Räuchern gefangen werden sollen. Da die Pöcklinge an der Küste zubereitet werden müssen, während die gesalzenen Heringe blos gesalzen und in Fässer gethan werden, so halten sich diejenigen Fischer, die mit dem Pöcklingshandel sich abgeben, in einer gewissen Entfernung von der Küste. Die weißen Heringe können am Bord gesalzen werden, und die Fischer gehen so weit in die See, als sie Heringe finden können. Zu diesem Fange sind daher größere Fahrzeuge

*

nöthig. In Yarmouth beschäftigt man sich hauptsächlich mit der Bereitung der Pöcklinge, die auf dem einheimischen Markte den größten Absatz finden, wogegen der Ausfuhrhandel, den andere Hafenörter treiben, meist in gepökelten Heringen besteht. Die zum Fange in der tiefen See eingerichteten Fahrzeuge finden die frühesten und besten Heringe, und bei der Veränderlichkeit, mit welcher der Hering Küstengegenden verläßt, die er früher besucht hat, bringt dieser Verkehr dauerhaftern Gewinn als Bootsfischerei, obgleich er ein ansehnlicheres Capital fodert. Solche Fahrzeuge müssen einen bedeutenden Raum für Salzvorräthe, Netze, Fässer und Lebensmittel haben. Die Holländer, die früher die Fischerei in in der hohen See mit großem Eifer und Erfolge trieben, waren gewöhnlich doppelt mit Netzen versehen, um gegen Unfälle gesichert zu sein. Die von Yarmouth abfahrenden Boote halten gewöhnlich 50 Tonnen, und sind in der Regel mit 11—12 Mann besetzt, von welchen aber nur drei Viertheile Seeleute sind. Diese Boote gehen südwärts bis zur Mündung der Themse. Die Ausrüstung eines solchen Fahrzeuges kostet gegen 7000 Thaler. Jedes hat 180—200 Netze, und mehre Taue, deren jedes 120 Klaftern lang ist. Diese Netze und Seile müssen von vier zu vier Jahren erneuert werden, da das Seewasser zerstörend wirkt und die Raubfische, welche selbst nach gefangenen Heringen haschen, die Netze zerreißen.

(Beschluß in Nr. 221.)

Basel.

An den Ufern des Rheins, wo der Fluß seinen Lauf von Osten nach Westen ändert und plötzlich nach Norden sich wendet, liegt reizend die alte Stadt Basel, die Hauptstadt des gleichnamigen schweizerischen Cantons. Man führt ihren Ursprung in das 4. Jahrhundert zurück, wo Kaiser Valentinian I. eine Feste, Basilia, auf der Stelle erbaute, welche jetzt die Domkirche einnimmt. Später wurde Basel der Sitz eines Bisthums und stieg zu immer höherm Ansehen. Schon zu Anfange des 12. Jahrhunderts war es die größte Stadt in Helvetien. Dem eifrigen Gewerbfleiß ihrer Bürger dankte die Stadt, trotz vielem Unglück, das Pest und Erdbeben im 14. Jahrhundert herbeiführten, ihren glänzenden Wohlstand, ihren Ruhm aber nicht minder der Pflege der Wissenschaften, wodurch sie sich in einer Zeit auszeichnete, in der ein großer Theil Europas noch in Finsterniß lag. Fast jede Straße der Stadt erinnert an eine geschichtliche Merkwürdigkeit, und der Name der Stadt ruft mehr als ein für Europa wichtiges Ereigniß zurück, wie die Kirchenversammlung von 1431—48 und den Friedensschluß von 1795. Ihre Universität, 1460 gegründet, lange die einzige in der Schweiz, erhöhte Basels Berühmtheit. Hier lehrte Erasmus von Rotterdam, der jedoch nur bis zur Einführung des protestantischen Glaubens (1527) in Basel blieb, hier glänzten die berühmten Namen Oecolampadius, Holbein, Bauhin, Burtorf, Wettstein, Iselin, Bernoulli, Euler. Die Buchdruckerkunst erhob sich bald nach ihrer Erfindung durch Hans Ammerbach und den gelehrten Buchdrucker Froben in Basel zu einer bedeutenden Höhe und lieferte treffliche Werke. Im Jahre 1501, wo die Stadt durch Gewerbfleiß, Kunst und Handel blühte und durch Kauf ein ansehnliches Gebiet erlangt hatte, wurde sie als Freistaat in den Bund der Eidgenossen aufgenommen.

Der Rhein theilt die Stadt in zwei Theile, Großbasel am rechten, und Kleinbasel am linken Rheinufer, die in frühern Zeiten nicht immer einträchtig waren. Auf der Landseite ist die ganze Stadt von Mauern und Gräben umschlossen, welche von mehren Thürmen gedeckt werden, die zu Eingangsthoren dienen, wie das auf unserer Abbildung dargestellte Paulsthor. Basel ist die größte, aber nicht die volkreichste Stadt der Schweiz und hat nur gegen 17,000 Einwohner. Die Bauart der Straßen und der Häuser hat zwar noch das Gepräge einer mittelalterlichen Reichsstadt, wie das auf S. 192 dargestellte Gebäude des Lesevereins auch zeigt, doch erscheint schon in vielen Gebäuden ein edlerer Styl, öffentliche Lustgänge und andere Verschönerungen verrathen den Geist der neuern Zeit. Fast jede Straße hat einen Springbrunnen, der sein Wasser in ein großes steinernes Becken ergießt. Die öffentlichen Gebäude sind weniger durch ihre Bauart als durch die daran geknüpften Erinnerungen merkwürdig. Unter ihnen steht oben an die 1019 gegründete Domkirche oder der Münster, ein gothisches Gebäude mit mehren Denkmalen, unter Anderm dem Grabmale des Erasmus. Neben der Kirche sieht man den Saal, wo die berühmte Kirchenversammlung ihre Sitzungen hielt. In dem Zeughause wird die Rüstung Karl's des Kühnen aufbewahrt. Basel hat, wie die vornehmsten Städte der Schweiz, mehre treffliche öffentliche Anstalten. Es gibt reiche Bibliotheken, unter welchen vorzüglich die Universitätsbibliothek wichtig ist, und Sammlungen von Handschriften, Alterthümern, Gemälden, Kupferstichen, Münzen und Naturalien, und es ist für Alles gesorgt, was zur Veredlung und Annehmlichkeit des Lebens dient. Die Stadt hat mehre nützliche und wohlthätige Stiftungen, Werke edelmüthiger Bürger, die sich seit mehr als 50 Jahren zu einer Gesellschaft des Guten und Gemeinnützigen vereinigt haben. Wie in dem Äußern der Stadt, zeigt sich auch in den Sitten ihrer Bewohner noch manche Spur der Alterthümlichkeit, die in einer Stadt auffallen, durch deren Thore die Handelsstraßen Italiens, Deutschlands und Frankreichs gehen, und wo von jeher ein lebhafter Verkehr mit Fremden ist. Basel widerstrebte unter allen schweizerischen Städten vielleicht am hartnäckigsten den Veränderungen in Sitten, Gewohnheiten und Lebensweise, und zwar mehr in Nebendingen und Kleinlichkeiten als in wichtigern Angelegenheiten, denn es wurden durch den Gemeinsinn der Bürger hier bedeutende Verbesserungen alter, oder Begründungen neuer Einrichtungen ohne große Schwierigkeit ausgeführt, die anderswo Hindernisse fanden. Unter den alten Gewohnheiten, die bis auf unsere Tage fortdauerten, ist der abweichende Gang der Stadtuhren merkwürdig, die immer eine Stunde früher gehen mußten, als an allen andern Orten. Man wollte es versuchen, sich auch hierin den übrigen Ländern Europas gleich zu stellen, und es wurde befohlen, am 1. Januar 1779 den Anfang damit zu machen, aber es entstanden so ernstliche Bewegungen und Verwirrungen unter den Bewohnern der Stadt, daß man 14 Tage nachher den Befehl zurücknehmen mußte. Über den Ursprung dieses alten Brauchs gibt es nur ungewisse Sagen. Nach Einigen soll er aus der Zeit der Kirchenversammlung stammen, wo man in der Absicht, die Cardinäle und Bischöfe aus ihrer Bequemlichkeit aufzuregen, sie durch diesen Betrug zu einer frühern Erscheinung im Versammlungssaale genöthigt habe. Nach einer andern Überlieferung wurde die Stadt vor mehren Jahrhunderten durch einen feindlichen Überfall der Bewohner von Kleinbasel bedroht. Der Feind wollte den Sturm beginnen, wenn die große Thurmuhr eins nach Mitternacht schlagen würde. Der Thurmwärter, von diesem

Pläne unterrichtet, stellte die Uhr anders, und sie schlug zwei statt eins. Die Feinde glaubten sich um eine Stunde verspätet zu haben, und gaben das Unternehmen auf. Mit dieser Sage bringt man den Ursprung und die Bedeutung des sogenannten Lallenkönigs unter der Uhr des Rheinbrückenthurms in Verbindung. Es ist ein Kopf, der bei den Bewegungen des Pendels seine lange Zunge gegen Kleinbasel zum Ergötzen des Publicums ausstreckt. Auch der Hang zum Pietismus, den man in Basel findet, ist ein Erbtheil der Altvordern, unter welchen nach der Reformation nur zu oft schwermüthige Andächtigkeit und eine trübselige christliche Sittenstrenge aufkamen. Besondere öffentliche Betstunden, außer dem gewöhnlichen Gottesdienste, wurden schon im 17. Jahrhundert eingeführt. Selbst die Stadtwachen mußten, wenn sie aufgezogen oder abgelöst wurden, seit 1666 eigens vorgeschriebene Gebete hersagen, und in den Dörfern sollten an Sonn-

Das Paulsthor zu Basel.

tagen außer der Vormittagspredigt und der Kinderlehre, die Landleute statt des Kegelns und Zielschießens mit Gebeten und biblischen Vorlesungen unterhalten werden. Lange war es sogar verboten, Bürger an Sonntagen aus den Thoren der Stadt zu lassen. Mit solcher Sittenstrenge wußte sich aber der Geldwucher auf eine merkwüdige Weise zu versöhnen. Man nannte einen Zins zu fünf vom Hundert einen christlichen Zins, und 1682 wurde dieser Zinsfuß mit solchem Ernst obrigkeitlich angeordnet, daß man Diejenigen, die ihr Geld bei Landleuten zu 4 oder 3$^{1}/_3$ Procent anlegten, „eigennützige gewinnsüchtige und schädliche Leute" nannte, ja sogar die zu niedrigen Zinsen ausgeliehenen Capitalien confiscirte, und zwar weil diese Leute, wie man sagte, „durch ihren unersättlichen Geiz den Nachtheil der Gotteshäuser, Spitäler, Kirchengüter und unabwendlichen Schaden vieler armen Witwen und Waisen" beförderten. Im 16. Jahrhundert waren eigne obrigkeitliche Sittenrichter angestellt, die „Unzüchterherren" genannt, die besonders mit den damals üblichen geschlitzten Kleidern zu kämpfen hatten, und noch 1758 verbot die Regierung das Frisiren der Frauen durch „Mannsbilder" als „unanständig und unehrbar".

Wie in andern Cantonen der Schweiz lebte das der alten Hauptstadt unterworfene Landvolk in den Gemeinden des Cantons Basel in einer drückenden Abhängigkeit, die in frühern Zeiten wahre Leibeigenschaft war, und oft zu gewaltsamen Bewegungen gegen die Machtsprüche und den Übermuth der herrschenden Stadt reizte. Das Städtchen Liestal war stets der Mittelpunkt dieser Aufregungen. Noch im 15. und selbst im 16. Jahrhundert wurden im Canton Basel die leibeignen Landleute einzeln gekauft, verkauft, geliehen und getauscht, und selbst wenn sie an andern Orten wohnten, mußten sie sich doch ihrem Leibherrn versteuern und ihm bei ihrem Tode aus ihrem Erbe das beste Stück Vieh überlassen, und um die Mitte des 16. Jahrhunderts verbot ein Gesetz den Unterthanen, in Amtsbezirken, die anderer Herren Leibeigengut waren, sich niederzulassen, „es wäre denn, daß sich solche Leute zuvor von ihren Halsherren der Leibeigenschaft ledig gemacht haben, und dem Rathe der Stadt Basel schwören würden, wie andere seiner eignen Leute, zu dienen". Nach einem Aufstande im Jahre 1525 empfing Liestal zwar urkundliche Befreiung von der Leibeigenschaft, aber schon sechs Jahre nachher gaben die „armen gehorsamen Unterthanen" ihren Freibrief freiwillig, wie man vorgab, an die Stadt zurück und traten wieder in den Stand der Leibeigenschaft. Nach den Fortschritten der Gesittung seit der Reformation wurde die Lage der Landleute erträglicher, aber sie blieben die zinsbaren Dienstleute der Stadt, die ihnen Vögte, Richter, Geistliche und Hauptleute aus der Mitte ihrer Bürger gab, und die Landleute konnten nur auf dürftig besoldete untere Stellen Anspruch machen, deren die Stadtbürger sich schämten. Nachdem andere Cantone schon früher ihre Unterthanen von dem drückenden Joche befreit hatten, entschloß sich Basel nicht eher dazu, bis die Erschütterungen der französischen Revolution auch an den Grenzen der Schweiz gefühlt wurden und die Landleute dreister die Aufhebung des mittelalterlichen Druckes foderten. Schon näherte sich ein französisches Heer den Grenzen, da ertheilte die Bürgerschaft der herrschenden Stadt den Bürgern der Landschaft am 20. Januar 1798 die geforderte Aufhebung der alten Unterthänigkeit und gewährte ihnen gleiche politische Rechte mit der Hauptstadt. Stadt und Land waren nun vereint und blieben es, bis es 1814 bei dem Durchzuge der verbündeten Heere gegen Frankreich der aristokratischen Partei gelang, eine Umwandlung der Verfassung durchzusetzen, welche der Hauptstadt einen großen Theil der ehemaligen Vorrechte zurückgab. Der Unmuth des Landvolkes gährte im Stillen, bis er endlich 1830 nach der Juliusrevolution zum Ausbruche kam. Die Landleute foderten ihr Recht zurück, und als die Hauptstadt dieses Verlangen nicht vollkommen gewährte, bewaffneten sie sich zum Widerstande. Zwar wurde der Aufstand im Januar 1831 mit Gewalt unterdrückt, aber das Volk der Landschaft blieb unruhig und als die Truppen der Hauptstadt eine empfindliche Niederlage erlitten hatten, schloß der große Rath Basel 45 dieser widerspenstigen Gemeinden von der Verwaltung des Cantons des Staats aus, welche nun, sich selbst hingegeben, für sich wachten. Nach langen Wirren, die das Verhältniß beider Theile immer feindseliger machten und die Ruhe der ganzen Schweiz bedrohten, schritt endlich 1833 die Eidgenossenschaft ein, stellte die Ordnung mit Waffengewalt her und trennte den Canton Basel in den Stadttheil mit einigen Dörfern auf dem rechten Rheinufer und in den Landtheil (Basel-Landschaft) von 75 Gemeinden, deren Hauptort Liestal blieb, und die nun einen neuen Freistaat mit 40,000 Einwohnern bilden.

Physiologie des Dampfwagens.

Unter allen Schöpfungen der Mechanik kommt unstreitig keine einem organisirten lebenden Thiere so nahe als der Dampfwagen. Die Ähnlichkeit drängt sich uns auf, wenn wir sehen, wie die eisernen Glieder der Maschine ihre Kräfte zusammennehmen, wenn wir das Keichen ihres Athems hören, die mächtigen Pulse ihres Herzens, die immer schneller schlagen, bis die ihr angehängte Last, eine Ladung für ein Schiff, windschnell *) uns aus dem Gesichte kommt. Die Ähnlichkeit tritt noch mehr hervor, wenn wir einen Blick auf die Wirkungsart der Maschine werfen. Der Lebensfunke, der dem Thiere seine wirkende Kraft gibt und im Tode erlischt, ist treffend mit dem Princip des mechanischen Lebens der Dampfmaschine verglichen worden, mit dem Feuer auf der Herde. Wie jener genährt werden muß und durch die Nahrung stets seine lebendige Thätigkeit erneuert wird, so auch bei diesem. Der einzige Unterschied liegt in den Nahrungsmitteln; das Thier ist fleischfressend oder pflanzenfressend, die Dampfmaschine kohlenfressend. Stets genährt, dauert das dem Thiere einmal gegebene Leben fort, bis seine Flechsen, Nerven, Verdauungs- und Absonderungswerkzeuge entweder zufällig gestört oder durch steten Gebrauch abgenutzt sind. So auch bei der Maschine. Ist das Feuer einmal angezündet, und wird sie mit dem Feuerungsstoffe, welcher ihre Thätigkeit unterhält, gehörig versehen, so dauert ihre mechanische Wirksamkeit fort, bis etwa eine Röhre des Kessels springt, oder ein Rad bricht, oder durch Abnutzung die Wände des Herdes oder des Kessels unbrauchbar werden, und so diese Theile nicht mehr zu ihren Verrichtungen taugen. Die thierische Nahrung wird in dem Magen in Milchsaft (chylus) umgewandelt, der das Princip der Ernährung und einen Rückstand

---

*) Dies ist keineswegs bloße Redensart. Nach Smeaton's Berechnung legt ein heftig wehender Wind gegen sieben deutsche Meilen in einer Stunde zurück und ein Sturm nicht mehr als zehn Meilen.

gibt. Geht der Milchsaft durch die Eingeweide, so wird er in den Milchwegen abgesondert und eingesogen, geht dann in das Blut über und wird durch die unendlichen Verzweigungen des Arterialsystems geführt, bis endlich das lebende und nährende Princip auf eine unerforschliche Weise mit dem Leben und der Organisation assimilirt wird. So scheidet sich auch die Nahrung der Maschine in dem Ofen (ihrem Magen) in die erhitzte Luft (den Chylus) und einen Rückstand (Asche), die Hitze aber (das lebende Princip) geht mit der Luft durch mehre Röhren (das Arterialsystem), wird von dem Wasser des Kessels absorbirt und geschickt gemacht, sogleich mittels des Dampfcylinders und des Kolbens (der großen Muskularorgane der Maschine) als lebende Kraft zu wirken, und dann mittels der Kurbelstange (der großen Sehne der Maschine) auf die Räder (die Fortbewegungsorgane, die Beine), oder wird abgeleitet, um auf die Ventile zu wirken. So wird die Lebensthätigkeit der Maschine gefördert und in diesen beiden Hinsichten hat sie ihre Parallele in der Vertheilung der lebendigen Kräfte des Thieres auf die Organe der freiwilligen und unwillkürlichen Bewegung. Noch eine andere Parallele gibt es hier. Die erhitzte Luft des Herdes wird durch das Wasser des Kessels geführt, dem sie ihre Hitze abgibt, aber nicht in einem ungetheilten Kanal, da es nicht durch eine große Röhre geführt wird, sondern durch viele kleinere, weil durch eine solche Theilung dieselbe Menge von erhitzter Luft mit einer weit größern Oberfläche des Metalls und des umgebenden Wassers in Berührung gebracht wird, als es geschehen könnte, wenn die Röhren nicht getheilt wären, und auf diese Weise wird die Hitze vollständiger absorbirt. Auf ganz ähnliche Weise wird das Lebensprincip in dem Thiere vertheilt. Kommt es zu dem Organ, wo es abgegeben werden soll, so theilt sich die Arterie, die es weiter führt, in tausend kleine Röhren und bringt dadurch die angemessene Nahrung zu jedem Theile und dehnt zugleich die einsaugende Oberfläche unendlich aus. Dasselbe gilt von den Venen und lymphatischen Gefäßen, und in der Lunge, wo das Venenblut mit einer ausgedehnten Oberfläche der Luft in Berührung gebracht werden soll, wird die Luft nicht durch eine große, bei jeder Einathmung von Blut umgebene Röhre eingelassen, sondern durch unendlich viele kleine, deren jede von einem Häutchen umgeben ist, um welches das Blut strömet, und das von dem Sauerstoff durchdrungen werden kann, den das Venenblut in Arterienblut verwandelt. Diese kleinen Röhren haben in ihrer Gesammtheit eine weit größere einsaugende Oberfläche als eine von gleichem Inhalte haben würde.

Hier aber hört die Parallele auf, und die Art, wie der Mechanismus der Natur wirkt, läßt die Kunst, wie immer, weit hinter sich zurück. Die thierischen Organe ziehen aus der Nahrung sowol das Princip, das die Lebensthätigkeit unterhält, als auch ein anderes, das beständig in den festen Zustand übergeht und die Maschine selbst erneuert, indem es diejenigen andern Theile ersetzt, welche beständig aus dem System des thierischen Organismus weggeschafft werden. Es ist eben der Mangel dieses erneuernden Princips, worin die Maschine dem lebendigen Organismus nachsteht. Darin liegt die Ursache, daß, obgleich sie auf einer glatten und harten eisernen Bahn geht, auf Federn gestützt und durch alle Vorkehrungen gegen Abnutzung verwahrt ist, doch ihre Theile stets so sehr in ihren Formen geändert werden, der Feuerapparat so abgenutzt, jeder ihrer Theile so beschädigt wird, daß sie beständig wieder unter die ausbessernde Hand des Werkmeisters kommen muß, und die nöthigen Ausbesserungen sind so häufig und umfassend, daß die Maschine, ungeachtet sie denselben Namen behält, doch in der That eine neue wird. *) Diese ganze Wiederherstellungsarbeit, welche die Verrichtungen der Maschine unterbricht, kommen bei dem Thiere der vollen Thätigkeit der Lebenskräfte zu gute. Die auf Fortbewegung berechnete Organisation der einen steht nicht nur hinsichtlich der steten Fortdauer ihrer Thätigkeit, sondern auch in Hinsicht auf Angemessenheit derselben zu den verschiedenen Umständen der Fortbewegung weit unter der Organisation des andern. Der Weg der Maschine muß mit ungeheuren Kosten gerade, glatt, fast horizontal gemacht werden, die Fortbewegungskraft des Thieres aber paßt für alle Umstände seiner Lage und es kann selbst auf dem unebensten Boden gehen. Der größte Contrast aber liegt darin, daß die Maschine und der Werkmeister, der sie lenkt, immer beisammen sein müssen, sonst werden alle angedeuteten Ähnlichkeiten auf das Ganze nur in so fern passen, als die Maschine einem toll gewordenen Thiere gleicht.

Die Messe zu Nischnei-Nowgorod.

Die Stadt Nischnei-Nowgorod liegt ungefähr 60 Meilen östlich von Moskau an einer kleinen Anhöhe am rechten Ufer der Wolga, die hier die Oka aufnimmt. Sie ward 1222 gebaut, wurde im 14. Jahrhundert zweimal von den Tataren geplündert und verheert, erholte sich aber von diesen Drangsalen und gedieh so sehr, daß sie 1672 der Sitz eines Metropoliten wurde. Ihre Lage am Zusammenflusse zweier großen Ströme ist sehr angenehm und die Umgegend fruchtbar. Die Messe, die hier jährlich gehalten wird, ist von altem Ursprunge, obgleich die Stadt selbst erst seit 20 Jahren ihr Sitz ist. Als vor ungefähr 300 Jahren mehre russische Kaufleute, die nach der damals den Tataren unterworfenen Stadt Kasan handelten, ermordet wurden, verbot der Zar seinen Unterthanen, die Tatarei zu besuchen, und bestimmte Makariew, ungefähr zwölf Meilen unterhalb Nischnei-Nowgorod, zum Sammelplatz für den Handel mit den östlichen Volksstämmen. Diese Stadt wurde bald ein vielbesuchter Markt, wo viele tausend Menschen aus allen Gegenden Rußlands zusammenkamen, um ihre Waaren auszutauschen. Als aber 1816 die Stadt durch ein Feuer verheert wurde, das namentlich die auf dem Verkaufsplatze errichteten Gebäude verzehrte, benutzte die Regierung diesen Unglücksfall, die Messe nach Nischnei-Nowgorod zu verlegen, dessen Lage weit günstiger war. Die Stadt war schon früher ein ansehnlicher Handelsplatz gewesen, der jährlich von 60—70,000 Menschen besucht wurde. Es wurden nun große Gebäude oder Bazars am Ufer der Oka, der Stadt gegenüber, angelegt und die erste Messe im August 1817 gehalten. Wer zur Zeit der Messe auf der Straße von Moskau kommt, wird gleich bei dem Eintritt in die Stadt in ein lärmendes Gewühl versetzt. In allen Straßen drängen sich Krämer, die ihre Waaren zeigen und ausrufen, laut schwatzen und zanken. Und doch ist man hier noch nicht im Mittelpunkte des Meßhandels, der weiter entfernt am Ufer der Oka ist. Endlich kommt man zu der Brücke, die über diesen Fluß

---

*) Die 23 Dampfwagen auf der Eisenbahn zwischen Darlington und Stockton waren von 127 Tagen 66 Tage unter den Händen der Werkmeister.

führt, aber kaum groß und fest genug für den unermeßlichen Verkehr zu sein scheint, den sie vermitteln soll. Karren, Droschken und Wagen rollen im vollen Galopp über die hölzerne Brücke, deren Balken unter dem furchtbaren Getöse beben, dazwischen Bauern auf halbwilden Pferden ohne Zaum oder Sattel, Kosacken wild vorwärts sprengend und Hunderte von Fußgängern in morgenländischer Tracht. Der Meßplatz hat gegen 60 Reihen von Kaufläden oder Bazars, jede nach ihrer Bestimmung bezeichnet. Da sieht man die chinesische, armenische, sibirische Reihe, Reihen für Früchte, gesalzene Fische, Kleider, Hüte, Lumpen, Papier, Seife, Eisenwaaren, Kupfer, Porzellan, Glas. Alle diese Reihen sind in gleichförmiger Ordnung aufgebaut, mit hinlänglichen Zwischenräumen für die Kauflustigen. Ein breiterer Raum durchschneidet den ganzen Marktplatz von Westen nach Osten, wo der Öffnung gegenüber eine Kirche erbaut ist. Jede Reihe besteht aus 40—50 Kaufläden, deren Zahl man auf 4000 rechnet. Dieser Raum aber ist nicht groß genug, alle Waaren zu fassen, die nach Nischnei-Nowgorod gebracht werden, das zur Meßzeit von beinahe 200,000 Menschen besucht wird. Die Waaren, die sehr ins Gewicht fallen, und diejenigen, die eine minder sorgfältige Aufsicht fodern, werden in langen Reihen an dem Ufer des Flusses unter Zelten oder Schuppen aufgehäuft, z. B. Eisenwaren, Salz, Thee, Pelzwerk, Häute und dergl. Andere lange Reihen bilden hier die Producte der Wälder des Uralgebirges, und man findet hier unter Anderm Potasche, Wagen, Kibitken, hölzerne Geräthe und besonders auch Radfelgen, die sich dadurch auszeichnen, daß sie nicht aus einzelnen Stücken gemacht sind, wie bei uns, sondern aus Eichen, welche noch jung in die Kreisform gebogen wurden, die sie dann fortwachsend behielten. Ebenso lebendig als das Ufer ist der Fluß, auf welchem während der Messe gegen 1000 Schiffe liegen. Sie sind meist von asiatischer Bauart, mit den buntesten Farben seltsam bemalt. Andere zieren glänzende Sonnen aus Scharlach mit goldenen Strahlen. Mitten unter diesen glänzenden Fahrzeugen sieht man einige ernst aussehende Dampfschiffe, welche, wie die düster europäische Kleidung unter der reichen morgenländischen Tracht, einen auffallenden Abstich bilden und ein Gegenstand der Verwunderung für die halbwilden Stämme sind, welche die Messe besuchen. Die meisten Meßfremden sind Russen aus dem Innern des Reiches, aber auch sehr viele aus entfernten Ländern, besonders Perser, Armenier, Kirgisen, Kalmücken, Baschkiren, Griechen, Türken und einige aus Tibet, Kaschmir und Hindostan. Die Chinesen kamen in frühern Zeiten nach Makariew, seit aber die Märkte Kiachta und Maimatschin eröffnet sind, kommen sie selten weiter westwärts. Die Kaufläden sind von sehr mannichfaltiger Art. Man findet hier Alles von den reichsten Juwelen, Silbergeschirren und modischen Kleidungsstücken, wie man in London und Paris sie finden kann, bis zu der kleinen Bude, wo für den müden Wanderer oder den Säufer Branntwein verschenkt wird. Höchst anziehend ist die Mannichfaltigkeit der Trachten, die man sieht, und man kann hier die Eigenheiten morgenländischer Völker beobachten, deren Heimat den Europäern immer wenig zugänglich gewesen ist. Fast in jedem Laden sieht man die Inhaber, wenn ihre Geschäfte sie nicht abhalten, Schach spielen. Aber mitten in diesem lebendigen Volksgewühle sieht man kaum eine weibliche Gestalt. Die Morgenländer, die in ihrer Heimat die Weiber von allen öffentlichen Gesellschaften ausschließen, bringen natürlich keine mit, und die meisten Russen, die nur auf kurze Zeit nach Nischnei-Nowgorod kommen, finden es auch bequemer, ihre Frauen zu Hause zu lassen.

Das Gebäude des Lesevereins zu Basel.

Verantwortlicher Herausgeber: Friedrich Brockhaus. — Druck und Verlag von F. A. Brockhaus in Leipzig.

Das Pfennig-Magazin
für Verbreitung gemeinnütziger Kenntnisse.

221.] Erscheint jeden Sonnabend. **[Juni 24, 1837**

Galerie der deutschen Bundesfürsten.
XVII.

Paul Friedrich, Großherzog von Mecklenburg-Schwerin.

Der regierende Großherzog von Mecklenburg-Schwerin, Paul Friedrich, geboren am 15. September 1800, ist der Sohn des Erbgroßherzogs Friedrich Ludwig aus seiner ersten Ehe mit der Großfürstin Helena Pawlowna von Rußland. Sein Vater war in zweiter Ehe mit der Prinzessin Karoline Luise von Sachsen-Weimar, und dann in dritter Ehe mit der Prinzessin Auguste von Hessen-Homburg, geboren 1776, verheirathet und starb am 29. November 1819. Wiederholte Reisen und der längere Aufenthalt an auswärtigen Höfen trugen wesentlich zu der Ausbildung des Prinzen bei. Als Erbgroßherzog vermählte er sich am 28. Mai 1822 mit der Prinzessin Friederike Wilhelmine Marie Helene Alexandrine von Preußen, geboren am 23. Februar 1803. Der Tod seines hochbetagten Großvaters, Friedrich Franz, am 2. Februar 1837, rief ihn an die Spitze der Regierung, der er mit großer Selbständigkeit sich unterzieht. Seine drei Kinder sind: 1) der Erbgroßherzog Friedrich Franz, geboren am 28. Februar 1823; 2) Luise, geboren am 17. Mai 1824; 3) Friedrich, geboren am 5. März 1827. Des Großherzogs Schwester, Marie, geboren 1803, ist mit dem Prinzen Georg von Sachsen-Altenburg vermählt; seine Schwester Helena, aus der zweiten Ehe, geboren am 24. Januar 1814, vermählte sich im Mai 1837 mit Ferdinand, Herzog von Orleans, Kronprinzen von Frankreich.

Kanäle in China.

Die Chinesen haben mittels der zahlreichen Flüsse und Seen ihres Landes fast überall Wasserstraßen angelegt und zu diesem Zwecke und wegen der Bewässerung sehr viele Kanäle gegraben. Überall findet der Reisende Kanäle von schönem und klarem Wasser, die auf beiden Seiten Fahrstraßen haben. Von dem Hauptkanal gehen in gewissen Entfernungen kleinere Kanäle aus, deren Wasser wieder in unzählige Bäche abfließt, die zu verschiedenen Städten geführt oder zur Bewässerung des Landes gebraucht werden. Sie haben überdies sehr viele Wasserbehälter, mittels welcher sie die Reisfelder unter Wasser setzen können. Nichts aber ist in China, ja in der ganzen Welt, mit dem Yün=Liang oder kaiserlichen Kanal zu vergleichen, der um das Jahr 1280 durch eine unermeßliche Zahl von Arbeitern und mit ungeheuern Kosten angelegt wurde. Dieser Kanal zieht sich durch drei Provinzen und fällt dann in den reißenden gelben Fluß. Ist man diesen Fluß zwei Tage lang hinabgefahren, so kommt man zu einem andern Flusse, wo man den Kanal wiederfindet, der durch mehre Städte geht und bis Nan=Gan führt. Von hier geht man zu Lande bis Nan=Hiong, ungefähr fünf Meilen, wo man sich auf einem Fluß einschifft, der nach Kanton geht. So kann man bequem auf Flüssen oder Kanälen von der Hauptstadt Peking bis zu dem entlegensten Punkte des Reichs reisen, ohne daß die Schiffahrt mehr oder minder unterbrochen werde. Alle Flüsse Chinas fallen von der Hochebene der Tatarei nordwärts von Tibet und durchkreuzen das Reich von Westen nach Osten auf ihrem Wege zu dem Meere. Da nun die Binnenschiffahrt von Norden nach Süden geht, so durchschneidet sie in rechten Winkeln jene Ströme, deren Nebenflüsse einen steten Zufluß von Wasser gewähren, und die drei großen Flüsse, die den kaiserlichen Kanal durchschneiden, führen den Wasserüberfluß zum Meere. Es mußten sehr viele Schwierigkeiten überwunden werden, um die Wasserfläche des Kanals mit den verschiedenen Niveaus der ihn speisenden Flüsse auszugleichen, und ungeachtet der im Allgemeinen günstigen örtlichen Verhältnisse war es doch nöthig, bald Einschnitte von 60—70 Fuß unter der Oberfläche zu machen und bald Erdaufwürfe über Seen und Sümpfe zu legen, die so lang und groß waren, daß ein solches Unternehmen nur ausgeführt werden konnte, wo eine unermeßliche Anzahl von Menschen zu Gebote stand. Diese Dämme gehen zuweilen über Seen, die einige Stunden im Durchmesser haben, und das Wasser des Kanals ist zwischen ihnen zu einer Höhe hinaufgebracht worden, die weit über der Oberfläche des Sees liegt. Für die Erhaltung dieses prächtigen Kanals wird mit unablässiger Aufmerksamkeit gesorgt. Er wird immer von Aufsehern untersucht und Schaaren von Arbeitern sind längs demselben angestellt, um jeden Schaden sogleich auszubessern. Steigt das Wasser zu hoch, so wird, ohne die Umgegend zu überschwemmen, der Überfluß in kleine Kanäle abgelassen, um den Strom im Hauptkanal auf gleicher Höhe zu halten. Ein Kanal von solcher Länge muß nothwendig Schleusen oder ähnliche Vorkehrungen haben, und es ist interessant, die Vorrichtungen der Chinesen mit den europäischen zu vergleichen. Der große Kanal hat über 20 Wasserfälle, die von gehauenen Steinen kunstreich gemacht sind. Eine Schleuse, die mittels einer Maschine aufgezogen wird, gibt hier dem Wasser Abfluß und es wird den Schiffen Fahrwasser verschafft. Bei vielen Kanälen aber konnte dieses Mittel wegen ihrer verschiedenen Höhe und der Ungleichheit des Bodens nicht ohne große Schwierigkeiten angewendet werden. An einer Stelle, wo der Unterschied der Wasserhöhe sechs Fuß beträgt, wählte man ein sehr einfaches Mittel. Eine geneigte Ebene oder Böschung unter einem Winkel von etwa 40°, von Steinen erbaut und immer schlüpferig gehalten, erhebt sich an dem einen Ende des Kanals, und das Schiff, das von dem untern Wasser in das obere gehen soll, wird durch die daran befestigten Taue mittels zweier ungeheuern Ankerwinden, die an den Seiten des Kanals über die geneigte Ebene stehen, hinaufgezogen. Sie werden von 12—16 Arbeitern gehandhabt. Ist das Schiff einmal hinaufgegangen, so geht es vermöge eigner Schwerkraft auf einer andern, aber kürzern geneigten Ebene in den höhern Kanal hinab, da der höchste Punkt der beiden geneigten Ebenen immer etwas höher als die Wasserfläche des obern Kanals ist. Soll das Schiff aus dem obern in den untern Kanal gehen, so ist die Arbeit natürlich geringer, und es braucht blos die kürzere geneigte Ebene hinangezogen zu werden, worauf es dann die längere von selbst hinabgeht. Der Engländer Dinwiddle, der Gelegenheit hatte, die gewöhnlichen Kanäle und diejenigen, in welchen mittels der geneigten Ebene die Verbindung unterhalten wird, genau zu untersuchen, gibt den chinesischen Schleusen den Vorzug vor den englischen überall, wo die Lage des Kanals beinahe eben ist, und sie fodern nur den vierten Theil der Kosten, die bei diesen aufgewendet werden müssen. Auch werden die Schiffe bei den Vorrichtungen in China schneller befördert. Diese Schleusen bestehen aus einigen unverbundenen Balken, die zwischen Rinnen laufen, welche in den auf jeder Seite des Kanals eingelassenen Pfeilern sich befinden. In der Mitte bleibt nur ein schmaler Weg für das Schiff.

Die Heringsfischerei.
(Beschluß aus Nr. 220.)

Die Heringsfischerei an den östlichen und westlichen Küsten Schottlands wird mit sogenannten Buysen betrieben, welche die Heringe von einem Seearm zum andern verfolgen und in dem nächsten Hafen ankern, wenn die Fische erscheinen. Einige Leute bleiben am Bord der Buyse, während die übrigen in den Böten in die See fahren, um die Netze auszuwerfen. Jedes Boot hat zwei, gegen 700 Fuß lange Netze. Bei tiefem Wasser werden diese Netze mit Stricken zusammengebunden. So treiben die Böte in die See. Jede halbe Stunde untersuchen die Fischer, ob Heringe im Netze sind, indem sie dasselbe hier und da aufheben. Auf diese Weise finden sie nicht nur, ob sie auf gutem Ankergrunde sind, sondern auch, ob die Heringe hoch oder niedrig schwimmen, und ihren Beobachtungen gemäß heben oder senken sie die Netze, indem sie die Boyen, durch welche die Netze gehalten werden, kürzen oder verlängern. Zuweilen durchschiffen sie zwei bis vier Meilen in einer Nacht, während sie ihre Netze zehn= bis zwölfmal an verschiedenen Orten auswerfen. Der Fang geschieht immer nur zur Nachtzeit, und die dunkelsten Nächte, wo ein sanfter Landwind weht, sind die günstigsten. Bei Tagesanbruch bringen die Fischer ihre Ladungen zu der Buyse. Sind die Heringe zahlreich, so haben die Fischer leichte Arbeit. Die Netze werden am Abend ausgeworfen, ein kleiner Anker wird am Ende eines jeden befestigt und sie werden nicht eher, bis gegen Morgen aufgezogen. Jeder Fischer erhält, außer seinem Monatslohn, eine gewisse Menge von Heringen, die sich nach dem Erfolge des Fanges richtet.

Zuweilen werden schnell segelnde Fahrzeuge von 30—80 Tonnen auf die Fischereistationen geschickt, nicht um an dem Fange Theil zu nehmen, sondern um frische Heringe von den Böten einzukaufen. Die gefangenen Heringe werden sogleich mit Salz besprengt, und wenn die Ladung voll ist, kehren die Schiffer heim oder fahren zu einer Fischereistation an der Küste, um die Heringe einzupökeln. Die Bootfischerei ist oft sehr einträglich, wenn der Ort des Fanges nicht zu weit von der Küste entfernt ist. Es gehört dazu kein großes Capital, da das Pökeln, das kostbare Anstalten und bedeutende Auslagen fodert, von den Eigenthümern der Schiffe besorgt wird, welche die frisch gefangenen Fische kaufen. Auf der Insel Levis, an der Westküste Schottlands, hat jedes Dorf, jedes einzelne Landgut sein Fischerboot, und die Beschäftigungen der Bewohner theilen sich zwischen Ackerbau, Fischfang und Kelpbereitung. Hunderte von Böten fahren nach Sonnenuntergang in die See, werfen ihre Netze aus und kehren gegen Morgen zurück, um ihre Ladungen zu verkaufen. Ein Nachtheil dieser Bootfischerei entsteht aus den häufigen Veränderungen, die bei der Erscheinung der Heringe stattfinden, da die Böte den Fischen nicht in die hohe See folgen können. Diese mit zwei bis vier Mann besetzten Böte sind gegen 16 Fuß lang und haben ein einziges Segel. Die Maschen der Netze dürfen nach der Vorschrift der Gesetze nicht über einen Quadratzoll groß sein, was aber den Nachtheil hat, daß keine Heringe von beliebter Größe, dagegen volle Milchner und Rogner in Überfluß gefangen werden. Die meisten Fische werden von den Fischerböten frisch an Einkäufer verhandelt, die das Einpökeln besorgen.

Werden die Heringe in nicht zu großer Menge gefangen, so werden sie sogleich von den Böten in das Schiff gebracht, und nachdem man sie gesalzen hat, so schnell als möglich in Fässer gepackt. Ist der Fang zu reichlich, so bringt man sie die Küste, wo das Einpökeln unter einem Obdach geschieht, da die Sonnenwärme dem Fische schaden würde. An der Küste Schottlands sieht man viele kleine Dörfer, Fischereistationen genannt, die aus Schuppen für Salzvorräthe, Netze, Tauwerke, eingepökelte Fische und aus Hütten für die Einpökler bestehen. Man gebraucht Seesalz, da es sich nicht zu schnell auflöst, sondern allmälig eine reichliche Lake gibt. Die Holländer waren einst berühmt wegen der Bereitung eines guten Pökelsalzes. Sie ließen die aus der Auflösung von Seesalz gewonnene Lake bei mäßigem Feuer verdunsten, nachdem sie die Lake vorher mit sauren Molken vermischt hatten. Um die Mitte des 18. Jahrhunderts gewann die Gesellschaft zur Beförderung der britischen Fischereien einige Holländer, um die Fischer in Nordschottland und auf den Shetlandsinseln in der holländischen Pökelart unterrichten zu lassen. Es ergab sich, daß das holländische und britische Verfahren nicht wesentlich unterschieden waren, und man hält jetzt dieses jenem völlig gleich. Die Heringe, die nicht an demselben Tage, wo sie gefangen wurden, eingesalzen und eingepackt werden, sind nie so gut als die sogleich eingepökelten. Die von Yarmouth ausfahrenden Böte bleiben in der See, bis sie acht oder zehn Lasten, jede zu 13,000 Heringen, gefangen haben, und sind gewöhnlich drei bis sechs Tage abwesend. Die gepökelten Heringe werden auf der See eingepackt. Bei Pöklingen findet ein anderes Verfahren statt. Die Fische werden mit mehr oder weniger Salz besprengt, je nachdem das Wetter günstig oder ungünstig und der Hafen nahe oder entfernt ist. Nach der Landung trägt man sie in Körben in ein Vorrathshaus, das unmittelbar an das Gebäude stößt, wo sie aufgehängt und geräuchert werden sollen. Sie werden dann noch einmal mit Salz besprengt, mit hölzernen Schaufeln aufeinander gehäuft und mit Ziegeln oder flachen Steinen bedeckt. So bleiben sie fünf bis sechs Tage liegen, worauf sie gewaschen, angespießt, aufgehängt und geräuchert werden. Bei dem Anspießen und Aufhängen muß sorgfältig darauf gesehen werden, daß sie sich nicht berühren. Auf die runden, vier Fuß langen Spieße werden sie mit Mund und Kiemen gesteckt, und die gefüllten Spieße werden dann übereinander aufgehängt, bis das Haus voll ist. Die untere Reihe der angespießten Heringe ist ungefähr sieben Fuß vom Boden entfernt. Es werden nun Holzfeuer angezündet, und es erfodert viel Kunst, diese Feuer gehörig zu behandeln. Sie dürfen weder zu schnell noch zu langsam brennen und müssen zuweilen ausgelöscht werden. Gewöhnlich braucht man grünes Holz dazu, am liebsten Eichenholz und Buchenholz, welche eine schöne Farbe und einen guten Geschmack mittheilen sollen. Das Holz von Fruchtbäumen oder Kiefern gibt einen bittern Geschmack. Das Räuchern der Heringe erfodert wenigstens drei Wochen Zeit, wenn sie zu einheimischem Gebrauche bestimmt sind, da man sie gern weich genießt, die zur Ausfuhr bestimmten aber müssen vier Wochen geräuchert werden. Endlich werden die Feuer ausgelöscht, und nachdem das Haus ausgekühlt ist, werden die Spieße heruntergenommen und einige Tage nachher die Pöklinge eingepackt.

Ist der Fang reichlich gewesen, so wird bei dem Einpökeln darauf gesehen, die Heringe von verschiedener Güte zu sondern. Andere thun dies erst, wenn sie vom Spieße genommen werden. Gewöhnlich theilt man sie in vier Classen, unter welchen die geringsten diejenigen sind, deren Bauch aufgerissen ist oder die das Salz nicht annehmen, und diejenigen, die keine Köpfe mehr haben und bei den Schwänzen aufgehängt werden. Über sieben Procent von den zum Räuchern bestimmten Heringen sind untauglich dazu. Von diesen werden zwei Drittel gepökelt, die übrigen weggeworfen.

Blicken wir auf die Geschichte der Heringsfischerei, so ist es schwierig, den Gang derselben von den ältesten Zeiten bis zum 16. Jahrhunderte zu verfolgen, aber sie nahm fortdauernd an Wichtigkeit zu, je mehr die unstete Lebensweise der Menschen aufhörte und das Räuberhandwerk zur See und zu Lande aufgegeben ward. Aus einem Freibriefe Wilhelm's des Eroberers geht hervor, daß im 11. Jahrhunderte Fahrzeuge von Dieppe im Juli nordwärts segelten, um Heringe zu fangen und sie eingesalzen heimbrachten. Um 1265 erhielten die Holländer von König Eduard I. die Erlaubniß, bei Yarmuth zu fischen. Die Holländer sollen die Kunst des Einpökelns von Wilhelm Beukel aus Biervliet in Flandern erlernt haben. Wahrscheinlich erfand er eine verbesserte Einpökelungsart, welche die Holländer in den Stand setzte, ihre Heringe auf ausländische Märkte zu bringen, und die spätere Wichtigkeit dieses Handelszweigs verdankte man auf diese Weise einem armen Fischer. Die holländischen Heringe wurden bald überall in Europa beliebt und für Diejenigen, die sich mit dem Heringshandel beschäftigten, eine Quelle eines ansehnlichen Gewinns. Es ist eine gewöhnliche sprüchwörtliche Redensart in Holland, Amsterdam sei auf Heringsgräten erbaut. Die Heringsfischerei ward als der rechte Arm der Republik betrachtet, und von Zeit zu Zeit wurden öffentliche Gebete für das Gedeihen dieses Gewerbzweigs angestellt. Im Jahre 1560 waren 1000 holländische Schiffe mit dem Heringsfange beschäftigt, und 1620 doppelt so viele. Als die Heringsfischerei den Gipfel ihres Gedeihens erreicht hatte, betrug die Gesammtzahl der damit beschäftigten Fahrzeuge, mit Einschluß derjenigen, die Salz einführten, die Fischerböte geleiteten, die eingepökelten Heringe heimführten und in das Ausland brachten, 6400, und

112 000 Seeleute und Fischer waren in diesem Gewerbe thätig. Unter einer Volksmenge von 2,400,000 lebten zu jener Zeit 450,000 Menschen in Holland von der Fischerei, und um diese Angabe nicht für übertrieben zu halten, muß man sich erinnern, daß es in den Fischerstädten kaum einen Dienstboten gab, der nicht einen Antheil an einer Heringsbuyse hatte.

Man rechnete im 16. Jahrhunderte den Ertrag der holländischen Fischereien auf 70 Millionen Thaler, und wenn auch diese Schätzung übertrieben war, so hielt man sie doch für richtig, und das aus dieser Quelle hervorgehende Gedeihen der Holländer erregte den Neid anderer Völker, besonders aber war es den Engländern empfindlich, daß diese reiche Ernte von Gewinn an ihren Küsten erlangt wurde, während Diejenigen, welche den nächsten Anspruch hatten, Vortheil aus der Fischerei zu ziehen, nur wenig Nutzen daraus zogen. Es fehlte den Holländern nicht nur an vielen Erzeugnissen, die durch den Handel mit dem Auslande gewonnen werden mußten, sondern ihre Küsten waren auch keineswegs reich an den Fischen, aus welchen das Land den bedeutendsten Gewinn zog. Die britischen Küsten von Shetland bis zur Küste von Sussex waren mit holländischen Heringsbuysen bedeckt, welche den Fischfang 50—250 Stunden von ihren eignen Häfen trieben. Bis auf Jakob I. durften die Holländer nicht ohne besondere Erlaubniß an der englischen Küste fischen; später aber suchten sie nicht nur keine Erlaubniß, sondern beschränkten oft sogar die englischen Fischer und störten sie in ihrem Gewerbe. Es wurden von Zeit zu Zeit in England große Anstrengungen gemacht, an den Vortheilen der Heringsfischerei Theil zu nehmen, und man hielt es für schimpflich, daß England seinen Nebenbuhlern im Handel gestatten sollte, sich mit den Schätzen zu bereichern, die seine Küsten in Überfluß besaßen. Es wurden daher seit dem 17. Jahrhundert verschiedene Versuche gemacht, durch Actiengesellschaften und durch Prämien die einheimische Heringsfischerei zu ermuntern, aber am allerwenigsten führten die Prämien, von welchen man im 18. Jahrhundert alles Heil erwartete, zu dem vorgesetzten Zwecke. Nach einer genauen Berechnung kostete jede Tonne in Buysen gefangener, mit schottischem Salze gepökelter Heringe, wenn sie ausgeführt wurde, der Regierung gegen sechs Thaler. Die Bootsfischerei, die nicht durch Prämien ermuntert wurde, kam dabei in Verfall und die Küstenbewohner mußten die Zufuhr der wohlfeilen frischen Heringe, die meist zum Einpökeln verkauft wurden, entbehren. Die Erwartung, mit den Holländern im Einpökeln zu wetteifern, wurde nicht erfüllt und konnte bei dem Prämiensystem nicht erfüllt werden, das die Einpökler nicht ermunterte, durch Hervorbringung besserer Waaren sich einen größern Absatz zu verschaffen. Die Vorzüge der holländischen Heringe, die von dem sorgfältigen, durch strenge Verordnungen geregelten Verfahren bei dem Einpökeln abhingen, ließen sich nicht erreichen, und das von Holländern ausgeübte Monopol hatte blos in jenen Vorzügen seinen Grund. Seit die Prämien in der neuesten Zeit aufgehoben wurden, beruht das Gedeihen oder der Verfall der britischen Heringsfischerei ganz auf sich selbst. Während das Gedeihen derselben mehr von der Menge als der Beschaffenheit der Waare abhängt, wird im Gegentheil der Heringshandel der Holländer mehr von der Trefflichkeit als dem Überflusse des Ertrags ihrer Fischereien bedingt. Die Hauptausfuhr der britischen Heringe geht nach Westindien, wo die Neger sie als Würze ihrer Pflanzennahrung verbrauchen. Die Aufhebung des Prämiensystems hat einen günstigen Erfolg gehabt, und Begehr und Zufuhr haben sich gegenseitig geregelt. Diejenigen, die sich in Fischereiunternehmungen einlassen, sind eines Marktes für den Absatz gewiß, und Niemand wagt sein Capital, wo der Ertrag der Fischerei nur vorübergehend ist. Die Zunahme der britischen Heringsfischerei ist besonders in Schottland bedeutend, wo sie früher nur auf einen kleinen Strich der nördlichen Küste eingeschränkt war, seit 1815 aber sich sehr erweitert hat, besonders auf der östlichen Küste. Die Ausfuhr geht hauptsächlich nach Westindien, Irland und Deutschland.

Eine Nacht in den Niederalpen.

Der Himmel bewahre euch davor, jemals eine Nacht in den Schluchten der Alpen herumirrend zubringen zu müssen, eine Nacht, die kein Stern erleuchtet, wo der Sturmwind durch die Bäume braust und sich sein Toben mit dem Geheul der Wölfe und dem Getöse der Sturzbäche vermischt. Der Himmel bewahre euch davor, denn schneidende Kälte zieht die Glieder zusammen und dringt durch alle Gebeine. Die Brust seufzt unter der schweren, stets wachsenden Angst. Der Kopf brennt; die Gedanken verwirren sich und die Sinne vergehen; der feuchte Hauch des Mundes gefriert auf den Lippen zu Eis. Und dann die Furcht in dieser endlosen Einsamkeit! Möget ihr auch dem Tode schon keck ins Auge geschaut haben, hier wandelt euch dennoch die Furcht an; denn unter euern Füßen kann sich ein Abgrund öffnen, noch einen Schritt und es verschlingt euch sein weit geöffneter Schlund. Aber dennoch hütet euch, still zu stehen, denn der fallende Schnee würde euch in ein eisiges Leichentuch hüllen, das euer Blut erstarren, euch langsam in eine sanfte Betäubung einwiegen würde; ihr würdet fühlen, wie euer Dasein allmälig entschwindet und aufhört.

Eine solche Angst und Marter stand ein Reisender aus, der sich 1793 in einer wilden Gegend der Niederalpen verloren hatte; schon seit dem Morgen irrte er umher und hatte spät am Abend noch keine Spur einer menschlichen Wohnung gefunden.

Die Nacht brach herein, er setzte sich, von Müdigkeit ermattet, vom Hunger gepeinigt, ohne Hoffnung auf Errettung, sich in den Tod ergebend. Aber plötzlich entreißt er sich dieser Erschlaffung, muthig erhebt er sich und setzt seinen Weg weiter fort.

Nachdem er eine Stunde zurückgelegt, während welcher er mehre Male in die Tiefe der Abgründe gestürzt sein würde, wenn er sich nicht an die Zweige von Sträuchern angehalten hätte, die er an seinem Wege fand, verließ ihn abermals sein Muth, und auf Alles gefaßt, legte er sich auf ein Felsstück nieder.

Welch leiser, unbestimmter Ton schlägt an sein Ohr? und welches Glück, es ist das Geläute eines Glöckchens; der rettende Laut kommt näher, und endlich sieht er einen Hund, von einem Ordensbruder gefolgt, vor sich stehen.

Der Mönch brachte ihn in sein Kloster, wo er durch die Sorgfalt der Mönche, durch ein stärkendes Abendbrot und die wohlthätige Flamme des Kamins bald die Gefahren der Nacht vergaß und mit den Klosterbrüdern eine trauliche Unterhaltung begann. Er äußerte sein Erstaunen, sie an einem solchen Orte und in einem wie durch ein Wunder hier erbauten Kloster zu finden, da, wo man es nicht für möglich halten würde, auch nur eine Hütte zu bauen.

Aber die Mönche, welche von der Erschöpfung und dem fieberhaften Zustande ihres Gastes üble Folgen befürchteten, versprachen ihm, morgen alle diese Fragen beantworten zu wollen und brachten ihn in ein bequemes Schlafzimmer, dessen Annehmlichkeit durch das Toben des Windes und das Geheul der Wölfe nur noch erhöht ward.

Als der Reisende am folgenden Morgen erwachte und die reine frische Gebirgsluft einathmete, entfaltete sich ein wunderbares Schauspiel vor seinen Augen. Die Sonne ging eben auf und übergoß mit ihrem Purpurglanze einige Häuser, deren weiße Mauern von der glühendrothen Grundfarbe der himmelhohen Kalkfelsen glänzend abstachen.

Mitten in diesen Felsen, in einer ungeheuern Schlucht, sah er eine kleine Pforte und eine dunkle Felsentreppe, die zum Kloster führte.

Zwei hohe spitze Berge ragten über Alles dies empor, ihre Gipfel waren durch eine eiserne, 250 Fuß lange Kette verbunden, in deren Mitte ein fünfeckiger Stern hing. Noch betrachtete der Gast voll Verwunderung und Neugier diese merkwürdige Kette, als der

Das Kloster Moustiers in den Niederalpen.

Mönch, der ihn am vorigen Tage aufgefunden hatte, zu ihm eintrat.

„Dieser Ort", sprach er, der Frage seines Gastes zuvorkommend, „dieser Ort heißt Moustiers; der Stern, den Sie in der Mitte der Kette gewahren, ist das Wappen der Grafen Blacas. Im Jahre 1215 nämlich that ein Graf dieses Hauses, der während der Kreuzzüge in Palästina gefangen worden war, seiner Schutzpatronin, unserer Liebfrauen von Beauffez, das Gelübde, ihr, wenn er aus der Sklaverei befreit würde, eine goldene Kette zu weihen, welche diese beiden Felsspitzen verbände, zum Andenken an die eiserne, welche er bei den Ungläubigen getragen hatte. Er kam wirklich aus der Gefangenschaft zurück und wollte nun sein Gelübde erfüllen, allein die Ordensbrüder von Moustiers stellten ihm vor, daß eine so reiche Gabe, auf unzugänglichen Felsenspitzen angebracht, die Habsucht vieler Leute reizen und ihr Unglück werden könnte, und daß es daher gewiß zweckmäßiger sei, den Betrag dafür zu guten Werken zu verwenden und ein Hospitium zu bauen. Der edle Ritter folgte dem Rathe der frommen Väter und begnügte sich, eine eiserne Kette zwischen den beiden Felsspitzen aufhängen zu lassen."

Der Landbau in Sicilien.

Sicilien, die größte Insel im mittelländischen Meere, war zu allen Zeiten ihrer Naturschönheiten und ihrer Fruchtbarkeit wegen berühmt. Diese Vorzüge und ihre günstige Lage machten den Besitz der Insel allen Völkern, die eine Herrschaft im mittelländischen Meere ausübten, wünschenswerth. Lange vor der christlichen Zeitrechnung war Sicilien mit blühenden griechischen Ansiedelungen bedeckt, die bald in Reichthum, Macht und Cultur mit dem Mutterlande wetteiferten. Sie erlagen später der Macht der Karthager, wie diese den Römern. Sicilien war das erste Gebiet, das die Römer zu einer Provinz machten, oder das, wie einer ihrer Staatsmänner sagt, ihnen zuerst zeigte, wie vortrefflich es sei, über fremde Völker zu herrschen. Der Ertrag des fruchtbaren Bodens der Insel wurde nach der Hauptstadt des Reiches geschickt, dessen Kornkammer sie genannt wurde.

Das Innere der Insel zeigt eine sehr mannichfaltige Oberfläche, Hügel, die oft zu hohen Bergen emporsteigen, und Thäler, die sich in üppig fruchtbaren Ebenen ausbreiten, sind ihre Hauptzüge. Die Berge sind bis zu ihren Gipfeln mit Weide bedeckt, und wenn das Gras in den Thälern verwelkt ist, ziehen die Heerden die Höhen hinan. Haben die Thäler und der Fuß der Berge schon ein versengtes Ansehen, so sehen wir höher aufwärts ein frisches Grün, das immer saftiger und dunkler wird und die ganze Höhe bedeckt, wiewol auf den Gipfeln der Pflanzenwuchs nicht so üppig ist, als auf den mittlern Berggurt.

Der Ackerbau wird mit weit geringerer Geschicklichkeit betrieben als in Deutschland. Die landwirthschaftlichen Werkzeuge haben noch die ganze Roheit des Alterthums und während die Landwirthe in Europa sich über die Vorzüge verschiedener Pflüge besprechen, sind die Pflüge der Italiener und Sicilier nicht besser als in der Zeit, wo Virgil sein Gedicht vom Landbau schrieb. Der sicilische Pflug besteht aus einem elf Fuß langen Schaft, an dessen Ende Ochsen mittels eines plumpen Joches gespannt sind, während das ander Ende schief in ein anderes gegen fünf Fuß langes Stück Holz eingelassen ist. Das untere Ende ist scharf, um den Boden nicht umzustürzen, sondern aufzukratzen; das obere dient dem Pflüger als Handhabe, ist aber so kurz, daß er immer gebückt folgen muß. Das Ende, das in der Erde geht, ist nicht immer mit Eisen beschlagen und bringt kaum tiefer ein als ein Schwein den Boden aufwühlen kann. Dieses plumpe Werkzeug hat nicht nur die Unbequemlichkeiten, die aus Mangel eines Pflugmessers entstehen, sondern es wird auch bei dem Mangel einer doppelten Handhabe dem Pflüger ungemein schwer, den Pflug in einer geraden Linie zu führen. Karren, Hacken, Rechen, sind ebenso plump und statt der Egge muß oft ein von einem Ochsen gezogener Dornbusch dienen.

Wird das Land gedüngt, was selten geschieht, so trägt es jedes Jahr Getreide, sonst von drei zu drei Jahren; im ersten Jahre gibt es Getreide, im zweiten liegt es brach und das Unkraut wird zu Heu gemacht, im dritten wird es mehrmals gepflügt und für das vierte Jahr besäet. Einige Landwirthe wechseln mit Bohnen ab, die eine Nahrung für Menschen und Vieh sind, und von beiden oft roh genossen werden. Der Durchschnittertrag ist das achte Korn, in einigen Gegenden das funfzehnte, in besonders günstigen Jahren vielleicht das dreißigste. Man hat in Sicilien zweierlei Weizenarten. Die eine hat lange Körner, fast zweimal so groß als der gewöhnliche europäische Weizen, und wird meist ungemahlen als Ersatz für Reis gekocht; der andere, ein rundliches zartes Korn, gibt das feinste Mehl und wird nur zu dem besten Brot und zu Backwerk gebraucht. Die Ernte beginnt zu Ende des Juni und dauert bis in den August. Einige künstlich bewässerte Äcker geben jährlich zwei Ernten von derselben Frucht, doch gibt es deren nur wenige. Die alterthümliche Weise, das Getreide durch Vieh austreten zu lassen, ist in Sicilien noch üblich, doch gebraucht man auch den Dreschflegel.

Es gibt in verschiedenen Theilen der Insel öffentliche Magazine, worin das Getreide sehr lange aufbewahrt werden kann. Es sind meist Aushöhlungen in Kalkfelsen oder Erdgruben, welche in Form einer Flasche ausgegraben und wasserdicht ausgemauert sind, und von ansehnlichem Umfange. Ist ein solches Magazin gefüllt, so wird die Öffnung mit Steinen und Gyps verschlossen, um die Luft abzuhalten. Die Magazine, die sich in einigen Häfen befinden, wo die Kornausfuhr allein gestattet ist, sind sehr ansehnliche Gebäude, in welchen das Getreide aufgespeichert werden kann. Mit dem Empfangschein des Magazinaufsehers wird in Palermo, Messina, Catania ein auf hohen Gewinn berechneter Handel getrieben, der sich nach dem Steigen oder Fallen der Getreidepreise richtet. Der Eigenthümer des in Verwahrung gegebenen Getreides kann es in beliebiger Menge verkaufen und über das Ganze wird genaue Rechnung geführt.

Es ist auffallend, daß ein Land, welches die Natur so verschwenderisch begabt hat, ein Bild von Armuth und Elend darbietet. Der Zustand der Insel ist während eines langen Zeitraumes fast unverändert geblieben. Wäre die Insel so angebaut, als es ihr günstiger Boden gestattet, so könnte sie noch immer die Kornkammer für Europa sein. Eine Hauptursache des Stillstandes in der Cultur der Insel ist aber in ihrer steten Abhängigkeit oder in der Colonialdienstbarkeit zu suchen, worin sie immer von einer europäischen Macht gehalten wurde. So nach dem Fall des römischen Reiches von den Arabern, später von den Normannen, von den Franzosen, endlich von Spanien und zuletzt von Neapel. Die Verwaltungsmisbräuche, die in Spanien unter Ferdinand und seinen Nachfolgern aufkamen, wucherten üppig in Sicilien und sind für die Betriebsamkeit und Gesittung der Insel ebenso nachtheilig geworden als für Spanien selbst. Die Herrschaft der Bourbons in Neapel war ebenso verderblich für die Insel. Noch immer gelten barbarische Gesetze; hohe Abgaben werden willkürlich und ungleich aufgelegt, der Grundbesitz ist durch die Fesseln des Lehnwesens so gebunden, daß es nur wenige Eigenthümer gibt, und die Pachtverträge sind wenigstens bei Kirchenländereien nur für den Pachter, nicht für den Grundeigenthümer bindend. Bei dem Mangel an Straßen, dem man erst in der neuern Zeit abzuhelfen angefangen hat, konnten die Erzeugnisse der Insel nicht von einer Gegend in die andere geführt werden, und die Folge davon ist, daß oft in einem Theile des Landes drückender Mangel herrscht, ohne daß es möglich ist, zu rechter Zeit Hülfe zu leisten. Der Nachtheil, den der Mangel guter Straßen bringt, ist in keinem Lande Europas so groß als in Sicilien. Die natürliche Beschaffenheit der Insel macht es unmöglich, ohne gut gebaute Kunststraßen bequeme Verbindungswege zu öffnen, und doch gab es seither keine zwischen den ansehnlichsten Städten, während in den entlegensten Theilen des Innern in der trockenen Jahreszeit noch immer nur die Betten der Bergströme die Verbindungswege bilden. Ein anderes Haupthinderniß des Anbaus und des Aufschwunges der Betriebsamkeit aber ist die bereits angedeutete Beschränkung der Ausfuhr des Haupterzeugnisses, des Getreides, und obgleich die Hindernisse in dieser Hinsicht nicht mehr so groß als in frühern Zeiten sind, so stehen sie doch noch immer einer vollen Entwickelung der Hülfsmittel des Landes im Wege. Keine Getreideausfuhr ist ohne Erlaubniß der Behörde gestattet, welche den jährlichen Ertrag der Ernte und den einheimischen Bedarf berechnet, und wenn diese eine Ausfuhr bewilligt, wird die Erlaubniß gegeben, eine gewisse Getreidemenge auszuführen oder, wie Andere wollen, sie an einzelne Begünstigte zu verkaufen, die folglich den Getreidepreis zu bestimmen im Stande sind, so daß sie allein und nicht der Landbauer allen Vortheil zieht.

Großes Tau.

Das größte Tau, was bisjetzt verfertigt wurde, möchte wol das für die london-birminghamer Eisenbahn bestimmte sein. Es hat über 9000 Yards Länge, 7 Zoll im Durchmesser, wiegt 13 Tonnen und kostet gegen 900 Pf. Sterl.

Das Seifenkraut.

Es gibt Pflanzen, deren Saft wie Seife zum Reinigen gebraucht werden kann, von welchen man verschiedene Arten in Arabien, Syrien, Kleinasien und den südlichen Theilen Italiens findet. Von all diesen Pflanzen jedoch ist das Seifenkraut gewiß das merkwürdigste. Es wächst in der Schweiz und in England in großem Überflusse, erreicht ungefähr die Höhe von drei Fuß und ist am Stengel ungefähr so dick wie ein Gänsekiel. Die Blätter sind spitzig und umgeben den Stengel wie ein Kranz, woraus Blumen von bläulicher Farbe hervorsprossen. In der Schweiz werden die Schafe sehr häufig vor der Schur mit der aus dieser Pflanze gekochten Seifenlauge gewaschen. Wenn man Aschenlauge hinzufügt, kann man selbst Wäsche damit reinigen. Auch wenn man die Pflanze nicht kocht, sondern sie nur einige Zeit lang in Wasser thut, gibt sie ihre Seifentheile von sich.

Der Saft der Pflanze Agave vertritt in Westindien sehr häufig die Stelle aller andern Seife. Man preßt den Saft aus den Blättern, und nachdem man ihn mit Potasche vermischt hat, wird er an der Sonne getrocknet und alsdann in Kugeln verkauft. Er leistet bessere Dienste als die gewöhnliche Seife, denn er verursacht Schaum, selbst wenn man ihn mit Seewasser mischt.

Zur Geschichte des Ursprungs der Dampfboote.

Die Erfindung der Dampfboote, oder vielmehr die Anwendung der Kraft des Dampfes auf die Schiffahrt, wird gewöhnlich der neuesten Zeit zugeschrieben, indessen scheint es, als wenn schon vor Jahrhunderten Spuren davon sich gezeigt hätten. Wir theilen hier etwas über Dampfschiffahrt mit, was wir Navarrete, einem ältern spanischen Geschichtschreiber, entlehnen. Diesem zufolge sollen schon bei Entdeckungsreisen der Spanier nach Amerika, zu Ende des 15. und zu Anfang des 16. Jahrhunderts, Dampfboote existirt haben. Derjenige, welchem der Geschichtschreiber diese Nachricht verdankt, scheint sie öffentlichen Berichten entnommen zu haben. Es heißt bei Navarrete:

„Blasco de Garay, ein Schiffscapitain, legte im Jahre 1543 dem Kaiser und Könige Karl V. eine von ihm gemachte Erfindung vor, durch welche Schiffe aller Größen, selbst bei Windstille, ohne Ruder und Segel, vorwärts getrieben werden konnten. Öffentlich hat Garay seine Erfindung nie gezeigt, aber bei den Versuchen, die mit der Maschine angestellt wurden, konnte man sehen, daß sie aus einem großen Gefäße oder Kessel mit kochendem Wasser bestand, sowie aus einem beweglichen Rade, welches an jeder Seite des Schiffes befestigt wurde. Der Versuch wurde an einem Schiffe von 200 Tonnen angestellt, welches mit Weizen befrachtet nach Barcelona gekommen war, fand am 17. Juni des Jahres 1543 im Hafen von Barcelona statt und lief auch glücklich ab. Das Schiff hieß Trinitas, und der Capitain Peter de Scarza. Auf Befehl Karl V. und dessen Sohnes Philipp waren bei diesem Versuche zugegen: Heinrich von Toledo; der Gouverneur, Peter Cardona; der Schatzmeister Ravago; der Vicekanzler Franz Gralla, und viele andere Personen von vornehmem Range, sowol Castilier als Catalonier; unter andern waren auch mehre Schiffscapitaine Zeugen des Versuches, theils auf dem Schiffe selbst, theils von der Küste aus. Der Kaiser und der Prinz waren sehr zufrieden mit der Erfindung, und besonders mit der Pünktlichkeit, mit welcher das Schiff gewendet werden konnte. Der Schatzmeister Ravago, ein Feind des Unternehmens, sagte, das Schiff würde zwei Seemeilen in drei Stunden zurücklegen; die Maschine sei zusammengesetzt und kostspielig, und überdies beständig der Gefahr, daß der Kessel springe, ausgesetzt. Die andern Mitglieder der Commission sagten, daß das Schiff zweimal so schnell gewendet werden könnte, als eine Gallione bei der bisherigen Behandlungsart, und daß es wenigstens bei der langsamsten Fahrt eine Seemeile in einer Stunde zurücklegen könne."

Als der Versuch beendigt war, nahm Garay seine Maschine von dem Schiffe, ließ das Holzwerk derselben in dem Arsenale von Barcelona, und nahm das Übrige mit sich.

Ungeachtet der Schwierigkeiten und Hindernisse, welche Ravago der Sache in den Weg legte, wurde die Erfindung als zweckmäßig erkannt, und wenn das Unternehmen, in welches Karl V. grade damals verwickelt war, nicht für ihn ein ungünstiges Ende genommen hätte, würde er sie unbezweifelt begünstigt und befördert haben. Aber selbst so erhob er Garay zu einem höhern Posten, machte ihm ein Geschenk von 200,000 Maravedis, befahl, daß alle Ausgaben jenes Versuches aus dem Staatsschatze bezahlt werden sollten, und ließ ihm noch andere Belohnungen angedeihen.

Dies sind die Thatsachen, welche aus Originalacten gezogen wurden, die in den königlichen Archiven zu Salamanca aufbewahrt werden.

Der gehörnte Fasan.

Die Fasanen gehören zu den interessantesten Gruppen, welche die befiederte Schöpfung aufzuweisen hat. Der Glanz ihres Gefieders, die Pracht ihres ausgesuchten Farbenspiels, die Schönheit ihrer Zeichnung muß jedes empfängliche Auge entzücken und die allgemeine Bewunderung der Naturfreunde erregen. Ein wahrer metallischer Glanz und Schimmer vom herrlichsten Blau, Grün und Gold!

Die ganze, nicht eben beschränkte Familie der Fasanen stammt aus Asien; den gemeinen Fasan fanden die Griechen schon in uralter Zeit am Flusse Phasis und bürgerten ihn bei sich ein; heutiges Tages sind besonders die Fasanen von Mingrelien (dem Kolchis der Alten) durch ihre Größe und Schönheit ausgezeichnet. Seltsam aber ist es, da sonst nur in den heißern und heißesten Gegenden der Erde die Vögel mit dem schönsten Gefieder gefunden werden, daß aus dem Geschlechte der Fasanen grade die am prächtigsten gezeichneten in den hohen Gebirgsregionen des Himalaya angetroffen werden, beinahe auf der Grenze des ewigen Schnees. So kann der schöne Impeyanfasan durchaus keine andere Atmosphäre als die Alpenluft seines heimatlichen Hochgebirges vertragen; wird er herab in die Ebene gebracht, in die heiße Ebene Indiens, so stirbt er in wenigen Tagen. Darum ist es auch so sehr schwierig, wo nicht unmöglich, lebendige Exemplare von diesen herrlichen Vögeln nach Europa zu bringen. Eine andere, in Asien einheimische Fasanengattung ist der auf unserer Abbildung vorgestellte gehörnte Fasan von Nepal. Er ist ausgezeichnet durch den Glanz seines Gefieders, allein dennoch beiweitem noch nicht der schönste Vogel seiner Familie. Eine andere Species, der Tragopan Hastingsii, welcher auf der nördlichen Kette des Himalaya lebt, ist noch schöner und dabei noch etwas größer als der erstgenannte, da seine volle Länge fast eine Elle beträgt. Erst wenn der Fasanenhahn das höhere Alter erreicht hat, erlangt er sein ausgezeichnetes Gefieder; die jüngern Hähne sind weniger schön. Das Gefieder der Hennen ist durchgängig von einfacher brauner Farbe, dessen einzige Abwechselung die vom Hellern zum Dunklern ist.

Das Pfennig-Magazin
für Verbreitung gemeinnütziger Kenntnisse.

222.] Erscheint jeden Sonnabend. **[Juli 1, 1837.**

Die außerordentliche Reproductionskraft verschiedener Thiergattungen.

Der Punktsalamander.

Nachdem wir unsern Lesern bereits so manche außerordentliche Züge aus der unendlich reichhaltigen Haushaltung der Natur mitgetheilt, ihm über so manche im Verborgenen wirkende Kräfte der gesammten Schöpfung interessante Mittheilungen gemacht haben, wollen wir in dem nachstehenden Artikel von einem der bewundernswürdigsten Naturvermögen reden, welches wir in verschiedenen Graden an allen organischen Körpern wahrnehmen. Diese Kraft, von der wir sprechen, ist die sogenannte Reproductions- oder Wiedererzeugungskraft, welche darin besteht, daß sich bei diesen, besonders bei den animalischen Körpern gewisse verstümmelte oder gänzlich verloren gegangene Theile von selbst wieder ergänzen und ersetzen. In dieser bewundernswürdigen Begabung erblicken wir ohne Zweifel eine der weisesten Einrichtungen der Natur. Denn da nicht blos die Verrichtungen der vegetabilischen und thierischen Geschöpfe, sondern auch die ihnen drohenden Gefahren höchst vielfach und mannichfaltig sind, so können Verletzungen ihres Körpers unmöglich ausbleiben, und man würde mithin an diesen organischen Körpern unendlich viele Verstümmelungen wahrnehmen, wenn nicht die Weisheit des Schöpfers eben durch jene Reproductionskraft für die Wiederherstellung jener Bildungen gesorgt hätte. Daß diese Wiederersetzung durchaus auf dem System der Ernährung und Assimilation beruhe, kann natürlich dem aufmerksamen Betrachter nicht entgehen; und hieraus sehen wir denn ganz vorzüglich, wie sehr sich die Werke der Natur von denen der Menschenhände unterscheiden. Denn während die geringste Pflanze und das niedrigste Thier jene wunderbare Kraft in sehr hohem Grade besitzen, ist auf der andern Seite die künstlichste und vollkommenste Maschine, sobald nur ein kleines Rädchen oder Federchen in derselben seinen Dienst versagt, außer Stande, sich von selbst wieder herzustellen; diese Eigenschaft ihren Bildungen mitzutheilen, vermögen menschliche Werkmeister nicht.

Bei näherer Vergleichung jedoch ergibt es sich, daß, wiewol kein einziger organischer Körper der Reproductionskraft gänzlich ermangelt, diese Kraft dennoch bei den auf einer niedrigen Naturstufe stehenden Geschöpfen sich stärker äußert als bei den vollkommenern Gattungen. So finden wir, daß der Mensch, das vollkommenste Wesen der Natur, sowie die ihm zunächst stehenden Thiere die eingeschränkteste Reproductonskraft besitzen, während wir dieselbe ganz vorzüglich an einigen Amphibien, Insekten, Würmern und Weichthieren, z. B. an mehren Eidechsengattungen, an den Krebsen, den Schnecken, den Regenwürmern, Seesternen, Armpolypen, wahrnehmen; und auch in dieser Anordnung zeigt sich die Natur sehr weise. Denn allerdings stehen demjenigen Geschöpf, das mit den höhern Seelen- und Geisteskräften begabt ist, ganz andere Mittel zu Gebote, um sein Dasein zu schützen und sich vor Verletzung und Verstümmelung zu bewahren.

Betrachten wir nun einige dieser Geschöpfe aus dem Reiche der Thiere, bei denen sich die wiedererzeugende Kraft am stärksten äußert, etwas näher. Auf unserer ersten Abbildung ist der sogenannte Punktsalamander abgebildet. Der Körper dieses Thieres, das an Größe die gemeine Eidechse nicht sehr übertrifft, ist oberhalb von hellbrauner, unterhalb aber von röthlicher Farbe, und überall mit kleinen runden schwärzlichen Flecken besetzt, und der Rücken des Männchens zeigt im Frühjahre einen fortlaufenden zierlich gezackten Kamm. Dieses zur Amphibiengattung gehörige Thier zeigt eine außerordentliche Reproductionskraft. Nehmen wir es z. B. und schneiden ihm eine seiner Pfoten glatt vom Leibe weg, werfen es sodann in ein Wasserbecken, wo wir gewiß sind, es nach acht Tagen wiederzufinden, so werden wir nach Verlauf dieser Zeit an der Stelle des abgeschnittenen Gliedes einen Stumpf finden, der sich bereits zu der Form eines Elbogens verlängert; nach einigen Tagen hat dieser Stumpf bereits eine ausgeprägtere Form angenommen und wir entdecken nun leicht den Arm und Vorderarm, dessen Ende sich schon in die Gestalt einer Pfote ausbreitet, an der wir in kurzer Zeit sich auch die Finger werden bilden sehen. Endlich nach Ablauf eines Monats, je nachdem das Wetter warm ist, hat unser Salamander seine vollständige Pfote wieder erlangt, die den übrigen, wie ein Ei dem andern, gleicht; Muskeln, Nerven, Adern, Knochen und Ligamente, Alles ist vollständig. Wollten wir grausam sein, so könnten wir nun dem Thiere dieselbe Pfote zum zweiten Mal abnehmen, um sie in kurzer Zeit ebenso wieder ersetzt zu sehen. Ja zwei, drei und alle vier Pfoten könnten wir dem Thier abnehmen und es würde darum doch nicht sterben, sondern alle diese Glieder wiedererzeugen. Man sollte glauben, daß hiermit die ersetzende Kraft dieses Thieres aufhörte. Dies ist jedoch keineswegs der Fall. Sogar ein Auge, wenn es ihm ausgerissen wurde, würde auf dieselbe Weise wieder entstehen, und zwar in seiner ganzen ehemaligen Vollkommenheit. Dieser Umstand scheint schon an das Fabelhafte zu grenzen, und doch ist es nicht das Äußerste, wozu dieses Thier fähig ist. Nehmen wir z. B. das Gehirn. Bei allen Thieren der höhern Gattung, bei den Menschen selbst, ist das Gehirn beiweitem der edelste unter allen innern Theilen, die Wurzel aller Nerven, und überhaupt der ursprüngliche Sitz aller thierischen Sensibilität. Die geringste Verletzung des Gehirns äußert bei den vollkommenern Thieren die traurigsten Folgen. Sie werden stumpf und dumm, verfallen in Lethargie, Lähmung und endlich in den Tod; allein so ist es keineswegs bei diesem Salamander. Man öffne ihm mit einem feinen Instrumente die Hirnschale, nehme ihm das Gehirn heraus und das Thier wird dessenungeachtet in seinem ursprünglichen Element, dem Wasser, selbst in diesem verstümmelten Zustande noch fortleben. Ja einige Naturforscher haben sogar behauptet, daß man ihm den Kopf ganz und gar abschneiden könne. Indessen wollen wir immerhin diesen letztern Bericht für eine Fabel halten, ohne deshalb die ungeheure Lebenskraft dieser Eidechse minder bewundernswürdig zu finden.

Ein anderes ungemein reproductives Thier, wenngleich nicht ganz in so hohem Grade, als der Salamander, ist die Schildkröte. Auch diese ersetzt, obwol nicht in so kurzer Zeit, ein verlorenes Glied. Besonders ist es die auf S. 208 in Abbildung vorgestellte griechische Landschildkröte, welche unter ihres Gleichen die größte Reproductionskraft äußert. Diesem gewöhnlich nur sieben Zoll langen Thiere, dessen hochgewölbtes Rückenschild jedoch, gleich einer Mosaikarbeit, auf das kunstvollste gezeichnet, und welches in Griechenland, Dalmatien, im südlichen Frankreich, Sardinien und Afrika heimisch ist, wurde unlängst von einem französischen Naturforscher die Hirnschale geöffnet und ihres Inhalts entleert. Nach dieser Verstümmelung, die freilich sehr grausam ist und zu tadeln wäre, wenn sie anders als im Interesse der Wissenschaft vorgenommen würde, lebte das Thier noch sechs Monate lang in dem Garten des Besitzers, wo es erst durch den Winterfrost getödtet wurde.

Allein wir brauchen die Beispiele für diese außerordentliche Eigenschaft nicht erst in weitentlegenen Landen zu suchen. Jeder von uns kennt die kleine Waldschnecke, welche in ganz Deutschland auf Bäumen, in Gebüschen und Hecken, an Wänden und andern Orten sich aufhält, und durch Aufzehrung des Laubes häufig sehr schädlich wird. So klein und schwach dieses Thierchen erscheint, eine so bewundernswürdige Reproductionskraft besitzt es. Fassen wir es in dem Augenblick, wo es, ohne einen Feind zu vermuthen, langsam, mit ausgestreckten Fühlhörnern vorwärts schreitet und schneiden ihm mit einem scharfen Messer den Kopf ab; augenblicklich wird sich das Thier vor Schmerz und Angst in sein Haus zurückziehen und es wird eine geifterartige klebrige Feuchtigkeit in ziemlicher Masse hervorfließen. Diese Feuchtigkeit vertrocknet sehr bald an der Luft und verklebt auf diese Weise den untern Rand der Schneckenschale dergestalt, daß diese fest auf der Stelle haftet, wo man sie hingestellt hat. Bringt man nun das Thierchen in diesem Zustande an einen Ort, der vor den widrigen Einflüssen der Luft und der Witterung, sowie vor den vertrocknenden Sonnenstrahlen geschützt ist, so wird es hier in einem völlig unbeweglichen Zustande etwa 14 oder 20 Tage hindurch verharren, sodaß man glauben sollte, es sei todt; allein was während dieser Zeit unter der so verklebten Schneckenschale vorgeht, könnte man in Wahrheit ein Mysterium der Natur nennen. Was wir vorhin bei dem Salamander noch unter die Fabel zu setzen geneigt waren, dies finden wir hier durch die Wirklichkeit bestätigt, denn sowie die oben genannte Zeit verstrichen ist, fängt sich nach und nach und anfänglich ganz unmerklich das Schneckenhaus an zu heben und zu bewegen. Eine flüßige Feuchtigkeit bringt allmälig darunter hervor und befreit nach und nach das Gehäuse von jener klebrigen und verfesteten Masse. Jetzt löst das darunter verborgene Thier sein Haus völlig von dem Boden ab und man sieht es alsbald, mit neuen oder Fühlhörnern und mit einem ganz neuem durchaus vollständigen Kopfe versehen, hervordringen, an welchem der naturkundige Beobachter auch nicht das kleinste wesentliche Merkmal vermissen wird.

Versetzen wir uns nun an die kiesreichen Gestade des Meeres, um ein neues Thier kennen zu lernen, dem die Natur auf ähnliche Weise die Wiedererzeugungsfähigkeit seiner verlorenen Gliedmaßen verliehen hat. Hier sehen wir eine Auster auf dem trockenen Sande liegen; sie öffnet die beiden Flügel ihrer Schale, um die angenehme Sonnenwärme auf sich wirken zu lassen. Dies bemerkt einer ihrer vorzüglichsten Feinde, der Strandkrebs oder Strandkrabbe, der seinen Namen deshalb führt, weil er niemals vom Wasser entblößten Strand besucht. In dem Augenblick, wo er sich der Auster bemächtigen will, klappt diese ihre Schale zu und der Krebs muß froh sein, daß er nicht eine seiner Scheeren dazwischen gelassen hat. Nach einiger Zeit öffnet die Auster ihre Schalen wieder und der Krebs nähert sich ihr aufs Neue; er hat listigerweise einen Stein zwischen seine Scheeren gefaßt, diesen will er in die Auster fallen lassen, um sie am Wiederverschließen ihrer Schalen zu hindern, wo sie alsdann leicht die Beute ihres lüsternen Feindes wird. Allein während dieser Zeit kommt ein zweiter Krebs hervor, der die Auster gleichfalls bemerkt hat, sich als Nebenbuhler des ersten aufwirft, und es kämpfen nun beide um die gemeinschaftliche Beute. Bei diesem Kampfe büßt einer der beiden Krebse die Hälfte einer Scheere ein. Sogleich zieht sich der verwundete in das Wasser zurück, und das convulsivische Zucken seines ganzen Körpers beweist, wie sehr ihn die Wunde schmerzt. Es ist gewiß, daß der Krebs, dessen empfindlichster Theil die Scheeren sind, an dieser Wunde sterben muß, wenn er sich nicht auf irgend eine Art davon zu heilen sucht, und hierzu eben hat ihm die Natur die Mittel und den Trieb verliehen. Der Krebs fängt nämlich an, sein verwundetes Glied zuerst ganz langsam zu bewegen. Diese Bewegung wird nach und nach immer geschwinder, bis sie endlich einen solchen Grad von Schnelligkeit erreicht, daß die verletzte Scheere sich von dem Körper ablöst. Von diesem Augenblick an hat der Krebs nichts mehr zu fürchten, denn von nun an äußert sich bei ihm die allen Crustaceen eigenthümliche Reproductionskraft, und es bildet sich eine neue Scheere, die aber erst nach langer Zeit die Größe der ersten erreicht. Dies fällt bei diesen Krebsen so oft vor, daß nur selten einer gefangen wird, bei dem beide Scheeren von völlig gleicher Größe wären.

Noch auffallender fast ist die Reproductionskraft bei dem gemeinen Regenwurm. Wenn nämlich die Leute ihre Gartenbeete umgraben, so glauben sie die heraufgeworfenen Regenwürmer dadurch zu tödten, daß sie dieselben mit dem Spaten in zwei Stücke zerstoßen. Damit verdoppeln sie aber nur ihre Existenz, weil nämlich nach den vielfachen Versuchen des berühmten Naturforschers Spallanzani sich aus diesen beiden Stücken zwei ganz vollkommene Würmer bilden, wovon jeder mit Kopf und Schwanz versehen ist. Bei einer andern Wurmart, dem sogenannten Wasserschlängelchen ist die Reproductionskraft noch bewundernswürdiger; während nämlich ein solcher Wurm, am hintern Theile seines Leibes Junge hervortreibt, kann man ihm den Kopf abschneiden; dieser wächst nicht nur wieder, sondern die Entwickelung der Jungen geht auch ungehindert von statten. Einen ganz besondern Artikel in der Geschichte der thierischen Reproduction nimmt die natürliche und künstliche Vermehrung der Polypen ein. Indem wir über dieselben unsern Lesern einiges Ausführlichere mittheilen wollen, verweisen wir zugleich auf umstehende Abbildung, die eine Vase, mit Polypen und Mollusken gefüllt, vorstellt, neben welcher wir noch andere Thiere desselben Geschlechts in deutlichen Umrissen wahrnehmen. Schon die natürliche Fortpflanzung der Armpolypen ist höchst merkwürdig. Diese geschieht nämlich ganz auf dieselbe Weise, wie bei den Pflanzen, durch Ableger, sodaß die jungen Polypen, wie die Zweige eines Baumes, aus dem Körper des Alten hervorwachsen. Es zeigt sich nämlich an der Seite des Körpers ein sehr feiner Punkt, der wie ein Pflanzenauge gestaltet ist. Dies ist der junge Polyp nach seiner Geburt, er wächst fort und dehnt sich aus an dem Stamm der Mutter und reißt sich von diesem erst los, wenn er selbst schon wieder Junge getrieben hat. Noch merkwürdiger als diese natürliche Fortpflanzung ist die künstliche Vermehrung dieser seltsamen Pflanzenthiere. Wenn man nämlich die Polypen in Stücke zertheilt, so wird man in Kurzem eben so viele vollständige Polypen haben, als es vorher Theile waren. Auf dieselbe Weise kann man dieses Thiergewächs von oben nach unten zwei=, drei=, vier= und mehrmal spalten, worauf sich alle diese Äste zu vollkommenen Polypen ausbilden, und wenn man die Theile nicht gänzlich getrennt hat, unten wie an einer gemeinsamen Wurzel zusammenhängen. Auf diese Weise läßt sich ein einziger Polyp bis ins Unendliche vervielfältigen, da jeder, auch der kleinste, abgeschnittene Theil wieder zu einem Ganzen wird. Einige Naturforscher gingen noch weiter. Sie schnitten den Kopf des Polypen ab und setzten ihn wieder auf den Rumpf, worauf er von neuem anwuchs. Ja es gelang sogar der Versuch, zwei Polypen völlig so ineinander zu pfropfen, wie es der Gärtner mit den Baumzweigen thut, um sie auf diese Weise zu vereinigen. Andere brachten es sogar mit vieler Mühe dahin, einen Polypen nach Art eines Handschuhes umzukehren, worauf derselbe sich anfangs zwar in die vorige Lage zurück zu versetzen strebte, als ihm dies aber nicht gelang, so fuhr er in dem umgewandten Zustande, ebenso wie früher, fort zu leben, und seine Nahrung zu verschlingen. Nach anderweitigen Beobachtungen sah man einen großen und einen kleinen Polypen, die sich ihre Beute, welche aus einem kleinen Gewürm bestand, streitig machten. Jeder Polyp hatte den Wurm bei einem Ende gefaßt und indem jeder von seinem Stück zehrte, näherten sie sich beide einander. Jetzt nun, da der kleine Polyp seinem Raub nicht fahren lassen wollte, wurde er sammt dem Wurm von dem größern Polypen verschlungen. Weit entfernt jedoch, daß er dadurch aufgehört hätte, zu leben, zerriß er vielmehr den Magen des großen Polypen und ging ganz unverletzt daraus hervor. Solcher mühsamen und künstlichen Versuche haben die Naturforscher unzählige mit diesen seltsamen Geschöpfen angestellt, die fast sämmtlich glückten und wahrhaft Staunen erregend sind.

Die auf unserer Abbildung vorgestellten Polypen und Mollusken sind folgende: der grüne Armpolyp, der sich in der Regel in kleinen sanft fließenden Gewässern aufhält und selten die Größe eines Zolles erreicht. Ferner der rothe Federpolyp, der sich im Meere aufhält; die Pyrosomen, welche niemals einzeln, sondern in ungeheurer Masse und in der Form eines Cylinders zusammengeballt angetroffen werden; die sogenannten Biphoren, welche wie eine lange Kette zusammenhängen; ferner die sogenannte Meergurke, deren Benennung sich aus ihrer Gestalt ergibt; die Meeresleuchte, deren sonderbare, blütenähn=

Polypen und Molluſken.

liche Geſtalt beinahe einem ausgeſpannten Regenſchirm gleicht, und andere.

Schlüßlich müſſen wir noch, um unſern Gegenſtand zu vervollſtändigen, den ſogenannten Rotiferen erwähnen, die gleichfalls zum Molluskengeſchlecht gehören, und welche auf unſerer nebenſtehenden Abbildung vorgeſtellt ſind. Der Körper dieſer Thiere iſt oval geformt und gallertartig. Man unterſcheidet daran ein Maul, einen Magen, Eingeweide und einen After. Das Thier endigt ſich in einem aus vielen ineinander gefügten Gliedern beſtehenden Schwanz, der zuletzt in zwei Faſern ausläuft; am Vordertheil des Körpers befindet ſich ein ganz eigenthümliches lappenförmiges Organ mit gezähnten Rädern, das in einer fortwährenden Schwingung und Drehung begriffen iſt. Auch bemerkt man am Halſe zwei Hervorragungen, in deren Mitte ein farbiger Punkt ſich befindet, den man nicht mit Unrecht für das Auge hält. Sobald man dieſe ſonderbaren Thiere aus dem Waſſer nimmt und auf ein Stück Schreibpapier legt, ſo ſieht man ſie in dem Maße, wie die Feuchtigkeit ausdünſtet, ſterben, da ſie in keinem andern Elemente ihr Daſein zu friſten vermögen. Nach und nach vertrocknet ihr Körper ganz, entſtellt ſich, und gleicht zuletzt nur noch

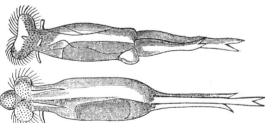

Rotiferen.

einem kleinen Stückchen dürren Holzes, an dem kein Zeichen des Lebens mehr zu erkennen iſt. In dieſem Zuſtande, wenn man das Papier zuſammenfaltet, kann man es Wochen, Monate, ja ſogar mehre Jahre hindurch aufbewahren, und man wird bei endlicher Wiedereröffnung dieſe Thierchen noch immer in demſelben verdorrten Zuſtande finden, wie früher. Nur mit der größten Vorſicht darf man ſie anrühren, weil ſie ſonſt augenblicklich in Staub zerfallen würden. Allein dem ungeachtet kommt es nur auf uns an, ſie ſogleich wieder ins Leben zurück zu rufen. Denn wenn man ſie nur einen Augenblick dem Dampf von warmen Waſſer aussetzt, so fangen sie in dem Maße, wie dieser Dampf sie durchdringt, an, zu erweichen und wie kleine Schwämme aufzuschwellen. Dieser Belebungsproceß steigert sich noch, wenn man sie in das Wasser thut, wo sie bald ihre ursprüngliche Gestalt wieder erlangen. Nicht lange währt es, so kann man ihren ovalen Leib, gegliederten Schwanz, und das lappenartige Vordertheil unterscheiden. Eine Minute nachher fängt der Schwanz an, sich zu bewegen, und sich in Zwischenräumen zu verlängern und zu verkürzen. Die kleinen gezahnten Räderchen des Vordertheiles drehen sich wieder und das ganze Thierchen erwacht aus seiner langen Erstarrung. Es bewegt sich, schwimmt anfangs langsam, dann lebhafter, und erreicht zuletzt wieder seine ganze vorige Lebenskraft, wird aber auch sogleich wieder in den Zustand der Erstarrung zurückversetzt, sobald man das obige Verfahren mit ihm erneuert. Eine größere Reproductionskraft, als diese Thierchen besitzen, findet man also wol in der ganzen thierischen Schöpfung nicht wieder. Denn dieser Belebungsproceß ist im wahren Sinne des Worts eine Auferstehung von dem Tode zu nennen.

Der Seeräuber Antonio Balidar.

Wir theilen hier dem Leser einige interessante Skizzen aus dem thatenreichen Leben des zu seiner Zeit in den Gewässern der Mancha so berühmten Seeräubers Antonio Balidar mit, die von einem französischen Seemanne und Schriftsteller, Eduard Corbières, erzählt werden, welcher einst Gelegenheit hatte, innerhalb jener Seestrecke mit dem berühmten Korsaren zusammenzutreffen und ihn in Folge dieses Zusammentreffens genauer kennen lernte.

„Unstreitig", sagt der Berichterstatter, „wäre Balidar vermöge seiner hervorstechenden Eigenschaften einer der gefeiertsten Seehelden geworden, wenn er in frühern oder spätern Tagen gelebt hätte. Allein die Zeit, in welcher er lebte und wirkte (es war die Periode des französischen Kaiserreichs), war seinen Thaten nicht günstig. Auf jeden Fall verdiente er in eben dem Maße die Lobpreisungen, welche von den Zeitgenossen dem unerschrockenen Griechen Kanaris und dem tapfern General Allard so reichlich zu Theil wurden." Wie dem nun auch sei, wir werden den tapfern Korsaren am besten aus der Schilderung kennen lernen, die Corbières uns von seinem Zusammentreffen mit ihm entwirft.

„Wir befanden uns", erzählt er, „am Bord eines kleinen Luggers, welcher die Bestimmung hatte, fünf bis sechs ziemlich dürftige Kauffahrteibarken von Brest bis nach Ile-de-Bas zu geleiten. Unfern von der Küste unsers Bestimmungsortes, als wir eben im Begriff waren, den Ankergrund für unsere Fahrzeuge zu suchen, erblickten wir eine hübsch aussehende englische Goelette, als wir auch schon einen kleinen Korsarenkutter gewahrten, der bereits im Kanal vor Anker gelegen, allein, wahrscheinlich um auf die Goelette Jagd zu machen, seinen Ankerplatz wieder verlassen hatte. Er führte eine Mannschaft von 35 Personen am Bord und zeigte in allen seinen Bewegungen, daß er entschlossen sei, der Goelette die Spitze zu bieten. Als der Kutter unserm Fahrzeuge vorbeistrich, riefen wir ihn an und fragten, was er denn wieder auf offener See zu schaffen habe? „Die verwünschte Barke dort ins Schlepptau nehmen", entgegnete die Stimme des Anführers vom Verdeck im südlichen Provinzialdialekt und mit dem echten Korsarenaccent."

„Nachdem uns der Pirat so ganz offen seine Absicht kund gethan, legten wir zwischen den Küstenfelsen und einer langhervorragenden Sandzunge bei und beobachteten von diesem sichern Standpunkt aus alle Manoeuvres des Korsarenschiffs. Der Wind fing an, sich zu legen, sodaß der Kutter alle Segel beisetzte und überdies mit vollen Rudern auf die Goelette einlegte, die ungefähr in der Entfernung einer Meile die See hielt. Der Kutter führte einen so kräftigen Ruderschlag, daß er binnen einer halben Stunde dem englischen Fahrzeug ganz nahe war, von welchem aus er mit einigen Kanonenschüssen empfangen wurde, die er seinerseits mit kleinem Gewehr erwiderte, da er keine Kanonen führte. Weiter hörten wir nichts, es kam uns aber vor, als ob die Goelette vor dem kühnen Kutter die Flagge gestrichen hätte. Wirklich sahen wir auch gegen Mitternacht den Kutter zurückkehren mit der Goelette im Schlepptau, ein Fahrzeug, das mindestens noch zweimal so groß war als er selbst. Es war mit 25 Leuten bemannt, hatte 140—150 Tonnen und sechs Kanonen und führte Lebensmittel, bestimmt für das an den Küsten von Finisterre kreuzende englische Geschwader. Als wir uns nach dem Namen des Korsarencapitains erkundigten, erfuhren wir, es sei Antonio Balidar, von Geburt ein Baske, und der gefürchtetste Pirat in diesen Gewässern. Da wir großes Verlangen trugen, diesen kleinen Seekönig näher kennen zu lernen, so statteten wir ihm am Bord seines Fahrzeugs einen Besuch ab und wünschten ihm Glück zu seiner guten Prise. Er schien darauf kein sonderliches Gewicht zu legen und bemerkte nur, daß, wenn wir noch einige Zeit hier vor Anker lägen, wir bald andere Beweise seines guten Willens und der Tapferkeit seiner Leute sehen würden. Balidar war ein hübscher Mann, nicht sehr groß, aber breitschulterig gebaut. Seine Miene zeigte Offenheit und seine kleine Gestalt eine ganz ungemeine Gewandtheit und Beweglichkeit. Er trug eine kurze Jacke und weite blaue Pantalons, wie die Matrosen. Seine Gesichtsbildung war männlich-schön; große schwarze, feurige Augen, beschattet von dunkeln, langen Wimpern, eine wohlgebaute Nase und hohe Stirn paßten vortrefflich zu seiner Befehlshaberwürde, sodaß man ihn sogleich als solchen unter seinen Leuten herausfand. Er besaß das größte Ansehen unter diesen und, so viel wir Gelegenheit hatten, wahrzunehmen, herrschte auf seinem Fahrzeuge eine musterhafte Mannszucht."

„Die von ihm gekaperte Goelette wurde in dem nächstliegenden Hafen verkauft und ward später das Eigenthum eines Kaufmanns aus Brest."

„Im nächsten Winter trafen wir in denselben Gewässern den Capitain Balidar wieder. Jetzt befehligte er anstatt des kleinen Kutters einen stattlichen Lugger aus Calais, benannt die Revolution, mit welchem er eben im Begriff war, seinen Wintercurs zu eröffnen. Bevor er seinen Ankerplatz verließ, gab er seinen Leuten ein seltenes Beispiel von Unerschrockenheit und Gegenwart des Geistes. Er fiel nämlich in dem Augenblicke, wo er mit dem Sprachrohre am Munde Befehle ertheilte, vom Verdeck ins Meer. Mitten in den Wellen setzte er das Sprachrohr an den Mund und gab der erstaunten Mannschaft die zu seiner Rettung nöthigen Anweisungen. Ein solches Beispiel von Geistesgegenwart mag nicht häufig vorkommen. Bald nachher erfuhr der Korsarencapitain, daß ein großer englischer Lugger von Jersey in diesen Gewässern kreuze, um die zwei oder drei Korsaren, die in dem Hafen von Ile-de-Bas vor Anker lagen, dort zu blockiren. Diese Gelegenheit dünkte ihm günstig, um seinen Wintercurs zu eröffnen. Er traf seine Einrichtungen und äußerte, bevor er in See stach, zu den andern Korsarencapitains: „Der Schuft aus Jersey wollte euch blockiren, ich aber will euch entsetzen." Mit Einbruch der Nacht lichtete er die Anker. Diese Nacht war fürchterlich. Zwei Stunden nach der Abfahrt des Korsaren stand der ganze Horizont in Feuer und das Kanonen- und Musketenfeuer der beiden im Kampfe begriffenen Fahrzeuge erschütterte die Luft meilenweit in der Runde. Erst beim Anbruch des Tages hörte das Feuern auf, und nun sah man das Korsarenschiff heimkehren, halb entmastet, mit zerfetztem Segelwerk und sonst noch auf jämmerliche Weise zugerichtet. Beim Einlaufen des Schiffs in den Kanal waren die ersten Boote, die zu seiner Unterstützung aus dem Hafen liefen, bei ihrer Rückkehr ganz mit Todten und Verwundeten belastet, und von dem Verdeck des Korsarenschiffs herab rann das Blut in Strömen. Es hatte beinahe die Hälfte der Mannschaft eingebüßt, und Balidar selbst war nahe daran gewesen, sein Leben zu verlieren; denn da die beiden Fahrzeuge, die während eines dreistündigen Kampfes geentert waren, plötzlich durch die Gewalt des Windes und der Wellen voneinander losgerissen wurden, sah sich Balidar, der sich noch auf dem feindlichen Schiffe befand, genöthigt, über Bord zu springen, und erreichte so schwimmend, von dem Gewehrfeuer des Engländers verfolgt, sein Schiff. Übrigens war der englische Lugger beinahe noch übler zugerichtet; er hatte sich nach der nördlichen Küste hingezogen, um ein neues Zusammentreffen mit dem Korsaren zu vermeiden. „Kameraden", sagte Balidar zu seinen Leuten, als er sich wieder unter ihnen befand, „an Herz fehlt es uns nicht, aber an Füßen. Jener Schuft von Lugger hat noch Segel, aber wir haben nicht einmal mehr unsere Taschentücher, um mit dem Winde zu gehen." Einen harten Stand hatte Balidar, als er mit seinem Schiffe in den Hafen von Roscoff zurückkehrte. Er hatte kurz vor seiner Expedition von dem englischen Schiff dort einige funfzig Matrosen für guten Lohn mitgenommen, um die Mannschaft seines Schiffs, die nur aus 100 Köpfen bestand, zu verstärken. Von diesen war ein großer Theil in dem hartnäckigen Kampfe ums Leben gekommen, und nun sah sich Balidar von ihren Hinterbliebenen, Müttern, Schwestern, Frauen umringt, die ihm wehklagend Vorwürfe machten. Diese Scene, äußerte Balidar später, sei ihm weit schrecklicher gewesen als der Kampf selbst. „Kinder", sagte er zu den Wehklagenden, „eure Söhne und Männer kann ich euch nicht wieder schaffen; es war ehrlicher Handel und ist Soldatenloos, sein Leben im Kampfe zu lassen. Aber was in meinen Kräften steht, euch an Unterstützung zu gewähren, soll geschehen." In der That bewilligte er den Witwen und Waisen der Gefallenen eine beträchtliche Geldsumme und ließ die Verwundeten in einem eigens dazu errichteten Saale auf das sorgfältigste verpflegen. In diesem Winter machte er noch zwei bis drei gute Prisen, die ihm das gegen den Engländer erlittene Unglück reichlich ersetzten."

„Seltsamerweise gerieth Balidar, der durch seine Kreuzzüge in diesen Gewässern zum reichen Manne geworden war, in einem spätern Abschnitt seines unruhigen Lebens auf den Gedanken, sich zu verheirathen. Man hatte ihm viel von den Süßigkeiten der Ehe geredet, und er wollte nun selbst den Versuch machen. Er nahm sich ein junges und schönes Mädchen zur Gattin und kaufte, um einen passenden Aufenthalt für seine zukünftigen ruhigen Lebenstage zu besitzen, ein schönes Haus unweit des Hafens. Wie ein echter Seemann, der mit dem Gelde nicht umzugehen weiß, und um seiner Geliebten oder Gattin einen Spaß zu machen, Tausende wegwirft, ließ er den an seiner neuen Besitzung befindlichen eisernen Balcon abreißen und statt dessen eine Ballustrade von gediegenem Silber aufführen. Er meublirte seine neue Wohnung auf das köstlichste und brachte wirklich einige Wochen an der Seite seiner jungen Gattin zu. Aber bald regte sich in ihm die alte Unruhe, der unwiderstehliche Drang nach Abenteuern, und siehe da, eines Morgens ist Balidar verschwunden, hat seine Frau und sein Haus im Stiche gelassen und sich an Bord eines tüchtigen Kutters begeben, wo er sein altes Seeleben von Neuem beginnt. Kaum aus dem Hafen gelaufen, erobert er auch schon durch List eine starkbemannte und gut munitionirte englische Kriegsbrigg, und sein gefürchteter Name hallt nach wie vor in diesen Gewässern wider.

„So sehr auch in der Zeit der Herrschaft Napoleon's die militairischen Talente überhaupt hervorgesucht und begünstigt worden, so scheint sich doch des Kaisers Scharfblick in dieser Hinsicht nicht auf das Seewesen erstreckt zu haben. Man muß annehmen, daß, so berühmt Balidar's Name unter den Seeleuten war, doch Napoleon selbst nie etwas von ihm vernahm, denn sonst hätten die Heldenthaten des tapfern Basken ihm wol wenigstens das Kreuz der Ehrenlegion eingetragen. Als endlich im Jahre 1814 der allgemeine Völkerfriede geschlossen war, hörte die Thätigkeit Balidars natürlich von selbst auf, und er trat seitdem in den Ruhestand zurück, aus welchem ihn nur der Krieg gezogen hatte. Nichtsdestoweniger blieb sein Name auf dem einstigen Schauplatze seiner Thaten berühmt und gefürchtet, und noch heutiges Tages ist er dort unvergessen."

Wollen wir aus der hier mitgetheilten biographischen Skizze eine allgemeine Bemerkung und Anwendung herleiten, so gehört Balidar vielleicht zu den ausgezeichnetsten Seetalenten neuerer Zeit, und es ist zu beklagen, daß seine große Kraft, Energie und Ausdauer kein würdigeres Feld für seine Thaten gefunden hat. Wer weiß, ob der kühne Freibeuter nicht ein tapferer und glücklicher Admiral geworden wäre! So ist es in Kriegszeiten immer; es werden zwar, weil das dringende Bedürfniß und die Macht des Augenblicks es erheischen, manche begabte und vorzügliche Menschen aus dem Nichts, aus niederm Stande hervorgezogen und zu hohen Ehren befördert, aber auch manche mit großen Kräften ausgerüstete Menschen arten aus und betreten eine falsche Bahn, weil sie für ihre Talente keinen angemessenen Wirkungskreis finden.

Sarepta.

Unter den Örtern, die wegen ihrer Lage und besonderer örtlichen Umstände einen tiefen Eindruck auf das Gemüth des Reisenden machen, muß man Sarepta nennen. Diese kleine Stadt liegt nahe an der asiatischen Grenze, am Zusammenflusse der Sarpa und Wolga. Man denke sich in einer nackten Wüste einen Landstrich, der blos durch Menschenhand bepflanzt und fruchtbar gemacht worden ist. In der Mitte dieser Pflanzung sieht man die Stadt. Sie hat nicht, wie die kleinen Städte und großen Dörfer in Rußland, Häuser von Baumstämmen, die eine einzige Straße bilden, sondern besteht aus mehren kurzen und breiten Straßen, die alle auf ein großes, schönes Viereck laufen, in dessen Mitte ein Springbrunnen ist. Die Häuser, zum Theil groß und alle bequem, sind von Ziegeln oder Steinen gebaut. Vor jedem Hause ist ein kleiner umzäunter Blumengarten. Alle Straßen und der große Freiplatz sind mit schönen Pappeln bepflanzt. Alles erweckt in dem Reisenden ein solches Gefühl von moralischer Schönheit, Nettigkeit und Ordnung, wie nicht leicht anderswo. Der Gegensatz zu der ganzen Umgegend ist so auffallend, daß es einem neuern Reisenden, wie er sagt, vorkam, als ob die Stadt mit ihren Gärten, Weinbergen und Pflanzungen plötzlich mitten aus Europa in die Wildniß wäre hinübergetragen worden. Sarepta ist eine Colonie der Brüdergemeine, und ihre Bewohner sind in ihrem Äußern und ihrem Charakter ganz in Einklang mit ihren Umgebungen. Bei Tage sieht man so wenig Menschen außer den Häusern, daß der Ort wie verlassen aussieht, aber gegen Abend gehen sie aus oder setzen sich vor die Hausthüren. Alle sind in ihrem Äußern reinlich und nett, aber schlicht, und nie hört man hier etwas von Mode, und wahrscheinlich hat der Schnitt ihrer Kleider seit Jahren nicht die mindeste Veränderung erlitten. Trunkenheit kennt man nicht und von Ausbrüchen roher Leidenschaften hört man selten. Die Bewohner Sareptas sind die Einzigen auf viele hundert Meilen weit umher, die im Handelsverkehr nicht als ersten Preis eine Summe fodern, die über einen billigen Gewinn hinausgeht. Von Feilschen ist nicht die Rede. Die Bewohnerzahl beläuft sich auf 400 und hat nie 500 überstiegen. Bei der Einsamkeit der Straßen würde der Reisende kaum glauben, daß die Volksmenge auch nur so stark wäre, wenn er nicht am Sonntage alle Bewohner zu dem freundlichen und geräumigen Bethause ziehen sähe, die Frauen im schlichten Linnenkleidern, mit seltsamen, aber nicht ungefälligen weißen Häubchen, die Männer in ihren dunkeln Festkleidern mit Gesangbüchern unter dem Arme. Ehe man nicht Gelegenheit gehabt hat, die Hände zu zählen, die hier beschäftigt sind, und sie in ihrem Wirken selbst zu sehen, kann man sich schwerlich einen Begriff von der Thätigkeit machen, die in dieser Ansiedelung herrscht. Die Manufacturarbeiten dieses kleinen Ortes stehen in ganz Rußland in hohem Ansehen. Es gibt hier Mühlen, Branntweinbrennereien, Gerbereien und außer allen gewöhnlichen Handwerken auch bedeutende Seiden=, Baumwollen= und Linnenfabriken; es werden Lichter, Seife und Schnupftaback fabricirt und bunte Baumwollenmützen gewirkt, die unter den Weibern der donischen Kosaken starken Absatz finden. Die Umgegend ist von der Natur wenig begünstigt, aber die fleißigen und geschickten Hände der Bewohner haben dem widerspenstigen Boden Getreidefelder, Wiesen, Weinberge, Obst= und Fruchtgärten abgewonnen. Der Taback, den sie anbauen, etwas Wein und Branntwein, welcher aus den Weintrauben gewonnen wird, sind nicht unbedeutende Handelsartikel. Aus ihren Trauben gewinnen sie einen Syrup, der statt des Zuckers gebraucht wird. Außer den Erzeugnissen ihrer eignen Manufacturen findet man in den Waarenniederlagen der Colonie auch Artikel aus fremden Ländern, aber nur echte Waare. Man kauft englische Messerschmiedarbeit von der besten Art zu einem im Verhältnisse sehr billigen Preise; aber man sieht nichts von den gewöhnlichen, in Rußland nach englischen Mustern verfertigten Eisenwaaren, die man als englische stempelt, weder zum Verkaufe noch zum eignen Gebrauche der Bewohner.

Der Reisende legt nur eine kurze Strecke zurück, wenn er den freundlichen Ort verlassen hat, und er ist in der Wüste; statt der bequemen Wohnungen europäischer Gesittung sieht er die dunkeln Zelte der Kalmücken und die seltsamen Züge eines rohern Menschenstammes. Es ist nicht zu beschreiben, welchen Eindruck die Nähe so ganz verschiedener Menschenwesen und gesellschaftlichen Zustände auf den Reisenden macht. Dieser Eindruck ist um so stärker, da man auf dem Wege nach Astrachan die ersten Kalmückenlager in der Nähe von Sarepta findet, und daher der Gegensatz nicht durch frühere Bekanntschaft mit diesem merkwürdigen Volke und seiner Lebensweise gemildert wird. Eine der drei großen Horden, in welche dieser Volksstamm sich theilt, lebt während der Sommermonate in der Gegend von Sarepta. Wir fügen noch einige Worte über die Geschichte der Ansiedelung hinzu. Als der Wunsch der Brüdergemeine, für die Gesittung der Kalmücken zu wirken, bekannt wurde, erhielten sie alle Begünstigung von der Kaiserin Katharina, welche die Anlegung einer Niederlassung am Ufer der Wolga wünschte. Im Jahre 1765 gingen fünf Brüder von Herrnhut nach Petersburg und von hier nach der Wolga, wo sie mit Hülfe einiger Russen die nöthigen Häuser errichteten, den Boden anbauten und ihre Werkstätten einrichteten. Die Ankunft mehrer Brüder und Schwestern in den folgenden Jahren vermehrte nicht nur die Bewohnerzahl, sondern machte den Ort auch immer blühender, dessen Wohlstand erhöht wurde, als man später eine Heilquelle nicht weit von der Stadt entdeckte. Die Ansiedelung wurde 1774 wegen der Empörung der uralischen Kosacken auf einige Zeit aufgehoben, und vor mehren Jahren ward ein Theil der Stadt durch einen Brand zerstört. Die Kalmücken haben sich seit der Gründung der Ansiedelung sehr freundlich und ehrerbietig gegen die Gemeinde benommen, und schon früh erließen ihre Häuptlinge eine Verordnung, welche ihren Untergebenen vorschrieb, was sie in Beziehung auf die Ländereien der Ansiedler beobachten sollten. Die Versuche der Gemeinde, die Wohlthaten eines christlichen Unterrichts unter den Kalmücken zu verbreiten, sind nicht ganz glücklich gewesen, und daher einige Zeit unterbrochen worden.

Vertheilung des Landeigenthums in England.

Die neuesten statistischen Forschungen geben vielfache Berichtigungen der gangbaren Ansichten über die Vertheilung des Landeigenthums in England und insbesondere der gewöhnlichen Meinung, daß es meist in große Massen vertheilt sei. Die Größe der Landgüter ist sehr verschieden in den meisten Theilen des Landes. Die ansehnlichsten Besitzungen sind diejenigen, die jährlich 700,000 Thaler oder mehr eintragen. In einigen Grafschaften sind die Landbesitzungen mehr, in andern weniger getheilt. In Cheshire, im östlichen Theile von Yorkshire und einigen andern Grafschaften gibt es nur wenige kleine Gutsbesitzer; in den meisten Gegenden des westlichen und nördlichen Englands aber und im Allgemeinen in ganzen Lande, bilden sie die Mehrzahl. Im Ganzen kann man annehmen, daß der größte Theil des Landes in Besitzungen abgetheilt ist, die weniger als 7000 Thaler jährlich eintragen. Rechnet man die Zahl der Landeigenthümer in England und Wales zu 200,000, wie man mit Sicherheit annehmen kann, und den Gesammtertrag des angebauten Landes zu 210 Mill. Thaler, so kommen im Durchschnitt auf jeden in seiner Eigenschaft als Landbesitzer nur 1050 Thaler, und da einige weit mehr einnehmen, so müssen viele weit weniger haben. Daher kommt es, daß unter allen Volksclassen die Besitzer kleiner Landgüter ein beschwerliches Leben führen und sich viele Genüsse versagen müssen.

Der Firnißbaum.

Der schöne schwarze Firniß, den man auf chinesischen und japanischen Geräthen findet, kommt von einem Baume, der in Japan und China wild wächst, aber in großen Pflanzungen angebaut und durch die Cultur so sehr veredelt wird, daß er dreimal so viel Firniß gibt als im wilden Zustande. Die Chinesen nennen ihn Tsi Schu. Er hat Ähnlichkeit mit der Äsche und hellgrüne Blätter, den Lorberblättern ähnlich. Der Baum wird auf eine besondere Weise fortgepflanzt. Zu Anfange des Frühjahrs sucht man einen dünnen, gegen zwei Fuß langen Zweig aus, dessen Rinde etwa einen halben Zoll breit ringsum abgeschält wird. Man bedeckt dann die Wunde mit feinem Thon und macht ringsum von demselben Thon eine Kugel in der Größe eines Kinderkopfes, die man mit Matten umwickelt, um das Zerbröckeln zu verhüten. Darüber wird ein Gefäß mit Wasser gehängt, dessen unterer Theil ein kleines Loch hat, aus welchem ein Wassertropfen auf die Kugel fällt, um sie stets feucht zu erhalten. Nach ungefähr sechs Monaten haben die abgeschnittenen Ränder der Rinde zarte Wurzeln in den Thon getrieben, die sich um so leichter bilden, da der Zweig stets Saftzufluß aus dem Mutterstamme erhält. Hat nun der Zweig hinlängliche Wurzeln getrieben, um selbständig wachsen zu können, so wird er ein wenig unter der Thonkugel abgesägt und in die zubereitete Stelle gesetzt, wo er bald gedeiht. Ist der Baum sieben bis acht Jahre alt, so wird er zur Gewinnung des Firnisses benutzt. Um die Mitte des Sommers macht man Einschnitte von ungefähr zwei Zoll Länge in die Rinde und unter jedem derselben wird eine große Muschelschale befestigt, die leicht in die weiche Rinde bringt. Dies geschieht Abends, da der Firniß nur in der Nacht fließt. Am nächsten Morgen werden die Muschelschalen in ein Gefäß ausgeleert und sorgfältig mit einem Messer ausgekratzt. Am Abend steckt man die Muschelschalen wider in die Rinde. So fährt man während des Sommers fort, bis der Firniß nicht mehr ausfließt. Man rechnet, daß 50 Bäume, die ein Arbeiter übersehen kann, in jeder Nacht ein Pfund Firniß geben. Wenn die Einsammlung vorbei ist, wird der Firniß durch ein dünnes Tuch geseiht und der geringe Rückstand von Unreinigkeit dient als Arznei. Der Firniß hat eine ätzende Schärfe, die Arbeiter müssen daher bei der Einsammlung die größte Vorsicht anwenden; sonst entsteht ein bösartiger Ausschlag im Gesicht, der sich in wenig Tagen über den ganzen Körper verbreitet, die Haut wird roth und entzündet, schwillt an und überall bilden sich Geschwüre. Um sich zu schützen, reiben die Arbeiter den Körper mit Öl ein, ehe sie an ihr Werk gehen, gebrauchen überdies innerliche Mittel, wickeln den Kopf in leinene Tücher, worin nur Löcher für die Augen sind, tragen ein ledernes Wamms und lange, bis an die Elbogen reichende Handschuhe. Die ursprüngliche Farbe des Firnisses ist weiß, wie Rahm, aber er wird in der Luft schwarz.

Die griechische Landschildkröte.

Das Pfennig-Magazin
für Verbreitung gemeinnütziger Kenntnisse.

223.] Erscheint jeden Sonnabend. [Juli 8, 1837.

Galerie der deutschen Bundesfürsten.
XVIII.

Georg, Großherzog von Mecklenburg-Strelitz.

Der Großherzog von Mecklenburg-Strelitz, Georg Friedrich Karl Joseph, wurde zu Hanover am 12. August 1779 geboren, der dritte Sohn des Herzogs Karl und dessen ersten Gemahlin, der Prinzessin Friederike von Hessen-Darmstadt. Viel hatte er besonders der liebevollen Pflege seiner hochgebildeten Großmutter in Darmstadt zu danken, wo sich sein Vater aufhielt, bis 1794 der Tod des unvermählten Herzogs Adolf Friedrich ihn zur Regierung berief. Der Prinz studirte sodann auf der Universität zu Rostock, lebte nachher am Hofe zu Berlin in der Nähe seiner Schwestern, der Königin Luise und der jetzigen Herzogin von Cumberland, die damals mit dem Prinzen Ludwig von Preußen vermählt war, und ging 1802 nach Italien, wo er sich bis 1804 aufhielt. Nach der Schlacht bei Jena leitete er 1806 in Paris die Unterhandlungen wegen des Anschlusses Mecklenburgs an den Rheinbund, und 1814 war er beim Congresse zu Wien. Nachdem er am 6. November 1816 seinem Vater in der Regierung gefolgt, vermählte er sich am 12. August 1817 mit der Prinzessin Marie, einer Tochter des Landgrafen Friedrich von Hessen-Kassel, geboren am 21. Januar 1796. Aus dieser Ehe stammen: 1) der Erbgroßherzog Friedrich Wilhelm, geboren am 17. October 1819; 2) Luise, geboren 1818; 3) Karoline, geboren 1821, und 4) Georg, geboren 1824. Von des Großherzogs Geschwistern leben noch: 1) die verwittwete Fürstin von Thurn und Taxis, Therese, geboren 1773; 2) die Herzogin von Cumberland, Friederike, geboren 1778, und 3) der Herzog Karl, geboren am 30. November 1785, preußischer General der Infanterie und Commandirender des Garde- und Grenadiercorps.

Die Stadt Pe-king.

In China, dem großen, gewaltigen Reiche, dessen Bewohner sich noch immer von andern Staaten und Völkern der Erde einseitig und hartnäckig abschließen, werden alle Städte in verschiedene Classen eingetheilt, und der Unterschied derselben ist deutlich jedesmal durch die Endsylbe ihrer Namen ausgesprochen. Diese letzte Sylbe, die man auch als ein eignes, angehängtes Wort ansehen kann, zeigt genau die Größe, den Rang u. s. w. der Stadt an, sowie ob dieselbe ihre eigne Gerichtsbarkeit hat oder von der Gerichtsbarkeit einer andern Stadt abhängig ist. Es gibt in der chinesischen Städtebenennung drei solche bezeichnende Sylben, deren eine sich, wie bemerkt, an dem Ende eines jeden Städtenamens findet, diese heißen fu, cheu und hien. Fu bezeichnet allemal eine Stadt vom ersten Range, welche eine eigne Stadtgerichtsbarkeit über mehre andere, ihr untergeordnete Städte ausübt; cheu bedeutet eine Stadt zweiter Classe, die unter einer solchen ersten Ranges steht; hien endlich zeigt die Stadt dritter Classe an, die einer Stadt zweiten Ranges untergeordnet ist. Schon vor beinahe einem Jahrhundert gab es in China über 160 Städte ersten Ranges, 270 von der zweiten und mehr als 1200 von der dritten Classe, wobei eine bedeutende Anzahl anderer Ortschaften, welche gleichfalls mit Mauern umgeben und den Städten beigesellt waren, noch ungerechnet blieb. Man kann sich mithin schon hieraus allein nicht blos von dem gewaltigen Umfang, sondern auch von der topographischen Cultur des chinesischen Reichs einen Begriff machen. Wie überhaupt Alles in diesem merkwürdigen, aber einseitigen Lande ein gewisses Gepräge der Einförmigkeit an sich trägt, so ist es auch mit den dortigen Städten der Fall, welche in Bauart und Einrichtung einander so auffallend gleichen, daß, wenn man nur wenige der verschiedenen Classen gesehen hat, man sich eine hinreichende Vorstellung von allen übrigen bilden kann. Bemerken wir deshalb die hauptsächlichen Züge und Bestandtheile, die in allen einzelnen Ortschaften dieses außerordentlichen Landes sich wiederholen. Die chinesischen Städte sind nach einem regelmäßigen Plane angelegt, der überall, wo es Lage und Beschaffenheit des Bodens erlauben, ein Quadrat bildet, sie werden sämmtlich von hohen Mauern eingeschlossen und haben große, gewaltige Thore, welche letztere zwar keinen Anspruch auf Schönheit der Baukunst, desto mehr aber auf Dauer und Festigkeit machen. Ringsum auf den Mauern erheben sich hohe Thürme, welche oftmals eine Höhe von acht bis neun Stockwerken erreichen, zuweilen rund gebaut, öfter aber von sechs- oder achteckiger Gestalt sind; diese Thürme stehen in gleichmäßigen Entfernungen voneinander ab und geben einer chinesischen Stadt aus der Ferne das Ansehen, als ob sie aus lauter Thürmen bestände. Zuweilen findet man auch noch jenseit der Stadtmauer einen breiten Wassergraben, sodaß also jeder Zugang zu dem Innern des Platzes sehr erschwert wird. Die Straßen der Stadt laufen in gerader Richtung, die Hauptstraße hat insgemein eine Breite von 30 Fuß, doch gibt es auch in den großen Städten noch viel breitere; die Häuser haben selten mehr als ein Stockwerk über dem Erdgeschoß, ein Umstand, der die Hauptstraßen in der Regel noch breiter erscheinen läßt, als sie wirklich sind, und eben keine großartige architektonische Wirkung hervorbringt. In diesen Hauptstraßen nun findet sich eine außerordentliche Menge von Kaufläden, auf das reichlichste besetzt mit Seidenzeuchen, Porzellan- und andern Waaren; auch die Wohnungen der Privatleute sind im Erdgeschoß mit allerhand solchen schönen Dingen geschmückt, und oft hängen sogar kostbare Teppiche über die Außenseite des Eingangsthores herab, was den Straßen ein heiteres, beinahe theatralisches Ansehen verleiht. Alle Kaufläden, selbst die kleinsten und unbedeutendsten, haben ihre breite Firma, die sehr stattlich, oft mit glänzenden Farben und echter Vergoldung geziert, dem Käufer entgegenschimmert, und worauf die Namen der Hauptartikel verzeichnet sind, die man in dem Laden feilbietet. Diese an beiden Seiten der Straße sich hinerstreckende Firmenreihe hat für den Fremden, wiewol etwas Befremdliches, doch gewiß nichts Unangenehmes.

Der Reisende Marco Polo, welcher im 13. Jahrhunderte sich ziemlich lange in China aufhielt, erwähnt zwei der größten chinesischen Städte und gibt von ihnen eine ziemlich ausführliche Beschreibung. Die erste dieser Städte hieß Kin-sai, das heutige Hang-cheu-fu; die zweite war Ta-Tu, das heutige Pe-king. Kin-sai, ein Name, welcher so viel als die „himmlische Stadt" bedeutet, soll nach der Beschreibung Marco Polo's außerordentlich groß gewesen sein; ja er versichert sogar, sie finde an Größe und Schönheit ihres Gleichen auf der ganzen Erde nicht, auch biete sie ihren Bewohnern so viele Reize und Vergnügungen dar, daß man sich einbilden könne, hier sei das wahre Paradies der Erde. Im Umfange sollte sie 100 Lis halten, was in der That auf eine ungemeine Größe schließen läßt, da ein Li nicht weniger als 1896 deutsche Ellen mißt. Die Straßen waren ebenso breit als lang, und namentlich fanden sich daselbst öffentliche Plätze von einer solchen Größe, wie sie keine neuere Stadt mehr aufzuweisen hat. Diesem außerordentlichen Umfange war auch die Bevölkerung angemessen. Die Stadt lag zwischen einem ziemlich umfangreichen See von süßem, besonders klarem Wasser und einem Fluß von beträchtlicher Größe, und war nach allen Richtungen von Kanälen durchschnitten, über welche wieder unzählige Brücken führten. Die meisten dieser Brücken, sagt Marco-Polo, seien von so hoher und geräumiger Bogenwölbung gewesen, daß große Schiffe bequem unter ihnen hinwegsegeln konnten, ohne ihre Masten einzuziehen. Die zweite Hauptstadt des Reichs, Pe-king, beschreibt derselbe Reisende zu seiner Zeit als ein vollkommenes Viereck, und welch ein ungeheures Quadrat war dies, da jede Seite desselben sechs Meilen in der Länge betrug, was also zusammen einen Umfang von 24 Meilen ausmacht. Der Plan der Stadt war regelmäßig und alle Straßen in schnurgerader Richtung angelegt, auch war das ganze Innere der Stadt in kleine Districte abgetheilt, und jede Privatbesitzung bildete wiederum mit ihren Wohngebäuden, Hofräumen und Gärten ein Quadrat. Die Stadt hatte zwölf Thore, drei auf jeder Seite eines Vierecks, und jedes Thor wurde von 1000 Soldaten bewacht. Genau in dem Mittelpunkte der Stadt erhob sich ein ungeheuer hoher Thurm, der erhabenste Punkt des Ganzen; auf diesem befand sich eine große Glocke, welche regelmäßig beim Einbruch der Nacht geläutet ward. Sobald diese weithin tönende Glocke ihren dritten Schlag gethan hatte, durfte sich ungestraft kein Mensch mehr auf der Straße blicken lassen, ausgenommen bei den dringendsten Veranlassungen, wo es etwa ärztliche Hülfe oder Rettung eines Menschenlebens u. s. w. galt. Die in solchem Berufe ausgehenden Personen waren aber alsdann gehalten, ein Licht bei sich zu führen. Zahlreiche Patrouillen durchstreiften zur Nacht die Stadt nach allen Richtungen. Wer von den Bewohnern ohne Licht und ohne daß er seinen dringenden Beruf nachweisen konnte, aufgegriffen wurde, ward gleich am nächsten Morgen vor die Obrigkeit geführt und empfing hier zur Strafe und nach den Umständen eine gewisse Anzahl von Bambusstreichen. Die Vorstädte glichen an Ausdehnung und Bevölkerung der innern Stadt. Dort befanden sich die Gasthäuser oder Karavanseraien zur Aufnahme der aus allen Theilen des Reichs herbeiströmenden Fremden und Kaufleute, und wie dies wol noch heutiges Tages in der Türkei der Fall ist, so durften sich die Fremden aus der einen Provinz mit denen aus der andern nicht vermischen; jede Landsmannschaft besaß ihr eignes Absteigequartier, wo sie sich einrichten mußte. — Vergleichen wir nun diese alten Nachrichten des Marco Polo in Betreff der erstgenannten Stadt, welche einst die Hauptstadt des südlichen Chinas und die Residenz des kaiserlichen Hofs war, mit den Berichten neuerer Besucher, so finden wir, im Ganzen genommen der ältere Reisende uns keine Unwahrheiten erzählt, wenngleich er vielleicht hin und wieder ein wenig übertrieben hat. Die Stadt Hang-cheu-fu ist seitdem sehr in Verfall gerathen und hat ihren Namen verändert; doch stellen die neuern Reisenden sie noch immer als eine Stadt von außerordentlichem Umfange dar, die von vielen Kanälen durchschnitten und sehr stark bevölkert ist. Zahlreiche Brücken, himmelhohe Thürme finden sich hier noch heute. Über die Schönheit und Durchsichtigkeit des Sees, an dessen Ufern die Stadt Hang-cheu-fu gelegen ist, über die angenehmen Umgebungen derselben sind auch die neuern Reisenden einverstanden. So beschreibt der Engländer Staunton diesen See als einen reizenden, krystallhellen Wasserspiegel, umgeben von einem herrlichen Amphitheater malerischer Berge. Du Halde sagt, seine Ufer seien geschmückt mit Landhäusern, Tempeln und Klöstern für die Bonzen oder Priester, und Barrow war entzückt von der Menge von Fahrzeugen, welche bei schönem Wetter die Oberfläche dieses Sees beleben, alle mit hellfarbiger Malerei und reicher Vergoldung verziert. Für die gegenwärtige Größe der Stadt stimmt auch das Zeugniß des Lords Macartney, der uns versichert, er habe zwei Stunden nöthig gehabt, um dieselbe zu durchreiten, ihre Straßen jedoch als eng und die Bauart überhaupt als sehr gedrängt schildert. Auch dieser Reisende findet die Umgebungen dieser Stadt und insonderheit die Lage des Sees ungemein schön. An dem einen Ufer desselben befindet sich die Ruine einer alten Pagode, die sich zwischen herrlichen Maulbeer-, Sykomoren-, Eichen- und Kampherbäumen, womit die Ufer bekränzt sind, höchst malerisch ausnimmt. Diese Ruine ist von achteckiger Form, der Baustoff ist eine Art von rothen und gelben Backsteinen. Es sind noch vier Stockwerke davon erhalten, selbst noch ein Theil des Giebels, und das Ganze soll 200 Fuß hoch gewesen sein. Starke Bäume wurzeln und grünen in den Gemäuern und geben so einen herrlichen Gegensatz der verfallenen Menschenkunst und der ewig jungen Natur. Man nennt in China dieses Gebäude den „Thurm des Donners und der Winde" und gibt sein Alter auf 2500 Jahre an, eine Angabe, die etwas übertrieben sein mag, wiewol vielleicht kein Land in der Welt so uralte Gebäude aufzuweisen hat als China. — Was nun den heutigen Zustand der weltberühmten Stadt Pe-king betrifft, so weicht ihr gegenwärtiger Anblick wol um nicht viel von demjenigen ab, den Marco Polo zu seiner Zeit von dieser Riesin unter den Städten gewann. In neuerer Zeit hat allerdings die ehemalige Form eines gleichseitigen Vierecks sich mehr in ein Oblongum verwandelt; die innere Stadt allein nimmt aber einen Flächenraum von zwölf englischen Quadratmeilen ein. Die Zahl ihrer Thore hat sich vermindert, man findet deren gegenwärtig nur noch neun. Auch der Umfang ihrer zur Zeit des Marco Polo so ungeheuern Vorstädte hat sich im Laufe der beiden letzten Jahrhunderte vermindert. Frühere Missionare, und selbst noch der englische Missionar John Bell, welcher China im Jahre 1720 bereiste, fanden diese Vorstädte so riesenhaft, daß sie ihr höchstes Erstaunen darüber zu erkennen geben. Allein nach Staunton's, des neuern Reisenden, Bericht, brauchte die englische Gesandtschaft bei ihrem Einzuge durch die westliche Vorstadt von Pe-king nur 20 Minuten Zeit, eine Angabe, welche mithin nicht mehr auf eine außerordentliche Ausdehnung schließen läßt. Die heutige Stadt selbst zerfällt eigentlich in zwei Städte: in die chinesische und in die tatarische Stadt; ihre Mauer ist 30 Fuß hoch und 20 Fuß dick, mit unzähligen Thürmen besetzt, und besteht aus demselben Material wie die große chinesische Mauer, jenes uralte Riesenwerk der rohen Baukunst, von welchem wir unsern Lesern bereits in Nr. 33 des Pfennig-Magazins eine Beschreibung lieferten; dieses Material ist nämlich ein ungebrannter oder vielmehr an der Sonne getrockneter Backstein von bläulichem Schein; die Grundlage bilden große Granitblöcke. Sonst gewährt der äußere Anblick der Stadt eben kein hohes Interesse und hat etwas Ermüdendes. Man sieht keine Thürme, Tempel, Obelisken oder überhaupt öffentliche Gebäude von einiger Auszeichnung. Ein ungeheurer wüster Häuserklumpen, wovon kaum ein kleiner Theil zu übersehen ist, liegt vor dem Auge hingestreut, nicht einmal durch überbaute Schornsteine wird die Einförmigkeit dieser verworrenen Dächermasse unterbrochen. Da auch alle Straßen dieser Stadt in gerader Richtung angelegt sind und fast kein Haus über ein Stockwerk hoch ist, so kommt einem das Ganze eher wie ein ungeheures Zeltlager vor, als wie eine für die Ewigkeit gegründete Stadt. Die Stadt Pe-king liegt in einer Ebene, welche am Horizont durch die Gebirge der Tatarei begrenzt wird, gewiß ein malerischer und würdiger Hintergrund! Lange bevor man sich der Stadtmauer nähert, zeigt sich die Straße mit schönen Granitsteinen gepflastert, welche von 6 — 16 Fuß in der Länge betragen und beinahe das Gleiche in der Breite. Bedenkt man, daß diese gewaltigen Quaderstücke über 60 Meilen weit aus den Gebirgen, welche das Reich China von der Tatarei trennen, herbeigeschafft werden mußten, um den ihnen angewiesenen Zweck zu erfüllen, so muß dies in der That unsere Bewunderung erregen. Befindet man sich einmal innerhalb der Thore, welches durchgängig Doppelthore sind, so ist der Anblick des ungeheuern Pe-king wirklich neu, seltsam und ausdrucksvoll. Zwei Straßen, gerade wie eine Linie, jede von einer Länge von zwei englischen Meilen und 150 Fuß breit, laufen in gleicher Richtung von zwei Thoren an der Südmauer aus, bis zu den beiden gegenüberstehenden Thoren an der nördlichen Mauer, und diese beiden prächtigen Straßen werden wiederum durch zwei andere, die ebenfalls in paralleler Richtung von Osten nach Westen hinlaufen, rechtwinkelig durchschnitten. Diese vier Hauptstraßen sind durchaus mit einer doppelten Reihe von heiteraussehenden Kaufläden, Schuppen und Waarenhäusern geschmückt, wo die schönsten Kaufwaaren in reicher, üppiger Fülle zur Schau ausliegen und reichgemalte, goldene Firmen mit hell-

*

glänzenden Inschriften den Vorübergehenden zum Einkauf einladen. Überdies bemerkt man noch lustige Fähnlein in Menge, welche, gleich Schiffswimpeln, vom Winde bewegt werden, prangend in dem schönsten Farbenglanz, mit goldenen Schnüren oder seidenen Bändern befestigt. Mit ebenso leuchtenden Farben geschmückt zeigen sich die Façaden der Wohnhäuser, denen es gleichfalls nicht an goldenen Verzierungen fehlt. Seltsam und unsern Begriffen von Heiterkeit und Lebendigkeit der Ausstellungen durchaus widersprechend ist es, daß der Hauptartikel unter allen hier ausgestellten Kaufwaaren, und der durch glänzende Ausschmückung am meisten die bewundernden Blicke der Vorübergehenden auf sich zieht, aus Todtensärgen besteht. Durch diese vielfach geschmückten Straßen drängt sich nun fortwährend eine bunte und lebhafte Menschenmenge, welche in einem Haupt= und zwei Seitenströmen unablässig auf= und niederwogt. In dem mittlern Strom, wenn wir uns einmal dieses Ausdrucks bedienen wollen, sieht man die Mandarinen oder Großen des Hofes sich entweder zu Pferde oder auf Palankins fortbewegen, in Begleitung eines zahlreichen Gefolges, mit Flaggen, Sonnenschirmen, gemalten Laternen und andern Insignien des hohen Ranges dieser Staatsbeamten. Tatarische Krieger reiten gleichfalls vorüber und bahnen sich, nicht immer auf die sanfteste Weise, ihren Weg durch die Menge; lange Züge von Kameelen folgen, welche Kohlen aus der Tatarei einführen; Karren und Wagen mit Feld= und Gartenfrüchten und andere Fuhrwerke, welche zwar keinen glänzenden Anblick gewähren, aber dennoch das Unentbehrliche in die ungeheure Stadt einbringen. Zwischendurch bewegen sich auch in Stuhlwagen, welche in Pe=king sehr üblich sind, schöne chinesische Damen in bunten Gewändern. Einen überaus stattlichen Anblick gewähren ferner die Hochzeitsprocessionen und die Leichenzüge, zwei entgegengesetzte Schauspiele, welche jedoch in China mit gleichem Pomp ausgeführt werden. Seidene Stoffe, glänzende Farben, wogende Fahnen und flatternde Bänder sieht man hier im Überfluß; Bahrtücher und Brautgewänder lassen beide an Pracht und Kostbarkeit nichts zu wünschen übrig. Alle diese verschiedenartigen bunten, lebendigen Scenen, die beim raschen Strudel der Menge jetzt auftauchen und dann durch andere verdrängt werden, erregen die Einbildungskraft des ungewohnten Zuschauers auf das lebhafteste und verschaffen ihm eine nicht leicht zu ersättigende Unterhaltung.

Die Nebenströme oder Seitenpfade in diesen gewaltigen und über alle Vorstellung belebten Straßen werden nun von den eigentlichen Geschäfts= und Handelsleuten, von Verkäufern und Käufern, von Denen, die so hin und herlaufen, um Das und Jenes in der Nachbarschaft zu besorgen, eingenommen. Hier läuft Alles lustig und mit lautem Getöse, dazu auch mit der gehörigen Verwirrung durcheinander. Diese Heiterkeit und Beweglichkeit, mit etwas Confusion gemischt, bildet überhaupt einen Grundzug in dem Volkscharakter der Chinesen. Im Allgemeinen sieht man hier Dasselbe, wie in andern bewegten Städten, nur in etwas veränderter Form. Herumträger rufen ihre Waaren aus, Lastträger schreien laut ihr: Vorgesehen, was der ein oder jener Bedrängte dennoch nicht vernimmt oder beachtet und dergestalt seinerseits einen neuen Anlaß zur Verwirrung gibt; der Berber wirft sein Waarenbündel in die Luft und fängt es wieder, um eines etwaigen Käufers Aufmerksamkeit auf sich zu lenken; Komödianten und Quacksalber, Hausirer, Taschenspieler, Jongleurs und Glücksritter zeigen sich wenigstens der Menge in ihren verschiedenen Qualitäten, wenn es auch an Raum gebricht, um der Menge sogleich ihre Künste aufzutischen. Und all dieses Lärmen, Laufen, Schreien, Stehen und sich Fortwälzen so durcheinander wird durchaus an keine besondere Jahres= oder Tageszeit gebunden, sondern geschieht unaufhörlich und ohne Unterbrechung. Und schon aus diesem Umstande kann sich der Leser einen Begriff machen von der ungeheuern Bevölkerung dieser Riesenstadt. „Ich habe", so erzählt uns Barrow, „während meines Aufenthalts in Pe=king in der Regel drei= bis viermal in der Woche das Stadtthor passirt; allein kein einziges Mal kann ich mich erinnern, freien Durchgang durch dasselbe gefunden zu haben, immer drängte und stopfte sich hier eine große Menschenmenge, und die Meisten mußten eine geraume Zeit warten, bevor es ihnen gelang, sich den Weg nach außen frei zu machen. Dessenungeachtet fehlte es nicht an Soldaten, die mit Gewalt die Bahn offen zu erhalten suchten." Im Durchschnitt sieht man auf den Straßen von Pe=king beiweitem mehr Männer als Frauen, was daher rührt, daß die eigentlichen Chinesen ihre Frauen, nach morgenländischem Brauche, sehr eingezogen halten. Nur hier und da, in besonders ruhigen Straßen, sieht man chinesische Frauen und junge Mädchen, die sich jedoch bei Annäherung eines Mannes sogleich zurückziehen, vor den Thüren ihrer Wohnungen sitzen und ihre Pfeifen schmauchen. Unter der Menge dagegen und in lebhaften Stadttheilen erblickt man fast nur tatarische Frauen, welche sich an die morgenländische Sitte nicht kehren und zu Fuß oder zu Pferd die Straßen durchziehen. Sie unterscheiden sich von den Chinesen augenblicklich durch die Weite und Länge ihrer seidenen Gewänder. Da, wo die Hauptstraßen der Stadt einander rechtwinkelig durchschneiden, hat man an den vier Durchschnittspunkten sogenannte Triumphbögen errichtet, welche zu Monumenten dienen für solche Personen, die etwa ein vorzüglich hohes Alter erreicht oder sich um das Wohl der Stadt ein bedeutendes Verdienst erworben haben. Jede solche Arcade besteht aus drei Thorwölbungen, wovon die mittlere die Hauptwölbung ist. An Malerei und sonstigem Zierath fehlt es, wie allen chinesischen Gebäuden, auch diesen Monumenten nicht.

Wenn wir jedoch von einem fast beispiellosen Volksgedränge redeten, welcher das unermeßliche Pe=king vor allen übrigen Städten der Welt auszeichnen soll, so gilt diese Behauptung doch fast ausschließlich nur von den Hauptstraßen, denn die übrigen Straßen sind eigentlich bloße Gassen, die man als Arme der größern zu betrachten hat, sie sind meist eng und einsam. Dennoch befinden sich in diesen Gassen die Wohnungen der ausgezeichnetsten Staatsbeamten und vieler andern reichen Leute. Wodurch die Einsamkeit dieser Straßen noch vermehrt wird, ist der Umstand, daß die Häuser in der Façade keine Fenster haben; die einzige Öffnung bildet eine kleine Pforte, die fast beständig verschlossen gehalten wird, denn Fenster findet man nur in den großen Kaufläden und Waarenhäusern der Hauptstraßen. Dagegen haben manche Häuser der Bemittelten eine Art von Terrasse, die mit Blumen, Pflanzen in Töpfen und allerlei Zwergbäumen geziert ist und einen freundlichen Anblick bietet. Keine einzige Straße in Pe=king, selbst die Hauptstraßen nicht ausgenommen, ist gepflastert; dafür werden sie jedoch alle Morgen gefegt und zu gewissen festgesetzten Stunden besprengt, um den häufig unerträglichen Staub zu löschen; die Policeianstalten zu Pe=king, besonders die der nächtlichen Sicherheitspolicei, sind ausnehmend streng. Mit Anbruch der Nacht werden alle Straßenausgänge

Das nördliche Thor von Pe-king.

durch Barrikaden geschlossen, und Niemand darf sich, wie bereits erwähnt, ohne besondern Beruf mehr auf der Straße sehen lassen; vor den Barrikaden stehen Wachen, welche die strengsten Befehle haben und Jeden, der nicht mit Laterne und Legitimation versehen ist, ohne Umstände zurückzuweisen. Von Thor zu Thor ziehen die Nachtpatrouillen und eigentlichen Nachtwächter, welche auf einer kurzen Trompete von Bambus, die einen lauten und durchdringenden Ton von sich gibt, blasen, und zwar sind diese Wächter angewiesen, auf ihrer Runde wenigstens aller drei bis vier Minuten einen solchen Ton hören zu lassen. Außerdem besteht noch ein anderes Sicherheitsgesetz, daß nämlich der Besitzer des je zehnten Hauses in der Stadt, wenn die Reihe an ihn kommt, die Aufsicht bei Tag und Nacht über seine nächsten neun Nachbarn übernehmen und sich für die Excesse, welche diese während der Zeit begehen möchten, selbst verantwortlich machen muß. Diese Maßregel, da Niemand sich ihr entziehen kann, und also eine allgemeine Verantwortlichkeit der Hausbesitzer stattfindet, beweist sich sehr wirksam. Es besteht diese Sitte auch nicht blos in Pe-king, sondern auch in allen andern chinesischen Städten.

Wie bemerkt, theilt sich Pe-king in zwei Städte; die nördliche wird von den Mantschu oder Tataren, die südliche von den Chinesen bewohnt. Ein eignes Viertel nimmt die sogenannte „Kaiserstadt" ein, das ist derjenige Theil, wo des Kaisers Palast und Gärten gelegen sind, desgleichen alle öffentlichen Gerichtshöfe und die Locale der Behörden, ferner die Wohnungen der Minister und überhaupt aller zum Hofstaat gehörigen Personen. Diese sämmtlichen Gebäude und Anlagen nehmen ein Parallelogram von ungefähr einer Meile in der Länge und ¾ Meile in der Breite ein. Eine 20 Fuß hohe Mauer umgibt diesen Bezirk, aus rothen, glänzenden Quaderstücken erbaut und mit einer Art von schwebendem Dache gedeckt, das aus gelben Ziegeln besteht. Das Innere dieses Bezirks ist ungemein ergötzlich und mannichfaltig. Schöne Gründe, fruchtbare Plätze, Bäume, Kanäle, Seen, künstliche Berge und Felsen und wieder fruchtbare Niederungen, dies Alles vereint sich in diesem kleinen Raume, den noch überdies ein kleiner Fluß, Yun-ho genannt, durchströmt. Mit einem Worte, die chinesische Kunst hat hier die Natur sehr glücklich nachgeahmt.

Um es in aller Kürze zu wiederholen, so ist Pe-king mit seiner ungeheuern Bevölkerung von fast drei Millionen Seelen unstreitig die größte und gewiß auch eine der merkwürdigsten Städte der bewohnten Erde. Sie enthält für den Europäer manche ausgezeichnete, auch wol imposante und reizende Züge, im Ganzen aber wenig Bequemlichkeit im europäischen Sinne. Die Stadt leidet an wesentlichen Bedürfnissen Mangel, sie hat, wie gesagt, kein Pflaster, keine Schleusen, keine hinreichenden Bewässerungsanstalten, ist kothig im Winter, und voll unerträglichen Staubes im Sommer. Sie leidet an üblen und ungesunden Gerüchen, die der Bemittelte zwar durch Wohlgerüche aller Art in seiner nächsten Umgebung zu dämpfen sucht, für welche sich aber dem Armen kein Ersatz darbietet u. s. w., mit einem Worte, Pe-king ist eine Stadt, der noch die europäische Cultur fehlt.

Noch bemerken wir schließlich, daß unsere umstehend beigegebene Abbildung das nördliche Thor von Peking darstellt, nebst einem Theil der Stadtmauer und den dazu gehörigen Thürmen.

Das Neueste aus der Natur- und Gewerbswissenschaft. *)

Die anmuthigste Mittheilung, welche ich meinen Lesern diesmal zu machen habe, bezieht sich auf die interessanten Vorstellungen, die mit dem Hydrooxygengasmikroskop jetzt in den größern Städten Deutschlands, gegeben worden sind und fortgesetzt werden. Da wahrscheinlich keiner der Leser, dem sich die Gelegenheit dazu darbietet, versäumen dürfte, diesen Vorstellungen beizuwohnen, so will ich in einiges Detail darüber eingehen.

Eigentlich unterscheidet sich ein solches Hydrooxygenmikroskop von einem gewöhnlichen Sonnenmikroskope nur durch das Mittel der Beleuchtung der Objecte. Bei dem Sonnenmikroskope nämlich erfolgt letzteres, wie auch schon der Name andeutet, durch zusammengebrachtes Sonnenlicht. Es ist bekannt, daß Gegenstände, welche von einem erhabenen Linsenglase etwas weiter als der Brennpunkt abstehen, hinter dem Glase ein großes, umgekehrtes **) Bild machen. Dieses Bild muß in dem Maße größer ausfallen, als die Wand oder der Schirm, womit man dasselbe auffängt, weiter vom Linsenglase absteht als das Object. Dabei kann es aber nicht mehr Licht haben, als jenes betreffende Object selbst auf das Glas sendet, bei beabsichtigten bedeutenden Vergrößerungen wird sich dieses wenige Licht also durch einen großen Raum verbreiten müssen und das Bild dadurch dunkel und unkenntlich machen. Um diesem Mangel abzuhelfen, erleuchtet man das Object stark durch zusammengebrachtes Sonnenlicht und macht das Bild noch kenntlicher, indem man von dem Platze, wohin es fällt, alles andere Licht abhält oder das Zimmer verfinstert. Die Erleuchtung der Objecte, besonders solcher, welche viel Licht durchlassen, und welche man deshalb auch vorzugsweise erwählt, wird bewirkt, indem man das Sonnenlicht mit einem gewöhnlichen Planspiegel auffängt, der es auf ein erhabenes, die Strahlen zusammendrängendes Glas und mittels desselben auf die Rückseite der zu beleuchtenden Objecte wirft.

Der einzige Übelstand bei diesem sonst so vortrefflichen Instrumente folgt aus dem Erleuchtungsmittel selbst. Erstens scheint die Sonne nicht immer, daher man ihr Licht nicht nutzen kann, wenn man will, und zweitens rückt sie während des Versuches in ihrer Tagesbahn von Osten nach Westen fort und erschwert dadurch das Verfahren. Es kam also darauf an, ein künstliches, ebenso intensives und beständig bereites Licht zu entdecken, welches das Sonnenlicht verträte, und diese Entdeckung ist vor einiger Zeit von einem englischen Chemiker (Drummond) gemacht worden. Derselbe fand nämlich, daß, wenn man die beiden bekannten Gasarten: Oxygengas und Hydrogengas, in einem bestimmten Verhältniß mischt, in welchem das Gemisch dann den Namen Knallgas erhält, und einen Strom davon angezündet, aus einer sehr feinen Öffnung (wodurch alle Gefahr vermieden wird) auf ein Stückchen ungelöschten Kalks strömen läßt, welches dadurch glühend wird, ein überaus glänzendes Licht entsteht. Dieses, demnach jeden Augenblick erhaltbare Licht aus Oxygen- und Hydrogengas, welches man bald nach der Entdeckung schon auf Leuchtthürmen gebraucht hatte, wo es meilenweit in der See gesehen werden kann, substituirte der englische Optiker Carry nachher auch dem Sonnenlichte bei den sonstigen Sonnenmikroskopen, und man benannte ein solches Instrument daher ein Hydrooxygengasmikroskop. Man sieht, daß dasselbe Instrument von einem gewöhnlichen Sonnenmikroskop, mit dem es die übrige Einrichtung also sonst theilt, den großen Vorzug voraus hat, von der Witterung und Tageszeit ganz unabhängig zu sein.

Durch ein solches Hydrooxygengasmikroskop nun kann man, gleichwie durch ein Sonnenmikroskop, ganz ungeheure Vergrößerungen bewirken. Es ist nichts Seltenes, kleine Gegenstände, z. B. die Schlängelchen in trübe gewordenem Essig, Gelenke eines Flohfußes, Staubfäden eines Schmetterlingsflügels und dergl. mehr, so zu vergrößern, daß das Bild die ganze Höhe einer Wand von neun und mehr Ellen einnimmt. Dabei hat man den großen Vortheil, daß solche kolossale Bilder aus einer schicklichen Entfernung und von vielen Personen zugleich betrachtet werden können. Besonders zur Abzeichnung mikroskopischer Gegenstände kann man sich gar nichts Schicklicheres erdenken, und wer die Wunder der Schöpfung, wie sie sich auch in den kleinsten Gegenständen offenbaren, recht erkennen lernen will, der muß den Darstellungen eines solchen Instruments beiwohnen.

Nachdem sich London und Paris satt daran gesehen hatte, so erschien im vorigen Jahre zuerst ein Künstler, Namens Döbler, mit einem solchen Hydrooxygengasmikroskop in Deutschland, und jetzt ist ihm ein Physiker, Schuh, mit einem zweiten Instrumente dieser Art gefolgt, welches den Weg durch alle bedeutenderen Städte machen wird. Dasselbe gestattet Vergrößerungen, welche in das Millionfache gehen; der Besitzer wendet sie aber seltener an, um der Deutlichkeit und Nettigkeit seiner Bilder keinen Eintrag zu thun. Indeß erscheint, um einige Beispiele anzuführen, ein Floh in seinem Instrumente doch so groß als ein tüchtiges Kalb, eine kleine Wasserspinne, welche in der Wirklichkeit kaum die Größe eines Schrotkorns hat, wie ein mächtiger Kürbis u. s. w. Von ganz besonderm Interesse aber sind die Versuche, wobei man entstehende Krystallisationen, z. B. die Bildung des Salmiaks aus seinen Bestandtheilen: Ammonium, Salzsäure und Wasser, beobachtet, und wodurch sich diese Künstler auszeichnen, da bei den frühern mikroskopischen Darstellungen fast immer nur die Thierwelt, und zwar nicht in den reizendsten Gestalten, den Gegenstand der Unterhaltung abgab. Der Künstler Schuh will, wie wir erfahren, mehr die schöne Seite der Natur zeigen, und ist jetzt damit beschäftigt, zu untersuchen, in wie weit farbige Glas- und Edelsteinsplitterchen anmuthige Abbilder geben. In jedem Falle wird die Vervielfältigung und leichtere Ausführung dieser mikroskopischen Versuche, wie wir ihren Zusammenhang hier entwickelt haben, sehr dazu beitragen, das Naturstudium zu beleben und die geheimsten Operationen der Natur an ein helleres Licht zu ziehen.

Während der Naturliebhaber diese Welt im Kleinen im Zimmer bewundert, staunt der Naturforscher die großen Naturprocesse an, welche jetzt die klimatischen Verhältnisse des ganzen Erdkörpers zu verändern scheinen. Ein würdiger schlesischer Meteorolog drückt sich in einem Schreiben über diese bevorstehende neue Ordnung unsers Planeten folgendermaßen aus: „Die un-

---

*) Vergl. Pfennig-Magazin Nr. 200, 201, 213 und 214.
**) Man stellt deshalb, wie bei der Zauberlaterne, die Objecte verkehrt auf, um aufrechte Bilder zu erhalten.

gewöhnlichen Schwankungen in der Atmosphäre deuten wol ohne Zweifel auf ganz besondere Ursachen hin. Seit einer Anzahl von Jahren scheint sich auf der nördlichen Hemisphäre*) unsers Erdballs eine gewisse neue Ordnung begründen zu wollen. Elektricität und Magnetismus machen sich auf eine mehr als sichtbare Weise geltend. Dabei ist der Barometer in einer steten Bewegung und steigt bald bis zu zehn Linien über, bald fällt er ebenso tief unter seinen mittlern Stand. Ganz besonders aber ist ein Streben nach Temperaturerhöhung in den höhern nördlichen Breiten unverkennbar."

Diese Ansichten des schlesischen Naturfreundes theilt der Verfasser der vorliegenden Berichte vollständig. Nach seiner Meinung hat die ältere Meteorologie darin gefehlt, die irdische Wärme ausschließlich vom Sonnenstande abhängig zu machen. Die Sonnenstrahlen an und für sich sind vielmehr kalt und besitzen nur das Vermögen, die latente Wärme der verschiedenen, zum System gehörenden Planeten zu erregen. Daß dem so sein müsse, geht schon aus dem Umstande der großen Entfernungsverschiedenheiten der mehrfachen Körper unsers Systems von der Sonne hervor, welcher zufolge man den weiter abstehenden Planeten nothwendig eine größere eigne, durch die Sonnenstrahlen leichter zu erweckende Wärmethätigkeit zuzuschreiben gezwungen ist, wodurch also die Folgen jener weitern Entfernung ausgeglichen werden. Dies vorausgesetzt, darf man fast annehmen, daß von der Natur auch auf jedem einzelnen Weltkörper Einrichtungen getroffen sein werden, um diejenigen Theile seiner Oberfläche, welche ihrer Lage nach vom Einflusse der Sonnenstrahlen weniger begünstigt sind, wenigstens periodisch mittels anderer Arten der Wärmeerzeugung vor gänzlicher Ertödtung durch nie unterbrochene heftige Kälte zu beschützen. Zwischen den vier großen Naturkräften des Lichts, der Wärme, der Elektricität und des Magnetismus besteht ein, wenn auch noch nicht gehörig aufgeklärter, doch überaus inniger Zusammenhang, und gleichwie sich bekanntlich der Gang der magnetischen Abweichung und Neigung auf der Erde beständig verändert, ebenso darf man dies auch von der Wärme annehmen, deren Entwickelung nicht auf allen Punkten der Erdoberfläche immer mit gleicher Energie erfolgt, sondern in langen Zeiträumen dabei auch einen gewissen Wechsel befolgt. Die höhern Breiten, welche nach Maßgabe der Stellung der Rotationsaxe des Erdkörpers gegen die Ebene seiner Laufbahn um die Sonne, von der Wirkung der Strahlen der letztern am wenigsten begünstigt werden, müssen also von Zeit zu Zeit, vielleicht abwechselnd, einen solchen von der eignen Wärmethätigkeit der Erde ausgehenden Ersetzungseinfluß erfahren, und ein solcher Proceß nun scheint jetzt eben für die nördliche Hemisphäre eingetreten zu sein. Wahrscheinlich hat sich schon früher Aehnliches zugetragen, da eine unzählige Menge von Umständen dafür sprechen, daß die nördliche Polarregion einst eine höhere Temperatur genossen hat.

Wir legen auf diese meteorologischen Betrachtungen ein doppeltes Gewicht, da sie mit dazu dienen sollen, den Aberglauben des sogenannten hundertjährigen Kalenders zu verdrängen, an welchem noch viele Personen hängen, und dessen angebliche Prophezeiungen wir im verwichenen Winter nur zu oft haben citiren hören müssen. Der ganze Titel dieses abwitzigen Büchleins, welches wir nur darum so genau bezeichnen, weil wir davor zu warnen haben, ist: „Hundertjähriger curieuser Hauskalender, in welchem enthalten, wie ein Hausvater sein Hauswesen mit Nutzen einrichten, die Misjahre in ein und ander beobachten, der bevorstehenden Noth weislich vorkommen möge und nach der sieben Planeten Influenz judiciren kann. Dabei eine feine Anweisung, was von Monat zu Monat durchs ganze Jahr in der Haushaltung zu thun sei." *) Das Jahrhundert ist in Perioden von je sieben Jahren getheilt, welche nacheinander dergestalt unter den Einfluß der sieben Planeten des Ptolemäischen Systems gestellt sind, daß jedes vorzugsweise von einem derselben regiert wird. Die Art, wie dies geschieht, kann ich mich nicht entschließen, hier anzuführen. Ich bemerke nur, daß der Vertrieb dieses Machwerks an dem Orte, wo ich jetzt lebe, durch einen wackern Buchbinder besorgt wird, welchen ich aber von seiner Leidenschaft für dasselbe durch den Augenschein curirt habe. Denn dieser Kalender prophezeite für den 21. Januar laufenden Jahres grimmige und für den 26. gar unerhörte Kälte; unglücklicherweise aber hatten wir an beiden Tagen mehre Grad Wärme, gegen welchen entscheidenden Beweis der ehrliche Buchbinder denn freilich nichts aufbringen konnte.

(Fortsetzung folgt in Nr. 224.)

Verirrung des Fanatismus.

Während der schreckliche Johannes Capistranus, einer der letzten und furchtbarsten Ketzerrichter des römischen Stuhls, im Jahre 1453 in Breslau wüthete, wurden auf dem dortigen Salzringe (einem öffentlichen Platze) an einem Tage 41 Juden und ein christlicher Bauer verbrannt. Mit dem Verbrechen des Bauers hatte es folgende Bewandtniß. Er hatte sich, angeblich, verleiten lassen, neun consecrirte Hostien zu entwenden und diese an die breslauer Juden zu verkaufen. Von den Juden wurde gesagt, sie hätten diese Hostien auf ein leinenes Tuch gelegt und unter allerlei Schmähungen und Gotteslästerungen so lange gepeitscht, bis Blut daraus hervorgeflossen. Zu selbiger Zeit legte ein altes Weib vor dem blutdürstigen Franziskaner das wahnsinnige Bekenntniß ab, sie habe als sechsjähriges Mädchen gesehen, wie die Juden Hostien ins Feuer geworfen und Christenknaben geschlachtet.

Das Stachelschwein.

Das Stachelthier oder Stachelschwein, wovon wir unsern Lesern hierbei eine vorzüglich gelungene und naturgetreue Abbildung mittheilen, gehört in die Classe der Nagethiere und ist uns aus den Menagerien, für welche es immer als ein vorzüglich interessantes Schaustück gelten kann, bereits ziemlich bekannt geworden. Dieses Thier war schon den frühesten Naturforschern, deren Schriften auf unsere Zeit gekommen sind, bekannt. Aristoteles und Plinius beschreiben es sehr getreu; allein andere alte Zoologen verknüpfen auch mit demselben mannichfache Fabeln, die sich freilich im Laufe der spätern Zeit hinlänglich als solche erwiesen haben. So ist die alte Erzählung, daß das Stachelthier sich seiner Stacheln, mit denen sein Leib wie mit einem Panzer bewehrt ist, gleich Wurfspießen bediene und im Zorn und in der Nothwehr immer eine nach der andern nach seinem

---

*) Hier wenigstens am auffallendsten. Freilich aber wird sich der Einfluß dieser Revolution auf der ganzen Erde offenbaren.

*) Der Verfasser heißt Christoph von Hellwig. Wir bemerken indeß, daß eine Ausgabe dieses Kalenders durch Rüdiger (Leipzig 1786) existirt, in welcher die Thorheiten der andern Ausgaben unterdrückt sind.

Das Stachelschwein.

Feinde schleudere, bekannt genug und gehört zu den ältesten Kindermärchen der Naturbeschreibung. Man behauptete sogar, die Gewalt, womit das Thier diesen natürlichen Pfeil von sich abschleudere, sei so groß, daß derselbe im Stande sei, durch ein dickes Bret zu dringen. Entstanden sein mag diese Fabel wol vornehmlich daraus, daß dem Stachelthier wirklich öfters Stacheln ausfallen, weil dieselben nicht in dem Leibe selbst, sondern nur auf der Haut festsitzen, und also nicht so fest eingefügt sind, um nicht bei heftiger Bewegung des Thieres, auch wol gegen den Feind, sich von der Haut abstreifen zu können. Diese Stacheln, die man wol nur selten zu der Länge eines Fußes antrifft, sind zierlich geringelt, mit abwechselnd schwarzen und weißen Bändern, und können ihrer Härte wegen gut zu Stielen für Pinsel und andere dem Künstler und Handwerker nöthige Geräthschaften benutzt werden. Das gemeine Stachelthier stammt aus Afrika, doch findet man es auch in einigen Gegenden von Europa, in Italien, besonders unweit Rom und in den Apenninen, und auch in Spanien; allein in diesen Ländern ist es doch nicht als einheimisch zu betrachten, sondern in frühern Zeiten erst übergesiedelt worden. Auch sind die in Europa lebenden Thiere dieser Gattung kleiner von Gestalt und ihre Stacheln sind beiweitem nicht so lang und hart als die der afrikanischen. Man sagt, daß die europäischen einen theilweisen Winterschlaf halten, sich während der kalten Jahreszeit in Erdhöhlen verbergen, aus denen sie erst, wenn der Frühling kommt, wieder hervorgehen. In Afrika jedoch ist dies mit diesen Thieren nicht der Fall. Auch das indische Stachelschwein unterscheidet sich merklich von dem europäischen; es ist um ein Dritttheil größer als dieses und besitzt die Eigenthümlichkeit, daß bei ihm die sämmtlichen Stacheln des Hintertheils ganz weiß von Farbe sind. Die Länge des afrikanischen Stachelthiers beträgt nicht über zwei Fuß. Der Schwanz dieses Thieres ist kurz und kann, unter den Stacheln verborgen, kaum bemerkt werden. Sobald dagegen das Thier die Stacheln aufrichtet, kann man ihn leicht wahrnehmen. Er ist nicht mit Stacheln besetzt, sondern mit einer Art von schuppigen und beweglichen Ringen, mittels welcher das Thier ein raselndes Geräusch hervorbringen kann, ähnlich dem der Klapperschlangen. Das Stachelthier führt ein ruhiges und harmloses Leben und thut keinem andern Thiere, viel weniger dem Menschen, ungereizt etwas zu Leide. Wird es dagegen angegriffen, so kann es seinem Gegner auch furchtbar werden. Es lebt in der Einsamkeit, an düstern und abgelegenen Orten, wo es sich selbst eine Höhle gräbt mit mehren Öffnungen, worin es den Tag über schlafend zubringt. Die Nacht ist die Zeit, wo es thätig und lebhaft wird; mit Dunkelwerden geht es auf seinen Fraß aus, der aus Wurzeln, Kräutern, Baumrinden und andern vegetabilischen Stoffen besteht; diese zum Theil harten und zähen Substanzen weiß es mit Hülfe seiner langen und außerordentlich scharfen Schneidezähne vortrefflich zu zermalmen. Auch in den Pfoten besitzt das Stachelthier eine ungewöhnliche Muskelkraft, mit denen es sich mit Leichtigkeit auch in den festesten Grund einzuwühlen vermag. Die Vorderfüße haben vier, die Hinterfüße fünf Zehen. Im Zustande der Gefangenschaft zeigt sich das Stachelschwein träge, wild und ungelehrig; es gibt kein Zeichen von lebhaftem Instinct und läßt sich durchaus nicht zähmen; seine Stimme ist ein dumpfes Grunzen, die es nur ertönen läßt, wenn man es reizt oder ihm auf andere Weise zu nahe kommt.

Verantwortlicher Herausgeber: Friedrich Brockhaus. — Druck und Verlag von F. A. Brockhaus in Leipzig.

Das Pfennig-Magazin

für Verbreitung gemeinnütziger Kenntnisse.

224.] Erscheint jeden Sonnabend. **[Juli 15, 1837.**

Galerie der deutschen Bundesfürsten.
XIX.

August, Großherzog von Oldenburg.

Der regierende Großherzog von Oldenburg, August Paul Friedrich, wurde auf dem Lustschlosse Rastede am 13. Juli 1783 geboren und ist der Sohn des Herzogs Peter Friedrich Ludwig, aus dessen Ehe mit der Prinzessin Elisabeth von Würtemberg. Als Oldenburg 1811 von den Franzosen besetzt wurde, folgte er seinem Vater nach Rußland, wo sein jüngerer Bruder Georg, geboren 1784, gestorben 1812, vermählt mit der Großfürstin Katharina, nachheriger Königin von Würtemberg, gestorben 1819, damals Gouverneur von Nowgorod, Twer und Jaroslaw war. Die Protestation seines Vaters gegen die von Napoleon verfügte Besetzung Oldenburgs vermehrte die Spannung zwischen dem russischen und französischen Hofe, die zunächst den Krieg von 1812 herbeiführte, an welchem der Erbherzog thätigen Antheil nahm. In der Schlacht bei Borodino erkämpfte er sich einen Ehrendegen und in der Schlacht bei Tarutino den Georgorden. Gegen Ende des Jahres 1813, als sein Vater nach Oldenburg zurückgekehrt war, übertrug ihm der Kaiser Alexander die Verwaltung des Gouvernements Reval, wo er fördernd die Vorarbeiten zur Aufhebung der Leibeigenschaft leitete. Nach seiner Rückkehr in das Vaterland vermählte er sich 1817 mit der Prinzessin Adelheid von Anhalt-Bernburg-Schaumburg, geboren 1800, die aber schon 1820 starb. Seit 1821 nahm er thätigen Antheil an der Regierung und wirkte mit beim Erlaß mehrer wohlthätigen Verordnungen im Geiste der fortschreitenden Zeit. Zum zweiten Male vermählte er sich 1825 mit der Prinzessin Ida, geboren 1804, einer Schwester seiner verstorbenen Gemahlin, die er aber ebenfalls nach wenigen Jahren 1828 durch den Tod verlor. Bei seinem Regierungsantritte nach des Vaters Tode, am 21. Mai 1829, nahm er am 28. Mai den Titel als Großherzog an, den der wiener Congreß seinem Vater zuerkannt, den aber dieser nicht angenommen hatte. Zum dritten Male vermählte er sich am 5. Mai 1831 mit der Prinzessin Cäcilie, geboren am 22. Juli 1807, einer Tochter des vormaligen, 1837 verstorbenen Königs von Schweden, Gustav IV. Adolf. Aus der ersten Ehe des Großherzogs stammen die beiden Prinzessinnen: Amalie, geboren am 21. December 1818, vermählt am 22. Nov. 1836 mit Otto, König von Griechenland, und Friederike, geboren am 8. Juni 1820; aus der zweiten Ehe der Erbgroßherzog Nikolaus Friedrich Peter, geboren am 8. Juli 1827. Der russische Generallieutenant Herzog Peter Konstantin Friedrich, geboren am 26. August 1812, ist ein Sohn des obenerwähnten jüngern Bruders des Großherzogs.

Das Neueste aus der Natur- und Gewerbswissenschaft.
(Fortsetzung aus Nr. 223.)

Von Wetterprophezeiungen auf lange Zeit voraus für bestimmte Tage darf nichts erwartet werden, da die Witterung als das Aggregat so vieler zusammenwirkenden Ursachen erscheint, daß die Anzeichen höchstens für die nächsten Stunden als unmittelbar gültig zu betrachten sind. Im Ganzen und Großen geht die Witterung einen Gang, auf dessen Sicherheit und allmälige Änderung wir bereits hingedeutet haben; die täglichen Anomalien dagegen stellen sich so launenhaft (wir wählen den Ausdruck nicht ohne Bedacht) dar, daß es vielleicht für immer unmöglich fallen wird, alle die verschiedenen darauf wirkenden Einflüsse voneinander zu sondern und genau anzugeben. Wahrscheinlich müssen selbst die Erscheinungen einzelner Jahre mit ihrer Besonderheit unter diesem Gesichtspunkte betrachtet werden, und der diesjährige Spätwinter, welcher so allgemeine Bestürzung erregt hat, thut unserer obigen Behauptung einer allgemeinen Tendenz nach Temperaturerhöhung auf der nördlichen Hemisphäre gar keinen Eintrag. Ein Genesender, um zu einem Gleichnisse meine Zuflucht zu nehmen, welcher also einem Zustande von neuer Kraft entgegengeht, kann an einzelnen Tagen sehr wol kleine Rückfälle haben, ohne daß sein allgemeiner Fortschritt zu jenem bessern Zustande bezweifelt werden darf. Ganz ebenso aber verhält es sich mit dem diesjährigen Spätwinter, welcher auch nur als eine solche Unterbrechung des großen klimatischen Änderungsganges der Erdkugel zu betrachten ist, ohne daß der letzte Zweck dieser Veränderung darum weniger erreicht wird.

Übrigens gehören aber auch Spätwinter mit vielem Schnee ohnedies gar nicht zu den unerhörten Witterungsereignissen. Man liest z. B. in der kölner Chronik vom Jahre 1726:

"Nach Ostern ist viel Schnee gelegen,
In Städten, Feldern, allerwegen,
Und haben dennoch durch göttliche Güt'
Die Trauben vor Pfingsten noch alle verblüht;
Jacobi trug man Trauben herein,
Und wuchs das Jahr noch ein köstlicher Wein."

Nun fiel im gedachten Jahre Ostern auf den 21. April, und also noch vier Wochen später als im laufenden Jahre (26. März), wahrscheinlich aber ist der Schnee nicht auf Köln eingeschränkt gewesen, sondern hat auch südlichere Punkte erreicht, dergestalt, daß der Umstand, obwol noch später vorgekommen, doch dem diesjährigen gleicht. In der freilich rauhern Mark Brandenburg muß man allerdings durchschnittlich sogar alle fünf Jahre einmal Schneefall im Mai rechnen, ja 1821 fiel am 22. Juni Morgens noch Schnee zu Berlin.*) Dabei zeigt sich nicht, daß solche Jahre mit spätem Schnee besonders unfruchtbar gewesen wären; im Gegentheil war z. B. das Jahr 1705, wo in den Marken am 25. und 26. Mai ein so ungeheurer Schneefall erfolgte, daß davon die Äste der bereits belaubten Bäume zerbrachen, sogar ein ganz ausgezeichnet fruchtbares. Auch das laufende Jahr läßt sich ja, trotz allen durch den Spätwinter erregten bangen Befürchtungen, günstig genug an*), und man sieht hieraus, daß die Fruchtbarkeit, gleich der Witterung, eines einzelnen Jahres an eine Menge von Bedingungen gebunden ist, über deren Zusammenhang und Gesammtwirkung wir kein ausreichendes Urtheil besitzen.

Da einmal von den Witterungserscheinungen des verwichenen Winters die Rede ist, so dürfen wir auch noch der merkwürdigen Gewitternacht des 4. Decembers Erwähnung thun. In dieser Nacht befanden sich zwei Gendarmeriewachtmeister aus Breslau und Steinau auf dem Wege von Parchwitz nach Steinau. Sie verfolgten ihre Straße und bemerkten die Blitze, ohne Donner zu vernehmen, als sich ungefähr gegen Mitternacht Alles plötzlich so verfinsterte, daß die Reiter nur mit der größten Mühe die Straße halten konnten. Nach wenigen Minuten erhob sich plötzlich ein von Schloßen begleiteter Orkan, und jetzt nahmen sie mit Erstaunen an ihren Kleidern, dem Reitzeuge u. s. w. matte Flammen wahr, mit denen sie gleichsam überschüttet waren, und die sich besonders an allen spitzen Gegenständen, den Ohren der Pferde, den Ärmeln der Röcke u. s. w. zeigten. Auch die Äste der umherstehenden Bäume strahlten dergleichen Flammen aus. Erst nach einer Strecke von etwa 400 Schritten befanden sie sich außerhalb dieses elektrischen Luftkreises und erreichten dann Steinau nach Mitternacht. Auch an der Thurmspitze der dortigen Kirche waren sie Minuten lang ähnliche Flammen gewahr geworden.

Dieser Vorgang, welcher in mehren öffentlichen Blättern besprochen und als etwas sehr Außerordentliches betrachtet worden ist, gehört in die Classe der sogenannten Wetterlichter, St.-Elmsfeuer, auch Castor und Pollur genannt, und es finden sich schon bei den Alten Beispiele davon angeführt. Plinius erzählt, daß er zuweilen bei Gewitterluft Sterne an den Lanzen der Soldaten und den Mastbäumen der Schiffe wahrgenommen habe. Zwei solche Sterne wurden von den Schiffern als Vorboten einer glücklichen Fahrt betrachtet und mit dem obigen Namen Castor und Pollur belegt; einer bedeutete Unglück, und hieß Helena, woraus ohne Zweifel durch Corruption unser St.-Elms entstanden ist. Ähnliche Erwähnungen kommen beim Hirtius, beim Livius, beim Seneca vor; neuere Beispiele finden sich in Menge bei Reimarus in seinem schönen und bekannten Werke: "Vom Blitze". Seitdem der Blitz nämlich als eine elektrische Erscheinung erkannt worden ist, sind auch die Wetterlichter, den Phänomenen des elektrischen Lichts gemäß, als Zeichen der an Spitzen und Ecken offenbar werdenden Electricität angesehen worden. Es ist den Lesern bekannt, daß solche Spitzen nicht blos aus den elektrischen Wolken selbst, sondern auch aus der umringenden Luft die Electricität leicht und auf

---

*) Referent erinnert sich, im Jahre 1794 oder 1795 Ähnliches zu Magdeburg erlebt zu haben.

*) Dieser Aufsatz ist Ende Mais geschrieben.

große Entfernungen annehmen. Wenn diese in der Luft vertheilte Elektricität daher stark ist, wie z. B. bei einem durch Wind zertheilten Gewitter, welches eben unser Fall ist, so saugen die dazu geschickten Spitzen unaufhörlich Elektricität ein und zeigen denjenigen schwirrenden Lichtschein, welcher sich in der obigen Erzählung als matte Flamme bezeichnet findet. Es geht hierbei nämlich die in der Luft angehäufte Elektricität in solche auf der Erde befindlichen, durch ihre spitze Gestalt besonders dazu geeigneten Körper über, mittels welcher sie ferner zur Erde abgeleitet wird. Das Licht entsteht aber nur da, wo sich ein Widerstand äußert, nämlich im Punkte des Überganges aus der Luft in die Spitze selbst, und das ganze als so wunderbar angegebene Phänomen wird also aus dem von uns aufgeführten Satze vollkommen erklärlich. Möchte man dies mit gleichem Rechte von allen übrigen elektrischen Erscheinungen, und besonders von ihrer eigentlichen Grundursache auch sagen können!

Wenn uns diese letztere aber noch verborgen ist und wahrscheinlich auch für immer verborgen bleiben wird, so werden dagegen, in blos experimentaler Rücksicht, fortwährend die wichtigsten Entdeckungen in der Elektricität selbst gemacht. So hat namentlich der französische Physiker Peltier kürzlich gefunden, daß, wenn man einen Kupferstreifen genau in die Richtung des magnetischen Meridians*) bringt und denselben mit einem andern Streifen desselben Metalls streicht, positive Elektricität in dem Falle entsteht, sobald dieses Streichen in der Richtung von Norden nach Süden erfolgt, und negative dagegen beim Streichen von Süden nach Norden. Dieser Zusammenhang zwischen Elektricität und Magnetismus gehört zu dem Bewunderswürdigsten, was auf dem Wege des Versuchs bis jetzt darüber hat ausgemittelt werden können, und man findet sich mit Staunen diesem Geheimnisse gegenüber. Aber was sind beide Kräfte nun eigentlich, deren Rapport uns so sinnlich überraschend entgegenspringt? Hier findet sich der menschliche Verstand durch ein unübersteigliches Hinderniß aufgehalten.

In dieselbe Classe höchst merkwürdiger experimentaler Erweiterungen der menschlichen Kenntnisse von denjenigen Phänomenen, deren Gesammtheit wir mit dem Namen der Elektricität belegen, gehört auch die von den Physikern oft versuchte und immer als vergeblich aufgegebene, jetzt aber dem Professor Santi Lenari zu Siena geglückte Entdeckung eines Verfahrens, aus dem Zitteraal einen wirklichen elektrischen Funken zu ziehen. Unter den Zitter- oder elektrischen Fischen, von denen es mehre Arten gibt, als der bekannteste aber der eben genannte Zitteraal betrachtet werden kann, versteht man alle diejenigen Fische, welche das Vermögen besitzen, Körper, mit denen sie unmittelbar oder durch Leiter der elektrischen Materie in Verbindung kommen, elektrische Erschütterungen zu verursachen. Der Zitteraal namentlich, welcher besonders in den Gewässern von Surinam vorkommt, versetzt Menschen und Thieren, die ihn im Wasser berühren, einen betäubenden Schlag, welcher sogar tödtlich werden kann. Die erste Beobachtung dieser merkwürdigen Eigen-

---

*) Die Richtung der Magnetnadel geht nämlich, wie ich kurz erinnern will, nicht genau nach den Punkten Norden und Süden, sondern weicht an einem Orte und zu einem Zeitpunkte mehr als zu einem andern, hier östlich, dort westlich, davon ab, sodaß sie also, verlängert, andere Punkte des Horizonts trifft. Ein größter Kreis der Himmelskugel durch das Zenith und jene Punkte des Horizonts gedacht, heißt der magnetische Meridian, im Gegensatze des astronomischen oder terrestrischen Meridians, welcher genau die Punkte Norden und Süden trifft.

schaft des Zitteraals scheint von dem französischen Akademiker Richer herzurühren, welcher im Jahre 1671 nach Cayenne ging und in seiner Reisebeschreibung erzählt, es gebe daselbst einen mehre Fuß langen Fisch, welcher, mit dem Finger oder einem Stabe berührt, den Arm erstarren mache und Schwindel errege. Nach ihm ist die Beobachtung von andern Reisenden vielfach wiederholt worden, ohne dabei Elektricität anzunehmen, bis der bekannte englische Anatom Hunter einen solchen Fisch zergliederte und das Vorhandensein der elektrischen Organe, welche sich zu beiden Seiten des Fischkörpers erstrecken und am Ende des Schwanzes in eine Spitze auslaufen, augenscheinlich nachwies. Indeß bestand unter den Naturforschern noch immer ein Streit darüber, ob die elektrischen Entladungen dieses wunderbaren Fisches von Funken begleitet seien oder nicht. Der Engländer Walsh behauptete das Vorkommen des Funkens, andere Beobachter widersprechen ihm, und diesem Streite nun ist durch das Experiment des italienischen Professors, welchem es, wie gesagt, geglückt ist, dem Zitteraal beliebig elektrische Funken zu entziehen, für immer ein Ende gemacht worden. Das von ihm dazu angewendete Verfahren findet sich vollständig im Decemberhefte des zu Siena erscheinenden Journals „Indicatore Sienese" beschrieben.*)

(Der Beschluß folgt in Nr. 225.)

Virgil's Grab.

Wenn der Reisende die westliche Vorstadt von Neapel, La Chiaja genannt, verlassen hat, so gelangt er in wenigen Minuten zu dem schönen Spaziergange, der den Namen La Mergellina führt, und verläßt alsdann die Küste des unvergleichlichen Golfs, um, zur Rechten gewandt, den mit Wein bedeckten Hügel von Posilippo zu besteigen, zu welchem ein mit Stufen versehener, gewundener Fußpfad allmälig emporführt. Hier an diesem reizenden Hügel von Posilippo erblickt der Wanderer jenen alten römischen Grabhügel, den man insgemein „das Grab des Virgil" nennt. Ungefähr in der Mitte der Anhöhe angelangt, tritt man durch ein rohgearbeitetes Thor in einen Weingarten, der sich auf der einen Seite in einem steilen Abhange endigt. Auf dem Saume dieses Absturzes nun und unmittelbar über dem Eingange zu der unterirdischen Grotte von Posilippo, die keinem Besucher des südlichen Italiens unbekannt bleibt, steht das halbverfallene Grabmal Virgil's, von welchem wir hier eine vollkommen getreue Abbildung mittheilen, von Bäumen überschattet, die mit ihren Wurzeln in der alten Felsenkruste des Gemäuers haften, von diesem selbst ganz unzertrennlich. Es ist ein kleines viereckiges Gebäude mit abgerundetem Dache, und besitzt wenig Unterscheidendes, wodurch es vor ähnlichen, in der Umgebung befindlichen Gebäuden sich auszeichnete, ausgenommen seinen charakteristischen Namen und seine seltsame Lage. Der Eingang in dieses Grab oder Gemäuer war früher sehr eng, ist aber in neuerer Zeit erweitert worden; auch hat man ein Fenster durch die Mauer gebrochen, von dem aus man einen überraschenden Blick gewinnt in den Schlund, der den Zugang zu der berühmten Grotte von Posilippo bildet. Im Innern zeigt sich

---

*) Wir erfahren eben, daß es demselben Physiker durch Anwendung eines ähnlichen Verfahrens gelungen sein soll, auch der Magnetnadel einen elektrischen Funken zu entlocken, über welche staunenswürdige Entdeckung, wenn sie sich bestätigen sollte, wir uns die weitern Mittheilungen vorbehalten.
*

Virgil's Grab.

dieses Grab als eine gewölbte Zelle von ungefähr zwölf Fuß im Durchmesser, in welcher ringsherum sogenannte Columbaria angebracht sind, d. h. Nischen in der Mauer, worin die Aschenkrüge aufgestellt wurden. Doch hat man von letztern ebenso wenig wie von Sarkophagen oder Grabschriften, oder sonstigen Dingen, die das Gebäude als ein Grabmal näher bezeichnen sollten, zu keiner Zeit hier eine Spur gefunden. Daß dies Alles bis in das 16. Jahrhundert herab hier vorhanden gewesen und auch unter Anderm die Urne mit der Asche des römischen Dichters Virgilius hier aufbewahrt worden sei, von dem das Gebäude selbst den Namen trägt, ist eine unbestimmte Sage, deren Wahrheit sich nicht verbürgen läßt. Nach einer ältern Beschreibung stand die Aschenurne des Dichters der Äneide in der Mitte des Grabmals, getragen von neun kleinen marmornen Pfeilern, welche auf dem Friese mit einer Inschrift versehen waren. Noch 1526 soll sie hier von mehren ausgezeichneten Personen, besonders reisenden Künstlern und Gelehrten, in Augenschein genommen worden sein. Bald darauf, so berichtet die Sage, während der Kriege und der um diese Zeit stattgefundenen Einfälle feindlicher Truppen in das Königreich habe die Regierung, aus Furcht, es möchte ein so kostbares Alterthum von Barbarenhänden zertrümmert oder geraubt werden, dasselbe nach dem Castel nuovo bringen lassen, wo es jedoch verloren gegangen sei. Wieder andere Berichte sagen, es habe der Cardinal von Mantua für diese Stadt, welche bekanntlich des Dichters Geburtsort war, die Urne mit seiner Asche nebst den dazu gehörigen Marmorpilastern von der Regierung zum Geschenk erhalten, der Cardinal sei jedoch auf seiner Rückkehr in die Heimat erkrankt und zu Genua gestorben, wo dann das kostbare Gefäß in fremde Hände gerieth und von dieser Zeit an spurlos verschwand. Die lateinischen Verse, welche der Sage nach als Inschrift auf der Urne Virgil's gestanden haben sollten, sind bekannt genug und lauten so:

Mantua me genuit, Calabri rapuere, tenet nunc
Parthenope: cecini pascua, rura, duces.

Im Deutschen etwa so:

Mich, den Mantua zeugte, die Calabrer raubten, hält nun
Parthenope, ich besang Waffen und Hirten und Flur.

Ein englischer Reisender, George Sandys, besuchte dieses Grab des Virgil ungefähr vor 220 Jahren und macht von seinem Äußern folgende Schilderung: „Es hat die Gestalt einer kleinen Betkapelle, ist mit Epheu und Myrten wie mit einem natürlichen Teppich bekleidet, und was wirklich bewundernswerth ist, das ist der schöne und weitverzweigte Lorberbaum auf dem halbverfallenen Gipfel, der hier ganz von selbst gewachsen sein soll, gleichsam als wolle er durch sein Dasein die Verdienste des unsterblichen Sängers rühmen." Auch spätere Beschreiber erwähnen häufig diesen Lorberbaum mit seinen üppig entfalteten Zweigen, der jedoch in neuerer Zeit ganz verschwunden ist. Die Myrten aber grünen und blühen noch auf den alten Trümmern, und üppig sprossender Epheu bekleidet nicht allein das Grabmal, sondern auch das ganze braune Gestein des Felsenhanges, auf welchem das merkwürdige Gebäude gegründet ist.

Alte Sagen.

1) Die Sage von der Glocke.

Die alten Chroniken der Stadt Breslau, an wunderbaren Geschichten vorzüglich reich, haben uns unter Anderm auch eine alte Sage aufbewahrt, welche wir um ihres ebenso einfachen und herzlichen als traurigen Inhalts willen unsern Lesern mittheilen wollen. Es lebte nämlich im 15. Jahrhundert zu Breslau ein Glockengießer, Namens Heimroth, der weit und breit für den geschicktesten Meister in seinem Handwerk galt. Bei diesem bestellte der breslauer Rath eine schöne und große Glocke für den einen der beiden Thürme der stattlichen Magdalenenkirche. Durch diesen ehrenvollen Auftrag hocherfreut, macht sich der wackere Meister sogleich an die Vorbereitungen zu seinem schwierigen Werke, wobei er an seinem Lehrling, Namens Heinrich, einen tüchtigen Gehülfen hatte. Der Eifer dieses Jünglings war eigentlich beiweitem mehr den Wissenschaften als dem Glockengießerhandwerk zugewandt; er erlernte jedoch das letztere aus Liebe zu Meister Heimroth's Tochter. Als nun die Stunde, da die Glocke gegossen werden sollte, gekommen war, als schon die Form, wie unser Schiller sich ausdrückt: „fest gemauert in der Erde" stand, und der Meister mit seinem Gehülfen erwartungsvoll vor dem Schmelzofen weilte, in welchem das glühende Metall zischte und sprudelte, als nun der Meister soeben die wallende Masse vorsichtig abgeschäumt und an dem weißlichen, emporsteigenden Rauch, an dem eingetauchten Stäbchen die Güte der Mischung und die Flüssigkeit der Glockenspeise geprüft hatte, als er in der Freude über das bisherher so wohlgelungene Werk mit lauter Stimme ausrief: „Diese Glocke wird sicherlich meinen Namen verherrlichen, denn so trefflich ist mir noch keine Mischung gelungen", grade in diesem Augenblicke meldete man dem entzückten Meister, daß im Hausflur ein Rathsbote mit einem Aufträge vom Bürgermeister auf ihn warte. Dieser Auftrag, grade in einem so wichtigen Augenblicke, war dem Meister sehr unwillkommen; indessen setzte er doch volles Vertrauen auf die Geschicklichkeit seines Gehülfen; er trug diesem auf, ruhig beim Schmelzofen zu bleiben und die Mischung ja nicht außer Acht zu lassen, diese müsse nochmals abgeschäumt werden, aber bis dahin werde er schon selbst zurück sein; aber auf das strengste schärfte er dem Lehrlinge ein, ja nicht vorwitzig den Zapfen herauszuziehen, denn wenn das glühende Metall zu früh in die Form rinne, so sei das Werk verloren. Obgleich nun der Lehrling diesen Befehlen aufs genaueste nachzukommen versprach, so waren doch eigentlich seine Gedanken mit einem ganz andern Gegenstande beschäftigt, denn unaufhörlich stellte er sich vor, wie er doch eigentlich zu viel höhern Dingen bestimmt sei, und den Zweck seines Lebens beim Glockengießerhandwerk ganz verfehle. Mit zerstreutem Blick schaute er dem Meister nach, achtete dann eine Weile auf das zischende Metall, schäumte es nochmals ab und zog endlich aus Langerweile ein Buch hervor, um sich die Zeit zu vertreiben. Je mehr ihn dessen Inhalt anzog, desto mehr vergaß er den Auftrag, der ihn an den Ofen fesselte. In diesem fing es nun an, immer heftiger zu gähren und zu sieden, als wollte es ihn zersprengen. Von diesem Geräusch im Lesen gestört, richtete der Lehrling zerstreute Blicke nach dem Ofen, und es war, als ob ihm ein böser Geist einflüsterte, den Zapfen herauszuziehen und die siedende Metallflut zu befreien. Dies kaum gedacht, war es auch schon geschehen, und der rothglühende, heiße Strom wälzte sich bereits, gewaltig sprühend, in die Form. Aber auch sogleich, nachdem dies geschehen war, faßte den Lehrling eine so furchtbare Angst, daß er fast besinnungslos nach der Wohnung des Meisters stürzte, der eben den Boten mit der Meldung entließ, daß die Glocke in einer Stunde vollendet sein werde. Der todtenbleiche Lehrling stürzte zu des Meisters Füßen und vermochte nur die Worte zu stammeln: „Meister, ich habe Euer Werk verdorben, ich habe den Zapfen herausgezogen, straft mich, nehmt mir das Leben!" Bei dieser schrecklichen Botschaft verließ den Meister, der schon im Voraus den ganzen Ruhm seiner Arbeit genossen hatte, alle Besinnung, ganz außer sich vor Wuth, ergriff er ein nahe liegendes Messer und stieß es dem Lehrlinge in die Brust, der augenblicklich zu Boden sank. Dann stürzte er, ohne auf den Todesruf des Niedergesunkenen zu achten, nach seiner Werkstatt und zerbrach dort mit bebenden Händen die Form, um sich von dem Untergange seines schönen Werkes mit eignen Augen zu überzeugen. Aber welch ein schreckliches Gefühl bemächtigte sich jetzt des Meisters, als er bei näherer Betrachtung gewahrte, daß sein Werk keineswegs verunglückt, vielmehr der Guß auf unbegreifliche Art vollkommen schön gelungen war. Jetzt erst wälzte sich seine vorschnelle blutige That mit ihrem ganzen Jammer auf seine Seele; von der bittersten Reue getrieben, eilte er zurück nach der Hausflur, wo aber der unglückliche Lehrling schon im Sterben lag und neben ihm, ein Bild der schrecklichsten Verzweiflung, des Meisters Tochter kniete. Es wäre vergeblich, schildern zu wollen, wie jetzt der Meister mit gebrochenem Herzen seiner Reue freien Lauf ließ, wie die letzten Worte des Sterbenden seine Vergebung aussprachen und die Tochter des Meisters, selbst dem Tode nahe, hinweggetragen wurde. Nach einer Weile schien jedoch die Fassung dem Meister wiederzukehren und ein fester Entschluß in seiner Seele zu reifen. Er kleidete sich eilig in seinen Sonntagsstaat und begab sich nach dem Rathhause, um sich dort freiwillig den Händen des Gerichts zur Bestrafung zu überliefern. Obgleich nun die Richter über diesen Vorfall in große Bestürzung geriethen und mit schwerem Herzen an die Verurtheilung eines Mannes gingen, der stets ein Muster des rechtlichen Lebenswandels gewesen war, so erduldete dennoch das Gesetz keine Ausnahme, das vergossene Blut foderte wieder Blut, und man sprach demnach über Meister Heimroth das Todesurtheil. Über dieses zeigte sich jedoch der Meister keineswegs bestürzt, vielmehr sehr freudig, und als die Stunde des Gerichts herannahte, erbat er sich nur als einzige Vergünstigung, daß man bei seinem Todesgange mit der Glocke läuten möge, um berentwillen er zum Mörder seines Lehrlings und künftigen Eidams geworden war. Dieser Wunsch wurde ihm auch bewilligt, und so hörte man an dem Tage, wo der unglückliche Meister im feierlichen Schaugepränge nach dem Richtplatze geführt wurde, zum ersten Male die tiefen und harmonischen Klänge der neuen Glocke, welche die sämmtlichen Bewohner der Stadt Breslau mit großer Betrübniß erfüllten. Der Glocke aber wurde von nun an der Name der „Armensünderglocke" beigelegt und von dem Rath verordnet, daß dieselbe zu keiner andern Gelegenheit geläutet werden solle, außer wenn man einen Verbrecher zum Tode führe.

2) Die Sage von der Hahnkrähe.

Auch der Schauplatz dieser Sage ist das alte Breslau. Es lebte dort nämlich vor vielen hundert Jahren ein ehrenwerther Ritter aus sehr altem Geschlechte,

Namens Henzko von Wiesenburg, welcher eine ebenso schöne als tugendhafte Gemahlin hatte, die sein ganzes Lebensglück ausmachte. Man kann sich also die Betrübniß dieses guten Ritters denken, als ihm eines Tages der Befehl vom Herzog Heinrich zukam, daß er sich sogleich mit einer wichtigen Botschaft nach dem Morgenlande begeben solle. Der Grund zu dieser Sendung, den der Ritter sehr wohl kannte, war nicht geeignet, ihn fröhlicher zu stimmen. Der Herzog Heinrich hatte nämlich einen mächtigen Günstling, Namens Leutko, welcher schon seit langer Zeit sich in den Besitz der schönen Gemahlin Henzko's zu setzen trachtete. Mit Recht also betrachtete der Letztere diese Botschaft als einen Uriasbrief, wobei es vielleicht darauf abgesehen sein könnte, ihn für immer von der Heimat entfernt zu halten. Allein dessenungeachtet mußte er die Botschaft ausrichten; er nahm Abschied von der theuern Gemahlin, die ihm unter vielen Thränen den Schwur ewiger Treue leistete. Zuvor aber ermahnte er seine Gattin, sie möge sich nie, weder durch List noch durch Gewalt, bewegen lassen, einem Andern die Hand zu reichen, nur dann wolle er dies gestatten, wenn sie von seinem Tode ganz sichere und untrügliche Nachricht erhalte. „Hierzu", so sprach der Ritter, „soll dieses silberne Crucifix dienen, das ich mit mir nehmen und heilig aufbewahren will. Sobald dies in deine Hand gelangt, so magst du sicher daraus abnehmen, daß ich im fernen Morgenlande gestorben bin, und ferner thun, was dir beliebt." Noch nicht am Ziele seiner Reise, verfiel der Ritter Henzko in eine Krankheit, worüber er seiner Gattin Bericht erstattete. Diese Nachricht wurde zwar von dem bösen Leutko zum eignen Vortheil benutzt, dergestalt, daß er der trauernden Gattin den gewissen Tod ihres Gemahls vorspiegelte und mit dieser Gewißheit seine eignen Wünsche verband. Allein diese zeigte sich dem gegebenen Versprechen treu und wußte die Anträge des Verräthers Leutko nach Gebühr zurückzuweisen. Inzwischen hatte Henzko seine Krankheit überstanden, seine wichtige Botschaft getreulich ausgerichtet und befand sich bereits, von Sehnsucht und Hoffnung beflügelt, auf der Heimreise, als plötzlich bei einbrechender Nacht in einem dichten Walde ein starker Räuberhaufen hervorbrach, den Ritter überwältigte und beraubte und zuletzt als Sklaven in einer benachbarten Seestadt verhandelte. Obgleich nun inzwischen ein Diener des Ritters, der den Räubern entkommen war, in Breslau anlangte und, um nicht zur Verantwortung gezogen zu werden, daselbst die Nachricht verbreitete, der Ritter sei im Walde erschlagen worden, eine Nachricht, welche Leutko sogleich für sich zu benutzen verstand, so blieb doch die Gattin des Ritters, obgleich sie den Wittwenschleier anlegte, noch standhaft bei ihrer Weigerung, indem sie an das silberne Crucifix dachte, welches ihr einzig und allein ihres Gatten Tod verbürgen sollte. Inzwischen schmachtete der Ritter in schwerer Gefangenschaft drei volle Jahre hindurch. Da erschien ihm einst im lebhaften Traume seine schöne Gemahlin in festlichen Hochzeitsschmucke an der Hand des Verräthers Leutko. Sie schritten Beide dem Altare zu, auf dessen Stufen der Priester zur Trauung bereit stand. Mit furchtbarem Entsetzen schaute Henzko von fern der Trauungsfeierlichkeit zu. Es war, als fragte er Jemand, welchen Tag des Monats man heute schriebe, und siehe da, es war der nämliche Tag, der auf die Nacht, in welcher der Traum stattfand, folgen mußte. Als nun der Ritter gegen Morgen, in Angstschweiß gebadet, vom Schlaf erwachte, so rief er unter den schmerzlichsten Gefühlen aus: „Morgen also wird mein Weib die Gattin eines Andern werden; o könnte ich nur bis Tagesanbruch an den Thoren von Breslau sein, so wollte ich das Heil meiner Seele darum geben." Kaum waren diese unbedachten Worte den Lippen des Ritters entflossen, als ein Hahn krähte und der böse Feind in Person vor seinem Lager stand. „Ich bringe dich", sprach dieser, „noch ehe die Sonne aufgeht, vor das Thor von Breslau, und zwar auf diesem schwarzen Hahn, wenn du mir deine Seele verbriefen willst." Bei diesen Worten zeigte der Satan auf einen schwarzen Hahn von riesenhafter Größe, mit blutrothem Kamme, der mit den ungeheuern Flügeln schlug, als warte er ungeduldig, daß man ihn besteigen solle. Bei diesem Anblick entstand in der Seele des Ritters ein schwerer Kampf zwischen Christenpflicht und Liebe, wobei jedoch endlich die letztere den Sieg davon trug. Der Ritter versprach deshalb dem Satan, er wolle sein eigen sein, sobald er ihn bis Tagesanbruch, jedoch im Schlafe, vor die Stadt Breslau führen werde. Da nun der böse Feind leichtsinnig genug war, den Vertrag mit dem Ritter in dieser Form abzuschließen, so schwang sich der letztere, nachdem er sich zuvor überzeugt hatte, daß das silberne Crucifix sich noch als kräftiges Schutzmittel an seinem Halse befinde, auf den schwarzen Hahn, der nun wie ein Sturmwind mit seinem Reiter davon brauste; der Ritter aber hatte bei Abschließung des Vertrags einen Umstand berechnet, der dem Satan selbst entgangen war, denn obgleich der Ritter auf dem Rücken des höllischen Thieres alsbald entschlummert war, so mußte er doch natürlich erwachen, als beim Anbruch des Morgens der Hahn, sowie alle Thiere seines Geschlechts, laut zu krähen anfing. Mit dem Erwachen des Ritters war nun auch der Vertrag mit dem Teufel vernichtet; ganz nahe unter sich erblickte er im Glanze der aufgehenden Sonne die Stadt Breslau; der Hahn, über den der Satan von Stund an keine Macht mehr hatte, sank langsam mit seinem Reiter zur Erde und verwandelte sich in ein schön gezäumtes schwarzes Roß, auf welchem nun der beglückte Ritter in das Thor von Breslau einzog. Hier fand er seine Gemahlin, die ihm wirklich treu geblieben war, wieder, seine wunderbare Rettung wurde in der ganzen Gegend gepriesen und zum Dank dafür ließ der Ritter unweit dem Weichbilde der Stadt eine steinerne Säule errichten, die noch heutiges Tages steht und die „Hahnkrähe" genannt wird.

Der Tanz, Kupferstich von Hogarth.

Das umstehende, ungemein satirische Blatt ist aus des herrlichen Meisters Hogarth (dessen hervorstechende Darstellungsweise unsere Leser bereits auf mannichfaltige Weise kennen gelernt haben)*) berühmtem Buche entnommen, das den Titel führt: „Die Analyse der Schönheit". Der Sinn dieses Blattes ist, daß es die Anmuth der Haltung, den Anstand und die Schönheit der körperlichen Bewegung durch Darstellung des entschiedenen Gegentheils klar erörtern und anschaulich machen soll, und in der That ist dies der Weg, den Hogarth's unerschöpflicher Humor sehr häufig einschlägt, und wodurch seine Schöpfungen ebenso populair als charakteristisch

---

*) Vgl. Pfennig-Magazin Nr. 95, 99, 104, 112, 113, 115, 116, 117, 123, 126, 130, 134, 135, 145, 149, 153, 155, 157, 159, 180, 185, 190, 194.

werden. Gewiß, wenn wir diese verschiedenen Paare betrachten, welche hier einen altmodischen Cotillon aufführen, so können wir uns kaum des Lachens erwehren. Jede einzelne dieser der Terpsichore huldigenden Figuren unterscheidet sich von der andern durch charakteristische Eigenthümlichkeit wesentlich; allein Das haben sie sämmtlich miteinander gemein, daß sie Alle (etwa das einzige Paar an der Spitze des Reigens ausgenommen) gleich lächerlich sind. Beginnen wir, zu besserer Erörterung, die Reihe von unten. Hier bemerken wir, als Schlußpunkt des Ganzen, einen flotten Herrn, der uns freilich nur die Schattenseite seiner Körperlichkeit zuwendet; aber in seiner ausdrucksvollen Haltung deutlich verräth, daß er, wie man zu sagen pflegt, mit Leib und Seele tanzt. Selbst der ansehnliche Zopf, der sich seinen breiten Rücken hinabschlängelt und so das luftige Ende der stattlichen Perücke bildet, scheint den Enthusiasmus dieses Tänzers zu theilen. Seine Arme sind nach beiden Seiten in einer Richtung ausgestreckt, die ihr Inhaber unstreitig für die Quintessenz aller Grazie hält; seine nicht ganz unebenen Beine scheinen geflügelt, gleich denen des Götterboten Mercur, und sein schmachtend vorgebeugter Oberkörper scheint der Tänzerin seiner Wahl, von der wir leider nur das volle Gesichtchen erblicken, die entschiedenste Huldigung darzubringen. Das Nebenpaar von diesem, sowie das darauf folgende dritte Paar hat Hogarth's ironische Phantasie gleichsam zu gegenseitiger Verhöhnung, gewiß aber zur Aufstellung eines schneidenden Contrastes erschaffen. Betrachten wir den dicken Herrn mit der schwarzen Perücke und seine fast noch corpulentere Tanzhälfte. Ohne allen Zweifel ist dieses gewichtige Paar, das der Mutter Erde etwas beschwerlich wird, mindestens seit 20 Jahren nicht mehr auf anstrengende Leibesbewegungen eingerichtet. Von Seiten der Dame scheint dieser unwiderlegliche Umstand empfunden zu werden, denn ihre ganze Haltung drückt das personificirte Phlegma aus, und ihr umfangreicher Bau scheint mehr in der Erde zu wurzeln, als sich zu bewegen. Dagegen zeigt ihr Tänzer bei seiner Wohlbeleibtheit so wenig Trägheit, daß man beinahe für jenes selbst besorgt werden möchte. Seine kurzen dicken Beine sind in merklicher Thätigkeit; die ausgespreizten Finger der Linken, mit der er noch überdies bemüht ist, den breiten Clacque festzuhalten, deuten darauf hin, wie sauer ihm diese Thätigkeit wird; selbst das dünne steife Haarzöpfchen hat eine horizontale Richtung angenommen und bezeichnet auch seinerseits einen Lebensvirtuosen mittlern Alters, der von Herzen gern noch mehr thun würde, wenn die Natur nicht seinem Umfange einige Ellen oder mindestens Fuß zugesetzt hätte. Auch diesen Tänzer können wir uns noch gefallen lassen, wiewol von Grazie bei ihm keine Rede sein kann. Die letztere affectirt zwar sein Vortänzer, der des Erstern leibhaftiges Gegenstück ist, in hohem Grade, mag jedoch von ihr gleich weit, wie der Nachbar, entfernt sein. Er ist eine Stange von einem Manne in dem Sinne, wie der lustige Prinz Heinz den weltberühmten Fallstaff eine „Tonne von einem Manne" nennt; in beide Bezeichnungen aber läßt sich schwerlich der Begriff der Grazie aufnehmen. Hätte diese himmellange Figur die Beine auseinander gespreizt, um sich eine Basis der Bewegung zu bilden, als fürchte sie, um ihrer großen Schattenhaftigkeit willen, in anderer Stellung den Luftzug, so würde man sie eher für einen Kleiderstock, als für einen Tänzer halten. Eben deshalb ist es auch natürlich, daß sie sich zur Tanzhälfte ein ihr gleichartiges Wesen vom schönen Geschlecht auserwählt hat, die an Steifheit und Magerkeit mit ihrem Wähler wetteifert. Die nächstfolgende männliche Figur ist mit so lächerlicher Plastik ausgearbeitet und so augenscheinlich caricirt, daß wir sie beinahe für ein Portrait halten möchten, dergleichen in den Hogarth'schen Blättern nicht wenige vorkommen. Etwas Possirlicheres als die Erscheinung dieses Tänzers läßt sich kaum denken; gewiß ist es, daß sich dieser alte Geck für einen Ausbund von Grazie hält. Er glaubt sich ganz unwiderstehlich, und unsere Leser mögen selbst urtheilen, in wie weit sich dieser Glaube rechtfertigen läßt bei einem Tänzer, dessen Beine einen vollkommenen stumpfen Winkel bilden. Unbegreiflich bleibt es, wie sich die anspruchsvolle Figur, deren Gipfelpunkt eine ungeheure Allongeperücke ausmacht, auf diesen winklichten Beinen erhalten kann. Aber was thut nicht die Grazie oder vielmehr die Eitelkeit bei Jahren, die sich auf Grazie zu verstehen meint. Auch scheint es, als ob die Dame dieses Heros im Tanz sich mehr auf die Beschauung und Bewunderung ihres Chapeau als auf das Tanzen selbst einließe, wofür ihr die eigne Corpulenz auch eine ziemlich gegründete Entschuldigung darbietet. Das nun folgende fünfte Tänzerpaar bildet vielleicht den Glanzpunkt des ganzen Reigens. Dieser fünfte Tänzer ist ein wahrer Teufelskerl, so klein und unansehnlich er ist, beweglich, gleich einer Drahtpuppe, scheint er zugleich auf die gewiß nicht allzu blendende Schönheit seiner Tänzerin, welche die Spröde spielt, Sturm zu laufen. Eine Art von Raptus scheint ihn ergriffen zu haben, und man kann hieraus schließen, daß er sicherlich den Reigen nicht verlassen wird, so lange noch eine Geige tönt und ein Horn geblasen wird. Es ist, wie ein Ausleger bemerkt, ein kleiner, gefährlicher Kerl, vor dem sich die Ballschönen in Acht nehmen müssen. Von dem vordern Paar, das den Reigen anführt, brauchen wir nur wenig zu sagen; es ist unstreitig noch dasjenige unter Allen, was den meisten Anstand offenbart. Nimmt man den sehr steifen Geschmack jener Zeit hinweg, so bleibt auch wol etwas Grazie übrig.

Wollen wir nun noch einen Blick auf die übrigen Gegenstände dieses Bildes werfen, so verrathen z. B. die übereinander und durcheinander geworfenen Staatshüte der Tänzer, welche am Boden liegen, der bellende Windhund, der sich beim Anblick dieser zierlichen und sich zierenden Gruppen nicht allzusehr zu ergötzen scheint, ferner die beiden Jammergesichter des Violinisten und Fagottisten, die allein vom ganzen Ballorchester sichtbar sind, endlich die lebensgroßen Wandbilder würdiger Helden und ernster Vorfahren, die auf dieses tolle Treiben mit Verwunderung und Misbilligung herabzublicken scheinen, sie verrathen ihre satirische Bedeutung und den leichtfertigen Humor des erfindungsreichen Malers von selbst und ohne weitere Erörterung. Etwas schwierig ist es, die wahre Bedeutung des Paars im Vordergrunde zur Rechten zu finden. Die Dame ist unstreitig aus dem Reigen getreten, entweder weil sie die übeln Folgen zu festen Schnürens an sich erfahren oder weil ein Brief, den wir in der Hand des ihr behülflichen Chapeaus zu entdecken meinen, einen unangenehmen Eindruck auf sie hervorbrachte. Was dem Herrn mit der Uhr begegnet ist, der sehr große Eile zum Fortkommen zu haben scheint, können wir nicht mit Gewißheit bestimmen.

Noch wollen wir schließlich bemerken, daß Hogarth in seiner Zeit wol um so eher Veranlassung finden mußte, den carikirten Tanz seiner Landsleute auf plastische Weise lächerlich zu machen, da ja auch in heutigen Tagen die Gabe zu tanzen beiweitem nicht des Engländers vorzüglichste Eigenschaft ausmacht. Neuere Augenzeugen versichern uns, daß auf den londoner Bällen man selten ausgezeichnete Tänzerinnen, noch seltener ausgezeichnete Tänzer erblickt, sodaß sich die nicht eben schmeichelhafte Phrase eines französischen Professors zu bestätigen scheint, welcher sagt: „Die englische Nation hat im Laufe der Jahrhunderte zwar viele große Männer in Kunst und Wissenschaft, aber nicht einen einzigen guten Tänzer hervorgebracht." Wir unsererseits sind jedoch der Meinung, daß sich die englische Nation grade über diesen Mangel am leichtesten hinwegsetzen kann.

Der Tanz, Kupferstich von Hogarth.

Das Pfennig-Magazin

für Verbreitung gemeinnütziger Kenntnisse.

225.] Erscheint jeden Sonnabend. [Juli 22, **1837**.

Galerie der deutschen Bundesfürsten.
XX.

Wilhelm, Herzog von Nassau.

Der regierende Herzog Wilhelm Georg August Heinrich Belgicus, geboren zu Weilburg am 14. Juni 1792, ist der Sohn des in Folge seines Beitritts zum Rheinbunde mit dem Herzogstitel beschenkten Fürsten Friedrich Wilhelm von Nassau-Weilburg. Er folgte seinem Vater nach dessen Tode, am 9. Januar 1816, in der Regierung von Nassau-Weilburg und noch in demselben Jahre seinem Vetter, dem Herzog Friedrich August, gestorben am 24. März 1816, in Nassau-Usingen, und vereinigte auf diese Weise den gesammten Länderbesitz der Walramschen Linie des Hauses Nassau, dessen jüngere Linie, die Ottonische, das Königreich der Niederlande besitzt. Die Rechte und Privilegien der Landstände begründete er von Neuem durch die Constitution von 1817. Der Herzog war seit 1813 mit der Prinzessin Luise von Sachsen-Hildburghausen vermählt, nach ihrem Tode, am 6. April 1825, vermählte er sich am 23. April 1829 mit der Prinzessin Pauline, geboren am 25. Februar 1810, einer Tochter des Prinzen Paul von Würtemberg. Kinder erster Ehe des Herzogs sind: 1) der Erbprinz Adolf Wilhelm Karl August Friedrich, geboren am 24. Juli 1817; 2) Therese, geboren am 17. April 1815; 3) Moritz Wilhelm August Karl Heinrich, geboren am 21. November 1820; 4) Marie, geboren am 29. Januar 1825; aus der zweiten Ehe stammen: 5) Helene, geboren am 12. August 1831; 6) Nikolaus Wilhelm, geboren am 20. September 1832, und 7) Sophie, geboren am 9. Juli 1836. — Des Herzogs Bruder, der Prinz Friedrich Wilhelm, geboren 15. December 1799, ist Generalmajor in östreichischen Diensten.

Das Neueste aus der Natur- und Gewerbswissenschaft.

(Beschluß aus Nr. 224.)

Da die Nordlichter*) auch den elektrisch-magnetischen Erscheinungen, in deren Gebiete wir uns eben befinden, angehören, so scheint es angemessen, gleich hier aufmerksam auf die außerordentliche Häufigkeit dieser Phänomene im verwichenen Winter zu machen. Betrachtet man dieses schöne Schauspiel, wie man denn gar nicht anders kann, unter den obigen Gesichtspunkten eines solchen elektrisch-magnetischen Processes und nimmt dabei Rücksicht auf dessen häufigeres Vorkommen im Winter, wo gegentheils Gewitter selten stattfinden **), so erscheint es vielleicht nicht unangemessen, das Nordlicht als ein Wintergewitter, also als ein stilleres Mittel der Herstellung elektrischen Gleichgewichts, zu betrachten. Man könnte also hiernach die diesjährige Häufigkeit der Nordlichter in eine gewisse Verbindung mit der vorangegangenen Seltenheit der Gewitter bringen, welche so sehr auffallend gewesen ist und die erstern gleichsam als eine Ausgleichung der ausgebliebenen letztern betrachten. Dieses ist eine neue Ansicht, die wir den Lesern, welche sich für die dunkeln Partien der Naturwissenschaft interessiren, zum Nachdenken empfehlen. Unterdessen aber wird es einem größern Theile unserer Leser zum Vergnügen gereichen, Berichte über die ganz außerordentliche Pracht zu erhalten, durch welche sich die diesjährigen Nordlichter ausgezeichnet haben, und wir heben in dieser Rücksicht ganz besonders das Nordlicht vom 25. Januar hervor, welches nicht nur im ganzen nördlichen Europa, sondern auch in Nordamerika beobachtet worden ist. Über diese Erscheinung, wie sie sich namentlich zu Neuyork dargestellt hat, liegt uns ein Privatschreiben aus letzterer Stadt vor, welches dieselbe als unbeschreiblich herrlich schildert. Das ganze Firmament gewährte in jener Gegend von Sonnenuntergang bis gegen Mitternacht hin ein höchst seltenes Schauspiel, welches an Pracht, Glanz und überraschender Wirkung vielleicht nie übertroffen werden wird. Von dem äußersten Punkte des nördlichen Horizonts bis weit nach Süden hin zeigten sich gleichsam Tausende von Regenbogen in allem Farbenspiel, in aller Frische, sie schienen zuletzt zu einem festen Lichtkörper vereinigt, welcher bald in dunkler carmoisinrother Farbe, bald im mildern Glanze des Mondlichts und bald wieder in allen Zwischenfarben leuchtete, und zwar mit einer Schnelligkeit des Wechsels ***), welche wahrhaft zauberhaft erschien. Gegen acht Uhr brach, um bildlich zu reden, dieser Lichtkörper in offene Reihen und Glieder aus, welche sich langsam und regelmäßig gegen das Zenith hin bewegten, um dort eine solche Art von Krone*) zu bilden, wie die schönern und größern Nordlichter meistens alle zu zeigen pflegen. „Die Abwechselungen, die Strahlen und die verschiedenen Gestalten", heißt es in unserm Berichte, „welche sich bei dieser Phase des Nordlichts darboten, übertrafen an Pracht und Glanz alles bei ähnlichen Erscheinungen in dieser Gegend je Erlebte. In dem einen Augenblicke schien das ganze Firmament in Flammen zu stehen, einen rosigrothen oder goldgelben Schein über die ganze Stadt und Umgegend verbreitend; in einem andern spielten die Lichtstrahlen im zartesten Weiß und Azurblau." Dieses erhabene Schauspiel hat, wie gesagt, in jener Gegend bis gegen Mitternacht gedauert, um welche Zeit der Glanz allmälig abnahm und endlich ganz verschwand. Einer Beobachtung der Magnetnadel, über deren Affectionen bei einem Nordlichte wir in unserm vorigen Berichte gesprochen haben, finden wir leider im vorliegenden Schreiben nicht erwähnt.

Dagegen sind dergleichen Beobachtungen über den Einfluß des Nordlichts auf die Magnetnadel bei dem erwähnten häufigen Vorkommen des Phänomens im verwichenen Winter an andern Orten mit der größten Aufmerksamkeit angestellt worden. Dabei hat sich im Allgemeinen bestätigt gefunden, daß ein solcher Einfluß allerdings unleugbar sei; man hat aber zugleich die höchst auffallende Bemerkung gemacht, daß nicht alle Nadeln von jedem Nordlichte auf gleiche Weise afficirt werden, indem namentlich bei einem andern großen, am 18. Februar stattgefundenen Nordlichte zwei in geringer Entfernung voneinander aufgestellte Nadeln sehr verschiedene Schwankungen zeigten. Dies ist um so auffälliger, da bekanntlich die gewöhnlichen täglichen Schwankungen der Nadel auf der ganzen Erde nicht nur zu gleichen Tagesstunden erfolgen, sondern auch ähnlich sind, und man fragt sich verwundert, was die Ursache dieser neuen und sonderbaren Anomalie sein könne? Wohnt vielleicht den Magnetnadeln noch ein besonderer individueller Charakter bei, der zwar nicht bei den täglichen Einflüssen, wol aber beim Nordlichte hervortritt? Leider bleibt uns die Naturforschung auch auf diese Frage noch die Antwort schuldig, wie ich mich denn überhaupt gezwungen sehe, aufrichtig und bescheiden einzugestehen, daß die unendliche Mühe, welche sich die neueste Zeit um Aufklärung der wahren Natur des tellurischen Magnetismus gegeben hat, die Sache nicht nur nicht erleichtert, sondern vielmehr in ein noch undurchdringlicheres Dunkel gehüllt zu haben scheint. Blos die Bereicherungen in experimentaler Rücksicht sind, wie ich schon oben angeführt habe, ein unzweifelhafter Gewinn, und man sieht hiernach beinahe so aus, als wenn der Mensch auf seinem gegenwärtigen irdischen Standpunkte nur solche experimentale Entdeckungen, nicht aber eine wahre tiefe Einsicht in das Innerste des Naturgeheimnisses erhoffen dürfe. Ich bitte aber sehr, mich mit dieser Äußerung nicht etwa falsch zu verstehen; ich will damit der Forschung wahrlich nicht die Flügel lähmen, und diejenigen meiner Leser namentlich, welche durch innerste Neigung zur Natur getrieben werden, mögen ihr Bestreben, sie zu ergründen, ja fortsetzen, wäre der Gewinn auch wirklich am Ende weniger ein

---

*) Vergl. Pfennig-Magazin Nr. 66 und 67.

**) Man sieht zwar Nordlichter zu allen Jahreszeiten, am häufigsten aber von der Herbstnachtgleiche an bis zur Frühlingsnachtgleiche, wo man häufiger zwar auch zu allen Zeiten, am häufigsten aber umgekehrt, von der Frühlingsnachtgleiche an bis zur Herbstnachtgleiche hat. Dieser Wechsel spricht sehr für die oben entwickelte Ansicht.

***) Diese außerordentliche Schnelligkeit des Farbenwechsels scheint eine charakteristische Eigenschaft der Nordlichter; selten dauert genau die nämliche Färbung auch nur Augenblicke hintereinander. Wie hängt es damit zusammen? Mehre Naturforscher nehmen an, daß das Licht dieses Phänomens ursprünglich weiß sei und nur nach Maßgabe der grade in der Atmosphäre entstehenden Dünste modificirt werde. Warum wechselte denn aber bei dieser Voraussetzung die jedesmalige Beschaffenheit letzterer Dünste so schnell?

*) Blos bei den bedeutendern Nordlichtern entsteht in der größten Höhe der Lichtkörper oder in dem Punkte, wo die aufschießenden Lichtsäulen sich vereinigen, diese sogenannte Krone, welche man, nach Versicherung aller Augenzeugen, mit einer strahlenden Glorie, wie sie sich auf Gemälden dargestellt findet, vergleichen kann.

objectiv genau anzugebender, als der in subjectiver Rücksicht unendliche Vortheil, den Geist der edelsten und erhabensten Beschäftigung zugewendet zu haben.

Als eines beispiellosen Ereignisses in der Naturwissenschaft aber, und welches, obwol auch nur experimentaler Beschaffenheit, doch geeignet scheint, das eben empfohlene Bestreben der Forschung aufs Neue zu befeuern, bezeichnen wir die Entdeckung des schon mehrfach erwähnten englischen Physikers Andrew Croß, durch bloße Einwirkung des elektrischen Stromes einer Volta'schen Säule auf gepülvertem Feuerstein wirkliche lebende Insekten hervorzubringen. Wir haben aber schon früher das Experiment und seines Erfolgs ausführlich in Nr. 206 des Pfennig-Magazins erwähnt, weshalb wir es hier nur der Vollständigkeit wegen mit anführen. Verschwiegen darf jedoch nicht werden, daß das Ganze als auf Täuschung beruhend von sehr angesehenen französischen und deutschen Physikern erklärt worden ist.

Wir wenden uns nun zu den Gewerben, und hier begegnet uns zuerst ein merkwürdiges Beispiel ganz ungewöhnlicher technischer Ausdauer, dessen Mittheilung unsern Lesern Vergnügen machen wird. Schon oft nämlich ist zwar die geniale Fähigkeit des gemeinen russischen Bauers für Mechanik und Kunstarbeit bewundert worden; einen ganz besondern Beitrag zu diesen bemerkenswerthen Erscheinungen hat aber ganz kürzlich der Bauer Seodotow, 25 Jahre alt, aus dem der Gräfin Laval gehörigen Dorfe Selz, im Kreise Ladoga, geliefert. Dieser Künstler hatte aus dem Munde seines Vaters eine ungenügende Beschreibung der Dampfboote gehört und es unternommen, blos hiernach, und ohne je eine Maschine gesehen zu haben, ein solches Fahrzeug zu erbauen. Dies ist ihm auch wirklich geglückt und er ist mit seinem Boote kürzlich in Petersburg angelangt, wo ihm die Gräfin Laval dasselbe abgekauft hat. Es liegt jetzt neben ihrem Landhause auf der Newa und kann von Jedermann besichtigt werden. Das ganze Gebäude, mit Dampfkessel, Maschine, Schiffbauer- und Schmiedearbeit ist ganz allein aus Seodotow's Händen hervorgegangen und hat natürlich in vielen Punkten eine ganz eigenthümliche Einrichtung. Die Maschine leistet etwa so viel als zwei Menschen, und das Fahrzeug fährt recht gut stromaufwärts. Die Baumaterialien, wobei die Räder von Kupfer, der Kessel von Eisen u. s. w., haben etwa 500 Rubel gekostet und das ganze Vermögen des Mannes erschöpft. Er hat dabei unzählige vergebliche Versuche machen, tausend Hindernisse überwinden und dem Spotte seiner Nachbarn eine unerschütterliche Beharrlichkeit entgegensetzen müssen. Wenn Seodotow zu Peter I. Zeiten gelebt hätte, welcher Lohn würde ihm geworden sein? In unserm fieberischen Jahrzehnd, in dem das Außerordentlichste zu dem Gewöhnlichen gehört, und ein gelungenes Resultat des Kunstfleißes das andere in reißender Eile verjagt, wird seine Leistung bald vergessen werden.

Freilich erscheinen diese Anstrengungen des armen russischen Bauers um Construction von Dampffahrzeugen winzig gegen Dasjenige, was jetzt dafür in Nordamerika geschieht. In den Werkstätten des Ingenieurs Norris zu Philadelphia z. B. werden jetzt Dampfwagen erbaut, die alle englischen Constructionen dieser Art unendlich hinter sich lassen und Unglaubliches leisten. So befindet sich auf der Bahn von Philadelphia nach Colombia eine nicht zu umgehende schiefe Ebene, welche bei der ersten Anlage viele Schwierigkeiten verursacht hat. Man überwand diese Schwierigkeit durch eine auf der Höhe angebrachte, stehende Dampfmaschine. Die Länge jener Ebene beträgt 2800 Fuß und die Steigung darauf über 180 Fuß, welches man sonst als unüberwindbar betrachtet hatte. Da die angeführte stationaire Dampfmaschine indeß einiger Reparaturen bedurfte, so versuchte Norris seine Locomotive auf dieser Wegstrecke von $1/14$ Steigung, und zwar mit dem glänzendsten Erfolge. Der Versuch hatte in Gegenwart mehrer competenten Männer statt. Norris' Dampfwagen ging mit zunehmender Geschwindigkeit regelmäßig höhean und erreichte den höchsten Punkt in 2 Minuten 24 Secunden, wobei das Gewicht des Dampfwagens und zweier angehängten Transportwagen mit 53 Passagieren über 30,000 Pfund betrug. Hiernach zu urtheilen, würde es also bald kaum mehr ein Gebirge geben, welches nicht durch die Riesenkräfte der neuen Norris'schen Dampfwagen überwunden werden könnte. Wenn ich den Abstand von einer römischen Triremis zu einem jetzigen englischen Dreidecker und den zwischen beiden liegenden Zeitraum zweier Jahrtausende bedenke, so kann ich mir gar keine Vorstellung von dem Grade der Vollkommenheit machen, welchen die Dampfwagen bei solchen Fortschritten nach neuen zwei Jahrtausenden erreicht haben müssen.

Nach einem gleich riesenmäßigen Maßstabe wie die Vervollkommnung der Dampfwagen schreitet die Dampfschifffahrt vor. Wir erfahren, daß die englische und die amerikanische Dampfschifffahrtsgesellschaft einen Vertrag abgeschlossen haben, das größte Dampfschiff erbauen zu lassen, welches die Welt bis jetzt noch gesehen. Dieses „Liniendampfschiff", wie es in dem uns vorliegenden Berichte benannt wird, ist zur Überschiffung des atlantischen Oceans bestimmt, es soll zwischen London und Liverpool einerseits und Neuyork andererseits gehen. Die Länge des zu London bereits gelegten Kiels beträgt 220 Fuß, die projectirte Länge des Verdecks 235 Fuß, die Tiefe 27 Fuß. Zwei Maschinen, jede von 225facher Pferdekraft, sollen das Schiff in Bewegung setzen, und es wird so eingerichtet, daß man leicht die Vortheile der Segelfahrt mit denen des Dampfes verbinden kann.

Kopenhagen.

Die Hauptstadt des Königreichs Dänemark, Kopenhagen (dänisch Kjöbenhavn), eine der schönsten Städte Europas, liegt an der südöstlichen Küste der Insel Seeland und zum Theil auf der kleinen Insel Amak an dem hier drei Meilen breiten Sunde. Sie entstand im 11. Jahrhundert, wie mehre Handelsstädte des nördlichen Europas, aus einer Fischerniederlassung, als aber der berühmte Bischof Absalon nach der Mitte des 12. Jahrhunderts den Ort von dem dänischen König erhalten hatte, befestigte er den Hafen und baute auf einer benachbarten Insel ein festes Schloß, um ihn gegen die Seeräuber zu beschützen. Kopenhagen gewann bald an Einwohnerzahl und Wichtigkeit, und war nach Verlauf eines Jahrhunderts mit Wällen und Gräben umgeben. Um das Jahr 1284 erhielt es Stadtrecht und wurde 1443 die Residenz der dänischen Könige, die früher ihren Sitz in Rößkilde gehabt hatten. Die Stadt hatte oft von Kriegsdrangsalen zu leiden. Der Herzog Friedrich von Holstein belagerte sie 1523 mit Hülfe der Hansestadt Lübeck und zwang sie nach sieben Monaten zur Übergabe. Ein ähnliches Schicksal hatte die Stadt 1536 bei den Streitigkeiten über die Thronfolge in Dänemark. Die Fehden, welche die stete Eifersucht zwischen Dänemark und Schweden erzeugte, wurden der Sicherheit der Stadt oft gefährlich. Karl Gustav, König von Schweden, der über den gefrorenen kleinen Belt nach der Insel Fünen und von da nach Seeland ging, schloß sie ein und nöthigte die Dänen dadurch zu einem unrühmlichen Frieden, den jedoch der König bald wieder brach. In dem Kriege, der darauf folgte, war die Belagerung der Stadt eines der Hauptereignisse; sie wurde von den Schweden heftig angegriffen und gestürmt, aber die Tapferkeit der Bürger und der Studenten vereitelte jene Anstrengungen. Im Jahre 1700 belagerte ein schwedisches Heer unter Karl XII. die Stadt. Die Einwohner schickten in Abwesenheit ihres Königs, Friedrich IV., Abgeordnete an Karl und baten ihn, ihre Stadt nicht zu beschießen, was der König bewilligte, unter der Bedingung, daß sie ihm eine ansehnliche Geldsumme bezahlten und sein Lager mit Lebensmitteln versorgen sollten. Als König Friedrich die Gefahr erfuhr, in welcher seine Hauptstadt schwebte, versprach er Allen die Freiheit, welche in irgend einem Theile seines Gebiets die Waffen gegen Schweden ergreifen wollten, und diese Maßregel machte den König von Schweden zum Frieden geneigt, der bald nachher geschlossen wurde. Seitdem genoß Kopenhagen eine ununterbrochene Ruhe, bis zu Anfange des 19. Jahrhunderts neue Drangsale es heimsuchten. Dänemark hatte in der unruhigen Zeit, die dem Ausbruche der französischen Revolution folgte, während der Kriege, die das übrige Europa erschütterten, eine strenge Neutralität beobachtet und gewann dadurch bedeutend im ausgedehnten Zwischenhandel, als durch die Feindseligkeiten zwischen Frankreich und England der Handel der übrigen europäischen Seemächte empfindliche Störungen erhielt. Dänemark verband sich mit Rußland und Schweden, um der Herrschaft, die sich England zum Nachtheil der übrigen seehandelnden Völker auf dem Meere anmaßte, sich zu widersetzen. England fürchtete, daß eine solche Verbindung unter Frankreichs Einflusse, dessen Macht sich damals unwiderstehlich erhob, ihm furchtbar werden könnte, da die Verbündeten bedeutende Streitkräfte besaßen, und zu Anfange des Jahres 1801 erschien eine englische Flotte unter dem Admiral Sir Hyde Parker und dem Viceadmiral Nelson. Nach fruchtlosen Unterhandlungen erschien die Flotte zu Ende des März vor Kopenhagen, dessen Hafen sowol durch Schiffe als durch wohlbesetzte Batterien vertheidigt war. Am 2. April begann unter Nelson's Anführung der Angriff. Die Dänen leisteten den tapfersten Widerstand und ihre Vertheidigung war so kräftig, daß selbst der britische Oberbefehlshaber den Kampf einzustellen geneigt war; aber Nelson beharrte auf der Fortsetzung desselben, und erst als beide Theile durch bedeutenden Verlust geschwächt waren, eröffnete er eine Unterhandlung, die bald zu einem Waffenstillstande führte. Der Tod des Kaisers Paul I. löste endlich das für England so gefährliche nordische Bündniß auf. Dänemark beharrte nach dem Wiederausbruche des Krieges zwischen Frankreich und England bei dem System strenger Neutralität; als aber nach dem Frieden zu Tilsit Napoleon's Macht auf dem Festlande überwiegend geworden war, äußerte die englische Regierung die Besorgniß, daß Frankreich die Absicht hege, sich der dänischen Flotte zu bemächtigen und Dänemark nicht im Stande sein würde, seine Unabhängigkeit zu behaupten. Sie machte der dänischen Regierung den Antrag, entweder sogleich ein Bündniß mit ihr zu schließen oder als Pfand der Neutralität ihre Flotte zu überliefern, die beim allgemeinen Frieden zurückgegeben werden sollte. Die dänische Regierung verwarf entrüstet diesen Antrag, und England entschloß sich, Gewalt zu brauchen. Es wurde eine Flotte unter Admiral Gambier in den Sund geschickt, welche im August 1807 ein Heer von 25,000 Mann unter Lord Cathcart in Seeland landete. Nach erfolglosem Widerstande der Dänen wurde Kopenhagen eingeschlossen. Die britische Regierung wiederholte nun ihre Foderungen, und als die dänische Regierung auf ihrer Weigerung beharrte, wurde die Stadt vom 2. bis 5. September beschossen. Endlich mußte sie sich auf Bedingungen ergeben. Die Engländer besetzten die Festungen und die zum Hafen gehörenden Batterien. Der englische Admiral bemächtigte sich nun aller im Hafen liegenden Schiffe und führte sie mit sämmtlichen in dem Zeughause und den Vorrathshäusern gefundenen Ausrüstungsbedürfnissen nach England.

Der Reisende, der nicht aus einem am baltischen Meere liegenden Lande kommt, nähert sich der Stadt durch den schmalen Seearm, den Sund, einen der Kanäle, in welchen die Ostsee sich mündet, und durch welchen die Schiffe aus dem großen nordischen Meere in jenes fahren. Diese Einfahrt, die Dänemark lange als den Schlüssel der Ostsee betrachtet hat, ist in ihrem schmalsten Theile etwas über eine Stunde breit. Hier liegt Helsingör, wo die in den Sund fahrenden Schiffe einen Zoll bezahlen müssen. Nicht weit von dieser Stadt liegt das feste Schloß Kronenburg auf einer Landspitze, nahe an der schwedischen Küste; ein prächtiges altes Gebäude, nach dem Plane des berühmten Astronomen Tycho Brahe gebaut, wo die unglückliche Königin Mathilde, die Schwester Georg III., als Opfer unwürdiger Hofränke lange gefangen saß und nur in der Pflege ihres Kindes Trost fand. Jenseit auf der schwedischen Seite liegt die alte Stadt Helsingborg. Nördlich von Helsingborg wird die schwedische Küste steil und felsig, südlich aber verflacht sich das Land und die Thürme von Landskrona, Lund und Malmöe erscheinen in der Niederung. Die dänische Küste besteht zum Theil aus Sanddünen; häufiger aber sind die Abhänge mit üppiger Waldung, mit Dörfern und Landhäusern bedeckt, welche die Nähe einer großen Hauptstadt ankündigen. Die Inseln Hven, Saltholm und Amak erheben sich in dem breitern Seearme. Die Insel Hven, die Tycho Brahe von Friedrich II. zum Geschenk erhielt, zeigt noch die Trümmer der Sternwarte, wo der berühmte Astronom seine wichtigsten Entdeckungen machte, und das Haus, wo Fürsten ihn besuchten. Ungefähr vier Meilen von Helsingör erscheint Kopenhagen in vollem Glanze, und schon in der Ferne sieht man seine stattlichen Thürme. Kaum hat irgend eine andere Stadt als Hafen und Handelsplatz eine so günstige Lage. Sie gibt den Schiffen sichern Schutz und scheint dazu bestimmt zu sein, die Länder an der Ostsee und andere Theile Europas zu verbinden. Der Hafen kann wenigstens 500 Schiffe fassen und ist gegen widrige Winde und durch starke Befestigungen gegen Feinde geschützt. Auch die äußere Rhede ist sehr gut und sicher, sie wird auf der Seeseite durch eine große Sandbank geschützt, an deren Spitze mehre Bojen liegen, welche den Schiffen das Fahrwasser zeigen. Dieser natürlichen Vortheile ungeachtet, ist doch im Hafen nicht so viel Lebendigkeit als in andern bedeutenden Seestädten. Der Hafen ist die Hauptstation der dänischen Seemacht, die sich jedoch seit den Verlusten, die

Der Königsmarkt zu Kopenhagen.

sie 1801 und durch die Gewaltthat der Engländer 1807 erlitt, noch nicht wieder erholt hat.

Kopenhagen besteht aus drei Theilen, Altstadt, Neustadt oder Friedrichstadt und Christianshafen. Altstadt ist die größte, der bevölkertste und der älteste Theil. Friedrichstadt, welche durch die 4200 Fuß lange Gotherstraße von der Altstadt getrennt ist, zeichnet sich durch die Regelmäßigkeit und Pracht der Gebäude aus. Altstadt wurde nach den zerstörenden Bränden 1728 und 1794 fast ganz neu gebaut. Friedrichstadt ist befestigt und wird besonders durch die Citadelle Friedrichshafen geschützt. Diese beiden Stadttheile liegen auf der Insel Seeland, Christianshafen aber liegt auf der Insel Amak und ist mit den übrigen Stadttheilen durch Brücken verbunden. Diese kleine Insel heißt der Küchengarten von Kopenhagen, weil sie die Bewohner der Hauptstadt mit Früchten, Milch, Butter und Käse versieht. Christian II. erhielt von der Tante seiner Gemahlin, Erzherzogin Margarethe, Statthalterin der Niederlande, einige niederländische Familien, die sich im Jahre 1516 auf der Insel ansiedelten. Ihre Abkömmlinge wohnen noch hier in großen Dörfern und haben die Sitten ihrer Vorfahren treu bewahrt. Nie verheirathen sie sich mit Dänen, und ihr Verkehr mit den Bewohnern der übrigen Stadttheile ist so beschränkt, daß man sie kaum anderswo als auf dem Markte sieht, wo sie den Ertrag ihres Fleißes verkaufen.

Zwischen Christianshafen und den übrigen Stadttheilen liegt der große Hafen mit dem Zeughause und den Werften. Die Straßen Kopenhagens sind meist sehr schön, und in dieser Hinsicht hat die dänische Hauptstadt den Vorzug vor vielen größern Städten; sie sind meist breit, gut gepflastert und haben Fußwege auf beiden Seiten. Einige sind von Kanälen durchschnitten und alle zeichnen sich durch große Reinlichkeit aus. Die Stadt hat die Eigenheit, daß die Ecken der Häuser, wo die Straßen sich endigen oder von andern durchschnitten werden, statt rechte Winkel zu bilden, eine halb achteckige Gestalt haben. Die Stadt hat große Freiplätze, von welchen mehre ungemein schön sind. Dahin gehört der hier abgebildete große Königsmarkt mit der Bildsäule Christian V., die 1688 von einem französischen Künstler verfertigt wurde, aber nur durch ihre Größe sich auszeichnet. In der Friedrichstadt liegt der herrliche Friedrichsplatz, der die Amalienburg, das königliche Residenzschloß, umgibt. Man sieht hier die Statue Friedrich V., welche 1767 auf Kosten der dänisch-ostindischen Gesellschaft errichtet ward. Kopenhagen verdankt die Schönheit und Regelmäßigkeit seiner Gebäude, die miteinander in der schönsten Harmonie stehen, meist den Feuersbrünsten, welche die Stadt heimsuchten. Der Brand von 1728, der 48 Stunden dauerte, zerstörte den schönsten Theil der Stadt, 67 Straßen, die gegen 1600 Häuser, 4 Kirchen und mehre öffentliche Gebäude enthielten. Im Jahre 1794 wurde die alte Christiansburg, einer der prächtigsten Paläste Europas, ein Raub der Flammen; seitdem wurde die Amalienburg der Wohnsitz der königlichen Familie. Eines der schönsten Gebäude der Stadt ist die neue prächtige Christiansburg in der Altstadt, die auf der Stelle des alten Schlosses unter Christian VII. begonnen und unter dem jetzt regierenden Könige vollendet wurde. Die darin befindliche herrliche Schloßkirche ist 219 Fuß lang und 100 breit und hat eine große, mit Kupfer bedeckte Kuppel. Das Schloß ist mit herrlichen Marmor- und Gypsarbeiten von Thorwaldsen geziert, enthält die große königliche Bibliothek von 130,000 Bänden und die Kunstkammer, die in zwölf Sälen Gemälde, Seltenheiten, Alterthümer und Naturalien aufbewahrt. Die Naturaliensammlung enthält unter Anderm eine Masse von gediegenem Silber aus den Bergwerken in Norwegen, an 560 Pfund schwer, und ein in Jütland gefundenes prächtiges Stück Bernstein, das gegen 28 Pfund wiegt.

Das königliche Schloß Rosenburg in der Friedrichstadt war früher ein Landhaus (1604 erbaut) und wurde erst bei der Erweiterung der Stadt in die Ringmauern eingeschlossen. Das Schloß steht mitten in einem großen Garten, der von stattlichen Bäumen beschattet ist, die angenehme, dem Volke geöffnete Spaziergänge bilden. Auch gibt es hier ein Münzcabinet und eine Kunstkammer, die viele Seltenheiten und Juwelenschätze enthält. Kopenhagen hat viele Kirchen, von welchen sich auch einige durch schöne Bauart auszeichnen. Die schönste ist die Frauenkirche, welche auf der Stelle der bei der Beschießung 1807 zerstörten Domkirche in griechischem Style erbaut wurde; sie hat einen Thurm, der, oben abgeplattet, über 110 Fuß hoch ist und im Innern einen breiten Aufgang in flacher schneckenförmiger Windung hat. Die Erlöserkirche im Stadttheile Christianshafen hat einen merkwürdigen Thurm, um dessen äußere Seite schneckenförmig eine Treppe bis zur Spitze führt, die zwar 300 Fuß hoch, aber sehr leicht zu ersteigen ist. Auf der Spitze des Thurmes öffnet sich eine entzückende Aussicht, welche die Stadt und ihre nächste Umgebung, den von Schiffen belebten Sund und die Landschaften auf der schwedischen Küste umfaßt. König Friedrich V. begann den Bau einer neuen Kirche, der sogenannten Marmorkirche, welche alle Kirchen des nördlichen Europas an Pracht übertreffen sollte. Die Kuppel sollte sich bis zu einer Höhe von 263 Fuß erheben und die Höhe der korinthischen Säulen an der Fronte sollte 92 Fuß betragen. Die innern und äußern Wände sollten aus polirtem Marmor bestehen. Es wurden ansehnliche Summen auf das Werk verwendet, aber nach 20 Jahren war das Gebäude erst 30 Fuß über der Erde erhoben und der Bau wurde eingestellt, und jetzt sieht man nur die Trümmer des Gebäudes. Unter den übrigen Kirchen ist die Trinitatiskirche, welche auf S. 232 abgebildet ist, merkwürdig, auf deren Thurm die Sternwarte sich befindet. Diese Sternwarte wurde von Christian IV. erbaut, dem Kopenhagen überhaupt mehre seiner ansehnlichsten Gebäude verdankt. Dieses 1642 vollendete Gebäude ist 120 Fuß hoch. Man ersteigt den obern Theil nicht auf einer Treppe, sondern auf einem von Ziegeln gebauten, schneckenförmigen Aufgang, der sich so allmälig erhebt, daß man sich sicher hinanreiten könnte. In dem kreisförmigen Zimmer im obern Theil des Thurmes, das Fenster nach allen Seiten hat, steht die Büste des Astronomen Tycho Brahe, der hier mehre Beobachtungen angestellt haben soll.

Die Häuser der Stadt sind meist von Ziegeln gebaut, die schönern Gebäude aber sind von Sandstein oder norwegischem Marmor. Die Häuser sind meist geräumig und haben drei bis vier Stockwerke. Es gibt nur wenige Wohnhäuser, die über 200 Jahre alt sind, und diese gehören zu den Stadtmerkwürdigkeiten, wie ein Haus auf dem Gemüsemarkt, das fünf Stockwerk hoch und mit einer vergoldeten Inschrift verziert ist, die das Jahr der Erbauung 1616 angibt.

Kopenhagen hat gegen 120,000 Einwohner, die sich zur lutherischen Kirche bekennen, seit der Reformation 1536 in Dänemark eingeführt wurde. Die Stadt ist reich an Bildungsanstalten. Die Universität, die erste Lehranstalt Dänemarks, wurde 1479 gegründet und ist reich ausgestattet. Sie hat eine eigne Bibliothek von 100,000 Bänden, eine Naturaliensammlung, einen botanischen Garten und andere treffliche Lehrmittel. Zu den übrigen Lehranstalten gehören die chirurgische Akademie, die Thierarzneischule, eine Schiffahrtsschule und eine Lehranstalt für die Gymnastik; eine polytechnische Lehranstalt, Militairschulen und Anstalten für Taubstumme und Blinde. Die Akademie der schönen Künste wurde 1757 errichtet und befindet sich im königlichen Schlosse Charlottenburg, das zugleich eine Gemäldegalerie enthält. Sie hat zahlreiche Zöglinge, unter welche der König selbst jährlich Preise vertheilt. Unter den Gelehrtenvereinen sind auszuzeichnen die 1742 ursprünglich von einigen Gelehrten gestiftete königliche Akademie der Wissenschaften, die von Christian VI. mit Einkünften ausgestattet wurde, die Gesellschaft für nordische Literatur, für schöne Künste, für Medicin, für isländische Literatur u. s. w. Die Armenanstalten Kopenhagens waren seit längerer Zeit musterhaft; es gehören dazu einige treffliche Hospitäler, Armenhäuser und Verpflegungsanstalten. Überdies gibt es mehre wohlthätige Vereine, z. B. zur Rettung von Verunglückten, zur Erziehung, Bildung, Unterstützung und Aufmunterung der niedern Volksclasse.

Kopenhagen ist der Hauptsitz des Manufacturfleißes in Dänemark, dessen Ertrag meist in Porzellan, Tapeten, Baumwollenwaaren, Seidenzeuchen, künstlichen Blumen, Lederwaaren u. s. w. besteht, jedoch meist nur für den einheimischen Bedarf hinlänglich ist. Der bedeutendste Gewerbszweig ist die Tuchmanufactur. Auch das Raffiniren des Zuckers beschäftigt viele Menschen in Kopenhagen, wohin der größte Theil des auf den dänisch-westindischen Inseln gewonnenen Rohzuckers gebracht wird. Der Handel ist zwar beiweitem nicht so bedeutend als vor den Erschütterungen, die er durch die Zwistigkeiten mit England erlitt, doch ist der Seehandel, den die Stadt mit ungefähr 350 eignen Schiffen führt, noch immer sehr ausgebreitet. Der Haupttheil des Handels zwischen dem dänischen Westindien, und besonders der Insel St.-Croix, ist in den Händen von Kaufleuten zu Kopenhagen. Der Verkehr mit den dänischen Niederlassungen in Ostindien wird von einer bevorrechteten Gesellschaft geführt, ist aber nicht von bedeutendem Umfange.

Der Einfluß geistiger Beschäftigungen auf den menschlichen Charakter.

Wer kann in der Welt sich umsehen und ihre verschiedene Gestalt in verschiedenen Zeiträumen ihrer Geschichte betrachten, ohne von der Überzeugung durchdrungen zu werden, daß die Fortschritte wissenschaftlicher Bildung zur Verfeinerung und Veredlung des Charakters führen? Es ist ein Ausspruch der Alten: „Gründliche Forschung der Wissenschaften sänftigt die Sitten und wirkt der Verwilderung entgegen." Dies ist in hohem Grade in Hinsicht auf Völker und Volksgemeinden der Fall. Betrachtet man den Menschen in dem Zustande der rohen und zuchtlosen Natur, nicht etwa wie er einsam und abgeschieden wohnt, sondern wie er sich zu seinen Stammgenossen gesellt, welche ebenso wild als er sind und sich nur durch ihre Gestalt von den Thieren unterscheiden, die sie in den Wäldern jagen. Was sind seine Beschäftigungen? Nicht seine Fähigkeiten auf ein edles und nützliches Streben zu richten, nicht seine geistigen Kräfte auf die Erforschung der Wahrheit, auf die Betrachtung des Schönen in der weiten Schöpfung und in ihren unermeßlichen Schätzen zu wenden, nicht seine physischen Kräfte in einer heilsamen und sinnreichen Arbeit anzustrengen. Dies sind Bestrebungen, die ihm fremd sind, zu fein und zu schwierig für seine Fassungskraft. Was sind seine Vergnügungen? Nicht die hohen Genüsse, die aus dem Verkehr der Geister, aus dem Austausche der Gedanken, aus der Mittheilung von Kenntnissen, aus einem verfeinerten geselligen Leben entstehen, nicht die reinen und edeln Freuden, die aus der Erfüllung häuslicher und verwandtschaftlicher Pflichten entspringen. Dies sind Genüsse, die er so wenig kennt, als er von den Bestrebungen und Beschäftigungen der Bewohner anderer Planeten weiß. Die Befriedigung der rohesten Begierden, oft bis zu einem der Gesundheit, selbst dem Leben verderblichen Übermaße, verrätherische und betrügerische Anschläge, worin sich ein angeborener Scharfsinn zeigt, die wilden und grausamen Äußerungen eines natürlichen Muthes, Metzeleien und Verheerungen und blutige Rache bei den Beleidigungen eines Nachbarstammes, das sind die einzigen Beschäftigungen, die ihn erfreuen, die einzigen Vortheile, die er kennt.

Ein afrikanischer Häuptling, der die Wände seiner Wohnung mit den Schädelhäuten seiner besiegten Feinde ziert, kann als ein Bild der Gewohnheiten und Gesinnungen eines Menschen im Zustande der unwissenden, ungebildeten Natur gelten. Weit entfernt, daß dies ein Bild wäre, welches nur auf ungewöhnliche Beispiele von Grausamkeit paßte, kann man sicher behaupten, daß jedes Volk auf Erden, ehe es vom Lichte der Gesittung erleuchtet wurde, mit sehr unbedeutenden Veränderungen, in jenem ursprünglichen Zustande war. Das Licht der Wahrheit, dessen Strahlen allmälig die Übel der Unwissenheit und des Irrthums zerstreuen, entwickelte die schlummernden Fähigkeiten, die den Menschen in Stand setzen, die eigentlichen Zwecke der Menschheit zu erfüllen.

Es gibt aber einen Zustand der Unwissenheit, der wesentlich verschieden von der geistigen Roheit der wilden Natur ist, aber doch nur wenige der schönen Züge der Menschheit auf der Stufe höherer Gesittung und Geistesbildung zeigt. Freilich ist selbst der gesittetste gesellschaftliche Zustand nicht ohne seine Laster; Üppigkeit, wollüstige Verfeinerung und Ausschweifung gesellen sich oft zu bedeutender wissenschaftlicher Bildung und feinem Geschmacke, und das Gemüth ist zuweilen mit den verdorbenen Neigungen der menschlichen Natur verbunden und wirft einen täuschenden Schein auf die Kanäle, welche dem Charakter sittliche Entwürdigung in der Gestalt geistiger Vorzüge mittheilen; freilich zeigt die menschliche Natur, selbst wenn wissenschaftliche Bildung und Philosophie sie von den Schlacken der Sinnlichkeit gereinigt haben, noch zu viel Hinneigung zu dem Verderbnisse, zu viel Wahlverwandtschaft zu Allem, was in den moralischen Elementen, die sie umgeben, schlecht und unwürdig ist; aber mitten in der rohen Unwissenheit, wo die Vernunft noch nie versucht hat, ihre Würde und Unabhängigkeit zu behaupten und ihre Überlegenheit über die niedern Naturkräfte in Anspruch zu nehmen, wo physische Kräfte und Neigungen, die, wie durch einen mechanischen Antrieb, ohne eine heilsame Hemmung wirken, für das Ganze der Menschen gelten, da werden die ursprünglichen bösen Neigungen des menschlichen Charakters sich in noch gehässigern und empörendern Gestalten zeigen. Wir haben zwar von dem Zustande einer arkadischen Unschuld gelesen, wo die unverdorbene Natur, ohne den Beistand der Wissenschaft und Kunst, Alles gewährte, was zu menschlicher Glückseligkeit nöthig war; wer aber Gelegenheit gehabt hat, sich mit dem wirklichen Charakter des Menschen in jenen Zufluchtsstätten abgeschiedener Unwissenheit bekannt zu machen, weiß, daß das Gemälde eine Täuschung ist; er weiß, daß jene Zustände unwissender Unschuld und ländlicher Glückseligkeit nur im Gebiete der Dichtung ein Dasein haben, und daß rohe Unwissenheit nur ein anderer Ausdruck für einen Zustand von lasterhafter Verderbniß und in vielen Fällen von thierischer Wildheit ist. In einem solchen gesellschaftlichen Zustande sucht man vergebens strenge Grundsätze, edles Ehrgefühl, Gesinnungen und Gewohnheiten, welche durch geistige Bildung und Streben nach Kenntnissen erzeugt und genährt werden; man sucht vergebens, ausgenommen in sehr seltenen Fällen, jene zarten Pflichten, die das häusliche Leben verschönern und die Glieder einer Familie aneinander knüpfen, jenes freie Benehmen, jene Höflichkeit im Verkehr, welche die Atmosphäre der menschlichen Gesellschaft erheitern. Die fruchtbarsten Gebiete der geistigen Menschennatur sind in jenen Fällen ganz unangebaut, ein wilder, ungelichteter Wald, in welchen nie eine edle höhere Idee sich verliert, aber wo böse Leidenschaften frei umherschweifen und zu furchtbarer Größe gedeihen. Gegenseitige Erbitterung, die bei der geringsten Herausforderung in wilde Rache übergeht, Kraftanstrengungen, welche jedes Gefühl für Tugend und Menschlichkeit beleidigend, vielleicht zur Befriedigung einer schaulustigen Menge geübt werden, Grausamkeit gegen Thiere, die zuweilen bis zu rohem Muthwillen geht, dies sind die vorherrschenden Züge in dem Charakter einer unwissenden und ungebildeten Menschengesellschaft. Wenn die Verbreitung des Lichts der Kenntnisse, abgesehen von ihren höhern Wirkungen, auch nur etwas von dieser abstoßenden Roheit hinwegnähme, so würde ein wichtiger Schritt geschehen sein, die gesellschaftlichen Gewohnheiten zu verbessern und ein Volk auf eine höhere moralische Stufe zu heben.

Ist der Charakter auf diese Weise zur Menschlichkeit gesänftigt und für den geselligen Verkehr gesittigt, so ist er für einen andern, aus der Pflege der Wissenschaften hervorgehenden wichtigen Einfluß empfänglich, der zur Befestigung in sittlichen Gewohnheiten führt; der Mensch lernt den Werth und den rechten Gebrauch der Zeit kennen. Es liegt am Tage, daß Jeder, dessen Beruf angestrengte Thätigkeit fodert, doch immer noch Zeit übrig hat. Jedes Geschäft, jedes gewerbliche Berufsleben hat mehr oder weniger Mußestunden; manche Gewerbe können nicht zu allen Zeiten fortgeführt werden, und überdies ist es der Fall, daß selbst der fleißigste und thätigste Mensch zuweilen in seinem Gewerbe nicht volle und regelmäßige Beschäftigung findet und viel Zeit übrig hat. Wer wird nun diese Mußestunden am nützlichsten anwenden? Derjenige, dessen Seele von jeder über blos physische Beschäftigungen hinausgehenden Idee leer ist, oder Derjenige, dessen Geist eine höhere Ausbildung und Empfänglichkeit erhalten hat? Jener wird in dem Augenblicke, wo er von den Fesseln seines Tagewerks befreit ist, sich in lärmende und aufregende Vergnügungen stürzen oder vielleicht einer herabwürdigenden Trägheit sich hingeben, sich selber eine Last; er wird jeder Versuchung zugänglich sein und leicht eine Beute schlechter Gesellschaft werden. Haben Trägheit und Unwissenheit ihn zur Liederlichkeit verführt, so ist es ein Glück, wenn er sich nicht zu strafwürdigen Vergehungen verleiten läßt. Allerdings kann in vielen Fällen mit einem sehr beschränkten Ideenkreise viel gute Gesinnung verbunden sein, und es gibt wenige Erscheinungen im Menschenleben, die man so gern betrachtet, als einen solchen Triumph unfreiwilliger geistiger Armuth über alle Nachtheile ihrer Lagen; aber wir reden hier von den Wirkungen, die eine gedankenlose Unwissenheit in sehr vielen Fällen bei dem Mangel besserer Grundsätze haben wird. Vergleiche man nun mit den in solchen Fällen hervortretenden Wirkungen den Menschen, dem die Wissenschaft ihre Schätze zu öffnen angefangen hat. Er wird jede Gelegenheit benutzen, seine geistigen Fähigkeiten auszubilden und sich freuen, wenn sein Beruf ihm dazu Muße gibt; er wird fühlen, daß er seine Zeit nicht verschwenden kann, und der Gedanke, daß er nur wenige Mußestunden übrig hat, wird ihn darauf bedacht machen, keine ungenützt verloren gehen zu lassen, und so werden seine Stunden zwischen den Pflichten seines Berufs und der Ausbildung seines Geistes und Charakters getheilt sein. Man kann die moralische Wichtigkeit der geschäftslosen Stunden in dem Leben selbst des arbeitsamsten Menschen nicht hoch genug anschlagen. Sie sind gerade die Zeit, wo sittliches Verderbniß sich leicht Eingang verschafft, und es ist daher höchst wichtig, sich durch heilsame Beschäftigung gegen sie zu sichern.

Warum können Affen nicht sprechen?

Gebildete und denkende Männer, sagt der englische Anatom Bell, haben mich gefragt, ob man in den Stimmwerkzeugen des Orang-Outangs irgend einen wesentlichen Mangel gefunden habe, der ihn verhindere zu sprechen. Ich will dem Leser die Frage beantworten. Zum Sprechen wird erstens eine Thätigkeit der gesammten Muskeln der Athmungswerkzeuge erfodert, um auszuathmen, zweitens müssen die Stimmsaiten im Kehlkopfe durch die sie bewegenden Muskeln gestimmt werden, sonst wird keine Schwingung erfolgen und kein Ton hervorgebracht werden, drittens müssen die Öffnungen der Kehle durch ihre zahlreichen Muskeln ausgedehnt, zusammengezogen oder erweitert werden, in Übereinstimmung mit dem Zustande der Stimmsaiten, ehe ein einfacher Ton hervorgebracht werden kann.*) Um aber diesen Ton zu articuliren, sodaß er Theil einer Sprache werden kann, muß noch eine Thätigkeit des Gaumens, der Zunge und der Lippen hinzukommen. Die kunstreiche Organisation zu diesen Verrichtungen ist in den Sprachwerkzeugen nicht sichtbar, sie liegt in den Nerven, welche alle diese verschiedenen Theile zu einer gleichzeitigen Thätigkeit vereinigen. Die Fäden eines Spinnengewebes sind nicht zahlreich und sehr einfach in Vergleichung mit den verborgenen Nervenfasern, welche diese Theile bewegen, und wenn nur eine fehlt oder ihr Ton oder ihre Thätigkeit im mindesten gestört wird, so sehen wir einen Menschen mit offenem Munde stehen, Zunge und Lippen anstrengend, aber unfähig, ein Wort auszusprechen. Man wird hieraus sehen, daß verschiedene Verbindungen in den Stimmwerkzeugen stattfinden müssen, um das Bellen eines Hundes, das Wiehern eines Pferdes oder das gellende Pfeifen eines Affen hervorzubringen. Es ist gewiß, daß es große Verschiedenheiten in dem Bau der verschiedenen Thierclassen gibt, aber abgesehen von denjenigen, die zu Tage liegen, gibt es verborgene und unmerkliche Unterschiede. Der Affe kann daher keine articulirten Töne hervorbringen, erstens weil die Organe zu diesem Zwecke nicht vollkommen sind, zweitens weil die Nerven diese Organe nicht in der mannichfaltigen Thätigkeit vereinigen, die zum Sprechen nothwendig ist, und drittens, weil, selbst wenn alle diese äußeren Vorrichtungen vollkommen wären, doch kein innerer Antrieb zum Sprechen vorhanden ist.

*) Vergl. Pfennig-Magazin Nr. 196.

Die Trinitatiskirche in Kopenhagen.

Das Pfennig-Magazin
für
Verbreitung gemeinnütziger Kenntnisse.

226.]   Erscheint jeden Sonnabend.   **[Juli 29, 1837.**

Selinunt.

Auf der südlichen Küste Siciliens, ungefähr 2½ Stunden von dem Vorgebirge Granitola, zwischen den kleinen Flüssen Maduini und Bilici, zeigen sich ungeheure Trümmer mitten in einer öden und einsamen Gegend. Vom Meer aus erscheinen sie in einiger Entfernung als eine große Stadt, nähert man sich aber der Küste, so sieht man nichts als einen Haufen von zusammengestürzten Gebäuden, zerbrochenen Säulen und Gebälken, zwischen welchen nur noch einige verstümmelte Säulen aufrecht stehen. Nach der Landung auf dem sandigen Gestade, wo die Anschwemmungen des Meeres allmälig den alten Hafen angefüllt haben, kommt man bald auf die sogenannte Marinella, wo die gewaltigen Trümmer zusammengehäuft sind. Von diesem Standpunkte ist vorstehende Abbildung aufgenommen. Wir sehen hier die Überreste der alten Stadt Selinus oder Selinuntus, die wahrscheinlich von den Bewohnern der griechischen Stadt Megara gegründet und blühend war, bis sie nach der Eroberung durch die Karthager 249 v. Chr. zerstört wurde. Die Stadt wurde wieder aufgebaut, nicht aber die Tempel, und sie bestand bis zur Eroberung Siciliens durch die Araber im 9. Jahrhunderte, welche sie gänzlich verheerten, und seitdem blieb sie verödet. Die einzige menschliche Wohnung in der Umgegend ist eine kleine Meierei in der Nähe des größten Tempels. Das Volk nennt die Trümmer Torre de' pulci, wahrscheinlich von dem italienischen Namen Polluce, weil einer der drei Tempel dem Kastor und Pollur geweiht war. Man sieht unter den Trümmern die Stellen, wo sechs Tempel standen, von welchen drei westlich von der Meierei, im Umfange der alten Stadt lagen. Es sind nur unbedeutende Überreste davon noch zu sehen. Die drei andern aber sind weit größer und von riesenhaften Verhältnissen. Sie standen parallel, durch kleine Zwischenräume getrennt. Der größte, wahrscheinlich Jupiter geweiht, scheint unvollendet geblieben zu sein, da man in dem nahen Steinbruche, aus welchem man ihn gebaut hat, noch unvollendete Säulenschäfte von gleichen Dimensionen findet. Die zweite noch aufrecht stehende Säule ist aus einem Stücke und 45 Fuß hoch. Dieser große Tempel war 334 Fuß lang und 154 breit. Der zweite Tempel war von einem Porticus von 36 Säulen umgeben, die gleichfalls aus einem Stücke sind und über 5 Fuß im Durchmesser haben. Der dritte, nahe am Meere, hatte 6 Säulen auf der Vorderseite und 14 auf beiden Seiten, die über 6 Fuß im Durchmesser halten und gegen 30 Fuß hoch sein mochten.

Ziemlich gut erhaltene Stufen führen von der Marinella zur ehemaligen Akropolis (Oberstadt), von welcher man noch einige von großen Quadersteinen gebaute Thore und Mauern sieht. Westlich von der Akropolis liegt ein kleiner See, der giftige Dünste aushaucht. Nach der Sage ward er von dem Philosophen Empedokles gereinigt, der ihm einen Ausfluß in das Meer öffnete und einen kleinen Wasserstrom hindurch führte. Die nicht weit davon entfernte Dianaquelle, welche dieser Strom nährt, gibt noch immer vortreffliches Wasser, aber man läßt es durch die Ebenen laufen, wo es Sümpfe bildet, welche die Luft so sehr verpesten, daß der Aufenthalt im Sommer sehr gefährlich ist. Einige englische Künstler, die im Jahre 1822 Selinunt besuchten, fanden in der Nähe der Tempel, wo sie Nachgrabungen machten, einige mit Bildwerk verzierte Metopen von einem sehr alten Style, der dem ägyptischen oder hetruskischen mehr als dem spätern griechischen verwandt war. Die sicilische Regierung nahm diesen Fund in Anspruch, doch wurden Abgüsse davon gemacht, die jetzt im britischen Museum aufbewahrt werden.

Seltsamer Wachholderbaum.

In dem zu meiner kleinen Besitzung gehörigen Garten — schreibt der Redaction ein geehrter Mitarbeiter — steht nahe an der von Dessau nach Raguhn führenden lebhaften Verbindungsstraße, ein Exemplar des deutschen Wachholders, das seines hohen Alters, besonders aber seiner ausgezeichnet weiten Kronverbreitung und seines ganzen Wuchses wegen, die Aufmerksamkeit vieler Vorbeikommenden im Laufe der letzten fünf Jahrzehende auf sich gezogen hat. Folgende kurze Beschreibung dieses Baumes wird ohne Zweifel denjenigen Lesern dieses Blattes, welche an Dendrologie Vergnügen finden, nicht unwillkommen sein. Nicht höher als 18 Zoll (leipziger Maaß) erhebt der Stamm sich im Ganzen aus dem Erdboden in einem Umfange von 4' 2". Dort trennt er sich in drei die ein Dreieck bildende Äste zu 30, 25 und 20 Zollen Umfang, die, unregelmäßig gekrümmt, bis zu sechs Fuß sich erheben. Von da aus zertheilen und verjüngen jene drei Äste sich nach und nach in höchst auffallenden Windungen, und Verschlingungen nach allen Richtungen, wodurch eine cirkelförmige Krone entstanden ist, deren Durchmesser beiläufig 28 Fuß beträgt. Bis zum 18. December 1833 bedeckte diese Krone die ganze Rundfläche laubenartig. Durch die überaus heftige Einwirkung des Orkans, welcher in der jenem Tage folgenden Nacht den Wäldern des nördlichen Deutschlands unermeßlichen Schaden zugefügt, wäre ich dieser Zierde meines Gartens fast ganz beraubt worden; denn zwei von den eben erwähnten Ästen, aus deren Zweigen die Laubendecke gebildet wird, waren von oben nach unten gesprengt, mehre Zweige ganz abgerissen. Doch ist es gelungen, durch das Anlegen von zwei hölzernen Klammern und durch Unterstützen der ganzen Krone mit 20 lothrecht eingetriebenen, durch aufgezapfte schwache Riegel befestigte Säulchen, dem hübschen Baume das Leben zu fristen. Hierzu bewog mich nebst dem im Vorhergehenden Gesagten, das hohe Alter des Baumes, welches daraus abgenommen werden mag, daß ich denselben vor sechzig und etlichen Jahren in nicht viel geringern Dimensionen hinsichtlich der Dicke und Höhe des Stammes und des Umfangs der Krone kenne. Dem zufolge möchte das Alter desselben mit 150 Jahren schwerlich überschätzt sein; um so weniger, da alle Merkmale des Abständigwerdens vor der angeführten tödtlichen Verletzung an ihm sich mir schon kundgegeben und zur Anwendung wirksamer Palliativmittel mich bewogen haben. Diese Umstände zusammengenommen, scheinen mir schon die Aufmerksamkeit Aller zu verdienen, denen die Naturbeschreibung der europäischen Holzarten etwas gilt. In weit höherm Grade wird dies, wie ich hoffe, bei Vielen rücksichtlich Dessen der Fall sein, was in Betreff der Geschlechtstheile und Frucht des in Rede stehenden Wachholders im Laufe meines vieljährigen hiesigen Aufenthalts mir sich offenbart hat, auch, als seit langer Zeit ebenso gewesen, von andern Ortsbewohnern bezeugt werden kann. Ganz abweichend nämlich von der Angabe aller mir bekannten Lehrbücher für Forstbotanik sollen die Blüten aller Bäume, welche der Gattung Wachholder angehören, getrennten Geschlechts auf verschiedenen Stämmen stehen. Demzufolge könnte ein einzeln stehender Baum dieser Gattung weiblichen Geschlechts dann nur fortdauernd Früchte tragen, wenn ein anderer männlichen Geschlechts ihm nahe genug ist, um mit seinem Blütenstaube jenen befruchten zu können.

Nun steht aber mein Wachholderstamm offenkundig ganz isolirt; auch haben weder Art- noch Gattungsverwandte in einem Umkreise von mehr als zwei Stunden sich auskundschaften lassen. Gleichwol hat selbiger seit Menschengedenken große, in jeder Beziehung vollkommene Früchte getragen, und es ist dies, bei aller seiner Schadhaftigkeit, auch im Jahre 1836 in reichlichem Maaße wieder der Fall gewesen. Daraus erhellet, meiner Meinung nach, daß es mit der oben angezeigten Befruchtungsweise beim deutschen Wachholder auch Zwitterblüten oder männliche und weibliche Blüten mitunter wenigstens geben müsse, und mehre Naturforscher, durch ähnliche Erscheinungen dazu bewogen, theilen mit mir diese Ansicht.

Selbst der geringste Beitrag zur Aufklärung einer Naturerscheinung, welcher Art sie sei, hat ihren Werth!

Die Republik Andorre.

In den wilden Thälern mitten in den Pyrenäen und in dem tiefen Becken, wo die Thäler sich vereinigen, von hohen, unzugänglichen Bergen umschlossen, in dem Grenzgebiete zwischen Frankreich und Spanien, liegen die sechs Gemeinden Andorre, Canillo, Encham, La Massane, Urdino und St.-Julien und ungefähr 30 Dörfer und Weiler, welche die Republik Andorre bilden. Das ganze Gebiet ist von Norden gegen Süden gegen sieben Meilen lang und von Osten nach Westen sechs Meilen breit. Die Regierung besteht aus einem Rathe von 24 Personen, zu welchem jede Gemeinde vier auf Lebzeit gewählte Abgeordnete ernennt. Der Rath erwählt einen Syndicus, der die Versammlungen beruft und an der Spitze der Verwaltung steht. Er hat große Gewalt, und wenn der Rath nicht versammelt ist, liegt die ganze Regierung in seinen Händen. Die Bewohner der Thäler sind ein kräftiger Menschenschlag, einfach in ihrer Lebensweise, streng in ihren Sitten, ihrem Glauben ergeben; sie haben wenige Bedürfnisse, die sie leicht befriedigen können, und die Laster und das Verderbniß der Städte haben noch keinen Eingang in ihre Einsamkeit gefunden. Vaterlandsliebe ist bei ihnen Gefühl und Grundsatz, Freude und Pflicht. Sie leben wie ihre Väter vor Jahrhunderten, und das Wenige, was sie von der Üppigkeit und der Gesittung anderer Länder kennen, flößt ihnen eher Furcht als Neid ein. Ihr ganzer Reichthum besteht in Schafen und Rindvieh oder in dem Antheil, den sie an den benachbarten Eisenwerken haben, aber nur sehr Wenige unter ihnen haben mehr Land, als den kleinen Garten, der jede Hütte umgibt. Jede Familie hat ein Oberhaupt, das nach dem Rechte der Erstgeburt seine Gewalt erhält. Diese Häuptlinge, die ältesten Söhne, wählen ihre Weiber aus Familien, die in gleichem Ansehen mit den ihrigen stehen, und sehen wenig auf Vermögen, das überdies auf beiden Seiten immer sehr gering ist. Misheirathen sind bei diesen Gebirgsbewohnern, die, trotz ihrer Liebe zur Unabhängigkeit, sehr aristokratische Ansichten haben, im höchsten Grade anstößig und verhaßt, und nie wird es einem jungen Manne oder einem Mädchen verziehen, eine solche Schmach auf eine Familie gebracht zu haben. Die ältesten Söhne haben schon während des Vaters Lebzeit einen eigenen Haushalt, da sie als Repräsentanten ihrer Vorfahren betrachtet werden. Sie verlassen das väterliche Haus nicht eher, bis sie heirathen, und wenn sie mit einer Erbtochter sich vermählen, verbinden sie den Namen mit dem ihrigen. Vor ihrer Verheirathung haben sie keinen Antheil an den öffentlichen Angelegenheiten. Hat eine Familie nur Töchter, so folgt die älteste mit den Rechten des erstgeborenen Sohnes, wird aber immer nur an den jüngern Sohn einer andern Familie verheirathet, der ihren Namen annehmen muß und in ihrer Familie seine Wohnung nimmt. Durch diese Einrichtung ist das Eigenthum der ersten Familien seit Jahrhunderten immer unverändert geblieben. Das Loos der ärmsten Volksclasse ist nicht so schlecht als in andern Ländern, ihre wenigen Bedürfnisse sind leicht zu befriedigen und die reichen Familien sorgen für sie. Die Kleidung der Männer besteht aus dem groben braunen Tuche, das aus der Wolle der einheimischen Schafe gemacht wird; dazu tragen sie die rothe Mütze der Catalonier. Die Weiber kleiden sich wie die Catalonierinnen. Sie haben nie Zutritt zu den Versammlungen, in welchen die öffentlichen Angelegenheiten berathen werden. Verbrechen aller Art sind sehr selten, und die Strafen zwar milde, aber wirksam. Es gibt nie Rechtsstreite über das väterliche Erbe, und entstehen Zwistigkeiten irgend einer Art, so werden sie vor den Syndicus gebracht, dessen Entscheidung sich die Parteien stets unterwerfen. Jeder muß unter der Landwehr dienen, so oft sie aufgeboten wird, und jedes Familienhaupt muß zu allen Zeiten eine Flinte mit einer gewissen Menge von Pulver und Blei vorräthig haben. Aller Handel ist frei, aber da die Gewerbsamkeit der Bewohner dieser Thäler sich blos auf die Verfertigung der unentbehrlichsten Bedürfnisse beschränkt, so haben sie wenig, was sie gegen fremde Erzeugnisse austauschen können, ausgenommen Eisen, das nach Spanien geht, weil es in Frankreich mit hohen Abgaben belegt ist.

Der Engländer Erskine Murray, dem wir die neuesten Nachrichten über diese Thäler verdanken, schildert die Bewohner als sehr unreinlich. Er hielt sich einige Tage in dem Dorfe Escaldos auf, das in dem Becken liegt, wo die drei Thäler zusammenstoßen. Es besteht aus ungefähr 100 Häusern, die durch so schmale Zwischenräume getrennt sind, daß die Balcone, womit jedes Haus geziert ist, fast aneinander stoßen. Durch schmutzige, krumme Straßen führte der Weg zu dem Wirthshause. Wie in allen Häusern, war das Erdgeschoß dem thierischen Theil der Einwohnerschaft, Maulthieren, Kühen und Ziegen, eingeräumt. Eine hölzerne Treppe führte aus diesem dunkeln Gemache in das obere Geschoß, das aus verschiedenen Abtheilungen bestand; in der einen war die Küche und eine Gaststube, in der andern das Schlafgemach für die Gäste. Das Hausgeräth ist überall einfach und ärmlich, ein paar Tische und hölzerne Stühle, von Rauch geschwärzt, einige Teller, eine kupferne Pfanne und hölzerne Löffel. Die Weiber sind meist hübsch, aber äußerst unreinlich. Während der Reisende in dem Dorfe sich aufhielt, ward eine Gemeindeversammlung in einer zu der Mühle gehörenden großen Scheune gehalten. Sie wollte sich über die Mittel zum Schutz der öffentlichen Sicherheit berathen, da kurz vorher einige Haufen Karlisten und Christinos in die Thäler eingefallen waren. Es waren ungefähr 80 Personen zugegen. Die Meisten mußten sich auf Mehlsäcke und Schaffelle setzen. Es wurde viel geredet und endlich ohne Widerspruch beschlossen, daß Jeder, nach den Gesetzen der Republik, sein Gewehr in Ordnung bringen sollte, um sich an den Karlisten oder Christinos rächen zu können, wenn sie es noch einmal wagen sollten, in die Thäler zu dringen. Nach aufgehobener Versammlung gingen Alle zur Mahlzeit in dem Hause des Müllers, der Gemeindevorstand war und ein halbes Dutzend zinnerne Löffel hatte, mit welchen er bei außerordentlichen Gelegenheiten glänzen konnte. Das Essen war bereit. Ein langer und schmaler Tisch war mit einem reinlichen Tuche bedeckt. In der Mitte stand ein hölzerner Napf mit der dampfenden Suppe die aus Kräutern und Brot bestand. Der Müller setzte den Suppennapf vor sich, und nachdem er sich bedient hatte, schob er ihn seinem Nachbar zu, und so ging der Napf von Einem zum Andern. Ebenso schnitt sich Jeder von einem großen Brote sein Stück ab. Nach der Suppe kamen Geflügel, Fische und ein Stück Schweinefleisch, das in der Suppe gekocht war.

Wahl eines Arztes.

Um einen Arzt gut zu wählen, sagt eine neue englische Schrift über physische Erziehung, müßte man fast selbst ein Arzt sein, da dies aber bei Vielen nicht der Fall ist, so wird eine Mutter am besten thun, wenn sie einen Mann wählt, der eine seinem Berufe angemessene Erziehung genossen hat und dessen Lebensgewohnheiten beweisen, daß er fortfährt, sich praktische und theoretische Kenntnisse zu erwerben, der weder in alten Meinungen blind befangen, noch neuen schwärmerisch ergeben, und aus vielen Gründen nicht der Modearzt ist des Tages ist. Einige Aufmerksamkeit bei den nöthigen Erkundigungen wird hinreichend sein, die angegebenen Erfodernisse auszumitteln; aber es sollten auch noch, wie man es gewöhnlich bei wahrhaft würdigen Ärzten findet, jene Eigenschaften vorhanden sein, die ihn zu einem angenehmen Gesellschafter machen, denn der Hausarzt sollte immer auch der Hausfreund sein.

Die ehemaligen geistlichen Schauspiele in Frankreich.

Indem wir unsern Lesern eine etwas genauere Darstellung der geistlichen Schauspiele oder sogenannten Mysterien, wie diese im Mittelalter in Frankreich stattfanden, zu geben beabsichtigen, wollen wir zugleich auf die nachstehende, sehr

gelungene und ausdrucksvolle Abbildung aufmerksam machen, worauf zwei Pilger des heiligen Jakob von Compostella in ihrer Pilgertracht vorgestellt sind. Diese heiligen Männer stehen mit dem Gegenstande, von dem wir hier reden wollen, in sehr genauer Verbindung, insofern man sie nämlich nicht allein als die Erfinder jener geistlichen Schauspiele, sondern als die Schöpfer aller mimischen Darstellungen überhaupt ansehen muß. Wenn nämlich diese Pilger des heiligen Jakob von ihrer Reise nach dem heiligen Grabe zurückkehrten, so pflegten sie in den Städten und Ortschaften einzusprechen und dort allerlei geistliche Gesänge vorzutragen, die sie mit dem passenden Geberdenspiel und untermischter Rede begleiteten. Insonderheit waren es einzelne Scenen und Capitel aus den Evangelien, vorzüglich aber die, welche die Leidensgeschichte des Heilands enthalten, welche von diesen Pilgern zum Gegenstand ihrer Darstellungen gewählt wurden. Die letztern fanden gewöhnlich gleich unter freiem Himmel statt und wurden, man weiß nicht recht, aus welchem Grunde, Mysterien genannt, während die Darsteller selbst Passionsbrüder zu nennen beliebten. Späterhin wurden dieselben Schauspiele von den Bettelmönchen aufgeführt, und in dem spätern Mittelalter finden wir zu Paris die sogenannte Brüderschaft der sorgenfreien Kinder (enfans sans souci), deren Oberhaupt sich den Namen des Narrenkönigs beilegte.

Um jedoch die Geschichte der mimischen und dramatischen Darstellungen noch bis in eine fernere Zeit des Ursprungs zurück zu verfolgen, müssen wir der Tänzer, Possenspieler und Gaukler erwähnen, dergleichen es schon zur Zeit Karl's des Großen gab, und denen schon einmal, 783, von diesem mächtigsten Fürsten der Christenheit das Handwerk gelegt wurde. Nachdem man diese Gaukler von den Straßen verbannt hatte, wo sie früher ihr Wesen getrieben, gaben sie ihre Vorstellungen, bei welchen die abenteuerlichsten Dinge zum Vorschein kamen, in den Kirchen und belegten dieselben mit dem Namen des Narrenfestes, gegen welches bereits 1198 ein Verbot erlassen wurde. Seit dem 9. Jahrhunderte trat in Frankreich eine andere Classe von Gaukelspielern auf, welche gleichfalls Stellen aus Dichtern zur Aufführung brachten, mit dem Unterschiede jedoch, daß sie die darin vorkommenden Rollen anstatt durch komische Personen, vielmehr durch abgerichtete Thiere, durch Bären und Affen, spielen ließen. In Bezug auf diese Vorstellungen erließ in späterer Zeit der heilige Ludwig einen neuen Zolltarif für die Stadt Paris, worin ausdrücklich bemerkt war, daß jeder Handelsmann, der in die Stadt mit einem Affen käme, um denselben zu verkaufen, eine Steuer von vier Hellern dafür erlegen sollte; dagegen sollte jeder Bürger, der einen Affen einbrächte, steuerfrei sein, sobald er nachwiese, daß er das Thier zu seinem Vergnügen halte; der Gaukler aber, der von dem Herumführen eines solchen Thieres seinen Lebensunterhalt gewinne, solle dadurch sich der Zollabgabe quitt machen dürfen, daß er das Thier vor dem Zolleinnehmer spielen lasse; hatte der hereinziehende Gaukler kein solches Thier bei sich, so konnte er ebenfalls der Abgabe sich dadurch ledig machen, daß er vor dem Zollbeamten eine Probe seiner Kunst im Recitiren ablegte. Dieses Gesetz, das unserm jetzigen Zeitgeschmack seltsam erscheinen könnte, hatte dennoch seinen guten Grund und Nebenzweck. Es sollte nämlich dadurch nicht das Handwerk jener Gaukler und öffentlicher Spaßmacher erleichtert, vielmehr sollten diese durch die genannten Maßregeln einer genauen Controle unterworfen werden, damit in diesem die wahre Mode jener Zeit ausmachenden Affenverkehr kein Betrug stattfinden konnte. Mit der Zeit vermehrte sich die Zahl dieser öffentlichen Gaukler außerordentlich, und auch die Frauenzimmer fingen an, an diesen Possenspielen thätigen Antheil zu nehmen. Damals zogen sich die sämmtlichen pariser Gaukler in eine besondere Straße, die nach ihnen benannt wurde; hier schlugen sie ihre Wohnsitze auf und hierher wandten sich auch die Privatpersonen, die ihrer Dienste bedurften. Hierauf bezieht sich ein eigenthümliches, durch den Profos von Paris 1341 erlassenes Gesetz, welches allen Gauklern und Gauklerinnen bei Strafe verbietet, sobald sie von irgend einer Gesellschaft gemiethet worden, Andere an ihrer Stelle dorthin zu schicken. Ein späteres Gesetz von 1395 verbot den Gauklern bei ansehnlicher Geldbuße und zweimonatlichem Gefängniß bei Wasser und Brot, das Absingen anstößiger Lieder auf den Straßen und öffentlichen Plätzen. Dieses Verbot mag zur Hervorrufung eines neuen Erwerbszweiges beigetragen und den Seiltänzern, Degenverschluckern und andern Taschenspielern ihre Geschäfte erleichtert haben. Kehren wir jedoch zu jenen geistlichen Aufführungen, den sogenannten Mysterien, zurück. Der erste Versuch, diese Stücke auf einem Theater vorzustellen, wurde, man weiß nicht recht, um welche Zeit, zu Saint-Maur gemacht. Der Gegenstand war die Passion des Heilandes. Diese Vorstellungen währten eine geraume Zeit, bis 1398 ein policeiliches Verbot an die Einwohner von Paris und von Saint Maur erlassen wurde, des Inhalts, daß man ohne besondere Erlaubniß des Königs kein Spiel zur öffentlichen Aufführung bringen solle, dessen Gegenstand aus der Leidensgeschichte des Herrn oder aus dem Leben der Heiligen entnommen sei.

Vom Jahre 1402 an, wo den Passionsbrüdern regelmäßige Patentbriefe ertheilt wurden, sahen sich diese unter besondern königlichen Schutz gestellt. Nachdem sie schon früher im Dienste ihres Ordens ein Hospital errichtet hatten, worin alle fremden Pilger, die nach Thorschluß eintrafen, aufgenommen wurden, erbauten sie nunmehr in demselben Hospitale einen geräumigen Saal, um darin ihre geistlichen Schauspiele zur Aufführung zu bringen. Hier errichteten die Passionsbrüder ihr Theater an allen Sonn- und Festtagen, mit Ausnahme der Hauptfeste, und diese Schauspiele, zu denen fast nur das Neue Testament den Stoff darbot, fanden so großen Beifall bei dem Publicum, daß die wirklichen Geistlichen, um ihre Kirchen nicht leer zu sehen, die Stunde der Vesper verändern mußten. Auch die Städte der Provinz ahmten bald das Beispiel der Hauptstadt nach, und Rouen, Angers, le Mans und Metz waren die ersten Ortschaften, die solche geistliche Theater errichteten. Es währte jedoch nicht lange, daß die Passionsbrüder sich von Nebenbuhlern bedroht sahen. Unter den ersten befanden sich die sogenannten Brüder der Basoche, die seit 1303 unter der Regierung Philipp's des Schönen ihr Theater aufgeschlagen hatten. Das Oberhaupt dieser Brüderschaft nannte sich den König der Basoche, und alle seine Untergebenen führten hochtrabende Titel. Sie hießen Generale, Großreferendarien, Secretaire, Kanzlisten u. s. w. Der König der Basoche hatte anfangs das Recht, die königliche Toga zu tragen, und seine Kanzler waren mit einer langen Robe und einem mützenartigen Hut bekleidet. Diese störenden Vorrechte wurden erst unter der Regierung Heinrich III. abgeschafft. Die Stücke, welche diese neue Brüderschaft zur Aufführung brachte, unterschieden sich allerdings sehr merklich von denen ihrer Vorgänger, der Passionsbrüder. Der ernstere Inhalt ging allmälig aus denselben ganz verloren, und es wurde den Späßen und Thorheiten aller Art ein großer Spielraum verstattet.

Während diese einander sehr entgegengesetzten Brüderschaften, welche in jener Zeit füglich den Gegensatz des Trauerspiels und des Lustspiels bezeichnen konnten, sich gegenseitig den Rang streitig machten und sich in den Beifall des Volkes theilten, schlich sich allmälig eine dritte Brüderschaft ein, die nichts Geringeres im Sinne hatte, als den Ernst der Passionsbrüder und die lustigen Späße ihrer Gegner auf gleiche Weise um den Credit zu bringen. Dies erreichte sie auch so ziemlich dadurch, daß sie in ihren Vorstellungen den trockenen Ernst mit dem ausgelassenen Spaß auf das glücklichste zu verbinden wußte. Wegen dieses seltsamen Gemisches, welches diese neumodischen Vorstellungen dem spaß- und spottliebenden Zuschauer darboten, pflegte man sie schlechthin die „Spiele der gestampften Erbsen" (pois pilés) zu nennen. Eine ungeheure Menge Volkes strömte diesen neuen Schauspielen zu. Dessenungeachtet aber verloren die Passionsbrüder, auf alten Ursprung trotzend, den Muth nicht, sie fuhren in ihrer ernsten und trockenen Manier fort, Vorstellungen zu geben und wußten sich unter mehren Regierungen neue Schutzbriefe und Privilegien zu verschaffen, wodurch ihnen ihr Fortbestehen sehr erleichtert wurde. Nachdem sie zu verschiedenen Zeiten mehrmals genöthigt gewesen waren, ihr Local zu verändern und sich zuletzt in der Straße Mauconseil ein eignes Gebäude errichtet hatten, erhielten sie 1548 ein sehr zweideutiges Privilegium, das ihnen zwar die ausschließliche Aufführung dramatischer Stücke in Paris übertrug, zugleich aber auch verbot, künftighin die sogenannten Mysterien aufzuführen. Durch diese Verordnung geriethen die armen Passionsbrüder in große Verlegenheit, indem sie nämlich auf profane und launige Vorstellungen nichts weniger als eingerichtet waren. Deshalb beschlossen sie, ihre Festspiele künftighin ganz aufzugeben und vermietheten das ihnen zugehörige Local, mit Vorbehalt von zwei Logen für den eignen Gebrauch, an eine Schauspielertruppe.

Indem wir nun unsern Lesern die Geschichte der Passionsbrüderschaft, welche als die wahre Quelle aller dramatischen Darstellungen gelten kann, erzählt haben, wollen wir noch einen etwas ausführlichern Bericht über den Inhalt eines solchen geistlichen Festspiels mittheilen, vorher aber noch eine kurze Beschreibung der Bühne selbst, auf welcher jene Vorstellungen gegeben wurden, einschalten. Diese Bühne wurde, wie dies bei unsern heutigen Theatern der Fall ist, nach dem Vordergrunde zu durch einen Vorhang verschlossen, der aber nicht aufgezogen, vielmehr nur nach beiden Seiten hin zurückgeschoben wurde. Sobald dies geschehen war, bemerkte man im Hintergrunde mehre übereinander gebaute Gerüste, von denen das oberste das Paradies, das darunter befindliche aber die Erde vorstellte. Ein drittes Gerüst zeigte die Wohnungen des Herodes und Pilatus oder irgend eine andere für den Gang des Stücks nothwendige Decoration, zuletzt im untersten Gerüst oder dem Erdgeschoß stellte sich das älterliche Haus der heiligen Jungfrau dar, ihr Betgemach und die Krippe mit dem Ochslein. Im Vordergrunde und nach der linken Seite zu bildeten Vorhänge eine Art von Nische, worein sich die Schauspieler begaben, wenn irgend eine Scene, die man vor den Blicken der Zuschauer nicht darstellen konnte, vor sich gehen sollte. Dergleichen Scenen waren z. B. die Menschwerdung des Heilandes, die Enthauptung Johannis des Täufers. An der Vorderseite dieser Nische zur Rechten zeigte sich die Hölle in der Gestalt des Rachens eines ungeheuern Drachen, der sich jedes Mal öffnete und verschloß, wenn einer oder mehre Teufel ihren Ein- und Ausgang hielten. Im Hintergrunde dieser Nische und dieses Teufelsrachens befanden sich erhöhte Stufen, welche den damaligen Schauspielern anstatt der bei uns üblichen Coulissen dienten; sobald der Schauspieler seine Rolle ausgespielt hatte oder vorläufig abgetreten war, setzte er sich auf diese Stufenbank, und obgleich das Publicum dergestalt seinen Heiland, seinen Herodes, Festus oder seine Mutter Maria fortwährend im Auge behielt, so wirkte doch die Illusion stark genug, um diesen Uebelstand übersehen zu lassen.

Um nun einen genauern Begriff von diesen Mysterien oder heiligen Schauspielen zu geben, deren Inhalt zuweilen auch dem Alten Testamente entnommen war, wollen wir ein ziemlich altes Stück auswählen, das sich bis auf unsere Zeit erhalten hat und dessen pomphafter Titel folgendermaßen lautet: „Mysterium der heiligen Passion unsers Herrn Jesu Christ, mit Zusätzen und Berichtigungen, so man dem sehr gelehrten und beredtsamen Doctor Messire Jean Michel zu verdanken hat, als welches Mysterium zuerst zu Angers mit großem Beifall, zuletzt aber zu Paris im J. 1507 aufgeführt worden." Dieses geistliche Spiel ist, wie alle seines gleichen, außerordentlich lang und besteht aus nicht weniger als 28,000 Versen; deshalb zerfällt es auch in vier Tagesabtheilungen, denen noch ein Prolog vorausgeht. Dieser Prolog ist eigentlich eine Umschreibung der Worte: „Das Wort ward Fleisch." Der erste Tag beginnt mit der Predigt Johannis des Täufers in der Wüste. Auf diese Predigt versammeln sich die vornehmsten Juden und halten einen Rath über die den Messias betreffenden Prophezeiungen. Hierauf kommt Jesus zu Johannes in Begleitung der Mutter Maria und des Erzengels Gabriel und verlangt von ihm getauft zu werden. Diese Ehre lehnt anfangs Johannes mit folgenden Worten ab: „Was suchest du mich auf, theurer Herr und Heiland, da mein Wesen für solch hohes Amt zu gering ist? Denn ich bin ja nur ein ganz armes Geschöpf von geringen Anlagen, ein demüthiger Wanderer, dem es übel gezieme würde, mit reinem Wasser seinen hohen Schöpfer zu waschen. Du bist der Lehrer, ich bin der Diener, du bist der Hirt, auf dessen Steigen ich wandle, du bist der Doctor, ich bin der Schüler, du bist der Ductor (Führer), ich folge nach, und der nichts ohne dich vermag u. s. w." Dessenungeachtet besteht der Heiland auf der heiligen Taufe, wobei allerlei Instrumente ertönen und die Engel Lobgesänge singen. Kaum ist die Taufe vollendet, als der Rachen der Hölle sich öffnet und zwei Teufel, Namens Satan und Berith, dem Lucifer die Kunde bringen, sie hätten in der Wüste einen Menschen Namens Jesus erblickt, der über ihre Macht weit erhaben sei. Für diesen Bericht läßt Lucifer die beiden Teufel durch andere ihres Gelichters zur Strafe tüchtig ausprügeln, worauf er sie wieder nach der Oberwelt schickt, um sich von der wahren Göttlichkeit Jesu zu überzeugen. Nachdem nun inzwischen Pilatus aufgetreten ist und beim Trompetenschall einen kaiserlichen Befehl erlassen hat, wogegen die Juden sehr murren, demnächst aber sich Judas der Menge präsentirt hat, der beim Schachspiel einen Mord verübt und hierauf der Schützling des Pilatus wird, erblickt man den Teufel abermals in der Wüste, der unter allerlei Verkleidungen den Heiland zu versuchen strebt, sich aber beschämt und unverrichteter Sache zurückziehen muß. Unterdessen kommt Johannes der Täufer in das Haus des Herodes, erregt auf die bekannte Weise den Zorn der Herodias, die sich in diesen Worten vernehmen läßt: „Ha, bei Gott, wie kann dieser elende Schwätzer es wagen, uns dergestalt zu verhöhnen; in der That, mein Gebieter, Ihr seid sehr thöricht; ihm Gehör zu schenken." Dadurch geräth Herodes gleichfalls in Zorn und läßt den Johannes ins Gefängniß werfen. Eine folgende Scene zeigt den Pilatus und Judas, die zusammen in dem Garten des Ruben und der Ciborea spazieren gehen; diese beiden Eheleute sind die Ältern des Judas, was diesem jedoch unbekannt ist, und auch das Ehepaar weiß nichts davon, sondern ist der Meinung, daß dieser ihr Sohn schon vor vielen Jahren ertrunken sei. Da nun in diesem Garten ausnehmend schöne Früchte sind, so befiehlt Pilatus dem Judas, einige davon zu pflücken. Dieser gehorcht, inzwischen aber tritt Ruben herein und verlangt den Preis für die Früchte; allein Judas, weit entfernt, diesen zu erlegen, bricht noch überdies die Zweige von den Bäumen, darüber erzürnt sich Ruben, es entspinnt sich ein Streit, in welchem Judas den Ruben erschlägt. Während nun die Gattin des Erschlagenen herzuläuft und in verzweiflungsvolle Klagen und Verwünschungen gegen den Mörder ausbricht, denkt Pilatus darauf, seinen Schützling zu retten und schlägt der verzweifelnden Frau vor, sich mit dem Mörder ihres Gemahls ehelich zu verbinden, worein diese zuletzt auch willigt. So burlesk nun auch diese Scene in dieser Form sich ausnimmt, so ist doch darin ein tieferer und durchaus ernsthafter Sinn verborgen. Dieser beruht nämlich in der Steigerung der Bosheit des Judas, welche der Dichter hier absichtlich stattfinden läßt. Zuerst nämlich wurde Judas dadurch, daß er den Mann beim Schachspiel umgebracht, ein gewöhnlicher Mörder, allein der Übergang von einem solchen zum Verräther des Heilandes und Gottessohnes selbst schien dem Dichter noch zu schneidend, zu plötzlich und unmotivirt; um also diesen Bösewicht zur höchsten Bosheit reif zu machen, läßt ihn der Dichter vorher noch die doppelte Todsünde des Vatermords und des Incestes mit der eignen Mutter begehen. In Folge dessen erkennt auch die israelitische Jokaste sehr bald in dem Gemahl den eignen Sohn und geräth darüber in die grimmigste Verzweiflung. Judas selbst entsetzt sich über dieses doppelte Verbrechen und wirft sich in der Angst dem Heiland zu Füßen, den er im Hause des Evangelisten Matthäus beim Abendessen und in der Gesellschaft der übrigen zehn Apostel findet. Der Heiland verzeiht dem Judas und nimmt ihn in die Zahl seiner Jünger auf. Als Zwischenspiel werden nunmehr mehre wunderthätige Handlungen des Heilands vorgestellt, z. B. die Verwandlung des Wassers in Wein, die Bekehrung des Nikodemus, die Auferweckung der Tochter des Jairus. Hierauf folgt das Fest im Palast des Herodes, wobei Johannes der Täufer sein Haupt verliert; diese Enthauptung findet, wie schon oben bemerkt, in dem Seitenverschlage statt und wird so den Blicken der Zuschauer entzogen. Während nun die trauernden Schüler den Leichnam des Täufers zur Erde bestatten, zeigt sich dessen Geist, der vom Himmel herniedersteigt.

Die zweite Abtheilung des Stückes beginnt nun mit der Austreibung des Teufels Astaroth, der den Körper des kanaanitischen Mädchens besessen hatte; der ausgetriebene Teufel entflieht in die Hölle, wo er eine tüchtige Geißelung aushalten muß, weil er seinen Posten verlassen hat. Es folgen nunmehr eine Reihe von biblischen Scenen, gleichsam als Zwischenstücke des großen Trauerspiels. Zunächst erscheint Maria Magdalena, die einen langen Monolog hält und dem Publicum eine Beschreibung ihres Lebenswandels gibt. Hierauf sieht man die Heilung des Aussätzigen, die Verklärung auf dem Berge Tabor, das Wunder mit den Broten und Fischen, die Auferweckung des Lazarus und andere biblische Scenen, bis man am Schlusse dieser Abtheilung den Heiland die Eselin besteigen sieht, um seinen Einzug in Jerusalem zu halten. Mit diesem beginnt die Vorstellung des dritten Tages, worin man die höllischen Mächte in großer Thätigkeit erblickt. Bei dem Abendmahle, das Jesus mit seinen Jüngern hält, springt ein Teufel herein, der aber für unsichtbar gilt, setzt sich auf die Schultern des Judas und nimmt von dessen Seele Besitz, worauf dieser sich entfernt und seinen Herrn und Meister verräth. Es folgt nun die Gefangennehmung des Heilandes am Ölberge und das Verhör desselben vor Pilatus, wobei Petrus den Heiland dreimal verleugnet. Die vierte Abtheilung endlich zeigt die Fortsetzung des Verhöre und die Gewissensbisse des Judas, der die Hölle zugleich anruft und verwünscht, worauf ihm die leibhafte Gestalt der Verzweiflung erscheint, die ihn mit furchtbaren Drohungen peinigt. „Hier, du Verräther", so ruft sie ihm zu, „sind Messer und Schwerter, Dolche und andere Werkzeuge, wähle dir davon die beste Klinge, um dich vom Leben zum Tode zu bringen, oder wenn du es vorziehst, zu hängen, so sind hier auch Stricke genug für dich." Diese Weisung läßt sich Judas nicht zweimal geben, er nimmt einen Strick und hängt sich. Die Verzweiflung übernimmt in Person das Amt des Henkers und schleppt ihn dann, unterstützt von andern Teufeln, zur Hölle. Es erfolgt nun die Vorstellung von dem Ende der Gerechten ganz so, wie es in dem Evangelium geschildert wird, und nachdem der Heiland am Kreuze erblaßt ist und die Erde sich verfinstert hat, beschließt ein kurzer Epilog das Ganze. Um sich einen Begriff von den äußern Mitteln zu machen, die bei der Vorstellung dieses Mysteriums verwendet wurden, muß bemerkt werden, daß die Vorstellung des ersten Tages nicht weniger als 87 Schauspieler, die zweite deren 100, die dritte 80 und endlich die vierte 105 beschäftigte. Dieses geistliche Schauspiel umfaßte mithin nicht weniger als 372 Rollen, wobei es jedoch wahrscheinlich ist, daß immer deren mehre von einem und demselben Schauspieler ausgeführt wurden.

Die Federn.

Jede Vogelfeder ist ein mechanisches Wunder. Betrachten wir den Kiel, so finden wir zwei nicht leicht vereinigte Eigenschaften, Stärke und Leichtigkeit. In dem obern Theile sehen wir einen Stoff, der in keinem andern Theile der Vögel vorkommt, leicht, biegsam und elastisch. Selbst das Mark, das die Feder nährt, ist andern Substanzen ungleich. Der künstlichste Theil der Feder aber ist der Bart, der auf beiden Seiten des Stammes der Feder sich befindet. Jeder weiß, wie viel stärker dieser Bart sich zeigt, wenn man ihn ganz senkrecht hinabdrückt, als wenn man ihn entweder aufwärts oder abwärts in der Richtung des Stammes streicht. Dies liegt darin, daß die Fäden des Bartes flach sind und mit ihren flachen Seiten aneinander liegen. Daher biegen sie sich leicht gegeneinander, wie man bemerken kann, wenn man sie mit dem Finger aufwärts streicht; weit schwerer aber lassen sie sich aus ihrer Lage bringen, da dies die Richtung ist, in welcher sie dem Drucke der Luft zu widerstehen haben. Eine andere Eigenheit in dem Bau der Feder ist noch merkwürdiger. Die Fäden des Bartes vereinigen sich in ihrem natürlichen Zustande, aber nicht bloß weil ihre Oberflächen lose an einander liegen; sie lassen sich nicht ohne einige Gewalt trennen und doch sind sie nicht etwa durch einen leimigen Stoff verbunden, sondern der Bart erhält durch eine mechanische Vorrichtung seine Stärke. Wenn zwei zufällig oder gewaltsam getrennte Fäden eines Federbartes wieder zusammengedrückt werden, schließen sie sich sogleich aneinander und der Bart wird wieder glatt und fest, als ob nichts ihn aus seiner Lage gebracht hätte. Diese Verbindung nun wird durch viele Fasern oder Zähne bewirkt, womit die Fäden auf jeder Seite versehen sind, und womit sie sich aneinander hangen. Man hat 50 solcher Fasern auf $^1/_{20}$ Zoll gezählt. Diese Fasern sind gebogen, aber auf verschiedene Weise. Diejenigen, die am Faden auf der Seite nach dem Ende der Feder hin sich befinden, sind länger und biegsamer und abwärts gekehrt, diejenigen auf der Seite nach dem Anfange oder dem Kiel hin, kürzer, fester und aufwärts gerichtet. Werden nun zwei Fäden des Federbartes zusammengedrückt, sodaß die langen Fibern desselben weit genug über die kurzen zu liegen kommen, so greifen ihre gekrümmten Theile in die Öffnung, welche die gekrümmteren Theile der andern bilden. Die bewundernswürdige Einrichtung der Feder ist vollkommen dem Zwecke angemessen, wozu die Natur sie bestimmt hat, daß nämlich nicht nur die Fäden des Bartes vereinigt bleiben sollen, sondern auch, wenn sie getrennt sind, sie sich leicht wieder verbinden können. Bei dem Strauße fehlt die beschriebene Einrichtung, jene Häckchen und Schlingen, und daher hangen die Fäden der Federn lose getrennt voneinander.

Weibliche Pflege.

Man hat oft bemerkt, daß an einem Krankenlager keine Hand die weibliche, kein Herz das weibliche ersetzen kann. Und so ist es. Des Mannes Brust kann von unaussprechlichem Kummer bewegt, sein Gemüth von Besorgnissen zerrissen werden, aber man setze ihn an ein Krankenbett, in den Schatten der matten Lampe, die es bescheint, man lasse ihn die langen schleichenden Stunden der Nacht zählen und allein und schlaflos den Augenblick erwarten, wo der grauende Tag in die Kammer scheint, und wenn er seine Pflege einem geliebten Bruder oder einem Vater widmet, seine rauhere Natur, und wäre er noch so gebildet, wird ermüden, sein Auge wird sich schließen, sein Geist gegen die Anstrengung sich auflehnen, und ungeachtet seine Liebe und Bekümmerniß unvermindert bleiben, wird eine Regung von Selbstsucht ihn beschleichen, die ihn beschämt machen, die er zu unterdrücken suchen mag, die aber trotz seinen Anstrengungen als ein bezeichnendes Merkmal seiner Natur zurückbleibt und in einem Punkte wenigstens seine männliche Schwäche beweist. Aber setzt eine Mutter, eine Schwester, eine Gattin an seine Stelle. Die Frau fühlt keine Müdigkeit und denkt nicht an sich selbst. In der stillen einsamen Nacht bleibt sie nicht nur geduldig, sondern, man möchte sagen, freudig an ihrem Platze. Ihr Ohr erhält den Instinct eines Blinden, wenn es von Zeit zu Zeit die leiseste Bewegung, das leiseste Flüstern und Athmen des mehr als je geliebten Kranken auffaßt. Ihr Tritt, wie von einem Wink geleitet, könnte nicht eine Maus aufstören, und wenn sie spricht, ist ihr Ton das Echo einer natürlichen Harmonie, die dem Ohre des Kranken so süß ist und Alles sagt, was Mitleid, Trost und hingebende Liebe sagen können. Nacht auf Nacht wachend, pflegt sie den Kranken wie ein

Wesen aus einer höhern Welt gesendet, wenn alle irdische Wachsamkeit fruchtlos war; ihr Auge nickt nie, ihr Gemüth ermattet nie und ihre sonst immer schwache Natur hat jetzt eine übermenschliche Kraft, eine überirdische Großmuth erhalten; sie vergißt sich selbst und ihr Geschlecht allein waltet vor.

Die Camoenshöhle.

Auf der Insel Macao im indischen Archipel, am Ausflusse des Kanton, die der gewöhnliche Sammelplatz der europäischen Chinafahrer ist, sieht man noch in einem Garten eine Höhle, die ursprünglich die Wohnung des berühmten portugiesischen Dichters Camoens war. Camoens, 1517 zu Lissabon geboren, stammte aus einer angesehenen Familie, ward aber durch seine leidenschaftliche Gemüthsstimmung in stete Bedrängnisse verwickelt. Er wurde vom Hofe nach Santarem verbannt, wo er mehre seiner Gedichte schrieb, und ließ sich endlich in einem Anfalle von Verzweiflung bei einem gegen die Mauren bestimmten Heere als Soldat anwerben. Während des Feldzugs verlor er durch eine Kugel das rechte Auge. Als er bei seiner Rückkehr nach Lissabon weder durch seine kriegerischen, noch seine dichterischen Verdienste sich emporschwingen konnte, schiffte er sich 1553 nach Indien ein. Hier in Goa, dem Hauptsitze der Portugiesen, verwickelte ihn sein Hang zur Satire in Zwistigkeiten mit dem Statthalter, der ihn nach Macao verbannte, wo er viele Jahre lebte. Endlich ward er aus seiner Verbannung zurückgerufen und litt Schiffbruch auf der Rückkehr nach Goa. Er hatte während seines Aufenthalts in Macao sein berühmtes Gedicht, die „Lusiade", vollendet, worin er die Entdeckungen und Eroberungen seiner Landsleute in Ostindien verherrlichte. Von den Wogen des Meeres fortgerissen, hielt er schwimmend die Handschrift seiner unsterblichen Dichtung mit einer Hand hoch über die Wellen empor. Er wurde gerettet, aber bei seiner Ankunft in Goa wegen Schulden verhaftet, und nur durch die Unterstützung einiger Freunde ward es ihm möglich, sich 1569 nach Lissabon einzuschiffen. In seiner Heimat wurden seine Talente durch den König Sebastian ermuntert, den er später auf seinem unglücklichen Kriegszuge gegen die Mauren begleitete. Nach dem Tode des Königs war Camoens wieder von aller Hülfe entblößt. Er war so arm, daß ein Sklave, den er aus Indien mitgebracht hatte, jeden Abend für ihn bettelte, um ihm für den folgenden Tag nothdürftigen Unterhalt zu verschaffen. In dieser bedrängten Lage fand er noch immer Trost in der Dichtung, und einige seiner schönsten Gedichte gehören dieser Zeit an. Endlich starb er 1579 in einem Hospital. Funfzehn Jahre später ward ihm ein Denkmal errichtet.

Verantwortlicher Herausgeber: Friedrich Brockhaus. — Druck und Verlag von F. A. Brockhaus in Leipzig.

Das Pfennig-Magazin
für Verbreitung gemeinnütziger Kenntnisse.

227.] Erscheint jeden Sonnabend. **[August 5, 1837.**

Galerie der deutschen Bundesfürsten.
XXI.

Leopold Friedrich, Herzog zu Anhalt=Dessau.

Leopold Friedrich, Herzog zu Anhalt=Dessau, wurde am 1. October 1794 geboren und ist der Sohn des am 27. Mai 1814 verstorbenen Erbprinzen Friedrich von seiner Gemahlin, der noch lebenden Prinzessin von Hessen=Homburg, Amalie Christiane, geboren am 29. Juni 1774. Unter der sorgsamen Aufsicht dieser Fürstin trefflich unterrichtet, wirkte auf ihn von Jugend auf das Vorbild seines Großvaters, des Fürsten Leopold Friedrich Franz, ganz besonders wohlthätig. Nebst seinem Bruder Bernhard Georg eilte er nach der Schlacht bei Leipzig zum Heere der Verbündeten und machte hierauf unter seinem Oheim, dem Erbprinzen Friedrich von Hessen=Homburg, den Feldzug im südlichen Frankreich mit. In Paris kaum vom Nervenfieber genesen, erhielt er die Nachricht vom Tode seines Vaters, was ihm Veranlassung gab, sogleich nach Dessau zurückzukehren, worauf er mit den Abgeordneten seines Großvaters dem wiener Congresse beiwohnte. Nachdem er am 9. August 1817 seinem Großvater in der Re=

gierung gefolgt, war er nicht nur eifrigst bemüht, dessen für das Land so wohlthätige Einrichtungen treulich zu pflegen, sondern ließ es sich auch angelegen sein, sie immer mehr zu vervollkommnen, weshalb er nach und nach mehre heilsame Veränderungen, namentlich in der Verwaltung, eintreten ließ. Auch verbesserte er die Rechtspflege überhaupt, gab dem Schulwesen eine bessere Einrichtung und vereinigte die bisher zerstreuten fürstlichen Büchersammlungen zu einer öffentlichen Bibliothek, wie er denn überhaupt bei seinem großen Kunstsinne, der ihn auch 1822 zu einer Reise nach Italien veranlaßte, den Künsten und Wissenschaften ausgezeichneten Vorschub leistete. Er vermählte sich am 18. April 1818 mit der hochgebildeten Prinzessin Luise Wilhelmine Amalie Friederike, geboren am 30. September 1796, einer Tochter des Prinzen Ludwig von Preußen, die ihm 1824 die Prinzessin Friederike und am 29. April 1831 den Erbprinzen Leopold Franz Nikolaus Friedrich gebar. Von den Geschwistern des Herzogs leben: 1) die Prinzessin Au=

guste, geboren 1793, vermählt mit dem regierenden Fürsten Friedrich Günther von Schwarzburg-Rudolstadt; 2) der Prinz Bernhard Georg, geboren am 21. Februar 1796, der seit 1831 mit Fräulein Therese von Erdmannsdorf, zur Gräfin von Reina erhoben, morganatisch verehelicht ist; 3) Prinzessin Luise, geboren 1798, vermählt mit dem Prinzen Gustav von Hessen-Homburg; 4) der Prinz August Friedrich, geboren am 23. September 1799, seit 1832 mit der Prinzessin Maria, einer Tochter des Prinzen Wilhelm von Hessen-Kassel, vermählt, und 5) der Prinz Woldemar Wilhelm, geboren am 29. Mai 1807.

Zur Geschichte der Erdbeben.

Obgleich der Mensch durch die fürchterlichste aller Naturerscheinungen, das Erdbeben, bei dem die gewaltigsten Erschütterungen und Explosionen einen beträchtlichen Theil der Erdoberfläche gleich Zuckungen durchfahren, zunächst in Angst und Schrecken geräth, so erwacht doch später seine Wißbegier und er forscht nach dem Wesen und den Ursachen der furchtbaren Kraft, die das Meer in seinen tiefsten Tiefen aufwühlt, Berge spaltet, versetzt und zersplittert, Städte zerstört, ganze Landschaften in den Abgrund versenkt, Inseln vom Lande abreißt, oder solche plötzlich aus der Tiefe emporhebt, ganze Länderstrecken unter Wasser begräbt und andere wieder trocken legt.

Als man in Chemie und Physik noch keine großen Fortschritte gemacht hatte, glaubte man, sich die Erscheinung der Erdbeben leicht erklären zu können; je tiefer man aber in das Gebiet der Naturwissenschaften eindrang, destomehr sah man ein, daß alle aufgestellten Hypothesen und Muthmaßungen zur Erklärung so allgemeiner und sich über einen so großen Theil der Erdoberfläche erstreckender Erschütterungen nicht ausreichten, obgleich man nicht versäumt hatte, nacheinander der Elektricität, dem Magnetismus, der Entzündung und Explosion der Gase, dem Processe der Wasserbildung und Wasserzersetzung u. s. w. diese Phänomene zuzuschreiben.

Wiewol die Erscheinungen des Erdbebens vielfach auf den elektrischen Proceß hindeuten, so scheinen doch die dabei häufig beobachteten elektrischen Erscheinungen mehr Begleiter und Wirkung einer in den großen Tiefen des Erdschooses stattfindenden Verbrennung zu sein. Denn fassen wir alle äußern Erscheinungen und Merkmale zusammen, welche das Erdbeben begleiten, erwägen wir, daß sich bei solcher Gelegenheit nicht selten Spalten, Risse und Klüfte auf der Erdoberfläche aufthun, welche Flammen, Steine, Wasser, Schlamm mit mephitischen Dünsten und dergleichen ausspeien, und sich dann wieder schließen, daß manchmal ganze Berge von solchen Schlünden verschlungen und weite ebene Strecken mit Felsstücken überschüttet, Berge aufgethürmt und Thäler ausgefüllt werden, daß diese Bebungen theils in horizontalen Schwingungen, in einem wellenförmigen Auf- und Niederschwanken des Bodens, theils in stoßenden Erschütterungen (Erdstöße) verspürt, daß am meisten Küstenländer und Gegenden in der Nähe von Vulkanen von Erdbeben heimgesucht werden, daß diese besonders auf Regenjahre folgen und nach langem Außenbleiben vulkanischer Ausbrüche, wie z. B. des Ätnas in Sicilien, Erdbeben befürchtet werden, daß man ein dumpfes, unterirdisches Getöse gleich Kanonendonner vernimmt, der Erdboden mit gewaltigem Brausen und Zischen reißt, in den Brunnen das Wasser steigt, siedet, seinen Geschmack verändert und Schwefeldämpfe daraus hervorsteigen und das Meer in Bewegung geräth: — so ist wol die wahrscheinlichste Erklärung der Erdbeben diese, daß sie mit Entzündungen in den tiefen Erdräumen und mit sich entwickelnden, in ungewöhnlichen Hitzgrad gebrachten Wasserdämpfen zusammenhängen, welche mit furchtbarem Getöse die Höhlen der Erde durchziehen und sich zuletzt an den schwachen Stellen der Erdrinde einen Ausweg öffnen, eine Behauptung, die um so einleuchtender ist, weil sich Erdbeben oft mit Ausbrüchen neuer Vulkane enden.

Nach manchen physischen Kennzeichen können wir nämlich vermuthen, daß der feste Erdboden, welcher uns zum Wohnsitze dient, im Vergleich zu dem Halbmesser und der Masse der Erdkugel, nur eine dünne Schale, gleichsam einer Schlacke oder Rinde ist, die sich seit verhältnißmäßig kurzer Zeit um einen flüssigen Kern äußerlich angesetzt hat, daher diejenigen Stellen der Erdoberfläche, wo diese Rinde schwach und noch nicht recht fest geworden ist, am meisten von unterirdischen Explosionen durchbrochen werden müssen.

Besondere Anzeichen, wodurch sich das Erdbeben vor seinem Eintritt zu verkündigen pflegt, sind: daß die vierfüßigen Thiere durch klägliches Brüllen oder Heulen ihre Angst zu erkennen geben; daß die Vögel, wie vor Gewittern, unruhig hin und her flattern und manche ein klägliches Geschrei erheben, und selbst die Fische im Wasser sich unruhig zeigen.

Um den Erdbeben vorzubeugen, hat man in ältern und neuern Zeiten, je nach den verschiedenen Erklärungsversuchen, zu manchen Vorkehrungen gerathen. So ist es schon ein alter Gedanke, daß man durch das Graben zahlreicher und tiefer Brunnen den unterirdischen Dämpfen einen Ausweg eröffnen und dadurch den Erdbeben vorbeugen könne. Schon Plinius empfiehlt diese Vorsicht, und berichtet, das römische Capitol sei dadurch vor Zerstörung durch Erderschütterungen bewahrt worden. Auch sollen in Persien und an den südlichen Abhängen des Kaukasus durch das Graben von Brunnen die Erdbeben seltener geworden sein, und ohne Zweifel sind die Vulkane an und für sich schon eine natürliche Vorkehrung dieser Art, da sie mit den tiefen Höhlen des Erdkörpers zusammenhängen und gewissermaßen als Rauchfänge und Abzugsröhren zu dienen scheinen, daher es auch in der Gegend von Neapel für ein böses Zeichen gilt, wenn der Vesuv sich lange ruhig verhält, wogegen man vor Erdbeben sicher zu sein glaubt, wenn er Feuer speit. Andere, die das Erdbeben der Elektricität zuschrieben, hielten dasselbe seiner Natur nach für ein unterirdisches Gewitter und schlugen, um ganze Gegenden davor zu schützen, Erdbebenableiter oder auch die Erbauung von Pyramiden vor, um das Gleichgewicht atmosphärischer und unterirdischer Elektricität herzustellen.

Die ältere und neuere Geschichte gedenkt großer Verheerungen von ganzen Ländern und Städten durch Erdbeben. Kallisthenes, Alexander's des Großen Begleiter auf seinen Eroberungszügen, erzählt von dem Untergange der beiden Städte Helike und Bura durch ein Erdbeben. Strabo berichtet dasselbe Ereigniß und setzt hinzu, Helike sei von einem Abgrund verschlungen und Bura unter den hereinstürzenden Wassern begraben worden.

Plinius erzählt von einem Erdbeben unter dem Consulat des Lucius Marcius und Sertus Julius, wo sich im Angesichte mehrer römischer Ritter die Gipfel zweier Berge einander näherten, dann wieder voneinander fuhren und unter gewaltigen Stößen alle dazwischen liegenden Städte, Dörfer und Gebäude gewissermaßen zusammendrückten.

Im Jahre 17 n. Chr., zur Zeit des Kaisers Tiberius, gingen in einer Nacht 13 große Städte Syriens unter und begruben die Einwohner unter ihren Trümmern.

Nicht besser erging es im Jahre 115 n. Chr. der Stadt Antiochia, wo der Kaiser Trajan, der sich grade dort aufhielt, nur mit Mühe sein Leben rettete. Im Jahre 742 suchte Ägypten und den ganzen Orient ein gewaltiges Erdbeben heim, bei dem in einer Nacht 600 Städte zu Grunde gingen und Tausende ihr Leben verloren. Im Jahre 1655 wurde in Canada eine Strecke von mehr als 100 Meilen Hügelland durch ein Erdbeben zu einer flachen Ebene abgeplattet. In Sicilien kamen 1693 gegen 90,000 Menschen durch ein Erdbeben um. Noch schrecklicher erging es im Jahre 1731 China nebst seiner Hauptstadt Pe=king, sowie 1737 und 38 der Halbinsel Kamtschatka. Im Jahre 1721 fing während eines Erdbebens ein Berg auf der Portlandsinsel plötzlich an, Feuer zu speien, wobei ein Felsstück von ungeheurer Größe auf eine Meile weit ins Meer geschleudert wurde. Die Insel Santorin und die liparischen Inseln sind vulkanischen Ursprungs, ebenso verdanken der Monte Nuovo, einige Meilen von Puzzuoli, und der Monte di Cenere (1538) ihren Ursprung einem Erdbeben, das zu gleicher Zeit den lugriner See mit Steinen, Asche und Erde verschüttete. Im Jahre 1746 wurden die Hauptstadt von Peru, Lima, und der zwei Stunden davon gelegene Hafenort Callao von Grund aus zerstört, sodaß vom ganzen Orte nur ein Thurm stehen blieb und die Einwohner insgesammt ertranken.

Aber das durch seine Schrecklichkeit am berühmtesten gewordene Erdbeben ist das vom ersten November 1755, wo der größte Theil von Lissabon einstürzte und an 100,000 Menschen ihr Leben einbüßten. Es zerstörte zur selben Zeit nicht allein mehre andere portugiesische Städte, sondern man verspürte Erschütterungen in Spanien, England, Finnland, kurz durch ganz Europa; überall an den westlichen Küsten war das Meer unruhig, trat von den Ufern zurück, und stürzte dann wieder über die Küste. Zu gleicher Zeit traf auch die Erschütterung die westlichen Küsten von Afrika; die Städte Fez und Mequinez im Königreich Marokko stürzten fast ganz ein, und der Hafen der Küstenstadt Mogador, welcher nur zwei bis drei Ellen Tiefe hielt, bekam seitdem durch den Einsturz des quer vor der Einfahrt sich hinziehenden Felsenriffes einen Ankerplatz von 20 Ellen Tiefe. Schiffe, die auf der Rückfahrt von Ost= und Westindien waren, wurden auf dem Meere schrecklich herumgeschleudert, die Azoren heftig erschüttert; in der Schweiz stürzten Lawinen in ganz ungewöhnlich großer Anzahl zusammen, zum Schrecken der doch sonst daran gewöhnten Einwohner. Auch Amerika blieb nicht verschont, und die Stadt Quito erlitt einen gänzlichen Einsturz.

Im Jahre 1757 wurde die Insel St.=Georges durch ein Erdbeben ganz verwüstet, Städte und Dörfer gingen unter, und in einem Umkreise von 100 Klaftern erhoben sich 18 neue Eilande im Meere, während anderntheils ganze Stücken vom Lande ins Meer geschleudert wurden. Ein solches Stück mit einem Wohnhause und Bäumen blieb auf einer seichten Stelle des Meeres liegen, und groß war die Verwunderung der Bewohner des Hauses, als sie mit Tagesanbruch ihre Versetzung gewahr wurden. Im Jahre 1759 verspürte man durch ganz Syrien gewaltige Erderschütterungen; Damaskus stürzte ein und 6000 Menschen kamen dabei um. Die Städte Japhet und Tripolis stürzten zusammen und alle umliegenden Dörfer wurden in einem Tage in Trümmerhaufen verwandelt. Die Insel Mariegalante wurde durch ein Erdbeben mittendurch gespalten. Bagdad erlitt am ersten Mai 1769 fast den gänzlichen Einsturz. Im nämlichen Jahre ward auch die Insel S.=Domingo von Erdbeben hart heimgesucht. Ein Bach, der zur Bewässerung von mehren Plantagen diente, war und blieb verschwunden. Ebenso erlitt auch im Jahre 1773 die Stadt Guatemala in Neuspanien eine fast gänzliche Zerstörung durch ein Erdbeben, das sich bis in die nördlichsten Gegenden Europas erstreckte. Ein gleiches Schicksal hatte Smyrna im Jahre 1787; Flammen fuhren aus dem Boden, welche den größten Theil der Stadt unter Asche begruben.

Ein ebenso schreckliches Erdbeben, wie das von Lissabon, betraf den 5. Februar 1783 die Stadt Messina, wobei zu gleicher Zeit in ganz Sicilien und Calabrien die heftigsten Erdstöße verspürt wurden und im nördlichen Italien die fürchterlichsten Orkane wütheten. Drei Tage hintereinander währte das Erdbeben mit einer solchen Gewalt, daß die Erde Alles verschlingen und das Feuer von oben nach unten Alles verzehren zu wollen schien. Blitz, Donner, Regen, Hagel, Sturm, Rauch und Aschenwolken, und dazu noch ein ungewöhnlich hochgehendes Meer schienen sich zum Untergang des Landes verschworen zu haben. Ein Theil von Messina stürzte ganz zusammen; Flüsse verschwanden spurlos und andere veränderten ihren Lauf; 350 Städte, Flecken und Dörfer wurden gänzlich verwüstet; unter dem Schlosse Gerazzi that sich ein Schlund auf und verschlang es sammt seinen Bewohnern; Brücken, Wasserleitungen und Straßen wurden in Trümmer verwandelt und tiefe Risse und Spalten im Erdboden sperrten die Communication. Noch viele Erdbeben ließen sich anführen, doch sind solche auch wol den meisten unserer Leser durch andere Nachrichten schon bekannt, und wir begnügen uns daher damit, hier nur noch eines der neuesten Erdbeben zu beschreiben, nämlich das Erdbeben in Syrien, über welches große Naturereigniß kürzlich in London das Schreiben eines Herrn Calman in Druck erschienen ist. Der Verfasser, ein Augenzeuge der furchtbaren Katastrophe, die zu Anfange dieses Jahres Syrien heimgesucht hat, befand sich damals in Beirut. Sein Brief ist vom 17. Februar. Das Erdbeben scheint in südöstlicher Richtung von jenem Orte, in den Districten Safed und Tabarieh, am stärksten gewesen zu sein. Sein Gang war so unregelmäßig, daß von Ortschaften, die nur auf Schußweite auseinander lagen, die eine gänzlich zerstört wurde, während die andere unberührt blieb. An der Nordseite von Tabarieh sprudelten zahlreiche heiße Quellen während des Erdbebens hervor, und Ströme heißen Mineralwassers schwellten den See gewaltig an. Jenseit des Jordan, im Districte Baschan, drangen Feuersäulen aus dem Boden und erreichten eine solche Höhe, daß Leute, die sie aus einer gewissen Entfernung niederfallen sahen, der Meinung waren, das Feuer käme vom Himmel. Sobald die traurige Kunde nach

*

Beirut gelangte, begaben sich Calman, der Missionar Thompson und der britische Agent zu Sidon nach Safed und Tabarieh, um den Unglücklichen Beistand zu leisten. Fast an allen Orten, wo das Erdbeben gewüthet hatte, sahen sie nichts als Verödung und Elend. Das Dorf Gisch war von Grund aus zerstört; sämmtliche Einwohner, deren es 250 zählte, hatten, bis auf 15 Menschen, unter den Trümmern ihr Grab gefunden. Von 50 Christen, die zum Abendgebet in der Kirche versammelt waren, entkam nur der Priester, den eine Wölbung über dem Altar beschützte.

Die ganze Stadt Safed war ein Haufe Ruinen. „Wir forschten", so erzählt der Verfasser, „vor Allem den Verwundeten nach, deren Leiden die schleunigste Hülfe erheischte. Von einem Zelte zum andern gehend, erkundigten wir uns nach dem Befinden derselben und untersuchten ihre Wunden. Einige lagen schon in den letzten Zügen und Andere waren dem Tode nahe. Der Zustand dieser Leute konnte übrigens noch nicht für den traurigsten gelten, da ein Theil derselben wenigstens in geräumigen Zeltwohnungen sich befand und freundliche Pflege hatte. Man führte uns aber auch zu Ueberresten von Häusern, die das Erdbeben von oben gänzlich und nach unten hin theilweise zerstört hatte, sodaß die Trümmer selbst nahen Einsturz drohten. In diese Häuser, die vielen Verwundeten zum Obdach dienten, mußten wir, platt auf den Boden liegend, durch eine kleine Oeffnung hineinkriechen. Obschon eines derselben nicht über acht Fuß im Gevierte maß, so fanden wir doch gegen zehn Unglückliche darin, die mit gebrochenen Armen und Beinen oder sonst bedeutend verletzt, nebeneinander lagen. Die dumpfige und verdorbene Luft in diesen offenen Gräbern war schon hinreichend, um manchen Verwundeten desto früher in die Ewigkeit zu befördern."

„In einer andern Gegend der Stadt oder vielmehr des Trümmerhaufens zeigte sich uns eine Scene noch größern Jammers; neben dem Todesröcheln der vielen Verwundeten innerhalb und außerhalb der Zelte drang die noch einförmigere Wehklage Derer zu unserm Ohr, welchen den Todten folgten, die man aus den Trümmern hervorgezogen hatte, um sie auf dem Gottesacker im Thale wieder einzuscharren. Etwas weiter gegen Süden fanden wir bei einer kleinen Cisterne viele Männer und damit beschäftigt, ihren Verwandten, die an demselben Tage an ihren Wunden gestorben waren, die letzte Ehre zu erweisen."

Von der jüdischen Bevölkerung der Stadt Safed haben, nach des Verfassers Berechnung, etwa vier Fünftheile, gegen 4000 Menschen, das Leben eingebüßt, und es war wenig Hoffnung vorhanden, daß nur ein Drittheil der Verwundeten (ungefähr 300) wieder genesen würde. Von den Christen ist die Hälfte, etwa 25 Personen, umgekommen, von den Mohammedanern ein Sechstheil, etwa 1000 Personen. Die Zahl der verwundeten und verstümmelten Mohammedaner war sehr beträchtlich. Daß so außerordentlich viele Juden bei diesem Erdbeben umgekommen sind, mißt man ihren zweistöckigen Häusern bei, die ihnen jede Flucht unmöglich machten. Auch wurde eine große Anzahl Juden, die sich zum Abendgebet in der Synagoge versammelt hatten, von dem einstürzenden Gebäude erschlagen, ohne daß ein Einziger sein Leben retten konnte.

Die Scenen des Elends, welche der Verfasser uns vorführt, erregen Schauder: „Eine ganze Familie wurde ausgegraben, nachdem sie neun Tage, und ein Mensch, nachdem er elf Tage verschüttet gewesen. Diese Unglücklichen öffneten ihre Augen nur, um noch einen Blick auf die verödete Stadt oder auf ihre wenigen überlebenden Angehörigen zu werfen, und schlossen sie dann für immer. Rabbi Chajim, ein jüdischer Arzt in Tabarieh, den ich schon früher gekannt hatte und der jetzt beinahe zum Krüppel geworden ist, erzählte mir, wie entsetzlich in den ersten beiden Tagen sein Zustand gewesen sei. Sein Weib und seine Kinder lagen dicht vor ihm todt unter den Ruinen, und er selbst war bis an die Arme in Steinen und Schutt vergraben. In dieser Lage blieb er volle 48 Stunden."

„Eine reiche jüdische Familie, die in dem niedern Stadttheile wohnte, war bei dem Einsturze ihres Hauses ganz erschlagen worden, bis auf ein junges Mädchen, das während des Erdbebens in einem als Garderobe dienenden Gemache des Erdgeschosses sich befand. Dieses Gemach blieb unversehrt. Nach 24tägiger Arbeit war der Schutt weggeräumt und man fand beim Eintreten die Leiche des Mädchens in Sterbekleidern, die sie während der Zeit ihrer fürchterlichen Absperrung, an aller Rettung verzweifelnd, sich angefertigt haben mußte. Sie hatte sich mit heiligen Schriften aller Art umgeben, und eine große Oellampe brannte in dem Gemach."

Die größte Explosion des Erdbebens hat, wie es scheint, am 1. Januar stattgefunden; aber den ganzen Monat hindurch dauerten die Erdstöße fort. Fast alle Bewohner der benachbarten Gegenden verließen aus Furcht ihre Wohnungen und suchten in Felsenhöhlen vor dem Verderben Schutz.

Die Insel Sifano.

Die Insel, jetzt Sifano genannt, hieß bei den Griechen Siphnos oder Meropia und gehörte zu der Gruppe der Cykladen im südlichen Theile des Inselmeeres, ungefähr 18 Meilen von der Küste Moreas. Unter den umliegenden Eilanden sind Antiparos und Argentiera die nächsten. Sie hat gegen acht Meilen im Umfange. Ihr Boden ist felsig, aus Granit und Kalkstein bestehend, aber fruchtbar und erzeugt den ganzen Getreidebedarf der Bewohner. Das Klima ist angenehm und gesund, der Himmel immer rein und heiter. Wasser, Früchte und Geflügel sind vortrefflich, die Trauben köstlich, aber dennoch ist der Wein nicht gut. Die Hauptstadt oder vielmehr die einzige Stadt, bei den Alten Apollonia genannt, erhebt sich auf einem ungeheuern Felsen und hat einen beschwerlichen Zugang. Die Insel hat außer mehren Dörfern auch vier griechische Mönchs- und zwei Nonnenklöster, wohin Mädchen, die den Schleier nehmen wollen, aus den benachbarten Inseln kommen. Die Stadt steht in der Nähe einer kleinen Bai, und es gibt noch einige Buchten, die man Häfen nennt, doch sind alle nur für kleine Boote zugänglich und können selbst diesen kaum Schutz gewähren. Im Alterthume war Siphnos wegen seiner Gold- und Silberminen berühmt, deren Lage man jetzt kaum kennt. Die Bewohner der Insel mußten den zehnten Theil des Ertrags dieser Gruben dem Apollo zu Delphi darbringen, als sie sich aber endlich weigerten, dieses Opfer dem Gotte zu geben, rächte er sich, wie die Sage erzählt, und die Bergwerke durch Ueberschwemmung des Meeres zerstörte. Wahrscheinlich liegt unter dieser Ueberlieferung die Thatsache verborgen, daß ein Erdbeben jenes Unglück herbeigeführt hat, dessen Spuren noch die wild zerstreuten Felsen der Insel anzudeuten scheinen. Noch heutiges Tages ist die Insel reich an Bleierzen, die nach jedem Regen überall zu Tage ausgehen. In neuern Zeiten suchte die türkische Regierung diese Bleigruben einträglicher zu machen und schickte einst einige Juden nach der Insel, um dieselben bauen zu lassen; die Inselbewohner aber bestachen den Capitain des Fahrzeuges, das die Juden gebracht hatte, und als diese mit Bleierzen wieder an Bord gekommen waren, bohrte er den Boden des Schiffs an und versenkte es, nachdem er sich selbst gerettet hatte.

Die Zahl der Bewohner wird zu 7000 gerechnet, die theils zur griechischen, theils zur katholischen Kirche gehören. Sie sind freundlich und gastfrei. Unsere Abbildung zeigt uns die Wohnung einer Bauernfamilie. Wir sehen darin Hängematten, die auf vielen griechischen Inseln als Schlafstellen für die Kinder gebraucht werden. Die Gestalt der Frau kann uns wol kein treues Bild von den Bewohnerinnen der Insel geben, die meist schlank gewachsen, hübsch und zart gebaut sind.

Eine Fischerfamilie auf der Insel Sifano.

Sie umwickeln, um ihre Reize zu bewahren, ihr Gesicht so künstlich mit leinenen Binden, daß man nichts als Mund, Nase und das Weiße der Augen sieht. Nach der Theilung des römischen Reichs kam die Insel zu dem oströmischen Kaiserthume. Bald nach der Eroberung Konstantinopels durch die Kreuzfahrer im Jahre 1204, gab Venedig die Inseln des Archipelagus einigen seiner Bürger, welche die Eroberung derselben auf eigne Kosten vollenden wollten, als Lehen der Republik. Sifano kam mit andern an den berühmten Marco Sanudo, bei dessen Familie es lange blieb. Unter Suleiman II. bemächtigte sich der Seeräuber Haireddin Barbarossa der Insel, welche in der neuesten Zeit mit den übrigen Cykladen an das Königreich Griechenland kam.

Die kolumbacser Mücke.

Die kolumbacser oder Beißmücke, eine Art aus der Gattung Kriebelmücke, ist in verschiedener Hinsicht eine der wunderbarsten Erscheinung der Thierwelt. Sie hat ihren Namen von dem am rechten Ufer der Donau gelegenen Bergschlosse Kolumbacs in Serbien und gleicht hinsichtlich ihres Körperbaues ziemlich den Mosquitos. Ihre Farbe ist aschgrau, der Rückenschild ist mit drei schwarzen, der Hinterleib mit elf bleifarbenen Strichen geziert; von ihren sechs Beinen sind die vordern am kürzesten, die hintern am längsten, und unter den zwei zierlichen, mit federartigen Schuppen bedeckten und mit Adern durchwebten Flügeln bemerkt man abstehende Fortsätze mit der Gestalt der sogenannten Schwingkolben. Der Kopf ist mit einem höchst künstlichen Saugwerk versehen, gleich geschickt zum Verwunden und zum Aussaugen des Blutes. Er besteht nämlich aus einer feinen, unten zugespitzten Röhre und aus einer Scheide, welche diese Röhre schützend umgibt und unten knopfförmig angeschwollen ist. Indem die kolumbacser Mücke ihr Instrument in die Wunde senkt, träufelt sie zugleich eine giftartige Feuchtigkeit in dieselbe, wodurch das Blut verdünnt, zum Aussaugen tauglicher gemacht und dem Verwundeten der heftigste, mit Geschwulst und Entzündung verbundene Schmerz verursacht wird. Die Angriffe dieses Thieres sind jedoch mehr auf die Thiere als auf den Menschen gerichtet, hauptsächlich überfallen sie das im Freien weidende Vieh. Vergeblich trachten diese armen Thiere durch gewaltiges Springen und Schlagen mit dem Schweife, sich von dieser Plage zu befreien. Alle von Haaren entblößten Theile ihres Körpers sind in einem Moment von diesen Insekten bedeckt, welche, wenn sie auch nicht, wie früher erzählt wurde, bis in die Eingeweide, doch in Nase und Ohren, in die Ränder der Augen, kurz in alle Öffnungen des Körpers eindringen und dem Thiere die gräßlichsten Schmerzen und Qualen bereiten, bis es endlich, nach ängstlichem Geschrei und schnellem Laufen, erschöpft niedersinkt und entweder sogleich, oder doch einige Stunden nachher stirbt. Man kennt bisjetzt noch kein anderes Mittel gegen dieses furchtbare Ungeziefer, als ein hochloderndes Strohfeuer, das beim Erscheinen desselben angezündet wird und um welches sich die durch Instinct geleiteten Thiere eiligst versammeln. Auch kann man sie gegen den Angriff durch Bestreichen der unbehaarten Theile mit einem Wermuthaufguß oder stinkendem Birkenöl schützen.

Über das Entstehen dieser Mücken gehen verschiedene, meistens fabelhafte Sagen. So behaupten z. B. die abergläubigen Walachen, der heilige Georg habe an einer der zahlreichen Berghöhlen, die sich in der Nähe des Schlosses Kolumbacs befinden, den höllischen Drachen getödtet und den Kopf desselben hinabgeworfen, woraus nun diese schädlichen Insekten fortwährend entständen. Andere versichern wieder, es falle von einem der Berge in der Umgegend des Schlosses ein Bach herab, dessen Wasser im Sommer gefroren, im Winter aber heiß sei; derselbe führe allerlei giftiges Ungeziefer mit sich, das mit seinem Gifte das Wasser verderbe, aus dem diese Mücken hervorgingen. Viele wollen sogar wissen, daß diese Mücken auf den Früchten eines gewissen Eichbaums wüchsen, sobald dieselben von dem warmen Frühlingsregen befeuchtet würden. Am wahrscheinlichsten läßt sich aber wol ihre Entstehung aus dem auf dem Kolumbacser Gebirge häufig angetroffenen stehenden Sümpfen herleiten, zumal da dieselben während der wärmern Jahreszeit von diesen Insekten gleich großen Staubwolken umschwärmt werden. Von hier aus verbreiten sie sich in unzähligen dichten Schwärmen nach Serbien, dem Banat und den angrenzenden Gebirgen, und es ist in der That auffallend, daß diese Thiere ihren Flug und ihre Verheerungen nur auf diese Bezirke beschränken und bis jetzt anderswo nicht angetroffen worden sind. Ihr für gewöhnlich dreimaliges Erscheinen im Jahre fällt gegen Ende Aprils, Mitte Mais und dann zur Herbstzeit.

Der Naphthasee bei Girgenti in Sicilien.

Naphtha nennt man eine gewisse Abart des Erd- oder Bergöls, welche sich von den übrigen Gattungen durch ihre wasserhelle, zuweilen auch gelbe oder gelblichbraune Farbe, wie durch ihre vorzügliche Durchsichtigkeit, Tropfbarkeit und Flüssigkeit unterscheidet. Die Naphtha ist außerdem leicht erkennbar an ihrem durchdringend-aromatischen Geruch und an ihrer schnellen Brennbarkeit. Sie besteht theils aus Wasser, theils aus Kohlenstoff, und quillt gewöhnlich aus dem Boden, in der Nähe von Steinkohlen- und Steinsalzgebirgen, theils rein, theils mit dem gemeinen Erdöl vermischt. In Asien wird viel Naphtha gefunden, namentlich am Kaukasus und unweit des kaspischen Meeres, in Arabien, Ostindien, China und Japan. Auf der Nordwestküste des kaspischen Meeres ist der Boden, der hier aus einer Mischung von Thon und Kalkerde besteht, so sehr mit Naphtha geschwängert, daß man, wenn er nur einige Zoll tief gegraben wird, ein daran gehaltenes Licht dabei anzünden kann. Hier gewinnt man die Naphtha auf eine sehr einfache Weise, indem man kleine Gruben in die Erde macht, worin sie sich sammelt, um dann herausgeschöpft zu werden. In einigen Gegenden von Persien steigt die Naphtha verflüchtigt aus Erdspalten als Dampf in die Höhe, den die Einwohner (was auch an den Küsten des kaspischen Meeres geschieht), mittels Röhren aufsammeln und zum Kochen verwenden. Auch in mehren Gegenden von Europa findet man reine und schöne Naphtha, z. B. in Dalmatien, auf dem Monte Ciaro und unweit Piacenza, in Modena, in Frankreich, Elsaß und in Sicilien. In Parma sammelt man die aus der Erde in gasförmiger Gestalt sich entwickelnde Naphtha und benutzt sie in Genua zur Straßenbeleuchtung.

Ein merkwürdiger Naphthasee befindet sich unweit Girgenti auf Sicilien, der von hohem Alterthum sein muß, da schon der römische Naturforscher Plinius seiner erwähnt und zugleich erzählt, daß sich die alten Bewohner von Agrigent dieser öligen Substanz zum Brennen in den Lampen bedienten. Im Winter bildet dieser Naphthasee ein einziges Becken von etwa 130 Fuß im Durchmesser, allein im Sommer theilt er sich in fünf bis sechs kleinere Lachen. Ein fortwährender Dampf steigt aus ihm empor, der von einem angreifenden Geruch und überhaupt der Gesundheit nicht zuträglich ist, weswegen auch die Schäfer das ringsumliegende Weideland nur auf der Windseite abhüten, um so das Vieh gegen die Dämpfe zu schützen. Diese Dämpfe sind unleugbar vulkanischen Ursprungs und können also der Beschaffenheit des Wassers nicht zugeschrieben werden. Bei niedrigem Wasserstande bemerkt man kleine Trichter, Löcher und Spalten in der Erde, die gleichsam die Ventile für die fortwährend hindurchströmenden unreinen Dünste bilden; bei hohem Wasserstande jedoch bildet eben diese unterirdische Luft, indem sie einen Ausgang sucht, kleine Springstrudel.

Die künstliche Gewinnung und Zubereitung der Naphtha ist eine Erfindung, welche der neuesten Zeit angehört. Man gewinnt sie aus einer Substanz, die früherhin als fast ganz unnütz angesehen und verworfen wurde. Es pflegt sich nämlich bei der Destillation der Steinkohlen zur Gewinnung des Gases eine Flüssigkeit von unangenehmem Geruch abzusondern, die man Kohlentheer nennt. Dieses Kohlentheers bediente man sich früherhin, wie des gemeinen Theers, blos zum Anstreichen des dem Wetter ausgesetzten Holzwerks und dergleichen untergeordneten Zwecken, und kaum noch dazu, weil sein Geruch zu widerwärtig war und er auch weit mehr Zeit zum Trocknen brauchte, als der gemeine Theer. Neuerdings nun hat man ein Verfahren gefunden, mittels dessen die flüchtigen Theile dieses Kohlentheers durch Destillation getrennt werden können; diese bestehen in einem reinen schönen Naphthaöl von der durchsichtigsten Farblosigkeit. Anfangs benutzte man diese künstlich gewonnene Naphtha wie Brennöl und fand, daß sie ein sehr schönes, helles Licht gab, bald darauf aber entdeckte man, daß dieses Öl auch die Fähigkeit besitzt, sich zu verhärten, und an der Luft getrocknet, ein vollkommen brauchbares Gummielasticum gibt. Dieses bildet nun einen sehr werthvollen Handelsartikel; man verfertigt damit wasserdichte Kleidungsstücke, elastische Überschuhe, Binden, Gürtel und andere der Feuchtigkeit trotzende Anzugssachen.

Die große Mauer.

Die feste Grenzmauer, nach den chinesischen Jahrbüchern ungefähr 200 Jahre vor der christlichen Zeitrechnung gegen die Einfälle der Tataren erbaut, wird in den Berichten neuerer Reisenden vielleicht nicht ohne Übertreibung geschildert, war aber auf jeden Fall ein erstaunliches Werk, das uns einen hohen Begriff von der unermüdlichen Ausdauer der Chinesen gibt. Sie soll in fünf Jahren durch eine unermeßliche Anzahl von Arbeitern vollendet worden sein, da der Kaiser in seinem ganzen Gebiete drei Mann aus zehn Erwachsenen ausheben ließ. Der Jesuit Gerbillon, der sie fast in ihrer ganzen Ausdehnung bereiste, sagt uns, daß sie nicht in ihrer ganzen Länge, die man auf 300 Meilen rechnet, so ansehnlich erscheint, als in der Nähe von Peking oder bei den Hauptpässen, wo sie sehr stark und fest gebaut, auch hoch und dick ist. Vom östlichen Ocean bis zu den Grenzen der Provinz Chan-si, auf einer Strecke von 50 Meilen, bestand sie nach seiner Beschreibung meist aus Steinen und Ziegeln, mit starken, sich einander deckenden Thürmen und einer Feste bei jedem wichtigen Passe. An mehren Stellen in dieser Linie war die Mauer doppelt, ja dreifach. Von der Grenze der Provinz Chan-si aber war sie bis an ihr westliches Ende nicht viel mehr als ein Erdwall, der schon zu Gerbillon's Zeit an mehren Stellen so geebnet war, daß er darüber reiten konnte, und die Befestigungen bestanden hier blos aus Schanzen. Sie läuft über mehre schroffe Felsenhöhen, wo man mit Verwunderung sich fragt, wie die Chinesen auf solche Höhen Steine und Ziegel schaffen konnten. In ihren stärksten Theilen besteht sie aus zwei Mauern, deren jede nicht über 1½ Fuß dick ist und gewöhnlich fünf Fuß von der andern entfernt. Der Zwischenraum ist mit Erde ausgefüllt. Sechs bis sieben Fuß hoch vom Boden bestehen beide Mauern aus großen viereckigen Blöcken, der übrige Theil ist von Ziegeln gebaut. Die Mauer ist im Durchschnitt 20 Fuß hoch, weit höher aber sind die Thürme, die sie decken, selten unter 40 Fuß; sie haben auf der Grundfläche ungefähr 15 Fuß im Gevierte, laufen aber oben schmäler zu. Mauer und Thürme haben Zinnen. Treppen von Ziegeln oder Steinen und geneigte Ebenen führen auf die obere Fläche der Mauer, wo sechs Reiter nebeneinander Platz haben. Diese Beschreibung paßt aber freilich nur auf die besten Theile der Mauer. Bei jedem Durchgangsthore der Mauer fand Gerbillon einen Flecken oder ein ansehnliches Dorf, und bei einem der größten Thore, das auf die Straße nach Indien führt, lag die ansehnliche Stadt Sining-fu, die mehre Missionare oft besuchten. Nach den Jesuiten Dorville und Gruber, die lange hier verweilten, konnte man von Sining-fu bis zu dem Thore, das nach der tatarischen Wüste führt, ununterbrochen 18 Tage lang auf der Zinne der Mauer reisen. Sie beschreiben den Contrast zwischen den Gegenden innerhalb und den Wildnissen außerhalb der Mauer als im höchsten Grade auffallend, auf der einen Seite ein angebautes, zahlreich bevölkertes Land, auf der andern eine Wüste, die nie ein menschlicher Fuß betreten zu haben schien, aber von wilden Thieren aller Art bewohnt. Schon zu jener Zeit waren viele Thürme ganz oder zum Theil verfallen. Dies scheint nach dem Berichte des französischen Missionars Brugiere, der als apostolischer Vicar der Mission in Korea 1804 durch mehre Gegenden von China reiste, noch mehr der Fall zu sein. Die Ziegel, die ehemals die Zinnen bedeckten, sind herabgefallen. Nur in den Ebenen und Schluchten sieht man eine eigentliche Mauer mit Zinnen von 30—40 Fuß, auf den Bergen aber ist der Erdwall nicht über 10 Fuß hoch. Die Thore, die zur Bequemlichkeit der Reisenden und zur Erhebung der Durchgangszölle angelegt sind, wurden keineswegs strenge bewacht.

Der Kinkaju.

Der Kinkaju gehört zu denjenigen fleischfressenden Thieren, über welche die Naturforscher noch wenig ausführliche Beschreibungen und Nachrichten mitgetheilt haben, aus dem Grunde wol, weil das Thier in europäischen Museen bis jetzt nur sehr selten vorkam. Es lebt in Neugranada und überhaupt in Südamerika, wo es von den Eingeborenen bald Guchumbi, bald Manaviri genannt wird. Der Kinkaju liebt einen abgeschiedenen Aufenthalt; hier lebt er die meiste Zeit zwischen den Zweigen der großen Bäume und zeigt eine ausnehmende Geschicklichkeit im Erklettern derselben. Im Allgemeinen ist er ein nächtliches Thier, das während des Tags in seinen Schlupfwinkeln schläft, gleich unserm Igel in einen runden Ballen zusammengerollt, und erst wenn die Abenddämmerung hereinbricht, auf seinen Fraß ausgeht. Mit großer Gewandtheit schwingt er sich alsdann von Ast zu Ast, wobei ihm sein langer, ungemein gelenkiger Schwanz sehr behülflich ist, an welchem er sich schwebend aufhängt, auch wol mittels desselben seinen Raub hinter sich herschleppt. Gegen das Tageslicht ist der Kinkaju sehr empfindlich, wozu der Grund in dem besondern Bau seiner Pupille zu suchen ist.

Der Größe nach gleicht dieses Thier einer vollkommen ausgewachsenen Katze, doch besitzt es mehr Sehnen- und Muskelkraft als die letztere. Es hat fünf Zehen an jedem Fuß und starke, sehr gekrümmte Klauen. Die Ohren sind kurz und abgerundet. Sein Pelzwerk ist voll, dicht und schön, obgleich etwas kurz. Der merkwürdigste Körpertheil an dem Kinkaju ist jedoch seine Zunge. Die Ausdehnungskraft derselben ist bei ihm unter allen fleischfressenden Thieren am stärksten. Wie wir wissen, besitzt unter den wiederkäuenden Thieren die Giraffe*) in demselben Organ die größte extensive Kraft, sodaß sie sich desselben ganz auf die nämliche Weise bedienen kann, wie der Elefant seines Rüssels, indem sie damit die jungen Zweige und Knospen von den Bäumen abpflückt, welche ihre Nahrung ausmachen. Auf ähnliche Weise nun gebraucht auch der Kinkaju seine Zunge, die außerordentlich lang und schlank ist, zum Aufsuchen seines Fraßes, der insgemein aus Insekten, Reptilien und Eiern besteht. Da diese häufig in engen Baum- oder Erdspalten angetroffen werden, so weiß sie der Kinkaju mit der Zunge, die er nach Belieben verlängert und nöthigenfalls zu der feinsten hakenförmigen Spitze gestalten kann, aus diesen Schlupfwinkeln ohne Mühe hervorzuholen. Alexander von Humboldt versichert, daß dieses Thier auf die Nester der wilden Bienen besonders erpicht sei, weshalb die spanischen Missionare ihm den Namen des Honigbärs beigelegt haben. Hierbei kommt ihm seine merkwürdige Zunge ebenfalls vortrefflich zu statten, womit er den Honig aus den Zellen und Waben leckt. Außerdem nährt sich der Kinkaju noch von kleinern Vögeln und andern Thieren, von Wurzeln und Baumfrüchten. Beim Trinken pflegt er, wie die Hunde thun, die Feuchtigkeit mit der Zunge hinwegzulecken, auch bedient er sich, gleich diesen, der Vorderpfoten zum Festhalten seiner Beute, wenn er beschäftigt ist, diese zu verzehren. Obgleich er in der Freiheit sich grausam, entschlossen und muthig zeigt, so verändert er doch in der Gefangenschaft sehr bald die Natur des Raubthiers und ist leicht zu zähmen; alsdann zeigt er sich dem Menschen sehr vertraut und ergeben und macht allerlei possirliche Sprünge und Geberden.

*) Vergl. Pfennig-Magazin Nr. 138.

Der Kinkaju.

Verantwortlicher Herausgeber: Friedrich Brockhaus. — Druck und Verlag von F. A. Brockhaus in Leipzig.

Das Pfennig-Magazin
für Verbreitung gemeinnütziger Kenntnisse.

228.] Erscheint jeden Sonnabend. [August 12, **1837**.

Galerie der deutschen Bundesfürsten.
XXII.

Alexander Karl, Herzog zu Anhalt-Bernburg.

Alexander Karl, Herzog zu Anhalt-Bernburg, wurde auf dem Schlosse zu Ballenstädt am 2. März 1805 geboren und ist der Sohn des Herzogs Friedrich Christian Alexius und seiner ersten Gemahlin, der Prinzessin Friederike von Hessen-Kassel, geboren am 14. September 1768, die, seit 1817 wegen eingetretener Misverständnisse geschieden, noch gegenwärtig lebt. Der Prinz folgte seinem Vater in der Regierung am 24. März 1834 und vermählte sich hierauf am 29. October desselben Jahres mit Karoline Juliane Friederike, Prinzessin von Schleswig-Holstein-Sonderburg-Glücksburg, geboren am 9. October 1811. Der Herzog regiert ganz im Geiste seines verstorbenen Vaters, zu welchem Behufe gleich nach seinem Regierungsantritte der Wirkungskreis der obersten Landesbehörde, des geheimen Conferenzrathes, erweitert und diesem die gesammte Landesverwaltung überwiesen wurde. Die Schwester des Herzogs, Wilhelmine Luise, geboren am 30. October 1799, ist seit 1817 mit dem Prinzen Friedrich von Preußen vermählt.

Die kaukasischen Provinzen Rußlands.

Das Land zwischen dem kaspischen und dem schwarzen Meere erhält in den Augen der Europäer eine immer größere Wichtigkeit. Die kaukasische Gebirgskette, die es durchschneidet und sich vom kaspischen zum schwarzen Meere zieht, bildet eine starke Grenzscheide zwischen Europa und Asien und der Besitz dieser Grenze ist für Rußlands Vergrößerung im Osten nothwendig und kann als der Schlüssel zu seinen künftigen Eroberungen betrachtet werden oder doch zu der Ausdehnung seiner politischen und mercantilischen Verbindungen mit den

Völkern, welche das unermeßliche Gebiet bewohnen, das sich von den Küsten des schwarzen Meeres bis zu den Grenzen von Hindostan erstreckt. Ungefähr 1300 Jahre vor der christlichen Zeitrechnung sollen die Ägypter, als sie ihre Eroberungen bis an den Don ausdehnten, eine Niederlassung am Phasis (jetzt Rion) gegründet haben, und 700 Jahre v. Chr. gründeten die Griechen Niederlassungen auf der nordöstlichen Küste des schwarzen Meeres. Da aber der Handelsverkehr dieser Ansiedelungen mit den Gebirgsvölkern des Kaukasus nicht bedeutend war, so erlangten die Griechen nur eine unvollkommene Kenntniß des Landes und seiner Bewohner. Als 200 Jahre v. Chr. Mithridates von den Römern besiegt war, zog er sich nach dem Kaukasus zurück, wohin Pompejus ihn verfolgte, ohne jedoch in das Hochland vorzudringen. Später erlangten zwar die Römer nähere Kenntnisse von jenen Ländern, aber erst unter Kaiser Trajan wurde ihre Herrschaft in diesen Gegenden ausgebreitet. Ihr Einfluß war jedoch zu allen Zeiten nur sehr beschränkt und erst die Einführung des christlichen Glaubens befestigte das Band, das einige dieser Gegenden mit dem oströmischen Reiche vereinigte. Die Bewegung, welche durch Mohammed's Erscheinung im westlichen Asien hervorgebracht wurde, verbreitete sich schnell auch in den kaukasischen Ländern. Mohammed selbst hatte die Absicht, einen Kriegszug dahin zu unternehmen, um die Beleidigung zu rächen, die ein kaukasischer Fürst seinen Gesandten zugefügt hatte, aber er konnte diesen Gedanken nicht ausführen und seine nächsten Nachfolger waren zu sehr in Arabien und den angrenzenden Ländern beschäftigt, als daß sie an einen Kriegszug in entlegene Länder hätten denken können. Endlich gewannen die Araber im Jahre 684 festen Fuß in jenen Ländern und 733 wurde die Herrschaft der Khalifen im östlichen Kaukasus und in Georgien gegründet. Die neuen Beherrscher schickten mehre Colonien in den Kaukasus, von welchen sich noch einige Spuren finden, besonders in den vielen arabischen Wörtern, welche die Sprache der Lesghier enthält. Als die Macht der Khalifen verfiel, erlangten die georgischen Fürsten ihre alte Gewalt wieder und seit dem 11. Jahrhundert behaupteten sie nicht nur ihre Unabhängigkeit, sondern konnten auch ihre Herrschaft ausdehnen. Zu Ende des 12. Jahrhunderts verfiel Georgiens Ruhm und Glück und zu Anfang des folgenden wurde das Land von den Mongolen unter Dschingis-Khan überschwemmt und seine Fürsten mußten dem persischen Reiche zinsbar werden. Noch verderblicher für das Land war Tamerlan's Einfall. Er wollte die bezwungenen Völker zu Mohammedanern machen und um diesen Zweck zu erreichen, erlaubte er sich die härtesten Grausamkeiten, unter welchen besonderrs die Christen in Georgien litten. Nach Tamerlan's Tode behauptete oder machte der König von Georgien seine Unabhängigkeit, vertrieb die Mohammedaner und stellte den christlichen Glauben wieder her. Unter seinen Nachfolgern wurde das Land wieder unterjocht und zu Anfange des 16. Jahrhunderts war Georgien, wie fast alle östlichen kaukasischen Völker, der Herrschaft Persiens unterworfen, während die westlichen Hochlande unter die Gewalt der Türken gekommen waren. Beide Mächte aber ließen die Verwaltung des Landes in den Händen der einheimischen Fürsten, von welchen viele Mohammedaner wurden. Seit jener Zeit waren die kaukasischen Provinzen der beständige Kampfplatz in den Kriegen zwischen der Türkei und Persien.

Um die Mitte des 16. Jahrhunderts mischten sich die Moskowiten zum ersten Mal in diese Zwiste und da dieser Einfluß sich allmälig über Asien verbreitet hat und jetzt der Gegenstand der allgemeinen Aufmerksamkeit geworden ist, so wird eine kurze Übersicht seiner Fortschritte hier passend sein. Im Jahre 1475 war zwar schon ein Italiener, Marco Ruffo, als Abgeordneter des moskowitischen Fürsten in Georgien und einige Zeit nachher suchte der Beherrscher von Georgien den Schutz Rußlands. Dieser Verkehr scheint jedoch keine weitern Folgen gehabt zu haben, bis im folgenden Jahrhundert Iwan Wassiljewitsch das tatarische Königreich Astrachan erobert hatte. Diese Eroberung ward 1553 durch eine Kriegsmacht bewirkt, welche durch Böte und Flöße auf der Wolga und andern großen Flüssen aus dem Innern Rußlands nach dem kaspischen und schwarzen Meere geschafft wurde. Der Besitz Astrachans brachte das moskowitische Reich in häufige Berührung mit den Völkern, welche die kaspischen und kaukasischen Hochlande bewohnten. Die Kaukasier wurden von den Moskowiten besonders begünstigt und nach dem Tode seiner ersten Gemahlin heirathete Iwan Wassiljewitsch die Tochter eines Fürsten der Tscherkessen. Diese Verbindung veranlaßte viele Tscherkessen, in die Dienste des Zars zu treten. Die Osmanen und der ihnen unterworfene Khan der Krim konnten gegen die Ausbreitung des russischen Einflusses in den kaukasischen Hochlanden nicht gleichgültig bleiben und Soliman der Große bemühte sich 1552, als der Zar Iwan Kasan bedrohte, mehre Tatarenstämme zu vereinigen, um jenes Bollwerk des Islam am Ufer der Wolga zu schützen. Die Eroberung Astrachans vermehrte die Besorgnisse der Osmanen und 1569 schickte Sultan Selim ein Heer gegen Astrachan; aber der unter ungünstigen Umständen unternommene Kriegszug mislang. Ungefähr um dieselbe Zeit knüpfte der Zar Unterhandlungen mit Persien an, wobei ein Bevollmächtigter der Königin Elisabeth von England, der nach Persien geschickt war, ihm nützliche Dienste leistete, um die den englischen Kaufleuten in Moskau bewilligten Vorrechte zu sichern und zu erweitern, und es scheint, daß er den russischen Einfluß in Georgien zuerst befördert habe. Die Folge der fortgesetzten Unterhandlungen war, daß Alexander, König von Ostgeorgien, im October 1586 unter den Schutz des russischen Zars trat. Eine Festung am Terek, die ursprünglich, um den Schwiegervater des Zars zu beschützen, errichtet, aber später nach seinem Wunsche war verlassen worden, wurde wiederhergestellt und ein Kriegszug ging von Astrachan nach Daghestan. Durch diese Umstände und die Gegenwart eines russischen Abgeordneten ermuntert, zog Alexander seine Truppen zusammen, und als die Befehlshaber der angrenzenden türkischen Festungen ihn auffoderten, ihnen Lebensmittel zu liefern, weigerte er sich und erklärte sich für einen Vasallen des Zars. Seine neuen Beschützer waren jedoch nicht im Stande oder nicht geneigt, ihm eine kräftige Unterstützung zu gewähren. Sie riethen ihm, den Sultan hinzuhalten, und schickten ihm statt Soldaten griechische Priester und Maler, um die georgischen Kirchen auszuschmücken. Alexander sah sich genöthigt, den Türken zinspflichtig zu werden. Endlich kamen 1604 russische Kriegsvölker nach Daghestan, Alexander aber war bereits gezwungen worden, seine Streitkräfte mit dem Heere des siegreichen Schah Abbas zu vereinigen und wurde bald nachher von persischen Soldaten ermordet. Die Türken, beunruhigt durch die Fortschritte der Moskowiten, griffen sie an und vertrieben sie mit Unterstützung der Kaukasier bald aus Daghestan. So endigten die ersten Versuche der Russen, ihre Herrschaft in den kaukasischen Ländern zu gründen, und ungeachtet bis zur Mitte des 17. Jahrhunderts die georgischen und imeretischen Fürsten zuweilen den Schutz der russischen Zaren anriefen, so wurden doch die Eroberungsversuche vor Peter's des Großen Regierung nicht wieder erneuert.

Peter der Große schloß 1717 ein Bündniß mit Persien, das aber bei dem zerrütteten Zustande dieses Landes keinen Erfolg hatte. Die Lesghier fielen 1718 in Schirwan ein, plünderten die wichtigsten Städte und ermordeten die Einwohner, unter welchen auch dreihundert Russen waren. Der Zar verlangte Genugthuung von dem Schah, der aber selbst durch die Einfälle der Afghanen bedrängt war und den Zar um Beistand gegen seine Feinde bat. Peter rückte 1722 mit 100,000 Mann in die persischen Provinzen auf der westlichen Küste des kaspischen Meeres ein, nahm Tarku, Baku und Derbend und schloß einen Vertrag mit dem Schah, welcher ihm unter der Bedingung, Beistand gegen die Afghanen zu erhalten, die Landschaften Daghestan, Schirwan, Ghilan, Masanderan und Asterabad abzutreten versprach. Diese Länder wurden von russischen Truppen besetzt, aber der versprochene Beistand gegen die Afghanen nie geleistet. Nach Peter's Tode wurden seine Eroberungen in Persien von der Kaiserin Anna 1732 an Nadir Schah zurückgegeben, welcher Persien auf einige Zeit aus seinem Verfall erhob, die Türken aus Georgien trieb und dieses Land einem Fürsten aus dem alten Königsgeschlechte zurückgab. Nach jenen Abtretungen bildeten die Kette des Kaukasus und der Fluß Kaitu die Grenze des russischen Reichs. Die von den Tscherkessen bewohnten beiden Kabarden wurden durch den zwischen Rußland und der Türkei 1737 zu Belgrad geschlossenen Vertrag für unabhängig erklärt.

Heraklius, König von Georgien, behauptete nicht nur seine Macht, sondern zwang auch einige benachbarte persische Khane, ihm zinspflichtig zu werden; aber er führte selbst den Verfall seines Hauses herbei, indem er den Russen den Weg in sein Land öffnete. Obgleich der Oberherrschaft Persiens unterworfen, so knüpfte er doch eine geheime Unterhandlung mit Katharina II. an und vereinigte sich 1769 mit einem russischen Heere, welches dem Könige von Imirethi gegen die Türken Beistand leistete. Heraklius entzog sich 1783 gänzlich der persischen Oberherrschaft und erklärte sich für einen Vasallen Rußlands. Durch den Vertrag, der bei dieser Gelegenheit geschlossen wurde, gewährleistete Rußland ihm und seinen Nachkommen nicht nur seine damaligen Besitzungen, sondern auch seine künftigen Erwerbungen, versprach, Georgien gegen alle Feinde zu beschützen und gewährte den Eingeborenen des Landes, die in Rußland Dienste nehmen oder sich niederlassen wollten, viele Vorrechte. Zur Vollziehung dieses Vertrags rückte ein russisches Heer in Georgien ein, und Persien war in einem so zerrütteten Zustande, daß es nicht versuchen konnte, seine alte Oberherrschaft über dieses Land zu behaupten. Endlich sammelte der König von Persien, Aga Mohammed, 1795 ein Heer und foderte den König von Georgien zur Anerkennung der persischen Herrschaft auf. Heraklius verweigerte es und die Perser rückten nach Tiflis vor. Vergebens wurden Boten abgesendet, um von dem Befehlshaber der russischen Kriegsvölker, die auf der Nordseite des Kaukasus standen, Beistand zu erlangen. Heraklius litt eine Niederlage und mußte Zuflucht in den Gebirgen suchen. Die Perser verheerten Tiflis und führten den größten Theil der Bewohner in die Gefangenschaft. Endlich rückte ein russisches Heer in Daghestan ein und die Perser gaben den in Tiflis gemachten Gefangenen die Freiheit. Nach Katharina's Tode rief Kaiser Paul sein Heer aus Daghestan zurück und ließ Georgien räumen. Heraklius starb 1798 und ihm folgte sein schwacher Sohn, unter dessen Regierung Georgien immer den Einfällen der Türken und Lesghier ausgesetzt war. Der elende Zustand des Staates bewog einige der mächtigen Großen, geheime Unterhändler nach Petersburg zu senden, um den Kaiser zu bitten, ihr Land mit Rußland zu vereinigen. Man hatte dies schon lange erwartet. Paul ließ sogleich ein Heer in Georgien einrücken und der Fürst des Landes wurde aufgefodert, sich der Herrschaft Rußlands zu unterwerfen. Dies geschah, und nach seinem Tode 1800 ernannte die russische Regierung seinen Sohn zum Statthalter von Georgien; 1802 aber wurde das Land zu einer russischen Provinz gemacht und alle Glieder des königlichen Hauses mußten nach Rußland ziehen, wo sie Jahrgelder erhielten und im Heere angestellt wurden. Die russische Regierung wußte sehr wohl, daß der Besitz von Georgien nur durch die Besetzung aller Länder von dem schwarzen bis zum kaspischen Meere gesichert werden konnte, und sie bemächtigten sich daher der Landschaften Daghestan, Schirwan und Karabagh. So wurden das Gebiet der Lesghier und alle östlichen kaukasischen Länder von den russischen Besitzungen eingeschlossen. Die Russen versuchten auch, ihr Gebiet nach Süden auszudehnen, aber beide Kriegszüge gegen Eriwan in den Jahren 1804 und 1808 mislangen. Die russischen Besitzungen an den Grenzen Persiens wurden durch den Vertrag von Gulistan 1813 bedeutend vermehrt, und in dem Frieden von Turkmantschai (1828) trat Persien alle Länder nördlich vom Araxes an Rußland ab. Imirethi war schon 1808 unter Rußlands Schutz gekommen und wurde wie Mingrelien gleichfalls zu einer russischen Provinz gemacht. In dem Kriege zwischen Rußland und der Türkei, den der Friede von Bukarescht endigte, nahmen die Russen alle von den Türken seit 1783 an der Seeküste errichteten Festungen; zwar wurde die Zurückgabe derselben in jenem Frieden versprochen, aber nur Anapa und Poti geräumt, während die übrigen unter dem Vorwand, daß die Türken die Moldau und Walachei nicht verlassen hatten, behalten wurden. Anapa und Poti wurden in dem letzten Kriege gegen die Türken von den Russen wieder genommen und in dem Frieden von Adrianopel förmlich abgetreten.

Die Bewohner der kaukasischen Provinzen lassen sich nach den Sprachen und andern unterscheidenden Merkmalen in sechs Stämme abtheilen: 1) die Lesghier oder die östlichen Kaukasier; 2) die Kisten oder Midzhegen; 3) die Osseten; 4) die Tscherkessen oder Cirkassier; 5) die Georgier; 6) die Turkmanen oder türkischen Stämme.

Die Lesghier bestehen aus verschiedenen kleinern Stämmen, welche die Hochlande und die Ebenen am kaspischen Meere bewohnen. Sie scheinen seit den ältesten Zeiten im Kaukasus angesiedelt zu sein, doch vermischten sich mit ihnen verschiedene Ansiedler aus Arabien, Syrien und andern Provinzen des Khalifats und man glaubt, daß der Stamm der Awaren von den Awaren, einem Zweig der Hunnen, abstamme. Wie alle kaukasischen Hochländer sind die Lesghier wild, grausam und räuberisch. Man hält sie für eines der tapfersten kaukasischen Völker und sie sind immer bereit, als Söldner in den Kriegen ihrer Nachbarn zu dienen; so lange sie richtig bezahlt werden, kann man auf ihre Treue rechnen. Der Sold für einen bewaffneten Reiter ist außer Nahrung für ihn und sein Pferd, ungefähr vier Dukaten für einen Feldzug, der aber nicht über vier

Monate dauern darf. Ist der Anführer bei solchen Gelegenheiten gewählt, so erscheinen Alle vor ihm, die unter ihm dienen wollen, und jeder zeigt ihm ein Stück verfaultes Holz oder einen Feuerbrand und spricht: „Möge ich werden wie dies, wenn ich die Treue vergesse, die ich dir schwöre, oder dich verlasse." Er faßt dann die rechte Hand des Anführers und umschließt sie mit seinen Händen, so lange jener über den Gegenstand des Geschäfts mit ihm spricht. Sind zwei oder drei Brüder in einer Familie, so kann nur einer dem Raubzuge beiwohnen; ist eine Familie aber zahlreicher, so kann noch einer der Brüder ausziehen. Persönliche Tapferkeit gilt bei den Lesghiern, wie bei allen halb gesitteten Völkern, für die höchste Tugend. Die Mutter ermuntert ihren Sohn von der frühesten Jugend zur Tapferkeit, indem sie ihm immer von den Thaten seiner Vorfahren erzählt, und sie selbst bewaffnet ihn zum ersten Kriegszuge, führt ihn bis an die Grenze des Gebiets ihres Stammes und ermahnt ihn, an den Ruf seines Hauses zu denken und entweder mit Ruhm und Beute zurückzukehren oder den Tod der Tapfern zu sterben. Ehe die Russen die kaukasischen Provinzen besetzt hatten, wurde das Bündniß der Lesghier von allen kriegführenden Fürsten in den Nachbarländern gesucht und ihre Theilnahme war gewöhnlich entscheidend. Der größte Theil der Lesghier sind Mohammedaner, doch findet man unter einigen noch geringe Spuren des Christenthums. Die schwachen Bande der Geselligkeit werden nur durch Gastfreundschaft und durch das Gesetz der Wiedervergeltung erhalten. Der Awarenstamm gehorcht dem Khane der Awaren, dem mächtigsten Fürsten des östlichen Kaukasus, der den Titel Nutschal führt. Die Awaren bewohnen die Thäler am obern Koisu und an den Flüssen, die in diesen Strom fallen. Ihr Hauptort ist Khundzakh, ein ansehnlicher Flecken mit dem Palast des Khans, einem geräumigen, wohlerhaltenen Gebäude mit Glasfenstern, die man im kaukasischen Hochlande sonst selten findet. In der Vorhalle ist stets eine mit Speisen besetzte Tafel aufgestellt, wo jeder Fremde willkommen ist. Die Macht des Khans erstreckt sich über verschiedene andere sprachverwandte Stämme. Die Awaren können zwar selbst nur 2000 Mann ins Feld stellen, im Nothfall aber kann der Khan aus allen ihm unterworfenen Stämmen 10,000 Mann aufbieten. Die Awaren zwangen in frühern Zeiten die Könige von Georgien zu einem jährlichen Tribut, wogegen sie sich der Raubzüge in das Land enthielten. Als die Russen Georgien besetzt hatten, foderten die Awaren von ihnen dasselbe Jahrgeld, das 1807 bis auf 10,000 Silberrubel erhöht wurde, und der Khan ist seitdem ein treuer Anhänger Rußlands gewesen. Ein anderer mächtiger Fürst der Lesghier, der sich aber als einen heftigen Feind der Russen zeigt, ist der Fürst der Kasi Kumük. Seine Gewalt erstreckt sich über hundert Dörfer und er kann im Nothfall 6000 Krieger aufbieten. Die Kasi Kumük sind wie die Awaren eifrige Mohammedaner von der Seite der Sunniten. Sie bewohnen fruchtbare Thäler, welche ihren Heerden treffliche Weiden geben; auch bauen sie das Land an, doch ist das rauhe Klima wegen der Nähe der Schneeberge dem Ackerbau nicht günstig.

Unter den übrigen unabhängigen Stämmen der Lesghier nennen wir nur die Akuscha und die Kubitschi. Die Akuscha bilden eine Republik, die aus ungefähr 300 Dörfern besteht, wo gegen 1000 Familien wohnen. Dieses Volk hat weder Fürsten noch Adel. Es theilt sich in zwölf Stämme, deren jeder von einem Häuptling regiert wird. Diese Häuptlinge können jedoch nur rathen, aber nicht befehlen. Wenn der Fürst eines benachbarten Landes Kriegsvölker der Akuscha in seinen Sold nehmen will, so muß er eine besondere Botschaft an jeden Stamm senden, und man würde sich gar nicht in Unterhandlungen einlassen, wenn diese Förmlichkeit unterbliebe. Sie leisten immer den Meistbietenden ihren Beistand und fechten gegen jeden andern Stamm, ausgenommen die Tarku, deren Obergewalt sie vor Zeiten anerkannten und die ihnen erlaubt ihre Heerden ohne Vergütung auf die reichen Weiden an den Grenzen zu treiben. Kubitschi ist der Hauptort des gleichnamigen Stammes, der in acht Dörfern zerstreut ist. Man kennt ihn im Morgenlande unter dem Namen der Panzerhemdmacher (serkjeran) und sie gleichen in jeder Hinsicht ihren Nachbarn, den Lesghiern; sie verfertigen gute Waffen und die unter dem Namen Kubitschishawls im Kaukasus und selbst in Persien berühmten Putzstücke. Es ist allerdings merkwürdig, mitten unter den rohen Barbaren, welche die Hochlande bewohnen, ein fleißiges und arbeitsames Volk zu finden. Die Kubitschi treiben weder Ackerbau noch Viehzucht, sondern tauschen für die Erzeugnisse ihres Gewerbfleißes die nothwendigen Bedürfnisse ein. Die Kubitschi, welche den übrigen Lesghiern ihre Waffen liefern, stehen mit ihnen immer in gutem Vernehmen und bewerben sich um ihre Freundschaft. Dieser Eintracht ungeachtet sind sie doch immer auf ihrer Hut und bewachen sorgfältig die beiden einzigen Zugänge, die in ihr Gebiet führen und durch Festungen vertheidigt werden, welche mit kleinen kupfernen, von den Kubitschi selbst gegossenen Kanonen versehen sind. Sie führen nie Krieg und bezahlen keine Steuern und Abgaben. Sie werden durch einen Rath von zwölf Ältesten regiert, die sie selbst wählen; alle Streitigkeiten werden durch Schiedsrichter geschlichtet, deren Ausspruch sich Jeder unterwirft.

(Der Beschluß folgt in Nr. 229.)

Stockholm.

Die reizende Lage der schwedischen Hauptstadt Stockholm hat alle Reisenden zur Bewunderung hingerissen. Sie ist auf mehren kleinen Inseln, theils in dem malerischen Mälarsee, theils in dem Ausflusse desselben, theils im Meere selbst erbaut, das durch viele vorliegende Eilande und Klippen ausgefüllt wird. Diese zerstreuten Inseln sind mit Gebäuden, Gärten und Lustwäldchen bedeckt, während die Dome der Kirchen aus Eichenwipfeln hervorblicken. Ein großer Theil der Stadt liegt an dem steilen Abhange eines hohen Berges, wo Häuser über Häuser wie die Sitze eines Amphitheaters sich erheben. Die Stadt hat gegen dritthalb schwedische Meilen im Umfange und ihre Länge beträgt von Norden nach Süden etwas über eine halbe Meile. Die eigentliche Stadt, der Mittelpunkt, aber auch der kleinste Theil, entstand zuerst, als auf der Stelle, wo früher Fischerhütten standen, König Knut Erikson gegen Ende des 12. Jahrhunderts den Grund zu einer Stadt legte, um durch Befestigung der Mündung des Mälarsees sich gegen die Überfälle von Seeräubern zu schützen. Birger Jarl, der für seinen unmündigen Sohn Waldemar das Reich verwaltete, erweiterte die Anlage und erbaute eine Feste, an welche sich immer mehr Gebäude anschlossen. Auch die nahen Inseln wurden bebaut und durch Pfahlwerke und Dämme vergrößert. Diese Inseln, zum Theil größer als die Stadt, bildeten allmälig die Vorstädte. So werden die ver-

Ansicht von Stockholm.

schiedenen Theile der Stadt durch Buchten des Mälar und des Meeres geschieden, hängen aber durch Brücken zusammen, doch wird die Verbindung hauptsächlich durch Böte unterhalten, die beständig hin- und herrudern. Viele Häuser sind von Gärten umgeben, die zum Theil bis an das Wasser hinabgehen. Mehre Inseln haben ansehnliche Höhen und graue Felsen ragen über die Häuser hervor. In der Umgegend wechseln bald kahle, bald mit Eichen und Birken, bald mit düstern Fichten bekleidete Felsen, üppige Wiesen, Getreidefelder, Bäche, freundliche Haine, Schlösser und Landhäuser und breite, oft auf hartem Felsen fortlaufende Landstraßen ziehen sich durch die freundliche Landschaft. Die eigentliche Stadt hat die engsten und krümmsten Straßen, die breitesten und geradesten Straßen und die schönsten Häuser sieht man in der Vorstadt Normalm. Mit der eigentlichen Stadt, einst eine Landzunge des Mälar, hängen durch Brücken die Inseln Riddarholm (Ritterinsel) und Helgeandsholm (Heiligegeistinsel) zusammen. Die Südvorstadt (Södermalm) bildet ein großes Ganzes. Die Nordvorstadt (Norrmalm) hängt durch eine prächtige steinerne Brücke mit der eigentlichen Stadt und durch andere Brücken mit mehren Inseln zusammen. Unter den bedeutendsten Gebäuden der eigentlichen Stadt ist das prächtige königliche Schloß ausgezeichnet, das nach dem Brande von 1697 neu gebaut und 1753 vollendet wurde. Es bildet ein großes Viereck mit zwei Flügeln und hat auf jeder Seite eine Terrasse und einen Garten. Im Schlosse befinden sich die reiche königliche Bibliothek von mehr als 40,000 Bänden, das Museum mit kostbaren Sammlungen von Gemälden, Handzeichnungen und Antiken, das Münzcabinet und eine Sammlung von nordischen Alterthümern. Auf dem Schloßhügel steht der Obelisk, ein Denkmal, das Gustav III. den Bürgern Stockholms, welche das finnischen Krieges die Wachen in der Hauptstadt versahen, errichten ließ, unten am Schloßhügel aber erhebt sich die von dem schwedischen Bildhauer Sergel modellirte Bildsäule Gustav III., gerade auf der Stelle, wo der König nach dem Frieden mit Rußland landete, von den Bürgern zu Stockholm errichtet. Hier ist der eigentliche Hafen der Stadt, wo die größten Schiffe einlaufen und sicher liegen. Die älteste Kirche der Stadt ist die Hauptkirche (Storkyrka), ursprünglich im 13. Jahrhundert angelegt. Sie besitzt mehre Merkwürdigkeiten aus alter und neuer Zeit und zwei Gemälde von Ehrenstrahl, einem geborenen Hamburger, Namens David Klocker, der sich im 17. Jahrhundert in Schweden niederließ und geadelt wurde. Noch ein ausgezeichnetes Gebäude der eigentlichen Stadt ist das prächtige Ritterhaus, wo die Ritterschaft während des Reichstags ihre Versammlungen hält. Auf dem großen Freiplatze vor demselben steht das Standbild Gustav Wasa's aus eroberten Kanonen gegossen, auf einem Fußgestell von grünem Marmor. Die Ritterinsel, die durch eine Brücke mit jenem Platze zusammenhängt, ist mit großen und prächtigen Gebäuden geziert. Man sieht hier das alte Schloß und eine aus einer ehemaligen Franziskanerkirche entstandene Kirche, in welcher mehre alte Könige und Herzoge, alle Könige aber seit Karl IX. und viele berühmte Feldherren und Staatsmänner begraben liegen. Diese Kirche wurde vor ungefähr 20 Jahren erneuert und über den Gräbern der Helden gegen 5000 alte Standarten, Fahnen und Flaggen geschmackvoll geordnet.

Die größte der Inseln, welche die Stadt bilden, ist die Südvorstadt, die gerade und breite Straßen und große Häuser, aber auch viele schlechte Hütten hat. Hier liegt der schöne Adolf-Friedrichsmarkt, der größte in Stockholm. Unter den Kirchen dieses Stadttheils ist die Katharinenkirche durch vorzügliche Gemälde ausgezeichnet. Der schönste Stadttheil aber ist der Norrmalm, wohin vom Schloßplatze aus eine große Brücke führt. Hier steht in der Mitte eines schönen Freiplatzes das Bronzebild Gustav Adolf's, dessen Fußgestelle die von Sergel modellirten Medaillons mit Bildnissen von Torstenson, Wrangel, Banér und Königsmark zieren. An diesem Freiplatze liegt das von Gustav III. erbaute Opernhaus und nicht weit davon das dramatische Theater, worin während des Winters abwechselnd mit dem Opernhause gespielt wird. Im benachbarten Königsgarten steht seit 1821 das in Paris gegossene Standbild Karl XIII. Auf Normalm liegt die 1572 erbaute Klarakirche, eine der schönsten in Stockholm, hell im Innern und schön verziert. In der im 18. Jahrhundert erbauten Adolf-Friedrichskirche ist ein Altarblatt in Gyps von Sergel, die Auferstehung Christi, sehenswerth. Auf Normalm liegen auch drei große Waisenhäuser, unter welchen das Stadtwaisenhaus und die von den Freimaurern im 18. Jahrhundert gestiftete Anstalt durch musterhafte Einrichtungen sich auszeichnen. Auf Kungsholm (Königsinsel), westlich von Normalm, gibt es mehre Fabrikanlagen, und der Baron Edelcrantz, der Erste, der die Dampfmaschinen in Schweden einführte, legte hier 1807 eine Dampfmühle an. Auf Ladugårdsland (Meierland), östlich von Normalm, liegt ein anmuthiger Lustgarten, der ursprünglich von Gustav Adolf angelegte Hopfengarten, der im Sommer viele Besucher hat.

Die nahen und fernen Umgebungen Stockholms sind so anmuthig, daß die Stadt gleichsam auf allen Seiten von einem großen Garten umgeben ist. Die Kunst hat hier nichts mehr gethan, als daß sie die Genüsse und Annehmlichkeiten zugänglicher gemacht hat. Der besuchteste Vergnügungsort ist der Thiergarten, in welchem Damhirsche unterhalten werden, östlich von Stockholm. Der schönste Theil desselben ist der untere, Waldemarsinsel genannt. Weiterhin gegen Osten und Norden liegen herrliche Landsitze, wie das reizende Rosendal, jetzt Johannsdal, Privateigenthum des Königs, mit einem schönen Parke. Rechts von der Straße nach Upsala liegt das anmuthige königliche Lustschloß Haga, und über Kungsholm führt der Weg nach dem prächtigen, im 17. Jahrhundert von der Königin Hedwig Eleonore erbauten Schlosse Drottningholm, wohin im Sommer Dampfschiffe von Stockholm gehen.

Stockholm hat gegen 80,000 Einwohner. Die Stadt ist der Sitz der höchsten Behörden. Sie ist reich an Schulen und wohlthätigen Anstalten. Die Hauptschule ist das 1821 aus der alten Kathedralschule entstandene Gymnasium. Unter den zahlreichen Armenschulen gibt es drei Lancasterschulen. Schon seit beinahe zwei Jahrzehnden besteht eine öffentliche, viel besuchte und von dem König unterstützte gymnastische Lehranstalt auf Normalm, die der auch als Dichter bekannte Ling gründete. Er war der Erste, der die Gymnastik theoretisch und praktisch in Schweden einführte, und er unterrichtet nach einer von ihm selbst erfundenen, stufenweise fortschreitenden Methode. Auch wird hier im Fechten und Schwimmen unterrichtet. Das Stadtwaisenhaus und das Freimaurerwaisenhaus, haben gleichfalls Lehrer der Gymnastik. Unter den höhern Lehranstalten ist eine der bedeutendsten das karolinische medicochirurgische Institut, wo Ärzte und Wundärzte für die Armee und die Flotte gebildet werden und auch Viele ihren medicinischen und chirurgischen Cursus vollenden, ohne die Universität zu besuchen. Es steht unter der Aufsicht des Gesundheitscollegiums, der obersten Medicinalbehörde des Landes, unter deren Leitung auch das Bildungsinstitut für praktische Ärzte zu Stockholm steht. Die einzelnen Medicinalanstalten der Hauptstadt sind zahlreich und vorzüglich und haben in neuern Zeiten große Verbesserungen erhalten. Eine Thierarzneischule ward 1821 errichtet. Die 1806 von Pehr Borg für die Bildung von Taubstummen und Blinden gestiftete Anstalt wurde 1808 von den Reichsständen übernommen und auf öffentliche Kosten unterhalten. Borg gab 1817 die Anstalt auf und stiftete eine neue auf Actien, die jedoch bald nachher mit jener unter seiner Leitung vereinigt wurde. Sie ist die einzige in Schweden und befindet sich zu Manhem, dessen Gebäude und innere Einrichtung ein Werk der Taubstummen sind. Stockholm hat mehre Akademien für Wissenschaft und Kunst. Die 1739 gegründete königliche Akademie der Wissenschaften, zu deren Stiftern Linné und Jonas Alström gehörten, hat sich besonders um die Naturwissenschaften große Verdienste erworben, mehre gelehrte Reisen veranstaltet und ihre Arbeiten durch den Druck bekannt gemacht. Sie besitzt eine ansehnliche Bibliothek und andere wissenschaftliche Sammlungen, die im Akademiehause in der eigentlichen Stadt aufgestellt sind, eine treffliche Sternwarte und einen botanischen Garten auf Normalm. Die schwedische Akademie wurde 1786 von Gustav III. für die Ausbildung der schwedischen Sprache und die Beförderung der Dichtkunst und Beredtsamkeit gestiftet, besteht aus 18 Mitgliedern und stellt jährlich drei Preisfragen auf; sie besitzt ebenfalls mehre werthvolle Sammlungen, die im königlichen Schlosse aufbewahrt werden. Die 1796 gegründete Akademie der Kriegswissenschaft gibt gleichfalls Preisaufgaben. Die Akademie der freien Künste, 1735 gestiftet, wirkt durch Unterricht, ermuntert durch Preisaufgaben, unterstützt Künstler durch Reisegelder und besitzt mehre artistische Sammlungen, besonders Gypsabgüsse. Die 1771 von Gustav III. gegründete musikalische Akademie soll die Musik theoretisch und praktisch fördern, gibt Lehrbücher heraus und leitet eine Singschule. Die Akademie des Landbaues wurde 1811 auf Veranlassung des vielfach verdienten Nils Edelcrantz gestiftet, unterrichtet Zöglinge in der schon früher bestandenen mechanischen Schule, vertheilt jährlich Preise und veranstaltet eine öffentliche Ausstellung schwedischer Natur- und Kunsterzeugnisse. Ein eigner Gelehrtenverein gibt ungedruckte Beiträge zur skandinavischen Geschichte heraus, die bereits eine Reihe von Bänden bilden. Außer den bereits genannten öffentlichen Bibliotheken im königlichen Schlosse und im Gebäude der schwedischen Akademie gibt es mehre treffliche Privatsammlungen, unter welchen die reich ausgestattete Bibliothek des Ministers Lars von Engeström ausgezeichnet ist und dem Publicum den freiesten Zutritt gewährt. Die Wohlthätigkeitsanstalten der Hauptstadt waren von jeher ebenso zahlreich als reich ausgestattet, aber erst in neuern Zeiten werden diese bedeutenden Mittel durch die verbesserte Verwaltung noch wirksamer gemacht. Seit 1812 erhielt jede Gemeinde der Stadt eine eigne Armenpflege und jede besitzt wenigstens ein Gemeindearmenhaus, ihren Armenarzt und ihre Armenschulen. Die allgemeine Armenkasse, welche ihre Zuflüsse durch eine Vermögenssteuer erhält, unterstützt einzelne Gemeinden, die ihre Armen nicht ohne Beistand erhalten können. Außer diesen öffentlichen Anstalten ist Stockholm reich an wohlthätigen Privatstiftungen, deren Capital schon 1807 auf mehr als eine Million Bancothaler angeschlagen wurde und sich seitdem ansehnlich vermehrt hat. Unter diesen ist die 1747 gegründete Muhrbeck'sche Stiftung auf Södermalm ausgezeichnet, die 24 Mädchen erzieht und in allen häuslichen Arbeiten unterrichtet und sie zu guten Dienstboten und Handwerkerfrauen zu bilden.

Das gesellige Leben in Stockholm ist besonders im Winter auch für Fremde anziehend, die mit großer Gastfreiheit aufgenommen werden. Die Concerte sind ausgezeichnet und in der Regel vorzüglicher als Schauspiele und Bälle. Die leichte und reiche Zufuhr von Lebensmitteln aus der fruchtbaren Umgegend macht das

Leben in Stockholm verhältnißmäßig wohlfeiler als in andern großen Hauptstädten. Der Handel ist sehr bedeutend. Ein großer Theil des auswärtigen Handels von ganz Schweden wird von Stockholm aus betrieben, und unter den Kaufleuten herrscht viel Wohlhabenheit, aber auch ein lebendiger Sinn für gemeinnützige und wohlthätige Zwecke. Die wichtigsten Ausfuhrartikel sind Eisen, Kupfer, Holz, Theer, Pech, überhaupt darf Alles in das Ausland gehen, durch dessen Ausfuhr nicht Mangel an Rohstoffen entsteht, doch trifft diese Ausnahme nur wenige Waaren. Die Einfuhr besteht aus Korn, Salz, Flachs, Baumwolle, Leder, Taback, Wein, Colonialwaaren und besonders aus Luxusartikeln, deren Vertrieb aber in neuern Zeiten durch erhöhte Zölle vermindert worden ist. Zu den bedeutendsten Fabriken in Stockholm gehören die Rauch- und Schnupftabacksfabriken, die Tuchmanufacturen und die Zuckerraffinerien. Die bedeutenden Seidenfabriken sind die einzigen in Schweden. Ein Schauamt (Hallrätt) entscheidet über Fabrikstreitigkeiten und sorgt zugleich für den Religionsunterricht der in den Fabriken und Werkstätten arbeitenden Jugend.

Maschinen in moralischer Hinsicht.

Es ist der unermeßliche Vortheil der Maschinen, sagt der englische Naturforscher Humphry Davy, daß sie diejenigen Arbeiten verrichten, welche das Gemüth herabwürdigen und die geistigen Fähigkeiten schwächen. Ein Mensch, der stets dieselbe Arbeit verrichtet, wird untauglich zu jeder andern. Maschinen aber fodern Aufmerksamkeit, geistige Anstrengung und körperliche Arbeit verschiedener Art.

Chinesische Bootzieher.

Auf den Flüssen und Kanälen, die China nach allen Richtungen durchschneiden, gibt es eine eigenthümliche Art von Schifffahrt. Segel sind zwar gewöhnlich, aber wenn Umstände eintreten, wo sie nicht nützen, werden Ruder gebraucht oder die Fahrzeuge längs dem Ufer des Flusses oder Kanals an Stricken gezogen. Die Ruder werden auf eigenthümliche Weise gebraucht. Es gibt deren zwei, die sich auf Zapfen drehen, welche sich nahe am Bug und nicht am Hintertheile des Schiffs befinden, wie es bei andern Völkern gebräuchlich ist. Sie sind sehr breit und sechs bis zehn Menschen nöthig, jedes zu regieren, und statt sie aus dem Wasser zu heben, wie beim gewöhnlichen Rudern, werden sie rückwärts und vorwärts unter der Oberfläche des Wassers bewegt. Diese Art des Gebrauchs der Ruder paßt weit besser auf den belebten Strömen in China als es sich bei der Arbeit zu ermuntern und den Takt bei der Ruderbewegung zu halten, pflegen die Ruderer eine einfache Melodie zu singen, die der Bootsmann anstimmt, während die ganze Mannschaft im Chor mitsingt. Wenn Wind oder Flut ungünstig ist, oder das Fahrzeug einen reißenden Strom hinauffahren muß, wird es gezogen. Dies geschieht wie in andern Ländern, aber in China werden nur Menschen dazu gebraucht, wiewol in ältern Zeiten und noch als Marco Polo im 13. Jahrhundert China bereiste, Pferde gewöhnlich waren, und so ward auch später die zum Bootziehen aufgebotene Mannschaft nach der Zahl der Pferde in der kaiserlichen Verordnung bestimmt, sodaß z. B. nach dem Verhältnisse von drei Mann auf ein Pferd, statt der acht Pferde für einen Gesandten 24 Schiffzieher gestellt werden mußten. Die Zahl der Bootzieher ist übrigens nach der Größe der Fahrzeuge und der Stärke des Windes oder der Strömung verschieden. Die Stricke sind aus schmalen Streifen der zähen äußern Bambusrinde geflochten und ebenso leicht als stark. Die Bootzieher bilden nicht eine besondere Volksclasse, sondern werden ohne Unterschied aus den geringern Classen genommen. Ihre Arbeit ist außerordentlich schwer. Sie müssen 16 Stunden ununterbrochen gegen einen Strom ziehen, dessen Schnelligkeit jedes Nachlassen ihrer Anstrengungen verbietet. Zuweilen müssen sie bis an die Hüften im Schlamm waten, zuweilen durch das Wasser schwimmen und vielleicht gleich nachher ihren nackten Körper den sengenden Sonnenstrahlen aussetzen. Sie werden stets durch einen Soldaten oder einen Policeischergen überwacht, der ihnen auf dem Fuße folgt und sie mit einer ungeheuern Peitsche wie ein Pferdegespann geißelt, so oft sie sich etwas träge oder die geringste Verdrossenheit zeigen. Gewöhnlich werden die Zieher jedes Bootes täglich gewechselt. Sie erhalten zwar eine Vergütung, die im Verhältniß zu dem Preise der Lebensmittel gering ist, aber für die Rückreise zu dem Orte, wo man sie weggenommen, erhalten sie nichts. Die Regierungsbeamten benutzen auf ihren Reisen so häufig die Schifffahrt auf den Flüssen und Kanälen, daß Diejenigen, die zum Schiffziehen gebraucht werden, zuweilen die Opfer jener Grausamkeit und Bedrückung sind, welche sich die Verwaltungsbeamten nicht selten erlauben. Als der britische Gesandte, Lord Macartney (1793) auf der Rückreise von Peking den weißen Strom hinabfuhr, kam eines der begleitenden Boote mitten in der kalten Nacht an einer sehr seichten Stelle des Flusses auf den Grund, und die armen Schiffer mußten bis Sonnenaufgang arbeiten, das Fahrzeug wieder flott zu machen, während die übrigen Schiffe weiter fuhren. Der chinesische Beamte, der die Oberaufsicht bei der Fahrt hatte, ward darüber sehr ungeduldig und ließ die ganze Mannschaft des Boots vom Ersten bis zum Geringsten unbarmherzig prügeln. Die Bootzieher haben bei alledem noch ein weit härteres Loos als die übrige Mannschaft. Der Strick, der mit dem einen Ende an den Mast des Fahrzeugs befestigt ist, geht quer über die Brust, über die eine Schulter und unter dem andern Arme hin, und so gehen die Zieher in gebückter Stellung vorwärts. Wo es keine Leute gibt, die sich dieser Arbeit freiwillig widmen, oder wenn eine ungewöhnlich große Anzahl von Bootziehern gebraucht wird, werden sie von den Beamten für eine Tagereise mit Gewalt weggenommen. Es hält oft schwer, für ein so mühsames und schlecht bezahltes Tagewerk Leute zu finden, und um eine Unterbrechung der Reise zu vermeiden, muß die Ersatzmannschaft bereit gehalten werden. Zu diesem Zwecke werden die gepreßten Leute zuweilen einen Tag oder eine Nacht lang eingesperrt, damit sie nicht davonlaufen.

Unsere Abbildung zeigt uns eine Gruppe von Bootziehern, die ihren Reis auf einem thönernen Ofen kochen. Die stehende Figur ißt den Reis auf die gewöhnliche chinesische Weise, indem sie den Rand des Napfes an den Mund hält und den Inhalt mit dem üblichen Eßstäbchen einfüllt. Reis ist ihre gewöhnliche Nahrung, aber zuweilen kochen sie auch als Leckerbissen Gemüse mit ranzigem Öle oder mit thierischen Abfällen. Sie halten täglich nur zwei regelmäßige Mahlzeiten, um zehn Uhr Vormittags und um vier Uhr Nachmittags. Sie tragen zuweilen Schuhe von Stroh geflochten, wie wir sie auf der Abbildung sehen, gewöhnlich aber gehen sie barfuß. Die flachen Bretchen, die auf dem Boden liegen, werden bei dem Ziehen über die Brust gelegt. Wie die Bootsleute haben sie einen eignen Gesang, um sich bei der Arbeit zu ermuntern und ihren Anstrengungen Gleichförmigkeit zu geben. Er besteht meist nur aus aufmunternden Tönen, mit einigen Ausdrücken untermischt, die sich auf die Gegend beziehen, durch welche der Weg geht, auf den Ort, wohin sie nach ihrem schweren Tagewerk sich zurücksehnen. Einer stimmt die Worte an, die jenen Sinn haben, und die Übrigen singen im Chor: „Hei o wu tu hei o", d. i. „Zieht vorwärts, laßt uns vorwärts ziehen!"

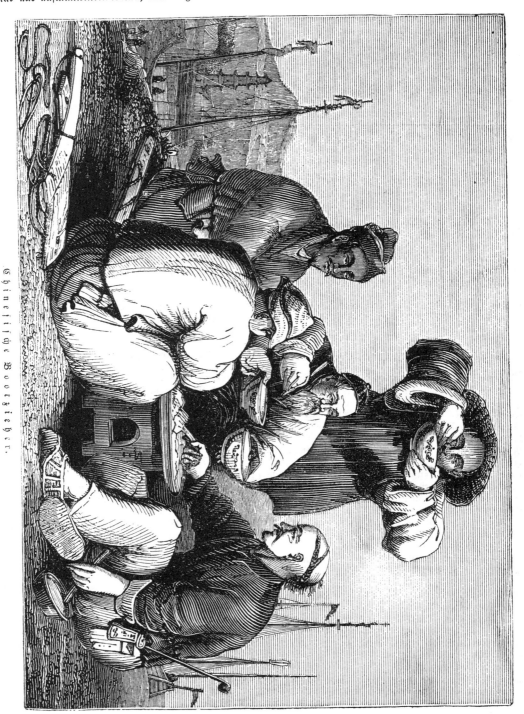

Chinesische Bootzieher.

Das Pfennig-Magazin
für Verbreitung gemeinnütziger Kenntnisse.

229.] Erscheint jeden Sonnabend. [August 19, **1837**.

Bern.

Bern.

Hoch über dem felsigen Bette der reißenden, am Fuße des Finsteraarhorns entspringenden Aar, 1708 Fuß über dem Meere, liegt Bern, die Hauptstadt des gleichnamigen Cantons der schweizerischen Eidgenossenschaft. In ihrer hohen Lage sieht man die Stadt von dem günstigsten Standpunkte am jenseitigen Ufer des Flusses. Häuser und Bäume, Kirchen und Gärten, erheben sich übereinander, während der schöne Fluß, dessen steile Ufer sie auf eine weite Strecke wie eine natürlicher Wall umgeben, sie mit anmuthigen Landschaftsbildern eingefaßt ist. Bern war wahrscheinlich schon zu den Zeiten der Römer bewohnt; um 1182 aber wird die Stadt urkundlich erwähnt und 1191 wurde sie von dem Herzog Berthold von Zähringen, dessen Geschlecht in den alemannischen und burgundischen Schweizerländern schon im 11. Jahrhundert mächtig war, mit Gräben und Mauern umgeben. Im 13. Jahrhundert vergrößerte sich Bern durch Bürger aus Freiburg und Zürich und durch Landbewohner, besonders aber durch den niedern Adel aus der Umgegend, welcher Schutz gegen die mächtigen Adelsgeschlechter suchte, die durch gewaltsame Mittel ihre Besitzungen vergrößerten. Im Jahre 1212 wurde Bern durch Kaiser Friedrich II. zu einer Reichsstadt erhoben und erhielt von ihm jene Vorrechte durch einen Freibrief, die lange die Grundlage der städtischen Verfassung blieb. Die Stadt erhielt bald so viel Zuwachs, daß die neue Stadt erbaut werden mußte, und um sich gegen äußere Bedrängnisse zu schützen, schloß sie Bündnisse mit den Nachbarstädten und den rheinischen Reichsstädten, während der langen Wirren in Deutschland aber stellte sie sich unter den Schutz der Grafen von Savoyen und Kyburg. Gegen Ende des 13. Jahrhunderts fochten die Berner siegreich gegen Rudolf von Habsburg und im folgenden hatten sie, von tapfern Hauptleuten aus ihrer Mitte angeführt, schwere Kämpfe mit dem benachbarten Adel zu bestehen. Je mehr Berns innere Kraft zunahm, desto mehr stieg der Haß gegen die Stadt, wo Jeder, der von dem Adel bedrückt wurde, eine Freistätte fand. Ein furchtbarer Bund der Mächtigen vereinigte sich gegen sie und obgleich die Städter 1339 bei Laupen siegten, so wurde doch immer erneuete Gefahr nicht abgewendet, bis die drei Urcantone Uri, Schwyz und Unterwalden mächtige Hülfe sandten, und endlich 1343 Friede vermittelt ward. Im Jahre 1353 wurde Bern in den Bund der Eidgenossenschaft als der achte Canton aufgenommen, und seitdem erwarb die Stadt theils durch Kauf, theils durch Eroberung Nidau, Aarberg, Burgdorf, Thun, fast das ganze Oberland, Emmenthal und das ganze Gebiet um die Stadt. Im folgenden Jahrhundert stieg die Macht der Stadt, die im Kriege gegen Östreich das ganze Aargau eroberte, und nach langen Kämpfen gegen den Adel an den Grenzen der Eidgenossenschaft, gegen Zürich, Savoyen, Burgund und Mailand, schlossen die Städter ihre Eroberungen durch Erwerbung des ganzen Waadtlands bis Genf, das dem Herzoge von Savoyen entrissen wurde. Die Gebietstheile wurden seitdem von Landvögten verwaltet, die aus dem Rathe der herrschenden Stadt genommen wurden. Im Jahre 1528 wurde Zwingli's Glaubenslehre in der Stadt und im Canton eingeführt. Bern war nun der mächtigste Canton der Eidgenossenschaft und zu Ansehen, Ruhm und Reichthum emporgeblüht, als bald nach dem Frieden mit Östreich die Waffen der französischen Republik sich gegen die Schweiz wendeten. Bern ward am 5. März 1798 von den Franzosen besetzt, der Schatz des Freistaats geleert und sein reiches Zeughaus geplündert. Seit der Umwälzung der eidgenössischen Verfassung, die durch diese Ereignisse herbeigeführt ward, zerfiel das Gebiet des Cantons zuerst in vier, später in die drei Cantone Bern, Aargau und Waadt. Die durch Napoleon's Vermittelung 1803 für die Schweiz gegründete Verfassung ward auch in Bern 1815 wieder umgewandelt, aber das neue Grundgesetz gab der Stadt und der Aristokratie ein so großes Übergewicht gegen die Landgemeinden, daß auch hier der Stoff der Unzufriedenheit heimlich gährte, bis die Ereignisse des Jahres 1830 ihn zum Ausbruche brachten. Im folgenden Jahre erhielt der Canton eine neue Verfassung, welche den Landgemeinden gleiche Rechte mit der Stadt gab, deren altes Übergewicht gänzlich aufgehoben ward.

Eine schöne Hauptstraße, von hohen Linden beschattet, führt zur Stadt, die über 18,000 Einwohner zählt. Die Hauptstraßen sind breit und haben die Länge der ganzen Stadt von Morgen nach Abend. da sie in dieser Richtung parallel, aber nicht völlig gerade, sondern etwas gekrümmt laufen. Diese regelmäßige, aber keineswegs einförmige Anlage ist nicht das Werk der Zeit, sondern wurde bei der Wiederherstellung der Stadt nach dem großen Brande im Jahre 1405 gegründet, wo sie ihre Straßeneintheilung und die ihr eigenthümlichen Arcaden oder Laubengänge erhielt, die man in den meisten Straßen sieht, und die eine gegen Wind und Wetter geschützte Verbindung zwischen den Kaufläden bildet. Die Häuser sind meist hoch und hübsch, fast durchaus von Steinen gebaut.

Unter den öffentlichen Gebäuden ist vorzüglich die Hauptkirche, der Münster, merkwürdig. Sie wurde 1421 auf einer künstlichen Terrasse erbaut, die von einer am steilen Ufer der Aar mit großen Kosten errichteten Mauer gestützt wird, welche Matthias von Steinbach, der Sohn des Baumeisters Erwin von Steinbach, Erbauers des Münsters zu Strasburg, im J. 1344 anlegte. Von dieser Terrasse hat man eine der prächtigsten Aussichten in der Schweiz. Unten strömt die Aar in einem großen Bogen, mit Gartenterrassen auf ihren Uferabhängen, die mit Fruchtbäumen und Blumenteppichen bedeckt sind. Jenseit des Flusses ein üppiges grünes Gelände, mit Dörfern und freundlichen Landhäusern besäet, und im Hintergrunde die mächtigen Alpen, deren Gipfel sich von den Wolken nur durch die Klarheit ihrer Umrisse unterscheiden lassen, und welchen die wechselnde Beleuchtung zu allen Tageszeiten neue Reize gibt. Auf eine Entfernung von acht Meilen begrenzt diese prächtige Kette den Horizont von Süden nach Westen, und endigt in kühnen und seltsamen Umrissen, die aber in vollkommener Harmonie sich gruppiren. Jeden Augenblick zeigt sich ein anderes Bild, alle Farben wechseln, bis endlich die ganze Alpenkette, die eben in den Strahlen der untergehenden Sonne glühte, in bleichen Formen verschwimmt und allmälig in die Schatten der Nacht sich hüllt.

Unter den übrigen Kirchen ist die Kirche zum heiligen Geist, 1704 gegründet, eines der schönsten Gebäude. Sehenswerth sind auch das Bürgerspital und das Krankenhaus, die Insel genannt, das Kornmagazin, ein prächtiges Gebäude, auf mächtigen Säulen ruhend, das Zeughaus, das vor der Ausleerung durch die Franzosen Waffen für 60,000 Mann enthielt. Die im 16. Jahrhundert gestiftete Stadtbibliothek enthält, außer einem bedeutenden Bücher- und Handschriftenschatze, schätzbare Sammlungen von Münzen, Antiken, Zeichnungen und Bildnissen, schweizerischen Vögeln und Säugthieren, Pflanzen, Mineralien und einheimischen Versteinerungen. Das

Naturaliencabinet der Bibliothek, das unter der besondern Aufsicht der Gesellschaft vaterländischer Naturfreunde steht, wird jährlich erweitert, um es zu einem vollständigen Museum der schweizerischen Naturgeschichte zu machen. Unter den Gelehrtenvereinen hat sich besonders die von dem ausgezeichneten landwirthschaftlichen Schriftsteller Tschiffeli 1758 gestiftete ökonomische Gesellschaft große Verdienste um die Landwirthschaft erworben. Die 1804 neu eingerichtete höhere Bildungsanstalt, die Akademie genannt, die schon früher mit guten Lehrmitteln, z. B. einem anatomischen Theater und einem botanischen Garten, versehen war, wurde 1834 in eine Universität umgewandelt. In dem botanischen Garten steht das 1808 vollendete Denkmal des als Dichter, Naturforscher und Arzt berühmten Berners Albrecht von Haller. Bern war von jeher reich an ausgezeichneten Staatsmännern und Kriegern, unter welchen Ulrich und Rudolf von Erlach, Ulrich, Heinrich und Adrian von Bubenberg, Kaspar von Stein, Petermann von Wabern, Nikolas und Wilhelm von Diesbach in seiner Geschichte glänzen.

Leichenbegängniß einer indischen Priesterin.

Von einem Augenzeugen wird in der Zeitschrift „Bengal Herald" die nächtliche Bestattung einer indischen Priesterin auf folgende Weise erzählt: Als der Reisende beim Anbruch der Nacht vor seinem Zelte saß und die feierliche Pracht des indischen Nachthimmels bewunderte, fand er seine Betrachtungen plötzlich durch die Erscheinung einer großen Menge von Hindus unterbrochen, welche mit brennenden Fackeln und unter Begleitung der Musik an den Ufern des vorbeiströmenden Ganges anlamen. Aus dem Geräusch und der Menge ließ sich beinahe auf ein heiteres Fest schließen, allein es fand gerade das Gegentheil statt, nämlich die Bestattung einer jungen Bay, oder Gattin eines Priesters. Man hatte die Leiche auf eine schmale, mit goldenen und silbernen Blättern bedeckte Bahre gelegt, deren Seiten reichlich mit Blumen geschmückt waren. Auf dieser setzte man die Leiche am Ufer des Flusses nieder, während die Begleiter unter fortwährenden Gesängen und bei den Tönen der Musik sich um dieselbe aufstellten. Einer aus der Begleitung erklärte sich über die Verhältnisse und Tugenden der Verstorbenen in prunkhafter Weise. Bald darauf, als ein Fahrzeug sich dem Ufer des Flusses näherte, vernahm man ein lautes Geschrei und bemerkte die trauernde Mutter der Verstorbenen, die sich über die Leiche ihrer Tochter warf und unter unzähligen Küssen von derselben Abschied nahm. Hierauf wurde der Leichnam in das Fahrzeug hinabgelassen, dem ein Theil der Sänger und Musiker und der übrigen Begleiter folgte, indeß die übrigen am Ufer zurückblieben. Beim Abstoßen des Nachens stimmten beide Theile Gesänge an, die so lange fortgesetzt wurden, bis die Leiche in der Mitte des Flusses angelangt war. In diesem Augenblicke verstummten sie plötzlich, und die Todte ward in die heiligen Gewässer des Ganges hinabgesenkt. Hierauf kehrte das Fahrzeug unter abermaligen Gesängen und Musik ans Ufer zurück und die Leidtragenden gingen wieder in ihre Wohnungen.

Erasmus von Rotterdam.

Unsere umstehende Abbildung stellt die Bildsäule des berühmten Erasmus vor, eines der gelehrtesten, vielleicht des gelehrtesten Mannes seiner Zeit, die ihm in seiner Vaterstadt Rotterdam, von welcher er selbst sich zu nennen pflegte, vor mehr als 200 Jahren gesetzt wurde. Der berühmte Erasmus hieß eigentlich mit seinem wahren Namen Gerhard, war der Sohn eines Arztes und geboren am 28. October 1467. Nach der allgemeinen Sitte der Gelehrten jener Zeit übersetzte er seinen Familiennamen ins Lateinische, hierauf ins Griechische, und nannte sich nun, als sein literarischer Ruf sich zu verbreiten anfing, Desiderius Erasmus Roterodamus. Man erzählt sich noch heutiges Tages in Holland, als für das Leben dieses ausgezeichneten Mannes wichtig, Erasmus sei als Kind sehr blöder und beschränkter Natur gewesen, und habe niemals irgend eine Anlage von jenem hohen Geiste entfaltet, der ihn in spätern Jahren so sehr auszeichnete. Als er neun Jahre alt war, schickte ihn sein Vater auf die Schule nach Deventer, eine Anstalt, welche damals, was die classische Literatur anlangte, zu den berühmtesten in den Niederlanden gerechnet wurde. Bereits hier müssen sich jedoch seine bisher verborgenen geistigen Fähigkeiten auf eine großartige Weise entwickelt haben, denn einer seiner Lehrer äußerte schon damals von ihm, er würde dereinst das Wunder und der Stolz von ganz Europa werden. Leider hatte er, noch als Schüler, das Unglück, beide Ältern an der Pest zu verlieren; sie starben zu Deventer, wohin sie sich, um ihren Sohn zu besuchen, begeben hatten, und der junge Erasmus verließ in seinem 14. Jahre diese Stadt, die ihm theils durch einen so unersetzlichen Verlust zuwider geworden, theils auch, da die Pest hier immerfort wüthete, seinem eignen Leben gefährlich wurde. Er brachte nun mehre Jahre in verschiedenen Klöstern zu, während welcher Zeit er zwar keine erfreulichen Tage verlebte, aber für seine spätere Bildung großen Gewinn zog, indem er mit dem selbstischen und eingezogenen Leben der Mönche genau bekannt wurde, und von vielen Übelständen und Ungehörigkeiten dieses Mönchslebens Kenntniß erhielt, was auf seine spätern Schriften sehr einflußreich wirkte. Auch fand er in den Klöstern mannichfache Gelegenheit, sein Wissen zu bereichern. Durch Vermittlung des Erzbischofs von Cambray ward es ihm bald darauf möglich, die Universität Paris zu beziehen, er mußte jedoch vorher von dem Bischof von Utrecht die Priesterweihe empfangen. Nach Paris begleiteten ihn mehre junge Edelleute, deren wissenschaftliche Ausbildung er leiten sollte, unter andern Sir William Blount und Lord Mountjoy, mit welchem Letztern er fortwährend in freundschaftlichem Verhältniß lebte, und der auch später die Veranlassung war, daß Erasmus nach England ging. Schon um diese Zeit begann die Gesundheit des ausgezeichneten Mannes sehr zu wanken, was wahrscheinlich zunächst die Folge zu eifrigen Studirens war, doch ließ er sich durch seine körperlichen Leiden auf keine Weise von den Wissenschaften abziehen. In Oxford erwarb er sich die Freundschaft der ausgezeichneten Gelehrten Colet, Linacre, Grocyn, William Latimer, Lily und Anderer, welche an dieser Universität als Lehrer wirkten. Seine Vermögensumstände waren zu jener Zeit nichts weniger als günstig, allein dessenungeachtet versichert er in einem seiner vertrauten Briefe, „daß er, sobald er einiges Geld erübrigt habe, sich immer zuerst griechische Bücher kaufe, alsdann käme erst die Sorge für seine Kleidung." Schon während seiner ersten Anwesenheit in England schrieb Erasmus mehre ausgezeichnete Schriften in lateinischer Sprache, welcher er so mächtig war, wie vielleicht kein anderer seiner gelehrten Zeitge-

*

noſſen. Sein Styl, ſeine Eleganz, Fülle und Rundung im Ausdruck waren bewundernswürdig. Daher kam es denn, daß ihm ſchon ein ausgezeichneter literariſcher Ruf vorausging, als er von England aus Italien beſuchte, und daß er zu Turin, zu Bologna, ja in Rom ſelbſt die höchſten Achtungsbezeigungen erhielt. Das Letztere war um ſo mehr zu verwundern, da ſchon damals der gelehrte, claſſiſch hochgebildete und aufgeklärte Erasmus ſich zu dem bald darauf durch andere Männer mächtig ergriffenen Reformationsprincip hinneigte, Männer, wie Luther, Zwingli und Calvin, als deren Vorläufer und Vorkämpfer man ihn ſicherlich anſehen muß. Daher drückt ſich ein ſpäterer Gelehrter ſehr richtig aus, indem er ſagt: „Erasmus habe das Ei gelegt und Luther es ausgebrütet." Dieſes Urtheil können wir noch gegenwärtig feſthalten, wenn wir nämlich die allſeitige Bildung und Wirkſamkeit des feingebildeten Erasmus überhaupt, und nicht blos ſein eigenthümliches Verhältniß zu unſerm großen Reformator Luther erwägen. Nach dem Tode Heinrich VII. von England, als deſſen Sohn, Heinrich VIII. den Thron beſtiegen hatte, begab ſich Erasmus zum zweiten Mal nach England, und gewiß war London ſchon damals ganz der Ort, wo Männer ſeines Gleichen glänzen konnten. Er lebte hier in einem Hauſe und in vertrauter Freundſchaft mit dem berühmten Kanzler von England, Thomas Moore (Morus), einem Manne, der in ſeiner ganzen Bildung mit Erasmus ſelbſt auffallende

Erasmus von Rotterdam.

Ähnlichkeit zeigte. Hier richtete sich der glänzende Witz und die feine Satire des Letztern zuerst gegen den römischen Stuhl, dessen Anmaßung und Verdunkelungssystem; er schrieb hier sein berühmtes „Encomium Moriae" oder „Preis der Narrheit", eine Schrift voll attischer Feinheit, die ihm jedoch nächst seinen nicht minder berühmten „Colloquien" den vollen Haß der römischen Kirche zuzog. In Cambridge ernannte man Erasmus zum Professor der Theologie, und er hielt auch Vorlesungen über die griechische Literatur. Er ging 1514 nach den Niederlanden zurück und wurde von Karl V. ausgezeichnet; einige Jahre später aber begab er sich nach Basel, wo er die meisten seiner Schriften herausgab. Ungeachtet seiner freien Ansichten blieb er der römischen Kirche treu und er ging nach Freiburg, als 1529 die Reformation in Basel eingeführt wurde, wohin er erst 1535 zurückkehrte.

Er starb hier im Juli 1536 im 69. Jahre und ward in der Hauptkirche dieser Stadt begraben. Hier ist auch sein Grabmal aus Marmor zu sehen, mit einer lateinischen Inschrift. Die ihm zu Ehren errichtete Bildsäule ist aus Bronze gegossen und steht auf einem schöngewölbten Bogen, der über einen der Kanäle geschlagen ist, welche die Stadt Rotterdam durchschneiden. Das erste Standbild war nur aus Holz und im Jahre 1549 errichtet; an dessen Stelle setzte man sechs Jahre später ein anderes aus Stein, das jedoch ebenfalls dem gegenwärtigen weichen mußte, welches aus dem Jahre 1622 herrührt. Dieses schöngearbeitete Standbild ist ein Werk Heinrich's von Keiser.

Eierverbrauch.

In England wurden im Jahre 1836, meist für den ungeheuern Verbrauch in London, 69 Millionen Eier eingeführt, wovon 55 Millionen aus Frankreich kamen, besonders aus dem Departement Pas de Calais. Der Einfuhrzoll — einen Penny für das Dutzend — betrug die ansehnliche Summe von 24,015 Pf. Sterl.

Die kaukasischen Provinzen Rußlands.
(Beschluß aus Nr. 228.)

Die Kisten bestehen aus mehren Stämmen, welche den Theil der kaukasischen Gebirge bewohnen, der zwischen den Gebirgen der Lesghier und dem obern Terek liegt. Die Tschetschenzen sind der mächtigste Stamm unter ihnen und fast ebenso räuberisch als die Lesghier. Die Russen haben sie nie unterwerfen können, und um sie im Zaume zu halten, legte der General Jermoloff, als Statthalter der kaukasischen Provinzen, eine Reihe von Festungen und Schanzen an, doch machten sie dessenungeachtet stets Einfälle in das russische Gebiet. Es ist daher noch jetzt nothwendig, einem Courrier von Mosdok, einem der Hauptstandquartiere der russischen Linie am Terek, nach der Festung Wladicawcas ein Geleit von 150 Bewaffneten mitzugeben; von da bis Tiflis ist weniger Gefahr. Die Tschetschenzen machen ihre Raubzüge in das russische Gebiet gewöhnlich in kleinen Haufen. Sobald sie über den Terek gegangen sind, verbergen sie sich in den Wäldern am Ufer, und kaum haben sie einen Reisenden erblickt, der ohne Geleit ist, so fallen sie über ihn her, stecken ihm einen Knebel in den Mund, schleppen ihn zum Flusse und nachdem sie eine mit Luft angefüllte Ziegenhaut unter die Arme des Gefangenen gebunden und einen Strick mit einer Schlinge ihm um den Hals geworfen haben, stoßen sie ihn ins Wasser. Der unglückliche Gefangene muß, um nicht erdrosselt zu werden, den Strick mit seinen Händen festhalten, und wird so an das jenseitige Ufer gezogen. Selten tödten sie Gefangene, von welchen sie Lösegeld erwarten, behandeln sie aber mit großer Grausamkeit. Unter den übrigen Stämmen der Kisten nennen wir die Inguschi, die mehr als andere kaukasische Hochländer zu Ackerbau und friedlichen Beschäftigungen geneigt sind. Man findet noch viele Spuren des Christenthums unter ihnen.

Die Osseten wohnen westwärts von den Kisten; Einige wollen sie für Abkömmlinge der Alanen des Mittelalters halten. Früher wurden sie von ihren eignen Fürsten regiert und bewohnten die Ebenen der großen und kleinen Kabarda und den Abhang der Hochlande.

Als im 12. Jahrhundert Thamar, Königin von Georgien, alle westlichen Länder des Kaukasus eroberte, mußte sich auch das Gebiet der Osseten ihr unterwerfen, und sie nahmen bei dieser Gelegenheit Alle das Christenthum an; doch vergaßen die rohen Hochländer, wie es scheint, die Lehre des Evangeliums. Ihr Land hatte zu jener Zeit viele Flecken und Dörfer, wurde aber im 13. Jahrhundert durch die Mongolen verheert. Die Osseten wurden später durch die Tscherkessen aus den Ebenen vertrieben, und als die Macht der tscherkessischen Fürsten allmälig stieg, mußten die Osseten ihnen zinspflichtig werden, und nur diejenigen, die am südlichen Abhange des Kaukasus wohnten, blieben die Vasallen der Könige von Georgien. Als die Fortschritte der Russen die Macht der Tscherkessen geschwächt hatten, erlangten die Osseten ihre Unabhängigkeit wieder. Es ist den Russen noch nicht gelungen, sie zu bezwingen, und sie haben sich nur einige Dörfer in den Thälern des Terek unterworfen, durch welche die aus Rußland nach Georgien führende Heerstraße geht. Unter der Regierung der Kaiserin Elisabeth machte die russische Geistlichkeit den Plan, die Osseten zum Christenthume zurückzuführen und sie auf diese Weise der russischen Herrschaft zu unterwerfen, und sie übergab der Kaiserin eine Bittschrift, worin von dem Gold- und Silberreichthume des Landes und dem lebhaften Verlangen der Osseten nach christlicher Belehrung die Rede war. Es wurden darauf geistliche Bevollmächtigte 1752 nach Mosdok geschickt. Sie bauten ein Kloster in den Hochlanden und siedelten Glaubensprediger an, deren apostolische Arbeiten aber nur darin bestanden, daß sie die Heiden tauften. Die meisten Osseten erschienen mehrmals, sich dieser Feierlichkeit zu unterwerfen, weil die Russen jedem Bekehrten zwölf Ellen grobe Leinwand, einige Heringe und ein metallenes Kreuz schenkten. Zu gleicher Zeit erhielten Mineralogen den Auftrag, die Bergwerke des Landes zu untersuchen, aber man fand sich in den gehegten Erwartungen sehr getäuscht.

Die Tscherkessen oder Circassier bewohnen die große und kleine Kabarda und das Land, das sich jenseit des Kuban längs den Küsten des schwarzen Meeres ausdehnt. Sie selbst nennen sich in ihrer Sprache Adike. Einige leiten den Namen Tscherkessen von den türkischen Wörtern tscher (Straße) und kesmek (durchschneiden), wornach der Name gleichbedeutend mit Straßenräuber sein würde. Einige alte Schriftsteller sprechen jedoch von einem Volke, das sie Kerketen nennen, als Bewohner des Kaukasus und der Küsten des schwarzen Meeres, und vielleicht sind die Tscherkessen Abkömmlinge derselben. Bei den Nachbarvölkern heißen sie Kazak. Nach den eignen Überlieferungen des Volkes stammen die tscherkessischen Fürsten von einem arabischen Häuptling, der in frühern Zeiten im Kaukasus sich ansiedelte. Die Geschichte der Tscherkessen ist wenig bekannt. Die Königin Thamar verbreitete ihre Herrschaft auch im Süden, und im 13. Jahrhundert litten sie sehr durch die Einfälle der Mongolen. Auch die Khane der Krim behaupteten einige Zeit eine Art von Oberherrschaft über die Tscherkessen, wurden aber im 17. Jahrhundert gänzlich geschlagen und die Hochländer erlangten ihre Freiheit. Seitdem haben sie ihre Unabhängigkeit stets behauptet und nur einige Stämme, welche daher die friedlichen Tscherkessen genannt werden, haben sich den Russen unterworfen. Die Türken konnten ihre Herrschaft über die Tscherkessen nie behaupten und begnügten sich, durch das Band einer gemeinschaftlichen Religion einen Einfluß auszuüben. Vor dem Friedensschlusse von Adrianopel wurde ein lebhafter Verkehr über Anapa und andere türkische Festungen an der westlichen Küste des schwarzen Meeres getrieben. Seit der Übergabe dieser Festungen an Rußland haben die Russen jede Verbindung zu hemmen gesucht, sie aber nie unterdrücken können, da das ganze Land außer jenen Festungen ebenso unabhängig von ihnen ist als früher von den Türken. Die Tscherkessen zerfallen in fünf Classen: die erste begreift die Fürsten, die über das Volk herrschen, die zweite die Edeln, die dritte die Freigelassenen der Fürsten und des Adels, welche durch die Freilassung selbst adelig werden, obgleich sie in Kriegszeiten ihren ehemaligen Herren folgen müssen, die vierte die Freigelassenen dieser neuen Edelleute und die fünfte die Sklaven, die in Feldarbeiter und Haussklaven sich theilen. Die Tscherkessen bilden eine aristokratische Republik, haben aber eigentlich keine geordnete Verfassung, sondern Alles hängt von Umständen sowol als von den Launen und Leidenschaften ihrer Häuptlinge ab. Früher erstreckte sich die Herrschaft der tscherkessischen Fürsten auch über die Osseten, die Tscherschenzen, die Abassen und einige Stämme der nogaischen Tataren, aber die Fortschritte Rußlands haben ihre Macht bedeutend geschwächt.

Die tscherkessischen Fürsten machen dem Adel zuweilen Geschenke. Diese Beweise von Wohlwollen und die Umstände, welche dieselben begleiteten, werden in Familien der Fürsten und der Edeln sorgfältig aufbewahrt und dienen dazu, das Band gegenseitiger Anhänglichkeit zu befestigen. Wenn ein Edler seinem Fürsten ohne genügenden Grund den Gehorsam verweigert, so muß er die Geschenke, welche er oder seine Vorfahren je erhalten haben, zurückgeben; auch muß der Edle seinem Fürsten in den Krieg folgen, so oft er dazu aufgefodert wird, und so viele Krieger stellen, als der Fürst verlangt und der Edle aufbieten kann. Wenn ein Fürst Schulden macht, so müssen die Edeln sie bezahlen. Die Fürsten und Edeln haben Gewalt über das Leben ihrer Sklaven und können die Haussklaven verkaufen; diejenigen aber, die an die Scholle gefesselt sind, können nicht ohne diese verkauft werden, aber sie sind verpflichtet, die Schulden ihrer Edeln zu bezahlen und für die Diebstähle derselben Vergütung zu leisten. Vor der Einführung des Mohammedanismus hatte jeder Fürst oder Fürstensohn das Recht, ein Schaf aus jeder Heerde zu nehmen, wenn sie im Frühling auf die Bergweide getrieben wurde, und wenn sie im Herbste zurückkehrte; auch war er befugt, wenn er auf einer Reise Abends an einer Hürde vorüberkam,

ein Schaf zu verlangen, und wenn er an einem Haufen Pferde vorüber kam, konnte er eines auswählen und so lange brauchen, als es ihm beliebte, und kam er in der Nacht vorüber, so durfte er ein Füllen tödten und sich eine Mahlzeit davon bereiten; aber die Haut des Füllens oder des Schafes gehörte Demjenigen, der die Mahlzeit lieferte. Dies waren die lehnherrlichen Rechte der tscherkessischen Fürsten, die sie aber aufgaben, als sie den mohammedanischen Glauben annahmen, den überhaupt seit der Einführung des Islam eine gänzliche Umwandlung in den Sitten des Volkes vorgegangen ist. Die Tscherkessen tranken bis zum Übermaße geistige Getränke, rauchten Taback und aßen Schweinefleisch, besonders aber das Fleisch der Bären, deren es viele in ihrem Lande gab. Nach dem Frieden von Kainardschi im Jahre 1774 schickte die türkische Regierung, die auf den zunehmenden Einfluß der Russen im Kaukasus eifersüchtig war, Missionare in das Gebirgsland, welchen es gelang, unter den Bewohnern desselben, besonders den Tscherkessen, eine strengere Beobachtung der Glaubenslehren einzuführen. Das Alter steht bei den Tscherkessen in hohem Ansehen, und wenn wichtige Angelegenheiten zu berathen sind, so versammeln sich nicht nur die ältesten Fürsten und Edeln, sondern auch die Ältesten der wohlhabenden Bauern. Diese Verhandlungen werden gewöhnlich in Wäldern unter dem Vorsitze der Fürsten gehalten. Den Mangel geschriebener Gesetze ersetzen alte Gewohnheiten. Mord wird mit einer durch die Versammlung festgesetzten Summe gebüßt, wenn die Familie des Ermordeten Ersatz annehmen will, statt das Blut des Mörders zu verlangen. Gewaltthätige Störungen der öffentlichen Ruhe werden gleichfalls durch Geldstrafen gebüßt. Ein Dieb muß den doppelten oder dreifachen Werth des gestohlenen Gutes als Ersatz geben; es gilt aber für verdienstlich, zu stehlen, ohne sich der Entdeckung auszusetzen, und eine Tscherkessin kann einem jungen Manne keinen härtern Vorwurf machen, als wenn sie ihm sagt, er sei noch nicht im Stande, eine Kuh zu stehlen. Das Eigenthum von Personen aber, mit welchen man durch Bande des Blutes, der Freundschaft oder der Gastfreundschaft verbunden ist, wird immer geachtet.

Die Tscherkessen sind ein ungemein schöner Menschenschlag und die Frauen gelten für die schönsten in Kaukasien, doch müssen sie, wie einige Reisende behaupten, den Georgierinnen nachstehen, deren Züge regelmäßiger sind, und es werden in der That mehr Mädchen aus Imirethi und Mingrelien als aus dem Lande der Tscherkessen nach Konstantinopel gebracht.

Die Tscherkessinnen tragen ein enges Leibchen von Saffian, das vorne zwei hölzerne Bretchen hat, welche durch starken Druck die Ausdehnung der Brüste verhindern, da man das Hervortreten dieser Theile bei Mädchen für schimpflich hält. Dieses Leibchen, das auch die Schultern zurückschnürt, wird selbst während der Nacht getragen und nicht eher abgelegt, bis es abgenutzt ist, um es dann mit einem andern, ebenso engen zu vertauschen. Die Tscherkessinnen betrachten die Sklaverei, die gewöhnlich ihr Loos ist, keineswegs als ein Drangsal, sondern sehnen sich lebhaft darnach. Verkauft zu werden, ist oft der einzige Wunsch hübscher Mädchen, weil sie gewiß sind, einen Platz in einem türkischen Harem zu erhalten, den sie dem Leben in der Heimat vorziehen. Nicht selten kehren sie in ihr Vaterland zurück, wenn sie ihre Freiheit erhalten haben, und ihre Erzählungen von den Freuden der Gefangenschaft und die reichen Geschenke, welche sie gewonnen haben, sind hinlänglich, das Schicksal vieler Mädchen zu bestimmen, die verkauft zu werden wünschen. Die Tscherkessinnen beschäftigen sich meist mit dem Weben eines dünnen, dem Flanell ähnlichen Stoffes. Wie Homer's Fürstinnen, sind die tscherkessischen Prinzessinnen auch nicht von Arbeit frei und stolz darauf, sich von ihren Untergebenen dadurch auszuzeichnen. Die Männer arbeiten als Zimmerleute, als Büchsenschäfter, gießen Kanonenkugeln und machen ziemlich gutes Schießpulver; auch werden verschiedene Eisenwaaren von ihnen verfertigt, und die schönen Dolche, die man bei ihnen findet, sind die Arbeit eines besondern Stammes, der Kumuk heißt. Die Juweliere verzieren Waffen, Pulverhörner und Gürtel mit Silber, und man kann nichts Schöneres und Geschmackvolleres sehen, als diese Arbeiten. Die Läufe ihrer Flinten und Pistolen und ihre Säbel erhalten sie meist von den Türken, richten sie aber nach ihrem Geschmacke ein. Man sieht häufig Waffen aus europäischen Fabriken bei ihnen, die sie durch den Handel erhalten, aber auch sehr alte, die man meist in den Gräbern findet.

Wenn ein Tscherkesse krank ist, so werden von jungen Leuten und Kindern lärmende Spiele aller Art getrieben, während der Arzt ernsthaft am Bette des Kranken sitzt und nur von Zeit zu Zeit einige Worte spricht. Sein Platz wird heilig geachtet, und wer ihn einnehmen wollte, würde ihm eine bedeutende Summe bezahlen müssen. Die Ärzte wenden bei ihren Kranken einige Kräuter und Amulete an. Bei der Heilung einiger Fieber aber haben sie großes Zutrauen zu alten Gräbern und zu den Trümmern alter Gebäude, in welchen ihre Kranken einige Nächte schlafen müssen. In dem Hause eines Verwundeten darf man keine Waffen behalten. Vor seiner Thüre steht eine Schüssel mit Wasser, in welche man ein Ei und eine Pflugeisen legt. Jeder berührt es, ehe er ins Haus tritt, dreimal mit seinen Fingerspitzen und spritzt Wasser in das Haus. Knaben- und Mädchen spielen und singen Lieder zu Ehren des Verwundeten, während sie einen runden Kuchen anbeißen, der an einem Stricke von der Decke herabhängt.

Die Wohnungen der Tscherkessen sind aus Zweigen geflochten, die mit Lehm bestrichen werden, und haben Strohdächer. Vierzig bis funfzig solcher Hütten, in einem Kreise angelegt, bilden ein Dorf. In der Mitte des Kreises wird das Vieh während der Nacht aufbewahrt. Die Pferde der Tscherkessen, die für die besten nach den arabischen gelten, schweifen frei im Felde herum und kommen nie in einen Stall. Der Ackerbau ist bei ihnen noch in der Kindheit, aber der Mangel an Geschicklichkeit ist bei der Fruchtbarkeit des Bodens von geringerer Bedeutung. Bienenzucht ist ein wichtiger Gegenstand der Landwirthschaft. Die Sprache der Tscherkessen ist von allen andern kaukasischen Sprachen sehr abweichend. Sie wird nicht geschrieben, und wenn ein Tscherkesse einen Brief abzusenden hat, so wendet er sich an den Mollah, der ihm in türkischer Sprache schreibt. — Ein mit den Tscherkessen verwandter Stamm sind die Abassen, welche an den Küsten des schwarzen Meeres wohnen und sich von den Ufern des Kuban bis zum Enkuri ausdehnen, der Abassien von Mingrelien scheidet. Die Abassen sind als Seeräuber auf dem schwarzen Meere bekannt, da sie aber nur kleine Ruderboote haben, so werden sie von bewaffneten Schiffen nicht gefürchtet. Viele junge Abassen gingen früher nach Ägypten und schwangen sich durch ihre Tapferkeit zu Kriegsanführern empor. Die meisten Mamluken stammten aus Abassien. Die abassischen Weiber sind schön und werden in der Türkei sehr gesucht, wo sie gewöhnlich unter dem Namen Tscherkessinnen begriffen werden. Abassien ist ein ungemein fruchtbares Land und mit geringer Arbeit wird eine reiche Ernte gewonnen. Das Land hat zahlreiche Heerden. Es soll reiche Silberminen haben, welche aber die Bewohner weder bearbeiten, noch Fremden anzubauen gestatten. Die Weiber liefern sehr feines Baumwollengespinnst, das früher häufig nach Kleinasien ausgeführt wurde. Einige gute Häfen sind noch immer im Besitz der Tscherkessen und Abassen, welche aus denselben, trotz den Russen, einen lebhaften Handel treiben. Die Hauptgegenstände der Ausfuhr sind Sklaven, Häute, Honig, Wachs und Buchsbaum von außerordentlicher Dicke und Höhe. Eingeführt wird besonders Salz. Die Stämme der Tscherkessen sind stets im Kriege mit den Russen, die ihre Festungen nur in starken bewaffneten Haufen verlassen können.

Die Georgier unterscheiden sich im Äußern wie in ihrer Sprache von allen kaukasischen Völkern. Sie bewohnen das Gebiet, das sich von den Ufern des Alazani zu den Küsten des schwarzen Meeres erstreckt und nördlich von der kaukasischen Gebirgskette, südlich von dem Flusse Kur begrenzt wird. Die Georgier zerfallen in vier Zweige. Der mächtigste und gesittetste sind die eigentlichen Georgier, welche die Provinzen Karthli und Imirethi bewohnten. Zu der zweiten Abtheilung gehören die Bewohner von Mingrelien; der dritte Zweig sind die Bewohner der kaukasischen Gebirgskette, und der vierte besteht aus den Lasen oder Laschi, die bis nach Trebisonde wohnen und einen mächtigen Volksstamm bilden. Die Georgier in Karthli, Imirethi und Mingrelien sind jetzt den Russen unterworfen, und obgleich ihr Zustand jetzt besser ist als in der Zeit der Herrschaft ihrer einheimischen Fürsten, wo sie den steten Anfällen der Türken und Perser ausgesetzt waren, so haben die Georgier doch nie eine Gelegenheit versäumt, sich gegen ihre Gebieter zu empören.

Die türkischen Stämme in Kaukasien sind entweder nogaische Tataren oder Turkmanen und führen meist ein Nomadenleben. Jene bewohnen die Gegenden am Ufer des kaspischen Meeres und diese Daghestan, und fast Alle haben sich der russischen Herrschaft unterworfen.

Man rechnet die Bevölkerung der angeführten Volksstämme in Kaukasien zu 528,000 Familien, und da auf zwei Familien neun Personen kommen, so würde die Gesammtbevölkerung auf 2,400,000 sich belaufen. Alle Länder zwischen dem kaspischen und schwarzen Meere, dem Aras, dem Kuban und Kuma bilden ein großes Generalgouvernement, dessen Hauptstadt Tiflis ist. Es zerfällt in Hinsicht der Verwaltung in zwölf Provinzen und einige den Russen nur dem Namen nach unterworfene Länder, und es gehören dazu die kaukasischen Provinzen, von welchen wir eine gedrängte Übersicht gegeben haben.

Der patagonische Pinguin.

Dem umstehend dargestellten, ziemlich seltsam aussehenden Vogel mit dem dünnen Schnabel, dem nach dem After zu immer dicker werdenden Leibe, fehlen als Ausnahme von allen andern Vögeln die Flügel, an deren Stelle er nur zwei breite Schwimmpfoten hat. Dieser Vogel, dessen wunderliche Bauart beweist, daß er ganz eigentlich für das Wasserelement geschaffen ist, ist der patagonische Pinguin, auch die Fettgans genannt. Der Aufenthalt dieses Vogels ist auf die südlichen Breiten unterhalb der Linie beschränkt, allein innerhalb dieser Grenzen ist er ziemlich weit verbreitet, da er nicht allein in der Straße Magellan und auf allen umliegenden Inseln in Überfluß vorhanden ist, sondern sich auch über die Eilande der Südsee hin bis nach Australien erstreckt. Nach Clusius wurde dieser Vogel zuerst im Jahre 1598 durch die Holländer entdeckt, wo man ihn auf einigen Insel unweit Port-Désiré antraf. Von ihm nannten die Seefahrer diese Inseln die Pinguinen-Eilande. Die Pinguinen erreichen insgemein die Größe einer großen Gans und wiegen, wenn sie ausgewachsen sind, 16—18 Pfund. Forster fand dergleichen auf seinen Reisen, die 39 Zoll in der Länge maßen und 30 Pfund wogen. Derselbe Reisende erzählt, daß man diese Vögel in großen Scharen auf Neugeorgien angetroffen habe, wo sie sich so dumm und träge zeigten, daß die Seefahrer ihnen ganz nahe kommen und sie mit Stöcken erschlagen konnten. Zu den Zeiten Forster's und Bougainville's war von diesen Vögeln wenig mehr bekannt als ihre ungefähre äußere Gestalt, sowie daß sie sich immer in großen Gesellschaften aufhielten, wo man sie in aufrechter Stellung, gleichsam Männchen machend, auf der Seeküste sitzen sah. In neuern Zeiten haben sich die Naturforscher genauer über die Lebensweise und die Eigenthümlichkeiten der Pinguinen unterrichtet, und man kennt nun, namentlich durch Bemett, vorzüglich den patagonischen oder Königspinguin ziemlich genau. Dieser hält sich auf den Inseln der Südsee, besonders auf Macquariesinseln, in ungeheurer Menge auf, wo man ihn in Scharen von 30—40,000 antrifft. Durch die seltsame und spaßhafte Weise, wie diese Vögel völlig aufrecht auf ihrem Hintern in dichtgeschlossenen Reihen nebeneinander sitzen, gewinnen sie aus der Ferne den Anschein eines aufmarschirten Regiments kleiner Soldaten. Sie theilen sich in förmliche Compagnien oder Rotten ab und leben im Ganzen untereinander ziemlich friedlich. Allein zuweilen sieht man sie auch untereinander kämpfen, wobei sie sich ihrer Schwimmpfoten oder Schwimmflügel als Waffen bedienen. Mit diesen vertheidigen sie sich auch gegen die Menschen, wenn diese ihnen zu nahe kommen, sowie mit ihrem ziemlich langen und spitzigen Schnabel, womit sie eine gefährliche Wunde zu versetzen im Stande sind. Kleinere Fische sind ihre einzige Nahrung. Die Pinguinen legen blos ein einziges Ei von weißlicher Farbe und von der Größe eines Gänseeies. Sobald die Jungen daraus hervorgekrochen sind, haben sie eine weißliche Farbe, die sich nach und nach in ein bräunliches Grau verwandelt, bis zuletzt der Vogel die ihm eigenthümliche blauschwarze und weiße Farbe annimmt, welche erstere am Kopf und Oberhals in ein schönes dunkles Purpurroth spielt, in welchem sich auch goldgelbe Schimmer zeigen. Das Fleisch der Pinguinen ist ranzig und ungenießbar, doch wird es zuweilen in dringenden Fällen von der Schiffsmannschaft verzehrt.

Der patagonische Pinguin.

Verantwortlicher Herausgeber: Friedrich Brockhaus. — Druck und Verlag von F. A. Brockhaus in Leipzig.

Das Pfennig-Magazin
für Verbreitung gemeinnütziger Kenntnisse.

230.] Erscheint jeden Sonnabend. **[August 26, 1837.**

Galerie der deutschen Bundesfürsten.
XXIII.

Heinrich, Herzog zu Anhalt-Köthen.

Heinrich, Herzog zu Anhalt-Köthen, der Senior der regierenden Herzöge zu Anhalt, geboren am 30. Juli 1778, ist der zweite Sohn des Fürsten Friedrich Erdmann von Anhalt-Pleß und der Gräfin Luise Ferdinande, einer Tochter des Grafen Heinrich Ernst von Stolberg-Wernigerode. Als sein Bruder Ferdinand 1818, nach dem Tode des Herzogs Ludwig, in Anhalt-Köthen zur Regierung gelangte, erhielt er die zum Fürstenthume erhobene Standesherrschaft Pleß in Oberschlesien, welche seinem Vater von seinem Großvater, dem Grafen von Promnitz, als Erbe zugefallen war. Der Fürst lebte seitdem in Schlesien, bis in Folge des Todes seines Bruders Ferdinand, am 23. August 1830, der ohne Nachkommen verstarb, die Regierung des Herzogthums Anhalt-Köthen auf ihn überging. Seine Regierung entsprach der Hoffnung seiner Unterthanen, die sehnsüchtig seiner geharrt, und von den Stürmen, welche kurz nach seinem Regierungsantritte auch mehre deutsche Staaten berührten, ward in Anhalt-Köthen nichts verspürt. Der Herzog ist seit 1819 mit der Prinzessin Friederike Esperance Auguste von Reiß-Köstritz, geboren am 3. August 1794 vermählt, doch ist seine Ehe bisjetzt eine kinderlose. — Sein noch einziger Bruder Ludwig, geboren am 16. Juli 1783, jetzt im Besitze des Fürstenthums Pleß, ist unvermählt. Als Senior des anhaltinischen Hauses ist der Herzog Großmeister des am 18. März 1837 gestifteten anhaltinischen Hausordens.

Das Vorgebirge der guten Hoffnung.

Die in ein felsiges Vorgebirge auslaufende Südspitze Afrikas war den Alten unbekannt, wenn anders die Nachricht von den phönizischen Seefahrern, die aus dem rothen Meere abgesegelt und durch das mittelländische Meer nach Ägypten zurückgekehrt sein sollen, nicht wirklich Grund hat. Diese vereinzelte Thatsache aus-

V.

genommen, war die südliche Grenze des großen afrikanischen Festlandes der gesitteten Welt gänzlich fremd, bis die Portugiesen bei ihren kühnen Versuchen, einen Seeweg nach Ostindien zu finden, sie entdeckten. Der erste Europäer, der das Vorgebirge sah, war der portugiesische Seefahrer Diaz, der es 1493 erreichte. Das stürmische Meer nöthigte ihn, seine Unternehmung aufzugeben, und nach Europa zurückkehrend, nannte er das unzugängliche Land das Vorgebirge der Stürme; als aber der König von Portugal, Johann II., den Bericht von dieser Fahrt erhielt, nannte er es, in der Ahnung der künftigen glücklichen Erfolge, das Vorgebirge der guten Hoffnung. Der Seefahrer Vasco de Gama umsegelte 1497 das berühmte Vorgebirge und öffnete dadurch den Weg zu den Entdeckungen und Eroberungen der Portugiesen in Ostindien. Viele Jahre später diente der Hafen des Vorgebirges, die Tafelbai, blos als Zuflucht für die Schiffe europäischer Völker, welche der Handel in dieses Meer führte. Um die Mitte des 17. Jahrhunderts gründeten die Holländer die erste feste Niederlassung auf der Südspitze Afrikas, wiewol schon 30 Jahre früher zwei Schiffe der englisch-ostindischen Compagnie das Land im Namen des Königs Jakob I. in Besitz genommen hatten. Die Holländer siedelten zuerst am Ufer des großen Fischflusses sich an, ließen die Niederlassung aber bald wegen des schlechten Ankergrundes wieder eingehen und wählten die Lagoabai weiter nördlich. Bald nachher veranlaßten die Vorstellungen des Schiffswundarztes van Riebeck, die neue Ansiedelung an die Tafelbai zu verlegen. Van Riebeck gründete 1652 die Kapstadt. Anfänglich war die neue Ansiedelung nur eine Zuflucht für schlechtes Gesindel, verabschiedete Soldaten und Matrosen aus Batavia, die etwas zurückgelegt hatten. Viele französische Protestanten, die nach dem Widerruf der von Heinrich IV. gegebenen Verordnung von Nantes ihr Vaterland verlassen und in Holland Zuflucht gesucht hatten, gingen später nach dieser Niederlassung über und siedelten in dem sogenannten französischen Winkel sich an, wo ihre Nachkommen noch wohnen, die jedoch ihre Stammsprache fast ganz vergessen haben und nur noch Holländisch verstehen. Die Geschichte dieses Landes seit der ersten Ansiedelung bis in die neuere Zeit besteht aus einer Reihe von ungerechten Maßregeln und Grausamkeiten, welche die Ansiedler gegen die Eingeborenen sich erlaubten. Als die holländische Regierung zuerst Besitz von der Küste nahm, hatte sie nur die Absicht, eine Zuflucht für ihre Schiffe zu gründen, wo sie sich auf der Fahrt nach Indien mit Wasser und frischen Lebensbedürfnissen versehen konnten. Die Regierung gab einen Beweis von ihren guten Absichten, indem sie 1651 in einer öffentlichen Bekanntmachung den Allmächtigen bat, die Grundsätze des evangelischen Glaubens unter den Eingeborenen zu verbreiten, welche man damals nur „wilde, brutale Menschen" nannte, und viele Jahre später bemühte man sich eifrig, ein friedliches Einverständniß mit ihnen zu stiften, indem man Diejenigen bestrafte, die sie mishandelten, und verbot, sie irgendwie, selbst mit Worten zu beschimpfen. Beleidigungen dieser Art waren, wie es scheint, so gewöhnlich, daß ein Verbot gegeben wurde, die Eingeborenen „schwarze stinkende Hunde" zu nennen. Die Regierung war anfänglich nicht geneigt, ihr Gebiet zu erweitern, und erst 20 Jahre nach der ersten Ansiedelung wurden die Grenzen ihrer Niederlassungen allmälig ausgedehnt. Sie kam dadurch in den Besitz einer beträchtlichen Landfläche, da die friedlichen Hottentotten nur geringen Widerstand entgegensetzten. Die Holländer fanden bald, daß die schwachen Einwohner eine unüberwindliche Neigung zu geistigen Getränken hatten, und daß eine Flasche Branntwein ein Freipaß durch jeden Hottentottenstamm war. Mit Branntwein, Taback, Eisen und einigem Spielzeug kauften die Holländer einen Theil der Ländereien und des Viehes der Eingeborenen und nahmen das Übrige mit Gewalt. Ein Fäßchen Branntwein war der Preis für einen ganzen Bezirk, und für einen eisernen Reifen von neun Zoll Länge konnte man einen fetten Ochsen kaufen. Die holländischen Ansiedler erweiterten, gegen die Wünsche der Regierung, immer mehr die Grenzen der Colonie, indem sie von einem guten Weidelande zum andern vorrückten, die Eingeborenen verdrängten und beispiellose Grausamkeiten gegen sie ausübten. Die Folge war, daß die Eingeborenen sich rasch verminderten, und zu Ende des 18. Jahrhunderts enthielt das früher dicht bevölkerte Land nicht mehr als 15,000 Hottentotten, die in der tiefsten Herabwürdigung der Sklaverei lebten. Die einzige Erleichterung ihres Elends, die sie während einer langen Zeit erfuhren, verdankten sie den Bemühungen christlicher Glaubensboten, welche unter den größten persönlichen Gefahren es unternahmen, sie zu bekehren und in einigen Künsten des gesitteten Lebens zu unterrichten. Große Verdienste erwarb sich namentlich die Brüdergemeine, die bald nach ihrer Stiftung Heidenboten in das Hottentottenland schickte, wo einige noch jetzt bestehende Missionsanstalten gegründet wurden. Die Grenzen der Colonie wurden von den Holländern nach und nach ausgedehnt und sie blieben im ungestörten Besitze, bis die Engländer bald nach dem Ausbruche des Krieges mit Holland sie 1795 besetzten. Durch den Friedensschluß von Amiens 1802 wurde die Colonie zwar an Holland zurückgegeben, 1806 aber wieder von den Engländern erobert und im pariser Frieden 1815 förmlich an England abgetreten. Die Engländer haben, seit sie im Besitze dieses Landes sind, auch hier wie in ihren andern Ansiedelungen ihr bewährtes Colonisationstalent gezeigt. Sie haben einen bedeutenden Einfluß auf die Veränderung der Sitten der Eingeborenen gehabt; der Zustand derselben ist verbessert worden, und obgleich unter den verschiedenen Verwaltungen Misgriffe geschehen sind, so hat doch der bürgerliche Zustand der Ansiedelung mehr Freiheit erhalten als unter den Holländern und es sind mehre neue Niederlassungen seitdem angelegt worden.

Werfen wir nun einen Blick auf die physische Beschaffenheit des Gebiets der Colonie und des Landes, das die Südspitze von Afrika bildet. Nördlich an Kongo, östlich an den indischen Ocean, südlich an das australische und westlich an das atlantische Meer grenzend, wird es von mehren periodisch durch Regen angeschwellten Flüssen durchströmt, während einige im Sommer ganz trocken sind. Die wichtigsten dieser Flüsse sind der Elefantenfluß, der den westlichen Theil der Capcolonie durchfließt, der Orangefluß, der das Land der Kaffern und Hottentotten durchströmt, beide in das atlantische Meer fallend, der Sonntagsfluß und der große Fischfluß, beide im östlichen Theile des Landes und in den Australocean sich mündend. Über den Fischfluß hinaus beginnt das Land der Hottentotten, das sich bis zur Capcolonie erstreckt. Das Kaffernland liegt am indischen Ocean, von dem Grenzflusse Kais-Kama und dem Hottentottenlande bis zur Lagoabai. Zwischen den Terrassen, die man unrichtig Gebirgsketten nennt, erstrecken sich in diesem Lande wasserlose Hochebenen, die Karrus genannt werden, und von welchen diejenige, die sich östlich in dem Berge Kambedu endigt, die bekannteste ist. In der dürren Jahreszeit ist der Boden hier fast wie ein Ziegel ausgetrocknet, nur einige saftige und fette Pflanzen bleiben grün und nur Zwiebelgewächse gedeihen. Durch den Regen in der feuchten Jahreszeit genährt, treiben sie schnell ihre Keime, schießen empor und verbreiten die lieblichsten Düfte. Die Antelopen und der Strauß kommen von den Gebirgen herab. Die Ansiedler treiben von allen Seiten ihre Heerden herbei, um sie auf diesen üppigen Wiesen zu weiden, über deren Benutzung kein Streit entsteht, da sie so groß sind, daß Jeder Raum hat. Die Ansiedler nähern sich einander und knüpfen Bande der Freundschaft und Verwandtschaft wieder an, die zu andern Jahreszeiten durch weite Räume getrennt sind. Das Leben im Karru ist für die Ansiedler ein Bild des goldenen Zeitalters; leichte Arbeiten unterbrechen die Eintönigkeit desselben und machen den Aufenthalt selbst einträglich. Die Kinder sammeln die Zweige zweier Gesträuche, Channa genannt (Salsola aphylla), woraus man Potasche gewinnt. Die Erwachsenen gerben Rindshäute zu Schuhen. Nur einen Monat aber dauert die Pracht des Karru, wenn nicht spätere Regen das Pflanzenleben länger erhalten. Im August gibt die zunehmende Länge der Tage den Sonnenstrahlen eine zerstörende Gewalt; der Boden wird wieder hart und das Bild der Einöde kehrt zurück; Menschen und Thiere ziehen hinweg, und bald ist überall der verbrannte Boden mit schwarzer Asche bedeckt, den einzigen Resten der vertrockneten Pflanzen.

Die Abhänge der Berge senken sich zu dem Meere in der Richtung von Nordost nach Südost und endigen sich schroffer gegen Westen und selbst gegen Süden als auf der östlichen Seite. Man findet häufig Eisenerze, die aber kaum benutzt werden, und ebenso spärlich benutzen die Hottentotten die seit dem 17. Jahrhundert bekannten Kupferminen. Die Temperatur ist mild und 30° Réaumur der höchste Thermometerstand. Der Sommer dauert vom September bis zu Ende des März, wo oft heftiger Südostwind herrscht, der den Sand hinwegweht und selbst in verschlossene Gemächer treibt. Vom März bis September weht meist Nordwestwind, der in der Regel Regen bringt und der Pflanzenwelt ihren prächtigen Anblick verleiht. Ungeachtet es eigentlich nur zwei Jahreszeiten gibt, so kann man doch auch hier zwei annehmen; den Frühling von September bis December, die angenehmste Zeit, den Sommer vom December bis März, die heißeste Zeit, den Herbst vom März bis Juli, wo das Wetter veränderlich, aber meist angenehm ist, und den Winter vom Juli bis September, wo oft heftige Regenstürme wüthen. Die Zwiebelgewächse, die den eigenthümlichen Charakter der hiesigen Flora bilden, sind nirgend so zahlreich, so mannichfaltig und prächtig. Manche erreichen Baumhöhe; mit Bäumen untermischt beschatten sie die angeschwellten Bäche. Brenn= und Bauholz fehlen fast ganz, doch gibt es östlich von den Grenzen der Colonie Wälder und in einigen Theilen des Hottentottenlandes herrliche Eichen. Man hat mehre europäische Pflanzen angebaut; die Reben kamen ursprünglich aus Madeira; andere aus dem südlichen Frankreich verpflanzte Reben gaben einen dem Lunel und Frontignac ähnlichen Wein. Die Reben, die den berühmten Constantiawein geben, der nur auf einer kleinen Fläche gewonnen wird, stammen aus Schiras in Persien; doch ist der Weinbau im Ganzen sehr zurück, da er fast ganz den alten Gewohnheiten folgt. *) Europäische Früchte wachsen in den Gärten der Colonie neben asiatischen; alle europäischen Gemüse gedeihen; Getreide wird mit Erfolg gebaut, nur der Reis gedeiht nicht. Ölbäume, die man anpflanzte, wollten anfänglich nicht fortkommen und man gab den Anbau wieder auf; auch der Anbau der Baumwolle wurde versucht, dem aber die Südostwinde nachtheilig wurden. Indigo wächst in zwei verschiedenen Arten, doch hat man ihn noch nicht auf die gewöhnliche Art als Färbestoff zu gewinnen gesucht. Flachs gibt jährlich zwei Ernten und Hanf gedeiht reichlich. Die Holländer hatten Thee angebaut, der gut fortkam, doch haben die Engländer alle Stauden ausgerottet, um dem damaligen ausschließenden Theehandel der ostindischen Compagnie keinen Schaden zu thun. Die wilden Thiere haben sich auch hier, wie überall, vor dem Menschen zurückgezogen. Löwen findet man nur am Sonntagsflusse, doch gibt es in den Wüsten in der Nähe der Colonie noch Tiger, Hyänen, Schakale und Tigerkatzen. Wilde Büffel werden von Hottentotten und Kaffern gejagt; die Heerden beider Stämme bestehen meist aus gezähmten Büffeln, Schafen, aus der Berberei ursprünglich eingeführt, und Ziegen. Der Büffel ist von eignem Stamme, ausgezeichnet durch ungeheure Hörner, kleinen Kopf und große Wildheit. Den Strauß findet man nur in den Wüsten im Innern.

Unter den eingeborenen Stämmen sind vorzüglich die Hottentotten merkwürdig, die von den Negern und Kaffern sich unterscheiden. Sie sind dunkel= oder gelbbraun und nur das Weiße im Auge ist rein. Sie haben einen kleinen Kopf, ein oben breites und unten spitziges Gesicht, hervorragende Backenknochen, tiefliegende Augen, eine platte Nase, dicke Lippen und sehr weiße Zähne. Sie sind wohlgebaut und ihre schwarzen Haare gekräuselt oder wollig. Man bemerkt fast keinen Bart bei ihnen. Sie sind in mehre Stämme getheilt. Am weitesten nördlich wohnen die Damaras, in deren Gebiet es viel Kupfer gibt, das sie zu bearbeiten verstehen. In dem Lande der Namaken am Orangeflusse liegen die Missionsörter Jerusalem und Bethania. Die Koranas haben unter der Leitung der Missionare einige Fortschritte in der Gesittung gemacht. Der wilde Hottentotte kleidet sich in die Felle der Schafe, Antelopen und Löwen. Er trägt eine kurze Keule und geht singend und tanzend unter seinen Heerden. Die Nachbarschaft der Europäer hat seine alterthümlichen Sitten aber schon vielfach verändert. Die Religion der wilden Hottentotten ist Fetischdienst. Die Hottentotten haben eine natürliche Geschicklichkeit zum Kriege; sie sind sorglos, gewandt und kühn, marschiren und feuern sehr gut, haben ein ungemein scharfes Gesicht und können mit den nordamerikanischen Indianern wetteifern, eine Spur des Feindes, wäre sie auch mehre Tage alt, auf dem Boden und in den Büschen zu entdecken. Sie haben keine Zelte, essen, wenn sie dazu kommen, sechs Pfund Fleisch und zwei Pfund Brot, ohne aufzustehen, aber dann verlangen sie, wenn sie sich mit ihrem Gürtel festschnüren, auch mehre Tage nicht irgend eine Nahrung. Die Buschmannen, Buschmänner oder Saabs, sind wahrscheinlich ein alter Stamm der Hottentotten und stehen auf der tiefsten Stufe der Herabwürdigung der Menschennatur. Ihr Blick ist wild und scheu, ihre Züge sind unbestimmt und weich und in ihrem ganzen Wesen zeigt sich eine Abneigung, mit andern Menschen zu leben. Bei ihrer großen Magerkeit treten die physischen Eigenthümlichkeiten des Hottentottenstammes schärfer hervor. Die natürliche gelbe Farbe ihrer Haut ist nur unter den Augen sichtbar, wo die Thränen, die ihnen der Rauch des Feuers aus-

---

*) Vergl. Pfennig=Magazin Nr. 190.

preßt, um welches sie kauern, den mit Asche vermischten Talg wegschwemmen, womit sie sich den ganzen Leib beschmieren. Die Männer sind jedoch minder abstoßend als die Weiber. Allein oder in kleinen Schaaren und zuweilen von ihren Hunden begleitet, schweifen die Buschmänner durch die Wüsten nördlich von der Colonie. Sie sind mit Bogen und Pfeilen bewaffnet, tragen lederne Sandalen und eine Kalebasse oder ein Straußei, um Wasser einzunehmen. Einige von Gräsern geflochtene Matten, die sie bei sich führen, werden auf Stöcken ausgebreitet und bilden ihre Wohnungen. Sie leben von Wurzeln, Beeren, Ameiseneiern, Mäusen, Kröten, Eidechsen und den Abfällen, welche die Jäger liegen lassen. Bettelnd und stehlend, immer feige und grausam, ohne gesellschaftliche Verbindung leben sie in den Tag hinein, und alle Versuche, ihre rohen Sitten zu mildern, sind bis jetzt gescheitert. Schon vor der Ankunft der Europäer waren sie den Nachbarstämmen verhaßt. Die Europäer geben Denjenigen, die sich der Colonie nähern, Vieh, Geflügel, Taback, Branntwein, um sie friedlich zu stimmen; aber die gesitteten Hottentotten und Kaffern sind stets mit ihnen im Kriege. Alle Hottentotten haben eine Sprache, die sich in ihren Grundzügen gleicht, doch ist die Sprache der Buschmänner von den Sprachen der übrigen Stämme am meisten abweichend. Die wilden Stämme ändern stets ihre Sprache; jeder neue Häuptling führt neue Redensarten ein und es entsteht dadurch eine Vielfältigkeit der Dialekte, welche die Erforschung derselben ungemein erschwert. Im Allgemeinen zeichnet sich die Sprache der Hottentotten durch viele rasche, rauhe, tief aus der Brust geholte Töne und starke Kehllaute aus. Häufig ist die Endung ing in singendem Tone. Eigenthümlich ist der Hottentottensprache das Schnalzen, wovon es drei verschiedene Abstufungen gibt.

Die Kaffern zerfallen gleichfalls in verschiedene Stämme. Die merkwürdigsten unter ihnen die Kussas, die Tambuki, die sich durch ihre Industrie auszeichnen, Eisen und Silber zu verarbeiten verstehen, die kriegerischen Mambuki, die Macquinis im Innern des Landes, die ziemlich gesittet und zahlreich sind und Kupfer und Eisengruben bearbeiten, deren Ausbeute sie an die benachbarten Stämme verkaufen. Die protestantische Missionsgesellschaft zu Paris schickte drei Geistliche in in das innere Kaffernland, um diese Stämme im Christenthum zu unterrichten und sie zur Gesittung zu führen. Die Engländer haben in dem Gebiete der Tambuki seit einigen Jahrzehnten eine Niederlassung angelegt und führten in der neuesten Zeit mit mehren Kafferstämmen, die der damalige Befehlshaber der Colonie mit Eroberungsabsichten gereizt hatte, blutige Fehden; doch hat die britische Regierung das Verfahren des Befehlshabers strenge gemisbilligt und die gegen die Kaffern verübten Ungerechtigkeiten auszugleichen gesucht.

Der Flächenraum der Colonie oder das Capland wird zu mehr als 5700 Quadratmeilen gerechnet und hat gegen 120,000 Einwohner, worunter bis jetzt viele Sklaven waren, sowol Mestizen als Hottentotten. Die Weißen sind meist Abkömmlinge von Deutschen, Franzosen und besonders von Holländern. Das Gebiet der Colonie wird in fünf Bezirke eingetheilt: Capbezirk, Stellenbosch, Zwellendam an der Südküste, Graaf Reynet und Albany, eine neue Niederlassung, welche seit 1826 einen bedeutenden Aufschwung genommen hat. Überall in dem Gebiet der Colonie gibt es nur vereinzelte Landgüter, deren Anbauer (Boors) zum Theil ein patriarchalisches Leben führen und ihre reichen Ernten auf schweren, mit Ochsen bespannten Wagen nach der Hauptstadt bringen. Die Ansiedler, besonders die Abkömmlinge der Holländer, zeichnen sich durch ihr Phlegma aus. Sie rauchen stets und schlafen selbst mit der Pfeife im Munde. Gewöhnlich sind sie groß und fleischig, da sie von Kindheit an meist von Hammelfleisch leben und einen der gesundesten Himmelsstriche der Welt bewohnen, der ganz frei von ansteckenden Krankheiten ist. Wenn sie zur Vertheidigung der Colonie aufgeboten werden, gehen sie gewöhnlich mit zwei Pferden zu Felde, wovon sie das eine reiten und das andere nachführen. Dieses Handpferd trägt eine Schafhaut zum Schlafen, einige Kleidungsstücke zum Wechsel und einiges gedörrte Fleisch. Viele Ansiedler lassen sich außerdem noch von einem Hottentottenknaben begleiten, Nachreiter genannt, der dann wie ein Affe, mit einem Tuche um den Kopf, auf einem dritten Pferde sitzt. Dieser Begleiter trägt auf dem Marsche die lange Flinte seines Herrn, die er ihm reicht, wenn derselbe einen Bock oder Kaffer niederschießen will. Die Ansiedler sind bei früher und langer Übung vortreffliche Schützen und obgleich sie lieber außerhalb eines Gebüsches auf die Kaffern schießen, als in dem Busche sich einer Gefahr aussetzen, da sie keine Waffen für das Handgemenge haben, so können sie doch unter Umständen ganz verzweifelt auch im Gebüsche fechten. Die Frauen der Ansiedler sind im Allgemeinen hübsch bis zum 25. Jahre, haben meist blaue Augen, braune Haare, eine frische Farbe und sind ungemein reinlich, besonders im östlichen District Graaf Reynet. In spätern Jahren werden sie wohlbeleibt und fast ebenso phlegmatisch wie ihre Männer, gegen welche sie sonst so sehr vortheilhaft abstachen.

Capstadt (Cape Town) die Hauptstadt der Colonie, von welcher unsere Abbildung eine Ansicht gibt, liegt am Fuße des Tafelberges und des Löwenberges, am Gestade der tiefen Tafelbai und nicht weit von der falschen Bai am Australmeere. Ungeachtet dieser günstigen Lage hat doch die Capstadt keinen eigentlichen Hafen, da beide Baien dem Winde offen sind und keinen sichern Ankergrund haben. Die Stadt ist in militairischer und commercialer Hinsicht einer der bedeutendsten und wichtigsten Punkte und der festeste Platz in Afrika, der Ruheplatz aller Reisenden zwischen Europa und Indien. Sie ist regelmäßig und hübsch gebaut und wird durch einen Fluß bewässert, der auf dem Tafelberge entspringt. Viele Straßen haben eine ansehnliche Breite und Kanäle, die auf beiden Seiten mit Bäumen bepflanzt sind; andere aber sind enge und schlecht gepflastert. Alle Straßen durchschneiden sich in rechten Winkeln; die Häuser sind meist von Stein, zuweilen mit Statuen geziert; die meisten zwei Stockwerk hoch und haben flache Dächer. Die geräumigen Freiplätze geben der Stadt ein offenes und heiteres Ansehen. Einer derselben ist der Marktplatz, auf dem andern halten die Landbauer und Viehzüchter mit ihren Erzeugnissen, und der dritte, der zwischen der Stadt und dem Schlosse liegt und von zwei Seiten mit schönen Gebäuden umgeben ist, dient zum Paradeplatz. Das Schloß, das östlich von der Stadt liegt und einen Graben mit Außenwerken hat, ist der Sitz verschiedener Regierungsbehörden und enthält zugleich eine Caserne und Militairmagazine. Die Baracken, die ursprünglich zu einem Hospital bestimmt waren, haben einen ansehnlichen Umfang und in dem obern Stockwerke Platz für 4000 Soldaten. Unter den übrigen öffentlichen Gebäuden sind ausgezeichnet die reformirte Kirche, in deren Innerm an den Säulen viele Wappen und Fahnen aufgehängt sind, das Gerichtshaus und das Theater. Die Stadt hat eine Menagerie, in welcher seltene Thiere unterhalten werden, einen botanischen Garten, dessen schattige Gänge einen anmuthigen Spaziergang bilden, eine höhere Lehranstalt und eine öffentliche Bibliothek, deren kostbar gebundene Bücher aber, nach dem Berichten der Reisenden, wie neu aussehen und wenig gebraucht zu werden scheinen. In der Umgegend der Stadt findet man vortreffliche Landstraßen. In der Nähe liegt das Dorf Constantia, das wegen des trefflichen Weines, der dort in einigen Weinbergen erbaut wird, berühmt ist. Ungefähr eine Meile von der Capstadt liegt das Lustwäldchen auf dem äußersten Abhange des Tafelberges, wo der englische Astronom Herschel seit einigen Jahren eine Sternwarte eingerichtet hat, um an dem südlichen Himmel Beobachtungen zu machen.

Der Tafelberg, dessen nördliche Seite ein so hervorstehender Punkt in der Ansicht der Capstadt ist, erstreckt sich von Ost nach West ungefähr eine Stunde lang. Der kühne Abhang, der sich fast in rechten Winkeln erhebt, wird von einer Reihe hervorragender Felsenpfeiler gleichsam gestützt, welche aus der Ebene emporsteigen. Dies und zwei große Spalten, welche die

Die Capstadt.

Bergwand in drei Theile trennen, geben ihr das Ansehen zertrümmerter Mauern einer ungeheuern Veste. Das Tafelland auf dem Gipfel des Berges liegt mehr als 8500 Fuß über der Fläche der Tafelbai. Die östliche Wand ist noch schroffer und hat eine noch höhere Spitze. Die westliche Seite ist in tiefe Spalten zerrissen und steigt in mehren spitzigen Felsen empor. Geht man ungefähr anderthalb Stunden nach der Südseite, so senkt sich der Berg in Stufen, deren niedrigste durch Schluchten mit der Bergkette verbunden sind, die sich durch die ganze Länge der Halbinsel zieht. Die beiden Flügel der Bergwand, der Teufelsberg und der Löwenberg, bilden eigentlich nur eine Wand mit dem Tafelberg, aber durch Verwitterung und Gießbäche sind die lockern Theile hinweggeschwemmt und die Gipfel getrennt worden. Der Teufelsberg ist in unregelmäßige Spitzen zerrissen, der obere Theil des Löwenberges aber besteht aus einer festen Felsenmasse, die wie ein Werk der Kunst gestaltet ist. Von der Stadtseite her führt der Weg auf den Tafelberg durch eine tiefe Felsenschlucht, die ungefähr eine Viertelstunde lang ist. Die beiden Wände neigen sich immer mehr gegen gegeneinander bis zu dem Ausgange, der auf den Gipfel führt, wo sich eine öde Fläche ausbreitet. Eine weite Aussicht entzückt das Auge. Wenn man sich dem Rande des Berges nähert, sieht man tief unter sich die Häuser der Capstadt und das weitgedehnte Meer.

Die zweite Stadt der Colonie ist Grahams Town an der östlichen Grenze. Sie wurde 1820 von 3700 englischen Ansiedlern angelegt und erhielt ihren Namen von dem Obersten Graham, der Kriegsbefehlshaber dieses Bezirks war. Die Häuser sind mit Gärten untermischt. Die Stadt hat mehre Kirchen, Leihbibliotheken und eine Druckerei, welche die hiesige Zeitung druckt, deren es in Capstadt selbst zwei gibt. Der Markt, der täglich gehalten wird, bietet ein lebendiges Schauspiel dar. Man sieht hier die Landbauer aus den entferntesten Gegenden der Colonie, welche mit Waarenladungen von Häuten wilder Thiere, Straußfedern und Elfenbein kommen, und den unternehmenden Ansiedler, der eben von einer Handelsreise in das Innere zurückkehrt und verschiedene Waaren, besonders die kostbaren Pelzwerke entfernter Gegenden mitbringt.

Die amerikanische Cicade.

Eine hundertjährige Beobachtung hat den Bewohnern von Maryland und Pennsylvanien gezeigt, daß sie in jedem siebzehnten Jahre von einem zahllosen Insektenschwarm vom Geschlechte der Cicaden heimgesucht werden, den man Septendecim (siebzehn) genannt hat, die aber in Gestalt und Lebensweise von den morgenländischen Heuschrecken verschieden ist. Man hatte sie zuletzt 1817 gesehen, und daher ward ihre Wiedererscheinung in der dritten oder vierten Woche des Mais 1834 vorausgesagt. Die Natur, ihren geheimnißvollen Gesetzen getreu, erfüllte die Voraussagung. Am 24. Mai und an den folgenden Tagen war ganz Philadelphia und die Umgegend plötzlich von dem Insektenschwarm bedeckt, wie der bekannte thätige Beförderer der Missionsanstalten der Brüdergemeine, der Engländer Latrobe, in seiner neuesten Reise als Augenzeuge berichtet. Er beobachtete aufmerksam diese Erscheinung. Am ersten Tage war die Zahl der Insekten nicht außerordentlich groß, am zweiten aber kamen sie in Myriaden, wiewol noch einige Tage vergingen, ehe ihre Menge am größten war. Latrobe war grade am ersten sonnigen Morgen ihres Geburtstages im Freien. Er sah in den Frühstunden das Insekt im Puppenzustande nach allen Richtungen aus der Erde hervorkommen und bemerkte, daß es dabei durch die scharfen Vorderbeine unterstützt wurde. Es hatte eine dunkelbraune Farbe und war dem vollkommenen Insekte sehr ähnlich, ausgenommen, daß die Flügel und die Fühlhörner fehlten. Sobald die unvollkommenen Insekten sich aus ihrem Grabe befreit haben, erheben sie sich einige Zoll hoch oder auch höher zu den Stämmen der Bäume, an deren Fuß ihre Gruben am häufigsten zu sein scheinen, oder zu den Hecken, die bald ganz von ihnen bedeckt werden. In dieser Stellung halten sie sich mit ihren scharfen Beinen fest an. Nach einer halben Stunde bemerkte man die erste Veränderung. Die obere Decke auf dem Rücken wird vom Kopfe bis zu den Bauchringen zerrissen und das Insekt arbeitet sich aus der Hülle. Die Hinterbeine kommen hervor und die Flügel ziehen sich mühsam aus einer Bedeckung der äußern Schale, in welcher sie kunstreich zusammengefaltet liegen, breiten sich aber noch nicht aus, endlich kommt der Kopf mit den Fühlhörnern hervor und das neugeborene Insekt ist aus seinem Kerker erlöst. Die Puppenhülle aber ist noch nicht ganz abgelöst, sondern bleibt fest an den Fibern der Baumrinde hängen. Das Insekt kriecht matt einige Zoll hoch, gleichsam erstaunt über das neue Leben. Es ist nicht ganz einen Zoll lang, erscheint feucht und weich, die Farbe ist dunkel, das Auge glasig, die Beine sind schwach und die Flügel, nachdem sie sich geöffnet haben, scheinen einige Zeit zerknittert und unelastisch zu sein. So dauert es fort, ehe die Sonne sich in ihrem vollen Glanze über den Himmelsrand erhoben hat. Sobald dies aber geschehen ist, erhält das Insekt eine lebhaftere Farbe, die Flügel erlangen ihre volle Stärke, der Körper wird trocken und stählt sich gleichsam für sein künftiges kurzes Leben.

Gegen elf Uhr stimmen die Insekten ihre Musik an. Die Luft weit und weit umher wird mit einem eignen Ton erfüllt, und überall hört man ein leises deutliches Summen. Man kann es mit dem Wallen eines ungeheuern siedenden Kessels vergleichen. Der Ton wird unmerklich lauter, voller und schärfer. Tausende scheinen einzustimmen, und eine Stunde nach Mittag wird die Gegend weit umher von dem ungewöhnlichen Gesumme belebt. Man sieht die Insekten, die nach wenigen Stunden ihre volle Kraft erlangt haben, schon in dem Laube der Baumwipfel fliegen. Die Knaben und der krausköpfige Neger freuen sich des Gesummes und ihre Hände haben für einige Tage ein neues Spielzeug. Auch die Vögel des Waldes sind froh, es ist die Zeit des Überflusses für sie. Schweine und Hausgeflügel mästen sich von den zahllosen Schwärmen, die nach einigen Tagen, wenn sie hinfällig werden, die Erde bedecken. Das hübsche Insekt mit seinem braunen Körper, seinen rothen Augen und glänzenden, mit hochgelben Fasern durchzogenen Flügeln genießt sein Leben nur eine kurze Woche, und die muntern Töne, welche die Luft vom Aufgange bis zum Untergange der Sonne beleben, dauern nur sechs Tage. Diese Töne lassen sich schwer beschreiben. Wie bei allen Insekten von diesem Geschlechte werden sie nicht durch die Stimme hervorgebracht, sondern gleichen einer starken Schwingung von Saiten, welche durch die Wirkung innerer Muskeln auf eine elastische, mit einem Netzgeflechte bedeckte Haut unter den Flügeln entsteht. Latrobe versichert, dies oft beobachtet zu haben. Auch das weibliche Insekt, sagt er, möge einen Ton hervorbringen, doch habe er darüber keine Beobachtungen gemacht, und nur das männliche sei fähig, diese starken Tonschwingungen zu erzeugen. Der Ton ist zwar stetig, so lange das Insekt nicht unterbrochen wird, doch bemerkt man darin zuweilen eine lustige Mannichfaltigkeit. Man hat ihn mit dem Worte Pha=ro verglichen, worin die erste Sylbe lang gezogen wird und die zweite fast eine Octave tiefer allmälig smorzando herabsteigt. So lange die Insekten leben, kann die aufmerksamste Beobachtung nicht entdecken, daß sie Nahrung zu sich nehmen, und ausgenommen, daß die Bäume ein wenig leiden, wenn die Weibchen ihre Eier legen, sind sie ganz unschädlich. Sie erscheinen blos zu dem Zwecke der Fortpflanzung ihres Geschlechts auf der Oberfläche der Erde. Einige Tage nach ihrer ersten Erscheinung legt das Weibchen seine Eier. Wenn diese Zeit kommt, wählt es die äußersten Zweige eines Baumes oder Strauches und macht eine Reihe länglicher ausgezackter Einschnitte in die zarte Rinde. In jeden derselben legt es eine Reihe kleiner Eier. Dann kriecht es einige Zoll abwärts vom Ende des Zweiges und macht zwei bis drei senkrechte Schnitte bis in den Splint. Sein Beruf ist nun vollendet. Männchen und Weibchen ermatten und das Männchen läßt keine Töne mehr hören; sie welken hin, werden blind, fallen zu Tausenden auf die Erde und in 10—15 Tagen nach ihrer ersten Erscheinung sind alle umgekommen. Nicht so ihre Brut. Die durchbohrten Zweige sterben ab, der erste Wind bricht sie von den Ästen und zerstreut sie auf der Erde. Aus den Eiern entstehen Raupen, die unbeschädigt mit der Dammerde sich vermischen, wo sie sich eingraben. „Jahre vergehen", setzt Latrobe hinzu, „vergebens bescheint die Sonne ihr Grab, sie erwarten ihre Zeit. Die Erinnerung an ihr Dasein verliert sich allmälig, während ein lebendes Geschlecht verschwindet; die Gestalt des Landes verändert sich, der Waldboden wird in Ackerland verwandelt, Straßen werden angelegt, Häuser gebaut, ein Pflaster bedeckt den Boden und der Mensch hat das Dasein der Insekten vergessen, aber Gott nicht. Man hat beim Graben von Brunnen oder den Grundes zu neuen Gebäuden Spuren von ihnen acht bis zehn Fuß tief in der Erde gefunden. Nach 17 Jahren erinnert man sich ihrer wieder. Ein kalter feuchter Frühling kann ihre Wiedererscheinung verzögern; aber so lange man aufmerksam auf sie geworden ist, hat sich die Erwartung nie getäuscht, und zur bestimmten Zeit erstehen sie, wie von einem gemeinschaftlichen Antriebe gereizt, aus der Erde, durchbohren den Rasen, den fest getretenen Fußpfad, den Kiesboden, bringen zwischen den Fugen der Steine und des Pflasters, ja selbst in Kellern hervor, um ihren fröhlichen Gesang der Liebe und des Lebensgenusses im hellen Sonnenglanze, in der grünenden Landschaft anzustimmen und nach der Erfüllung ihres Berufs ihr geheimnißvolles Leben im Tode zu endigen. Wir sind noch Kinder in dem geringen Maße unserer Kenntnisse und unserer Einsicht hinsichtlich der Erscheinungen der Naturwelt." Man darf die Wiedererscheinung der Cicade an den Küsten von Maryland und Virginien, sagt Latrobe, auf das Jahr 1851 vorausssagen. Er bemerkt jedoch, daß er 1833 in einer Gegend Obervirginiens einige Cicaden gesehen habe, die der beschriebenen Gattung ähnlich waren und unter gleichen Umständen erschienen wie diese. Er schickte Exemplare von beiden nach Europa, hat aber noch nicht Gelegenheit gehabt, sie zu vergleichen, wiewol er der Meinung ist, aus der Thatsache, wenn sie sich bewähre, lasse sich der Schluß ziehen, daß jene Insekten zwar zu den durch die Erfahrung bestimmten Zeiten wiedererscheinen, aber in verschiedenen Gegenden des Landes auch in verschiedenen Jahren sich zeigen können.

Über die englischen Eisenbahnen.

Wishaw, ein englischer Eisenbahningenieur, gibt an, daß sich die Zahl der dem letzten Parlament vorgeschlagenen neuen Bahnen für England und Wales auf 48 belaufe; ihre gesammte Länge beträgt 1233 englische Meilen, der ungefähre Anschlag die Baukosten 19,352,000 Pf. St., die Länge der nöthigen Tunnels wird auf 25 englische Meilen, die Zahl der Brücken aber, mit Ausschluß der Viaducte, auf 2825 angeschlagen. Zu den Schienen wird man über 190,000 Tonnen Eisen und zu den Unterstützungslagern über 2½ Millionen Tonnen Steine nöthig haben. Die Zahl der zwar projectirten, aber bei der Parlamentssitzung von 1837 vorläufig noch zurückgestellten Eisenbahnen beläuft sich auf 27; ihre Gesammtlänge beträgt 794 englische Meilen, ihre Tunnellirung $8^{3}/_{4}$ engl. Meilen, die Zahl der Brücken ist 1595. Was endlich die in England und Wales bereits im Bau begriffenen Eisenbahnen betrifft, so sind deren der Zahl nach 19, von denen aber nur erst eine, nämlich die Bahn von Greenwich, ganz vollendet ist. Von diesen 19 Bahnen lautet der ungefähre Kostenanschlag auf 16,782,000 Pf. St., ihre Länge begreift 846 englische Meilen.

Macht des Instincts.

So schüchtern die Vögel von Natur sind, so hat man doch mehre Beispiele, daß die Anhänglichkeit an ihre Jungen die ihnen eigne Furchtsamkeit überwindet. Vor einiger Zeit wurde in England von zwei Knaben ein Hänflingsnest mit vier kaum flüggen Jungen ausgenommen. Die Alten flatterten um die Jungen und folgten ihnen in ihre Wohnung, wo das Nest in die Stube gebracht und vor das Fenster gesetzt wurde. Bald nachher erschienen die Alten, näherten sich dem Neste und fütterten die Jungen, ohne die mindeste Furcht zu zeigen. Als man dies bemerkte, setzte man das Nest auf einen Tisch mitten in der Stube und ließ das Fenster offen; die Alten flogen herein und fütterten die Jungen wie vorher. Um ihre Anhänglichkeit noch mehr zu prüfen, wurde das Nest mit den Jungen in einen Vogelbauer gestellt, und dennoch kehrten die Alten zurück, flogen dreist in den Käfig, fütterten die Jungen und setzten sich des Abends auf die Stäbchen, ohne sich durch das Geräusch in der Stube stören zu lassen. Dies dauerte mehre Tage, als ein unglücklicher Zufall diesem friedlichen Verkehr ein Ende machte. Man hatte den Käfig vor das Fenster gesetzt, wo die Jungen durch einen mächtigen Regenguß ersäuft wurden.

Kolossale Götzenbilder zu Bamian in Persien.

Es ist eine Eigenheit der morgenländischen Völker, ihre Gottheiten in kolossalen, mühsam in Stein gehauenen Bildern darzustellen, um dadurch die Idee von Macht und Allgewalt zu erwecken. In den altägyptischen Schlachtgemälden zeichnet sich der Held immer durch seine überragende Gestalt aus, und Diejenigen, die ihm zunächst stehen, unterscheiden sich auf gleiche Weise von ihren Waffengefährten. Die kolossalen Bilder in Hindustan sind gleichfalls ein Beispiel dieser

Sitte, und vorstehende Abbildung zeigt uns ein anderes in dem riesengroßen Götzenbilde zu Bamian in Persien. In einem Thale findet man in einer Ausdehnung von beinahe zwei Meilen mehre solcher Bilder und unzählige Höhlen, die noch immer zu Menschenwohnungen dienen und uns an die Erzählungen der Alten von den Troglodyten erinnern. Ein Berg in der Mitte des Thales ist wie eine Honigwabe ganz ausgehöhlt. Die Berge bestehen aus einem Conglomerat von Thon und Kieseln, in welchem die Höhlen ohne Schwierigkeit ausgegraben werden konnten. Man findet die meisten derselben in der nördlichen Bergwand, wo man die Götzenbilder sieht, und sie bilden gleichsam eine unermeßliche Höhlenstadt. Auf allen Seiten der Götzenbilder sieht man solche Aushöhlungen. Der kolossalen Götzenbilder sind zwei, ein männliches und ein weibliches, jenes Silsal, dieses Schamame genannt. Die Figuren sind hocherhaben auf der Fläche des Felsens ausgehauen. Das männliche, das unsere Abbildung zeigt, ist gegen 120 Fuß hoch, und die Nische, in welcher es sich befindet, geht tief in den Felsen. Das Bild ist verstümmelt; beide Beine sind durch Kanonenkugeln zerstört und das Gesicht über dem Munde hat sehr gelitten. Die Lippen sind sehr dick, die Ohren lang und herabhangend. Die Gestalt ist mit einem sie ganz umhüllenden Mantel bekleidet, der aus einer Art von Gyps besteht, und um denselben daran zu befestigen, sind in mehren Theilen des Bildes hölzerne Pflöcke angebracht. Die weibliche Gestalt ist besser erhalten, und befindet sich in demselben Berge, etwa 600 Fuß von jener. Die viereckigen Öffnungen, die wir auf der Abbildung sehen, sind die Eingänge der Höhlen, durch welche ein Weg geht, der bis zu dem Kopfe der Götzenbilder führt. In den untern Höhlen machen die nach Kabul ziehenden Karavanen gewöhnlich Halt. Die obern dienen den Bewohnern des Thales zur Aufbewahrung ihrer Vorräthe. Die Nischen beider Götzenbilder waren ursprünglich mit Gyps bekleidet und mit menschlichen Figuren bemalt, die aber überall verschwunden sind, außer unmittelbar über den Köpfen derselben, wo sie noch in so frischem Farbenglanze erscheinen als in den ägyptischen Gräbern. Die Ausführung ist nicht viel besser als in den Gemälden, welche die Chinesen nach den Werken europäischer Künstler machen. Nach der Sage der Eingeborenen wurden diese Götzenbilder zu Anfange der christlichen Zeitrechnung von einem Kafferstamme (Ungläubigen) verfertigt, die Hindu aber schreiben sie ihren Vorfahren zu und beweisen ihnen große Verehrung.

Das Pfennig-Magazin
für Verbreitung gemeinnütziger Kenntnisse.

231.] Erscheint jeden Sonnabend. [September 2, 1837.

Galerie der deutschen Bundesfürsten.
XXIV.

Günther, Fürst von Schwarzburg-Sondershausen.

Friedrich Karl Günther, regierender Fürst von Schwarzburg-Sondershausen, der Sohn des im April 1837 verstorbenen Fürsten Friedrich Karl Günther, wurde zu Sondershausen am 24. September 1801 geboren und besonders unter der Aufsicht und Leitung seiner Mutter, Karoline, geborenen Prinzessin von Schwarzburg-Rudolstadt, einer durch Geist, Herz und Bildung gleich ausgezeichneten Frau, erzogen, die nach der Trennung von ihrem Gemahl seit 1816 mit ihren Kindern in Arnstadt residirte. Die Eigenschaften der Mutter gingen auf den Sohn über und entwickelten sich unter ihrer sorgsamen Pflege auf eine Weise, die schon frühzeitig das Land zu den schönsten Hoffnungen für die Zukunft berechtigte. Aller Blicke richteten sich nach dem jungen Fürsten, als in Folge des hohen Alters und der fortwährenden Kränklichkeit seines Vaters manche Misbräuche immer drückender wurden, sodaß sich endlich, insbesondere über Diejenigen, welche des ihnen geschenkten unbedingten Vertrauens des altersschwachen Mannes sich unwürdig bezeigten, der Unwille des Volkes laut sich zu äußern begann. Im Gefühle der Schwäche, den Sturm zu beschwichtigen, übertrug der Vater am 19. August 1835 die Regierung dem Sohne, der dem Vertrauen, welches das Volk in ihn gesetzt, auf das glänzendste entsprach. Seit seinem Regierungsantritte folgte eine zweckmäßige Anordnung der andern, und alle athmeten selbst in ihrer Fassung den humanen und hochgebildeten Geist des Fürsten, der sich dadurch nicht nur das unbedingte Vertrauen seiner Unterthanen erwarb, sondern die Aufmerksamkeit des ganzen Deutschland auf sich lenkte. Der Fürst vermählte sich 1827 mit der Prinzessin Marie von Schwarzburg-Rudolstadt, mit der er den Erbprinzen Karl Günther, geboren am 7. August 1830, den Prinzen Leopold Günther, geboren am 2. Juli 1832, und die Prinzessin Leopoldine, geboren am 22. März 1829, zeugte. Doch der Tod trennte diese Ehe am

29. März 1833, worauf sich der Fürst in zweiter Ehe den 29. Mai 1835 mit der Prinzessin Mathilde von Hohenlohe=Öhringen, geboren am 3. Juli 1814, verband. Seine einzige Schwester, die Prinzessin Emilie, geboren 1800, ist seit 1820 mit Leopold, regierendem Fürsten zu Lippe, vermählt.

Entbehrungen und Leiden der Wilden.

Capitain Back gibt in seinem interessanten Bericht über seine arktische Reise, einem Werke, das sich durch gesundes Urtheil und wahrhaft männliche Gesinnungen auszeichnet, folgende ergreifende Schilderung von den Entbehrungen, mit denen die Lebensweise der Wilden, namentlich auf ihren Jagdzügen verknüpft ist.

Die Indianer — sagt er — abgemagert und erschöpft von Beschwerden, kamen fortwährend in Menge von dem sogenannten Barren=Land (Steppen) zu uns, wo das Rothwild, ganz gegen seine Gewohnheit, noch verweilte, sich aber in zu großer Ferne hielt, als daß es hätte gejagt werden können. Einer dieser armen Menschen hatte seit zehn Tagen keinen Bissen Fleisch gegessen und wäre am Wege liegen geblieben, hätte ihn nicht die Hoffnung, zu uns zu kommen, aufrecht erhalten; da wir uns jedoch selbst in ärmlichen Umständen befanden, so konnten wir immer nur wenig für diese armen Leute thun.

Unter andern Einbildungen, welche die Indianer sich in den Kopf setzten, war auch die, daß die Instrumente auf unserm Observatorium die geheime Ursache ihres Misgeschicks seien. Als wir eines Tages die Abweichung der Magnetnadel u. s. w. beobachteten, lauschten zwei von ihnen, und da sie von Zeit zu Zeit nur einzelne Worte, als: „Jetzt!" „Halt!" und dergleichen vernahmen, und sonst tiefes Schweigen herrschte, blickten sie sich gegenseitig argwöhnisch an, entfernten sich eilig, und sagten zu ihren Gefährten, ich beschwöre den Teufel. Da ich mich bemühte, die wunderliche Einbildung der Indianer zu verscheuchen, so sagte ich ihnen, sie hätten einen ganz falschen Begriff von der Wirkung meiner Instrumente, indem diese, statt das Wild zu verscheuchen, es vielmehr anzögen, wie sie sich, sobald sie das nächste Mal auf die Jagd gingen, überzeugen könnten. Diese im Scherze ausgesprochene Aeußerung schien sich verwirklichen zu wollen, denn noch an demselben Tage ward ein Bär erlegt, und obschon mager und zäh, doch fröhlich verzehrt. Obgleich unter so Viele vertheilt, nur sehr wenig auf Jeden kam, so munterte der Glücksfall sie dennoch ein wenig auf, doch versanken sie bald wieder in ihren frühern Trübsinn, und es war ein wahrhaft Mitleid erregender Anblick, sie einzeln oder in Gruppen um unsere Leute herumstehen zu sehen, wenn diese aßen, jeden Bissen, den sie in den Mund steckten, mit gierigen Blicken verfolgend, ohne jedoch nur ein Wort der Klage hören zu lassen. Ein armes, altes, hinfälliges Weib fehlte nie bei unsern kargen Mahlzeiten, und flehte meinen Diener mit schwachen, klagenden Tönen an, ihr zu gestatten die Kessel auskratzen zu dürfen.

Gegen Westen, und näher am Fluß Liard, waren 40 der auserlesensten Jäger der Tschippewäs vor Hunger umgekommen, von andern hörte man gar nichts mehr und die wenigen zerstreuten Überlebenden hatten durch die Strenge des Klimas und die Schwierigkeit, das Wild zu erlegen, mehr gelitten als ihre abgehärtete Natur zu ertragen vermochte. Zuweilen wurden sie durch ungewöhnliche Naturerscheinungen aufgerieben, wie dies zwei Weibern und deren Kindern geschah, die mit ihren beladenen Hunden ihren Zelten in der Nähe des Gebirges zueilten, dort aber von einem Wirbelwind ergriffen wurden, und umkamen. Nur ein Knabe ward noch lebend gefunden, starb aber in derselben Nacht unter fürchterlichen Schmerzen.

Der Dolmetscher kam von einer der Fischereistationen mit der Nachricht zu uns, daß sie einige Netze verloren und nichts zu leben hätten, indem selten mehr als 13 kleine Fische an einem Tage gefangen würden. Auch wir waren dem Mangel nahe gebracht, da alle Indianer, welche sich nicht weit von uns befanden, in unser Fort kamen und wir ihnen mittheilten, was nur immer in unsern Kräften stand.

Vergebens bemühten wir uns, ihren gesunkenen Muth wieder zu beleben und sie zur Thätigkeit anzuspornen, das Elend aber war zu groß, nichts machte mehr Eindruck auf sie. Kaum hatte eine ausgemergelte Gruppe von Indianern unsere Thüre geschlossen, als sie von einer noch hinfälligern wieder geöffnet wurde, die aus hohlen Augen anblickte, und deren halb verhungerte Gesichter die herzzerreißende Schilderung ihres Elends bestätigten. Sie sprachen meist nur wenig, und kauerten schweigend um das Feuer, als wären sie begierig, die einzige ihnen noch übrige Bequemlichkeit zu genießen. Eine Hand voll mulstriges Mehl, eigentlich für unsere Hunde bestimmt, war das Beste, was wir ihnen anbieten konnten, und dieses ärmliche Gericht nebst der dargebotenen Freundschaftspfeife war hinreichend, auf einen Augenblick ihre Sorgen zu verscheuchen und sogar ein schwaches Lächeln der Hoffnung auf ihre verhungerten Gesichter zu locken. „Wir wissen", sagten sie, „daß ihr selbst Mangel leidet, und doch seid ihr so gut."

So herzzerreißend der Anblick solcher Leidensscenen auch war, so lag doch wieder etwas Erhebendes in der Ergebung, mit welcher diese armen Leute ihr hartes Geschick ertrugen, denn man vernahm durchaus keine Verwünschung, noch hörte man von einer jener barbarischen Handlungen, welche in den letzten Jahren einen so dunkeln Schatten auf den Charakter der Indianer geworfen haben. Während einst ein Haufe solcher Unglücklichen sich dürftig bei uns gelabt hatte und eben ihren Dank ausdrückte, langte einer ihrer Gefährten mit der Nachricht an, daß unweit unserer Wohnung ein Kind aus Mangel an Nahrung dem Tode nahe sei. Der Vater sprang augenblicklich auf, eilte, nachdem wir ihn mit einem Stück Fleisch versehen hatten, davon und kam noch gerade zu rechter Zeit, um dem armen Geschöpf das Leben zu retten.

Unsere Hütte war mit armen, stumpfsinnigen, ausgemergelten Leuten angefüllt, welche um das Feuer saßen, kleine Stücke von ihrer Kleidung von Rennthierfellen, die ihnen ohnehin nur geringen Schutz gegen eine Kälte von 49½° Reaumur gewährte, zu rösten und zu verschlingen. In fühlloser Verzweiflung saß der Vater da, während die Mutter mit hohler Grabesstimme sich vergebens bemühte, das wimmernde Kind, das an ihrer vertrockneten Brust hing, zu beschwichtigen. Dies war nur eine von den wilden Gruppen menschlichen Elends, das uns umgab, den Männern aber entschlüpfte keine Klage.

Bevölkerungsverhältnisse.

In den meisten europäischen Staaten verhalten sich die jährlichen Geburten zu der Bewohnerzahl wie 1 zu 30 und die jährlichen Todesfälle wie 1 zu 40 der gesammten Volksmenge. Das günstigste Verhältniß der Geborenen, das man bemerkt hat, war 1 zu 33. Das ungünstigste Sterblichkeitsverhältniß, das vorgekommen ist, war 1 zu 30 und das günstigste beobachtete 1 zu 50 der gesammten Volksmenge. Das höchste Verhältniß der Zunahme der Bevölkerung zeigt sich in den Vereinigten Staaten von Nordamerika, wo schon seit langer Zeit die Volksmenge, abgesehen von dem durch Einwanderung erlangten Gewinn, jedesmal binnen zehn Jahren um 32 Procent gestiegen ist und nicht nur die Weißen, sondern auch die Sklaven in demselben Verhältniß zugenommen haben. In England war in neuern Zeiten das Verhältniß der Bevölkerungszunahme 16 Procent in zehn Jahren, zweimal so viel als in andern europäischen Ländern.

Es ist ein merkwürdiger, noch nicht erklärter Umstand, daß eine sehr große Zunahme der Todesfälle während eines kurzen Zeitraumes immer auch von einer großen Verminderung der Geburten in derselben Zeit begleitet ist. Man bemerkte dies in Schweden während der Jahre 1772 und 1773 und 1806—10; in Belgien im Jahre 1817; in Frankreich im Jahre 1832, dem Cholerajahre.

In den meisten europäischen Ländern sind die durch Auswanderungen hervorgebrachten Störungen kaum merklich, Irland ausgenommen. Nordamerika gewinnt durch Einwanderung so viel, als Großbritannien und Irland verlieren. Der durchschnittliche Gewinn Nordamerikas vor 1820 wurde jährlich auf 10,000 Menschen gerechnet; seitdem aber hat die Auswanderung nach Canada und den Vereinigten Staaten bedeutend zugenommen. In den fünf Jahren von 1825—29 erhielt Amerika aus Großbritannien und Irland jährlich 23,000 Menschen, in den fünf Jahren 1830—34 aber jährlich im Durchschnitt 73,440.

Die Denkmäler des alten Ägyptens.

Wir versuchen es, den Lesern eine gedrängte Übersicht der Baudenkmäler des alten Theben zu geben, jenes uralten, mächtigen Königreichs, welches nicht allein der früheste unter allen ägyptischen Staaten, sondern überhaupt eines der ältesten und mächtigsten Reiche der Welt war. In den neuesten Zeiten hat Oberägypten nicht allein durch mannichfaltige politische Ereignisse für die europäischen Staatenverhältnisse wiederum eine außerordentliche Bedeutung gewonnen, sondern es sind auch in künstlerischer und wissenschaftlicher Hinsicht durch neuere Reisende und Gelehrte, die dieses Land zum Gegenstande ihrer Forschungen machten, die Blicke aller künstlerisch und wissenschaftlich Gebildeten von Neuem auf seine Verhältnisse, auf seine Geschichte und auf die uralten herrlichen Denkmäler hingelenkt worden, die es in seinem Schooße birgt. Das Land Oberägypten ist mithin der Schauplatz moderner Verhältnisse geworden, in denen sich jedoch die alte Welt und ihre durchaus verschiedenartige Bildung in ihrer vollen Größe und Herrlichkeit abspiegeln. Deshalb glauben wir, daß es unsern Lesern nur von hohem Interesse sein kann, einige genauere Nachrichten über die ewig denkwürdigen Reste einer frühesten Vergangenheit zu erhalten, welche diesem Lande eigenthümlich angehören. Natürlich werden wir, um unsern Zweck um so besser zu erreichen, einige historische Bemerkungen, die zum Verständniß jener berühmten Gegenden dienen, dem Leser nicht vorenthalten dürfen.

Aus der Bibel, welche dem Lande Ägypten den Namen Mizraim beilegt und dasselbe durch die Nachkommenschaft Ham's, des zweiten Sohnes von Noah, zuerst bevölkern läßt, erfahren wir, daß Theben schon 2200 Jahre v. Chr. ein mächtiges und festbegründetes Reich gewesen. Als der erste König von Ägypten wird Menes genannt, von dessen Regierung an bis zur eroberung Ägyptens durch die Perser, ein Zeitraum von fast 1700 Jahren, das Land durch unabhängige und eingeborene Fürsten regiert wurde. Aus der Bibel erfahren wir freilich nur wenig zerstreute Züge aus dieser frühesten Periode der ägyptischen Geschichte, wie z. B. die Reisen Abraham's in diesem Lande zur Zeit der in Kanaan herrschenden Hungersnoth im Jahre 1920 v. Chr., die Ankunft und die Begebenheiten Joseph's in diesem Lande 1706, die Geburt und die Flucht des Moses 1571—31, den Auszug der Israeliten unter Moses 1491, die Verheirathung Salomo's mit der Tochter des Königs von Ägypten 1014, den Einfall Sisak's in Judäa 970, die Niederlage, welche Josia, König von Juda, im Thale von Megiddo durch Pharao Necho erlitt, die Einnahme von Sidon durch Pharao Hophra 595.

Von der Zeit an, wo die ursprünglichen Herrscher von Ägypten, die sogenannten Hirtenkönige oder Hyksos, unter denen das Land in eine Menge kleiner Reiche getheilt war, durch die Übermacht des Königs von Theben vertrieben wurden, von dieser Zeit an beginnt die wahre Blüte und das goldene Zeitalter Ägyptens. Diesen Anfang setzt man zwischen das 15. oder 16. Jahrhundert v. Chr. In diesem Zeitraume war Ägypten unstreitig das gebildetste Land der damals bekannten Welt. Es herrschten jene mächtigen Könige von Theben, deren Namen in der Geschichte unvergänglich sind, und deren ungeheure Riesenwerke der Baukunst wir noch heute anstaunen. Mit dem 8. Jahrhundert v. Chr. beginnt der Verfall des ägyptischen Reichs, zuerst durch die Einfälle der Äthiopier, dann durch die Eroberung des Perserkönigs Kambyses und endlich durch die Besitznahme des Landes unter Alexander dem Großen, der die Dynastie der Ptolemäer in das uralte Reich der Pharaonen verpflanzte.

Als den wahren Mittelpunkt jenes alten Reichs, von dessen goldenem Zeitalter wir reden, müssen wir Theben betrachten, eine Stadt vom höchsten Alterthume, deren Gründungszeit jedoch unmöglich nachgewiesen werden kann. Theben, das schon bei Homer erwähnt wird, der dieser Stadt 100 Thore beilegt, war an beiden Ufern des Nils erbaut, in jener Gegend, wo die Bergketten von Libyen und Arabien nach beiden Seiten zurückweichen und eine Ebene bilden, die sich beinahe zwei Meilen von Osten nach Westen und ebenso weit von Norden nach Süden erstreckt. In dieser Ebene stand die alte Stadt, und hier finden sich bis auf den heutigen Tag noch die Ruinen derselben, aus deren Beschaffenheit sich vermuthen läßt, daß der Theil am östlichen Nilufer der größere und bewohntere war. Ob eine beide Stadttheile verbindende Brücke über den Nilstrom geführt, haben mehre Gelehrte bezweifelt; Andere dagegen haben nachzuweisen sich bemüht, daß schon in jenen frühesten Jahrhunderten der Bogenbau nicht unbekannt und mithin das Vorhandensein einer solchen Brücke wol möglich war.

Die Größe des alten Theben betreffend, so erfahren wir von dem alten griechischen Geographen Strabo, daß diese Stadt einen Flächenraum von 80 Stadien oder 1½ Meile, mithin die Ebene in ihrem ganzen Umfange eingenommen habe. Der östliche Theil war das eigentliche Theben oder die sogenannte Diospolis; der westliche Theil hieß die libysche Vorstadt und umfaßte das Viertel von Memnonia und die sogenannte Nekropolis oder Stadt des Todes. Die Wohnungen in dieser alten Stadt waren von ganz verschiedenem Charakter gegen die öffentlichen Gebäude, deren ungeheure Ruinen wir noch jetzt bewundern. Sie waren von einfacher Bauart, aus rohem Backstein aufgeführt und hatten in der Regel nur ein Stockwerk. Die meisten waren mit ausgedehnten Gärten umgeben, in deren keinem ein geräumiger Wasserbehälter für die Bewässerung fehlte. Auf der Oberfläche dieser Teiche schwamm die heilige Lotusblume der Ägypter; Reihen von Bäumen beschatteten ihre Ufer, und der Eigenthümer pflegte sich hier mit seinen Freunden beim Angeln zu erlustigen oder an einer Wasserfahrt in einem leichten Boot, das von den Sklaven gerudert wurde.

In jedem Garten befand sich auch ein Weingehege, das mit vorzüglicher Sorgfalt gepflegt wurde.

Um die weitausgedehnten Ruinen des alten Theben kennen zu lernen, muß man jene neuern Ortschaften der Betrachtung unterwerfen, die sich jetzt auf derselben Stelle erheben, wo einst die mächtige Königsstadt prangte. Die vorzüglichsten Dörfer, wenn man sie so nennen will, welche jetzt die Stelle des alten Theben einnehmen, sind Luxor und Karnak auf dem östlichen Ufer des Nilstroms, also auf dem Grunde der alten Diospolis, und Gurnu oder Medinet-Habu, auf dem westlichen Ufer, wo einst die libysche Vorstadt stand. Es finden sich zwischen den Monumenten dieser beiden durch den Nilstrom getrennten Stadttheile charakteristische Unterscheidungszeichen. Das östliche Ufer ist ausgezeichnet durch seine Obelisken und Sphinxe, während die wahren Wunder des westlichen Ufers seine Grabmäler und kolossalen Statuen sind. Tempel und Paläste, die in ihrer Trümmergestalt von der riesenhaften Architektur der Vorzeit zeugen, finden sich in beiden Theilen. Allein der Preis des Alterthums möchte besonders einem hier dargestellten Tempel auf dem öst-

Der große Tempel von Karnak.

lichen Ufer gebühren, der den Namen des „großen Tempels von Karnak" führt. Dies ist unstreitig jener älteste Tempel des Diodorus und wahrscheinlich auch einer und derselbe mit dem großen Tempel des Ammon, der zu Theben einst gestanden. Demnach würde dieses Tempelgebäude Theile enthalten, die nahe an 4000 Jahre alt sind.

Das Dorf Luxor ist an sich ein Ort von elendem Aussehen, allein dessenungeachtet noch der vornehmste unter den Ortschaften des heutigen Theben; die wenigen Häuser, die eigentlich mehr Hütten zu nennen sind, sind aus Ziegelsteinen erbaut, die an der Sonne getrocknet sind, oder auch blos aus Thon- und Lehmziegeln.

Die Ruinen des Tempels von Luxor zeigen das Skelet

eines ungeheuern Gebäudes, das auf einem künstlichen Hügel von ungefähr zehn Fuß Höhe errichtet und mit einer Mauer von Backsteinen umgeben ist. Die Gestalt dieses Gebäudes ist ein Oblongum; seine Hauptrichtung geht von Norden nach Süden; seine Länge beträgt 800, seine Breite 210 Fuß. Der große Eingang dieses Gebäudes befindet sich am nördlichen Ende, er besteht, wie dies bei den altägyptischen Gebäuden gewöhnlich ist, aus zwei ungeheuern Vorhallen, die sich von der Grundfläche aus zu einer Höhe von 57 Fuß erheben, eine Breite von 208 Fuß einnehmen und an ihrer Basis beinahe 30 Fuß dick sind. Unmittelbar in der Fronte dieser Vorhallen zeigen sich auf beiden Seiten des offenen Raumes, der sonst den Thorweg bildete, zwei kolossale Statuen von 22 Fuß Höhe, die wahrscheinlich alte Könige von Theben vorstellen. In der Fronte dieser Statuen standen, wie hier dargestellt, ehemals zwei Obelisken, unstreitig in Hinsicht ihres Baustyls, ihrer Höhe und ihrer vortrefflichen Eingrabungen die schönsten in der Welt, wovon jedoch nur noch der eine sich hier befindet; der andere wurde 1833 nach Frankreich geschafft. Die Höhe dieses letztern beträgt 81 englische Fuß, der zweite, noch auf seiner alten Stelle befindliche mißt drei Fuß mehr; beide sind Monolithen. Durch diese Vorhalle gelangt man in einen Hofraum von 232 Fuß Länge und 174 F. Breite, ringsum welchen man die Überreste einer doppelten Säulenreihe sieht; einen Theil derselben nehmen Hütten der Araber ein. Am andern Ende befindet sich eine zweite kleinere Vorhalle, und hinter dieser ist die große, auf Seite 280 abgebildete Säulenreihe 140 Fuß lang, die durch eine doppelte Reihe von sieben Säulen gebildet wird. Die Säulen haben an ihrer Basis 11½ Fuß im Durchmesser und 35 Fuß in der Höhe, mit Einschluß der Capitäler, die in ihrer Gestalt die aufgeschlossene Lotusblume nachahmen. Durch diese Colonnade gelangt man in einen zweiten Hofraum von 165 Fuß Länge und 150 Fuß Breite, der an zwei Seiten gleichfalls durch eine doppelte Säulenreihe begrenzt ist und sich in einem bedeckten Porticus endigt, der aus 32 Pfeilern besteht, die in vier gleichlaufenden Reihen aufgerichtet sind. Hinter diesen befindet sich eine Menge kleiner Gemächer, die bis an das südliche Ende des ganzen Gebäudes reichen und zu religiösen Gebräuchen dienten. Der Chronologie nach zerfällt dieses außerordentliche Gebäude in zwei Theile, nämlich das Amenophium, von Amenophis III. erbaut, der 1430 v. Chr. den Thron von

Die Obelisken des Tempels von Luxor.

Theben bestieg, und das Rameseum, ein Bauwerk Rameses II. (des Großen), dessen Regierungszeit in das Jahr 1300 oder 1350 v. Chr. gesetzt wird.

Eine Stunde etwa nordöstlich von Luxor und zehn Minuten von dem Nilufer entfernt, liegen jene Trümmermassen, die man unter dem „Namen die Ruinen von Karnak" kennt (vergl. die Abbildung auf Seite 276). Das Dorf Karnak selbst ist ein bloßer Haufen arabischer Hütten, die zwischen den Ruinen zerstreut liegen, ein armseliges Dorf, noch kleiner als Luxor; die Ruinen dagegen sind beiweitem ausgedehnter, sie umfassen mehre Gebäude, deren Haupttheile auf einer künstlichen Erhöhung stehen, die durch eine Mauer von nahe an anderthalb Stunden im Umfange eingeschlossen sind. Unter diesen Ruinen, welche, besonders bei Mondlicht betrachtet, auf den Beschauer einen außerordentlichen Eindruck hervorbringen, ist der sogenannte große Tempel beiweitem die imposanteste. Dieses außerordentliche Bauwerk hat nicht weniger als zwölf Haupteingänge, deren jeder aus mehren Vorhallen und kolossalen Thorwegen besteht. Eine derselben ist aus massivem Granit und mit den vollendetsten Hieroglyphen geziert. Auf beiden Seiten der Vorhallen befinden sich kolossale Statuen, einige in sitzender, andere in aufrechter Stellung von 20—30 Fuß Höhe. Kolossale Sphinxe[*] bildeten ehedem von hieraus in Zwischenräumen eine fortlaufende Linie bis Luxor; die Hauptfronte befindet sich nach Westen oder Nordwesten zu, im Angesicht des Nils, mit welchem sie früher durch eine Reihe kolossaler Sphinxe in Verbindung stand.

---

[*] Siehe einen solchen Pfennig-Magazin Nr. 66.

Die Vorhalle auf dieser Seite ist 360 Fuß lang und fast 150 F. hoch, und die Höhe des großen Thorwegs in der Mitte beträgt 64 F. Dieser Eingang führt unmittelbar in einen weiten Hofraum, dessen beide Seiten mit einer Reihe von 30 Säulen geziert sind und dessen Mitte von einer Doppelreihe von schlankern, 50 Fuß hohen Säulen durchschnitten ist. Durch diese Säulen gelangt man zu einem zweiten gigantischen Thorwege, von welchem aus 27 Stufen in die große Halle führten, die von 134 Säulen getragen wird. Der Anblick dieser ungeheuern Halle bringt in dem Beschauer einen ganz außerordentlichen Eindruck hervor. Das hohe Alterthum dieses gewaltigen Tempels ist unzweifelhaft, obwol nicht mit völliger Gewißheit zu bestimmen. Die große Halle rührt von Osiris I., dem Vater Rameses des Großen, her, im 13. oder 14. Jahrhundert v. Chr. den Thron bestieg.

(Der Beschluß folgt in Nr. 252.)

Die Zubereitung des Champagnerweins.

Unstreitig genießen wir, und namentlich wir Stadtbewohner, bei unsern von Tage zu Tage immermehr überhand nehmenden Bedürfnissen, und bei dem in eben dem Maße sich steigernden Luxus sehr viele Dinge, die wir entweder überhaupt ihrer eigentlichen Naturbeschaffenheit nach gar nicht kennen, oder deren Entstehung und Verarbeitung, deren Zubereitungsgeschichte, nur so zu sagen, uns mindestens unbekannt ist. Dies ist der Fall besonders mit mehren Speisen und Getränken, die wir nur in der Gestalt kennen, wie sie eben von uns genossen werden, unter andern mit dem Champagnerwein, dessen eigentliche Zurichtungsmethode, die wir hier mittheilen, unsern Lesern gewiß willkommen sein wird.

Für die Fabrikation des weißen Champagners wendet man gewöhnlich die blaue Traube an, weil dieselbe leichter reift. Sie widersteht den Frösten und den gewöhnlichen Regenschauern, die zur Zeit der Weinlese einzutreten pflegen, weit besser als die weiße Traube. Eben deshalb sind auch die aus bloßen blauen Trauben oder aus einer Mischung von weißen und blauen gewonnenen Weine weniger der Ausartung und dem Verderben ausgesetzt, als die nur aus weißen bereiteten. Beim Abbeeren der Trauben hat man vorzüglich darauf zu achten, daß man alle noch nicht reife oder runzliche und in Fäulniß übergehende Beeren sorgfältig ausscheidet. In der Regel bricht man sie des Morgens, wenn noch der Thau auf ihnen liegt, und man hat die Bemerkung gemacht, daß immer, wenn zur Zeit der Weinlese die Nebel vorherrschen, das Product der Gährung um vieles beträchtlicher ist. Man unterwirft nunmehr die Trauben einer schnellen Pressung, die in der Regel nicht über eine Stunde dauern darf. Der beim ersten Pressen gewonnene Wein ist der vorzüglichste und wird in der Regel besonders aufbewahrt. Nachdem man die unter den Rändern der Presse hervorgetretenen Trester abgeschnitten und in die Mitte der Kelter gebracht hat, unterwirft man ihn einer zweiten Pressung, die den sogenannten Schnittwein (vin de taille) liefert, und durch Wiederholung dieses Verfahrens gewinnt man den Wein vom zweiten Schnitt oder den sogenannten Dünnwein (vin de tisane). Die durch diese verschiedenen Pressungen gewonnene Flüssigkeit wird, sowie sie ausfließt, in Kufen gesammelt, aus denen sie am folgenden Tage in Tonnen gefüllt wird, die man vorher geschwefelt hat. Hier unterliegt nun der Most einem Gährungsproceß und in diesem Zustande verbleibt er bis Ende December, wo er anfängt zu moussiren. Um diese Zeit wird derselbe abgelassen und mit Talk abgeklärt; nach Verlauf von einem Monat oder sechs Wochen läßt man ihn dann zum zweiten Male ab, und füllt ihn im Monat März auf Flaschen. Hier wird er nach Verlauf von sechs Wochen moussirend und gegen den Herbst hin wird die Gährung zuweilen noch einmal so heftig, daß sie die Flaschen zersprengt, doch findet dies nach Verlauf des ersten Jahres seltener statt. In der Regel bildet sich an den untern Rändern der Flaschen ein Bodensatz, den man auf das sorgfältigste entfernen muß, besonders wenn der Wein ausgeführt werden soll; dies geschieht theils durch Abfüllen des Weines in andere Flaschen, theils durch eine besondere Vorkehrung, während der Wein noch unruhig ist. Man bringt nämlich den Bodensatz hinauf in den Hals der Flasche, aus dem man ihn durch Lösen des Pfropfes entfernt. Diese vielfältigen und mühevollen Behandlungsweisen und der aus dem Zerplatzen der Flaschen entspringende Verlust, den man selten niedriger anschlägt als zu 20 vom 100 und öfters noch höher anschlägt, erhöhen nothwendigerweise den Preis des Champagnerweins.

Die Gewächse von Sillery werden erst nach ein bis zwei Jahren auf Flaschen gebracht.

Die Producte der zweiten Pressung zeichnen sich durch einen Beisatz von dem aus den Traubenhülsen übergegangenen Färbestoff aus; deshalb und weil sie einen beiweitem größern Theil Alkohol enthalten, als die der ersten Presse, benutzt man sie zuweilen für die Destillation; häufiger aber braucht man sie, um damit die Rothweine von geringerer Güte zu verschneiden.

Um diejenige Weinsorte zu gewinnen, die den Namen des rothen Champagners führt, wird die Traube anfangs leicht gepreßt, nachdem man ihr denjenigen Theil benommen, den man den Kamm (rafle) der Traube nennt. Man läßt sodann die Gährung vor der eigentlichen Pressung eintreten, um die Absonderung des färbenden Stoffs zu erleichtern. Wenn dies geschehen, so verfährt man damit, wie mit dem weißen Weine. Gegenwärtig ist der rothe Champagner weniger gesucht, als der weiße, und er besitzt auch wirklich keine Eigenschaft, die ihm vor diesem einen Vorzug sicherte. Auch bereitet man eine geringere Sorte von rothem Champagner dadurch, daß man dem weißen Wein etwas von einer Essenz beimischt, die aus einem Decoct von Fliederholz und Cremor Tartari bereitet ist. Dieser Wein wird vin de Fimes genannt, von der Stadt, wo man ihn auf diese Weise zubereitet.

All diese Weine, wenn sie gut zubereitet worden sind und dann in frischen Kellern aufbewahrt werden, erhalten sich in vollkommen gutem Zustande 10—20 Jahre. Einige Sorten, wie z. B. der sogenannte Rahmwein von Ay, halten sich noch längere Zeit und werden immer noch besser. Der letztere ist der einzige Champagnerwein, der jene leichte Bitterkeit erlangt, die alle alten Weine auszeichnen. Die Keller, worin man diese Weine in Rheims, Epernay und Avise aufbewahrt, sind Felsenkeller, die zu einer Tiefe von 30—40 Fuß in die kalkartige Tuffsteinwand eingehauen sind. Die schönsten und geräumigsten unter diesen Kellern sind die des Herrn Moët in Epernay. Hier zeigt in der Regel der Thermometer 54 Grad Fahrenheit, und die Veränderung des Winters und Sommers steigt selten über einen Grad.

Es ist kaum nöthig, zu bemerken, daß die am meisten moussirenden Weine diejenigen sind, die sich am wenigsten halten; ihre Qualität wechselt nach verschiedenen Ursachen; so z. B. die Einwirkung der Luft, die Lage in den Kellern, die Beschaffenheit des Glases, aus dem die Flaschen gemacht sind, und andere Umstände, die oft gar nicht zu bestimmen sind.

Der schwarze Vogel.

Der schwarze Vogel, von dessen Lebensweise und Charakter wir hier Einiges mittheilen wollen, ist kein Vogel, sondern ein berüchtigter Häuptling von dem Stamme Omaha in den nordamerikanischen Wildnissen. Der Name dieses Häuptlings war Washingguh=da=ha, was in der Sprache der Indianer „schwarzer Vogel" bedeutet. Er ist längst gestorben, aber sein Name wird in jenen Gegenden noch immer mit Ehrfurcht genannt. Unter den indianischen Häuptlingen, deren Stämme am Missuri wohnen, war er einer der ersten, die sich mit den Weißen in Handelsverbindungen einließen. Dabei zeigte er sich sehr umsichtig, besonders was die Erhebung der Zölle betraf. Jeder, der zu seinen Lagern kam, mußte seine Waaren vor ihm auslegen und wählte sich daraus, was ihm behagte. Branntwein, Taback, Pulver, Kugeln, Kleidungsstoffe u. s. w. wofür er jedoch keine Bezahlung bewilligte. Hierauf mußte der Ausrufer auf den Gipfel des Hauses steigen und den ganzen von dem schwarzen Vogel beherrschten Stamm herentbieten, damit Jeder, was er an Pelzwerk besaß, beibringe und mit dem fremden Manne Handel treibe. Auf dieses Gebot erschienen denn die Indianer mit Bären, Bibern, Ottern- und andern Fellen. Diese mußten sie auf Befehl ihres Häuptlings gegen die Waaren des fremden Handelsmannes austauschen, dem sie von dem Preise, den er zu stellen beliebte, durchaus nichts abhandeln durften. Auf diese Weise konnte sich der letztere natürlich für das dem Häuptling gemachte nothgedrungene Geschenk wieder entschädigen. Wenngleich nun der schwarze Vogel sich durch dieses Verfahren die Liebe der europäischen Handelsleute erwarb, so waren doch seine eignen Unterthanen nicht damit zufrieden und versuchten es, sich einige Male gegen ihn zu empören. Es wäre vielleicht bald mit der Herrschaft des schwarzen Vogels ein Ende geworden, wenn ihm nicht ein europäischer Handelsmann, der ebenso gewissenlos als listig war, ein Mittel in die Hände gegeben hätte, um sich die unbeschränkteste Herrschaft über sein unwissendes und abergläubisches Volk zu erhalten. Dieses Mittel bestand in nichts Anderm, als in Arsenik. Sobald nun einer seiner Unterthanen dem Häuptling den Gehorsam verweigerte, so weissagte dieser seinen Tod in so und so kurzer Zeit, den er denn auch durch sein Arkanum sicher herbeizuführen wußte. Von dieser Zeit an erfüllte Furcht und Zittern die armen Omahas und sie glaubten fest an die übernatürliche Macht ihres Häuptlings. Obgleich er nun dergestalt über Leben und Tod seiner Unterthanen unbedingt verfügte, so konnte er doch den natürlichen Tod von sich selbst nicht abwenden. Es war 1802, als unter dem Stamme der Omahas die Pocken ausbrachen und unter diesen armen Leuten eine solche Verheerung anrichteten, daß in Kurzem zwei Drittheile der ganzen Bevölkerung hinweggerafft wurden. Die größte Verzweiflung bemächtigte sich nun dieser armen unwissenden Indianer. Einige steckten ihre eignen Wohnungen in Brand, als ob sie dadurch der Seuche Einhalt thun könnten; andere ermordeten in einem Anfall von Wahnsinn Weiber und Kinder. Endlich befiel auch die Krankheit den Häuptling selbst, und nun stieg die Angst und Verzweiflung seines Volks auf das höchste. Aber der schwarze Vogel verkündigte nun selbst seinen eignen Tod und befahl, daß man ihn auf einem hohen Vorgebirge an dem Ufer des Missuri bestatten solle, von wo er bei Lebzeiten häufig auf die den Strom daherschiffenden Boote der weißen Handelsmänner herabgeblickt hatte. Allein er wollte, gleichsam um sein herrschsüchtiges Gemüth noch im Tode zu bewähren, nicht in liegender Stellung, sondern auf seinem Lieblingspferde sitzend begraben sein, ein Befehl, der von seinen Unterthanen pünktlich vollzogen wurde. Auf seinem Grabhügel errichteten sie eine große Stange mit einem weit hinflatternden Panner, ein Denkmal, das noch in neuesten Zeiten stand und von europäischen Reisenden besucht ward.

Das Tättowiren.

Die Sitte des Tättowirens oder des Eingrabens bunter Flecken in das Gesicht und den Leib scheint bei den wilden Völkern uralt zu sein, doch sind es jetzt vorzüglich die Südseeinsulaner, die diesen Gebrauch haben und ihn gleichsam als eine geheiligte Überlieferung, als eine religiöse Pflicht betrachten, der Niemand sich entziehen darf. Auch dient das Tättowiren unter diesen Völkern als Abzeichen des Stammes, der verschiedenen Geschlechter u. s. w., sodaß es, nach der Versicherung neuerer Reisenden in diesen Gegenden, vielleicht selbst für die Geschichte, den Ursprung und die Verwandschaft der amerikanischen und australischen Volksstämme von Belang sein würde, wenn man sich so genau als möglich, und namentlich durch getreue Abbildungen von den verschiedenen Arten der Tättowirung, die bei den Indianern der neuen Welt und den Bewohnern der Südsee stattfinden, unterrichten wollte. Man muß sich auch keineswegs vorstellen, als ob diese Tättowirung in einem bloßen willkürlichen und grellfarbigen Beschmieren des Gesichts und Oberkörpers bestünde; es findet dabei vielmehr eine gewisse Regelmäßigkeit und Symmetrie statt, welche beweist, daß dieser Gebrauch ebenfalls seinen eigenthümlichen Bestimmungen und Gesetzen unterworfen ist. So bemerkte z. B. schon der berühmte Seefahrer Cook bei seinem Aufenthalt auf den Sandwichsinseln, daß die dortigen Eingeborenen sich nur mit geraden, rechtwinkelig durcheinander laufenden Linien zu tättowiren pflegen.

Ein Amerikaner, der das Unglück hatte, in die Gefangenschaft der Wilden von den Südseeinseln zu gerathen, beschreibt das Verfahren beim Tättowiren, welches an ihm selbst und seinen Unglücksgefährten angewendet ward, folgendermaßen. Nachdem man die zu tättowirende Person zuvörderst am Boden festgebunden und sich ihrer so versichert hat, daß sie sich nicht rühren kann, zeichnet man ihr die Figuren, womit ihr Angesicht geziert werden soll, mit einer scharfen Nadel auf die Haut, dann wird mittels eines kleinen, aus Fischgräthen verfertigten Werkzeugs die Haut längs diesen Linien eingestochen. Man hält dasselbe ein bis zwei Zoll über die Haut und treibt hierauf durch einen starken Schlag die Zähne ins Fleisch hinein, sodaß sie nach jedem Schlage von selbst wieder herausspringen. Nach dieser sehr schmerzhaften Operation, die sich insgemein auf Gesicht und Brust erstreckt, werden die eingegrabenen Stellen mit einem aus Safran bereiteten Farbensaft geätzt, jedoch nur nach und nach, weil nach der Operation immer eine heftige Entzündung der wunden Stellen erfolgt, die man erst abwarten muß. Man kann sich leicht vorstellen, daß, da das Tättowiren auf so gewaltsame und eindringliche Weise geschieht, die Spuren desselben nie wieder von der Haut verschwinden. Jener amerikanische Gefangene versichert, daß die Frische der Farbe auf derselben sich mit der Zeit eher vermehrt als vermindert. Er und seine Gefährten erlitten die Operation nur auf der Brust und behaupten, daß, da der Schmerz schon an diesem Körpertheil außerordentlich gewesen, er im Gesicht (das bei den ältesten Eingeborenen, seltsam genug, immer am stärksten tättowirt ist) ganz unerträglich sein müsse.

Säulenreihe im Tempel von Luxor.

Das Pfennig-Magazin
für Verbreitung gemeinnütziger Kenntnisse.

232.] Erscheint jeden Sonnabend. [September 9, **1837**.

Galerie der deutschen Bundesfürsten.
XXV.

Günther, Fürst von Schwarzburg-Rudolstadt.

Friedrich Günther, regierender Fürst von Schwarzburg-Rudolstadt, geboren am 6. November 1793, folgte seinem Vater, dem Fürsten Ludwig Friedrich, am 28. April 1807 in der Regierung, die während seiner Minderjährigkeit seine Mutter, Karoline, geborene Prinzessin von Hessen-Homburg, und sein Oheim, der Prinz Karl Günther, gestorben am 5. Februar 1825, verwalteten. Nachdem der Prinz in Rudolstadt eine treffliche Vorbildung genossen, hielt er sich zu seiner weitern Ausbildung 1810 ein Jahr lang in Genf auf. Nach der Schlacht bei Leipzig begab er sich in das Lager der Verbündeten und wohnte unter der Leitung des Prinzen Philipp von Hessen-Homburg dem Feldzuge gegen Frankreich bei. Nach einem kurzen Aufenthalte in Paris kehrte er 1814 nach Deutschland zurück, wo er am 6. November die Regierung selbst antrat. Er gab 1816 eine landständische Verfassung, und eine Reihe der wohlthätigsten und durchgreifendsten Reformen haben ihm die Liebe und das Vertrauen seiner Unterthanen erworben. Der Fürst ist seit dem 15. April 1816 mit der Prinzessin Auguste von Anhalt-Dessau, geboren am 18. August 1793, vermählt und es stammen aus dieser Ehe der Erbprinz Günther, geboren am 5. November 1821, und der Prinz Gustav, geboren am 7. Januar 1828.

Die Falklandsinseln.

Die Falklandsinseln, auch Malouinen genannt, liegen ungefähr 60 Meilen von der östlichen Küste von Patagonien, unter dem 51.—52. Grade südlicher Breite, und bestehen aus den beiden größern Inseln Ost- und Westfalkland und etwa 90 kleinern Eilanden. Sie wurden von dem Engländer Richard Hawkins 1593 aufgefunden, aber nach ihrer Entdeckung von den Seefahrern wenig beachtet, welche sich durch das anscheinend rauhe Klima, durch die scheinbare Unergiebigkeit des torfartigen Bodens und durch die heftigen Winde, welche zu manchen Zeiten den Aufenthalt auf denselben unwirthlich machen, abschrecken ließen. Später versuchten die Franzosen, hier eine Niederlassung zu gründen, gaben sie jedoch bald wieder auf, da ihnen die Unterhaltung derselben zu kostspielig wurde. Die von den Franzosen 1764 auf Ostfalkland gegründete Colonie St.-Louis, am Fuße des 2100 Fuß hohen Berges Chatelleur, die sich durch einen vortheilhaften Ankerplatz auszeichnet, wurde 1767 an Spanien abgetreten, welches sie später ganz eingehen ließ. Auf der über 20 Meilen langen Insel Westfalkland bestand seit 1765 eine englische Niederlassung mit dem großen und vortrefflichen Hafen Egmont, wurde aber 1774 freiwillig von den Engländern an Spanien abgetreten, welches jedoch nie einen großen Werth auf diese Besitzungen legte und für deren Anbau gar nichts that. Noch weniger Interesse nahm die spanische Regierung an diesen Colonien, als 1818 La Plata und Chile sich für unabhängig erklärten, und gab deshalb den Besitz derselben noch in demselben Jahre gänzlich auf. Die Republik La Plata legte zwar eine Ansiedelung auf den Inseln an, die Engländer aber nahmen 1833 ihre alten Eigenthumsrechte wieder in Anspruch, die sie trotz den Einwendungen der Republik behaupteten. Sie haben seitdem große Sorgfalt auf ihre neue Niederlassung auf Ostfalkland gewendet, die bald eine größere Ausdehnung gewinnen dürfte.

Die Küsten der Falklandsinseln bestehen aus zahllosen Einschnitten und Buchten, von welchen sich mehre zu trefflichen Häfen eignen, wo Schiffe von allen Größen vor Anker gehen können. Das Klima ist im Allgemeinen gemäßigt, da die Temperatur im Winter selten über zwei Grad unter dem Gefrierpunkt ist, im Sommer selten über 19 Grad Réaumur, und die Witterung ist nach den Berichten der Einwohner fast durchgängig gesund, denn im Sommer ist der Nordwestwind, im Winter der Südwest herrschend. Der Schnee bleibt im Winter selten länger als einen Tag in der Ebene liegen. Die Oberfläche des Bodens besteht aus Torferde, ist jedoch bei einiger Bearbeitung dem Anbau sehr günstig. Die Weideplätze sind bis auf die Gipfel der Berge sehr gut und eignen sich besonders für Schafe. Vortrefflich gedeihen Hanf, Kartoffeln, Rüben, Kohl und andere Küchengewächse, und seit einiger Zeit wird auch Weizen gebaut. Dagegen ist es ein auffallender Umstand, daß Bäume, welcher Gattung sie auch angehören mögen, nicht gut fortkommen und das Klima des Landes nicht zu vertragen scheinen, was um so befremdender ist, da in Ländern von fast ganz gleichem Wärmegrad sogar Fruchtbäume vollkommen gut gedeihen. Auf den Falklandsinseln ist jedoch kein Mangel an Holz, das von dem nicht über 60 Meilen entfernten Feuerland mit Leichtigkeit bezogen wird. Auf Ostfalkland befinden sich nach der Küste hin, wo die Gebirge ihren Anfang nehmen, viele kleine Seen und Teiche, welche die Fruchtbarkeit des Bodens noch erhöhen. Das Wasser in diesen Seen ist seicht und süß und erhält beständigen Zufluß von den Quellen des Gebirgs, sowie es auch einen gleichmäßigen Abfluß hat. Das Hauptproduct dieser Insel ist Vieh, besonders Rindvieh, welches ursprünglich aus Südamerika eingeführt, hier nun in so großer Anzahl lebt, daß man jetzt auf der Insel gegen 5000 Stück wilder Kühe und Ochsen zählt, und doch versichern die Einwohner, daß die Weideplätze für noch einmal so viel ausreichen würden. Pferde sind in geringer Menge vorhanden und von kleinem Wuchs und nicht eben starkem Körperbau. Gezähmt taugen sie vollkommen zu allen Geschäften des Ackerbaus; weniger passend sind sie zum Reiten. Außer Pferden und Rindvieh gibt es auch wilde Kaninchen in ungeheurer Menge, welche die europäischen an Größe bedeutend übertreffen, Wölfe, Füchse, Seekälber, Schweine, die anfangs als zahm eingeführt worden, aber nun den wilden ganz ähnlich sind. Von Geflügel findet man besonders Seevögel, Pinguins, eine Art von Fettgänsen, Enten und Schnepfen in beträchtlicher Menge. Auch an Fischen, besonders Barben, ist großer Überfluß. Eingesalzen sind die letztern eine Lieblingsspeise der Einwohner. Außerdem fängt man Robben, Seelöwen und schwarze Walfische, welche von englischen, französischen und amerikanischen Schiffen gefangen werden. Ein vorzüglich beachtenswerthes Product von Ostfalkland ist das Aschensalz, welches bei einer verhältnißmäßigen Anzahl betriebsamer Colonisten einen wichtigen Ausfuhrartikel bilden würde. Thierhäute und Fleisch würden ebenfalls einen ergiebigen Handelszweig abgeben und besonders von den amerikanischen Schiffen sehr gesucht werden. Auch würde der Hafen von St.-Louis für Schiffe, welche aus Neusüdwales, aus den Republiken Chile, Peru und dem westlichen Colombia zurückkehren, ein wünschenswerther Landungsplatz sein, um frisches Wasser einzunehmen, das in dieser Gegend auf den Schiffen häufig vermißt wird.

Für die westliche Falklandsinsel muß noch sehr viel gethan werden, besonders würde es nützlich sein, Viehheerden, die hier nur in sehr dürftiger Anzahl vorhanden sind, von Ostfalkland überzusetzen, um künftigen Colonisten ihren Unterhalt zu erleichtern. Jetzt befinden sich zu Port Egmont, der einzigen Niederlassung auf Westfalkland, im Ganzen nur 18 Personen: nämlich ein Irländer als Oberaufseher der britischen Flagge, ein Engländer, ein Franzose, ein Deutscher, ein Einwohner von Teneriffa, neun Gauchos aus Buenos Ayres, drei Frauen und ein Kind. Der englische Capitain Seymour hatte Gelegenheit, als er im vorigen Jahre die Insel besuchte, um die dortige Niederlassung kennen zu lernen, einer Meuterei Einhalt zu thun, welche durch die Bosheit der Gauchos unter den Ansiedlern ausgebrochen war. Die Gauchos, mit Ausnahme von Zweien, welche an der Meuterei nicht Theil nahmen, hatten bereits fünf von den Europäern getödtet, ihr Eigenthum geplündert und Alles zerstört. Capitain Seymour, der nur in Begleitung seines Lieutenants und zweier andern Personen, blos mit Vogelflinten bewaffnet, sich der Niederlassung genähert hatte, ließ von seinem Schiffe Mannschaft holen, verfolgte die Mörder, welche sich bei ihrer Annäherung geflüchtet hatten, mehre Tage hindurch mit großen Schwierigkeiten und war so glücklich, sieben der Bösewichter einzufangen, welche später nach Rio Janeiro gesandt wurden. Hierauf stellte der Capitain das ebenfalls zerstörte Gouvernementsgebäude wieder her, richtete den ganz verwüsteten und mit Gerippen verbrannten Viehes übersäeten Garten wieder ein und ließ durch seine Leute zu Gunsten der Colonisten eine hinlängliche Zahl von anderm Viehe einfangen. Die Zahl der Ansiedler vermehrte sich später noch um acht Mann, sodaß die Bevölkerung der Niederlassung jetzt aus ungefähr 30 Personen besteht.

Die Tropfsteinhöhle bei Demenfalva.

Eine merkwürdige Naturerscheinung ist die Tropfsteinhöhle bei Demenfalva in der liptauer Gespanschaft, in Ungarn, anderthalb Stunden von dem Marktflecken Szent Miklos (St.=Nikolaus).

Der Weg dahin führt hinter Demenfalva eine Stunde das romantische Thal entlang, wo man links einbiegend ungeheure Felsmassen erblickt, die mehre Höhlen enthalten. Die berühmteste und zugleich die nächste derselben heißt „Zfierna" (die schwarze); um zu ihr zu gelangen, muß ein sehr steiler, mit Sandsteingerölle bedeckter Berg bestiegen werden, auf dessen mittler Höhe der Eingang sich befindet, und obgleich er enge und niedrig ist, so versichert doch den Reisenden der Führer, man sei an Ort und Stelle. Ein Schutthaufen, seit Jahrhunderten aufgehäuft, bedeckt hier den sehr steilen, in die Tiefe führenden Weg, sodaß man gleich, wie an der Außenseite des Berges, beinahe mit jedem Schritt Gefahr läuft, auszugleiten. Der finstere Abgrund, welcher sich bis zum Mittelpunkt der Erde hinabzusenken scheint, die Unsicherheit der Tritte auf dem beweglichen Boden, der grause Wiederhall, dumpf herauftönend aus dem Schlunde von dem Fall der rollenden Steine; endlich die in abgemessenen Entfernungen sich bewegenden Lichter, ohne daß man den Träger gewahre; alles Dies wirkt geisterhaft und unheimlich auf die Phantasie. Mit Freuden vernimmt man endlich den Ruf des Führers, daß der Weg nun eben und doch weniger beschwerlich und bedenklich sei. Ein Gnomensaal schließt sich jetzt mit einem Mal dem entzückten Auge auf, der mit dem reichsten Faltenwurf des Stalaktits bekleidet und geschmückt ist, mit Orgeln, Altären, Säulen, die mit Nischen durchhöhlt sind, aus denen weiß verhüllte Gestalten uns entgegentreten. Von hier geht es durch engere und weitere Räume bergauf und bergab; einmal über eine Leiter, dann über nasse abschüssige Hügel und übereinanderliegende Grotten zwischen Säulen, Kegeln, Vasen, Pyramiden, versteinerten Cascaden, mit blendendem Muschelwerk und seltsamen Thier= und Menschengestalten, wie sie kaum die abenteuerlichste Phantasie zusammensetzen könnte und welche hier die in ihren Formen unerschöpfliche Natur aus Stalaktiten gebildet hat. Zahllose Öffnungen verkündigen das Dasein von Seitenhöhlen, deren wenigste bis jetzt erforscht sind. Eine derselben, von beinahe gleicher Größe, wie die Haupthöhle, verdient ganz besondere Aufmerksamkeit und lohnt reichlich die Mühe des Hinabsteigens.

Nicht weit vom Eingange erhebt sich nämlich eine mehr als zwei Klafter hohe, bei Fackelschein herrlich prangende Pyramide vom reinsten Eise, von der in schimmernder Farbenpracht Millionen Brillanten den Lichterschein wiedergeben. Auch die Grundfläche dieses wunderbaren Krystallfelsens besteht aus Eis und dröhnt dumpf und hohl bei jedem Schritte des Führers, dem hier zu folgen nicht rathsam wäre, da der spiegelglatte Boden gegen die Rückwand, die wol schwerlich je ein menschliches Wesen erforschen wird, abschüssig endet. Das Eis in dieser Höhle erzeugt sich ungemein schnell, denn wenn man bei festlicher Gelegenheit zu St.=Nikolaus Eis braucht, holt man es aus dieser unversiegbaren Vorrathskammer, in der sich jedesmal die hinweggeschaffte noch so beträchtliche Menge binnen kurzer Zeit wieder ersetzt.

Eine dritte nächst dieser gelegene Höhlenkammer zeigt wieder eine ganz andere und höchst sonderbare Art Tropfstein, welche vor der Erhärtung schmierig wie Seife ist und sich in der Hand kneten läßt. Diese ist gleichfalls von beträchtlicher Höhe, da die Strahlen der emporgehobenen Lichter nicht bis an die Decke reichen, und endet in einem ungeheuren Sumpf von Bergmilch, der jedes weitere Fortschreiten hemmt. Unter mehren schönen Architekturstücken, Gruppen von Säulen, Muscheln, Cascaden u. dergl. ist diese Kammer auch reich an thierischen Überresten, und höchst wahrscheinlich ist der ganze Boden ein untergegangenes Thiergeschlecht. Die sich hier aufdrängende Frage, wie sich diese Krystallhöhlen gebildet und woher diese Thierüberreste kommen, zu beantworten, liegt außer den Grenzen dieser Blätter und ist überdies, was erstere anbetrifft, ein schwer zu lösendes Räthsel. Daß Wasser von der Decke herabträufelt, ist wahr, allein dies ist in beiden Höhlen der Fall, und doch bildet sich in jeder nur an Einer Stelle Eis, sonst überall Stalaktiten. Dies wäre daher keineswegs eine hinlängliche Erklärung dieses sonderbaren Phänomens, wie sie nur flüchtig in Sartori's Werk: „Die Naturwunder des östreichischen Kaiserthums", gegeben wird. Nur mühsam trennt man sich von dem bezaubernden Anblick dieses unterirdischen Palastes, von dem die allerumständlichste Beschreibung immer nur ein schwaches Bild von Dem zu geben im Stande ist, was man gesehen hat.

Schneller ist der Rückweg zurückgelegt, auf dem schon in bedeutender Ferne ein kleiner, doch immer wachsender Stern freundlich und hoffnungsvoll den Wanderer zu dem himmlischen Lichte heraufwinkt. Wohlthuend und erquickend ist das Gefühl, mit dem man den Rand dieses Schattenreichs betritt und sich wieder von wohlbekannten und befreundeten Gegenständen umgeben findet. Man ruht einen Augenblick aus, wie gefesselt durch die reine Luft, die man jetzt wieder schöpft, indeß die Pracht des finstern Reichs der ewigen Nacht Staunen und Bewunderung erregt, die aber nie von dem beängstigenden Bewußtsein getrennt sind, ein Fremdling sei der Mensch hier in dieser weiten öden Schöpfung.

Der merkwürdigern Höhlen sind hier noch zwei, wovon die eine Okno genannt wird und zahlreiche thierische Überreste birgt; die andere, mit Namen Vivjeranja, ist von einem bedeutenden Bache durchflossen, welcher, wie das wilde Geräusch verräth, noch lange unter der Erde fortfließt. Außer diesen sind auch noch mehre kleine Höhlungen in diesem Kalkgebirge, worin im Herbste zuweilen die Schafe übernachten.

Die Denkmäler des alten Ägyptens.
(Beschluß aus Nr. 231.)

Von ähnlicher Beschaffenheit wie die Bauwerke von Luxor und Karnak sind die bei dem Dorfe Medinet=Habu befindlichen Ruinen (vergl. die Abbildung auf umstehender Seite), von denen mehre aus den Zeiten Hadrian's und der Ptolemäer, andere weit ältere aber von äthiopischen Herrschern herrühren. Die imposanteste und älteste dieser Ruinen ist der ungeheure Palast Rameses III., der mit historischen Basreliefs ganz bedeckt und auf unserer Abbildung theilweise vorgestellt ist.

Von den übrigen aus dieser ungeheuern Ruinenmasse hervorragenden Bauwerken sind noch einige andere anzuführen. Zuerst das sogenannte Memnonium oder der Palast des Osymandyas, von welchem wir bereits bei dem griechischen Geschichtschreiber Diodorus eine Beschreibung finden. Die Dimensionen dieses Gebäudes betragen 530 Fuß in der Länge und 200 F. in der Breite, und es ist besonders merkwürdig durch die herrlichen kolossalen Statuen, die im Innern desselben entdeckt worden sind. Der berühmte Memnonskopf, der sich gegenwärtig in der Sammlung der ägyptischen Alterthümer des britischen Museums befindet, gehörte früher zu einer dieser Statuen; wahrscheinlich hatten die Franzosen während der Zeit des ägyptischen Feldzugs unter Bonaparte von dieser Statue die kolossale Büste durch Schießpulver abgesprengt, um sie zum Transport geeigneter zu machen; sie mußten jedoch dieselbe zurücklassen und sie wurde später von Belzoni nach Europa gebracht. Nahe bei der Stelle, wo man den Memnonskopf gefunden hatte, liegen die Bruchstücke einer andern Statue, die man für die kolossalste in ganz Ägypten hält. Sie war in sitzender Stellung aufgerichtet und maß rings um die Schultern nicht weniger als 62 Fuß. Diese ungeheure Statue, aus rothem Granit gearbeitet, ist in der Mitte entzwei gebrochen und der obere Theil liegt nun halbzertrümmert auf dem Boden. Der Leser kann sich leicht vorstellen, welche fast übermenschliche Mittel dazu gehörten, sowol von Seiten des Künstlers, einen so ungeheuern

Ruinen des Tempels zu Medinet-Habu.

Bildsäulen in der Nähe des Tempels von Mednet-Habu.

Koloß zu arbeiten, als von Seiten der Werkleute, denselben aufzurichten. Der englische Reisende Hamilton, der diesen Koloß bestiegen hat, äußert sich darüber so: „Nicht ohne große Schwierigkeit und Gefahr konnten wir seine Schultern und seinen Nacken erklimmen, und indem ich von dem letztern aus nach seiner Brust zuschritt, wurde ich von meinem arabischen Diener unterstützt, der an meiner Seite auf den beim Oberarm der Statue eingegrabenen Hieroglyphen hinwandelte."

Nicht minder merkwürdig als der Palast und das Grabmal des Osymandyas sind die sogenanten Höhlengräber von Gurnu, welche in die benachbarte libysche Bergkette eingehauen sind, sowie die sogenannten Gräber der Könige, die sich gleich am Eingange eines engen Thalschlundes befinden. „Dieser Thalgrund", sagt Champollion, „ist der wahrhafte Aufenthalt des Todes, nicht einen Grashalm findet man hier, nicht ein einziges lebendes Wesen, mit Ausnahme der Schakale und Hyänen, die während einer Nacht kaum 100 Schritte von unserm Ruheplatz entfernt den Esel verschlangen, der meinem Diener zum Klepper gedient hatte, während sein Besitzer die Nacht des Ramazan auf angenehme Weise in unsere Küche zubrachte, die wir in einem ganz verfallenen Königsgrabe eingerichtet hatten." Wir enthalten uns ausführlicherer Beschreibungen dieser bewunderungswürdigen Katakomben, in welchen Jahrhunderte, ja, man möchte sagen, Jahrtausende alte Mumien in Särgen aus Sycomorenholz ruhen, um so mehr, da dieselben in neuern Zeiten und von neuern Reisenden geschildert sind, müssen jedoch noch mit wenigen Worten der beiden sogenannten sitzenden Kolosse erwähnen. Mit diesem Namen bezeichnet man nämlich die beiden sitzenden Figuren, welche von den Eingeborenen die verwandtschaftlichen Namen von Shamy und Tamy erhalten haben. Man vermuthet, daß diese Statuen ursprünglich vor dem Eingange eines ungeheuern Tempels gestanden haben, der seitdem verschwunden ist, von welchem jedoch durch neue Reisende einige Spuren wieder entdeckt worden sind. Sie stehen in der westlichen Ebene von Theben, ungefähr halbwegs zwischen der Wüste und dem Strom, sodaß der Reisende, der auf dieser Seite landet und in gerader Richtung nach dem Grabmale des Osymandyas zuschreitet, dieselben auf seinem Wege berühren muß. Die Höhe dieser beiden Kolosse beträgt 47 Fuß, und mit dem Fußgestell 55 F. über der Oberfläche, auf welcher sie stehen oder vielmehr, in welcher sie bis zu einer Tiefe von sieben Fuß eingegraben sind, sodaß also ihre volle Höhe 60 F. beträgt. Diese beiden Figuren wurden aufgerichtet von Amenophis III., der den Thron von Theben 1403 v. Chr. bestieg, und den man insgemein für eine Person mit dem von dem griechischen Geschichtschreiber erwähnten Memnon hält.

Handel mit Menschenköpfen auf Neuseeland.

Die Neuseeländer — erzählt ein französischer Seeoffizier — sind im Besitz eines Verfahrens, um menschliche Überreste auf einfache und schnelle Art in einen Zustand zu versetzen, in welchem sie sich auf eine überraschende Weise unverändert erhalten und lange aufbewahren lassen. Sie wenden dieses Verfahren zuweilen an, um den ganzen Körper eines angesehenen Häuptlings vor Verwesung zu schützen; dann werden die irdischen Reste des Verstorbenen sorgfältig eingeschlossen und von den Stämmen und Familien aufbewahrt, welchen sie angehören. Diese entäußern sich derselben unter keinerlei Vorwand, und die geringste diesen sterblichen Resten zugefügte Beleidigung würde unfehlbar die Rache des ganzen Stammes zur Folge haben. Meines Wissens ist es noch keinem Europäer gelungen, sich in den Besitz einer solchen Mumie zu setzen.

Jene Art von Einbalsamirung, von welcher hier die Rede ist, wird häufiger bei Köpfen von Häuptlingen in Anwendung gebracht, welche in der Schlacht umgekommen sind und deren Körper in die Hände ihrer Feinde fällt. Diese verfehlen dann nie, sie vor der Fäulniß zu sichern, um sie ihrem Stamme als Siegeszeichen mitzubringen. Zuweilen werden sie auf langen Stangen in der Nähe ihrer Wohnungen aufgepflanzt, wo dann die unglücklichen Gefangenen bei ihren Arbeiten dazu verurtheilt sind, vielleicht die Züge eines geliebten Verwandten oder eines verehrten Häuptlings stets vor sich zu sehen.

Der Besitzer eines solchen Siegeszeichens verwahrte es vormals sorgfältig, wenn er gegen den Stamm in in den Kampf zog, dem er es entrissen hatte, weil er wußte, daß die feindliche Partei Alles thun würde, um ihm dasselbe zu entreißen, und daß, wenn er in ihre Hände fallen sollte, seinen Kopf nur dadurch retten konnte, daß er den in seinem Besitz befindlichen des ehemals überwundenen Kriegers auslieferte.

Erst nach der Ankunft der Europäer in Neuseeland wurden diese einst so heilig gehaltenen Köpfe zu einem Handelsartikel. Die Naturforscher, welche Cook begleiteten, scheinen die Ersten gewesen zu sein, welche das Verfahren der Neuseeländer, solche Köpfe einzubalsamiren, oder vielmehr auszutrocknen, kennen lernten. Eins oder zwei Exemplare dieser Art kamen durch sie nach England, wo man sich wunderte, sie so gut erhalten zu sehen. Seit Cook, also fast 50 Jahre lang, fand keine wissenschaftliche Reise nach Seeland statt; allein im Anfang dieses Jahrhunderts wurden diese getrockneten Köpfe die Quelle eines namhaften Gewinnes für die Walfischfänger. Solche wohlerhaltene Exemplare wurden von ihnen für 3—400 Francs verkauft, und als wir im Jahre 1824 in Port Jackson waren, kosteten sie für den Liebhaber noch 125—150 Francs.

Dieser Handel erschien als eine so natürliche Sache, daß mehre Personen dieser Colonie, da sie wußten, daß wir Neuseeland berühren mußten, uns Glück wünschten zur Gelegenheit, die wir dadurch erhielten, Köpfe zu billigem Preis einzuhandeln. Sie fügten bei, es genüge, sich an einen Häuptling zu wenden und diesem unter seinen Sklaven jene Köpfe zu bezeichnen, welche wir zu besitzen wünschten, wo wir sie dann binnen vier bis fünf Tagen vollkommen zubereitet erhalten würden.

Diese Behauptungen waren sicher übertrieben, allein die schändliche Habsucht der Europäer und die Begierde der Neuseeländer nach Schießpulver und Flinten können allerdings Anlaß zu empörenden Auftritten geben. Nachstehender Auftritt, von welchem ich Zeuge war, scheint mir dies zu bestätigen.

Während unsers Aufenthalts in der Bai der Inseln, im Jahre 1824, sprach ich zufällig die Worte Moko-Mokaï aus, welches der Name ist, mit dem man jene Köpfe in der Landessprache bezeichnet. Ein Häuptling von hohem Wuchs, mit wildem Gesicht, fragte mich barsch, ob ich ihm eine Flinte für einen solchen Kopf geben wolle. Mir fiel ein, was ich in Port Jackson gehört hatte, und schnell antwortete ich, daß ich keinen begehre. Der Neuseeländer glaubte indeß wahrscheinlich, daß der Anblick der Waare ihm einen Käufer verschaffen werde und erschien drei Tage später am Bord des Schiffs mit einem ganz frisch zubereiteten Kopfe.

Einige Tage später begleitete ich einen mir besonders gewogenen Häuptling, den Gebieter eines befestigten Dorfes, vor welchem wir vor Anker lagen. Nachdem er mir seine Befestigungen mit vielem Stolz gezeigt hatte, führte er mich in seinen Palast, eine Art Höhle, in welche ich nicht anders als kriechend gelangen konnte. Sorgfältig verschloß er die Thüre und holte einen zubereiteten Kopf aus einer Kiste, den er mir zum Kauf anbot. Dieser Kopf gehörte, wie er sagte, einem Häuptling und berühmten Krieger, von den Ufern des Schuraki, den er im Kampfe erschossen hatte. Der Körper ward unter die Bewohner der Bai der Insel vertheilt, die ihn verzehrten und den Kopf behielt er für sich. Er hatte ihn getrocknet, um ihn, wie er sagte, dem Sohne jenes Häuptlings zu bringen, was ihn jedoch nicht abhielt, mir denselben für ein Pfund Pulver zum Kauf anzutragen. Es war ein herrlicher Kopf, ich schlug ihn aber aus, um unter meinen Leuten diesen häßlichen Handel durch mein Beispiel nicht zu ermuntern.

Vier Jahre später kaufte ich jedoch heimlich einen solchen Kopf, den ich für ein Naturaliencabinet meines Vaterlandes bestimmte, der aber durch das bei mehren Stürmen in meine Kajüte eingedrungene Seewasser sehr beschädigt wurde.

Während das Schiff, an dessen Bord ich mich damals befand, in der Bai von Schuraki vor Anker lag, bot man mir einen höchst merkwürdigen Kopf, versteht sich gegen höhern Preis, zum Kauf an. Pangui, der Häuptling dieses Bezirks, hatte nämlich den in einer Entfernung von 15—20 Stunden in seinem Dorfe beigesetzten Kopf Pomare's holen lassen, um ihn mir zu verhandeln. Pomare stand in großem Ruf, der verwegenen Züge halber, welche er, von nur 30 auserlesenen Kriegern begleitet, zu unternehmen pflegte. Sein Kopf war ein phrenologisches Studium und eine historische Merkwürdigkeit zugleich; ich war indeß zu eilig, als daß ich diesen langwierigen Handel hätte abschließen können.

Wenn wir die bizarren Zeichnungen, welche auf den Gesichtern dieser Wilden tättowirt sind, genau untersuchten, so wurden sie unruhig, entzogen sich unsern Blicken und liefen endlich völlig davon. Meiner Meinung nach fürchteten sie vielleicht, wir würden Lust haben, ihre Köpfe den Sammlungen einzuverleiben, welche sie uns von Thieren aller Art anlegen sahen.

Die englischen Missionare haben, zu ihrer Ehre sei es gesagt, Alles aufgeboten, um diesem Handel in ihren Bezirken ein Ende zu machen, allein ihr Einfluß ist noch zu unbedeutend, und der Handel mit Köpfen wird so lange noch fortdauern, als sich noch Käufer dazu finden.

Feuersbrünste in Paris.

Bei der Einrichtung der Häuser, den vielen feuergefährlichen Gewerben und der Art, mit Feuer umzugehen, welche aus den Zeiten zu stammen scheint, wo die Häuser wie die Fußböden und Treppen noch ganz von Stein waren, ist es ein wahres Wunder, daß nicht weit mehr Feuersbrünste in Paris entstehen, als dies der Fall ist. Zwar ist ihre Zahl nach den amtlichen Verzeichnissen sehr groß, man hört aber selten von bedeutenden, und im Durchschnitt kommt nur alle drei Monate eine vor, von welcher die öffentlichen Blätter sprechen.

Wenn der Brand nicht gleich beim ersten Ausbruche sich als sehr gefahrdrohend zeigt, so wird blos die Neugier der Nachbarn in Anspruch genommen, und das Erste, was man thut, ist, die nächste Brandwache zu benachrichtigen, welche sogleich eine Abtheilung auf den Platz sendet, und wenn ihre Kräfte nicht zureichen, die entferntern Posten zu Hülfe ruft.

Diese Brandwache ist musterhaft organisirt, zu den kühnsten Anstrengungen eingeübt und größern und vielfältigern Gefahren ausgesetzt, als jede Truppe in immerwährendem Kriege. Wie diese Männer klettern und auf abschüssigen Dächern gehen, auf freistehenden Mauern arbeiten, in Rauch und Qualm aushalten, muß man gesehen haben, um sich einen Begriff von ihren Leistungen machen zu können. Daß in einem Schauspielhause, in welchem das Feuer auf der Bühne auskommt und mit wüthender Schnelle um sich greift, die Bogen, welche schon verkohlt sind, sich noch gelöscht werden — der Fall kam im Theater de la Gaité vor —, daß ein mit Druckpapier und Bücherballen angefülltes Hinterhaus, welches nur einen Zugang durch ein schmales Hofthor hat, noch so schnell durch die Arbeit der Spritzen unter Wasser gesetzt wird, daß das Papier wenigstens nicht verbrennt, wird hier ganz natürlich gefunden.

Die Brandwächter sind militairisch organisirt, haben ihre eignen, sehr zweckmäßigen Übungen, werden aber zu häufig für ihren eigentlichen Dienst mit militairischen Übungen beschäftigt, wie die öffentlichen Blätter behaupten. Die Messinghelme lassen diesen unerschrockenen Bürgern schön, müssen aber doch für ihren Dienst zu schwer sein; sie eilen gewöhnlich in Futterkappen herbei, wenn Gefahr ist. Nur die Offiziere kommen in Helmen. Die Hauptwache dieses Corps ist in der Rue de la Paix, im ehemaligen Kloster der Kapuzinernonnen.

Wenn ein Brand ernsthaft wird, so werden sämmtliche Umstehende ohne Wassertragen und Arbeiten an den Spritzen, ohne Unterschied der Person, in Anspruch genommen. Man hat aber selten nöthig, Gewalt zu brauchen, weil lebendiges Eingreifen in die Umstände in der Natur der Franzosen liegt. Beinahe jeder ernsthafte Brand kostet einigen Pompiers das Leben, und man konnte herzergreifende Scenen von Gattinen und Verwandten um die rauchenden Trümmer des Theaters de la Gaité sehen, denn die eigentliche Löscharbeit steht ihnen allein zu, wie auch die Bewachung der Brandstätte bis zu völligem Verschwinden der Gefahr, wo alsdann Militairposten eintreten.

Wenn Nachts der Himmel plötzlich durch eine Feuersbrunst sich röthet, so gehen die Seßhaften nur bis an den nächsten Punkt, von welchem aus sie die Entfernung und das Quartier ungefähr beurtheilen können, und bleiben ganz ruhig dabei. Andere, mehr Bewegliche, gehen dem Scheine nach, welcher sie oft bis ans Ende der Stadt führt. Die nächste Umgebung ist durch Militair abgesperrt, und nur Einwohner des Quartiers werden durch die Linie ein- und ausgelassen. Lärm und Spektakel sind hierbei weniger als in Deutschland, denn der Pariser handelt und duldet bei allen bedeutenden Vorfällen nach militairischen Formen. Mit Glocken wird nicht gestürmt. An thätiger Hülfe für Beschädigte und Verunglückte fehlt es nie. Der Hauptzulauf ist Tages nachher, wenn die Zeitungen davon gesprochen haben.

Wenn wir in Deutschland durch Nachtwächterruf, Runde des Hausherrn vor Schlafengehen, Bereithalten von Wasser, Verpichung der Feuereimer und Feuerschau den Brandunfällen zuvorzukommen streben, so hat der Pariser nichts von all diesem; aber wenn es einmal brennt, so löscht er schneller als wir. Es scheint auch in diesem einzelnen Falle der durchgehende nationale Unterschied beider Völker in scharfen Linien hervorzutreten.

Die Kukies.

Der englische Arzt Spry giebt uns eine interessante Nachricht über einen Volksstamm in Indien, der noch auf einer sehr tiefen Stufe der Gesittung steht. Er besuchte den Bezirk Chittagong im östlichen Theile der Provinz Bengalen, wo die Elefanten der ostindischen Compagnie gezähmt und aufgezogen werden, nachdem man sie in der Umgegend der blauen Berge eingefangen hat. Spry hatte auf der Jagd der wilden Elefanten Gelegenheit, jenen Volksstamm kennen zu lernen. Die Kukies, wie sie genannt werden, haben vorstehende Bäuche, sind aber klein und untersetzt mit starken Muskeln. Sie haben eine eigenthümliche Mundart. Sie scheinen keine festen Wohnsitze zu haben, sondern ziehen hordenweise von einer Wildniß zur andern. Wenn sie eine Gegend gefunden haben, die zu einer einstweiligen Niederlassung passend ist, sammeln sie Baumzweige, aus welchen sie eine Unterlage flechten, die dann auf die Äste der Bäume im Walde gelegt wird. Auf dieser Grundlage werden Hütten von schwachen Zweigen und grobem Gras gebaut. Hat jede Familie sich auf diese Weise ihr Obdach bereitet, so werden Weiber und Kinder in die luftige Wohnung geschafft. Die Männer hauen dann alle Zweige der Bäume ab, die sich vom Boden aus erreichen lassen, machen eine Leiter von Bambuszweigen, mittels welcher sie ihre Wohnungen ersteigen, worauf sie die Leiter emporziehen, um Feinde abzuhalten und sich so gegen die Anfälle der vierfüßigen Mitbewohner des Waldes zu schützen. Wer in Indien gereist ist, findet freilich den Umstand, daß ein ganzer Volksstamm seine Wohnung in den Bäumen nimmt, nicht so auffallend, da es sehr gewöhnlich ist, daß die Wächter, welche zur Beschützung neuer Anpflanzungen angestellt werden, häufig auf ähnliche Art ein Obdach zwischen den Baumzweigen errichten, um sich gegen die Witterung zu schützen. Die Kukies unterscheiden sich nur darin von jenen, daß sie immer auf Bäumen wohnen. Nach Spry's Versicherung sind sie Menschenfresser und so begierig nach Menschenfleisch, daß der Aufseher der Elefantenzucht in Chittagong nie weniger als zehn bewaffnete Jäger aussenden darf, um wilde Elefanten zu fangen. Einer dieser Unglücklichen, der nicht auf seiner Hut war, wurde von ihnen ergriffen und verzehrt, ehe das Blut in seinen Adern erkaltet war. Man hat häufig Versuche gemacht, aber bisher vergeblich, diese Wilden zu bändigen und zur Gesittung zu bringen. Einer ihrer Häuptlinge wurde bewogen, seinen Stamm zu verlassen und bei der Wartung der Elefanten in Chittagong angestellt. Er konnte aber von seinen alten Gewohnheiten sich nicht los machen, und als er bald nachher einen Mord beging, wurde er hingerichtet. Die Nachricht von seinem Schicksale brachte seine Stammgenossen in die höchste Erbitterung und sie stellten lange Zeit hindurch dem Elefantenaufseher nach, den sein Beruf häufig in die Gegend führte, wo sie wohnen. Aber die Kukies sind nicht die einzigen Bewohner Indiens, die zu den Kanibalen gehören; auch die Goands, die in den Wäldern von Nagpur wohnen, verzehren ebenfalls Menschenfleisch, doch nur zuweilen bei Beobachtung gewisser religiösen Gebräuche.

Der Kolibri und die Vogelspinne.

Die Liebe der Alten zu ihren Jungen ist einer der stärksten, vielleicht der stärkste und uneigennützigste unter allen Naturtrieben. Seine Jungen zu pflegen, sie zu behüten, zu vertheidigen mit Blut und Leben, wenn sie von Feinden angegriffen werden, dies ist die Aufgabe, der Wunsch und der schönste Beruf aller Geschöpfe. Nicht blos der Löwe beschützt sein Junges, nicht blos der Tiger, das Nashorn, der Büffelochse, der Lämmergeier zerreißen und zerfleischen Denjenigen, der ihr Geschlecht antastet, nein, auch die kleinsten Thiere wehren Dem, der ihre Jungen beeinträchtigen will, und selbst der Kolibri, der kleinste und schwächste unter allen Vögeln, vertheidigt muthig sein Nest.

Eine solche rührende Scene der Natur ist auf unserer Abbildung vorgestellt. Hier vertheidigt ein zarter Vogel sein Nest gegen eine furchtbare Vogelspinne. Man

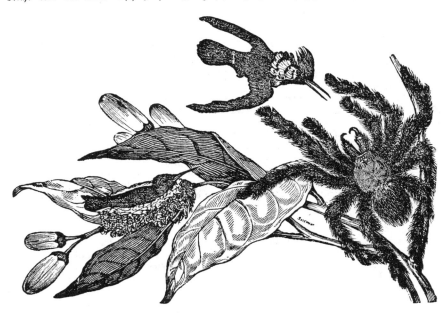

könnte diesen Kampf ebenso wol auch einen Kampf der Schönheit mit der ausgemachtesten Häßlichkeit nennen. Denn der kleine Vogel ist kein anderer als der prächtige Kolibri, eines der schönsten und anmuthigsten Geschöpfe, das die Natur geformt hat; der Leib goldgrün, mit einem langen orangerothen Federbusch auf dem Scheitel; auf beiden Seiten des Halses befindet sich ein Busch schneeweißer, glänzend goldgrün gesäumter Federchen, ein weißes Fleckchen auf der Oberbrust, die Schwingen orangegelb eingefaßt, die Unterseite des Schwanzes orangegelb gesäumt. Welch ein prächtiges Vögelchen, das im reinsten Goldglanz schimmert! Und dagegen die ungeheure, riesenhafte Spinne mit ihrem aufgedunsenen Leib, mit ihren langen behaarten Fängen, wie häßlich ist sie!

Und wie schön erbaut das Kolibriweibchen sein Nest; aus den zartesten Baumwollenfäden, aus dem seidenen „fliegenden Sommer", der die Blätter und Blüten überzieht, ist es höchst künstlich zusammengefügt und wiegt sich so auf den schwanken Zweigen irgend einer schönen Sommerblume. So lange das Kolibriweibchen brütet, hält das Männchen, halbversteckt in einer Blumenkrone, in der Nähe emsige Wache. Wäre nicht der Mensch und diese häßliche Vogelspinne, so hätte der kleine wehrlose Kolibri in der ganzen Schöpfung keinen Feind, denn kein anderes, noch so großes oder kleines Raubthier stellt ihm nach; seine Kleinheit scheint ihn vor diesen zu beschützen. Nur eins der geringsten und das edelste Wesen der Schöpfung verfolgen dieses kleine Wundervögelchen, freilich aus ganz verschiedenen Gründen.

Unsere Abbildung stellt sowol die Vogelspinne als den Kolibri, beide in halber Lebensgröße vor, woraus man sieht, daß die erstere mindestens zweimal so groß ist als der letzere. Ihre Länge beträgt fast zwei Zoll. Jeden Morgen und Abend kriecht diese Todfeindin des Kolibris aus ihrer Höhle, die sie in irgend einem Baumstamm angelegt, hervor, um ihrer Beute nachzuspüren. Sobald das wachehaltende Kolibrimännchen sie an dem Strauche, wo sich sein Nest befindet, heraufklimmen sieht, rüstet es sich sogleich, von Angst und Wuth beseelt, zum Kampfe mit ihr; es greift sie mit Schnabel und Flügel muthvoll an und schwirrt mit solcher Schnelligkeit und Lebhaftigkeit um das Unthier herum, daß es zuweilen seinen Anstrengungen gelingt, sie in die Flucht zu jagen. Doch dies ist nur ein seltener Fall, in der Regel weiß sich die unholde und zehnfach stärkere Spinne mit ihren langen behaarten Krallen des kleinen Kolibri zu bemächtigen, und wenn dies einmal geschehen, so muß er unter ihren Umarmungen bald sein Leben aushauchen. Die Spinne saugt ihm hierauf das Blut aus oder verschlingt ihn wol ganz. Sodann kriecht sie zum Neste des Vogels, frißt dort auch die jungen Kolibris oder saugt den Eiern das Dotter aus.

Das Pfennig-Magazin

für Verbreitung gemeinnütziger Kenntnisse.

233.] Erscheint jeden Sonnabend. [September 16, **1837.**

Frescogemälde aus dem Lied der Nibelungen.

Das Nibelungenlied.

Indem wir unsern Lesern drei Abbildungen aus dem Cyklus jener berühmten Gemälde mittheilen, welche der alten mittelalterlich-deutschen Sage entnommen sind, müssen wir wol etwas ausführlicher das Zeitalter und den Gegenstand dieser Darstellungen betrachten, um so mehr, da jene Zeit für die deutsche Literatur ebenso bedeutungsvoll und für die romantische Poesie der Deutschen überhaupt bezeichnend ist, als sie auf der andern Seite wiederum selbst von vielen sagenhaften Elementen durchdrungen ist.

Es sind nämlich die hier mitgetheilten Bilder aus dem berühmten „Lied der Nibelungen" genommen, einem Heldengedichte aus der romantischen Zeit des deutschen Mittelalters, ein Gedicht, das an Umfang, an Kraft der Darstellung und überhaupt hinsichtlich seines poetischen Gehalts nicht allein als das trefflichste Epos der deutschen Poesie überhaupt betrachtet werden muß, insofern es nämlich auf wahrhaft poetische und künstlerische Weise eine ganze großartige und thatkräftige Zeit jenes alten deutschen Ritterthums in seinem Inhalt abspiegelt, sondern auch allen derartigen Dichtungen anderer Nationen kühn an die Seite gesetzt werden darf.

Das Nibelungenlied, dessen Inhalt wir in dem Nachstehenden erörtern wollen, ist wahrscheinlich zu Ende des 12. oder zu Anfange des 13. Jahrhunderts zuerst in seiner gegenwärtigen Gestalt erschienen; wie es aber mit den meisten Dichtungen der Vorzeit, die eine wahrhaft nationale und welthistorische Bedeutung erlangt haben, der Fall zu sein pflegt, daß nämlich das Gedicht selbst zwar ganz in die Auffassung und Bildung des Volkes übergegangen und zu einem vollkommenen geistigen Eigenthum der Nation geworden, der Verfasser des Gedichts aber gänzlich in den Hintergrund der Sage zurückgetreten und sein Name im Laufe der Jahrhunderte verschwunden ist, so findet derselbe Fall auch bei dem Nibelungenliede statt. Es sind zwar als die vermeintlichen Verfasser des Nibelungenliedes mehre der vorzüglichsten Dichter aus der deutschen mittelalterlichen Zeit genannt worden, wie z. B. Wolfram von Eschilbach, Heinrich von Ofterdingen und Andere, deren Namen als Sterne erster Größe in den Reihen der altdeutschen Minnesänger glänzen; allein diese Meinungen sind in neuern Zeiten von den gründlichsten Kennern der altdeutschen Literatur vollständig widerlegt worden. Der erstgenannte, Wolfram von Eschilbach, ist zwar wirklich der Verfasser mehrer andern bedeutenden Heldengedichte, welche, einem andern Sagenkreise angehörend, ihre ewig unvergängliche Stellung in unserer nationalen Literatur einnehmen werden, wie z. B. des Gedichts „Titurel" und des noch vorzüglichern Heldengedichts „Parcival"; allein, daß er auch wirklich der Verfasser des Nibelungenliedes gewesen sei, läßt sich durchaus nicht nachweisen und hat Manches gegen sich. Was aber den zunächst genannten Heinrich von Ofterdingen anlangt, in welchem namentlich Friedrich Schlegel den Dichter des Nibelungenliedes erkennen wollte, so haben die neuern Forschungen unserer Literatoren hinlänglich dargethan, daß dieser selbst nur eine sagenhafte Person ist, und daß bei jenem berühmten Sängerkrieg auf der Wartburg, den der Landgraf von Thüringen im 13. Jahrhunderte veranstaltete, und zu welchem sich die ausgezeichnetsten Minnesänger der damaligen Zeit, wie dies schon bei den olympischen Spielen des alten Griechenlands der Fall war, sich versammelten, um einander die Ehre und den Preis des Gesanges streitig zu machen, daß bei dieser denkwürdigen Gelegenheit niemals ein Sänger dieses Namens zugegen war. Wie dem auch sein mag, so können wir uns damit begnügen, daß wir das Gedicht selbst in seiner vollendeten Gestalt besitzen, und wie es auch bei den unsterblichen Gesängen des Homer zweifelhaft bleibt, ob es wirklich einen solchen Dichter jemals gegeben habe, ebenso können auch wir uns an der Schönheit, Kraft und Innigkeit unsers echtdeutschen Nibelungenliedes weiden, ohne uns deshalb mühseligen Forschungen über den Ursprung und den Verfasser hinzugeben, Untersuchungen, die wir vielmehr den Gelehrten vom Fach überlassen müssen.

Um nun auf den eigentlichen Inhalt dieses Nibelungenliedes, so wie es jetzt vor uns liegt, zurückzukommen, so wird uns die vorzüglichste Heldin desselben, Chrimhild, gleich in den ersten Strophen desselben folgendermaßen vorgeführt:

Uns ist in alten Mären wunders viel gesait
Von Helden Lobebarren, von großer Huonheit,
Von Fruoden und Hochgeziten, von Weinen und von Klagen,
Von kuoner Recken striten muogt ihr da Wuonders hören sagen.
Daz ware zu Burgonden ein vil edel Magedin Chrimhild waz.

Diese Chrimhild hatte drei Brüder, Namens Gunter, Gernot und Giselher, welche sämmtlich Könige waren, und ihre Schwester irgend einem mächtigen Kämpen ihrer Zeit zu vermählen trachteten. Allein diese widerstand hartnäckig solchen Vorschlägen und hatte gelobt, sich niemals zu vermählen, weil sie nämlich in einer Nacht geträumt hatte, daß einer ihrer Lieblingsfalken von zwei stolzen Adlern überwunden und getödtet wurde. Siegfried, der wunderbare Held, der dazu ausersehen war, diesen ihren Entschluß wankend zu machen, war der Sohn Siegmund's, Königs von Niederland. Da dieser von Chrimhildens tadelloser Schönheit hörte, so beschloß er, sie als seine Braut zu erwerben, ungeachtet alles Dessen, was er von ihrer eignen Hartnäckigkeit, von dem Stolze ihrer Brüder und von der rauhen Wildheit ihres Oheims, Hagene, vernommen hatte. Er begab sich also blos mit einem Gefolge von zwölf Rittern nach Worms, wo die schöne und stolze Chrimhild mit ihrem Bruder, dem Könige Gunter, wohnte, nachdem er den Vorschlag seiner Ältern, ein großes Heer mit sich zu nehmen, im Vertrauen auf seine eigne Wunderkraft abgelehnt hatte. Unterwegs vollbrachte er bereits mehre außerordentliche Heldenthaten, erschlug zwölf Riesen, machte sich selbst zum Herrn eines unermeßlichen Schatzes, sowie eines Zauberschwerts, Balmung geheißen, und einer Nebelkappe, welche, sobald er sie auf sein Haupt setzte, die Eigenschaft besaß, ihn unsichtbar zu machen. Allein das Vorzüglichste, was er auf diesem Zuge nach Worms vollbrachte, war, daß er den ungeheuern Feuerdrachen erlegte und sich in dem Blute dieses Ungeheuers badete. Hierdurch erlangte seine Haut einen hornartigen Überzug, der für jede Waffe undurchdringlich war. In Worms angelangt, ward Siegfried vom König Gunter höflich aufgenommen. Es wurden ihm zu Ehren Turniere veranstaltet, wobei er alle Ritter des Hofs besiegte. Noch hatte er die schöne Chrimhild mit keinem Auge gesehen; allein bald begünstigte der Zufall seine Bewerbungen. Es schickte nämlich eines Tages der König von Sachsenland ein Heer aus, den König Gunter mit Krieg zu überziehen, um ihn zu seinem Vasallen zu machen und einen Tribut von ihm zu erpressen. Diese Gelegenheit ergreifend, erbot sich Siegfried, das Heer der Sachsen zu bekämpfen, und verlangte für diesen Heereszug nicht mehr als 1000 Krieger, obgleich er wußte, daß das Heer der Sachsen aus 40,000 Mann bestand, die noch dazu Riesen waren. Dieses Anerbieten ward freudenvoll angenommen, und bald kehrte der Held siegreich zurück, als Gefangene mit sich führend den König von Sachsenland und seinen Bundesgenossen, den tapfern König von Dänemark, und eine zahlreiche Schar von gefesselten Rittern, die er vor dem König Gunter vorüberführte, als dieser von dem Altan auf sein siegreiches Heer herabschaute. (Vergl. das obere Feld zur Rechten unserer Abbildung.) Als Dank für diesen großen Dienst begrüßte Chrimhild zuerst den Helden, die nie zuvor vor einem Manne erschienen war, und küßte ihn. Auch ward ein großes Banket veranstaltet, wobei zwölf Tage und zwölf Nächte lang geschmaust und gezecht wurde und nicht weniger als 5000 Gäste, worunter 32 königliche Prinzen, versammelt waren. Allein Siegfried hatte noch andere Thaten zu vollbringen, ehe er die Braut erlangte, welche, von seinem heldenhaften Gemüthe eingenommen, nunmehr in Liebe zu ihm verfallen war und ihren Unglück weissagenden Traum mit dem Falken vergessen hatte.

Als die Feste in Worms vorüber waren, kam Kunde an den Hof von einer Königin, Namens Brunhild, die in einem Lande wohnte fern über der See, Isenland geheißen. Diese war von makelloser Schönheit, aber auch von ungemeinem Stolz und außerordentlicher Kraft. Sie zwang jeden Ritter, der an ihren Hof kam, mit ihr einen Wettkampf im Speer oder Wurfspieß, oder der Steinschleuder zu bestehen. Wer von ihr gezwungen wurde, mußte für seine Hoffart einen grausamen Tod erleiden. Unzählige Bewerber hatte sie auf diese Weise schon ums Leben gebracht, dessenungeachtet aber zog Chrimhildens Bruder, der königliche Gunter, aus, um sein Glück mit ihr zu versuchen. Siegfried erbot sich zum Begleiter des Königs und ward mit Freuden angenommen. Für diesen Auszug wurden nun große Vorbereitungen getroffen. Chrimhild übernahm es, für jeden von Beiden drei reiche Gewänder zu fertigen, an welchen sie mit 30 ihrer Jungfrauen sieben Wochen hindurch webte. Die Mäntel der Helden waren von weißer Seide aus Arabien und von grüner Seide aus dem Lande Zazemank. Sie waren mit Edelsteinen reich gestickt. Die Manteldecken waren aus den Häuten ausländischer Fische gemacht und mit Seide aus Marokko und Libyen bedeckt. Alles an den Helden war mit Edelsteinen und arabischem Golde auf das reichste verziert. So ausgerüstet, gingen sie an Bord eines starken Schiffes, welches die Donau hinuntersegelte, und am zwölften Tage landeten sie in Brunhild's Lande bei dem mächtigen Schlosse Isenstein. Kaum hatte die grausame Schöne von der Ankunft und der Absicht König Gunter's Kunde erlangt, als sie sogleich in vollem Waffenschmuck zum Kampfe erschien. Sie führte einen Schild, der drei Spannen dick war und von solcher Schwere, daß vier ihrer Kämmerlinge ihn kaum forttragen konnten. Als Hagene, der Oheim Gunter's, sie erblickte, erschrak er.

Den König selbst übermannte der Schrecken. Und als er nun den mächtigen Speer sah, der von drei Rittern herbeigetragen wurde, und den ungeheuern Stein, den zwölf Mann kaum fortschleppen konnten, so wäre er gern von der Bewerbung um Brunhild abgestanden und in sein Schloß nach Worms zurückgekehrt. Aber in diesem bedenklichen Augenblicke hatte Siegfried seine Nebelkappe aufgesetzt und sich unsichtbar gemacht. Er nahm Gunter's Schild und raunte ihm zu, daß er alle seine Bewegungen nachahmen solle. So standen sie Beide, der König sichtbar und der Held Siegfried unsichtbar, hinter dem schützenden Schild. Brunhild schleuderte ihren Speer mit wunderbarer Kraft. Siegfried empfing ihn mit dem Schilde, allein der Stoß war so mächtig, daß beide Streiter davon zu Boden geworfen wurden und Blut aus ihrem Munde strömte. Siegfried warf nun mit seiner unsichtbaren Hand den Speer zurück und streckte Brunhild zu Boden. Diese voll Wuth ergriff den schweren Stein und schleuderte ihn in eine solche Weite und mit solcher Anstrengung, daß ihr Waffenschmuck laut erklang. Siegfried ergriff nun den Stein, schleuderte ihn in eine noch größere Entfernung und lief dann, den König in seine Arme fassend, dem Steine nach, sodaß die riesenhafte Schönheit zu des Königs Füßen stürzte und sich für überwunden und gewonnen erklärte. Jetzt nahm nun Siegfried seine Nebelkappe ab, erschien vor den Augen der bezwungenen Königin und fragte mit unbefangener Miene, wann nun der Wettkampf beginnen solle, diese aber erklärte ihn für beendigt, worüber er sehr erstaunte.

Bald kam es dem König Gunter zu Ohren, daß seine verrätherische Braut die Absicht hege, ihn und seine Diener umbringen zu lassen. Er theilte diese Nachricht dem Siegfried mit, der sogleich seine Nebelkappe aufsetzte, ein Schiff bestieg und damit in seine eigne Herrschaft, das Land der Nibelungen, segelte. Das Gefolge der Königin Brunhild glaubte, daß das Schiff allein segle, da man weder Steuermann noch Matrosen darauf wahrnehmen konnte. In dem Lande der Nibelungen, wo auch sein Schatz sich befand, hatte Siegfried über 30,000 Krieger, welche fest schliefen, aber auf sein Geheiß erwachen mußten. Von diesen 30,000 Schläfern erweckte Siegfried 1000 und kehrte mit ihnen nach dem Schlosse Isenstein zurück. Bei ihrer Ankunft spiegelt Gunter der stolzen Brunhild vor, daß diese Krieger zu seinem eignen Gefolge gehören, die er unterwegs zurückgelassen. Auf diese Weise seines Lebens sicher, besteigt Gunter mit seiner Braut und mit Siegfried und dessen Gefolge ein Schiff und Alle segeln nach Worms, wo die Hochzeit Brunhild's mit dem König ausgerichtet wird. Auch Siegfried erinnert nun den König, daß dieser ihm seine Schwester Chrimhild zur Gattin versprochen habe, sobald er selbst Brunhild zum Weibe gewonnen haben würde. Gunter also, um sein Versprechen zu lösen, veranstaltet noch an demselben Tage die Vermählung seiner Schwester mit Siegfried. Die stolze Brunhild aber war über diese Vermählung sehr ungehalten, weil sie den Helden Siegfried als einen Vasallen betrachtete, der dem Range nach tief unter ihrer Schwägerin stehe. Sie erklärte deshalb ihrem Gemahl, er dürfe nicht eher eine Gunstbezeigung von ihr erwarten, bis er ihr die Beweggründe, warum er in diese Heirath eingewilligt, mitgetheilt habe. Obgleich ihr nun der König versicherte, daß Siegfried zwar an ihrem Hofe für einen Vasallen gelte, in seinem eignen Lande aber ein selbständiger König sei, so wurde doch die stolze Brunhild durch diese Antwort keineswegs zufriedengestellt, was Gunter zu seinem Nachtheil merkte, als sie ins Brautgemach kam; denn hier band Brunhild mit ihrem eignen Gürtel dem Könige Hände und Füße und hing ihn auf an einem Nagel an der Wand. Am andern Morgen war der so übel behandelte König sehr verstimmt und nichts konnte ihn aufheitern. Er erzählte endlich dem Siegfried, der ihn nach der Ursache fragte, den ganzen Hergang der Sache.

Allein Siegfried's Freundschaft beschränkt sich nicht blos auf leeres Mitleid mit der seltsamen Lage des Königs, vielmehr verspricht er diesem, daß er ihm in der nächsten Nacht zur Erreichung seines Zweckes behülflich sein wolle. Als nun die Schlafenszeit herbeikommt, legt Siegfried seine Nebelkappe an, begibt sich unsichtbar in Gunter's Gemach und stellt sich ihm zur Seite. Sobald nun die Kämmerlinge sich zurückgezogen und die Lichter ausgelöscht sind, steht Siegfried in dem ebenso gewaltsamen als sonderbaren Kampfe dem Könige wacker bei. Brunhild schleudert den Helden zu Boden mit solcher Heftigkeit, daß sein Kopf laut auf dem Fußboden wiedertönt; sie zwängt ihn zwischen eine Thüre und die Mauer, sodaß er stöhnen muß, sie quetscht seine Hände, bis das Blut aus seinen Nägeln fließt. Aber endlich siegte die männliche Kraft Siegfried's. Er zwang das trotzige Weib, das Lager mit ihrem Gatten zu theilen. Hierauf begab er sich zu seiner eignen Gemahlin, nachdem er sich zuvor in den Besitz von Brunhild's Gürtel und Ring gesetzt. Beides schenkt er bald darauf in einem zärtlichen Augenblicke der schönen Chrimhild, ein unheilvolles Geschenk, um dessenwillen er und viele andere Kämpfer ihr Leben lassen mußten.

Siegfried gibt Chrimhild den Gürtel der Brunhild.

Am nächsten Morgen fand sich König Gunter bei sehr guter Laune und theilte nach allen Seiten reiche Geschenke aus. Es wurde ein großes Fest angestellt, das 14 Tage dauerte und nach dessen Beendigung alle Gäste nach ihrer Heimat aufbrachen. Siegfried führte sein Weib mit sich nach Niederland. Nachdem zehn Jahre in Frieden vergangen waren, wußte die ränkevolle Brunhild ihrem Gemahl, dem schwachen König Gunter, einzureden, er möge den Siegfried, seinen Vasallen, an seinen Hof bescheiden, damit er ihm seine Huldigung darbringe. Demnach läßt der König den Siegfried und sein Weib zu einem hohen Feste nach Worms entbieten, wohin sich dieser auch so bald als möglich begibt, begleitet von seinem Weibe, seinem königlichen Vater Siegmund und von 1000 niederländischen Rittern. Elf Tage währten die Turniere und Spiele, ohne daß die Eintracht gestört wurde; aber am zwölften Tage, als sich die Fürsten in die hohe Messe begaben, entspann sich zwischen den beiden Königinnen ein heftiger Zank. Beide hatten die Vorzüge ihrer Gatten gerühmt und sich über diesen Gegenstand erhitzt, bis endlich die stolze Brunhild behauptete, Chrimhild's Gatte sei der Vasall ihres Gemahls. Dies leugnete Chrimhild, und um ihrer Schwägerin das Gegentheil zu beweisen, gelobte sie, daß sie bei der Procession in die Kathedrale der Brunhild vorangehen wolle. Sie kam also vor der Kathedrale in Begleitung von 43 Jungfrauen, die sämmtlich reicher gekleidet waren als Brunhild's Frauen, und von den sämmtlichen Rittern, die Siegfried an den Hof mitgebracht hatte. Als Brunhild dies sah, schwur sie, kein Weib einer Vasallin solle vor einer Königin hergehen. Hierauf erwiderte ihr Chrimhild mit einem Schimpfnamen und erzwang dennoch den Eintritt in die Kathedrale vor der Königin. Brunhild betrübte sich darüber sehr, aber ihre Wuth war noch größer als ihre Betrübniß. Sobald die Messe vorüber war, band sie von Neuem mit ihrer Nebenbuhlerin an und verlangte von ihr, sie solle ihr die vorgeworfene Unehre beweisen. Da brachte Chrimhild den verhängnißvollen Ring und Gürtel hervor, den ihr einst ihr Gatte Siegfried während einer vertraulichen Zusammenkunft zum Geschenk gemacht. Sobald Chrimhild dies gethan, entfernt sich Brunhild in voller Wuth und klagt diesen Schimpf ihrem Gatten, bei welchem sich der Held Siegfried befand. Siegfried schwor einen Eid, er habe kein Wort gesagt; dennoch übernimmt der stolze Oheim des Königs, Hagene, der den Helden Siegfried haßt, die Rache der Brunhild an diesem, und Ortwin und Gernort vereinigen sich mit ihm. In Übereinstimmung mit dem König behaupteten nun diese drei Verschworenen, daß 30 Herolde von den neuerdings in Freiheit gesetzten Königen von Dänemark und Sachsen an dem Hofe angekommen seien, um Gunter eine Niederlage beizubringen. Der großmüthige Siegfried erbietet sich, für den König, sowie er früher gethan, den Streit auszufechten, worauf Hagene sich zu Chrimhild begibt und unter der Maske großer Freundschaft für ihren Gatten die Frage an sie richtet: ob es an dem hörnernen Leibe ihres Gemahls nicht eine einzige verwundbare Stelle gebe. Hierauf erwidert Chrimhild, die sich nichts Arges darunter denkt: Es sei allerdings damals, als Siegfried sich in des Drachen Blut gebadet, eine Stelle an seinem Leibe unbenetzt geblieben, und zwar grade zwischen den Schultern, und an dieser Stelle sei ihr Gatte allerdings verwundbar. „Nun wohl", entgegnet Hagene, „so bezeichnet nur an dieser Stelle seinen Waffenrock mit einem kleinen Kreuze und ich verspreche Euch, diesen Theil seines Körpers wie mein eignes Leben zu vertheidigen, wenn wir gegen die Dänen ziehen." Chrimhild heftete das Kreuz an und nun wurde dem Siegfried eröffnet, daß kein Krieg bevorstehe, sondern nur eine große königliche Eber= und Bärenjagd in dem Walde von Vasgovia, wo man den grausamen Verrath an Siegfried begehen wollte.

Man traf nun zu diesem Feste große Vorbereitungen und ringsum war nichts zu vernehmen, als Hundegebell und Blasen der Hörner. Die Königin Brunhild ließ Speisen aller Art in den Wald schaffen, nur keinen Wein. Die Königin Chrimhild aber, welche durch zwei bedeutungsvolle Träume gewarnt worden war, beschwor ihren Gatten, nicht zu der Jagd zu gehen. Allein der Held Siegfried ließ sich nicht bewegen, nahm zärtlich Abschied von seinem Weibe (s. das vierte Feld der ersten Abbildung) und bestieg sein schnelles Roß, begleitet von seinem treuen Hunde. Auf der Jagd selbst zeichnete sich kein anderer Held so sehr aus, als der Held Siegfried. Er tödtete mit seiner Hand alle Arten von Wild, darunter einen Halbwolf, einen Löwen, einen Büffel, einen Elenhirsch, einen Bison, vier Auerochsen, einen stolzen Bullen, Hirsche, Eber und Bären ungerechnet. Als die Jagd geendet war, ließ König Gunter ein Zeichen geben durch Blasen der Hörner, daß nun das Mahl beginnen solle. Siegfried aber, um dem König Lust zu bereiten, fing einen großen Bären lebendig und brachte ihn zu dem Brunnen, wo das Mahl stattfand. Hier richtete das wilde Thier eine gewaltige Zerstörung unter den Küchengeräthschaften an, zum allgemeinen Ergötzen der Gäste, bis der Held Siegfried es erschlug.

Als nun die Jäger bei Tafel saßen und sich die gute Mahlzeit munden ließen, entspann sich zwischen Siegfried und Hagene ein Streit darum, daß der Wein vergessen worden war. Allein der Verräther Hagene entgegnete, der Wein sei nicht vergessen worden, sondern befinde sich bei einem andern Brunnen in einem entlegenen Theile des Waldes. Darauf erbot sich Siegfried, nach dem Brunnen zu gehen und den Wein herbeizuholen, nachdem er zuvor seinen Waffenschmuck und seine Waffen selbst abgelegt, um desto ungehinderter zu laufen. Bei dem Brunnen angelangt, legte sich König Gunter an der Quelle nieder, beugte sein Gesicht über den Brunnenrand und that einen mächtigen Zug. Siegfried folgte dem Beispiele des Königs; allein kaum hatte er sich über den Brunnen gebeugt, als ihm der Verräther Hagene einen Speer in die verwundbare Stelle zwischen die Schultern stieß. Der Held Siegfried aber verfolgte den Mörder, und obgleich verwundet und waffenlos, schlug er ihn doch nieder und brach seinen Schild entzwei. Hierauf fiel er selbst zu Boden und starb unter Verwünschungen seiner undankbaren und verrätherischen Mörder, nachdem er zuvor sein Weib Chrimhild der Gnade des Königs, ihres Bruders, empfohlen hatte. König Gunter wollte die Nachricht verbreiten, Siegfried sei von Räubern erschlagen worden, aber Hagene erklärte mit Stolz, er kümmere sich nicht darum, daß seine That verschwiegen werde. Um aber die Rache der Königin desto empfindlicher zu machen, ließ Hagene den Leichnam Siegfried's vor Chrimhild's Kammerthüre legen, die denselben beim Heraustreten erblickte, sich bei dem Leichname niederwarf und in endlose Klagen ausbrach. Auf diese war ihr erster Gedanke Rache; sie sandte zu Sigmund, Siegfried's Vater, der nebst 1100 Rittern sich zu blutiger Vergeltung bereit erklärte. Allein Chrimhild wollte ihre Zeit abwarten. Sie ließ einen prächtigen Sarg aus Gold und Silber fertigen und in diesem die Leiche ihres Gemahls nach der Kathedrale tragen. König Gunter und Hagene hielten sich fern von der Leiche, aber Chrimhild stand neben dem offenen Sarge und beschwor Alle, wenn sie an dem Mord unschuldig wären, heranzutreten und den Körper zu berühren.

Drei Tage und drei Nächte hindurch wachte Chrimhild bei dem Sarge, ohne Speise und Trank zu sich zu nehmen, und als der Sarg ins Grab gesenkt war, ließ sie ihn noch einmal öffnen, um zum zweiten Male Abschied von ihm zu nehmen. Hierauf ließ sie 30,000 Mark Gold unter die Armen vertheilen, damit des Helden Seele Frieden haben möge.

Während nun Brunhild über das Gelingen ihrer Rache triumphirte, beredeten Gunter und Hagene, die Königin Chrimhild nach dem Nibelungenhort zu senden, welchen Siegfried seiner Gattin bei ihrer Vermählung geschenkt hatte. Der Zwerg Alberich, der den Schatz bewacht hatte, grämte sich sehr darüber, ihn übergeben zu müssen und beklagte laut den Verlust des Helden und seiner Nebelkappe. In dem Berge, wo der Schatz gelegen, dessen Fortschaffung vier Tage und vier Nächte hindurch auf zwölf Wagen stattfand, war auch eine Wünschelruthe verborgen, durch welche der Herr derselben sich zum Eigenthümer der ganzen Welt machen konnte. Allein der Zwerg Alberich wollte die wunderbaren Kräfte dieser Ruthe nicht entdecken, und so wurde dieselbe nicht gebraucht. Noch war aber die Rache des Verräthers Hagene nicht beendet. Er wußte sich, in Verbindung mit andern Verräthern, des ganzen Schatzes zu bemächtigen und versenkte ihn in den Rhein, indem er einen Schwur that, die Stelle, wo derselbe versenkt war, nimmer zu entdecken. Die Königin Chrimhild lebte nach dieser neuen Schmach, die man ihr zugefügt, noch 13 Jahre an dem Hofe ihres Bruders, bevor ihr eigner Racheplan zur Reife kam.

Um diese Zeit geschah es, daß Attila, König der Hunnen, der in dem Gedichte König Etzel heißt, Gesandte nach Worms schickte, um Chrimhild zur Gemahlin zu begehren. Diese weigerte sich anfangs, da sie sich als eine gute Christin keinem heidnischen Prinzen vermählen wollte. Allein sie willigte endlich ein, da ihr Rudiger, der Hunne, den Reichthum und den glänzenden Hofstaat König Etzel's vorstellte, der 12 Könige und 30 Fürsten zu Vasallen hatte. Doch stellte sie dem Brautwerber ausdrücklich die Bedingung, daß er stets mit seinen Leuten bereit sein müsse, die ihr zugefügten Beleidigungen zu rächen. So wurde denn in der Stadt Tule die Vermählung Chrimhild's mit König Etzel auf die prächtigste Weise begangen.

Als nun Chrimhild abermals 13 Jahre mit ihrem Gemahl gelebt und demselben einen Sohn geboren hatte, ließ sie durch Abgesandte den König Gunter und ihren Oheim Hagene nebst dem Kern der burgundischen Ritterschaft zu einem hohen Feste nach Ungarland entbieten. Anfangs widersetzten sich zwar der mistrauische Hagene und die Mutter der Königin Brunhild, Uta, der Annahme dieser Einladung, indem die Letztere einen Traum gehabt hatte, in welchem sie alle Vögel in Burgund erschlagen gesehen; auch Rumold, der königliche Küchenmeister, war der Meinung, daß es lächerlich sei, den weiten Weg nach Ungarland um eines Festes willen zu machen, da sie doch Speise und Trank genug zu Hause hätten. Dessenungeachtet wurde nach einer siebentägigen Berathschlagung Chrimhildens Einladung angenommen, und Gunter nebst seinen Brüdern, Hagene und einem Gefolge von 1000 Rittern und 9000 Edeln zog aus nach Ungarland, nachdem er seine Gemahlin und seine Mutter der Obhut des Kochs Rumold anvertraut hatte. Unter diesem Gefolge befand sich auch einer Namens Falker aus Elsaß, insgemein der Fiedler genannt, weil er im Singen und Spielen sich vor allen Andern auszeichnete. Dieser Falker spielt in dem Nibelungenliede als Held und Spaßmacher eine große Rolle.

Der Ankunft der burgundischen Ritter in Etzel's Land gingen mehre Prophezeiungen voraus, namentlich war dem Hagene ein Meermädchen erschienen, die ihm einen traurigen Ausgang geweissagt hatte, wenn sie Ungarland betreten würden. Dessenungeachtet kamen die Ritter wohlbehalten in Etzelnburg an, wo der Hunnenkönig seinen Hof hielt. Chrimhild betrug sich freundlich gegen Giselher, ihren jüngsten Bruder, aber gegen alle Übrigen war sie stolz und kalt. Welche Geschenke habt ihr mir vom Rheine gebracht? rief die Königin der Hunnen, worauf der stolze Hagene entgegnete, es wäre ihm sehr leid, daß er ihr nicht ein Geschenk aus ihrem eignen Schatz mitgebracht habe. Darauf fragte die Königin in noch größerm Zorne: „Warum brachtet ihr nicht den Nibelungenhort?" Allein Hagene ließ sich durch den Unwillen der Königin nicht schrecken. Er schlug an sein Schwert und erwiderte: es sei genug, wenn ein Ritter dieses bei sich führe; auch weigerten sich Hagene und Gunter hartnäckig, ihre Waffen abzulegen, bevor sie in die Halle träten. Hierauf nahm Hagene Falker, den Fiedler, bei Seite und setzte sich mit ihm auf eine Bank vor Chrimhildens Halle. Als dies die Königin sah, weinte sie bitterlich und beklagte sich laut über das Unrecht, das der böse Hagene ihr zugefügt. Sie stieg auch mit 100 Rittern in den Hof hinab, um die Beiden ums Leben zu bringen. Allein Hagene erhob sich nicht bei der Annäherung der Königin, sondern zog nur sein breites Schwert, das im Sonnenschein glänzte. Als die Königin dieses Schwert Balmung, das einst ihrem Gatten gehört, erblickte, erschütterte sie dieser Anblick sehr. Die 100 Ritter aber erschraken und wagten es nicht, die beiden Burgunder anzugreifen. Über Nacht, als Gunter und seine Ritter sich in die große Halle zurückgezogen hatten, wo ihre Lagerstätten waren, übernahm Hagene die Wache und Falker handhabte wacker seine Fiedel dergestalt, daß er die sämmtlichen Ritter in den Schlaf spielte. Als er aber in seinem Spiele eine Pause machte, bemerkte er die Helme von Rittern, die im Mondschein glänzten. Diese Ritter hatte Chrimhild ausgesandt, um Hagene im Schlafe zu morden. Allein sie wagten es nicht, den Helden anzugreifen, da sie sich entdeckt sahen. Am nächsten Morgen, als König Gunter mit Hagene und allen Rittern sich in den Dom begeben hatte, um die hohe Messe zu hören, erinnerte sich Hagene der bösen Absicht Chrimhildens, legte seinen vollen Waffenschmuck an, und beredete auch die übrigen Ritter, ein Gleiches zu thun. Als König Etzel, dessen Absicht gewesen war, seine Gäste in der Kirche umzubringen, sich darüber sehr verwunderte, entschuldigten sich die Ritter fälschlicherweise damit, daß dies in ihrem Vaterlande so Sitte sei. Auf die hohe Messe folgte ein Turnier, worin die Hunnen wenig Lust bezeigten, sich mit den burgundischen Rittern zu messen. Der unruhige Hagene aber, der immer Händel suchte, rannte auf einen Hunnen ein, der im glänzenden Waffenschmucke einherritt, und bohrte ihn mit seiner Lanze durch und durch. Nach dem Turnier fand ein großes Banket statt, bei welchem die sämmtlichen Ritter in voller Waffenrüstung sich einfanden, weil Einer dem Andern mistraute. Als nun während der Mahlzeit Ortlieb, der Sohn König Etzel's und Chrimhildens, in die Halle geführt wurde, sprach Hagene sehr verächtlich von dem Knaben, wodurch er den Zorn des Königs und der Königin nur noch heftiger reizte. Während dessen war auch Blodelin, der Bruder König Etzel's, aufgereizt durch Chrimhild, mit seinen Rittern in eine andere Halle getreten, wo Dankwart, Hagene's Bruder, mit den burgundischen Edeln speiste. Diesem sagte Blodelin öffentlich ins Angesicht, daß er einer von Siegfried's Mördern sei. Da schwur Dankwart laut, er sei unschuldig, und trennte mit einem einzigen Streiche Blodelin's Haupt vom Rumpfe. Die burgundischen Edeln, obgleich meistentheils unbewaffnet, brachten dennoch anfangs die Hunnen zum Weichen, bis diese in verstärkter Anzahl zurückkehrten und die sämmtlichen 9000 Burgunder erschlugen. Dankwart bahnte sich einen Weg durch die Menge und trat blutbefleckt in die Halle der Könige und Ritter. Hier erzählte er seinem Bruder, was vorgegangen, worauf Hagene den Anfang zu einem allgemeinen Gemetzel unter den Hunnen machte, indem er dem jungen Königssohn das Haupt abschlug, welches in den Schooß seiner Mutter fiel. Chrimhild begann nun für ihr eignes Leben zu fürchten; allein ein fremder Gast, Dietrich von Berne, nahm die Königin unter den einen und den König unter den andern Arm und trug Beide aus der Halle, wo das Gemetzel fortdauerte, bis die burgundischen Ritter Meister des Platzes blieben, nachdem sie 7000 Hunnen erschlagen und ihre Leichname aus den Fenstern geworfen hatten.

Nach einer kurzen Pause erneuerte sich das Gefecht, und die Königin Chrimhild bot Demjenigen ein reiches Geschenk, der sich mit Hagene im Kampfe messen würde. Dieses unternahm Iring, der Markgraf von Dänemark, der auch wirklich Hagene am Schädel verwundete. Allein er ward von diesem Recken umgebracht, und ebenso Herbert und Irrenfried und alle Ritter, die Iring's Tod zu rächen kamen. Nun bot Chrimhild 20,000 Hunnen auf, um die burgundischen Helden zu besiegen, welche zwar wüthend, aber mit beträchtlichem Verluste kämpften bis zu Einbruch der Nacht, wo die Angreifenden Feuer in die Halle warfen. Die burgundischen Ritter, deren Anzahl nun auf 600 geschmolzen war, sahen sich auf das Äußerste gebracht. Ein ungeheurer Durst, veranlaßt durch die Hitze und den Rauch der Flammen, zehrte an ihnen, bis Hagene ihnen den Rath ertheilte, daß sie, um den Durst zu löschen, das Blut ihrer Feinde trinken sollten. Glücklicherweise war die Halle gewölbt, sodaß das Feuer nicht Alles verzehren konnte, und Hagene, Falker und einige andere Ritter am andern Morgen halb gerüstet ins Freie gelangten, wo sie von einem neuen Haufen Hunnen angegriffen wurden, die sie Mann für Mann erschlugen.

Unter den ungarischen Rittern tritt besonders die Gestalt Rudiger's als ausgezeichnet und charakteristisch hervor, in dessen Persönlichkeit sich vorzugsweise der Edelmuth des Ritterthums, sowie in Hagene die Heldenstärke und Diensttreue abspiegelt. Dieser Rudiger kann es mit der Ehre des Ritterthums nicht vereinen, die Burgunder, denen er und ihm Gastfreundschaft erwiesen, hinterlistigerweise anzufallen. Deshalb, als er auf Befehl des Königs seine Mannen zum Angriff rüsten muß, läßt er den Burgundern vorher melden, sie möchten seines Angriffs gewärtig sein, und daß er selbst nicht aus eignem Antriebe, sondern aus Dienstpflicht gegen ihn vorrücke. Als er von Hagene erfährt, daß der Schild, den er von Rudiger zum Geschenk erhalten, beim Kampfe in Stücke gehauen sei, nöthigt ihn Rudiger, seinen eignen Schild anzunehmen. Von diesem Edelmuthe gerührt, schwören Hagene und Falker, dem Rudiger im Kampfe kein Leid zu thun. Allein Rudiger muß dennoch von Gernot's Hand sterben, nachdem er diesem vorher eine tödtliche Wunde beigebracht. Auch die sämmtlichen Ritter Rudiger's mußten den Tod erleiden; doch blieben von den burgundischen gleichfalls nur wenige noch übrig. Hierauf sendet Dietrich von Berne einen alten und weisen Krieger, Hildebrand, und seine treuen Neffen, Wolfhart, Siegestab und Helfrich, zu den Burgundern, um sich Rudiger's Leichnam zu erbitten. Als Diese in die mit den Leichnamen so vieler ausgezeichneten Helden gefüllte Halle treten, brechen sie beim Anblick des entseelten Rudiger in laute Klagen aus, und Wolfhart kann sich nicht enthalten, die burgundischen Ritter zu beleidigen, die nun ihrerseits die Auslieferung von Rudiger's Leiche verweigern. Als nun Falker mit gleichen Schmähungen entgegnet, bricht dieser auf ihn los und versetzt ihm einen mächtigen Streich; aber der Fiedler streckt ihn dafür todt zu Boden. Hierauf entsteht wieder ein allgemeines Gemetzel, in welchem Siegestab von Falker und der Letztere von dem alten Hildebrand erschlagen wird; auch Helfrich und Giselher müssen den Tod erleiden, sodaß zuletzt auf beiden Seiten nur drei, nämlich der König Gunter, Hagene und der alte Hildebrand übrig bleiben. Wie nun der mächtige Dietrich von Berne diesen Ausgang erfährt, legt er selbst seine Waffen an und begibt sich nach der Halle, wo er Gunter und Hagene auffodert, sich zu ergeben. Da diese sich dessen weigern, greift Dietrich zuerst den Hagene an, besiegt ihn nach einem harten Kampfe, bindet ihn und trägt ihn zu Chrimhild, welche er bittet, seines Lebens zu schonen. Hierauf kehrt er noch einmal zur Halle zurück und besiegt und bindet den König Gunter auf dieselbe Weise. Nachdem er diese Thaten vollbracht, zieht er mit den Seinigen ab unter lauten Klagen.

Nachdem das Gedicht bis zu diesem seinen Endpunkt gekommen, ist die Schlußkatastrophe als besonders ausgezeichnet hervorzuheben. Denn nachdem nun von beiden Seiten alle Ritter und Edle gefallen sind, tritt zuletzt das tiefbeleidigte Weib Chrimhild als eigne Rächerin des erlittenen Unrechts auf, indem sie den ungetreuen König Gunter und den ränkevollen Hagene mit demselben Zauberschwert Balmung, das einst ihrem Gatten gehörte, eigenhändig vom Leben zum Tode bringt. Allein gegen diese unweibliche und grausame That empören sich nun wieder die allein noch übrigen, Etzel, Dietrich und Hildebrand, und der Letztere rächt den Tod des mächtigsten aller burgundischen Helden auf der Stelle dadurch, daß er der Königin Chrimhild selbst das Leben nimmt.

So bleiben also von allen Helden und Streitern nur die Drei übrig, welche an allen Ränken und blutigen Zwisten schuldlos sind, und in dieser ihrer Schuldlosigkeit die strafende und versöhnende Gerechtigkeit selbst vorstellen und so als ein würdiger Chorus die ganze Dichtung beschließen, nämlich Etzel, Dietrich und Hildebrand.

Indem wir uns schließlich einer ausführlichern kritischen Erörterung über dieses gewaltige Nibelungenlied, dessen Inhalt wir in der Kürze angegeben, darum enthalten, weil eine solche in diesen Blättern nicht an ihrer Stelle sein würde, weisen wir den Leser auf die hier beigegebenen Abbildungen zurück. Es ist nämlich die erste derselben, wie man sieht, in sechs Felder abgetheilt, wovon das erste Feld Siegfried's Einzug mit den gefangenen Königen, das zweite dessen Vermählung mit Chrimhild, das dritte Brunhild's Bändigung durch Siegfried, das vierte den Abschied des Helden Siegfried von Chrimhild vor der verhängnißvollen Jagd, das fünfte den Kampf der Nibelungen im Palast des Hunnenkönigs, und das sechste die Trauer Etzel's, Dietrich's und Hildebrand's über die Erschlagenen vorstellt. Die beiden andern Abbildungen sind Copien nach den Gemälden von Julius Schnorr in dem neuen Palast

296 Das Pfennig-Magazin.

zu München, und es stellt die erste die Scene vor, wo Siegfried seiner Gattin den Brunhild geraubten Gürtel übergibt. Die zweite Abbildung stellt die Scene dar, wo die in Jammer sich auflösende Chrimhild den Leichnam ihres Gatten vor ihrer Thürschwelle erblickt.

Chrimhild erblickt die Leiche Siegfried's.

König Franz I. und der Wahrsager.

Als Franz I. auf seinem Zuge nach Italien, nicht lange vor der unglücklichen Schlacht von Pavia, durch Lyon kam, wurde ihm gemeldet, daß sich hier ein Italiener aufhalte, der zukünftige Ereignisse vorhersage. Der König, der zu aufgeklärt war, um den Stimmen solcher Propheten Glauben zu schenken, ließ jedoch aus Neugier den Mann vor sich kommen und befragte ihn, welches wol der Erfolg seines Zuges nach Italien sein werde, worauf der Wahrsager in italienischer Sprache erwiderte: Andarete tornarete non sarete preso. Der König durchschaute bei einiger Prüfung, sehr bald den Doppelsinn dieser Worte, die so zweideutig waren, wie nur immer ein Ausspruch eines Orakels. Denn einmal konnten sie auf folgende Weise interpungirt werden: Andarete, tornarete, non sarete preso, d. h. du gehst, du kehrst zurück, und wirst nicht gefangen werden, sodaß also, wenn der König in der Schlacht gesiegt hätte, der Wahrsager sich rühmen konnte, den Sieg vorhergesagt zu haben. War dagegen der Ausgang der Schlacht für den König unglücklich, so konnte der Prophet seine Worte folgendermaßen abtheilen: Andarete; tornarete? non! sarete preso, d. h, du gehst, kehrst du zurück? nein! du wirst gefangen. Nachdem der König den Wahrsager auf die zwiefache Deutung des Ausspruchs aufmerksam gemacht hatte, entließ er ihn ohne die gewiß gehoffte Belohnung.

Verantwortlicher Herausgeber: Friedrich Brockhaus. — Druck und Verlag von F. A. Brockhaus in Leipzig.

Das Pfennig-Magazin

für Verbreitung gemeinnütziger Kenntnisse.

234.] Erscheint jeden Sonnabend. [September 23, **1837**.

Bilder aus Neusüdwales.

Ansicht von Port Jackson und der Stadt Sydney.

Neuholland oder das australische Festland ist die größte Insel des ausgedehnten Erdtheils, der mitten im Ocean zwischen Asien, Amerika und Afrika liegt und aus einem Labyrinth von Inseln besteht, vielleicht die prächtigen Trümmer einer untergegangenen Welt, von den Geographen Australien, Austral-Asien oder Oceanien genannt. Die Urbewohner dieses Erdtheils bestehen aus zwei in ihrer physischen Bildung wie in Gesittung verschiedenen Völkern, den malayischen Stämmen und den oceanischen Negerstämmen, die auf einer tiefen Stufe der Gesittung stehen und ursprünglich im Innern aller größern Inseln vorherrschend gewesen sein mögen. Eine neue wunderbare Welt breitet in diesem Inselmeere auf einer Linie von 3000 Meilen sich aus. Wie viele unbekannte Völker, wie viele neue, dem Handel sich öffnende Bahnen, wie viele dem Blicke der Wissenschaft noch verborgene Schätze, welche Pracht, welche Eigenthümlichkeit und Mannichfaltigkeit in der Bildung der Inseln! Hier bauen die Zoophyten, die unbeweglichen Bewohner des stillen Meeres, auf Klippen und Riffen unter den Wogen den fruchtbaren Boden neuer Inseln, durch Aufhäufung ihrer kalkartigen Gehäuse. Vögel und Winde bringen bald Samenkörner auf diese über die Oberfläche des Meeres hervorragenden Koralleneilande und bald wehen die grünen Wipfel des jungen Palmbaumes über den Fluten. Je-

der seichte Meeresboden wird eine Insel, und jede Insel ein Garten. Weiterhin erhebt sich ein finsterer Vulkan über das fruchtbare Gelände, das aus der von ihm ausgeworfenen Lava entstanden ist, und ein schneller und prächtiger Pflanzenwuchs schmückt Haufen von Asche und Schlacken. Auf weiter ausgedehnten Erdflächen erblicken wir umfassendere Naturbilder. Bald ragt der Basalt in prächtigen Säulen empor oder bedeckt ein fernes einsames Gestade mit seinen Trümmern; bald ragen ungeheure Granitgipfel kühn in die Wolken. Dort sieht man eine niedrige Küste mit dicht belaubten Bäumen bedeckt, die ihre Zweige zu den Wellen herabsenken, welche die dem Schiffer gefährlichen schwarzen Klippen bedecken. Hier erhebt sich ein blühendes Eiland aus den Fluten; dichte Gebüsche mischen ihr Laub mit dem frischen Grün der Wiesen. Ein ewiger Frühling, ein ewiger Herbst treiben Blüten hervor und reifen neben ihnen die Früchte. Liebliche Düfte füllen die Luft, die stets von Seewinden erfrischt wird.

Wir segeln durch dieses bunte Labyrinth, um an der Küste von Neuholland zu landen, das seinen Namen einem Zufall verdankt. Schon im 16. Jahrhundert hatten portugiesische oder spanische Seefahrer die Küsten dieses Festlandes besucht, das mit Europa gleichen Flächenraum hat; aber erst die Holländer gaben uns eine genauere Kunde dieses Landes, ohne jedoch

Niederlassungen an den Küsten zu gründen. Erst die Ansiedelungen der Engländer, die in ihrem Ursprunge und ihren Fortschritten ebenso merkwürdig waren, als sie in ihren Folgen für die neue Welt wichtig sein werden, haben uns den Eingang in diese unbekannten Wildnisse geöffnet. Als England seine amerikanischen Colonien verloren hatte, fehlte es an einem Verbannungsorte für Sträflinge, die man früher an die Ufer des Potomack und des Delaware versetzt hatte. Auf den Rath des gelehrten Naturforschers Joseph Banks warf die englische Regierung ihre Blicke auf die Küste von Neuholland und im Januar 1788 landete der Schiffscapitain Philipps mit den ersten Sträflingen in Botany-Bai auf der Ostküste, welche den Namen Neusüdwales führt. Als Botany-Bai den gehegten Erwartungen nicht zusagte, wurde die neue Ansiedelung weiter hinauf nördlich nach Port Jackson verlegt, das mit seinen zahlreichen Buchten und Baien einen der schönsten Häfen von der Welt bildet. Seitdem ist diese Niederlassung, die in neuern Zeiten auch freiwillige Ansiedler erhielt, mit merkwürdigem Gedeihen fortgeschritten. Von dieser Ansiedelung aus, deren Hauptstadt Sydney, von welcher wir hier eine Ansicht mittheilen, sich in 50 Jahren zu einer der bevölkertsten und blühendsten Städte des neuen Erdtheils erhoben hat, haben die Engländer unermüdete Versuche gemacht, das Innere des Landes zu erforschen, während ihre Seefahrer die Küsten der großen Insel genauer als es früher geschehen war, untersuchten. Man glaubte früher, da man keinen großen Küstenfluß gefunden hatte, das Innere Neuhollands sei ganz von bedeutenden Flüssen entblößt und der Boden unfruchtbar mit großen Morästen und Sandwüsten bedeckt. Eine hohe Bergkette, die sich von Süden nach Norden zieht und nahe bei Port Jackson sich erhebt, die blauen Berge genannt, setzte den Forschungen der Reisenden lange Zeit Hindernisse entgegen, die erst in der neuesten Zeit überwunden wurden. Seitdem haben die Engländer mehre neue Städte im Innern gegründet, unter welchen Bathurst, westlich von den blauen Bergen, die erste war, die bereits eine zahlreiche Bevölkerung und blühende Bildungsanstalten hat.

Die Engländer, die anfänglich nur die östliche Hälfte Neuhollands für ihr Eigenthum erklärten, nehmen jetzt ganz Land in Anspruch. Die Ostküste, wo die bedeutendsten Colonien liegen, wird in zehn Grafschaften getheilt: Cumberland, Camden, Argyle, Westmoreland, Northumberland, Roxburgh, Londonderry, Durham, Ayr und Cambridge. Abgesondert von diesen Ansiedelungen in Neusüdwales liegen die neuen Colonien an der Nordküste, nördlich von Port Jackson, wie Port Stephen, das schnell fortschreitet, durch reiche Steinkohlenlager wichtig, Port Macquarie mit einer neuen Stadt und Moretonbai. Auch gibt es einige neue Ansiedelungen auf der Südküste, z. B. Port Western und die kleine Colonie an dem trefflichen Hafen King George's Port, Frederic-Town genannt und an der Nordküste Port Raffles. Eine der blühendsten Colonien verspricht die 1828 gegründete Ansiedelung am Schwanenflusse auf der Westküste von Neuholland zu werden, welche die Engländer Westaustralien nennen. Sie besteht jetzt aus fünf Bezirken: Perth, Freemantle, Guilford, York und Canning, und zählte 1836 schon 1550 Bewohner. Perth ist der Hauptort der Colonie und der Sitz des Gouverneurs. Sie hat viele chinesische Ansiedler und erhielt in der neuesten Zeit jährlich einen Zuwachs von freien Auswanderern aus Großbritannien. Die Schafzucht gedeiht hier trefflich, und 1835 hatte die Colonie schon über 5000 Schafe und führte 1836 über 12,000 Pfund Wolle nach England und dem Vorgebirge der guten Hoffnung aus. Vorzüglich eignet sich das reichlich bewässerte Land auch zu Gartencultur, und die meisten europäischen Gewächse, Obst und Wein gedeihen sehr gut. Der Winter ist kühl genug, alle in Europa angebauten Gewächse zur größten Vollkommenheit zu bringen, und der Sommer so warm, daß alle im südlichen Europa gewöhnlichen und selbst tropische Früchte reifen. Im Jahre 1836 erzeugte die Colonie hinlänglich Getreide für den einheimischen Bedarf. Auf der großen Insel Vandiemensland, welche durch die Bassesstraße von Neusüdwales getrennt und von dem Holländer Tasman, der zuerst hier landete, auch Tasmanien genannt wird, ungefähr 1200 Quadratmeilen groß, ist in neuern Zeiten eine Colonie angelegt, welche ungemein schnell emporblüht. Die Hauptstadt dieser Ansiedelung, die in neun Bezirke zerfällt, ist Hobart Town mit mehr als 8000 Einwohnern. Sie hat bereits Manufacturen, einige Bildungsanstalten, eine regelmäßige Postverbindung mit den übrigen Städten der Colonie und drei Zeitungen.

Bei der unvollkommenen Kunde, die wir bisjetzt von Neuholland haben, läßt sich weder von den Gebirgen noch von den Flüssen des Landes ein bestimmtes Bild geben. Außer den blauen Bergen, die vielleicht die Höhe von 6000 Fuß erreichen, ist die westliche Kette am Schwanenfluß zu erwähnen, die noch höher anzusteigen scheint. Unter den Flüssen sind die bedeutendsten der Brisbane, der Hawkesbury, der Georgsfluß, der Schwanenfluß und der Murrayfluß. Das Klima Neuhollands zeigt besondere Eigenthümlichkeiten, die in anderen Erdtheilen Oceaniens nicht vorkommen. Die Jahreszeiten sind, wie im südlichen Afrika und Amerika, den europäischen entgegengesetzt. Der Sommer entspricht unserm Winter, der Frühling unserm Herbst. In Neusüdwales steigt in dem heißesten Monat, dem December, das hundertteilige Thermometer zuweilen bis auf 50°. Man sieht zuweilen Wälder und Pflanzen Feuer fangen, und der Nordwestwind, der dem Chamsin in Ägypten gleicht, verbrennt die Erde und verwandelt sie in Staub. Oft fällt ein heftiger Regen auf die blauen Berge, der die Flüsse plötzlich anschwellt, die dann einen befruchtenden Schlamm zurücklassen. Nicht selten fallen Hagelschloßen von ungeheurer Größe, welche die Saaten vernichten. Die Südküste Neuhollands ist im Allgemeinen dürr und hat Mangel an süßem Wasser, wie auch ein Theil der Nordküste, und überall sind die Küsten nicht anziehend; aber in allen bisjetzt bekannt gewordenen Theilen gewinnt das Land ein desto lachenderes Ansehen, je weiter man in das Innere vordringt. Hier ist das Klima ungemein günstig, und Westaustralien gehört zu den gesundesten Gegenden der Erde. Hier sind der Januar, Februar und März die heißesten Monate, aber ungeachtet des hohen Thermometerstandes herrscht Morgens, Abends und in der Nacht eine angenehme Kühle, und die heißesten Tagesstunden werden durch einen südwestlichen Seewind abgekühlt. In den Wintermonaten Juni, Juli und August haben die beiden letzten viel Regen und selbst leichter Frost ist nicht selten, dessen Spuren aber bei Sonnenaufgang gleich verschwinden. Schnee ist ganz unbekannt. Auch das Klima in Vandiemensland ist sehr gesund. So weit der botanische Reichthum Neuhollands bekannt ist, gibt es hier ungefähr 4300 Pflanzenarten und besonders zahlreich sind die Arten Eucalyptus und Acacia. Die Gattung Eucalyptus besteht aus Baumarten, von welchen einige eine Höhe von 150 Fuß, unten einen Umfang von 30 Fuß haben. Das Laubwerk dieser Pflanzen ist eigenthümlicher Art und gibt den australischen Wäldern ein besonderes Gepräge, da jedes Blatt eine verticale Richtung senkrecht mit dem Stiele hat und daher dem Sonnenlichte beide Seiten darbietet. Es gibt wenig nährende Pflanzen, mit Ausnahme der Sagopalme, der Kohlpalme*) und einer Art von wildem Pisang; dagegen hat man die Pflanzen anderer Erdtheile mit glücklichem Erfolge angebaut, wie den Mais, der eine zweihundertfältige Ernte gibt. Auch Reben gedeihen, nur schadet ihnen der heiße Wind, der aus dem Innern des Landes kommt. Der wohlthätige Brotfruchtbaum, den man auf allen von Malayen bewohnten Inseln Oceaniens findet, wächst in Neuholland nicht. Einen noch auffallendern Charakter als die Pflanzenwelt zeigt das Thierreich; alle Säugthiere, fleischfressende und andere, haben als gemeinschaftliches Merkmal eine doppelte Tasche am Unterleibe; doch findet man unter diesen Beutelthieren nur wenige, die mit denen in Amerika und auf den asiatischen Inseln Ähnlichkeit haben. Zu den größten vierfüßigen Thieren gehören einige Arten des Känguruh**), das zuweilen fünf Fuß lang ist und einen Jagdhund mit einem Schlage seines Schwanzes tödten kann. Das Wombat, eine Art des Opossum, hat ein Fleisch von vortrefflichem Geschmacke, weshalb dieses Thier beinahe schon ausgerottet ist. Eines der merkwürdigsten in Neuholland einheimischen Thiere ist das Schnabelthier, es steht gleichsam in der Mitte zwischen den Vögeln und vierfüßigen Thieren.***) In den zahlreichen Baien Neuhollands findet man mehre Arten von Seehunden, unter welchen der Seeelefant zu erwähnen ist, wovon das Männchen eine rüsselförmige Nase hat. Der einheimische Hund ist dem Schakal ähnlich und bellt nicht. Auch unter den Vögeln Neuhollands findet man dieselben sonderbaren Erscheinungen, die bei den vierfüßigen Thieren bemerkt werden. So haben die Papagaien, die Amseln und einige Sperlingsarten, die den Honigsaft aus Blüten saugen müssen, an der Spitze der Zunge Büschel von Warzen, einem Pinsel ähnlich, mit deren Hülfe ihnen von der sparsam vorhandenen Nahrung nichts entgeht. Der überall weiße Schwan hat in Neuholland ein dunkelschwarzes Gefieder. Zu den vorzüglichsten Vögeln gehört der prächtige Leierschwanz, der besonders in der Gegend der blauen Berge vorkommt und dessen hochgelber und silberfarbiger Schwanz bei dem Männchen einer griechischen Leier gleicht, und eine Kasuarart, auch Emu genannt. †) Eidechsen sind sehr häufig, und die merkwürdigste unter dieser Thierart ist die Stinkeidechse. Unter den zahlreichen Schlangenarten ist die zehn Zoll lange Fadenschlange zu bemerken, deren Biß nach wenigen Minuten den Tod verursacht. Unter den Zoophyten Neuhollands ist die Seewalze zu erwähnen, die auf zur Zeit der Ebbe trockenen Riffen der Nordküste häufig gefunden wird; sie ist der Gegenstand eines bedeutenden Handels mit Asien. Unter den aus Europa eingeführten Thieren ist besonders das Schaf auf den üppigen Weiden in Neuholland und Vandiemensland gediehen. Man hat es durch Kreuzung mit Merinos veredelt und es gibt eine vortreffliche Wolle, die bereits ein wichtiger Ausfuhrartikel nach Europa geworden ist. Die bedeutendsten Mineralien, die man bis jetzt in Neuholland gefunden hat, sind Kupfer, Blei und Steinkohlen.

---

*) Vgl. Pfennig=Magazin Nr. 204.
**) Vergl. Pfennig=Magazin Nr. 42.
***) Vergl. Pfennig=Magazin Nr. 96 und 152.
†) Vergl. Pfennig=Magazin Nr. 40.

Nach diesem allgemeinen Überblicke des großen australischen Festlandes verweilen wir in Neusüdwales, um die Eigenthümlichkeiten des Landes und der Bewohner in einzelnen Schilderungen nach den Berichten eines Augenzeugen mitzutheilen.

I.

Als vor einigen Jahren die ungeheure Kette der blauen Berge untersucht wurde, entdeckte man einen großartigen Wasserfall, Govatts Leap, in einer der Quellen des Flusses Grose, unweit der von Sydney über die blauen Berge in das üppige Gebiet von Bathurst führenden Straße. Zwei sich vereinigende Ströme stürzen hier über Felsenklippen in einen tiefen Abgrund. Die senkrechte Höhe der Felsenwand, von welcher der Strom sich zuerst hinabwälzt, ist wenigstens 200 Fuß hoch, er stürzt dann in gebrochenen Fällen in nebelige Schluchten und bildet 1000 Fuß tiefer das Bett des Flusses. Die Felsenspalte, die den Fall aufnimmt, gleicht einem ungefähr 300 Fuß breiten Amphitheater, und das hineinstürzende Wasser verwandelt sich bald wieder in Nebel. Furcht ergreift den Kühnsten bei dem Blicke in die finstere Tiefe. Wenn man sich aber dem Rande des Abgrundes nähert, steigt das Erstaunen bei jedem Schritt. Wir sehen in den tiefen Schlund, wir hören den lauten Widerhall und das dumpfe Brüllen des Wassersturzes. Von einem vorspringenden Felsen in der Nähe des Wasserfalls sieht man die vorher durch Gebüsch verborgenen Berge und Schluchten, die einen wahrhaft schauerlichen Anblick darbieten, den unsere Abbildung wiedergibt. Durch die sich hier weit öffnende Felsenspalte verfolgt man die Schlucht, die sich über zwei Meilen weit fortzieht und in dieser ganzen Entfernung auf beiden Seiten kleine Wasserfälle aufnimmt. Ungefähr zwei Stunden von dem Wasserfalle vereinigt sich der unzugängliche, durch die furchtbare Schlucht rauschende Strom mit einem andern, der durch ein ebenso großartiges Felsenbett fließt. Der Strom windet sich dann um den Fuß der mächtigen Felsenwände und trennt durch eine furchtbare Schlucht den Berg Hay von den Bergen George und Jomak. Nach seiner Vereinigung mit dem Nepean erhält der Grose den Namen Hawkesbury, ein prächtiger Strom, der gegen 40 Meilen lang durch ein reiches Gelände fließt und sich dann sechs Meilen nördlich von Port Jackson ins Meer ergießt. Die ansehnlichsten Berge, die sich nördlich von der westlichen Straße erheben, sind die genannten Hay, George und Jomak, die von Sydney aus, zwölf Meilen entfernt, deutlich gesehen werden. Der Hay, den wir auf unserer Abbildung sehen, hat eine kegelförmige Gestalt und ist eine Station für die trigonometrische Aufnahme der Colonie. Man hat die Gipfel von dem Walde entblößt und nur einige Bäume in der Mitte stehen lassen, um ihn in weiter Entfernung sichtbar zu machen, was auch bei mehren andern Bergen der Colonie geschehen ist. Der Berg Jomak, der ungefähr 1½ Stunden nördlich vom Hay liegt, hat einen flachern Gipfel und ist mit schönen Bäumen bedeckt, um deren höchste Zweige sich oft Reben schlingen, die ihre Ranken dann wieder bis auf den Boden hinabsenken. Der hohe Kohlbaum, ein sicheres Zeichen eines üppigen Bodens, Farrnkraut und mannichfaltige Gesträuche wuchern rings umher. Die Gipfel dieser Berge und des George sind mit Gras bedeckt, ein Umstand, der dem Wanderer auffällt, wenn er die Öde und Unfruchtbarkeit der benachbarten Bergreihen betrachtet. So weit das Auge den Bergzug nordwärts verfolgen kann, sieht man nichts als ein

Der Wasserfall Govatts Leap.*)

weit ausgedehntes ödes Gelände, von unzugänglichen Schluchten durchschnitten. Einige Höhen sind hier und da so ganz von Erde entblößt, daß man nur den nackten Felsen sieht, den noch kein Sturm hat verwittern können. Diese Gegend wird stets öde und unbewohnt bleiben; selbst die hier einheimischen Thiere sieht man selten in dieser Wildniß.

(Die Fortsetzung folgt in Nr. 235.)

*) Aus einem Verwechseln der Abbildungen wurde in Nr. 193 des Pfennig-Magazins obige Abbildung als der Seerabenfelsen auf der Insel Raghery gegeben, was wir gütigst zu entschuldigen bitten; wir geben nun den wirklichen Seerabenfelsen am Schlusse dieses Blattes. D. Red.

Kurfürst Johann Friedrich und sein Gottvertrauen.

Der ebenso standhafte als unglückliche Kurfürst zu Sachsen, Johann Friedrich der Großmüthige, wurde am 24. April 1547 bei Mühlberg vom Kaiser Karl V. überfallen, verlor nach achtstündigem Kampfe die Schlacht, gerieth durch verspätete Flucht selbst in Gefangenschaft und mußte seinem stolzen Sieger, um dessen Triumphe zu verherrlichen, von Ort zu Ort folgen. In dieser traurigen Periode seines Lebens befand er sich 1550 zu Augsburg, und hier erfuhr er, daß die dortigen evangelisch-lutherischen Prediger ihres Amtes entsetzt waren, und daß ihnen anbefohlen worden, das Land zu meiden, weil sie sich standhaft geweigert hatten, das sogenannte Interim (d. h. eine auf dem Reichstage zu Augsburg 1548 auf kaiserliche Veranlassung gegebene, für die Protestanten höchst nachtheilige Erklärung, wie es bis zur endlichen Entscheidung durch eine allgemeine Kirchenversammlung einstweilen in Sachen der Religion gehalten werden solle), anzunehmen. Der fromme Fürst ließ hierauf einen jener Prediger zu sich bescheiden, und als er von diesem vernahm, daß ihnen der Kaiser das ganze römische Reich zum Aufenthalt verboten habe, stand er in heftiger Bewegung von seinem Sitze auf, trat an ein Fenster und Thränen des innigsten Mitleids benetzten seine Wangen. Doch bald wandte er sich wieder an den Prediger mit der Frage: „Hat Euch denn der Kaiser auch den Himmel verboten?" — „Nein", entgegnete dieser. — „Ei", rief der Kurfürst mit gefaßter Seele und emporgewandtem Blick, „so hat es auch noch keine Noth! Seid getrost, der Himmel muß Euch doch bleiben. Gott wird wol ein Land ausfinden, wo Ihr sein Wort verkündigen möget." Darauf griff er nach seiner Satteltasche und sagte: „Hierin ist Alles, was ich jetzt auf Erden besitze; ich will Euch daraus einen Zehrpfennig verehren, den theilt mit Euren Kreuzbrüdern. Ich bin zwar auch ein gefangener Fürst, aber mein Gott wird mir wol wieder etwas bescheren." —

So zart und innig fühlte das Herz eines Mannes, dessen starke Seele das Unglück nicht beugen, den sogar die Ankündigung des Todesurtheils nicht außer Fassung bringen konnte. Ihn selbst vermochte Karl auch nicht durch die heftigsten Drohungen zur Einwilligung in das Interim zu bewegen. Einst ließ es sich der stolze Kaiser vorzüglich angelegen sein, die Seelenstärke seines Gefangenen zu erschüttern. Da erfolgte plötzlich ganz unvermuthet ein lauter Donnerschlag, und Johann Friedrich brach in die frommen Worte aus: „Ach ja, du alter starker Gott, du lässest dich hören, daß du noch lebst, du wirst es wohl machen!" Karl fühlte sich endlich gedrungen, die Standhaftigkeit des Kurfürsten selbst zu bewundern, und gab die Hoffnung auf, eine so starke Seele zu besiegen und zu seinem Willen zu beugen.

Das Treten der Derwische.

Am Geburtstage des Propheten Mohammed begibt sich der Scheikh der Sadi=Derwische zu der Moschee Hassanein in Kahira, nachdem er die Nacht vorher mit Gebeten und dem Lesen einiger Abschnitte des Koran zugebracht hat. Nach dem Mittagsgebeten und der Predigt reitet er zu dem Hause, wo das Oberhaupt aller Derwische in Ägypten wohnt. Zahlreiche Sadi=Derwische aus den verschiedenen Bezirken der Hauptstadt schließen sich auf dem Wege von der Moschee dem Zuge an und die zu jedem Bezirke gehörigen Derwische tragen eine Fahne. Der Scheikh, gewöhnlich ein alter graubärtiger Mann, trägt ein weites weißes Gewand, eine weiße Mütze und ein dunkelolivenfarbigen Turban mit einem schräg laufenden weißen Streif über der Stirne. Der Zug hält nicht weit von der Wohnung des Oberhauptes der Derwische. Hier liegen auf der Straße mehre Derwische und andere Andächtige dicht nebeneinander auf dem Boden, den Rücken aufwärts gekehrt, die Beine ausgestreckt, die Arme nebeneinander unter der Stirne. Sie murmeln unablässig das Wort Allah! Ungefähr zwölf der Derwische laufen meist ohne Schuhe über den Rücken ihrer niedergestreckten Ordensbrüder und schlagen halbkreisförmige Trommeln, die sie in der linken Hand halten, während auch sie Allah! rufen. Nun nähert sich der Scheikh. Sein leichtgebautes und unbeschlagenes Pferd zögert einige Minuten, ehe es auf den Rücken der hingestreckten Männer tritt, aber von den nachfolgenden Derwischen getrieben, geht es weiter und schreitet mit hohen Schritten über alle hinweg, indem zwei Männer es führen. Die Zuschauer erheben ein lautes langes Geschrei Allah=la=la=la! Keiner von den getretenen Männern schien, wie ein Augenzeuge sagt, welcher vor einigen Jahren der Feier beiwohnte, verletzt zu sein, und sobald der Scheikh über ihn hinweggeritten war, sprang jeder auf und folgte dem Zuge.

Über die im Jahre 1838 zu erwartenden Himmelsbegebenheiten, mit Bemerkungen über die Beschaffenheit der Mondoberfläche.

Das nächste Jahr 1838 bietet in unserm Planetensysteme nur zwei wichtigere Erscheinungen, nämlich zwei bei uns sichtbare partiale Mondfinsternisse, dar, von welchen sich die erste am 10. April um drei Uhr Morgens, die andere aber am 3. October zwischen vier und fünf Uhr Abends ereignen wird. Bei dieser Anführung beschränken wir uns indeß, wie gesagt, ausdrücklich auf unser Planetensystem. In den unergründlichen Tiefen des Universums, in dieser Unendlichkeit von Fixsternen, welche wieder eigne Sonnen mit einem eignen Gefolge von Planeten und Monden sind, mögen sich zahllose Himmelsereignisse zutragen, von welchen keinerlei Kunde zu uns gelangt. Unsere gewaltigsten Ferninstrumente reichen nicht in diese Weiten; sie lassen uns in gänzlicher Ungewißheit über die absolute Entfernung und Größe jener Sonnen, die wir Fixsterne nennen, und zeigen uns dieselben, je vollkommener sie selbst sind, sogar nur als immer kleinere, glänzende, untheilbare Punkte. Wie wollten wir also, da wir kaum das Centralgestirn gewahren, ein Gefolge seiner so viel kleinern, nicht in eignem, sondern nur in erborgtem Lichte glänzenden Planeten und Monde wahrnehmen! Alles demnach, was in diesen fernen Himmelsregionen vorgeht, bleibt uns vollkommen fremd oder kommt doch wenigstens nur in einem kaum nennenswerthen Theile zu unserer Kenntniß, und unsere Ankündigungen beziehen sich also nur auf unser System.

Da die beiden darin vorkommenden Mondfinsternisse nur partial sind, d. h. da sich der Mond bei denselben nicht ganz, sondern nur theilweise in den Schattenkegel eintaucht, den die dunkle Erde der leuchtenden Sonne gegenüber hinter sich wirft, so scheinen auch diese beiden Ereignisse nicht einmal etwas besonders Auffallendes darzubieten. Indeß können sie doch dazu dienen, unsere Kenntniß von der Naturbeschaffenheit dieses nächsten Himmelskörpers zu vervollständigen, und unter diesem so unendlich interessanten Gesichtspunkte näherer Aufklärung über die Naturbeschaffenheit eines andern Weltkörpers werden wir sie demnach betrachten.

Indem sich nämlich der Erdschatten ganz oder theilweise über die dahin in vollem Lichte glänzende Mondscheibe verbreitet, werden wir dieselbe und also sämmtliche darauf befindliche Gegenstände in einer sehr veränderten, viel schwächern Beleuchtung erblicken und Manches daran wahrnehmen können, was sich in stärkerm Lichte vor uns verbirgt. So entdeckte Herschel,*) schon am 4. Mai 1783 in dem solchergestalt verdunkelten Theile der uns zugewendeten Mondhalbkugel einen leuchtenden Gegenstand, welchen er alsbald für einen damals wirklich noch brennenden Vulkan erkannte.

„Einen brennenden Vulkan?" werden meine Leser neugierig fragen; „hat denn die Mondoberfläche so viel Ähnlichkeit mit der Erdoberfläche, um dergleichen ganz analoge Gegenstände darzubieten?" Diese Frage habe ich eben hören wollen, um daran, auf Veranlassung unserer Mondfinsternisse, einige Mittheilungen aus den neuesten Beobachtungen über die Naturbeschaffenheit dieser Mondoberfläche zu knüpfen.*) Im Allgemeinen nämlich hat die Mondoberfläche**) allerdings Ähnlichkeit mit der Oberfläche unserer Erde. Schon mit bloßen Augen gesehen, erscheint uns der Mond als eine runde, ebene Scheibe, welche mit vielfachen grauen Flecken bedeckt ist, und daß diese Flecken wirklich Berge und Thäler sind, lehrt uns der erste Blick durch ein Fernrohr. Wir finden auf dem Monde eben solche landschaftliche Schattirungen und Abwechselungen von Ebenen, Bergen, Thälern, unersteiglichen und aufgesetzten Gebirgen, wie auf der Erde; daneben ergeben sich aber auch wieder beträchtliche Unterschiede, welche den Beweis großer Anomalien in der Naturbeschaffenheit beider Weltkörper liefern. Ganz vorzüglich zeigt sich dies in der Anordnung der Berge auf dem Monde, der wahrscheinlichen Beschaffenheit der dortigen Gewässer und der Mondatmosphäre, wie wir diese drei Gegenstände hier nacheinander näher betrachten werden. Es werden sich daraus interessante Schlüsse ableiten lassen, welche einen ganz andern Bau der Mondkugel und eine ganz andere Ökonomie der dortigen Natur darthun. Wer wollte auch den Schöpfer darauf einschränken, überall nur immer dieselben Arten der Mischung und Zusammensetzung der Körper angewendet zu haben? Ist es nicht seiner Größe würdiger, zu glauben, er habe den Zweck, glückliche Geschöpfe hervorzubringen, durch unendlich mannichfaltige Mittel zu erreichen gewußt? Es erscheint daher ausgemacht, daß die Naturgeschichte des Mondes eine ganz andere als die unserige ist, und daß, wie schon der französische Astronom Cassini vermuthet, selbst die Grundstoffe, aus welchen der Mond besteht, von denen unterschieden sind, die unsere Erde bilden.

Was also zuvörderst die Mondsgebirge betrifft, so muß man, schon in abweichender Weise von Dem, was wir bei uns gewahren, besonders zwei Arten derselben unterscheiden, nämlich Ringgebirge und Bergketten. Die Ringgebirge, als eine ganz eigenthümliche Mondsformation, haben meistens die Gestalt von oft sehr regelmäßigen kreisförmigen, ausgetrockneten Teichen, welche rings mit einem Walle umgeben sind, Flächen von vielen Quadratmeilen einnehmen, und aus deren Mitte sich gewöhnlich ein isolirter, kegelförmiger Berg erhebt. Diese Ringgebirge finden sich in sehr großer Anzahl auf der ganzen uns zu Gesicht kommenden Mondoberfläche zerstreut, und ihre nähere Betrachtung zeigt deutlich, daß sie vulkanischen Ursprungs sind. Es scheint hiernach, als wenn vulkanische Processe bei der Bildung der Mondoberfläche, wie wir sie jetzt finden, einen vorherrschenden und viel größern Einfluß als auf der Erde gehabt haben. Wir werden dies weiterhin noch näher sehen.

Die Bergketten des Mondes laufen dagegen meistens von irgend einem großen Centralgebirge aus, von wo sie sich lichtstrahlenartig oft auf außerordentliche Weiten erstrecken.

Verschieden von diesen beiden Hauptarten der Mondsgebirge sind die, jedoch mehr auf einzelne Gegenden eingeschränkten, dort aber auch in Menge verstreuten Bergkegel, welche sich ganz isolirt und schroff aus der Ebene erheben. Ferner gehören noch zu diesen bemerkenswerthen Unebenheiten der Mondoberfläche gewisse Vertiefungen (Rillen), welche, nach Art der Landstraßen, bei geringer Breite und Tiefe oft viele Meilen weit fortlaufen, hier und da mit Gruben und Einsenkungen versehen sind und meistens zwei oder mehre Ringgebirge miteinander verbinden. Die obenerwähnte Beer-Mädler'sche Mondkarte zeigt viele solche Rillen von so ganz außerordentlich überraschender Regelmäßigkeit, daß man sich bei ihrem Anblicke des Gedankens einer Mitwirkung vernünftiger, zweckverfolgender Wesen schlechterdings nicht enthalten kann. Wir haben diesen Gedanken von der Bewohnbarkeit des Mondes schon oben angedeutet und werden zum Schlusse dieses Aufsatzes darauf zurückkommen.

Der wichtigste Umstand in Betreff jener Mondsberge ist die ungeheure Höhe einiger derselben, im Vergleiche zur Größe des Mondes selbst. Unter den Bergen Amerikas legt man bekanntlich dem Chimborazo die größte Höhe bei; diese Höhe beträgt etwa den tausendsten Theil des Erdhalbmessers, welcher 860 Meilen lang ist. Auf dem Monde dagegen hat der bekannte Astronom Schröter mit Hülfe der einfachen Mittel, welche die Astronomie darbietet, Berge gemessen, deren senkrechte Höhe über 25,000 Fuß beträgt. Nun ist aber der Mondhalbmesser fast viermal kleiner als der Erdhalbmesser, woraus also folgt, daß die dortigen Berge im Verhältnisse zu diesem Halbmesser mehr denn viermal höher sind als die höchsten Erdberge. Es müssen demnach, wie wir schon oben bemerkt haben, auf dem Monde viel heftigere Naturkräfte als auf der Erde gewirkt haben, um die dortigen Berge zu einer solchen ungeheuern Höhe aufzuthürmen.

Man hat den Bergen auf dem Monde die Namen berühmter Gelehrten beigelegt, und wir geben hier die Namen und Höhen einiger der ausgezeichnetsten dieser Berge:

Purbach	10,200 Fuß.	Bradley	14,600 Fuß.
Wolf	11,400 =	Dörfel	25,000 =
Hadley	12,600 =	Leibnitz	25,200 =

Überaus merkwürdig ist ferner, daß sich die meisten und höchsten dieser Berge, grade wie bei uns, auf der südlichen Hemisphäre finden. Man hat Ähnliches auch an den andern Planeten unsers Systems beobachtet und daraus mit Recht gefolgert, daß die südliche Halbkugel noch durch eine andere Eigenthümlichkeit als den bloßen geographischen Gegensatz, vor der nördlichen ausgezeichnet sei.

In dem nämlichen Maße aber, in dem sich die Berge des Mondes über dessen Oberfläche erheben, sind auch seine Krater tief und weit. So enthält z. B. der mit dem Namen Bernoulli belegte Mondskrater fast eine deutsche Meile Tiefe und über drei Meilen Öffnung. Das Innere dieser ungeheuern Höhlen zeigt übrigens, wenn man dasselbe mit starken Fernröhren betrachtet, ganz denselben vulkanischen Charakter, wie z. B. unser Vesuv; ja mit noch stärkern Vergrößerungen bemerkt man darin sogar Spuren von vulkanischen Schichtungen, welche also auf mehrmalige hintereinander erfolgte Ausbrüche hindeuten, wobei sich die ausgeworfenen Materien allmälig und schichtweise übereinander gelagert haben.

Wenn aber der Mond, hinsichtlich der Berge, solchergestalt eine wenigstens allgemeine Ähnlichkeit mit der Erde zeigt, so ist er dagegen, in Bezug auf Wasser und Luft, wesentlich davon verschieden. Beide sind, den sorgfältigsten Beobachtungen zufolge, von viel feinerer ätherischer Beschaffenheit als auf der Erde. Gewisse große graue Stellen der Mondoberfläche, welche sich auf den ältern Mondkarten als Meere bezeichnet finden,

---

*) Besonders nach den Beobachtungen der berliner Astronomen Beer und Mädler, welche kürzlich eine neue, höchst vortreffliche Mondkarte von drei Fuß Durchmesser (Berlin, bei Schropp) haben erscheinen lassen.

**) Vergl. die Abbildung Pfennig-Magazin Nr. 3.

haben sich bei schärferer Beobachtung voll kleiner Erhabenheiten und Vertiefungen gezeigt, und können also wenigstens nicht Meere im irdischen Sinne des Worts sein. Dagegen aber finden sich andere vollkommen ebene Stellen, welche wirklich Wasserflächen ähneln, und die Alluviation ist an manchen andern Punkten gar nicht zu verkennen. Ganz entbehrt also der Mond eines unserm Wasser ähnelnden Elements gewiß nicht; ebenso gewiß darf aber andererseits angenommen werden, daß sich dieses Wasser des Mondes von dem der Erde durch eine größere Feinheit und Leichtigkeit bedeutend unterscheidet.

Dieselbe Bemerkung, nur mit einer durch die unmittelbarste Beobachtung noch sehr vergrößerten Ausdehnung und Gewißheit, gilt von der Atmosphäre des Mondes, deren Dasein, ihrer großen Feinheit wegen, so lange in Zweifel gestellt worden ist. Der schon oben erwähnte fleißige und genaue deutsche Astronom und Mondbeobachter Schröter hat allen diesen Zweifeln durch Beobachtung örtlicher Verdichtungen in der Mondatmosphäre und einer deutlichen, obgleich schwachen Dämmerung auf diesem Weltkörper ein Ende gemacht. Da die letztere Beobachtung besonders entscheidend ist, indem eine Dämmerung ohne Dunstkreis nicht statthaben kann, so bleiben wir dabei stehen. Man hatte schon früher versucht, die Frage nach der Mondatmosphäre durch Aufsuchung von Spuren der Dämmerung auf dem Monde zu entscheiden, und zu dem Ende die Aufmerksamkeit auf die Lichtgrenze, wo sich die erleuchtete von der Nachthälfte des Mondes trennt, gerichtet, glaubte aber eine Dämmerung daselbst nicht wahrzunehmen, indem scharf an jener Grenze sogleich vollkommene Nacht zu herrschen schien. Allein Schröter machte darauf aufmerksam, daß aus dieser bloßen Betrachtung der Lichtgrenze auf einen gänzlichen Mangel von Dämmerung nicht geschlossen werden dürfe, indem ein schmaler Dämmerungsstreif, wie er aus einer wenig hohen und dichten Mondatmosphäre geschlossen werden müsse, neben dem hellen Mondlichte nicht wohl gesehen werden könne. Dagegen werde man die Dämmerung auf dem Monde gewahren, wenn man ihn kurz vor oder nach dem Neumonde betrachte, wo sich die Dämmerung als eine Verlängerung der glänzenden Hörner zeigen müsse. Diese Voraussetzung hat sich nachher auch bei allen Beobachtungen vollkommen bestätigt; es hat sich dabei aber auch ergeben, daß die Atmosphäre des Mondes von einer viel feinern Beschaffenheit als die irdische, und von viel geringerer Höhe als diese ist. Wenn man die Höhe der irdischen Atmosphäre bis dahin, wo sie überhaupt noch Lichtstrahlen zu brechen und also Dämmerungserscheinungen zu verursachen im Stande ist, auf etwa zehn deutsche Meilen anschlagen kann, so beträgt dieselbe Höhe bei der Mondatmosphäre dagegen nur Drittelmeile.

Wir gehen nach diesen Erörterungen, welche für unsern Zweck genügend erscheinen, schließlich zu dem noch interessantern Punkte, nämlich zu der schon oben angedeuteten Frage nach der Wahrscheinlichkeit der Bewohntheit des Mondes über. Wer aber möchte, schon aus allgemeinen Gründen, daran zweifeln? Wo Welten möglich waren, da rollen Welten, und wo sich Raum für genießende Wesen findet, da ist dieser Raum auch vom Schöpfer dazu benutzt. Wie dürfte also angenommen werden, daß ein so großer, nachgewiesenermaßen mit Bergen und Thälern, mit Luft und Wasser ausgerüsteter und demnach unserer Erde so ähnlicher Weltkörper, wie der Mond, vom Leben verlassen und der Erde also nur hierin ähnlich sei? Wie sehr der Mond der Erde an Größe nachsteht, so faßt seine Oberfläche doch immer noch über 700,000 Quadratmeilen, also beinahe $1/12$ der Oberfläche des Erdballs, welchen man zu neun Millionen Quadratmeilen berechnet; das gesammte ungeheure russische Reich in Europa und Asien, welches zu 350,000 Quadratmeilen geschätzt wird, würde also zweimal auf dem Monde Platz finden. Es ist daher eine gegen alle Analogie streitende Annahme, die vollkommene Unbelebtheit so großer Länderstrecken anzunehmen. „Warum aber", werden meine Leser nunmehr fragen, „nehmen wir die Bewohner des Mondes oder die Seleniten (wie man sie nach der griechischen Mondgöttin Selene zu nennen pflegt), wenn ihr Dasein so gewiß ist, mit unsern so sehr vervollkommneten Ferninstrumenten nicht wahr?" — Dies liegt in der natürlichen, bisjetzt nicht überwundenen, vielleicht auch unüberwindbaren Unvollkommenheit dieser Instrumente. Gegenstände auf dem Monde, welche eine Längenausdehnung von mehr als 5000 Fuß haben, erscheinen uns nur erst unter dem Winkel einer einzigen Secunde, und einzelne Häuser, Felder, geschweige denn Geschöpfe, z. B. von Menschengröße, können daher mit unsern jetzigen Teleskopen auf demselben nimmermehr von uns wahrgenommen werden. Dagegen zeigt aber, wie schon oben bemerkt worden, die vortreffliche Beer=Mädler'sche Mondkarte Formationen auf dem Monde, welche unmöglich für ein bloßes Naturspiel ausgegeben werden können; man sieht, wir wiederholen es, z. B. lange, vollkommen gerade, durchaus einem Straßenzuge gleichende, sogenannte Rillen, welche Gebirge miteinander verbinden, an großen Höhen abbrechen und jenseit derselben wieder anheben; man sieht Reihen sehr großer Gruben, welche in durchgängig geradliniger Folge angelegt sind u. s. w. Wenn nun diese unzweifelhaften Dinge sehr viel Abweichendes von unsern irdischen Einrichtungen haben, so ist dagegen zu bemerken, daß sich das Mondleben ebenso wesentlich von dem Leben auf unserm Planeten unterscheiden muß. Zunächst trägt dazu die gänzliche Verschiedenheit der Jahres= und Tageszeiten von den unserigen bei. Die Erde nämlich hat einen Frühling, Sommer, Herbst und Winter, weil sich die Sonne vom Äquator aus abwechselnd dem Nord= und Südpole bedeutend nähert und dadurch jene Jahreszeiten hervorbringt. Auf dem Monde dagegen verweilt, in Folge der Stellung seiner Rotationsachse gegen die Ebene seiner Bahn, die Sonne beständig fast senkrecht über dem Äquator, sodaß in den dortigen Äquatorialgegenden ein ewiger heißer Sommer, in den Polargegenden ein ewiger Winter und in den beiden Zwischenzonen ein gleich beständiger Frühling herrscht. Daher scheint es denn auch zu kommen, daß sich die Mondpolargegenden, etwa vom 55. Grade nördlicher und südlicher Breite an, durch eine ununterbrochene glänzende Weiße auszeichnen, genau als wenn sie mit ewigem Schnee bedeckt wären. Da wir an einem andern Nachbargestirn der Erde, dem Mars, ganz Ähnliches beobachten, so vereinigen sich diese beiden Analogien, um unserer Hypothese die größte Wahrscheinlichkeit zu verleihen. Schon aus diesem Umstande müssen zwei veränderte Wirthschafts= und überhaupt Lebenseinrichtungen auf dem Monde hervorgehen; noch mehr aber wird diese Verschiedenheit dadurch vergrößert, daß der Tag und das Jahr des Mondes von gleicher Dauer, nämlich beide $29 1/2$ unserer Tage gleich sind. Die Erde dreht sich in 24 Stunden um ihre Achse, in welcher Zeit also auch Tag und Nacht wechseln; der Mond aber dreht sich, in Bezug auf die Sonne, erst in $29 1/2$ unserer Tage um seine Achse, binnen welcher ähnlichen Zeit er bekanntlich auch seinen synodischen Umlauf und damit sein Jahr vollendet. Jeder Punkt des Mondes hat demnach die Sonne 14¾ Tage über= und ebenso lange unter dem Horizont; der Selenit, welcher im Neumond grade Mitternacht hatte, bekommt erst im nächsten Vollmond, also volle 14¾ unserer Tage nachher, seinen Mittag u. s. w. Die beständige Abwechselung eines so langen Tages mit einer so langen Nacht müssen große Temperaturverschiedenheiten auf dem Monde nach sich ziehen, und die Wohnungen der Seleniten zunächst werden nothwendig nach diesem Maßstabe eingerichtet sein. Die Sonnenseite des Mondes wird natürlich eine große Trockenheit zeigen, alle Dünste und Feuchtigkeiten werden auf die Nachtseite hinüberströmen, und wegen des beständigen Wechsels beider Seiten muß die, angegebenermaßen in 29½ Tagen, um den ganzen Mond wandernde Lichtgrenze zugleich eine Feuchtigkeitsgrenze sein, sodaß nach dieser Natureinrichtung also im Laufe eines Monats (oder wie wir gesehen haben, Mondjahres) jeder Punkt der Mondoberfläche mit Feuchtigkeit versorgt und zur Vegetation vorbereitet wird.

Diese Spuren einer solchen Vegetation auf dem Monde hat unter den neuern Mondbeobachtern Niemand sorgfältiger verfolgt als der bekannte münchener Astronom Gruithuisen*), und er hat mehrfache Pflanzenphysiognomien, nach Maßgabe der verschiedenen Klimate, auf der Mondoberfläche nachgewiesen. Höchst merkwürdig, aber durch alle Analogie und die oben von uns angeführten Thatsachen über die Stellung der Rotationsachse des Mondes gegen die Ebene seiner Bahn gerechtfertigt, erscheint dabei der Umstand, daß jene Spuren von Vegetation in den beiden Polarzonen des Mondes gänzlich verschwinden und vielmehr durch die ebenfalls schon von uns beschriebene glänzende Weiße ersetzt werden, welche auf Schneefelder oder doch etwas dem Ähnliches in jenen Zonen schließen läßt.

Man hat endlich gefragt, ob es denn, wofern der Mond, wie wir hier annahmen, wirklich von verständigen Wesen bewohnt sei, gar kein Mittel gebe, Verbindungen mit diesen Mondbewohnern anzuknüpfen? Einer der größten Geometer Europas*) hat sich kürzlich mit dieser Frage beschäftigt und einen Vorschlag gethan, der, so befremdend er auf den ersten Blick erscheinen mag, doch noch das einzige Mittel darzubieten scheint, um jenen Zweck zu erreichen. Zur Ausführung werde sich dann aber der Zeitpunkt der Mondfinsternisse eignen, welche uns auf alle diese Betrachtungen geführt haben. Sind die Seleniten nämlich, schließt dieser Geometer, wirklich verständige Wesen, so werden sie unsere Erde zur Zeit einer Mondfinsterniß wahrscheinlich ebenso sorgfältig beobachten, als wir ihren Mond. Zugleich muß, unter jener Voraussetzung, angenommen werden, daß sie, da der Verstand überall derselbe ist, auch die eigentliche Verstandeswissenschaft, die Mathematik, treiben werden. Man zeichne ihnen also während einer solchen Finsterniß an einer besonders bemerkbaren Stelle der dem Monde dann zugekehrten Erdhalbkugel in hinreichend großem Maßstabe, z. B. durch große Feuerlinien, einen bekannten Satz der Geometrie, das sogenannte Quadrat der Hypothenuse, hin und erwarte, ob sie bei der nächsten Finsterniß in ähnlicher Weise darauf antworten werden. Eine solche Antwort, als demnächstigen unzweifelhaften Beweis der Bewohntheit des Mondes durch verständige Wesen wäre wol das höchste Ziel, welches Astronomie und Fernschreibekunst im größern Sinne erreichen können, und ich schätze mich glücklich, diese Gelegenheit gefunden zu haben, um dem schönen Gedanken weite Verbreitung zu geben.

*) Leser, welche das Detail dieser unendlich interessanten Mondbeobachtungen kennen lernen wollen, zu dessen Mittheilung uns der Raum gebricht, verweisen wir auf Kastner's „Archiv der Naturlehre".

*) Auch der gelehrte wiener Astronom Littrow wirft diese Frage in der eben erscheinenden zweiten Auflage seiner „Wunder des Himmels" auf.

Der Seerabenfelsen auf der Insel Raghery.

Das Pfennig-Magazin
für Verbreitung gemeinnütziger Kenntnisse.

235.] Erscheint jeden Sonnabend. [September 30, **1837**.

Galerie der deutschen Bundesfürsten.
XXVI.

Friedrich, Fürst von Hohenzollern-Hechingen.

Friedrich Hermann Otto, regierender Fürst von Hohenzollern-Hechingen, wurde zu Namur am 22. Juli 1776 geboren. Sein Vater, auf den die Regierung nach dem Tode seines Oheims Joseph Wilhelm überging, war der Fürst Hermann Friedrich Otto, seine Mutter stammte aus dem niederländischen fürstlichen Geschlecht Havre. Der Prinz wurde in Hechingen erzogen, besuchte, nachdem er auf der Karlsschule zu Stuttgart trefflich vorbereitet worden war, mehre deutsche Universitäten und nahm sodann eine Zeit lang Theil an den Arbeiten des Reichshofraths in Wien. Nach seiner Rückkehr nach Hechingen vermählte er sich am 26. April 1800 mit der Prinzessin Pauline, einer Tochter des Herzogs Peter von Kurland und Sagan. Nachdem sein Vater dem Rheinbunde beigetreten, wohnte er mehren Feldzügen unter Napoleon's Heeren bei, bis er nach dem Tode seines Vaters, am 2. November 1810, die Regierung seines Erblandes übernahm, die er so vortrefflich leitete, daß er sich fortwährend des unbedingten Vertrauens seiner Unterthanen erfreuen konnte. Der Fürst ist höchst einfach in seiner ganzen Lebensweise, von ausgezeichneter Humanität und hoher wissenschaftlicher Bildung. Mit seinem Lande und den Bedürfnissen seiner Unterthanen innigst vertraut, leitet er selbst die Verwaltung, während er seine Mußestunden wissenschaftlicher Beschäftigung widmet. Sein einziger Sohn, der Erbprinz Friedrich Wilhelm Hermann Konstantin, geboren am 16. Februar 1801, vermählte sich am 22. Mai 1826 mit Eugenie, Prinzessin von Leuchtenberg, geboren am 23. September 1808.

Bilder aus Neusüdwales.
(Fortsetzung aus Nr. 234.)

II.

Man hat die Urbewohner von Neusüdwales und Vandiemensland gewöhnlich als Wilde betrachtet, die kaum den Namen menschlicher Wesen verdienen und nur wenige Stufen über die Thierheit sich erheben, unfähig aller Gesittung oder Veredlung. Von den wenigen Stämmen, die früher Vandiemensland bewohnten, ist wenig bekannt. Der Verkehr der europäischen Ansiedler mit ihnen war nie so bedeutend, daß man ihre Sitten und Eigenthümlichkeiten genau hätte kennen lernen können. Sie unterschieden sich jedoch, wie es scheint, in vielen Beziehungen von den Bewohnern Neuhollands, ein Umstand, der bei der Nähe jener Insel bemerkenswerth ist. Sie waren von Mittelgröße, von fast schwarzer Hautfarbe, mit dunkelschwarzem, kurzem und gekräuseltem Haare. Der Speer war ihre Hauptwaffe, aber sie warfen ihn anders als die Neuholländer. Sie waren wilder, rachgieriger und unbändiger, mieden stets die Gegenwart der Weißen; selten sah man sie mit Jagen beschäftigt, sondern sie lauerten in den Schlupfwinkeln der Berge und in dem dichtesten Gestrüppe der Wälder. Immer warteten sie auf Gelegenheit, Räubereien zu begehen und ermordeten feige die Ansiedler, die sich in ihre Nähe wagten. Die Folge war, daß man sie verfolgte, und sie sind nun beinahe gänzlich ausgerottet wie Raubthiere. Bessere Gelegenheit haben die Europäer gehabt, die Eigenheiten der Wilden in Neuholland zu beobachten und sie in ihrem natürlichen Zustande kennen zu lernen. Eine treue und umständliche Schilderung der Sitten und Gewohnheiten dieses verachteten Menschenstammes dürfte daher nicht ohne Interesse sein, und es wird daraus hervorgehen, daß sie zwar noch weit von der Gesittung entfernt, aber nicht so herabgewürdigt sind, als man sie zuweilen geschildert hat; nicht so unempfänglich für geistige und sittliche Verbesserung, daß sich von beharrlichen Anstrengungen kein Erfolg erwarten ließe. Sie sind weder so roh, noch so grausam und rachgierig als die unglücklichen Stämme auf Vandiemensland, sondern gelehrig und lenksam und obgleich sie die Vortheile des gesitteten Lebens noch nicht erkannt haben, so lassen sie sich doch durch freundliche Behandlung wenigstens zu friedlichen Gesinnungen führen. Nimmt man ihnen die Besorgniß einer Gefahr, so werden sie den Reisenden nicht nur durch ihre Wälder geleiten, sondern ihm selbst nützlichen Beistand leisten. „Nach meinen Beobachtungen," sagt der Reisende, dessen Berichte uns vorliegen, „darf ich glauben, daß, wenn man sie gleich anfangs versöhnlich und freundlich behandelt hätte, statt sie zu unterdrücken und zu beleidigen, viele von den Greueln, die sie begangen haben, nicht vorgekommen sein würden. Ohne eine Ursache sinnen sie im Allgemeinen nicht auf Rache, und es muß eine Beleidigung vorhergegangen sein, ehe sie in Erbitterung gerathen und einen verrätherischen Mord begehen. In den ersten Zeiten der Ansiedelung ist es nicht selten geschehen, daß viele Ansiedler als Opfer der Rache für Beleidigungen fielen, die früher von Andern waren verübt worden. Wurden z. B. Sträflinge zur Hütung des Viehes in entferntere Gegenden geschickt, so erlaubten sie sich nicht nur die größten Grausamkeiten gegen die friedlichen Eingeborenen, sondern feuerten oft unter sie aus boshaftem Muthwillen oder aus dummer Furcht. Hierdurch wurde nun ein ganzer Stamm erbittert und entbrannte in unersättlicher Rachsucht. Die Wilden umringten dann die Hütten der Hirten, setzten sie durch brennende Speere in Feuer und ermordeten die Bewohner ohne Unterschied.

Als die Ansiedelung Bathurst angelegt wurde, gab es zwischen den Engländern und den Eingeborenen fortwährend blutige Kämpfe, und das Unglück war nicht durch falsche Maßregeln der Behörden, sondern durch Gewaltthaten furchtsamer oder leidenschaftlicher Menschen herbeigeführt worden. Allerdings ist es auch in den letzten Jahren häufig der Fall gewesen, daß Weiße als Opfer der Mordlust der Wilden gefallen sind, ohne daß sich eine nähere Veranlassung angeben ließ. Aber diese Beispiele feiger Ermordung sind nicht so häufig gewesen als die kaltblütigen Mordthaten, die überlegten Verbrechen der Sträflinge selbst.

Die Zeit ist sehr nahe, wo diese Wilden gänzlich verschwinden werden. Die zahlreichen Stämme, die noch vor wenigen Jahren in der Nachbarschaft von Sydney wohnten, sind bereits verschwunden; man hat sie jedoch nicht mit Gewalt ausgerottet, ja sie wurden auch nicht einmal grausam und hart behandelt, sondern man ließ sie thun, was sie wollten. Einige beschäftigen sich mit Fischfang, Andere suchten Austern, worin sie sehr geschickt waren. Sie versahen damit die Stadt und erhielten zur Bezahlung entweder Geld oder was sie sonst wünschten, während Andere, die zu träge zur Arbeit waren, nur bettelten. Nicht durch Druck wurde ihr Untergang herbeigeführt, sondern durch das Verderbniß und die Liederlichkeit, die durch böses Beispiel unter sie eingeführt wurde. Von den Weißen lernten sie zerstörende Laster und verloren, was gut in ihren eigenthümlichen Gewohnheiten war. Es war ein trauriger Anblick, diese halb nackten, halb verhungerten und trunkenen Geschöpfe durch die Straßen von Sydney taumeln zu sehen. Aber nicht in diesen Unglücklichen muß man den eigenthümlichen Charakter des Neuholländers suchen; man sieht in ihnen nur die übeln Wirkungen der bösen Neigungen, die sie von den Weißen angenommen haben und die ihnen früher unbekannt waren, wir sehen in ihnen nur, wie tief selbst die Weißen zum Thiere herabsinken können, wenn nicht nur die geistigen und sittlichen Eigenschaften, selbst die physische Kraft durch Unmäßigkeit zerstört ist.

„Will man diese Wilden in ihrem natürlichen Zustande kennen lernen", sagt der Augenzeuge, dem wir folgen, „so muß man in das Innere ihres Landes bringen, wo man sie noch ungesittet, aber auch unverderbt und in ihrer ursprünglichen Eigenheit findet. Hier sehen wir, daß sie ein eigenthümlicher Menschenschlag sind, wahrscheinlich jetzt noch in demselben Zustande wie in den frühesten Zeiten. Ihre Kleidung, ihre Waffen, ihre Wohnungen, wie ihre Sitten und Gebräuche, ihre Jagdart und ihre Belustigungen zeigen überall ihre Einfachheit und ihre Originalität."

Die Eingeborenen Neuhollands sind etwas kleiner als die Europäer. Einige sind gut gebaut und muskelkräftig, andere lang und schmächtig. Die Männer sind im Allgemeinen von gefälligerer Gestalt als die Weiber. Der einfache Anzug der Männer besteht aus einem Mantel von der Haut des Opossum, der über die Schultern geworfen und um den Hals befestigt wird. Bei feuchtem Wetter und wenn sie sich zum Schlafen niederlegen, wird die Pelzseite nach innen gekehrt. Diese Mäntel werden auf eine sehr einfache Art verfertigt. Die Häute werden mit hölzernen Pflöcken an einen Baum befestigt und der Sonne ausgesetzt, dann auf der innern Seite gerieben und geglättet, und sind sie von den fleischigen und häutigen Theilen befreit und mit rothen Streifen verziert, so werden die Felle zusammengenäht, wozu man die aus dem Schwanze des Känguruh und anderer Thiere genommenen feinen Sehnen gebraucht. Auch tragen die Wilden immer einen Gürtel um den Leib, der aus Opossumhaut gemacht wird und nach Belieben enger oder weiter gezogen werden kann; wenn sie essen, lösen sie ihn gewöhnlich, und wenn sie auf der Jagd oder hungrig sind, ziehen sie ihn fester. An diesem Gürtel hängen vorne und hinten schmale, aus Opossumhaut geschnittene Streifen, und unter dem Gürtel befindet sich ein aus einer Blase gemachter Beutel, worin sich gewöhnlich ein paar Schleudersteine aufbewahrten werden, und seit der Taback unter ihnen eingeführt ist, hat sich diese Blase in einen Tabacksbeutel verwandelt, der selten leer ist. Die Haare, mit Fettigkeiten aller Art beschmiert, sind oben auf dem Kopfe in einen Knoten gebunden und hängen auf beiden Seiten des Gesichts herab. Einige Stämme nördlich von Sydney knüpfen es in kegelförmiger Gestalt und befestigen in der Mitte ein Bündel Binsen, das gegen zwei Fuß hoch emporragt, und zieren es auch wol mit glänzenden Federn. Ihre großen und vollen Augen sind von überhängenden Brauen und langen Wimpern beschattet, und jede Regung des Gemüths, die sanftern und die ungestümern Leidenschaften malen sich lebhaft in ihren Blicken. Ihre dunkle Farbe trägt viel dazu bei, den Ausdruck ihrer Züge zu verstärken. Wunderbar ist die Schärfe ihres Gesichts, und in dieser Beziehung haben sie den Ansiedlern und den Reisenden im Innern oft große Dienste geleistet, indem sie die Spuren verlorener Pferde oder Kühe leicht auffanden. Man brauchte ihnen nur die Spur oder auch nur den Platz zu zeigen, wo das Thier zuletzt gesehen wurde, und sie folgten ihm über den trockenen und harten Stellen, über das verwelkte Gras so sicher, als der Jagdhund dem Hasen. Wirft man den kleinsten Gegenstand weg, das Auge des Wilden wird sicher bemerken, wo er niederfällt. Seine Nase ist kurz und platt; die Nasenlöcher sind weit und der zwischen den Augen liegende Theil ist nicht erhaben, sondern eingedrückt. In den durchbohrten mittlern Knorpel der Nase wird zuweilen ein kleiner Känguruhknochen gesteckt. Die Stirne ist hervorragend, die Backenknochen sind hoch, die Lippen dick und den weiten Mund zieren schneeweiße Zähne. Es ist allgemeine Sitte unter ihnen, in einem gewissen Alter den größten Schneidezahn in der obern Kinnlade auszureißen, doch kennt man noch nicht die Bedeutung dieser Sitte. Das Tatowiren ist allgemein üblich unter ihnen, doch gehen sie darin nicht so weit als die Neuseeländer. Man ritzt blos das Fleisch in zwei Zoll langen Streifen, ohne auf irgend eine regelmäßige Zeichnung zu sehen. Diese Zeichen, die mit dem Rande einer scharfen Muschelschale eingeschnitten und mit einer Flüssigkeit gerieben werden, bilden nach der Heilung eine erhabene Narbe; man bringt sie häufig auf der Brust, auf den Armen und besonders auf dem Rücken zwischen den Schultern an. Kinder werden schon im siebenten Jahre tatowirt und die Narben werden größer, je älter sie werden; das Gesicht tatowiren die Neuholländer nicht wie die Neuseeländer.

Auch die Weiber tragen einen Mantel aus Opossumfell und haben ein paar Netze bei sich, die sie selbst machen. Sie führen darin alle ihre kleinen Bedürfnisse bei sich und wenn sie ein kleines Kind haben, so wird es in eins dieser Netze gesteckt und auf dem Rücken der Mutter getragen. Die Weiber haben nicht so lange Haare als die Männer, sei es, daß sie von Natur nicht so lang sind oder verschnitten werden. Einige verzieren das Haar mit Känguruhzähnen, welche mittels eines schwarzen Wachses an ihren Locken befestigt werden und rings um den Kopf hängen, und da man dies nicht bei allen Weibern findet, so scheint es ein Vorrecht der Angehörigen eines Häuptlings zu sein. Die Weiber werden nicht wie die Männer durch Narben verunstaltet, doch haben einige Streifen auf den Armen, und wahrscheinlich soll die Zahl der Kinder dadurch angedeutet werden, die sie geboren haben, da man bei Mädchen diese Zeichen nicht findet. Der Nasenknorpel ist zwar zuweilen durchbohrt wie bei den Männern, aber Zähne werden ihnen nicht ausgerissen. Bei einzelnen Weibern an der Küste südlich von Sydney fehlt das erste Glied des kleinen Fingers der linken Hand. In ihrer Kindheit wird nämlich das Fingerglied mit einer Schnur fest gebunden, bis das Nagelende abfällt und die Wunde nach und nach heilt. Die Weiber haben kein anderes Werkzeug als einen fünf Fuß langen Stock, dessen Ende im Feuer gehärtet ist. Sie graben damit auch gewisse Wurzelgewächse aus, die sie in ihren Netzen sammeln und Abends mit ihren Angehörigen theilen. Dies scheint ihre einzige Beschäftigung zu sein, während die Männer jagen.

III.

Die Waffen der Neuholländer sind einfach. Ihre Speere, die gewöhnlich zehn bis zwölf Fuß lang sind, bestehen aus einem oder zwei, die längsten aus drei Stücken und sind gewöhnlich aus Eichenholze; in den längsten ist das Mittelstück aus dem Grasbaum gemacht. Einige sind gekrümmt und gezackt, und seit die Wilden mit dem Glase bekannt geworden sind, befestigen sie auch Glasscherben auf der Spitze des Speers. Sie haben einen eignen Speer zum Fischen, der an der Spitze in vier Gabeln ausgeht, die an der innern Seite ausgezackt sind, um den Fisch zu halten. Der Speer wird mit dem Wummera geworfen. Es ist dies ein ungefähr drei Fuß langer Stock, an dem Ende gekrümmt und hat eine flache Handhabe, die gegen drei Zoll breit ist. Soll der Speer geworfen werden, so wird der Haken des Wummera in einem Kerb am Ende des Speers befestigt und der Wilde kann auf diese Weise dem Wurfe eine größere Kraft geben und den Speer weit schleudern. Die Wilden auf Vandiemensland bedienen sich dieses Werkzeugs nicht. Das Tomahak, d. h. Kriegsbeil, bestand vor der Einführung des Eisens aus einem schweren, scharfen Steine, der an einer plumpen Handhabe befestigt war; jetzt aber sieht man selten einen Wilden ohne das in Amerika gewöhnliche Tomahak. Die Keule ist sehr schwer, aber nicht groß, meist nur 2½ Fuß lang, und hat einen Knopf am Ende. Sie wird blos beim Handgemenge gebraucht. Das Bumerang besteht aus hartem Holze, ist flach, wie eine Säbelklinge gekrümmt und zwei Zoll breit. Es wird theils zum Zeitvertreibe, theils als Jagdwaffe gebraucht, z. B. um ein Thier zu lähmen. In diesem Falle wird es mit so ungeheurer Schnelligkeit über den Boden geschleudert, daß selbst ein Känguruh im vollen Laufe oft niedergeworfen wird. Brauchen die Wilden das Bumerang zur Belustigung, so werfen sie es erst horizontal weit von sich, dann kehrt es zu ihnen zurück, kreist hoch in der Luft über ihren Köpfen, bis es endlich zu ihren Füßen zurückfällt. Es ist ein interessanter Anblick, wenn mehre derselben auf einmal in die Luft geworfen werden, steigen, kreisen und sich in allen Richtungen kreuzen. Das Heliman oder der Schild besteht aus einem Stücke Holz, das 2½ Fuß lang, in der Mitte gegen vier Zoll dick ist und an den Enden spitzig zuläuft. In der Mitte ist ein Loch, durch welches die Hand gesteckt werden kann. Mit diesem Schilde wissen die Wilden äußerst gewandt die Speere abzuwehren, die in einem Gefechte oder wenn sie eine Strafe zu erleiden haben, auf sie geworfen werden. Der Schild ist zuweilen mit weißen und rothen Streifen verziert, was bei andern Waffen nicht der Fall ist.

Bei dem schönen und gesunden Klima des Landes wird auf den Bau der Hütten wenig Mühe gewendet und man kann sie kaum Wohnungen nennen. Sie dienen blos zum Schutze gegen Wind und Wetter und sind größer oder kleiner nach der Zahl ihrer Bewohner. Drei gabelförmige Stangen, die so gestellt werden, daß sie einander in Gestalt eines Dreieckes unterstützen, und mit laubigen Zweigen bedeckt, zuweilen auch auf der Windseite mit Rindenstreifen bedeckt sind, bilden das Obdach. In der Regenzeit, die zum Glück nicht lange dauert und in den Wintermonaten, wo die Kälte nicht sehr streng ist, besteht das Obdach ganz aus Baumrinden, und da die Wilden selten lange auf einem Lagerplatze bleiben, sondern immer von einem Theile ihres Gebietes zum andern ziehen, so liefern ihnen die Bäume sowol einen großen Theil ihrer Nahrung, als auch zugleich die Mittel, sich ein Obdach zu verschaffen. Vor jeder Hütte brennt während der Nacht ein Feuer. Sie legen mehre Scheite in einen Kreis und zünden die nach dem Mittelpunkte gekehrten Enden an, welche dann, während sie brennen und kürzer werden, allmälig näher aneinander geschoben werden. Wenn die Wilden von einem Orte zum andern ziehen und nicht weit zu gehen haben, nehmen sie gewöhnlich einen Feuerbrand mit; ist aber der neue Lagerplatz weit entfernt, so verschaffen sie sich neues Feuer, indem sie einen spitzigen Stock auf der innern Seite eines trockenen Stücks Grasbaum reiben. Zu diesem Zwecke wird das Stück Holz in zwei Theile gespalten, der Stock auf einen der getrennten Theile gestellt und schnell zwischen den flachen Händen wie ein Quirl gedreht, was nachstehende Abbildung, auf welcher auch ein Grasbaum dargestellt ist, deutlich zeigt. Es entsteht bald ein Loch, und sobald Rauch sich zeigt, wird gepulverte Holzkohle hineingeworfen, die sich schnell entzündet und eine Flamme hervorbringt.

Jeder Stamm hat einen Häuptling, ob er aber seine Gewalt erblich besitze, oder wegen seiner Stärke oder kriegerischen Tüchtigkeit gewählt werde, ist noch nicht mit Gewißheit bekannt. Gewöhnlich sind sie die schönsten Männer, und obschon sie sich in ihrem Äußern und ihrem Anzug nicht von den Übrigen unterscheiden, so haben sie doch

Der Grasbaum.

das Vorrecht, zwei Weiber zu nehmen. Es liegt am Tage, daß jeder Stamm nach gewissen Gesetzen regiert wird, aber bei einem Volke, das so einfache Sitten, so wenige Bedürfnisse und ein so ausgedehntes Gebiet hat, müssen auch die Gesetze sehr einfach sein. Jeder Stamm hat sein eignes Gebiet, und sie scheinen sehr eifersüchtig auf jede Verletzung ihrer Grenzen zu sein, wodurch häufig Kriege zwischen den verschiedenen Stämmen herbeigeführt werden. Der Häuptling übt seine Gewalt auf verschiedene Weise aus. Er hat die Macht, die Züge eines Stammes anzuordnen und Zeit und Ort zu bestimmen, wo Alle sich wieder sammeln sollen. Die Männer halten zuweilen gemeinschaftlich einen Kriegsrath. Unser Gewährsmann sah die Ältesten, ungefähr 30 an der Zahl, in einem Kreise, abgesondert von Weibern und Kindern, sitzen, wo sie sich sehr ernsthaft zu besprechen schienen, als ob sie den Bericht von der Annäherung eines feindlichen Stammes gehört oder eine andere Veranlassung zur Besorgniß erhalten hätten. Nach einer kurzen Berathung trennte sich der ganze Stamm in kleine Haufen, während der Häuptling bei den Weibern zurückblieb. Diese kleinen Haufen schienen als Streifwachen zu dienen und waren so vertheilt, daß jeder einen besondern Bezirk zu beobachten hatte und zugleich mit den andern leicht eine Verbindung unterhalten konnte. Sie bleiben mehre Tage weg und scheinen sich nur zu der von dem Häuptling bestimmten Zeit wieder zu versammeln.

(Die Fortsetzung folgt in Nr. 236.)

Portsmouth.

Der Theil der Küste der englischen Grafschaft Hampshire, welcher der östlichen und nordöstlichen Küste der Insel Wight gegenüber liegt, hat bedeutende Buchten. Zwischen den Grafschaften Sussex und Hampshire aber ist eine ausgedehnte und unregelmäßige Krümmung, in welcher die Inseln Thorney und Hagling und andere kleine Eilande liegen. Westlich von diesen öffnet sich die tiefeinlaufende Bucht, die den Hafen von Portsmouth bildet. Die berühmte Rhede Spithead, welche wegen ihrer Sicherheit und Geräumigkeit von den Matrosen des „Königs Schlafkammer" genannt wird, begreift den Kanal zwischen den nördlichen Theile der Insel Wight und dem Theile von Hampshire, der den Hafen Portsmouth enthält. Der Eingang des Hafens ist ungefähr drei Viertelstunden breit, nämlich zwischen der Feste Monckton und dem sogenannten Südseeschloß. Oberhalb der Feste Monckton liegt das Haslarhospital für kranke und verwundete Seeleute, das Raum für 2000 Kranke hat, und es enthält außerdem eine Kapelle und Wohnräume für die Offiziere. Weiterhin wird der Eingang des Hafens enger und bildet einen schmalen, ungefähr eine halbe Stunde langen Kanal. Auf der Westseite desselben, oberhalb des Hospitals, liegt auf einer Halbinsel der befestigte Flecken Gosport; auf der Ostseite gegenüber liegen Portsmouth und Portsea, der neuere Stadttheil, die eigentlich nur eine Stadt bilden, mit allen Zubehörungen des ersten britischen Seearsenals. Ist man durch den Kanal gefahren, so öffnet sich der Hafen in ein prächtiges Becken, welches den größten Theil der britischen Seemacht, wie man behauptet, aufnehmen könnte. Der Hafen ist der schönste in Großbritannien, mit Ausnahme von Milfordhafen in der Grafschaft Pembroke, der aber wegen seiner Lage wenig benutzt wird, und da Portsmouth auf der südlichen Küste Englands und nur ungefähr 14 Meilen von London entfernt liegt, so ist er die Hauptstation der britischen Seemacht geworden, obgleich Chatham in der neuesten Zeit auch einen Theil der Flotte aufgenommen hat. Der Hafen scheint schon den Römern bekannt gewesen zu sein. Eduard IV. legte die ersten Befestigungen an, die seitdem immer verbessert und erweitert worden sind. Portsmouth und Portsea sind beide mit starken Befesti=

gungen umgeben. Die Seeküste ist auf jeder Seite des Hafeneingangs mit Batterien besetzt. Die Befestigungen dehnen sich auf der Landseite in einem Halbkreise um die Stadt aus und bilden eine schöne Terrasse, die zum Theil von Bäumen beschattet ist und die reizendsten Aussichten darbietet. Das Schiffswerft in Portsea ist das größte in Großbritannien. Hier befindet sich auch die königliche Seeakademie, eine neuerlich errichtete Schule für Schiffsbaukunst und große Vorrathshäuser und Werkstätten für alle zum Schiffsbau erforderlichen Bedürfnisse. Portsmouth und Portsea haben zusammen über 50,000 Einwohner. Zwar ist der Handel nach dem Frieden von 1815 nicht mehr so bedeutend, als während der Kriegsjahre, doch ist er, wenn man ihn mit dem gewöhnlichen Verkehr in Friedenszeiten vergleicht, in neuern Zeiten gestiegen, die Bevölkerung hat zugenommen und die Einfuhr sich vermehrt. Die Stadt hat einen Telegraphen, durch welchen Mittheilungen zwischen ihr und London in fünf Minuten gemacht werden. Die benachbarte Stadt Gosport mit ungefähr 8000 Einwohnern hat gleichfalls mehre zur englischen Seemacht gehörige Anstalten, besonders die seit einiger Zeit von Portsmouth dahin verlegte Verproviantirungsanstalt der Flotte.

Über die Witterungsabweichungen der neuesten Zeit.

Wer die Natur aufmerksamer beobachtet hat, wird schon seit einer Reihe von Jahren die alleraufsallendsten Witterungsabweichungen wahrgenommen haben. Ganz besonders muß solchen Beobachtern der verfrühete Eintritt der größten Sommerwärme aufgefallen sein. Da die Wirkungen natürlich erst dann am stärksten werden, wenn ihre Ursachen eine Zeit lang gedauert haben, so hatte man die größte Sommerwärme, indem man dieselbe allein vom Sonnenstande abhängig machte, nothwendig auch erst eine Zeit lang nach dem Sommersolstitium, welches bekanntlich um den 21. Juni eintritt, zu erwarten, und demgemäß wurden auch sonst die Monate Juli und August gewöhnlich für die wärmsten des Jahres gehalten. Seit einer Reihe von Jahren aber ist dagegen auf unserer nördlichen Halbkugel jener Eintritt der größten Sommerwärme weit vor dem Sommersolstitium erfolgt. Dies ist jedoch nur eine der augenfälligsten Erscheinungen. Ganz ungewöhnliche Barometerschwankungen, ein besonderes Hervortreten der Elektricität und des Magnetismus und tausend andere kleinere Abweichungen, über welche wir nun hier nicht weiter verbreiten können, haben sich mit jenem Umstande vereinigt, um bei den Naturforschern die Überzeugung zu erregen, daß für unsern Erdball eine klimatische Umänderung im Anzuge sei, und daß sich besonders auf der nördlichen Hemisphäre eine neue meteorische Ordnung begründen wolle. Ganz besonders aber ist ein Bestreben nach erhöhter Temperatur, welches mit dem Phänomen, von dem wir deshalb bei diesen Betrachtungen ausgegangen sind, in Verbindung zu stehen scheint, auf dieser nördlichen Hemisphäre ganz unverkennbar.

Die nächste Folgerung, zu welcher uns diese unzweifelhaften Beobachtungen die Veranlassung geben, ist die, daß man sich täuscht, wenn man die alleinige Ursache der Erdwärme im Stande der Sonne und der Kraft ihrer Strahlen sucht. Die Erdwärme ist vielmehr das gemeinschaftliche Resultat jener Sonnenwirkung und einer eignen Thätigkeit des Erdkörpers, kraft welcher derselbe, vielleicht sogar nach Analogie des thierischen Körpers, selbständig Wärme entwickelt. Wer an dieser eignen Wärmethätigkeit der Erde zweifeln sollte, den würden wir, unter tausend hierher gehörigen Erfahrungen, nur auf die einzige, ganz unzweifelhafte und entscheidende Thatsache des bekannten Schmelzens der Gletscher an ihrem Fuße verweisen, welches eine solche irdische Wärmeentwickelung in das hellste Licht stellt.

Nun hat die neueste Naturforschung ferner dargethan, daß zwischen den Linien, welche die Punkte einer gleichen magnetischen Abweichung auf der Erde verbinden, und denjenigen andern Linien, die durch solche Orte gehen, für welche die mittlere Temperatur gleich ist, eine gewisse Coincidenz stattfindet. Bekannt ist aber ferner bereits, daß sich jene magnetische Abweichung langsam ändert, und mit dieser Veränderung in sehr langen Perioden den Weg über die ganze Erde macht. Die mittlere Temperatur, so weit dieselbe von der eignen Wärmethätigkeit der Erde abhängt, muß jenem magnetischen Gesetze also hierin folgen oder, mit andern Worten, die Wärmeentwickelungsfähigkeit des Erdkörpers in ihrer größern oder geringern Energie ist nicht für immer und unbedingt an gewisse bestimmte Punkte jenes Körpers geknüpft, sondern verändert ihre Stelle, gleich der magnetischen Intensität, in ähnlich langen Perioden.

Ich glaube sogar die Nothwendigkeit einer solchen Annahme, wenn auch nicht unmittelbare Beobachtung für die Sache spricht, a priori darthun zu können. Wäre nämlich im Erdleben nicht eine solche Bedingung einer einst eintretenden Temperaturänderung vorgesehen, so würde sich z. B. in den Polarzonen die Eismasse, durch bloße Rückwirkung der schon vorhandenen Masse, mit immer wachsendem erkältenden Einflusse zuletzt auf eine, alle Zwecke der Schöpfung zerstörende Weise vergrößern. Indem aber gegentheils der Erdwärme, vielleicht von Jahrtausenden zu Jahrtausenden, auf solchen mit zu großer Eisanhäufung bedrohten Punkten einmal mit besonderer Energie thätig wird, so neutralisirt sie gleichsam den schädlichen, in seiner zu großen Ausdehnung das Erdleben selbst bedrohenden Einfluß.

Daß gegenwärtig für die Polarzonen ein solcher Einfluß wirksam zu werden anfange, geht aus beobachteten Thatsachen auf eine ganz unzweifelhafte Weise hervor. Der Leser erinnert sich der durch alle öffentlichen Blätter verbreiteten, zahlreichen Berichte der Seefahrer, denen zu Folge noch zu keiner Zeit so viele und so große Eismassen in den tropischen Meeren, wohin sie aus den Polarregionen hinabgeschwemmt worden, angetroffen sind. Diese großen Eismassen müssen sich also aus jenen Regionen, wo sie seit undenklichen Jahren fest gelegen haben, endlich haben lösen können, um in so viel geringere Breiten zu gelangen, und offenbar kann nur eine vermehrte Wärmethätigkeit des Erdkörpers in jenen Eisgefilden die Veranlassung dazu gegeben haben.

Wenn sich diese Wirkungen aber in den höhern Breiten unserer nördlichen Hemisphäre auffallender als in den südlichen herausstellen, so lassen sich die Gründe davon leicht angeben. Es ist bekannt, daß die Kälte in der südlichen Polarzone immer viel heftiger gefunden ist, als in der nördlichen. Die Ursache davon liegt in der größern Ländermasse dieser letztern Erdhälfte, wodurch die Wärmeentwickelung schon an und für sich begünstigt wird. Also bietet die nördliche Hemisphäre den jetzt vorgehenden Veränderungen in den Temperaturverhältnissen der Erde schon durch ihre Naturbeschaffenheit selbst einen viel leichtern Eingang dar, und es darf uns demnach nicht überraschen, jene in der Ordnung der Zeiten und Dinge begründete Temperatur- und Witterungsrevolution zunächst und auffälliger in unsern nördlichern als unter den entgegengesetzten gleichen südlichen Breitengraden hervortreten zu sehen.

Daß die hier vorgetragenen Sätze übrigens nicht blos hypothetischer Natur sind, dafür erklärt sich sogar die Geschichte. Klimatische Revolutionen der Erde, wie wir den Beginn einer solchen hier darthun, haben sich allerdings vor Zeiten ebenfalls ereignet; im planetarischen Leben ist Alles Kreislauf, und wie die astronomische Revolution des Jahreswechsels wiederkehrt, ebenso, wenn auch vielleicht nicht ganz mit der nämlichen Regelmäßigkeit, da eine größere Menge von Bedingungen dazu mitwirkt, muß die Periode eines solchen klimatischen Wechsels ablaufen, um in verjüngter Ordnung wieder zu beginnen. Nun hat man freilich in der Vergangenheit diesen langsamen Naturvorgängen nicht so viel Aufmerksamkeit geschenkt als jetzt; allein es sind doch Thatsachen aufbewahrt worden, welche jene Vorgänge im Allgemeinen bezeugen. So ist z. B. gewiß, und schon der Name beweist es, daß das jetzt mit Eis und Schnee bedeckte Grönland (Grünland) vor langen Jahren einen ganz andern Pflanzenwuchs hatte, und folglich einer ganz andern Temperatur genoß. Erst seit jener Zeit scheint die nördliche Polarzone neuerdings von den belebenden Einflüssen der Erdwärme verlassen worden zu sein, dergestalt, daß sich Schnee und Eis dort in einem solchen Grade haben anhäufen können, um die ganze Physiognomie dieser Region zu verändern, bis nun jetzt im großen Cyklus der periodischen Erdrevolution eine Wiederholung jener Temperaturerhöhung des nördlichen Erdgebiets eintritt.

Es leuchtet von selbst ein, daß der Beginn eines solchen großen Processes nicht ohne Rückwirkung auf den Witterungsgang sein kann, und wir leiten alle die Abweichungen, welche man seit einer Reihe von Jahren in den meteorischen Vorgängen bemerkt, und welche uns zu den gegenwärtigen Betrachtungen eben die Veranlassung gegeben haben, aus dieser Hauptursache ab. Hier ist gleichsam eine Krise im innern Zustande des Erdkörpers eingetreten, und alle übrigen Verrichtungen des Erdlebens werden dadurch mit angegriffen. Diese Erklärung scheint mir so einfach, so genügend, und sie wird durch Alles, was wir unter unsern Augen vorgehen sehen, so vollkommen bestätigt, daß man Unrecht thun würde, wenn man ihr den Rang einer bloßen Hypothese anwiese.

Wie gewagt sich daher auch schon beim gewöhnlichen Verlaufe irdischer Erscheinungen alle Vorhersagung der Witterungsereignisse darstellt, da dieselben das Resultat des Zusammenwirkens zu mannichfacher Ursachen sind, so darf man sich doch jetzt und im Zustande dieser Krisis des Erdkörpers noch viel weniger darauf einlassen. Auch gestehen alle Meteorologen, sowol die sogenannten rationellen als die Empiriker, z. B. die alten Schäfer, deren Aussprüche in dieser unergründlichen Wissenschaft nicht eben zu verachten sind, daß in den letzten Jahren alle sonst noch so sichern Zeichen trüglich geworden, und es ist daher wol angemessen, lieber die Gründe dieser Unzulänglichkeit zuzugestehen, als forthin mit einer Weisheit zu prahlen, deren Nichtigkeit durch den Erfolg doch nur zu bald aufgedeckt wird.

Verheerungen in Weingärten durch Insekten.

Der Maire der Gemeinde Argenteuil schrieb vor einiger Zeit an die Akademie der Wissenschaften, daß ein Insekt seit mehren Jahren die Weingärten der Gemeinde zerstörte. Dasselbe Insekt oder eigentlich der Wurm hatte sich schon 1783 gezeigt, war dann aber nach einigen Jahren verschwunden; 24 Jahre später erschien er abermals und richtete acht bis zehn Jahre lang neue Verwüstungen an. Kürzlich erschien er aufs Neue und vermehrte sich jeden Tag dermaßen, daß bereits drei Fünftheile des Gemeindebezirks davon eingenommen sind. Dieser Wurm frißt die Blätter, beschädigt die Trauben und wickelt sich endlich in ein Blatt ein, um seine Metamorphose durchzumachen. Im Juli fliegt der Schmetterling aus und legt im Monat September auf die Weinranken seine Eier, die im Mai des folgenden Jahres auskriechen. Auf diesen Bericht hin wurden die Herren Dumeril und August St.-Hilaire von der Akademie beauftragt, die Sache näher zu untersuchen, und diese fanden alle Weinranken ihrer Blätter beraubt und vertrocknet. Die Zerstörung geschieht hauptsächlich durch eine bekannte Art Blattwickler, die im Raupenzustande die Blätter verdreht. Doch tragen auch zwei andere Insekten, wovon eines namentlich die Traube beschädigt, dazu bei. Einer andern Nachricht zufolge soll dies eine Art Altisia sein, die auch in Spanien so große Verheerungen anrichtete, daß man ein Kirchengebet dagegen anstellte, im Jahre 1819 im Departement der Ostpyrenäen zu Vendres erschien und jetzt sich bereits über mehre Departements verbreitet haben soll.

Frühlingscur der Maulthiere und Pferde in Portugal.

Man ist in Portugal der Meinung, die wol auch auf Erfahrung gegründet sein mag, daß Pferde und Maulthiere, um sie vor vielen Krankheiten zu bewahren, durchaus eine blutreinigende und abkühlende Cur im Frühjahr gebrauchen müssen, die vier bis fünf Wochen dauert, oder so lange, wie nur grünes Futter zu haben ist, welches hier meistens aus kaum aufgeschossener Gerste besteht, die noch einmal nachwächst, da, wo man ein feuchtes oder wässerungsfähiges Terrain hat; indessen giebt es aber auch noch andere grüne Futterkräuter, besonders eines mit gelben Blüten, so wie der sogenannte Hederich, der in manchen Gegenden Deutschlands als Unkraut zuweilen die schönsten Weizenfelder überzieht. Im April und Mai sieht man dann einen großen Theil der Felder Lissabons mit diesen Futterkräutern überzogen, die nun entweder lastenweise auf den Markt täglich in die Stadt gebracht werden, oder die Eigenthümer von Pferden und Maulthieren veraccordiren die Unterhaltung derselben an die Eigenthümer der Felder, welche in deren Nähe die gehörigen Stallungen haben. Die Thiere bekommen bei dieser Cur gar kein trockenes Futter, und ihre Raufen müssen immer voll von grünem sein, damit sie so viel fressen können, wie sie nur Lust haben, und während der Cur, im Anfang und gegen das Ende derselben, wird ihnen einige Male zur Ader gelassen, Abends und Morgens aber werden sie vor dem Stall in der frischen Luft angebunden, um ein Luftbad zu nehmen. Täglich, oder wenigstens aller zwei Tage macht man ihnen durch einen Spazierritt eine gelinde Bewegung. Nach vier oder sechs Wochen sind dann diese Thiere dick und fett, um so träger aber, wenn es auf ausdauernde Arbeit ankommt. Die Nachlässigkeit des portugiesischen Landmannes gibt sich aber auch hierin zu erkennen, daß er die Futterkräuter nicht erst zerschneidet, wodurch er wenigstens ein Drittel Pferde mehr unterhalten könnte, da diese eine Menge Futter unter die Füße treten; allein die Futterschneidemaschinen sind hier ganz unbekannt.

Der Kampf zweier Stiere.
Nach einem Gemälde von Brascassot in Paris.

Verantwortlicher Herausgeber: Friedrich Brockhaus. — Druck und Verlag von F. A. Brockhaus in Leipzig.

Das Pfennig-Magazin
für
Verbreitung gemeinnütziger Kenntnisse.

236.]   Erscheint jeden Sonnabend.   **[October 7, 1837.**

Galerie der deutschen Bundesfürsten.
XXVII.

Karl, Fürst von Hohenzollern-Sigmaringen.

Karl Anton Friedrich, regierender Fürst von Hohenzollern-Sigmaringen, wurde am 20. Februar 1785 geboren. Sein Vater, Anton Aloys Mainrad, wußte unter allen Fährlichkeiten die so sehr bedrohte Selbständigkeit seines Hauses zu retten. Der Prinz vermählte sich am 4. Februar 1808 mit Antoinette Murat, der Bruders-Tochter des vormaligen Königs Murat von Neapel, die Napoleon vorher zur Prinzessin erhob. Diese Verbindung vorzüglich bestimmte den Prinzen, dem französischen Hauptquartiere zu folgen, wo er zu vielen, selbst gefahrvollen Sendungen verwendet wurde. Nach dem allgemeinen Frieden nahm er unausgesetzt Theil an den Berathungen der höchsten Regierungsbehörde, bis er am 17. October 1831 seinem Vater in der Regierung seines Erblandes folgte, das durch ihn eine Verfassung erhielt. Von seinen Kindern leben nächst dem Erbprinzen Karl Anton Joachim Zephyrin Friedrich Mainrad, geboren am 7. September 1811, vermählt seit dem 21. October 1834 mit der Prinzessin Josephine von Baden, die ihm am 22. September 1835 einen Sohn, Leopold Stephan, gebar, noch drei Töchter: Annunciate, geboren 1810; Amalie, geboren 1815, seit 1835 vermählt mit dem Prinzen Eduard von Sachsen-Altenburg, und Friederike, geboren 1820.

Bilder aus Neusüdwales.
(Fortsetzung aus Nr. 235.)

Man hat beobachtet, daß bei allen Völkern, je nachdem sie auf einer höhern oder niedern Stufe der Gesittung stehen, die Heirathsgebräuche einen edlen oder herabwürdigenden Charakter annehmen. Unter den australischen Wilden sind sie abscheulich. Wie es scheint, heirathen die Stämme untereinander, und wenn ein junger Wilder das Alter der Mannbarkeit erreicht hat, sucht er sich unter einem andern Stamme das Opfer seiner Liebe. Heimlich folgt er dem Stamme, dem der Gegenstand seiner Wahl angehört, von einem Lagerplatze zum andern, während er sich sorgfältig zu verbergen sucht, bis er eine Gelegenheit findet, seine Beute zu ergreifen. Er überfällt dann das Mädchen gewöhnlich, wenn die Männer auf der Jagd sind, und versetzt ihr einen Schlag mit seiner Keule; sie liegt betäubt zu seinen Füßen und ihre Gefährtinnen fliehen nach allen Richtungen. Das halb leblose Mädchen wird hinweggeschleppt und zu dem Stamme gebracht, dem der Mann angehört, und wenn sie unter demselben eingeführt ist, läßt man sie sich abhärmen, bis sie mit ihrem Gatten und seinem Stamme sich ausgesöhnt hat. Nie werden übrigens die Weiber nach dieser barbarischen Brautwerbung hart behandelt oder durch schwere Arbeiten gedrückt, da sie nicht viel Anderes zu thun haben, als die Früchte der Erde zu sammeln, wie wir bereits angegeben haben. Jene Brautwerbungen aber werden gewöhnlich Veranlassung zu Feindseligkeiten zwischen zwei Stämmen. Der Mann, den ein andern Stamm durch einen solchen Raub beleidigt hat, muß in einer Versammlung beider Stämme erscheinen und seine Strafe für den Schimpf erleiden. Der Räuber muß sich in einer Art von Turnier durch Gewandtheit und Geschicklichkeit seiner Braut würdig beweisen. Mehre Männer beider Stämme kommen dazu an einem passenden Orte zusammen. Sie haben Gesicht und Leib roth bemalt, um kriegerisch und grimmig auszusehen, und wenn die feindlichen Parteien sich nähern, wird die Absicht der Zusammenkunft durch ein allgemeines Geschrei angekündigt. Es folgt ein verwirrtes Geschnatter zorniger Zungen; Jeder wirft seinen Bumerang in die Luft und Alle nehmen verschiedene Stellungen an, als ob sie sich in dem Ausdruck eines herausfodernden Trotzes überbieten wollten. Nach einiger Zeit nähern sich beide Parteien und scheinen die Feierlichkeit anzuordnen. Einige untersuchen die Speere und befestigen sie an dem Wummera, Andere beginnen ein Scheingefecht mit ihren Keulen, um ihre Gewandtheit zu zeigen, bis endlich der Häuptling das Zeichen zum Kampfe gibt. Alle, die nicht Theil daran nehmen müssen, ziehen sich in verschiedene Gruppen auf beiden Seiten zurück. Der Held des Tages, nur von seinem Schilde beschützt, tritt kühn und entschlossen auf, seiner Geschicklichkeit vertrauend und bereit, Genugthuung zu geben. Zwei bis drei Männer von dem feindlichen Stamme treten nun in den offenen Raum zwischen beiden Stämmen, Jeder mit mehren Speeren, mit Wummera und Keule bewaffnet. Sie stellen sich in einer Entfernung von ungefähr 60 Fuß ihrem Widersacher gegenüber. Ein allgemeines Stillschweigen herrscht und alle Blicke sind auf die Kämpfer gerichtet. Sobald der Angreifer seinen Speer anlegt, stellt sich der Beleidiger zur Vertheidigung ihm entgegen. Ein Speer nach dem andern wird mit ungemeiner Sicherheit und Nachsucht auf ihn geworfen, aber alle werden durch den Schild mit gleicher Geschicklichkeit und Kaltblütigkeit abgewehrt. Man sieht bei allen Zuschauern eine lebhafte Aufregung, wenn die Speere geworfen werden. Ein tief aus der Kehle geholter Ausruf wird laut, so oft ein Wurf abgewehrt ist, und wenn endlich der Beleidiger unverletzt davon kommt, was trotz allem scheinbaren Ernste gewöhnlich der Fall ist, erheben Alle wieder ein allgemeines Geschrei, wie bei der Eröffnung des Kampfes. Er muß sich dann einem Andern entgegenstellen, der ihn mit der Keule angreift; aber bei diesem wilden Kampfe kommt es nicht sowol auf Geschicklichkeit als darauf an, welcher Kopf die derbsten Schläge aushalten kann. Die Kämpfer führen verschiedene Streiche gegeneinander, und obgleich es zuweilen geschieht, daß Einige betäubt werden, so haben sie doch gewöhnlich ihren dicken Schädeln, die durch ein langes, verfiltztes Haar überdies noch gedeckt werden, es zu verdanken, daß sie unverletzt davon kommen. Der Beleidiger darf sich nicht ergeben oder um Schonung bitten, und sobald er seinen Gegner durch seine Stärke und Tapferkeit befriedigt hat, hört der Kampf auf. Er wird zum Sieger erklärt und mit dem wilden Beifallsgeschrei beider Stämme begrüßt. Beide bleiben einige Tage auf dem Lagerplatze beieinander und in der Nacht wird das Friedensfest mit Tänzen gefeiert.

IV.

Ich war einst — erzählt unser Gewährsmann — bei einem Tanze der Neuholländer zugegen, und wohl nie hat ein Europäer ein seltsameres Schauspiel gesehen. Es waren mehr als hundert Schwarze versammelt, und der Platz war eine entholzte Stelle, mit dichtem Rasen bewachsen, aber von allen Seiten von dem dunkeln Walde umgeben. Ich hatte mir durch eine kleine Tabackspende mehre Bekanntschaften erworben, und es wurde mir und einigen meiner Reisegefährten erlaubt, bei der Feierlichkeit zugegen zu sein. Ich habe jedoch Ursache, zu glauben, daß die Wilden die Gegenwart weißer Männer bei diesen Gelegenheiten nicht gern sehen, und daß sie abergläubige Gebräuche haben, von welchen ein Europäer noch nie Zeuge gewesen ist. Die Schwarzen wählen zu solchen Feierlichkeiten abgelegene Plätze, wo sie keine Störung zu besorgen haben; da aber jetzt das Innere des Landes bekannter wird und die weißen Ansiedler immer weiter vordringen, so werden die alten Gebräuche der Wilden bald aufgegeben und vergessen sein, und sie selbst in einigen Jahren verschwinden, wie das Känguruh sich vor den gesitteten Einwanderern zurückzieht.

Männer eines einst feindlichen Stammes waren Zuschauer des Tanzes und in ihre Opossummäntel gehüllt, setzten sie sich in einem Halbkreise umher. Die ältesten von ihnen nahmen, wie ich bemerkte, ihre Plätze zunächst an jedem Ende des Halbkreises. Vor ihnen brannten helle Feuer von Baumrinden, welche von Knaben unterhalten wurden, und hinter dem Feuer war der Tanzplatz. Der helle Wiederschein, den das Feuer auf die Bäume und die Gestalten der Männer warf, machte einen auffallenden Abstich gegen die ringsum herrschende Finsterniß. Die Weiber, die das Orchester bildeten, befanden sich auf einer andern Seite und waren fast ganz den Blicken der Zuschauer verborgen; man hörte aber ihre gellenden Stimmen und das furchtbare Geräusch, das sie machten, indem sie Stöcke zusammenschlugen und mehre an einen Strick befestigte Holzstücke in der Luft umherschwangen. Die Männer, die an dem Tanze Theil nehmen, bemalen sich mit Kreide, um sich, wie es scheint, so furchtbar als möglich zu machen. Wir warteten geduldig auf den Anfang des Tanzes, während einige von den Zuschauern ein ernsthaftes Gesicht machten, andere rauchten und schwatzten oder lachten. Endlich erfolgte eine Todtenstille und alle Blicke waren auf den Schauplatz gerichtet, als acht Männer erschienen, und so plötzlich traten sie aus der Dunkelheit in den hellen Feuerschein, daß man hätte glauben können, sie wären aus der Erde hervorgestiegen. Als sie vor dem Feuer standen und Alle dieselbe Stellung nahmen, war der Eindruck in der That wundervoll. Sie glichen lebenden Gerippen. Der Lärm der Weiber begann und die gespenstigen Gestalten, die ihre Arme und Beine ausspreizten und mit ihrem Körper, besonders mit den Knieen und Elbogen, eine zitternde Bewegung machten, drehten sich um das Feuer, indem sie „Wirro, Wirro" schrieen und mit dem Geräusch und Geschrei des unsichtbaren Orchesters Takt hielten. Sie sprangen ungefähr zehn Minuten in verschiedenen Stellungen von einer Seite des Feuers zur andern, während sie brüllten, zischten, schrieen und die furchtbarsten Gesichter schnitten, bis sie endlich, mochten sie erschöpft sein oder einem andern Schauspiele Platz machen wollen, ebenso plötzlich verschwanden als sie erschienen waren. Es herrschte einige Minuten Stille. Die Weiber ließen nun einen andern Ton hören und es erschienen etwa zwölf Knaben, welche, die Männer nachäffend, hüpften und sprangen. Sie schienen bei diesen Übungen sich auszeichnen zu wollen, und die Männer gaben endlich ihren Beifall durch ein lautes Gelächter zu erkennen. Die Männer traten nun wieder auf, ließen aber ein anderes Schauspiel sehen. Jeder trug einen belaubten Baumzweig und einer erschien nach dem andern, wie ein Känguruh hüpfend, und es kam mir vor, als ob es überhaupt zu diesem Schauspiele gehört hätte, jenes Thier nachzuahmen. Als sie einige Zeit gehüpft und einander die Zweige in das Gesicht geschlagen hatten, nahm das Schauspiel wieder eine andere Gestalt an. Alle ließen ihre Zweige fallen, stellten sich in eine Reihe und hoben die rechte Hand über den Kopf empor; dann gingen sie mit gemessenen Schritten vor dem Feuer auf und nieder, indem sie bald sich bückten, bald die rechte Hand erhoben und, wie es mir vorkam, das Emu nachahmten. Ihre Bewegungen und Stellungen waren in der That eine vollkommene Nachahmung dieses Vogels, wenn er seine Nahrung sucht und dann Kopf und Hals erhebt, als ob er besorgt nach einem Feinde sich umsähe, dann einige Schritte macht und sich wieder bückt, um Futter zu suchen. So dauerte es mehre Stunden. Sie verschwanden abwechselnd und kamen wieder, machten immer verschiedene Bewegungen und ließen bald dieses, bald jenes Geräusch hören. Während des ganzen Schauspiels herrschte die größte Stille und Ordnung unter den Zuschauern, welche mit Zufriedenheit und Theilnahme alle Bewegungen betrachteten.

V.

Das Innere des Landes, gewöhnlich das Gebüsch genannt, ist mit Wäldern verschiedener Art bedeckt, von welchen einige zwar angenehme Landschaften darbieten, andere aber öde und todt sind. Zu den reizendsten Landschaften gehört die Grafschaft Argyle, eine der meist durch Naturgrenzen bestimmten Abtheilungen des Landes. Die Wälder werden gewöhnlich nach den Bäumen genannt, die darin vorherrschend sind, z. B. der Faserrindenwald, der Eisenrindenwald. Die Faserrinde ist ein Baum von finsterm Ansehen. Er ist von verschiedener Höhe und wächst gewöhnlich gerade, hat aber keine schöne Belaubung. Zuweilen stehen diese Bäume so dicht und es wachsen so viele Schößlinge zwischen ihnen, daß es sehr schwer ist, durchzukommen. Die Rinde dient den Wilden und den Weißen zu verschiedenen Zwecken. Die Neuholländer benutzen sie zu Stricken, da sie in Streifen von beliebiger Dicke und Länge sich ablösen läßt. Auch wird sie in ganzen Tafeln abgeschält, um für den Bau der Hütten zu benutzen. Der Eisenrindenwald ist offener und hat gewöhnlich bessern Weidegrund. Die Rinde dieses Baumes ist sehr hart, von außen kraus gerippt und läuft in Streifen wie Eisenstangen vom Baume hinab. Dieser Baum wächst zuweilen 50 — 60 Fuß hoch ohne Zweig. Das feste Holz ist für die Ansiedler sehr nützlich und es werden häufig die Schindeln daraus gemacht, womit man die Häuser deckt. Beide Bäume, die zu der Gattung Eucalyptus gehören, sehen wie auf umstehender Abbildung.

Die Grafschaft Argyle war noch vor zwölf Jahren im ungestörten Besitze der Wilden und der einheimischen Thiere. Stolz auf sein Eigenthum zog der Schwarze in voller Freiheit und Unabhängigkeit umher, zufrieden mit den Bedürfnissen, die er sich durch Mittel, welche ihm die Natur gegeben hatte, verschaffen konnte. Der fremde Wanderer sah Känguruhheerden auf einer einsamen Waldwiese spielen, das Emu stolz über die Ebene schreiten und den schwerbefiederten Truthahn sich sein Futter suchen. Durch die Baumwipfel sah man Papagaien von allen Farben fliegen, wilde Tauben flattern umher und ganze Schwärme der vorsichtigen Kakadu. In wenigen Jahren ist Alles anders geworden. Nicht einen Landstrich in der ganzen Grafschaft gibt es, den nicht die Weißen besetzt hätten, wenn er sonst des Anbaus fähig war. Überall sieht man Häuser und zierliche ländliche Wohnungen, eingefriedigte Landgüter; ein Flecken, Namens Goulburn ward angelegt, ein Gerichtshof ward eingesetzt und dieselbe Stelle, die man noch vor zwei Jahren wegen ihrer einsamen Reize bewunderte, wird jetzt durch einen Galgen verunziert. Das Känguruh ist ausgerottet oder hat sich in die Wälder zurückgezogen, Schafe und Kühe nehmen seine Stelle ein. Selten sieht man ein Emu oder einen Truthahn, die Papagaien sind selten geworden und die wenigen unschädlichen Wilden, die noch übrig sind, haben ihre ehemalige Eigenthümlichkeit verloren und suchen die Gunst der Weißen, um Rum, Taback und Brot von ihnen zu erhalten.

Nach Allem, was wir von den Eingeborenen mitgetheilt haben, gehören sie zu dem eigenthümlichsten und einfachsten Menschenschlag in der Südsee. Man hat die Australier in Vergleichung mit den Neuseeländern schwach, dürftig und elend genannt, was sie aber nach dem Zeugnisse unsers Gewährsmanns keineswegs sind. Die Neuseeländer sind hinsichtlich der physischen Kraft und des Ebenmaßes ein weit schönerer Menschenschlag als die Europäer, aber vielleicht gibt es keine wildern, blutdürstigern Menschen, und in dieser Hinsicht stehen sie tiefer als die Neuholländer. In ihren Wäldern brauchten die Australier blos die einfachsten Bedürfnisse des Lebens, und die Natur versorgte sie reichlich. Die reine Luft und das milde Klima ihrer Heimat machen nichts als die einfachste Bekleidung nöthig, und von keinen wilden Thieren bedroht, genießen sie ein Gefühl der Sicherheit und ihre schlichten Waffen genügen zu jeder Vertheidigung. Eine scherzhafte und heitere Laune, die zu ihren Eigenheiten gehört, schützt sie gegen Trübsinn und Kleinmuth. Die wenige Gesittung aber, die bisjetzt unter ihnen eingeführt ist, hat ihnen nur Misgeschick gebracht, wovon man täglich die traurigsten Beweise sehen kann. Man hat einige Versuche gemacht sie an europäische Lebensbequemlichkeiten zu gewöhnen, ist aber nicht beharrlich in diesen Bemühungen gewesen und es ist kaum etwas geschehen, sie mit dem Christenthum bekannt zu machen. Noch immer haben sie eine unwiderstehliche Neigung zu ihrer wilden Lebensweise, die sie mit allen Nachtheilen derselben aussöhnt. So ward einst ein Knabe, den man als Kind seiner Mutter weggenommen hatte, in das Haus einer europäischen Ansiedelung gebracht, wo er

*

Waldbäume in Neusüdwales.

bis zu seinem 14. Jahre lebte und zuweilen seine Mutter und einige seiner Stammgenossen sah. Er lernte lesen und schreiben, wurde gewöhnt, sich reinlich zu halten, und hatte in seinem zwölften Jahre so viele Kenntnisse erlangt als europäische Kinder gewöhnlich in diesem Alter haben. Er war sehr gutmüthig, und der Liebling aller Hausgenossen, welchen er sich durch seine Gefälligkeit angenehm machte. Sein Herr nahm lebhaften Antheil an ihm und hoffte ihn zu einem gesitteten Wesen zu machen. Aber kaum war ein Jahr verflossen, als der halbgesittete Knabe Hemd, Jacke und Beinkleider wegwarf und wieder in der Tracht eines Wilden erschien und er erklärte seine Absicht, sich ein Weib unter seinem Stamme zu suchen. Man hat unzählige ähnliche Beispiele in der Colonie erlebt, aber die Dienste dieser jungen Schwarzen sind so nützlich, daß fast alle Ansiedler in den entlegenen Theilen der Niederlassung einige in ihren Wohnungen haben, die man behält, so lange sie sich halten lassen. Sobald sie aber das reifere Jünglingsalter erreicht haben, entfernen sie sich und kehren zu ihren Stammgenossen zurück, wiewol sie sich fortdauernd als Glieder der Familie betrachten und so oft sie in die Gegend kommen, machen sie dann dem Pfleger ihrer Kindheit einen Besuch. Sie sind im Ganzen sehr zuverlässig, was bei den übrigen Dienstboten in der Colonie keineswegs der Fall ist, da diese meist Sträflinge sind.

Man hat die günstigste Gelegenheit, die Sitten der Wilden zu beobachten, wenn man sie nach Einbruch der Nacht in ihren einfachen Zelten ausruhen und essen sieht. Es ist aber nicht leicht, das merkwürdige Schauspiel zu beschreiben, das sich dem Reisenden darbietet, der 80—90 Männer, Weiber und Kinder im Dunkel eines Waldes vor ihren Feuern sitzen sieht. „Als der Mond aufgegangen war", erzählt der Reisende, dessen Bericht wir folgen, „machten wir uns auf den Weg nach der Gegend, wo wir das Nachtlager der Wilden finden sollten. Das Opossum und das Eichhörnchen, die bei Tage schlafen, waren aus ihren Höhlen gekommen, um Nahrung zu suchen, und das gluckende, quiekende und schreiende Geräusch, das sie machten, während wir schweigend vorüberkamen, war für uns ungemein unterhaltend. Die fliegenden Eichhörnchen, einige weiß, andere weiß und schwarz, kamen mit ausgespannten Fittigen von den höchsten Zweigen eines Baumes zu dem Stamme eines andern und wir sahen deutlich im Mondschein, wie sie sich an ihren langen Schwänzen herabließen. Endlich erblickten wir das Feuer der Wilden und näherten uns vorsichtig. Ein Schwarm magerer, halb verhungerter Hunde kam uns sogleich entgegen, aber sie wurden sogleich mit unwilligem Tone von den Wilden zurückgerufen. Die Schwarzen verlassen nach dem Anbruch der Dunkelheit selten ihr Obdach und wir konnten ungestört von einem Feuer zum andern gehen, um die einzelnen Gruppen zu betrachten. Der Häuptling saß mit gekreuzten Beinen zwischen seinen zwei Weibern und rauchte aus einer kleinen schwarzen Pfeife. Er war bis auf einen Schurz um die Lenden nackt und trug um den Hals eine Kette, an welcher eine kupferne halbmondförmige Platte hing. Es war ein kräftiger und rüstiger Mann. Eben hatte er seine Mahlzeit geendet und seine Weiber waren eifrig beschäftigt, die Überreste des Opossums und der Känguruhratten zu verzehren, während sie von Zeit zu Zeit aus der Glutasche eine Yamswurzel hervor holten. Zuweilen gaben sie einem Hunde einen Schlag mit einem Stocke, wenn er mit der Nase einem Knochen zu nahe kam, und lachten, als das hungrige Thier zurückschlich. Beide Weiber hatten den Kopf mit Känguruhzähnen geziert und eine hatte einen kleinen Knochen durch den Nasenknorpel gesteckt. Unter einem andern Obdach sahen wir Männer und Weiber von verschiedenem Alter, die rauchten und schwatzten, und überall, wo Knaben oder Jünglinge zugegen waren, gab es Zeitvertreib. Einige Männer waren beschäftigt, ihren Speer auszubessern und andere sangen, wobei sie den Takt angaben, indem sie zwei Stöcke aneinander schlugen. Es ist uns auf unsern Wanderungen oft aufgefallen, daß sich die Wilden, zumal wenn sie von ihrem Stamme entfernt sind, sich fast nie zur Ruhe niederlegen, ohne zu singen, und wenn ihrer drei oder vier zusammengehen, stimmen sie immer einen Chor an. Sie lernen die englische Sprache weit leichter als Europäer die ihrige, und wiewol sie anfänglich die Worte häufig falsch gebrauchen, so kommen sie doch bald dahin, sich verständlich auszudrücken.

(Fortsetzung folgt in Nr. 287.)

Der Trinker.
Nach einer Gruppe vom Bildhauer Desboeufs.

Der Seidenbau.

Als Seide nur noch in China erbaut und, wie man sagt, mit Gold aufgewogen wurde, gebrauchten die Karavanen der syrischen Kaufleute 243 Tage, um diesen schönsten aller Webestoffe bis an die syrische Küste zu bringen, wo ihn die Phönizier in Empfang nahmen und weiter in Asien und Europa verbreiteten. Darf man der chinesischen Zeitrechnung trauen, welche die Erfindung des Seidenbaues, wahrscheinlich aber viel zu früh, ins Jahr 2700 vor unserer Zeitrechnung setzt, so würde der Seidenbau über 4000 Jahre gebraucht haben, um auf seiner Wanderung aus China, durch das westliche Asien, durch Griechenland, Italien und Frankreich, im nördlichen Deutschland anzulangen. Im Jahre 552 unserer Zeitrechnung, unter Justinian II., kamen die ersten Seidenraupeneier in Konstantinopel an. Zwei Mönche, Missionare, brachten sie, wie man erzählt, in ihren ausgehöhlten Stöcken dahin. Bei ihrem ersten Aufenthalte in China hatten sie sich Kenntnisse vom Seidenbau erworben, sie rühmten sich derselben bei ihrer Rückkehr vor dem Kaiser Justinian, und dieser, schon längst begierig, seinen Staaten den einträglichen Seidenhandel zuzuwenden, mußte um so mehr von der Hoffnung, dieses köstliche Product im Lande selbst zu erzeugen, geschmeichelt werden; er sandte sie zurück, den Samen dieses kunstreichen Insekts zu holen.

Allmälig verbreitete sich der Seidenbau vorzüglich am kaspischen Meere, auf den Inseln des griechischen Archipels und auf dem festen Lande von Griechenland.

Fast 600 Jahre später, ums Jahr 1146, verpflanzte ihn der normännische König von Sicilien, Roger I., mit den Tausenden von Gefangenen, die er im Kriege gegen Manuel I. gemacht hatte, aus Griechenland nach Sicilien, und die betriebsamen Mauren, ungefähr um dieselbe Zeit, brachten ihn nach Spanien und Portugal.

Abermals verflossen 400 Jahre, ehe er den Kanal zwischen Sicilien und Neapel überstieg und nordwärts durch Italien sich verbreitete, um 1550 in Piemont und Savoyen anzulangen, von wo aus er sich, von Heinrich IV. Zeiten an, in Frankreich ausbreitete und 1699 zuerst die Aufmerksamkeit und Unterstützung einer deutschen Regierung auf sich zog. Französische Flüchtlinge, welche die Aufhebung des Edicts von Nantes (1685) vertrieben hatte und die vom dem großen Kurfürsten Friedrich Wilhelm aufgenommen worden waren, unter ihnen viel Seidenweber, hatten den Gedanken des Seidenbaues in Preußen angeregt, sie hatten Maulbeerbaumpflanzungen versucht, welche Gedeihen versprachen; die Regierung hielt diesen Industriezweig der Aufmerksamkeit werth und erklärte sich als dessen Beschützerin (am 28. Februar 1699), durch einen Befehl an die berliner Kammer, die Sache des Seidenbaues in ernstliche Überlegung zu nehmen. Andere deutsche Staaten, Sachsen, Baiern, Würtemberg, Baden u. s. w., folgten diesem Beispiele; mit mehr und weniger Erfolg vegetirte der Seidenbau eine Zeit lang unter dem Schutze der Regierungen, in Preußen bis 1810, wo die Grundbesitzer von der Verbindlichkeit, Maulbeerpflanzungen zu unterhalten und zu vermehren, losgesagt wurden. Wie in den preußischen Staaten, so erstarb auch im übrigen Deutschland der Seidenbau aus innerer Schwäche und unter mancherlei Misgeschick nach und nach fast ganz.

Daß gleichwol der Seidenbau in Deutschland nicht etwa blos als eine Spielerei von Liebhabern im Kleinen, sondern als ein Erwerbszweig im Großen führbar und in mancher Hinsicht gesicherter sei, als selbst in Italien und Frankreich, darüber gibt es nach den wieder aufgenommenen Versuchen von Sachverständigen nur Eine Stimme. Nur Grämlinge, welche von den Bedingungen des Seidenbaues und namentlich der Erziehung der Seidenraupe nichts weiter als die mechanischen Verrichtungen, und diese nur nach einem schlechten Leisten kennen, welche aus dem Mislingen der ersten Versuche Vorurtheile eingesogen haben, deren Grund oder Ungrund zu untersuchen, sie sich weiter keine Mühe geben, weil sie gegen Alles, wo nicht eingenommen, doch gleichgültig sind, was nicht seit einem Jahrhundert vom Vater auf den Sohn fortgeerbt hat, nur solche treten noch als Gegner des deutschen Seidenbaues auf.

Ob der Seidenbau in Deutschland gedeihen könne? entscheidet sich blos darnach, ob der Maulbeerbaum in Deutschland gedeiht! Kann man in Sibirien den Maulbeerbaum im Freien erziehen, so kann man in Sibirien auch Seidenbau treiben, denn das Gedeihen der Insekten, als sogenannter kaltblütiger Thiere, verlangt keine andern klimatischen Bedingungen, als das Gedeihen ihrer Futterpflanze. Um so mehr gilt dieses von der Seidenraupe, da sie nach ihren übrigen Eigenschaften recht eigentlich zu einem Zucht= und Hausthiere gemacht zu sein scheint, als welches sie unter Dach und hinter Wänden gegen vorübergehende Unbilden des Klimas geschützt werden kann. Daß aber der Maulbeerbaum in Deutschland gedeiht, beweisen die mehr als hundertjährigen Maulbeerbäume, die sich in allen Gegenden von Deutschland noch vorfinden, und daß der Seidenbau als Erwerbszweig bestehen könne, wird unmittelbar dadurch bewiesen, daß er nun seit fast hundert Jahren als solcher wirklich bestanden hat, denn in der Mark haben seit Friedrich II. Zeiten mehr als hundert Familien, besonders Schullehrer, den Seidenbau fortgesetzt, nicht aus Liebhaberei, die selten vom Vater auf den Sohn forterbt, nicht gehalten durch einen Regierungszwang, durch keine Prämien unterstützt, sondern blos ermuntert durch den ansehnlichen Gewinn, den eine fünf= bis sechswöchentliche Arbeit für ein ganzes Jahr abwarf. Es war naturgeschichtliche Unwissenheit in Dem, was die Seidenraupe zu ihrem Gedeihen bedarf, verbunden mit Köhlerglauben, da man etwas nachsagt und nachthut, was Andere gesagt und gethan haben, ohne eigne Prüfung, in der Voraussetzung, daß es das Rechte sei; es waren einige Misjahre und hauptsächlich das Beharren des Deutschen bei dem gewohnten Alten, die Mutter des Mistrauens gegen alles Neue; hier und da auch selbstsüchtige Umtriebe, welche bei dem ersten stürmischen Anlaufe nach diesem Industriezweige den Athem in Deutschland zu bald ausgehen ließen.

Alles, was man verständig, d. h. der Sache selbst angemessen, behandeln, gebrauchen und benutzen will, muß man erst seiner Natur und Beschaffenheit nach erkannt haben; damals aber herrschte noch tiefe naturgeschichtliche Unwissenheit in allen Ständen, und die Folge davon war eine in Wahrheit unsinnige Behandlung der Seidenraupe, und in dieser Unwissenheit hatte der Köhlerglaube seine Wurzel. Denn als man die Seidenraupe in Konstantinopel erziehen wollte, fragte man, wie man es in China mache. Und man machte es nach, glaubend, daß es das Rechte sei; als man die Seidenraupe in Sicilien erzog, machte man es grade wie in Griechenland; in Frankreich fragte man, wie es in Italien gemacht werde, und als man in Deutschland sich auf den Seidenbau legte, ließ man Italiener und

Franzosen nach Deutschland kommen, um zu lernen, wie man es in Italien und Frankreich mache, eigentlich aber, was man es vor mehren tausend Jahren schon in China gemacht habe, in einem Lande von anderer klimatischer Beschaffenheit und unter einem Volke, welches bis heute noch im Punkte der naturkundlichen Unwissenheit, der Irrthümer und des Aberglaubens einen ebenso begründeten Ruf wie durch seine Kunstfertigkeiten hat, glaubend, daß es das Rechte sei.

An die Seidenraupe selbst hätte man sich früher wenden und erforschen sollen, welches ihre Eigenschaften, ihre Bedürfnisse seien; allein das Unmögliche darf nirgend erwartet und verlangt werden; solche Forschungen konnten Denjenigen, welche den Seidenbau als ein Erwerbsmittel ergriffen, in der That im Traume nicht beifallen, weil, um die naturgeschichtlichen Eigenthümlichkeiten des Besondern zu erforschen, allgemeine naturgeschichtliche Kenntnisse unumgänglich erfodert werden. Diese Classe von Seidenbauern und Alle, die nebenstehend Theil daran nahmen, wußten wol an sich selbst, daß Essen und Trinken den Leib erhalte, und daß man ersticke, wenn man nicht Athem holen könne; in welcher Beziehung aber das Athmen zum Leben und zur Gesundheit stehe, welches die Bedingung eines gesunden Athmens sei, davon ahnete man damals nichts; man fütterte die Seidenraupen, so lange sie fressen wollten, und ließ sie an einer eingeschlossenen, verpesteten Zimmerluft sterben. Das war die damalige Seidenraupenzucht, worin es Einer dem Andern getreulich nachthat und das aufs deutsche Klima schob, was Folge des Unverstandes war, und noch immer ist unsere Seidenraupenzucht noch nicht frei von solchen Misgriffen.

Verbesserungen und damit eine größere Sicherstellung und Ergiebigkeit des Seidenbaugewerbes ging von Männern aus, welche mehr allgemeine Bildung, mehr Beobachtungsgabe und ein geübteres Urtheil, auch wol mehr Kenntnisse von dem Leben und den Bedürfnissen der Insekten überhaupt hatten, in den neuern Zeiten im Anfange dieses Jahrhunderts von Dandolo und von Bonafons. Sie erkannten die Grundursachen der großen Sterblichkeit der vermeintlich so zärtlichen Seidenraupe in der herrschenden Unreinlichkeit und in der verdorbenen Luft der Seidenbauzimmer, ihre Bemühungen waren zunächst darauf gerichtet, eine gleichförmigere Wärme und größern Luftwechsel herzustellen, und sie thaten dieses mit solchem Erfolg, daß mit Dandolo's Einrichtung zur Heizung und Luftcirculation (Dandoliren) fast das Doppelte an Seide gewonnen wurde, als womit man sich bisher begnügt hatte, 50—60 Pfund Cocons von einer Unze Raupeneiern. Die Künste unterstützten einander mit ihren Erfindungen, wie überhaupt die Menschen sich gegenseitig mit ihren verschiedenen Talenten; in neuester Zeit hat man in Frankreich in großen Seidenbauanstalten die Meißner'sche Luftheizungsmethode nicht nur zur Erhaltung einer gleichförmigern Temperatur, sondern insbesondere zur Unterhaltung eines ununterbrochenen erwärmten Luftstroms angewendet, und abermals mit solchem, auch in Deutschland nachzuahmenden Erfolg, daß man statt 50 und 60 Pfund Cocons, schon 170 Pfund von demselben Gewichte Raupeneier gewonnen hat. Fingerzeigs genug, was sich von diesem Erwerbszweig erwarten läßt, wenn er in allen seinen Theilen mit Sachkenntniß und Urtheil und, losgerissen von blinder Nachahmung, mit dem Bestreben, zu beobachten und zu verbessern, betrieben wird.

Der Seidenbau ruht auf folgenden drei Grundpfeilern:

1) Auf dem Anbau, der pfleglichen Behandlung und Benutzung des Maulbeerbaums;
2) auf einer naturgemäßen Erziehung der Seidenraupe;
3) auf einer guten Zurichtung ihres Gespinnstes für den Gebrauch des Seidenwebers.

(Die Fortsetzung folgt in Nr. 237.)

Tarif der Ärzte in Nordamerika.

In den drei großen Städten Nordamerikas, Neuyork, Baltimore und Charleston, sind besonders folgende Tarife herrschend. Der erste Besuch des Arztes kostet nach unserm Gelde in Neuyork einen halben bis drei Thaler, in Baltimore $1\frac{1}{2}$—3 Thaler, und in Charleston gegen 2 Thaler. Die folgenden Besuche kosten in Neuyork 3 Thaler; in Baltimore $1\frac{1}{2}$ und in Charleston so viel wie der erste Besuch. Ein einziger Besuch wird in Neuyork mit 3, in Baltimore mit 3—15 und in Charleston mit 2 Thalern bezahlt. Eine Consultation mit dem Arzt kostet in Neuyork und Baltimore gegen 8 Thaler, in Charleston ungefähr 12 Thaler. Für die folgenden Consultationen zahlt man in Neuyork $4\frac{1}{2}$ Thaler, in Baltimore $1\frac{1}{2}$—3 und in Charleston $3\frac{1}{2}$ Thaler. Eine briefliche Consultation kostet in Neuyork 15—22 Thaler, ein nächtlicher Besuch dagegen in Neuyork 10 und in Baltimore 8—30 Thaler. Das Honorar für jede Stunde beträgt in Neuyork 36 Thaler. Für entfernte Besuche muß man außer dem Honorar für die Visite selbst noch auf die Meile in Neuyork 2 und in Baltimore $1\frac{1}{2}$ Thaler zahlen. Ein Besuch zur Zeit epidemischer Krankheiten kostet in Neuyork 8 und alle folgende Besuche $4\frac{1}{2}$ Thaler. Ein Besuch nach dem Tode kostet in Charleston $3\frac{1}{2}$ Thaler. Bei einer gewöhnlichen Entbindung bekommt der Arzt in Neuyork 36—37 Thaler, in Baltimore 15—36 und in Charleston 50—75 Thaler; eine schwere Niederkunft dagegen bringt dem Arzt in Neuyork 50—90, in Baltimore 36—70 und in Charleston 75—125 Thaler. Ein Aderlaß am Arm oder Fuß kostet in Neuyork 3 Thaler, in Baltimore $\frac{1}{2}$—$1\frac{1}{2}$ Thaler und in Charleston gegen 3 Thaler. An der Halsader kostet der Aderlaß in Neuyork gegen 8 und in Charleston etwas über 8 Thaler. Für das Herausreißen eines Zahns bekommt der Arzt in Neuyork $1\frac{1}{2}$, in Baltimore $\frac{1}{2}$—$1\frac{1}{2}$ Thaler, und geschieht die Operation bei dem Kranken selbst, so kostet sie in Neuyork noch einmal so viel. Für die Pockenimpfung zahlt man in Neuyork 8—16 Thaler, in Baltimore 3—8, in Charleston 7—15 Thaler; für die Amputation eines Gliedes gibt man in Neuyork 75, in Baltimore 36—100, in Charleston 30—50 Thaler. Wer sich vom Arzt einen Finger abnehmen läßt, muß ihm in Neuyork 16, in Baltimore 8—30 und in Charleston 7 Thaler zahlen. Die Heilung einer Augenkrankheit endlich kostet in Baltimore 40—80 und in Charleston 30—90 Thaler.

Man sieht, wie verschieden der Tarif in den drei großen Handelsplätzen ist. Der von Neuyork wurde nach seiner Bestätigung durch die medicinische Gesellschaft dieser Stadt im Januar 1816 festgesetzt, der von Charleston datirt 1791 und der von Baltimore ist erst 1832 geordnet worden.

Griechische Gefäße.

Unsere Abbildung zeigt mehre sehr schön gearbeitete sogenannte hetruskische oder besser, griechische Vasen, dergleichen wir schon mehre in Abbildungen mitgetheilt haben. Jene vorzüglichen Exemplare (die schönsten unstreitig, welche als Proben der griechischen Kunst auf unsere Zeit herabgekommen) waren nämlich die berühmte Warwick- und die ebenso berühmte Portlandvase,*) wirkliche, vollendete Meisterstücke der antiken Töpferarbeit. In der That war diese Kunst, die zierlichsten Gefäße aus Thon oder anderm Stoff zu formen, in jenen Zeiten zu einer Vollendung gediehen, von welcher wir heutiges Tages, wenn nicht ebenso schöne Proben davon auf uns gekommen wären, kaum eine Ahnung haben würden. In der Regel wurden im Alterthume diese zierlichen Gefäße, welche zu sehr verschiedenen Gebrauche, einige auch wol zur bloßen Augenweide, bestimmt waren, aus Thon geformt, doch war dies beiweitem nicht immer der Fall, man fertigte dergleichen auch aus Metallen, aus Gold, Silber, Erz, und andere aus Stein und Marmor, sowie aus einer ganz eignen Masse, welche die Mitte zwischen Glas und Porzellan hält, deren Bereitung aber gänzlich verloren gegangen ist. Dies ist die Masse, aus welcher z. B. die Portlandvase gearbeitet ist. Unter anderm dienten diese Gefäße auch zur Aufbewahrung des Öls, das bei den heiligen Mysterien und andern religiösen Gebräuchen verwendet ward. So z. B. war es bei den alten Griechen eine religiöse Pflicht, daß man Öl auf die Grabmäler der Vorfahren goß, oder auch irgend einen Stein, zur Erinnerung an eine ausgezeichnete Begebenheit errichtet, damit benetzte. Ein ähnlicher Gebrauch kommt auch in den Schriften des Alten Testaments vor und galt schon zu den Zeiten der Erzväter. Was von römischen Gefäßen dieser Art auf uns gekommen ist, beweist, daß auch die Römer in dieser Kunst zu einer hohen Stufe der Vollkommenheit gelangt waren, sowol was die Eleganz der Form als den reinen Geschmack in der Verzierung dieser Werke anlangt. Deshalb mögen die auf unserer Abbildung vorgestellten auch ebenso wol für römische Gefäße gelten können. Diese römischen Gefäße sind durchgängig aus rothem Thon geformt und in der Regel mit Zierathen auf schwarzem Grunde geschmückt. Solcher Gefäße sind die meisten in Hetrurien, aber auch mehre in Sicilien gefunden worden. Sehr möglich ist es, daß viele derselben ebenfalls von griechischen Meistern herrühren, die ihren Aufenthalt in Italien genommen hatten. Die schönen und richtigen Zeichnungen und Darstellungen, welche auf diesen antiken Kunstwerken anzutreffen sind, waren auch für die Wissenschaft selbst, besonders für die Geschichtschreibung und Alterthumskunde, von großem und günstigem Einfluß, indem dadurch viele streitige Punkte in der Geschichte und der Lebensweise jener Zeit aufgehellt wurden. Nächstdem, daß die schönsten dieser Vasen zum Schmuck der Wohnzimmer bei den Begüterten dienten, gebrauchte man sie auch häufig zu Kampfpreisen für die Sieger in den öffentlichen Spielen. Andere dienten, wie erwähnt, zu religiösen Gebräuchen; allein beiweitem der größte Theil der neuentdeckten waren Aschenkrüge. Wenn der Körper des Verstorbenen verbrannt war, so war es die Pflicht der nächsten Verwandten, seine Asche und Gebeine zu sammeln, sie mit den reichsten Specereien zu vermischen, mit trefflichen Weinen, mit Milch und mit ihren Thränen, und sie dann in einem eigens für diesen Zweck gefertigten Gefäß aufzubewahren. Obgleich es hin und wieder vorkam, daß Asche und Gebeine in zwei verschiedene Urnen gethan wurden, so verschloß man doch in der Regel Beides in einen und denselben Aschenkrug. So ließen sich nun die Bemittelten besondere, oft sehr prachtvolle Familiengrüfte oder Mausoleen errichten, welche mehre Gemächer enthielten, die rings an den Mauern mit Vertiefungen versehen waren, um die Aschenkrüge aufzunehmen. Nur wenige von den Urnen, die auf uns gekommen sind, haben Inschriften. Lampen und Schalen wurden gleichfalls in Form der Vasen aus gebranntem Thon verfertigt.

*) Vergl. Pfennig-Magazin Nr. 21 und 104.

Das Pfennig-Magazin
für Verbreitung gemeinnütziger Kenntnisse.

237.] Erscheint jeden Sonnabend. [October 14, 1837.

Andreas Hofer und seine Gattin.

Bildsäule Hofer's in der Kirche zu Innsbruck.

Die Geschichte, und insonderheit die Geschichte kriegerisch bewegter Zeiten stellt uns manchen heldenmüthigen Charakter dar, der seine Ehre und sein Leben daran setzte, um die Sache der Partei zu verfechten, für welche zu kämpfen ihn das Nationalgefühl oder seine einmal gefaßte Überzeugung auffoderten; allein der Fall, daß ein schlichter, einfacher, ungebildeter Mann, dem die Vorsehung von Haus aus eine ganz andere Laufbahn angewiesen zu haben, der nur für den gewöhnlichsten Lebensverkehr und keineswegs für das Außerordentliche geboren zu sein schien, der bis zu seinem 40. Jahre das Leben eines einfachen Landmanns führte und nicht im entferntesten sich ein weiterausssehendes Ziel gesteckt hatte oder Plänen des Ehrgeizes nachgegangen war, daß ein solcher sich plötzlich als Anführer eines ganzen kriegerisch aufgeregten Volks uns darstellt, und als solcher eine Treue, Unerschrockenheit, Festigkeit und Seelenruhe entfaltet, wie man sie nur bei den hervorragendsten Heldennaturen antrifft — dieser Fall ereignet sich in der Geschichte doch nur äußerst selten, und es ist, wenn er sich ereignet, eine besondere Fügung der Vorsehung unverkennbar, welche auch das bewegteste Treiben der Weltgeschichte beherrscht und auch in den einfachsten Menschen die großartigsten Entschließungen und höchst tapfere Thaten zu wecken vermag, sobald es sich um höhere Interessen handelt.

Der Name des Mannes, den wir zu der eben angeführten Gattung zählen müssen, der Name Andreas Hofer, des kühnen Anführers der Tiroler, als sie gegen die unrechtmäßige Herrschaft Napoleon's in vollen Aufstand geriethen, des heldenmüthigen Verfechters der Sache des Stammhauses Östreich ist weder in seinem Vaterlande, noch in dem Welttheil, dem dieses angehört, vergessen. Er war ein solcher schlichter, höchst anspruchsloser Mann, der gegen seine eigne Erwartung vom Schicksal zum Helden gemacht wurde. Er ward in einem Lebensalter, wo sonst der Mann wenigstens keine abweichenden Bahnen zu betreten pflegt, in den Strudel einer mächtig aufgeregten Zeit mit hineingerissen, und mußte, als auserwähltes Opfer dieses thatenerzeugenden Zeitgeistes, seine treue Standhaftigkeit mit dem Tode büßen, eben wieder in einer Lebensperiode, wo sonst dem kräftigen Manne noch ein fernes Ziel gesteckt ist.

Andreas Hofer war am 22. October 1767 in einer der romantischsten Gegenden des schönen Tirols, im Paßeyrthal, geboren und hatte von seinen Vorältern ein nicht sehr besuchtes Wirthshaus am sogenannten „Sand", wie man in seinem Vaterlande das steinige Ufer des Passerflüßchens, von dem jenes Thal den Namen erhalten, zu nennen pflegt. Diese Nahrung war eben nicht sehr ergiebig, weshalb Hofer bald in mißliche Umstände gerieth und sich, um diesen einigermaßen abzuhelfen, mit dem Nebengeschäft eines Saumers befassen mußte, der Güter und Menschen auf Pferden über die steilen Bergpässe beförderte. Als solcher zeigte sich Hofer stets rechtschaffen und gottesfürchtig, wiewol nicht eben von ausgezeichneten Verstandeskräften. Nur jene sittlichen Eigenschaften und seine hohe, ehrfurchtgebietende, männlich-kräftige Gestalt, die er durch einen langgewachsenen, schönen Bart und durch eine von der seiner Landsleute etwas abweichende Kleidung noch hervorzuheben wußte, zeichnete ihn vor den übrigen Bewohnern des Paseyrthales aus. Übrigens war er ein sorgsamer Hausvater gegen sein Weib und seine vier Kinder, einen Sohn und drei Töchter, und suchte sich auf rechtliche Weise durchzubringen, so gut es gehen wollte.

Erst das vierzigste Lebensjahr sollte für diesen einfachen tiroler Landmann eine gänzliche Veränderung seiner Lebenslage mit sich führen. Es war dies das Jahr 1809, wo ganz Tirol dem Kaiserhause Östreich abwendig gemacht und dem mächtig übergreifenden französischen Kaiserreiche unterthänig geworden war. Aber die treuen Tiroler wollten von dem neuen Kaiser und von dem neuen König nichts wissen, weil sie den alten nicht vergessen konnten, den Kaiser Franz, der sich immer als ein Vater gegen sie bewiesen hatte. Sie faßten also den Plan, sich gegen die fremde, aufgedrungene Herrschaft zu empören. Hofer, der Sandwirth, dachte keineswegs daran, sich aus eignen Mitteln zu ihrem Anführer zu erheben; aber die Abgeordneten der Landschaften kamen vor seine Thüre, klopften an und sprachen: „Willst du unser Hauptmann sein, wenn wir ausziehen, um unsere alten angestammten Fürsten wiederzugewinnen?" Darauf erwiderte der einfache Mann ein einfaches Ja und der Bund war geschlossen. Der arme Saumer vom Jaufersberge zog nun eilig in die Kaiserstadt Wien und kehrte zurück als ernannter Landescommandant von Tirol, mit der Anweisung, seine Residenz in der Hauptstadt Innsbruck aufzuschlagen. Merkwürdig und ganz einzig in ihrer Art ist die Anrede, die er bei seiner Wiederkehr, als er im goldenen Adler zu Innsbruck abgestiegen war, an das versammelte Volk hielt. Sie lautet wörtlich so: „Grüß euch Gott, meine lieben Innsbrucker! Weil ihr mich zum Obercommandanten g'wollt habt, so bin i halt da. Es sein aber auch viel Andere da, die keine Innsbrucker sein, alle die unter meine Waffenbrüder sein wollen, die müssen für Gott, Kaiser und Vaterland als brave Tiroler streiten, die meine Waffenbrüder werden woll'n; die aber das nit thun woll'n, die soll'n haim ziehen! I rath's euch, und die mit mir ziehen, die soll'n mich nit verlass'n, so wahr i Andreas Hofer heiß; g'sagt hab ichs euch, g'sehn habt ihr mi, b'hüt euch Gott!"

Allein die Sonne des Kriegsglücks leuchtete Hofern und der von ihm befehligten treuen Tirolerschar nur eine kurze Zeit. Denn als nach einem wechselvollen Kampfe der Friede zu Wien geschlossen worden war, mußte Hofer seine Stelle als Landescommandant oder „Graf von Tirol", wie er sich zuweilen selbst nannte, niederlegen und war genöthigt, sich in die höchsten Alpen hinter seinem Hause zu flüchten, wo er sich Monate lang, mitten im Schnee, in einer verlassenen Alpenhütte aufhielt, von wo aus er noch eine Zeit lang den fortgesetzten Aufstand der Tiroler leitete, und noch immer nicht an dem endlichen guten Ausgang seiner gerechten Sache verzweifelte. Er hätte damals seinem nachherigen traurigen Schicksale wol entfliehen können, und es war gewiß nicht Mangel an Überlegung, was ihn von diesem Schritte abhielt. Aber seine edle Natur war zur Flucht und Verstellung nicht gemacht, er hoffte einst, wenn des Krieges Geschick sich wieder günstig gewendet, von allen Parteien gerechtfertigt hervortreten zu können, weil ihm ja nichts natürlicher und ehrenvoller erscheinen konnte, als seinem angestammten Fürstenhause treu anzuhängen. Leider irrte er sich in diesem Glauben, und im unerforschlichen Buche des Schicksals war ihm ein schlimmeres Loos vorgezeichnet.

Hofer gerieth, wie man sagt durch den Verrath eines Geistlichen, der früher mit ihm befreundet gewesen war, in die Hände der Franzosen. Französische Soldaten umzingelten am 20. Januar 1810 seine verborgene Hütte und führten ihn nach Mantua, wo er durch ein Kriegsgericht verurtheilt werden sollte. Hier gab Hofer sogleich bei seiner Ankunft einen neuen Beweis seiner Treue und Charakterfestigkeit. Denn der Commandant der Festung Mantua bot ihm uneingeschränkte Begnadigung an, wenn er in französische Dienste treten wollte; allein Hofer schlug diese Bedingung standhaft aus und zog es vor, den Tod zu erleiden. Demnach sprach schon am 19. Februar das Kriegsgericht das Todesurtheil über ihn aus, das am nächsten Tage Mittags um 11 Uhr an ihm vollzogen ward. Als die zwölf Grenadiere, die ihn erschießen sollten, vorgetreten waren, reichte ihm der Tambour das weiße Tuch, um sich die Augen zu verbinden, und erinnerte ihn, sich auf die Knie niederzulassen. Allein Hofer schlug das Tuch aus und weigerte sich auch, niederzuknieen. „Ich stehe vor Dem, der mich erschaffen hat," dies waren seine Worte, „und stehend will ich meinen Geist aufgeben." Den Corporal ermahnte er, gut zu schießen, und schenkte ihm einen tiroler Zwanziger, der ihn noch in diesem letzten Augenblicke wieder an sein unglückliches Vaterland erinnerte. Darauf commandirte er selbst mit lauter Stimme: Gebt Feuer! wurde jedoch sehr unglücklich getroffen, denn auf die ersten sechs Schüsse sank er blos in die Knie und war auch auf die zweiten sechs noch nicht todt, sondern der mitleidige Corporal mußte den Gewehrlauf dicht an seinen Kopf setzen und so erst durch den dreizehnten Schuß seinem Leben ein Ende machen. So endigte Hofer, der Sandwirth von Passeyr, unter den Redlichen einer der Redlichsten, unter den Treuen einer der Treuesten, an dessen Charakter kein Makel haftete und dem auch seine Feinde keinen andern Vorwurf machen konnten, als daß er zu treu an dem angestammten Herrscher gehangen. Folgenden Brief, den wir unsern Lesern wörtlich und in Hofer's eigner Schreibart mittheilen wollen, schrieb der edle Mann wenige Stunden vor seiner Hinrichtung an seinen Freund, den Herrn von Pühler zu Neumarkt. Aus diesem geht recht deutlich Hofer's Standhaftigkeit und Gottesergebung hervor.

„Liebster Herr Prueder!

Der götliche Willen, ist es gewössen, das ich habe miessen hier in Mandua mein Zeitliches mit den Ebigen verwörlen, aber gott seie Dankh um seine götliche gnad mir ist es so leicht forgekhommen, das wann ich zu was anderen ausgesierth wurd; Gott wirth mir auch die gnad verleihen, bis in lösten augenplickh, auf das ich khomen kann, alwo sich mein Sehl ebig Ehr freien mag. Es mögen alle hier noch lebente guete freint für mich bitten und mir aus die heißen Flamen helfen wann ich noch im Fegfeir piessen muß. Die Gottesdienst soll die liebste mein und Wirthin zu sankt Marthin halten lassen, und den Freinten ist Suppe und Fleisch göben zu lassen und ein halb Maaß Wein. Von der Welt lebet alle wohl biß mir in Himel zsam khomen, und dorten Gott loben an Ent, alle Passeyrer und Bekhonnte sollen mir eingedenkt seyn in heiligen Gebeth, und die Wirthin soll sich nicht so bekhimmern, ich werde piden bei Gott fir sie alle. Ade mein schnede Welt, so leicht khomt mir das Sterben for, das mir nit die Augen naß werden, geschrieben den fünf Uhr in der Frue, und um neun Uhr reiß ich mit der Hilf aller Heiligen zu Gott.

Mandua den 20 Februari 1810.

Dein in Leben geliebter Andereé Hofer, von ssant in Passeyr."

Schon aus diesem Briefe sieht man, welche zärtliche Zuneigung Hofer für seine Frau hegte, mit der er, mannichfacher Sorgen ungeachtet, stets ein glückliches und zufriedenes Leben geführt hatte, bevor ihn seine Bestimmung auf eine weit entlegene Laufbahn führte. Leider ward für diese einfache, aber ebenso tüchtige und herzensgute Frau diese unerwartete Bestimmung ihres Gatten zu einer harten Schule des Unglücks. Anna Hofer, die Witwe des Mannes, den die Franzosen wegen seines langen Bartes General Barbon zu nennen pflegten, war aus den in den tiroler Alpenthälern wohlbekannten Geschlechte der Ladurner entsprossen und hieß eigentlich Gertraud. Sie war um mehre Jahre jünger als ihr Mann, dessen Hauswesen sie, da er noch in seinem bescheidenen Beruf als Saumer und Sandwirth stand, mit musterhafter Treue und Anspruchslosigkeit führte. Sie war aber nicht blos eine häusliche und wirthschaftlich gesinnte, sondern auch eine wahrhaft fromme und gottesfürchtige Frau. Wie sie sich fügsam, nachgiebig und im Stillen thätig als Wirthin vom Sande gezeigt hatte, so blieb sie sich auch gleich, als ihr Mann den hohen Posten eines Landescommandanten bekleidete. Und als nun Hofer's frühverbleichender Stern am Rande seines Horizonts stand und Weib und Kind rauh und gewaltsam mit in sein herbes Geschick gerissen wurden, als man sie Diese gefangen und gefesselt nach Mantua führte, da legte Gertraud Hofer den frommen, gottergebenen Sinn, den sie früher im häuslich-geringen Kreise sich zu bewahren gewußt, auch im Schmerz und Unglück auf recht rührende Weise an den Tag. Und als nun der unvergeßliche Lebensgefährte längst dahin gegangen war, wo, wie er sich in schlichter Einfalt selbst ausspricht: „die Frommen Gott loben ohne Ende", als Östreichs kaiserlicher Adler mit seinen erhabenen Schwingen wieder das glücklichere Tirol beschattete, als die Gnade des Kaisers die Gattin und die Kinder des Sandwirths hoch geehrt, reich gemacht und in den Adelstand erhoben hatte, als ganz Deutschland und ganz Europa ihr große Ehre und Liebe bewies, auch da zeigte Anna von Hofer sich nicht im mindesten veränderter, als Gertraud Ladurner sich gezeigt hatte. Sie bezog, in treuer Anhänglichkeit an frühere glücklichere Tage, wieder das kleine, nur etwas wohnlicher eingerichtete Haus am Sande und lebte hier mit ihrem Schwiegersohne, dem jetzigen Sandwirth, und dessen Frau, ihrer ältern Tochter, in stiller Zurückgezogenheit fort, während ihre jüngere Tochter in der Kaiserstadt als Fräulein von Hofer erzogen wurde. Kamen nun vornehme Besucher in die stille Alpengegend, welche die im Leid so geduldige Witwe des Sandwirths kennen lernen wollten, Besuche, die der einfachen Frau öfters wol lästig waren, so fand man die hochgewachsene ehrwürdige Matrone, welcher Kummer und Gram über vergangene Zeiten das Haar frühzeitig bleichte, mit dem blassen Gesichte voll edlen Ausdrucks, im kleinen Gärtchen am Hause, mit leichter Gartenarbeit beschäftigt, ganz so, als wäre es noch die alte Zeit, wo sie für die wenigen Gäste ihrer Wirthschaft zu sorgen hatte. Keinen Tag versäumte sie, mit ihren Freunden und Angehörigen ihre häusliche Andacht zu verrichten, bei welcher sie mit unveränderter Liebe ihres heimgegangenen Gatten im stillen Gebet gedachte. Sie sprach nur wenig und zeigte sich wol etwas zurückhaltend, und einige der Besucher haben ihr dies Betragen wol als Stolz und Anmaßung aus gelegt, allein mit großem Unrecht, denn es war nur eine edle Scheu, sich der Neugier der Fremden bloßzustellen. Bei dem Allen war jedoch Anna von Hofer, selbst bis zu ihren letzten Lebenstagen, weder den Obliegenheiten noch den Genüssen des Lebens abgestorben. In ihren eignen Angelegenheiten und deren Verwaltung zeigte sie stets viel Umsicht und Klugheit. Sie hatte, durch die Freigebigkeit des Kaisers dazu in den Stand gesetzt, das Wirthshaus am Sand von den Gläubigern ihres Mannes befreit, um, wie sie sich dabei ausdrückte, sein Andenken zu ehren. Da sie die Pension von 2000 Gulden, die ihr der Kaiser zuertheilt hatte, beiweitem nicht verzehrte, so hatte sie sich im Laufe der Jahre ein nicht unbedeutendes Capital erspart, dessen Anlegung sie sehr geheim hielt, womit sie jedoch auch vielen ihrer unbemittelteren Bekannten aus der Noth half, denen sie kleine Summen zur bessern Betreibung ihrer Wirthschaften vorstreckte.

Die Witwe Hofer's starb in den letzten Tagen des vorigen Jahres in dem kleinen Hause am Sand, in den Armen ihrer einzigen, sie überlebenden Tochter, deren treue Fürsorge, ihr freundlich-ernstes Wesen, ihr standhaft erduldeter Schmerz gewiß gleich unvergeßlich sein wird. Auch die Welt wird ihr Andenken bewahren, obwol sie weder eine gepriesene Heldin, noch sonst durch hervorragende Eigenschaften des Geistes ausgezeichnet war; denn der Ruhm, bei einem außerordentlichen Geschick das rechte Maß, die ausharrende Treue und die wahre Würde der Weiblichkeit in einem unschuldigen Herzen bewahrt zu haben, dieser Ruhm wird ihr niemals streitig gemacht werden können.

Wir fügen dieser Schilderung zweier so einfachen und doch so ausgezeichneten Menschen nächst der ausdrucksvollen Bildsäule Hofer's, zu seinem Gedächtniß in der Kirche zu Innsbruck errichtet, auch noch eine getreue Beschreibung seines Wohnhauses in Passeyr bei, das,

*

wie gesagt, Frau von Hofer bis an ihr Lebensende bewohnte. Dieses Haus ist ganz dicht an dem wilden Passerbach erbaut und von einem lockern Steindamme, zur Schutzwehr gegen das reißende Gebirgswasser, umzogen. Es besteht aus zwei Stockwerken, deren jedes eine Galerie hat, wie solches in Tirol bei vielen Bauerhäusern gefunden wird. An der Vorderseite ist ein Schild an einem langen eisernen Arm, auf dem eine vergoldete Kaiserkrone abgebildet ist, und darunter die Worte: „Andre von Hofer und Anna von Hofer, geborene Ladurner." Beim Eintritt in das Haus bemerkt man über der Thüre von Hofer's ehemaligem Wohnzimmer die Scheibe, nach welcher bei Gelegenheit des Festschießens geschossen ward, das zu Innsbruck stattfand, als man seine Gebeine in der dortigen Hofkirche beisetzte. Den Mittelpunkt bildet das der Familie Hofer vom Kaiser verliehene Wappen, das in zwei rothe und zwei goldene Felder getheilt ist. Die goldenen enthalten den tiroler Adler und einen festen Thurm, die rothen einen Lorberkranz und einen Gebirgsschützen mit angelegter Büchse. In Hofer's Wohnzimmer sieht es jetzt freilich etwas anders aus als damals, da er noch den Sand von Passeyr bewirthschaftete. Die Familie hat es sich, aus Ehrfurcht vor seinem Andenken, angelegen sein lassen, allerlei Zierath zu seiner Ehre dort anzubringen, der freilich dem biedern Manne selbst ganz fremd war. Da hängen seine Bildnisse, einmal in farbigem Wachs, ein andermal in gut getroffenem Kupferstich, darunter eine kunstfertige Stickerei in Seide und Gold von Hofer's Tochter verfertigt; auf der zierlichen Commode zwischen Porzellan= und Glasgefäßen stehen viele kleine Büsten des Kaisers, und manche andere Gegenstände erblickt das Auge des Besuchers, die wol nimmer in dies bescheidene Haus eingegangen wären, wenn Hofer für sein ganzes Leben der Wirth vom Sande geblieben wäre. Wie dem auch sei, es ist dies Alles ihm zu Ehren geschehen, und so ist es der Mann selbst, der allen diesen Dingen den rechten wahren Adel verleiht.

Dem Fremden, der das Haus am Sande besucht, wird auch von dem Schwiegersohne Hofer's, André Erb, dem jetzigen Sandwirth, die schwere Gnadenkette mit dem Bilde des Kaisers und die Kleidung gezeigt, welche Hofer an dem Tage zu Innsbruck trug, da er zum Landescommandanten von Tirol ernannt worden war. Auf dem breiten tiroler Gürtel liest man die Buchstaben: **A. H. O. K. V. T.**, Andreas Hofer, Obercommandant von Tirol.

Fetische.

Der Fetischendienst im Allgemeinen scheint die älteste Art von Religion zu sein. Verschiedene Veranlassungen erzeugten in dem rohen Menschen die Vorstellung von höhern und mächtiger wirkenden Wesen und ihrem Einflusse, und die belebten oder leblosen Gegenstände, welche sie umgaben und irgend einen lebhaften Eindruck auf sie machten, erschienen ihnen als Wesen, die nicht nur ihrer Bewunderung, sondern auch ihrer Verehrung würdig wären. Fetisch, bei den Indianern in Amerika Okki, bei den Negern Manitu genannt, heißt im Allgemeinen jeder natürliche oder künstliche Gegenstand, der den Menschen auf der Erde umgibt, und so mannichfaltig und zahlreich sie sind, so hat doch jeder Stamm immer nur einen oder einige Fetische, die er vorzüglich verehrt. Man kann keineswegs eine Wanderung des Fetischendienstes von einem Lande zum andern annehmen; er entstand vielmehr in verschiedenen Gegenden unter rohen Völkern von selbst. Anfänglich war der Fetischendienst grobsinnlich und roh und artete immer mehr aus, doch wurde er in andern Ländern besser ausgebildet und verfeinert, und ging in einen verständigern Naturdienst über, konnte aber nie zu moralisch=religiösen Ideen führen. Der Grund, warum diese oder jene Fetische hier oder dort verehrt wurden, und warum man selbst alltägliche und unbedeutende Gegenstände verehrte, läßt sich theils aus der Natur der Wilden, häufig aber nur aus zufälligen Umständen erklären. Dieser Fetischendienst ist bei den Negern in Afrika, besonders auf der Kongoküste, gewöhnlich. Hier werden die Fetische wie unter andern Völkern die Talismane gebraucht. Jeder hat seinen Fetisch, zuweilen mehre, die er als schützende Gottheiten gegen jedes Übel betrachtet. Jeder, auch der geringste Gegenstand dient einem Neger als Fetisch, z. B. Hörner, Hufe, Zähne und Knochen von vierfüßigen Thieren, verschiedene Theile von Vögeln, Schlangen und Fischen, altes Eisen, Holz, Samenkörner. Was aber auch dazu genommen werde, so werden darüber die Fetischmänner zu Rathe gezogen, Betrüger, die von der Unwissenheit des Volkes Nutzen ziehen. Sollte der Besitzer eines Fetischs in der Gefahr, gegen welche er sich zu schützen sucht, umkommen, so wird der Unfall nie einem Mangel an Wirksamkeit dieses Fetisches zugeschrieben, sondern man erklärt ihn daraus, daß der Besitzer seinen Fetisch beleidigt habe. Will z. B. ein Neger ein Verbrechen begehen, so pflegt er den Fetisch bei Seite zu legen und zuzudecken, damit er nicht Zeuge der That sei. Man gebraucht die Fetische auch, um verlorene oder gestohlene Sachen zu entdecken. Zu diesem Zwecke wird der Fetisch von dem schlauen Betrüger an einem öffentlichen Orte ausgestellt und das Volk umtanzt ihn mit lautem Geheul. Der Dieb wird aufgefodert, die entwendete Sache zu einer bestimmten Zeit an einem gewissen Orte niederzulegen, und geschieht dies nicht, so verliert der Fetisch doch nichts von seinem Ansehen, denn der Erste, der im Dorfe stirbt, wird als der Thäter betrachtet und sein Tod der Kraft des Fetisches zugeschrieben. Wird das entwendete Gut zurückgegeben, so hat doch der Eigenthümer wenig Nutzen davon, da er dem Beschwörer ein Geschenk machen muß, das oft dem Werth der wiedererlangten Sache gleich kommt, und unterließe er dies, so würde er gefährliche Folgen befürchten müssen, da oft Gift angewendet wird, um zu verhüten, daß das Ansehen eines Fetisches falle. — Die beigefügte Abbildung zeigt uns zwei Kriegsfetische von der Kongoküste. Es sind rohgeschnitzte Menschengestalten, die eine mit

Kriegsfetische von der Kongoküste.

einem Schwerte, die andere mit einer Flinte. Der Glaube der Neger an die schützende Kraft der Fetische scheint jedoch nicht vollkommen zu sein, sobald ein Weißer bei der Sache betheiligt ist. Der englische Schiffscapitain Tukey bot dem Könige von Kongo, um den Volksaberglauben zu erschüttern, ein Geschenk, wenn ihm erlaubt würde, in einer gewissen Entfernung auf die Kriegsfetische zu schießen. Aber obgleich das Geschenk sehr ansehnlich war, so ließ doch der König, nach einer langen Verhandlung mit seinen Edlen, den Engländer bitten, nicht auf die Fetische zu feuern, denn wenn er sie träfe und die benachbarten Häuptlinge Kunde davon erhielten, so würden Alle sogleich mit Krieg ihn überziehen. Außer den einzelnen Fetischen, deren Wahl der Fetischmann bestimmt, werden auch verschiedene auffallende Naturgegenstände allgemein verehrt. Dazu gehört der Fetischfelsen an der Mündung des Flusses Zaire, von welchem wir eine Abbildung geben. Man betrachtet ihn als den eigenthümlichen Wohnsitz des Seembri, des Geistes, der die Herrschaft über den Fluß hat. Auf einer vorspringenden Seite des Felsens sieht man rohgearbeitete Figuren, die dem Anschein nach mit Sand und Asche feucht aufgetragen sind, welche, wenn sie verhärten, wie in den Stein gehauen erscheinen.

Fetischfelsen an der Mündung des Flusses Zaire.

Bilder aus Neusüdwales.
(Fortsetzung aus Nr. 236.)

VI.

Während wir in unserm Lager in der Grafschaft Argyle verweilten — erzählt unser Reisender — wurden wir oft von den Eingeborenen besucht. Nichts entging ihrer Aufmerksamkeit und über Alles hatten sie etwas zu sagen, Zelte, Gewehre, Tische, Stühle, Pfannen, Kessel, Töpfe wurden von ihnen betrachtet und besprochen. Ich war eben beschäftigt, mir den Bart abzunehmen, als einige Schwarze in mein Zelt traten, und es war mir kaum möglich, damit fortzufahren, so neugierig umdrängten sie mich, indem sie ihre Bemerkungen über den ihnen ganz neuen Anblick machten. Als ich endlich fertig war, gab man ihnen einen Spiegel, und nichts ging über ihr Erstaunen und ihre Lustigkeit, als Jeder das Bild seines Gesichtes erblickte. Der Eine sah ernst und bestürzt aus, der Andere beschämt, während Andere, indem sie einen Blick in den Spiegel warfen, die Zunge ausstreckten und die lächerlichsten Gesichtsverzerrungen machten. Als ihre Neugier befriedigt war, fragten wir einen von ihnen, ob er sich den Bart wollte scheren lassen und nach kurzem Bedenken ließ er sich bereit finden und zeigte große Geduld, obgleich seine Gefährten und der Bartscherer unaufhörlich lachten. Man reichte ihm dann Waschbecken, Seife und Handtuch und er fing an, sich zu waschen, als er sich aber abgetrocknet hatte und das Tuch mit dem Schmuze des Gesichts und der Hände besudelt sah, verrieth er seine Überraschung auf die lächerlichste Weise. Ich weiß nicht, ob er geglaubt hatte, nach dem Scheren ein weißer Mann zu werden, aber er war offenbar nicht wenig bekümmert und in seiner Erwartung getäuscht, als er sich in dem Spiegel betrachtete. Später zeigte man ihnen einige Landschaftzeichnungen und Abbildungen von Hunden, Bäumen und Känguruhs, die sie sogleich erkannten. Ich hielt ihnen die Abbildung eines Schwarzen vor, den ein Ansiedler einige Zeit vorher zu sich genommen hatte, und ich war erstaunt, als sie die Ähnlichkeit erkannten und den Namen des Mannes nannten. Ich wußte, daß sie nie diese Abbildung, ja wahrscheinlich nichts Ähnliches gesehen hatten, und konnte daraus schließen, daß es ihnen keineswegs an Auffassungsgabe fehlt.

Bei meinem Wunsche, ihre Art zu jagen und sich Nahrung zu verschaffen und ihre Geschicklichkeit im Gebrauche der Waffen kennen zu lernen, ging ich eines Tages mit ihnen auf ihren Lagerplatz und nahm eine Flinte und einige Hunde mit. Ich muß hier bemerken, daß die Schwarzen, wenn sie von einem Orte zum andern gehen, beständig ihre Blicke umherschweifen lassen, bald auf den Weg, bald auf die Wipfel, bald auf die Stämme der Bäume sehen und jeden Augenblick stehen bleiben, um Dies oder Jenes zu betrachten. Wir waren noch nicht lange unterwegs, als einer von ihnen mit seinem Beile die Rinde eines Baumes abhieb und mehre dicke, fette, gelbe Insektenmaden herausnahm, die er mit großem Behagen verzehrte. Ein Anderer deutete auf die frische Fährte eines Opossum, das während der Nacht einen Baum hinangestiegen war, um für den Tag eine Zuflucht zu suchen. Aufwärts blickend, rief er in gebrochenem Englisch: „Ihn sehen! Gleich auf den Kopf schlagen!" Augenblicklich fing er an, den Baum zu erklettern. Ihre Art Bäume zu erklimmen ist sonderbar und die Furchtlosigkeit und Gewandtheit, die sie zeigen, in der That merkwürdig. Vorzüglich sind es zwei verschiedene Arten, Bäume zu erklettern, die eine mit dem Streitbeile oder Tomahawk, die andere mit Hülfe der Rebe, die sie dabei als Strick oder Reif gebrauchen. Die erste Art ist die gewöhnliche und scheint nicht gefahrlos zu sein. Der Schwarze haut mit seinem Beile eine Kerbe in die Rinde, so breit, daß er seine große Zehe hineinstecken kann. Diese Kerbe ist gegen drei Fuß vom Boden, doch richtet sich dies nach dem Belieben jedes Einzelnen, denn es ist merkwürdig, daß zwei Schwarze nie mit Hülfe derselben Kerbe einen Baum erklettern, selbst wenn mehre von ihnen den Weg gebahnt haben. Dann macht er zwei bis drei Fuß höher eine andere Kerbe für den linken Fuß, und wenn dies geschehen ist, haut er sein Beil so hoch er kann in den Baum und sich an demselben haltend, ersteigt er die beiden ersten Kerben. Steht die Zehe des linken Fußes in der zweiten Kerbe, so verweilt er, mit dem linken Arme den Stamm umfassend, und macht zwei neue Kerbe. Auf diese Weise ersteigen sie Bäume von ungeheurem Umfange, die 40— 50 Fuß ohne einen Ast sich erheben, so schnell als ein Europäer eine Leiter. Die zweite Art ist nicht weniger merkwürdig. Der Schwarze sucht sich eine Rebe von gehöriger Länge und Stärke nach der Größe des Baumes, umschlingt damit den Stamm und knüpft die Enden in einen Knoten zusammen. Dann stellt er sich in die Schlinge, hebt sie mit beiden Händen auf und lehnt sich so weit rückwärts, als er kann, um die Stärke der Rebe und des Knotens zu prüfen. Hat er diese Vorsicht angewendet, so macht er einen Sprung und rückt zu gleicher Zeit die Rebenschlinge höher. Bei dieser rückwärts gebeugten Stellung wird der Körper blos von der Rebe getragen, und indem der Schwarze wieder einen Sprung macht, hebt er sich mit Füßen und Händen und steigt mit erstaunlicher Geschwindigkeit hinan.

Während wir unsere Wanderung fortsetzten, grub einer unserer schwarzen Begleiter die Erde am Stamm eines verfaulten Baumes auf und brachte bald ein Nest mit kleinen braunen Ameisen hervor, die ganz mit kleinen Eiern bedeckt waren. Als er mit der Arbeit fertig war, hieb er ein Stück Rinde von einem Gummibaume, in deren längliche Höhlung er das Nest mit den Eiern legte, um sie in das Lager zu bringen. Ich fragte ihn, wozu er sie benutzen wollte. „Gut essen", antwortete er. Ein Anderer blickte sehr aufmerksam auf den Wipfel eines Baumes. Auf die Frage, was er suche, erwiderte er: „Gut Honig sehen", und deutete auf eine Stelle des Baumes. Ich blickte aufwärts, sah aber nichts als Zweige und Blätter, und erst als er den Baum erklettert hatte, und mir das Loch zeigte, bemerkte ich viele kleine Fliegen, die aus einem hohlen Zweige flogen, den der Schwarze endlich abhieb. Als der Zweig herabgefallen war, wünschte ich den Honig zu sehen, da ich nichts bemerkte, als Tausende der kleinen Insekten, welche unsern Hausfliegen ähnlich, aus der Höhlung hervorschwärmten. Meine Neugier wurde bald befriedigt. Der Schwarze öffnete mit seinem Beile vorsichtig den hohlen Zweig, und wir sahen eine volle Honigwabe. Sie war von dunkelbrauner Farbe und in zahllose Zellen getheilt, wie die Wabe der gemeinen Biene. Die Zellen enthielten einen klaren bernsteinfarbenen Honig von vortrefflichem Geschmack. Diese australischen Bienen haben keinen Stachel, und sind klein und schwarz. Die Honigwabe wurde gleichfalls in eine Rinde gelegt, wie sie, wie die Ameisen, fortzubringen.

Unsern Weg fortsetzend, sahen wir eine Känguruhratte aus dem Neste laufen, das auf der Erde von dürrem Gras und Haaren gebaut war. Das Thier hüpfte mit unglaublicher Geschwindigkeit, aber ein Jüngling schleuderte ihm sein Beil nach und erlegte es auf der Stelle. Diese Thiere sind verkleinerte Känguruhs, und hüpfen grade wie die großen, obgleich sie an Gestalt und Farbe den Ratten ähnlich sind. Ein anderer Schwarzer tödtete ein Bandakut, das in Erdgruben wohnt, unserm Kaninchen gleicht und ein gutes eßbares Fleisch gibt. So sammelten die Schwarzen im Laufe von zwei Stunden ein Opossum, mehre Känguruhratten, ein Bandakut, Ameisen und Honig ein, ohne sich viel Mühe zu geben. Wir kamen endlich auf dem Lagerplatze an, wo wir aber nur einige alte Männer und Weiber mit ihren Kindern fanden, und die meisten Hütten waren leer, da die übrigen ausgegangen waren, Nahrung zu suchen. Ich sah einen Schwarzen, der zu uns heranhinkte, und erfuhr, daß er sich durch einen Splitter verwundet hatte. Als er sich niedergelegt hatte, bot ich ihm meine Hülfe an und wollte ihm ein Heilpflaster auflegen. Er verstand mich aber nicht und wendete sein eignes Mittel an. Er hatte ein Stück Rinde mitgebracht, die ein röthliches Harz enthielt, das sich fast in allen Eucalyptusarten findet. Er bestrich die verletzte Stelle damit, legte ein Baumblatt darauf und sagte, Alles würde bald gut sein.

(Die Fortsetzung folgt in Nr. 238.)

Seidenbau.
(Fortsetzung aus Nr. 236.)

I. Anbau, pflegliche Behandlung und Benutzung des Maulbeerbaums.

Das Laub des Maulbeerbaums ist die von der Natur der Seidenraupe angewiesene Nahrung, und unfehlbar stehen die diesem Laube eigenthümlichen Säfte in unmittelbarer Beziehung zur Erzeugung des Seidenstoffs, wie uns die Erfahrung an andern Zuchtthieren lehrt. Der Landwirth z. B. kennt Futterpflanzen, die mehr oder weniger, andere, die bessere oder schlechtere Milch, oder Milch von einem bestimmten Geschmack geben, andere, die bei der Mastung mehr, man sagt, aufs Fleisch, andere aufs Fett legen. Es ist daher bei Aufsuchung einer stellvertretenden Futterpflanze nicht die Frage allein, ob sie von der hungrigen Raupe genossen wird, sondern ob sie Seide überhaupt und ob sie ebenso viel und ebenso gute Seide geben kann.

Überhaupt scheint das Aufsuchen von Surrogaten des Maulbeerbaums eine überflüssige und undankbare Mühe zu sein, undankbar, denn wir können 10 gegen 1 setzen, daß keine andere Pflanze den Maulbeerbaum nach allen Rücksichten vollkommen ersetzen werde, und überflüssig, da der Maulbeerbaum wenigstens ebenso gut wie der gemeine Obstbaum in Deutschland gedeiht.

Es ist ein Vorurtheil, daß der Maulbeerbaum die Härte unserer Winter nicht vertrage, und ein Irrthum, wenn man zum Beweis auf die Spitzen der Zweige hinzeigt, welche im Frühling an Bäumen und Sträuchern, nach harten und milden Wintern, in allen Lagen und an allen Standorten vertrocknet gefunden werden. Dieser vertrocknete Theil des Zweiges ist der späteste Sommertrieb, der bei der Kürze unserer Nachsommer nicht Zeit genug zur innern Ausbildung (Verholzung) hatte, krautartig blieb und nach Unterbrechung der Vegetation vertrocknete, nicht erfror. Den sichersten Beweis lieferten dem Verfasser Sträucher, die in Asche verpflanzt, im Gebäude gegen den Frost geschützt, und Sträucher im Freien, welche vor dem Eintreten des Winters so verwahrt worden waren, daß er überzeugt sein konnte, sie seien von den schwachen Frösten eines sehr gelinden Winters gar nicht berührt worden; sie hatten gleichwol dürre Zweigspitzen. Während wir also in Deutschland der Erhaltung des Baumes oder Strauches selbst sicher sind, entbehren wir vor den Gegenden, wo der Nachsommer wärmer ist und der Winter später eintritt, blos den Zuwachs von einigen Zollen, denn die nächste Knospe unter dem vertrockneten Theile macht einen ebenso kräftigen Frühjahrstrieb als die tieferstehenden. Daß wir ebenso alte Maulbeerbäume wie Obstbäume und noch ältere haben, hätte die Gegner des deutschen Seidenbaues schon längst von diesem Vorurtheil, daß der Maulbeerbaum in unserm Klima nicht ausdauere, heilen können, wenn die Heilung von einmal festsitzenden Vorurtheilen überhaupt eine so leichte Sache wäre. Bisher versuchte Surrogate, als Salatblätter, Blätter der Skorzonere, des tatarischen Ahorns und Anderes, was man unnützerweise auf die Probe gestellt hat, haben keinen günstigen Erfolg gehabt, sie haben zum Theil nicht einmal das Leben der Seidenraupe fristen können. Eine Ausnahme soll das Laub des amerikanischen Strauchs Maolura auranciaca machen, nach Bonafons' Versuchen sollen die Raupen es ebenso gern verzehren und sie sollen, damit gefüttert, ebenso viel und so schöne Seide geben. Er fand den jungen Ausschlag von einem Frühlingsfroste nicht beschädigt, der den des Maulbeerbaums vernichtet hatte. Mehrjährige Erfahrungen und fortgesetzte Versuche müssen über den Werth dieser Empfehlung entscheiden.'

Vom Maulbeerbaum gibt es eine Menge Arten, Unterarten und Varietäten; die bekanntesten Arten, nach der Farbe der Früchte unterschieden, sind der weiße, rothe und schwarze. Das Vaterland des schwarzen mit rauhen Blättern und röthlichschwarzen Früchten ist Persien; der rothe oder der virginische Maulbeerbaum mit rothen Früchten und gelappten Blättern, welche auf der untern Seite haarig sind, wächst in Nordamerika wild; der weiße in Syrien, Persien und China. Die Früchte des weißen werden denen des rothen und schwarzen nachgesetzt, sein Laub aber dem aller übrigen vorgezogen. Überdies ist er seit einigen Jahrhunderten behufs der Seidenraupenzucht in Europa angebaut worden, und hat sich mehr, wie man es nennt, akklimatisirt, gewährt folglich für seine Dauer mehr Sicherheit.

Der in neuerer Zeit von Perrottet von den philippinischen Inseln nach Frankreich eingebrachte strauchartige Maulbeerbaum, von den vielen aus dem Wurzelstock austreibenden Zweigen multicaulis genannt, hat sich in Deutschland sehr empfindlich gegen die Winterkälte gezeigt und zum Theil auch in Frankreich von seinem ersten Rufe schon viel verloren. Seine großen, runden, blasig aufgetriebenen Blätter erklärt man zwar für eine sehr gute Fütterung, er liefere aber, sagt man, auf gewöhnlichem Boden eine viel geringere Laubmasse; daß er früher ausschlage, gereiche ihm eher zum Nachtheil als zur Empfehlung, indem er durch eintretende Spätfröste eben darum desto weiter zurückgesetzt werde; viele und lange Lohden treibe er nur in gutem und gut zubereitetem Boden und in der Jugend; auf mittelmäßigem Boden aber, und wenn seine Krone ausgebildet sei, würden diese Schößlinge kaum zehn Zoll lang und die Blätter daran klein; das große zarte Laub werde durch starke Winde und Hagel mehr beschädigt und zur Fütterung unbrauchbar; feucht gesammelt, lasse es sich schwerer trocknen; feucht aufeinander liegend, erhitze es sich leichter. Übrigens sollen ihm die Fahrmäuse sehr nachstreben und ihn an Wurzeln und Stamm viel lieber benagen als den weißen Maulbeerbaum.

Der weiße Maulbeerbaum kann durch Stecklinge, leichter durch Ableger, am leichtesten durch Samen vermehrt werden. Seine Frucht gleicht der des Himbeer- und Brombeerstrauchs, auch als Samenbehälter. Nach erlangter Reife werden die Beeren zerquetscht und die feinen Samenkörner durch Auswaschung erhalten, die, welche auf den Boden des Gefäßes niedersinken, als keimfähig gesammelt, die schwimmenden als taub weggegossen. Die Aussaat in gartenmäßig zugerichtetem Boden, und so viel möglich im Schutz gegen Nord- und Ostwinde, geschieht Ende April oder Anfang Mai. Er wird in Reihen ausgesäet, um die Pflänzchen leichter rein halten und, falls nöthig, besser lichten zu können. In ihrer ersten Jugend müssen sie gegen die Winterkälte durch Laub und Deckreißig geschützt werden; im nächsten Frühling werden sie bis auf ein Auge zurückgeschnitten und vom zweiten Jahre an durch Verpflanzung gelichtet. Ein Loth Samen kann bis 10,000 junge Pflanzen geben. Der weiße Maulbeerbaum kann als Strauch und als Baum erzogen werden; er scheint sich mehr zur Strauchform zu neigen, und um ihn früher zu benutzen, ist es, vor der Hand wenigstens, vortheilhafter, auf Strauchpflanzungen zu denken. Der Baum darf vor dem 16. und 20. Jahre nicht entlaubt werden, wenn er vollkommen sich ausbilden soll; Sträucher sind schon vom dritten und vierten Jahre an nutzbar, sie schlagen früher aus, leiden weniger in harten Wintern und geben eine größere Laubmasse, obschon ihr Laub wässeriger als das alter Bäume ist.

Am besten gedeiht der Maulbeerbaum in leichtem Lehm- und lehmigem Sandboden, auf armem Sandboden noch immer besser als in schweren, thonigen Bodenarten, auf nassen, sumpfigen Stellen gar nicht. Er bildet lange, fleischige Wurzeln, geht damit gern in die Tiefe, für seinen bleibenden Standort verlangt er tiefe Pflanzlöcher. Es erschwert aber die Verpflanzung der Sämlinge, wenn sie auf tiefgegrabenem oder gar rajoltem Boden erzogen werden, indem die langen, dünnen Wurzeln kaum ohne Beschädigung herausgebracht werden können, und Beschädigungen an den Wurzeln, auch den schärfsten Schnitt, heilt der Maulbeerbaum sehr schwer aus. Und ist er in den Wurzeln krank, so wird auch die Rinde bald schadhaft und die Blätter klein und mager, vergelben und vertrocknen vor der Zeit. Das nahrhafteste und die meiste und schönste Seide erzeugende Laub gibt er auf sonnigen, luftigen Anhöhen und an Bergwänden verpflanzt, wie Gras, Kräuter und Früchte jeder Art an solchen Standorten erzeugt, bekanntlich immer am nahrhaftesten für den thierischen Körper sind.

Wie unsere Obstbäume durch sorgsame Pflege, auf verschiedenem Boden, unter verschiedenen klimatischen Einflüssen, so hat auch der Maulbeerbaum gewisse, bleibend gewordene Eigenthümlichkeiten erhalten, die man in mehrfacher Beziehung eine Veredlung nennen kann. Die Frucht des veredelten ist größer, schmackhafter, das Laub fleischiger, herzförmig, glatt und glänzend, der veredelte Maulbeerbaum liefert eine größere Laubmasse, nach seinem äußern Erscheinen von gleichartigerer Beschaffenheit als der aus dem Samen gezogene sogenannte Wildling. Die veredelten Arten pflanzt man durch Pfropfen und Oculiren fort. Ob nun aber diese Veredelung, besonders in Bezug auf die Früchte, auch eine Veredelung des Laubes in Bezug auf die Seidenraupenzucht sei, ob die Mühen und Kosten der Veredelung durch die gerühmten Vortheile aufgewogen werden, scheint zweifelhaft. Durch die Veredelung, sagt man, werde nicht nur eine größere Laubmasse, sondern auch ein gleichartigeres Futter erhalten, welches letztere allerdings nicht ohne Bedeutung für die Raupenzucht ist. Allein, wenn die sogenannten Wildlinge aus einerlei Samen auf einerlei Boden, bei einerlei Behandlung, in Form und Farbe, Rauheit und Glätte und in der Größe und Dicke der Blätter große Verschiedenheiten zeigen, so folgt daraus noch nicht, daß sie auch in der Nährfähigkeit so verschieden sein müssen, denn auch der einzelne Strauch, auf derselben Stelle, zeigt oft solche Verschiedenheiten in verschiedenen Jahrgängen; und wenn die veredelten Bäume eine größere Laubmasse geben, so folgt noch nicht, daß damit auch ein größeres Product von Seide gewonnen werde.

Das Laub zur Fütterung der Raupen sammelt man, so lange diese noch jung sind, wo sie sehr wenig bedürfen und das Laub selbst noch zart ist, durch Abpflücken, später durch Abstreifen, indem man den untengefaßten Zweig durch die Hand laufen läßt. Daß diese Beraubung des Laubes mitten in der Zeit des lebhaftesten Wachsthums dem Baume nachtheilig sein müsse, und um so nachtheiliger, je später im Jahre es geschieht und je kürzer der Nachsommer ist, daran zweifelt wol kein Pflanzenphysiolog, und die praktischen Seidenbauer bestätigen dies mit der Erfahrung, daß das Laub eines im nächsten Jahre wieder benutzten Baumes weniger nahrhaft sei, durch die gegebene Regel, daß man einen Baum vor dem 10. und 20. Jahre gar nicht und dann nur ein Jahr ums andere benutzen dürfe.

Der Pflanzenphysiolog hält die Blätter der Pflanzen für dasjenige Organ, welches bei ihnen die Stelle der thierischen Lungen vertrete, ihnen also zum Lebensacte selbst nothwendig sei. Es scheint demnach das Hinwegnehmen des Laubes bei derselben Menge stehenbleibender Zweige, die desselben zur Fortsetzung ihrer Lebensthätigkeit unmittelbar bedürfen, eine viel gewaltsamere Behandlung zu sein, als das Hinwegnehmen eines Theils der Zweige, wodurch die Lebensthätigkeit der zurückbleibenden nicht unterbrochen und das damit hergestellte Übergewicht der Wurzelthätigkeit entweder auf diese stehengebliebenen oder auf die Hervorbringung neuer Zweige geleitet wird. Angenommen, daß diese Theorie richtig sei, würde sich auch darum die Strauchvor der Baumpflanzung empfehlen; jene würde man einige Jahre hindurch blos lichten und von Zeit zu Zeit ganz abholzen und erneuern, wodurch eine viel größere Laubmasse gewonnen werden würde. Strauchpflanzungen sind überdies in viel kürzerer Zeit viel leichter und wohlfeiler herzustellen und man gewönne Laub von jeder, für jedes Lebensalter der Raupe angemessenen Qualität.

(Die Fortsetzung folgt in Nr. 238.)

Der fressende Affe.

Das Pfennig-Magazin
für Verbreitung gemeinnütziger Kenntnisse.

238.]   Erscheint jeden Sonnabend.   [October 21, **1837.**

Galerie der deutschen Bundesfürsten.
XXVIII.

Aloys, Fürst zu Liechtenstein.

Aloys Maria Joseph Johann Joachim Franz, Fürst und Regierer des Fürstenthums Liechtenstein, Herr von Nickolsburg, Herzog von Troppau und Jägerndorf, Graf zu Rietberg, wurde am 26. Mai 1796 geboren. Sein, wie in vielen andern Beziehungen, so namentlich als Cavalerieanführer, ausgezeichneter Vater, Johann Joseph, dem er in der Regierung folgte, starb am 20. April 1836. Seine Mutter, Josephine, Landgräfin von Fürstenberg, geboren am 20. Juni 1776, ist noch gegenwärtig am Leben. Ihre Ehe war eine zahlreiche Nachkommenschaft gesegnet, die nicht wenig zur Erhöhung des Glücks des fürstlichen Hauses beitrug, da die Sorgfalt, welche die Ältern der Erziehung ihrer Kinder widmeten, durchgehend mit dem herrlichsten Erfolge gekrönt war. Von den Geschwistern des Fürsten leben noch sechs Prinzen, nämlich Franz, geboren 1802; Karl, geboren 1803; Friedrich, geboren 1807; Eduard, geboren 1809; August, geboren 1810; Rudolf, geboren 1816, und vier Prinzessinnen, nämlich Sophie, verwitwete Gräfin Vincenz Esterhazy, geboren 1798; Josephine, geboren 1800; Henriette, geboren 1806, Gemahlin des Grafen Joseph Huniad von Kethely, und Ida, geboren 1811, vermählt mit dem Fürsten Karl von Paar. Der Fürst vermählte sich am 8. August 1831 mit Franziska de Paula, Gräfin von Kinsky, geboren am 8. August 1813, die ihm zwei Töchter gebar: Maria, am 20. September 1834, und Karoline, am 27. Februar 1836. Seines Vaters Schwester, Maria Josephine, geboren 1768, ist die verwitwete Fürstin Esterhazy.

V.   42

Reste der Urwelt im Thale von Mexico.

Bekanntlich hat das Hochthal von Mexico durch das Zurückziehen des Wassers in engere Grenzen bedeutende Veränderung erlitten. Zu welcher Zeit und unter welchen Umständen diese Gewässer das Land zuerst überströmten, darüber schweigt selbst die Sage. Daß aber einst eine Zeit war, wo diese Gewässer, wenn sie überhaupt vorhanden waren, einen viel tiefern Stand hatten, und daß zugleich der Continent von einem in rohen Künsten einer Halbcivilisation bedeutend fortgeschrittenen Volke bewohnt waren, scheint eine unbestreitbare Thatsache. Vor einiger Zeit waren etliche Arbeiter auf dem nicht weit von Mexico entfernten Landgute Chapingo beschäftigt, in einem Theile der Ebene, von dem seit den letzten Jahrhunderten sich das Wasser allmälig zurückgezogen hat, einen Kanal zu graben. Vier Fuß unter der Oberfläche stießen sie auf eine alte Straße, von deren Vorhandensein man nicht die geringste Vermuthung hatte: die Palissaden aus Cedernholz, welche auf beiden Seiten als Stützen eingeschlagen waren, waren noch unversehrt. Drei Fuß tiefer an einer Stelle, die man für den Graben dieser Straße halten konnte, fand man ein ganzes Mastodonskelett in blauem Thon. Viele Knochen gingen bei der sorglosen Ausgrabung verloren, es blieben aber immer noch genug übrig, um zu beweisen, daß das Thier sehr groß gewesen war. Der Durchmesser des Stoßzahnes soll 18 Zoll betragen haben. Die Überreste dieses großen Thieres finden sich auf dem Tafellande in Mexico und in dem Thale selbst in erstaunlicher Anzahl.

Über das Zerspringen der Dampfkessel.

In der Sitzung der Akademie der Wissenschaften zu Paris, am 4. September dieses Jahres, las Séguier einen Aufsatz über die Ursachen des Zerspringens der Dampfkessel vor, aus welchem wir die Hauptstellen mittheilen wollen. Außer einigen seltenen Ausnahmen, wozu die auffallende, aber als Thatsache erwiesene Erzeugung von Wasserstoffgas im Kessel gehöre, sei, behauptet er, die gewöhnlichste, ja fast einzige Ursache des Zerspringens der Dampfkessel die plötzliche Berührung einer Wassermasse mit den überhitzten Wänden des Kessels. Aus dieser Berührung entstehe eine augenblickliche und bedeutende Erzeugung von Dampf, welche die Zerspringung des Kessels herbeiführe, trotz seinen Sicherheitsventilen, welche dann nicht Zeit haben, sich zu heben oder zu schmelzen.

Zwei Umstände können das Wasser plötzlich mit den zur Rothglühhitze gebrachten Wänden des Kessels in Verbindung setzen, nämlich einmal, wenn der Niederschlag, welcher durch die in dem Wasser enthaltenen kalkartigen Salze gebildet wird, von dem Boden des Kessels sich ablöst und das Wasser in unmittelbare Berührung mit der nackten und überhitzten Bodenfläche kommt, und dann, wenn bei einer plötzlichen Veränderung des Wasserstandes im Kessel die erhitzten Theile desselben von dem Wasser berührt werden, das dadurch sogleich in Dämpfe übergeht. Dem ersten Umstande läßt sich leicht vorbeugen, wenn man jenen Niederschlag wegschafft, sobald er sich erzeugt. Weit mehr Sorgfalt erfodert es, sagt Séguier, die Erhöhung des Wasserstandes im Kessel zu vermeiden, und die meisten Unfälle seien, wie eine aufmerksame Beobachtung der Thatsachen ergebe, in Vernachlässigungen gegründet, die in dieser Beziehung stattgefunden haben. So sei die Zerspringung der Maschine auf dem französischen Dampfschiffe Coureur in dem Augenblicke erfolgt, wo das Fahrzeug sich gewendet habe, um eine andere Richtung zu nehmen, indem das Wasser im Kessel auf eine Seite gestiegen und dadurch die Zerspringung erfolgt sei; auch habe man in mehren Fällen einen solchen Unfall in dem Augenblicke erlebt, wo das Schiff still gelegen habe und alle Ventile geöffnet gewesen seien. Man könne daher nicht, wie man gewöhnlich annehme, dem Übermaße eines allmälig steigenden Drucks die Zerspringung der Maschine zuschreiben; die Vollkommenheit, die man heutiges Tages den Dampfkesseln gebe, sichere sie gegen alle Zufälle, außer wenn die plötzliche Erzeugung einer ansehnlichen Dampfmenge augenblicklich auf die Wände derselben wirke. Séguier empfiehlt vor allen Dingen große Aufmerksamkeit auf die Pumpe, besonders auf die Ziehstange und die Klappen zu wenden, mittels welcher der Dampfkessel mit Wasser versorgt wird. Er hat sich oft überzeugt, daß fremde, in dem Wasser enthaltene Substanzen die Bewegung der Zugstange hindern und die luftdichte Verschließung der Klappen stören. Er hält auf eine sorgfältige Verhütung aller Mängel der Pumpe fast mehr, als auf die Sicherheitsventile und empfiehlt besonders den erprobten Apparat des französischen Mechanikers Frimaud. Die schmelzbaren Ventile will er zwar nicht ganz verwerfen, fürchtet aber, daß sie durch ihr Schmelzen den Gang der Maschine leicht hindern können, und indem sie zu schnell eine große Menge Dampf entweichen lassen, eine Bewegung im Wasser herbeiführen und dasselbe gegen die überhitzten Wände werfen, wodurch in manchen Fällen das Zerspringen des Kessels bewirkt werden könne.

Telegraphen auf Eisenbahnen.

Die auch in Deutschland angeregte Idee, eine telegraphische Verbindung mittels des Galvanismus herzustellen, ist auf der von London bis Birmingham vollendeten großen Eisenbahn unter der Leitung des Professors Whetstone und des Baumeisters Stephenson ausgeführt worden. Vier Kupferdrähte, auf deren Enden mittels einer einfachen galvanischen Vorrichtung nach Belieben gewirkt werden kann, liegen längs der Bahn in einer Strecke von 25 engl. Meilen. Sie sind mit einer starken Bedeckung von Hanf umgeben und an jedem Ende ist ein Diagramm befestigt, worauf die 24 Buchstaben des Alphabets in verschiedenen Stellungen gegeben sind, mit welchen die Drähte durch Hülfe beweglicher Tasten in Verbindung stehen und die Worte der telegraphischen Mittheilung angeben.

Bilder aus Neusüdwales.
(Fortsetzung aus Nr. 237.)

VII.

Unter den Wilden werden in früher Kindheit jene körperlichen Übungen getrieben, die in ihrem spätern Alter zur Erhaltung des Lebens benutzt werden. Wir erstaunen, wenn wir sehen, daß ein Wilder einen Speer sicher zielend, und kräftig auf eine Entfernung von 200 Fuß wirft, einen glatten Baumstamm mit außerordentlicher Gewandtheit erklettert, das Bumerang schwingt und mit tödtlichem Erfolge sein Streitbeil schleudert. Noch mehr überrascht es uns, wenn wir die außerordentliche Schärfe seines Gesichts beobachten, seine Schlauheit und Gewandtheit auf der Jagd. Bedenken wir aber, daß er diese Vorzüge durch ununterbrochene Übungen während seines ganzen frühern Lebens erlangt hat, und daß Nothwendigkeit, nicht freier Wille ihn erfahren macht, so haben wir wenig Ursache, uns zu wundern, wenn wir die Kaltblütigkeit und anscheinende Leichtigkeit sehen, die er bei der Auffindung und Sicherung seiner Beute zeigt. Diese Bemerkungen drängten sich unserm Reisenden auf, als er eine große Menge Knaben sah, welche ihre leichten Wurfspieße von Rohr schärften und schwangen. Sobald sie mit dieser Arbeit fertig waren, gingen sie auf einen offenen Platz nicht weit vom Lager und warfen ihre Wurfspieße gegeneinander. Der Ernst und der Eifer, welche die jungen Wilden zeigten, von welchen die ältesten nicht über zehn Jahre alt waren, hatten ungemein viel Unterhaltendes. Jeder Knabe hielt einen Stock in der Hand, mit welchem er die Wurfspieße abwehrte, und da diese mit großer Sicherheit geworfen wurden, so erfoderte es viel Geschicklichkeit und Gewandtheit, dem Streiche auszuweichen; aber wenn zufällig einer nicht mit Erfolg abwehrte und getroffen wurde, so brachen alle in ein lautes Geschrei aus, wobei der unglückliche Kämpfer die Besonnenheit verlor, seine Waffe mit größerer Heftigkeit gegen den nächsten Gespielen schleuderte und selten kaltblütiger wurde, bis er einen getroffen hatte.

Unser Reisender hatte bei seinem häufigen Verkehr mit den Eingeborenen vielfältige Gelegenheit, ihre Lebensweise zu beobachten. Sie verschlingen alle eßbaren Insekten lebendig. Selbst die Biene, die bei kaltem Wetter Zuflucht in hohlen Bäumen sucht, stecken sie ganz in den Mund, um den daran hangenden Honig abzulecken. Fast alle einheimischen Thiere, selbst Reptilien werden gegessen, aber das Opossum, das sich mit der größten Leichtigkeit erlangen läßt, ist die Hauptnahrung der Eingeborenen, wiewol es wegen seines ranzigen Geschmackes dem Europäer zuwider ist. Die Neuholländer haben, wie es scheint, nur eine Art, ihre Nahrung zu kochen. Alle Thiere werden in das Feuer geworfen und stückweise gegessen, sobald sie warm werden oder nach ihrem Geschmack sind. Es ist erstaunlich, wie viel die Wilden essen können. Unser Reisender wurde eines Abends spät in seinem Zelte von vier Wilden besucht, deren jeder ein erlegtes Känguruh auf der Schulter trug. Die beiden größten Thiere schienen gegen 120 Pfund schwer zu sein, die andern 30 — 40 Pfund. Die Wilden lagerten sich um das muntere Feuer, das der Reisende vor seinem Zelte angezündet hatte, und schickten sich an, die Mahlzeit zu bereiten, deren sie nach der Jagd zu bedürfen schienen. Zuerst zogen sie die Sehnen aus dem Schwanze des Thieres, nachdem sie einen Einschnitt an dem Ende desselben gemacht hatten. Dann legten sie das Thier auf das Feuer, bis die Haare abgesengt waren, faßten es bei dem Schwanze und rieben mit dem Fußsohlen die versengten Theile der Haut ab. Darauf wurde der Theil des Thieres, der zuerst gegessen werden sollte, gewöhnlich der Schwanz, wieder über das Feuer gehalten und immer gewendet, um ihn vollkommen zu erwärmen. Mit wahrer Fleischergeschicklichkeit wurden darauf die Gelenke mittels des Streitbeils abgetrennt und einzeln verzehrt. Dann ward ein Einschnitt von der Brust durch den Bauch gemacht, und als man die Eingeweide herausgenommen und weggeworfen hatte, wurden einige heiße Steine aus dem Feuer genommen und mit dem Streitbeile in die Bauchhöhle geschoben. Das Blut zischte und ein einladender Dampf stieg auf. Herz und Leber wurden nun herausgerissen, begierig verschlungen und die blutigen Hände abgeleckt. So brieten und aßen die Wilden mehre Stunden, bis sie so satt waren, daß sie nicht mehr zu dem nahen Flusse zu gehen Lust hatten, um Wasser zu schöpfen. Unser Reisender ließ ihnen durch seine Leute einen Krug voll holen, den er mit Zucker versüßte. Sie tranken ihn aus, sangen mit schwacher Stimme einige Töne und fielen in tiefen Schlaf. Am nächsten Morgen wurden die Reste ihrer Jagdbeute verzehrt. Die vier Wilden blieben bis zum Mittag des folgenden Tags in dem Zelte unsers Reisenden, nach dessen Berechnung jeder während dieser Zeit nicht weniger als 30 Pfund Fleisch verzehrt hatte, eine ansehnliche Menge Brot ungerechnet.

Das Känguruhfleisch ist sehr gut und der Schwanz gibt eine vortreffliche Suppe. Man findet in Neusüdwales vier Känguruharten, die an Größe, Farbe und Lebensweise verschieden sind, und von welchen umstehende Abbildung einige Arten darstellt. Die größten findet man in offenen Waldgegenden. Einige von diesen leben nicht heerdenweise, sondern weiden gewöhnlich allein und man findet unter ihnen Thiere von 120 — 150 Pfund. Diese Waldkänguruh sind von grauer Farbe. Die Jagd derselben ist sehr angenehm und obgleich sie unschädlich sind und sich leicht zähmen lassen, so leisten sie doch Widerstand und die Hunde kommen selten unverletzt davon. Zieht man durch einen einsamen Wald, so stößt man nicht selten auf ein altes Känguruh, das dann dreist durch die Reihen der Jäger springt und wo möglich bergab läuft. Ein Hund setzt ihm nach und holt es ein, aber das Känguruh wendet sich um, faßt den Gegner mit den beiden Vorderbeinen, kämpft und verwundet den Hund oft mit dem spitzigen Horn an seinem Fuße. Das Känguruh springt davon und der Hund folgt ihm. Neuer Kampf, neue Flucht, bis endlich das gehetzte Thier von dem Hunde bei der Gurgel gefaßt und überwältigt wird. Ein anderes Känguruh, Wallaby genannt, findet man meist in Gegenden, die mit Strauchholz bewachsen sind. Es ist kleiner als das Waldkänguruh und von sehr dunkler Farbe. Dieses Thier entgeht den Hunden oft in dichtem Gestrüppe. Zwei andere Arten, das Warrang und das Wallaru, sind weit kleiner und dunkelbraun von Farbe. Man findet sie nur auf nackten Felsen, zwischen den Klippen tiefer Schluchten. Sie springen mit erstaunlicher Schnelligkeit von Klippe zu Klippe, und trotzen den Hunden; nur der Schütze kann sie mit der weittreffenden Büchse erlangen.

Der Känguruhhund, eine hochbeinige und kräftige Windhundart, wird auch zur Jagd des Emu gebraucht. Nur ein Reiter kann sich dem Emu, wie dem wilden Truthahn, auf Schußweite nähern. Erblickt der Vogel einen Jäger zu Fuß in weiter Ferne, so nimmt er augenblicklich die Flucht. Die berittenen Jäger ziehen mit mehren auserlesenen und folgsamen Hunden aus. Sie finden das Emu gewöhnlich auf weiten Ebenen oder Mooren, auf tiefliegendem offenen Waldlande, wo man sie in weiter Entfernung zusammen weiden sieht. Die Jäger nähern sich scheinbar gleichgültig, als ob sie die Thiere nicht sähen, und lassen die Hunde hinter den Pferden folgen, während sie ihnen zuweilen leise zurufen, um sie aufmerksam zu machen. Kommen die Reiter nahe, so heben die Vögel die Köpfe auf, sehen sich verwundert um und gehen mit langsamen Schritten weiter. Der Reiter muß dann oft eine andere Richtung nehmen und die Hunde seitab halten. Sind sie so nahe, daß die Hunde die Thiere sehen können, so machen die Reiter eine schnelle Wendung, geben den Hunden ein

Känguruh.

Zeichen und sprengen davon. Die Vögel nehmen die Flucht und die Jagd beginnt. Hitzig verfolgt, theilt sich die Emuheerde nach verschiedenen Richtungen, und einige Hunde werden nun gegen ein Emu gehetzt. Die Jäger folgen. Ist der Boden günstig, so geht es im Fluge vorwärts, aber das Emu ist noch immer voran und der Erfolg zweifelhaft. Nun kommt eine kleine Anhöhe und die Hunde gewinnen Vorsprung, und einer von ihnen ist dem geflügelten Renner nahe, der mit gehobenen Schwingen über die Ebene läuft. Der Hund hat seine Beute fast erreicht, das Emu kann nicht umkehren, ein anderer Hund verfolgt es auf der andern Seite, der günstige Augenblick wird benutzt, der erste Hund springt hinzu und faßt es an der Gurgel.

Der Seidenbau.
(Fortsetzung aus Nr. 237.)

II. Naturgemäße Erziehung der Seidenraupe.

Wer irgend ein Thier oder eine Pflanze erzieht, um von ihnen ein bestimmtes Erzeugniß in größter Menge und bester Güte zu erhalten, muß vor Allem ihre natürlichen Beschaffenheiten und Bedürfnisse erforschen und diesen gemäß die Behandlung und Pflege einrichten, denn von der ihren angeborenen und unwandelbaren Bedürfnissen angemessenen Pflege hängt ihre Gesundheit und vollkommene Körperausbildung und von diesen die Größe und Güte des von ihnen erwarteten Products ab. Wenn man also fragte, wie man die Seidenraupe in China, in Italien und Frankreich erziehe, hätte man zugleich untersuchen sollen, ob die dort gebräuchliche Erziehungsart auch der Natur der Insekten überhaupt und den Bedürfnissen der Seidenraupe nach Beschaffenheit ihres Aufenthaltsorts insbesondere angemessen sei. Die Kenntniß ihrer Lebensweise im Zustande der Freiheit ist die erste Bedingung, sie naturgemäß behandeln zu lernen; im Zimmer aber, und zwar im Krankenzimmer, lernte man die Seidenraupe kennen und richtete sich mit ihrer Behandlung und Pflege auf einen Schwächling und Patienten ein.

Insekten sind kaltblütige Thiere, sie erzeugen das Maß von Wärme, von der ihre größere oder geringere Lebensthätigkeit abhängt, nicht aus sich selbst, sondern sie müssen es aus dem Raume erhalten, in welchem sie leben. Wie das vegetative Leben einer Pflanze stille steht, wenn die Temperatur des Raumes einen niedrigsten Punkt Frostkälte erreicht hat, so auch die Lebensthätigkeit der Insekten, und wie unter übrigens gleichen Verhältnissen, besonders bei ausreichender Feuchtigkeit, eine Pflanze in heißen Erdstrichen und in heißen Sommern am schnellsten wächst und am vollkommensten gedeiht, so auch in der Regel die Insekten; bei warmer, heißer Witterung fressen sie am gierigsten, verdauen am schnellsten und erreichen ihre Körpergröße und normale Ausbildung am frühesten. Das Insekt ist nur eine um einige Stufen höher gestellte Pflanze; die Pflanze hat eine Periode des schlummernden Lebens im Samenkorn, diesem entspricht das Ei des Insekts; sie hat eine Periode, die vorzugsweise dem Wachsthume und der innern Ausbildung bestimmt ist, nach welcher sie blüht und Samen trägt, dies ist der Larven- oder Raupenzustand, in welchem das Insekt die alleinige Bestimmung hat, sich zu nähren und zu wachsen; die Puppe, in die sich die Larve verwandelt, ist gleichsam die Blütenknospe und das vollendete Insekt die entfaltete Blüte, welche den Samen zu einer neuen Generation in sich trägt. Und wie wir Land-, Sumpf- und Wasserpflanzen haben, die neben den allgemeinen Bedingungen ihres Gedeihens noch ihre besondern haben, so auch die Insekten, nach dem ihnen speciell angewiesenen Aufenthaltsort.

Die Seidenraupe lebt heimisch in den wärmern Erdstrichen, sie lebt nicht nahe an oder in der Erde, nicht an feuchten, schmuzigen Orten, wo Fäulniß und Verwesung herrscht (das Lebenselement vieler andern Insekten), sondern an Bäumen und Sträuchern, auf freien, sonnigen Höhen, in einer stets reinen Luft, wo auch ihre Futterpflanze am besten gedeiht. Daraus ergibt sich, was wir ihr in unsern Wohnungen gewähren müssen, wenn wir sie als Zucht= und Hausthier pflegen.

Das Erste ist Wärme, viel Wärme; sie ist Bedingung der Lebensthätigkeit überhaupt; von dem Wärmegrade des Raumes, in dem sie lebt, hängt die Intensität ihres Lebens, die Schnelligkeit ihres Wachsthums und, wenn die übrigen Bedingungen erfüllt sind, die Vollkommenheit ihrer körperlichen Ausbildung in jeder Beziehung ab, folglich auch die Menge und Schönheit der Seide.

Fragen wir nach dem gerechten Maße, so wissen wir, daß in ihrem Vaterlande Persien, China, Bengalen u. s. w. Temperaturgrade von 24—28°, ja bis 30° R. nichts Seltenes sind, und der Verfasser selbst hat zufällig die Erfahrung gemacht, daß Seidenraupen bei 24° R. Wärme, im hellsten Sonnenschein auf der Oberfläche der Blätter sitzend, sich auf eine Weise geberdeten, die zu sagen schien, daß sie bei solcher Wärme wohl sich befänden, wie er andererseits die Laßheit, Trägheit, den Mangel an Lebens= und Freßlust an kühlen, besonders feuchtkalten Tagen, und ihr langsames und schlechtes Gedeihen dabei öfter zu bemerken Gelegenheit gehabt hat. Eine Temperatur von wenigstens 22—24° R. dürfte die rechte in unsern Seidenraupenzimmern sein; sie verträgt höhere und viel niedrigere Temperaturgrade, selbst schnellen Wechsel, sie gedeiht aber nicht in kühlen oder kalten Räumen.

Wenn in Anweisungen zum Seidenbau für die Seidenbauzimmer die Wärme nicht unter 16 und nicht über 19° R. vorgeschrieben und eine höhere als 19° als gefährlich bezeichnet, wenn das häufige Mislingen der Seidenraupenzucht im südlichen Frankreich und in Italien erfahrungsmäßig der eingetretenen heißen Witterung zugeschrieben wird, so hat dies Alles seinen Grund, aber nicht darin, daß die Seidenraupe höhere Temperaturgrade nicht vertrüge, sondern in den nothwendigen Folgen, in andern Beziehungen, mangelhaften Einrichtungen, deren nachtheilige Wirkungen auf die Gesundheit der Raupen durch höhere Wärmegrade verstärkt und bis zur Tödtlichkeit erhöht werden.

Der Seidenraupe diese zu ihrem Gedeihen nöthige Wärme zu geben, sind wir von der Jahreszeit und Jahreswitterung ziemlich unabhängig, indem wir die Zimmer durch Heizung erwärmen können, obschon warme, trockene, sonnenhelle Tage während der Dauer einer Zucht diese sehr beschleunigen und zu einem erfolgreichen Ende führen.

Wie Wärme die Bedingung der Lebensthätigkeit überhaupt ist, so ist nächst einem angemessenen Nahrungsmittel eine reine, athembare Luft die Hauptbedingung der Gesundheit und des Gedeihens der Seidenraupe. Das Athmen ist insofern ein Theil selbst der Ernährung, als die Nährsäfte (das Blut) durch einen der Bestandtheile der geathmeten Luft, Sauerstoff genannt, ihre gesunde, nährende Beschaffenheit erst erhalten müssen. Die Insekten athmen nach Verhältniß ihrer Größe mehr Luft als andere Thierarten, dies ergibt sich schon aus der Vervielfältigung ihrer Athmungswerkzeuge. Die Raupe z. B. hat 18 Athemlöcher, die an beiden Seiten längs ihres ganzen Körpers vertheilt sind. Sie stehen nicht nur unter sich selbst durch einen Hauptkanal in unmittelbarer Verbindung, sondern es verzweigt sich auch der Schlauch jedes Athemlochs in eine Menge Nebenschläuche, die sich in den drei Hauptorganen ihrer Lebensthätigkeit vertheilen: 1) in dem der Verdauung; 2) in dem der Saft= oder Blutbewegung (das sogenannte Rückengefäß, der Stellvertreter eines Herzens); 3) im Hauptorgan, in welches die zu ihrer Bewegung erforderlichen Muskeln verwebt sind.

Athembar gesund ist die geathmete Luft, wenn sie in 100 Theilen 20—21 Sauerstoff, 78 Stickstoff und von einer dritten Luftart Kohlensäure (fixe Luft) und von thierischen Ausdünstungen so wenig wie möglich enthält.

Der Sauerstoff ist das eigentliche Verzehrbare. In einem eingeschlossenen Raume, wo 10,000 und 100,000 Raupen leben, vermindert sich der Sauerstoff, eben weil Raupen viel athmen, sehr schnell, und schon dadurch wird der Rest der Zimmerluft zur Erhaltung der Gesundheit und des Lebens untauglich; thierische Ausdünstungen sind gleichsam abständig und dem Körper unbrauchbar gewordene Ausscheidungen, sie machen krank, wenn sie zurückbleiben, können folglich nicht gesund sein, wenn sie mit der Athmung von Neuem in den Körper zurückgeführt werden, und Kohlensäure endlich ist eine stickende und direct tödtliche Luftart, und das Schlimmste hierbei, daß sie ein reichliches Erzeugniß der thierischen Lebensthätigkeit selbst ist und sowol ausgeathmet wie ausgedünstet wird.

Raupen verderben die eingeschlossene Luft sehr bald bis zur Tödtlichkeit. Bei einem Versuche, da man 12 Stück Seidenraupen mit etwas frischem Futter in eine Flasche einschloß, die über 50 Cubikzoll Luft faßte, war nach 24 Stunden eine bereits gestorben, die noch lebenden waren zusammengeschrumpft, schmuziggelb von Farbe und fast ohne Bewegung. Man gab ihnen frisches Futter, drei starben, ohne es zu berühren, acht fraßen nur ein wenig, drei von diesen spannen ein wenig Seide, ehe sie starben, drei starben, ohne zu spinnen, zwei verwandelten sich in eine Puppe, ohne gesponnen zu haben. Dieser Erfolg bei einer eingeschlossenen, durch die Raupen selbst bis zur Tödtlichkeit verderbten Luft, welcher hier in 24 Stunden herbeigeführt wurde, hat gewöhnlich in höhern und niedern Graden in einigen Wochen statt, wenn die Seidenbauzimmer nicht fleißig genug gelüftet werden, aus einem lächerlichen Vorurtheile, daß der Seidenraupe die frische, freie Luft schade. Thörichter ist keines der vielen, die sich eingeschlichen und bei der gedankenlosen Nachahmung des Einen in dem Verfahren des Andern Jahrhunderte hindurch bis auf unsere Tage erhalten haben. Der Verfasser zog fünf Wochen lang Seidenraupen an Sträuchern im Freien, wo sie gegen Luft und kalte Nächte durch gar nichts geschützt waren.

Zur Beschleunigung dieser Luftverderbung in den Seidenbauzimmern trägt die gewöhnliche Fütterungsart nicht wenig bei. So lange die Raupen noch jung sind, schneidet oder wiegt man ihnen mit einem Wiegemesser die vorzulegenden Blätter klar, und um so klarer, je jünger und schwächer sie noch sind. Es ist diese Fütterungsart als ein nothwendiges Übel in den ersten Lebenstagen der Raupe zu betrachten, welches man möglichst früh abzustellen und die Fütterung naturgemäßer einzurichten suchen sollte; gegentheils glaubt man aber, daß man damit der Seidenraupe die Nahrung maulrechter mache, denen doch Niemand die Blätter klar schneidet, wenn sie im Freien auf Bäumen und Sträuchern sich nährt. Zwei Nachtheile liegen auf der Hand: 1) Daß das zerschnittene oder zerhackte Futter um so eher vertrocknet, je klarer es geschnitten ist, wodurch es den

Raupen ungenießbar wird, während es das Zimmer mit schädlicher Feuchtigkeit erfüllt, und 2) daß, so sparsam es ihnen auch zugetheilt werde, das ungenießbar gewordene von Tag zu Tag sich ansammelt und mit den Excrementen der Raupen zur Düngerstätte wird, deren moderige Ausdünstungen die Zimmerluft noch mehr verpesten, als es ohnedies schon durch die Ausdünstungen der Raupen geschieht.

Je höher nun die Lebensthätigkeit der Raupen durch erhöhte Temperatur des Zimmers gesteigert wird, je mehr sie Nahrung zu sich nehmen und verdauen, desto mehr wird Sauerstoff verzehrt, desto mehr häufen sich in der ihres Sauerstoffs beraubten Luft die Ausdünstungen der Raupen und der modernden Düngerstätte an, desto schneller muß die eingeschlossene Zimmerluft unathembar und ungesund, gleichsam vergiftet werden. Es ist daher der Ruf, daß die Seidenraupenzucht, wie sie gegenwärtig noch betrieben wird, ein ekelhaftes und der Gesundheit nachtheiliges Geschäft sei, nichts weniger als ungegründet, und die Vorschrift nöthig, daß man die Zimmerluft nicht über 19° R. steigen lasse, begreiflich, weil bei größerer Wärme und mit dem Größerwerden der Raupen und ihrer Excremente und mit dem täglich schnellern Anwachsen der Düngerstätte die nachtheiligen Folgen einer verpesteten, eingeschlossenen Luft um so stärker und tödtlicher hervortreten müssen. Man kennt sieben Krankheiten, an deren einer oder der andern oft ganze Zuchten in einigen Tagen dahinsterben, von denen auch nicht eine einzige in ihrem freien Zustande bekannt ist; Beweis genug, daß sie alle sieben Folgen einer naturwidrigen Behandlung sind.

Der größte Fortschritt, den der Seidenbau in der neuesten Zeit gemacht hat, ist der, daß im nördlichen Frankreich nun auch große Grundbesitzer ihn zu einem Industriezweig für sich gemacht haben, große Gebäude hierfür errichten, und daß ein Herr d'Arcott den glücklichen Gedanken gehabt hat, die großen Säle, in welchen die Raupen erzogen werden, wie oben schon bemerkt, mittels der Luftheizung nicht nur zu erwärmen, sondern auch durch einen ununterbrochen erhaltenen Luftstrom zu reinigen. Unter dem Fußboden angebrachte Kanäle lassen die in der Heizkammer erwärmte Luft nach dem Saal in seiner ganzen Länge einströmen, an der Decke angebrachte entsprechende Kanäle nehmen die verdorbene Luft auf und leiten sie in den Schornstein, wo sie einen schnellen Abzug hat, den man, im Fall es nöthig wird, noch überdies durch eine Art Fegemaschine beschleunigen kann. Diese fabrikartigen Seidenbauanstalten in den Händen und unter der Leitung unterrichteter Männer werden die Zucht der Seidenraupen von alten, eingerosteten Vorurtheilen reinigen, sie werden zu Musteranstalten sich erheben und die gewonnenen Verbesserungen werden in die Hütten der kleinen, unwissenden Seidenbauer übergehen, die, wenn sie überzeugt werden, daß eine reine, unverdorbene Luft im Seidenbauzimmer nächst der Fütterung die Hauptsache der ganzen Seidenraupenzucht sei, schon sehr viel gewonnen haben werden.

Sonst räucherte man mit stark- und wohlriechenden Substanzen, wenn der Gestank der eingeschlossenen Luft für die Wärter nicht länger auszuhalten war, man räucherte, d. h. man fügte der Schädlichkeit der eingeschlossenen Zimmerluft einen neuen schädlich wirkenden Stoff hinzu. Seitdem man das Chlor als das wirksamste Mittel, faulige Ausdünstungen zu verbessern, kennen gelernt hat, hat man dieses zur Reinigung der Zimmer empfohlen. Indeß kann es nicht einmal als eine halbe Maßregel betrachtet werden, da es den schädlichsten Inhalt, die Kohlensäure, nicht zerstört und den verbrauchten Sauerstoff nicht ersetzt. Überdies ist es, wenigstens in der Hand der Unwissenden, ein gefährliches Mittel, wenn mehr entwickelt wird, als zur Zerstörung fauliger Ausdünstungen nöthig war, da es für sich selbst unathembar, ja der Athmung gefährlich ist. Das Sicherste ist, Thüren und Fenster zu öffnen; gesunden Raupen ist selbst ein starker Luftzug ungefährlich.

Die Luft des Seidenbauzimmers soll nicht blos nach ihrem chemischen Gehalt rein, sondern auch trocken und um so weniger mit feuchten Dünsten erfüllt sein, wenn den Raupen eine frische, saftige Nahrung gegeben wird, die ihnen Bedürfniß ist.

Das, was die Seidenraupe sättigt, ist zugleich durstlöschend für sie, nur der Saft des Maulbeerbaumblattes ist das Nährende, die feste Substanz bleibt bei der Verdauung unverändert, wie man sich durch Auswässern ihrer Excremente überzeugen kann. Daher lieben sie vor Allem das benetzte Laub, und im Zustande der Freiheit wird es ihnen täglich durch den Thau und unterweilige Regen genetzt, und wenn sie mit dem Laube an abgeschnittenen Zweigen gefüttert werden, fressen sie lieber die noch weichen, saftigen Zweigspitzen, als das verwelkte Laub daran. Es ist dies ganz in der Ordnung, auch bei ihnen ist der aus den Speisen bereitete Nährsaft (das Blut) eine Flüssigkeit; begreiflich, daß zu dessen Zubereitung eine Flüssigkeit erfodert wird, wenn Thiere der höhern Ordnung nach der Sättigung mit trockenen oder blos saftigen Speisen nachtrinken, findet bei den Seidenraupen das Umgekehrte statt, sie sättigen sich, indem sie trinken. Bei jenen wird die überflüssige Feuchtigkeit durch die Ausathmung, Hautausdünstung und auf den Urinwegen zugleich entfernt, bei den Raupen nur allein durch die Hautausdünstung, denn auch die Excremente fallen ziemlich trocken von ihnen. Um so nöthiger ist ihnen demnach eine warme, trockene Luft, welche die Ausdünstung befördert, und wenn sie ein frisches, saftiges oder durch Regen benetztes Futter zu ihrer Sättigung erhalten, kann die Zimmerluft nie zu trocken sein. Es ist daher die Regulirung des Feuchtigkeitsgrades nach einem Hygrometer, vorausgesetzt, daß man überhaupt eine trockene Luft zu erhalten trachte, eine überflüssige Sorge, und es sind Veranstaltungen, eine vermeintlich zu trockene Luft durch verdünstendes Wasser mit Feuchtigkeit zu schwängern, ebenso unnöthig, wie die, durch Eis die Luft des Seidenbauzimmers zu erkühlen, vorausgesetzt, daß sie rein und athembar sei. Nur Mangel an Kenntniß der natürlichen Bedürfnisse der Seidenraupe, nur Voraussetzungen und Schlüsse, nicht durch Beobachtung derselben im Zustande der Freiheit, sondern im Seidenbauzimmer, unter der herkömmlichen Behandlung, man kann sagen, im Krankenzimmer gebildet, konnten zu solchen Künsteleien führen, welche die Seidenraupe in den falschen Ruf eines überaus zärtlichen Thieres gebracht, ihre Erziehung erschwert haben, ohne den Zweck ihrer Zucht zu fördern.

Nächst einer warmen, reinen und trockenen Luft bedarf die Seidenraupe zu ihrem Gedeihen des Sonnenlichts. Das Sonnenlicht ist ein mächtiges Reizmittel der Lebensthätigkeit aller organischen Geschöpfe; ohne das einem jeden von der Natur zugetheilte Maß bildet sich weder Pflanze noch Thier vollkommen aus, sie verbutten, nach dem gangbaren Ausdrucke.

Die Seidenraupe ist, nach unserm naturgeschichtlichen Systemen, die Larve eines Abendschmetterlings, also (hat man geschlossen) verträgt weder sie noch der Schmetterling das volle Sonnenlicht. Demgemäß fängt man mit der stärksten Verdunkelung des Zimmers an, wenn die Räupchen das Ei verlassen, und man erhellt es von Tag zu Tag nur vorsichtig etwas mehr; das Eindringen der Sonnenstrahlen selbst in das Seidenbauzimmer fürchtet man wie einen Besuch des Wolfs im Schafstalle und verhütet es durch Papiervorsetzer und Fensterladen.

Dies ist in Bezug auf die Raupe eine überflüssige Vorkehrung. Wir kennen Nachtvögel, die im hellsten und wärmsten Sonnenscheine am lebhaftesten umherschwärmen, und deren Raupen auf Bäumen im Sonnenlichte leben, und wir kennen Raupen von sogenannten Tagvögeln, welche im Schatten der Bäume und Sträucher an kleinen Kräutern sich nähren und nach jeder Sättigung in die Dunkelheit sich zurückziehen, folglich kann man die Bedürfnisse der Seidenraupe nicht nach ihrer Stellung im System, sondern nach ihrer Lebensweise im Zustande der Freiheit ermessen sollen.

Die Seidenraupe lebt auf Bäumen und Sträuchern, und vom Ei an auf den äußersten Spitzen der Zweige, wo sie sich von den sich entwickelnden Knospen und den jüngsten, zartesten Blättern ernährt; sie entkriecht dem Ei nicht gegen den Abend hin, weil ihr die Dunkelheit der Nacht zuträglicher wäre, sondern am frühen Morgen, wenn die Sonne am Himmel steht, und sie kriecht alsbald auf die Oberfläche eines Blatts, wo sie sich den ganzen Tag umhertreibt und im Strahl der heißen Mittagssonne am wohlsten sich zu befinden scheint. Wie die Raupe dem Ei, so entkommt auch der Schmetterling der Puppe nicht am Abend, sondern am Morgen. Die Natur hat also beide nicht für die Nacht, sondern für den Tag bestimmt. Es ist also wol der Schluß, daß die Seidenraupe das Sonnenlicht nicht nur vertrage, sondern dessen zu ihrem Gedeihen auch bedürfe, richtiger als der, daß es ihr schade, weil sie die Raupe eines Abendvogels sei. Anderes erheischen freilich die zu ihrer Fütterung klargeschnittenen Blätter, besonders wenn sie noch jung und zart sind; dünn ausgestreut, von den Sonnenstrahlen berührt, würden sie fast augenblicklich vertrocknen und ungenießbar werden. Was zur möglich langen Erhaltung der Genießbarkeit ihres Futters nöthig war, hat man fälschlich auf die Seidenraupe selbst bezogen. Das hellste, sonnenreichste Zimmer des Hauses ist das beste zur Seidenraupenzucht.

Wie man glaubt, daß ihnen das Sonnenlicht nachtheilig sei, so glaubt man auch, daß jedes starke Geräusch ihnen schade; man geht auf den Zehen, spricht leise, man schließt die Thüren mit Vorsicht, mit andern Worten, man benimmt sich im Seidenbauzimmer wie in der Nähe eines nervenschwachen Kranken, dessen Schlummer man zu stören fürchtet. Lächerliche Vorsicht aus einer falschen Deutung einer mit dem Kopfe hin- und herschlagenden, wehrhaften Bewegung bei jeder schnellen Veränderung in ihrer Nähe, die sie einen nahen Feind fürchten läßt, und die man, lächerlich genug, für die Äußerung eines ihrer Gesundheit schädlichen Schrecks gehalten hat. Noch echt chinesisch! Diese unsere Meister in der Seidenraupenzucht glauben, daß selbst das Hahnengeschrei und das Hundegebell in der Nähe der Wohnungen der Seidenraupe nachtheilig sei! Diese Bewegung sah der Verfasser in der größten Heftigkeit, als bei offenen Fenstern ein Ichneumon unter seine Raupen gerathen war, und begriff sie nicht eher, als bis er diesen unter den Blättern entdeckte; er hat sie nicht bemerkt, wenn seine Kinder den gewohnten Lärm auf dem Zimmer trieben, oder wenn Thüren heftig zugeschlagen wurden, und er sah sie, wenn er sie in der Nacht plötzlich mit einem Lichte beleuchtete oder am Tage einen Vorhang aufzog, oder wenn sie von dem durch eine schnelle Bewegung erzeugten Luftstrom berührt wurden; sie mag also nicht die Äußerung eines Schrecks sein.

Auch das elektrische Licht, Blitze, sollen den Seidenraupen schaden, man soll die Fensterladen schließen, wenn ein Gewitter naht. Im Gegentheil räth der Verfasser recht ernstlich, alle Fenster zu öffnen. Es sind nicht die Blitze, welche schaden, es ist die Gewitterschwüle und es sind die bei einer stillstehenden Luft im verschlossenen Zimmer sich vermehrenden Ausdünstungen, welche die ohnedies schon schwachen und kranken Raupen leidender und ein ohnedies schwaches Lebenslicht nicht selten vollends verlöschen machen. Bei starken Gewittern am Tage zeigen gesunde, lebenskräftige Raupen gar keine Erscheinung, die als ein Merkmal einer körperlichen Theilnahme an diesem Vorgange gedeutet werden könnte, und in finsterer Nacht schlagen sie bei starken Blitzen mit dem Kopfe hin und her, wie wenn sie schnell mit einem Lichte beleuchtet werden, indeß ohne den mindesten bemerkbaren Nachtheil für ihre Gesundheit oder gar für ihr Leben. Menschen, Thiere und Pflanzen werden durch ein Gewitter nach heißen Tagen erfrischt und erquickt; es wäre in der That wunderbar, wenn die Seidenraupe allein eine Ausnahme machte.

(Der Beschluß folgt in Nr. 239.)

Die Procession der Gargouille.

Das Originalgemälde, von welchem die hier beigefügte Abbildung copirt ist, befand sich, als eine der vorzüglichsten Zierden, auf der letzten Ausstellung des Louvre und ist eine Arbeit von Clément Boulanger. Der Gegenstand desselben beruht auf einer alten, sagenhaften Überlieferung, kraft welcher die Geistlichkeit von Rouen alljährlich an einem bestimmten Heiligentage das Recht hat, einen oder mehre auf den Tod verklagte Gefangene in Freiheit zu setzen. Jener Heilige nämlich soll, nach dem Bericht der Sage, einst durch die Hand eines zum Tode verurtheilten Missethäters das Wunder gewirkt haben, daß dieser, mit einer geweihten Stola bekleidete und hierauf auszog, um eine ungeheure Schlange in der Umgegend zu bekämpfen, dieselbe siegreich überwand. Allein die Macht des heiligen Gewandes war so groß, daß es zu diesem Siege nicht einmal eines Blutvergießens bedurfte, sondern das entsetzliche Ungeheuer lebendig von dem Sieger gefangen, in Procession auf den Marktplatz von Rouen geführt und daselbst zum allgemeinen Jubel des Volks öffentlich verbrannt wurde. Um nun diese heldenhafte und geweihte That in dem Gedächtniß zu verewigen, wurden in der Stadt Rouen an jedem Namenstage des Heiligen einige Übelthäter in Freiheit gesetzt. Diese Freilassung fand jedoch nicht statt ohne einen feierlichen Umzug. Die Verbrecher mußten den Reliquienschrein ihres Schutzheiligen auf einer kostbar behangenen Bahre durch die Straßen tragen; anstatt der Ketten, die vorher ihre Glieder belastet, führten sie nun Blumenguirlanden, und die Jungfrauen der Stadt schritten ihnen voraus und führten den Zug, welchem letztern auch der ganze Klerus einverleibt war. Als Zeitmoment seiner Darstellung hat nun der Maler eines der ersten Regierungsjahre Ludwig XIII. gewählt.

Drei Edelleute und Brüder, Namens Gérard, haben einen Zweikampf für die Ehre ihrer Schwester bestanden. Dafür hat sie der Cardinal Richelieu zum Tode verurtheilt. Allein die Geistlichkeit von Rouen beruft sich auf ihr altes Recht, gegen welches der allmächtige Minister selbst nichts vermag. Die Gefangenen werden in Freiheit gesetzt und der feierliche Umzug nimmt seinen Anfang. In der Darstellung desselben nun hat der Künstler ein nicht gemeines Talent entfaltet. Man sieht in charaktervoller Gruppirung und in der reichsten Farbengebung die neugierige Menge der Zuschauer, die mannichfaltigen Abtheilungen der Geistlichkeit in reichgeschmückten Meßgewändern und Chormänteln, die wehenden Banner der Kirche u. s. w.

Die Procession der Gargouille.

Verantwortlicher Herausgeber: Friedrich Brockhaus. — Druck und Verlag von F. A. Brockhaus in Leipzig.

Das Pfennig-Magazin
für Verbreitung gemeinnütziger Kenntnisse.

239.] Erscheint jeden Sonnabend. [October 28, **1837**.

Galerie der deutschen Bundesfürsten.
XXIX.

Heinrich XX., Fürst Reuß zu Greiz.

Heinrich XX., regierender Fürst Reuß zu Greiz, geboren am 29. Juni 1794, ist der Sohn des am 29. Januar 1817 verstorbenen Fürsten Heinrich XIII. und dessen im hohen Alter, am 11. October 1837, verstorbenen Witwe, Wilhelmine Luise, Prinzessin von Nassau-Weilburg. Als sein Bruder, Heinrich XIX., der dem Vater in der Regierung gefolgt war, am 31. October 1836 ohne männliche Nachkommenschaft starb, ging auf ihn, den noch einzigen männlichen Sprößling der ältern Linie, die Regierung des derselben zugehörenden Gebiets über. Der Fürst ist seit dem 25. November 1834 mit der Prinzessin Josephine Marie Sophie von Löwenstein-Wertheim-Rosenberg, geboren am 18. Sept. 1809, vermählt, seine Ehe aber bis jetzt kinderlos. Die Ehe seines Bruders mit der Prinzessin Gasparine, geboren 1800, einer Tochter des östreichischen Feldmarschalllieutenants, Fürsten Karl von Rohan-Rochefort und Montauban, wurde mit zwei Töchtern gesegnet, der Prinzessin Luise, geboren am 3. December 1822, und der Prinzessin Elisabeth, geboren am 23. März 1824.

Eine Musterung amerikanischer Milizen.

Am 30. September 1836 — erzählt ein in den Vereinigten Staaten angesiedelter Schweizer — entschloß ich mich endlich, einer Musterung beizuwohnen, weil ich keine Ausrede mehr wußte und nicht gern Buße bezahlte, auch war ich nicht besonders beschäftigt. Ich zog mich daher am Musterungstage leidlich sauber an, was außer einigen Schweizern Alle thun, machte meine Jagdflinte zurecht, sattelte mein Pferd und war bereit, nach dem zwei Stunden entfernten Musterungsplatze zu reiten, als ein zweispänniger leichter Wagen bei meinem Hofthore anfuhr, worin ich sogleich Militairpersonen erkannte. Ich ging hin, um zu sehen, was mir die Ehre eines solchen Besuches verschaffte, und fand, daß mein Nachbar in einen Brigademajor in voller Uniform verwandelt war, vorn aufsaß und kutschirte! Im Wagen saßen in bequemster Stellung der Adjutant des Brigadegenerals mit prächtigen weißen Federn auf dem dreieckigen Hute, und neben ihm der Tambour in Civilkleidung mit einer Trommel in Heerpaukenform auf dem Schooße. Sie kamen blos, um mich abzuholen, und ich ritt auch sogleich mit ihnen in Gesellschaft eines meiner Freunde, der, um kein Gewehr mitzuschleppen, ein kleines Trompetchen mitgenommen hatte. Wir trafen eine große Menge Milizen unterwegs, zu Pferde und zu Wagen nach dem Exercierplatze eilend. Mein Freund H. fing schon auf dem Hinwege an, seine Musiktalente hören zu lassen, und blies die lange Zeit zum Erstaunen Aller sein Stückchen. Die Stadt, wo die Musterung jährlich gehalten wird, besteht aus einem Wirthshause, zwei Kaufläden, zwei Wohnhäusern und einer Branntweinschenke. Dort angekommen, kauften wir die ganze Stadt mit Cigarren aus, deren Vorrath sich wol auf 20 Stück belaufen mochte. Zu essen und zu trinken war nichts Erträgliches zu finden. Es waren da einige Fäßchen trüben Ciders, und der Wein war so, daß europäische Chemiker ihn gewiß für einen neuen unbekannten Stoff erklärt hätten. Deswegen warteten wir ruhig, in der ziemlich warmen Sonne stehend, die Ereignisse des Tages ab. Es fanden sich nun nach und nach viele Leute ein, zum Theil sonderbar gekleidet. Besonders fielen mir auf die Riflemen (unsere Scharfschützen) mit blauem Burgunderhemd, weiß berändert und mit weißem Gürtel, auf dem Hute einen weißen Federbusch. Das waren beinahe die Einzigen, die Waffen bei sich hatten, von den Andern war kaum ein Fünftel bewaffnet. Die Oberoffiziere, General bis Major, waren gut uniformirt. Alle vom Stab haben einfarbige blaue Uniformen mit dicken goldenen Epauletten und Degen oder Säbel; um den Leib tragen sie eine rothe Schärpe und auf einem gewöhnlichen feinen runden Hute einen unten weißen, oben rothen Federbusch, der auf der rechten Seite angebracht ist. Die Hauptleute und Lieutenants sollen blaue Uniformen mit rothen Aufschlägen und Schärpe und Federbusch wie die Obern haben, aber im ganzen Regimente waren blos Zwei so gekleidet, sonst war natürlich Jeder gekleidet, wie er wollte. Nach langem Warten riefen endlich die Feldwebel jeder Compagnie dieselben an einen besondern Ort und lasen dann die Namen ab. Mit künstlichem Manoeuvre wurden wir in zwei Glieder gestellt und die Compagnien nahe zueinander geführt. Wir Deutschen und Schweizer rauchten unaufhörlich Cigarren, ebenso einige Amerikaner. Nachdem Alles beieinander war, etwa 400 Mann, ließ auf einmal ein greuliches Getöse und Gebrumme sich hören, das durch vier Trommler mit ungeheuern Kasten und durch H., der sein Leiblied blies, verursacht wurde. Wir wurden auf eine Wiese geführt, worauf eine Pause eintrat, während welcher der Oberst und Major sichtlich verlegen waren, was sie eigentlich mit uns anfangen wollten. Um die Zeit nicht ganz leer zu verbringen, ließen sie zuweilen die Höllenmusik wieder anfangen und führten uns kreuz und quer über die Wiese. In den Zwischenpausen legten wir uns ganz bequem auf den Boden und rauchten behaglich fort, bis uns ein Commando zu neuen Evolutionen aufforderte. Endlich wurden uns Offiziere zugetheilt. Wir bekamen einen, der an einem gelbseidenen Schnupftuche über die Schulter einen großen breiten Säbel hängen hatte. Ein anderes solches Tuch hatte er als Schärpe umgethan. Nachdem wir ihm geholfen, den Pallasch aus der Scheide zu ziehen, der völlig eingerostet war, stellte er sich vor uns hin wie alle Andern. Nach solchen Vorbereitungen kam endlich der General (sonst ein Advocat) mit drei Adjutanten zu Pferde und ritt an unserer Fronte vorbei; alle Vier zogen die Hüte ab und bedeckten sich erst, als sie am Ende der Fronte waren. Darauf wurden Pelotonsmanoeuvres angefangen, die sich schnurrig genug machten. Einmal gingen meine Nachbarn linksum und ich natürlich mit, und so marschirten wir eine lange Weile immer links, wobei mir auffiel, daß unsere Höllenmusik sich immer mehr und mehr entfernte. Nach langem Linksumlaufen hörte ich Pferdegetrampel, und siehe, da kam ein Major im gestreckten Galopp angesprengt, hielt uns an und fragte, wohin? Was mögen wir für Gesichter geschnitten haben, wie wir nun fanden, daß unser etwa hundert Mann sich links gekehrt hatten, anstatt rechts, und daß wir mit dem gleichen Eifer links marschirt waren, wie die Hauptarmee rechts! Der Major gab uns gute Worte und wir ließen uns bereden, sachte wieder zu den Andern zu gehen. Bei diesem Manoeuvre hatten wir aber unsern gelbschnupftuchigen Offizier verloren, und wie durch ein Wunder einen bekommen, der statt des Säbels eine lange Reitpeitsche hatte, und Denen, die zu weit vorstanden, tüchtig damit um die Beine hieb, was als ein ganz gutmüthiger Spaß angesehen wurde. Nun kam die Inspection. Da der kleinste Theil von uns bewaffnet war, so war sie nur kurz. Mir sagte der Adjutant, ein dicker Mann, er wolle es mir verzeihen, daß ich keine Patrontasche und kein Pulverrohr habe, weil ich ein Doppelrohr habe. Der General entfernte sich ebenso höflich, wie er gekommen war, nach etwa einer Stunde. Bei seiner Ankunft war etwas, das wie ein Fahnenmarsch klingen sollte, getrommelt worden, und H., den sie durchaus nicht gehen ließen, hatte aus Leibeskräften seine zwei unreinen Töne in die reinen Lüfte emporgeblasen, sodaß der General sich in die Lippen beißen mußte, um nicht vor der Fronte laut aufzulachen. Ehe der General sich entfernte, hielt er uns noch, mit unbedecktem Haupte, eine ziemlich lange Rede, worin er unsere militairischen Talente, mit denen wir vorher ziemlich unbekannt waren, bis nahe zu den Sternen erhob und uns zur Bildung einer Reitercompagnie aufmunterte, was auch noch denselben Abend geschah. Aber noch jetzt existirt diese Reitercompagnie blos auf dem Papiere. Beide Majors des Regiments, die gern Obersten geworden wären, musterten uns noch eine Zeit lang und endlich ritt der eine mit unbedecktem Haupte sehr bescheiden vor die Fronte und empfahl sich für die gewünschte Stelle sehr eindringlich. Der andere sagte nichts und wurde später gewählt. Zum letzten Male brummten die Trommelkasten und ertönte H.'s Trompete; da wurden wir um die Stadt im Flankenmarsche herumgeführt, der es zu statten kam, daß sie keine Mauern hatte, sonst hätte es ihr ergehen können, wie weiland Jericho, und dann wurden wir entlassen. Es bildeten sich nun vielerlei Gruppen. Einer benutzte die Anwesenheit Vieler, um sein Pferd zu versteigern, Andere tranken und unterhielten sich, Andere schossen nach dem Ziele u. s. w. Auf einem Wagen saß ein alter Neger, der für seine Kurzweil einen Contretanz auf einer Geige kratzte, und sogleich war ein Contretanz gebildet; acht Mann, worunter ein Offizier mit Federbusch und Säbel, tanzten wie besessen auf einem Raume von kaum acht Quadratfuß, während sie dicht von Gaffenden gedrängt waren, und damit endigte sich die glorreiche Revue.

Die Stadt Kanton in China.

Wir haben dem Leser schon in mehren vorausgegangenen Nummern des Pfennig-Magazins interessante Notizen über China, das seltsame „himmlische Reich", über dessen Gesetzgebung, Strafrechtspflege, Geschichte und Topographie mitgetheilt; auch gaben wir unlängst erst eine ausführliche Beschreibung der ungeheuern Haupt- und Residenzstadt Pe-king. Wir können uns mithin hier, wo zur Erläuterung unserer ein Ufersene aus der Stadt Kanton vorstellenden Abbildung eine gedrängte Schilderung dieser zweiten Stadt des großen chinesischen Reichs gegeben werden soll, um so füglicher einer allgemeinern Einleitung enthalten. Die Stadt Kanton, obwol, wie bemerkt, dem Range nach nächst Nanking die zweite Stadt in China, ist dennoch die erste Handelsstadt und überhaupt der interessanteste Ort dieses Reichs und neben Kalkutta der größte Stapelplatz des ganzen Orients. Ihr eigentlicher Landesname ist Kuang-tscheu-fu, sie liegt am linken Ufer des Tschu-kiang, eines Stromes von größerer Breite als die Themse. Nach einem fernern Laufe von 32 Meilen öffnet sich dieser Strom in eine breite Bai, die in das große Meer ausmündet, das die südlichen Provinzen von China bespült. Die eigentliche Mündung des Flusses wird zunächst durch zwei vorragende Landpunkte gebildet, die nicht viel über einen Flintenschuß voneinander abliegen. Die Europäer haben dieser Einfahrt wegen ihrer merklichen Enge den Namen der „Bocca Tigris", d. h. Tigers Schlund, gegeben. Außer ihr gibt es aber noch eine andere Einfahrt in die Stadt, welche durch einen minder beträchtlichen Nebenfluß gebildet, allein überhaupt nur wenig und von europäischen Fahrzeugen niemals befahren wird. Ein dritter Landpunkt (denn die Bai bildet hier eine Menge kleiner Inseln) wird von den Chinesen Anung-hoy, d. h. Frauenschuh, genannt. Alle diese Einfahrten sind stark befestigt.

Von Whampoa an, welches 20 Meilen unterhalb der Ausmündung des Kantonflusses liegt und wo alle ausländischen Schiffe anhalten und vor Anker gehen, wird der Tschu-kiang von Meile zu Meile lebhafter und interessanter. Die Ufer sind mit Dörfern und Pagoden besetzt; immer bunter und belebter wird der Verkehr auf dem Strom, und die Geschäftigkeit, der Lärm der Schiffahrt wächst Schritt für Schritt, bis sich endlich der Reisende mitten in einem Strudel von Kriegsjonken und Kaufmannsbarken befindet, die, mit bunt gemalten Flaggen geziert, lustig mit dem Winde dahinsegeln. Unzählige Boote wimmeln durcheinander, laden aus und nehmen Ladung ein, daß man beim Blick in die Ferne kaum die Oberfläche des Wassers bemerkt. Das tausendfache Treiben dieses unabsehbaren Verkehrs, der hier ganz eigentlich eine Brücke zwischen dem asiatisch-chinesischen und dem europäischen Welttheil bildet, das Durcheinandersummen von Stimmen der Menschen, die tausend verschiedenen Nationalitäten angehören, macht eine ganz einzige und unbeschreibliche Wirkung. Hier sind Boote die einzigen schwimmenden Wohnungen von vielen tausend Familien, die ihr ganzes Leben auf dem Wasser zubringen und ihren Lebensunterhalt theils dadurch gewinnen, daß sie den hin und her gehenden Fahrzeugen den freien Durchgang öffnen, theils durch Fischfang oder durch Auf- und Abfrachten. Nicht wenige gibt es auch solcher Wasserbewohner, die blos von Beute leben, und die man Strompiraten im eigentlichen Sinne des Worts nennen könnte.

Ein englischer Reisender, welcher mehrmals Gelegenheit hatte, in den Hafen von Kanton einzulaufen, versichert, daß es nichts Überraschenderes und, mindestens für den Freund eines lebendigen Handelsverkehrs, nichts Anziehenderes geben könne, als wenn man zur Nachtzeit aus der Bai von Kanton in die „Bocca Tigris" einlaufe. „Wenn dann", so schildert jener Reisende diese bewegte Scene, „die Schatten des Abends ringsum zu dunkeln beginnen, tauchen aus diesem Nebel des Luft- und Wasserreichs unzählige Lichter auf, die entweder in unabsehbare Linien sich formen, so weit das Auge reicht, oder tausendfach hin und her schweben und schwimmen, gleich Irrlichtern. Dieser wechselvolle, zwischen Glanz und Finsterniß schwankende Anblick hat etwas Träumerisches und ist geeignet, Gedanken und Bilder in der Menschenseele hervorzurufen, die sich sonst in den Augenblicken des Wachens selten darbieten. Je mehr man sich der Stadt nähert, desto dichter wird die Schar der Boote, und in geringer Entfernung von dem Landungsplatze wird ihre Menge so groß, daß die Lenker des Fahrzeugs jeden kleinsten Zwischenraum benutzen müssen, um dasselbe nur hindurchzuzwängen; öfters auch müssen die Boote geraume Zeit still halten, weil an eine Öffnung der Fahrbahn gar nicht zu denken ist. Die außerordentliche Pünktlichkeit und Peinlichkeit, womit in China überhaupt die geringsten Rangunterschiede beobachtet werden, trägt überdies noch viel zur Mannichfaltigkeit und Belebung der Scene bei. So erkennt man die Barke eines Mandarins oder irgend eines andern höhern Staatsbeamten sogleich, nicht allein an den ihnen eigenthümlichen Insignien, sondern sogar, wenn es dunkel ist, an der Beleuchtung. An einem solchen Staatsfahrzeuge fehlen die bunten Lampen nie, und diese bringen in ihrer Mannichfaltigkeit einen ganz eignen und anmuthigen Widerschein hervor. Dazu haben auch die einfachen, fast monotonen, aber nicht unlieblichen Melodien der Fährleute, bei einer an und für sich so lebhaften Scene, einen besondern Reiz."

Was die Stadt Kanton selbst betrifft, so liegt sie zum größten Theil auf dem nördlichen Ufer des Flusses. Die eigentliche sogenannte Stadt ist mit einer Mauer umgeben, und diese darf kein Fremder überschreiten. Unmittelbar jenseit dieser Mauer liegen die Vorstädte, die sich nach allen Richtungen hin, mit Ausnahme gegen Norden, außerordentlich weit erstrecken. Hier zu verweilen ist den Fremden gestattet, wiewol man nicht behaupten kann, daß sie sich in den unbedingten Besitz dieser Erlaubniß setzen dürfen. Die eigentliche Stadt Kanton nun, welche von der genannten Mauer in der Form eines unregelmäßigen Vierecks umschlossen ist, wird durch eine andere Mauer in zwei Hälften getheilt. Der nördliche, größere Theil heißt die „alte Stadt", der südliche, kleinere die „Neustadt". Die letztere ist, wie schon der Name sagt, von viel späterm Ursprunge. In der alten Stadt residirt der Tsang-keun oder der tatarische General von dem Mandschustamme, der mit einer von ihm befehligten Garnison von Mandschutruppen die Stadt Kanton militärisch zu bewachen und zu vertheidigen hat. Der eigentliche Gouverneur der Stadt oder vielmehr der Provinz Kanton oder der Fu-yuen, wohnt ebenfalls in der alten Stadt. In der Neustadt dagegen hat der Tsung-tuk seine Residenz, oder, wie ihn die Europäer nennen, der Vicekönig, der der Oberrichter der ganzen Provinz ist und mehre angesehene Beamte zu seinen Untergebenen hat. Einer dieser letztern ist der Hae-kwan, der lediglich in Handelsangelegenheiten entscheidet.

Jenseit der Stadtmauer ziehen sich die Vorstädte

in östlicher, westlicher und südlicher Richtung weit hin. Im Allgemeinen sind diese Vorstädte kaum weniger bevölkert als die Stadt selbst. Etwas Bedeutungsvolles für alle chinesische Städte sind die Thore. Kanton hat deren 16. Da jedoch 4 von diesen, die mittlere Scheidungsmauer durchbrechend, von einem Theil der innern Stadt zum andern führen, so zählt man im Ganzen nur 12 Außenthore. An jedem dieser Thore, von denen keines über 15 Fuß breit und über 12 Fuß hoch ist, hält ein Trupp Soldaten Tag und Nacht Wache. Beim hereinbrechenden Abend werden diese Thore geschlossen und bei Tagesanbruch erst wieder geöffnet. Ohne Ausnahme darf Niemand während der Nachtwache aus= und einpassiren; allein die chinesischen Wachtsol-

Die Stadt Kanton in China.

daten sind leicht bestechlich, und öffnen für ein mäßiges Trinkgeld sehr bald, obschon sie sich durch diese Übertretung einer strengen Strafe aussetzen.

Dessenungeachtet mögen sich nur wenige Fremde rühmen, auf kurze Zeit das Innere der Stadt gesehen und besucht zu haben. Doch erzählt ein amerikanischer Reisender, es sei ihm einst mit seinen Gefährten geglückt, durchs Hauptthor von Kanton einzudringen und auf einen Augenblick die innere Straße in Augenschein zu nehmen. Allein die Thorwache habe ihre Anwesenheit bald gemerkt und sie etwas unsanft hinausgewiesen. Übrigens hätten sie auf dieser Excursion nichts Besonderes bemerkt, außer einigen Mandarinen, die auf ihren Staatswagen einhergefahren seien, und einigen einherstolzirenden, kleinaugigen kantoner Schönheiten.

Unsere Abbildung stellt eine Uferscene der äußern Stadt vor, worauf besonders die vielen bedeckten Barken der Chinesen, die als wahre Wasserlazzaroni ihren ewigfeuchten Unterhalt auf mannichfache Weise suchen und gewinnen, sich bemerklich machen.

Der Seidenbau.
(Beschluß aus Nr. 238.)

III. Die Zubereitung des Seidenraupengespinnstes.

Wenn die Seidenraupe ihre Größe erreicht hat und zur Verpuppung sich anschickt, werden von dünnem Birkenreißig oder Heidelbeergesträuch, in Bündel gebunden, eine Art Laubengänge (Spinnhütten) errichtet, an denen sie emporsteigt, um zwischen einigen Zweigen, die zu Haltpunkten dienen, das Bette für den Puppenschlaf sich zuzubereiten. Sie macht zuerst ein weitläufiges Gewebe, in welchem die Fäden von einer gröbern, minder schönen Seide (Flock- oder Floretseide genannt) scheinbar ohne Ordnung hin- und hergezogen sind, in dessen Mitte sie hierauf den Cocon von einförmiger Gestalt anlegt, dem jenes weitläufigere Gewebe gleichsam zur Hängematte dient. Dieser Cocon besteht aus einem einzigen unabgerissenen Faden von 5—700 Ellen Länge und von einer feinern, festern und glänzendern Seide, und ist so regelmäßig in Windungen und Bögen an- und übereinander gelegt, daß er wie ein Knäuel abgewunden werden kann. Zugleich sind aber auch diese Windungen durch eine Art thierischen Leim, gewöhnlich Gummi genannt, so dicht und fest aneinander geklebt, daß sie ein derbes, festes und elastisches Pergament bilden. Durch jenes locker gewebte Vorhaus und diese so dicht gewebte Hülse ist die gänzlich wehrlose Puppe, in welcher der Schmetterling binnen 15—20 Tagen sich ausbildet, gegen gemeine Gefahren hinlänglich geschützt.

Indeß so vollkommen regelmäßige Cocons spinnen nur gesunde, vollkommen ausgebildete Raupen, welche eine strotzende Fülle von Seidenmaterie in sich haben, und sie sind in fünf bis sechs Tagen damit fertig; von Schwächlingen finden sich zwei, auch wol mehr zusammen, um mit dem geringen Vorrath von Seidenstoff ein gemeinschaftliches Gewebe (Doppelcocon) zu spinnen; kränkliche und kranke, nachdem sie lange wie unschlüssig hin- und hergezogen, vermögen kaum ihrem Gespinnste eine regelmäßige Gestalt zu geben; viele überziehen die Stelle, wo der Tod oder die Verpuppung sie überrascht, blos mit einigen Fäden von einer groben, schlechten Seide, ohne Leim und ohne Verbindung untereinander. Die Zurichtung dieser Gespinnste für den Seidenweber wird überhaupt Seidenspinnerei genannt. Sie zerfällt 1) in das Abhaspeln der Cocons, und 2) in das Mouliniren, Aufpuhlen oder Zwirnen der gehaspelten Seide, je nachdem sie zu dieser oder jener Art seidener Zeuche verwebt und zur Kette (zum Aufbäumen) oder zum Einschlag dienen soll. Es geschieht dies durch künstliche, kostspielige Maschinen (Seidenmühlen), ist Sache eines fabrikmäßigen Betriebs und nicht die des Seidenbauers.

Abhaspelung der Cocons. Dem Abhaspeln, Abwickeln des Coconfadens gehen zwei nothwendige Vorrichtungen voraus, das Tödten der Puppen in denjenigen Cocons, die abgehaspelt werden sollen, und das Sortiren der Gespinnste nach ihrer Güte.

1) Tödtung der Puppen. Gespinnste, aus denen der Schmetterling bereits entkommen ist, hat man noch nicht durch Abhaspelung benutzen gelernt, vielleicht weil man es, in einer irrigen Ansicht befangen, noch nicht ernstlich versucht hat. Der Schmetterling, sagt man, zerbeiße den Cocon; dieser Ausdruck ist unrichtig, denn so völlig zahnlos und weichmäulig sind wol wenig Thiere als der Seidenraupenschmetterling. Die Natur, Alles berechnend, hat ihm einen Saft gegeben, der den die Fäden verbindenden Leim erweicht, und es ist die Wölbung des Cocons an der Seite, wo der Schmetterling erscheint, in lauter rückläufigen Bögen gewebt, und diese sind so gegeneinander gelegt, daß sie zur Seite gedrängt werden können und dem Schmetterling die nöthige Öffnung zum Auskriechen geben. Es ist also der Faden nicht zerrissen oder zerbissen, es sind blos die Windungen in Unordnung gebracht, das Abwinden also grade wol nicht unmöglich.

Um nun das Auskriechen der Schmetterlinge zu verhüten, werden vorerst diejenigen Gespinnste zurückgelegt, deren Schmetterlinge zur Fortzucht dienen sollen, und die übrigen werden getödtet, entweder durch die trockene Hitze eines Ofens, oder durch die heißen Dämpfe des in einem Kessel siedenden Wassers. Jede dieser Verfahrungsarten hat ihr Nachtheiliges: durch die trockene Hitze wird der Leim (die Seidengallert) erhärtet, die Cocons müssen darum um so länger bei dem Abhaspeln in heißem Wasser von höherer Temperatur verweilen, welches dem Glanze, der Schönheit der Seide, schadet, und übersteigt die Hitze des Ofens das rechte Maß, 70—75° R., so verdirbt die Seide schon im Ofen, sie wird hart und spröde und verliert ihre Festigkeit. Die durch heiße Dämpfe getödteten Cocons müssen ihrerseits mit großer Vorsicht und Sorgsamkeit getrocknet werden, wenn nicht Schimmel und Moder zwischen sie kommen soll. Da der die Fadenwindungen verbindende Leim nach jeder Erweichung und Wiedertrocknung sich schwerer von Neuem erweichen läßt, so wäre es allerdings das Beste, wenn unmittelbar nach der Vollendung des Cocons die Tödtung in heißem Wasser und die Abhaspelung des Fadens in Eins zusammenfallen könnte. Die Tödtung durch starkriechende Sachen, Kampher, Terpenthin- oder Kienöl, oder, wie vorgeschlagen und versucht worden, durch die stickende Kohlensäure, ist unsicher.

2) Das Sortiren der Cocons. Der Faden eines von einer gesunden Raupe gesponnenen Cocons wickelt sich ohne Hinderniß und in geschickten Händen unzerrissen ab, bis auf ein dünnes Häutchen, welches die Puppe zunächst umgibt und für sich besteht, nicht so am Cocon von schwächlichen, kranken Raupen. Es erleichtert also die Abhaspelung der guten Cocons und die bessere Seide wird durch die schlechtere in ihrem Geldwerthe nicht verringert, es erwirbt und erhält

den Credit einer Seidenbauanstalt, die bessern von den schlechtern Gespinnsten abzusondern und jede Qualität für sich zu haspeln. Man macht in der Regel drei Sorten; die Cocons der besten sind von der mittlern Größe, von regelmäßiger Gestalt, unter dem Drucke zwischen den Fingern derb und fest, an der Oberfläche matt und genarbt, sie sind um so besser, je feiner sie genarbt sind. Die der mittlern Sorte sind oft größer, aber die Wände dünner, die Narben gröber oder flächer; die schlechtesten sind gewöhnlich von unregelmäßiger Gestalt, an der Oberfläche nicht genarbt, sie haben wenig Leim, sind glatt und atlasglänzend.

Die Seide der besten Sorte wird gewöhnlich zur Kette der schönsten Seidengewebe auf den Seidenmühlen zugerichtet und Organsin genannt; die der mittlern Sorte dient zum Einschlag und heißt im Handel Trama; die der schlechtesten wird zu Seidenwaaren von geringerm Werthe verwendet.

Das Haspeln selbst scheint dem Zuschauer, der nicht weiß, worauf es ankommt, eine leichte Kunst zu sein; sie ist aber weder leicht, noch ist die größere oder geringere Kunstfertigkeit der Hasplerin dem Seidenbauer gleichgültig, indem ein Pfund Seide durch die Haspelung um einige Thaler mehr und weniger werth werden kann. Die Seide ist gut gehaspelt: 1) wenn der Faden in seiner ganzen Länge so viel möglich gleich dick oder stark ist; 2) wenn die zu einem Haspelfaden verbundenen Coconfäden, fünf, zehn und mehr, unzertrennlich sich verbunden haben, daß der Haspelfaden am abgerissenen Ende sich nicht spaltet und die einzelnen Coconfäden nicht wahrnehmen läßt; 3) wenn er gerundet, geglättet, ohne Knötchen und Fäschen und von lebhaftem Glanze ist; 4) wenn die Haspelfäden im Strähn nicht zusammenkleben und im Umfang der Weife nicht allzuoft sich kreuzen.

Der einzelne Coconfaden würde seiner Feinheit und Zartheit wegen nicht verwebt werden können, es müssen daher mehre zusammengenommen werden, und um so mehr schon um der Haspelung willen, wenn die Seide von geringerer Qualität ist; es werden nicht leicht unter fünf, aber bis 12, 13 und mehr Coconfäden zu einem Haspelfaden vereinigt. Soll der Coconfaden von den Windungen sich loslösen, so muß der Leim, der sie verbindet, in heißem Wasser erst erweicht, gelöst werden und mit aus diesem Leime, der in der Luft wieder erhärtet, verbinden sich die mehren Coconfäden zu einem Haspelfaden, der von guter und gut gehaspelter Seide als ein ursprünglich einziger Faden erscheint. Hieraus ergibt sich zugleich, warum die derben, elastischen Cocons die bessere Seide versprechen; sie haben des Leims oder der Seidengallerte mehr.

Die Rundung, Glättung und der Glanz werden erreicht durch die vervielfältigte Reinigung, der man die vereinigten Coconfäden aussetzt, theils in den Ösen oder Häkchen von Stahl oder Glas, durch welche man sie bis zur Weife leitet, theils und vorzüglich dadurch, daß man zwei Strähne zugleich haspelt und die Fäden beider Strähne übereinander kreuzt und mehrmals so umeinander schlingt, daß sie wie Schraubengänge aneinander zur Weife hinleiten und in dieser vielfältigen Berührung einander vielfältig und allseitig bereiben. Je nach der Stärke des Haspelfadens und nach der Güte und Festigkeit der Seide werden beide Fäden 18—23 Mal umeinander geschlungen. Diese Verschlingung ist demnach von großer Wichtigkeit, zugleich werden Knötchen und Fäschen an- oder abgerieben, viel Wasser, welches der Faden aus dem Haspelbecken mit aufreißt, wird verspritzt und verstäubt, auch soll der Haspelfaden bei mehren Windungen weniger leicht wie bei wenigern reißen. In dieser Verschlingung liegt zugleich ein Grund, warum bei schnellem Umschwung der Weife die Haspelung besser von statten geht, als bei langsamerm Umgange, weil bei jenem die Fäden nicht Zeit haben, mittels ihres Leims aneinander kleben und heften zu bleiben.

Um die Zahl dieser Umschlingungen nicht von der Willkür der Hasplerin abhängig zu machen, die gewöhnlich nur nach Gedanken die Enden beider Fäden zwischen dem Daum und Zeigefinger zusammendreht, um sie schnell, wenn z. B. ein Faden zerreißt, aufzuheben und wiederherzustellen, hat man in Frankreich eine sehr einfache und zweckmäßige Vorrichtung an der Seidenhaspel angebracht, welche indeß ohne Zeichnung sich nicht deutlich beschreiben läßt.

Haspelmaschinen gibt es von verschiedener Bauart; in Frankreich ist die piemontesische, mit mancherlei Verbesserungen von französischen Mechanikern, in der Lombardei die von einem Deutschen, Mylius, erfundene am häufigsten im Gebrauch. Wie sie auch in einzelnen Theilen gebaut seien, Haupterfodernisse sind ein ruhiger, fester Gang, ohne Schwankungen bei schnellem Umschwung der Weife; eine hinlängliche Entfernung der Weife vom Wasserbecken, aus dem die Cocons gehaspelt werden, damit der Faden länger in der Luft verweile und der Leim daran so viel als möglich erhärte, und endlich eine Vorrichtung, welche verhütet, daß die nächste Windung nicht die nächstvorhergehende berühre, sich nicht daran oder darauf lege und mit ihr zusammenklebe. Sie wird von den Franzosen va et vient von ihrem Vorwärts- und Rückwärtsgehen genannt, leitet den in einer Öse oder einem Häkchen laufenden Faden in der Nähe des Weifbalkens, in einer Breite von vier bis fünf Zoll, jetzt links oder rechts vorwärts und wieder zurück, sodaß immer eine Windung von der andern etwas entfernt gelegt wird. Je später der Faden auf die Stelle zurückkommt, von wo er ausging, für desto vollkommener wird diese Vorrichtung, Lenker oder Führer des Fadens, gehalten. Die alte piemontesische Haspel machte 875, die neue verbesserte 2601 Umgänge, ehe der Faden auf die erste Stelle zurückkehrt.

Der Umschwung der Weife wird entweder von der Hasplerin selbst, wie am Spinnrade, oder von einer zweiten Person mittels eines Drehlings und Schwungrades bewirkt.

Wie bemerkt, muß der Leim, das sogenannte Gummi des Cocons, ehe er abgehaspelt werden kann, in heißem Wasser erst erweicht oder gelöst werden. Hiermit und mit Aufsuchung der Anfänge der Fäden ist eine andere Person besonders beschäftigt. In einem Kessel über Feuer, worin das Wasser auf einer möglich gleichförmigen Temperatur von 70—75° R. erhalten werden muß, trägt sie die Cocons händeweise nach und nach ein und treibt sie mit einer Ruthe oder einem Besen von Birkenreißig gebunden im heißen Wasser hin und her, bis sie bemerkt, daß eine Anzahl mit der losgelösten Seide daran hangen bleibt. Diese zuerst sich ablösende ist noch grobe Flockseide, welche abgezupft und da abgerissen wird, wo der Faden feiner erscheint. Die von dem letzten Rest der Flockseide so gereinigten Cocons werden in den Kessel zurückgeworfen und von Zeit zu Zeit mit der etwas abgestutzten Ruthe gestupft, bis nun auch die Anfänge des eigentlichen Coconfadens daran hängen bleiben. Mit einem Seihelöffel werden nun die den hängengebliebenen Fäden zugehörigen Cocons ausgeschöpft, die für den Anfang nöthige Anzahl Fäden mit den Enden zusammengedreht und so vorbereitet von der Hasplerin in das Becken eingetragen, welches warmes Wasser nur von 23—25° enthält. Fortan hat sie nur dafür zu sorgen, daß es der Hasplerin nicht an vorräthigen Cocons fehle, deren Fadenanfänge auf dem Rande des Haspelbeckens so ausgelegt werden, daß sie von der Hasplerin leicht aufgenommen werden können. Diese ist nun, nachdem beide Haspelfäden durch sämmtliche Bösen durchgesteckt, die Kreuzung und Umschlingung besorgt, an dem Balken der Weise befestigt und diese in Umschwung gesetzt worden ist, in ununterbrochener Aufmerksamkeit beschäftigt, wenn einer der ablaufenden Coconfäden zerreißt oder vorläufig, wenn einer bald zu Ende gehen will, wo er dünner wird, einen neuen anzulegen, wobei sie das Ende möglich kurz fassen muß, damit nicht lange Zotten vom Strähn herabhängen, oder da, wo die Fäden sich reiben, Verfitzungen und Zerreißungen vorfallen.

Hat der Strähn die erforderliche Dicke erreicht, so werden vorerst die freihangenden Enden davon abgezupft, dann mit etwas roher Seide in der Hand stark abgerieben, mit aufgegossenem frischen Wasser bespült, die Weise nochmals in möglich schnellen Umschwung versetzt, um das Wasser zu verspritzen, zuletzt durch sanftes Drücken mit einem reinen Tuche oberflächlich getrocknet und mit der Weise an einen luftigen, schattigen Ort zur Austrocknung hingestellt, wobei die Seide sehr stark sich zusammenzieht.

Zu einem Pfund gehaspelter Seide sind von 2300—2500 Stück Cocons erforderlich, indem durchschnittlich 230—250 Stück auf ein Pfund Cocons und zehn Pfund von diesen auf ein Pfund gehaspelter Seide gerechnet werden.

Benutzung der von den Zuchtschmetterlingen durchbrochenen und der schlechten Cocons, der Flockseide und der Haspelabgänge.

Zur Fortzucht werden natürlich die besten Cocons ausgewählt, es würde daher von großem Werthe sein, wenn ein Verfahren gefunden würde, sie wie die übrigen mittels der Abhaspelung zu benutzen. In Seidenbauanstalten, wo ihrer viele sind, werden sie zum Verspinnen besonders zugerichtet, geringe Vorräthe werden zur Flockseide, zu den schlechtgesponnenen oder sonst beschädigten Cocons und zu den Abgängen bei der Haspelung genommen und das Ganze gemeinschaftlich so zubereitet, daß es wie Flachs am Spinnrade oder am Rocken mit der Spindel, oder wie Schaf- und Baumwolle auf der Maschine versponnen werden kann.

Diese Zurichtung besteht in der Hauptsache darin, daß durch wiederholtes Einweichen in lauem und frischem Wasser und durch Austreten mit den Füßen oder Auspressen unter der Presse der Leim oder der Seidengallert so gänzlich entfernt wird, um das Ganze durch Krempeln oder Kardätschen zu sogenannten Flötchen vorarbeiten zu können. Das daraus gewonnene Garn wird zu allerhand noch immer sehr werthvollen Zeuchen verwebt, zu Bändern, Strümpfen, Schnüren, Teppichen u. s. w. Auch die Abfälle bei dem Kardätschen werden noch benutzt, sie werden von Neuem kardätscht und entweder Seidenwatte daraus gemacht oder mit dem Flaum der Kaschmirziege vermengt und zu Shawls oder andern Stoffen verwebt, die unter dem Namen Thibet bekannt sind. Selbst das innerste Häutchen, welches die Puppe zunächst umgibt und für sich besteht, ist noch nutzbar; sind deren hinlänglich, so können sie durch Kardätschen zum Verspinnen zubereitet werden, oder die werden aufgeschnitten, nach der Entfernung der Puppe gepreßt, gefärbt und künstliche Blumen daraus gemacht. Seide ist ein zu schönes und werthvolles rohes Material, als daß der menschliche Kunstsinn etwas davon sollte umkommen lassen.

Wellington's Pferd.

Das Pferd, das der Herzog von Wellington in der Schlacht bei Waterloo 17 Stunden, ohne abzusteigen, geritten hatte, starb 1836, über 27 Jahre alt. Nach seiner Rückkehr ließ Wellington auf seinem Landgute einen Grasplatz einhägen, wo das Pferd seitdem in vollkommenster Behaglichkeit lebte. Es hatte einen bequemen Stall, eine üppige Weide und erhielt täglich zweimal Hafer, der in den letzten Jahren geschroten wurde. Die verstorbene Herzogin reichte ihm täglich ein Stück Brot, und dieser Beweis von Wohlwollen gewöhnte das Thier, sich jeder weiblichen Gestalt mit freundlichem Zutrauen zu nähern, was besonders nach dem Tode der Herzogin der Fall war. Das Pferd war schön gebaut, von Mittelgröße und kastanienbrauner Farbe. In seinen letzten Jahren war es auf einem Auge erblindet und mager und schwach geworden. In seinen guten Tagen hatten begeisterte junge Frauen manches Haar aus seinen Mähnen und seinem Schweife erhalten, um es in Schmucknadeln und Ringe einzufassen, und als man das Thier mit militairischen Ehren begraben hatte, ward es heimlich ausgegraben und einer seiner Hufe abgeschnitten, den der nie entdeckte Thäter vermuthlich als eine Reliquie aufbewahren wollte. Ein junger Maler, Edmund Havell, hat das Pferd gemalt.

Landschaft am St.-Clairflusse in Obercanada.

Unsere Abbildung stellt eine anmuthige Gegend vor, die von dem St.-Clairflusse, einem der ausgezeichnetsten Ströme Nordamerikas, bewässert wird. Was in der landschaftlichen Anlage dieses ausgedehnten Staats schon bei einem Blicke auf dessen geographische Lage dem Beschauer sogleich als eigenthümlich merkwürdig entgegentritt, ist die eigne Verbindung der nordamerikanischen mächtigen Ströme mit den großen Seen dieses Landes. So ist z. B. der Obersee der größte aller Frischwasserseen auf dem ganzen Erdkreise, da sein Flächenraum nur um Weniges der Oberfläche von England nachsteht, die wahre und einzige Quelle des Lorenzostroms. Die Gewässer des genannten Sees werden durch den St.-Maryfluß wiederum in den Huronensee geleitet, der zugleich auch die Wassermasse des Michigansees aufnimmt, welcher letztere eine Länge von 300 und die größte Breite von 75 Meilen hat. Am südlichen Ende des Huronensees entspringt der St.-Clairfluß, in dessen geräumigem Bette sich also die Gewässer aller drei genannten Seen, des Michigan-, Huronen- und Obersees vereinigen. Nachdem jedoch dieser Fluß zwischen mäßig hohen Ufern eine Strecke von 30 Meilen in sehr gewundenem Laufe zurückgelegt, breitet er sich zu dem gleiches Namens aus, der nur etwa 30 Meilen im Durchschnitt hält. Diesen und den um Vieles beträchtlichern Eriesee, dessen Umfang auf 658 Meilen angegeben wird, verbindet abermals der Detroitfluß; der Niagarafluß aber, derselbe, der den berühmtesten Wasserfall der Erde bildet, dient wieder zum Vereinigungskanal zwischen dem Erie- und Ontariosee. Die Gegend, welche auf unserer Abbildung vorgestellt ist, befindet sich eine Meile unterhalb der Stelle, wo der St.-Clairfluß aus dem Huronensee entspringt. Flöße

Landschaft am St.-Clairflusse in Obercanada.

dieser Strom, der, wie bemerkt, die Wassermassen von drei gewaltigen Seen in sich aufnimmt und zugleich eine natürliche Grenze zwischen Obercanada und den Vereinigten Staaten bildet, stets in geradem Laufe fort, so hätte er unstreitig die stärkste und geschwindeste Strömung unter allen Flüssen der Erde; allein so wird diese Strömung durch die unzähligen Windungen des Flusses außerordentlich gemäßigt. Der Leser bemerkt in dem Vordergrunde unsers Bildes ein gewöhnliches Schiff, weiter im Hintergrunde aber ein Dampfboot, was als eine Andeutung des schnellen Fortschritts der Civilisation in jenen Gegenden gelten kann. Wie wenige Jahre sind seitdem verflossen, daß diese gewaltigen Ströme und Seen, die ungeheuersten der Erde, nur von den Canoes und Barken der Eingeborenen befahren wurden, und jetzt, nach dem Verlaufe einer so kurzen Zeit, tragen sie bereits Dampfschiffe aller Größen, deren unausgesetzter Verkehr diesem mächtigen Erdstriche ein ganz neues anderes Gepräge aufgedrückt hat!

Die kleine hier vorgestellte Landschaft ist übrigens ein Lieblingswohnplatz der Chippewayindianer, dieses in jenen Districten ureingeborenen Volksstammes, der, sowol in Hinsicht auf seine Lebensweise als auf seine Sprache gewissermaßen für den Grundstamm aller indianischen Stämme gelten kann, welche das Innere von Nordamerika bewohnen. Die eigentliche Heimat der Chippewayer, dieses so markig und, man möchte fast sagen, unveränderlich ausgeprägten Indianervolks, ist die Gegend um den Michigan-, Huronen- und Obersee, und man kann das mächtige Übergreifen der chippewayischen Volksindividualität innerhalb und jenseit dieses ihres Heimatsbezirks schon daraus abnehmen, daß alle Nationen, die innerhalb der Grenzen der Vereinigten Staaten nördlich vom Ohio und östlich vom Mississippi wohnen, durchgängig solche Sprachen reden, die man als Dialekte der Creeks- und Chippewaysprache betrachten muß. Wie groß aber die Vorliebe der Chippeways, als eines echten und noch unverfälschten Naturvolks, für die Gegend ist, die auf unserer Abbildung vorgestellt ist, geht daraus hervor, daß vor mehren Jahren, als sie den ganzen District an die englische Regierung verkauften, sie sich einen kleinen Theil davon, dessen Grund ihnen, wie sie sagten, heilig sei, weil die Gebeine ihrer Väter darin begraben lägen, ausdrücklich zum Eigenthum und Wohnplatz vorbehielten. Auf dieser geliebten Stelle nun, die nicht über 16 Quadratmeilen umfaßt, stehen etwa 30 Hütten der Chippewäer, deren Angelegenheiten durch einen britischen Aufseher geleitet werden, für welchen Letztern ein ganz hübsches, wohnliches Haus erbaut worden ist. Auch ein Missionarium befindet sich auf diesem anmuthigen Plätzchen, desgleichen eine Kapelle, ein Schulhaus und ein indianisches Vorrathshaus.

Das Pfennig-Magazin
für
Verbreitung gemeinnütziger Kenntnisse.

240.] Erscheint jeden Sonnabend. [November 4, 1837.

Ansicht von der Stadt Delhi.

Die Stadt Delhi.

Unsere Abbildung zeigt eine der schönsten und interessantesten Partien der Stadt Delhi im britischen Indien, dieser ehemals weit berühmtern Stadt, als sie noch die Hauptstadt und der Mittelpunkt des mongolischen Kaiserreichs war. Aber dessenungeachtet ist auch das heutige Delhi in seinem ungeheuern Umfang, mit seinen stolzen Thürmen, mit seinen ehrwürdigen Ueberresten der alten Hindubaukunst, mit seinen echt orientalischen Häusergruppen und den die Stadt durchschneidenden Kanälen noch immer ein bedeutungsvoller, großartiger und in hohem Grade interessanter Ort. Wäre es auch nur der gewaltige Gegensatz zwischen der halbversunkenen moslemitischen Hoheit und der neuen christlichen einflußreichen Gesittung, der hier beim ersten Anblick dem Reisenden entgegentritt, so möchte dies allein schon hinreichen, diese alte Stadt ihm höchst denkwürdig zu machen.

Delhi, die Hauptstadt der Provinz gleiches Namens und zugleich der Regierungssitz von Dem, was noch in Indien von mongolischer Herrschaft übrig ist, liegt am westlichen Ufer des Flusses Juma. Sie führt noch heutiges Tages unter den Eingeborenen ihren alten klangvollen Namen: „der Stadt des Königs der Welt". Etwas westlich von dem heutigen Delhi befindet sich die mit Ruinen bedeckte Stelle, wo vor Zeiten die ausgedehnte Stadt Indraput stand. Vortheilhafter als die Lage dieser nunmehr ganz zerfallenen Stadt war, ist die Lage des heutigen Delhi, welches seine Gründung dem Schah Jehan verdankt. In dem Mittelpunkte einer etwas sandigen Ebene gelegen, auf allen Seiten von Ruinen des alten Delhi umgeben, die einen auffallenden Contrast mit dem neuern Anbau bilden, hat diese mächtige Stadt einen Umfang von sieben Meilen, ist also ungefähr dem Umfange gleich von London mit seinen Vorstädten. Der Mittelpunkt der Stadt erhebt sich auf einer felsigen Hügelreihe; sie selbst wird umschlossen von einer Mauer aus rothem Granit, und die Thore, die zu ihr den Eingang eröffnen, sind vielleicht die prächtigsten, deren sich eine Stadt rühmen kann. Jene Mauer war ehedem so gewaltig hoch, daß sie die höchsten Thürme der Stadt überragte, allein man hat sie später sammt ihren Warttthürmen, die gleich Adlernestern obenauf horsteten, abgetragen, und sie durch eine niedrigere Mauer mit Bastionen ersetzt. Der Gesammtanblick von Delhi ist überaus großartig, eine Unzahl von Moscheen, Kuppeln und Minarets, und über diese alle hervorragend der kaiserliche Palast, eine ungeheure hohe und umfangreiche Häusermasse, mit unzähligen gothischen Thürmen und Zinnen, anzusehen wie ein Gebirge aus rothem Granit. Zu diesem ungeheuern Prachtgebäude gesellt sich der sogenannte Dschumna-Musjeed, unstreitig der größte und schönste städtische Platz in ganz Indien. Diese sämmtlichen Paläste blicken hervor aus so dichten Baumgruppen von so herrlichem Laubwerk, daß man die darin eingeschlossenen Gebäude, zwischen rothem Granit und weißem Marmor wechselnd, mit Felsen von Perlen und Rubinen verglichen hat, die sich aus einem smaragdenen See erheben. Nähert sich nun der Stadt längs dem östlichen Ufer des Juma, so entfaltet sich das glänzendste Gemälde orientalischer Pracht; Moscheen und Minarets glänzen im Sonnenschein, theilweise mit Epheu und wilder Baumklette überzogen; die Kuppeln dieser Gebäude, mit glänzendem Metall überkleidet, leuchten wie reines Gold. Auf einem Höhepunkt angelangt, den die Straße bildet, überblickt man die Silberwellen des Stromes von ferne, dessen Schlangenwindung sich hinter dem gewaltigen Gemäuer des Kaiserpalastes verliert. Hier und dort bildet der Fluß eine Insel, was den darauf befindlichen Gebäuden das Ansehen gibt, als erhöben sie sich unmittelbar aus dem Wasser.

Die auf unserer Abbildung dargestellte Chadery-Choke oder Hauptstraße von Delhi bildet eine der breitesten Gassen in ganz Indien. Man findet an den darin befindlichen Gebäuden fast jeden Styl der Architektur, einen griechischen Porticus nicht selten unmittelbar neben einem echten Hinduhause. Lange Reihen von Kaufläden erstrecken sich auf beiden Seiten hin, angefüllt mit europäischen Manufacturartikeln jedweder Gattung, über deren Eingang es nichts Ungewöhnliches ist, eine mit römischen Lettern geschriebene Firma zu finden. Alle diese Läden sind von weißem Anstrich und gewähren einen so fröhlichen Anblick, da sie nach orientalischer Sitte mit den buntesten und farbenprächtigsten Shawls und Teppichen behangen sind. Durch diese weite Straße nun sieht man bei Tag und Nacht das regste Leben, das bunteste Menschengewühl sich bewegen; Elefanten, Kameele und Pferde in beträchtlicher Zahl mischen sich unter den Drang der Menschen, ihre schimmernden Behänge glänzen in der Sonnenschein. Reichgekleidete Soldaten mit blitzenden Helmen und Lanzen, mit Schilden, deren Oberfläche leuchtendes Silber ist, ziehen auf und ab, aber auch mannichfaches Gesindel, Bettler und Müßiggänger, zeigt sich, nur halbbekleidet, in Lumpen, mit dem Blicke des Verbrechers oder der Verzweiflung. Die Menge der Equipagen ist außerordentlich, und vielleicht in keiner andern Stadt der Welt sieht man deren so verschiedenartige beisammen, als hier in Delhi. Man sieht hier englische Wagen von jeder möglichen Bauart neben Palankins und Ochsenkarren daherrollen, und die Eingeborenen selbst verfertigen Kutschen, die wie Käfige oder wie Laternen aussehen und einen gar seltsamen Eindruck machen. Wilde Thiere werden hin- und hergeführt, oder stehen an den Seiten der Straße zum Verkauf aus. Leoparden, persische Katzen und Windspiele, die verschiedenartigsten Vögel in Käfigen u. s. w. ziehen den Blick des Beschauers auf sich. Neben diesen Thieren erblickt man jenen schönen, schlanken, herrlich aussehenden Menschenschlag, ihre Wärter, die alle möglichen Arten von Waaren aus Kaschmir, Persien und Thibet in die Städte von Hindostan einführen.

Gäbe es in Delhi und in Indien überhaupt eine sorgfältigere Straßenpolicei, so würde die Chandery-Choke unstreitig einer der entzückendsten Spaziergänge von der Welt sein. Aber ungeachtet dessen, daß der herrliche große Delhikanal, an beiden Ufern von schönen Bäumen beschattet, diese Straße in ihrer ganzen Läng- und im Mittelpunkte durchschneidet, ist dennoch der Straßenstaub auf beiden Seiten so ungeheuer, daß man sich oft eher in der Mitte einer Wüste als in die Mitte einer so reichen Stadt verset glaubt.

Proceß über ein Bild.

Der Director des Museums im Louvre stellte 1821 ein Gemälde, Johannes den Täufer, auf die Seite, als eines Platzes in der Sammlung nicht werth. Ludwig XVIII. schenkte es dem Herzog von Maillé, der es der Kirche seines Dorfes Longpont überlassen sollte. Aber auch die Kirchenvorsteher wollten das Geschenk nicht gleich annehmen, und nach dem Tode des Herzogs kam es mit dessen beweglichem Nachlaß zur Versteigerung. Es wurde von dem Gemäldehändler Cousin in Paris gekauft, der nun entdeckte, daß es ein Rafael war und die Beweise dafür auffand. Der Vorstand der königlichen Civilliste nahm das Bild sogleich in Anspruch und der Gemäldehändler wurde gerichtlich verurtheilt, das Gemälde zurückzugeben oder den zu 37,000 Francs geschätzten Werth zu bezahlen.

Die canadischen Wälder und ihre Bewohner.

Kein Erdtheil besitzt so ausgedehnte und fast undurchdringliche Waldstrecken als das nördliche Amerika, und in diesen unabsehbaren Walddickichten sich zu verirren, ist vielleicht das größte Unglück, das einem Reisenden oder Jäger begegnen kann. Man hat Beispiele, daß die erfahrensten Reisenden, welche mit Compaß und andern zweckdienlichen Instrumenten versehen waren, sich dennoch außer Stande befanden, irgend einen Weg durch das undurchdringliche Dickicht ausfindig zu machen. Es blieb ihnen dann zuletzt nichts übrig, als ihre Gewehre abzufeuern, auf welches Zeichen wol zuweilen ihre Reisegefährten oder Eingeborene herbeieilten und sie so retteten. Glücklich noch Der, welchem ein solches Mittel, seine Noth bekannt zu machen, zu Gebote steht; wer kein ähnliches Zeichen geben kann, dessen Aussicht ist, in der unnahbaren Waldeinsamkeit zu verschmachten oder eine Beute der wilden Thiere zu werden. Allein solche Unglücksfälle können nur dem ungeübten Ausländer begegnen; die Eingeborenen besitzen dagegen eine fast instinctartige Gabe, sich in ihren Urwäldern zurecht zu finden. Die Umwohner der ungeheuern canadischen Wälder haben, wenn sie sich ja einmal verirren, ihre ganz eigenthümlichen Mittel und Kennzeichen, die niemals trügen. Eines dieser Merkmale ist der Umstand, daß bei dem Fichtenbaume derjenige Theil, der nach dem nördlichen Horizont zugekehrt ist, beiweitem weniger und dünnere Zweige hat als der südliche Theil, der mehr Kraft und Nahrung von den auf dieser Seite wirksamern Sonnenstrahlen empfängt. Diese Beobachtung, die sich stets bewährt, dient den canadischen Indianern zum Wegweiser. Die östliche und westliche Himmelsgegend unterscheiden sie durch ähnliche Merkmale. Wie gütig zeigte sich hier die Natur, indem sie dem ungebildeten Indianer gleichsam einen natürlichen Compaß verlieh, der sich in diesen spurlosen Waldungen wirksamer zeigt als alle Hülfsmittel der Kunst und Wissenschaft.

Ein Hauptbewohner dieser unbegrenzten Waldungen ist der canadische Luchs, den die Franzosen le loup cervier nennen, weil er den Hirschen nachzustellen pflegt. In der Regel stellt man sich dieses Thier vom Katzengeschlechte größer, stärker und wilder vor, als es in der Wirklichkeit ist. Man behauptet insgemein, der Luchs stürze sich von den Bäumen auf die Hirsche und Rehe herab und schlage ihnen seine Klauen so lange in die Gurgel ein, bis diese Thiere ermattet zu Boden sinken. Dies mag jedoch nur äußerst selten vorkommen, denn der canadische Luchs stellt in der Regel nur den kleinern Thieren, und unter den größern hauptsächlich dem amerikanischen Bären nach, zu dessen Erlegung ihn die Natur selbst geschickt gemacht hat; übrigens soll dieser Luchs ein schüchternes Thier sein, das bei dem Anblick eines Hundes schnell auf einen Baum springt. Seine Bewegungen auf dem Lande sind nicht allzu schnell und geschehen immer sprungweise, doch schwimmt es vortrefflich und vermag im Wasser eine Strecke von mehren Meilen zurückzulegen. Das Fell des canadischen Luchses ist ein sehr geschätztes Pelzwerk, und die Handelsgesellschaft der Hudsonsbai kauft deren jährlich 7—9000 Stück. Auch das Fleisch des canadischen Luchses wird als schmackhaft gerühmt.

Wahrsagerin aus dem 16. Jahrhundert.

Man kann füglich die Behauptung aufstellen, daß der Aberglaube so alt ist, als die Welt. Denn wenn überhaupt — was nicht zu bestreiten — der Aberglaube auf dem Geheimniß beruht, so war ja von Anbeginn der Welt schon die Natur selbst, wie dies noch heute der Fall ist, ein größtentheils geheimnißvoller, ja unergründlicher Gegenstand für den Menschen. Und eben deshalb findet man auch, daß in den abergläubigen Vorstellungen aller Zeiten und aller Völker das Natürliche oder, um uns noch deutlicher auszudrücken, Alles, was in den Bereich der Natur gehört, eine bedeutende, ja man kann sagen, die vorzüglichste Rolle spielt. Es wird auch unter dem Volke, d. h. unter der Mehrzahl der Menschen, deren Einsicht sich noch nicht bis zur wahrhaft geistigen und vernunftgemäßen Betrachtung der Dinge erhoben hat, stets in gewissen Gebieten und Beziehungen der Aberglaube herrschen, um so mehr, da man zu keiner Zeit aus der Natur das Übernatürliche, das Unheimliche und Furchterregende wird gänzlich hinwegnehmen und hinwegleugnen können, selbst wenn es dem erfreulichen und beseligenden Lichte der Aufklärung und den gemeinnützigen Bestrebungen solcher Männer, die sich der Beförderung der Volksbildung widmen, in einer fernen Zukunft gelungen sein wird, auch dem gewöhnlichen Menschen eine durchgreifendere vernünftige Ansicht von Dem, was wunderbar und unbegreiflich ist, beizubringen.

Wir haben das uralte Capitel des Aberglaubens, wovon eben hier wieder die Rede ist, bereits in Nr. 197 des Pfennig-Magazins berührt und erörtert, an welcher Stelle wir einige der seltsamsten, ungereimtesten und Gottlob nunmehr fast außer Beachtung gesetzten Irrthümer und abergläubigen Einbildungen des gemeinen Mannes zusammenstellten, z. B. den sehr handfesten Betrug mit dem sogenannten Galgenmännlein, den Glauben von dem Vorhandensein der Meermädchen, das tatarischen Lammes und mehre andere Vorstellungen, deren Ungereimtheit ohne vieles Nachdenken in die Augen springt. Hier nun theilen wir dem Leser zwei Abbildungen mit, die uns an eine der wundesten Stellen der Volkseinbildung, an eines der stärksten und bedenklichsten Capitel in dem umfangreichen Buche des Aberglaubens erinnern. Es ist dies das Capitel vom Wahrsagen. Die Wahrsagung, d. h. die Vorausverkündigung der Zukunft, findet sich ebenfalls in allen Zeiten und bei allen Völkern, weil ein dunkler Trieb sich frühzeitig in der menschlichen Natur kund gab, Dasjenige zu erforschen, was sich noch nicht in der Gegenwart als Ereigniß offenbart hatte, sondern noch unenthüllt im Schooße der künftigen Zeit schlummerte. Eben darum fehlte es auch nie an klugen und gewandten Leuten, welche diese düstere und, man möchte sagen, unterirdische Neigung des menschlichen Gemüths zu benutzen verstanden und sich durch Seltsamkeiten aller Art das Ansehen zu geben wußten, als ob ihnen von der Gottheit selbst die außerordentliche Gabe, in die Zukunft zu blicken und den Menschen ihr Geschick voraus zu verkündigen, verliehen sei. Diese vermeintlichen Auserwählten wußten den Gläubigen und insbesondere Denen von getrübter Einsicht die Sache so vorzustellen, als ob an jenem Worte, daß „alle Wahrsagung auf der Wahrheit beruhe", nicht im mindesten zu zweifeln sei, und sie vermochten dies um so leichter,

*

Eine wahrsagende Zigeunerin.

da sie ihre Verkündigungen den Neigungen und Wünschen, sowie dem persönlichen Fassungsvermögen ihrer Anhänger auf das beste anzupassen wußten. So wurde und wird es noch heute möglich, daß selbst besser Unterrichtete sich durch die Aussagen der falschen Propheten täuschen lassen und in ihrem dunkeln, selbstsüchtigen Triebe, den der Wahrsager sich geschickt zu benutzen versteht, fast unfreiwillig die innere Stimme ihres bessern Verstandes überhören, die ihnen unaufhörlich zuruft, daß es, ohne alle Ausnahme, in keines Menschen Macht gegeben ist, die Zukunft und was immer in deren Bereich gehört, zu ergründen.

Unsere erste Abbildung versetzt uns zurück in das 15. Jahrhundert. Es ist darauf die Behausung einer alten Zigeunermutter vorgestellt, zu welcher ein junges und vornehmes Fräulein sich begibt, um sich von der Alten ihr zukünftiges Geschick verkünden zu lassen. Die Zigeuner, dieses uralte Nomadenvolk, dessen eigentlicher Ursprung für jetzt noch dem Dunkel der Sage anheimfällt, haben seit Jahrhunderten die Gabe der Wahrsagung vorzugsweise als ihr Eigenthum in Anspruch genommen. Man kann behaupten, daß es unter diesem, beinahe über den ganzen Erdkreis verbreiteten Völkerstamme keine einzige bejahrtere Frau gibt, die sich nicht mit der Kunst der Wahrsagerei befaßte. In unsern jetzigen aufgeklärten Zeiten finden diese Künste nun wol weniger Anklang; allein in den finstern Tagen des Mittelalters legten besonders junge, unerfahrene Personen, Jünglinge und Jungfrauen, deren Gedanken und Empfindungen im Zauber der Liebe verstrickt waren, oftmals ihr ganzes Lebensglück in die Hand einer alten Zigeunerin, die sicherlich ihren Vortheil dabei fand, das jugendliche Gemüth noch tiefer in den düstern Kreis der Leidenschaft und in das Dunkel des Geheimnisses zu verflechten. Unschuld und Unwissenheit wogen damals den Betrug, der ihnen gespielt wurde, mit Gold auf, und um schnödes Gold ward oft der Friede eines schuldlosen, aber leidenschaftlichen Gemüths für immer vernichtet und aufgeopfert. Freilich war auch das frevelhafte Gewerbe der Wahrsagerei in jenen Zeiten keineswegs ein gefahrloses. Denn im Hintergrunde lauerten stets der Scherge und die Folter, deren Bereich eine Person, die der Wahrsagerei überwiesen oder verdächtig war, ohne Gnade und Säumniß überliefert wurde.

Unsere zweite Abbildung zeigt ebenfalls eine abergläubische Ceremonie, in frühern Jahren gebräuchlicher als gegenwärtig, in Zweck und Sinn zwar weit unschuldiger, als das Wahrsagen, die dessenungeachtet aber von einer sehr unaufgeklärten Einsicht Desjenigen zeugt, der daran glaubt oder wirklichen Erfolg davon erwartet. Es ist dies die Weihe des sogenannten Zauberwassers. Es wurde nämlich von der in diesem Experiment erfahrenen Zauberin oder klugen Frau, wie sie sich wol nannten, ein Gefäß mit Quellwasser, welches letztere recht klar und durchsichtig und zu einer bestimmten Stunde mit Beobachtung gewisser anderer Ceremonien geschöpft sein mußte, herbeigebracht. Dieses Gefäß wurde zuerst von der Kundigen stark gerüttelt, sodaß das darin befindliche Wasser

Die Weihe des Zauberwassers.

in heftige Bewegung gerieth. Hierauf wartete man ab, bis dasselbe wieder ruhig geworden war und eine vollkommen ruhige Oberfläche zeigte. Nachdem nun die Zauberin einige geheimnißvolle Worte gesprochen hatte, verbunden mit gewissen, ebenso mystischen Berührungen, ließ sie die Person, um deren willen die Ceremonie vorgenommen wurde, herzutreten, und diese erblickte nun in dem Wasser wie in einem Spiegel das Angesicht ihres abwesenden Freundes oder Geliebten. Zeigte sich nach dreimaligem Versuche kein Bild in dem Wasser, so sollte dies für ein sicheres Zeichen gelten, daß der Entfernte, von dessen Dasein man sich überzeugen wollte, nicht mehr am Leben sei.

Das Neueste aus der Natur- und Gewerbswissenschaft.*)

Meine Leser wissen, und damit muß ich diesmal meinen Spruch beginnen, daß die sogenannten Firsterne diesen ihren Namen der von den frühern Astronomen allgemein gehegten Überzeugung verdanken, daß sie ihre gegenseitige Stellung immer unverändert beibehalten. Die neuere Zeit indeß, welche keinerlei Art von Vorrecht achtet, greift auch diesen Anspruch auf Fixität an und beweist, wie wir schon neulich auf Veranlassung der Doppelsterne andeuteten und sogleich durch ausführliche Darstellung des Inhalts einer soeben an das Licht tretenden, höchst wichtigen astronomischen Schrift noch ganz besonders darthun werden, daß die Firsterne wirklich eigenen, der Größe und Richtung nach verschiedenen, obgleich sehr langsamen Bewegungen unterworfen sind, und daß sie also ihre gegenseitigen Stellungen nicht unverändert beibehalten. Die ersten Vermuthungen einer solchen eigenthümlichen Bewegung der ihren Namen demnach nur usurpirenden Firsterne hegte schon der englische Astronom Halley, der berühmte Zeitgenosse des unsterblichen Newton; ja er bestimmte durch Vergleichung mit Ptolemäus' Angaben für einige größere Sterne sogar bereits die Größe dieser Fortrückung im unermeßlichen Weltenraume. Ein etwas vollständigeres Verzeichniß von 70 Sternen, an denen man eigene Bewegungen bemerkte, gab hiernächst der deutsche Astronom Tobias Meyer, der bekannte Verfasser der vom englischen Parlamente mit einer Prämie belohnten Mondtafeln, und später sind diese Verzeichnisse sehr vermehrt worden. Namentlich hat Piazzi seine eigenen Beobachtungen unter diesem Gesichtspunkte sehr sorgfältig mit frühern verglichen, und Bessel, Herschel, Maskelyne, Pond u. s. w. sind ihm darin gefolgt. Nach diesen Untersuchungen hat nun, um Beispiele anzuführen, Sirius eine solche eigene jährliche Bewegung von einer Secunde südlich, Arcturus von zwei Secunden südlich, der Stern d im Sternbilde des Eridanus zeigte eine Fortrückung von fast sieben Minuten in 100 Jahren, Nr. 61 im Schwan fast neun Minuten u. s. f.

Wenn es aber mit diesen eigenen Bewegungen der Firsterne seine Richtigkeit hatte, so mußte, um dem eigentlichen Gegenstande, von dem wir eben sprechen wollen, näher zu kommen, nach aller Analogie auch unsere Sonne, da sie bekanntlich ebenfalls zu den Firsternen gehört, ein solches Fortrücken im Weltenraume zeigen und unsere Erde, sammt allen übrigen zum Systeme gehörenden Planeten, Monden und Kometen, mußte ihr dabei folgen, dergestalt, daß wir uns, nach einer hinreichenden Anzahl von Jahrtausenden, in einer ganz andern Region des Weltenraums befinden würden, als jetzt. Die Astronomen haben sich auch, mit Verfolgung dieses Gedankens, seit einiger Zeit sehr bemüht, die Größe sowol als die Richtung

---

*) Vergl. Pfennig-Magazin Nr. 223, 224 und 225.

dieser fortschreitenden Bewegung der Sonne und ihres ganzen Systems näher zu bestimmen, und der ältere Herschel schloß aus seinen Beobachtungen, daß wir in der That auf die Mitte des Sternbildes Hercules losrücken. War dem wirklich so, so mußten uns die Sterne in dieser Himmelsgegend, nach Maßgabe unseres Näherkommens, auseinander, die rückwärts gelegenen aber, von denen wir uns solchergestalt entfernten, näher aneinander zu treten scheinen. Da nun aber, wie wir eben gezeigt haben, die Sterne, neben dieser scheinbaren Bewegung, auch andere wirkliche eigene Bewegungen in verschiedenem Sinne und von verschiedener Größe haben: so schien es fast unmöglich, hier das Scheinbare vom Wirklichen zu trennen und also das vermuthete Fortrücken der Sonne sammt ihrem Systeme im Weltenraume sinnlich außer Zweifel zu setzen.

Die Lösung dieses großen Problems nun, nämlich der Beweis aus Beobachtung, daß die Sonne, sammt ihrem ganzen Gefolge von Planeten, Monden und Kometen, namentlich also sammt unserer dazu gehörigen Erde, wirklich ihre Stelle im Weltenraume durch fortrückende Bewegung verändert, demzufolge wir also nach einer zur Bemerkung dieser freilich äußerst langsamen Fortrückung hinreichenden Zeit, einen ganz andern Platz im Weltenraume einnehmen und zum Theil auch wol andere Sterne erblicken werden — dieser schwere und wichtige Beweis ist jetzt einem Professor der Astronomie, Argelander, früher in Helsingfors, jetzt in Bonn, gelungen, und hat darüber unter dem Titel: „Über die eigene Bewegung des Sonnensystems, hergeleitet aus den eigenen Bewegungen der Sterne", ein Werk herausgegeben.

„Was", heißt es in einem uns vorliegenden Berichte über den Inhalt dieses Werks, „was schon frühere Astronomen vermuthet und was besonders Herschel als wahrscheinlich darzustellen versucht hatte, die wirkliche Fortrückung unserer Sonne und des ganzen Planetensystems mit ihr im Weltenraume, nach Analogie der übrigen, einer gleichen Bewegung unterworfenen Fixsterne, das ist durch diese Schrift mit aller Gewißheit dargethan und zugleich der Ort, wohin diese Bewegung (gegenwärtig) gerichtet ist, mit einer Sicherheit bestimmt, die nur einen wahrscheinlichen Fehler von etwa drei Grad übrig läßt. Dieser Punkt hat 260° 50′ gerade Aufsteigung und 31° 17′ nördliche Abweichung, und liegt wirklich fast in der Mitte des Sternbildes Hercules; — also wohin, wie wir oben angeführt haben, auch schon Herschel die Richtung der Bewegung angegeben hatte. — *) Eine nothwendige Folge dieser Bewegung ist — wie wir auch schon oben bemerkt haben —, daß die Sterne in dieser Himmelsgegend auseinander-, in der entgegengesetzten zusammenzurücken scheinen, und daß überhaupt alle nicht zu entfernt stehenden Sterne eine dieser Sonnenbewegung entgegengesetzte, scheinbare Bewegung haben müssen. Das obige Resultat der Sonnenfortrückung, welches jetzt als feste Thatsache vorliegt, würde sonach früher haben gewonnen werden können, wenn die Fixsterne nicht neben jenen scheinbaren auch noch, gleich unserer Sonne, die Eingangs erwähnten und hier also bestätigten eignen wahren Bewegungen hätten, die bei einigen stärker, bei andern schwächer sind und den verschiedensten Richtungen folgen, sodaß es nur einer streng durchgeführten, mühevollen Rechnung gelingen konnte, theoretisch zu trennen, was die Beobachtung natürlich blos vereinigt zeigen konnte. Unter 560 Fixsternen, die Argelander sorgfältig bestimmt und mit des britischen Astronomen Bradley für 1755 geltenden Beobachtungen verglichen hatte, fanden sich 390, bei denen die erwähnten Bewegungen schon eine mit Sicherheit wahrnehmbare Ortsveränderung bewirkt hatten. Um ganz sicher zu gehen, theilte Argelander dieselben nach Maßgabe der stärkern oder schwächern Bewegung in drei Classen und berechnete ihre Orte mit Beziehung auf jene bekannte wirkliche, und die aus der vorausgesetzten Sonnenfortrückung folgende scheinbare Bewegung, fand aber in allen drei Fällen nahe dasselbe Resultat für diese Sonnenfortrückung. Zugleich entdeckte er, daß unsere Sonne zur Zahl der stärker bewegten Fixsterne gehört und daß sich ihre progressive Eigenbewegung zur mittlern Durchschnittsbewegung der untersuchten 390 Sterne fast wie 3:2 verhalte. — Ob sich diese Bewegungen der Sonnen (Fixsterne) übrigens wieder auf einen höhern Centralkörper beziehen, gleichwie die Bewegungen der Planeten auf die Sonne, oder ob sie blos gegenseitige, vielleicht um einen gemeinschaftlichen Schwerpunkt sind, ist für den Augenblick noch nicht mit derselben Bestimmtheit entschieden; unter der erstern Voraussetzung aber findet Argelander einige Wahrscheinlichkeit, daß dieser Centralkörper in der Gegend des Perseus liege."

So weit unser Bericht, dem wir nun noch einige Bemerkungen hinzufügen wollen. Dieses schöne Resultat der Sonnenfortrückung im Weltenraume, dessen sich Beobachtung und Rechnung, und also a posteriori, bemeistert haben, stand darum nicht weniger schon a priori fest. Meine Leser erinnern sich nämlich, daß man durch Beobachtung der Sonnenflecke von der Umdrehung der Sonne um ihre Axe überzeugt worden ist, welche Umdrehung in der Richtung von West nach Ost, wie bei allen übrigen Gestirnen unsers Systems, und in der Zeit von etwa 25 Tagen erfolgt. Da die Existenz dieser drehenden Bewegung der Sonne um ihre Axe außer allen Zweifel gesetzt ist, so kann auch die im Raume fortschreitende Bewegung ihres Mittelpunkts nicht weiter bezweifelt werden. Denn die Ursache jener drehenden Bewegung kann nur in einem Stoße, oder, was Dasselbe ist, in einer von außen auf die Sonne wirkenden Anziehung gesucht werden, davon die Richtung nicht durch den Mittelpunkt ging; ein solcher Stoß, eine solche Anziehung muß aber nothwendig auch auf den Mittelpunkt gewirkt und diesem, da er im Raume nicht befestigt ist, eine Bewegung gegeben haben, sodaß also aus der Rotation der Sonne um ihre Axe auch sogleich eine fortschreitende Bewegung der Sonne im Weltenraum folgt, bei welcher sie natürlich das ganze System der sie umkreisenden Planeten, Monde und Kometen mit sich fortzieht. Man sieht aber, wie schön dieses Resultat des bloßen Nachdenkens über die Natur dieser Sache durch die vortrefflichen Beobachtungen und Rechnungen von Argelander unterstützt wird.

Vielleicht geht es der Einbildungskraft mancher meiner Leser einigermaßen schwer ein, sich die Sonne vorzustellen, wie sie von ihren Planeten umkreist wird, und mit denselben gleichwol im Raume fortrücken soll, ohne daß die eine dieser Bewegungen gleichwol die andern beeinträchtigte. Allein man denke sich die Sonne mit ihrem ganzen Systeme z. B. auf einer Scheibe, auf der der Planetenlauf vor sich gehe, so kann diese Scheibe indeß zugleich hingetragen werden, wohin man will, ohne daß jene erstere Bewegung dar-

---

*) Diese nahe Übereinstimmung mit den Beobachtungsresultaten eines so sorgfältig beobachtenden Astronomen wie Herschel muß unser Vertrauen zu Argelander's Angaben natürlich sehr vermehren.

unter im mindesten leidet. Ja, man kann noch weiter gehen und sich diese fortrückende Scheibe auf einem zugleich fortsegelnden Schiffe vorstellen, so wird auch diese dritte Bewegung jene beiden erstern nicht stören u. s. w. Dieses Gleichniß in seiner Anwendung auf die Himmelsbewegung immer zusammengesetzterer Systeme um höhere Centralkörper ist sehr fruchtbar, und wir empfehlen die Verfolgung der Idee dem Nachdenken unserer Leser.

In einer vortrefflichen Verbindung mit diesen neuen Entdeckungen von Argelander über die Fortrückung des ganzen Sonnensystems und also auch unserer Erde im Weltenraume, wodurch wir uns also von gewissen sogenannten Firsternen entfernen und andern solchen Sternen dagegen nähern, stehen die Ideen des französischen Naturforschers und Mathematikers Poisson über die Ursachen der Erdwärme und die Zunahme der Temperatur, wenn man tiefer in das Innere des Erdkörpers eindring. Bekanntlich ist der letztere Umstand der allmäligen Wärmezunahme beim tiefern Eindringen in den Erdkörper ein durch tausendfache Versuche über alle Zweifel erhobenes Factum. Namentlich läßt die Stadt Paris jetzt bei dem Schlachthause von Grenelle einen artesischen Brunnen bohren, wobei man schon gegen 1300 Fuß tief vorgedrungen ist, ohne die gewaltige Kreidebank, auf welcher Paris bekanntlich steht, durchgearbeitet, noch Wasser gefunden zu haben. In dieser Tiefe nun zeigt das hunderttheilige Thermometer, dessen Beobachtung vom französischen Akademiker Arago mit aller nur ersinnlichen Vorsicht betrieben wird, bereits 24 Grad, auf welche dasselbe, nach Maßgabe des tiefern Vordringens, allmälig gestiegen ist. Man schließt daraus, daß die innere Erdwärme nach dem Mittelpunkte der Erdkugel hin immer wachse, und es fragt sich nun, wie es mit dieser merkwürdigen Temperaturzunahme zugehe. Darauf hat die frühere Physik noch immer durch die Annahme einer gewissen irdischen Centralwärme, eines Centralfeuers u. s. w. geantwortet; sie betrachtete die Erde, als sei sie ursprünglich eine glühende Kugel geschmolzener Stoffe gewesen, welche sich jetzt nur an der Oberfläche erkaltet habe und die ursprüngliche Hitze in ihrem Innersten immer noch bewahre.

Ganz anders dagegen erklärt Poisson die Temperaturzunahme des Erdkörpers nach innen zu; nicht einer ursprünglichen Erdwärme will er sie zuschreiben, sondern der in verschiedenen Zeiten ungleichen Intensität der Astralwärme.

„Wenn man", sagt er „von einem Punkte der Oberfläche der Erde in irgend einer Richtung eine gerade Linie unbegrenzt fortzieht, so wird sie zuletzt immer einen sichtbaren oder unsichtbaren Stern treffen. Die Erde befindet sich also in einem Raume, welcher von allen Seiten durch eine Sternenhülle begrenzt wird und welcher außerdem von einem äußerst lockern Äther erfüllt ist. Obgleich die Dimensionen dieser Sternenhülle unermeßlich sind, so würde dies dennoch die wärmende Wirkung derselben auf den Erdkörper weder kindern noch verringern, wenn der Äther nichts von der durchgehenden Wärme absorbirte. Wenn die Sternenhülle überall die nämliche Temperatur besitzt, so wird ein Thermometer an irgend einem Orte innerhalb dieser Sternenhülle, abgesehen von jenem Absorptionsvermögen des Äthers, immer dieselbe Temperatur zeigen. In diesem Falle müßte der in gedachter Hülle schwebende Erdball diese Temperatur annehmen, welche sich aber durch die Einwirkung der Sonne noch steigern würde. Allein die Voraussetzung einer solchen gleichen Temperatur aller Theile des also eingehüllten Raums wird durchaus unwahrscheinlich, wenn man bedenkt, daß die Sterne, gleich unserer Sonne, eine eigne, doch nicht bei allen gleich große Wärme besitzen. Das oben vorausgesetzte Absorptionsvermögen des Äthers mit seinen verschiedenen Modificationen vereinigt sich damit und also muß man annehmen, daß die Temperatur innerhalb des betrachteten Raums nicht an allen Orten die nämliche sei. Wie verschieden demnach aber die Temperatur der entsprechenden verschiedenen Regionen sein werde, so ergibt sich doch für jede derselben und für einen Körper, wie die Erde, in ihr ein gewisser unveränderlicher und bestimmter Wärmegrad. Die jährliche Bewegung der Erde in ihrer Bahn bringt darin keine Änderung hervor, da die Dimensionen dieser Bahn gegen die Dimensionen der Sternenhülle für nichts zu achten sind. Anders aber — und dahin wollten wir — verhält es sich mit der langsamen Bewegung unseres ganzen Planetensystems im Weltenraume (wie wir dieselbe im Eingange, nach Argelander, auseinandergesetzt haben). In Folge dieser Bewegung nähert sich die Erde gewissen Sternen, entfernt sich von andern und tritt mit neuen Gestirnen in Wärmeaustausch. Denken wir uns nun, die Erde habe dabei so lange in einer gewissen Region des Himmelsraums verweilt, daß sie in ihrer ganzen Masse von deren Temperatur durchdrungen worden. Wenn sie hierauf in eine andere Region von minderer Temperatur übergeht, so wird sie allmälig erkalten und bis ihre ganze Masse durch und durch diese neue Temperatur angenommen hat, wird sich nun nach dem Mittelpunkte in tiefern Schichten immer noch eine gradweise höhere Wärme erhalten. Diese Betrachtungen — schließt Poisson — liefern eine sehr natürliche und einfache Erklärung der auf der Erde jetzt beobachteten Temperaturzunahme nach innen hin; die Erde befindet sich nämlich gegenwärtig in Folge der fortrückenden Bewegung unsers ganzen Planetensystems, in einer Gegend des Himmelsraums, deren Temperatur weniger hoch, als diejenige der Gegend, wo sie früher verweilte."

So weit Poisson, und es mag uns nun erlaubt sein, über einen so wichtigen und allgemein interessanten Gegenstand, als die Erdwärme, selbst noch einige Worte hinzuzufügen.

Mich däucht, daß es noch eine einfachere Erklärung der Ursachen der Erdwärme gibt, als Poisson's hypothetische Beziehung auf eine Astralwärme; aber diese meine Erklärung wird wol, eben ihrer großen Einfachheit wegen, bei der gelehrten Physik wenig Glück machen. Ich vergleiche den Erdkörper nämlich ganz einfach mit dem thierischen Körper, wozu ich, bei Bemerkung von tausend und abermal tausend Lebensäußerungen des erstern, auch meine sehr guten Gründe habe. Dränge man mit dem Thermometer von der Haut an allmälig tiefer in den thierischen (lebenden, warmblütigen) Körper ein, so würde man auch zuerst Temperaturzunahme nach innen hin bemerken, bis man, in einer gewissen Tiefe, nunmehr eine (im gesunden Zustande) nicht weiter überschreitbare, constante Wärme fände. Ebenso wird es bei dem Erdkörper sein; bei Durchdringung der ersten Schichten der Erdkruste, wie beim oben erwähnten pariser artesischen Brunnen, zeigt sich allerdings ein allmäliges Wechseln der Temperatur, wenn man aber zu einer gewissen Tiefe gelangen könnte, so würde sich nunmehr auch Beständigkeit zeigen; die Annahme einer immer wachsenden Temperatur bis zum Mittelpunkte ist widernatürlich. Von der Erdoberfläche bis zu diesem Mittelpunkte sind gegen 900 deutsche Meilen; wir haben erwähnt, daß man beim pariser

Brunnen bis jetzt 1300 Fuß, also etwa $\frac{1}{20}$ Meile, d. i. den 18,000ten Theil jener Entfernung, durchbohrt und in dieser Tiefe schon 24 Grad Wärme gefunden hat. Welche Temperatur mußte hiernach der Mittelpunkt selbst bei einer stets so zunehmenden Temperatur haben? Wie gesagt, die Hypothese einer solchen, stets wachsenden Hitzezunahme ist unhaltbar, in einer gewissen Tiefe tritt nunmehr fernere Gleichmäßigkeit ein. Zu den wesentlichsten Charaktern des Lebens (des normalen) gehört aber ferner die Fähigkeit des Körpers, den äußern Temperatureinflüssen einen gewissen selbstwilligen Widerstand entgegenzusetzen und sich jenen Einflüssen gegenüber in einer angemessenen eignen Temperatur erhalten zu können. Also verhält es sich namentlich mit dem Erdkörper bei den heftigsten Sommer- und Wintereinflüssen, denen entgegen sich schon in mindern Tiefen eine angemessene, kaum störbare Temperatur zeigt. Aus dem Kampfe dieser Lebenskraft der Erde mit äußern Temperatureinflüssen mögen eine Menge Witterungserscheinungen entspringen, welche uns oft äußerst launenhaft erscheinen; ja diese anscheinende Launenhaftigkeit läßt sich meist gar nicht anders, als grade aus einem solchen Kampf erklären. Da die Wissenschaft oft weiter nichts ist, als die Entwickelung der mehrfachen, zur Erklärung ihrer Gegenstände ausgesonnenen Hypothesen, so wird meine einfache Ansicht von den Ursachen der Erdwärme hier neben der gelehrten und geistreichen des französischen Akademikers Poisson einen Platz finden dürfen und die Leser haben nun die Wahl.

(Die Fortsetzung folgt in Nr. 241.)

Ein Maskenball in dem Opernhause zu Paris. (Nach einem Gemälde von Gavarni.)

Das Pfennig-Magazin
für Verbreitung gemeinnütziger Kenntnisse.

241.] Erscheint jeden Sonnabend. **[November 11, 1837.**

Galerie der deutschen Bundesfürsten.
XXX.

Heinrich LXII., Fürst Reuß zu Schleiz.

Heinrich LXII., regierender Fürst Reuß zu Schleiz und Gera, geboren am 31. Mai 1785, ist der Sohn Heinrich XLII., der am 17. April 1818 starb, und dessen Gemahlin Karoline Henriette, Prinzessin von Hohenlohe-Kirchberg, geboren am 11. Juni 1761. Nebst seinem jüngern Bruder, Heinrich LXVII., geboren am 20. October 1789, durch den nachmaligen Superintendenten Oeder in Schleiz vorbereitet, besuchte er 1804—6 die Universitäten zu Würzburg und Erlangen und hielt sich sodann bis 1809 in Dresden auf. Als der Fürst nach dem Tode seines Vaters die Regierung übernommen, ließ er zunächst insbesondere die Verbesserung des Schulwesens sich angelegen sein, wie ihm denn überhaupt der Ruhm gebührt, durch weise Sparsamkeit bei seinen redlichen Bestrebungen höchst wohlthätig für das Beste seines Landes gewirkt und die Finanzen aufs Beste geordnet zu haben. Um so betrübender war das Unglück, welches Schleiz im Jahre 1837 betraf, wo nicht nur der größte Theil der Stadt, sondern auch das Schloß, aus welchem fast gar nichts gerettet werden konnte, ein Raub der Flammen wurde. Der Fürst ist unvermählt, und auf seines einzigen Bruders, Heinrich LXVII., Söhnen ruht die Hoffnung der Erhaltung des regierenden reußischen Stammes. Sein Bruder ist seit 1820 mit der Prinzessin Sophie von Reuß-Ebersdorf, geboren am 28. Mai 1800, vermählt, und hat zwei Söhne: Heinrich XIV., geboren am 28. Mai 1832, und Heinrich XVI., geboren am 2. August 1835, und eine Tochter, Anna, geboren am 16. December 1822.

Das Neueste aus der Natur- und Gewerbswissenschaft.
(Fortsetzung aus Nr. 240.)

Aus diesen Tiefen der Erde mit dem Geheimnisse ihrer Wärmeerzeugung erhebe ich mich nochmals zu den Höhen des Himmels mit seinen Gestirnen, für deren genauere Betrachtung durch eine doppelte Verbesserung der dioptrischen Fernröhre (Refractoren), nämlich durch Littrow-Plößl's dialytische Einrichtung und Duwe's achromatische Oculare, ein außerordentlicher Fortschritt geschehen ist.

Meine Leser erinnern sich zuvörderst, daß in den ältern Fernröhren das Objectiv aus einer Linse von blos einerlei Glasart besteht und daß man durch ein solches Fernrohr die Gegenstände nicht nur sehr verschoben, sondern auch mit farbigen Ringen umgeben erblickt, wovon der Grund in der Art der Brechung der Lichtstrahlen liegt, wenn sie aus der Luft auf eine also construirte Glaslinse fallen. Ein englischer Optiker des vorigen Jahrhunderts, mit Namen Dollond, kam deshalb auf den Gedanken, das Objectiv aus zwei verschiedenen Glasarten: dem Crown- und Flintglase, zusammenzusetzen, durch welche Verbindung sowol jene Verschiebungen des Bildes, als namentlich die Farbenzerstreuung aufgehoben wurden, und die man daher achromatisch (farblos) nannte. Dergleichen „achromatische" Objective wurden zuletzt so eingerichtet, daß man in eine doppelt hohle (concav-concave) Linse von Flintglas zwei doppelt erhabene (convex-convexe) Linsen von Crownglas einpaßte, und Ramsden in England und Fraunhofer in München, deren Namen in Jedermanns Munde sind, verfertigten nach dieser Idee ganz vortreffliche Refractoren. Gleichwol blieben dabei noch mehre Wünsche übrig. Im Allgemeinen nämlich leuchtet sogleich ein, daß ein Fernrohr desto mehr Licht haben und die Gegenstände also auch um so heller und deutlicher zeigen wird, je größer das Objectivglas desselben ist. Allein die Größe des Objectivs bedingt zugleich die Länge des Fernrohrs, durch deren Zunahme der bequeme Gebrauch des Instruments sehr beeinträchtigt wird. Zugleich hält es sehr schwer, besonders die Flintglaslinse zu einem solchen großen dreifachen achromatischen Objectivglase in der erfoderlichen Reinheit und Gleichmäßigkeit der Masse zu erhalten, und der Preis der Fernröhre ward dadurch sehr vertheuert, ja er stieg in die Tausende.

Der berühmte wiener Astronom Littrow, der Verfasser der in allen Händen befindlichen „Wunder des Himmels" kam daher auf den Gedanken einer Abänderung der Construction, indem er die verschiedenen Linsen des Objectivglases nicht mehr hart aneinander fügte, sondern getrennt (dialytisch) voneinander aufstellte, wobei nicht nur viel kleinere Stücke Flintglas ausreichen und also viel Geld gespart, sondern auch die Länge des Fernrohrs bedeutend verringert wird, und der wiener Optiker Plößl führte nach dieser glücklichen Idee Fernröhre aus, welche danach Littrow-Plößl'sche Dialyten heißen. Mit einem solchen Dialyten, und zwar dem größten, welcher bis jetzt aus Plößl's Werkstatt hervorgegangen ist, hat der Erzherzog Ludwig kürzlich die k. k. Sternwarte zu Wien beschenkt, und die Vorzüge der neuen Construction haben sich erst an diesem vortrefflichen Instrumente recht auffallend offenbart. Dasselbe hat vier Zoll Öffnung (Durchmesser des Objectivs) und 45 Zoll Länge.*)

Da die achromatischen Fernröhre von der frühern Einrichtung bei jener Öffnung schon 60 Zoll Länge haben müssen, so ist dieselbe hier also auf drei Viertel herabgebracht, welches für die bequeme Handhabung schon einen außerordentlichen Vortheil gewährt. Dieser bedeutenden Verkürzung ungeachtet aber zeigte es sich einem in seiner ältern Art ausgezeichneten und viel größern Fraunhofer'schen Achrometer von vier Zoll 1½ Linien Öffnung und 64½ Zoll Länge, schon bei den ersten Versuchen nicht nur gleich, sondern sogar überlegen. Dieser Dialyt ruht auf einem ebenso solid als elegant gebauten, unmittelbar auf dem Boden stehenden Pyramidalstativ von Mahagoni, und erhält durch ein zweckmäßig eingerichtetes Triebwerk eine sehr sanfte horizontale und verticale Bewegung. Man verglich die Leistungen des Instruments hiernächst genauer mit denen des oben erwähnten Fraunhofer, und dasselbe bewies sich dabei nicht nur in Beziehung auf scharfe Begrenzung der Bilder, als auf Lichtstärke durchaus vorzüglicher; auch vertrug der Dialyt, seiner kleinern Öffnung ungeachtet, eine bedeutend stärkere Vergrößerung. So zeigte derselbe z. B. den Polarstern beständig als Doppelstern und man konnte den begleitenden Stern dadurch beständig wahrnehmen, während ihn der Fraunhofer nur auf Augenblicke gewahren ließ. Gleichergestalt verhielt sich dieses vortreffliche Instrument bei seiner Anwendung auf die Flecken und Fackeln der Sonne, auf die Lichtphasen des Mars u. s. w. Die beobachtende Astronomie darf also sehr viel von der Littrow-Plößl'schen Construction erwarten und der geringere Preis wird die Dialyten überdies bald in viele Hände bringen.

Alle diese Vervollkommnungen der Refractoren betrafen bis jetzt aber, wie man sieht, immer nur die Objectivgläser; für die Oculare, welchen wesentlichen Antheil sie an der Güte eines Fernrohrs auch haben, war wenig geschehen und ihre Achromasie bestand mehr dem Namen als der That nach. Ein berliner Optiker, mit Namen Duwe, versuchte es daher, Oculare, gleich den Objectiven, aus Crown- und Flintglas zusammenzusetzen, und die mit den also vervollkommneten Duwe'schen achromatischen Ocularen von den berliner Astronomen angestellten Versuche haben ein sehr befriedigendes Resultat gegeben. Besonders versichert Mädler, der bekannte Verfertiger der schönen neuen Mondkarte, bei Anbringung eines solchen Oculars an seinem Fraunhofer gleich in der ersten Nacht auf der Mondfläche eine Menge vorher nie bemerkter Gegenstände wahrgenommen zu haben. Was läßt sich also nicht erst von einer geschickten Vereinigung dieser Duwe'schen achromatischen Oculare mit den Littrow-Plößl'schen Dialyten erwarten! Wie wird sich unser Blick in das Universum dadurch erweitern und schärfen! Mit einer ungeduldigen Erwartung, welche gewiß von den meisten meiner Leser getheilt wird, sehe ich dem tiefern Eindringen in das Detail einer andern Planeten, zunächst der Mondwirthschaft entgegen, und alle bisherigen astronomischen Entdeckungen, wie hehr und wichtig sie sind, werden an Interesse weit hinter die sinnliche Gewißheit zurücktreten, welche uns ein so vervollkommnetes optisches Instrument vielleicht von der Bewohntheit der übrigen Weltkörper durch verständige Wesen verschaffen kann. Welch eine Aussicht!

Hiernächst muß ich meine Leser aber doch wieder in die Tiefen der Erde führen, in denen die Natur-

---

*) Eigentlich: Brennweite des Objectivs, welche sich aber von der Länge eines astronomischen Fernrohrs wenig unterscheidet. Diese ist nämlich der Summe der Brennweiten des Objectivs und Oculars gleich, welche letztere verhältnißmäßig gering ist.

forschung nicht weniger eifrig umherspürt als in des Himmels lichten Höhen, und zwar habe ich über eins der größten Wunder zu berichten, welches die Geologie kürzlich an den Tag gezogen hat. In den ältesten Schichten der Erdkruste nämlich, in welcher bisher versteinerte Reste sogenannter vorsündflutlicher (antediluvianischer) Thiere gefunden worden sind, kommt oft in ganz ungeheuern Mengen ein merkwürdiges Thiergeschlecht vor, welchem man den Namen der Trilobiten beigelegt hat, und welches die Krabben und Krebse*) der Urwelt ausgemacht zu haben scheint. Bei diesen Thieren nun, und das ist das große zoologische Wunder, von welchem wir reden wollten, finden sich nicht selten die Augen vollkommen wohl erhalten, d. h. in eine krystallinische Masse verwandelt; man sieht an den versteinerten Exemplaren der Trilobiten diese Augen an ihren Stellen ganz deutlich aufsitzen, und diese Augen sind fast das einzige Beispiel der Erhaltung eines so zarten Organs an einem vor so vielen Jahrtausenden untergegangenen Thiergeschlechte.**) Da man dieselben demnach auf das genaueste mit den Augen verwandter, jetzt lebender Thiere vergleichen kann, so ist man durch diese Vergleichung zu sehr merkwürdigen Resultaten gelangt. Allerdings stellt man dieselbe mit einem ganz eignen Gefühle an, wenn man bedenkt, daß man Organe vor sich hat, mit denen ein so früher Bewohner unsers Planeten das Himmelslicht einsog; aber, was so interessant und wichtig ist, die Beschaffenheit dieser versteinerten Augen gibt uns deutliche Anzeichen von dem Zustande der alten See und alten Atmosphäre. Was zuerst das Wasser der Urwelt betrifft, so konnte es demnach unmöglich die trübe, chaotische Flüssigkeit sein, als welche es unsere Geogonier schildern, indem die Augen der Trilobiten vielmehr so gebaut sind, wie sich dies für eine klare, durchsichtige Flüssigkeit schickt, und hinsichtlich der Atmosphäre ferner zeigt der Zustand dieses Organs ebenfalls, daß sie auf den Durchgang der Lichtstrahlen keinen andern Einfluß äußern konnte, als dies jetzt der Fall ist, da die Augen jener alten Krebse ganz nach dem nämlichen Princip gebaut sind, als bei unsern jetzigen, auf dem Boden der Gewässer lebenden Krustenthiere. Das Wechselverhältniß zwischen Licht und Auge und das Licht sammt dem dasselbe durchlassenden Wasser muß also in der Urwelt ganz Dasselbe gewesen sein, als in der Jetztwelt, und die Erlangung dieser Gewißheit ist einer der größten Triumphe, welche die vergleichende Anatomie je gefeiert hat.

Ein anderer solcher Triumph, auch in Beziehung auf ein urweltliches Geschöpf, ist ihr kürzlich in Paris zu Theil geworden. Man hat nämlich vor einiger Zeit in den Sandgruben von Ensisheim am Rhein den Kopf eines vorsündflutlichen Riesenthieres, des in der Zoologie der Urwelt sogenannten Dinotherium giganteum, aufgefunden. Dieses ungeheure Fossil ist demnächst nach Paris geschafft und dort öffentlich ausgestellt worden; dem dortigen Akademiker Blainville aber ist es gelungen, nach den Principien der vergleichenden Anatomie aus diesem bloßen Kopfe das ganze Thier gleichsam zu reconstruiren, nämlich seine weitere Beschaffenheit, Lebensweise u. s. w. anzugeben. Nach jenen Principien bedingen sich nämlich die Glieder jedes organischen Wesens wechselsweise, dergestalt, daß ein jedes solches Geschöpf aus jedem Fragmente jedes seiner Theile erkannt werden kann. Wenn daher z. B. die Eingeweide eines Thieres so organisirt sind, daß sie nur Fleisch, und zwar rohes, verdauen können, so müssen auch seine Kiefern zum Verschlingen der Beute, seine Klauen, sie zu fassen und zu zerreißen, seine Zähne zum Zerschneiden und Zerkauen, seine Sinne zum Wahrnehmen aus der Ferne u. s. w. eingerichtet sein, ja in seinem Gehirne muß der nothwendige Instinct liegen, sich zu verbergen und seiner Beute aufzulauern. Diesen Principien gemäß hat nun Blainville herausgebracht, daß das Dinotherium, von dem er nur den Kopf vor sich hatte, zur Familie der Elefanten gehörte, die Erde aufwühlte, von Pflanzen und Knollen lebte und anderes Detail mehr, wobei man dem Akademiker einige kleinere Willkürlichkeiten um so mehr zu Gute halten wird, als er im Ganzen mit seinen Folgerungen gewiß Recht hat.

Diese Reconstruction eines urweltlichen Thieres aus einem Theile seines Skeletts führt mich auf ein in dieselbe Kategorie gehöriges, vorläufig schon in meinem frühern Berichte besprochenes, noch größeres Wunder, nämlich auf die Wiederbelebung urweltlicher Insekten mittels des Galvani'schen Stromes durch den bekannten Engländer Croß oder Crosse. Zur Beurtheilung des Gesichtspunktes, unter welchem ich diese Sache betrachte und hier darstellen will, muß ich meine Leser zuvörderst daran erinnern, daß der berliner Naturforscher Ehrenberg schon seit längerer Zeit das Bestehen des Feuersteins aus ganzen Massen versteinerter und zusammengebackener urweltlicher Insekten, Pflanzen u. s. w. dargethan hat, zu welchem Zwecke er den Feuerstein in sehr dünne, durchsichtige Platten zersägt, in denen er mit dem Mikroskop alle jene Substanzen augenscheinlich nachweist. Croß nun hatte durch Pulverung von Feuerstein, Kieselerde, woraus derselbe bekanntlich großentheils besteht, gewonnen, dieselbe mit Salzsäure übergossen und auf diese Mischung, in der Hoffnung, Krystalle zu erhalten, welches ihm bei Anwendung desselben Verfahrens auf andere Substanzen oft gelungen war, den elektrischen Strom einer sehr mächtigen Volta'schen Säule wirken lassen. Statt also erhoffter Krystalle aber fand er nach einer gewissen Zeit vielmehr lebende Thierchen von unbekannter Art in der angegebenen Mischung vor, von denen also angenommen werden muß, daß sie eine Wiederbelebung der erwähnten Ehrenberg'schen Infusorien sind. Wie unglaublich die Sache auch klingt, so scheint sie doch durch einen vom Dr. Buckland darüber an die gelehrte Societät zu Orford erstatteten, uns vorliegenden Bericht außer allem Zweifel gesetzt zu sein, sodaß demnach die Möglichkeit, Thiere (wenigstens niederer stehende) nach einem Todesschlafe von vielen Jahrtausenden wieder in das Leben zurückzurufen, erwiesen wäre. Wenn es erlaubt ist, eine, freilich schwache, Analogie zur Verstärkung der Wahrscheinlichkeit hiervon anzuführen, so erinnere ich daran, daß man Fliegen, welche z. B. in Branntwein ertränkt worden, noch nach ziemlich langer Zeit wieder zum Leben erwecken kann, wenn man sie mit Kreidepulver bestreut und in die Sonne legt. Was hier aber das Sonnenlicht wirkt, war dort dem so viel mächtigern elektrischen Strome der Volta'schen Säule übertragen, und Niemand hat bis jetzt noch die Grenzen der Belebungs- oder Wiederbelebungsfähigkeit dieses mächtigen Agenten vorzuzeichnen gewußt.

---

*) Der Schwanz ist bei diesen Thieren oft durch zwei der Länge nach vorlaufende Furchen in drei Lappen getheilt, daher der Name.

**) Wir sagen oben „fast", denn das einzige Beispiel einer solchen Erhaltung ist es wirklich nicht. An einem 1807 im Eise der Nordküste von Sibirien aufgefundenen Mammuth, also auch an einem vorweltlichen Thiere, zeigten sich die Augen ebenfalls vollkommen wohl erhalten. Hier hatte aber die Kälte gethan, was dort durch Krystallisation bewirkt worden ist.

Alle Spöttereien über diese große Croß'sche Entdeckung sind also mindestens sehr voreilig. Statt sich in solchen zu ergehen, sollten vielmehr alle Naturforscher, welche im Besitze hinreichend starker galvanischer Apparate sind, die übrigens so leicht anzustellenden Croß'schen Versuche selbst wiederholen. Diese Sache, däucht mich, verdient es.

Da wir uns einmal in der Urwelt befinden, so will ich auch sogleich auf die mehrfach aufgeworfene Frage kommen, ob dieselbe neben den obenerwähnten Ungeheuern, des Mammuth, Dinotherium u. s. w., ebenfalls von Menschen bewohnt gewesen sei. Für Bejahung dieser fast noch immer verneinend beantworteten Frage schien in der letzten Zeit ein merkwürdiger Fund zu sprechen. Bei Sprengung eines Felsens in Kandia nämlich hatte man mitten im Gesteine Stücke eines menschlichen Rückgrathes, einige Rippen, mehre, anscheinend von einem jungen Manne herrührende Backzähne u. s. w. entdeckt. Diese Gebeine eines vermeinten Urmenschen, sammt dem dazu gehörigen Felsstücke, sind vom französischen Consul zu Kandia (Fabre Quette) der pariser Akademie übersendet worden, und diese hat entschieden, daß es wirklich Menschenknochen seien. Allein diese Thatsache ist leider auch noch nicht entscheidend, da der Felsen von neuerer Formation sein kann, wie denn namentlich der Travertin oft vor unsern Augen entsteht und bekanntlich sehr schnell wächst. Der hier in Frage gestellte Umstand, ob die Urwelt auch schon Menschen besessen habe, bleibt also auch nach dieser Entdeckung wenigstens noch so lange problematisch, bis ausgemacht werden könnte, daß der betreffende Felsen selbst bereits jener Urwelt angehört habe.

Übrigens erscheint die Existenz unsers Geschlechts in jener kolossalen Urwelt für dasselbe eben auch gar nicht einmal wünschenswerth. Ein anderes Riesenthier derselben, dessen Kopf man kürzlich in Südamerika ausgegraben hat und welches zu der antediluvianischen Fauna den Namen Taxodon führt, ist z. B., trotz seiner Elefantengröße, von der Zoologie für eine Species der mäuseartigen Vierfüßler erklärt worden. Man denke sich ein den Mäusen verwandtes Geschlecht von Elefantengröße! Unsere Einbildungskraft vermag gar nicht, eine Idee von der durch Thiere solcher Art bewohnten Urwelt zu geben, und wohl ein wirklich dem Menschen, wenn er zu einer Zeit noch nicht existirt hat, wo die Mäuse an Größe den Elefanten glichen!

Neben diesen geologischen Geheimnissen ist die öffentliche Aufmerksamkeit in diesen Tagen durch ein atmosphärisches Geheimniß beschäftigt worden, nämlich den am 15. Juli zu Bensen, leitmeritzer Kreises in Böhmen, durch den dortigen Dr. Hegenbart aufgefundenen Meteorstein. Derselbe hat die Gestalt eines länglichen Vierecks, ist drei Zoll lang, zwei Zoll breit, einen Zoll dick und wiegt etwas über ein halbes Pfund; die Kanten und Seitenflächen bilden fast rechte Winkel. Der Stein zeigt unmittelbare Spuren, daß er im Zustande des Glühens und noch weich beim Erde berührte, indem der Boden darauf abgedrückt ist. Er gleicht im Ansehen der Schmiedeschlacke und zeigt deutliche Krystallisation. So liegt der Stein, gleich unzählbaren andern, vor ihm aus der Luft gefallener Meteorsteine zur Anschauung da; das Factum ist ganz unzweifelhaft; aber wie hängt es mit dem Ursprunge und der Natur dieser wunderbaren Körper zusammen?

Wir dürfen bei unsern Lesern eine wenigstens historische Kenntniß der mehrfachen, zur Beantwortung dieser Frage von den Naturforschern ausgesonnenen Hypothesen voraussetzen. Sie wissen z. B., daß der ehrliche Benzenberg die Meteorsteine aus den Mondvulkanen abstammen läßt, von wannen sie bis zur Erde geschleudert werden sollen, daß ihnen Chladni ihren Ursprung im Weltenraume anweist, wo sie sich, sagt er, planetenartig bewegen, bis sie in den Bereich der Anziehung der Erde gerathen u. s. w. Das ist Alles sehr schön und sinnreich; gleichwol aber, däucht mich, gibt es eine viel einfachere und natürlichere Erklärung, welche sogar den Charakter der innern Nothwendigkeit an sich trägt und welche ich deshalb nicht oft genug vortragen zu können glaube.

Wenn ich mich nämlich in der Natur, im Gewerbe u. s. w. umsehe, die ungeheuern Staubmassen, die der Wind beständig emporwirbelt, die Metallatome betrachte, beim Schmieden, Hämmern entweichen, so frage ich mich immer: Wo bleibt das nur endlich? Alle in die Luft aufsteigende Flüssigkeit wird aus derselben als Regen, Schnee, Hagel wieder niedergeschlagen, und jene erdigen, metallischen Aufsteigungen allein sollten unbegrenzt in ihr aufgehäuft bleiben? Nimmermehr! Der Meteorstein ist vielmehr ein den wässerigen Meteoren in seiner besondern Art ganz verwandter atmosphärischer Niederschlag, wodurch sich die Luft ebenmäßig von Dingen besonderer, in sie eingedrungener, fremdartiger Substanzen befreit. Dies ist so einfach, so natürlich, ja, wie gesagt, so nothwendig, daß ich gar nicht begreife, wie man sich nach andern, weit hergeholten Erklärungen hat umsehen können. Wollte man mir die Größe mancher Meteorsteine einwenden? Gütiger Gott, wie große Hagelklumpen hat man nicht gesehen! Spricht man von der Constanz der Zusammensetzung, so antworte ich darauf, daß die Natur für ihre wässerigen Niederschläge, welcherlei Arten von Flüssigkeiten nun auch verdünstet sein mögen, auch nur einerlei Beschaffenheit, die des reinen Wassers, kennt. Damit soll zwar nicht gesagt sein, daß der Äther eines ähnlichen Processes von Zusammenballungen durchaus entbehre; man unterscheide nur sorgfältig zwischen tellurischen Meteormassen und solchen kosmischen Gebilden, welche ihren Ursprung einem ganz andern Principe verdanken. Hier und heute habe ich es blos mit dem Hegebart'schen Meteorsteine und den überhaupt in diese Classe gehörigen Aërolithen zu thun, und rücksichtlich ihrer scheint also unbedingt festzustehen, daß sie durchaus weiter nichts als tellurisch-atmosphärische Niederschläge sind.

(Der Beschluß folgt in Nr. 242.)

Der Schachspieler von Moritz Retzsch.

Wir geben hier eine sehr gelungene Copie des berühmten Blattes des geistreichen Künstlers Retzsch in Dresden. „Satan, der mit einem Jüngling um seine Seele im Schach spielt", dies ist der Gegenstand dieser Zeichnung, und man muß gestehen, daß dies ein Stoff ist, worin der eigenthümliche Genius des Künstlers reiche Nahrung fand. Zur Linken des Schachbrets sitzt Satanas, der gefallene Engel, der, wie es in der heiligen Schrift heißt, ein Mörder war von Anbeginn; sein lauernder, tückischer Blick haftet auf dem jugendlichen Gegner und macht uns für dessen ewiges Heil zittern. Ein weiter, faltenreicher Mantel wallt um Satans Gestalt, der mit der einen Hand das Kinn stützt, während die andere eine Figur des Schachspiels, den Frieden vorstellend, von dem Brett weggestohlen hat. Der junge Mann, im tiefen Nachdenken, stützt sein Haupt in seine Rechte, als ob er sein ewiges Verderben im Voraus ahne und Alles aufbieten müsse, es abzuwenden. Zwischen Beiden und hinter dem Spielbrett steht der gute Genius des Menschen mit kummervollem Blicke, so, als ob auch ihm für die Seligkeit des Jünglings bange wäre. Die Stellung dieses Engels ist wahrhaft schön und ausdrucksvoll, seine Hände sind ineinander geschlossen, wie zum Gebet, seine Schwingen halb entfaltet, so, als müsse er bald entweichen; sein Haupt ist anmuthig nach der Linken geneigt.

Werfen wir nun einen Blick auf die Schachfiguren. Auf der Seite des bösen Feindes trägt der König dessen eigne Gestalt. Die Königin ist die sinnliche Lust, die vor allen übrigen Figuren voransteht. Die Officiere des Satans sind die Trägheit, in der Gestalt eines dicken Schweins; der Stolz, geformt wie ein Pfau; die Falschheit, mit der einen Hand auf der

Brust, mit der andern einen gezückten Dolch hinter sich streckend; der Unglaube, der das Kreuz mit Füßen tritt; die Angst u. s. w. Die Bauern sind die Zweifel. Und wehe dem armen Jüngling! von allen Figuren seines höllischen Gegners hat er nur diese, nur die Angst, gewonnen, und einen Zweifel. Satan dagegen hat schon der Cherubine viele erbeutet, die des Jünglings Bauern sind, dazu auch die Demuth, die Liebe, die Unschuld. Nur die Religion, die Wahrheit und die Hoffnung sind dem beklagenswerthen Menschen noch geblieben. Verliert er auch diese, dann ist Alles verloren, und es ist wahrscheinlich, daß er auch sie und mit ihnen seine arme Seele den höllischen Mächten wird überliefern müssen!

Welch ein schöner Gedanke, welch ein tiefer sittlicher Inhalt in dieser ausgezeichneten Allegorie wohnt, darüber brauchen wir kein Wort zu sagen, da diese innige Seele des ebenso künstlerisch gedachten als ausgeführten Bildes schon von selbst in ihrer ganzen Lauterkeit uns aus demselben entgegentritt.

Der Wasserfall von Gersoppa.

Von merkwürdigen Wasserfällen, die sich in verschiedenen romantisch-großartigen Gegenden der Erde vorfinden, haben wir unsern Lesern im Pfennig-Magazin bereits Manches berichtet; jetzt wollen wir ihnen, als Nachtrag zu diesem interessanten Capitel aus Gottes reicher und schöner Natur, die Schilderung eines Wasserfalls mittheilen, der vielleicht der schönste und großartigste auf der ganzen Erde ist; dies ist der Wasserfall von Gersoppa in dem District Sagara in Hindostan. Der Fluß, welcher diesen Fall bildet, wird Sarawatti genannt. Unterhalb des Sturzes ist er bis zu seiner Mündung in das Meer, bei Hanore, schiffbar. Die Stadt Gersoppa scheint ehemals bedeutend gewesen zu sein. Die Ausdehnung ihrer Trümmer nach mag sie über 50,000 Einwohner gezählt haben, aber von 70 Tempeln ist nur noch einer, aus Granit erbaut und mit Steinen gedeckt, vorhanden. Von Gersoppa ersteigt man auf sehr beschwerlichen Wegen den Berg Gats und erreicht erst nach einem sechsstündigen Marsche die eigentliche Höhe.

„Der Morgen — so erzählt uns ein glaubwürdiger Reisender, der diesen merkwürdigen Wasserfall vor einigen Jahren besuchte — war ausnehmend schön. Es war gerade Sonntag. Das tiefe Schweigen des Waldes verbreitete einen leisen, melancholischen Schlagschatten über unsere Seele. Plötzlich vernahmen wir ein starkes Geräusch, ähnlich dem eines gewaltigen Sturmes. Nach einiger Zeit befanden wir uns nahe an dem Wassersturz, ohne ihn jedoch zu sehen. Einige Schritte weiter hin gähnte uns ein schrecklicher Abgrund entgegen. Um ohne Gefahr in seine Tiefe zu blicken, ist man genöthigt, sich der Länge nach auszustrecken und den Kopf über einen scharf vorspringenden Felsen zu halten. In dieser Lage sieht man einen ungeheuren, düstern Felsenspalt, der vom Wasser gebildet zu sein scheint, das in denselben stürzt, und aus dem große Säulen, von Wasserdampf gebildet, emporsteigen, die sich mit den Wolken zu vereinen, welche die Gipfel des Gebirges umhüllen. Man glaubt eher in den Krater eines Vulkans zu blicken, als in das Bett eines Wasserfalls. Die Täuschung ist um so größer, wenn die Sonne ihre Strahlen durch den Wasserstaub fallen läßt, der sich dann in eine einzige feurige Masse zu verwandeln scheint. Der Umfang des Beckens dieses Wasserfalls, das die Gestalt eines Hufeisens hat, mag zehn Minuten messen. Es wird auf der einen Seite von einem prächtigen Wald umschlossen, der den Anblick der ganzen Scene noch mehr erhöht. Zur Linken sieht man Fluren und Felder. Der Fluß Sarawatti stürzt sich in fünf Armen in dieses Bassin. Der stärkste von diesen ist der nordöstliche, er fällt in gerader Linie in den Abgrund und scheidet sich bald in zwei Säulen, die getrennt den Boden berühren."

Mehre Versuche zur genauen Messung der Höhe dieses Wasserfalls sind fruchtlos geblieben. In einer Tiefe von 3—400 Fuß berührte das Senkblei die vorspringenden Felsen, ohne den Grund erreichen zu können. Man warf eine Kokosnuß hinab und bemerkte an der Uhr, wie lange sie sichtbar blieb. Bei diesem Versuch ergab sich stets das gleiche Resultat von acht Secunden. Hiernach läßt es sich berechnen, daß die Tiefe über 1000 Fuß betragen muß.

Ein Morgen in Persien.

Ein Morgen in Persien hat etwas durchaus Eigenthümliches. Um diese Zeit des Tages erhält erst ein persisches Dorf seine charakteristische Beleuchtung. Bei Anbruch des Tages sind alle Hände in Thätigkeit, und auch alle Stimmen, kann man hinzusetzen. Die Weiber rufen und kreischen aus dem höchsten Tonarten, die Hähne, deren es in jedem persischen Dorfe eine Überzahl gibt, stimmen ihren letzten Ruf an, und die großen persischen Hofhunde erheben ihr tiefes Gebell. Die Frauen nehmen sich nicht Zeit, beim Aufstehen vollständig anzukleiden. Es ist ihr Beruf, unmittelbar nach den Hähnen die ersten muntern Personen zu sein, und sie fürchten gar sehr ihre Männer, wenn sie diesen Beruf irgend versäumt haben. Die letztern erheben sich langsamer von ihrem Lager; sie schüren geschwind ein großes Feuer mit herumliegendem Unkraut an, und greifen dann zu ihren Geräthen, um das Tagewerk zu beginnen. Ehe noch die ersten Sonnenstrahlen am fernen Osten heraufdringen, macht sich ein allgemeines Brüllen und Blöken vernehmbar, und aus den schwarzgähnenden Öffnungen mehrer niedriger Thorwege drängen sich hunderte von Schafen, Kühen, Pferden, Eseln und Kameelen, die von einem Dutzend und mehr großen Hunden zusammengetrieben und unter rauhem Gebell zur Ordnung gerufen, und von ebenso vielen rüstigen Burschen, die mit tüchtigen Knitteln bewaffnet sind, in Empfang genommen werden. Nichts kann lebendiger, bewegter, vollstimmiger sein, als diese morgentliche Thier- und Menschenscene im innern Hofraum. In wenig Minuten sind die verschiedenartigen Heerden vor das Außenthor gebracht, und nun füllt sich mit einem Mal das Dorf und die ganze Umgegend mit Hausthieren aller Art, die beieinander vorüber in dichten Haufen nach den Weideplätzen getrieben werden. Männer, Frauen und Kinder, Alles steigt vor die Thüren, um die abziehenden Heerden zu begleiten oder mindestens ihnen unter mannichfachem Zuruf nachzuschauen. Auf das laute Gebrüll und Geblök der abziehenden antwortet hier und dort der gedämpftere Echoruf eines im Stall zurückbleibenden Hausthieres so, als drücke dieses seine Sehnsucht aus, dem allgemeinen Haufen nicht folgen zu können, und es verfließt eine geraume Zeit, bevor das verlassene Dorf in den Zustand seiner vorigen Stille zurücktritt.

Ursachen der Unmäßigkeit in den untern Volksclassen.

In einer Abhandlung über die Mäßigkeit, welche Dr. Channing dem Mäßigkeitsverein von Massachusetts in den Vereinigten Staaten einreichte, findet er sehr richtig einen Hauptgrund der herrschenden Unmäßigkeit in der schweren Last von Sorge und Noth, von der jetzt ein großer Theil der Bevölkerung in den civilisirten Ländern niedergedrückt wird. Um sich und ihre Familie ernähren zu können, sieht sich ein großer Theil der Männer zu Anstrengungen gezwungen, wodurch ihre Kraft erschöpft, ihre Gesundheit angegriffen wird. Natürlich wird von den Unglücklichen Hülfe in dem gebrannten Wasser gesucht. Dr. Channing sieht in dieser Lage der Dinge einen großen Mangel von Dem, was wir den Fortschritt der Gesellschaft nennen. Einen andern Grund, mit dem vorhergehenden auf das Innigste verbunden, findet er in der geistigen Verwahrlosung und Unwissenheit, in welcher sich die meisten Individuen der arbeitenden Classe noch befinden. Schwere Arbeiten vom Morgen bis zum Abend, in Fabriken oft bei Kindern bis zu 16 Stunden verlängert, müssen jeden Gedanken verschlingen und den menschlichen Geist abstumpfen. Wo nur körperliche Anstrengung ist und der Geist gar nicht geweckt wird, da kann es auch nur eine sinnliche Erholung geben, jeder edlere geistige Genuß muß da den Menschen fern liegen. Vielleicht ist die Abnahme der Trinksucht in Deutschland, um deretwillen dieses Land früher so berüchtigt war, den Fortschritten zuzuschreiben, welche hier Erziehung und Geistesbildung auch in den untersten Classen gemacht haben. Dr. Channing erkennt dies an, klagt dagegen sehr über Mangel an guten Lehrern in Amerika.

Die Provinz Niolo in Corsica.

Die Provinz Niolo gewährt einen überaus romantischen Anblick. Schroffe Felsenabhänge, donnernde Wasserfälle, hohe Gebirgszüge, die neun Monate im Jahre hindurch mit Schnee bedeckt sind, und zu deren Füßen sich die Reichthümer eines ewigen Frühlings entfalten, lachende Thäler, die sich oft ganz unerwartet dem Anblick des Besuchers eröffnen, bezeichnen diesen anmuthigen Landstrich. Die Provinz erstreckt sich bis zum Monte Rotondo, dem Culminationspunkt der ganzen Insel, von wo aus sich die Gegend unter einem ewig reinen Himmel in der Breite entfaltet. Gleich einer breiten Muschel erschließt sich dieser Landstrich zwischen den Zügen hoher Gebirge. Hier wohnt der robusteste Volksstamm von ganz Corsica, ursprüngliche, kräftige Naturen, die weder Schwäche noch Furcht kennen, denen Empfindungen der Liebe und des Hasses so fest eingewurzelt sind, wie die steilen Felsen ihrer vaterländischen Insel. Diese malerische Gegend umschließt zwei Seen, wovon der See von Ino der ausgezeichnetste ist. Sein klarer Wasserspiegel bedeckt den Gipfel eines Bergrückens, der seine abgerundeten majestätischen Häupter, unter der herrlichsten Beleuchtung, gen Himmel streckt. Ringsumher auf allen Abhängen breitet sich das üppigste, herrlichste Grün aus, weshalb auch die Hirten der ganzen Landschaft in dieser Abgeschiedenheit ihre Heerden weiden. Durchsichtiger und krystallheller als dieser See kann es keine Gewässer geben. Selbst an den tiefern Stellen sieht man bis auf den goldglänzenden Kiesgrund hinab, auf dessen weichem Schooße Millionen von silberhellen Muscheln ruhen; tausend und aber tausend hellschuppige Forellen spielen im Sonnenschein auf und nieder.

Bilder aus Rom.

I.

Wir haben in Nr. 215 des Pfennig-Magazins ein Gemälde von Rom in seinen Hauptzügen geliefert, welchem wir noch einige Bilder anreihen wollen, die uns auf interessante Standpunkte der alten Weltstadt versetzen. Umstehende Abbildung zeigt uns den Mittelpunkt des altrömischen Staatslebens, das Forum, dessen nördliches Ende wir hier sehen. Nichts beweist eindringlicher Roms Verfall und die Verheerungen, welche die Zeit hervorgebracht hat, als die Schwierigkeit, die Grenzen des berühmten Forums auch nur im Allgemeinen zu bestimmen. Nur durch Vergleichung einiger Stellen alter Schriftsteller mit unveränderten Örtlichkeiten oder mit genau bekannten Baudenkmalen können wir diese Schwierigkeit zum Theil überwinden und ungefähr die Lage des Forums angeben. Das Forum war nicht ein ganz offener Platz, sondern hatte öffentliche Gebäude, sowol in der Mitte als an den Grenzen. Aber weder von dem Versammlungshause des Senats, der Curia, noch von dem Gebäude, wo die Bürger in den Comitien über die öffentlichen Angelegenheiten verhandelten, noch von der Stelle, wo die großen Redner zu dem Volke sprachen, — von den dort aufgestellten Schnäbeln eroberter Schiffe Rostra genannt — weiß man die Lage anzugeben.

Nur ein Theil des alten Forums ist jetzt ein offener Raum und frei von Gebäuden, die nördliche Hälfte, von welcher unsere Abbildung einen Theil zeigt. Die südliche Hälfte ist dicht mit schlechten Gebäuden bedeckt. Der jetzt offene Raum heißt Campo vaccino (Kuhfeld), doch ist der Platz, der diesen Namen führt, weil Ochsen und Kühe dort verkauft wurden, oder die Kärner ihr Zugvieh dort ausruhen ließen, größer als der eigentliche Überrest des alten Forums. Nichts in Rom erweckt traurigere Betrachtungen als dieser Platz. Sehen wir vom capitolinischen Hügel auf das Forum hinab, so finden wir nicht nur die alte Großartigkeit des Ortes vernichtet, sondern den Platz selbst zu andern Zwecken benutzt. Wenn wir hinabsteigen, sehen wir viele der alten Gebäude unter Erdhügeln begraben und man könnte sich einbilden, daß ein Zauber auf dem Platze liege, der jede Entweihung durch die gewöhnlichen Beschäftigungen bewohnter Städte abhalte. Wo das römische Volk Tempel sah, welche die Erinnerung an seine Thaten verewigten, und die Edlen in der Pracht ihrer Wohnungen wetteiferten, sehen wir einzelne Säulen unter zerbrochenen Bögen hervorragen, oder wenn ein wißbegieriger Fremder erforscht, was der Einheimische nicht beachtet, kommen die Überreste einer Statue oder einer Säule aus dem Schutte hervor. Wo das Volk sich versammelte, wo Cicero's Beredtsamkeit hinriß, wo Triumphzüge glänzten, sehen wir kein lebendiges Wesen als Fremdlinge, welche die Neugier herbeilockt, oder Sträflinge, die zu Ausgrabungen gebraucht werden, oder Thiere, die unter dem Schatten der Bäume eine dürftige Weide suchen.

Unter den Überresten des alten Forums, die wir auf unserer Abbildung sehen, ist der bedeutendste der Bogen des Kaisers Septimius Severus. Er wurde zum Andenken an die Siege über die Parther dem Kaiser und seinen Söhnen Caracalla und Geta zu Anfange des 3. Jahrhunderts errichtet. Basreliefs, welche die beiden Seiten des Bogens zieren, beziehen sich auf die Feldzüge, an welche sie erinnern, sind aber schlecht ausgeführt. Die einzelne Säule, die wir zur Rechten sehen, war ein Gegenstand vieler Erörterungen, so lange das ganze Fußgestelle und ein Theil des Schaftes verschüttet waren, bis endlich 1813 die Herzogin von Devonshire den Schutt wegräumen ließ. Man fand eine Inschrift, aus welcher hervorging, daß die Säule dem Kaiser Phokas im 7. Jahrhundert war errichtet worden. Links auf unsern Bilde sehen wir am Fuße des Capitols schlanke Säulen, die Überreste des Tempels, der Jupiter dem Donnerer geweiht war.

Das Forum zu Rom.

Verantwortlicher Herausgeber: Friedrich Brockhaus. — Druck und Verlag von F. A. Brockhaus in Leipzig.

Das Pfennig-Magazin
für Verbreitung gemeinnütziger Kenntnisse.

242.] Erscheint jeden Sonnabend. [November 18, **1837**.

Galerie der deutschen Bundesfürsten.
XXXI.

Heinrich LXXII., Fürst Reuß zu Lobenstein und Ebersdorf.

Heinrich LXXII., regierender Fürst Reuß zu Lobenstein und Ebersdorf, geboren auf dem Schlosse zu Ebersdorf am 27. März 1797, der Sohn Heinrich LI., regierenden Fürsten Reuß zu Ebersdorf und dessen Gemahlin, Luise Henriette, einer Tochter des Reichsgrafen Gotthold Adolf von Hoym, wurde in Dresden, wo sich seine Ältern meist aufhielten, unter deren Aufsicht erzogen und durch Privatlehrer unterrichtet. Im Jahre 1816 ging er nach Bern, besuchte sodann einige Zeit die Universität zu Göttingen und kehrte hierauf 1818 nach Dresden zurück. Nachdem er am 10. Juli 1822 seinem Vater in der Regierung gefolgt, unternahm er mehre Reisen nach England und Frankreich, und war in Paris, als der Tod seines Vetters, Heinrich LIV., regierenden Fürsten Reuß zu Lobenstein, des letzten männlichen Sprößlings dieser Linie, am 7. Mai 1824 seinem Gebiete einen Zuwachs gab. Der Fürst ist unvermählt und hat blos noch zwei Schwestern: Karoline, geboren am 27. September 1792, und Sophie, geboren am 28. Mai 1800, vermählt seit 1820 mit dem Prinzen Heinrich LXVII. Reuß zu Schleiz.

Das Neueste aus der Natur- und Gewerbswissenschaft.
(Beschluß aus Nr. 241.)

Den Beschluß meiner diesmaligen Mittheilung will ich mit dem Bericht über einen merkwürdigen Blitzschlag und einige daran zu knüpfende Bemerkungen über Blitzableitung machen, welche ich aus eigner Erfahrung geschöpft habe und deren Bekanntmachung nützlich werden kann. Jener Wetterstrahl nämlich hat eine wunderliche Reise gemacht. Er fuhr im Dorfe Gimmel (Altenburg) durch den Schornstein eines Bauern-

V.

hauses in die Küche, betäubte einen Mann, der sich in derselben befand, und theilte sich dann in drei verschiedene Strahlen. Der erste derselben drang in die Gewölbe und richtete in denselben bedeutenden Schaden an; der zweite fuhr in die an die Küche stoßende kleine Stube, riß in derselben alles Wandgeräthe herunter und furchte in die Wände auffallend regelmäßige Reifen ein; der dritte Strahl endlich drang in die Wohnstube, zertrümmerte hier den eisernen Ofen, warf den Kachelaufsatz stückweise umher und warf die Hausfrau, welche hinter dem Ofen saß, bis mitten in die Stube, riß einem Kinde auf dem Arme der Wärterin die Mütze vom Kopfe und fuhr dann, mit Hinterlassung eines furchtbaren Dampfes, zum Fenster hinaus. Von der Heftigkeit des Schlages waren alle Hausbewohner ganz betäubt, nach wenigen Augenblicken kamen sie aber sämmtlich wieder zu sich, und selbst das Kind war unverletzt.

Wie launenhaft der Blitz hier verfahren zu sein scheint — und ich habe noch ganz andere anscheinende Bizarrerien von ihm beobachtet — so läßt sich sein Verhalten doch auf einige Principien von ganz allgemeiner Gültigkeit zurückführen. Die Gesetze des Verhaltens eines Blitzstrahles auf seinem Wege zur Erde finden sich nämlich allemal durch die mehr oder weniger leitende oder nicht leitende Beschaffenheit der Körper auf diesem Wege bestimmt. Dies habe ich noch bei allen Untersuchungen am Orte selbst bestätigt gefunden, obwol man bei solchen Untersuchungen sehr umsichtig sein und sorgfältig in Erwägung ziehen muß, daß die Bahn oft nicht durch einzelne Stellen, sondern durch die Beschaffenheit des ganzen Zwischenraumes bestimmt wird, den der Blitz von seinem Ursprunge bis zur Erde, seinem Ziele, zu durchlaufen hat, und daß er nicht immer eben den kürzesten, sondern vielmehr den leichtesten Weg nimmt, auf welchem die Summe der Leitung im Ganzen am größten ist. Eine Thatsache der Erfahrung zunächst ist, daß der Blitz durch alle feste Körper mehr als durch die Luft gelockt wird; er fährt z. B. nie durch offene Fenster und Thüren, folgt also auch nicht, wie man oft ängstlich glaubt, der Zugluft, sondern streicht an Sparren, Mauern, Pfosten u. s. w. herab. Darum kann man sich auch gar nicht darauf verlassen, daß der Blitz gewisse Körper, z. B. Birken, Buchen, Lorberbäume, Tannen u. s. w. nie treffe, wiewol dies schon im Alterthume behauptet worden ist; sind in ihrer Nähe keine bessern Leiter vorhanden, so wird er sie wol wählen. Die besten Leiter des Blitzes sind aber immer die Metalle, wiewol zwischen ihnen selbst, rücksichtlich dieser Vorliebe des Blitzes, eine unten näher zu erwähnende Rangfolge besteht. Metalle ergreift der Blitz vorzugsweise, geht an ihnen fort, so weit sie reichen, vorausgesetzt, daß dies nicht zu große Umwege zur Erde machen, verläßt auch andere Körper, welche ihn vorher leiteten, um zu ihnen überzuspringen. Wie er sich demnach an den Drähten der Schellenzüge, der Gypsdecken, der zum Anwurf betheerten Balken der Zimmer durch alle Biegungen hinzieht, ist durch unzählige Beispiele hinreichend bekannt. Eine zusammenhängende Strecke Metall verläßt der Blitz nur in den Fällen, wo erstens, wie gesagt, der Umweg zur Erde zu weit wird. Ist daher ein sehr langes Gebäude mit einer Blitzableitung zu versehen, so begnüge man sich nicht, die über den Forst hinlaufenden Schienen nur an den Enden des Gebäudes zur Erde hinabgehen zu lassen, sondern bringe schon in Zwischenstellen dergleichen schneller abwärts leitende metallische Verbindungen mit dem Erdboden an. Zweitens, wenn eine andere, zumal reichlichere metallische Leitung in der Nähe ist, unter welchen Umständen sich der Blitzstrahl, wie namentlich auch in dem Falle, der uns zu den gegenwärtigen Betrachtungen die Veranlassung gegeben hat, meistens zwischen beide Leiter theilt. Dieses Verhältniß kann bei Blitzableiteranlagen zu Verlegenheiten Veranlassung geben, wenn sich im Gebäude selbst Metallmassen, z. B. große eiserne Bolzen, Schrauben und dergleichen mehr vorfinden, die man nicht in die Leitung ziehen kann, und bei denen man mit denselben doch nahe vorbei muß. Man thut dann wohl, den leitenden Schienen in dieser Nähe mehr Stärke zu geben, weil mehr Masse den Blitzstrahl auch mehr fesselt, oder die Schienen auf diesem Theile des Weges statt, wie gewöhnlich, von Eisen, von Kupfer*) zu nehmen, welches vom Blitze noch lieber als Eisen ergriffen und verfolgt wird. Diese beiden Fälle sind ganz besonders zu beachten; Vieles ergibt sich aus der Localität des mit Blitzableitung zu versehenden Gebäudes selbst und wird nicht so leicht übersehen werden, wenn man nur überall das Grundprincip der hier vorgetragenen Theorie festhält, daß der Blitz den leichtesten Weg, auf dem die Summe der Leitung die größte ist, verfolgt. Es wird übrigens für viele meiner Leser neu und interessant sein, zu erfahren, daß man mit der großen elektrischen Maschine zu Harlem mannichfache Versuche angestellt hat, welche sämmtlich im Kleinen bestätigen, was wir hier vom Blitz im Großen angeführt haben, wodurch sich zugleich die Identität der Maschinenelektricität und der Gewitterelektricität beweisen findet.

Das letzte Ziel, auf welches der Wetterstrahl losgeht, ist stets die feuchte Erde oder das Wasser; sobald er dieses erreicht hat, hören augenblicklich alle seine Wirkungen auf und er vertheilt sich. Hat er auch ganz kurz vor diesem Ziele noch so große Gewalt ausgeübt, so fällt doch jede Spur nunmehr weg und man wird nicht einmal auf getroffenem nassen Steinpflaster auch nur das Mindeste mehr gewahr. Ob aber die Oberfläche der Erde oder vielmehr das Innere derselben vom Blitze aufgesucht werde, darüber sind die Meinungen und darnach auch die Einrichtungen der Blitzableiter verschieden, indem die Enden der Ableitungen an einigen Orten in die Erde versenkt werden, während man sich an andern Orten begnügt, sie zu ebener Erde auslaufen zu lassen. Ich halte das Letztere für hinreichend, eben weil angeführtermaßen die Erfahrung gezeigt hat, daß, sobald vom Blitze nur überhaupt die Erde an ihrer äußersten Oberfläche erreicht ist, alle weitern Spuren von Verwüstung aufhören. Der bekannte hamburger Naturforscher Reimarus, dessen Buch „Vom Blitze" (Hamburg 1778), noch immer als ein Hauptwerk über diesen Gegenstand betrachtet werden muß, stellt die nämliche Meinung auf; er meint sogar, daß, wenn, wie man häufig beobachtet, bei versenkten Blitzableitern Erde und Pflaster aufgewühlt gefunden werde, dies daher rühre, weil der Blitz das Metall zwar bis zum versenkten Ende verfolgt habe, von dort aber wieder aufwärts gedrungen sei, um die Oberfläche, als sein wahres Ziel, zu finden.

Eine andere Hauptfrage hinsichtlich der Blitzableiter ist die, ob man Auffangestangen anzubringen habe oder nicht. Franklin, der Urheber des Gedankens der

---

*) Die Metalle folgen sich, rücksichtlich ihrer Leitung der Elektricität, in folgender Ordnung: Gold, Silber, Kupfer, Messing, Eisen u. s. w. Man kann also, wie wir schon oben angedeutet haben, die Quantität durch die Qualität ersetzen. Dies ist in der Lehre von der Blitzableitung ein sehr wichtiger Umstand

Blitzableitung, gründet seine Überzeugung von der Nützlichkeit der Auffangestangen auf den bekannten Satz aus der Lehre von der Elektricität, daß Spitzen, zumal metallische, das Vermögen besitzen, die Elektricität einzusaugen und allmälig und ohne Explosion abzuleiten. Dieser Satz ist aber nur durch Versuche im Kleinen bewiesen. Da wir von der eigentlichen Natur des Blitzes sehr wenig wissen, so muß mit der äußersten Vorsicht verfahren werden, ehe man die Sache durch Umstände verwickelt, für welche nicht die unmittelbarste Erfahrung spricht. Letztere lehrt uns unwiderleglich und ausnahmslos, daß eine ununterbrochene, hinreichend starke und nicht zu weite Umwege machende Leitung, welche nicht von nahen und überwiegenden Metallmassen beeinträchtigt wird, den Blitz oder überhaupt die elektrische Materie ohne Beschädigung anderer Körper bis zur Erde herabführe. Fällt also ein Wetterstrahl auf ein Gebäude, so wird er, falls er eine nach diesen Principien eingerichtete metallische Leitung vorfindet, dieselbe ganz gewiß vorzugsweise ergreifen, bis zur Erde verfolgen und das Gebäude unbeschädigt lassen. In diesem Erfahrungssatze aber liegt durchaus nichts, was eine Auffangestange bedingte. Die Schädlichkeit einer solchen scheint mir vielmehr aus der Theorie der Spitzen selbst hervorzugehen. Denn daß eine solche Spitze die Elektricität, wie sich die Wissenschaft ausdrückt, einsaugt, deutet doch auf einen heranziehenden Einfluß, und von diesem will die Blitzableitung eben nichts wissen. Niemand wird entscheiden wollen, ob die einsaugende Spitze auch Einsaugungsvermögen genug besitze, um eine so ungeheure Menge elektrischer Materie, als eine Gewitterwolke enthalten mag, still abzuleiten. Wenn dies aber nicht entschieden werden kann, so erscheint es unvorsichtig, die Gewitterwolke durch eine Auffangestange mit ihrer Spitze gleichsam herauszufodern. Ich wähle den letztern Ausdruck nicht ohne Grund, da die in philosophischem Geiste geschriebenen neuern Aufsätze über Blitzableitung jenen Theil der Blitzleitung ausdrücklich auch als deren offensiven, die fernere metallische Leitung bis zur Erde aber als den defensiven Theil bezeichnen. Doppelt gefährlich aber wird, welches ich aus meiner eignen Erfahrung weiß, eine solche Auffangestange, als offensiver Theil der Blitzableitung, wenn das damit bewaffnete Gebäude keine ganz isolirte Lage hat, sondern, wie dieser Fall doch meistens eintritt, zwischen andern Gebäuden steht. Die durch die einsaugende Spitze angelockte Gewitterwolke fällt dann häufig auf die in ihrer Richtung näher gelegenen Nachbargebäude, weil sie die Auffangestange nicht mehr hat erreichen können, und das bewaffnete Gebäude bleibt zwar unmittelbar geschützt, geräth aber durch den Brand dieser Nachbargebäude mittelbar in keine geringere Gefahr. Dies Alles habe ich, wie gesagt, mehrmals selbst beobachtet, und zwar unter Umständen, welche mir über die wahren Gründe des Vorgangs keinen Zweifel übrig lassen konnten. Auch haben die zugespitzten Blitzableiter sogleich nach ihrer Einführung durch Franklin an den englischen Naturforscher Wilson einen heftigen Gegner gefunden, und er setzte ihnen, grade wie ich oben behauptet habe, entgegen, daß sie den Blitz herbeilockten; ein so gefährliches Element aber, als die elektrische Materie ist, müsse man sich wol hüten, einzuladen. Andere Physiker waren anderer Meinung, und der Streit über diesen Gegenstand ward noch lebhafter, als der Blitz am 15. Mai 1777 in das mit einer Auffangestange versehene Artilleriehaus zu Purfleet (Grafschaft Essex) schlug und ebenfalls eine, 48 Fuß von gedachter Stange, in der Richtung des Zuges der Gewitterwolke näher gelegene Stelle traf. Ich will die Geschichte dieses Streites hier nicht weiter verfolgen, sondern begnüge mich, anzuführen, daß sich die neueste Physik ziemlich ohne Ausnahme für Wilson's und meine Ansicht von der Unzulässigkeit des offensiven Theils der Blitzableitung ausgesprochen, und daß auch die Versammlung deutscher Naturforscher in Heidelberg in diesem Sinne über den Gegenstand entschieden hat.

Hiernach würde sich die Anlage einer Blitzableitung in den meisten Fällen auf Folgendes beschränken. Man läßt über den ganzen Forst des Gebäudes hin eine Verbindung von Eisenschienen laufen, welche in Gabeln ruhen, die man durch die Hohlsteine in die Sparrgebinde treibt. Dabei ist aber sogleich zu berücksichtigen, daß man diese Schienen so glatt als irgend möglich aneinander füge, auch da, wo die Befestigung in den Gabeln erfolgt, Schrauben mit versenkten Köpfen anwende, um überall eine solche ganz glatte Bahn für den Blitz herzustellen. Denn die Erfahrung lehrt, daß hervorstehende Nägel oder worin die andern kleinen Hindernisse nun sonst auch bestehen mögen, von dem auf die Leitung fallenden Wetterstrahle mit der größten Gewalt ausgerissen werden, sodaß Zerstörungen eintreten könnten, wo man doch mit so geringer Aufmerksamkeit vorbauen kann. Die gewöhnlichen Mechaniker, denen man die Anlegung der Blitzableiter zu überlassen pflegt, nehmen auf diesen Umstand nicht hinlänglich Rücksicht, sodaß ich denselben hier so sorgfältig hervorzuheben gezwungen bin. Zur Wiedervermachung der bei Durchlassung der Gabeln durch die Hohlsteine entstehenden Löcher ferner bedient man sich am besten eines Kitts, welcher aus den alten Leinfirnißresten des Tischlers und Ziegelmehl bereitet wird. Dieser kleine Vortheil findet sich in den gewöhnlichen Anweisungen zur Blitzableiteranlegung auch nicht angeführt, und doch ist die Sache wichtig, weil man sonst Regenlöcher bekommt und sodann die Sparren verfaulen. Wo die Leitung die Schornsteine erreicht, läßt man sie an der Seitenwand derselben hinauftreten, oben muß sich die Schiene spalten, den ganzen obern Rand umfassen und an der entgegengesetzten Wand wieder auf den Forst hinabgehen. Auch habe ich der Leitung nicht gern eine durchaus wagerechte Lage, sondern vielmehr von dem obersten Punkte der Schornsteine ab eine kleine Neigung, gleich den Regenrinnen, gegeben, worüber ich meine Gedanken verschweige, indem sie mir als eine physikalische Ketzerei angerechnet werden könnten. Diese metallenen Regenrinnen endlich, so weit sie vertical zur Erde laufen, habe ich mit den Schlagschienen verbunden und somit die Leitung geschlossen. Da es bei einem Gewitter fast immer regnet, so kann man dem Blitze keinen bessern Weg anweisen; regnete es aber zufällig auch nicht, so bleibt das Metall der Rinne doch immer ein hinreichender Leiter.

Durch diese sehr einfache, wenig kostspielige Einrichtung einer Blitzableitung, und bei welcher, wie man sieht, der zweideutige offensive Theil ganz umgangen ist, scheint mir ein Gebäude, aller Erfahrung gemäß, vollkommen geschützt, indem der Blitz von den höchsten, der elektrischen Wolke nächsten Punkten an einen ununterbrochenen, weite Umwege und überwiegende andere Anziehungen vermeidenden, metallischen Weg zur Erde findet. Praktischer und allgemein nützlicher als durch diese Auseinandersetzungen über einen so interessanten, hochwichtigen Gegenstand habe ich den technischen Theil meines diesmaligen Berichts gar nicht einrichten zu können geglaubt.

Citronen= und Granatbaum.

In den beistehenden Abbildungen geben wir unsern Lesern zwei vortrefflich gelungene Holzschnitte. Der erste stellt ein Früchtezweig des Citronen und Limonienbaumes, der zweite ein blühendes und mit verschieden geformten Früchten geschmücktes Reis des nicht minder herrlichen Granatbaums vor. Das Geschlecht der Bäume, welche die unter den Namen der Citronen, Limonien und Orangen allgemein bekannten und beliebten Südfrüchte tragen, ist ein sehr ausgebreitetes und vielfach verzweigtes, das eine Menge von Gattungen und Arten umfaßt. Ein älterer Naturforscher bemerkte bereits 18 Arten vom Citronen=, 11 von dem Limonien= und 44 von dem Orangegeschlecht. Dessenungeachtet ist die Unterscheidung bei diesen verschiedenen

Abarten eines und desselben Geschlechts selbst für den Botaniker ungemein schwierig. Für den Nichtgelehrten sind die bedeutendsten diese drei, nämlich die gemeine Citrone, die Limonie und die eigentliche Orange. Nur die erste Gattung wird unter dem allgemeinen Namen der Citrone durch ganz Europa versandt; doch hat man auch in neuesten Zeiten hin und wieder eine andere Art von Citronenfrüchten auf den Markt gebracht, welche ebenso nutzbar als die gemeine Citrone und zwei= bis dreimal größer ist als diese.

Nicht leicht gibt es im Pflanzenreiche schönere Gewächse als die Citronen= und Orangenbäume. Ihre edle und durchaus regelmäßige Form, obschon der Baum nie eine besondere Größe erreicht, das ewige Grün ihres Laubes, die Farbenschöne und der Wohlgeruch ihrer Blüten, die geschmackvolle Saftigkeit der Früchte, die gleich goldenen Äpfeln des Paradieses aus dem dunkeln Blätterwerk hervorglühen, diese lieblichen Eigenschaften zusammengenommen, machen diese Gewächse zu den schönsten der vegetabilischen Schöpfung.

Ursprünglich sind diese unter dem allgemeinen Namen der Orangengewächse oder Orangerie befaßten Bäume in den Tropenländern einheimisch. Allein eben durch ihre vorzüglichen Eigenschaften wurden sie bald auch in dem südlichen Europa heimisch und wurden zugleich zu einem außerordentlich wichtigen Handelsartikel. Die Früchte werden mit dünnem Papier umgeben in Büchsen und Kisten versandt. Die besten Orangen kommen jetzt von den Azoren und aus Spanien; auch die portugiesischen, italienischen und maltesischen Orangen sind vorzüglich. Der Verbrauch dieser Früchte, namentlich in England, ist ungeheuer. Allein im Jahre 1832 wurden dahin gegen 189,424,000 Stück Orangen versendet.

Nicht aber blos dem Wohlgeschmack, sondern auch in den Officinen dienen Blüte und Frucht, namentlich ist das Letztere bei der sogenannten Sevillaorange der Fall, welche eine ausgezeichnet bittere Schale hat. Ihr Saft wird insonderheit bei fieberischen Entzündungen mit Nutzen angewendet. Nicht minder wirksam zeigt sich derselbe beim Scorbut.

Sehr ähnlich, seiner äußern Gestalt nach, dem Orangenbaume ist der Limonienbaum, doch sind seine Blätter beträchtlich größer und haben auch nicht den flügelartigen Ansatz, den man beim Orangeblatt unweit des Stengels bemerkt. Der Limonienbaum stammt aus den östlichen Gegenden von Asien, von wo aus er nach Griechenland und von da nach Italien gebracht wurde. Später machte man ihn auch in Portugal, Spanien und dem südlichen Frankreich einheimisch. Der Saft der Limonie besitzt gleiche medicinische Eigenschaften wie der der Orange. Man kann denselben ziemlich lange in Büchsen aufbewahren, die man mit einer dünnen Ölschicht übergießt. In diesem Zustande führt man ihn von Italien aus nach allen Theilen der Welt. Auch von der Türkei aus, wo die Limonien in großer Menge wachsen, bringt man ihn so nach Odessa. Man verdichtet den Limoniensaft gewöhnlich durch Gefrieren, indem man die wässerigen Theile dann leicht davon entfernen kann, wodurch die edlern Theile eine feste und gallertartige Beschaffenheit erhalten.

Der Granatbaum, von welchem unsere zweite

Abbildung eines schönes Gezweig darstellt, zeigt sich im wilden Zustande als einen Strauch von etwa 10 Fuß Höhe; er ist dicht mit Dornen besetzt und überaus buschig. Im veredelten Zustande dagegen wächst er zu einem stattlichen Baume, der im südlichen Europa öfters die doppelte Höhe erreicht. Das dichte dunkle Laub dieses Baumes, das herrliche Roth seiner Blüte haben ihn zu einem auserwählten Liebling der Dichter und, wie man sagt, der Nachtigall gemacht, die im verhüllenden Schatten seiner Blätter ihren flötenden Gesang am liebsten anstimmen soll. Die Frucht des Granatbaums wird im wilden Zustande nicht größer als eine Wallnuß, aber im Zustande der Cultur wol so groß als ein großer Apfel. Man meint, dieser Baum stamme ursprünglich aus dem nördlichen Afrika, und zwar zumeist aus der Gegend, wo einst das berühmte Karthago stand, weshalb man ihm auch im Lateinischen den Namen **Punica granatum** beigelegt. Gegenwärtig trifft man ihn beinahe im ganzen Süden von Europa und auch in der Levante an. Bereits bei den Alten befleißigte man sich sehr des Anbaus der Granatbäume, sodaß der Naturforscher Plinius schon sechs Arten davon kannte, die er in seinem Werke über die Naturgeschichte erwähnt.

Im Norden von Europa gedeiht der Granatbaum nur im Treibhause, und auch da kommt er fast nur zu der Entfaltung der herrlichen Blüte; die Frucht gelangt hier nicht zur Reife. Es ist bekannt, daß unter allen orangeartigen Bäumen der Granatbaum das höchste Alter erreicht; in der berühmten Orangerie zu Versailles befinden sich Bäume, die gegen 300 Jahre alt sein sollen. Der Umstand, daß man auch in ganz Südamerika, namentlich in Peru, Granatbäume, und zwar solche von ganz außerordentlicher Größe, findet, beweist, daß dieses Gewächs nicht ausschließend in Afrika einheimisch ist. Die Frucht ist eigentlich eine Schale, welche eine Menge Kerne umschließt, zwischen welchen nur wenig zartes Fleisch liegt, was fast nur Saft ist, der einen sehr angenehm bittern Geschmack hat.

Die deutschen Zollvereine.

Die Freiheit des innern Handelsverkehrs ist jederzeit für Deutschland eine Quelle des reichsten Segens gewesen. Während des Mittelalters waren Willkür und Unsicherheit die Hindernisse der Freiheit. Sie schwanden, als in den Mauern der Städte der Friede des Gesetzes sich geschirmt sah; als diese durch Ordnung und Recht zu Kraft und Gedeihen erwachsenen Städte sich über das weite Deutschland die bewehrte Hand zum Bund zu Schutz und Trutz reichten; als auch die Landesherren, den Werth dieses neuen Elements im Volksleben erkennend, ihr Interesse mit dem der Städte verbündeten und gegen einen räuberischen und zuchtlosen Adel den Reichsfrieden kräftig handhabten. Darum begann der außerordentliche Aufschwung des deutschen Handels, als die Hanse ihren Städtebund schloß, der sich selbst sein Recht schaffte und den Handel als Macht gegen die Macht stellte. Darum ferner erhielten sich Handel und Wohlstand der Städte auch nach dem Verfalle des unnöthig und zeitwidrig gewordenen Bündnisses. Die Abnahme, die man in der Folgezeit zu bemerken wähnen könnte, war mehr scheinbar als wirklich. Der Glanz der Städte ward nur weniger blendend, weil der Contrast sich minderte. Gewerbsfleiß und Wohlstand, die bisher sich in den sichern Zufluchtsstätten zusammengedrängt hatten, verbreiteten sich allmälig auch über das beruhigte Land und gründeten auch dort ihre Sitze. Der Reichthum imponirt mehr, wenn er auf einen Punkt gehäuft ist; aber er ist nicht da am meisten vorhanden, wo er am meisten gezeigt wird. Vorübergehende Ereignisse, verheerende Kriege, namentlich in barbarischer Weise geführt, beraubten Handel und Industrie zuweilen ihrer Früchte, zerstörten die Capitalkraft, die zu weitern Unternehmungen geführt hätte. Aber die Schnelligkeit, mit der Deutschland sich erholte und der Handel das Verlorene wieder einzubringen bemüht war, beweist die gediegene Begründung, die ein fruchtbarer Boden, eine reiche Mannichfaltigkeit der Naturgaben, eine glückliche Lage und eine gewerbsfleißige Bevölkerung dem deutschen Wohlstande darboten. Die zunehmende Wichtigkeit des industriellen Lebens gab den Finanzmännern Anlaß, durch mancherlei Operationen einen Theil der hier gewonnenen Schätze in die Staatskassen abzuleiten. Der Staat ward monopolistischer Gewerbstreibender. Er trat als Mitbewerber in die Reihen. Er legte Abgaben auf Kauf und Verkauf, auf Vertrieb und Verzehrung. Mannichfach waren die Formen, in denen Letzteres namentlich sich ausprägte. Aber sie waren nicht hemmend, nicht ausschließend. Theils waren die Bedürfnisse des Staats noch nicht so hoch gestiegen, wie später durch größere Ausdehnung seiner Pflicht geschehen ist, und der Haupttheil seines Aufwands ward immer noch aus Domainen, Regalien und Grundabgaben bestritten; theils umfaßte Deutschland eine große Menge von Duodezstaaten, denen die Ausführung der zur Erhebung eines nur einigermaßen beträchtlichen Zolles erforderlichen Anstalten unmöglich fiel. Auch reichte das Ansehen der Reichsgesetze gerade nicht hin, um Maßregeln, die viele und wichtige Interessen verletzt haben würden, zu verhindern.

Das Ende des vorigen Jahrhunderts bezeichnete unter diesen Umständen eine sehr blühende Epoche für den deutschen Handel, die vielleicht schon damals zu den wichtigsten Unternehmungen geführt haben würde, wenn nicht abermals eine langjährige Kriegsperiode die unproductive Verwendung der gesammelten Capitalkraft verschuldet und zugleich das System der Continentalsperre die Beziehungen zu dem Welthandel widernatürlich gestört hätte. Das Letztere jedoch hatte zunächst die Wirkung, die innere Manufacturindustrie durch künstliche Treibhauswärme in die Höhe zu treiben, indem es ihr einen erzwungenen Absatz in der Nähe sicherte und sie dadurch der Stufe zuführte, wo sie auch mit der auswärtigen Concurrenz um die Palme zu ringen vermochte. — Der Kriegsstand ging zu Ende und hinterließ Deutschland unter eine viel geringere Zahl von Staaten vertheilt, von denen die meisten wol im Nothfall im Stande waren, die nöthigen Anstalten für Handhabung einer eigenthümlichen Handelspolitik zu treffen; bei den Meisten aber gleichfalls die Interessen solchen Schritten entgegenkämpften. Die mittlern und kleinern Staaten hätten am liebsten die Herstellung und Erhaltung des frühern Zustandes im Handelsverkehr gesehen. Die Großstaaten, in deren Besitz — wenigstens was Preußen anbetrifft — viele andere Länder gekommen waren, konnten nicht darauf eingehen. Östreich hatte sich schon früher abgeschlossen und seine Grenzen mit einem strengen Mauthsystem versehen.*) Preußen fühlte sich zu einem gleichen, nur im Einzelnen rationeller durchgebildeten und in der Ausführung strenger gehandhabten Systeme bewogen. Es wollte die zahllosen Binnenzölle und vielfältigen kleinen, den innern Verkehr belästigenden Abgaben entfernen, deren Druck erst recht fühlbar wurde, als die kleinen Ländchen, die sie eingeführt hatten, zu Provinzen eines und desselben Staates geworden waren. Es wollte das gesammte Abgabensystem seines Staats auf eine rationellere Basis zurückführen, es vereinfachen, es dem Grundsatz der Gleichheit annähern. Es hatte überdies große, durch die Anstrengungen, die es der Wiederherstellung seiner und Deutschlands Selbständigkeit gewidmet, erwachsene Bedürfnisse zu bestreiten und eine wesentliche Erhöhung directer Abgaben zeigte sich nicht ausführbar. Wurden die Binnenabgaben aufgehoben und an deren Stelle einträgliche Grenzzölle eingeführt, so waren wichtige finanzielle Ergebnisse gewonnen. Man hoffte aber auch auf Vortheile für den Wohlstand des Volks. Die Aufhebung der Binnenabgaben, die nur lange Gewohnheit vergessen gemacht hatte, mußte wohlthätig wirken. Man hielt aber auch die Industrie eines Schutzes bedürftig und glaubte diesen durch Schutzzölle nützlich vermittelt. Eine zum Theil unter dem Schutze des Continentalsystems erwachsene Industrie sah sich durch die englischen Waaren, die seit Wiederbefreiung des Oceans Deutschland überschwemmten, empfindlich bedroht. Ein Sinken dieser Industrie erschien um so bedenklicher, ein je größerer Theil der Bevölkerung sich, nach Beendigung des Krieges, grade dem Gewerbsleben eifrigst zugewendet hatte. Man dachte auch, durch Erfassung eines eignen Zollsystems die auswärtigen Staaten zur Nachgiebigkeit, zur allmäligen Milderung ihrer prohibirenden Maßregeln zu bewegen. So vereinigte sich der nationalökonomische Gesichtspunkt mit dem finanziellen. Doch stand der letztere im Vorgrund und bei Berücksichtigung des erstern ließ man sich weder auf ein unentwirrbares, fruchtloses Detail ein, noch verließ man den gemäßigten Standpunkt eines billigen Schutzes, um zu der unfruchtbaren Höhe wahrhafter Prohibition zu klimmen. — Die Ausschließung konnte nicht blos gegen das Ausland, sie mußte auch gegen deutsche Staaten gerichtet werden, wie wenig sie auch gegen deren Interessen gemeint war. Grade diesen fiel sie am drückendsten, da sie ihnen den nächsten, natürlichsten Weg beengte. Es wurde der Beschwerdeweg versucht. Man wollte Preußen zur Zurücknahme seiner Maßregeln bestimmen, ja nöthigen; fruchtlos, da es im klaren Recht gehandelt. Man sprach von Retorsionsmaßregeln und einzelne Staaten versuchten sie; fruchtlos, da es an Kraft zur Durchführung fehlte, da man nur eigne Interessen gefährdete, ohne denen des Gegners wirksam genug zu schaden. Man versuchte ein eigenthümliches Handelssystem; nicht ohne einigen Erfolg bei den größeren, durch ihre Lage in andern Handelsverbindungen begünstigten süddeutschen Staaten; aber doch nicht mit solchem Erfolg, daß der Wunsch nach einem erleichterten Handelsverkehr mit dem übrigen Deutschland erstickt worden wäre. Andere mehr bedrängte und weniger glücklich gelegene Staaten versuchten das ältere Handelssystem auf eine gemeinsame Schritte bezweckenden Staatsvertrag zu gründen; ein Plan, der an der Schwerfälligkeit der Vereinigung und an der Menge und Vielartigkeit ihrer Glieder scheiterte. Nun bot Preußen die Hand zum Anschlusse. Es konnte aufhören, die deutschen Brüder von sich abzustoßen, wenn diese willig in seine Pläne eingingen, sein System unterstützten. Ein Staat nach dem andern benutzte den günstigen Ausweg. Der Verkehr, durch die in den langen Friedensjahren gesammelte und nach Beschäftigung dürstende Capitalkraft gespornt, verlangte nach Freiheit. Die Hauptmasse Deutschlands vereinigte sich mit dem preußischen Zollsysteme. Wenige Staaten weigerten den Beitritt. Den Küstenländern namentlich schien die freie Verbindung mit dem Welthandel wichtiger, als der Verkehr mit den deutschen Binnenländern. Darum hielt sich Mecklenburg, überdies kein Industrieland, abgesondert und ward zur Niederlage französischer Weine, die Verbindung mit Frankreich noch neuerdings durch einen Handelsvertrag befestigend. Holstein, das überdies durch seine Verbindung mit Dänemark in ein außerdeutsches Interesse verflochten ward, hielt sich gleichfalls isolirt, ob zum Vortheil Holsteins, darüber sind die Stimmen im Lande getheilt. Seine Zollgesetzgebung ist neuerdings revidirt worden. Hanover und Braunschweig blieben ebenfalls getrennt von dem preußisch-deutschen Vereine, traten aber zu einem gemeinschaftlichen Zollsysteme zusammen. So weit nicht englische Einflüsse gewaltet haben können, scheinen auch hier die Interessen der Küstendistricte bestimmt zu haben, während andere Provinzen einen Anschluß an die größeren Zollverein vielleicht günstiger gefunden hätten. Oldenburg ward mehr zu dem hanöverisch-braunschweigischen, als zu dem preußischdeutschen Verein gezogen. Lippe-Detmold, ein wohlhabendes, meist ackerbautreibendes Ländchen, fand in seinen wohlgeordneten Interessen keinen dringenden Grund, sich vorschnell für eine oder die andere Seite zu entscheiden, soll sich aber nun dem preußischdeutschen Vereine hinneigen. Die Hansestädte dagegen, Hamburg, Lübeck und Bremen, tragen Bedenken, ein System, dem sie ihre Blüte verdankten, gegen ein anderes zu vertauschen, dessen Einfluß auf ihre Zukunft ungewiß wäre. Sie halten zum freien Welthandel, als factische Freihäfen Deutschlands. — So theilt sich die Handelspolitik wesentlich in vier Richtungen; die von

---

*) Über die gegenwärtige Zollgesetzgebung Östreichs gibt ein neuerdings erscheinendes Werk den genauesten Aufschluß, nämlich Leitenberger's „Darstellung der k. k. östreichischen Zoll- und Staatsmonopolordnung" (Wien 1837).

Östreich; die der neutralen oder vielmehr isolirten Staaten; die preußisch-deutschen und die des hanöverisch-braunschweigischen, des guelphischen Handels und Zollvereins. Den beiden letztern wollen wir eine besondere Betrachtung widmen und sie in geschichtlicher, statistischer, finanzieller und nationalökonomischer Hinsicht überblicken.

Über die an so vielen Orten behandelte Geschichte des preußisch-deutschen Vereines nur Weniges. Er entstand — nachdem schon früher einzelne von Preußen ganz umschlossene Länder und Landestheile (die enclavirten Gebiete), sich dem preußischen Zollsysteme untergeordnet hatten — zuerst durch die 1828 zu Stande gebrachte Vereinigung Preußens mit Hessen-Darmstadt zu einem gemeinschaftlichen Zoll- und Handelssystem. Dem Beispiele Darmstadts folgte 1831 Kurhessen. Darauf folgten fruchtlose Versuche, das ganze Zollsystem mittels der Bundesgewalt zu stürzen. Als die Vergeblichkeit erkannt ward, geschah 1833 der Beitritt Baierns, Würtembergs mit den Hohenzollern, Sachsens, der kleinen thüringischen Staaten, namentlich der Ernestinisch-sächsischen, der schwarzburgischen und der reußischen Lande. Diesen Vorgängen folgten nach längerm Zögern, 1835 Baden, bald darauf Nassau und endlich, der Unvermeidlichkeit nachgebend, 1836 auch Frankfurt am Main. Dieser Zollverband *) stellte sich dar als eine Vereinigung mehrer souveräner Staaten zu einer gleichförmigen Zollgesetzgebung und zu einem wesentlich übereinstimmenden Zolltarif, unter Aufhebung der Zollbinnengrenzen zwischen den vereinigten Staaten, und zur verhältnißmäßigen Theilung der aus dem gemeinsamen Zollsystem erwachsenden Einnahmen. Er umfaßt das Königreich Preußen, mit Ausschluß von Neuffchatel und einiger kleinen, im Gebiete von Hanover, Braunschweig und Mecklenburg enclavirten Ortschaften; das Königreich Baiern; das Königreich Sachsen; das Königreich Würtemberg, beide letztere mit Ausschluß einiger ganz unbedeutenden, von Östreich und der Schweiz umschlossenen Ortschaften; Kurhessen, mit Ausschluß der in das Hanöverische verflochtenen Grafschaft Schaumburg; das Großherzogthum Baden; das Großherzogthum Hessen-Darmstadt; das Großherzogthum Sachsen-Weimar; die Herzogthümer Sachsen-Meiningen, Sachsen-Altenburg, Sachsen-Koburg-Gotha, Anhalt-Dessau, Anhalt-Köthen, Anhalt-Bernburg, Nassau; die Fürstenthümer Schwarzburg-Sondershausen, Schwarzburg-Rudolstadt, Hohenzollern-Hechingen, Hohenzollern-Sigmaringen, Reuß älterer Linie, Reuß jüngerer Linie, Waldeck, mit Ausschluß der Grafschaft Pyrmont, die landgräflich hessen-homburgischen Oberämter Meisenheim und Homburg, die freie Stadt Frankfurt am Main, das oldenburgische Fürstenthum Birkenfeld, einige enclavirte Ortschaften des mecklenburg-schwerinschen und lippe-detmoldschen Gebiets. Von diesen Staaten gehören namentlich die anhaltischen Länder und das Fürstenthum Waldeck, nebst einzelnen Enclaren, am nächsten und unmittelbarsten dem preußischen System an. Die Hohenzollern sind in gleicher Weise für Zollsachen mit Würtemberg verbunden. Baiern, Sachsen, Würtemberg, Baden, Kurhessen, Darmstadt, Hessen-Homburg, Nassau, Frankfurt sind selbständig dem preußischen System beigetreten. Die Länder des Ernestinischen Sachsens, der Schwarzburge und das reußische Gebiet bilden mit den in Thüringen gelegenen preußischen und kur-

hessischen Gebietstheilen den thüringischen Zollverein, der sich gleichfalls dem größern Zollsysteme selbständig angeschlossen hat. Diese Staaten erheben die Zölle nach dem Vereinszolltarif, welcher im Wesentlichen der preußische, nur in einzelnen Punkten durch die Verträge modificirt ist, seine fernern Umgestaltungen aber durch gemeinschaftliche Übereinkunft erlangen kann. Sie erheben die Zölle für Rechnung der allgemeinen Vereinskasse, aus der sie wieder unter die einzelnen Staaten, nach Maßgabe der Bevölkerung — mit Ausnahme Frankfurts, dessen Consumtion man natürlich höher anschlagen mußte — vertheilt werden. Doch erfolgt nicht eine wirkliche Ablieferung aller erhobenen Gelder an das Centralbureau zu Berlin, sondern es werden diesem nur Quartalextracte, Übersichten über die gemachten Einnahmen zugestellt; daraus wird von Jahr zu Jahr der Vertheilungsplan gefertigt, und die Staaten, welche verhältnißmäßig zu viel erhoben, geben den andern, bei denen das Gegentheil stattgefunden, der Mehrbetrag heraus. Die Ausgaben des Grenzschutzes fallen dem Ganzen zur Last und werden daher von jedem Staate, der sie geleistet hat, an der Einnahme abgezogen. Andere Zollverwaltungskosten dagegen hat jeder Staat selbst zu tragen. — Die Zollverwaltung ist nicht überall gemeinsam organisirt, steht aber unter der allgemeinen Leitung jeder Regierung innerhalb ihres Gebiets. Die Staaten des thüringischen Vereins haben eine gemeinschaftliche Zolldirection. In Frankfurt wird ein Theil der Beamten zwar auch vom Senate, aber auf Präsentation der Nachbarstaaten ernannt. Die Vereinsstaaten senden gegenseitig Bevollmächtigte zu Controle der Hauptzollämter und Zolldirectionen. Jährlich finden auch Zusammenkünfte von Regierungsbevollmächtigten der Vereinsstaaten zur Berathung über die Fortbildung des Vereins statt. — Binnenzölle durften nicht länger die Vereinsstaaten trennen. Von diesem Grundsatze konnte nur dadurch eine Ausnahme bewirkt werden, daß nicht alle innern Consumtionsabgaben in allen Vereinsstaaten von gleicher Beschaffenheit sind, noch vor der Hand füglich sein können. Fand es nun besonders unter nahe liegenden Ländern statt, daß ein vielverbrauchter Consumtionsartikel z. B. Bier, Branntwein u. s. w., in einem Staate höher als in dem andern besteuert war, so konnte der erstere sich veranlaßt halten, durch Besteuerung der aus dem letztern in sein Gebiet übergebrachten Güter des betreffenden Artikels das Gleichgewicht wieder herzustellen und zu diesem Behufe eine Grenzerhebung, aber blos mit Rücksicht auf einen einzelnen Gegenstand, eintreten zu lassen. Indeß haben wenigstens die Nachbarstaaten gesucht, dieses unangenehme und störende Verhältniß möglichst aus ihrem Verkehr zu entfernen. Sowol die vom preußischem Gebiete umschlossenen Landestheile, als das Königreich Sachsen und die thüringischen Vereinsländer, haben ihre Branntwein-, Taback- und Weinsteuer auf preußischen Fuß gesetzt; ebenso hat Kurhessen seine Einrichtungen in dieser Beziehung nach den preußischen gemodelt. Diese Umstände und daß also nur der Norden des Vereins sich in Bezug auf Wein, Branntwein und Taback gegen den Süden zu schützen hatte, das Bier, bei dessen Besteuerung größere Ungleichheit blieb, nur selten weit zu verfahren ist und bei dem Salz das landesherrliche Regal des Salzschanks schon manche Schutzmittel darbietet, haben es unnöthig erscheinen lassen, besondere Binnenzolllinien beizubehalten; vielmehr begnügt man sich mit anderweitigen Controlmitteln.

(Die Fortsetzung folgt in Nr. 243.)

---

*) In der folgenden Schilderung haben wir vornehmlich die aus authentischer Quelle geflossene, 1836 zu Berlin erschienene Schrift: „Über den deutschen Zollverein" benutzt. Sie ist auch die sicherste Quelle für den finanziellen Gesichtspunkt.

Rechtsfall in England.

Vor einigen Tagen kam vor das Policeigericht zu Glasgow ein Fall, der von der äußersten Roheit und Wildheit zeugt. Zwei Kerle, Smith und Mitchel, wurden vorgeführt unter der Anklage, daß sie sich die Nasen abgebissen und noch anderweitig verstümmelt hätten. Ihr Ansehen war schrecklich und Abscheu erregend. Ihre Kleider waren in Stücke zerrissen, ihre Gesichter in jedweder Richtung mit Schrammen, Rissen und andern Zeichen wilder Gewaltthätigkeiten bedeckt, und die Stelle, wo einst ihre Nasen gesessen, waren mit einem großen Pflaster bedeckt. Dem einen, Smith, war außerdem noch über einen Zoll vom Finger abgebissen und wäre die Policei nicht noch zeitig genug hinzugekommen, so würden sie sich vielleicht Beide zu Tode gemartert haben. Nach einer geeigneten Zurechtweisung von Seiten des Richters über ihr wüthendes und durchaus unmännliches Betragen, wurden sie aufgefodert, dem Doctor seine Rechnung dafür zu bezahlen, daß er wieder zusammengeflickt hatte, was von ihren Köpfen noch übrig war, und dann entlassen.

Bilder aus Rom.
II.

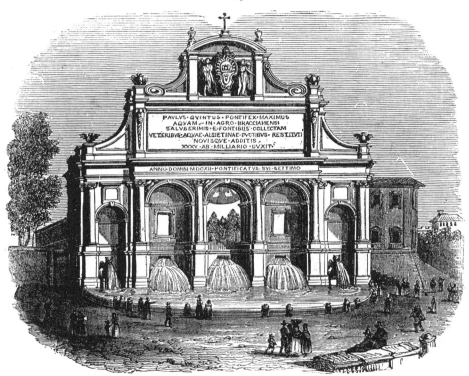

Der Paulsbrunnen zu Rom.

Kein Volk that es je den Römern gleich in den prächtigen Bauwerken, die sie sowol in den Provinzen als in Rom selbst zur Herbeiführung des Wassers errichteten. Nach Rom wurde, wie ein Schriftsteller des Alterthums sagt, so viel Wasser geführt, daß ganze Flüsse durch die Straßen und Schleusen zu gehen schienen und jedes Haus durch Röhren und Cisternen überflüssig versorgt wurde. Die Wasserleitungen der Römer sind redende Zeugen ihrer großen Pläne. Weder Thäler noch Berge, noch weit ausgedehnte Ebenen setzten ihnen Hindernisse entgegen, die ihre Geschicklichkeit nicht überwunden hätte. Das Gebäude, wo mehre Wasserleitungen sich vereinigten, hieß Castell und war gewöhnlich ein prächtiges Bauwerk. Die drei aus dem Alterthum noch übrigen Wasserleitungen sind Acqua vergine, Acqua felice und Acqua paolina. Die erste versorgt die Fontana di Trevi, die zweite die Fontana di Termini, die dritte ergießt sich in zwei Kanälen, von welchen einer dem Paulsbrunnen (Fontana paolina), den unsere Abbildung zeigt, Wasser zuführt. Die Fontana di Trevi ist der schönste von diesen Brunnen. Sie wird mit einem reichlichen Wasserstrom versorgt, und an Sommerabenden ist der Platz, wo sie steht, wegen der Kühlung, die sie verbreitet, sehr besucht. Die Fontana paolina wurde von dem Papste Paul im 17. Jahrhundert erbaut. Sechs ionische Säulen von rothem Granit stützen das Gebälke, welches Inschriften enthält und das Wappen des Papstes trägt. Das Wasser strömt durch die drei Hauptausflüsse und aus dem Munde der Drachen, die sich in Nischen auf beiden Seiten befinden. Ein schönes Becken von weißem Marmor nimmt diesen reichlichen Zufluß des klarsten Wassers auf. Die Bäume, welche auf den Seiten des hochstehenden Brunnens schatten und durch die hohen Bögen wehen, verschönern die Ansicht.

Das Pfennig-Magazin
für
Verbreitung gemeinnütziger Kenntnisse.

243.] Erscheint jeden Sonnabend. [November 25, **1837**

Der Belzoni-Sarkophag aus Theben.

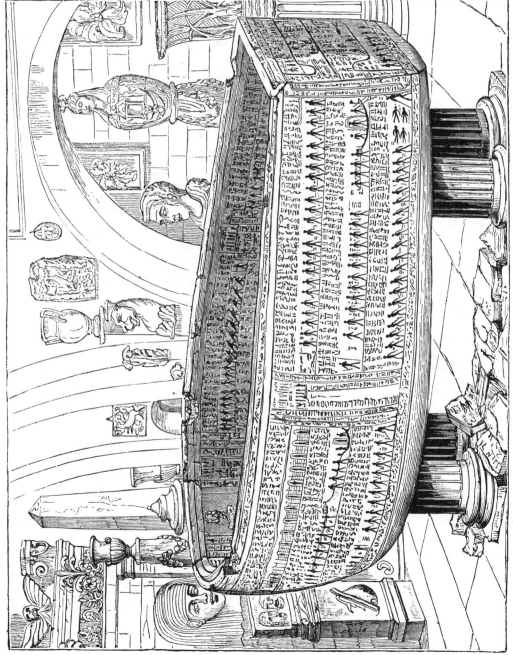

Der Belzoni-Sarkophag aus Theben.

Wir theilen hier unsern Lesern eine möglichst getreue Abbildung des berühmten Sarkophags mit, der von dem bekannten Reisenden und Alterthumsforscher Belzoni in einem der Königsgräber von Theben 1817 aufgefunden und deshalb nach dem Namen dieses ausgezeichneten Gelehrten benannt worden ist. Dieser merkwürdige Sarkophag bildet gegenwärtig eine der vorzüglichsten Zierden des von Sir John Soane gesammelten Museums zu Lincolns-Inn-Fields in London, welches nach dem Tode des ursprünglichen Besitzers an die englische Regierung kam und durch eine ausdrückliche Parlamentsacte für die Beschauung und Benutzung des kunst- und alterthumliebenden Publicums eröffnet ward. Die Masse, aus welcher dieses vorzügliche Kunstwerk gebildet wurde, ist ein kalkartiger, ziemlich harter Stein, eine Abart des orientalischen Alabasters, welcher man auch den Namen des Arragonit beigelegt hat. Allein der Stein, aus dem dieser herrliche und uralte Sarkophag gehauen ist, ist der größte aller bisher bekannt gewordenen seiner Gattung und schon deshalb von dem höchsten Werth. Man nimmt an, daß das daraus verfertigte Kunstwerk mindestens 3000 Jahre alt sei. Der Leser denke sich ein Stück Alabaster von zehn Fuß Länge, dessen ganze Oberfläche, die innere sowol als die äußere, mit zahllosen, für den ägyptischen Sprach- und Geschichtsforscher überaus denkwürdigen Hieroglyphen besetzt ist; eine ganze großartige Mythen- und Culturgeschichte schlummert zum Theil noch in diesen unenträthselten Zügen, welche in den harten, glänzenden Stein einzugraben, die Arbeit tiefsten Nachsinnens und fast übermenschlicher Ausdauer gewesen ist. Außerordentlich waren die Schwierigkeiten und Kosten, mit welchen dieses Werk des uralten Menschenfleißes aus Ägypten nach Europa geschafft wurde. Bei seiner Ankunft in England wurde dasselbe den Vorstehern des britischen Museums zu dem Preise von 2000 Pf. Sterl. angeboten, allein diese fanden die Foderung zu hoch, und so kam es in den Besitz eines begüterten Privatmannes, der eine solche Summe nicht scheute, um ein in seiner Art wahrhaft einziges Stück seiner kostbaren Sammlung einzuverleiben. Das Gemach, in welchem der Sarkophag gegenwärtig aufgestellt ist, heißt das „Belzoni-Zimmer", dessen Anblick, da es noch eine Menge anderer altägyptischer Kostbarkeiten enthält, besonders bei Lampenschein einen wunderbaren und die Phantasie wahrhaft bewältigenden Eindruck hervorbringt. Bei solcher Beleuchtung übt der Sarkophag eine beinahe magische Wirkung auf seine Umgebung und auf den Beschauer aus, da die Durchsichtigkeit und die perlmutterähnliche Glanz des Gesteins sich hier in ganzer Kraft und Schönheit entfalten. Es ist — sagt ein geistreicher Kunstforscher — als ob man in jenen fabelhaften Räumen stände, welche, nach dem orientalischen Märchen, einst der mächtige Zauberer dem Aladdin öffnete.

Die deutschen Zollvereine.
(Fortsetzung aus Nr. 242.)

Der Verein umfaßte im December 1834 ein Areal von 8252,71 Quadratmeilen und eine Bevölkerung von 25,153,847 Individuen. Erst vom Jahre 1838 an wird die Aufnahme der Bevölkerung nach den von dem Vereine angenommenen Grundsätzen stattfinden und soll von drei zu drei Jahren erneuert werden. Es gehörten davon 1) zu dem Königreiche Preußen 5157,21 Quadratmeilen mit 13,690,653 Individuen, nämlich zu dem eigentlichen Königreich nur 5073,82 Quadratmeilen mit 13,510,030 Individuen. Davon waren abzurechnen die Garnison von Luxemburg und Mainz, (11,006), die Einwohner der vom Zollverband ausgeschlossenen Ortschaften (9033), die Einwohner der zum thüringer Verein gehörigen Kreise (88,534); zusammen 109,473. Es waren aber hinzuzufügen alle Länder, deren Einwohnerzahl bei der Revenuetheilung dem Königreich Preußen, was den betreffenden Staaten dafür Entschädigung gewährt, beigezählt wird, nämlich von Schwarzburg-Sondershausen die Unterherrschaft mit 30,330 Einwohnern, von Schwarzburg-Rudolstadt die Unterherrschaft (13,897 Einw.), von Weimar die Ämter Allstädt und Oldisleben (8329), ganz Anhalt-Bernburg (16 Quadratm., 45,229 Einw.), einzelne Ortschaften von Detmold (Lipperode, Cappel und Grävenhagen mit 1 Quadratm. und 915 Einw.), von Schwerin (Rossow, Netzeband und Schöneberg mit 1 Quadratm. und 920 Einw.), ganz Anhalt-Dessau mit 17 Quadratm. und 59,331 Einw., ganz Anhalt-Köthen mit 15 Quadratm. und 38,569 Einw., von Koburg-Gotha das Amt Volkerode mit 2569 Einw. und von Hessen-Homburg das Oberamt Meisenheim mit 59 Quadratm. und 13,550 Einw., von Oldenburg das Fürstenthum Birkenfeld mit 8,80 Quadratm. und 26,597 Einw., endlich das Fürstenthum Waldeck mit 19 Quadratm. und 49,797 Einw. So stellte sich oben bemeldete Zahl heraus, und es fällt auf Preußen, mit Einschluß der erwähnten Gebietstheile anderer Staaten, von den Zollrevenuen in Decimalen 54,56 oder von jedem Thaler 16 Silbergroschen 4,11 Pfennige. — 2) Zu dem Königreich Baiern 1477,26 Quadratm. und 4,251,118 Individuen. Denn es war hier in Ansatz zu bringen das Königreich Baiern mit 4,246,778 Einw. und hinzuzufügen von Weimar das Amt Ostheim mit 3679 Einw., von Koburg-Gotha das Amt Königsberg mit 2956 Einw., dagegen abzuziehen die in Thüringen gelegene Enclave Kaulsdorf mit 434 Einw., der in Böhmen gelegene Fraischbezirk mit 1261 Einw. So kommt Baiern von den Gesammtrevenuen des Zollverbandes in Decimalen 16,94 oder vom Thaler 5 Silbergroschen 1 Pfennig zu Gute. — 3) Das Königreich Sachsen, mit 271,76 Quadratm. und 1,595,668 Einw., bezieht in Decimalen 6,36 oder vom Thaler 1 Silbergroschen 10,90 Pfennige. — 4) Das Königreich Würtemberg. Dazu gehört dieses selbst mit 360,40 Quadratm. und 1,570,714 Einw.; ferner der badische Condominatort Widdern mit 1298 Einw.; das Fürstenthum Hohenzollern-Sigmaringen mit 18,25 Quadratm. und 41,339 Einw., das Fürstenthum Hohenzollern-Hechingen mit 6,50 Quadratm. und 19,428 Einw.; im Ganzen 385,15 Quadratm. und 1,631,779 Einw.; also in Decimalen 6,50 oder vom Thaler 1 Silbergroschen 11,40 Pfennige. — 5) Das Kurfürstenthum Hessen-Kassel mit 182,10 Quadratm. und 700,327 Einw., wovon aber die Grafschaft Schaumburg mit 34,500 Einw. und der Kreis Schmalkalden mit 25,153 Einw. abgehen, sodaß zur Anrechnung nur 640,574 Einw. kommen; was in Decimalen 2,55 oder auf den Thaler 9,18 Pfennige beträgt. — 6) Das Großherzogthum Hessen-Darmstadt mit 177 Quadratm. und 760,694 Einw., wozu noch das homburgische Amt Homburg vor der Höhe mit 2,25 Quadratm. und 8997 Einw. kommt. Sonach gehören hierher 179,25 Quadratm. und 769,691 Einw.; dies macht in Decimalen 3,70 und auf den Thaler 4,40

Pfennige. — 7) Der thüringische Verein, als: a) von Preußen die Kreise Erfurt, Schleusingen und Ziegenrück, mit 88,211 Einw., die Dörfer Kischlitz, Mollschütz und Alt-Löbnitz, mit 323 Einw.; b) von Kurhessen der Kreis Schmalkalden mit 25,153 Einw.; c) das Großherzogthum Sachsen-Weimar, mit Ausschluß der Ämter Allstädt, Oldisleben und Ostheim, 66,82 Quadratm. und 226,694 Einw. betragend; d) das Herzogthum Sachsen-Meiningen, 41,72 Quadratm. und 146,324 Einw.; e) das Herzogthum Sachsen-Altenburg, 23,41 Quadratm. und 117,921 Einw.; f) das Herzogthum Sachsen-Koburg-Gotha, mit Ausschluß der Ämter Volkerode und Königsberg, 37,60 Quadratm. und 129,740 Einw.; g) von dem Fürstenthum Schwarzburg-Sondershausen die Oberherrschaft mit 16,90 Quadratm. und 23,750 Einw.; h) von dem Fürstenthum Schwarzburg-Rudolstadt die Oberherrschaft mit 19,10 Quadratm. und 50,332 Einwohner; i) die Fürstenthümer Reuß zu Schleiz, Greiz, Lobenstein und Ebersdorf und Gera mit 27,94 Quadratm. und 99,626 Einw. (20,580 in Schleiz, 30,293 in Greiz, 21,394 in Lobenstein und Ebersdorf, 27,359 in Gera); k) von Baiern Kaulsdorf mit 434 Einw. Zusammen 233,49 Quadratm. mit 908,478 Einw., wonach auf die Staaten von dem Gesammtbezuge in Decimalen 3,62 oder vom Thlr. 1 Silbergr. 1,13 Pfennige kommen. — 8) Das Großherzogthum Baden mit 279,54 Quadratm., 1,228,298 Einw. mit Ausschluß der Insel Reichenau, des Orts Buffingen und der Vorstadt Kreuzlingen, nebst dem sogenannten Paradiese bei Constanz, dagegen mit Hinzurechnung der vom badischen Gebiete umschlossenen Theile des Fürstenthums Hohenzollern-Sigmaringen, nämlich Tautenbronn, Thalheim und Hof-Mühlhausen mit 3887 Einw. Zusammen also eine Bevölkerung von 1,232,185 Individuen, worauf im Decimalen 4,91 oder vom Thaler 1 Silbergroschen 5,68 Pfennige fallen. — 9) Das Herzogthum Nassau mit 82,70 Quadratm. und 373,601 Einw. worauf in Decimalen 1,49 oder vom Thaler 5,36 Pfennige kommen. — Endlich 10) die freie Stadt Frankfurt am Main, mit 4,3 ⅔ und einer vorläufig zu 60,000 angenommenen Bevölkerung, für welche aus oben bemerkten Gründen ein Aversionalquantum bedungen ist, das von den Gesammteinkünften vorweg abgerechnet wird.

So trat dieser Verein zusammen, alle Gattungen deutschen Bodens und deutscher Volksart umfassend; nach allen Richtungen, wohin Deutschlands Handelsgrenzen sich erstrecken, in nur an der Nordsee beschränkter Beziehung. Die künstliche Industrie in den Rheinlanden, Schlesien und Sachsen; die einfachere in Thüringen und auf der schwäbischen Alp; die unter dem Schutze der Gewerbsfreiheit gesteigerte Cultur der Gewerbe; die reiche Urproduction in Baiern, Würtemberg, Baden, den Rheinlanden; das Seeleben in nordischen und baltischen Häfen; die üppige Consumtion großer Haupt- und Handelsstädte — die größte Mannichfaltigkeit von Zuständen und Richtungen schloß er in sich. Mit dem Meere, mit Holland, Belgien, Frankreich, der Schweiz berührte er sich ebenso, wie mit Östreich, Rußland und den skandinavischen Reichen. Deutschland trat als geschlossene Handelsmacht auf und nahm dem Auslande gegenüber eine Ehrfurcht gebietende Stellung an. Die Zeit ist zu kurz seit der Stiftung und Abrundung des Vereins, als daß sie wichtige Ergebnisse dieser Stellung bereits hätte erleben können. Daß sie dem Auslande zu ernsten Erwägungen Anlaß gegeben, ist wol zu bemerken gewesen, wie dicht auch der Schleier des Geheimnisses über den Berathungen geruht haben möge. Welche Hoffnung in Bezug auf die nationalökonomischen Wirkungen des Vereins gefaßt worden und was sich zur Zeit zur Ansicht von diesen Wirkungen gewinnen läßt; darüber werden wir später sprechen. Zunächst von Dem, worüber sich in den ersten Jahren Manches entscheiden mußte, von den finanziellen Ergebnissen.

Dabei ist zunächst auf zwei verschiedene Umstände die Aufmerksamkeit zu richten. Wir haben zwischen der Lage der Staaten zu unterscheiden, denen das System bereits ein altes und gewohntes war, und der Lage derjenigen, die durch ihren Beitritt zu demselben das System erst zum Vereinssystem erweiterten. Für die erstern entstand, durch die Erweiterung des Kreises, in finanzieller Hinsicht nur die Frage, ob diese ihnen von Vortheil oder von Nachtheil sein, ob ihre Einnahme sich nach verrückten Zollgrenzen vermehren oder vermindern werde. Bei den letztern aber war eine Veränderung ihres Abgabensystems die unvermeidliche Folge ihres Entschlusses und es fragte sich nun, ob diese Veränderung als eine Verbesserung zu betrachten sei, oder nicht.

Es war nicht zu erwarten, daß den Staaten der erstern Gattung, und namentlich Preußen, aus der Erweiterung des Zollgebiets, gleich für die erste Zeit, eine Vermehrung der Einnahme erwachsen, ja auch nur eine Verminderung zu ersparen sein werde. An und für sich schon entgingen den preußischen Zollkassen alle Einnahmen, die sie bis jetzt von den aus den nunmehrigen Vereinsländern in das preußische Gebiet gebrachten oder aus letzterm in jene Länder ausgeführten Waaren erhoben hatten. Ferner der Antheil, den Preußen von seinen Zollrevenuen den übrigen Staaten abgeben mußte. Für letztern gewann es nun freilich einen Anspruch auf einen allenfallsigen Antheil an dem Zolleinkommen der andern. Aber es blieb die Frage, ob dieser bedeutend genug sein werde, jenen doppelten Ausfall zu überwiegen. Überdies war noch mit Gewißheit zu erwarten, daß nicht blos die seither von den Waaren erhobenen Zölle ausbleiben, sondern daß diese nun wohlfeiler gewordenen Waaren noch viel mehre ausländische, immer noch zollbar gebliebene verdrängen würden. Ein gleicher ja höherer Ausfall war bei dem Durchgangszoll zu besorgen. Und wenn man bei jenem die Annahme geltend machen konnte, daß nationalökonomische Vortheile gerade für Preußen die etwaigen finanziellen Einbußen überwiegen, daß die Steuerpflichtigen gewinnen würden, was den Staatskassen abgehen möge, so war dies bei dem Durchgangszoll nicht so leicht durchzuführen. Wenigstens durfte für Preußen erleichterte Communication durch die Vereinsstaaten weniger wichtig erscheinen, als den letztern dieselbe Verbesserung für ihren Verkehr durch Preußen. Nun kamen noch manche factische Umstände dazu. Von dem bevorstehenden Anschlusse war in den einzelnen Staaten zum Theil schon Jahre lang vorher gar manche Kunde ins Publicum gedrungen und hatte den Speculationsgeist angeregt, große Vorräthe von den künftig zollbar werdenden Gütern in das künftig dem Zollverbande einverleibte Inland zu schaffen. Zwar ward nun beim wirklich eintretenden Zollanschluß diesem Übelstande durch Aufnahme der Vorräthe und Erhebung von Nachsteuern einigermaßen begegnet; indeß konnte man dabei nicht mit voller Strenge verfahren, um nicht gleich anfangs ein Übelwollen gegen die neue Einrichtung zu erwecken. Anderwärts und später, namentlich in Nassau, schlug man den Weg ein, frühzeitig und noch bevor das Publicum mit hinlänglicher Wahrscheinlichkeit den Eintritt des Anschlusses voraussehen konnte, eine vorläufige Verzollung der wichtigsten Artikel, die am ersten Gegenstand solcher Speculationen werden konnten, anzuordnen und so den Anschluß in Übergängen zu vermitteln. Dennoch konnte es in allen diesen Fällen nicht fehlen, daß Vorräthe zollbarer Waaren gelagert wurden, von denen die Zollkassen nichts bezogen hatten. Dann war es auch natürlich, daß die Zollbeamten der neu beigetretenen Staaten nicht gleich anfangs hinlänglich geübt waren, um dem Schleichhandel in seinen vielfältigen Gestalten und allen möglichen Versuchen zur Umgehung der Gesetze in voller Strenge und mit aller erforderlichen Umsicht und Gewandtheit zu begegnen.

Doch diese letztern Umstände waren nur vorübergehend und der Ausfall in den Einnahmen, der nur durch sie herbeigeführt wurde, mußte sich in den nächstfolgenden Jahren wieder ausgleichen. Aber auch den bleibendern Gründen einer Verminderung der Einkünfte traten Umstände entgegen, die wieder auf eine Vermehrung derselben Hoffnung machten. Dies namentlich durch Verminderung der Kosten der Zollanstalten. Die Erfahrung hat gelehrt, daß bei einem Tarif, wie der preußische, die Kosten der Bewachung einer Grenzmeile ungefähr so viel betragen, wie der Antheil des Zollvertrags, der auf die durchschnittliche Bevölkerung einer Quadratmeile kommt. (Etwas mehr in der Regel, je dichter die Bevölkerung der zu bewachenden Grenzmeile ist.) Natürlich also, daß das Procentverhältniß der Zollschutzkosten in dem Maße steigt, wie das zu schützende Areal geringer wird. In dieser Beziehung ist das Verhältniß Preußens durch die Vermehrung des Zollgebietes günstiger gestaltet worden. Denn an und für sich war sein Grenzzug für die Zollbewachung keineswegs vortheilhaft. Während seine Grenzlänge, bei vollkommen quadratischer Gestaltung seines Gebietes, nur 284 Meilen betragen haben würde, belief sie sich in der That auf 1073,17 Meilen. Diese verminderten sich 1823 — 28 durch den Anschluß der anhaltischen Länder um 83,05 Meilen, sodaß noch 990,12 Meilen blieben. Im Jahre 1828 trat Darmstadt mit 160,99 Meilen zu und durch diese Vereinigung wurden an den beiderseitigen Zolllinien nur 43,44 Meilen erspart, sodaß nun 1107,67 Meilen, aber gemeinschaftlich, zu decken waren. Durch den Beitritt der oldenburgischen, koburgischen und homburgischen Besitzungen am Hundsrück (1829 — 30) trat abermals eine Verminderung um 9,10, durch den von Kurhessen (vom 1. Januar 1832) mit 153,70 Meilen, eine solche an den beiderseitigen Grenzen um 180,60 Meilen ein, sodaß nun 1071,73, also noch etwas weniger als vor diesen Erweiterungen zu bewachen blieben, während die dadurch umschlossene Bevölkerung sich um 1,700,000 Individuen, das gedeckte Areal um 930 Quadratm. vermehrt hatte. Baierns Grenzlänge, mit Ausschluß des Rheinkreises, betrug 315,60 Meilen, die sich durch den Anschluß weimarischer und koburgischer Enclaven um 14,35 Meilen verminderte. Würtembergs Grenzlänge betrug 170,05 und verminderte sich durch den Anschluß der Hohenzollern um 26 Meilen. Durch die Vereinigung beider Länder zu einem gemeinschaftlichen Zollsystem wurden 103,35 Meilen Grenzlänge erspart, sodaß noch 341,90 Meilen blieben, denen jedoch von 1830 die Zolllinie des Rheinkreises mit 56,04 Meilen zuwuchs. Durch die Vereinigung des preußisch-darmstädtischen Zollvereines mit dem baierisch-würtembergischen und beider mit Sachsen und Thüringen wurden wieder 311,53 Meilen erspart. Durch den Anschluß Badens 127,10, durch den von Nassau, Homburg und Frankfurt 75,05 Meilen. Erstere Ersparung war gegenseitig, da Baden diese Zollstrecke auch gegen die Vereinsstaaten bewachte. Berechnet man, daß Preußen ursprünglich 1073,17 Baiern 371,64, Würtemberg 107,05, Kassel 153,76, Darmstadt 160,99, Sachsen gegen Böhmen 58, Baden 187,60 Meilen zu besetzen hatte, folglich eine Ausdehnung von 2175,24 Meilen zu decken war, die jetzige Grenzlänge des Zollvereins aber nur 1064 Meilen beträgt, so ist durch die Vereinigungen eine Verminderung um 1110,72 Meilen erfolgt. Dabei wird noch durch diese Grenzlinien ein viel größerer Umfang gedeckt als früher, da darin Staaten begriffen sind, welche sich mit keiner Zolllinie umgeben hatten. Das Verhältniß der Quadratmeilen zu den Grenzmeilen stand früher für Preußen wie 1000:210, steht aber jetzt wie 1000:129. Nun wird überdies der Zollschutz aus dem Gesammtertrage der Zölle bestritten. Nach dem Bevölkerungsverhältniß nun, nach welchem doch die Vertheilung der Einkünfte erfolgt, hat Preußen in den Ausgaben nur 580, also gegen sein ursprüngliches Verhältniß 493 weniger zu übertragen. Wenn man die Kosten des Grenzschutzes auf die Meile 2000 Thlr. gewiß nicht zu hoch anschlug, so war eine Ersparung von 2,128,000 Thlr. zu erwarten und für Preußen eine solche von 986,000 Thlr. Doch mögen die Kosten sich durch den Anschluß um etwas auf jede Grenzmeile erhöht haben, da jede solche Meile nunmehr ein größeres Gebiet zu schützen hat.

Was übrigens die Grenzen des Vereins in Bezug auf ihre Ausdehnung anlangt, so sind es: 1) Seegrenzen, wo die Ostseeküste von der mecklenburgischen bis zur russischen Grenze, 128,80 Meilen lang durch Preußen zu bewachen ist. 2) Landgrenzen und zwar a) gegen Rußland 183,50 Meilen durch Preußen; b) gegen Krakau 4 Meilen, gleichfalls durch Preußen; c) gegen Ostreich 299,77 Meilen, wovon 103,37 durch Preußen, 58 durch Sachsen, 138,40 durch Baiern; d) gegen die Schweiz 40,35, wovon 2 durch Baiern, 3,10 durch Würtemberg, 35,25 durch Baden; e) gegen Frankreich 54,35, wovon 18 durch Preußen, 11,10 durch Baiern, 25,25 durch Baden; f) gegen die Niederlande 83,60 durch Preußen; g) gegen Hanover, Braunschweig, Lippe 188,62, wovon 172,22 durch Preußen, 16,40 durch Kurhessen; h) gegen Mecklenburg 81,50 durch Preußen. Sonach hat Preußen 774,99, Baiern 151,50, Sachsen 58, Würtemberg 3,10, Kurhessen 16,40, Baden 60,50 Meilen zu bewachen.

Von hoher Wichtigkeit war es ferner für Preußen, daß sich durch Anschluß der übrigen betreffenden Staaten der Schleichhandel beträchtlich vermindern mußte. Schon die Verkürzung der Grenzlängen, auf denen der Schleichhandel betrieben werden kann, und die hier wie eine Abnahme von 5:3 zu betrachten ist, erschwert ihn. Noch mehr, daß Länder beitraten, die zum großen Theile dicht bevölkert, gewerb- und fabrikreich, Sitze lebhaften Handelsverkehrs waren und den Schleichhandel nicht durch die zum Schutze eines eignen Zollsystems getroffenen Anstalten erschwerten. Wie erheblich diese Umstände seien, ergibt sich daraus, daß 1830 die Einfuhr von Zucker und Kaffee in Preußen gegen 1824 eine Summe von 1½ Million Thaler mehr einbrachte und man von diesem Mehreinkommen höchstens die Hälfte auf das gestiegene Consumo und etwa ein Viertheil auf verbesserte Verwaltung, ein starkes Viertheil aber gewiß auf den verminderten Schleichhandel rechnen muß.

(Fortsetzung folgt in Nr. 244.)

Fréron in der Theaterloge.

Fréron, den unsere Abbildung vorstellt, gehörte zu der großen Zahl gelehrter und geistreicher Männer, welche in dem Zeitalter Ludwig XV. die Zierde von Paris und von ganz Frankreich ausmachten. Er war der Herausgeber einer kritischen Zeitschrift, welche unter dem Titel „Année littéraire" erschien, und worin er seine wissenschaftlichen, ästhetischen und künstlerischen Ansichten mit großer Hartnäckigkeit, aber auch mit vieler Einsicht und Wahrheitsliebe verfocht. Die Herausgabe dieser Zeitschrift und die Art und Weise, wie er hierin gegen viele seiner bewunderten Zeitgenossen auftrat, verwickelte Fréron in unzählige Streitigkeiten und Händel, wodurch ihm sein Leben sehr verbittert ward. Er hatte den berühmten Diderot und die ganze französische Akademie zu Gegnern, wenigstens diejenigen dazu gehörigen Gelehrten, welche sich mit Herausgabe der großen „Encyclopédie" beschäftigten; auch Rousseau war sehr aufgebracht gegen ihn und schrieb ihm einst einen Brief, der in den beleidigendsten Ausdrücken abgefaßt war. Dieser Brief schloß unter Anderm mit den Worten: „Sie sagen, mein Herr, daß Sie alle Erwiderungen und Anzüglichkeiten von Seiten ihrer Gegner verlachten und sich einzig und allein in das Bewußtsein Ihrer Tugend hüllen wollen; allein ich erlaube mir, Ihnen hiervon abzurathen, denn dies würde ein sehr schlechter Mantel für Sie sein."

Voltaire und Fréron in der Theaterloge.

Allein Fréron's hauptsächlichster Gegner war der beißende, sarkastische und in vielen Fällen ebenso bösartige als geistreiche Voltaire. Dieser schrieb gegen ihn das berüchtigte und wahrhaft empörende Lustspiel oder besser Scandalstück: „L'Ecossaise." In diesem Stücke war Fréron persönlich, wie er leibte und lebte, copirt, sodaß man mit Fingern auf ihn zeigen konnte, wie auf einen der nichtswürdigsten Menschen. In diesem abscheulichen Stücke sind alle Lästerungen und Beleidigungen gehäuft, die man nur auf ein sterbliches Wesen entladen kann. Es ist ein Schandstück im eigentlichsten Sinne des Worts, und jedes reine Gefühl wird empört, wenn man sieht, wie ein geistvoller Mann sein Talent mißbraucht, um einen Gelehrten, der noch überdies ein in seinem Beruf ausgezeichneter und rechtschaffener Mann ist, vor den Augen einer ganzen Stadt zu beschimpfen. Denkt man sich, wie an einem solchen Abend, wo man dieses unverschämte Pasquill aufführt, das ganze Schauspielhaus gedrückt voll Menschen ist, Vornehme und Geringe, welche dem Verfasser Beifall klatschen und durch diesen Beifall die öffentliche, über den verdienstvollen Fréron ausgegossene Schande noch verdoppeln und verdreifachen. Und dennoch sehen wir, wie sich der verleumdete Mann selbst in die Vorstellung des gegen ihn gerichteten Schandstücks begibt, vielleicht um persönlich die Erfahrung zu machen, ob es möglich sei, daß ein Mensch in seiner bösartigen Feindseligkeit so weit gehen kann, wie dies von Voltaire bei dieser Gelegenheit wirklich geschah. Wie dem sei, Fréron war mit seiner Gattin in der ersten Vorstellung der „Ecossaise" gegenwärtig und hatte den Muth, die Abscheulichkeiten, die der ihn selbst vorstellende Schauspieler in seinem Namen und unter seiner eignen Maske vorbrachte, vier ganze Acte hindurch mit anzuhören. Allein im fünften Act wurde seine Gattin, zu sehr angegriffen von diesen beispiellosen Kränkungen, in ihrer Loge ohnmächtig, und es entstand dadurch im Theater ein noch größerer Lärm als vorher;

denn Fréron selbst war ganz außer sich über diesen Vorfall und stieß, durch den Anblick, den seine ohnmächtige Gattin gewährte, auf das tiefste gereizt, die heftigsten Verwünschungen aus. Und dennoch, so tragisch dieser Vorfall war, fand sich an jenem Abende unter all den berühmten Männern, die in den zahlreich besetzten Logen figurirten und recht herzlich über diese Bühnenschändlichkeit lachten, doch nur ein Einziger, der sich Fréron's annahm und sein gekränktes Recht, so viel als möglich war, vertrat. Dies war der berühmte und redliche Malesherbes, derselbe Mann, der viele Jahre später auch in der Nationalversammlung das Leben des Königs Ludwig XVI. gegen seine Ankläger zu vertheidigen wagte!

Wol mögen wir uns freuen, daß unsere Zeit in solchen Dingen gesitteter als jene ist, und es auch dem Geistreichsten heutzutage nicht mehr gelingen kann, eine achtungswerthe Person so zu beschimpfen.

Über Spanien.

Ich habe viel von der spanischen Faulheit gehört und gelesen — schreibt ein Engländer —, aber so weit meine Einsicht geht, kann diese Behauptung auf den baskischen Landmann nicht angewendet werden. Jeder nutzbare Zoll Boden im Bidassoathal ist mit der Hacke bearbeitet. Bei jedem kleinen Pachterhause an dem Felsfußsteige (wo Wagen oder anderes Fuhrwerk nie gesehen wird und wo Alles von Maulthieren und Menschenrücken getragen werden muß), steht ein Kalkofen, um dadurch den geschätzten Dünger für ihren Maisboden zu erzeugen. Der Kalkstein wird zu diesem Zwecke von einem Bruche auf den Behobia gegenüberliegenden Hügeln genommen. Man sieht verschiedene Schachte, wo auch Kupfererz gegraben wurde, und das herumliegende Gestein zeigt, daß es nicht vergebens geschehen. Wir gingen auf einer Fähre mit unsern Maulthieren über den Fluß; ein Zollbeamter kam zum Landungsplatz, um seine Amtspflicht zu erfüllen, aber anstatt eines Säbels oder eines Gewehrs hatte er in der einen Hand eine Hacke, mit der er sein Maisfeld bearbeitet, und in der andern eine Angelschnur zum Aalfischfang. Kleine Mühlen lagen über dem Ufer, deren Räder, um die Wirkung des Falls zu erhöhen, eigenthümlich eingerichtet waren. Auf der Strecke von Estella nach Durango ist der Boden außerordentlich verschieden; aber überall hat der Landmann denselben auf das Beste benutzt. Sein Pflug ist wirklich ein armseliges Instrument, das nur die Rudimente einer Pflugschar und einer Erdschaufel mit einem Stiel besitzt, aber die Erde wird so tief als nöthig ist, um ihm eine gute Ernte zu verschaffen, dadurch aufgerissen. Ich kann nicht von der Hirsenernte aus Vergleichung sprechen, aber was Weizen und Gerste betrifft, so ist sie so groß als die, welche man in England mit der doppelten Arbeit hervorbringt. Die letzte wird zur Fütterung der Maulthiere und Pferde gebraucht, besonders in Biscaya, wo Hafer nicht gebaut wird. Aber Mais wird überall gebaut, überall verzehrt; nicht etwa, weil sein Korn vollkommen, oder wegen der beträchtlichen Ernte, oder wegen der Mäßigkeit; sondern weil er als Freund in der Noth erscheint, der emporschießt auf den Felsenabhängen und den Sümpfen der Niederungen, auf üppigem und magerm Boden, wo der Pflug nicht hin kann, oder wo anderes Getreide nicht fortkäme, und weil er, ob reif oder nicht, eine reichliche Futterernte gewährt. Beim Hinabsteigen von dem hohen Tafellande Navarras und Alavas nach Guipuscoa zu hat das Land ein anderes Ansehen. Hier beginnt der Rüben- und Kleebau und der Weizen hört auf. Kein Pflug ist zu sehen, Alles wird mit Hacke und Spaten gearbeitet, und man sieht mit Staunen, welche Menge Boden selbst nur ein Mann mit diesen Werkzeugen, wovon er eins mit der rechten Hand und dem Fuß, das andere mit der linken auf ähnliche Weise zu gleicher Zeit braucht, umbrechen kann. Aber wenn ein Dutzend Männer auf solche Art ein Feld umgraben, so wird die Überlegenheit dieses Verfahrens über das englische augenscheinlich. In einer Linie stehend stoßen sie ihre Werkzeuge gerade nieder und umgraben eine so große Strecke, daß es einen englischen Pflüger Wunder nehmen würde. Die Weinstöcke, die hier nicht im Felde reifen können, winden sich an den Bäumen und Hütten hinauf und hängen in Guirlanden herunter. Weiter bei der Stadt Mondragon wachsen Rosen in Fülle und das enge Thal scheint viele Meilen lang ein Garten. Die aromatischen Kräuter von Alava gewähren der Bienenzucht ein reiches Feld, und Häuser wirklich mit aus Bauholzblöcken gebauten Stöcken angefüllt, sah man in der malerischen Lage unter hohen Felsen, die wie Thürme emporsteigen. Theile dieser Felsen mit Rasen bedeckt, zeigten ganz phantastische Bilder von Menschen- und Thiergestalten. Ein junges französisches Maulthier, das mich trug, schien von dem Anblick des Landes ganz verblüfft, indem die steilen und vagen Berge manchmal zu einer schroffen Ecke über dem Strombett führten, manchmal zu einer Felsenmauer, die wir erklimmen mußten, ja einige Male die Straße den Fluß selbst berührte. Bald kamen wir wieder durch so enge Schluchten, daß wir kaum etliche Fuß vor uns sehen konnten, bald wenig Schritte weiter eröffnete sich vor uns das prächtigste Panorama. Zuweilen leitete ein Pfad über die Höhe der Berge, gleich den Römerstraßen in Wales, die gegen Überfälle dienen sollten, zu den schönsten Aussichten; diese Punkte sind vor allen das Bereich der Bienen, wenn sie ausfliegen, wo sie sich zu solchen Haufen versammeln, daß es unmöglich ist ein Fernglas zu gebrauchen. Mein Maulthier, das ein Auge für die malerische Landschaft zu haben schien, hielt mich stets in Athem; es sah tausend fremde Gestalten in den phantastischen Felsen und Kräutern um und über sich. — Von den Aragoniern sagt der Reisende: Ich hatte oft Gelegenheit, mit ihren Gestalten, Zügen, ihrer Kleidung und ihrem Benehmen bekannt zu werden, und ich muß sagen, daß ich nie in meinem Leben einen außerordentlichern Schlag Rekruten sah; sie spotteten jeder Classification, selbst mit Hülfe des Exercirmeisters, des Armeeschneiders und des Waffenschmieds. Ihre Musketen und Bayonnete waren alle neu und glänzend, die Kuppel saß nett, ihre braunen Oberröcke hingen bequem über ihre Brust und ihr rabenschwarzes Haar gab ihnen troß des buntscheckigen Ansehens ihrer Boynas, Hüte, Schnupftücher, Barette und Nachtmützen und manchmal des völligen Mangels an Kopfbedeckung, eine Art Uniform; aber in jeder andern Beziehung militairischer Gleichförmigkeit unterscheiden sie sich ganz burlesk, indem sie auf der Parade, in Schuhen, Pantoffeln, Stiefeln oder Sandalen erscheinen. Männer von reiferm Alter stehen neben jungen Riesen, und wirkliche Riesen überragen kurze, breitschultrige Pigmäen, deren einer mich an Scott's schwarzen Zwerg mahnte. Einige waren feine, schlaffgliedrige Burschen, deren Backenknochen den Zuschauer in Staunen setzten; andere gedrängte und kräftige Gestalten, andere mager und sehnigt. Ihre Züge waren so verschieden, daß man glauben konnte, sie seien von Gegenfüßlern zusammen ausgehoben.

Bursche mit Schnepfengesichtern sah man neben Männern, deren Alter nicht errathen werden konnte und deren breite Adlergesichter mit entsprechendem stolzen Schnurrbarte und dort die milesische und bartlose Aushöhlung des Profils den Zuschauer sich einbilden ließen, er erblicke einen Auswanderer aus Galway. Auf den ersten Anblick erkannte man, daß Aragonien nicht von einem Menschenschlag bevölkert ist. Wahrscheinlich sendet jedes Thal einen Stamm, der ebenso in Abkunft als in Zügen verschieden ist. Die Navarresen geben sich das Ansehen, als verachteten sie Alle und führen zum Beweis, was von ihrer Fähigkeit zu halten, folgende Geschichte an: Ein aragonischer Maulthiertreiber kam zu einer zerbrochenen Brücke, über die zu gehen sein Thier weder durch Prügel noch Schmeicheln zu bewegen war. Ungeduldig darüber rief der Treiber aus: „Gott kann dir mehr Verstand gegeben haben, aber mir gab er mehr Kraft", packte das Thier auf und trug es über den Steg. — Die Spanier haben einen natürlichen Geschmack an Musik. Nacht und Tag, wo sie immer gehen, ja wenn es nur ihrer drei sind, kann gewiß einer singen, der andere ihn secundiren, und die übrigen fallen als Chor ein. — Der Marsch dieser lustigen Truppen über die Gebirge ist ein Anblick, werth, daß man von London dorthin reise, um ihn zu genießen. Der Regen strömt auf sie herab — sie merken es nicht, sondern singen nur lustiger und ergötzen sich gleich den Enten im Nassen. Ein Bursche trägt den Suppenkessel der Compagnie und ist dann und wann genöthigt, seinen Schritt anzuhalten, um das Wasser aus jenem zu schütten. Viele haben ihre Kleider ausgezogen und sie um ihre Brust gehängt und trotzen mit ihrem Rücken dem Unwetter; die Ärmel haben nun keinen Einwohner, aber der Karlist liebt seine Muskete; als wäre es der Arm seines Körpers, so steckt er Kolben und Schloß in den Ärmel, was ihn zu einer lächerlichen Figur macht, indem es aussieht, als hielte er seinen Ellbogen auf in Verachtung und Verlachung der Wolken, die seinen Rücken einweichen. Hier geht ein Offizier ohne Degen. Wie kommt das? O, er zerbrach ihn in dem letzten Sturme auf San-Augustin; aber es geht zur Schlacht, er wird dort schon einen finden. Ein glücklicher Nationalzug: Mängel, Beschwerden, Schwierigkeiten und Unglücksfälle auf einmal — Niemand murrte. Jedermann war geduldig, ging seines Wegs und hoffte auf bessere Zeiten. Man sah einen Geist, der dem Engländer in der Stunde der Gefahr gezeigt, für Leichtsinn gelten würde.

Geistesgegenwart.

Ein junges Mädchen aus dem Dorfe Louviennes war vor einigen Wochen zu dem Feste nach St.-Cloud gegangen. Da sie sich von den Annehmlichkeiten des Jahrmarktes hatte verleiten lassen, ziemlich lange zu bleiben, so dachte sie mit Schrecken daran, daß sie einen so weiten Weg (drei französische Meilen) allein und mitten in der Nacht zurücklegen sollte, und nicht weniger fürchtete sie die Vorwürfe, welche sie bekommen würde, wenn sie die ganze Nacht ausbliebe. In dieser Verlegenheit erinnerte sie sich, daß Frau J. in ihrem Dorfe krank sei und sich bei solchen Gelegenheiten stets des Beistandes des Doctors B. zu St.-Cloud zu bedienen pflegte. Sie begab sich daher nach dessen Hause und meldete ihm, daß die Patientin dringend seiner Hülfe bedürfe. Der Doctor stand auf, ließ anspannen und in so kurzer Zeit, als der Weg nur irgend zurückgelegt werden konnte, befand er sich, das Bauermädchen an seiner Seite, vor der Thüre der der Frau J. Sie sprang aus dem Wagen, sagte, daß sie von hinten in das Haus gehen und die Magd rufen wolle, damit Frau J. durch das Klopfen nicht gestört würde, aber kaum war sie um die Ecke des Hauses, so rannte sie, was sie konnte, nach ihrer Wohnung und ließ den Doctor warten, bis das Schnaufen und Stampfen seines Pferdes die Leute im Hause erweckte und er nun erfuhr, daß er angeführt war.

Fortschritte der Mäßigkeit in England.

Vor hundert Jahren waren die Bewohner Londons, besonders die niedere Volksclasse, dem Trunke äußerst ergeben, wie sich aus dem Umstande schließen läßt, daß es zu jener Zeit dreimal so viele Schenken gab als in unsern Tagen, obgleich die Stadt kaum den dritten Theil ihres heutigen Umfangs hatte. Im Jahre 1736 gab es nämlich 207 Wirthshäuser, 447 Speisehäuser, 550 Kaffeehäuser, 5975 Bierhäuser, 8659 Branntweinschenken, zusammen gegen 15,839. Die Einwohnerzahl betrug zu jener Zeit 630,000, wogegen die Bevölkerung im Jahre 1835 auf 1,776,500 gestiegen war, und doch betrug die Zahl jener Häuser nicht über 5000.

Bilder aus Rom.
III.

Unsere Abbildung zeigt das Innere des Paulsthores, vor welchem wir eine Scene sehen, wie man sie häufig in italienischen Städten findet. Die Hauptfigur ist ein Marktschreier, der Amulete verkauft und dem gläubigen Volke die schützende Kraft preiset, welche sie durch die Berührung des Wachsbildes eines Heiligen erlangt haben sollen, das wir im Hintergrunde erblicken. Das Thor, das man für das alte Ostiathor hält, ist nicht sowol an sich als durch die Gegenstände merkwürdig, die man in der Nähe desselben sieht. Unter diesen tritt besonders die Pyramide des Cestius hervor, die theils innerhalb, theils außerhalb des Umfangs der alten Stadt steht, da Kaiser Aurelian die Linie seiner neuen Mauer gerade über sie hinweg zog. Ihr Fuß bildet ein Viereck, und jede Seite desselben ist 96 Fuß lang. Sie ist 120 F. hoch, von Ziegeln gebaut und mit Marmorplatten belegt, die durch das Alter geschwärzt sind. Eine Thüre in einer der vier Seiten führt in ein 18 Fuß langes und 12' Fuß breites Gemach, dessen Decke und Wände mit Stucco bekleidet sind, auf welchem man ziemlich wohlerhaltene Gemälde sieht, eine Gruppe von weiblichen Gestalten, die Vasen und Candelaber tragen. Man will darin eine Andeutung der Todtenfeier finden, die sie dem Verstorbenen weihen, den eine Inschrift Cajus Cestius nennt. Die Pyramide wurde wahrscheinlich einige Zeit vor der Regierung des Kaisers Augustus errichtet und im 17. Jahrhundert wiederhergestellt und von dem an ihrem Fuße aufgehäuften Schutte gereinigt. Es ist merkwürdig, wie die Natur, da die Pyramidenform des Denkmals ihr Zerstörungswerk hindert, auf andere Weise wirkt. Gerade diese Form gibt den Pflanzen einen Halt, deren Wurzeln zwischen den Steinen durchdringen und, wie Keile wirkend, große Blöcke aufgehoben und auf die Seite geschoben haben. In Ägypten wird durch die große Hitze und den Mangel an Feuchtigkeit das Wachsthum der Pflanzen in solchen Lagen gehindert, und nur in Afrika sind die Pyramiden ewig. Nahe bei der Pyramide des Cestius liegt der Begräbnißplatz der Protestanten. Nur Ausländer ruhen hier, und die bescheidenen Denkmale erinnern an junge Männer, die mit Begeisterung die Wunder Roms genossen, an Bräute, die ihre erste Reise machten, an Kinder, die unter fernem Himmel Gesundheit finden sollten. Veilchen bedecken im Winter den stillen Platz, und die Pyramide, die ihn beschattet, gibt ihm ein wunderbar feierliches Ansehen. Die Denksteine reden zu dem fremden Wanderer in einer Sprache, die dem Eingeborenen unbekannt ist. Auch die Pyramide ist nur ein Fremdling unter Fremden, wie der Wanderer und die Todten, die hier ruhen. Sie stand so lange, bis die Sprache, die einst um sie her gesprochen wurde, verändert ist und der Schäfer, der an ihrem Fuße geboren ward, ihre Inschrift nicht mehr lesen konnte.

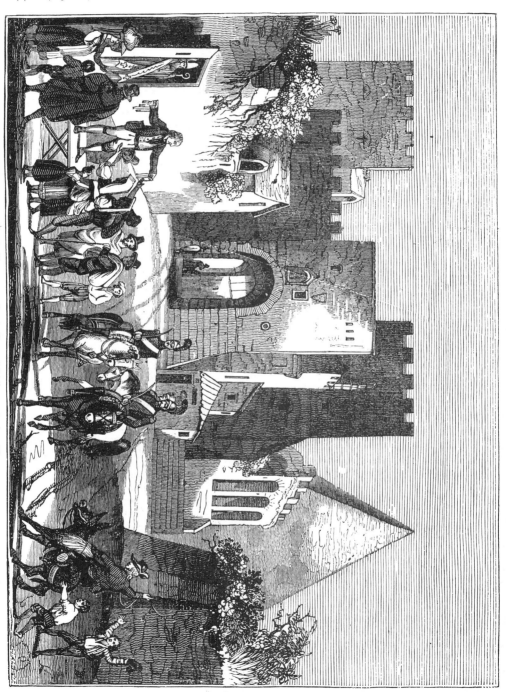

Das Innere des Paulsthores in Rom.

Verantwortlicher Herausgeber: Friedrich Brockhaus. — Druck und Verlag von F. A. Brockhaus in Leipzig.

Das Pfennig-Magazin
für Verbreitung gemeinnütziger Kenntnisse.

244.]   Erscheint jeden Sonnabend.   **[December 2, 1837.**

Mohammed Ali läßt die Mamluken zu Kairo ermorden.*)
Nach einem Bilde von Horace Vernet.

*) In Nr. 159 des Pfennig-Magazins ist diese Begebenheit ausführlich beschrieben worden.

Die deutschen Zollvereine.
(Fortsetzung aus Nr. 243.)

Die dem preußischen Zollsysteme beigetretenen Staaten hatten noch günstigere finanzielle Aussichten dabei vor sich. Soweit dieselben bereits ein eignes Zollsystem besaßen, verminderten sie durch den Anschluß natürlicherweise alle Nachtheile und allen Aufwand des Zollwesens. In diesen Staaten erhielt sich das Misverhältniß zwischen der Grenzlinie und dem dadurch gedeckten Areal noch ungünstiger als in dem preußischen Gebiete. Nun könnte man zwar sagen, es sei ihnen durch die Annahme des preußischen Tarifs die Möglichkeit entzogen worden, bei Anordnung der Zölle besondere Interessen und Bedürfnisse ihrer inländischen Production und Industrie specielle Rücksichten zu nehmen. Darin werden Diejenigen keinen Nachtheil erblicken, welche das Schutzsystem überhaupt für ein verfehltes halten und alle Täuschungen und Inconvenienzen desselben dann verdoppelt glauben, wenn es sich auf Detailinteressen einlassen will oder muß. Nur zu oft wird dann den Regungen, Intriguen und stürmischen Foderungen der Sonderinteressen Thor und Thüre geöffnet. — In den Staaten ferner, wo zeither kein Grenzzollsystem bestand, oder doch die Grenzzölle so niedrig waren, daß sie zwar keine besondern Schutzanstalten erforderten, aber auch nur eine sehr unbedeutende Einnahme brachten, vermittelte der Anschluß eine Gelegenheit, unpassende indirecte Abgaben mit zweckmäßigern zu vertauschen, und die directen Abgaben lähmten besonders den innern Verkehr, belasteten vielfach die ersten, einfachsten Lebensbedürfnisse, errichteten Schlagbäume, statt an den Landesgrenzen, an den Thoren jedes Städtchens, und waren zahllosen Hinterziehungen ausgesetzt, woraus eine ungleiche Mehrbesteuerung des redlichsten Staatsbürgers vor dem minder gewissenhaften hervorging. Die directen Steuern bestanden zum großen Theile aus Grundsteuern, deren Ungleichheit zu steten Klagen Anlaß gab, während doch bei der besondern Natur der Grundsteuern nur von einer Herabsetzung derselben eine wahrhaft wirksame Erleichterung der Steuerpflichtigen zu erwarten war. Auch sonst scheint die Veränderung des neuern Staatswesens, wonach das Übergewicht sich von den directen Steuern weg und auf die indirecten Abgaben wendet, trotz allen Einwürfen, welche man gegen die letztern erhoben hat, ein durch die Natur der Verhältnisse selbst bedingter Vorschritt. Mögen immer diese Abgaben wechselnd und ungewiß sein; alle Verhältnisse der Güterwelt sind jetzt so, und besser der Verkehr übernimmt das Ausgleichungsgeschäft, als die Gesetzgebung versucht das Vergebliche. Vollkommen gleiche Vertheilung der Abgaben ist auf directem, mechanischem Wege unmöglich. Annäherungsweise ist sie noch am ersten auf dem organischen Wege zu erwarten, wo Alles von dem Verbrauche, von dem eignen Ermessen der Consumenten erwartet, jedes Individuum, das innerhalb des Staatsgebietes eine versteuerte Sache verbraucht, beigezogen und der im Durchschnitte gewiß nicht unbegründeten Vermuthung vertraut wird, daß der Aufwand sich nach dem Einkommen richtet. So viel ist endlich gewiß, daß die Mehrzahl der Steuerpflichtigen die directe Steuer wenigstens nicht mit besonderm Vergnügen entrichtet, während die indirecten Abgaben von Denen, die sie zahlen, nur vorgeschossen und nicht getragen werden, indeß Diejenigen, die sie wirklich tragen, dies größtentheils ohne es selbst zu wissen thun. — Die Nachtheile, die für den Handelsstand die Verzollung später unverkauft bleibender Waaren bringen konnte, hat man durch Lagerhäuser und das den größern Handelsplätzen bewilligte Contirungssystem gemildert. Endlich war für die meisten dem Vereine beigetretenen Staaten, namentlich aus Mitteldeutschland, die Annahme der preußischen Grundsätze in Bezug auf Wegegelder und dergleichen ein wesentlicher Vorschritt.

Es war nie zu befürchten, daß die Erweiterung des Zollverbandes, oder der Anschluß daran, etwa für einen der betheiligten Staaten bleibende finanzielle Opfer verursachen würden, eine Mindereinnahme gegen die frühern Bezüge bedingen, wol gar zur Deckung des Ausfalls eine Erhöhung anderer Abgaben nothwendig machen könne. Es soll darauf nicht Rücksicht genommen werden, daß ein fortwährendes Steigen der Zolleinkünfte mit der Zunahme der Bevölkerung zu erwarten ist; denn dies würde auch ohne die Erweiterung des Vereins bei allen Consumtionsabgaben eingetreten sein. Aber wohl muß, wenn der Verein den nationalökonomischen Interessen von Vortheil ist, wenn er günstig wirkt auf Landbau, Handel und Gewerbsfleiß und zur Erhöhung des nationellen Wohlstandes, dies auch auf die Vermehrung vieler Staatseinnahmen förderlich einwirken, die bei der Berechnung und Vertheilung des Zollertrags nicht mit in Anschlag kommen. Wir erwähnen hier nur den Ertrag der Posten und Wegegelder, die Stempelgebühren und die Gewerbsteuern. Ist der Verein für den Volkswohlstand günstig, so wird er auch das finanzielle Interesse fördern. Und wäre Letzteres nicht der Fall, so wäre es unter jener Bedingung auch kein Nachtheil, so wäre mit einem jedenfalls nicht bedeutenden finanziellen Opfer die Förderung eines Hauptzweckes des Staats erkauft.

Daß aber der Verein den nationalökonomischen Interessen der vereinigten Staaten von Vortheil sein werde, darüber konnte kein Zweifel sein. War er doch in Verein zur Freiheit! Riß er doch Schlagbäume nieder und entfesselte den Verkehr von Völkern, die von der Natur selbst zum innigsten Lebensverkehr berufen waren! Es mögen von Einigen sanguinische Erwartungen von den Wirkungen des Vereins, besonders mit Bezug auf das Ausland gefaßt und ausgesprochen worden sein, die nicht in Erfüllung gehen konnten. Wir haben sie nie getheilt und werden auch hier die Kräfte und Bestimmungen Deutschlands nicht überschätzen. Es mag sich Manches gegen den Tarif des Vereins erinnern lassen. Freuen wir uns, daß unser Tarif unter denen der europäischen Großstaaten gewiß derjenige ist, gegen den sich das Mindeste einwenden läßt, und erwarten wir eine Milderung der Ansätze, die vielleicht zu hoch scheinen könnten, eine Veränderung dieser und jener Bestimmung von den Berathungen und Beschlüssen, denen die Fortbildung des Vereins übertragen ist. Aber Das müssen wir diesem Vereine nachrühmen, daß er, ohne die Waaren eines Auslandes, das die unsern besteuert oder gänzlich abwehrt, zollfrei auf den deutschen Markt zu lassen, gleichwol sich losgesagt hat von Geist und Formen des Verbietungssystems. Der Verein mag manche Zweige des Handels, die grade auf den Zustand, wie er vor seiner Erweiterung bestand, berechnet waren, unangenehm berührt haben. Den Handel selbst hat er nicht verletzt, auch den Antheil nicht, den Deutschlands Handelsgeist an dem Welthandel nimmt. Er hat ihm seine Beziehungen nicht gehindert und seinen Absatz nicht versperrt. Das Ausland mag seine Gewinne geschmälert sehen, es mag der Erhaltung seines alten Absatzes Opfer bringen müssen; nicht der deutsche Handel hat diese Verluste zu tragen.

Aber hätte der Verein auch den auswärtigen Handel geschmälert, wie er es nicht hat, indem er den innern Handel frei gab, so war jeder mögliche Verlust bei jenem hundertfältig überwogen. Zwar fällt der innere Handel nicht so in die Augen wie der auswärtige, und läßt sich nicht so leicht von der statistischen Darstellung in große, prunkende Summen ausprägen. Aber unumstößliche Wahrheit ist es, daß er an der Größe der von ihm beschäftigten Kräfte und Capitalien und an dem Einflusse auf die Festigkeit und Gediegenheit des Nationalwohlstandes den auswärtigen Handel weit überragt. England ist der größte Handelsstaat, den die Weltgeschichte gesehen hat, und von der Natur selbst zu dieser Rolle berufen. Aber von der ungeheuern Summe, zu welcher schon vor Jahren der Gesammtwerth des britischen Handels geschätzt wurde und die er seitdem weit überstiegen hat, von den 424,250,000 Pf. St., die er betrug, wurden auf den innern 350,000,000, auf den auswärtigen nur 74,250,000 Pf. St. gerechnet. Ebenso rechnete man gleichzeitig in Frankreich auf den innern Verkehr 6,476,160,000 Fr., auf den auswärtigen Handel 847,500,000 Fr. Man schätzte den Gesammtbetrag der industriellen Erzeugnisse Großbritanniens auf 142,720,000 Pf. St., und davon nahm die innere Consumtion für 110,286,000 Pf. in Anspruch; seine Urproduction auf 216,817,000 Pf., und davon wurden im Inlande für 212,788,000 Pf. verzehrt. — Ebenso ist es ein durch natürliche Gründe erklärter Erfahrungssatz, daß dieser so wichtige Binnenverkehr an Lebhaftigkeit desto mehr verlieren muß, in je engere Grenzen er sich geschlagen sieht, und daß eine Erweiterung seines Wirkungskreises nicht blos eine Addition, sondern eine Multiplication vermittelt. Die Lebhaftigkeit endlich dieses innern Verkehrs ist auch der wahre belebende Impuls für den auswärtigen Handel und sein Einfluß auf den zunehmenden Wohlstand des Innern eröffnet auch den Handel des Auslandes, ohne Nachtheil für das Inland, verstärkte Absatzquellen. In der That ist es in England anerkannt worden, daß seit der Erweiterung des Zollverbandes der englische Handelsverkehr mit Deutschland, trotz der Zölle, die seitdem in einigen Ländern, wo englische Waaren bisher zollfrei eingingen, auf diese gelegt wurden, sich nicht vermindert, sondern vermehrt habe. Je reger sich der innere Handel Deutschlands entfaltete und je wohlthätigere Folgen er auf die Vermehrung der Capitalkraft der deutschen Nation äußert, desto sichtbarer muß diese Erscheinung hervortreten.

In der That, die Erfahrung dieser letzten Jahre hat die Befürchtungen nicht bestätigt, daß durch die Vereinigung das Handelsinteresse dem Industrieinteresse zum Opfer gebracht werde und daß sie nur in sofern als ein Vortheil erscheinen könne, inwiefern man das letztere für wichtiger halte als jenes. Der Handelsverkehr in Deutschlands Häfen, auf seinen Handelsstraßen und an seinen Marktplätzen ist nicht ertödtet, er ist lebhafter geworden. Oder wo er, was letzteres, was einige Meßorte betrifft, in den letzten Jahren gesunken ist, da ist die inländische Concurrenz, da sind inländische Verhältnisse, nicht eine Unterbrechung der Beziehungen zu dem Auslande, die veranlassende Ursache gewesen. Das Sinken hat Plätze betroffen, deren Meßverkehr nicht auf den auswärtigen, am wenigsten auf den Welthandel, sondern auf den Binnenhandel verwiesen war. Aber der ganze Meßhandel wird durch die erleichterte und vermehrte Communication entbehrlicher und nur an wenigen Plätzen durch bleibende Ursachen in alter Höhe erhalten.

Für den Landbau ist von dem Vereine, als indirecter Vortheil, die vermehrte Nachfrage nach Rohstoffen und nach Nahrungsmitteln für die arbeitende Classe zu erwarten, die mit der vermehrten Fabrikindustrie verbunden sein muß. Diese Vermehrung kann jedoch natürlich nur eine allmälige sein. Die Entfernung der Binnenzölle hat für den Absatz der gewöhnlichsten ländlichen Producte nicht gerade den Charakter einer directen Verbesserung haben können, da die Zölle grade Getreide und Holz aus begreiflichen Gründen wenig oder gar nicht berührten. Aber wohl mußte der befreite Binnenverkehr sich wohlthätig für die Producenten von Handelsgewächsen und für viele Nebenzweige und Untergattungen des Landbaues erweisen. So war namentlich für die fränkischen und rheinischen Gegenden das Interesse des Weinbaues entscheidend. Dann mußte auch der Aufschwung der Gewerbe, welche die von dem Landbau erzeugten Rohstoffe verarbeiten, dem letzteren einen vermehrten Absatz versprechen. So z. B. das Brauereigewerbe für Gerste und Hopfenbau.

Am günstigsten war unstreitig der Anschluß für das Gewerbsleben, namentlich für die Fabrikindustrie, wiewol auch die Handwerker der größern preußischen Städte und die kleine Industrie, die in einzelnen Gebirgsgegenden, z. B. auf dem Thüringerwalde, auf der schwäbischen Alp und anderwärts blüht, Ursache gehabt haben, sich über erweiterten Absatz und neu gelebten Verkehr zu erfreuen. Aber vor Allem war es die Fabrikindustrie, die mit freudiger Hoffnung sowol die Schranken fallen sah, die sie jetzt in Benutzung der nächsten und natürlichsten Absatzquellen wenigstens gedrückt hatten, als auch einigen Schutz gegen die ausländische Concurrenz fand.

Hier nun kann die Frage entstehen: war dies ein Vortheil für alle dem Vereine beigetretenen Staaten? Litt nicht namentlich die Industrie der Staaten, die bisher allein diesen Schutz gewährt hatten, wenn er nun aufhörte, gegen die neu sich anschließenden Länder zu wirken und wenn die Industrie der letztern in Wetteifer trat mit den ältern Gliedern des Vereins? Fragen, die aus dem Gesichtspunkte geläuterter nationalökonomischer Ansichten zu verneinen sind; denn diese lassen höchstens insofern einen Schutz der Industrie zu, als es darauf ankommt, gewissen besondern, namentlich vorübergehenden Vortheilen, deren die ausländische Industrie sich erfreut, zu begegnen, das Gewicht dieser Vortheile auszugleichen. Ein Kampf, der fruchtlos sein wird, so oft als bleibende natürliche Vorzüge einem Lande das Monopol eines bestimmten Gewerbszweiges verschafft haben. Die deutschen Länder sind allerdings in ihrer Bodenbeschaffenheit verschieden genug, um einzelne Gegenden als vorzugsweise zum Betrieb des Landbaues, andere als vorzugsweise zu industriellen Beschäftigungen berufen zu achten, während die Küstenländer auf Handel und Schiffahrt verwiesen sind. Aber sie sind nicht verschieden genug, was den Standpunkt ihrer volksthümlichen Cultur und ihrer Güterverhältnisse anlangt, um die Annahme zu rechtfertigen, es seien einzelne Gegenden, ohne von der Natur selbst dazu bestimmt zu sein, etwa durch bessere Anleitung zu einer höhern Reife von gewerblicher Geschicklichkeit oder zu einer größern Capitalkraft gelangt, und die übrigen bedürften nun eines Schutzes gegen sie, um unter dieser Ägide ihnen allmälig nachzukommen. Wäre dies der Fall, so dürfte der Schutz das schlechteste Mittel sein, das erwünschte Resultat herbeizuführen; denn er würde nur die Trägheit und den Schlendrian bestärken, denen die Hauptschuld an dem Zurückbleiben zukommen müßte. Im Ganzen aber wird man annehmen können, daß die deutschen Länder, die in industrieller Hinsicht die Concurrenz ihrer deutschen Brüder nicht aushalten können und nicht durch die freie Mitbewerbung selbst genugsamen Sporn erhalten, ihnen nachzueifern und in Kurzem auch auf gleiche Höhe zu dringen, sie niemals erreichen werden; daß sie von der Natur nicht zur gewerblichen Thätigkeit, sondern dazu berufen sind, jene für sich die betreffenden Gewerbsarbeiten fertigen zu lassen und sie ihnen gegen die Producte anderweiter Beschäftigungen abzutauschen. Auch das Aufhören des Schutzes kann hierbei ein Vorschritt sein, wenn der Schutz nicht gerechtfertigt ist.

Auch indirecte wohlthätige Folgen sind von dem Verein zu erwarten. Ob er grade dem Auslande wichtige Zugeständnisse abnöthigen wird, bleibe dahingestellt. Schwerlich dürften die Großstaaten sobald ihr seitheriges System verleugnen. Holland ferner beharrt in Handelssachen auf seinem eignen Systeme und hat seine besondern, durch Schiffahrt und Colonialbesitz bedingten Interessen. Belgien darf seine Verbindungen mit Frankreich, die Schweiz die ihrigen mit Östreich und Italien nicht stören. Die nördlichen Küstenländer haben ihre eigenthümlichen Interessen und Richtungen. Indeß, wie dem auch sei, so bleibt doch gewiß, daß jede Annäherung, geschehe sie nun durch förmlichen Anschluß oder durch Handelsverträge, erleichtert worden ist, seit das Ausland in dem preußisch-deutschen Zollverein eine compacte und gewichtige Staatenmasse sich gegenüber sieht. Dabei werden die Handelsverbindungen mit dem Auslande mit Rücksicht auf das gemeinschaftliche Interesse gewahrt. Die preußischen Handelsconsuln sorgen auch für andere Vereinsstaaten, und was ein Glied des Bundes gewonnen hat, hat es für Alle gewonnen.

Auch im Innern muß die Vereinigung manche günstige indirecte Nachwirkung auf die Hülfsmittel und Werkzeuge des Güterverkehrs haben. Die Handelswege können nun erst ihrer Bestimmung gemäß gebahnt und gepflegt werden, nun man nicht mehr die engherzige

Rücksicht, daß sie im Gebiete des einen Staates bleiben möchten, zu beobachten, noch die Befürchtung zu hegen braucht, eine unerwartete Maßregel des Nachbars könne ihren Zweck gefährden, ihre Anlegung nutzlos machen. Je lebhafter der innere Verkehr wird, desto stärker wird die Benutzung der Communicationsmittel sein, desto mehr wird für letztere gethan werden, und dies wird wieder in natürlicher Wechselwirkung ihre Benutzung vermehren. Straßenbau, Eisenbahnen, Dampfwagen, Postwesen, Fuhrhandel, dies Alles gewinnt durch den freiern Aufschwung, den der Verkehr genommen. Ebenso wird das Augenmerk immer mehr auf die Wasserstraßen gerichtet werden, die wegen ihrer besondern Tauglichkeit zum wohlfeilen Transport schwerer Lasten für den Handel wie für den Großverkehr der Producte des Landbaues und Gewerbswesens noch wichtiger sind als die Landstraßen. Bereits hat Baiern die Initiative durch den Kanal ergriffen, der Rhein und Donau verbinden soll.

(Der Beschluß folgt in Nr. 245.)

Der Kampf mit dem Alligator.

Schon früher ist in Nr. 75 des Pfennig-Magazins eine Abbildung des Alligators oder Kaiman, eines der furchtbarsten Thiere aus der Gattung der Krokodile, das durch seine Kühnheit besonders den zur See Reisenden sehr gefährlich wird und in früherer Zeit manche Fabel veranlaßt hat, gegeben worden. Höchst merkwürdig ist die Art, wie die Bewohner am Ufer des Nigers dieses Ungeheuer tödten. Macgregor Laird in seiner Nigerfahrt erzählt hierüber Folgendes: „In geringer Entfernung von unsern Schiffen sah eines dieser mächtigen Thiere auf einer Sandbank im Flusse sich sonnen. Zwei Landeseingeborene bemerkten dasselbe, ruderten plötzlich in einem Kahne auf die eine Seite der Sandbank und krochen vorsichtig zu ihm hin. Sobald sie dem Unthiere nahe genug waren, richtete sich der Eine auf und stieß einen sechs Fuß langen Speer durch den Schweif desselben in den Sand. Nun erfolgte alsbald ein sehr hitziger Kampf; der Mann mit dem Speer hielt diesen so fest in den Sand, als er nur immer konnte, und klammerte sich daran, da er mit der Gewandtheit eines Affen alle Augenblicke seine Stellung wechseln mußte. Inzwischen rannte sein Gefährte hin und her und versetzte, so oft es anging, dem Thiere mit seinem langen Messer einen Stoß und entzog sich dann wieder mit größter Schnelligkeit dem weiten Rachen, während dasselbe sich um die seltsame Angel, die der andere Neger so glücklich durch seinen Schweif gestoßen hatte, herumdrehte. Der Kampf dauerte etwa eine halbe Stunde und endete mit dem Tode des Alligators, den die Sieger alsbald in Stücke schnitten, damit nach dem Ufer zurückruderten und das Fleisch an ihre Landsleute verkauften."

Neue Holzverkohlungsmethode.

Bei der gewöhnlichen Verkohlung, die in Nr. 195 des Pfennig-Magazins beschrieben ist, erlangt man nur die Hälfte der im Holz enthaltenen Kohle, und es läßt sich die Ausbeute nicht ohne andere Unbequemlichkeiten bedeutend vermehren. Man wird einsehen, welch bedeutender Verlust an einem allgemein nöthigen Lebensbedürfniß, dem Holze, dadurch veranlaßt wird, und daß jede Abhülfe desselben für die Staatswirthschaft von Wichtigkeit ist. Holzverkohlungsöfen liefern uns dann ein besseres Resultat als die bei der Waldverkohlung gewöhnlich angewendeten Meiler, wenn sie genau verschlossene Räume bilden und von außerhalb erheizt werden. Man wird aber auch leicht einsehen, daß der Brennmaterialienaufwand, der zu dieser Heizung erforderlich ist, in den meisten Fällen den Vortheil wieder aufhebt. Um so wichtiger ist daher die von dem Chemiker Houzeau-Muiron zu Rheims und dem Eisenhüttenbesitzer Fauveau-Déliars auf der Hütte zu Bièvres in den Ardennen gemachte Erfindung, die von den Hohöfen und Frischfeuern unbenutzt entweichende Flamme, selbst wenn sie schon zur Feuerung der Gebläselufterhitzungsapparate angewendet worden ist, zur Erhitzung von Verkohlungsöfen zu benutzen. Eine Menge von französischen und belgischen Hüttenwerken wenden das neue Verfahren, auf welches die Erfinder ein Patent erhalten haben, mit glänzendem Erfolge an, und auf dem Harze sollen nächstens auch Versuche damit angestellt werden. Das Holz wird auf den Hütten mittels einer durch Elementarkraft bewegten Säge in sechs Zoll lange Stücke geschnitten und dann in eiserne, bis auf eine Röhre gänzlich verschlossene Kasten gelegt, die überall von der Flamme der Hohofengicht oder der Frischfeuer umspielt werden. Hier verliert das Holz sein Wasser und einen großen Theil seines Wasserstoffgehalts, und nachdem es den gehörigen Grad der Verkohlung erlangt hat, der bei Hohöfen geringer als bei Frischfeuern ist, nie aber so weit getrieben wird als bei der Meilerverkohlung, werden die Kasten geöffnet und die glühenden Kohlen werden in andere eiserne Kasten, die unter jenen liegen, gezogen, um in denselben bei Ausschluß der Luft zu verlöschen. Aus den Löschkasten können die Kohlen sogleich bei den Öfen oder Feuern benutzt werden. Man erhält dem Gewicht nach 58 und dem Raume nach 68 Procent des angewendeten Holzes, also nach dem letztern Verhältniß mehr als das Doppelte, als bei den gewöhnlichen Verfahrungsarten. Die Wirkung der Kohle ist ausgezeichnet gut. Bei der Waldverkohlung kann man auch solche Öfen, die transportfähig sind, anwenden, und mit Holzabfällen, Reißig, Torf u. s. w. feuern.

Albany.

Albany, der Sitz der Regierung des Staates Neuyork, liegt am westlichen Ufer des Hudson. Es wurde zuerst im Jahre 1612 von den Holländern gegründet und ist mit Ausnahme von Jamestown in Virginia, das 1607 entstand, die älteste Stadt der Vereinigten Staaten. Sie war ursprünglich eine holländische Festung, Fort Orange genannt. Etwas später erhielt sie den Namen Williamstadt, den sie bis zum Jahre 1664 beibehielt, wo die Colonie in die Hände der Engländer fiel. Ihren jetzigen Namen hat sie von Jakob II., welchem, als er noch Herzog von York und Albany war, Karl II. die Colonie schenkte. Das umliegende Land ist nur von geringer Fruchtbarkeit; dieser Nachtheil aber wird durch die günstige Lage hinlänglich ersetzt. Albany wurde von seinen ersten Gründern nicht zu einem Marktplatz für landwirthschaftliche Erzeugnisse, sondern zu einem Stapelplatz des Handels mit den Indianern bestimmt, und zu diesem Zwecke ist es ganz passend. Es ist stets in günstigen Zuständen gewesen, was man wol dem Umstande zuschreiben kann, daß es an dem äußersten Punkte liegt, welchen die Flut in einem der größten Flüsse der neuen Welt erreicht. Seit der Einführung der Dampfboote hat Albany an Lebendigkeit gewonnen, und die Entfernung zwischen Neu-

Ansicht der Hauptstraße von Albany.

york und dieser Stadt, welche ungefähr 34 deutsche Meilen beträgt, kann man jetzt in zwölf, oft auch in zehn Stunden zurücklegen. Die Reise zwischen diesen beiden Örtern ist höchst malerisch und angenehm. Fahrzeuge von 80 Tonnen kommen den Hudson herauf bis nach Albany. Während der strengsten Winterzeit wird die Schiffahrt auf dem Flusse für kurze Zeit unterbrochen. Die Flut steigt bis Troy, das ungefähr eine Meile von Albany entfernt, auf der andern Seite des Flusses liegt. Albany bildet daher eine Art natürlicher Waarenniederlage zwischen Neuyork und einer ungeheuren Strecke des Binnenlandes, die auf der einen Seite Canada und einen Theil von Ohio, auf der andern Seite einen Theil Neuenglands in sich faßt. Eine bedeutende Einnahme hat die Stadt durch die Durchfuhrzölle der Waaren, die besonders in Mehl und landwirthschaftlichen Erzeugnissen bestehen.

Albany verdankt dem prächtigen Hudson wichtige Vortheile; aber die Erbauung des Erie- und des Champlain-Kanals haben die Stadt zum Mittelpunkt des Handels eines noch viel größern Landstrichs gemacht, als das Becken des Hudson umfaßt. Der Eriekanal ist 90 deutsche Meilen lang und hat den Zweck, die Verbindung mit den Seen und dadurch mit dem großen Becken des Missisippi, Missuri und Ohio zu öffnen. Der Champlainkanal, der gegen 15 Meilen lang ist, verbindet den Hudson mit dem Lorenzflusse und mit Canada durch den Champlainsee und den Fluß Richelieu oder Chambly. Der Umfang des Gebiets, womit man den Verkehr eröffnet hat, ist ungeheuer, wenn man die Kürze des Kanals berücksichtigt. Der Eriekanal ist zweimal so groß als jeder andere in Europa. Beide vereinigen sich bei Watervliet, fast zwei Meilen von Albany, und ergießen sich dann zusammen in das Kanalbecken bei Albany, welches 32 Acker Landes einnehmen soll. Der Bau der beiden Riesenwerke, welcher 1817 begonnen wurde, kostete 9 Millionen Dollars. Der Vorschlag zu diesem Unternehmen wurde der Regierung von Neuyork durch den Gouverneur De Witt Clinton gemacht, dessen Eifer und Fähigkeiten es dieser Staat größtentheils zu verdanken hat, daß schon so früh ein Werk zu Stande kam, welches eine neue Ära in der Geschichte des freien Staates bildete und in seiner Großartigkeit von andern Unternehmungen dieser Art in Europa bis jetzt noch nicht übertroffen worden ist. Außer den beiden Kanälen gibt es jetzt auch eine Eisenbahn von Albany nach Saratoga, einem ungefähr 8 Meilen entfernten Brunnenort; sie verbindet den Mohawkfluß mit dem Hudson.

Im Jahre 1800 belief sich Albany's Bevölkerung nur auf 4000, jetzt ist sie jedoch schon bis auf 20,000 gestiegen. Die Stadt besteht aus einer Hauptstraße von beträchtlicher Länge, die nebst andern Straßen mit dem Fluß parallel läuft. Von der Hauptstraße aus erhebt sich der Boden plötzlich, sodaß der übrige Theil der Stadt an dem Abhange eines Hügels liegt und von dem an der andern Seite des Flusses gelegenen Greenbusch aus einen sehr schönen Anblick gewährt. Das Hauptgebäude ist das Capitol, der Versammlungsort des Senats. Es steht an der Spitze der zwar abschüssigen, aber breiten und schönen Staatsstraße, welche die breiteste Straße aller Städte Amerikas sein soll. Das Stadthaus ist vielleicht das schönste Gebäude, dessen Albany sich rühmen kann. Es steht auf demselben

Hügel mit dem Capitol, ist von weißem Marmor und hat einen Dom, der schon in bedeutender Entfernung sichtbar ist. Albany besitzt außerdem noch eine Akademie, ein Arsenal, ein Theater und zwölf Kirchen. Arfwedson, der neulich die Vereinigten Staaten durchreiste, sagt: „Das Ansehen der Stadt bestätigt den blühenden Zustand derselben. Während Kaufläden jeder Art dem Auge begegnen und sich überall jene den Amerikaner so sehr charakterisirende Lebendigkeit ausspricht, erinnern den Reisenden einige Theile der Stadt an die schönsten Städte Europas." Die Häuser sind aus Ziegel- und Sandsteinen gebaut, und die ältern Gebäude mit ihren schrägen Giebeln nach der Straße heraus — wie man sie auch in Neuyork zuweilen noch findet — verkünden den holländischen Ursprung beider Städte. Albany zählt viele alte Familien, die von den ersten Ansiedlern abstammen, und wovon eine noch den alten holländischen Titel „Patroon" führt. Es herrscht hier übrigens mehr Hofsitte und aristokratischer Stolz als in irgend einer andern Stadt Amerikas.

Das Kreiselrad.

Unter den mechanischen Erfindungen und Verbesserungen der neuern Zeit verdient die der sogenannten Kreisel- oder horizontalen Wasserräder einer besondern Aufmerksamkeit. Man kannte sie schon früh, auch in Deutschland, unter dem Namen der Segner'schen Räder, und in Italien und Südfrankreich wurden sie mit zur Betreibung von Mühlen und andern kleinen Mechanismen angewendet; im größern Maßstabe aber wurden in Schweden Versuche damit angestellt. Im J. 1819 wurde ein solches Rad auch Reactionsmaschine genannt, im Michaelisschacht, im ungarischen Bergwerksdistricte von Hodritsch, zur Wasserhebung aufgestellt. Jedoch waren die Räder großer Verbesserungen fähig, und dies veranlaßte die Gesellschaft zur Aufmunterung der Nationalindustrie zu Paris, einen Preis von 6000 Francs darauf zu setzen, den der Mechaniker Fourneyron gewann, welcher sie nun wieder in die Reihe der brauchbaren Bewegungsmaschinen eingeführt und ihnen einen ehrenvollen Platz unter denselben angewiesen hat. Im Jahre 1827 wurde ein solches Rad zu Pont sur l'Ognon zum Betriebe einer Drehbank, Mahl- und Sägemühle, 1829 zwei andere zu Bewegung von Hohofengebläsen, 1834 eins von 50 Pferdekräften in der Nähe von Besançon angewendet, welche alle unter Wasser gute Dienste leisten und von denen das letzte noch bei einem Gefälle von $3/4$ Fuß zur Zufriedenheit arbeitet. Der Maschinendirector Brendel zu Freiberg schlug einige Verbesserungen vor, und neulich wurden auch in Preußen auf Veranlassung des um die Technik so hochverdienten Geheimraths Beuth Versuche mit horizontalen Wasserrädern angestellt, die sehr genügend ausgefallen sind. Zu St.-Blasien im Schwarzwalde hat man ganz neulich ein sehr hohes Gefälle (360 Fuß) von wenigem Wasser zur Bewegung eines Kreiselrades benutzt. Endlich findet man auch diese Räder in Nordamerika sehr häufig in Anwendung. Das denselben zu Grunde liegende Princip ist folgendes: Wenn sich in einem allseitig verschlossenen Gefäße Wasser befindet, so drückt es auf alle Wandflächen desselben, und zwar auf die Punkte, welche tiefer unter dem Wasserspiegel liegen, stärker als auf die höher liegenden. Die Pressungen, welche zwei gleich große Flächentheile in verschiedenen Tiefen unter dem Wasserspiegel erleiden, verhalten sich wie die Quadratwurzeln aus den Druckhöhen. Sobald nun an irgend einer Stelle eine Öffnung in der Wandfläche des Gefäßes ist, so wird durch dieselbe das Wasser mit einer Geschwindigkeit ausfließen, welche der früher an dieser Stelle stattgefundenen Pressung proportional sein wird. Befände sich nun vor der Ausflußöffnung ein Hinderniß, z. B. eine schiefgestellte Platte, so würde der ausströmende Wasserstrahl vermöge der von seiner Geschwindigkeit abhängenden Bewegkraft dasselbe wegzudrängen versuchen, und wenn der Widerstand desselben kleiner als die Bewegkraft des Wassers ist, auch wirklich zur Seite drängen. Soll nun auf solche Art eine stetige Bewegung entstehen, so müssen die Bedingungen so gewählt werden, daß an recht vielen Punkten gleichzeitig ein solches Hinderniß weggedrängt wird, und daß die Einwirkung des Triebwassers immer fortdauert. Dies führt endlich dazu, daß man das Gefäß, welches das Triebwasser erfaßt, cylindrisch macht, ihm am Boden einen cylindrisch herumgehenden Schlitz gibt und außerhalb des letztern ein bewegliches, ringförmiges Gefäß anbringt, in welchem senkrecht stehende, gegen das ausströmende Wasser dagegen schiefliegende Platten den Stoß und Druck des Wassers aufnehmen, um dadurch die Umdrehung des Rades zu bewirken. Nach den bis jetzt über die horizontalen Wasserräder gemachten Erfahrungen geht hervor, daß sie einen Nutzeffect gewähren, welcher den aller übrigen Wasserräder bedeutend übertrifft und auch nicht geringer wird, wenn das Rad ziemlich tief in das Wasser eintaucht. Es steht daher zu erwarten, daß unser deutsches, gewerbtreibendes Publicum immer mehr darauf aufmerksam werden wird, um diese wichtige Maschine mehr zu benutzen, als bisher geschehen.

Zur Statistik des Handelsverkehrs in Nischnei-Nowgorod.

In Nr. 220 des Pfennig-Magazins theilten wir eine kurze Beschreibung von der berühmten Messe von Nischnei-Nowgorod mit. Als Nachtrag hierzu und als Beleg dafür, wie sehr sich innerhalb der letztvergangenen zwölf Jahre der Handelsverkehr auf diesem merkwürdigen Platze gesteigert hat, mag die nachstehende statistische Übersicht dienen. Es betrug nämlich der Werth der dorthin zum Verkauf geführten Handelsartikel:

Im Jahre	1825	. .	46,845,828 Rubel.
= =	1826	. .	47,932,545 =
= =	1827	. .	52,410,926 =
= =	1828	. .	57,371,399 =
= =	1829	. .	50,104,339 =
= =	1830	. .	91,281,940 =
= =	1831	. .	98,329,525 =
= =	1832	. .	116,893,506 =
= =	1833	. .	117,210,395 =
= =	1834	. .	107,693,355 =
= =	1835	. .	119,193,340 =
= =	1836	. .	118,000,000 =

Das Land Iskardoh.

Der erste Reisende, welcher die Aufmerksamkeit auf Iskardoh gelenkt hat, war vorzüglich der Lieutenant Burnes. Die Mittheilungen, welche wir hier über dieses Gebiet geben, sind aus den Notizen des Capitains Wade entlehnt und waren zuerst in dem Journal der asiatischen Gesellschaft von Bengalen mitgetheilt.

Iskardoh ist ein Gebirgsland und zerfällt in viele Thäler von ungleicher Ausdehnung. Es liegt nach der Richtung hin, wo die Belur-Tagh- und Mus-Taghgebirge zusammenlaufen und wird von den Eingebornen Beldistan genannt.

Der Sage nach kam Alexander der Große auf einem Zuge nach Khata oder Scythia (dem heutigen China) hierher und machte, weil die Mus-Taghgebirge damals wegen der ungeheuern Schneemassen nicht zugänglich waren, an der Stelle der jetzigen Hauptstadt so lange Halt, bis eine Straße durchgebrochen war. Hierauf setzte er seinen Marsch fort, ließ aber die Alten, Kranken und Genesenden sammt dem entbehrlichen Gepäck in einem Fort zurück, welches er daselbst errichtet hatte. Die Zurückgebliebenen bildeten eine Stadt, welche sie Alexandria oder Iskandaria nannten, woraus der heutige Name Iskardoh entstanden ist.

Hinsichtlich seiner Größe wird das Gebiet von Iskardoh auf elf Tagemärsche in der Länge und auf neun in der Breite geschätzt. Nach Osten grenzt es gegen Ladakh, nach Süden gegen Kaschmir, gegen Westen wird es von Gilgit, gegen Norden von Yarkand begrenzt.

Die Zahl der Einwohner kann nicht zuverlässig bestimmt werden. Sie theilen sich in verschiedene Stämme. Ein Stamm unter ihnen, Kirah genannt, hat nach seiner Religion folgende vier Gebote zu halten: 1) die weiblichen Kinder zu tödten; 2) kein falsches Zeugniß abzulegen; 3) am Tage der Schlacht nicht zu entfliehen; 4) Niemand zu verleumden.

Die Bewohner von Iskardoh sind stark und wohlgebaut, von rother Gesichtsfarbe und angenehmen Zügen, aber sehr phlegmatisch, ohne Unternehmungsgeist und hinterlistig. Ihre Nahrungsmittel bestehen in Gerste, Weizen, Fleisch und nur theilweise in Reis. Thee ist ihr Lieblingsgetränk, doch ist der Preis desselben zu hoch, als daß er allgemein eingeführt werden könnte. Die Kleidung besteht bei den wohlhabenden Classen in einer Art Rock mit ringsum gestickten Kanten und Mützen; die Landleute tragen ebenfalls ein rockähnliches Gewand aus einem aus Ziegenhaaren gewebten Zeuche, und ihre Kopfbedeckung ist von ebendemselben Stoffe. Ihre Häuser sind von Stein und Holz erbaut, zwei bis drei Stockwerke hoch und haben platte, weit vorspringende Dächer. Im Allgemeinen bekennen sich die Einwohner von Iskardoh zum Islam, doch gibt es zum Theil auch noch Götzendiener unter ihnen. Landessprache ist die Tibetanische; Erziehung und Unterricht, welche ausschließend den Priestern und Häuptlingen anvertraut sind, empfangen sie im Persischen. Münzen haben sie nicht, sondern ihr einziges Tauschmittel besteht in kleinen Stücken rohen Goldes, welches sie theils in den Flüssen, theils in den Bergen finden.

Der Beherrscher von Iskardoh regiert unumschränkt. Sein Titel ist Ergh mayum, d. i. „Herr der Berge", vom Volke wird er Gelpo, d. i. König, genannt. Seine gewöhnliche Residenz ist das Fort von Iskardoh.

Ein stehendes Heer gibt es nicht, sondern die Grundbesitzer, welche keinen regelmäßigen Sold erhalten, aber von der Besteuerung frei sind, stellen die Truppen. Tritt Krieg ein, so bildet der König aus den Landleuten eine Art Miliz, gibt ihnen Waffen und Munition, so lange sie dienen, und entläßt sie, sobald sie nicht mehr gebraucht werden. Die Einkünfte des Landes bestehen in lauter Feldfrüchten, wozu die Landbesitzer nach Verhältniß ihrer Besitzungen beizutragen haben.

Bilder aus Rom.
IV.

Nachstehendes Bild aus Rom zeigt die mächtigen Ruinen des Palastes der Cäsaren, welche auf dem palatinischen Berge so wild und zerstreut umherliegen, daß es den Alterthumsforschern noch nicht gelungen ist, die Gestalt und Ordnung derselben zu ergründen. Pauvinio versuchte vergeblich, diesen Zweck zu erreichen. Bianchini opferte Vermögen und Leben bei der Ausgrabung eines ziemlich großen Theils der Ruinen.*)

Die langen Gewölbe, worein jetzt durch verfallene Mauern das Tageslicht fällt, die Terrassen, welche der Zeit zu trotzen scheinen, die Dome und festen Pfeiler, welche ihre ehemalige Größe bezeugen, die Mauern, wo sich die Ranken vertrockneten Immergrüns hinaufwinden, die große Verwickelung des Bauplanes, Wein- und Gemüsegärten, wo einst harmonische Stimmen in den hohen Hallen wiedertönten, die mit den schönsten Erzeugnissen der Kunst ausgeschmückt waren, Alles bestürmt das Gemüth mit der Erinnerung an gefallene Herrlichkeit. Doch das Gefühl, das sich hier des Beschauers bemächtigt, ist sehr verschieden von dem, welches sich beim Anblick des Forums ihm aufdringt. Dort erhebt der Gedanke an die erhabenen Tugenden jener großherzigen Republikaner jedes Gefühl zur Bewunderung; hier stimmen die unförmlichen Ruinenmassen, die halbverborgene Vegetation besser mit der Schwermuth überein, die man empfinden muß, wenn man an den Fall des einst so mächtigen Roms und an die verschwenderische und zerstörende Üppigkeit denkt, welche der Erbauung solcher Paläste folgte oder sie begleitete.

In der Mitte des flachen Gipfels des Berges befindet sich eine ungeheure Halle, von 138 Fuß Länge und 91 Fuß Breite, die den Namen „Palatinische Bibliothek" führt. Sie wurde im Jahre 1720 entdeckt; bis dahin hatte sie unter Schutt begraben gelegen, und war daher noch in ziemlich gutem Zustande. Sie war reich mit Statuen und andern Marmorzierungen geschmückt, aber die kolossale, funfzig Fuß hohe bronzene Statue des Apollo, deren Plinius erwähnt, und die man hier zu finden glaubte, war nicht zu sehen. Die größten Ruinen befinden sich auf der südwestlichen Seite nach Aventinum zu. „Von einer Reihe hoher Gewölbe", erzählt Simond, „die noch bis zum Gipfel ersteigbar sind und einen luftigen aber etwas gefahrvollen Spaziergang gewähren, überblickt man auf der einen Seite ungeheure Steinmassen, auf der andern Ruinen, die einst den Circus maximus bildeten, wo aber jetzt Kohl und Artischocken trefflich gedeihen."

Vor einem halben Jahrhundert wurde ein Thurm, der sich an der Seite des Circus maximus befand, wiederhergestellt; aber er ist aufs Neue in Trümmern zerfallen.

In der Nähe desselben Theils der Ruinen befinden sich auch die unterirdischen Gemächer, die man gewöhnlich die Bäder des Nero nennt. Unzählige Stufen führen hinab und die anstoßenden endlosen Gemächer, die noch unter Schutt und Steinmassen liegen, enthalten vielleicht noch die reichsten Schätze griechischer Kunst. Die zugänglichen Gewölbe sind natürlich von

---

*) Bianchini war ein italienischer ausgezeichneter Alterthumsforscher und Mathematiker und lebte in der frühern Hälfte des vorigen Jahrhunderts. Er fiel durch ein verfallenes Gewölbe in eine beträchtliche Tiefe hinab, als er eines Tages (1727) in den Ruinen seine Forschungen anstellte. Er starb zwei Jahre später an den erhaltenen Verletzungen. Seine ausführliche Beschreibung des Palastes der Cäsaren erschien 1738.

allen Dingen, die einigen Werth hatten, geräumt worden, aber an den Wänden sieht man noch kleine Frescogemälde, Arabesken und andere unbedeutende Verzierungen.

Diese Gemächer ließ im Jahr 1777 ein Engländer ausgraben und der einst kaiserliche Boden wird jetzt an Liebhaber verkauft, die Nachforschungen anstellen oder Weingärten und andere Pflanzungen anlegen wollen, wo einst ritterliche Übungen ausgeführt wurden und der Sitz der ausschweifendsten Üppigkeit und Verschwendung war.

Ruinen des Palastes der Cäsaren.

Das Pfennig-Magazin
für Verbreitung gemeinnütziger Kenntnisse.

245.] Erscheint jeden Sonnabend. [December 9, **1837.**

Galerie der deutschen Bundesfürsten.
XXXII.

Leopold, Fürst zur Lippe.

Leopold Paul Alexander, regierender Fürst zur Lippe, geboren zu Detmold am 6. November 1796, verlor sehr früh, am 4. April 1802, seinen Vater, Friedrich Wilhelm Leopold, regierenden Fürsten zur Lippe, dem er unter der Vormundschaft seiner edeln und geistreichen Mutter, Pauline Christiane Wilhelmine, geborene Prinzessin von Anhalt=Bernburg, in der Regierung folgte. Unter ihrer unmittelbaren Leitung mit vorzüglicher Sorgfalt erzogen und unterrichtet, besuchte er von 1814 an mit seinem Bruder, dem Prinzen Friedrich, geboren am 8. December 1797, die Universität zu Göttingen und unternahm hierauf zu seiner weitern Ausbildung eine größere Reise nach der Schweiz und nach Italien, von der er 1819 zurückkehrte. Er vermählte sich am 23. April 1820 mit der Prinzessin Emilie Friederike Karoline von Schwarzburg=Sondershausen, geboren am 28. April 1800, und nachdem er bald darauf, am 4. Juli 1820, aus den Händen seiner Mutter die Regierung, die diese musterhaft geführt, übernommen hatte, war es seine angelegentlichste Sorge, im Geiste seiner Mutter, die ihre Regentenlaufbahn nur um wenige Monate überlebte, fortzuführen, und erwarb sich hierdurch, wie durch eine Menge zeitgemäßer, höchst wohlthätiger Reformen, die allgemeine Liebe seiner Unterthanen. Mit seiner Gemahlin zeugte er acht Kinder: 1) den Erbprinz Leopold Paul Friedrich Emil, geboren am 1. September 1821; 2) Woldemar Günther Friedrich, geboren 1824; 3) Friedrich Paul Alexander, geboren 1827; 4) Hermann Emil, geboren 1829; 5) Alexander Karl, geboren 1831; 6) Luise Christine Auguste Charlotte, geboren 1822, Abtissin zu Cappel und Lemgo; 7) Friederike Marie Karoline, geboren 1825, und 8) Pauline Karoline, geboren 1834.

V.

Die deutschen Zollvereine.

(Beschluß aus Nr. 244.)

Der Verein hat ferner Verabredungen über Annahme eines gleichen Münzfußes und eines gleichen Maß- und Gewichtssystems angekündigt. Das Gelingen derselben würde zuvörderst für diejenigen Staaten eine hohe Wohlthat sein, in welchen in diesen Beziehungen unvollkommene, unzweckmäßige Einrichtungen bestehen. Dann war auch vor der Gründung des Vereins die große Verschiedenartigkeit, besonders der Münzsysteme deutscher Staaten, bei der mannichfaltigen Verflechtung des deutschen Verkehrs von fühlbaren Nachtheilen, besonders für die niedern, im Geldwesen weniger geübten Stände, begleitet und machte ihr Wohl und Wehe oft von den Münzoperationen des Auslandes und den wechselnden Bewegungen des Geldmarktes abhängig. Durch die größere Verbindung, die der Verein unter so vielen deutschen Staaten begründet hat, konnten die Beweggründe, die den Wunsch nach einer einfachen und festen Anordnung dieser Verhältnisse rechtfertigen, nur verstärkt werden. Leugnen läßt sich jedoch nicht, daß die Durchführung eines für alle Vereinsstaaten gleichmäßigen Systems ihre großen Schwierigkeiten haben wird, ja vielleicht sind die hierbei betheiligten Interessen zu gesondert, als daß sie sobald als möglich betrachtet werden könnte. In diesem Falle wäre schon viel gewonnen, wenn an die Stelle so vielartiger Systeme wenigstens nur zwei träten.

Endlich ist noch der politischen Folgen des Vereins zu gedenken. Es ist keineswegs die von vielen Gegnern desselben besorgte Erfahrung gemacht worden, daß er die Abhängigkeit der kleinern Staaten von den größern irgend verstärkt und über die Grenzen der nothwendigen Rücksichtnahme, die von jeher bedingt war, gesteigert habe. Wol aber hat er eine Quelle der Zwietracht verstopft und einen wichtigen Schritt zu der einzigen Einheit vermittelt, die für Deutschland von Segen sein kann, zu der gemeinschaftlichen Pflege jedes gemeinschaftlichen Zweckes, bei abgesonderter Pflege jedes verschiedenen Interesses, zu der Entfernung jeder unnöthigen Trennung, bei Erhaltung nützlicher Eigenthümlichkeit.

Es ist nicht zu besorgen, daß nach Ablauf der Zeit, für welche der Verein zunächst geschlossen war, auch nur eins seiner Glieder den Entschluß fassen sollte, sich von ihm loszusagen.

Das zweite Beispiel einer Handels- und Zollvereinigung in deutschen Landen bieten die in das Königreich Hanover und das Herzogthum Braunschweig geschiedenen, ehedem als Braunschweig-Lüneburg und Braunschweig-Wolfenbüttel bekannten Staaten des Guelfischen Hauses dar. Sie gehörten beide dem mitteldeutschen Handelsvereine an. Sie bemühten sich eifrigst für Erhaltung desselben oder seiner Grundsätze. Als seine Auflösung durch den Anschluß der meisten übrigen Mitglieder an das preußische Zollsystem entschieden war, verharrten sie factisch auf seinem Standpunkte, deliberirten über Das, was nun zu thun sei und suchten die wenigen neutral gebliebenen Nachbarstaaten, namentlich Oldenburg und Lippe, für ihre Sache, für ein gemeinsames Handeln zu gewinnen. In Braunschweig wie in den östlichen Binnenländern Hanovers fehlte es nicht an Stimmen, die den Anschluß an den preußisch-deutschen Verein empfahlen. Aber sowol in der hanoverischen Ständeversammlung als bei der braunschweigischen Regierung behauptete die entgegengesetzte Ansicht entscheidendes Übergewicht. Man verkannte die Bedrängniß der Zeit nicht; aber man glaubte, jener Anschluß sei unter den zwei Übeln, unter denen man zu wählen habe, das größere, und das andere Übel werde sich im Verlaufe der Zeit wieder heben; das Ausland werde zu einer liberalern Handelspolitik übergehen, die Krisis überstanden werden, ohne daß man das Wagniß einer totalen Veränderung der seitherigen Handelsverhältnisse, die man von dem Anschlusse besorgte, zu bestehen brauche. Man entschloß sich daher, eine abgesonderte Stellung zu behaupten und zur Festhaltung dieses Beschlusses sich gegenseitig zu verpflichten. Die gänzliche Vereinigung fand zwar anfangs an dem Widerstande einer ziemlich zahlreichen Opposition in der braunschweigischen Ständeversammlung, sowie an der Meinungsverschiedenheit, die über die zu bestimmenden Abgabensätze obwaltete, einige Hindernisse. Allein gegen Ende des Jahres 1834 kam man zur festen Entscheidung, da am 5. November auch Braunschweigs Stände, nach dreitägiger Berathung, mit 24 gegen 21 Stimmen den Beitritt genehmigten. Im Mai 1835 war der Vertrag von beiden Seiten genehmigt und publicirt und vereinigte das Königreich Hanover mit $695^{7}/_{100}$ Quadratmeilen und einer Bevölkerung von ungefähr 1,600,000 Individuen, und das Herzogthum Braunschweig mit 73 Quadratmeilen und etwa 260,000 Einwohnern, ein Gebiet darstellend, das von der Nordsee, von den Staaten des preußisch-deutschen Vereins (Preußen, Kassel, Bernburg), den damals neutralen Ländern von Oldenburg, Holstein, Mecklenburg, Lippe, Hamburg und von den Niederlanden begrenzt war.

Die wesentlichsten Bestimmungen des Vertrags sind folgende: Das Königreich Hanover und das Herzogthum Braunschweig vereinigen sich zur Annahme eines gleichmäßigen und gemeinschaftlichen Systems der Eingangs-, Durchgangs-, Ausgangs- und Verbrauchsabgaben. — Die bis dahin zwischen den contrahirenden Staaten bestandenen Steuer- und Zolllinien werden aufgehoben und unter beiden Staaten soll, jedoch mit Ausschluß von Salz und Spielkarten, worüber besondere Bestimmungen verabredet sind, auch mit Ausnahme der Kalender, hinsichtlich deren die bisherigen Verhältnisse nicht geändert werden, ein völlig steuerfreier Verkehr stattfinden. — Dagegen wird eine gemeinsame Grenzlinie errichtet, welche den in den Abgabenverband aufgenommenen Länderumfang der beiden contrahirenden Staaten umgibt. — Von fremden Staaten ganz umgebene Gebietstheile bleiben von diesem Verband ausgeschlossen. Auch können davon andere einzelne Landestheile, in Berücksichtigung ihrer örtlichen Lage und daraus hervorgehenden besondern Verhältnisse, im gemeinschaftlichen Einverständniß ausgenommen werden. — Die bisher in den contrahirenden Staaten unter dem Namen von Ein- und Ausgangszoll, Grenzzoll, Eingangssteuer, Impost, Accise, oder unter einer sonstigen Beziehung erhobenen indirecten Abgaben werden aufgehoben; auch findet ein Gleiches hinsichtlich der bisher von den im beiderseitigen Inlande verfertigten Biere und Branntwein entrichteten Verbrauchs- (Fabrikations-) Abgabe statt. An die Stelle dieser Abgaben tritt eine für beide Staaten gemeinschaftliche Ein-, Durch- und Ausgangsabgabe, sowie auch eine gemeinschaftliche Verbrauchs- (Fabrikations-) Abgabe von dem im Inlande verfertigten Branntwein und Biere. — Andere Verbrauchs- oder Fabrikationsabgaben als die von Branntwein und Bier dürfen in keinem der Vereinsstaaten, wiewol vorbehältlich der besondern Abgaben in einzelnen Städten oder Gemeinden, anders als im Einverständnisse der contrahirenden Regierungen angeordnet werden. — Die in den contrahirenden Staaten sowol gegenseitig als in Beziehung auf das gemeinsame Ausland bestehenden Eingangs-, Durchgangs- und Ausgangsverbote werden aufgehoben, vorbehältlich der besondern Verabredungen in Betreff des Salzes und der Spielkarten. Derartige künftige Verbote können nur im Einverständnisse der beiden contrahirenden Regierungen angeordnet werden. — Die Einführung fremden, in den contrahirenden Staaten nicht erzeugten Kochsalzes ist verboten. Jeder der beiden Staaten kann die Durchfuhr fremden Salzes durch sein Gebiet nach Nichtvereinsländern unter von ihm anzuordnenden Controlemaßregeln gestatten. Die Ausfuhr des Salzes nach Nichtvereinsstaaten ist frei. Sowie die Einführung fremden Kochsalzes in die Vereinsländer verboten ist, bleibt auch das Kochsalz überhaupt vom freien Verkehr unter denselben ausgenommen, und jeder Staat behält das Befugniß, solches einseitig mit Fabrikations- oder Consumtionsabgaben zu belegen. — Die Einführung der Spielkarten vom Auslande ist verboten; auch bleiben solche von dem freien Verkehr unter den contrahirenden Staaten ausgeschlossen. — Die Wasserzölle in den Vereinsstaaten auf andern Gewässern als den Binnenflüssen des einen oder beider Staaten sind von der Gemeinschaft ausgeschlossen. Unbeschadet der Bestimmungen der wiener Congreßacte von 1815 oder besonderer Staatsverträge ist daher ihre Regulirung und Verwaltung den einseitigen Anordnungen eines jeden der beiden Staaten vorbehalten, und die Aufkünfte davon machen ebenso wenig einen Gegenstand der Theilung unter denselben aus, als eine Anrechnung von Verwaltungskosten dabei stattfindet. Indeß ist hinsichtlich des durch Verträge der Weserufetstaaten festgesetzten Weserzolles verabredet, daß 1) davon für die beiden Vereinsstaaten sowol in der Auffuhr als in der Niederfuhr die Gegenstände frei bleiben sollen, welche auf der Weser a) aus einem Vereinslande nach dem andern, oder b) aus einem Gebietstheile des einen Vereinsstaates nach einem andern Gebietstheile des nämlichen Staates, oder c) aus einem der Vereinsländer nach dem Auslande, oder d) vom Auslande nach einem Vereinslande geführt werden. Werden aber 2) die Gegenstände auf der Weser vom Auslande durch beide Gebiete der Vereinsstaaten oder durch eines derselben durchgeführt, so behält es bei den Befugnissen jeden Staates zur Erhebung des Weserzolls sein Bewenden. 3) Gleichwie für Gegenstände, welche auf der Weser vom Auslande in einen Vereinsstaat eingeführt oder aus einem solchen nach dem Auslande ausgeführt worden, die gemeinschaftlichen respectiven Eingangs- und Ausgangsabgaben zu erheben sind, so unterliegen auch den gemeinschaftlichen Durchgangsabgaben die Transitogegenstände, welche entweder vom Auslande durch eins der Vereinsländer oder durch beide geschafft und sodann mittels der Weser ihrer ausländischen Bestimmung zugeführt werden, oder die umgekehrt vom Auslande mittels der Weser in ein Vereinsland kommen und darauf durch dasselbe allein oder auch durch beide Vereinsstaaten weiter nach ihrem ausländischen Bestimmungsorte gebracht werden. — Auch die Schiffahrtsabgaben unterliegen nach wie vor der einseitigen Bestimmung jedes Staats. Die Einwohner des andern contrahirenden Staates sollen aber in Hinsicht dieser Abgaben stets den Inländern gleich behandelt werden. — Der Gesammtbetrag der gemeinschaftlichen Eingangs-, Durchgangs-, Ausgangs- und Verbrauchsabgaben wird nach Abzug der Kosten für die Verwaltung unter die contrahirenden Staaten nach dem Verhältnisse der Bevölkerung vertheilt, und es soll zu dem Ende die Bevölkerung alle drei Jahre nach gleichmäßigen Grundsätzen ausgemittelt und der wirkliche Stand derselben am 31. December des betreffenden Jahres für die nächstfolgenden drei Jahre zum Grunde gelegt werden. — Bei der Erhebung der gemeinschaftlichen Abgaben wird in beiden Staaten einerlei Münze, Maß und Gewicht zum Grunde gelegt und bis dahin, daß in denselben gleiche Normen wirklich eingeführt worden, das Verhältniß der geltenden Münzen, Maße und Gewichte durch öffentlich bekannt zu machende Reductionstabellen festgesetzt. — Zur Beförderung und Erleichterung des gegenseitigen Verkehrs ist verabredet, daß, mit Ausnahme der Hausirer, diejenigen Handel und Gewerbe Treibenden des einen Staates, welche sich zur Ausübung ihres Handels oder Gewerbes in den andern Staat begeben, in dem letztern zu Gewerbesteuern nicht herangezogen werden sollen. — Nur im Einverständnisse beider contrahirenden Regierungen dürfen Verträge mit andern Staaten hinsichtlich der gemeinschaftlichen Eingangs-, Durchgangs-, Ausgangs- und Verbrauchsabgaben abgeschlossen oder derartige bereits bestehende Verträge über ihre gegenwärtige Dauer verlängert werden. Handels- und Schiffahrtsverträge mit andern Staaten, welche auf den Ertrag der gemeinschaftlichen Abgaben keinen Einfluß haben, können dagegen auch künftig von jedem contrahirenden Staate einseitig eingegangen werden. — Die Dauer dieses Vertrags wird vorläufig bis zum Ablaufe des Jahres 1841 bestimmt und soll hiernächst für die Verlängerung desselben weitere Verabredung eintreten. Im Fall einer Verständigung sämmtlicher deutschen Bundesstaaten über gemeinsame Maßregeln in Beziehung auf Eingangs-, Ausgangs-, Durchgangs- und Verbrauchsabgaben soll jedoch der Verein von der Zeit an, von welcher die desfallsigen Beschlüsse in Wirksamkeit treten, wieder aufgelöst werden. Auch werden, wenn die deutschen Bundesstaaten über freien Handel und Verkehr mit Lebensmitteln gemeinsame Verabredungen treffen, demgemäß die erforderlichen Modificationen in dem durch den gegenwärtigen Vertrag angenommenen System eintreten.

Den Bestimmungen des Tarifs nach, so wird, was wir hier anführen wollen, da dieselben in dem größten Theil von Deutschland weniger bekannt sein dürften als die des preußisch-deutschen Zolltarifs, an Eingangsabgaben erhoben: vom Centner Kaffee 3 Thlr. 3 gGr.; Zucker 3 Thlr. 3 gGr.; vom Centner Rohzucker für inländische Zuckersiedereien 1 Thlr. 8 gGr.; vom Centner Thee 6 Thlr. 6 gGr.; vom Ctnr. gekämmte Baumwolle 12 gGr.; von Baumwollengarn 1 Thlr. 1 gGr. bis 6 Thlr. 6 gGr.; von Baumwollwaaren 12 Thlr. 12 gGr.; vom Ctnr. roher Tabacksblätter und Stengel 1 Thlr. 1 gGr.; von fabricirtem Rauch- und Schnupftaback 6 Thlr. 6 gGr.; von Taback für inländische Tabacksfabriken 1 Thlr. 1 gGr.; vom Ctr. Wein in Fässern 3 Thlr. 3 gGr., in Flaschen 4 Thlr. 4 gGr.; vom Ctr. roher Wolle 2 gGr.; von rohem ungefärbten Wollengarn 3 Thlr. 3 gGr.; von gezwirntem, gefärbtem Wollengarn 4 Thlr. 4 gGr.; von Wollenwaaren 12 Thlr. 12 gGr. — Aus dem Königreiche ausgehende Waaren unterliegen in der Regel einer Ausgangsabgabe nicht. Nur für einige wenige Gegenstände ist im Tarif eine besondere Ausgangsabgabe festgesetzt. Die allgemeine Durchgangsabgabe beträgt 4 gGr. vom Centner; sie ist jedoch für Gegenstände, welche nicht direct durch, sondern zuvörderst durch unversteuerte Niederlagen gehen, auf 3 gGr. 4 Pf. ermäßigt.

Die nächste Folge dieses Vereins war es nun,

daß auch das Herzogthum Braunschweig den bereits von dem Königreiche Hanover durch das am 1. Juli 1834 in Kraft getretene Münzgesetz vom 19. April 1834 angenommenen 21-Guldenfuß für sein Münzsystem annahm, ein Schritt, dessen unmittelbare Nachwirkungen zu Anfange des Jahres 1836 sich in den deutschen Ländern, in denen braunschweigisches Geld circulirt hatte, sehr schmerzlich empfinden ließ. In Bezug auf das Gewicht war dem Zollgesetze das kölnische Gewicht zum Grunde gelegt, und dies ward als allgemeines Handelsgewicht erklärt, die Anwendung eines leichtern untersagt, das hier und da gewöhnliche schwerere einstweilen noch gestattet. Die beiden Staaten gingen in einer Hinsicht noch einen Schritt weiter als die Mitglieder des preußisch-deutschen Vereins, und schlossen auch einen besondern Postvertrag, wodurch das beiderseitige Postwesen für gemeinschaftliche Rechnung unter hanöversche Verwaltung gestellt wurde. Die Folge war für Braunschweig ein Gesetz vom 24. April 1835 wegen Umänderung des Posttarifs nach dem 21-Guldenfuß und einiger sonstiger Veränderungen im Posttarwesen.

Mit dem 1. Juni 1835 trat das neue Zollsystem in Kraft. In Braunschweig wurde eine Oberinspection der indirecten Steuern, aus einem Obersteuerinspector und den nöthigen Bureaubeamten bestehend, errichtet. In Hanover wurden die indirecten Abgaben unter die Leitung einer Generaldirection gestellt, die von zwei Generalinspectoren oder Steuerdirectoren gebildet wird und unmittelbar unter dem Ministerium steht. Außerdem wurden sechs Steuerdirectionen formirt, zu Göttingen, Hanover, Lüneburg, Verden, Osnabrück und Aurich. Mehre hanöversche Landstriche wurden dem Bezirke der braunschweigischen, mehre braunschweigische dem der hanöverischen Steuerbehörde beigelegt.

Auch dieser Verein sollte Erweiterungen erfahren. Nach längerm Schwanken trat am 1. October 1836 das Großherzogthum Oldenburg mit dem Gebiete des eigentlichen Oldenburg, 99 1/5 Quadratm. und 210,000 Einwohner umfassend, dem hanöverisch-braunschweigischen Zollvereine unter gleichen Bedingungen bei, und am 12. November 1837 ist ein Vertrag zu Stande gekommen, durch welchen das Fürstenthum Schauenburg-Lippe mit seinem ganzen Gebiete (9 3/4 Quadratmeilen mit 28,000 Einwohnern) sich demselben Verbande anschloß, der nun, aus vier Gliedern bestehend, sich mit einigem Rechte als ein niedersächsischer Zollverein ankündigen kann. Um dem letztgenannten Staate einen zollfreien Zugang zur Weser zu eröffnen, ist Preußen bewogen worden, in einen Districtaustausch zu willigen, dessen nähere Modalität noch nicht vollständig bekannt ist. Man erwartet nun, daß auch der kurhessische Antheil von Schaumburg, der seither zollfrei war und eine Aversionalsumme an die Staatskasse zahlte, dem preußisch-deutschen Vereine beigefügt, sowie daß das noch immer zögernde Lippe-Detmold sich bald entschließen werde. — Erfreulich ist es jedenfalls, daß die beiden Zollvereine sich nicht grade feindlich entgegenstehen; vielmehr ist noch am 1. November 1837 ein Vertrag geschlossen worden, in welchem mancherlei Gebietsaustausche, Erleichterungen des Grenzverkehrs, gegenseitige Unterstützungen zur Abwehr der Schmuggelei und Stipulationen zu Gunsten des braunschweiger Meßhandels getroffen worden sein sollen.

Es lag nicht in der Natur des Vereins, eine wesentliche Veränderung in den nationalökonomischen Verhältnissen seiner Staaten zu begründen. Seine Bestimmung war ja eigentlich Erhaltung des bestehenden Zustandes, so weit er von den Maßregeln des Staats berührt ward, um unter seinem Schutze die Zukunft der Verhältnisse abzuwarten. Die finanziellen Wirkungen konnten voraus berechnet werden, und sind nicht unter der Berechnung geblieben. Mit der neuesten Thronveränderung in Hanover, welche diesem Staate einen eignen Beherrscher gegeben hat, war die Hoffnung aufgetaucht, Hanover werde sich nun eher geneigt zeigen, sich an den größern Verein anzuschließen, ein Beispiel, dem Braunschweig jedenfalls und, wie man glaubt, auch Oldenburg folgen würde. Möglich, daß dies Alles geschieht. Indeß ist es weder ausgemacht, daß blos Rücksichten auf England über das seitherige Verfahren entschieden haben, noch daß der jetzige König sein Verhältniß zu England als völlig gelöst betrachtet. Allerdings aber wird er der letztern Rücksicht das Wohl seines neuen Staats nicht zum Opfer bringen.

So ist es noch unentschieden, ob die neuesten Verhandlungen als ein Beweis der Consolidirung des getrennten Verhältnisses gelten können, oder ob sie, wie einst der Handelsvertrag mit den süddeutschen Staaten, als Vorboten der gänzlichen Vereinigung zu begrüßen sind.

Bilder aus Rom.
V.

Wie die Peterskirche das schönste Muster neuerer Kunst in Rom darbietet, so sehen wir in dem Pantheon, das unsere Abbildung zeigt, die am besten erhaltenen Überreste alter Kunst; denn trotz den Mishandlungen, die es von den Barbaren früherer Zeiten erdulden mußte, bemerkt man doch jetzt noch keine Spuren des Verfalls. Dieses majestätische Gebäude steht im Mittelpunkt des neuen Roms. Es ist von Häusern umgeben, aber seine Lage zerstört den Zauber, den sein Anblick bewirkt, denn es befindet sich in den schmuzigsten Theile der Stadt, so daß der Beschauer, der mit Begeisterung dahin eilt, um das großartige Denkmal des Alterthums kennen zu lernen, sich plötzlich von Allem umgeben sieht, was nur die Sinne beleidigen kann. Von unaufhörlichem Geschrei gestört, von Haufen lärmender Bettler geplagt und bald in den Koth versinkend, der das schlüpfrige Steinpflaster bedeckt, eilt er, einen Ort zu verlassen, wo er so gern bewundernd verweilen möchte.

Das Pantheon ist jetzt unter dem Namen der Kirche „Santa Maria ad Martyres" oder gewöhnlicher „la Rotonda" bekannt. Papst Bonifacius IV. weihte sie der heiligen Jungfrau und da er die Überreste von Heiligen und Märtyrern, deren so viele waren, daß sie acht und zwanzig Wagen füllten, dahin schaffen ließ, erhielt sie den Beinamen „ad Martyres". Gregor IV. widmete sie im Jahre 830 allen Heiligen, wie sie früher allen Göttern geweiht war. So kann darin jetzt, wie ehemals zur Zeit des Heidenthums, wo man seine Gebete an die Gottheit richtete, der man am meisten zugethan war, Jeder seinen Schutzheiligen finden und ihn verehren. Das Pantheon soll von Agrippa, dem vertrauten Freund und Rathgeber des Augustus, 26 Jahre vor der christlichen Zeitrechnung, zum Andenken an den Sieg des Kaisers über Antonius, erbaut worden sein und man widmete es darauf dem Jupiter Ultor (Rächer) und allen Göttern. Das Wort Pantheon ist nämlich aus zwei griechischen Wörtern zusammengesetzt, die „Alles" und „Gott" bedeuten; aber es scheint, als ob bei den Alten selbst über die ursprüngliche Anwendung dieses Namens ein Zweifel obgewaltet hätte. Jeder Theil der alten Geschichte dieses Gebäudes jedoch ist in große Dunkelheit gehüllt. Über seine ursprüngliche Bestimmung ist schon viel gestritten worden; Einige sagen, es habe einen Theil der Bäder des Agrippa gebildet, wovon in der Nähe noch einige Spuren zu sehen sind, und die Meinung, daß die ungeheure Zelle dieses mächtigen Gebäudes zu einem Bade gehört habe, ist nicht so lächerlich, als sie beim ersten Anblick scheinen mag. „Jedes runde Gebäude", sagt Forsyth, „das Alkoven enthält, wird jetzt vielleicht zu allgemein für das Calidarium alter Bäder erklärt. Dies ist der Fall mit dem Tempel der Minerva Medica und dem Pantheon. Das Pantheon ein Bad! Konnte diese glänzende Vereinigung von Schönheit und Pracht zu einem so kleinlichen Zwecke bestimmt werden? Aber betrachte man es historisch, entferne man die bekannten Beifügungen, wie das Portal, die Säulen, die Altäre, nehme man dem Gebäude die ungeheure Rund-

Das Pantheon zu Rom.

säule und die reichen Verzierungen, womit es jetzt ausgeschmückt ist, und man wird die ganze Gestalt der jetzt in Rom bestehenden Calidaria erkennen."

Die Verschiedenheit der Materialien und der Arbeit und der Mangel an Einklang im ganzen Plane sind die sichersten Beweise, daß das Gebäude nicht auf einmal erbaut wurde. Sein Äußeres wird unsere Abbildung am besten versinnlichen können. Der Porticus ist 110 Fuß lang und 44 Fuß tief und ruht auf 16 korinthischen Säulen, wovon jede aus einem einzigen Stück orientalischen Granit besteht und 42 Fuß hoch ist. Die Fußgestelle und Capitale sind von weißem Marmor. Die ganze Höhe der Säulen beträgt 46 Fuß 5 Zoll, unmittelbar über dem Fußgestell haben sie 4 Fuß 10 Zoll und unmittelbar unter dem Capital 4 Fuß 3 Zoll im Durchmesser. Das Innere der Rotunda hat fast 150 Fuß im Durchmesser, die Höhe von dem Fußboden bis zur Decke betrug ursprünglich ebenso viel, aber man hat den Boden um 7—8 Fuß erhöht und ihn mit dem Getäfel des Porticus gleichgemacht. Durch eine ringsum laufende Öffnung im Dome, der 28 Fuß im Durchmesser hat, fällt ein helles Licht in das Innere. Der Regen wird durch einen Abzug in die Tiber geleitet, da aber die Lage des Gebäudes auf dem Marsfelde sehr tief ist, so tritt das Wasser, wenn die Tiber anschwillt, in das Innere, und es soll bei dieser Gelegenheit einen erhabenen Anblick gewähren, wenn man des Nachts in das Pantheon tritt und das Mondlicht durch die Öffnung im Dome auf das Wasser fällt.

Die Mauer der Rotunda ist zwanzig Fuß dick; sechs Kapellen oder Vertiefungen sind in derselben angebracht, wovon jede mit zwei viereckigen Pfeilern und zwei korinthischen Säulen geziert ist. Eine siebente und gänzlich offene Vertiefung befindet sich dem Eingange gegenüber. Über dem großen Karnieße, das von weißem Marmor ist, erhebt sich ein Dachgewölbe, auf dessen Gebälk der große Dom ruht.

Reiseabenteuer in Canada.

Ein junger Mann, der im letzten Juli Canada verließ und an die großen Seen in die Red=Rivercolonie im Hudsonbay=Territorium ging, hat in canadischen Zeitungen folgende traurige Erzählung von dem Schicksale zweier seiner Reisegefährten auf dem Wege von jener Colonie zu St.=Peters bekannt gemacht: „Wir verließen die Niederlassung am Red=River Ende Februar. Meine Begleiter hießen R. Hayes und J. Parys. Wir beschlossen unsern Weg über die Ebenen in Schneeschuhen nach St.=Peters fortzusetzen. Die Entfernung auf dem Wege, den man im Winter einschlagen muß, ist 750 engl. Meilen. Wir waren mit einem Metiff, einem Halbblut dieser Colonie, als Führer, mit Hunden und Karren, um unsere Vorräthe zu führen, mit Büffelröcken und wollenen Decken versehen. Wer nicht im Winter in den großen Wiesenflächen des Nordens und Westens gereist ist, kann sich keinen Begriff von den Beschwerden, Entbehrungen und Gefahren machen, die den Reisenden in jenen öden traurigen Gegenden erwarten. Beständig kalten Winden ausgesetzt, oft nicht im Stande, die wüsten Räume, die sich bis auf 50 engl. Meilen zwischen den Wäldern ausdehnen, in einem Tage zurückzulegen, und dadurch gezwungen, in diesen Ebenen die Nacht zuzubringen, ist man glücklich, wenn man ein elendes Dach unter Binsenmatten trifft. Aber die größte von allen den vielen Beschwerden, die der Reisende tragen muß, ist der Durst. Selbst während er auf dem Eise dahingeht, wird er grausam davon gequält und sucht ihn umsonst zu löschen, indem er Schnee ißt; sein Mund entzündet sich mehr und mehr; sein glühender Durst wächst auf furchtbare Weise und eine Schläfrigkeit kommt über ihn, die nur Wasser verscheuchen kann. Die Witterung im Februar war für den nördlichen Himmelsstrich der Niederlassung am Red=River ungewöhnlich mild; jedoch sagten uns mehre Eingeborene bei unserer Abreise die künftigen Beschwerden voraus, da der März der gefährlichste Monat für den durch die Wiesenlande Reisenden ist. Bald erfuhren wir die Wahrheit dieser Voraussagungen. Vom 4. bis zum 15. März verging kaum ein Tag ohne Sturm. Verschiedene Male waren wir gezwungen, acht Tage länger zu bleiben. Dieser Aufschub zehrte unsern Vorrath auf eine schreckliche Weise auf. Wir wußten unsere große Entfernung von jedem Handelsposten, wo wir allein Ruhe finden konnten; wir schlossen, daß es auf 300 engl. Meilen von unserm Wege keine Indianer gebe, da die Büffel beinahe ganz mangelten, deren uns auf der Reise von 500 engl. Meilen nur 19 Stück aufgestoßen. Uns blieb nichts Anderes übrig, als so schnell als möglich zu trachten, zur Handelsniederlage der amerikanischen Pelzwerk=Gesellschaft am Travers=See, nahe an der Hauptquelle des St.=Petersstroms, zu gelangen. Der Entschluß war leichter gefaßt als ausgeführt. Beständig der Kälte bloßgegeben, ohne hinlänglichen Lebensunterhalt, den wir zudem gefroren verzehren mußten, waren wir so ermattet, daß wir mit Mühe forthinkten, indem unsere Füße durch die beeisten Stricke der Schneeschuhe so wund waren, daß oft das Blut durch unsere Moccasies sickerte. In dieser bedauernswürdigen Lage überraschte uns auf der Haide am 17. März ein Sturm und Schneegestöber aus dem Westen. Ein unbeschreibliches Misgeschick! Wir waren grade fünf Meilen von einem Walde, der auf unserm Wege lag. Ich war eben vorn, die Hunde dicht hinter mir, Hayes 60 Schritt und Parys mehr als eine engl. Meile entfernt. Der Morgen war schön gewesen; der Führer, keine Gefahr vermuthend, hatte uns verlassen, um ein Wild zu verfolgen, und wollte uns am Walde wieder treffen, auf den wir loseilten, als uns der Sturm erreichte, der uns durch die Pelz= und Wollenkleider, die sogleich von dem Frost steif wurden, naß machte und uns in dichte Schneewolken einhüllte. Glücklicherweise bemerkte ich den schnellen Wechsel des Windes von Nordwest nach Nord und änderte meinen Lauf, indem ich das Holz noch zu erreichen hoffte, worauf Hayes, der mir nahe war, äußerte, wir gingen den unrechten Weg und würden umkommen. Ich antwortete: „Nein nein, folge mir so schnell du kannst." In diesem Augenblick sah ich ihn sich bücken, wahrscheinlich um seine Schneeschuhe zu schnallen; ich ging einige Schritte vorwärts, eine unermeßliche Schneewolke verbarg ihn meinem Gesicht, und ich sah ihn nie wieder. Ich war kaum zwei engl. Meilen vorwärts geschritten, als ich einen steilen Abhang hinunterstürzte, und wäre wäre beinahe erstickt, ehe ich mich aus dem Schnee hervorgraben konnte. Nachdem ich mich mit einem meiner Schneeschuhe herausgescharrt, ging ich in der Schlucht fort und befand mich bald an der Ecke eines kleinen Waldes, den ich später für den erkannte, auf den wir am Morgen zugegangen und wo uns der Führer zu erwarten versprochen. Der Wald bot nur wenig Schutz, da er nur aus wenig Eichen auf einem Hügel bestand, und nach vielen vergeblichen Versuchen hatte ich alle Hoffnung verloren, während des fortdauernden Sturmes, der jeden Augenblick seine Wuth zu verzehnfachen schien, Feuer anzumachen. Nachdem ich mir eine Höhle in den Schnee gegraben, wälzte ich mich bedeckt, wie ich war, mit Schnee und Eis, in Büffelmantel und Kleidern hinein und kroch unter den Schnee, wo ich bis zum folgenden Morgen lag. Meine Leiden waren schrecklich. Gegen 16 Stunden brachte ich damit zu, beständig meine Hände und Füße zu reiben, um sie vor dem Erfrieren zu schützen, und in derselben Zeit mußte ich mich vor dem Schlaf, wozu ich die größte Neigung hatte, schützen, weil ich wußte, daß, wenn er mich überfiel, ich verloren wäre. Bei Tagesanbruch kroch ich hervor und feuerte zwei Schüsse ab. Bald darauf kam der Führer und benachrichtigte mich, daß er, nachdem er beinahe vier Stunden durch die Ebene geirrt, durch bloßen Zufall ein kleines Gehölz sieben engl. Meilen westlich angetroffen, wo er, um sich vor dem Erfrieren zu schützen, ein großes Feuer, mit dem Material, womit er dort wohl versehen gewesen sei, angemacht. Parys wurde halb in Schnee begraben beinahe todt gefunden; er lebte noch vier Tage. Alles Suchen nach Hayes war umsonst, und da er nicht die Vorsicht gebraucht, sich mit Feuermaterial zu versehen, so kann kein Zweifel über sein Schicksal herrschen. Da wir keine Lebensmittel, ausgenommen ein Stück von dem Hunde, den wir zu schlachten gezwungen waren, besaßen, so blieb uns nichts übrig, als unsern Gefährten Parys in einer von unsern Büffelhäuten verfertigten Hütte zu lassen und in die noch 70 engl. Meilen entfernte Handelsniederlassung zu eilen, um Hülfe zu holen. Nachdem wir beinahe einen Tag an der Stelle unsers Unglücks verweilt, setzten der Führer und ich unsere Reise fort und erreichten am andern Tage als es schon dunkel zu werden anfing, die Niederlassung. Sogleich wurden Leute nach Parys und Hayes ausgeschickt. Nach elf Tagen kehrten sie mit der Leiche von Parys zurück, den sie todt in dem Gemache gefunden, welches wir für ihn gebaut. Alles zeigte an, daß er den zweiten oder dritten Tag nach unserer Abreise gestorben war. Er wurde nahe dem Kaufhause der amerikanischen Pelzwerkcompagnie am Traversee feierlich begraben. Es ist schmerzlich, sagen zu müssen, daß die Auffindung des Leichnams von Hayes unwahrscheinlich ist, da die Indianer am Traversee auf ihren Frühlingsjagden umsonst mehre Tage an dem Platze gesucht, wo er umgekommen sein muß. Parys war ein geborener Pole und diente früher als Offizier in der polnischen Armee. Er war in der letzten Revolution in dem Corps des Generals Romarino und wohnte allen großen Schlachten dieses Verzweiflungskampfes bei. Nach dem Fall von Warschau verließ er sein unglückliches Vaterland und reiste durch Deutschland, Frankreich und Großbritannien. Im Frühling 1835 kam er nach Amerika; zur Zeit seines Todes war er 37 Jahre alt. Hayes war aus Glanmire in Irland, und lebte seit seiner Ankunft in Amerika in Untercanada. Er zählte erst 21 Jahre."

Der Salzberg von Cardona in Spanien.

Dicht am Ufer des Flusses Cardoner, dessen Fluten auch die von ihm benannte Stadt selbst bespülen, erhebt sich ein berühmter Salzberg, eine Merkwürdigkeit der geologischen Natur im wahren Sinne des Worts. Es ist dieser Berg eigentlich eine gediegene Salzmasse — wenn man sich so ausdrücken will — von einer Höhe von 4—500 Fuß über dem Niveau des Flusses, die nach der Seite des Stromes hin in ziemlich senkrechter Richtung abstürzt und sich in bedeutender Länge von Osten nach Westen hin erstreckt. Derjenige Theil des Gebirges, aus welchem das Salz genommen wird, befindet sich etwa drei Viertelmeilen von der Stadt in einem kleinen Thale, dessen eine Seite von dem höhern Berggipfel, auf welchem das Schloß oder Castell von Cardona prangt, bestrichen wird, während die andere Seite sich in einer dritten zirkelförmigen Felsenreihe verliert, die, demselben Gebirge angehörend, der Bosch de sal, oder Salzwald genannt wird, weil ihr Gipfel ehemals mit vielen Föhrenbäumen bedeckt war. Gegenwärtig befinden sich dort viele Weinpflanzungen, die in einer nur einen Fuß tiefen Oberschicht vegetabilischer Erde, womit der Salzfelsen überzogen ist, vortrefflich gedeihen. Dieses Salz des Felsens ist, in roher Gestalt, von mannichfacher Färbung, im zubereiteten Zustande aber ist es von glänzender Weiße.

Unvergleichlich ist der Anblick, den das Salzgebirge von Cardona beim Aufgang der Sonne darbietet. Alsdann scheint es sich in seinen romantischen, abenteuerlichen Umrissen, gleich einem ungeheuern, unübersehbaren Edelstein aus dem vorüberströmenden Gewässer zu erheben; eine ungeheure, riesenhafte Steingruppe, glänzend in allen Farbennuancen des Prisma.

„Als ich", erzählt Laborde, „die ungeheuern Salzminen von Wieliczka zuerst besuchte, hatte ich kaum erst die Schule verlassen. Mein Gemüth war noch voll von Homerischen und Virgilischen Bildern, und so wähnte ich mich in den Aufenthalt der Thetis oder in den Glaspalast der Nereïden entrückt. Hier durchwandelte ich lange Gänge, die von krystallenen Säulen getragen wurden; ganze Cabinette, Nischen, Höhlungen u. s. w. zeigten sich dem staunenden Blick aus lauter Topas und Smaragd. Das Geräusch, das sich über meinem Haupte regte, hielt ich für das dumpfe Rollen der Meereswellen. Aber die zahllosen kleinen Kapellen, durch die ich kam, das melancholische Licht der Lampen, welche die Bildsäulen des heiligen Nepomuk und Florian erleuchteten, die Klagen und Seufzer der armen polnischen Bauern, die in diesen Minen grausame Arbeiten verrichten mußten, das Geräusch der Hämmer und Spitzhacken — dies Alles enttäuschte mich bald. Allein hier, in der Umgegend von Cardona, fand ich die verlorenen Bilder wieder. Hier, wo der unvergleichlich schöne Anblick des Salzgebirges sich mir aus der Ferne darbot, dessen hoher Gipfel in den tiefblauen spanischen Himmel hinauf reichte, hier hielt ich es in der That nicht schwer, sich zu träumen, als sei der siebenfarbige Bogen des Himmels selbst zur Erde herabgesunken." —

Dies merkwürdige Salzgebirge schließt den Grund mit ein, auf welchem die Stadt Cardona selbst erbaut ist, und erstreckt sich ungefähr noch drei Meilen um diese. Der eine Theil davon heißt der „Berg des rothen Salzes", weil hier die röthlichen Tinten vorherrschen, obgleich im Allgemeinen die Färbung durch den Stand der Sonne bedingt wird, sowie durch den mehren oder mindern Regen, der gefallen ist. Am Fuße des Gebirges ergießt sich durch eine Höhle, die vom Gipfel desselben bis zur Basis reicht, ein Salzquell, der, wenn heftige Regengüsse gefallen sind, das Wasser des Flusses so salzig macht, daß die Fische davon sterben. Allein drei Meilen unterhalb dieser Einmündung erlangt das Wasser des Stromes wieder seine vorige Frische. Das Gebirge in seinem ganzen Fortlauf ist voller Klüfte, Spalten und Höhlen, geräumiger Grotten, mit Stalaktiten angefüllt, welche die wunderbarsten Gestaltungen, am häufigsten die Traubenform zeigen. Der Wunderglaube der Umwohner hat die kernigsten Stücke dieser

Krystalle zu Kreuzen, Leuchtern, Heiligenbildern und andern Gegenständen der Andacht umgewandelt, wie dies wol auch in andern berühmten Grotten der Fall ist.

Übrigens sind die Salzwerke von Cardona so alt, daß ihrer schon im Jahre 1103, zur Regierungszeit Philipp I. von Frankreich, Meldung geschieht.

Fischerei in Nordamerika.

Unsere Abbildung zeigt einen der Indianer, die in der Nähe der britischen Niederlassung wohnen, unter dem Schutze der britischen Regierung stehen und dafür, daß sie ihr Land verkauft haben, jährlich Manufacturwaaren und Lebensmittel erhalten. Sie beschäftigen sich hauptsächlich mit Fischerei. Während des Winters, wenn die Vorräthe an getrocknetem Fleische und Fischen erschöpft sind, machen sie mit einer Art eine Öffnung in das Eis, ein hölzerner Fisch mit blechernen Floßfedern und blechernem Schwanze, in der Mitte mit Blei ausgegossen, um ihn im Gleichgewichte zu erhalten, und mit einer Darmsaite an einem kurzen Stabe befestigt, den der Fischer in der linken Hand hält, wird einige Zoll unter die Oberfläche des Wassers getaucht. Der Betrug zieht die Fische nach der Stelle, wo sie dann der Indianer mit dem Spieße, den er in seiner Rechten trägt, gewandt zu durchstechen weiß und herauszieht. Wenn kalte Winde wehen, bauen sich die Indianer oft Hütten von Stangen und Decken über die Öffnungen, die sie im Eise gemacht haben. Der obere Theil dieser Hütten bleibt jedoch offen, damit das Licht hereinfallen könne; dadurch schützen sie sich nicht nur einigermaßen vor dem Winde und der Kälte, sondern sie werden auch in Stand gesetzt, die Fische leichter zu sehen, da die Sonnenstrahlen auf dem Schnee die Augen blenden und angreifen. Wir sehen eine solche Hütte auf unserer Abbildung. In der Ferne zeigt sich der Leuchtthurm am Ufer des Sees Huron; links strömt der mächtige Clairfluß, am andern Ufer liegt Fort Gracia,

das zu den Vereinigten Staaten gehört und an dem Ausflusse des St.-Clair aus dem Huronsee liegt.

Die Seen und Ströme Nordamerikas geben eine reiche Ausbeute von den schönsten Fischen und Wasservögeln. Der einzige See, der solche Fische enthält, die das Meer besuchen, wie der Lachs u. s. w., ist der See Ontario. Der Fall des Niagara verhindert sie, in die andern Seen zu gehen. Einige Ausflüsse des Sees haben Störe in Überfluß, doch wird das Fleisch des amerikanischen Störs nur wenig geachtet. Eine Art Hecht, Muskanungée genannt, wird bedeutend groß und gilt bei Vielen als ein ausgezeichneter Fisch. In den ganz kleinen Seen Nordamerikas findet man nie Lachsforellen, die mehr als vier bis fünf Pfund wiegen; in den größern jedoch findet man sie bis zu zwölf Pfund, und in den Hauptseen haben sie oft 30—40 Pfund. Alle Flüsse und kleinern Ströme haben die wohlschmeckendsten Forellen.

Die Ansiedler, die in einer mäßigen Entfernung von den Seen wohnen, pflegen, sobald der Frühling beginnt, sich nach den Buchten und Ausflüssen, oder wo es sonst Fischörter gibt, zu begeben, und gewöhnlich vereinigen sich dann zwei bis drei Familien zu einer solchen Fischjagd. Nachdem sie ihre Netze und Fässer in Ordnung gebracht haben, fahren sie auf einem Landwagen nach dem Fischorte und richten es gewöhnlich so ein, daß sie Abends dort ankommen. Sie machen am Ufer ein Feuer, beginnen ihre Arbeit und während der Nacht wird dem Whisky oder Obstwein tüchtig zugesprochen. Sind am Morgen die Fässer noch nicht gefüllt, so bleibt man gewöhnlich, bis man genug Fische gefangen hat, welche alsdann unter die Gesellschaft vertheilt werden. Einen Theil des Fangs ißt man meist frisch, der andere aber wird eingesalzen, um für die Jahreszeit, wo gesalzenes Schweinefleisch und frisches Fleisch in den Hinteransiedelungen selten wird, versorgt zu sein.

Verantwortlicher Herausgeber Friedrich Brockhaus. — Druck und Verlag von F. A. Brockhaus in Leipzig.

Das Pfennig-Magazin
für Verbreitung gemeinnütziger Kenntnisse.

246.] Erscheint jeden Sonnabend. [December 16, **1837**.

Galerie der deutschen Bundesfürsten.
XXXIII.

Georg Wilhelm, Fürst zu Schauenburg-Lippe.

Georg Wilhelm, regierender Fürst zu Schauenburg-Lippe, wurde am 20. December 1784 geboren und ist der Sohn des Grafen Philipp Ernst und dessen zweiter Gemahlin, Juliane, Prinzessin von Hessen-Philippsthal. Noch nicht drei Jahre alt, verlor er, am 13. Februar 1787, durch den Tod seinen Vater und kam unter die Vormundschaft seiner Mutter, die mit Kraft und Energie der Regierung sich unterzog. Sie ließ ihren Sohn von 1789 an in Salzmann's Anstalt zu Schnepfenthal erziehen, und als nach ihrem Tode 1799 der hanöverische Feldmarschall Graf von Wallmoden-Gimborn, welcher Mitvormund gewesen war, die Verwaltung des Landes allein übernahm, brachte er seinen Pflegbefohlenen nebst dessen Schwestern nach Hanover, um dort ihre Erziehung unter seiner unmittelbaren Aufsicht vollenden zu lassen. Unter der Leitung des jetzigen Oberbibliothekars Wilken zu Berlin studirte der junge Graf von 1802 an zu Leipzig. Er befand sich 1806 auf einer Reise nach der Schweiz und Italien, als die Begebenheiten in Deutschland seine Rückkehr erheischten. Zwar ward er noch in demselben Jahre vom Kaiser für volljährig erklärt, doch der Graf von Wallmoden-Gimborn führte die Regierung bis nach der Schlacht von Jena fort, worauf nach langen Unterhandlungen der Graf am 18. April 1807 dem Rheinbunde beitrat und in Folge dieses den Fürstentitel erhielt. Ungeachtet der Lasten, welche das Land während der Dauer des Rheinbundes zu tragen hatte, ward es ihm doch möglich, vielfache Verbesserungen ins Leben treten zu lassen; durchgreifendere Umwandlungen konnte er aber erst vornehmen, nachdem er im December 1813 dem Rheinbunde entsagt und den verbündeten Mächten beigetreten war. Er vermählte sich am 23. Juni 1816 mit der Prinzessin Ida Karoline Luise von Waldeck, geboren am 26. September 1796. Mit ihr zeugte er fünf Kinder: 1) den Erbprinzen Adolf Georg, geboren am 1. August 1817; 2) Mathilde Auguste Wilhelmine Karoline, geboren 1818; 3) Adelheid Chri-

V.

stiane Julie Charlotte, geboren 1821; 4) Ida Marie Auguste Friederike, geboren 1824, und 5) Wilhelm Karl August, geboren 1834. Die beiden Schwestern des Fürsten sind die Prinzessin Wilhelmine Charlotte, geboren 1783, vermählt mit dem Grafen von Münster, und Karoline Luise, geboren 1786, Stiftsdame zu Schildesche.

Die Krim.

Die Krim, das alte Taurien, ist von allen Provinzen des russischen Reichs die reichste an Überresten des Alterthums. Die Trümmer, welche man so den malerischen Punkten auf den höchsten Felsgipfeln oder im lachenden Thallande erblickt, jene Denkmäler einer an historischen Erinnerungen reichen Zeit, sind um so merkwürdiger, als sie dem Auge die größte Verschiedenheit architektonischen Styls darbieten. Im Alterthume von den Kimmeriern, griechischen Anpflanzern und Scythen bewohnt, wurde diese Halbinsel in den ersten Jahrhunderten unserer Zeitrechnung mehrmals von germanischen Völkern auf ihrer Wanderung von den Grenzen Asiens nach dem Westen Europas verwüstet. Später vermischten sich die Chazaren, ein asiatisches Volk, mit der schon so bunten Bevölkerung, und die Statthalter der oströmischen Kaiser verschönerten die Städte Tauriens mit Kirchen in byzantinischem Style. Im 13. Jahrhunderte überschwemmten die Tataren diese Landstriche, und als Bekenner des Islams erhoben sie Moscheen auf den Trümmern ionischer Tempel und christlicher Kirchen. Nur die Genueser machten ihnen einige Punkte der Küsten in gothisch erbauten Kastellen auf steilen Klippen streitig, und noch lange werden die Zinnen und Thürme, geschmückt mit den Wappen der Spinola, Giustiniani und anderer berühmten genuesischen Geschlechter, dem Zahne der Zeit trotzen. Seitdem dieses Land unter der russischen Regierung steht, hat es reißende Fortschritte in europäischer Gesittung gemacht; gewerbfleißige Colonisten haben die Berglehnen zu Weinbergen umgeschaffen; russische Kirchen und große Gebäude im modernen Styl erheben sich heute in den tatarischen Ortschaften, nicht weit von den Ruinen griechischer Städte. Seit einigen Jahren sind diese einen eignen Anblick gewährenden Städte, die zerstörten Denkmäler, diese Schlösser des Mittelalters, durch viele Reisende besucht worden; man hat sie oft beschrieben, und doch gibt es noch viele, die, obwol sie ein großes Interesse erwecken, noch nicht hinlänglich untersucht sind. Darunter gehören die Überreste der von dem Könige der Scythen, Skilur, gegründeten Stadt Neapolis, welche Strabo in seiner Geographie erwähnt. Man sieht noch an den Ufern des Salgir, unter Simferopol, Spuren von Gräben und Mauern, die sie einst umgaben. Im Innern dieser Einzäunung bemerkt man eine Anzahl unregelmäßiger Hügel, gebildet von Häuser= und Tempeltrümmern, die mit üppigem Rasen überzogen sind. Die Schutthaufen lassen die Form der Gebäude nicht errathen; wenn man sie genau untersuchte, würde man wahrscheinlich Überbleibsel von Sculptur, Münzen und andere Gegenstände finden, die für die Geschichte von großem Interesse wären. Schon 1827 hat man zwei Bruchstücke eines sehr merkwürdigen Basreliefs entdeckt, wovon das eine einen jungen Scythen zu Pferde, das andere einen Greis und Jüngling, beide in scythischem Gewande, vorstellt. Die Erzählungen, selbst der letzten Reisenden, sind immer sehr unvollständig gewesen; die Nachgrabungen, welche die Regierung in der Gegend von Kertsch vorgenommen, bringen Tag für Tag etwas Neues hervor. Diese Stadt, das alte Pantikapäa, deren Erbauung dem höchsten Alterthume angehört, die, zur Zeit der Scipionen reich und groß, der Lieblingsaufenthalt des Mithridates, später durch eine lange Reihe von Jahren die Hauptstadt des Königreichs Bosporus war, ist für den Alterthumsforscher der merkwürdigste Punkt in der Krim. Obwol ihre Paläste und Tempel verschwunden sind, so findet man dagegen kostbare Überbleibsel in der Erde versteckt; auch ist das Museum zu Kertsch schon reich an Inschriften, Vasen und in der Umgegend gefundener Bildsäulen. Man findet eine beinahe vollständige Reihe von Münzen der bosporischen Könige, und zwei in der Nachbarschaft ausgegrabene Schädel verdienen nicht weniger die Aufmerksamkeit. Durch ihre ausgeprägte längliche Form bestätigen sie das frühere Dasein einer längst erloschenen Menschenrace, und die Genauigkeit der alten Schriftsteller, die davon sprechen. Hippokrates z. B. berichtet, daß die Ufer des mäotischen Meeres (das heutige asowsche) zu seiner Zeit von einem von ihm Makrokephaloi genannten Volke bewohnt worden wären, die sich durch eine eigne Gestalt des Kopfes ausgezeichnet; Plinius der Jüngere und Pomponius Mela sprechen gleichfalls davon.

Es gibt überhaupt in den Umgebungen von Kertsch, wie in der ganzen Krim, an der Seite der Ruinen und Überbleibsel griechischer Colonistenstädte, andere Denkmäler, die von Völkern sehr verschiedenen Ursprungs herrühren. Darunter gehört der ungeheure Kurgan (Grabmal), sechs Werste von Kertsch gelegen, den man das Goldgrab nennt. Im Jahre 1830 entdeckte man in dieser Steinpyramide eine Art Kapelle, wahrscheinlich das Grabmal eines Königspaares. Zwei Skelette, ein männliches und ein weibliches, beide mit goldenen Diademen versehen, wurden dort, mit dem Haupte nach Süden gekehrt, ausgestreckt gefunden. Die Überbleibsel dieses unbekannten Königs ruhten inmitten der Kapelle in einer Art Bett, das zertrümmert war; Arm= und Halsspangen schmückten noch sein Gerippe, und eine metallene Kette schien besonders darum merkwürdig, weil das Bild eines Scythen zu Pferde sich auf beiden Enden fand. Mehre Gegenstände, bronzene Vasen, ein Schwert, ein Speer, der mittlere Theil eines Wappens, eine Peitsche, lagen um das Gerippe. Bei seinem Kopfe befanden sich vier kleine goldene Bildsäulen, den scythischen Hercules darstellend, und eine Gruppe von zwei Scythen, die sich umschlungen hielten, gleichfalls von Gold. Das Gerippe der Königin war gleichfalls mit kostbarem Schmuck bedeckt. Überhaupt ist die Anzahl der in diesem Grabmal gefundenen Gegenstände, welche die Sammlungen der Hermitage zu Petersburg und das Museum zu Kertsch bereichert haben, so groß, daß sie hier nicht alle aufgezählt werden können; zu erwähnen ist nur noch als besonders merkwürdig, daß man in einem Winkel der Kapelle in einer Art tiefen Brunnen Pferdeknochen gefunden hat.

Einige Jahre später wurde die Sammlung zu Kertsch mit einem Marmorsarkophaloi vermehrt, nach dem Urtheil der Kenner eines der schönsten Denkmäler dieser Gattung ist. Man hat ihn nicht fern von der Seeküste, drei Werste von Kertsch, gefunden, wo vormals die Stadt der ionischen Colonisten, Mirmykrione, stand, und es ist um so merkwürdiger, als er ebenfalls in einem kleinen Gebäude von cyklopischer Bauart, wie das obenerwähnte Grabmal, stand. An seiner Seite war noch ein anderer Sarkophag von Marmor, dessen Zierathen nichts Ausgezeichnetes darboten. Der andere hat über vier Ellen in der Breite, die Höhe konnte wegen einiger Beschädigungen daran nicht bestimmt werden. Der eine Theil der erhabenen Arbeit des Deckels zeigt einen nach Art der Alten beim Gastmahl ausgestreckt liegenden Mann. Ein junges Weib, das er umschlungen hält, liegt zu seiner Rechten. Leider fehlen die beiden Köpfe. Der Vorhang, welchen er in der linken Hand hält, und die Armbänder, mit welchen seine Arme geschmückt sind, lassen vermuthen, daß Der, dessen Asche dieser Sarkophag einschloß, ein Choragos war, der bei den Trauerspielen der Alten eine so wichtige Rolle spielte. Die Seiten dieses Denkmals sind gleichfalls mit halberhabener Arbeit geschmückt, deren vorzüglichste noch nicht enträthselt werden konnte. Man sieht darin einen bis zum Gürtel nackten Mann auf einer Art Tabouret sitzen, das mit einer Löwenhaut bedeckt ist. Seine Linke ist gen Himmel gestreckt, die Rechte ruht am Herzen; er ist von zwei jungen Leuten, blos in die Chlamis gekleidet, und einem Krieger in der Tunica und vollkommenem Kleide, der ein Pferd am Zaume hält, begleitet. Im Laufe des Jahres 1837 ward der Eifer der bei diesen Ausgrabungen Angestellten durch neue wichtige Entdeckungen belohnt. Bei dem Dorfe Glinitsche, 1½ Werst von der Stadt, hat man in zwei nicht weit voneinander entfernten Kurganen zwei Monumente aufgefunden, deren eins an 700 Jahre älter als das andere scheint. Der neuere Grabhügel verschloß einen Marmorsarg, mit den kostbarsten Gegenständen angefüllt und umgeben, worunter eine Art kleiner Altar aus Marmor in erhabener Arbeit einen von des Bacchus Gefolge darstellt, ein silbernes Scepter, eine hölzerne, mit Goldplatten belegte Spindel, eine goldene Frauenmaske in natürlicher Größe, die auf der begrabenen Gestalt ruhte, befindlich waren. Das Diadem, welches sie trug, war aus goldenen Eichenblättern gebildet und hatte in der Mitte eine Platte von demselben Metall, auf welcher ein Reiter halberhaben dargestellt war. Verschiedene bronzene, silberne und goldene Gefäße waren sowol hinsichtlich der schönen Formen, als der darauf dargestellten Gegenstände merkwürdig. Nach einer auf einem derselben befindlichen griechischen Inschrift scheint dieser Sarkophag das Grabmal der Gemahlin eines Königs Reskuporis. Mehre Könige dieses Namens haben zu Pantikapäa regiert; aber hinsichtlich der Sculpturen muß man glauben, daß dies Reskuporis V., der Zeitgenosse Caracalla's, war. Der andere Grabhügel enthielt in seinem Innern eine sehr kleine, von Ziegeln gebaute Zelle, in der man ein Thongefäß mit Asche und verbrannten Knochen gefüllt vorfand. Von sehr geschmackvoller Form, erregt es hinsichtlich der Zeichnungen, die es zieren, die Aufmerksamkeit des Alterthumsforschers. Man sieht darauf eine Amazone zu Pferde, den Speer in der Hand, zwei Krieger zu Fuß, wovon der eine einen Helm, der andere die phrygische Mütze trägt. Auf keinem der andern Gefäße, die in der Krim gefunden worden, sieht man etwas Ähnliches dargestellt. Das Pferd der Amazone ist weiß, obwol die übrige Zeichnung roth auf schwarzem Grunde erscheint; diese Verschiedenheit der Farben aber ist auf den griechischen Vasen sehr selten. Die Amazone trägt nicht das Kleid, welches die Künstler zur Zeit des Perikles diesen Kriegerinnen gaben. Ihre Rüstung besteht, gleich der im Mittelalter bei den Rittern gewöhnlichen, aus Schuppen, welche die Arme, Beine und selbst die Füße bedecken. Die Kleidung, die Art der Zeichnung, die Einfachheit des Grabmals, welches die Vase umschloß, lassen annehmen, daß es sich von der Gründung Pantikapäas, d. h. aus dem 4. oder 5. Jahrhundert v. Chr., herschreibt. Die Thätigkeit, mit welcher in der Nachforschung fortgefahren wird, läßt hoffen, daß man bald neue Entdeckungen machen wird.

Töpferwaaren in England.

Man hat berechnet, daß der Werth der in den englischen Töpfereien verfertigten Waaren mit Einschluß der von den Werkstätten von Worcester und Derby gelieferten Porzellanwaaren sich jährlich auf 16,400,000 Thaler beläuft. An Gold zur Vergoldung braucht man in den Fabriken in Worcester und Derby wöchentlich für ungefähr 4500 Thaler.

Belem.

Es gibt wenige Flüsse, die so viele und auf einem Punkt vereinigte Naturschönheiten darbieten, als der Tejo an seiner Mündung, und nur wenige Städte, die so viel Malerisches haben als Lissabon.*) Portugals Hauptstadt ist auf einer Hügelreihe gebaut, welche die Grenze des Guaramagebirges bildet, nachdem dieses zuvor die Provinzen Beira und Estremadura durchzogen hat. Sieben dieser Hügel sind von der Stadt bedeckt, und man kann sie in drei Gruppen theilen, nämlich Lissabon, oder diejenigen, worauf sich das Schloß St.-Georg, die Klöster St.-Vincente de Fora und la Gracia, Campo d'Orique u. s. w. befinden, die zusammen den obern und Haupttheil der Stadt bilden; dann Buenos Ayres mit dem Palast Necessidades, Estrella u. s. w., und endlich Belem. Das Thal Alcantara trennt die beiden letzten Gruppen, die jedoch durch eine dem heiligen Petrus geweihte Brücke verbunden sind. Fährt man in den Tejo ein, so ist, nachdem man an dem Fort St.-Julian vorbeigesegelt ist, Belem der erste Gegenstand, der die Aufmerksamkeit fesselt.

Dieser schöne Überrest maurischer Baukunst steht an dem sandigen Gestade des Tejo, an der Spitze einer kleinen Bucht, und schützt mit Bouje oder dem Leuchtthurm an der entgegengesetzten Seite der Sandbank, Lissabon von der Seeseite. Die Batterien, die sich vom Thurm aus dem Ufer des Flusses entlang erstrecken, obschon sie von den Franzosen fast gänzlich zerstört und durch Vernachlässigung verfallen, haben immer noch hinlängliches Geschütz, um sie furchtbar zu machen. Hinter dem Thurme steht das Kloster St. Jeronimo, jetzt die Casapia oder das Haus der Barmherzigkeit genannt. Es ist unmöglich, von der Schönheit dieses Gebäudes eine genügende Beschreibung zu geben. Die mit Bildhauerarbeit bedeckte Kapelle, mit ihren Mauern, Pfeilern und ihrem Dach von weißem Marmor; das schöne Viereck mit seiner lieblichen Quelle; die minaretförmigen Strebepfeiler verdienen allein eine einzelne Beschreibung. Es mag hinreichen, wenn wir erwähnen, daß es kaum einen Stein in dem Gebäude gibt, in welchem nicht eine maurische Devise eingegraben ist. Casapia bedeutet wörtlich „Haus der Barm-

---

*) Vergl. Pfennig-Magazin Nr. 129.

Der Thurm von Belem.

herzigkeit" (pia ist eine Abkürzung von piedade, Barmherzigkeit), und der Zweck des Gebäudes ist daher, Waisen und von ihren Ältern verlassene Kinder aufzunehmen und sie zu erziehen. Die Art, wie man hier die Kinder der Pflege dieser Anstalt übergibt, ist folgende: in der Nähe der Thüre des Hauses befindet sich ein runder Kasten, worein das Kind mit einem Zettel, worauf der Name steht, den es erhalten soll, und einem Zeichen, um es in Zukunft wieder zu erkennen, gelegt wird. Der Kasten dreht sich dann auf einem Zapfen und bringt so seine Bürde in das Innere des Hauses. Viele Ältern, die zu arm sind, ihre Kinder zu ernähren und zu erziehen, nehmen zu dieser barmzigen Stiftung ihre Zuflucht, und wenn sich später ihre Umstände verbessern, können sie dieselben gegen eine mäßige Vergütung zurückverlangen. Die weiblichen Zöglinge werden schon sehr zeitig zur Arbeit angehalten und ihr Erwerb bildet ihre einstige Aussteuer; die männlichen erhalten die nöthige Vorbildung zum gewerblichen Leben, und wenn sie das erforderliche Alter erreicht haben, werden sie in die Lehre gegeben. Das Kloster ist sehr reich, da Wenige ihr Testament machen, ohne die Casapia zu bedenken.

In der Nähe dieses Klosters sind die königlichen Gärten und die Sommerwohnung der Königin. Das Gebäude ist einfach, die Gärten aber zeigen wenig Geschmack und werden schlecht gehalten. Die Stadt Belem ist klein und unregelmäßig, obschon die zahlreichen Paläste des Adels ihr ein schönes Ansehen geben. Auf der Höhe, unmittelbar im Hintergrunde der Gärten, steht der große aber unvollendete Palast de Ajuda. Nur die nach der Stadt gekehrte Seite ist vollendet. Die Aussicht von diesem Gebäude ist wirklich großartig, da es ziemlich hoch steht, und wenn es je vollendet werden sollte, so wird es einen schönen Aufenthalt der königlichen Familie gewähren; man möchte aber fast zweifeln, daß man die hinlänglichen Mittel wird aufbieten können, um ein so großes Unternehmen auszuführen.

Lebensversicherungen.

Aus Stellung und Bedeutung der Gestirne in der Geburtsstunde eines Menschen wollten die Astrologen der Vorzeit die Dauer und Schicksale seines Lebens vorausberechnen; aber es gelang ihnen nicht, den Schleier zu heben, der von weiser Hand um Zukunft und Ende der Erdbewohner gezogen ist.

Bescheidener waren die Forschungen mehrer Mathematiker der letzten Jahrhunderte. Sie begnügten sich, Wahrscheinlichkeiten und Durchschnitte aufzusuchen für die Zahl der dem Menschen im Allgemeinen beschiedenen Lebensjahre. Die Todtenregister ganzer Städte und Länder aus langen Zeiträumen zusammenstellend, ermittelten sie die Zahl der Jahre, welche alle Gestorbenen zusammengenommen durchlebt hatten, und leiteten daraus für den Einzelnen seinen Antheil an diesem Gesammtleben ab. Durch Abtheilung der ganzen Masse der betrachteten Sterbefälle in Gruppen nach dem Alter, welches jeder Einzelne erreicht hatte, fand man für jede Altersstufe die Mittelzahl der derselben zugetheilten Lebensjahre, während die Beobachtung, daß die Sterblichkeit der einzelnen Jahre von dem aus dem ganzen Zeitraume gezogenen Durchschnitt nur wenig (bald unter, bald über denselben) abgewichen war, auf das Vorhandensein eines sich innerhalb gewisser Grenzen bewegenden Naturgesetzes (Sterblichkeitsordnung) schließen ließ und dazu berechtigte, von der Zukunft einen ähnlichen Gang der Sterblichkeit zu erwarten, wie die Vergangenheit gezeigt hatte.

Die Maße für die Dauer des menschlichen Lebens, welche auf diese Weise (von Halley, Deparcieur, Süßmilch, Price u. A.) berechnet wurden, dienen zur Lösung wichtiger staatswirthschaftlicher Aufgaben, in Hinsicht auf Zahl, Altersclassen und Zustand der Bevölkerung eines Landes, sowie auch vieler den Einzelnen in seinen Besitz- und Vermögensverhältnissen interessirenden Fragen. Wir gehen hier nur auf die letztern ein, um die Grenzen dieses Aufsatzes nicht zu überschreiten.

Ein großer Theil der Besitzthümer ist nur auf gewisse Zeit verliehen und kann von den Besitzern nicht vererbt werden. Es sind Gehalte, Pensionen, Renten, Naturalbezüge u. s. w., welche mit dem Tode des Empfängers aufhören. Welches Capital repräsentirt nun eine solche auf die Lebenszeit des Berechtigten beschränkte jährliche Einnahme? Und umgekehrt, wenn Jemand ein gewisses Capital anzahlte, um damit eine Leibrente oder Pension zu gründen, wie groß würde dieselbe werden? Offenbar kommt hier vor Allem die zu erwartende Lebensdauer des Rentenempfängers in Anschlag. Sie zeigt, wie viel Mal derselbe die Rente wahrscheinlich beziehen werde, gibt daher, mit dem Zinsfuß in Verbindung gebracht, das Material zur Bestimmung der gesuchten Werthe.

Häufig besteht das Besitzthum eines Menschen nur in einer mehr oder weniger nahen Anwartschaft, die sich erst nach dem Eintritte eines gewissen Ereignisses realisiren kann. In diesem Falle befinden sich Alle, welche an Erbschaften gewiesen sind; um zu erben, muß der Tod des Vorbesitzers vorausgehen; um selbst zu erben, muß man ihn überleben. Wie verhalten sich nun die Werthe dieser Anwartschaften zu dem des vollen unbeschränkten Besitzes? Um wie viel ist eine unter gewissen Bedingungen gewährte Aussicht auf Vermögen weniger werth als dieses Vermögen selbst? Auch bei diesen Fragen entscheidet die Lebensdauer, welche der Erblasser der Wahrscheinlichkeit nach zu erwarten hat, indem sie den Zeitraum angibt, nach dessen Ablauf man annehmen darf, eine an seinen Tod geknüpfte Anwartschaft zum wirklichen Besitzthum werden zu sehen.

Es ist jedoch augenfällig, daß, sowie bei Berechnung der Lebensdauer des Menschen Durchschnitte aus den Erfahrungen ganzer Städte und Länder genommen wurden, so auch die gefundenen Resultate sich nicht bei jedem Einzelnen, sondern nur bei zahlreichen Gesellschaften bewahrheiten können. Ist z. B. die durchschnittliche Lebensdauer des 30jährigen nach Süßmilch 28 Jahre, so darf man nicht von jedem in diesem Alter Stehenden erwarten, daß er nicht vor und nicht nach dem 58sten Jahre sterben werde, wohl aber, daß unter einer großen Gesellschaft dreißigjähriger Personen durchschnittlich jeder noch 28 Jahre leben werde. Was aber von der Basis der Rechnung gilt, trifft auch die davon abgeleiteten Resultate, hier die Werthe der Leibrenten und Anwartschaften. Sie sind nur dann zuverlässig, wenn sie auf Gesellschaften angewendet werden, und zwar wächst der Grad der Zuverlässigkeit mit der Größe der Gesellschaft.

Die Engländer erkannten zuerst, welcher Nutzen sich aus den Fortschritten in der statistischen Rechnenkunst, welche wir eben beschrieben, ziehen lasse. Die Regierung gab ihren Anlehen eine neue und ansprechende Form, indem sie zu bestimmten Preisen Leibrenten und Annuitäten (Renten auf gewisse Jahre) verkaufte und so aus ihren Gläubigern Gesellschaften von Pensionisten bildete, mit deren Absterben die contrahirte Schuld erlischt. Die neuberechneten Werthe der Anwartschaften aber wurden zur Basis der Verträge, welche man gewöhnlich Lebensversicherungen nennt. Ein Privatverein wurde (1762) begründet, dessen Mitglieder sich, oder vielmehr ihren Erben gewisse nach ihrem Ableben zahlbare Summen (Erbschaften) garantirten und die Mittel zu diesen Zahlungen durch jährliche Beiträge (Prämien), welche nach dem Alter der Betheiligten bemessen wurden, aufbrachten. Er nannte sich: „Gesellschaft für Versicherungen nach billigen Grundsätzen auf Leben und Ueberleben" (kürzer gewöhnlich Equitable Society genannt) und ward nach unscheinbarem Anfang bald zu einer zahlreichen segensreich wirkenden Gesellschaft, welche noch heute besteht.

Das Sprüchwort preist die Besitzenden glücklich, aber die Grade dieses Glückes sind sehr verschieden. Während Einige zu Vermögen wirklich gelangen, müssen viele Andere sich mit der Anwartschaft darauf begnügen. Viele entsagen gern auf Lebenszeit dem eignen Besitz, können sie dadurch den Ihrigen die Aussicht auf ein Capital, eine Quelle des Unterhalts nach dem Ableben des Familienvaters, begründen. Wäre dies aber nicht zu erreichen, wenn sie ihre Ersparnisse sammelten, sie von Zeit zu Zeit verzinslich ausliehen und die Zinsen immer wieder zum Capitale schlügen? Bei langem Leben allerdings, aber die tägliche Erfahrung lehrt, wie häufig die Hoffnung auf hohes Alter trügt. Der besorgliche Gatte und Vater möchte die Seinen auf den möglichen Fall seines frühen Ablebens nicht bloßgestellt sehen, und dafür schützt sie wohl am besten eine Versicherung auf sein Leben für die Summe, welche er ihnen zu vererben wünscht.

Was die Kräfte des Einzelnen übersteigt, läßt sich oft durch Vereinigung Vieler erreichen. Eine Versicherungsgesellschaft kann auch den Erben Derer, welche frühzeitig sterben, die bedungene Erbschaftssumme voll auszahlen, wenn schon die von ihnen empfangenen jährlichen Beiträge diese Summe beiweitem noch nicht erreicht haben, daher die Gesellschaftskasse dabei Verlust leidet. Dafür empfängt sie von Denen, welche zu hohem Alter gelangen, allmälig mehr als deren Erben zu gewähren ist, und dieser spätere Gewinn überträgt den frühern Verlust. Auf diese Weise werden aus den Mitteln Derer, welchen das Gut eines langen Lebens zu Theil wird, diejenigen Familien von Vereinsgliedern unterstützt, welche ihres Versorgers frühzeitig beraubt werden; jene verlieren zwar, aber sie leben — würden sie mit den Gewinnenden tauschen wollen?

Hieraus erhellt der sittliche Kern, das moralische Princip der gegenseitigen Vereine dieser Art. Wer denselben beitritt, begibt sich zunächst der Selbstsucht; nicht ihm, nur den Seinen erwächst ein Capital aus dem Opfer seiner Ersparnisse. Doch erntet er dafür das Bewußtsein, die Zukunft seiner Angehörigen, soweit er es vermag, gesichert zu haben; er kann ruhiger sein, namentlich in Zeiten herrschender Epidemien oder Unruhen, sowie bei eigner Krankheit, kann auch ruhiger sparen, weil er des Erfolges seines Sparens nun versichert ist. Gegen die Gesellschaft verpflichtet er sich aber zu bestimmten Beiträgen auf seine Lebenszeit, und auf Das, was diese Beiträge, wenn er lange lebt, mehr betragen werden als die von ihm versicherte Summe, verzichtet er zu Gunsten der Erben der frühzeitig absterbenden Vereinsgenossen. So bilden diese Versicherungsgesellschaften zunächst Hülfskassen für Wittwen und Waisen; Anstalten, um Vermächtnisse (Legate) für nahe und ferne Angehörige, für treue Diener, milde Stiftungen ꝛc. zu begründen und Schulden der Dankbarkeit beim Lebensende zu tilgen.

Bald erkannte man indeß, daß die Lebensversicherungen auch außer dieser ihrer nächsten Bestimmung, überhaupt in allen Verhältnissen mit Vortheil anzuwenden sind, wo bei dem Tode eines Menschen gewisse Zahlungen zu leisten oder Geldverluste zu befürchten sind. Diese Besorgniß, welche oft zum Hemmniß des persönlichen Credits wird, läßt sich beseitigen, wenn der Darleiher (oder Bürge) das Leben Dessen, dem er eine Summe anvertraut, für dieselbe versichern läßt. Sind beim Ableben einer Person gewisse Gelder zurückzuzahlen — es sei nun Eingebrachtes der Gattin, Einschuß eines Handelsgesellschafters, überhaupt ein auf Lebenszeit empfangenes Darlehen — so dient eine Versicherung als Vorbereitung für den möglichen Fall plötzlicher Rückfoderung des Capitals und gewissermaßen als Amortisationsfonds der Schuld, welche mittels jährlicher Tilgungsraten — der Versicherungsprämien — abgetragen wird. Der vorsichtige Capitalist oder Begüterte im Allgemeinen, der gern seine Fonds auf verschiedenartige Weise belegt, kann aber die Lebensversicherungen benutzen, um Renten oder Zinsen von Staatspapieren in Capitale zu verwandeln. Das Ergebniß einer Ansammlung dieser Renten wird dadurch gewissermaßen anticipirt und eine Reihe noch in der Zukunft liegender jährlicher Einnahmen in einen bestimmten Theil des Vermögens und der dereinstigen Verlassenschaft verwandelt.

Diese Anwendung der Lebensversicherungen wird dadurch begünstigt, daß man gelernt hat, ihnen Formen mannichfacher Art beizulegen. Die hauptsächlichsten sind vier: die kurzen Versicherungen, welche auf ein Jahr oder eine gewisse Reihe von Jahren, gewöhnlich zehn nicht überschreitend, geschlossen werden und für vorübergehende Zwecke — temporäre Sicherstellung eines Darlehens, einer Erbschaft ꝛc. — dienen; die Versicherungen auf die ganze Lebenszeit einer gewissen Person, nach deren Tode die versicherte Summe an die Erben bezahlt wird, was die am häufigsten vorkommende Gattung ist; die Versicherungen auf Überleben, wobei die Zahlung der versicherten Summe, sowie bei Witwenkassen die Zahlung der Pension, nur dann erfolgt, wenn bei dem Tode des Versicherten eine andere vorausbestimmte Person noch am Leben ist, welche daher namentlich in den Fällen angewendet werden, wo nur für eine Person — Gattin, Schwester, einziges Kind — zu sorgen ist; endlich die Versicherungen auf zwei verbundene Leben, wo die versicherte Summe, sobald eine der beiden versicherten Personen stirbt, ausgezahlt wird, eine Form, welche namentlich bei Versicherung von Eheleuten gewählt wird.

Fragt man, ob irgend eine Zeit oder ein Alter besonders vortheilhaft zum Abschlusse von Lebensversicherungen sei, so muß dies, streng genommen, verneint werden. Die Prämien stufen sich zwar nach dem Alter des Versicherten ab; der im 18. Jahr Beitretende bezahlt die Versicherung auf Lebenszeit jährlich nur 2 Procent, während der im 60sten Zutretende jährlich über 7 Procent der von ihm versicherten Summe zu zahlen hat. Dafür ist aber die durchschnittliche Lebensdauer des Erstern (nach Süßmilch) 24 Jahre länger als die des Letztern; es werden Jenen also eine weit größere Zahl von Beiträgen treffen als diesen, und die Berechnung ist so gemacht, daß, wenn Beide das mittlere Lebensziel erreichen, sie gleichviel zur Gesellschaftskasse einzahlen, sich also gleichstehen. Ebenso verhält es sich mit allen andern Altersstufen. Durch Beitritt im Jünglingsalter (unter 15 Jahre alte Personen pflegen die Versicherungsanstalten nicht aufzunehmen) oder in den ersten Decennien des Mannesalters wird daher ein Geldvortheil nicht begründet, wohl aber die Erfüllung der Beitragspflicht, mit andern Worten, die Erwerbung der versicherten Summe wesentlich erleichtert; denn ist es nicht bequemer, eine Schuld in 36 Jahren mittels Abschlagszahlungen von 2 Procent, als in 12 Jahren durch 7procentige Raten zu tilgen? Dazu kommt, daß nur gesunde, nicht über 60 Jahre alte Personen zur Versicherung zugelassen zu werden pflegen. Im Gefolge des Alters erscheinen oft Kränklichkeit und Siechthum, und verschließen Denen, die zu lange zögerten, den Weg zur Versicherung.

Als die vielseitige Anwendbarkeit der Lebensversicherungen in ihrem Vaterlande England mehr und mehr erkannt wurde, konnte jener gegenseitige Verein, dessen wir erwähnten, dem Bedürfniß des Publicums, das gern unter Anstalten verschiedener Form wählt, bald nicht mehr genügen. Man hatte gesehen, wie die bei jenem Verein angenommenen Beitragsätze nicht nur hinreichten, die den Erben der Mitglieder bestimmten Versicherungssummen auszuzahlen, sondern auch ansehnliche Überschüsse lieferten, welche theils zur Erhöhung der Erbschaftssummen, theils zur Bildung eines Hülfsfonds für außerordentliche Sterblichkeit verwendet wurden. Diese Überschüsse zogen die Speculation an; Capitalisten traten zusammen, welche mit mächtigen aus Actien gebildeten Summen dem Beitretenden Sicherheit bietend, ihm die Verbindlichkeit gegen seine Mitversicherten, welche das Wesen der Gegenseitigkeit ist, nicht auflegten, dafür aber, daß sie mögliche Verluste tragen wollten, sich den Genuß des Gewinnes (Überschusses) des Geschäfts ganz oder zum Theil vorbehielten. Hier wurde also der Versicherer (Unternehmer, Actionnair) von den Versicherten, welche bei gegenseitigen Anstalten identisch sind, getrennt; man erhielt die Wahl zwischen einer entweder nur passiven, gefahr- und gewinnlosen Theilnahme als Versicherter, oder einer nur activen, indem man eine Actie der Gesellschaft kaufte, oder zwischen beiden zugleich, indem man Actionnair und Versicherter wurde. Diese Vielseitigkeit fand Beifall und es entstanden bald eine Anzahl Actiengesellschaften für Lebensversicherung, denen später jedoch auch mehre gegenseitige, das ältere Vorbild festhaltende sich zugesellten.

In Deutschland schlummerte der Sinn für Lebensversicherung noch vor zehn Jahren; die Wenigen, welche dergleichen Sicherstellung suchten, wendeten sich an die Agenten der englischen Anstalten. Versuche, welche in Hamburg und Elberfeld gemacht wurden, um für diesen Geschäftszweig Actiengesellschaften zu gründen, waren misglückt; als aber Arnoldi in Gotha 1827 (in günstiger solche Unternehmung fördernder Zeit langjährigen Friedens) mit dem Plan eines allgemeinen gegenseitigen Vereins, ähnlich jenem englischen, vortrat, fand sein Aufruf Anklang und bald so zahlreiche Theilnahme, daß die Gesellschaft sich constituiren und 1829 ihr nützliches Geschäft (unter dem Namen „Lebensversicherungsbank für Deutschland in Gotha") eröffnen konnte. Seitdem jährlich fortgewachsen, zählt sie jetzt schon gegen 800 Mitglieder mit einem Gesellschaftsfonds von mehr als 1½ Million Thaler. In ihrer innern Einrichtung weicht sie von dem englischen Vorbilde wesentlich nur dadurch ab, daß die sich ergebenden Überschüsse nicht wie dort zur Erhöhung der Versicherungssumme verwendet, resp. zu den Policen geschlagen, sondern in der Form jährlicher Dividenden (welche bis jetzt zwischen 21 und 31 Procent der eingezahlten Prämien wechselten) an die auf Lebenszeit Versicherten oder deren Erben nach fünfjähriger Wartezeit vertheilt werden, und daß bei Sterbefällen Versicherter die Zahlung an den Inhaber der Police geleistet wird, wodurch diese Documente die Annehmlichkeit der Papiere au porteur erlangen.

Das Beispiel der gothaer Anstalt fand Nachfolge in Leipzig und Hanover, wo gegenseitige Vereine zusammentraten, und Mitbewerb in Lübeck, München und Berlin, wo Actiengesellschaften Antheil an dem neuen Zweig des Versicherungsgeschäftes forderten. Die leipziger Anstalt ist von der gothaer im Wesentlichen nur dadurch verschieden, daß bei Beendigung einer Versicherung (durch Abgang oder Tod des Versicherten) sein während der Wartezeit aufgesammelter Antheil an den Überschüssen der Anstalt nicht ihm oder seinen Erben gewährt wird, sondern den übrigen Gesellschaftsgliedern zufällt. Bei der Anstalt zu Hanover werden nicht, wie bei allen andern Anstalten, feste, sich jährlich gleichbleibende Beiträge gefodert, sondern, wie bei Leichenkassen, die für Todesfälle und Verwaltungskosten zu zahlende Summe am Schlusse jedes Jahres auf die Mitglieder vertheilt. Die genannten drei Actienanstalten sind dadurch namentlich unter sich und von den gegenseitigen zu Gotha und Leipzig verschieden, daß diese letztern sämmtliche Überschüsse unter ihre Versicherten vertheilen, während die berliner ihnen ⅔, und die lübecker die Hälfte davon zutheilt. Die münchner (ein Zweig der Hypotheken- und Wechselbank) behält den Überschuß des Geschäfts ihren Actionnairen ausschließlich vor.

Fragt man, welche Summen bei diesen Anstalten auf ein Leben versichert werden können, so ist
in Berlin die höchste 10000, die kleinste 100 Thlr.
= Gotha   =   10000, =   300 =
= Hanover =   2200, =   100 =
= Leipzig =   5000, =   300 =
= Lübeck =   30000, =   300 Mrk.
= München =   25000, =   300 Fl.

Durch Theilnahme an sämmtlichen deutschen Anstalten kann sonach eine Gesammtsumme von ungefähr 53,000 Thlr. auf ein Leben versichert werden.

Wir erwähnen noch die wesentlichsten Einrichtungen und Grundsätze dieser Institute. Alle lassen sich durch Agenten vertreten, bei welchen die Anmeldungen zur Versicherung, von einem Tauf- und Gesundheitszeugniß begleitet, einzureichen sind. Auf das Leben von Seefahrern, Militairs im Kriegsdienst und überhaupt von Personen, welche ungewöhnlichen Gefahren ausgesetzt sind, werden keine Versicherungen geschlossen. Reiset ein Versicherter in einen andern Welttheil, so muß er entweder eine Extraprämie bezahlen, oder sein Vertrag tritt für der Dauer der Reise außer Kraft. Unterbrechung der jährlichen Beitragzahlung zieht den Verlust der Versicherung nach sich; doch gibt die Gesellschaft dem deshalb Ausgeschlossenen oder überhaupt Abgehenden, sofern die Versicherung auf Lebenszeit war, einen Theil der bezahlten Beiträge zurück, mit andern Worten, sie kauft ihre Policen wieder an sich. Auch pflegen Vorschüsse auf Policen bewilligt zu werden. Bei Sterbefällen wird die Zahlung drei Monate nach Empfang des Todtenscheines geleistet, kann aber verweigert werden, wenn ein Versicherter durch Selbstmord, Duell oder Hinrichtung das Leben verloren hat. Streitigkeiten, welche zwischen der Anstalt und einem Versicherten entstehen, pflegen durch Schiedsrichter geschlichtet zu werden.

Wir geben zum Schluß eine Tabelle der Prämiensätze der beiden Anstalten zu Gotha und Leipzig für 100 Thlr. Versicherungssumme, um den jährlichen Aufwand, den eine Versicherung erfodert, bemessen zu können: Hiernach wird derselbe für 1000 Thlr. Versicherungssumme jährlich betragen:
bei Versicherung auf 1 Jahr = = 13 Thlr. 20 Sgr. 10 Pf.
=   =   = 2—5 Jahr 14 = 14   =   2 =
=   =   = Lebenszeit 26 = 10   =   —
Bei letzterer Versicherungsart tritt der bei jenen Anstalten Versicherte mit dem 6. Jahr nach seiner Aufnahme in den Genuß der Dividende, wodurch, nach den bisherigen Erfahrungen, seine Beiträge um ein Fünftel bis ein Viertel vermindert zu werden pflegen.

Prämientafel.

Alter. Jahre.	Auf 1 Jahr.			Auf 2, 3, 4 oder 5 Jahre.			Auf Lebenszeit.		
	Thlr.	Sgr.	Pf.	Thlr.	Sgr.	Pf	Thlr.	Sgr.	Pf.
15	—	24	3	—	25	11	1	25	6
16	—	25	2	—	26	9	1	26	11
17	—	26	—	—	27	7	1	28	6
18	—	26	10	—	28	6	2	—	—
19	—	27	7	—	28	7	2	1	4
20	—	28	5	1	—	10	2	2	11
21	—	29	2	1	2	—	2	4	5
22	1	—	9	1	3	9	2	6	—
23	1	2	—	1	5	3	2	7	6
24	1	3	9	1	6	8	2	9	—
25	1	5	4	1	8	—	2	10	8
26	1	6	11	1	9	2	2	12	3
27	1	8	6	1	10	3	2	13	10
28	1	9	4	1	11	8	2	15	6
29	1	10	3	1	12	9	2	17	2
30	1	11	1	1	13	5	2	19	—
31	1	12	1	1	14	8	2	20	11
32	1	13	—	1	16	—	2	22	11
33	1	14	9	1	17	4	2	24	11
34	1	16	5	1	18	4	2	26	11
35	1	17	6	1	19	5	2	29	1
36	1	18	7	1	19	10	3	1	4
37	1	19	7	1	20	4	3	3	8
38	1	20	—	1	20	8	3	6	2
39	1	20	4	1	21	—	3	8	9
40	1	20	8	1	21	6	3	11	7
41	1	21	—	1	22	3	3	14	7
42	1	21	5	1	23	6	3	17	10
43	1	21	9	1	25	3	3	21	3
44	1	23	—	1	27	—	3	24	10
45	1	24	4	2	—	8	3	28	10
46	1	27	5	2	2	4	4	3	—
47	2	—	6	2	7	7	4	7	5
48	2	8	10	2	11	5	4	12	—
49	2	3	2	2	15	—	4	16	11
50	2	11	9	2	18	8	4	22	—
51	2	14	8	2	22	—	4	27	2
52	2	18	8	2	26	9	5	2	11
53	2	22	10	3	1	5	5	9	—
54	2	26	4	3	5	8	5	15	5
55	3	1	—	3	10	—	5	22	3
56	3	6	—	3	15	—	5	29	6
57	3	10	4	3	20	6	6	7	4
58	3	15	10	3	26	4	6	15	9
59	3	21	—	4	2	7	6	24	11
60	3	25	4	4	9	6	7	4	10

Einer der merkwürdigsten Redner unsers Jahrhunderts.

Ein Großhändler zu Amsterdam ist seit 32 Jahren im Besitze eines grauen Papagais, nachdem ihn schon ein Oheim desselben 41 Jahre lang besessen hatte. Der Vogel ist mithin über 70 Jahre alt. Er befindet sich dermalen in einem Zustande völliger Entkräftung. Er hat Gesicht und Gedächtniß verloren und ist fortwährend in einem lethargischen Schlafe begriffen. Von Zeit zu Zeit wird er mit Marzipan gefüttert, den man in alten Madeira taucht. In seinen jungen Jahren war dieser Vogel ein Muster der Gelehrsamkeit und Zungenfertigkeit gewesen. Mit dem 60. Jahre fing sein Gedächtniß an schwach zu werden, er lernte nicht nur nichts Neues mehr, sondern vergaß auch das Alte und warf die früher eingelernten Phrasen beim Sprechen auf die lustigste Weise durcheinander. Bis zu seinem 60. Jahre legte er jährlich einmal seine Federn ab. In seiner letzten Mauserzeit bekam er anstatt der rothen Schwanzfedern gelbe.

Bilder aus Rom.
VI.

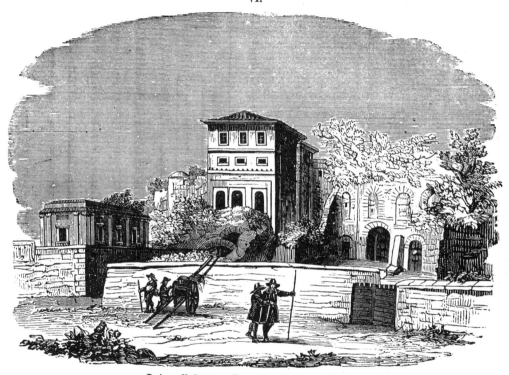

Die Villa Farnese zu Rom.

In der ersten Hälfte des 16. Jahrhunderts, als Paul III. den päpstlichen Stuhl einnahm, baute die Familie Farnese eine Villa auf dem palatinischen Berge, und während Michael Angelo und Rafael zur Verschönerung derselben beitrugen, wurden die Meisterwerke alter Kunst aus den Ruinen der Bäder des Caracalla und des Flavianischen Amphitheaters hervorgeholt und hier aufgestellt. Später wurde diese einsame Wohnung, sowie der Palast der Familie, aller ihrer Schätze beraubt und Neapel bereicherte sich durch Roms Plünderung. Die palatinische Villa wurde verlassen und nach einem halben Jahrhundert lag sie in Trümmern, wie der einst prächtige Palast der Cäsaren neben ihr.

Die ganze eine Hälfte des Palatinus führt jetzt den Namen Villa Farnese. Das verfallene Gebäude selbst gehört dem Könige von Neapel, und die einst reizenden Gärten sind jetzt mit Küchengewächsen bepflanzt. Von der nördlichen und östlichen Seite der Villa aus genießt man eine überraschende Aussicht. Von hier sieht man in ein Thal hinab, das die via sacra oder der heilige Weg durchschneidet und noch mit den Überresten glänzender Gebäude geschmückt ist; wenden wir uns rechts, so tritt das Colosseum uns entgegen, darüber hinaus sehen wir die Trümmer der alten Stadt und die langen Wasserleitungen durch die öde Campagna. Auf der nördlichen Seite der Villa sieht man die Ruinen des heiligen Weges zur Rechten; zur Linken zeigt sich in einiger Entfernung der Berg des Capitols, und wenden wir den Blick von den neuern Gebäuden, die auf dem Gipfel des Capitols stehen, nach den alten Überresten am Fuße desselben, so liegt das ehemalige Forum vor uns.

Das Pfennig-Magazin
für Verbreitung gemeinnütziger Kenntnisse.

247.] Erscheint jeden Sonnabend. [December 23, **1837.**

Galerie der deutschen Bundesfürsten.
XXXIV.

Georg, Fürst von Waldeck und Pyrmont.

Georg Heinrich Friedrich, regierender Fürst von Waldeck und Pyrmont, wurde am 20. September 1789 geboren und ist der Sohn des am 9. September 1813 verstorbenen Fürsten Georg. Seine als Witwe noch lebende Mutter, Albertine Charlotte Auguste, geboren am 1. Februar 1768, ist eine Prinzessin von Schwarzburg-Sondershausen, und von seinen Geschwistern leben noch: 1) die Prinzessin Ida Karoline Luise, geboren 1796, vermählt mit dem regierenden Fürsten Georg Wilhelm von Schaumburg-Lippe; 2) der Prinz Karl Christian, geboren 1803, in bairischen Diensten, und 3) Hermann Otto Christian, geboren 1809, in östreichischen Diensten, vermählt seit 1833 mit Agnes, der zweiten Tochter des Grafen Franz Teleki Szek. Der Prinz folgte seinem Vater in der Regierung zu einer Zeit, wo der Druck des Rheinbundes schwer auf dem Lande lastete. Änderungen in der Verfassung und mehre neue Anordnungen veranlaßten Mishelligkeiten zwischen Volk und Fürst, die zu heben das neue Grundgesetz von 1816 bestimmt war. Der Fürst vermählte sich am 26. Juni 1823 mit der Prinzessin Emma von Anhalt-Bernburg-Schaumburg, geboren am 20. Mai 1802, und aus dieser Ehe stammen: 1) der Erbprinz Georg Victor, geboren am 13. Januar 1831; 2) der Prinz Wolrad Melander, geboren 1833; 3) die Prinzessin Auguste Amalie Ida, geboren 1824, und 4) die Prinzessin Hermine, geboren 1827.

XXXV.
Ludwig Wilhelm Friedrich,*)

Regierender Landgraf zu Hessen-Homburg, geboren am 29. Aug. 1770, ist der zweite Sohn des Landgrafen Fried-

---

*) Es ist der Redaction, aller angewandten Mühe ungeachtet, nicht möglich gewesen, das Portrait von diesem Fürsten zu erhalten.

rich Ludwig, der 1820 starb, und dessen Gemahlin Karoline, einer Tochter Ludwig IX., Landgrafen von Hessen-Darmstadt. In preußischen Militairdiensten zeichnete er sich in den französischen Kriegen aus und stieg bis zur Würde eines Generallieutenants. Er wohnte der Schlacht bei Leipzig bei, wurde hier schwer verwundet und konnte erst 1814, nachdem er an dem ihm befreundeten und verwandten Hofe zu Anhalt-Dessau seine Heilung und Genesung abgewartet, den Verbündeten nach Paris folgen. Nach dem Frieden ward er Gouverneur der Bundesfestung Luxemburg und fand auf diesem Posten nach dem Ausbruche der belgischen Revolution eine Gelegenheit, seine Umsicht und Entschlossenheit zu erproben. Er vermählte sich 1804 mit der Prinzessin Auguste von Nassau-Usingen, doch schon 1805 wurde die Ehe wieder getrennt. Der Tod seines ältern Bruders, der dem Vater in der Regierung gefolgt war, rief, da dieser keine Nachkommen hinterließ, ihn am 2. April 1829 zur Regierung, die nach seinem Tode an seine jüngern Brüder übergehen wird. Diese sind: 1) Philipp August Friedrich, geboren am 11. März 1779, östreichischer Generalfeldzeugmeister und Commandirender in Inneröstreich und Tirol; 2) Gustav Adolf Friedrich, geboren am 17. Februar 1781, östreichischer Feldmarschalllieutenant, und 3) Ferdinand Heinrich Friedrich, geboren 1783, ebenfalls östreichischer Feldmarschalllieutenant. Von ihnen ist blos der Prinz Gustav vermählt, mit der Prinzessin Luise von Anhalt-Dessau, die ihm nächst den beiden Prinzessinnen: Karoline, geboren 1819, und Elisabeth, geboren 1823, auch einen männlichen Erben, den Prinzen Friedrich Ludwig Heinrich Gustav, geboren am 6. April 1830, schenkte. Außerdem leben noch fünf Schwestern des Fürsten: 1) die Prinzessin Karoline, geboren 1771, verwitwete Fürstin von Schwarzburg-Rudolstadt; 2) Ulrike, geboren 1772, verwitwete Prinzessin Karl Günther von Schwarzburg-Rudolstadt; 3) Christiane Amalie, geboren 1774, verwitwete Erbprinzessin von Anhalt-Dessau; 4) Auguste, geboren 1776, verwitwete Erbgroßherzogin von Mecklenburg-Schwerin, und 5) Amalie Mariane, geb. 1785, die Gemahlin des Prinzen Wilhelm von Preußen.

Der Schmied zu Gretna-Green.

Der Name Gretna-Green und insbesondere der Schmied zu Gretna-Green, der das Recht und die Macht besitzt, vollgültige Ehen zu schließen, und zu dem daher alle liebenden Paare, welche die nöthige Einwilligung ihrer Ältern und Vormünder nicht erlangen, ihre Zuflucht nehmen, sind nicht blos in England, sondern im ganzen gebildeten Europa so bekannt, daß es befremden muß, nirgend welche über die Gegend noch über den berühmten Schmied etwas Genügendes zu finden. Um so erfreulicher ist der Bericht, den wir einem Reisenden, der Gretna-Green im vorigen Jahre besuchte, verdanken, und aus dem wir zur Berichtigung der vielen Fabeln, welche über diesen Ort im Umlaufe sind, Nachstehendes entlehnen.

Gretna-Green liegt in Schottland, ganz nahe an der englischen Grenze, welche auf dem Wege von Carlisle der kleine Fluß Sark bildet, dessen Ufer durch eine schöne Brücke verbunden sind. Doch ist Gretna-Green kein Dorf oder Flecken, wie man gewöhnlich annimmt, es ist der Name einer Wiese, die die ziemlich volkreichen Dörfer Greatney und Springfield scheidet. In der Mitte dieser Wiese, durch welche die Straße führt, erhebt sich auf einem Hügel ein einziges stattliches Haus; es ist dies das Gasthaus von Gretna-Green, Gretna-Hall genannt; der Besitzer aber dieses Gasthauses, keineswegs und nie ein Schmied, ist der berühmte Copulator von Gretna-Green.

Auf die Frage: wie der angebliche Schmied zu Gretna-Green zu dem Rechte des Copulirens gekommen, gibt die Legende folgende Antwort. In den furchtbaren Kriegen, welche in den frühesten Zeiten die alten schottischen Könige diesseit und jenseit der Grenzen zu führen hatten, konnte es nicht fehlen, daß sie zuweilen, nach erlittener Niederlage, in den Gebirgen einen Versteck und bei ihren getreuen Unterthanen ein Obdach suchen mußten. So fand auch einst ein schottischer König in dem Hause des Schmieds zu Gretna-Green, obschon derselbe dabei sein Leben aufs Spiel setzte, die freundlichste Aufnahme. Aus Dankbarkeit verlieh der gerettete König dem Besitzer des Hauses und Allen, die es nach ihm besitzen würden, auf ewige Zeiten das Recht, vollgültige Ehen zu schließen.

Diese Legende ist nicht nur allgemein bekannt, sondern sogar bis auf die neueste Zeit fast allgemein geglaubt worden. Der wahren Sachlage nach aber findet das Recht des angeblichen Schmieds zu Gretna-Green seinen Grund in dem Statute der alten schottischen Kirche, nach welchem zu einer Trauung weder das Ablesen einer bestimmten Formel, noch die Vermittelung eines Priesters nöthig ist, sondern es als ausreichend befunden wird, wenn einer der beiden anwesenden Contrahenten in Gegenwart eines Zeugen erklärt, daß er des andern Mann oder Frau sei. Daher kommt es auch, daß nicht blos der Wirth zu Gretna-Green, sondern auch mehre Andere in Schottland aus dem Geschäfte des Copulirens einen einträglichen Erwerbszweig sich schaffen. Daß aber das erwähnte Statut der alten schottischen Kirche noch jetzt in voller Gültigkeit sei, haben neuerdings vor dem obersten geistlichen Gerichtshofe Englands geführte Streitigkeiten dargethan, bei denen das Zeugniß der schottischen Copulatoren als entscheidend angesehen wurde. Auch geht dies daraus hervor, daß die zu Gretna-Green geschlossenen Ehen, hinsichtlich der Güter der Vermählten und der Legitimität ihrer Nachkommen, den nach den Vorschriften der englischen Kirche eingesegneten durchaus nicht nachstehen.

Übrigens beschränken sich die schottischen Copulatoren in der Regel nicht auf die einfache Förmlichkeit, welche das schottische Gesetz fodert. Namentlich um der Bedenklichkeiten willen, die sich das weibliche Geschlecht hinsichtlich des Mangels an Formalitäten, mit welchen die Trauung anderwärts begleitet ist, machen könnte, beobachten sie, wenn es sonst nur die Zeit gestattet, fast das ganze englische Ritual. Sie verlesen das gewöhnliche Trauungsformular, stellen den Brautleuten die herkömmlichen Fragen, lassen sie die sacramentalischen Gebete hersagen, niederknieen und ihre Hände ineinander legen. Auch halten sie, wie es die Gesetzgebung der englischen Kirche fodert, genaue Trauregister, die aber einzusehen sie der Neugier durchaus nicht gestatten, und stellen Denen, die es verlangen, Trauscheine in gesetzlicher Form aus. Ebenso waren es blos persönliche Bedenklichkeiten, nicht gesetzliche Nothwendigkeit, wenn sich solche in Gretna-Green Vermählte in England nochmals nach englischem Ritual trauen ließen.

Außer dem Wirthe zu Gretna-Green wird das Traugeschäft nach schottischer Weise insbesondere noch von dem Brückenzolleinnehmer an der erwähnten Sarkbrücke und von dem Wirthe und Hufschmied in Springfield, ferner an den Grenzorten zu Annan, in der Nähe von Graitney, und zu Coldstrean, das ebenfalls an einer belebten Straße aus England liegt, getrieben. An letzterm Orte war es, wo sich der vormalige Kanzler des britischen Königreichs, Lord Brougham, trauen ließ. Zu dem Brückenzolleinnehmer nehmen gewöhnlich Diejenigen ihre Zuflucht, welche große Eile haben. Sein Haus, von dessen Schwelle ab er weithin, über die Sarkbrücke, die grade, ebene Straße von Carlisle übersehen kann, liegt ganz geeignet, den verfolgten Liebenden die wenigen Minuten sicherer Ruhe, welche im Nothfalle der Act der Copulation fodert, zu gewähren. Doch, wie gesagt, nur bei naher Verfolgung und großer Gefahr wird am Zollhause an der Sark Halt gemacht; für gewöhnlich eilt man sogleich nach Gretna-Hall, das schon von fern durch die über der Hausthür mit riesenhaften goldenen Buchstaben angebrachte Namensaufschrift seines Besitzers in die Augen fällt und sowol durch äußere Eleganz, wie in Hinsicht der höchst bequem eingerichteten Fremdenzimmer die Gasthäuser im nahen Springfield beiweitem übertrifft.

Die erste Idee, Trauungen auf schottische Weise vorzunehmen, gebührt Joseph Paisley in Springfield, der um 1760 in der Mitte des nachmals durch ihn „Gretna-Green" genannten Platzes, auf einem Hügel, der von einer Zigeunerin, die früher hier gewohnt hatte, „Megas-Hügel" hieß und noch heißt, ein Haus erbaute und einen Branntwein- und Tabackshandel anlegte. Sein Geschäft in die Höhe zu bringen, erbot er sich, seine Abnehmer umsonst, oder wenigstens viel wohlfeiler zu trauen, als es die benachbarten Geistlichen thaten. Schwerlich aber möchte hierdurch Gretna-Green europäische Berühmtheit erlangt haben; diese wurde ihm erst, als der Proceß, den die Geistlichkeit gegen Paisley anfing, nachdem er die Aufmerksamkeit des Publicums auf das lebhafteste erregt hatte, zu Gunsten Paisley's endete.

Paisley's Wohnung brannte 1790 von Grund aus ab, wie es scheint, durch die Verwahrlosung eines Tags zuvor von dem Wirthe getrauten Ehepaares, das auch in den Flammen den Tod fand; doch fehlte es nicht an Leuten, welche das Feuer für das Hege-Megg hielten, während die Geistlichkeit darin eine Strafe des Himmels erkannte. Paisley wendete sich mit gerettter Habe nach Springfield zu einem Jugendgenossen, dem Hufschmied Daniel David Laing, und hatte es durch den Gewinn für Trauungen, die er auch hier vollzog, binnen einem Jahre so weit gebracht, daß er in Springfield ein Haus erwerben konnte, wo er bis zu seinem Tode seinen Branntwein und Taback verkaufte und sein Trauregister führte. Kurz nachdem er sein neuerworbenes Haus bezogen, war Laing, der oftmals, als Paisley bei ihm wohnte, wenn dieser nicht daheim, oder, weil er den Trunk liebte, nicht im Stande war, sein Amt als Copulator abzuwarten, dessen Stelle vertreten hatte, auch auf den Gedanken gekommen, ebenfalls auf schottische Weise zu copuliren und erlangte sehr bald unter dem Namen des „Abt-Hufschmied" einen nicht minder häufigen Zuspruch denn Jener. Dies that aber dem Freundschaftsverhältnisse Beider nicht den geringsten Eintrag; ja sie sollen sogar bald darauf einen Vertrag auf unverbrüchliche Freundschaft abgeschlossen haben, worin unter Anderm bestimmt war, daß sie sich nur einen Tag um den andern betrinken wollten, damit immer Einer vorhanden sei, vorkommende Heirathen zu vollziehen. Beide starben 1814, wenige Tage nacheinander. Der Aberglaube behauptete, daß sie dem Bösen verfallen seien, was der Geistlichkeit die Veranlassung gab, ihre Gräber zu öffnen, worin man denn zwei schwarze verendete Hunde fand, in dem des Paisley einen Spitz, in dem des Laing einen Pudel.

Die nachfolgenden Besitzer ihrer Häuser ließen sich aber durch diese Sagen nicht abhalten, das Copuliren fortzusetzen. Paisley's Geschäft übernahm Elliot, der Mann seiner Nichte, die ihn in seinen letzten Tagen gepflegt hatte; Laing's Haus erkaufte der Hufschmied Joseph Sowerby. Beide stehen noch jetzt als Copulatoren im Rufe; doch hat Letzterer beiweitem den meisten Zuspruch.

Um durch zufällige Abwesenheit verfolgten Liebenden nicht in unersetzliche Nachtheile zu bringen, hat in neuester Zeit ein Jeder der Copulatoren einen Stellvertreter angenommen. Der Wirth von Gretna-Green hat sich seinen Sohn, der Brückenzolleinnehmer an der Sarkbrücke, einen Schneider, Elliot einen Schuster und Sowerby einen Lehrburschen adjungirt. Die Zahl der jährlich in diesen vier Häusern Copulirten läßt sich wegen des Geheimhaltens der Trauregister nicht genau bestimmen; doch kann man im Durchschnitt etwa 800 Paare annehmen von denen die Vornehmen mindestens zwei Guineen Honorar bezahlen, die Armen aber für wenige Groschen getraut werden.

Merkwürdig ist es übrigens, daß, unstreitig aus dem Grunde, weil Paisley zuerst zu Gretna-Green auf schottische Weise zu trauen anfing, noch jetzt alle derartig abgeschlossenen Ehen nach Gretna-Green verlegt werden, was doch als eine Wiese mit einem einzigen Hause aiel weniger bekannt sein sollte, als die ansehnlichen Orte Graitney und Springfield ganz in dessen Nähe.

Ragusa.

Ragusa, die Hauptstadt eines Kreises dieses Namens in dem östreichischen Königreiche Dalmatien, das aber durch türkisches Gebiet ganz davon getrennt liegt, verdankt die Berühmtheit ihres Names der Zeit, wo sie Hauptstadt der vormaligen Republik Ragusa war, deren wechselnde Schicksale auch ihr Schicksal bestimmten, bis sie nach der Auflösung dieses kleinen Freistaates, dessen Gebiet nie über 25 Quadratmeilen betrug, dem neugeschaffenen Königreich Italien einverleibt wurde.

Die Stadt liegt am Abhange des Berges Sergio, an einem kleinen Busen des adriatischen Meeres und ist auf italienische Weise befestigt. Alle die vielen andern Thürme überragt der feste, runde Thum Mincetto an der nordöstlichen Seite der Festungsmauer. Nordöstlich, 200 Schritte von der Stadt, liegt auf einem Felsen das Fort St.-Lorenzo, und östlich in gleicher Entfernung von der Stadt das Fort Leveroni; beides kolossale Gebäude mit bombenfesten Gewölben. Ein ähnliches Fort, zur Beherrschung der Stadt, versuchten die Franzosen auf dem Monte Sergio zu errichten, doch wurde die Arbeit nicht vollendet; ein anderes führten sie auf der nahen Insel Lacroma auf. Die frühere Zeit hielt Ragusa für eine unbezwingliche Festung; doch die neuere Kriegskunst gesteht ihr diesen Rang nicht mehr zu, wie sie denn auch 1813 nach sehr kurzem Widerstande übergeben wurde.

Die Stadt zählt, mit Inbegriff der Vorstädte, etwa 8000 Einwohner in 1200 Häusern, und wird durch die 400 Schritt lange Straße, der Cosro, in zwei ziemlich gleiche Hälften getheilt. Die Hauptzierde derselben ist die Domkirche, ein großartiges Gebäude im italienischen Style, gewidmet dem Schutzheiligen der Stadt, dem heiligen Blasius, dessen Fest jährlich am

3. Febr. sehr feierlich begangen wird. Andere bedeutende Gebäude sind der ehemalige Residenzpalast des Rectors der Republik, jetzt der Sitz des Kreisamtes, die ehemalige Münzstätte, aus der so viel ausgezeichnete Münzen, die jetzt in hohem Werthe stehen, hervorgingen (jetzt die Hauptmauth) und das ehemalige Jesuitencollegium, jetzt ein Militairhospital. Unter der überaus großen Zahl von Kirchen und Kapellen, da fast jede adelige Familie ihre besondere Kapelle hat, sind die der Franziskaner und Dominikaner zu erwähnen, wo sich mehre sehr schöne Gemälde finden. Die Stadt war von 1121 — 1830 der Sitz eines Erzbischofs, an dessen Stelle jetzt ein Weihbischof getreten ist. Sie hat ferner ein Piaristencollegium mit einem Gymnasium und einer nicht unbedeutenden Bibliothek, eine Hauptschule, eine Buchdruckerei und Buchhandlung, ein Theater, ein Krankenhaus und ein großes Hospital. Außerhalb der Stadt liegt das Quarantainehaus und der Platz, wo dreimal in der Woche der durch die türkische Karavane sehr lebhafte Markttag gehalten wird. Außerdem ist die Gewerbthätigkeit nicht sehr bedeutend und besteht, den Schiffbau abgerechnet, namentlich in Seide und Lederfabrikation und Rosogliobrennereien. Der Ackerbau ist ganz unbedeutend, da die Bewohner blos Öl- und Weinbau treiben; besonders berühmt ist das ragusaner Öl.

Der Adel, der sonst eine unumschränkte Macht in Ragusa übte und alle andern Bewohner zu Leibeignen hatte, ist zwar noch immer zahlreich, doch sehr herabgekommen; ebenso hat sich die Zahl der sogenannten Capitani, d. h. Hochseefahrer, die oft mehre Jahre hintereinander auf dem Meere zubringen, sehr vermindert. Die Stadt ist zwar an und für sich nicht unfreundlich und zeichnet sich namentlich durch große Reinlichkeit aus; doch macht sie auf den Fremden keinen angenehmen Eindruck, weil auch ihre Umgebungen ein zu trauriges Ansehen haben. Der einzige angenehme Punkt ist die 1½ Stunde von der Stadt entfernte Bucht Gravosa oder Santa Croce, der eigentliche Hafen von Ragusa. Östlich von Ragusa liegt der Flecken Alt-Ragusa, Ragusa vecchia, an der Stelle, wo das alte Epidaurus stand, das von einer griechischen Colonie im Jahre 689 v. Chr. gegründet wurde. Nachher ward es römische Colonie, und jetzt ist, außer einer Wasserleitung, nur noch wenig davon zu sehen. Das heutige Alt-Ragusa, ein befestigter Flecken an einer Meeresbucht, ist gleich der Stadt selbst seit der Invasion der Franzosen in seinem Wohlstande sehr herabgekommen. Die glänzendste Periode für die Stadt, wie für die Republik überhaupt, war in den Jahren 1427 — 37, wo die Stadt 35,000 Einwohner zählte und die Ragusaner in allen benachbarten Staaten Handelsfactoreien hatten. Einen neuen Aufschwung nahm Ragusa zur Zeit des französisch-englischen Krieges, wo die ragusaner Flagge, als eine neutrale, allgemein gesucht war. Der kleine Staat zählte damals 360 Schiffe, die mit ungefähr 4000 Matrosen bemannt waren; allein nach den Verwüstungen, welche nach dem Abzuge der Franzosen, die das Gebiet der Republik unter dem Vorwande verletzter Neutralität 1805 besetzt hatten, die nun einfallenden Russen und Montenegriner verübten, blieben kaum noch zehn Schiffe. Mit dem Verluste der Schiffe war auch der Handel der Republik vernichtet, der sich erst seit 1814, wo die Stadt nebst Gebiet an Östreich abgetreten wurde, allmälig zu heben wieder angefangen hat.

Das Kloster von St.-Vicent di Fora in Lissabon.

Wie in allen Städten der Halbinsel findet man in Lissabon eine bedeutende Anzahl geistlicher Gebäude, die Örtern, welche sonst ganz unbeachtet bleiben würden, einen Anstrich von Schönheit und Pracht geben; in Lissabon aber, wo solche Zierden größtentheils einen schönen Standpunkt haben und, von der Erhabenheit des Bodens begünstigt, oft ganz frei über die andern Gebäude hervorragen, werden sie Gegenstände der Bewunderung, mag man sie im Ganzen oder einzeln betrachten. Unsere Abbildung zeigt das größte, wenn auch hinsichtlich der Architektur nicht das schönste dieser heiligen Gebäude in Lissabon. Die Kirche ist eine schöne Probe jener eigenthümlichen Art classischer Baukunst, die in Portugal so vorherrschend ist, und besteht aus zwei viereckigen Thürmen von drei Stockwerken, wovon jedes mit dorischen Säulen geschmückt ist; die untern bilden das Glockengerüste und sind von achteckigen Kuppeln und Laternen umgeben; der Theil des Gebäudes zwischen den beiden Thürmen wird durch Säulen derselben Art in drei Theile getheilt, während das Erdgeschoß drei vortrefflich gearbeitete, von Nischen und Statuen umgebene Thüren hat und drei Fenster das obere Stockwerk zieren. Zu den Thüren führt eine prächtige Treppe. Es würde eine schwierige Aufgabe sein, das Innere zu beschreiben, so verschwenderisch haben die Erbauer Glanz und Verzierungen darin angebracht. Das Kloster selbst, das an die Kirche stößt und von Johann III. gegründet wurde, enthält wenig Bemerkenswerthes. Portugals klösterliche Gebäude sind ziemlich alle in einem und demselben Style erbaut und die Beschreibung des einen kann für alle gelten. Es sind Quadrate von verschiedener Form, einige länglich, andere vollkommen viereckig; ein langer Gang läuft an den obern Stockwerken rings um das Gebäude, an dessen Außenseite sich die Schlafgemächer oder Zellen der Mönche befinden, kleine, viereckige Gemächer mit einem Fenster nach außen. Das Erdgeschoß besteht aus dem Speisesaal, der Küche, der Vorrathskammer, mehren großen Versammlungszimmern und andern Gemächern. Das innere Viereck ist von einem Säulengange umgeben und in der Mitte liegt der Garten mit einem Springbrunnen.

Die Gelübde, die von den Mönchen abgelegt wurden, waren oft seltsam, und sinnreich die Mittel, womit man den Meineid zu umgehen wußte. So mußten die Mönche von St.-Vicent schwören, nie über die Grenzen des Klosters zu gehen; die Folge war, daß sie beständig fuhren, und ihr Reichthum setzte sie in den Stand, sich die schönsten Wagen in Lissabon zu halten.

Die einst so zahlreichen Klöster dieser Stadt sind jetzt fast alle aufgehoben, und die geräumigen und prächtigen Gebäude werden entweder zu andern Zwecken benutzt oder stehen leer. Das ehemalige Kloster Necessidades ist jetzt der Palast der Königin; in St.-Bento halten die Cortes ihre Sitzungen; ein Theil des Klosters La Gracia, das auf der Spitze eines Hügels steht und mit St.-Vicent ein Dreieck bildet, ist in eine Baracke verwandelt, während die andere in Trümmern zerfällt. Von den 250 Kirchen, die Lissabon besitzt, sind die vorzüglichsten die Kathedrale, auch Se oder Santa Maria genannt, ein neueres Gebäude, das aber, trotz seiner Größe, mehr ein düsteres als ein feierliches und großartiges Ansehen hat; die Kirche da Roia, merkwürdig wegen der prächtigen Kapelle Johannes des Täufers, die Johann IV. in Rom fertigen und sie dann

Das Kloster von St.-Vicent di Fora in Lissabon.

nach Lissabon als Geschenk für die Jesuiten bringen ließ, und die Kirche Estrella oder „der Sterne", die auf dem Hügel Buenos Ayres steht, in korinthischem Styl erbaut ist und einen der malerischsten Gegenstände der Stadt bildet; sie dient dem Kloster des Herzens Jesu (Convento de Caraçao de Jesus) zur Kapelle und wird auch wegen ihrer geringen Entfernung vom Palast und weil die Königin sie oft besucht, die Kapelle der Königin genannt. Ihre Thürme sind ausnehmend geschmackvoll und schön, und der edle Dom ein wahres Muster der Baukunst; der Porticus ist vielleicht zu klein im Verhältniß zum Gebäude, und man erzählt, daß der Architekt, diesen Fehler zu spät erkennend, sich von der Wasserleitung herabgestürzt habe, deren mittelster Bogen 330 Fuß hoch ist. Die Kapelle St.-Roque ist vielleicht die reichste in der Welt; die Säulen des Altars sind aus einem Stück Lapis-lazuli und das Getäfel und die Wände bestehen aus der schönsten und unschätzbarsten Mosaikarbeit.

Eisbereitung in Bengalen.

Viele glauben, daß es in Indien kein Eis gäbe, und man hat selbst behauptet, die Landessprache habe kein Wort dafür; doch dies beruht auf einem Irrthum. Es friert regelmäßig während des Winters in vielen nördlichen Provinzen und selbst in dem glühendheißen Bengalen kann man zu gewissen Jahreszeiten Eis finden. Doch in den wärmern Theilen Indiens erlangt man es nicht ohne Anwendung künstlicher Mittel, obschon es deshalb nicht grade ein rein künstliches Erzeugniß ist, da unter gewissen Umständen bloße Aussetzung an die Luft hinreicht, es zu gewinnen. Die Mittel, welche von den Bewohnern Bengalens zu diesem Zwecke angewendet werden, theilt uns Dr. Wise in Kalkutta genau mit, der die Sache mit vielem Fleiß untersucht und die Eisbereitung bedeutend vermehrt hat.

Eine gewisse Gegend in der Nähe der Stadt Hoogly ist zur Eisbereitung bestimmt. Von welchen Umständen sie abhängt, scheint unbekannt zu sein, aber die Versuche, an andern Orten ebenfalls Eis zu bereiten, fielen nicht so günstig aus, als in jener Gegend. Dieser Vorzug gründet sich keineswegs auf eine Einbildung; denn obschon Hoogly zehn deutsche Meilen von Kalkutta, dem Hauptmarktplatz dieses Erzeugnisses, entfernt ist, und trotz der Kosten, die der lange Weg nach dieser Stadt verursacht, so wird doch alles Eis, das in Kalkutta verbraucht wird, in Hoogly und der erwähnten Gegend bereitet.

Die Zeit, welche sich zur Eisbereitung am besten eignet, beschränkt sich nur auf sechs Wochen, obschon auch einige Wochen früher oder später kleinere Quantitäten Eis bereitet werden, sodaß sich die ganze Zeit ungefähr vom Ende des Novembers bis zur Mitte des Februars erstreckt.

An dem Orte, der zur Eisbereitung bestimmt werden soll, machen die Eingeborenen gewöhnlich eine Vertiefung von ungefähr 120 Fuß Länge, 20 Fuß Breite und 2—3 Fuß Tiefe und lassen sie dann von der Sonne austrocknen. Ist dies hinlänglich geschehen, so wird sie bis zur Höhe von einem Fuß oder mehr mit Bündeln von Reisstroh bedeckt, darüber streut man wieder lockeres Stroh, ungefähr sechs Zoll hoch, von der Oberfläche des Bodens, und setzt dann auf dieses Strohbett die Gefäße, die das zum Frieren bestimmte Wasser enthalten. Diese Gefäße sind eine Art Unterschalen, denen nicht unähnlich, die wir unter unsere Blumentöpfe setzen, nur nach unten schmäler zulaufend. Sie haben oben gegen neun Zoll im Durchmesser, unten anderthalb, und sind ungefähr einen Viertelzoll dick. Sie sind unglasirt und so porös, daß sie durch und durch naß werden, wenn man sie mit Wasser anfüllt. Wenn die Luft gegen Abend unter 15° R. ist und ein sanfter Nord- oder Westwind weht, darf man Eis erwarten und es werden die nöthigen Vorbereitungen zu dessen Sammlung getroffen. Man setzt die Schüsseln in regelmäßigen Reihen und dicht nebeneinander auf das Stroh, sodaß die ganze Vertiefung ungefähr 5—6000 fassen kann. Hierauf nehmen die Eingeborenen Bambusstäbe, wenigstens halb so breit als die Vertiefung, an deren Enden kleine irdene Schüsseln befestigt sind, um die Eisgefäße mit Wasser füllen zu können, das sich in großen Krügen befindet, die man vorher mit reinem Wasser aus benachbarten Teichen oder mit dem Abgange von früher bereitetem Eis versehen hat. Man gießt mehr oder weniger Wasser in die Eisgefäße, je nachdem man eine für die Arbeit mehr oder weniger günstige Nacht erwartet, was man aus der Richtung und Beständigkeit des Windes und aus der Klarheit des Himmels sehen kann. Ein N.-N.-Westwind ist der günstigste; doch ist der Wind zwischen Ost oder Süd so darf man kein Eis erwarten und es werden dann auch keine Vorbereitungen gemacht. Ein Wechsel des Windes nach einer ungünstigen Richtung während der Nacht schmilzt wieder alles Eis, das eine frühere Stunde erzeugte. Vollkommene Windstille ist dem Gefrieren ebenso hinderlich als rauher Wind. In den günstigsten Nächten thut man ungefähr in jede Schüssel ein halbes Nößel Wasser und vermindert diese Quantität nach Verhältniß der zu erwartenden Nacht bis zu einen Viertel-, und selbst Achtelnößel.

Nachdem Alles auf diese Art vorbereitet ist, überläßt man der Natur ihr Werk; aber ihre Verrichtungen werden sorgfältig von Personen beobachtet, die bei jedem Eisbette die Aufsicht führen. Sobald diese ein dünnes Eishäutchen auf der Oberfläche der Schüsseln bemerken, mischen sie den Inhalt von mehren derselben und schütten die frierende Flüssigkeit in die übrigen Schüsseln, was, wie sie die Erfahrung gelehrt hat, die Quantität des Eises bedeutend vermehrt. Das Gefrieren dauert die ganze Nacht hindurch mit beschleunigter Stärke und bei Sonnenaufgang findet man in allen Schüsseln das Eis einen halben Zoll dick oder noch mehr. Dr. Wise sagt, daß in sehr günstigen Nächten oft der ganze Inhalt der Schüssel eine feste Masse werde. In solchen Fällen haftet das Eis so fest an den rauhen unglasirten Gefäßen, daß man es nicht eher herausnehmen kann, bis es theilweise geschmolzen ist, was oft erst zwei Stunden nach Sonnenaufgang geschieht.

Das Herausnehmen des Eises wird größtentheils von Frauen besorgt, deren acht bis neun an jedem Eisbett beschäftigt sind. Sie bedienen sich dazu eines stumpfen halbrunden Messers, womit sie das Eis herausschaufeln und dann mit allem Wasser in irdene Gefäße füllen, die sie bei sich haben. Wenn diese Gefäße voll sind, so wird der Inhalt in kegelförmige Körbe gethan, die über die großen Wasserkrüge gestellt sind, aus welchen, wie wir erwähnten, das zum Gefrieren bestimmte Wasser geschöpft wird. Auf diese Weise hält man die erzeugte Kälte sehr sparsam zusammen; denn das Wasser, das von dem gesammelten Eise abläuft, fließt durch die Öffnungen des Korbes in die Wasserkrüge und indem es deren Inhalt kühlt, erleichtert es dadurch die Arbeit der nächsten Nacht. So ist der erzeugte Kältegrad, der vielleicht nicht hinlänglich war, alles Wasser in Eis zu verwandeln, nicht ohne Nutzen, was jedoch der Fall sein würde, wenn man das ungefrorene Wasser weggießen oder in den Schüsseln während des Tages den Sonnenstrahlen bloßstellen wollte, die selbst zu dieser Jahreszeit oft brennender sind, als in unsern heißesten Sommertagen.

Die letzten Aufbewahrungsbehältnisse des auf diese Art bereiteten Eises sind runde Vertiefungen, ungefähr zwölf Fuß tief und von neun Fuß im Durchmesser, mit Matten sorgfältig belegt und mit Stroh verdeckt; da aber diese Vertiefungen meist in einiger Entfernung von dem Eisbett angebracht sind, so würde es nicht ausführbar sein, das Eis hineinzulegen, ehe der Tag vorgerückt ist, indem die Hitze der Sonne schnell alles Eis schmelzen würde, das sich nicht unter der dicken Decke befände. Das aus den Körben genommene Eis wird daher sogleich in einstweilige Vertiefungen von geringerm Umfange gelegt, die sich näher an den Eisbetten befinden, wo es während des Tages liegen bleiben kann. Mit Einbruch der Nacht schafft man es in die größern Höhlen. Aber so gut dieselben auch verwahrt sind, ist es doch nicht möglich, alles Zerschmelzen zu vermeiden; ein beständiges Tröpfeln findet statt und das Wasser läuft durch Öffnungen in dem Boden der Höhlen in eine große benachbarte Grube. Nach Kalkutta schafft man das Eis in der Nacht auf Booten. Wenn es sehr kalt ist, packt man es nur in grobe Leinwand und legt es in Massen in die Boote; aber gegen den Anfang und das Ende der günstigen Zeit, wo es am theuersten und und am schwersten aufzubewahren ist, wird es in Körbe gepackt, die mit Strohmatten wohl verwahrt sind, und man beeilt sich, es noch vor Sonnenaufgang an den Ort seiner Bestimmung zu bringen.

Es läßt sich sehr schwer erklären, wie sich unter den angegebenen Umständen Eis bilden kann. Ein sanfter Nord- oder Westwind scheint unumgänglich nöthig, ebenso ein klarer, wolkenloser Himmel. Doch wie diese Ursachen wirken, läßt sich nicht leicht bestimmen. Viele glauben, daß Verdünstung die unmittelbare Ursache der erzeugten Kälte sein müsse, und da die günstigen Winde stets trocken sind, so muß sich, wie man vermuthen könnte, die Verdünstung in einem sehr hohen Grade zeigen, besonders wenn man die Weite und die unbedeutende Tiefe der Eisgefäße berücksichtigt. Aber Wise's Versuche widersprechen dieser Folgerung. Er setzte Schüsseln mit Wasser in einiger Erhöhung über die Eisbetten, jedoch sonst in dieselbe Lage, und das Ergebniß war, daß das Wasser in den höher stehenden Schüsseln, obschon durch Verdünstung bedeutend vermindert, ganz flüssig blieb, während sich in den Gefäßen in dem Eisbett dickes Eis befand, und anstatt sich zu vermindern, war das Wasser darin durch Einsaugung an Gewicht schwerer geworden. Die poröse Beschaffenheit der unglasirten Gefäße erzeugt keine Kälte. Dr. Wise bemerkte, daß in glasirten Schüsseln, die man unter die unglasirten gesetzt hatte, die Eismasse verhältnißmäßig viel größer war als in andern, und in Metallgefäßen erzeugte er eine noch weit bedeutendere Quantität. Das Stroh, worauf die Schüsseln gesetzt werden, ist ein unentbehrlicher Theil des Bereitungsapparates, obschon es schwerlich Kälte bewirken kann. Wenn man auf dem gewöhnlichen Wege Eis in Überfluß erzeugte, fand man in Schüsseln, die nur auf wenig oder gar keinem Stroh gestanden, nicht das geringste.

Trotz aller angewandten Vorsicht, ist es nicht gelungen, Eis während der heißen Jahreszeit aufzubewahren, obschon Dr. Wise es mit einigem Erfolg versucht hat. Der erste starke Regen schmilzt Alles und die Bewohner Bengalens beneiden deshalb die höhern Provinzen, wo man das ganze Jahr hindurch Eis erhalten kann. Während dieser Jahreszeit kommt aus Amerika Eis, das fester ist und sich daher mehr zum Aufbewahren eignet als das einheimische. Überdies steht es auch nicht so hoch im Preise; das Pfund kostet zwei Groschen unsers Geldes, von dem einheimischen aber doppelt so viel.

Die Kathedrale zu Lund.

Die alte Stadt Lund in Schweden war ehemals der Sitz eines Erzbischofs, der den Titel Primas des Reichs führte und zu dessen Sprengel alle Bisthümer des skandinavischen Nordens gehörten. Doch ihr kirchliches Ansehen ist erloschen; die Stadt selbst ist in Hinsicht auf Umfang und Einwohnerzahl nur noch ein Schatten von ehedem. Der Sitz des einzigen Erzbischofs in Schweden ist Upsala geworden, und in Lund residirt gegenwärtig nur ein Bischof, der mit den andern zehn Bischöfen zu Kalmar, Weriö, Linköping, Strengnäs, Westeras, Karlstad, Göthaborg, Skara, Wisby und Hernösand in gleichem Range steht. Dagegen hat die Stadt noch ihre Kathedrale, die mitten in einer freien Fläche, an dem Ufer des Meeres erbaut, weit und breit durch ihre beiden viereckigen Thürme sich bemerklich macht. Sie gehört zu den vorzüglichsten Denkmalen der Baukunst des Mittelalters und dürfte, was die Structur und ihr Alter betrifft, nur etwa mit dem Dom zu Bamberg zu vergleichen sein. Ganz deutlich lassen sich an ihr der byzantinische und gothische Baustyl erkennen, welcher letztere während der Dauer ihres Baues den erstern verdrängte. Während der byzantinische Baustyl in dem untern Theile, der unstreitig dem 11. Jahrhundert angehört, sich in seiner ganzen Strenge kund gibt, tritt der gothische, je höher das Gebäude aufsteigt, immer entschiedener hervor, was, weit entfernt dem Ganzen zu schaden, demselben einen um so imposantern Charakter gibt.

Die Kirche ist gleich den meisten Kirchen des Mittelalters, in Form eines Kreuzes gebaut; das Schiff wird von gewaltigen Säulen getragen und zu dem früher von der Kirche ganz abgesonderten Chore führt jetzt eine Treppe hinauf. Auf dem Chore ist der Eingang in die Krypta oder unterirdische Kirche, ein großes, gedrücktes und ziemlich dunkles Gewölbe, wo sonst am Tage Aller Heiligen der Gottesdienst gehalten wurde. Obschon die Kirche in neuerer Zeit durch eine Feuersbrunst sehr gelitten, so ward sie doch so ausgezeichnet restaurirt, daß sich die neuen Partien von den alterthümlichen fast gar nicht unterscheiden lassen.

Merkwürdig ist die Legende vom Bau dieses großartigen Denkmals, die sich an zwei in der Krypta in Stein gehauene Figuren knüpft. Ein aufrecht stehender Mann umschlingt hier eine der Säulen mit aller Kraft, als wolle er sie umreißen; dasselbe thut mit einer andern Säule ein Weib, das am Boden kauernd ein Kind in ihrem Schoße hat. Die Sage selbst, die von dem berühmten schwedischen Dichter, dem Bischofe von Weriö, Dr. Esaias Tegnér, poetisch behandelt und von Dr. Mohnike („Der Riese Finn", Lund 1829) ins Deutsche übertragen wurde, lautet folgendermaßen:

Vor Zeiten, als der heilige Laurentius von Sachsen nach Schweden kam, um das Evangelium zu lehren, wohnte dort in einer Höhle der Riese Finn. In Ermangelung einer Kirche, predigte der Heilige im Freien. Da trat eines Tages der Riese zu ihm und sprach mit Hohn:

„Der Gott ohne Tempel mich dauert.
Ich bau' ihn dir gleich; wenn du sagest mir
Meinen Namen hier,
Ist fertig die Kirch' und gemauert."
„Doch kannst du nicht sagen den Namen, wohlan,
Du kluger Mann!
Gieb Acht und laß dir nicht grauen:
Sollst für meine Kleinen du schaffen herbei
Die Lichter zwei,
Die da gehen auf den himmlischen Auen."
„„Du heidnischer Thor, auf des Himmels Feld,
Wohin Gott sie gestellt,
Gehn den Gang der Mond und die Sonne;
Auf Gute und Böse herab sie sehn
Aus blauen Höhn,
Dem Weisen, dem Narren zur Wonne.""
„Sehr klug," spricht Finn; „im Dunkeln gehn,
Ich kann's verstehn,
Würd' ohne sie man in Schonen.
Wohlan, was du hast, das reiche dar,
Dein Augenpaar,
Mit diesem sollst du mir lohnen."
„„Wird gebaut mir die Kirche, mein Augenpaar
Gern geb ich dar
Zum Raub, gern will ich erblinden.
Dies hüllt nicht die himmlischen Lichter in Nacht,
Und Gottes Macht,
Gottes Lob kann der Blinde verkün.den.""

Sofort legt nun Finn Hand ans Werk; mit Riesenkraft schleppt er die größten Felsen herbei, die er zum wundervollsten Bau übereinander thürmt. Schon sitzt er auf der Zinne und singt freudenvoll:

„Bald wird man sehn, was ich tauge.
Ich maure und maure; vor Abend hier
Gibt Namen mir
Der Mönch, oder gibt mir das Auge."

Noch immer kennt Laurentius des Riesen Namen nicht; im inbrünstigen Gebete zu Gott versunken, vernimmt er durch die Lüfte die Worte:

„Schlaf, Sölve, mein Söhnlein, immerhin,
Dein Vater Finn
Zum Maurer gemacht sie ihn haben.
Schlaf, Gerda, mein Töchterlein, immerhin,
Dein Vater Finn
Am Abend kommt er mit Gaben."
Sanct Lorenz er eilt zur Kirche hin:
„Komm nieder, Finn!
Finn, Finn! dein Gebäude wird taugen.
Es fehlt auf dem Thurm nur einz'ger Stein,
Der fügt sich ein;
Doch Gott hat bewahrt mir die Augen."

Als der Riese aus des Heiligen Munde seinen Namen vernimmt, da springt er wüthend unter gräßlichem Fluche vom Thurme herab, und um die Kirche wieder einzureißen, umfaßt er die größte Säule in der Krypta:

„Er brüllt und rüttelt mit Macht, und schau!
Es wankt der Bau;
Doch plötzlich vergehn ihm die Kräfte.
Zum Stein wird Finn, das Leben ist fort;
Noch steht er dort,
Umklammernd den größten der Schäfte."

Auch seine Frau kommt, der Sage nach, auf sein Brüllen herbeigeeilt, um ihm zu helfen; doch auch sie wird durch das Gebet des Heiligen in Stein verwandelt.

Bilder aus Rom.

VII.

In dem Thale, das der palatinische Berg nordöstlich begrenzt und wodurch sich der „heilige Weg" zieht, stehen jene merkwürdigen Ruinen, die man gewöhnlich für die Überreste des Tempels des Friedens hält, der in dieser Gegend stand; doch streiten mehre Gründe gegen diese Vermuthung. Wir wissen aus alten Schriftstellern, daß Kaiser Vespasian, nachdem er den Krieg in Judäa beendigt hatte, in der Nähe des Forums einen Tempel baute und ihn dem Frieden weihte. Es war einer der prächtigsten in Rom, mit Goldbronze und mächtigen Säulen von weißem Marmor verziert, reich an den schönsten Bildhauerarbeiten und Gemälden. Von den erstern erwähnen wir nur die kolossale Statue des Nil, von 16 Kindern umgeben, aus einem Stück Basalt gehauen; von den letztern das berühmte Bild Jalysus, von dem Maler Protogenes von Rhodus. Hier befanden sich auch der Leuchter und andere Beute, die Titus aus Jerusalem mitbrachte.

Dieser Tempel wurde unter der Herrschaft des Commodus, 200 Jahre n. Chr., verbrannt, und es läßt sich nicht vermuthen, daß er in spätern Jahren wieder aufgebaut worden ist. Aus der Gestalt der Ruinen sieht jedoch der aufmerksame Beobachter, daß sie nicht dem Zeitalter des Vespasian angehören können, sondern vielmehr dem des Konstantin, obschon man in der Nähe die Inschrift, die mit den Worten: „Paci aeternae" (dem ewigen Frieden) beginnt, gefunden haben will. Die Angabe, daß diese Ruinen einst Konstantin's Basilika bildeten, wird daher mehr von überzeugenden Gründen unterstützt und ist auch von vielen Alterthumsforschern vertheidigt worden. Nur ein geringer Theil, der aus drei sehr großen Bögen besteht, ist von dem ursprünglichen Gebäude noch übrig, doch dieser verräth den ungeheuern Maßstab des Ganzen; das Übrige ist gänzlich verfallen und verschwunden. Ursprünglich scheint das Gebäude aus einem Schiff bestanden zu haben, das an jeder Seite mit einem Gange umgeben war. Acht Säulen von weißem Marmor trennten die Gänge, und eine derselben sieht man noch vor der Kirche Santa-Maria Maggiore. Sie wurde von Paul V. dahin geschafft, ist 47 Fuß hoch und ihre Schönheit verkündet die Pracht des Gebäudes, dem sie einst angehörte. Der mittelste der drei Bögen ist weiter im Hintergrunde und von den beiden andern hat jeder zwei Nischen mit drei Fenstern. Man nimmt an, daß der ganze Tempel 326 Fuß lang und 220 Fuß breit war.

Die neuere Kirche Santa-Francesca Romana, grenzt unmittelbar an die Ruinen. Man hat in diesem Jahrhundert einige kleine Gemächer ausgegraben, die man für die Aufbewahrungsörter der jüdischen Beute hält, die in Vespasian's Tempel niedergelegt wurde.

Die Mutter, nach Gerhard Dow.

Verantwortlicher Herausgeber: Friedrich Brockhaus. — Druck und Verlag von F. A. Brockhaus in Leipzig.

Das Pfennig-Magazin
für
Verbreitung gemeinnütziger Kenntnisse.

248.] Erscheint jeden Sonnabend. [December 30, **1837.**

Quebec am Lorenzflusse.

Cape Diamond bei Quebec.

Die Reise vom Meere aus, den Lorenzfluß aufwärts, ist zwar interessant, aber höchst langwierig. Der Fluß ist an seiner Mündung 15—20 Meilen breit und gleicht eher einem Meere als einem Strome. Sein Wasser ist salzig bis 70 Meilen aufwärts, die Schifffahrt aber nur sechs bis acht Monate im Jahre offen. Bei der Insel Grosse, fünf Meilen unter Quebec, das ungefähr 90 Meilen vom Meere liegt, ist der Fluß zwei Meilen breit und fast eine Stunde höher hinauf, wo er die Insel Orleans umfließt, wird er noch breiter. Diese Insel ist ungefähr vier Meilen lang und eine Meile breit und gut angebaut. Nachdem der Fluß sie umströmt hat, nimmt seine Breite um eine halbe Stunde ab, wo nun steile Felsen seine Ufer bilden. Hier erscheint Quebec mit seinem glänzenden Vorgebirge, Cape Diamond genannt, da man hier häufig zwischen den Schichten des Schieferfelsens sehr reine und regelmäßig geformte Quarzkrystalle findet. Vom Flusse aus gewährt Quebec einen großartigen Anblick; die untere Stadt nimmt einen nur kleinen Raum zwischen dem Flusse und dem Fuße des Felsens ein, dessen Spitze von der obern Stadt und den berühmten Befestigungswerken bedeckt wird. Doch die Bewunderung, die der Anblick der Stadt vom Flusse aus erregt, verschwindet, wenn man an der untern Stadt landet. Die Straßen oder vielmehr Gäßchen sind schmal, schlecht und schmuzig. Während des Sommers, der günstigsten Zeit des Handels von Quebec, wird man in diesen Gassen von unaufhörlichem Lärm fast betäubt; französische und englische Zungen wetteifern miteinander, Kärner und Lastträger prügeln sich oder stoßen den Müßiggänger aus dem Wege, und wer nicht Geschäfte in der Unterstadt hat, thut besser, sie gar nicht zu besuchen, wenn er nicht die Bewunderung von andern Gefühlen verdrängt sehen will.

Die Oberstadt jedoch ersetzt einigermaßen die Unbehaglichkeit der untern. Unten liegt die Unterstadt mit ihren zusammengedrängten Häusern, deren blecherne Dä=

cher in der Sonne erglänzen; gegenüber liegt Point Levi; die felsigen und steilen Ufer sind mit Wald bedeckt, der von dem spitzigen Thurme der Dorfkirche überragt wird, welcher ebenfalls mit Blech gedeckt ist und das Malerische der Landschaft erhöht; zwischen den Ufern fahren Fährkähne hin und her; der Hafen ist mit Schiffen angefüllt; Dampfboote kommen und gehen; das Auge überblickt eine ungeheure Strecke des mächtigen Lorenzflusses; man sieht, wie er die Insel Orleans umströmt und unterhalb Quebec den schönen Karlsfluß in sich aufnimmt, während sich zahlreiche Hütten und Dörfer in dem entfernten Gelände zeigen.

Quebec fesselt als Stadt nur wenig die Aufmerksamkeit des Reisenden, der die großen Städte Europas gesehen hat. Die öffentlichen Gebäude sind zu unbedeutend, als daß sie eine genauere Beschreibung verdienten. Als Sitz der Regierung von Untercanada jedoch ist die Stadt ein Ort von Wichtigkeit. Sie hat übrigens ein ganz französisches Ansehen, obschon bei den höhern Classen, die aus Offizieren, Beamten und Kaufleuten bestehen, die englische Sprache eingeführt ist, während die arbeitende Classe ein schlechtes Französisch mit englischen Worten vermischt spricht.

Canada wurde zuerst von Johann und Sebastian Cabot im Jahre 1497 entdeckt; 1525 besuchte es Verazani und nahm im Namen des Königs von Frankreich Besitz vom Lande; 1535 untersuchte Jakob Cartier, mit einer Vollmacht vom Könige von Frankreich, den Lorenzfluß und gab ihm diesen Namen, da er grade am St.-Lorenztage dort anlangte; aber erst 1608 wurden hier die ersten dauernden Niederlassungen von den Franzosen auf der Stelle gegründet, wo das heutige Quebec steht. Im Jahre 1604 oder 1605 waren schon unter Heinrich IV. von Frankreich am Flusse St.-Croix und bei Port Royal Ansiedelungen entstanden, die aber nach einem erfolgreichen Angriff des Sir Samuel Angal 1614 wieder zerstört, doch nach dem Friedensschlusse im April desselben Jahres sogleich wieder an Frankreich abgetreten wurden. Canada blieb bis 1759 in Frankreichs Besitz, in welchem Jahre aber Quebec vom englischen General Wolf genommen und die Provinz dann durch den Frieden von Paris 1763 gänzlich an England abgetreten wurde.

Die Befestigungswerke von Quebec haben der britischen Regierung ungeheure Summen gekostet und selbst jetzt sind sie noch nicht ganz vollendet. Man hält sie bis auf eine Seite für unüberwindlich; die Mauern sind so hoch, daß die Ersteigung mit Sturmleitern unmöglich ist, und so dick, daß eine Bresche ohne Erfolg sein würde, und so lange Britannien seine Oberherrschaft auf dem Flusse behauptet, ist eine Blockade nicht denkbar.

Bilder aus Rom.
VIII.

Die Überreste der Bäder Caracalla's bedecken einen großen Theil des Berges Aventinus und sind viel bedeutender als die Ruinen der Bäder des Diocletian oder des Titus. Nächst dem Kolosseum sind es die größten und anziehendsten Trümmer in Rom. Sie nehmen einen Raum von ungefähr 35 oder 40 Acker Landes ein. Ein englischer Reisender gibt eine interessante Beschreibung von dem alten Gebäude. „An jedem Ende", sagt er, „waren zwei Tempel, wovon zwei dem Apollo und dem Äskulap, als den Schutzgöttern der Ausbildung des Geistes und der Pflege des Körpers, die beiden andern aber dem Hercules und dem Bacchus, als den Schutzgöttern der Antoninischen Familie, gewidmet waren. Im Hauptgebäude war eine große runde Vorhalle, an jeder Seite mit vier Gemächern für kalte, laue, warme und heiße Bäder oder Dampfbäder; in der Mitte war ein ungeheurer Raum für Leibesübungen, wenn üble Witterung verhinderte, sie im Freien zu suchen; darüber befand sich eine umfangreiche Halle, wo 1600 Marmorsitze zur Bequemlichkeit der Badenden dienten, und an jedem Ende dieser Halle war eine Bibliothek. Dieses Gebäude lief an beiden Seiten in einen Hof aus, der, von bedeckten Gängen umgeben, mit einem Musikzimmer und in der Mitte mit einem Bassin für Schwimmübungen versehen war. Um das Gebäude liefen Wege, die von Baumreihen beschattet wurden, und vor der Fronte breitete sich ein Übungsplatz für Wettrennen, Ringen u. s. w. aus. Das Ganze wurde von einem ungeheuern Porticus begrenzt, der sich in geräumige Hallen öffnete, wo Dichter auftraten und Philosophen ihre Vorlesungen hielten."

Ein neuerer Reisender gibt folgende Beschreibung von den Ruinen dieses Gebäudes. „Wir gingen durch eine lange Reihe ungeheurer dachloser Hallen, deren Fußboden, einst von köstlichem Marmor und reichem Mosaik, jetzt ein grüner Rasenteppich bedeckt. Der Wind, der durch die Zweige der alten Bäume spielte, die innerhalb der Mauern Wurzeln gefaßt haben, ohne deren Höhe zu erreichen, war der einzige Laut, den wir vernahmen; der Raubvogel, der aus dem üppigen Epheu aufflog, welcher die hohen Steinmassen umrankte, war das einzige lebende Wesen, das wir sahen. Diese mächtigen Hallen bildeten einen Theil der innern Abtheilung der Bäder, die den Ergötzlichkeiten aller Art gewidmet waren. Die erste der Hallen und mehre andere sind augenscheinlich im Mittelpunkte offen gewesen. Sie waren mit bedeckten Gängen umgeben, die auf mächtigen Granitsäulen ruhten, die aber längst, besonders von den Päpsten und Fürsten der Familie Farnese, weggeschafft worden sind, und später stürzten die Dächer mit einem so furchtbaren Geräusch zusammen, daß man es selbst in Rom wie den Stoß eines entfernten Erdbebens gefühlt haben soll. Überreste dieser gewölbten Dächer sieht man noch hier und da in den Ecken der Gänge. Der offene Raum in der Mitte war höchst wahrscheinlich zu athletischen Spielen bestimmt."

Man hat in diesen Bädern nur einige glänzende Proben alter Bildhauerarbeit entdeckt; der Farnesische Hercules wurde 1540 unter diesen Trümmern gefunden. Anfangs fehlten die Beine der Statue, bis man auch diese zehn Jahre später auffand. Den Namen Farnese erhielt diese Statue, weil der damalige Papst Paul III., in dessen Besitz sie war, zu der Familie Farnese gehörte. Eine andere berühmte Statue, die man hier fand, ist der Farnesische Stier, der 1546 entdeckt wurde.

Charakter und Sitten der Chinesen.

Die Chinesen werden von den Europäern fast durchgehend sehr falsch beurtheilt, weil das Urtheil über dieses Volk auf eine, noch dazu meist oberflächliche Beobachtung der in Kanton lebenden Chinesen sich gründet, die, mitten unter Europäern, bei ihrem Haß und Mistrauen gegen Alles, was nicht Chinese heißt, unmöglich in einem vortheilhaften Lichte erscheinen können.

Während das Leben der Chinesen unter sich die Tugenden der Sanftmuth und Heiterkeit, der Gelehrigkeit und Industrie, der Achtung für die Bande des Familienlebens und der Verehrung des Alters zieren, so sind sie, sobald sie es mit Fremden zu thun haben, heimtückisch, eifersüchtig, hinterlistig, voll Verstellung, Betrug, Stolz und Anmaßung. Besondere Achtung zollen sie dem persönlichen Verdienste; bloßer Reichthum gilt ihnen nichts; Armuth ertragen sie ohne Scham. Sie sind gesellig und, was die Unterhaltung betrifft, dem Europäer gewissermaßen überlegen. Grobe Verbrechen kommen unter ihnen sehr selten vor und Raubmord ist etwas Unerhörtes. Dagegen sind sie sehr reizbar und, sobald sie sich beleidigt glauben, um die Mittel, Rache zu nehmen, nicht verlegen. Von Natur sanftmüthig, den Frieden und die Ruhe liebend, erhebt sich das Volk in Masse, den Richter, dessen Bedrückungen es müde ist, zu vertreiben oder zu morden; ja die Frauen sind im Stande, sich selbst das Leben zu nehmen, blos um dadurch Denen, die sie beleidigt haben, einen Possen zu spielen.

In physischer Hinsicht sind die Chinesen allen ihren Nachbarn weit überlegen, und es ist dies eine Folge ihrer großen Mäßigkeit, in Verbindung mit dem im Allgemeinen sehr gesunden Klima ihres Landes. Nicht leicht mag man einen kräftigern Schlag Menschen finden, als die Lastträger in Kanton, deren Glieder bei der geringen Bekleidung, welche sie tragen, so natürlich schön entwickelt sind, daß sie dem Bildhauer ein treffliches Modell gewähren.

Wie vom Charakter der Chinesen, so macht man sich in Europa auch von der chinesischen Physiognomie einen ganz falschen Begriff, weil man die Bilder auf den Manufacturproben in Kanton, die zum Theil sehr schlecht sind und zum Theil wahre Caricaturen enthalten, für treue Darstellungen zu nehmen pflegt. Die Chinesen halten hinsichtlich ihrer Gesichtsbildung die Mitte zwischen dem Europäer und Neger; ihre Stirn und der untere Theil des Gesichts treten etwas mehr zurück, als bei dem Europäer und etwas weniger als bei dem Afrikaner. Sie haben eine eingedrückte Nase und große Nasenlöcher; schwarze, glänzende Haare; schiefstehende, enggeschlitzte Augen; an den Enden hochgeschweifte Augenbrauen und spärlichen Bartwuchs. Hinsichtlich der kleinen Füße und Hände und des zierlichen Knochenbaues gleichen sie den Asiaten. Sie haben eine schöne Gesichtsfarbe; doch ihre Haut ist so zart, daß sie unter dem Einflusse der Luft und insbesondere der Sonnenstrahlen sehr bald eine asiatische Farbe annimmt. Um nach chinesischer Ansicht für schön zu gelten, muß das Weib schmal und etwas schwächlich, der Mann dagegen breit und gedrungen sein. Die Nägel lassen beide Geschlechter an der linken Hand zu wirklichen Klauen wachsen, und vor Beschädigung sie zu schützen, dienen kleine, dünne Stückchen Bambusholz. Etwas den chinesischen Frauen ganz Eigenthümliches ist die bekannte Sitte, ihre Füße, um sie unnatürlich klein zu erhalten, von frühester Jugend an einzuzwängen und auf die furchtbarste Weise zu verstümmeln. Es wird aber diese thörichte Gewohnheit dadurch noch unerklärlicher, daß sie mehr noch in den niedern als in den höhern Classen herrscht.

Im Allgemeinen theilt das weibliche Geschlecht das traurige Schicksal, dem es im ganzen Orient unterworfen ist. Es ist von der Gesellschaft der Männer ausgeschlossen und selbst der Umgang der Frauen untereinander ist durch die steifste Etikette geregelt. Der Unterricht der weiblichen Jugend beschränkt sich auf Musik, Sticken und Malen auf Seide. Die Kleidung der Frauen ist reich, geschmackvoll und von vortheilhaftem Schnitt, jedoch ganz anders als die europäische. Unter den Vornehmen namentlich sind sehr lange Ärmel gewöhnlich, weil man es nicht für anständig hält, die Hände sehen zu lassen.

Der Chinese kann dem Gesetze nach nur eines Weibes Mann sein; doch duldet das Gesetz das Concubinat und gibt, nach den Söhnen der Gattin, denen der Concubine mehre Rechte der Legitimität. Das Concubinat ist aber durchaus nicht allgemein, sondern fast nur unter den Reichen gewöhnlich, die mit ihren Gattinnen keine männliche Nachkommen zeugen. Die Ehescheidung ist gesetzlich und die Gründe derselben leicht und seltsam; so können z. B. Eheleute wegen erwiesener Plauderhaftigkeit des einen Theils geschieden werden. Daß man die Trennung der Ehe so leicht gemacht, mag wol in der religiösen Ansicht des chinesischen Volkes, daß die Verheirathungen vom Schicksal unwiderruflich beschlossen seien, seinen Grund haben. Das Erste, was der Chinese bei einer beabsichtigten Verbindung beachtet, ist die Untersuchung, ob die Erwählte mit ihm gleichen Ranges sei. Erst wenn Dieses ausgemacht ist, wird der Astrolog gerufen, der nun den beiden künftigen Gatten das Horoskop stellt, worauf der Bräutigam der Braut die üblichen Geschenke überreicht. Als die passendste und glücklichste Zeit zur Verheirathung hält man die Frühlingszeit und zwar den ersten Mond des chinesischen Jahres, der mit unserm Februar übereinkommt; doch geht man bei der Wahl des Hochzeittages sehr abergläubig zu Werke. Kurz vor der Hochzeit erhält der Bräutigam eine Mütze und nimmt nun einen Zu- und Beinamen an; die Braut aber ordnet ihre Haare, die sie als Jungfrau in langen Flechten herabfallen läßt, nach Art der verheiratheten Frauen und befestigt sie mit Nadeln. Die Hochzeit selbst ist mit vielen seltsamen Gebräuchen begleitet, auf die wir vielleicht später einmal zurückkommen werden.

Griechenlands Klima.

Der französischen Akademie der Wissenschaften sind einige in Griechenland gemachte meteorologische Beobachtungen mitgetheilt worden, aus welchen hervorgeht, daß das Klima zwar mild, aber veränderlich ist, daß die letzten drei Winter in Athen ungewöhnlich streng gewesen sind, und daß es in Griechenland keinen beständigen Schnee gibt. Der erste Schnee fällt gewöhnlich im October, der letzte im April. Im Juli und August würde die Hitze unerträglich sein, wenn nicht Seewinde sie kühlten, die um die Mitte des Tages wehen. Während des Sommers regnet es fast nie, desto häufiger und stärker aber zu Ende des Herbstes und zu Anfange des Winters; doch hängt die Stärke des Regens von der Nähe der Gebirge ab. Stürme sind während des Sommers selten, ausgenommen auf den Hochgebirgen; ebenso Hagel, und oft verstreicht ein ganzer Monat, ohne daß man ein Wölkchen am Himmel erblickt. An der Küste wehen gelinde Landwinde, die für die leichten Fahrzeuge der Eingeborenen sehr günstig sind. In gewissen Meerbusen sind die Winde periodisch und zuweilen sehr heftig. Ein nördlicher Wind, der im Sommer weht, ist stets sehr heiß und erzeugt Krankheiten. Die Meerbusen von Ägina, Korinth,

Nauplia, Marathonisi und das ionische Meer haben, nach der Messung des Capitains Peytiers, alle dieselbe Wasserhöhe.

Peter Vischer.

Der Mann, den die beigegebene Abbildung vorstellt, war eine der größten Zierden jener vaterländischen Kunstepoche, die im 15. und 16. Jahrhunderte sich aus dem Süden unsers deutschen Vaterlandes hervorbildete und zur Freude der Welt wie zum Ruhm unserer Nation in herrlichen und unvergänglichen Kunstwerken ans Licht trat. Peter Vischer, der Landsmann des in der Malerei wie in der Holzschneidekunst gleich ausgezeichneten und unsterblichen Albrecht Dürer,*) war, wie dieser, in dem kunstpflegenden Nürnberg und nur ein Jahr früher, nämlich 1470, geboren. Von seinen äußern Lebensumständen ist uns nur wenig aufbehalten worden; es theilt hierin das Schicksal vieler ausgezeichneter Muster in Kunst und Wissenschaft, deren Namen zwar in ihren Werken unsterblich fortleben, deren persönliche Zustände und Lebensereignisse aber die Mit- und Nachwelt, vielleicht eben weil sie sich mit der geistigen Größe des Mannes begnügte, aufzuzeichnen und im Andenken zu bewahren vergaß. So viel ist gewiß, daß Vischer in seiner Vaterstadt Nürnberg die Kunst des Erzgießens erlernte, und nachdem er seine Lehrzeit bestanden, nach der damals streng üblichen Sitte die Wanderschaft antrat, Deutschland und das kunstberühmte Italien besuchte, wo er den vielseitigen Studien seines Handwerks (denn so nannte man in jenen einfachen Tagen auch den künstlerischen Beruf) eifrigst oblag und sich im Zeichnen und im Guß dergestalt vervollkommnete, daß er nach mehrjähriger Abwesenheit als völlig durchgebildeter und vollendeter Meister in seine Vaterstadt zurückkehrte, wo er nun sein eignes Hauswesen begründete und als Gelbgießer eine Werkstatt eröffnete. Aus dieser gingen nun sogleich in der ersten Zeit so vortreffliche Kunstwerke hervor, daß der fleißige und unermüdlich weiterstrebende Vischer bald im Auslande wie in seinem Vaterlande sich hohen Ruhm erwarb, mit Kunstbestellungen überhäuft und von männiglich, was sich Freund und Beschützer der Künste nannte, in seiner Werkstatt heimgesucht ward. Es wurden dem wackern Meister, der (ganz im Gegensatz zu seinem Zeitgenossen, dem großen Dürer), ein wahrhaft glückliches Familienleben führte, nach und nach fünf Söhne geboren, die er alle zu Gelbgießern und zu trefflichen Gehülfen erzog. In Gemeinschaft mit diesen seinen Söhnen vollendete Vischer sein berühmtes Werk: das Grabmal des heil. Sebaldus in der St.-Sebalduskirche zu Nürnberg, eine bewundernswürdige Arbeit der Gießkunst, in welcher sich Vischer's Talent und sein rastloser Fleiß in ihrer ganzen Größe abspiegeln. An diesem Denkmal befinden sich gegen 100 Figuren, bei welchen der Ausdruck der Köpfe und der herrliche Faltenwurf der Gewänder eben so sehr in Erstaunen setzen, wie die hohe Reinheit des Gusses selbst. Ein anderes berühmtes Werk ist das eherne Grabmal des Erzbischofs Ernst von Magdeburg. Auch versuchte sich dieser vielseitig gebildete Künstler in Gegenständen der Antike mit dem schönsten Erfolg, wie sein in Erz gegossenes Standbild des Apollo beweist, welches ursprünglich zur Zierde eines öffentlichen Brunnens bestimmt war, sich aber gegenwärtig in dem Schlosse zu Nürnberg befindet. Über der Arbeit eines Gitterwerks, welches für das Rathhaus seiner Vaterstadt bestimmt war und beiweitem zu den kostbarsten Arbeiten dieser Gattung gehört, starb der wackere Meister, der gewöhnlichen Angabe nach, im Jahre 1530, im 60. seines der Kunst geweihten Lebens. Das ausdrucksvolle Bild Vischer's, wie es unser Holzschnitt zeigt, ist nach seinem eignen Guß gearbeitet, wie er nämlich unter den kleinern Figuren am Grabe des heil. Sebaldus angebracht hat. Es stellt den trefflichen Meister ganz so vor, wie er sich in seiner Gießhütte bei seiner Arbeit ausnahm.

Über die Abschaffung des Sklavenhandels.

Die Frage, ob der Sklavenhandel jemals ganz abgeschafft werden könne, ist jedenfalls von der größten Wichtigkeit, insofern sie eins der höchsten Güter der Menschheit, die persönliche Freiheit, berührt. Unter dem Lebensbaume der Freiheit gedeiht alles Gute und Schöne, während die Geißel der Sklaverei, gleich einem giftigen Hauche, verpestend darüber hinfährt, auch die zarteste Knospe desselben schon im Keime zerstörend und ertödtend. Unstreitig ist der Sklavenhandel eine der größten Schattenseiten auf dem Gemälde der Weltgeschichte, und das Gemüth des wahren Menschenfreundes wird sich stets bei dem Gedanken daran von der innigsten Wehmuth durchdrungen fühlen. Zwar haben sich in der neuern Zeit sowol in England als auch in den Vereinigten Staaten Gesellschaften gebildet, deren Zweck darin besteht, jenen schmachvollen Handel auszurotten und dadurch, wenigstens für die Zukunft, die Freiheit einer ungemein großen Menge vernünftiger Wesen zu begründen. Allein fassen wir die wirklichen Ergebnisse dieser menschenfreundlichen Bestrebungen genauer ins Auge, so müssen wir gestehen, daß sie bis auf diese Stunde ziemlich unbedeutend geblieben sind, und daß leider! die Zeit noch fern sein wird, wo die Menschheit ganz rein von diesem scheußlichen Brandmale seelenverkäuferischen Wuchers dastehen dürfte. Sind nun aber auch die Erfolge hinter der Absicht bisher weit zurückgeblieben, so ist es doch gewiß erfreulich und als ein bedeutender Fortschritt zum Bessern zu betrach-

*) Vergl. über ihn, Pfennig-Magazin Nr. 76.

ten, daß man nicht blos die Schändlichkeit desselben gefühlt, sondern auch die Aufhebung desselben ins Werk zu setzen beschlossen hat.

Der Prinz Paul Wilhelm von Würtemberg, welcher in den Jahren 1822—24 Nordamerika bereiste, spricht sich über den angeregten Gegenstand auf eine wahrhaft hochherzige Weise aus, weshalb wir einiges hierher Gehörige mitzutheilen uns erlauben.

„Die Sklaverei", sagt er, „ist gewiß nicht das traurigste Loos des Negers, wol aber die alle menschlichen Gefühle empörende Art des Transports und die Gefahr, welche die Unglücklichen bedroht, wenn die bewaffneten Fahrzeuge der europäischen Nationen auf ihren Kreuzzügen die Negerschiffe verfolgen. Die greulichen Scenen, welche bei solchen Jagden vorfallen, wiegen allein schon alle Vortheile auf, die von den Unterdrückern des Negerhandels erreicht werden. Die Sklaverei wird man leider in Afrika selbst nie abschaffen, und Alles, was bisher erreicht werden konnte, beschränkt sich darauf, daß dem Sklavenhandel eine andere Richtung gegeben wurde, und das Loos der Schwarzen in Afrika jetzt trauriger ist als zuvor. Wenngleich die Stimme der Menschlichkeit und ein wahrhaft edles Bestreben jene Gesellschaften leitete, welche sich in England und in den Vereinigten Staaten bildeten, um die Lage der Schwarzen durch Abschaffung des Negerhandels zu erleichtern, so wird doch dem Übel selbst durch das Verbot der Ausfuhr der Schwarzen aus Afrika und der Einfuhr derselben in den Sklavenländern nicht abgeholfen. So sehr ich den Sklavenhandel selbst verabscheue und unter die entwürdigendsten Handlungen, welche die Menschen beflecken, zählen muß, so muß ich befürchten, daß übereilte Maßregeln, die Emancipation der Sklaven betreffend, die traurigsten Folgen, selbst für Letztere, nach sich ziehen könnten. Das wahre Mittel aber, nach und nach der Sklaverei unserer schwarzen Mitbrüder ein Ende zu machen, besteht in Gesetzen, welche diese Unglücklichen vor willkürlicher Behandlung schützen und äußerst harte Strafen gegen solche Herren festsetzen, welche sie mißhandeln; ferner, daß man den Schwarzen, sowie sie sich fähig fühlen, ihren Unterhalt selbst zu finden, alle mögliche Mittel an die Hand gebe, ihre Freiheit zu erkaufen. Was aber den Menschenhandel mit der Goldküste betrifft, so kann ich diesen, als das sittliche Gefühl empörend, niemals billigen, glaube jedoch zugleich, daß alle bis jetzt angewendeten Zwangsmittel ihren Zweck nie erreichen werden, da in Afrika die Eingeborenen von ihren Beherrschern mit der größten Grausamkeit unterdrückt und in der tiefsten Sklaverei erhalten werden. Es würde auch dieser schändliche Handel nicht eher ein Ende nehmen, bis aller übrige Verkehr mit der Westküste Afrikas und Mozambique aufgehoben würde, was nie geschehen wird und nie geschehen kann!"

Mögen indeß auch noch Jahrhunderte darüber hingehen, gewiß — darauf dürfen wir hoffen — wird einst die Zeit erscheinen, wo Bildung und Gesittung auch in den Sklavenländern den goldenen Morgen der Freiheit mächtig hervorrufen und nicht mehr gestatten werden, daß Gemeinheit und Eigennutz mit vernünftigen Wesen gleichwie mit einer Waare entehrenden Wucher treiben, der sich so weit vergißt, daß er das Leben eines Menschen nicht höher achtet als das einer Fliege.

Römische Aschenkrüge.

Bereits in Nr. 236 des Pfennig-Magazins war die Rede von den berühmten sogenannten griechischen Gefäßen, deren gar viele als Meisterstücke der antiken Töpferarbeit auf unsere Zeiten gekommen sind, und wir theilten in derselben Nummer auch die Abbildungen vorzüglich schöner Vasen dieser Gattung mit. Es wurden jedoch nicht blos in dem kunstvollendeten Griechenland, sondern auch in Italien dergleichen Gefäße in hoher Trefflichkeit gearbeitet, und so erblickt denn der Leser auf der hier beigegebenen Abbildung zwölf solcher römischen Vasen, in ebenso vielen Formen, welche in den prachtvollen Begräbnissen und Mausoleen der Reichen zu Aschenkrügen dienten. Schon aus der Vergleichung dieser Urnen sieht der Leser, welche Mannichfaltigkeit der Formen in diesem Artikel der Kunst bei den alten Römern gefunden wurde. Nach Maßgabe ihrer eigenthümlichen Gestalt und Größe führten diese Urnen alsdann auch verschiedene Namen, z. B. olla cineraria, ossuaria. Die Aschenkrüge standen in Nischen, öfters mehre in einer und derselben Vertiefung, und weil die Anzahl dieser letztern dem Grabmal überhaupt einige Ähnlichkeit mit einem Taubenschlag verlieh, so erhielten auch diese Nischen den allgemeinen Namen columbaria.

Militairische Organisation der Hunde in Afrika.

Während der ersten Jahre der Besitznahme der afrikanischen Nordküste wurden die französischen Vorposten jede Nacht angegriffen, auf die Soldaten ward geschossen, und man sah beinahe niemals die Angreifer, welche sie auf so feige Weise bekämpften. Diese hinterlistigen Angriffe kosteten viele Leute; man konnte während der Nacht den Angegriffenen nicht zu Hülfe kommen, weil man immer einen Hinterhalt fürchten mußte; man suchte deshalb alle Mittel auf, den Überfällen der Araber zuvorzukommen, und kam endlich auf folgendes, welches das sicherste und natürlichste schien: In allen mohammedanischen Städten gibt es Hunde in großer Anzahl, die Niemandem gehören. Jeder füttert sie mit den Überbleibseln seines Tisches; Niemand bekümmert sich fast um sie oder pflegt die intelligenten Eigenschaften, die den Hunden in so hohem Grade eigen sind und die durch Erziehung noch ausgebildet werden können. Die Franzosen hatten bald einige davon gezähmt, welche für das Brot, was sie empfingen, eine merkwürdige Anhänglichkeit an die Soldaten zeigten, die sie niemals gegen ihre frühern Herren kundgegeben. Die Hunde folgten oft ihren neuen Freunden, wenn sie im Dienst draußen oder gar auf dem äußersten Vorposten waren. Hier sah man, wozu sie durch ihren bewundernswürdigen Instinct benutzt werden könnten. Wenn ein Franzose nahte, kündete kurzes und heftiges Gebelle seine Ankunft an. Aber wenn die Kabylen es wagten, heranzukriechen, fingen sie wüthend zu heulen an und indem sie emporsprangen, zeigten sie den Soldaten, woher die Gefahr kam. Der Nutzen dieser neuen Art Hülfstruppen war so groß und wurde so sehr gefühlt, daß man darauf dachte, ihnen eine regelmäßige Stellung anzuweisen, indem man eine gewisse Anzahl davon jeder Compagnie zutheilte. Alle Morgen beim Vertheilen wird ihnen ihre Ration heilig sorgfältig aufbewahrt. Ein junger Jäger, Bachard mit Namen, war durch die innige Freundschaft, welche ihn mit einem dieser neuen Verbündeten verknüpfte, bekannt. Azor, welchen gewöhnlichen Namen er ihm gegeben, war wol der größte Schurke der Nachkommenschaft seiner Gattung. Azor war ebenso den Franzosen zugethan, als voll Feindschaft gegen Alles, was den Turban trug. Die Uniform überhaupt war der Gegenstand seiner Verehrung; jeder Soldat ward mit der zuthulichsten Art und mit ausdrucksvollem Schweifwedeln begrüßt. Bachard war ein Kind von Paris, kaum 17 Jahre alt und seit einem Jahre im Dienste. Seine Compagnie erhielt Befehl, sich in das Fort Maldub, eine Stunde von Bougie zu begeben, um eine Compagnie Grenadiere, die für eine Woche dort waren, abzulösen. Man weiß, daß dieser Posten gefährlich war. Von der Stadt und von Hülfe entfernt, war er oft von dem Feinde angegriffen und viele Tapfere getödtet worden. Die Araber wählten ihn zum Ziel ihrer Unternehmungen; sicher eines ungestörten Rückzugs, wenn der Angriff nicht gelang, und im Stande, ihre Schlachtopfer nach Wohlgefallen verstümmeln zu können, wenn sie Sieger blieben. Oft traf man auf diesem verwünschten Posten bei der Ablösung die Schildwache nicht mehr, sondern einen verstümmelten Rumpf, mit scheußlichen Wunden bedeckt, den nur Fetzen von der Uniform noch erkennen ließen. Denn die Araber stahlen stets Waffen und Kopf. Auch mußte man sehen, mit welcher Vorsicht die Jäger zu Werke gingen, wenn sie auf diesen wichtigen Posten gesendet wurden. Mit welcher Sorgfalt putzten sie die Gewehre, wie strahlte jede Flinte! Den Bajonettspitzen sah man es an, daß sie auf Steinen gewetzt worden waren. Die Hunde waren nicht vergessen und wie immer marschirten sie an der Spitze, den Hornisten zur Seite. Die mit den Grenadieren gekommen waren, kamen mit ihnen zurück. Die Jäger hatten gleichfalls welche, die an sie gewöhnt waren und die sie begleiteten. Diese treuen Hülfstruppen schienen zu begreifen, daß man einen Dienst von ihnen verlange, und ihre Freudenbezeigungen sagten, daß sie bereit wären, ihn zu erfüllen. Schon lange Zeit hatte die Jägercompagnie in Maldoub verweilt und wider die allgemeine Erwartung blieb Alles ruhig; nicht der kleinste Lärm hatte unsere Soldaten gestört. „Nun Bachard", sagte ein Jäger, dessen grauer Scheitel und Schnurbart einen Veteranen bezeichneten, „Du hast um 10 Uhr den Dienst auf dem äußersten Posten, hüte Dich vor den Beduinen, mein Junge; das ist das blutgierigste Thier des Landes." — „Seit ich angekommen, habe ich nicht einmal die Yataghans gesehen, wovon Ihr mir so viel gesprochen, und die, wie Ihr sagt, so gut die Köpfe abfäbeln können. Ich habe die Araber nur auf dem Markte gesehen, wo sie ihren Kohl verkauften, und ich bin schon verdrießlich, daß ein Angriff gewiß geschehen wird, wenn ich nicht auf dem Posten stehe. Überdies weißt Du wohl, daß sich nichts gezeigt hat, warum glaubst Du, daß es jetzt anders werde, Jarry?" — „Erinnere Dich, daß der Beduine das frische Fleisch liebt; Du bist jung und rosig, er wird sagen, das ist kein alter Krieger wie Jarry, von derselben Compagnie, der zweite im letzten Glied unter den Waffen, der für uns so schrecklich, unsern Weibern so angenehm ist. Hast Du von meiner letzten Liebe in Algier gehört? Von der schönen Frau in der Straße Bab-Ajun? Meiner Treue, sie war dreimal so dick als eine gutgenährte Pariserin. Horch, es schlägt zehn Uhr." — Numero sechszehn! schrie der Corporal. „Hier!" antwortete Bachard, ergriff sein Gewehr, untersuchte sorgfältig die Batterie, pfiff seinem Azor und ging auf seinen Posten. „Hab' auf den Beduinen Acht, Kleiner; er sieht weiß und kriecht auf den Händen. Du bist jetzt davon unterrichtet." Der dumpfe und widerhallende Tritt der Patrouille ward nach und nach schwächer und Jarry begann mit bei ihm ungewöhnlicher Bewegung wieder: „Tüchtiger Junge, dieser kleine Bachard, er ist jung und es ist Kraft in ihm. Aber zehn Uhr ist vorbei, laßt uns das Lager suchen. Kaum hatten die Soldaten Anstalt dazu getroffen, als ein Schuß fiel, dem sogleich ein Geschrei folgte, welches wegen der Entfernung nur schwach und unarticulirt in das Ohr der im Fort Befindlichen drang. „An eure Clarinetten!" schrie der alte Jarry, indem er seine Flinte ergriff; „sicher kommt dies vom kleinen Bachard; ich habe gescherzt und hatte Unrecht, das bedeutet Unglück." Der Veteran, gefolgt von seinen Kameraden, stürzte fort. Die Schildwachen bestätigten, daß der Schuß in jener Richtung gefallen, wo Bachard seinen Posten habe. Sie verdoppelten ihre Schritte, um ihm zu Hülfe zu kommen. Bald kamen sie auf dem Hügel an, wo der Posten ausgestellt war, aber er war nicht zu sehen. „Verfluchte Hunde!" schrie Jarry, sein Gewehr abfeuernd, „ich sehe etwas Weißes, das ist ein Beduine"; und wirklich wälzte sich ein Araber von der Kugel getroffen am Boden. Mehre Kabylen, welche ungestraft eine Schildwache zu ermorden glauben durften, entflohen in verschiedenen Richtungen, als sie sich überfallen sahen. Aber die Flintenschüsse erreichten noch einige unter ihnen auf ihrer eiligen Flucht. Während einige von dem Detaschement die Flüchtigen verfolgten, suchte

Jarry mit einigen Kameraden Bachard, den man verwundet glaubte, als einer von ihnen einen auf dem Boden ausgestreckten Körper gewahrte; auf sein Geschrei kamen die Übrigen herbei und sahen einen verstümmelten Leichnam, einen Rumpf ohne Kopf. Während sie voll tiefen Schreckens und Abscheu ihn anstarrten, erregte ein furchtbares Bellen am Fuß des Hügels ihre Aufmerksamkeit. Sie sahen einen Hund, welcher sich wüthend auf einen Araber stürzte, der ihrer Aufmerksamkeit entgangen; aber der Araber, der ihn festen Fußes erwartete, traf ihn mit dem Yataghan, den er in der Hand hielt, brachte ihm eine blutige Wunde bei und stieß ihn zurück, zu einem zweiten Hieb ausholend. Jedoch erneute das muthige Thier fortwährend seine Angriffe und schien sich wenig um Schmerz und Tod zu kümmern, wenn es seinen Feind niederreißen könnte; endlich machte er einen verzweifelten Satz, packte den Araber an der Kehle und warf ihn zu Boden. Jetzt vermischte sich das Schmerzensgeschrei des Mannes mit dem wüthenden Heulen des Hundes; man sah sie übereinander rollen; bald war der Afrikaner oben und zerfleischte mit seiner Waffe seinen Gegner; bald war der Hund Sieger und sein Stöhnen ward unterbrochen, indem er sich bemühte, das Gesicht und die Kehle des Beduinen zu zerreißen. Die Soldaten wollten dem Kampfe ein Ende machen und den Araber tödten; schon waren die Hähne gespannt und sie schlugen auf die hartnäckig Kämpfenden an, als Jarry ausrief: „Halt, es ist Azor, ihr könntet ihn tödten; mit dem Bayonnete, Kameraden, und Tod dem Beduinen!" Trotz ihrem schnellen Laufe fanden sie, als sie hinkamen, den Araber ausgestreckt ohne Leben, die Arterien an seinem Halse waren zerrissen. Azor, obgleich furchtbar verwundet, zerrte beständig an einem Zipfel des sorgfältig zusammengeknüpften Burnus des Arabers; er zerriß ihn endlich und der Kopf Bachard's rollte zu den Füßen seiner Kameraden. Azor, vom Blutverlust erschöpft, sank an der Seite seines Opfers nieder. Die Soldaten kamen unterdessen von der Verfolgung zurück; darunter war ein junger Mann, den die Uniform als Militairwundarzt erkennen ließ. „Nicht wahr, Sie sind so gut," sprach Jarry zu ihm, „und verschmähen es nicht, da Sie keine andern Verwundeten zu besorgen haben, diesen Hund zu verbinden, der sich so tapfer gehalten?" Der Wundarzt untersuchte mit ernster Aufmerksamkeit das arme Thier, welches vor ihm ausgestreckt lag, und sagte endlich: „Er wird zu sich kommen, die Wunden sind nicht tödtlich; aber man muß ihm die Pfote ablösen, die gänzlich zerquetscht ist." — „Und wir, Kameraden, laßt uns den armen Bachard an dem Orte, wo er getödtet wurde, begraben." — Lange schon ist Bachard vergessen, viele Truppen haben sich im Fort Maldub einander abgelöst; nur ein Hund verläßt dasselbe nicht, Jeden Abend kurz vor 10 Uhr geht er aus und legt sich vor dem entferntesten Vorposten nieder. Um Mitternacht schleicht er sich niedergeschlagen auf seinen drei Pfoten zu Hause. Die Posten unterlassen nicht zu präsentiren und alle Soldaten kennen ihn wohl; sie nennen ihn Azor, den Invaliden.

Der Dom von Köln.

Ausgezeichneter als irgend eine andere Stadt in Deutschland ist die Stadt Köln, wegen der Zahl und Schönheit ihrer kirchlichen Gebäude und wegen der außerordentlichen Menge von Reliquien, in deren Besitz sie sich befindet, ja man kann sagen, daß es vielleicht in der ganzen Christenheit keine andere Stadt gibt, die sich in dieser Hinsicht Köln an die Seite stellen kann. Allein die größte Merkwürdigkeit dieser alten und berühmten Stadt bleibt immer ihre weltberühmte Kathedrale. Der Kurfürst Konrad hatte das Gelübde gethan, einen Tempel zu erbauen, der an Pracht und Vollendung des Baustyls alle andern Kirchen übertreffen sollte. So wurde denn 1248 dieser Bau begonnen und die Nachfolger des Kurfürsten setzten denselben fort bis 1499. Zuletzt fanden die fürstlichen Erbauer, daß ihre Mittel zur Ausführung des großartigen Werkes nicht ausreichten. So blieb also dasselbe unvollendet, und während der eine Theil desselben, nämlich der Chor, so weit ausgeführt war, daß es zur Abwartung des Gottesdienstes dienen konnte, so verfiel der andere Theil, an dem nicht weiter gearbeitet wurde, nach und nach fast in Trümmern. Wäre der ursprüngliche Bauplan in Ausführung gebracht worden, so wäre diese Kathedrale unstreitig das vollendetste Denkmal der gothischen Baukunst in ganz Europa geworden, und sogar in dem Zustande, in welchem sie sich gegenwärtig befindet, bietet dieser Bau eine Ansicht von höchster Erhabenheit dar. Seit Köln unter preußische Herrschaft gekommen ist, hat man an die Ausbesserung und Vollendung des Baus nach dem ursprünglichen Plane gedacht, und es sind dazu theils durch die freigebigen Spenden des Königs, theils durch gesammelte Gaben Mittel gewonnen worden. Der mächtige Riesenkörper dieses Doms ist so umfangreich, daß die vier Reihen von gigantischen Säulen, der Zahl nach 100, ihn keineswegs zu überladen scheinen. Die vier mittlern Säulen haben einen Umfang von nicht weniger als 40 Fuß; der Hochaltar ist ein wahres Meisterstück der Kunst. Er ist aus einem einzigen Stücke vom feinsten schwarzen Marmor erbaut und mißt 16 Fuß in der Länge und 8 Fuß in der Breite. Das Innere dieses erhabenen Gebäudes enthält eine große Masse von Reliquien, welche dieser Kathedrale beinahe mehr Ruhm erworben haben als die ungemeine Vortrefflichkeit ihrer Bauart selbst. Unter diesen Reliquien nennt man die Gebeine der zwölf Apostel, das Kreuz des Petrus, den prachtvollen Schrein des heiligen Engelbert und den Sarkophag der drei Weisen aus dem Morgenlande. Die letzte Reliquie hat unter dem Namen der drei Könige von Köln eine sprüchwörtliche Bedeutung gewonnen, welche auch auf die Volkspoesie der Vorzeit, in die alten deutschen und selbst englischen Balladen übergegangen ist. Daher ist auch dieses mächtige Gotteshaus bekannter unter dem Namen des „Doms der drei Könige", obgleich dasselbe ursprünglich dem heiligen Petrus gewidmet ist. Die Legende erzählt, daß diese heiligen drei Könige, Kaspar, Melchior und Balthasar, nach ihrer Rückkehr in ihr Land von dem Apostel Petrus getauft worden, und daß ihre Leichname ungefähr 300 Jahre später durch die Kaiserin Helene nach Konstantinopel gebracht worden, von wo aus sie ihren Weg nach Mailand und zuletzt nach Köln fanden, obgleich die Mailänder noch fortwährend behaupten, im Besitz der wahren Reliquien zu sein. Der Sarkophag ist ausgezeichnet durch die Schönheit seiner Sculpturarbeit und durch die Fülle seiner Ornamente. Die Reliquien befinden sich in einem großen purpurfarbenen Schrein, der auf das reichste mit Gold verziert ist und auf einem kostbaren Piedestal in der Mitte eines viereckigen Mausoleums ruht, das inwendig und auswendig mit Marmor und Jaspis ausgelegt ist. Man pflegte ehemals diesen heiligen

Schrein an jedem Morgen um neun Uhr in Gegenwart zweier Chorherren zu öffnen, wo man dann die Leichname der drei Könige der Länge nach ausgestreckt sehen konnte, mit Kronen von gediegenem Golde und prächtigen Edelsteinen auf ihren Häuptern. Über diesen war eine kleine Platte eingefügt, auf welcher ihre Namen in purpurfarbigen Lettern prangten, und die mit Perlen und Edelgesteinen geschmückt war. Unter den letztern befand sich ein orientalischer Topas von der Größe eines Taubeneies, der allein 30,000 Kronen geschätzt wurde. Hohe Wachskerzen wurden ringsumher auf sechs kolossalen Armleuchtern aus massivem Silber brennend erhalten. Das Mausoleum oder die Kapelle, worin sich die Reliquien befinden, ist von dem Kaiser Maximilian erbaut worden.

Der Sonnenaufgang, nach einem Gemälde von Ulrich in Paris.

Verantwortlicher Herausgeber Friedrich Brockhaus. — Druck und Verlag von F. A. Brockhaus in Leipzig.